भारतीय संविधान की निर्माण-यात्रा

भारतीय संविधान की निर्माण-यात्रा

अनूप बरनवाल 'देशबन्धु'

लोकभारती प्रकाशन

लोकभारती प्रकाशन
पहली मंजिल, दरबारी बिल्डिंग, महात्मा गांधी मार्ग
प्रयागराज-211 001
वेबसाइट : www.lokbhartiprakashan.com
ईमेल : info@lokbhartiprakashan.com

शाखाएँ : 1-बी, नेताजी सुभाष मार्ग, दरियागंज
नई दिल्ली-110 002
अशोक राजपथ, साइंस कॉलेज के सामने
पटना-800 006
1, अनमोल सोराबजी सन्तुक लेन, धोबी तलाव,
मरीन लाइंस, मुम्बई-400 002

पहला संस्करण : 2024
दूसरा संस्करण : 2026

विकास कम्प्यूटर एंड प्रिंटर्स
ट्रॉनिका सिटी-201 102 द्वारा मुद्रित

BHARATIYA SAMVIDHAN KI NIRMAN-YATRA
by Anoop Baranwal 'Deshbandhu'

ISBN : 978-93-48229-17-5

मूल्य : ₹1695

संविधान सभा

संविधान सभा दिवस : 9 दिसम्बर, 1946

को समर्पित

भूमिका

एक देश, जहाँ के लोग पिछली कई शताब्दी से विदेशी आक्रान्ताओं के अधीन निरंकुश शासन से शासित होते रहे हैं या यह कहें कि शासित होने के अभ्यस्त हो चुके थे और जो किसी तरह के लोकतांत्रिक मूल्यों से अनभिज्ञ थे, को आजादी मिलने के बाद अपनी जिम्मेदारी पर शासन चलाने एवं शासित होने की नई भूमिका निभानी थी। अब इस देश को, किसी राजा या बादशाह की कोख से निकले व्यक्ति की क्षमता पर आश्रित होने के बजाय अपने नागरिकों की बुद्धि-विवेक एवं राजनीतिक क्षमता पर भरोसा करना था। देश के प्रत्येक नागरिक को शासन-संचालन की जिम्मेदारी निभानी थी। यह भी अनायास नहीं था कि ब्रिटिश हुकूमत द्वारा आजादी की घोषणा किए जाने के पूर्व ही संविधान-सभा का गठन कर लिया गया और संविधान-सभा ने कार्य करना भी आरम्भ कर दिया। यह आजादी आन्दोलन के महानायकों और तत्कालीन नेतृत्व की अदम्य इच्छाशक्ति को दर्शाता है। आजाद भारत की भावी पीढ़ी में शासन-संचालन की जिम्मेदारी निभाने और खुद पर भरोसा करने की इच्छाशक्ति को जगाना और उन्हें संवैधानिक मूल्यों एवं लोकतांत्रिक आदर्शों के अनुरूप कार्य करने योग्य बनाना, तत्कालीन नेतृत्व के लिए चुनौतीपूर्ण था और इस चुनौती से निपटने के लिए भावी संविधान की निर्माण-प्रक्रिया एक माध्यम था।

भारतीय संविधान के निर्माण में भले ही दो वर्ष ग्यारह महीने सत्रह दिन की एक लम्बी समयावधि लगी हो, किन्तु यह समयावधि संविधान की गुणवत्ता को बढ़ाने के सन्दर्भ में महत्त्वपूर्ण तो थी ही, इसका सबसे ज्यादा लाभ देश के जनमानस को संविधान-सभा के अन्दर हो रही गतिविधियों के माध्यम से संवैधानिक मूल्यों को जानने-समझने का अवसर प्राप्त होना था। इस देश का जनमानस संविधान-सभा बहस के माध्यम से न केवल संवैधानिक मूल्यों को जानता-समझता था, बल्कि वह स्वयं को इनके अनुरूप ढालने का प्रयास भी करता था। छुआछूत के खिलाफ संकल्पित होने का विषय हो या विकास की दौड़ में पीछे छूट गए पिछड़े वर्ग को आरक्षण देने का विषय; बहुभाषी होने के बावजूद एक भारतीय भाषा को राजभाषा बनाने का विषय हो या धर्मनिरपेक्ष मूल्य को साकार करने के लिए धर्म-आधारित आरक्षण समाप्त करने एवं समान नागरिक संहिता अंगीकृत करने का विषय, इन सभी विषयों पर तमाम वैचारिक मतभेद होने के बावजूद संविधान-सभा एकमत होकर निर्णय लेती थी। संविधान-सभा के अन्दर होती रहने वाली बहस और इन बहसों से निकलने वाले विचार देश के जनमानस को हमेशा एक दृष्टि प्रदान करते थे और ऐसे तमाम विषयों को सामाजिक न्याय, राष्ट्रीय एकता एवं राष्ट्रहित के नजरिये से देखने व समझने के योग्य बनाते थे।

इसलिए भले ही संविधान निर्माण में लगी ज्यादा समयावधि के कारण इसकी आलोचना की जाए, किन्तु यह समझने की आवश्यकता है कि संविधान-सभा केवल एक सक्षम एवं

गुणवत्तायुक्त संविधान का ही निर्माण नहीं कर रही थी, बल्कि वह इस देश के लिए ऐसे जनमानस का भी निर्माण कर रही थी, जो संवैधानिक मूल्यों एवं लोकतांत्रिक आदर्शों से बिलकुल अनभिज्ञ था और जिन्हें अपनी शासकीय जिम्मेदारियों के लिए इन मूल्यों एवं आदर्शों के प्रति जागरूक होना था। इस दृष्टि से संविधान-सभा के अन्दर या बाहर हो रही संविधान-निर्माण से सम्बन्धित गतिविधियाँ अति महत्त्वपूर्ण हैं।

इस देश ने सात दशक की अवधि संवैधानिक मूल्यों के साथ पूरी की है। किन्तु पिछले कुछ वर्षों के दौरान दो तरह के परस्पर विपरीत लोकाचरण देखने को मिले हैं। पहला यह कि जब भी किसी विषय पर हम असफल होते नजर आते हैं, तो इसका दोष संविधान पर मढ़ने लग जाता है और कहा जाने लगता है कि यह संविधान भारतीय परम्पराओं के अनुरूप नहीं होने के कारण विफल है और यह विसंगति ही सभी समस्याओं का मूल है। राजनीतिक अस्थिरता के सवाल पर संसदीय शासन-प्रणाली पर दोष मढ़ा जाना और इसका समाधान अध्यक्षीय शासन-प्रणाली में तलाशा जाना तो एक आम बात है। ऐसे आधार पर संविधान को बदलने तक की बात की जाती है। सरसरी तौर पर ऐसा कुछ कह देना बहुत आसान है, किन्तु संविधान-निर्माण पर गम्भीर जानकारी रखने वालों के लिए कुछ मूलभूत सवालों का जवाब खोजना आसान नहीं है। ऐसे पैदा होने वाले कुछ सवाल हैं—भावी संविधान को बनाने वाली इकाई का स्वरूप क्या होगा और यह इकाई योग्यता एवं निष्पक्षता की कसौटी पर कैसे संविधान-सभा की तुलना में ज्यादा बेहतर होगी; यह कैसे स्वीकार किया जाए कि इस इकाई के सदस्यों की आग्रही राजनीतिक विचारधारा देशहित पर हावी नहीं होगी और वे उसी तरह निष्पक्ष भाव रखते हुए किसी विषय पर आम सहमति के बिन्दु पर पहुँच पाने में सफल होंगे, जैसे संविधान निर्माता सफल हुए थे; वर्तमान संविधान की तुलना में भावी संविधान कैसे ज्यादा गुणवत्तापूर्ण होगा; इत्यादि। ये ऐसे सवाल हैं, जिनका जवाब देना आसान नहीं है। फिर भी यदि जवाब तलाशना है तो हमें यह जानना होगा कि मौजूदा संविधान हेतु कोई व्यवस्था या प्रावधान स्वीकार करने के पूर्व हमारे संविधान निर्माताओं द्वारा इसके कितने पहलुओं पर अध्ययन किया गया, इस पर क्या-क्या संशोधन प्रस्तुत किए गए, क्या-क्या तर्क-वितर्क किए गए और तमाम असहमति के बावजूद कैसे किसी विषय पर कोई प्रावधान संविधान में अंगीकृत किया गया, इसके लिए संविधान-सभा बहस का अध्ययन आवश्यक है।

दूसरा लोकाचरण यह विकसित हुआ है कि किसी भी नकारात्मक गतिविधि को सही साबित करने के लिए संविधान का सहारा लिया जाने लगता है। ऐसा करने वालों को लगता है कि संविधान की आड़ में वे ऐसी गतिविधियों को करने के लिए स्वतंत्र हैं, भले ही ऐसी गतिविधियाँ संदिधान निर्माताओं द्वारा अपेक्षित संवैधानिक नैतिकता के प्रतिकूल हों। यदि हमारी संवैधानिक नैतिकता के प्रति दृष्टि स्पष्ट हो, तो यह देश ऐसी तमाम नकारात्मक गतिविधियों से बचा रह सकेगा। इतिहासकार ग्रोटे द्वारा दिए गए संवैधानिक नैतिकता के विचार क्या हैं और इसे हमारे संविधान निर्माताओं ने किस सन्दर्भ में महत्त्वपूर्ण माना है? एक नागरिक हो या इनका जनप्रतिनिधि, एक राज्य हो या इसके तमाम राजनीतिक एवं गैर-राजनीतिक अंग, इनके द्वारा संवैधानिक नैतिकता को जानना एवं आत्मसात करना क्यों आवश्यक है? इनका जवाब जानने एवं समझने के लिए भी संविधान-सभा बहस का अध्ययन आवश्यक है।

पिछले सात दशक के लोकतांत्रिक इतिहास के दौरान इस देश को एक बार आपातकाल जैसी आपवादिक स्थिति का सामना करना पड़ा है। इस आपवादिक स्थिति से निपटने के साथ-साथ यदि यह देश लोकतांत्रिक मूल्यों को बनाए रखने में सफल है, तो इसका श्रेय संविधान

निर्मित सदैव गतिशील रहने वाले संविधान-चक्र को जाता है। आपातकाल ने यदि इस दौरान लोकतंत्र को पंगु बना दिया था, तो संविधान-चक्र ने लोकमानस को जुझारू बनाकर लोकतंत्र को बहाल करने का काम किया। यदि आपातकाल ने इस देश की व्यवस्था को न्यायाधिकरण जैसी अवधारणा के लोभ से ग्रसित किया, तो संविधान-चक्र ने न्यायपालिका को राजनीतिक मोहपाश से निकलने की इच्छाशक्ति प्रदान की। ऐसे तमाम छोटे-बड़े नकारात्मक प्रभाव रखने वाले राजनीतिक फैसलों के बावजूद यदि यह देश सुरक्षित बना हुआ है, तो यह संविधान-चक्र के कारण है। संविधान-चक्र क्या है, और यह कैसे कार्य करता है, इस संविधान-चक्र को गतिशील बनाए रखने में संविधान से उपजे राज्य के अंगों की निष्पक्ष कार्यप्रणाली, इन अंगों को संचालित करने वाले व्यक्तियों के नैतिक चरित्र, सत्तासीन व्यक्तियों को प्रभावित करने वाले राजनीतिक दलों के वैचारिक आधार, राजनीतिक दलों को खड़ा करने वाले जनमानस की राष्ट्रीय चेतना, और जनमानस को आत्मशक्ति देने वाले आजादी आन्दोलन के मूल्य व संविधान-निर्माण के दर्शन कैसे अपनी-अपनी भूमिका निभाते हैं, इन्हें समझने के लिए भी संविधान-सभा बहस का अध्ययन आवश्यक है।

प्रसिद्ध विधिविज्ञ ग्रेनविले ऑस्टिन ने भारतीय संविधान को क्यों एक सामाजिक दस्तावेज बताया; विधायिका और न्यायपालिका के मध्य गतिरोध बनने की स्थिति में संविधान-सभा ने किस संस्था को महत्त्व देने की बात की; समानता के अधिकार से सम्बन्धित अनुच्छेद 14 कैसे बिना बहस के संविधान का हिस्सा बन गया; इस देश के शासकीय किले को चाक-चौबन्द करने के लिए संविधान-निर्माताओं ने कैसे संविधान-निर्माण के अन्तिम समय में अनुच्छेद 365 को जोड़ा; संविधान-निर्माताओं ने अध्यक्षीय शासन-प्रणाली के स्थान पर संसदीय शासन-प्रणाली को क्यों प्राथमिकता दी, भाषा एवं संस्कृति को लेकर धार्मिक अल्पसंख्यक जैसी अवधारणा को क्यों नकार दिया, धर्म के आधार पर राजनीतिक आरक्षण कैसे समाप्त किया, जैसे कई सवाल हैं, जिनका जवाब जानने के लिए संविधान-सभा बहस का अध्ययन आवश्यक है।

राष्ट्रध्वज को अंगीकृत करने या इस देश का नाम 'इंडिया अर्थात् भारत' रखने के पूर्व संविधान-सभा में क्या-क्या विचार व्यक्त किए गए; मूल अधिकार के क्या मायने हैं; नीति निदेशक सिद्धान्त आर्थिक लोकतंत्र की स्थापना में कैसे महत्त्वपूर्ण हैं; गौवध, शराब-बन्दी, जैसे प्रावधानों को अंगीकृत करने के पूर्व हमारे संविधान-निर्माताओं की क्या सोच थी; संविधान-निर्माता इस देश के लिए एक समान नागरिक संहिता क्यों चाहते थे; आरक्षण को लेकर हमारे संविधान-निर्माताओं की क्या मंशा थी; संविधान-सभा की निगाह में अल्पसंख्यक के क्या मायने थे; न्यायपालिका की स्वतंत्रता वाले प्रावधान को लेकर संविधान-सभा के समक्ष किस तरह की अड़चनें आईं; राज्यपाल, विधान परिषद, चुनाव आयोग, नियंत्रक महालेखा परीक्षक, लोक सेवा आयोग जैसी संस्थाओं की मूलभूत स्थिति क्या है; संघवाद, केन्द्र-राज्य सम्बन्ध, संविधान संशोधन, आपातकाल के सम्बन्ध में हमारे संविधान-निर्माताओं की क्या सोच थी; हिन्दी को राजभाषा बनाने के लिए संविधान-सभा को किन मुश्किलों से होकर गुजरना पड़ा; ऐसे तमाम विषय हैं, जिन्हें एक नागरिक होने के नाते जानना और जनमानस के बीच ले जाना हमारा दायित्व है। इस दायित्व के अधीन लेखक द्वारा संविधान-सभा बहस पर आधारित यह पुस्तक लिखने का प्रयास किया गया है।

—अनूप 'देशबन्धु'

क्रम

1

संविधान-सभा : स्वराज की ओर

संविधान-सभा का बीजारोपण एवं गठन

'स्वराज हमारा जन्मसिद्ध अधिकार है', लोकमान्य बाल गंगाधर तिलक द्वारा वर्ष 1906 में दिए गए इस नारे से प्रारम्भ हुई आजादी पाने की ललक, जब महात्मा गांधी द्वारा वर्ष 1922 में व्यक्त किए गए विचार कि 'स्वराज ब्रिटिश संसद का मुफ्त तोहफा नहीं होगा, यह भारत की पूर्ण स्व-अभिव्यक्ति की घोषणा होगा' से यह देश संकल्पवान हो रहा था और इस ललक एवं संकल्प से अनुप्राणित होकर जब नेताजी सुभाषचन्द्र बोस ने वर्ष 1928 में औपनिवेशिक राज्य नहीं, बल्कि पूर्ण स्वराज को ही एकमात्र और अन्तिम लक्ष्य बताया और देश के इरादे को यह कहकर जाहिर कर दिया कि 'ब्रिटिश प्रभुत्व के अन्तर्गत रहकर भारतीयों के लिए इंग्लैंड के साथ अपने सम्बन्धों में हीनभावना से छुटकारा पाना कठिन होगा, जब तक यह देश ब्रिटिश साम्राज्य का अंश बना रहेगा, ब्रिटिश स्वार्थ का प्रतिरोध उसके लिए अत्यन्त कठिन होगा। मुझे किसी तरह का कोई सन्देह नहीं है कि हमारी सभी तरह की दुर्बलताओं का अचूक उपचार स्वराज और केवल स्वराज है', तब औपनिवेशिक राज्य के माध्यम से तुरन्त सत्ता पाने की इच्छा रखने वालों के लिए पूर्ण स्वराज भले ही सपना जैसा दिखता रहा हो, किन्तु 18 वर्ष बाद ही यह देश संविधान-सभा के माध्यम से आत्मनिर्णय करने के रास्ते पर चल पड़ा।

विश्वयुद्ध के कारण बदलते वैश्विक माहौल में भारतीय जनमानस, राष्ट्रवाद से सींचित होकर ब्रिटिश हुकूमत के साम्राज्यवाद के खिलाफ ज्यादा प्रखर हो चला था। यह प्रखरता मात्र ब्रिटिश हुकूमत से मुक्त होकर स्वराज प्राप्त करने के सवाल तक सीमित नहीं थी, बल्कि धीरे-धीरे यह आत्मनिर्णय का अधिकार प्राप्त करने और इस अधिकार का प्रयोग कर सुराज स्थापित करने की ललक की ओर अग्रसर हो चुकी थी; अब यह जनमानस को स्वरचित संविधान के लिए व्याकुल और स्वनिर्मित शासन से संचालित होने के लिए आतुर करने लगी थी। इस ललक और आकुलता-व्याकुलता के बीच देशबन्धु चितरंजन दास और मोतीलाल नेहरू के नेतृत्व में स्वराज पार्टी ने 1924 में प्रस्ताव पारित कर आत्म-निर्णय के अधिकार का दावा किया और इसके लिए 'संविधान-सभा' का गठन करने की माँग की। इस माँग को एम. एन. राय ने 1934 में न केवल वैचारिक आधार प्रदान किया, बल्कि 'स्वतंत्र भारत का संविधान, 1944' नाम से एक मसौदा तैयार कर जनमानस के समक्ष चर्चा के लिए प्रस्तुत किया। इसी तरह श्रीमन नारायण अग्रवाल ने भी 'स्वतंत्र भारत का गांधीवादी संविधान, 1946' प्रस्तुत किया। इन अलग-अलग प्रेरक-प्रयासों के साथ कांग्रेस द्वारा भी 1935 में पहली बार संविधान-सभा के गठन की माँग की

गई। इस माँग पर बल देने के लिए कांग्रेस ने न केवल संविधान-सभा को भारतीय जनता की अभिव्यक्ति के रूप में पेश किया, बल्कि इसका गठन वयस्क मताधिकार के आधार पर करने की रणनीति पर कार्य करना आरम्भ कर दिया। इस रणनीति के लिए महात्मा गांधी का विचार कि 'केवल संविधान-सभा ही देश के लिए स्वदेशी प्रकृति का और जन-इच्छा का सच्चाई एवं सम्पूर्णता के साथ प्रतिनिधित्व करने वाली संविधान का निर्माण कर सकती है।'[1] मार्गदर्शक था। इन सब प्रयासों का परिणाम जल्द निकलकर आया, जब ब्रिटिश सरकार ने 1940 के 'अगस्त प्रस्ताव' में पहली बार संविधान-सभा की माँग को आधिकारिक रूप से कुछ शर्तों के साथ स्वीकार किया। इसके कारण जनमानस की स्वराज पाने की ललक और सुराज स्थापित करने की व्याकुलता में और भी ज्यादा जोश पैदा होने लगा।

कई युद्धों के कारण ब्रिटेन की सरकार भी घरेलू एवं अन्तरराष्ट्रीय दोनों स्तर पर थक चुकी थी। भारत में एक तरफ महात्मा गांधी के नेतृत्व में भारतीय जनमानस ब्रिटिश हुकूमत के खिलाफ उत्तर से दक्षिण और पूरब से पश्चिम एकाकार हो रहा था तो दूसरी तरफ नेताजी सुभाषचन्द्र बोस के नेतृत्व में आजाद हिन्द फौज की सक्रियता के कारण भारतीय ब्रिटिश सेना में बढ़ते जा रहे सैन्य-विद्रोह ने ब्रिटिश हुकूमत को भयभीत कर दिया था। भारतीय ब्रिटिश सेना के पचीस लाख भारतीय सैनिकों में विस्थापन की बढ़ती जा रही प्रवृत्ति और इनका आजाद हिन्द फौज की तरफ बढ़ते आकर्षण के कारण ब्रिटिश सैन्य अधिकारी असहज महसूस करने लगे थे। इस कारण अब ब्रिटिश हुकूमत के लिए भारत में अपनी पकड़ को मजबूत बनाए रखना कठिन दिखने लगा था। घरेलू एवं अन्तरराष्ट्रीय मोर्चे पर मजबूर हो चुकी ब्रिटेन की तत्कालीन लेबर पार्टी सरकार द्वारा सितम्बर, 1945 में भारत के संविधान की रचना के लिए एक निकाय का गठन करने की घोषणा की गई।

संविधान-सभा के स्वरूप को तय करने के लिए ब्रिटिश हुकूमत द्वारा पहले जनवरी, 1946 में एक संसदीय शिष्टमंडल भेजा गया और फिर कुछ ही समय बाद मार्च, 1946 में कैबिनेट स्तरीय दल भेजा गया। 'कैबिनेट मिशन' नाम से प्रचलित इस दल में लॉर्ड पैथिक लारेन्स, सर स्टेफर्ड क्रिप्स और मिस्टर ए. बी. अलेक्जेंडर शामिल थे। इस दल को भारतीय नेताओं से विचार-विमर्श कर यह सुझाव प्रस्तुत करना था कि आजादी के बाद भारत का संवैधानिक ढाँचा एवं शासन का स्वरूप कैसा होगा। कांग्रेस एवं मुस्लिम लीग के मध्य समझौते का रास्ता निकालना भी इस मिशन का एक प्रमुख उद्‌देश्य था, ताकि भारत के सभी अलग-अलग समूहों को संवैधानिक एवं शासन की दृष्टि से एक निश्चित बिन्दु पर लाया जा सके।

आजादी के बाद शासन में हिन्दुओं का वर्चस्व हो जाएगा और मुसलमानों को इनकी अधीनता में शासित होना होगा, इस काल्पनिक एवं कूटनीतिक विचार को धार देने में जुटे मोहम्मद जिन्ना और उनकी मुस्लिम लीग के लिए द्वि-राष्ट्र सिद्धान्त को हवा देना ज्यादा सहूलियत वाला दिखने लगा था। मुसलमान धार्मिक एवं सांस्कृतिक दृष्टि से अपने में एक विशिष्ट समूह हैं; वे न तो भारतीय हो सकते हैं और न वे हिन्दुओं के साथ रह सकते हैं; इसलिए उन्हें अपनी आकांक्षा की पूर्ति के लिए एक स्वतंत्र राज्य हासिल करना चाहिए, ऐसे कुविचार को हवा देकर मोहम्मद जिन्ना और उनके सहयोगी सत्ता पाने की सपना देखने लगे थे और इसे पूरा करने के लिए यह माँग करने लगे थे कि आजादी देने के पूर्व मुस्लिम बाहुल्य क्षेत्र को स्वायत्तता प्रदान की जाए और दो संविधान-सभा का गठन किया जाए—एक हिन्दुस्तान के लिए और दूसरा पाकिस्तान के लिए, और ब्रिटिश हुकूमत तब तक बनी रहे, जब तक अपने-अपने संविधान के साथ इन दोनों राष्ट्रों की स्थापना का कार्य पूरा न हो जाए।

इसके विपरीत कांग्रेस की मान्यता थी कि धर्म चाहे जो हो, सभी का राष्ट्र एक है और सभी भारतीय हैं; यह एक अखंड राष्ट्र है और इसका एक ही संविधान होना चाहिए; इस संविधान के माध्यम से सभी समुदायों के हितों की रक्षा की जाएगी; इसलिए ब्रिटिश हुकूमत को तुरन्त भारत की आजादी की घोषणा कर देनी चाहिए; उसके बाद यहाँ की जनता आपसी मतभेदों का निपटारा कर अपने भविष्य का निर्माण स्वयं कर लेगी।

कांग्रेस और मुस्लिम लीग के उक्त विपरीत विचारों के बीच समन्वय का रास्ता निकालना कैबिनेट मिशन के लिए आसान नहीं था। यह योजना बनाई गई कि देश का बँटवारा नहीं किया जाएगा; ब्रिटिश भारत और ब्रिटिश रियासतों को मिलाकर भारत का एक संघ होगा; ये प्रान्त भौगोलिक रूप से तीन समूहों में विभाजित होंगे—एक समूह हिन्दू बाहुल्य होगा, दूसरा समूह मुस्लिम बाहुल्य होगा और तीसरा समूह वह होगा, जिसमें हिन्दू एवं मुसलमान की समान आबादी है; भारतीय रियासतों को इस संघ में सम्मिलित होने या स्वतंत्र रहने की छूट होगी; केन्द्र सरकार की शक्ति केवल तीन विषय—विदेश, संचार एवं रक्षा मामले तक सीमित होगी; संघीय विषयों के अलावा अन्य सभी विषय एवं अवशिष्ट शक्तियाँ प्रान्तों में निहित होंगी; सभी प्रमुख राजनीतिक दलों के सहयोग से एक अन्तरिम सरकार की स्थापना की जाएगी; संविधान बनाने के लिए संविधान-सभा का निर्वाचन वयस्क मताधिकार के आधार पर न होकर प्रान्तीय विधायिकाओं द्वारा किया जाएगा।

कैबिनेट मिशन ने उक्त योजना को 16 मई, 1946 को सार्वजनिक कर दिया। काफी जद्दोजहद के बाद कांग्रेस एवं मुस्लिम लीग ने दबे मन से इस योजना को स्वीकार तो कर लिया, किन्तु अन्दर ही अन्दर वे इसका विरोध भी करते रहे। एक तरफ जहाँ मुस्लिम लीग को लगता था कि इस योजना के अन्तर्गत स्वीकार किए गए समूह में विभाजन का सिद्धान्त, अन्तत: उसके पाकिस्तान बनने का दरवाजा खोल देगा, तो वहीं कांग्रेस स्वयं दो गुटों में विभाजित होकर अन्तर्द्वंद्व की स्थिति में था। एक गुट समझौतावादी था, जो हर कीमत पर ब्रिटिश हुकूमत से मुक्ति चाहता था, भले ही इसके लिए देश का विभाजन ही क्यों न करना पड़े और दूसरा गुट अड़ियल विचार का था, जो हर कीमत पर देश के विभाजन के खिलाफ था, भले ही भावी शासन के स्वरूप के सम्बन्ध में किसी भी तरह का समझौता क्यों न करना पड़े। इनमें जो भी गुट जब भी भारी पड़ जाता था, वह अपने-अपने आग्रहों के लिए रास्ता तलाशने लगता था। इसी अन्तर्द्वंद्व के कारण कांग्रेस, अपनी इस माँग कि संविधान-सभा का चुनाव वयस्क मताधिकार के आधार पर कराया जाए, से भी पीछे हट गया।

संविधान-सभा का गठन प्रान्तीय विधायिकाओं द्वारा चुने गए प्रतिनिधियों से और इनका चुनाव एकल संक्रमणीय मत से आनुपातिक प्रतिनिधित्व द्वारा किया जाना निश्चित हुआ। इसके लिए कैबिनेट मिशन द्वारा 'संविधान-सभा की रूपरेखा एवं अधिकार सम्बन्धी योजना' की घोषणा की गई। दस लाख की जनसंख्या पर एक प्रतिनिधि चुने जाने की व्यवस्था बनाई गई। संविधान-सभा में सदस्यों की कुल संख्या 389 निर्धारित की गई, जिसमें से 292 प्रतिनिधि प्रान्तों से, एक-एक प्रतिनिधि दिल्ली प्रान्त, अजमेर-मालवाड़, कुर्ग एवं ब्रिटिश बलूचिस्तान से और 93 प्रतिनिधि भारतीय रियासतों से चुने जाने थे। जुलाई, 1946 में प्रान्तों के प्रतिनिधियों का चुनाव सम्पन्न हुआ। इस चुनाव में कांग्रेस 208 सीट और मुस्लिम लीग 73 सीट जीतने में सफल हुए।

संविधान-सभा का औपचारिक गठन तो हो गया था, किन्तु देश की आजादी पर इंग्लैंड की सरकार द्वारा अभी भी निर्णय लिया जाना था। मुस्लिम लीग असहयोग की नीति अपनाए हुए था। इसके कारण कैबिनेट मिशन की योजना के अनुक्रम में अन्तरिम सरकार के गठन को

लेकर भी समस्या आ रही थी। किन्तु वायसराय लार्ड वेवल ने कांग्रेस को अन्तरिम सरकार का गठन करने के लिए निमंत्रण दे दिया। पहले तो मुस्लिम लीग ने इस अन्तरिम सरकार में शामिल होने से मना कर दिया, किन्तु बाद में एक रणनीति के तहत सरकार को विफल करने के उद्देश्य से वह जवाहरलाल नेहरू के नेतृत्व वाली अन्तरिम सरकार में शामिल हो गया। अन्तरिम सरकार में शामिल होने के बावजूद मुस्लिम लीग का संविधान-सभा के प्रति असहयोग करने का रवैया जारी रहा। किन्तु संविधान-सभा की बैठक ज्यादा दिन टाला नहीं जा सकता था। अन्ततः वायसराय लार्ड वेवल ने 20 नवम्बर, 1946 को यह घोषणा किया कि संविधान-सभा की बैठक 9 दिसम्बर, 1946 को होगी। इस बैठक के लिए सभी निर्वाचित सदस्यों को निमंत्रण पत्र भी भेज दिया गया।

संविधान-सभा की पहली बैठक 9 दिसम्बर, 1946 को संविधान हॉल में आहूत की गई। 23 दिसम्बर, 1946 तक चली इस बैठक में मुस्लिम लीग का कोई प्रतिनिधि शामिल नहीं हुआ। मुस्लिम लीग की अनुपस्थिति पर चर्चा करने के उपरान्त यह तय किया गया कि सभा की बैठक को एक महीने के लिए टाल दिया जाए, ताकि मुस्लिम लीग सभा की कार्यवाही में भाग ले सके। इस दौरान संविधान-सभा के अस्थायी अध्यक्ष एवं स्थायी अध्यक्ष का चुनाव, आठ पैराग्राफ वाले उद्देश्य संकल्प पर चर्चा, पन्द्रह सदस्यीय प्रक्रिया नियम समिति का चयन, रियासतों से वार्तालाप के लिए समिति, प्रत्यायक समिति, सदन समिति, वित्त एवं स्टाफ समिति का चयन जैसे महत्त्वपूर्ण कार्य सम्पादित किए गए। इस तरह मुस्लिम लीग के असहयोग के बावजूद संविधान-सभा ने अपने कार्यों को रोका नहीं, बल्कि अपने आधार को मजबूती देना जारी रखा।

21 दिसम्बर, 1946 को छह सदस्यीय संविधान-सभा वार्ताकार समिति, जिसमें मौलाना अबुल कलाम आजाद, जवाहरलाल नेहरू, वल्लभभाई पटेल, डॉ. बी. पट्टाभि सीतारमैया, शंकर राव देव, एन. गोपालस्वामी अयंगर शामिल थे, के गठन का प्रस्ताव पारित किया गया। इस समिति के गठन के दो उद्देश्य थे[2]—(क) सभा में सीटों का वितरण निश्चित करना, जिनकी संख्या 16 मई, 1946 के कैबिनेट मिशन योजना में भारतीय रियासतों के लिए आरक्षित संख्या 93 से अधिक न हो और (ख) उन तरीकों को तय करना, जिससे रियासतों के प्रतिनिधियों की संविधान-सभा में वापसी हो, और तत्पश्चात ऐसे वार्तालाप के परिणाम को संविधान-सभा के समक्ष प्रस्तुत करना।

23 दिसम्बर, 1946 को पाँच सदस्यीय प्रत्यायक (क्रेडेंशीयल) समिति[3], जिसमें शरत चन्द्र बोस, डॉ. पी. के. सेन, बख्शी सर टेक चन्द, अल्लादी कृष्णास्वामी अय्यर एवं एफ. आर. एंथोनी शामिल थे; ग्यारह सदस्यीय सदन समिति[4], जिसमें राधानाथ दास, अक्षय कुमार दास, दीप नारायण सिन्हा, अब्दुल गफ्फार खान, जयराम दास दौलतराम, नन्दकिशोर दास, मोहन लाल सक्सेना, एच. वी. कामथ, आर. आर. दिवाकर, श्रीमती अम्मू स्वामीनाथन एवं श्रीराम शर्मा शामिल थे; नौ सदस्यीय वित्त एवं कर्मचारी समिति[4क], जिसमें सत्यनारायण सिन्हा, जयपाल सिंह, वी. आई. मुनिस्वामी पिल्लई, सी. ई. गिब्बन, एन. वी. गाडगिल, सेठ गोविन्द दास, श्री प्रकासा, राजकुमारी अमृत कौर, सरदार हरनाम सिंह शामिल थे, के चुनाव किए गए।

संविधान-सभा की दूसरी बैठक 20 जनवरी, 1947 को प्रारम्भ हुई। पहले ही दिन यह लगभग स्पष्ट हो गया था कि मुस्लिम लीग, अब संविधान-सभा में शामिल नहीं होगा। मुस्लिम लीग के असहयोग से संविधान-सभा की कार्यवाही अप्रभावित रहे, इस रणनीति के तहत अगले दिन यानी 21 जनवरी, 1947 को तेरह सदस्यीय 'संचालन समिति'[5] का गठन किया गया। इस समिति में मौलाना अबुल कलाम आजाद, सरदार वल्लभभाई पटेल, सरदार उज्जल सिंह, श्रीमती

जी. दुर्गाबाई, एस. एच. प्राटर, किरण शंकर राय, सत्यनारायण सिन्हा, एम. अनन्थसंयनम अयंगर, एस. एन. मैने, के. एम. मुंशी एवं दीवान चमन लाल शामिल थे।

24 जनवरी, 1947 को संविधान-सभा की सबसे महत्त्वपूर्ण समिति—'परामर्श समिति' के गठन से सम्बन्धित प्रस्ताव[6] गोविन्द बल्लभ पंत द्वारा प्रस्तुत किया गया। इस प्रस्ताव में कहा गया था कि परामर्श समिति में 68 सदस्य शामिल होंगे और इस समिति में ऐसे लोग भी शामिल हो सकते हैं, जो सभा के सदस्य नहीं हैं। इस समिति को समय-समय पर उपसमितियों की नियुक्ति करने का भी अधिकार दिया गया। इसका खंड (4) कहता था कि यह समिति अपनी अन्तिम रिपोर्ट तीन महीने के अन्दर प्रस्तुत करेगा और इस दौरान समय-समय पर अन्तरिम रिपोर्ट प्रस्तुत कर सकती है। इस प्रस्ताव पर के. एम. मुंशी ने यह संशोधन[7] लाया कि इस परामर्श समिति में सदस्यों की संख्या बढ़ाकर 72 की जाए। उनके इस प्रस्ताव में पचास सदस्यों[8] का उल्लेख भी किया गया था। इस समिति का या उपसमिति का कोरम कुल सदस्यों की संख्या का एक-तिहाई होगा। यह भी संशोधन[9] लाया गया कि परामर्श समिति, मूल अधिकार से सम्बन्धित अन्तरिम रिपोर्ट को छह सप्ताह के अन्दर और अल्पसंख्यक अधिकार से सम्बन्धित रिपोर्ट को दस सप्ताह के अन्दर अवश्य प्रस्तुत करेगा। संविधान-सभा ने के. एम. मुंशी द्वारा संशोधित गोविन्द बल्लभ पंत का प्रस्ताव स्वीकार कर लिया।

अगले दिन 25 जनवरी, 1947 को संविधान-सभा के उपाध्यक्ष पद पर डॉ. एच. सी. मुखर्जी का चुनाव किया गया। इसी दिन तीन सदस्यीय कार्यवाही समिति[10], जिसमें एन. गोपालस्वामी अयंगर, के. एम. मुंशी एवं बिश्वनाथ दास शामिल थे और बारह सदस्यीय संघीय समिति[11], जिसमें जवाहरलाल नेहरू, शरत चन्द्र बोस, डॉ. बी. पट्टाभि सीतारमैया, गोविन्द बल्लभ पंत, जयराम दास दौलतराम, बिश्वनाथ दास, एन. गोपालस्वामी अयंगर, सर टेक चन्द, अल्लादी कृष्णास्वामी अय्यर, डी. पी. खेतान, एम. आर. मसानी एवं के. एम. मुंशी शामिल थे, का गठन किया गया।

संविधान-सभा की तृतीय बैठक 28 अप्रैल, 1947 को आहूत की गई। इस दिन जवाहरलाल नेहरू द्वारा राज्य समिति की रिपोर्ट[12] और एन. गोपालस्वामी अयंगर द्वारा संघीय विषय समिति की रिपोर्ट[13] प्रस्तुत की गई। अगले दिन यानी 29 अप्रैल, 1947 को सरदार वल्लभभाई पटेल की अध्यक्षता वाले मूल अधिकार समिति द्वारा मूल अधिकार पर अपनी अन्तरिम रिपोर्ट[14] प्रस्तुत की गई। इस रिपोर्ट के साथ एक संलग्नक भी प्रस्तुत किया गया था, जिसमें शामिल 24 पैराग्राफ में कई मूल अधिकारों का उल्लेख किया गया था।

इस दौरान देश का दुर्भाग्यपूर्ण विभाजन होना लगभग अपरिहार्य हो गया और 3 जून, 1947 को नये वायसराय लार्ड माउंटबेटन ने घोषणा किया कि इंग्लैंड 15 अगस्त, 1947 को भारतीय उपमहाद्वीप में दो राज्यों—भारत एवं पाकिस्तान के निर्माण की स्वीकृति प्रदान करेगा।

विभाजन के इस साये में संविधान-सभा की चतुर्थ बैठक 14 जुलाई, 1947 को बुलाई गई, जिसमें कुल 79 सदस्यों ने रजिस्टर पर हस्ताक्षर कर अपनी उपस्थिति दर्ज कराई[15]। इस बैठक में 15 जुलाई को प्रान्तीय संविधान समिति[16] द्वारा और 21 जुलाई को संघीय संविधान समिति[17] द्वारा रिपोर्ट प्रस्तुत की गई। जवाहरलाल नेहरू द्वारा प्रस्तुत राष्ट्रीय ध्वज संकल्प[18] को संविधान-सभा ने 22 जुलाई, 1947 को अंगीकृत किया। यह बैठक 31 जुलाई, 1947 तक चली। इस चतुर्थ बैठक के दौरान ही ब्रिटिश संसद ने 18 जुलाई, 1947 को भारतीय स्वतंत्रता अधिनियम पारित कर दिया। इस कानून को लागू करने की तिथि 15 अगस्त, 1947 तय की गई।

संविधान-सभा की पाँचवीं बैठक 14 अगस्त, 1947 को आहूत की गई। इस बैठक की शुरुआत श्रीमती सुचेता कृपलानी ने 'वंदे मातरम्' गीत गाकर की।[19] संक्षिप्त सम्बोधन के बाद डॉ. राजेन्द्र प्रसाद ने भारत के अन्दर या बाहर शहीद हुए आजादी आन्दोलन के महानायकों की याद में मौन रहते हुए खड़ा होने के लिए कहा। इसके उपरान्त संविधान-सभा दो मिनट के लिए खड़ी हो गई।

तत्पश्चात सभाध्यक्ष द्वारा बुलाए जाने के बाद जवाहरलाल नेहरू ने 'सदस्य द्वारा शपथ सम्बन्धी प्रस्ताव' प्रस्तुत किया। इस प्रस्ताव के खंड (1) के अनुसार—रात्रि के बारह बजे, इस अवसर पर उपस्थित संविधान-सभा के सभी सदस्य निम्न शपथ[20] लेंगे :

> 'इस पवित्र अवसर पर, जब भारत के लोग संघर्ष एवं समर्पण करके आजादी हासिल किए हैं, मैं,...भारत की संविधान-सभा का सदस्य, स्वयं को भारत और उसके लोगों की सेवा के लिए विनम्रतापूर्वक समर्पित करता हूँ, ताकि यह ऐतिहासिक भूमि विश्व में अपना सम्यक स्थान प्राप्त कर सके और विश्वशान्ति एवं मानव कल्याण में वृद्धि के लिए अपना पूर्ण एवं इच्छुक योगदान कर सके।'

प्रस्ताव का खंड (2) कहता था कि इस अवसर पर अनुपस्थित सदस्य द्वारा, संविधान-सभा के अगले सत्र में, जब भी वह शामिल होंगे, उक्त शपथ लिया जाएगा। जवाहरलाल नेहरू, चौधरी खालिकुज्जमां एवं डॉ. एस. राधाकृष्णन के संक्षिप्त सम्बोधन के बाद संविधान-सभा ने इस प्रस्ताव को स्वीकार कर लिया। इसके उपरान्त ज्यों ही घड़ी की सूई रात्रि के बारह बजे पर पहुँची, सभाध्यक्ष एवं सभी सदस्य शपथ लेने के लिए खड़े हो गए। सभाध्यक्ष द्वारा हिन्दुस्तानी और अंग्रेजी में शपथ के एक-एक वाक्य को पढ़ा गया, जिसे सभी सदस्यों द्वारा दोहराया गया।

इसके बाद सभाध्यक्ष ने वायसराय को सूचनार्थ दो खंड वाला प्रस्ताव[21] प्रस्तुत किया। पहला खंड कहता था कि भारत की संविधान-सभा ने भारत का शासन करने के लिए शक्ति प्राप्त की है और दूसरा खंड कहता था कि भारत की संविधान-सभा इस संस्तुति का समर्थन करती है—कि लार्ड माउंटबेटन 15 अगस्त, 1947 से भारत के गवर्नर जनरल हों। इस प्रस्ताव में यह भी कहा गया था कि यह सन्देश राष्ट्रपति एवं जवाहरलाल नेहरू द्वारा लार्ड माउंटबेटन तक तुरन्त पहुँचाया जाएगा। सभाध्यक्ष का यह प्रस्ताव संविधान-सभा द्वारा 14 अगस्त, 1947 को अंगीकृत कर लिया गया।

सभाध्यक्ष द्वारा राष्ट्रीय ध्वज प्रस्तुत करने के लिए नाम पुकारे जाने के बाद श्रीमती हंसा मेहता ने राष्ट्र के समक्ष राष्ट्रीय ध्वज प्रस्तुत किया।[22] ध्वज प्रस्तुति समिति में कुल 74 महिलाओं का नाम था। अन्त में श्रीमती सुचेता कृपलानी ने 'सारे जहाँ से अच्छा हिन्दुस्तान हमारा' की आरम्भिक पंक्ति और 'जनगणमन अधिनायक जय हे' की पहली कड़ी को गाया।[23]

15 अगस्त, 1947 को भारतीय स्वतंत्रता अधिनियम लागू होने के साथ संविधान-सभा को कानूनी हैसियत प्राप्त हो गई। सुबह दस बजे सभाध्यक्ष डॉ. राजेन्द्र प्रसाद ने, गवर्नर जनरल लार्ड माउंटबेटन और लेडी माउंटबेटन के साथ संविधान हॉल में प्रवेश किया।[24] इस अवसर पर लार्ड माउंटबेटन ने ब्रिटेन के राजा का सन्देश पढ़ते हुए संविधान-सभा को सम्बोधित किया। इस दौरान सभाध्यक्ष द्वारा कुल दस देशों—यूनाइटेड किंगडम, चीन, कनाडा, आस्ट्रेलिया, यूनान नानकिंग, इंडोनेशिया, नेपाल, ओस्लो, फ्रांस, अमेरिका के शासनाध्यक्षों का और सेंटरबॅरी के आर्किबिशप का सन्देश भी पढ़ा गया।[25]

पाकिस्तान में शामिल हो गए क्षेत्र के प्रतिनिधियों की सदस्यता समाप्त कर दी गई। पुनर्गठन के बाद संविधान-सभा के सदस्यों की संख्या घटकर 299 हो गई और इसी संख्या के साथ संविधान-सभा की अगली बैठक 20 अगस्त, 1947 को आहूत की गई।

सभाध्यक्ष का उद्‌बोधन

9 दिसम्बर, 1946 को संविधान हॉल में संविधान-सभा की प्रथम बैठक की शुरुआत इसके अस्थायी अध्यक्ष का चुनाव करने के साथ हुई। आचार्य जे. बी. कृपलानी ने डॉ. सच्चिदानन्द सिन्हा को सभा का सबसे वयोवृद्ध सदस्य और भारत का सबसे अनुभवी सांसद बताते हुए उनसे अस्थायी अध्यक्ष के रूप में सभाध्यक्ष का आसन ग्रहण करने के लिए निवेदन किया। तत्पश्चात आचार्य कृपलानी ने डॉ. सच्चिदानन्द सिन्हा को सभाध्यक्ष के आसन तक ले गए और उन्हें आसीन कराया।[26] इसके उपरान्त डॉ. सिन्हा ने तीन देशों—अमेरिका, चीन एवं आस्ट्रेलिया की सरकार द्वारा भेजे गए शुभकामना-सन्देशों को पढ़ा।

अपने अध्यक्षीय सम्बोधन में डॉ. सच्चिदानन्द सिन्हा ने विश्व के कई विकसित देशों—स्विट्जरलैंड, फ्रांस, ब्रिटेन, अमेरिका में हुए संवैधानिक विकास का उल्लेख करते हुए कहा कि "यह एक तथ्य है कि फ्रांसीसी संविधान निर्मातागण, जो 1789 में अपने देश की संविधान-सभा में पहली बार मिले थे, दो ही वर्ष पूर्व 1787 में अमेरिकी संविधान निर्माताओं द्वारा फिलाडेल्फिया में सम्पन्न किए गए ऐतिहासिक संविधान सम्मेलन से बहुत ज्यादा प्रभावित थे। वे ब्रिटिश सम्राट के प्रति अपनी राजनिष्ठा को त्याग कर संसद में मिले थे और ऐसे संविधान की रचना की, जिसे सबसे ठोस, व्यावहारिक और क्रियाशील गणतांत्रिक संविधान माना गया है और ऐसा है भी। यही महान संविधान है, जिसे बाद में बने सभी संविधानों के लिए, न केवल फ्रांस द्वारा, बल्कि कनाडा, आस्ट्रेलिया और दक्षिण अफ्रीका जैसे तमाम ब्रिटिश कामनवेल्थ के स्वशासी उपनिवेशी देशों द्वारा नैसर्गिक रूप से आदर्श स्वरूप में लिया गया, और उन्हें कोई सन्देह नहीं है कि आप सभी भी कार्य करने के दौरान दूसरे संविधानों की अपेक्षा अमेरिकी संविधान के प्रावधानों की ओर स्वाभाविक रूप से ज्यादा ध्यान देंगे।"[27]

अमेरिकी संविधान के सम्बन्ध में जॉसेफ स्टोरी द्वारा कहे गए प्रेरक टिप्पणी की ओर सदस्यों का ध्यान आकर्षित करते हुए डॉ. सिन्हा ने आगे कहा—

> "आशान्वित हूँ कि आप सभी मेरे साथ महान अमेरिकी विधिशास्त्री जॉसेफ स्टोरी के एक औचित्यपूर्ण लम्बे उद्धरण को धैर्यपूर्वक सुनेंगे। उन्होंने प्रसिद्ध पुस्तक 'कमेंटरीज ऑन दि कान्स्टीट्यूशन ऑफ दि यूनाइटेड स्टेट' में निष्कर्ष देते हुए कुछ उल्लेखनीय और उत्साहजनक की है।" स्टोरी कहते हैं—
>
> "अमेरिका के नवयुवकों को यह कभी नहीं भूलना चाहिए कि उन्हें अपने संविधान के रूप में एक ऐसी ऊँची विरासत मिली है, जिसे उनके पूर्वजों ने अथक परिश्रम, कष्ट और बलिदान करके, अपना खून देकर उपार्जित किया है, जिसको यदि बुद्धिमत्तापूर्वक समृद्ध किया जाए और ईमानदारी से संरक्षित किया जाए, तो इस योग्य है कि वह उनकी नवीनतम भावी पीढ़ी को जीवन की समस्त इच्छाओं, आजादी, सम्पन्नता, धर्म एवं स्वाधीनता का सुखद उपभोग प्रदान करता रहेगा। इसकी (संविधान की) इमारत को बड़े ही कुशल एवं सत्यनिष्ठा वाले कारीगरों ने खड़ा किया है; इसकी बुनियाद ठोस है; इसका प्रत्येक हिस्सा बहुत खूबसूरत और उपयोगी है; इसकी व्यवस्था बुद्धिमत्ता एवं

तारतम्यता से युक्त है और इसकी रक्षात्मक व्यवस्था बिना अपवाद के अजेय है। यह इस तरह खड़ी की गई है कि यह हमेशा, यदि मानव निर्मित कृति ऐसी किसी उपाधि की अधिकारी हो सकती है, अमर बनी रहे। यह फिर भी केवल अपने रक्षकों—जनता की मूर्खता, भ्रष्टाचार एवं उपेक्षा के कारण क्षणभर में ढह सकती है। कुछ शब्द हैं, जिन्हें मैं आप सभी के विचारार्थ कहना चाहता हूँ, वह यह है कि लोकतंत्र नागरिकों के सदाचार, जनभावना एवं बुद्धिमत्ता द्वारा स्थापित होता है। वह नष्ट हो जाता है, जब बुद्धिमान लोक संस्थाओं से निर्वासित कर दिए जाते हैं, क्योंकि वे ईमानदार बने रहने का साहस करते हैं और अपव्ययी सम्मानित होते हैं, क्योंकि वे जनता को ठगने के लिए उनकी खुशामद करते हैं।

"माननीय सदस्यों, मेरी प्रार्थना है कि जो संविधान आप बनाने जा रहे हैं, वह भी अविनाशिता, यदि मानव निर्मित किसी कृति को ऐसी कोई उपाधि दी जा सके, के लिए शिक्षा दे और यह ऐसी वज्रतुल्य शक्ति वाली संरचना हो, जो वर्तमान और भविष्य के सभी तरह की विध्वंसकारी शक्तियों को नियंत्रित एवं समाप्त करे।"[28]

यूरोप और अमेरिका में हुए संवैधानिक विकास का उल्लेख करने के बाद डॉ. सच्चिदानन्द सिन्हा ने महात्मा गांधी द्वारा 1922 में दिये गए उस वक्तव्य को भी याद किया जिसमें उन्होंने कहा था कि स्वराज, ब्रिटिश संसद द्वारा दिया गया मुफ्त उपहार नहीं होगा। यह संसद के एक कानून के माध्यम से व्यक्त भारत के पूर्ण स्व-निर्णय की घोषणा होगी। परन्तु यह भी केवल भारत की जनता के घोषित इच्छा की मात्र एक शालीन सम्पुष्टि ही होगी। सम्पुष्टि एक सन्धि होगी, जिसमें ब्रिटेन भी एक पक्षकार होगा। जब यह समझौता होगा, तो ब्रिटिश संसद भारत की जनता की उन इच्छाओं को प्रमाणित करेगा, जिसे वह स्वतंत्र रूप से चुने गए प्रतिनिधियों के माध्यम से व्यक्त करता है।[29]

अपने सम्बोधन में स्वराज पार्टी द्वारा पारित प्रस्ताव को शामिल करते हुए डॉ. सिन्हा ने आगे कहा—

"भारत की जनता द्वारा 'स्वतंत्र रूप से चुने गए प्रतिनिधियों' से गठित संविधान-सभा के लिए महात्मा गांधी की माँग को तमाम लोक-संगठनों एवं राजनेताओं द्वारा समय-समय पर स्वीकृति प्रदान की गई, किन्तु यह मई 1934 के पहले तक नहीं था, जब राँची (बिहार) में गठित स्वराज पार्टी ने एक योजना बनाई, जिसमें निम्न प्रस्ताव शामिल किया गया—

'यह सम्मेलन भारत के लिए स्व-निर्णय के अधिकार का दावा करता है और इस सिद्धान्त को लागू करने का एकमात्र तरीका सर्वस्वीकार्य संविधान बनाने के लिए भारतीय जनता के सभी वर्गों के प्रतिनिधित्व वाली संविधान-सभा को बुलाना है।'

"मैं आप सबके सफल परिश्रम और परम पिता परमेश्वर के आशीर्वाद की प्रार्थना करता हूँ, जिससे इस सभा की कार्यवाही न केवल विवेक, जन-सेवा-भावना और विशुद्ध देशभक्ति से परिपूर्ण हो, बल्कि बुद्धिमत्ता, सहिष्णुता, न्याय और सबके प्रति सद्भावना से भी ओतप्रोत हो; इससे ऊपर ईश्वर आप सबको सभा के कार्य संचालन में ऐसी दूरदृष्टि दे, जिससे भारत अपने प्रतिष्ठित गौरव को पुन:प्रतिष्ठित कर सके; उसे विश्व के महान राष्ट्रों के बीच प्रतिष्ठा और समानता का स्थान मिले।

"मैं आपसे यह विशेष अनुरोध करता हूँ कि आप अपने प्रयत्न में विशाल और उदार दृष्टि से काम लें। पवित्र ग्रन्थ बाइबिल हमें सिखाता है—'जहाँ दूरदर्शिता नहीं है, लोगों का नाश होता है।' "[30]

तत्पश्चात डॉ. सच्चिदानन्द सिन्हा ने फ्रैंक आर. एंथोनी को उपसभापति के रूप में नियुक्त किए जाने का प्रस्ताव किया, जिसे संविधान-सभा द्वारा स्वीकार कर लिया गया।

इसके पश्चात कुल 203 सदस्यों ने अपनी उपस्थिति के प्रमाण-पत्र प्रस्तुत किए और रजिस्टर पर हस्ताक्षर किए। हस्ताक्षर करने वाले सदस्यों में मद्रास से एस. सी. राजगोपालाचारी, अल्लादी कृष्णास्वामी अय्यर सहित 43 सदस्य; बॉम्बे से वल्लभभाई जे. पटेल, के. एम. मुंशी सहित 19 सदस्य; बंगाल से शरत चन्द्र बोस, डॉ. बी. आर. आंबेडकर सहित 25 सदस्य; यूनाइटेड प्राविंसेज से आचार्य जे. बी. कृपलानी, गोविन्द बल्लभ पंत सहित 42 सदस्य; पंजाब से सरदार हरनाम सिंह, बख्शी सर टेक चन्द; बिहार से डॉ. राजेन्द्र प्रसाद, सरोजिनी नायडू सहित 30 सदस्य; सी. पी. एवं बेरार से रवि शंकर शुक्ल, हरिविष्णु कामथ सहित 14 सदस्य; आसाम से श्रीजुत गोपीनाथ बारदोई; एन. डब्लू. एफ. प्रान्त से मौलाना अबुल कलाम आजाद एवं खान अब्दुल गफ्फार खान और उड़ीसा से बिश्वनाथ दास सहित 9 सदस्य और सिन्ध, दिल्ली, अजमेर-मालवाड़ एवं कुर्ग से एक-एक सदस्य शामिल थे।[31]

संविधान-सभा के रजिस्टर पर 203 सदस्यों द्वारा हस्ताक्षर किए जाने के दो दिन बाद अर्थात् 11 दिसम्बर, 1946 को संविधान-सभा के स्थायी अध्यक्ष पद के लिए डॉ. राजेन्द्र प्रसाद का नाम प्रस्तावित किया गया। पहले प्रस्ताव के प्रस्तावक आचार्य जे. बी. कृपलानी और समर्थक वल्लभभाई पटेल और दूसरे प्रस्ताव के प्रस्तावक हरेकृष्ण मेहताब और समर्थक नन्द किशोर दास थे।[32] जबकि श्री टी. प्रकासम और एस. राधाकृष्णन के दो अन्य प्रस्ताव नियमानुकूल नहीं पाए गए। इस तरह सर्वसहमति से डॉ. राजेन्द्र प्रसाद को संविधान-सभा का स्थायी अध्यक्ष चुना गया।

स्थायी अध्यक्ष के निर्वाचन के बाद जे.बी. कृपलानी एवं अबुल कलाम आजाद ने डॉ. राजेन्द्र प्रसाद को इंकलाब जिन्दाबाद और जय हिन्द के जयघोष के बीच सभाध्यक्ष की कुर्सी तक लेकर गए और आसीन कराया।

इसके बाद डॉ. सच्चिदानन्द सिन्हा ने सर्वप्रथम एस. राधाकृष्णन को बधाई देने के लिए बुलाया। अपने बधाई सन्देश में राधाकृष्णन ने महाभारत के सूक्तिवाक्य का उल्लेख करते हुए कहा कि "नम्रता सबसे कठोर चीजों पर काबू पा सकती है; इससे सबसे कोमल चीजों पर भी काबू पाया जा सकता है। कुछ भी ऐसा असम्भव नहीं है, जिस पर नम्रता द्वारा काबू न पाया जा सके, और इसलिए हमारे पास जो सबसे तीक्ष्ण हथियार है, वह नम्रता है।" राधाकृष्णन ने डॉ. राजेन्द्र प्रसाद को नम्रता का भाव रखने वाली एक ऐसी भद्र आत्मा बताया, जिसके पास विशाल धैर्य और साहस है।[33] राधाकृष्णन के बाद डॉ. सिन्हा ने एन. गोपालस्वामी अयंगर, एफ. आर. एंथोनी, सरदार उज्जल सिंह, महाराजाधिराज कामेश्वर सिंह, डॉ. जे. ए. डिसूजा, वी. आई. मुनिस्वामी पिल्लई, खान अब्दुल गफ्फार खान, सी. एम. पूनाचा, एच. वी. कामथ, सोमनाथ लाहिरी, जयपाल सिंह, सरोजिनी नायडू को बधाई देने के लिए बुलाया और सभी ने एक-एक करके डॉ. राजेन्द्र प्रसाद को बधाई दी। अन्तिम वक्ता के रूप में सरोजिनी नायडू ने डॉ. राजेन्द्र प्रसाद को करुणा, बोध, त्याग और प्रेम रखने वाले महान बुद्ध की आध्यात्मिक विरासत का वाहक बताया।[34]

इस अवसर पर डॉ. सच्चिदानन्द सिन्हा ने कहा कि वह डॉ. राजेन्द्र प्रसाद की प्रतिभा को देखते हुए उनके हाई कोर्ट का जज बनने का अनुमान करते थे। किन्तु यदि डॉ. राजेन्द्र प्रसाद हाई कोर्ट जज नहीं बने हैं तो उन्होंने जिन्दगी को इस तरह जिया है कि आज वह भारत के संविधान-सभा के स्थायी अध्यक्ष निर्वाचित हुए हैं। उन्हें डॉ. प्रसाद को संविधान-सभा के प्रथम अध्यक्ष की कुर्सी पर बैठाते हुए गर्व महसूस हो रहा है।[35]

इसके बाद डॉ. राजेन्द्र प्रसाद अध्यक्ष की कुर्सी पर आसीन हुए।

तत्पश्चात आचार्य जे. बी. कृपलानी ने डॉ. सच्चिदानन्द सिन्हा को उनके द्वारा किए गए सफल कार्य के लिए बधाई दी। हिन्दी में बोलते हुए कृपलानी ने आशा व्यक्त किया कि डॉ. सिन्हा सदन में हम सभी के साथ उसी भाव के साथ बैठेंगे, जिस भाव के साथ उन्होंने सदन की प्राथमिक प्रक्रिया को संचालित किया है।[36]

इसके बाद प्रथम स्थायी अध्यक्ष के रूप में संविधान-सभा को सम्बोधित करते हुए डॉ. राजेन्द्र प्रसाद ने कहा—

> "स्वराज हासिल करने के लिए हम बहुत दिनों से लड़ाई लड़ रहे हैं। इस सभा का अस्तित्व तीन शक्तियों के कारण आया है। पहला, हमारे देशभक्तों द्वारा दी गई कुर्बानी। बहुत सारे पुरुषों एवं महिलाओं ने अपनी जान देकर, अपने ऊपर हर तरह की मुसीबत एवं तकलीफ सहकर, हर तरह का त्याग एवं तपस्या करके यह स्थिति बनाई है। फिर ब्रिटिश जाति का इतिहास, उनका अपना स्वार्थ और उनकी फैयाजी सबने मिलकर इस सभा के पैदा होने में मदद की है। उसके अलावा विश्व में होते रहने वाले मानवीय क्रियाकलाप, इसको लेकर बनने वाले वैश्विक वातावरण एवं वैश्विक शक्तियाँ, इन सभी ने भी इस संविधान-सभा को अस्तित्व में आने में कम योगदान नहीं किया है। ये तीनों शक्तियाँ लक्ष्य हासिल होने तक अपना काम करती रहेंगी और हो सकता है कि उनमें से कुछ एक तरफ खींचें और कुछ दूसरी तरफ खींचें। मगर मेरा विश्वास है कि अन्त में हम सफल होकर रहेंगे। ईश्वर से प्रार्थना है कि वह हमें दूरदर्शिता प्रदान करे, ताकि हम एक-दूसरे को समझ सकें और एक साथ मिलकर अपने देश को आजाद कर सकें।"[37]

अन्त में राजेन्द्र प्रसाद ने कहा—

> "आजाद होने की आजादी से मूल्यवान कुछ भी नहीं है। हम आशा करें एवं प्रार्थना करें कि इस संविधान-सभा के परिश्रम से हम आजादी प्राप्त करेंगे और हम सबको इस पर गर्व होगा।"

उक्त सम्बोधन के बाद सभाध्यक्ष ने पन्द्रह सदस्यीय प्रक्रिया निर्माण नियमावली समिति की घोषणा की। इस समिति में जगजीवन राम, शरत चन्द्र बोस, एफ. आर. एंथोनी, अल्लादी कृष्णास्वामी अय्यर, बख्शी सर टेक चन्द, रफी अहमद किदवई, श्रीमती जी. दुर्गाबाई, डॉ. जोसेफ अल्बन डिसूजा, एन. गोपालस्वामी अयंगर, पुरुषोत्तम दास टंडन, श्रीजुत गोपीनाथ बारदोई, डॉ. बी. पट्टाभि सीतारमैया, के. एम. मुंशी, मेहर चन्द खन्ना एवं सरदार हरनाम सिंह शामिल थे।

संविधान-सभा का स्वरूप

संविधान-सभा के अन्दर भारतीय राष्ट्रीय कांग्रेस का एक तरह से पूरा वर्चस्व था। विभाजन के पहले मुस्लिम लीग के प्रतिनिधियों की संख्या 73 थी, जो विभाजन के बाद घटकर 28 हो

गई। भारतीय राष्ट्रीय कांग्रेस, संविधान-सभा में सभी समुदायों की भागीदारी सुनिश्चित करने की नीति के साथ आगे बढ़ रही थी। यह नीति तत्कालीन परिस्थितियों को दृष्टिगत रखते हुए बहुत महत्त्वपूर्ण थी। न केवल मुस्लिम लीग हिन्दुओं का वर्चस्व होने की बात कहकर बँटवारे को अपरिहार्य बता रहा था, बल्कि स्वयं ब्रिटिश हुकूमत भी इसे हवा देने का काम कर रहा था। इसी कड़ी में तत्कालीन ब्रिटिश प्रधानमंत्री मि. विन्स्टन चर्चिल एवं चांसलर विस्काउंट साइमन द्वारा कामन हाउस एवं लार्ड हाउस में हुई चर्चा के दौरान संविधान-सभा के प्रातिनिधिक चरित्र पर प्रश्नचिन्ह भी खड़ा किया गया। मि. चर्चिल ने संविधान-सभा के बारे में कहा था कि यह भारत के केवल एक बहुसंख्यक समुदाय का प्रतिनिधित्व करता है। इससे एक कदम और आगे बढ़ते हुए विस्काउंट साइमन ने संविधान-सभा को हिन्दुओं की संस्था कहकर पुकारा था।

20 जनवरी, 1947 को संविधान-सभा की बैठक में सभाध्यक्ष महोदय ने मि. चर्चिल एवं चांसलर विस्काउंट साइमन के बयानों का भी जवाब दिया। संविधान-सभा की प्रातिनिधिक स्थिति का उल्लेख करते हुए डॉ. राजेन्द्र प्रसाद ने कहा कि "कुल 296 सदस्यों में से 210 सदस्यों ने प्रथम बैठक में भाग लिया था। इन उपस्थित 210 सदस्यों में 155 हिन्दू (कुल 160 हिन्दुओं में से); 30 अनुसूचित जाति (कुल 33 अनुसूचित जाति के सदस्यों में से); सभी 5 सिख; 5 भारतीय ईसाई (कुल 7 भारतीय ईसाइयों में से); सभी 5 पिछड़े आदिवासी; सभी 3 एंग्लो-इंडियन; सभी 3 पारसी; और 4 मुसलमान (कुल 80 मुसलमानों में से) शामिल थे। निश्चित ही मुस्लिम लीग के प्रतिनिधियों की अनुपस्थिति महत्त्वपूर्ण है, जिसके लिए हमें अफसोस है। किन्तु आँकड़ों से, जैसा कि उल्लेख किया गया है, यह स्पष्ट है कि मुस्लिम लीग के प्रतिनिधियों के अपवाद के अलावा भारत के सभी समुदायों का, भले ही वे किसी भी पार्टी से जुड़े हों, सभा में प्रतिनिधित्व है और इसलिए यह कहना कि सभा भारत के केवल एक बड़े समुदाय का या हिन्दुओं की संस्था के रूप में या हिन्दू जाति की बैठक के रूप में प्रतिनिधित्व करता है, तथ्यों के साथ पूर्ण उपहास है।"[38]

संविधान-सभा में कांग्रेस से आसिफ अली, मौलाना अब्दुल कलाम आजाद, खान अब्दुल गफ्फार खान जैसे, तो मुस्लिम लीग से नजीरुद्दीन अहमद, महबूब अली बेग साहिब बहादुर, के. टी. एम. ए. इब्राहिम, काजी एस. करीमुद्दीन, जेड. एच. लारी, बी. पोकर साहिब बहादुर, बेगम एजाज रसूल, मोहम्मद इस्माइल साहिब, मोहम्मद सादुल्ला, मोहम्मद ताहिर जैसे कई मुस्लिम सदस्य थे। मुस्लिम लीग की तरह यद्यपि यहाँ किसी हिन्दूवादी संगठन का कोई आधिकारिक प्रतिनिधित्व नहीं था, किन्तु हिन्दू महासभा से जुड़े रहे डॉ. एम.आर. जयकर, डॉ. श्यामा प्रसाद मुखर्जी, जगत नारायण लाल, एन.बी. खरे और राष्ट्रीय स्वयंसेवक संघ से जुड़े रहे विनायक सीताराम सरवटे इसके सदस्य चुने गए थे। कांग्रेस के पुरूषोत्तम दास टंडन एवं डॉ. रघु वीर (बाद में जनसंघ के अध्यक्ष) भी एक प्रखर हिन्दूवादी छवि के नेता थे। अकाली दल के सरदार हुकुम सिंह, सरदार उज्जल सिंह, सरदार बलदेव सिंह और कांग्रेस के ज्ञानी गुरुमुख सिंह मुसाफिर सिख समुदाय का प्रतिनिधित्व कर रहे थे, तो डॉ. एच.सी. मुखर्जी, एफ.आर. एंथोनी, रेव. जेरोम डिसूजा, डॉ. जोसेफ अल्बन डिसूजा, एस.एच. प्राटर ईसाई समुदाय के और सर होमी मोदी, आर.के. सिधवा, एम.आर. मसानी पारसी स मुदाय के प्रमुख चेहरे थे। इस तरह संविधान-सभा की संरचना किसी धर्म की सीमा से बँधा हुआ नहीं था।।

न केवल धार्मिक/सामुदायिक आधार पर प्रतिनिधित्व के नजरिये से ही, बल्कि वैचारिक एवं वृत्तिक नजरिये से भी संविधान-सभा की संरचना का चरित्र आदर्श था। वृत्तिक दृष्टिकोण से विधिवक्ताओं की संख्या ज्यादा थी। इनमें डॉ. राजेन्द्र प्रसाद, के. एम. मुंशी,

डॉ. बी. आर. आंबेडकर, अल्लादी कृष्णास्वामी अय्यर, शरत चन्द्र बोस, जवाहरलाल नेहरू, गोविन्द बल्लभ पंत, वल्लभभाई पटेल, श्रीमती जी. दुर्गाभाई, सैयद मुहम्मद सादुल्ला जैसे तमाम सदस्य वकालत से जुड़े हुए थे। इनके साथ आचार्य जे. बी. कृपलानी, एच. सी. मुखर्जी जैसे शिक्षाविद्, प्रो. के. टी. शाह जैसे प्रसिद्ध अर्थशास्त्री, डॉ. बी. पट्टाभि सीतारमैया जैसे चिकित्सक, टी. टी. कृष्णमाचारी जैसे व्यवसायी, श्रीकृष्ण सिन्हा जैसे पूर्व सैनिक, एन. गोपालस्वामी अयंगर, एन. माधव राव जैसे प्रशासनिक कार्यों का अनुभव रखने वाले और सत्यनारायण सिन्हा जैसे कृषिकार्य से जुड़े रहने वाले सदस्य भी संविधान-सभा को दिव्य बनाते थे।

संविधान-सभा में महिलाओं के प्रतिनिधित्व का भी खासा ध्यान रखा गया था। जी. दुर्गाबाई, पूर्णिमा बनर्जी, राजकुमारी अमृत कौर, हंसा मेहता, सरोजिनी नायडू जैसी प्रखर महिला सदस्यों ने अपने तेज से संविधान-सभा की कार्यवाही में महती भूमिका निभाई थी। श्रीमती जी. दुर्गाबाई मद्रास उच्च न्यायालय की विधिवक्ता थीं और उन्हें दक्षिण भारत में हिन्दुस्तानी भाषा के प्रचार-प्रसार का खासा अनुभव था।

यद्यपि संविधान-सभा में सोशलिस्ट पार्टी या कम्युनिस्ट पार्टी का आधिकारिक प्रतिनिधित्व न के बराबर था और जयप्रकाश नारायण, नरेन्द्र देव, डॉ. राममनोहर लोहिया जैसे सोशलिस्ट पार्टी से जुड़े प्रखर समाजवादी नेता संविधान-सभा में नहीं पहुँच सके थे, किन्तु सोमनाथ लाहिरी जैसे सदस्य थे, जो स्वयं को कम्युनिस्ट पार्टी के प्रतिनिधि के रूप में प्रस्तुत करते थे। इसके अलावा कांग्रेस के सदस्य के रूप में पहुँचे अधिकांश सदस्य स्वयं को समाजवादी ही मानते थे और इस बात में विश्वास करते थे कि सामाजिक एवं आर्थिक समानता के लिए सरकार को आगे बढ़कर उद्योग पर नियंत्रण करना चाहिए और शिक्षा एवं स्वास्थ्य पर ध्यान देना चाहिए।

उद्देश्य संकल्प पर 17 दिसम्बर, 1946 को अपना भाषण देकर डॉ. बी. आर. आंबेडकर ने अपनी प्रतिभा से लोगों को प्रभावित कर लिया था। संविधान-सभा में डॉ. आंबेडकर की उपस्थिति सुनिश्चित करने के लिए तत्कालीन नेतृत्व कितना चिन्तित था, इसको एक घटना के माध्यम से समझा जा सकता है। संविधान-सभा में डॉ. आंबेडकर का निर्वाचन अविभाजित बंगाल से हुआ था। बंगाल के विभाजन के बाद उनकी सदस्यता 14 जुलाई, 1947 को समाप्त होने वाली थी। डॉ. आंबेडकर के ज्ञान एवं प्रतिभा से संविधान-सभा वंचित न रहने पाए और संविधान-सभा में उनका पुनर्निर्वाचन सुनिश्चित हो, इसके लिए सरदार वल्लभभाई पटेल सहित देश के तत्कालीन शीर्ष नीतिकार आगे आए। उसी समय बॉम्बे प्रान्त में डॉ. मुकुंद रामराव जयकर के इस्तीफे से पद रिक्त हुआ था। इस रिक्त पद पर कांग्रेस के टिकट पर डॉ. बी. आर. आंबेडकर के चुनाव को सुनिश्चित करने के लिए स्वयं संविधान-सभा के अध्यक्ष आगे आए। बॉम्बे प्रान्त के तत्कालीन प्रधानमंत्री बी. जी. खेर को सम्बोधित अपने पत्र दिनांक 30 जून, 1947 में डॉ. राजेन्द्र प्रसाद लिखते हैं—

> 'अन्य बातों को एक तरफ रखते हुए हम पाते हैं कि संविधान-सभा एवं अन्य तमाम समितियों में डॉ. आंबेडकर का कार्य इस तरह का रहा है, जो माँग करता है कि हमें उनकी सेवा से वंचित नहीं होना चाहिए। जैसा कि आप जानते हैं, वह बंगाल से चुने गए थे और इस प्रान्त के बँटवारे के बाद उनकी संविधान-सभा में सदस्यता समाप्त हो गई है। मैं चिन्तित हूँ कि वह 14 जुलाई, 1947 से आरम्भ होने जा रही संविधान-सभा के अगले सत्र में उन्हें भाग लेना चाहिए और इसलिए यह आवश्यक है कि उनका चुनाव जल्द-से-जल्द हो।'[39]

संविधान-सभा के इतिहास में यह सम्भवतः एकमात्र उदाहरण है, जब स्वयं अध्यक्ष द्वारा किसी सदस्य के महत्त्व को दर्शाते हुए उसकी सदस्यता को बनाए रखने के लिए यह पहल की गई। यह अपने-आप में इसलिए भी खास है क्योंकि स्वयं डॉ. बी. आर. आंबेडकर पहली बार संविधान-सभा में मुस्लिम लीग के टिकट पर चुनकर आए थे। लेकिन अब उनके चुनाव को लेकर कांग्रेस के शीर्ष रणनीतिकार गम्भीर थे। यह अपने-आप में अनोखा था।

संविधान-सभा के स्वरूप के सम्बन्ध में एक महत्त्वपूर्ण सवाल इसकी सम्प्रभुता को लेकर था। स्वयं महात्मा गांधी, संविधान-सभा के दूसरे द्वारा निर्मित निकाय होने के आधार पर इसे सम्प्रभु नहीं मानते थे। इसके बावजूद गांधी जी मानते थे कि सभा के कार्य की सफलता के लिए इसके सभी दलों को एक साथ प्रयास करना चाहिए। समाजवादी विचार का प्रतिनिधित्व करने वाली सोशलिस्ट पार्टी से जुड़ा कोई नेता संविधान-सभा में नहीं शामिल था। इस पार्टी का भी मानना था कि वयस्क मत के आधार पर जनता द्वारा निर्वाचित होने के बाद ही संविधान-सभा को सम्प्रभु माना जा सकेगा। इस पार्टी की राष्ट्रीय कार्यकारिणी समिति ने मई, 1948 में संविधान-सभा भंग करने और इसका पुनर्गठन करने के लिए प्रस्ताव पारित किया। इसके विपरीत संविधान-सभा की नीतियों को तय करने वाले प्रमुख नेता जवाहरलाल नेहरू, वल्लभभाई पटेल, राजेन्द्र प्रसाद इस संस्था को सम्प्रभु मानते थे। इनका तर्क था कि सभा के प्राधिकार भारत की जनता में निहित हैं। शपथ सम्बन्धी प्रस्ताव प्रस्तुत करते समय जवाहरलाल नेहरू ने संविधान-सभा को जनता के प्रतिनिधि के रूप में सम्बोधित करते हुए उनसे संविधान निर्माण के महान साहसिक कार्य में पूरी आस्था एवं आत्मविश्वास से साथ देने की अपील किया। इस तर्क का व्यावहारिक पक्ष भी था। आजादी मिलने की सम्भावनाओं के बीच ऐसे समय जब मुस्लिम लीग द्वारा रस्साकशी की जा रही थी, संविधान-सभा की वैधानिकता पर किसी तरह का प्रश्नचिन्ह खड़ा करना मुस्लिम लीग को और अवसर देने जैसा था। इसलिए भले ही संविधान-सभा की सम्प्रभुता के सम्बन्ध में महात्मा गांधी का अपना विचार रहा हो, किन्तु संविधान-सभा के गठन में इस देश के जनमानस की इच्छाशक्ति से बने दबाव की भूमिका को नकारा नहीं जा सकता था। इस व्यावहारिक पहलू को भी नहीं नकारा जा सकता था कि संविधान-सभा, धीरे-धीरे अपनी कार्यवाही को लेकर बहुत आगे बढ़ चुकी थी। इससे पीछे मुड़ना देशहित में नहीं था।

संविधान-सभा की सम्प्रभुता को लेकर व्यक्त की जा रही किसी आशंका को समाप्त करना आवश्यक था। सभाध्यक्ष डॉ. राजेन्द्र प्रसाद ने 14 अगस्त, 1947 को यह प्रस्ताव प्रस्तुत किया कि भारत की संविधान-सभा ने भारत का शासन करने के लिए शक्ति प्राप्त की है। संविधान-सभा द्वारा यह प्रस्ताव स्वीकार करने के बाद इसकी सम्प्रभुता को लेकर व्यक्त की जा रही सभी तरह की आशंका समाप्त हो गई।

2

उद्देश्य संकल्प : एकत्व बनाने की चुनौती

उद्देश्य संकल्प और इससे उपजे सवाल

संविधान-सभा के उद्देश्य को परिभाषित करने और इसके सदस्यों द्वारा अपनाई जाने वाली योजनाओं को स्पष्ट करने के लिए इसका एक उद्देश्य संकल्प होना बहुत महत्त्वपूर्ण था। संविधान-सभा की प्रथम बैठक के पाँचवें दिन 13 दिसम्बर, 1946 को सभाध्यक्ष द्वारा बुलाए जाने के बाद जवाहरलाल नेहरू ने उद्देश्य संकल्प प्रस्तुत किया। इस अवसर पर सम्बोधित करते हुए नेहरू ने कहा कि "हम यहाँ जनता की शक्ति के कारण मिले हैं और हम सभी यहाँ पर तक तब कार्य करते रहेंगे, जब तक जनता, न कि कोई पार्टी या समूह, ऐसा करने की इच्छा रखेगी। इसलिए हमें हमेशा भारतीय जनमानस के उत्साह को अपने दिमाग में रखना है और उसे पूरा करने का प्रयास करना है।"[1] उद्देश्य संकल्प का उल्लेख करते हुए नेहरू ने आगे कहा कि "यह प्रस्ताव, उन मूलभूत बातों का उल्लेख करता है, जो सामान्यतया लोगों को मालूम हैं और उनके द्वारा स्वीकरणीय रही हैं। यह प्रस्ताव विस्तार में नहीं है। यह केवल यह दिखाता है कि इसमें दिये गए उद्देश्यों को प्राप्त करने के लिए हम भारत को कैसे आगे ले जाएँगे। आप इसके शब्दों पर विचार करेंगे और आशा है कि आप इसे स्वीकार करेंगे, किन्तु सबसे मुख्य बात इसके पीछे की भावना है। कानून शब्दों से बना होता है, किन्तु यह संकल्प कहीं कानून से ज्यादा ऊँचा है। यदि आप इसके शब्दों का परीक्षण विधिज्ञाता की तरह करेंगे, तो आप केवल निर्जीव चीज निकाल पाएँगे। हम वर्तमान में दो धाराओं के मध्य खड़े हैं; पुरानी व्यवस्था तेजी से बदल रहे हैं, नई के लिए स्थान बना रहे हैं। इस मोड़ पर हमें भारत को एवं पूरे विश्व को संजीदा सन्देश देना है। बाद में हम जैसा चाहेंगे, वैसे शब्दों में संविधान बना सकते हैं।"[2]

इसी दौरान नेहरू ने आठ पैरा वाले निम्न उद्देश्य संकल्प को प्रस्तुत किया—

1. यह संविधान-सभा भारत को एक पूर्ण स्वतंत्र, सम्प्रभु, गणराज्य की तरह प्रकट करने और उसके भावी शासन हेतु संविधान का निर्माण करने के दृढ़ एवं पवित्र संकल्प की घोषणा करती है;
2. जिसमें वे क्षेत्र जो अभी ब्रिटिश भारत में हैं, वे क्षेत्र जो भारतीय रियासत बनाते हैं तथा भारत के वे भाग जो ब्रिटिश भारत व रियासत के बाहर हैं और साथ-साथ वे दूसरे क्षेत्र जो स्वतंत्र सम्प्रभु भारत में सम्मिलित होने के लिए इच्छुक हैं, सभी संघ होंगे; और
3. जिसमें उपर्युक्त क्षेत्रों को, चाहे वर्तमान सीमा के साथ हो या अन्य तरह से हो जैसा संविधान-सभा द्वारा और उसके बाद संविधान के प्रावधान के अनुसार तय किया जाए, अवशिष्ट शक्तियों के साथ स्वायत्तशासी इकाई का दर्जा प्राप्त होगा एवं बना

रहेगा और वे, सिवाय ऐसी शक्ति एवं अधिकार के जो संघ में निहित है या संघ को सौंपा जाए या जिसका संघ में निहित होना स्वाभाविक है या मान्य है या उसका परिणामिक है, शासन व प्रशासन की सभी शक्तियों एवं अधिकार का प्रयोग करेंगे;

4. जिसमें सम्प्रभु स्वतंत्र भारत, इसके अन्तर्निहित भागों एवं शासन के अंगों की समस्त शक्ति एवं अधिकार जनता से प्राप्त हैं;
5. जिसमें भारत की जनता को सामाजिक, आर्थिक एवं राजनीतिक न्याय; प्रतिष्ठा की एवं अवसर की एवं कानून के समक्ष समानता; कानून एवं नैतिकता के अधीन विचार, अभिव्यक्ति, विश्वास, आस्था, उपासना, व्यवसाय करने, संघ बनाने एवं कार्य करने की आजादी की गारंटी एवं सुरक्षा होगी;
6. जिसमें अल्पसंख्यकों, पिछड़ों एवं आदिवासी क्षेत्रों तथा दलित एवं अन्य पिछड़े वर्गों के लिए पर्याप्त सुरक्षा होगी;
7. जिसके माध्यम से न्याय एवं सभ्य राष्ट्रों के कानून के अनुसार गणराज्य-क्षेत्र की अखंडता और इसके जल, थल एवं नभ सभी पर सम्प्रभु अधिकार बना रहेगा;
8. यह प्राचीन भूमि विश्व में अपना योग्य एवं सम्मानजनक स्थान प्राप्त करे तथा वैश्विक शान्ति एवं मानव-कल्याण के विकास हेतु अपना पूर्ण एवं इच्छापूर्ण योगदान दे।[3]

उक्त उद्देश्य संकल्प में 'लोकतांत्रिक राज्य' के बजाय 'गणराज्य' शब्द का प्रयोग किया गया था, जिसे लेकर इसकी आलोचना की जा रही थी। नेहरू भी जब उद्देश्य संकल्प के समर्थन में बोल रहे थे कि "एक स्वतंत्र, सम्प्रभु गणराज्य की स्थापना हमारी दृढ़ एवं पवित्र प्रतिज्ञा है, भारत को सम्प्रभु होना होगा, इसे स्वतंत्र होना होगा और इसे गणराज्य होना होगा"[4], तो किसी के भी मन में 'स्वतंत्रता' और 'सम्प्रभुता' को लेकर कोई समस्या नहीं थी, लेकिन 'लोकतांत्रिक राज्य' या 'लोकतांत्रिक गणराज्य' के स्थान पर सिर्फ 'गणराज्य' के प्रयोग को लेकर शंका उठना स्वाभाविक-सा था। चूँकि एक गणराज्य के लिए लोकतांत्रिक होना कोई पूर्व शर्त नहीं होती है, इसलिए गणराज्य के रूप में ऐसी शासन-प्रणाली को विकसित किया जा सकता था, जो प्रत्यक्ष लोकतंत्र के बजाय अप्रत्यक्ष लोकतंत्र पर आधारित हो या फिर जो लोकतांत्रिक हो ही नहीं। ऐसे किसी सवाल पर स्पष्टीकरण देते हुए नेहरू ने आगे कहा—

> "यदि इसे एक स्वतंत्र और सम्प्रभु राज्य होना है तो हम किसी बाहरी शासक को नहीं रखने जा रहे हैं और हम किसी स्थानीय शासक पर अनुसन्धान नहीं कर सकते हैं। इसे अपरिहार्य रूप से गणराज्य होना चाहिए। कुछ मित्र प्रश्न पूछते हैं कि आपने यहाँ पर लोकतंत्र का प्रयोग क्यों नहीं किया। मैंने उन्हें जवाब दिया कि निश्चित रूप से यह विचारणीय है कि एक गणराज्य लोकतांत्रिक नहीं हो सकता है, लेकिन हमारा इतिहास इस तथ्य का गवाह है कि हम लोकतांत्रिक संस्था के लिए खड़े हैं। स्पष्टत: हम सब लोकतंत्र का उद्देश्य रखते हैं और लोकतंत्र से कम कुछ का नहीं। यह अलग विषय है कि लोकतंत्र का स्वरूप क्या होगा, इसका आकार क्या होगा?" आज लोकतंत्र, जो यूरोप एवं अन्य कई देशों में मान्य है, ने विश्व की प्रगति में महान योगदान दिये हैं। तो भी इसमें सन्देह है कि ये लोकतंत्र, यदि सही मायने में इन्हें लोकतंत्र रहना है, तो अपना वर्तमान स्वरूप अधिक दिनों तक बनाए रख सकेंगे। मैं आशा करता हूँ, हम सब तथाकथित लोकतांत्रिक देशों की कुछ लोकतांत्रिक प्रक्रियाओं या संस्थाओं का नकल नहीं करने जा रहे हैं। हम सब इसमें सुधार कर सकते हैं। हम शासन की

जिस भी व्यवस्था को स्थापित करें, वह हमारी जनता के स्वभाव के अनुकूल हो और उन्हें स्वीकरणीय हो। हम लोकतंत्र के लिए खड़े हैं। यह इस सदन को तय करना है कि लोकतंत्र या पूर्ण लोकतंत्र का आकार क्या हो। मैं आशा करता हूँ कि यह सदन ध्यान रखेगा कि इस प्रस्ताव में, यद्यपि हमने शब्द 'लोकतंत्र' का प्रयोग नहीं किया है, क्योंकि हमने सोचा है कि गणराज्य शब्द में यह शामिल होगा और हमने अनावश्यक शब्दों एवं निरर्थक शब्दों का प्रयोग करना नहीं चाहा है, लेकिन हमने शब्दों का प्रयोग करने से अधिक काफी कुछ किया है। हमने प्रस्ताव में लोकतंत्र के तत्त्वों को शामिल किया है और न केवल लोकतंत्र के तत्त्वों को, बल्कि आर्थिक लोकतंत्र के तत्त्वों को भी शामिल किया है।..."[5]

भारतीय रियासतों में रह रहे लोगों की आजादी का सवाल उठाते हुए नेहरू ने आगे कहा कि "वह कहीं भी राजतंत्र के होने में विश्वास नहीं करते हैं और विश्व में राजतंत्र तेजी से विलुप्त हो रहा है।...इन रियासतों की जनता को मिल रही आजादी का पूर्ण रूप से सहभागी होना चाहिए। यह मेरे लिए थोड़ा कल्पनातीत है कि रियासतों में रहने वाले लोगों और रियासतों के बाहर रहने वाले लोगों के बीच भेदभाव हो।"

पुरुषोत्तम दास टंडन ने उक्त उद्‌देश्य संकल्प का समर्थन किया। संविधान-सभा के इस सत्र को ऐतिहासिक बताते हुए टंडन ने कहा कि "यह सभा हमें अशोक के समय की सभा की याद दिलाता है। उन दिनों की धुँधली छाया हमारे आँखों के सामने है। हमें अमेरिका, फ्रांस, रूस जैसे दूसरे देशों की सभा का स्मरण आ रहा है। हमारी इस संविधान-सभा को उन देशों की संविधान-सभा के साथ याद किया जाएगा, जिन्होंने अपने आजाद देश के लिए संविधान का निर्माण किया था। हम भी यहाँ पर संविधान का निर्माण करने के लिए बैठे हैं, जो विश्व को दिखाएगा कि भारत अलग-थलग होकर नहीं, बल्कि विश्व का भाग बनकर सम्मान के साथ जीने के लिए दृढ़संकल्पित है। यह अन्य देशों के साथ मिलकर काम करेगा और उन्हें उनकी कठिनाइयों में सहायता करेगा तथा उन सभी मामलों में सहयोग करेगा, जो विश्व की सर्वप्रगति के लिए हो।"[6]

सभा की बैठक को मुस्लिम लीग के शामिल होने तक टालने के लिए लाए गए प्रस्ताव का विरोध करते हुए टंडन ने सवाल किया कि "हम इस बारे में निश्चित नहीं हैं कि मुस्लिम लीग कब संविधान-सभा में शामिल होगा। आज जब यहाँ एकत्र हुए हैं, तो बिना कुछ किए क्या हमें बिखर जाना चाहिए?"[7] उन्होंने फ्रांस का उदाहरण देते हुए आगे कहा कि "वहाँ के लोग राजा लुईस के आमंत्रण पर एकत्रित हुए थे। किन्तु जब उन्होंने देखा कि वे जो करना चाहते हैं, वह नहीं कर पा रहे हैं, तो उन्होंने अपनी प्रक्रिया खुद बनाना प्रारम्भ कर दिया। राजा, जिसने इन लोगों को धन उपार्जन के लिए बुलाया था, ने इनके आशय को जानने के बाद इन्हें बिखेरना प्रारम्भ कर दिया, किन्तु उन्होंने बिखरने से मना कर दिया। हमारा यह संविधान-सभा ब्रिटिश हुकूमत के आमंत्रण पर बैठी है, किन्तु हम अपनी इच्छानुसार कार्य करने के लिए स्वतंत्र हैं। हममें से कुछ लोग सभा में कांग्रेस के भाग लेने के खिलाफ हैं। वे ब्रिटिश रणनीति से भयभीत हैं। जबकि कांग्रेस पूरी आत्मविश्वास के साथ परिपूर्ण है। मिले अवसर को समाप्त नहीं करना है।"[8]

संविधान-सभा की क्षमता पर उठा सवाल

उद्‌देश्य संकल्प को लेकर मुख्यत: दो बिन्दुओं को लेकर गम्भीर विवाद पैदा हो गया। पहला, इस संकल्प में 'लोकतांत्रिक राज्य' के बजाय 'गणराज्य' शब्द के प्रयोग से उपजा विवाद और

दूसरा, मुस्लिम लीग और भारतीय रियासतों के संविधान-सभा में शामिल न होने के कारण उपजा विवाद। अपने सम्बोधन में यद्यपि नेहरू ने दृढ़ता के साथ लोकतंत्र में विश्वास व्यक्त किया, लेकिन जिस तरह उन्होंने लोकतंत्र को स्वीकार करने के लिए 'लोकतंत्र के लिए इतिहास का गवाह' और 'जनता के स्वभाव' का सहारा लिया, उसके कारण शंका करने वालों की यह दुविधा कि नेहरू लोकतंत्र का प्रत्यक्ष स्वरूप चाहते हैं या अप्रत्यक्ष स्वरूप, समाप्त नहीं हुई। क्योंकि न तो पिछले हजार-पाँच सौ वर्षों के दौरान देश का इतिहास ऐसा रहा है, जिसमें हम कोई लोकतांत्रिक मूल्य पा सके और न ही इस देश का तत्कालीन जनमानस ही ऐसे किसी लोकतांत्रिक स्वभाव से परिचित था, जिसको पैमाना बनाकर शासन-प्रणाली को लोकतांत्रिक बनाया जा सके। कुल मिलाकर संविधान-सभा में पहुँचे सदस्यों को ही तय करना था कि इस देश के भावी शासन का स्वरूप क्या हो? प्रत्यक्ष लोकतांत्रिक शासन-प्रणाली के अभाव में 'सम्प्रभुता जनता में अन्तर्निहित है', जैसे विचार मात्र संवैधानिक सुन्दरता से ज्यादा कुछ नहीं रहते। इसलिए संविधान-सभा के लिए मार्गदर्शक उद्देश्य-संकल्प में प्रयुक्त शब्द 'गणराज्य' को स्पष्ट कर देना आवश्यक था। लेकिन गणराज्य के साथ 'लोकतंत्र' का प्रयोग न करने का बचाव करते हुए नेहरू ने जब इसे अनावश्यक और व्यर्थ का शब्द बताया तो लोकतांत्रिक मूल्यों में विश्वास रखने वालों के माथे पर शिकन पैदा होना स्वाभाविक था।

पुरुषोत्तम दास टंडन के सम्बोधन के बाद उद्देश्य संकल्प पर डॉ. एम. आर. जयकर, डॉ. हरि सिंह गौर एवं स्यामानन्दन सहाय द्वारा अलग-अलग संशोधन प्रस्तुत किए गए। 16 दिसम्बर, 1946 को डॉ. एम. आर. जयकर ने उद्देश्य संकल्प पर यह कहकर आपत्ति की कि "इसमें संविधान की मूलभूत बातों, जैसे गणराज्य होने का; संघ होने का; प्रान्तीय प्राधिकारियों की वर्तमान सीमाओं एवं स्थिति का; अवशिष्ट शक्तियों व सभी शक्तियों का जनता से प्राप्त होने का; अल्पसंख्यकों के अधिकार का; मूल अधिकार का उल्लेख है किन्तु कैबिनेट मिशन के 16 मई के विलेख द्वारा प्राप्त शक्तियों के अन्तर्गत इस प्रारम्भिक बैठक में संविधान की मूलभूत बातों, भले ही यह सरसरी तौर पर ही क्यों न हो, का कानूनन उल्लेख नहीं किया जा सकता है। इस प्रारम्भिक बैठक में हमारा कार्य कम कर दिया गया है और स्पष्ट शब्दों में सीमित है।"[9] डॉ. जयकर ने मुस्लिम लीग एवं भारतीय रियासतों के शामिल होने की उम्मीद व्यक्त करते हुए यह संशोधन प्रस्तुत किया कि "जब तक ये दोनों साथ न आ जाएँ, तब तक संविधान-सभा की बैठक टाल दिया जाए।" डॉ. जयकर के संशोधन के अनुसार—

> "यह सभा अपना दृढ़ और गम्भीर निश्चय घोषित करती है कि भारत के भावी शासन के लिए इस सभा द्वारा बनाया जाने वाला संविधान 'एक स्वतंत्र और लोकतांत्रिक सम्प्रभु राज्य' के लिए होगा, लेकिन इसे संविधान के आकार में प्राप्त करने के लिए मुस्लिम लीग एवं भारतीय रियासतों का सहयोग आवश्यक है, इसलिए इस सभा को पुन: विचार के लिए आगे तक के लिए स्थगित किया जाता है ताकि इन दोनों संस्थानों के प्रतिनिधियों की इस सभा में सहभागिता सम्भव हो सके।"[10]

अपने संशोधन के समर्थन में डॉ. जयकर ने कहा कि "यह संविधान-सभा, जैसी कि यह आज है, पूर्ण नहीं है क्योंकि दो लोग हमारे साथ नहीं हैं। इसमें भारतीय रियासतों की गलती नहीं है, क्योंकि रियासतों ने समझौता समिति बना ली है, किन्तु हमने अभी तक समझौता समिति का गठन नहीं किया है, जिसके कारण रियासतों का शामिल होना मुश्किल है। मुस्लिम लीग के शामिल नहीं होने के भिन्न कारण हैं। यदि मुस्लिम लीग नहीं आता है तो सम्भवत:

रियासतें भी नहीं आएँगी।...यह भी निश्चित है कि आप वर्ग 'ख' के लिए, जहाँ मुस्लिम लीग का बहुमत है, संविधान बनाने में अक्षम हैं। इसका परिणाम यह होगा कि तब वर्ग 'ख' और 'ग' के लिए दूसरी संविधान-सभाएँ होंगी और यही मि. जिन्ना चाहते हैं।...तब यह निश्चित है कि हमारा संघ के रूप में सम्पूर्ण भारत के लिए संविधान बनाने का प्रयास विफल हो जाएगा।...तब एक संयुक्त भारत के संविधान के बजाय हम सबको एक हिन्दुस्तान के लिए, एक पाकिस्तान के लिए और एक राजास्थान के लिए अलग-अलग संविधान रखने के लिए मजबूर होना पड़ सकता है।[11]

डॉ. हरि सिंह गौर के संशोधन द्वारा प्रस्तावित संकल्प में भी स्वतंत्र और लोकतांत्रिक सम्प्रभु राज्य का प्रयोग किया गया था। जबकि स्यामानन्दन सहाय ने उद्देश्य संकल्प के पैरा 1 और 2 के स्थान पर नया प्रावधान प्रतिस्थापित करने के लिए संशोधन प्रस्तुत किया।

उद्देश्य संकल्प पर हुई आम बहस की शुरुआत करते हुए श्रीकृष्ण सिन्हा ने इसका समर्थन किया और कहा कि "भविष्य के भारत को लोकतांत्रिक एवं विकेन्द्रीकृत गणराज्य बनना है, जिसमें सम्प्रभुता अन्ततः जनता में अन्तर्निहित है।"[12] कैबिनेट की घोषणा को एक वकील के दृष्टिकोण से नहीं, बल्कि एक सैनिक के दृष्टिकोण से देखने की बात करते हुए सिन्हा ने कहा कि "इस संविधान-सभा को भी उस रास्ते पर चलना पड़ सकता है, जिस रास्ते पर फ्रांस की संविधान-सभा को 1799 ई. में उस समय के राजा के व्यवहार के कारण चलना पड़ा था। इसलिए माननीय सदस्यों को संकल्प के पक्ष में मत देने के पहले उन्हें इसे लागू करने में पैदा होने वाली समस्याओं को समझना होगा।"[13]

एम. आर. मसानी ने भी उद्देश्य संकल्प का समर्थन किया और कहा कि "इसमें लोकतंत्र और समाजवाद शब्दों का उल्लेख न होने के बावजूद इसके तत्त्व इसमें शामिल हैं।" मसानी ने आर्थिक विषमता का सवाल उठाते हुए कहा कि "इस देश की राष्ट्रीय आमदनी का पहला एक-तिहाई भाग 100 में से 5 लोगों के पास है, जबकि दूसरा एक-तिहाई भाग 33 लोगों के पास और तीसरा एक-तिहाई भाग 62 लोगों के पास है। यह सामाजिक या आर्थिक न्याय नहीं है। इसलिए संकल्प जैसा है, वह देश में मौजूद इस असमानता को सहन नहीं करेगा।"[14]

जबकि एफ. आर. एंथोनी ने डॉ. जयकर की आपत्ति एवं संशोधन प्रस्ताव का समर्थन किया। उनका तर्क था कि "संशोधन कांग्रेस के संकल्प का सम्मान करता है। यह स्वतंत्र और लोकतांत्रिक सम्प्रभु राज्य हेतु संविधान बनाने के हमारे पवित्र संकल्प को सुनिश्चित करता है। इस संशोधन का आशय मात्र यह है कि भारतीय रियासतों को भी संघ का हिस्सा बनाया जाए।"[15]

इसके पश्चात डॉ. श्यामा प्रसाद मुखर्जी ने संविधान-सभा की कार्यवाही टालने के लिए प्रस्तुत संशोधन का विरोध किया। डॉ. जयकर ने कहा था, "यदि आप रात्रिभोज में किसी मेहमान को बुलाते हैं और वह नहीं आता है तो आप कैसे रात्रिभोज कर सकते हैं?" इसका जवाब देते हुए डॉ. मुखर्जी ने कहा कि "डॉ. जयकर यह बताना भूल गए कि अन्य दूसरे मेहमानों के भाग्य का क्या होगा, जो रात्रिभोज में आ चुके हैं। यदि उनके द्वारा आमंत्रित छह मेहमानों में से पाँच आते हैं और एक अनुपस्थित है तो क्या वह अपने पाँच मेहमानों को भूखा रखेंगे और उन्हें यह कहकर घर से बाहर निकाल देंगे कि छठवाँ मेहमान नहीं आया है, इसलिए आप लोगों को भोजन नहीं मिलेगा? निश्चित ही ऐसा नहीं होगा। यहाँ पर भी आजादी के भूखे लोग जो आए हैं, को सन्तुष्ट करना ही होगा।"[16] मि. चर्चिल ने संविधान-सभा में मुस्लिम लीग की अनुपस्थिति को उसी तरह बताया था जैसे किसी विवाह के दौरान चर्च में दुल्हन का न होना। इसका भी जवाब देते हुए डॉ. मुखर्जी ने कहा कि वह नहीं जानते कि यदि भारतीय रियासत

अन्दर आ जाएँ और मुस्लिम लीग भी आ जाए, तो यह संविधान-सभा अन्ततः कितनी दुल्हन रखेगी। यदि मि. चर्चिल का यही विचार है तो उन्हें कपटी की भूमिका नहीं निभाना चाहिए। उन्हें मि. जिन्ना को भारत वापस जाने और संविधान-सभा में शामिल होने के लिए कहना चाहिए। मुस्लिम लीग ब्रिटिश सरकार के उकसावे के कारण इस सदन में नहीं आ रही है। ऐसे उकसावे के कारण लीग महसूस करने लगी है कि यदि वह नहीं शामिल होती है तो वह संविधान-सभा के अन्तिम निर्णय पर वीटो लगा सकेगी।[17]

डॉ. मुखर्जी ने आगे कहा कि "मुस्लिम लीग आ सकती है या नहीं भी आ सकती है। यदि वह आती है तो बहुत अच्छा है और यदि वह नहीं आती है तो वह ऐसा करके भारत की आजादी को टाल नहीं सकती है और हमें इस संविधान-सभा में अपने कार्यों को अवश्य करना चाहिए।...जो कुछ भी होगा, अब इस संविधान-सभा के माध्यम से ही होगा और दूसरे किसी अन्य माध्यम से नहीं। यदि हमें अन्ततः कार्य करना है, तो अपनी जिम्मेदारियों पर कार्य करना होगा और संविधान का निर्माण करना होगा, जिसे हम विश्व समुदाय के समक्ष योग्यता के साथ रखें और सभी को सन्तुष्ट करें कि हमने सभी भारतीय लोगों, चाहे अल्पसंख्यक हों या अन्य, के साथ निष्पक्ष और साम्य तरीके से व्यवहार किया है।"[18]...अल्पसंख्यकों के सवाल पर डॉ. मुखर्जी ने कहा कि जब हम अल्पसंख्यकों के सम्बन्ध में कुछ कहते हैं तो ऐसा सुझाव आता है जैसे मुस्लिम लीग ही भारत में अल्पसंख्यकों की प्रतिनिधि है। किन्तु ऐसा नहीं है। और भी कई अल्पसंख्यक हैं। बंगाल के दुर्दशाग्रस्त प्रान्त से आने वाला मैं इस सभा को याद दिलाना चाहता हूँ कि भारत के कम-से-कम चार प्रान्तों में हिन्दू अल्पसंख्यक हैं और यदि अल्पसंख्यकों के अधिकारों की रक्षा करनी है तो ये अधिकार उन सभी अल्पसंख्यकों को मिलने चाहिए, जो प्रत्येक प्रान्त में भिन्न-भिन्न हैं।"[19]

उद्देश्य संकल्प विवाद : डॉ. आंबेडकर ने सँभाला मोर्चा

संविधान-सभा के ज्यादातर सदस्य नेहरू के उद्देश्य संकल्प का समर्थन कर रहे थे। कुछ ही सदस्य डॉ. जयकर के संशोधन प्रस्ताव का समर्थन कर रहे थे। गणराज्य के साथ 'लोकतंत्र' शब्द का प्रयोग न करने से उपजे विवाद के साथ यह भी आरोप लगाया गया कि इस उद्देश्य संकल्प के प्रावधानों के कारण मुस्लिम लीग और भारतीय रियासतें संविधान-सभा का बहिष्कार कर रही हैं। आरोप इतने गम्भीर थे कि पूरी संविधान-सभा उलझी हुई थी। ऐसे समय में डॉ. मुखर्जी के सम्बोधन के तुरन्त बाद डॉ. बी. आर. आंबेडकर ने उद्देश्य संकल्प पर 17 दिसम्बर, 1946 को प्रतिक्रिया-भाषण दिया। यह प्रतिक्रिया-भाषण संविधान-सभा के सदस्यों में आत्मविश्वास का भाव पैदा करने वाला था। उन्होंने न केवल उन सवालों का जवाब दिया जो मुस्लिम लीग एवं भारतीय रियासतों की अनुपस्थिति के कारण उपजा था, बल्कि बड़े ही सारगर्भित तर्कों के साथ उद्देश्य संकल्प में अधिकार एवं न्याय से जुड़े प्रावधानों को निराशाजनक और अपर्याप्त बताकर इस पर हो रहे आम बहस को एक नया दृष्टिकोण दिया। इस प्रतिक्रिया-भाषण के माध्यम से डॉ. आंबेडकर अपनी विद्वत्ता, निर्भीकता और निष्पक्षता की अलग छाप छोड़ने में सफल रहे। डॉ. आंबेडकर के प्रतिक्रिया-भाषण को हम निम्न शीर्षकों के माध्यम से समझने का प्रयास करते हैं—

1. शासन-निरपेक्ष मूल अधिकार और सामाजिक अर्थव्यवस्था की पैरवी।
2. 'एकत्व की राह' पर चलने का समाधान।
3. अखंड राष्ट्र के लिए मजबूत केन्द्र की वकालत।

4. राष्ट्र का भाग्य, पार्टियों एवं नेताओं की प्रतिष्ठा से ऊपर; और
5. युद्ध एवं शक्ति प्रयोग से सावधान रहने की आवश्यकता।

1. शासन-निरपेक्ष मूल अधिकार और सामाजिक अर्थव्यवस्था की पैरवी

अर्थशास्त्र विषय से डॉक्टरेट उपाधि प्राप्त डॉ. बी. आर. आंबेडकर ने मौलिक अधिकार के मूल सिद्धान्त से अपने भाषण का आरम्भ कर कानून पर अपनी विद्वत्ता एवं गहरे ज्ञान का अहसास कराया। मूल अधिकारों के सन्दर्भ में शासन-निरपेक्षता के सिद्धान्त का प्रतिपादन करते हुए डॉ. आंबेडकर ने कहा कि "नागरिकों के कुछ अधिकार इतने मौलिक होते हैं कि इन्हें विधायिका या कार्यपालिका की दया पर नहीं छोड़ा जा सकता क्योंकि एक तो विधायिका एवं कार्यपालिका समय-समय पर बदलती रहने वाली संस्थाएँ हैं और इस कारण इनकी विचारधाराओं में बदलाव होना स्वाभाविक है तथा दूसरी बात यह कि मूल अधिकारों को लेकर नागरिकों का दावा हमेशा विधायिका एवं कार्यपालिका के विरुद्ध ही होता है। ऐसी स्थिति में नागरिकों के मौलिक अधिकारों को संवैधानिक संरक्षण मिलना चाहिए ताकि ये अधिकार विधायिका या कार्यपालिका के रहमोकरम पर निर्भर न रहें।" इस सिद्धान्त को आधार बनाकर डॉ. आंबेडकर ने नेहरू के उद्देश्य संकल्प को अपर्याप्त एवं निराशाजनक बताया।

कुल आठ बिन्दुओं वाले उद्देश्य-संकल्प को दो भागों में बाँटते हुए डॉ. आंबेडकर ने अधिकार एवं न्याय से जुड़े पैराग्राफ सं. 5 से 7 के प्रावधानों को अविवादित किन्तु अपर्याप्त एवं निराशाजनक प्रावधान बताया। पहली बार किसी सदस्य द्वारा इस दृष्टिकोण से उद्देश्य संकल्प की आलोचना की गई। डॉ. आंबेडकर के शब्दों में—"इस भाग को पढ़ने के बाद हमें फ्रांस के संविधान-सभा द्वारा घोषित 'मानवाधिकार का घोषणापत्र' की यादें ताजा हो जाती हैं। 450 वर्षों के उपरान्त 'मानवाधिकार का घोषणापत्र' और उसमें अन्तर्निहित सिद्धान्त अब हमारे मन-मस्तिष्क के अंग हो गए हैं। ये मानवाधिकार न केवल विश्व के प्रत्येक सभ्य समाज के आधुनिक सोच वाले लोगों के मन-मस्तिष्क के अंग हो गए हैं बल्कि हमारे देश में भी, जो इतना धर्मावलम्बी और विचारों एवं सामाजिक व्यवहार में रूढ़िवादी है, शायद कोई ऐसा हो, जो इसकी वैधता को अस्वीकार करे।"[20]

उपचार का लोप होने के आधार पर भी डॉ. आंबेडकर ने उद्देश्य संकल्प की आलोचना की। उनके शब्दों में—"ऐसे अधिकार बेकार हैं जब तक कि इन अधिकारों के अतिक्रमण की दशा में लोगों को उपचार प्रदान करने का प्रभावशाली उपाय न हो। एक व्यक्ति के जीवन, स्वतंत्रता और सम्पत्ति को बिना युक्तियुक्त कानूनी प्रक्रिया के छीना न जा सके, ऐसी सामान्य बातों को इस प्रस्ताव में शामिल नहीं किया गया है। इन मूलभूत बातों को कानून और नैतिकता पर छोड़ दिया गया है। कानून क्या है? नैतिकता क्या है? इसको स्पष्टतया तत्समय सत्तारूढ़ कार्यपालिका द्वारा तय किया जाएगा। एक समय जब कार्यपालिका का इस सम्बन्ध में एक दृष्टिकोण होगा, तो अगले दिन कोई दूसरी कार्यपालिका अलग दृष्टिकोण रखेगी और हम नहीं जानते कि यदि मौलिक अधिकार का विषय समय-समय पर बदलते रहने वाली सत्तारूढ़ कार्यपालिका के ऊपर छोड़ दिया जाए, तो इसकी वास्तविक स्थिति क्या होगी।"[21] संकल्प में आर्थिक न्याय सम्बन्धी प्रावधान न होने को निराशाजनक बताते हुए डॉ. आंबेडकर ने कहा कि "देश में सामाजिक एवं आर्थिक न्याय हो, उद्योगों का राष्ट्रीयकरण हो, बैंकों का राष्ट्रीयकरण हो, इस सम्बन्ध में प्रस्ताव में स्पष्ट शब्द होना चाहिए था। भावी सरकारें, जो आर्थिक, सामाजिक और राजनीतिक न्याय में विश्वास करेंगी, कैसे ऐसा कर पाएँगी, जब तक इनकी अर्थव्यवस्था 'सामाजिक अर्थव्यवस्था' न हो।"[22]

2. *'एकत्व की राह' पर चलने का समाधान*

एक तरफ जहाँ मुस्लिम लीग के व्यवहार के कारण देश चिन्ताजनक विभाजन के कगार पर खड़ा था, वहीं संविधान-सभा की क्षमता पर प्रश्नचिह्न खड़ा होना, समस्या को और जटिल बना दिया था। उस समय देश के समक्ष सबसे बड़ा डर यह था कि मुस्लिम लीग की असहयोग और बँटवारे की नीति दूसरे समुदाय को, खासतौर से दलित समुदाय को न प्रभावित कर दे। इसलिए पूरे सदन की निगाह डॉ. बी. आर. आंबेडकर के विचार पर थी, खासतौर से तब जब वह स्वयं संविधान-सभा में मुस्लिम लीग के टिकट पर चुनकर आए थे। लेकिन डॉ. आंबेडकर का यह वक्तव्य कि "हममें से किसी को भयभीत या सशंकित होने की आवश्यकता नहीं है" और "विश्व की कोई शक्ति इस देश को एक होने से रोक नहीं सकेगी", संविधान-सभा के सदस्यों के चेहरे पर सुकून लाने वाला और आत्मविश्वास पैदा करने वाला था।

अविवादित विषयों पर अपनी बात रखने के बाद डॉ. आंबेडकर ने उन विषयों पर भी विचार रखा, जिनको लेकर विवाद थे। उनके शब्दों में—"अब मैं प्रस्ताव के पहले भाग की तरफ आता हूँ, जो इस सदन में चर्चा के उपरान्त विवाद का विषय बन गया है। यह विवाद 'गणराज्य' शब्द के प्रयोग पर केन्द्रित है। यह विवाद प्रस्ताव के पैरा 4 में 'सम्प्रभुता जनता द्वारा उद्भूत है' को लेकर है।...महोदय, मुझे इस महान देश के सामाजिक, राजनीतिक एवं आर्थिक ढाँचे के भावी विकास और अन्तिम स्वरूप को लेकर तनिक भी शंका नहीं है। मैं जानता हूँ कि हम सब राजनीतिक, सामाजिक एवं आर्थिक रूप से आज विभाजित हैं, हम सब एक युद्ध-कैम्प के समूह हैं और मुझे यह स्वीकार करने में कोई संकोच नहीं है कि सम्भवत: मैं भी ऐसे किसी एक समूह का नेता होऊँ। किन्तु महोदय, इसके साथ मुझे बिलकुल विश्वास है कि विश्व की कोई शक्ति इस देश को एक होने से नहीं रोक सकेगी। सभी जातीय एवं नस्लीय विभाजनों के बावजूद मुझे यह कहने में थोड़ी-सी भी हिचकिचाहट नहीं है कि हम सभी किसी-न-किसी रूप में एकीकृत होंगे। मुझे यह कहने में कोई हिचकिचाहट नहीं है कि भारत के विभाजन के लिए मुस्लिम लीग द्वारा मुहिम चलाए जाने के बाद भी एक दिन मुसलमानों में खुद ऐसे विचार प्रकट होंगे और वे यह सोचना प्रारम्भ करेंगे कि उनके लिए भी एकीकृत भारत देश ही सर्वोत्तम है।"[23]

एकत्व की राह पर चलने की अपील करते हुए डॉ. आंबेडकर कहते हैं—

> 'जहाँ तक अन्तिम लक्ष्य का सम्बन्ध है, मैं सोचता हूँ कि हममें से किसी को भयभीत होने की आवश्यकता नहीं है। हम सबको सशंकित होने की आवश्यकता नहीं है। हमारी कठिनाई अन्तिम भविष्य को लेकर नहीं है। हमारी कठिनाई यह है कि हम कैसे भिन्न-भिन्न जातियों में बँटे लोगों को, जैसा कि आज है, एक सर्वमान्य निर्णय लेने और एक रास्ते पर चलने के लिए सक्षम बनाएँ, जिससे एकता कायम हो। हमारी कठिनाई अन्त को लेकर नहीं है, बल्कि हमारी कठिनाई प्रारम्भ को लेकर है। इसलिए हमें एक इच्छुक मित्र बनने के लिए, इस देश के सभी पक्षों को, सभी वर्गों को एक रास्ते पर लाने हेतु प्रेरित करने के लिए बहुमत वाली पार्टी को महान कार्य करना होगा। यहाँ तक कि ऐसे लोगों, जो एक साथ चलने के लिए तैयार नहीं हैं, के पक्ष में छूट दी जाए और इसके लिए मैं आप सबसे अपील करता हूँ। हम सब नारेबाजी करना बन्द करें, ऐसे शब्दों का इस्तेमाल करना बन्द करें जो लोगों को भयभीत करता हो। हम विरोधियों के पक्ष में कुछ छूट दें, उनको अन्दर आने दें, ताकि वे स्वैच्छिक रूप

से हमारे साथ एक रास्ते पर चलने के लिए आ सकें, जिसे मैं कहता हूँ कि यदि देर तक साथ चलते रहें तो निश्चित रूप से हम सब एकीकृत हो जाएँगे।

"यदि मैं इस स्थान से डॉ. जयकर के संशोधन का समर्थन करता हूँ तो ऐसा इसलिए है क्योंकि मैं चाहता हूँ कि लोग महसूस करें कि क्या हम सही हैं या गलत। इन सब बातों को हम एक तरफ छोड़ दें कि उठाया जा रहा कदम क्या हमारे कानूनी अधिकारों के अनुरूप है या क्या वह 16 मई या 6 दिसम्बर के विलेख के अनुकूल है। कानूनी अधिकार का मामला बनाने के लिए यह बहुत बड़ा सवाल है। यह बिलकुल ही कानूनी सवाल नहीं है। हमें इन सब कानूनी पहलुओं को एक तरफ रखकर ऐसा प्रयास करना चाहिए ताकि वे लोग, जो साथ आने के लिए तैयार नहीं हैं, साथ आएँ।"[24]

3. अखंड राष्ट्र के लिए मजबूत केन्द्र की वकालत

उद्देश्य संकल्प के पैरा 3 में प्रान्तों को सभी अवशिष्ट शक्तियों के साथ स्वायत्तशासी इकाई के रूप में स्थापित किए जाने का संकल्प किया गया था। यह संकल्प कैबिनेट मिशन योजना पर आधारित था, जिसमें भारत की भावी संघात्मक शासन-प्रणाली को प्रान्तोन्मुखी होकर स्वीकार किया गया था, यानी जो विषय संघीय सरकार के विषय नहीं हैं, वे राज्य सरकार के विषय होंगे। प्रान्तों को अवशिष्ट शक्ति देने का मतलब था, भारतीय शासन व्यवस्था में केन्द्र की भूमिका कमजोर होना। किन्तु डॉ. आंबेडकर ने इस प्रावधान को देश के निर्माण में होने वाले प्रभावों-दुष्प्रभावों से जोड़ते हुए बहस का विषय बनाया। उन्होंने बहस का यह विषय बनाया कि देश के शासन का भावी स्वरूप कैसा होना चाहिए? उन्होंने बहस का यह विषय बनाया कि देश की अखंडता को सुनिश्चित करने के पैमाने क्या हों? संविधान-सभा में मजबूत केन्द्र बनाने की इच्छा रखने वाले एक वर्ग को डॉ. बी. आर. आंबेडकर ने आवाज प्रदान करते हुए कहा—

"यदि यह संकल्प पारित हो जाता है तो यह संविधान-सभा के लिए निदेशक के रूप में कार्य करेगा कि वह संकल्प के पैरा 3 के अनुरूप संविधान का निर्माण करे। पैरा 3 क्या कहता है? पैरा 3 कहता है कि इस देश में राजनीति के दो भिन्न-भिन्न राजनीतिक प्रतिमान होंगे। एक नीचे की ओर स्वायत्त प्रान्त या रियासत या दूसरे कुछ क्षेत्र, जो एकीकृत भारत में शामिल होना चाहेंगे। इन स्वायत्तपूर्ण इकाइयों के पास पूर्ण शक्ति होगी। उनके पास अवशिष्ट शक्तियाँ भी होंगी। शिखर पर, इन प्रान्तीय इकाइयों के ऊपर एक केन्द्रीय सरकार होगी, जिसके पास विधायन के लिए, क्रियान्वयन के लिए एवं प्रशासन के लिए कुछ विषय होंगे। इस प्रस्ताव में कहीं भी सामूहिकता का भाव या केन्द्र एवं प्रान्तों के बीच कोई मध्यवर्ती संरचना नहीं पाता हूँ। इस प्रस्ताव को कैबिनेट मिशन प्रलेख के आलोक में पढ़ें या वर्धा सत्र में कांग्रेस द्वारा पारित प्रस्ताव के आलोक में, लेकिन प्रान्तों की सामूहिकता के विचार का अभाव मुझे आश्चर्यचकित करता है।

"जहाँ तक मेरा विचार है, मैं ऐसे 'समूहों के विचार' को पसन्द नहीं करता हूँ। मैं एक ऐसे मजबूत केन्द्र को पसन्द करता हूँ, जो भारत शासन अधिनियम, 1935 में बनाए गए केन्द्र से भी ज्यादा मजबूत हो। लेकिन महोदय, इन विचारों एवं इच्छाओं का ऐसी

परिस्थितियों में कोई मायने नहीं है। हमने लम्बे रास्ते तय किए हैं। कांग्रेस पार्टी, जिसे इसके पीछे का कारण खुद मालूम होगा, ने एक मजबूत केन्द्र को धराशायी करने के लिए सहमति दे दी है, जो इस देश में पिछले 150 वर्षों के प्रशासन के परिणामस्वरूप बना है, और जो मेरी निगाह में हमेशा प्रशंसा की बात रहा है।

"कांग्रेस पार्टी, मुस्लिम लीग और ब्रिटिश सरकार, सामूहिकता से सम्बन्धित प्रावधानों की व्याख्या करने के बिन्दु पर एकमत नहीं हैं। लेकिन मैं, कम-से-कम गलत होता दिखने पर, खुद को सुधारने के लिए हमेशा सोचा करता हूँ। कांग्रेस पार्टी इस बात पर सहमत थी कि यदि ये प्रान्त, जो विभिन्न समूहों में रखे गए हैं, संघ या उपसंघ बनाने के लिए राजी हो जाते हैं, तो कांग्रेस को कोई आपत्ति नहीं होगी। मुझे विश्वास है कि मैं कांग्रेस पार्टी के सोच की व्याख्या करने में सही हूँ। सवाल जो मैं पूछता हूँ कि प्रस्तावना प्रस्तुत करने वाले ने 'प्रान्तों के संघ' या 'प्रान्तों की सामूहिकता' के विचार का सन्दर्भ क्यों नहीं लिया, जबकि वह और उनकी पार्टी इसको स्वीकार कर चुके हैं। संघ के विचार को इस प्रस्ताव में क्यों पूर्णतया मिटा दिया गया है? इसका मैं कोई उत्तर नहीं पाता हूँ।"[25]

4. पार्टियों एवं नेताओं की प्रतिष्ठा से ऊपर है राष्ट्र का भाग्य

मुस्लिम लीग का संविधान-सभा में शामिल होना और संविधान निर्माण में सहभागी होना एकीकृत देश के बने रहने के लिए आवश्यक था। लेकिन ऐसा न करके वह वस्तुत: देश के धर्म आधारित बँटवारे को धार देने में लगा हुआ था। मुस्लिम लीग चाहता था कि कांग्रेस के वर्चस्व वाली संविधान-सभा उसकी अनुपस्थिति में कार्यवाही करे ताकि उसके बँटवारे की माँग को और मजबूती मिले। इससे बचने के लिए ही डॉ. जयकर ने संविधान-सभा के क्षेत्राधिकार को लेकर तमाम कानूनी सवाल खड़ा किए थे। लेकिन देश के भाग्य को किसी पार्टी या व्यक्ति की प्रतिष्ठा से ज्यादा महत्त्वपूर्ण बताते हुए डॉ. आंबेडकर ने कहा—

"महोदय, मेरे मित्र डॉ. जयकर ने कल बहस करते हुए इस बिन्दु पर किसी निर्णय को टाल देने के पक्ष में तर्क रखा है। मैं इस बात को अलग तरीके से कहना चाहता हूँ। मैं आप सबसे इस पर विचार करने का सवाल नहीं पूछता हूँ कि आप सबको प्रस्ताव पारित करने का अधिकार है या नहीं। मेरा सवाल अलग है। मेरा सवाल है कि क्या ऐसा करना विवेकपूर्ण है? क्या ऐसा करना बुद्धिमत्तापूर्ण है? शक्ति होना एक बात है, बुद्धिमत्तापूर्ण होना अलग बात है और मैं इस सदन से इस मामले को इस दृष्टि से विचार करने के लिए कहता हूँ न कि इस दृष्टि से कि संविधान-सभा में क्या अधिकार निहित है। मैं इस सदन से चाहता हूँ कि वह इस मामले को दूसरी दृष्टि से विचार करे कि क्या इस स्थिति में ऐसा करना बुद्धिमत्तापूर्ण है, क्या यह राजनीतिक रूप से उचित है, क्या यह विवेकपूर्ण है? मेरा जवाब है कि यह बुद्धिमानीपूर्ण नहीं है, यह विवेकपूर्ण नहीं है।

"मेरा सुझाव है कि कांग्रेस और मुस्लिम लीग के मध्य विवाद को सुलझाने के लिए एक अन्य प्रयास किया जाए। यह विषय इतना आधारभूत है, इतना महत्त्वपूर्ण है कि मैं निश्चित हूँ कि यह मात्र एक पार्टी की प्रतिष्ठा या दूसरी पार्टी की प्रतिष्ठा के आधार

पर तय नहीं किया जा सकता। जब हम राष्ट्र के भाग्य पर निर्णय ले रहे हैं तो जनता की प्रतिष्ठा या नेताओं की प्रतिष्ठा या पार्टियों की प्रतिष्ठा नगण्य हो जाती है। राष्ट्र के भाग्य को सभी पर प्राथमिकता मिलनी चाहिए। इस कारण से मैं महसूस करता हूँ कि यह केवल इस संविधान-सभा के ही हित में नहीं है ताकि यह एक होकर पूर्ण रूप से कार्य कर सके, ताकि यह कोई निर्णय लेने के पूर्व मुस्लिम लीग की प्रतिक्रिया को जान सके, जिसके कारण मैं डॉ. जयकर के संशोधन का समर्थन करता हूँ, बल्कि हमें भविष्य के सन्दर्भ में होने वाली घटनाओं का भी अवश्य ध्यान रखना चाहिए।"[26]

5. युद्ध एवं शक्ति प्रयोग से सावधान रहने की आवश्यकता

मुस्लिम लीग एवं भारतीय रियासतों के बहिष्कार के कारण संविधान निर्माण में पैदा हो रही बाधा को धर्म के चश्मे से भी देखा जाने लगा था। इस संकट के समाधान को लेकर संविधान-सभा का एक समूह ज्यादा प्रखर था। और शक्ति प्रयोग करने की बात कह रहा था। श्रीकृष्ण सिन्हा ने तो फ्रांस के रास्ते पर चलने की बात कह डाली थी। शक्ति प्रयोग और इससे हासिल विजय की निरन्तरता के सम्बन्ध में प्रसिद्ध दार्शनिक बुर्के के दर्शन को उद्धृत करते हुए डॉ. बी. आर. आंबेडकर ने तत्कालीन हालात में शक्ति प्रयोग से होने वाले नुकसान से आगाह किया। डॉ. आंबेडकर के शब्दों में—

"केवल तीन रास्ते हैं जिन पर चलकर हम अपने भविष्य का निर्णय ले सकते हैं। पहला रास्ता यह है कि एक पार्टी अपनी इच्छाओं को दूसरी पार्टी की इच्छाओं के समक्ष समर्पण कर दे। दूसरा रास्ता है कि हम शान्ति के लिए आपसी सूझ-बूझ से रास्ता निकालें और तीसरा रास्ता है खुला युद्ध। महोदय, मैं संविधान-सभा के कुछ सदस्यों के मुख से युद्ध के लिए तैयार होने की बात सुन रहा हूँ। ऐसे विचार मुझे व्याकुल करते हैं कि इस देश का कोई व्यक्ति देश की राजनीतिक समस्याओं के समाधान के लिए युद्ध का तरीका अपनाने की बात सोचेगा।

'मैं इस सदन के समक्ष बुर्के के महान भाषण की कुछ पंक्तियों को पढ़ना चाहता हूँ जो उन्होंने अमेरिका के साथ समझौते के समय दिया था। मैं विश्वास करता हूँ कि ये पक्तियाँ इस सदन के मिजाज को कुछ हद तक प्रभावित कर सकती हैं। ब्रिटिश लोग, जैसा कि आप सब जानते हैं, संयुक्त राज्य के द्रोही कॉलोनियों पर विजय प्राप्त करने का प्रयास कर रहे थे और उन्हें उनकी इच्छा के विरुद्ध अपने शासन के अधीन लाना चाहते थे। कॉलोनियों पर विजय हासिल करने के विचार का विरोध करते हुए बुर्के कहते हैं—

'प्रथमत: महोदय मुझे यह कहने की अनुमति दें कि मात्र शक्ति का प्रयोग हमें कुछ क्षण के लिए विजय प्राप्त करा सकता है, लेकिन यह पुन: विजय प्राप्त करने की आवश्यकता को समाप्त नहीं करता है और वह राष्ट्र कदापि शासित नहीं हो सकता है, जिसे निरन्तर जीतना पड़े।

'मेरी अगली आपत्ति इसकी अनिश्चितता को लेकर है। भय पैदा करने वाली शक्ति का प्रयोग करके होने वाले कुछ बदलाव विजय नहीं होते हैं। यदि आप सफल नहीं होते हैं तो आप साधनविहीन हो जाते हैं। मध्यस्थता के प्रयास विफल होने पर शक्ति

प्रयोग का विकल्प बचा रहता है, लेकिन शक्ति का प्रयोग विफल होने पर मध्यस्थता के रास्ते भी बन्द हो जाते हैं। शक्ति और प्राधिकार कभी-कभी दयालुता के माध्यम से अर्जित किए जाते हैं, लेकिन उसे टूट चुकी और हारी हुई हिंसा के बाद भीख माँगकर नहीं प्राप्त किया जा सकता है।

'शक्ति प्रयोग के खिलाफ मेरी अगली आपत्ति यह है कि इसके द्वारा लक्ष्य प्राप्ति के प्रयास में आप अपने लक्ष्य को ही दुर्बल बनाते हैं। शक्ति प्रयोग में विजयी होने पर आपको क्या मिलता है? जो भी आप पाते हैं, वह युद्ध के सिलसिले में प्राय: मूल्यहीन, जर्जरित और बर्बाद हो चुका रहता है। निश्चय ही आप इसे पाने के लिए युद्ध नहीं करते हैं।

"ये ऐसे प्रभावशाली शब्द हैं, जिनकी उपेक्षा किया जाना खतरनाक है। यदि कोई व्यक्ति है, जो हिन्दू-मुस्लिम समस्या को शक्ति से सुलझा लेने की बात दिमाग में रखता है, जो युद्ध से सुलझा लेने का दूसरा नाम है, जिसके माध्यम से मुसलमानों को अधीन में किया जा सकता है और जिन्हें संविधान, जो उनकी सहमति के बिना बनाया गया होगा, के समक्ष आत्म-समर्पण कराया जा सकेगा, इस देश को उन पर निरन्तर रूप से विजय हासिल करने के लिए तैयार रहना होगा। विजय केवल एक बार नहीं हासिल करना होगा बल्कि बार-बार हासिल करना होगा। मेरी इच्छा है कि जितना समय लिया गया है, कुछ और समय लिया जाना चाहिए और एक बार फिर मैं बुर्के को याद करते हुए बात समाप्त करना चाहूँगा। बुर्के ने कहा है कि 'कहीं-कहीं शक्ति दिखाना आसान होता है वहीं बुद्धिमानी दिखाना कठिन होता है।' इस सदन को अपने व्यवहार से सिद्ध करना है कि वह अपनी सम्प्रभु शक्तियों को लेकर अहंकारी नहीं है, वह इसके प्रयोग को बुद्धिमानी से प्रयोग करने के लिए तैयार है।"[27]

डॉ. बी. आर. आंबेडकर के प्रतिक्रिया-भाषण ने उनकी एक अलग छवि निर्मित की। उनकी तर्कयुक्त आलोचना, किसी व्यक्ति-विशेष या समूह-विशेष या पार्टी-विशेष के प्रति आग्रह-दुराग्रह से प्रभावित होने के बजाय राष्ट्र-निर्माण और समाज-निर्माण के लिए थी। कानूनी जटिलताओं को किनारे रखकर देशहित में सभी समूहों को 'एकत्व की राह' पर साथ आने और साथ चलने की उनकी मार्मिक किन्तु आत्मविश्वासयुक्त अपील बहुत प्रभावशाली थी। यह डॉ. आंबेडकर के साहस का परिचायक है कि उन्होंने न केवल कई मुद्दों पर नेहरू के उद्देश्य संकल्प से अपनी असहमति व्यक्त की, बल्कि अंग्रेजी हुकूमत के 150 साल के दौरान देश के प्रशासनिक ढाँचे में विकसित हुए 'शक्तिशाली केन्द्र' की सराहना की और इसे देश की एकता एवं अखंडता के लिए उपयोगी बताया।

उद्देश्य संकल्प पर आम सहमति

उद्देश्य संकल्प पर 19 दिसम्बर, 1946 तक चली आम बहस में सरदार उज्जल सिंह, सेठ गोविन्द दास, जे. जे. एम. निकोल्स रॉय, आर. के. सिधवा, बिश्वनाथ दास, हृदयनाथ कुंजरू, एन. गोपालस्वामी अयंगर, सोमनाथ लाहिरी, हंसा मेहता, पी. आर. ठाकुर, अल्लादी कृष्णास्वामी अय्यर, जयपाल सिंह, देबी प्रसाद खेतान, डम्बर सिंह गुरुंग, डॉ. हरि सिंह गौर,

श्रीमती दक्षियानी वेलायुधन ने भी भाग लिया। मात्र दो सदस्य एफ. आर. एंथोनी एवं हृदयनाथ कुंजरू ने डॉ. एम. आर. जयकर के संशोधन का समर्थन किया, जबकि डॉ. बी. आर. आंबेडकर ने इस संशोधन का सीमित समर्थन किया। सेठ गोविन्द दास ने कहा कि इस बात को लेकर मतभेद हो सकता है कि गणराज्य लोकतांत्रिक गणराज्य होना चाहिए या समाजवादी गणराज्य। यद्यपि इस पर अभी बहस करना अर्थहीन है किन्तु विश्व एवं भारत की स्थिति को देखते हुए हम कह सकते हैं कि हमारा गणराज्य लोकतांत्रिक एवं समाजवादी दोनों होगा।[28]

इस दौरान श्रीमती दक्षियानी वेलायुधन ने डॉ. आंबेडकर से व्यक्तिगत अपील करते हुए कहा—

> "उन्हें भी इस देश के राष्ट्रीय शक्तियों के साथ आना चाहिए। वह हरिजन समुदाय के एकमात्र नेता हैं और उनका राष्ट्रीय शक्तियों के साथ असहयोग हरिजनों के लिए दुखदायी है; उनका राष्ट्रीय शक्तियों के साथ सहयोग हरिजनों की मुक्ति में मददगार होगा। महोदय, यह आपके लिए एक विशिष्ट अवसर है कि आप देश के लिए अपनी सेवा दें।"[29]

श्रीमती वेलायुदन के सम्बोधन के उपरान्त उद्देश्य संकल्प पर चर्चा को एक महीने के लिए टाल दिया गया, ताकि मुस्लिम लीग एवं भारतीय रियासतों को पुनर्विचार करने का अवसर मिल सके और इन्हें ऐसे किसी आधार पर विवाद करने का मौका न मिले।

लगभग एक महीने के अन्तराल के बाद 20 जनवरी, 1947 को उद्देश्य संकल्प पर पुन: चर्चा प्रारम्भ की गई। पहले वक्ता के रूप में एस. राधाकृष्णन ने संविधान-सभा को सम्बोधित किया। संकल्प में गणराज्य शब्द का प्रयोग करने से भारतीय रियासतों में उपज रहे असन्तोष का उल्लेख करते हुए राधाकृष्णन ने कहा—

> "गणराज्य एक ऐसा शब्द है, जिसने इस देश के रियासतों के प्रतिनिधियों को विचलित कर दिया है। हमने इस मंच से कहा है कि गणतांत्रिक भारत का अर्थ नरेशों का शासन समाप्त होना नहीं है। नरेश रह सकते हैं, नरेश बने रहेंगे, जब तक वे स्वयं को संवैधानिक बनाए रखेंगे या जब तक वे स्वयं को रियासत के लोगों के प्रति उत्तरदायी बनाए रखेंगे। यदि महान सर्वोच्च-शक्ति, जो विजय से मिली इस देश की सम्प्रभुता है, अब जनता के प्रतिनिधियों को दायित्व हस्तान्तरित कर रही है, तो यह कहने की आवश्यकता नहीं है कि वे लोग, जो इस सर्वोच्च शक्ति पर निर्भर हैं, को वही करना चाहिए, जिसे ब्रिटिश ने किया है। उन्हें भी अपने दायित्वों का हस्तान्तरण जनता के प्रतिनिधियों को अवश्य ही करना चाहिए।
>
> "हम यह नहीं कह सकते कि यह देश गणतंत्रात्मक परम्परा से अनजान रहा है। हम प्राचीनकाल से अपने इतिहास में इसे पाते हैं। जब उत्तर भारत के कुछ व्यापारी दक्षिण गए तो दक्षिण डेक्कान के एक नरेश ने उनसे पूछा 'आपका राजा कौन है', उन्होंने जवाब दिया, 'हममें से कुछ परिषद द्वारा शासित होते हैं और कुछ राजा द्वारा'।"
>
> *केचिद् देशो गणाधीना केचिद् राजाधीना*
>
> 'पाणिनि, मेगस्थनीज और कौटिल्य, प्राचीन भारत के गणराज्यों का उल्लेख करते हैं। महान बुद्ध कपिलवस्तु के गणराज्य के रहने वाले थे।

‘लोगों की सार्वभौम शक्ति के बारे में बहुत कुछ कहा गया है। हमारी धारणा है कि अन्तिम सार्वभौम शक्ति नैतिक कानून के साथ, मानवीय अन्त:करण के साथ रही है। लोगों के साथ-साथ राजा भी इसके अधीन हैं। धर्म एवं नीतिपरायणता राजाओं के राजा होते हैं।

धर्म्मम् क्षात्रस्य क्षात्रम्

‘यह लोगों एवं राजाओं दोनों का शासक होता है। यह कानून की सार्वभौम शक्ति है, जिस पर हमने जोर दिया है।’[30]

21 जनवरी, 1947 को डॉ. जयकर ने अपना संशोधन प्रस्ताव यह कहकर वापस ले लिया कि “हम यह संशोधन इस इच्छा के साथ लाए थे ताकि मुस्लिम लीग और भारतीय रियासतों के लिए हमारे साथ विचार-विमर्श का सहभागी बनना आसान हो जाए। मुस्लिम लीग के सन्दर्भ में इस सदन ने मेरे प्रस्ताव को व्यवहार में स्वीकार कर लिया। इसने अपने विचार-विमर्श को 20 जनवरी तक टाल दिया। इसने आगे बढ़कर ब्रिटिश शासन के 6 दिसम्बर के कथन को भी स्वीकार कर लिया। यद्यपि इसने सब कुछ किया, किन्तु मुस्लिम लीग अभी भी शामिल नहीं हुई है। इसलिए मैं अपने संशोधन पर जोर नहीं देने का प्रस्ताव करता हूँ।”[31]

सभाध्यक्ष ने भी डॉ. जयकर के संशोधन को वापस लिया जाना घोषित कर दिया।

तीन दिन तक चली आम बहस के दौरान एन. वी. गाडगिल, विजयलक्ष्मी पंडित, प्रो. एन. जी. रंगा, डॉ. पी. के. सेन, एस. नागप्पा, जगत नारायण लाल, अलगू राय शास्त्री, के. माधव मेनन, बी. दास, देवेन्द्रनाथ सामंता, रेव. जेरोम डिसूजा, एच. जे. खांडेकर, आर. वी. धुलेकर, डॉ. एच. सी. मुखर्जी, एच. वी. पाटस्कर, एस. एच. प्राटर, डॉ. एम. आर. जयकर, गोविन्द बल्लभ पंत, डॉ. पी. एस. देशमुख, आर. के. सिधवा, सी. एम. पूनाचा और विश्वम्भर दयाल त्रिपाठी ने भाग लिया। आम बहस में बोलने वाले लगभग सभी सदस्यों ने जवाहरलाल नेहरू के उद्‌देश्य संकल्प का समर्थन किया।

अन्तिम वक्ता के रूप में विशम्भर दयाल त्रिपाठी ने संकल्प के पैरा 4 का उल्लेख करते हुए कहा कि “इस खंड में कहा गया है कि हम सम्प्रभु एवं स्वतंत्र भारत के लिए संविधान बनाएँगे, जिसमें समस्त शक्तियाँ एवं प्राधिकार जनता से प्राप्त किया गया है।” इस सिद्धान्त के किए गए दुरुपयोग की तरफ सभा का ध्यान आकर्षित करते हुए विश्वम्भर दयाल ने आगे कहा कि “कई शताब्दी पूर्व इंग्लैंड के राजनीतिज्ञ मि. हाब्स ने यह सिद्धान्त प्रतिपादित किया कि राज्य की सभी शक्तियाँ जनता से प्राप्त की जाती हैं। किन्तु इंग्लैंड के सम्राट द्वारा इस सिद्धान्त का दुरुपयोग किया गया। वस्तुत: सम्राट ने यह स्वीकार तो कर लिया कि समस्त शक्ति एवं प्राधिकार जनता से प्राप्त किया गया है, किन्तु इसी समय विश्व से यह भी कहा गया कि एक बार जनता ने अपनी शक्ति एवं प्राधिकार शासक को सुपुर्द कर दिया, तो उसके बाद जनता के पास कोई शक्ति नहीं रह जाती है। इतिहास में इसके दोषयुक्त परिणाम को हम ‘राजा के दैवीय अधिकार’ के विचार में पाते हैं। इसलिए यह बहुत आवश्यक है कि जब हम कहें कि ‘समस्त शक्ति एवं प्राधिकार जनता से प्राप्त किया गया है’, तो हमें यह भी स्पष्ट कर देना चाहिए कि यह हमेशा जनता में निहित बना रहेगा।”[32]

बहस के अन्त में 22 जनवरी, 1947 को जवाहरलाल नेहरू ने संकल्प के स्वीकार होने की आशा व्यक्त करते हुए कहा कि “इस संकल्प में हमने स्वतंत्र एवं लोकतांत्रिक भारतीय गणराज्य बनाने का दावा किया है। यह युद्ध का संकल्प नहीं है, यह केवल हमारे न्यायसंगत

अधिकारों को विश्व के समक्ष रखता है, और ऐसा करने में यदि हमें चुनौती दी जाती है, तो हम ऐसे चुनौती को स्वीकार करने में नहीं हिचकिचाएँगे।" भावी भारत की शासन-व्यवस्था एवं इसमें भारतीय रियासतों की स्थिति तथा इन रियासतों में मौजूद राजतंत्र की स्थिति को स्पष्ट करते हुए जवाहरलाल नेहरू ने आगे कहा—

> "यह प्रस्ताव इस बात को स्पष्ट करता है कि हम लोग रियासतों के अन्दरूनी मामलों में हस्तक्षेप नहीं कर रहे हैं। मैंने तो यहाँ तक कहा था कि हम रियासतों की राजतंत्रीय पद्धति में भी हस्तक्षेप नहीं कर रहे हैं, यदि वहाँ के लोग ऐसा चाहते हैं। मैंने ब्रिटिश कामनवेल्थ के अन्तर्गत आयरिश प्रजातंत्र का उदाहरण भी दिया था। यह कल्पना भी मुझे ग्राह्य है कि भारतीय प्रजातंत्र के अन्तर्गत राजतंत्र भी रह सकते हैं, यदि लोग इसे चाहते हों। यह पूर्णतया उनके द्वारा तय करने के लिए है। यह प्रस्ताव और सम्भवत: वह संविधान भी, जो हम बनाएँगे, इस मामले में कोई हस्तक्षेप नहीं करेगा। हाँ, यह बात अनिवार्य रूप से आवश्यक है कि भारत के भिन्न-भिन्न भागों में स्वतंत्रता का स्तर एक-सा हो, क्योंकि यह बात मेरी कल्पना से भी परे है कि भारत के कुछ भागों को तो लोकतंत्रीय स्वतंत्रता प्राप्त हो और कुछ भागों को न प्राप्त हो। ऐसा नहीं हो सकता है।
>
> "किन्तु हम इस प्रस्ताव में भारतीय रियासतों के शासन के सम्बन्ध में कोई कठोर व्यवस्था नहीं निर्धारित कर रहे हैं। हम इतना ही कह सकते हैं कि वे, या उनमें से कुछ स्वयं इतने बड़े हैं कि वे संघ बना लें या छोटी इकाइयों के साथ खुद एक समूह बन जाएँ, अपनी इच्छानुसार कुछ भी करने की आजादी रखने वाले एक स्वायत्त इकाई होंगे। नि:सन्देह ये कुछ केन्द्रीय कार्यों के अधीन होंगे, जिसमें उन्हें केन्द्र के साथ सहयोग करना होगा, जिसमें उनका केन्द्र में प्रतिनिधित्व होगा, जिसमें केन्द्र का नियंत्रण होगा। इस तरह एक तरीके से यह प्रस्ताव इन इकाइयों के आन्तरिक कार्य में हस्तक्षेप नहीं करता है। वे स्वायत्तशासी होंगे, और जैसा मैंने कहा है यदि ये इकाइयाँ शीर्ष के रूप में अपना कोई संवैधानिक राजतंत्र रखना चाहती हैं तो वे ऐसा करने के लिए आजाद हैं।"[33]

अपने समापन सम्बोधन में जवाहरलाल नेहरू ने यह भी आश्वासन दिया कि अभी भी हमने उनके लिए दरवाजे खोल रखे हैं और अन्तिम समय तक हम उनका स्वागत करने के लिए तैयार रहेंगे और जो लोग संविधान-सभा में आने का अधिकार रखते हैं, उन्हें आने देने का पर्याप्त अवसर देंगे। लेकिन एक बात स्पष्ट है कि यद्यपि हम दरवाजे खोले रखेंगे, लेकिन संविधान-सभा की कार्यवाही नहीं रुकेगी।[34]

अन्त में जवाहरलाल नेहरू द्वारा उद्देश्य संकल्प को पढ़ा गया और स्वयं सभाध्यक्ष डॉ. राजेन्द्र प्रसाद द्वारा इस संकल्प का हिन्दी अनुवाद और मोहन लाल सक्सेना द्वारा उर्दू अनुवाद पढ़ा गया। इसके उपरान्त सभाध्यक्ष ने सभी सदस्यों से खड़े होकर उक्त संकल्प का समर्थन करने के लिए निवेदन किया। इस निवेदन के बाद सभी सदस्यगणों ने खड़े होकर उद्देश्य संकल्प को स्वीकार कर लिया।

प्रारूप संविधान की बुनियाद

संविधान-सभा की प्रथम बैठक से ही कई विषयों पर कार्य करने के लिए समितियों का गठन करना आरम्भ कर दिया गया था। इनमें मूल अधिकार एवं अल्पसंख्यक अधिकार समिति,

संघीय संविधान समिति, प्रान्तीय संविधान समिति, संघीय शक्ति समिति जैसी प्रमुख समितियाँ भी थीं, जिन्हें अपने-अपने विषय पर सम्भावित प्रावधान की रूपरेखा तैयार करनी थी। ये समितियाँ और इनके द्वारा प्रस्तावित रिपोर्ट अति महत्त्वपूर्ण थे। इन रिपोर्टों के आधार पर संविधान की बुनियाद तैयार की जानी थी।

वल्लभभाई पटेल की अध्यक्षता वाली मूल अधिकार समिति ने 29 अप्रैल, 1947 को सभा के पटल पर मूल अधिकार पर अन्तरिम रिपोर्ट[35] प्रस्तुत की। इस रिपोर्ट के अन्तर्गत 24 खंडों में मूल अधिकारों का उल्लेख किया गया था। इसका खंड (1) राज्य एवं संघ को परिभाषित करता था, खंड (2) कानून के प्रयोग के बारे में; खंड (3) नागरिक की परिभाषा के बारे में; खंड (4) से (7) समानता के अधिकार के बारे में; खंड (8) से (12) स्वतंत्रता के अधिकार के बारे में; खंड (13) से (17) धर्म सम्बन्धी अधिकार के बारे में; खंड (18) सांस्कृतिक एवं शैक्षणिक अधिकार के बारे में; खंड (19) से (21) प्रकीर्ण अधिकार के बारे में; खंड (22) संवैधानिक उपचार के अधिकार के बारे में; खंड (23) सेना के लिए निर्बन्धन लगाने के सम्बन्ध में और खंड (24) संघीय विधायिका को कानून बनाने की शक्ति के बारे में प्रावधान प्रस्तुत करता था।

इसी तरह वल्लभभाई पटेल की ही अध्यक्षता में प्रान्तीय संविधान समिति ने 15 जुलाई, 1947 को मॉडल प्रान्तीय संविधान के सिद्धान्त पर मेमोरेंडम[36] प्रस्तुत किया। यह मेमोरेंडम चार भागों में विभाजित था। भाग एक में प्रान्तीय कार्यपालिका, प्रान्तीय विधायिका, राज्यपाल की विधायी शक्तियों से सम्बन्धित चार अध्याय और 23 खंड शामिल थे। इसका खंड (1) कहता था कि प्रत्येक प्रान्त के लिए एक राज्यपाल होगा, जिसका चुनाव वयस्क मताधिकार के आधार पर लोगों द्वारा प्रत्यक्ष तरीके से किया जाएगा। तीन खंडों वाला भाग दो प्रान्तीय न्यायपालिका के बारे में, एक खंड वाला भाग तीन प्रान्तीय लोक सेवा आयोग व प्रान्तीय महालेखा परीक्षक के बारे में था। कुल तीन खंड वाला अन्तिम भाग चार अन्तवर्ती प्रावधान से सम्बन्धित था।

जवाहरलाल नेहरू की अध्यक्षता में संघीय संविधान समिति ने 21 जुलाई, 1947 को 'संघीय संविधान के सिद्धान्त पर रिपोर्ट'[37] प्रस्तुत किया। इस रिपोर्ट में उद्देशिका के अलावा ग्यारह भाग थे, जिनमें क्रमश: 3, 3, शून्य, 24, 1, 3, 5, 2, 1, 1 व 6 खंड शामिल थे। भाग (1) संघीय क्षेत्र एवं क्षेत्राधिकार के सम्बन्ध में; भाग (2) नागरिकता के सम्बन्ध में; भाग (3) नीति निदेशक सिद्धान्त के साथ-साथ मूल अधिकार के सम्बन्ध में था। जबकि भाग (4) कुल सात अध्यायों में बाँटा गया था। इन सात अध्यायों के अन्तर्गत क्रमश: संघीय कार्यपालिका, संघीय संसद, राष्ट्रपति की विधायी शक्ति, संघीय जूडिकेचर, संघ के महालेखा निरीक्षक, सेवा, और चुनाव से सम्बन्धित प्रावधान प्रस्तावित किए गए थे। भाग (5) संघ एवं इकाइयों के मध्य विधायी शक्ति के बँटवारे के बारे में, भाग (6) संघ एवं इकाइयों के मध्य प्रशासनिक सम्बन्ध के बारे में था। इनके अलावा भाग (7) वित्तीय शक्ति, भाग (8) प्रत्यक्ष शासित क्षेत्र, भाग (9) प्रकीर्ण, और भाग (10) संविधान संशोधन के बारे में था। रिपोर्ट के अन्तिम भाग (11) में अन्तवर्ती प्रावधान प्रस्तावित किए गए थे। इस रिपोर्ट में उद्देशिका को निम्न स्वरूप में प्रस्तावित किया गया था—

> हम, भारत के लोग, जो जनकल्याण के प्रोत्साहन की माँग कर रहे हैं, अपने निर्वाचित प्रतिनिधियों के माध्यम से इस संविधान को अधिनियमित, अंगीकृत एवं आत्मार्पित करते हैं।[38]

संघीय संविधान के सिद्धान्त पर रिपोर्ट के भाग एक के खंड (1) में प्रस्तावित किया गया था कि 'यहाँ स्थापित होने जा रहा परिसंघ एक सम्प्रभु, स्वतंत्र गणराज्य होगा, जिसे इंडिया के रूप में जाना जाएगा।' इस रिपोर्ट के प्रत्येक प्रावधान एवं प्रस्तुत संशोधनों पर संविधान-सभा में 24 जुलाई से 31 जुलाई, 1947 तक लगातार बहस की गई।

20 अगस्त, 1947 को एन. गोपालस्वामी अयंगर ने संघीय शक्ति समिति की रिपोर्ट[39] को संविधान-सभा के पटल पर रखा। छह पैरा वाली संघीय शक्ति समिति की रिपोर्ट के साथ एक परिशिष्ट[40] भी जोड़ा गया था, जिसके अन्तर्गत तीन सूचियाँ प्रस्तावित की गईं। संघीय विधायी सूची के नाम से पहली सूची में कुल 87 विषय, प्रान्तीय विधायी सूची नामक दूसरी सूची में 58 विषय और तीसरी समवर्ती विधायी सूची के अन्तर्गत 36 विषय शामिल किए गए थे। इस रिपोर्ट पर 26 अगस्त, 1947 तक चली बहस के दौरान केवल पहली सूची के आरम्भिक सैंतीस विषयों पर चर्चा करके इन्हें स्वीकार किया गया।

इसके उपरान्त 27 अगस्त, 1947 को सरदार वल्लभभाई पटेल ने अल्पसंख्यक समिति की तरफ से अल्पसंख्यक अधिकार पर रिपोर्ट[41] प्रस्तुत की। सोलह पैराग्राफ वाली इस रिपोर्ट में अल्पसंख्यक के अधिकार को चार बिन्दुओं में बाँटकर समिति ने अपना विचार व्यक्त किया। पहला बिन्दु विधायिका में अल्पसंख्यकों को प्रतिनिधित्व देने, दूसरा बिन्दु कैबिनेट में अल्पसंख्यकों को आरक्षण देने, तीसरा बिन्दु लोक सेवा में अल्पसंख्यकों को आरक्षण देने तथा चौथा बिन्दु अल्पसंख्यकों के अधिकार को सुरक्षित करने हेतु प्रशासनिक-तंत्र बनाने से सम्बन्धित था। पहले बिन्दु पर उपसमिति का विचार सकारात्मक था, तो दूसरे एवं तीसरे बिन्दु पर नकारात्मक था। चौथे बिन्दु पर समिति ने यह निष्कर्ष दिया कि इसकी सबसे बेहतर व्यवस्था यह होगी कि केन्द्र एवं प्रान्तों के लिए विशेष अल्पसंख्यक अधिकारी नियुक्त किया जाए।

30 अगस्त, 1947 को मूल अधिकार समिति ने एक पूरक रिपोर्ट[42] भी प्रस्तुत किया। इस रिपोर्ट के साथ शीर्षक 'शासन के मूलभूत सिद्धान्त' नाम से एक संलग्नक[43] जोड़ा गया था। बारह पैराग्राफ वाले इस संलग्नक के अन्तर्गत शासन के लिए पुरुष एवं महिला को समान अधिकार; समान कार्य के लिए समान वेतन; काम का अधिकार; मातृत्व लाभ; कामगारों के लिए यथोचित सुरक्षा; जीविकोपार्जन की स्तर वृद्धि; समान नागरिक संहिता निर्माण, नि:शुल्क प्राथमिक शिक्षा; ऐतिहासिक स्थलों की सुरक्षा; अन्तरराष्ट्रीय शान्ति को प्रोत्साहन; जैसे कई लक्ष्य निर्धारित किए गए थे।

3

राष्ट्रीय ध्वज : स्वराज का प्रतीक

राष्ट्रीय ध्वज का स्वरूप

22 जुलाई, 1947 को संविधान-सभा की बैठक में सभाध्यक्ष ने कहा कि कार्यसूची का पहला विषय जवाहरलाल नेहरू का ध्वज से सम्बन्धित प्रस्ताव है। इसके बाद नेहरू ने इसे अपने लिए गर्व का विषय बताते हुए राष्ट्रीय ध्वज का संकल्प[1] प्रस्तुत किया। इस संकल्प के अनुसार—

> संकल्पित किया गया कि भारत का राष्ट्रीय ध्वज समान अनुपात में गहरे केसरिया, सफेद एवं गहरे हरे वाला क्षैतिज तीन-रंगा होगा। सफेद पट्टी के मध्य चरखा का प्रतिनिधित्व करने के लिए नैवी नीले रंग का चक्र होगा। इस चक्र का बनावट वैसी होगी, जैसी अशोक के सारनाथ स्तम्भ के शीर्षफलक पर मौजूद है।
>
> चक्र का व्यास सफेद बैंड की चौड़ाई के बराबर होगा।
> ध्वज की चौड़ाई एवं लम्बाई का अनुपात 2:3 होगा।

प्रस्तावित ध्वज के महत्त्व की व्याख्या करते हुए नेहरू ने स्पष्ट किया कि जब इस ध्वज की स्थापना की जा रही थी, तो इसके साथ कोई साम्प्रदायिक अभिप्राय नहीं जुड़ा था। हमने ऐसे ध्वज के स्वरूप के बारे में सोचा, जो सुन्दर हो, क्योंकि देश के प्रतीक को अवश्य ही सुन्दर होना चाहिए। हमने ऐसे ध्वज के बारे में सोचा, जो अपने सम्मिलित स्वरूप में और इसका अलग-अलग स्वरूप देश की आत्मा का, देश की परम्पराओं का प्रतिनिधित्व करे; उस आत्मा एवं परम्परा के मिश्रित स्वरूप का प्रतिनिधित्व करे, जो भारत में हजारों सालों से विकसित हुआ है।[2]

प्रस्तावित ध्वज में चरखा के स्थान पर चक्र रखे जाने के कारण का उल्लेख करते हुए नेहरू ने आगे कहा कि "यह ध्वज पिछले कुछ सालों से प्रयोग किए जाते रहे ध्वज से थोड़ा भिन्न है। रंग समान है, गहरा केसरिया, सफेद और गहरा हरा। सफेद पट्टी में पहले चरखा था, जो भारत के आम लोगों का प्रतीक था; जो जनमानस का प्रतीक था; जो उनके उद्योग का प्रतीक था और जो महात्मा गांधी के सन्देश के माध्यम से हम तक आया था। अब इस चरखे को थोड़ा बदल दिया गया है, न कि हटाया गया है। अब सवाल है कि ऐसा बदलाव क्यों किया गया है? सामान्यतया ध्वज के एक तरफ के प्रतीक को दूसरी तरफ भी बिलकुल समान होना चाहिए। अन्यथा, कठिनाई आती है, जो नियमों के विरुद्ध है। अब चरखा, जो पहले के ध्वज में रखा गया था, में एक तरफ चक्र है और दूसरी तरफ धुरी है। अब यदि इसे

दूसरी ओर से देखा जाए तो चक्र दूसरी तरफ आ जाता है और धुरी एक तरफ। यह सन्तुलित नहीं है क्योंकि चक्र को हमेशा दंड की तरफ होना चाहिए न कि ध्वज के अन्तिम सिरे की तरफ। यह व्यावहारिक कठिनाई थी। इसलिए बहुत विचार करने के बाद हम इस बात पर सहमत हुए कि लोगों के प्रेरणास्त्रोत इस महान प्रतीक को निश्चित रूप से जारी रखना चाहिए, किन्तु आंशिक बदलाव के साथ जारी रखना चाहिए। और वह यह कि चक्र बना रहना चाहिए और चरखे का बाकी भाग यानी धुरी एवं तार नहीं रखना चाहिए, जिसके कारण गलतफहमी होती है। यह कि चरखे का आवश्यक भाग यानी चक्र ही रहना चाहिए। किन्तु किस तरह का चक्र हमें रखना चाहिए? इस सवाल पर हमारा ध्यान कई चक्रों पर गया। किन्तु सबसे प्रसिद्ध चक्र, जो हर जगह देखने को मिलता है, जिसे हम सबने देखा है, वह है, जो अशोक स्तम्भ के शीर्ष पर है। यह चक्र प्राचीन भारत की संस्कृति का प्रतीक है, यह बहुत सारी बातों का प्रतीक है, जिसके लिए भारत वर्षों से खड़ा रहा है। इसलिए हमने सोचा कि यहाँ पर चक्र प्रतीक होना चाहिए।"[3]

अपने सम्बोधन में नेहरू ने अशोक के ऐतिहासिक महत्त्व को रेखांकित करते हुए कहा कि "भारतीय इतिहास में अशोक का कार्यकाल एक वैश्विक कार्यकाल रहा है। यह संकीर्णता वाला राष्ट्रीय काल नहीं है। यह वह काल था, जब भारत के राजदूत दूसरे कई देशों में केवल एक शासक और साम्राज्यवाद के भाव से नहीं गए, बल्कि शान्ति एवं संस्कृति और सद्भाव के लिए गए थे। इसलिए यह ध्वज साम्राज्य का ध्वज नहीं है, साम्राज्यवाद का ध्वज नहीं है, किसी संस्था पर प्रभुता रखने का ध्वज नहीं है, बल्कि यह आजादी का ध्वज है, न केवल हमारे लिए, बल्कि उन सभी लोगों की आजादी के लिए, जो इसे देखें।"[4]

जवाहरलाल नेहरू के उक्त सम्बोधन के बाद एच. वी. कामथ ने संशोधन[5] प्रस्तुत किया कि "सफेद मध्य पट्टी के मध्य चक्र के भीतर सत्यम, शिवम, सुन्दरम के प्राचीन भारतीय प्रतीक 'स्वास्तिक' चिन्ह को स्थापित किया जाए।" किन्तु कुछ ही समय बाद कामथ ने अपने इस संशोधन को यह कहकर वापस ले लिया कि "यह चक्र धर्मचक्र का या कानून के चक्र का या संसार के चक्र का प्रतीक है, जो सत्यम, शिवम, सुन्दरम के शाश्वत विचार के इर्द-गिर्द घूमता है। ध्वज के आकार को देखने के बाद स्वास्तिक इसमें उपयुक्त नहीं बैठता है। यह इसे और भद्दा व कुरूप बनाता है।"

डॉ. पी. एस. देशमुख ने भी अहिंसा के प्रतीक चरखे के साथ वाले तीन रंग के ध्वज को बनाए रखने के लिए संशोधन[6] प्रस्तुत किया था, किन्तु उन्होंने सभा की भावना को ध्यान में रखकर इसे वापस ले लिया।

इसके उपरान्त सभाध्यक्ष ने राष्ट्रीय ध्वज से सम्बन्धित उक्त प्रस्ताव को संविधान-सभा के समक्ष आम बहस के लिए रखा। इस बहस में भाग लेने वाले लगभग सभी सदस्यों ने एक स्वर में उक्त प्रस्ताव का समर्थन किया।

सेठ गोविन्द दास ने कहा कि "एक समय ध्वज में लाल, सफेद और हरा रंग साम्प्रदायिक प्रतीक होता था। किन्तु जब इन रंगों को केसरिया, सफेद और हरा में बदल रहे हैं, तो हम इसे स्पष्ट शब्दों में घोषित कर रहे हैं कि इन तीन रंगों का कोई साम्प्रदायिक महत्त्व नहीं है। यहाँ मध्य भाग में अशोक चक्र है। कलिंग युद्ध के बाद अशोक ने पूरे संसार को प्यार के साथ एक करने का प्रयास किया और उसने ऐसी सफलता प्राप्त की कि न केवल इस देश के, बल्कि विश्व के इतिहासकार स्वीकार करते हैं कि विश्व में अशोक जैसा कोई शासक नहीं हुआ था। मि. एच. जी. वेल्स अपनी पुस्तक 'विश्व का इतिहास' में लिखते हैं कि जब बाकी सभी

शासक रक्तरंजित जीवन के साथ आगे बढ़ रहे थे, तो अकेले अशोक ने विश्व को प्यार के साथ एक करने की कोशिश की थी।"[7]

वी. आई. मुनिस्वामी पिल्लई ने महात्मा बुद्ध के मानवता आधारित महान पंचशीलम् विचार को आगे बढ़ाने वाले अशोक के सारनाथ स्तम्भ को ध्वज में शामिल किए जाने का स्वागत किया[8], तो चौधरी खालिकुज्जमां ने इस ध्वज को ऐसा बताया जिसे फहराने में मुस्लिम, हिन्दू, ईसाई सभी गर्व महसूस करेंगे।[9]

एस. राधाकृष्णन ने इस ध्वज को भविष्य से भूत को जोड़ने वाला बताया। इस ध्वज में स्थित सफेद पट्टी को प्रकाश का प्रतीक बताते हुए राधाकृष्णन ने कहा कि "जैसा कि कुछ लोग कहते हैं कि दोपहर में भी अँधेरा है, किन्तु इस अँधेरे के बादल को छाँटना और अपने आचरण को आदर्श प्रकाश यानी सत्य के प्रकाश से नियंत्रित करना हमारे लिए आवश्यक है। सदाचार के रास्ते पर चले बिना हम शुद्ध नहीं हो सकते हैं, हम सत्य के लक्ष्य को प्राप्त नहीं कर सकते हैं। अशोक का चक्र कानून के चक्र, धर्मचक्र का प्रतिनिधित्व करता है। केवल सदाचार द्वारा धर्म के मार्ग पर चलकर ही सत्य प्राप्त किया जा सकता है। यह चक्र जो लगातार घूमती रहने वाली वस्तु है, बताती है कि ठहराव में मृत्यु है। चलते रहने में जीवन है।...उन्होंने लाल भगवा रंग को त्याग की भावना का प्रतीक बताया, तो हरे रंग को हम सभी का मिट्टी एवं जीवनदायी पौधों के साथ सम्बन्धों का प्रतीक बताया।"[10]

डॉ. मोहन सिन्हा मेहता ने कहा कि "चाहे इसे भारत में मकानों पर लहराएँ या विदेश के ऊँचे सागर पर लहराएँ, यह ध्वज भारत संघ की समग्र भावनाओं का प्रतिनिधित्व करेगा, भले ही उपासना के लिए किसी भी स्थल पर जाएँ या हमारे नाम एवं नामांकरण में अन्तर हो, हम सभी भारतीय हैं और यह ध्वज हमारा है।"[11]

सैयद मुहम्मद सादुल्ला ने केसरिया रंग को त्याग का प्रतीक बताया, जिस पर हमारे साधु, सन्त एवं पीर चलते हैं, सफेद रंग हिन्दू एवं मुस्लिम दोनों में शुद्धता का प्रतीक है और हरा रंग हमें उस हरे ध्वज की याद दिलाता है, जिसे 1857 में बहादुर शाह ने उठाया था। सादुल्ला ने आगे कहा कि "अशोक का धर्मचक्र हमें भारत के महान बौद्ध शासक के दौर में लोगों की स्थिति की याद दिलाता है। उन्होंने अपनी व्यक्तिगत उन्नति के लिए नहीं, बल्कि अपने अधीन आने वाले लोगों के सन्तोष, शान्ति एवं समृद्धि के लिए शासन किया था।"[12]

ईसाई समुदाय की तरफ से ध्वज के प्रति पूर्ण निष्ठा व्यक्त करते हुए डॉ. एच. सी. मुखर्जी ने कहा कि "भारतीय ईसाई समुदाय, हमेशा यह मानता रहा है कि वह मूलत: एक भारतीय समुदाय था और इसके महान नेता हमेशा भारतीय राष्ट्रवाद के साथ जोड़कर अपना परिचय देते हैं।"[13] जबकि आर. के. सिधवा ने लोकप्रिय हो रहे नारे 'राष्ट्रीय ध्वज के साथ ऊपर और ऊपर तथा यूनियन जैक के साथ नीचे और नीचे' का उल्लेख करते हुए इस अवसर पर 1911 में दादाजी नौरोजी द्वारा पहली बार फहराये गए स्वराज ध्वज को याद किया।[14]

जयपाल सिंह ने कहा कि "यहाँ पर ज्यादातर सदस्य सोचते हैं कि ध्वजारोहण आर्यन सभ्यता का प्रतीक है। आदिवासी पहली बार ध्वजारोहण किए थे और वे अपने ध्वज के लिए लड़ते हैं। इनके गाँवों के अलग-अलग ध्वज होते हैं और एक ध्वज को दूसरे आदिवासी द्वारा नकल नहीं किया जा सकता है। यदि इनके ध्वज को चुनौती देने की कोशिश होती है, तो आदिवासी अपने ध्वज के सम्मान के लिए खून की अन्तिम बूँद तक का त्याग करने के लिए तैयार रहते हैं। अब इनके पास दो ध्वज होंगे। एक इनका स्थानीय ध्वज, जो पिछले छह हजार वर्षों से है और दूसरा यह राष्ट्रीय ध्वज, जैसा कि पंडित जवाहरलाल नेहरू द्वारा रखा गया

है, हमारी आजादी का प्रतीक है। राष्ट्रीय ध्वज भारत के आदिवासियों को सन्देश देता है कि पिछले छह हजार वर्षों से की जा रही उनकी आजादी की लड़ाई समाप्त हो गई है, अब वे इस देश के अन्य लोगों की तरह आजाद हैं।"[15]

फ्रैंक आर. एंथोनी ने प्रस्तावित ध्वज को राष्ट्र का ध्वज एवं सभी भारतीयों का ध्वज बताया तो ज्ञानी गुरुमुख सिंह मुसाफिर ने इस पल को उन सभी सिखों के लिए खुशहाली का पल बताया, जिनके त्याग के कारण आज हम यह फल प्राप्त कर रहे हैं।[16] इस अवसर पर शिवाजी को याद करते हुए एच. जे. खांडेकर ने कहा कि "केसरिया रंग दलित समुदाय से जुड़ा हुआ है और याद दिलाना चाहता हूँ कि जब शिवाजी शासन में थे और जब इस देश को आजाद करने और हिन्दू राज्य स्थापित करने का अवसर था, हमारे समुदाय के लाखों लोगों ने इस केसरिया ध्वज के तले त्याग किया था।"[17]

इस अवसर पर बालकृष्ण शर्मा ने महात्मा गांधी के योगदान को याद करते हुए कहा कि "एक समय कांग्रेस केवल प्रस्ताव पारित कर और क्रिसमस के दौरान तीन दिनों तक एकत्रित होकर अपने दायित्व को समाप्त मान लेता था। तब महात्मा गांधी ने कहा था कि हम सिर्फ प्रस्ताव पारित कर आजादी नहीं प्राप्त कर सकते और अधिकार पाने के लिए शक्ति का होना आवश्यक है। यह महात्मा गांधी द्वारा दिया गया महान उपहार है कि उन्होंने एक प्रस्ताव पारित करने वाले कांग्रेस को एक लड़ाकू संस्था के रूप में बदल दिया। इसके अलावा महात्मा गांधी ने हिन्दी को राष्ट्रीय भाषा के रूप में प्रस्तुत करके हमें अपनी राष्ट्रीय अस्मिता की अनुभूति करने एवं जागने का अवसर दिया। इन वरदानों में से एक वरदान उनके द्वारा इस देश को दिया गया ध्वज है। देश की सामूहिक शक्ति को ध्वज के स्वरूप में केन्द्रीकृत करके उन्होंने त्याग के रास्ते पर चलने के लिए प्रेरित किया।"[18]

राष्ट्रीय ध्वज के महत्त्व को दर्शाते हुए गोविन्द मालवीय ने कहा कि "राष्ट्रीय ध्वज का महत्त्व रंग पर, इसकी पट्टियों पर या इसके दूसरे भाग पर निर्भर नहीं होता है। ध्वज अपनी सम्पूर्णता के साथ महत्त्वपूर्ण होता है और रंग इत्यादि जैसी दूसरी बातें, जो इसमें होती हैं, अप्रासंगिक होती हैं। गैरमहत्त्वपूर्ण तत्त्व वाले सफेद कपड़े के टुकड़े का भी ध्वज हो सकता है, किन्तु जब यह राष्ट्रीय ध्वज के रूप में स्वीकार कर लिया जाता है, तो यह राष्ट्रीय आत्मसम्मान का प्रतीक हो जाता है। यह आजाद देश के भाव की अभिव्यक्ति हो जाता है। यह इसकी सबसे प्यारी वस्तु हो जाता है। यह ध्वज किसी विशेष समुदाय का ध्वज नहीं है। यह सम्पूर्णता के रूप में हम सभी का है। ध्वज की प्रमुख विशेषता यह है कि यद्यपि यह पूरे भारत का है, किन्तु सभी व्यक्ति, चाहे हिन्दू हों या मुसलमान या ईसाई, इसे अपना मान सकते हैं, इससे खुश हो सकते हैं और इसका सम्मान कर सकते हैं।" चक्र के महत्त्व को रेखांकित करते हुए गोविन्द मालवीय ने आगे कहा कि "यह भगवान कृष्ण के सुदर्शन चक्र और भगवान बुद्ध का प्रतीक है और नवीनतम अवतार महात्मा गांधी के चरखा का प्रतिनिधित्व करता है।"[19]

इस अवसर पर डॉ. जोसेफ अल्बन डिसूजा ने लैटिन उद्धरण 'विवैट, क्रिसैंट, फ्लोरेंट इंडिया' के साथ प्रार्थना की कि इस ध्वज के कवच तले भारत स्थायी लाभ एवं प्रतिष्ठा प्राप्त करने के लिए प्राणवान बने, प्रगति करे और फलता-फूलता रहे, जो न केवल भारत के करोड़ों नागरिकों का हो, बल्कि विश्वव्यापी हो।[20] जय नारायण व्यास ने इस राष्ट्रीय ध्वज को भारत के सभी समुदायों—हिन्दू, मुसलमान, सिख, एवं पारसी का ध्वज बताते हुए कहा कि "इसे भारत में सभी जगह फहराया जाए।" एस. नागप्पा ने स्वयं हरिजन होने के नाते चरखा से लगाव होने का उल्लेख किया, किन्तु इसके स्थान पर चक्र रखे जाने का समर्थन भी किया

और इसे विष्णु चक्र का प्रतीक बताते हुए उम्मीद की कि यह पूरे संसार को शान्ति, प्रगति एवं खुशहाली प्रदान करने में सक्षम होगा।[21]

उड़ीसा के लक्ष्मीनारायण साहू ने ध्वज के चक्र को जगन्नाथ मन्दिर में प्रयोग किए गए नील चक्र का प्रतीक बताते हुए कहा कि "यह चक्र हमें कलिंग एवं मगध के बीच सम्बन्ध की याद दिलाता है। महान अशोक मगध से चलकर कलिंग पहुँचा और एक महान युद्ध लड़ा। व्यापक नरसंहार के बाद वह एक महान व्यक्ति—महान अशोक बना। जब मैं इस ध्वज को अशोक एवं बुद्ध से जोड़कर देखता हूँ तो उन्हें अपने राज्य कलिंग की याद आ जाती है, जिसने एक बड़े युद्ध के बाद अशोक को अहिंसा एवं मानवता का पाठ पढ़ाया। यह ध्वज केवल राष्ट्रीय ध्वज नहीं है, बल्कि एक तरह से अन्तरराष्ट्रीय ध्वज है, क्योंकि यह चक्र शाश्वत चक्र का प्रतिनिधित्व करता है।"[22]

रेव. जेरोम डिसूजा ने एक ईसाई अंग्रेज कवि द्वारा कही गई पंक्ति 'श्वेत प्रकाश के चक्र जैसी शाश्वतता' को उद्धृत किया। डिसूजा के अनुसार, "यह चक्र बहुत सारी बातों का यथा काल और इनके बदलते रहने का, उद्योग एवं इसकी उपलब्धियों का प्रतीक है और हम सबकी शाश्वतता और शाश्वत जीवन के मूल्यों का भी प्रतीक है।"[23]

प्रस्ताव पर अन्तिम वक्ता के रूप में बोलने के लिए सभाध्यक्ष ने सरोजिनी नायडू को बुलाया। एक व्यक्ति द्वारा उठाए गए सवाल कि भारत विभाजित हो चुका है और अब इसे कैसे भारत का ध्वज कहा जा सकता है? का जवाब देते हुए नायडू ने कहा कि "यह केवल अस्थायी भौगोलिक विभाजन है। भारत के हृदय में विभाजन का कोई भाव नहीं है।" नायडू आगे सवाल करती हैं कि "यह चक्र किसका प्रतीक है? यह चक्र उस तेजस्वी अशोक के धर्मचक्र का प्रतिनिधित्व करता है, जिसने विश्व समुदाय को शान्ति एवं भाईचारे का सन्देश दिया। क्या यह चक्र प्रत्येक राष्ट्रीय हित एवं राष्ट्रीय कार्य के प्रतीक के रूप में विद्यमान नहीं है? क्या यह हमारे प्यारे नेता महात्मा गांधी के चक्र का प्रतिनिधित्व नहीं करता है, जो बिना किसी हिचकिचाहट के और विराम लिये लगातार पदयात्रा करते रहे हैं? क्या यह सूर्य की किरणों का प्रतिनिधित्व नहीं करता है? क्या यह शाश्वतता का प्रतीक नहीं है? क्या यह मानव-मस्तिष्क का प्रतिनिधित्व नहीं करता है?"[24] राष्ट्रीय ध्वज की महिमा का उल्लेख करते हुए नायडू ने आगे कहा कि हम सभी महिलाएँ भारत की एकता के लिए खड़ी हैं। इस ध्वज के अन्तर्गत न तो कोई युवराज है और न कोई गँवार है, न कोई अमीर है और न कोई गरीब। कोई विशेषाधिकार नहीं है। केवल कर्तव्य है, जिम्मेदारी है और त्याग है। हम चाहे हिन्दू हों या मुसलमान या ईसाई या जैन या सिख या पारसी और अन्य, हमारी माँ भारती के पास एक अविभाजित हृदय है और एक अविभाज्य आत्मा है। पुनर्जीवित भारत की महिलाएँ एवं पुरुष खड़े हों और इस ध्वज को सलामी दें। मैं आप सभी से कहती हूँ कि खड़े हों और ध्वज को सलामी दें।"[25]

इसके बाद सभाध्यक्ष ने सदस्यों से राष्ट्रीय ध्वज के संकल्प पर अपनी सहमति देने और आधा मिनट अपने स्थान पर खड़े होकर ध्वज के प्रति सम्मान व्यक्त करने के लिए कहा। तत्पश्चात पूरी संविधान-सभा ने खड़े होकर सर्वसहमति से राष्ट्रीय ध्वज हेतु लाए गए प्रस्ताव को 22 जुलाई, 1947 को अंगीकृत कर लिया।

राष्ट्रीय ध्वज का नाम—तिरंगा ध्वज या चक्रध्वज/चक्रपताका

यद्यपि 22 जुलाई, 1947 को संविधान-सभा ने प्रस्ताव पारित कर राष्ट्रीय ध्वज को स्वीकार कर लिया था, किन्तु संविधान में इसका कहीं उल्लेख नहीं है। स्वीकार किए गए इस प्रस्ताव में

राष्ट्रीय ध्वज के स्वरूप का तो उल्लेख है, किन्तु इसके नाम का उल्लेख नहीं है। इस राष्ट्रीय ध्वज के लिए जो नाम प्रचलित है, वह 'तिरंगा ध्वज' है।

तिरंगा का शाब्दिक अर्थ है तीन रंग वाला। चूँकि अपने ध्वज में तीन अलग-अलग रंग की पट्टियाँ स्वीकार की गई हैं, इसलिए इस आधार पर तिरंगा नाम अपने राष्ट्रीय ध्वज के लिए प्रचलित हुआ।

जब हम अपने राष्ट्रीय ध्वज के नाम पर चर्चा कर रहे हैं, तो दो बिन्दुओं पर विचार करना आवश्यक है। पहला यह कि हमारे राष्ट्रीय ध्वज का 'मूल' क्या है? और दूसरा यह कि क्या तिरंगा नाम इस राष्ट्रीय ध्वज को दूसरे ध्वजों से अलग एवं विशिष्ट पहचान दिलाता है? सर्वप्रथम हम विशिष्ट पहचान के बिन्दु पर चर्चा करते हैं।

राष्ट्रध्वज में तीन रंग यानी केसरिया, सफेद एवं हरे रंग की पट्टी को स्वीकार किया गया है। किन्तु तिरंगा नाम से यह स्थिति स्पष्ट नहीं हो सकती है कि यह केसरिया, सफेद एवं हरा रंग को ही इंगित कर रहा है। तिरंगा ऐसा शब्द है, जिसका अर्थ काला, सफेद एवं लाल भी हो सकता है या नारंगी, पीला एवं नीला भी हो सकता है। यह बिलकुल सम्भव है कि किसी दूसरे देश के ध्वज में भी तीन रंग हों। ऐसे कई दृष्टान्त हैं भी। कई देशों के ध्वज तीन रंगों वाले हैं। इन ध्वजों को भी तिरंगा कहा जा सकता है। इसलिए तीन रंग के नाते तिरंगा नाम वैश्विक परिदृश्य में कोई भी विशिष्टता या अलग पहचान नहीं रखता है।

इसी तरह खुद अपने देश की कई राजनीतिक पार्टियों के ध्वज तीन रंग के हैं। इस दृष्टिकोण से इन पार्टियों के ध्वज को भी तिरंगा कहा जा सकता है। देश की सबसे पुरानी राजनीतिक पार्टी—भारतीय राष्ट्रीय कांग्रेस के ध्वज में भी उन्हीं तीन रंगों का प्रयोग किया गया है, जो राष्ट्रीय ध्वज में हैं। राष्ट्रीय ध्वज में तीन रंगों—केसरिया, सफेद एवं हरा को स्वीकार करने के बाद एक राजनीतिक पार्टी के रूप में स्थापित होने जा रहे भारतीय राष्ट्रीय कांग्रेस के ध्वज के रंग में कुछ बदलाव अपेक्षित था, ताकि ऐसे किसी पार्टी को प्रतीकात्मक एवं सहानुभूतिक लाभ न प्राप्त हो सके। किन्तु ऐसा नहीं किया जा सका। अब राष्ट्रीय ध्वज के इन तीन रंगों का प्रयोग कई पार्टियों द्वारा धड़ल्ले से किया जाता है। इसके अलावा भी कई राजनीतिक पार्टियों के ध्वज तीन अलग-अलग रंगों वाले होते हैं, जिन्हें तिरंगा कहा जा सकता है, भले ही यह क्षैतिज हों या लम्बवत्।

इस तरह चाहे दूसरे देशों के राष्ट्रीय ध्वज हों या भारत की राजनीतिक पार्टियों के राजनीतिक ध्वज, इनमें प्रयोग किए जा रहे तीन रंगों के कारण 'तीन-रंगा' या 'तिरंगा' नाम राष्ट्रध्वज को विशिष्ट पहचान नहीं दिला सकता है।

अब राष्ट्रीय ध्वज के नाम पर चर्चा इसके 'मूल' के दृष्टिकोण से करते हैं। राष्ट्रीय ध्वज के दो भाग निकलकर आते हैं, जिन्हें इसका मूल कहा जा सकता है। एक तीन रंग की क्षैतिज पट्टी और दूसरा अशोक का चक्र। यद्यपि ये दोनों भाग न केवल महत्त्वपूर्ण हैं, बल्कि ये एक-दूसरे के पूरक भी हैं। किन्तु यदि हम यह मानते हैं कि तीन रंग की पट्टी हमारे ध्वज को न तो वैश्विक पटल पर और न ही घरेलू परिदृश्य में कोई विशिष्टता या अलग पहचान नहीं दिला पा रही है, तो निश्चित ही हमें इसके दूसरे भाग यानी चक्र पर विचार करना होगा। तीन रंग के विपरीत, 'चक्र' राष्ट्रीय ध्वज को एक अलग एवं विशिष्ट पहचान दिलाता है, क्योंकि विश्व के किसी दूसरे देश के राष्ट्रीय ध्वज में चक्र को धारण नहीं किया गया है और न ही देश के अन्दर किसी संस्था या राजनीतिक पार्टी को इसे धारण करने की अनुमति होनी चाहिए।

यदि हम राष्ट्रध्वज के दोनों भाग यानी चक्र और तीन रंग की पट्टी का तुलनात्मक अध्ययन इसके मूल होने के दृष्टिकोण से करें, तो पलड़ा चक्र की तरफ झुका हुआ मिलेगा। कारण स्पष्ट है और वह यह है कि राष्ट्रध्वज का चक्र तीनों रंगों के भाव को अपने अन्दर समेटे हुए है। ये तीनों रंग हमेशा अलग-अलग ही दिखेंगे और इस कारण अलग-अलग भाव का प्रतिनिधित्व करेंगे। किन्तु यह चक्र है, जो इन तीनों के भाव का मिश्रित प्रतिनिधित्व करता है। भले ही इन तीनों रंगों के भाव अलग-अलग शौर्य, शान्ति एवं समृद्धि हो, किन्तु यह चक्र है, जो इन तीनों भाव को अपने में समेटता है। भले ही इन तीनों रंगों का अलग-अलग भाव हिन्दू, ईसाई एवं इस्लाम को इंगित करते हुए निकाला जाए, किन्तु यह चक्र है, जो बिलकुल धर्मनिरपेक्ष है और इसमें सभी धर्मों के भाव समाहित हैं। चक्र ही राष्ट्रीय ध्वज के समग्र दृष्टिकोण को दिग्दर्शित करता है। इसलिए यदि राष्ट्रीय ध्वज के मूल की खोज की जाए, तो नि:सन्देह यह चक्र पर आकर ही ठहरता है, न कि तीन रंग की पट्टी पर। आम बहस के दौरान भी जवाहरलाल नेहरू, सैयद मुहम्मद सादुल्ला, लक्ष्मीनारायण साहू, जेरोम डिसूजा, सेठ गोविन्द दास, एस. राधाकृष्णन, गोविन्द मालवीय, सरोजिनी नायडू जैसे सदस्यों ने चक्र को सबसे अधिक महत्त्वपूर्ण बताया है।

तिरंगा नाम के बचाव में एक बात यह कही जा सकती है कि कवि श्यामलाल गुप्त द्वारा लिखे गए गीत 'विजयी विश्व तिरंगा प्यारा' को 1938 में कांग्रेस के अधिवेशन में ध्वजगीत के रूप में अपनाया गया था। यदि यह बात है, तो इसकी समीक्षा अवश्य ही की जानी चाहिए। क्योंकि संविधान लागू होने के बाद जब कांग्रेस के शीर्ष नीतिकारों द्वारा इसे राजनीतिक पार्टी के रूप में आगे बढ़ाने का निर्णय लिया गया, तो इसके द्वारा पूर्व में लिये गए सभी उन निर्णयों की समीक्षा की जानी चाहिए, जो संविधान लागू होने के बाद अपनाई जानी थी।

जबकि चक्र न केवल हमारे राष्ट्रीय ध्वज का मूल है, बल्कि यह इसे एक अलग एवं विशिष्ट पहचान भी दिलाता है, इस ध्वज का नामांकरण करते समय चक्र को ध्यान में रखा जाना चाहिए न कि तीन रंग की पट्टी को। इसलिए अपने राष्ट्रध्वज का नाम तिरंगा ध्वज नहीं, बल्कि 'चक्रध्वज' या 'चक्रपताका' होना चाहिए। इसी के अनुरूप ध्वजगीत को भी संशोधित एवं परिष्कृत करके अपनाया जाना चाहिए। इस दृष्टि से 'विजयी विश्व तिरंगा प्यारा, झंडा ऊँचा रहे हमारा' के बजाय 'विजयी विश्व चक्रपताका, झंडा ऊँचा रहे हम सबका' या 'विजयी विश्व चक्रपताका, झंडा ऊँचा रहे भारत का' को ध्वजगीत के रूप में अपनाया जा सकता है।

4

मसौदा समिति : संविधान-सभा का ऊर्जा केन्द्र

संविधान निर्माण में बी. एन. राव की भूमिका

संविधान-सभा के गठन की प्रक्रिया प्रारम्भ होने के साथ ही जुलाई 1946 में इसके सलाहकार के रूप में बेनेगल नरसिंह राव (बी. एन. राव) की नियुक्ति कर दी गई थी। इसलिए संविधान निर्माण में बी. एन. राव की बहुत महत्त्वपूर्ण भूमिका थी। वे एक जाने-माने प्रशासनिक अधिकारी एवं विधिविज्ञ थे। 1909 में भारतीय सिविल सेवा के लिए चयनित बी. एन. राव को, भारत शासन अधिनियम, 1935 के प्रारूप निर्माण कार्यालय में कार्य करने का अनुभव था। इसके बाद उन्होंने 1935 से 1939 तक कलकत्ता हाई कोर्ट के न्यायाधीश पद का और 1944-45 के दौरान कश्मीर के प्रधानमंत्री पद का दायित्व सँभाला। उन्होंने 1952-53 के दौरान अन्तरराष्ट्रीय न्यायालय के न्यायाधीश पद पर भी कार्य किया।

बी. एन. राव संविधान-सभा के सदस्य नहीं थे, किन्तु सभा द्वारा या इसकी समितियों एवं उपसमितियों द्वारा लिये जा रहे सभी निर्णयों में उनकी राय महत्त्वपूर्ण होती थी। उन्होंने तीन खंड में कांस्टीट्यूशनल प्रिसिडेंट्स तैयार किया, जिसकी संविधान निर्माण के आरम्भिक दौर में बहुत महत्त्वपूर्ण भूमिका थी। इसका पहला खंड संविधान-सभा के सचिवालय द्वारा 25 सितम्बर, 1946 को प्रकाशित करवाकर सभी सदस्यों के मध्य वितरित कराया गया। तत्पश्चात समस्त तीन खंडों को एक पुस्तक के रूप में तैयार कराकर सभी सदस्यों के पास 6 दिसम्बर, 1946 को भिजवाया गया।

संविधान-सभा की कार्यवाही आरम्भ होने के साथ कई महत्त्वपूर्ण विषयों पर कार्य करने के लिए अलग-अलग समितियों का गठन किया गया। इनमें मूल अधिकार एवं अल्पसंख्यक अधिकार समिति, संघीय संविधान समिति, प्रान्तीय संविधान समिति, संघीय शक्ति समिति इत्यादि महत्त्वपूर्ण थे। इन सभी समितियों द्वारा सम्बन्धित विषयों पर रिपोर्ट बनाकर 29 अप्रैल से लेकर 20 अगस्त, 1947 के मध्य सांविधान-सभा के समक्ष प्रस्तुत की गई। इन समितियों द्वारा प्रस्तुत रिपोर्टों को आधार बनाकर संवैधानिक सलाहकार बी. एन. राव ने भारतीय संविधान का पहला प्रारूप 22 सितम्बर, 1947 को तैयार किया। इस प्रारूप संविधान में कुल 243 अनुच्छेद और 13 अनुसूची शामिल थीं। बाद में इसकी कुछ अशुद्धियों को दूर कर पुन: 7 अक्टूबर, 1947 को भारतीय संविधान का पहला प्रारूप प्रकाशित कराया गया। यह प्रारूप, मसौदा समिति के लिए मार्गदर्शक जैसा था, जिसमें विभिन्न प्रावधानों के स्रोत को स्पष्ट करने के लिए हाशिया टिप्पणी में अमेरिकी संविधान, आयरिश संविधान, आस्ट्रेलियन संविधान, भारत शासन अधिनियम इत्यादि के प्रावधानों का उल्लेख किया गया था।

मसौदा समिति : गठन और दायित्व

संवैधानिक सलाहकार के रूप में बी. एन. राव की नियुक्ति संविधान-सभा के प्राधिकार के अन्तर्गत नहीं की गई थी। इसलिए भारतीय संविधान का प्रारूप तैयार करने के लिए एक ऐसी समिति की आवश्यकता महसूस की जा रही थी, जो संविधान-सभा के प्रत्यक्ष प्राधिकार के अन्तर्गत नियुक्त हो और कार्य करे। बी. एन. राव के अनुभव की भी उपेक्षा नहीं की जा सकती थी। इसी कारण संविधान-सभा ने बीच का रास्ता निकाला, जिससे कि बी. एन. राव के अनुभव से संविधान निर्माण प्रक्रिया वंचित न होने पाए और साथ-ही-साथ संविधान निर्माण प्रक्रिया के सन्दर्भ में संविधान-सभा के प्राधिकार पर लेशमात्र भी सन्देह न खड़ा किया जा सके। मसौदा समिति के गठन सम्बन्धी संकल्प का अन्तिम रूप इसी मध्यमार्ग का परिणाम था।

संविधान-सभा के वरिष्ठतम सदस्य सत्यनारायण सिन्हा ने 29 अगस्त, 1947 को मसौदा समिति का गठन करने सम्बन्धी संकल्प[1] प्रस्तुत किया। इस संकल्प के अनुसार—

> सभा संकल्प करता है कि एक समिति, जिसमें (1) श्री अल्लादी कृष्णास्वामी अय्यर, (2) श्री एन. गोपालस्वामी अयंगर, (3) डॉ. बी. आर. आंबेडकर, (4) श्री के. एम. मुंशी, (5) श्री सैयद मुहम्मद सादुल्ला, (6) श्री बी. एल. मित्तर, (7) श्री डी. पी. खेतान शामिल हैं, की नियुक्ति सभा के निर्णय के आधार पर सभा के कार्यालय में तैयार भारतीय संविधान के प्रारूप में आवश्यक संशोधन की जाँच-परख करने एवं सुझाव देने के लिए की जाती है।

सत्यनारायण सिन्हा के उक्त प्रस्ताव पर बी. जी. खेर ने एक संशोधन[2] प्रस्तुत किया, जिसके माध्यम से माँग की गई थी कि शब्दावली 'सभा के निर्णय के आधार पर सभा के कार्यालय में तैयार भारतीय संविधान के प्रारूप में आवश्यक संशोधन की जाँच-परख करने एवं सुझाव देने के लिए' के स्थान पर निम्न शब्दावली प्रतिस्थापित की जाए—

> 'संवैधानिक सलाहकार द्वारा तैयार किए गए भारतीय संविधान के पाठ के प्रारूप को, जो सभा में पहले से लिये गए निर्णय को लागू करने के लिए है और जिसमें अनुषंगी विषय शामिल हैं या जिसे ऐसे संविधान में शामिल किया जाना आवश्यक है, की जाँच-परख करने और इस प्रारूप संविधान के पाठ को, समिति द्वारा पुनरीक्षित करके सभा के समक्ष विचारार्थ प्रस्तुत करने के लिए।'

उक्त संशोधन को स्पष्ट करते हुए बी. जी. खेर ने कहा कि "यह दो बातों को लेकर प्रावधानित करता है। एक यह कि सभा में पहले से लिये गए निर्णय को लागू करने के उद्देश्य से संवैधानिक सलाहकार प्रारूप तैयार करेंगे। इस प्रारूप की जाँच-पड़ताल इस समिति द्वारा की जाएगी। तब हमें यहाँ पर उन सभी बिन्दुओं पर विचार नहीं करना है, जो लिये गए निर्णयों के अनुषंगी हैं या जो सामान्यतया आवश्यक होते हैं और जिन्हें संविधान में उपबन्धित किया जाना है। उदाहरण के लिए, हमने यह सिद्धान्त प्रतिपादित किया है कि प्रान्तीय संविधान में, जो भी कार्य किया जाएगा, वह राज्यपाल के नाम से होगा। यहाँ पर बहुत सारी बातें हैं, जिन्हें सभा के इस निर्णय को लागू करने के लिए रखा जाना है और जिसे भारत शासन अधिनियम में स्थान दिया गया है। तब कुछ प्रावधान ऐसे हैं, जो दूसरे संविधानों के अनुषंगी हैं और कुछ अन्य प्रावधान हैं, जिसे संविधान में सामान्यतया रखा ही जाता है। इन सभी बातों को हमारे प्रारूप में शामिल किया ही जाएगा, यद्यपि इन पर इस सभा में कोई चर्चा नहीं की गई है या

कोई निर्णय नहीं लिया गया है। इस संशोधन पर लम्बी-चौड़ी टिप्पणी करना उचित नहीं है। सभी आवश्यक विषयों पर चर्चा करना एवं उपबन्धित करना हमारे लिए सम्भव नहीं था, किन्तु इनके बिना संविधान पूर्ण नहीं होगा। हमने लगभग सभी महत्त्वपूर्ण बिन्दुओं पर निर्णय लिया है। इन्हें लागू किया जाएगा, किन्तु प्रारूप में ऐसी बातें भी सम्मिलित होंगी, जो इनकी अनुषंगी हैं और जो अन्यथा आवश्यक हैं। ऐसे सारी बातों के साथ बना प्रारूप अन्ततः इस सभा के समक्ष चर्चा हेतु एवं निर्णय के लिए लाया जाएगा।[3]

इसके उपरान्त सत्यनारायण सिन्हा ने बी. जी. खेर के उक्त संशोधन प्रस्ताव को स्वीकार कर लिया। इस पर हुई आम बहस में ए. पी. पट्टानी, एम. अनन्थसंयनम अयंगर, के. सन्थानम, सेठ गोविन्द दास, एम. एस. एने, आर. के. सिधवा, डॉ. बी. पट्टाभि सीतारमैया, लक्ष्मीकान्त मैत्रे, अल्लादी कृष्णास्वामी अय्यर, डॉ. पी. एस. देशमुख, तजामुल हुसैन, महबूब अली बेग साहिब बहादुर, राजकृष्ण बोस, जयपाल सिंह एवं हुसैन इमाम ने भाग लिया।

आम बहस के दौरान के. सन्थानम ने सदन का समय बचाने के लिए सुझाव दिया कि "समिति को सभी प्रावधानों के प्रारूप पर कार्य करना प्रारम्भ करना चाहिए, किन्तु उन्हें पहले से निर्णीत विषयों से अलग करना चाहिए। पहले से निर्णीत विषयों के सम्बन्ध में केवल शाब्दिक संशोधन पर ही विचार किया जाना चाहिए और जिन धाराओं पर नये सिरे से विचार होना है, उस पर सिद्धान्तपरक संशोधन प्रस्तुत किया जा सकता है।"[4] सन्थानम के इस सुझाव का एम. एस. एने ने यह कहकर विरोध किया कि "इस सदन के अधिकार को इस तरह सीमित नहीं किया जा सकता।"[5] जबकि अल्लादी कृष्णास्वामी अय्यर ने सन्थानम के सुझाव का समर्थन करते हुए तर्क दिया कि "मूल अधिकार समिति, संघीय शक्ति समिति एवं संघीय संविधान समिति जैसी समितियों ने अपना निर्णय इस सदन के समक्ष रख दिया है। जिन मामलों में इस सभा द्वारा पहले ही विचार किया जा चुका है और एक निर्णय पर पहुँचा जा चुका है, उसमें स्वाभाविक रूप से पुनर्विचार की गुंजाइश सीमित होना चाहिए।"[6]

आम बहस के उपरान्त सभाध्यक्ष ने व्यवस्था देते हुए कहा कि "हमने कुछ बहुत महत्त्वपूर्ण विषयों पर चर्चा करके एक सिद्धान्त को स्वीकार किया है और कुछ ऐसे हैं, जिन पर कोई चर्चा नहीं की गई है। विचार यह है कि इस समिति को न केवल पहले से स्वीकार किए गए इन सिद्धान्तों पर, बल्कि उन पर भी प्रारूप तैयार करना है, जिन पर हमने कोई विचार नहीं किया है। निश्चित रूप से ये दोनों विषय संविधान-सभा के समक्ष आएँगे, किन्तु इनकी स्थिति कुछ हद तक अलग-अलग होगी। सभा सामान्यतया अपने पूर्व निर्णय की पुष्टि करेगी, जब तक कि यह नहीं पाया जाए कि ऐसा कुछ है, जिसके कारण पुनर्विचार करना आवश्यक है। किन्तु ऐसे मामलों में, जिस पर अभी इस सभा द्वारा विचार नहीं किया गया है, यह सभा निःसन्देह कुछ ज्यादा उदारता या आजादी के साथ जाँच-पड़ताल करेगी।"[7]

चर्चा के उपरान्त संविधान-सभा ने बी. जी. खेर के संशोधन प्रस्ताव को स्वीकार कर लिया और मसौदा समिति के गठन सम्बन्धी यथासंशोधित संकल्प को अंगीकृत कर लिया।

डॉ. बी. आर. आंबेडकर और मसौदा समिति के समक्ष चुनौतियाँ

संविधान-सभा में कांग्रेस का प्रभुत्व कुछ इस तरह का था कि दोनों एक-दूसरे के पर्याय जैसे थे। कहने के लिए ये दोनों संस्थाएँ अलग-अलग इकाई थीं किन्तु ज्यादातर सदस्य इन दोनों ही संस्थाओं में व्याप्त थे। आजादी आन्दोलन में योगदान देने के अलावा यह एक ऐसा पहलू था, जो कांग्रेस को राजनीतिक प्रतिद्वंद्विता से मुक्त संस्था के रूप में स्थापित करने वाला था।

इसी कारण से यह विषय महत्त्वपूर्ण था कि भारतीय राष्ट्रीय कांग्रेस को राजनीतिक पार्टी के रूप में स्थापित किया जाए या नहीं? इस विषय को लेकर महात्मा गांधी और तत्कालीन कांग्रेस नेतृत्व के मध्य गहरा मतभेद था। महात्मा गांधी आजादी के बाद कांग्रेस की भूमिका को समाप्त मानते थे। अपने अन्तिम इच्छापत्र में महात्मा गांधी लिखते हैं कि 'यद्यपि दो भाग में बँटने के बाद भारत ने कांग्रेस द्वारा तैयार तरीकों के माध्यम से राजनीतिक आजादी प्राप्त कर ली है किन्तु वर्तमान आकार एवं स्वरूप में इसकी उपयोगिता समाप्त हो गई है।' वह आगे लिखते हैं कि 'सैन्य सत्ता पर नागरिक सत्ता के प्रभुत्व हेतु किया गया संघर्ष अपने लोकतांत्रिक लक्ष्य की तरफ बढ़ने के लिए बाध्य है, इसे स्वयं को राजनीतिक पार्टियों एवं दूसरी साम्प्रदायिक संस्थाओं के साथ अवांछनीय प्रतिस्पर्धा से अवश्य ही बचना चाहिए।' उनकी इच्छा थी कि आल इंडिया कांग्रेस कमेटी, मौजूदा कांग्रेस संगठन को खत्म करने एवं इसे लोक सेवक संघ के रूप में विकसित करने का संकल्प ले। महात्मा गांधी के इस विचार से अलग राय रखने वाला कांग्रेस का एक समूह, आजादी आन्दोलन के दौरान कांग्रेस को हासिल हुई लोकप्रियता को सत्ता-प्राप्ति का साधन बनाना आवश्यक मानता था, ताकि देश में राजनीतिक स्थिरता कायम हो। इस वैचारिक अन्तर्द्वंद्व के बीच तत्कालीन सत्ता-प्रतिष्ठान, कांग्रेस को राजनीतिक पार्टी के रूप में स्थापित करने में सफल रहा।

जिस तरह महात्मा गांधी, कांग्रेस को एक राजनीतिक पार्टी के रूप में स्थापित करने के खिलाफ थे, उसी तरह वह संविधान निर्माण में या शासन-व्यवस्था में कांग्रेस का एकछत्र वर्चस्व नहीं होने देना चाहते थे। गांधी जी मानते थे कि देश के संविधान में किसी एक पार्टी का प्रभुत्व या एक विचार की प्रधानता देश के वास्तविक समन्वयी चरित्र को नष्ट कर सकता है। गांधी जी एवं कांग्रेस के अलावा बहुत सारे लोगों ने इस देश के लिए जीये थे और आजादी आन्दोलन के दौरान अपना सब कुछ दाँव पर लगाया था। इसलिए संविधान निर्माण में न तो 'गांधी' का प्रभुत्व होना चाहिए और न 'गांधीवाद' या 'कांग्रेसी विचार' की ही प्रधानता होना चाहिए। किन्तु संविधान-सभा में जिस तरह कांग्रेस का वर्चस्व था, यह सम्भव था यह देश, चीन की तरह एक पार्टी का देश बनकर रह जाए। ऐसा कोई भी प्रयास देश की राजनीतिक स्थिति को एकत्ववादी बना देता। इससे बचने के लिए संविधान निर्माण का कार्य एक ऐसे व्यक्ति के हाथ में देना उचित था, जो न केवल सक्षम हो, बल्कि कांग्रेस विचार से स्वतंत्र होकर निष्पक्ष सोच के साथ कार्य कर सके।

संविधान निर्माण के सन्दर्भ में सबसे महत्त्वपूर्ण निर्णय मसौदा समिति के अध्यक्ष का चयन करने के सम्बन्ध में लिया जाना था। मसौदा समिति के अध्यक्ष को ही अन्तरिम सरकार के कानून मंत्री का दायित्व भी निभाना था। इसलिए इस सम्बन्ध में निर्णय लेने में तत्कालीन प्रधानमंत्री जवाहरलाल नेहरू का बहुत महत्त्वपूर्ण योगदान था। कांग्रेस के पास कानूनविदों की एक लम्बी कतार थी। कयास यही था कि यह जिम्मेदारी किसी-न-किसी कांग्रेस के सदस्य को ही दी जाएगी। जवाहरलाल नेहरू भी ऐसा ही निर्णय लेने के पक्ष में थे। किन्तु महात्मा गांधी की राय अलग थी। वे मानते थे कि सभी विचारधाराओं को समान रूप से सम्मान देकर ही देश को एक सूत्र में बाँधे रखा जा सकता है। इसी कारण वह ऐसा व्यक्ति चाहते थे जो किसी पार्टी लाइन से निष्पक्ष हो और पूर्वाग्रह से मुक्त होकर निर्णय लेने की क्षमता रखता हो और जो देश के सामाजिक एवं राजनीतिक नब्ज की, खासतौर से इसके समन्वयात्मक चरित्र की स्पष्ट समझ रखता हो। डॉ. बी. आर. आंबेडकर की असामान्य विद्वत्ता, राष्ट्रहित के प्रति उनकी निष्ठापूर्ण प्रतिबद्धता और उनकी गैरकांग्रेसी पृष्ठभूमि के कारण महात्मा गांधी को इस

निष्कर्ष पर पहुँचने में कोई परेशानी नहीं हुई कि उन्हें ही संविधान निर्माण के कार्य के लिए मुख्य भूमिका निभानी चाहिए।

महात्मा गांधी की उक्त वैचारिक प्रतिबद्धता के अधीन, मसौदा समिति ने 30 अगस्त, 1947 को डॉ. भीमराव आंबेडकर को अपना अध्यक्ष चुना।

14 अप्रैल, 1891 को एक दलित परिवार में जन्मे डॉ. बी. आर. आंबेडकर जाने-माने अर्थशास्त्री, विधिवक्ता, राजनेता एवं समाज सुधारक थे। उनके द्वारा 1921 में लिखे गए शोधपत्र 'दी प्राब्लम ऑफ दी रुपी' पर उन्हें लंदन विश्वविद्यालय द्वारा डॉक्टर ऑफ साइंस डिग्री प्रदान की गई। जून 1924 में उन्होंने बॉम्बे हाई कोर्ट में वकालत प्रारम्भ की। जून 1935 में उन्हें गवर्नमेंट लॉ कॉलेज का प्रधानाध्यापक नियुक्त किया गया। मई 1938 में इस पद से उन्होंने इस्तीफा दे दिया। उन्होंने दलित समुदाय के लोगों द्वारा तालाब का पानी लेने के अधिकार को लेकर प्रथम एवं द्वितीय महाड़ सत्याग्रह (1927), शूद्रों के मन्दिर में प्रवेश के अधिकार को लेकर कालाराम मन्दिर सत्याग्रह (1930) जैसे तमाम आन्दोलन चलाया। दलित वर्ग को समाज की मुख्यधारा में वापस लाने के लिए उन्होंने जीवन भर कार्य किया। उन्होंने गोलमेज सम्मेलन (1930) में लोकतंत्र के साथ स्वराज की माँग को बुलंद किया और छह सौ मील की पैदल यात्रा (1938) कर ब्रिटिश हुकूमत की पोषक एवं किसानों की शोषक बन चुकी जमींदारी प्रथा के खिलाफ देश को मुखर आवाज भी प्रदान की। श्रम कानूनों में सुधार के लिए उनके द्वारा किया गया योगदान अभूतपूर्व था।

मसौदा समिति के गठन के बाद इसके समक्ष सबसे बड़ी चुनौती संविधान का ऐसा प्रारूप तैयार करना था, जिस पर न केवल संविधान-सभा एकमत हो सके, बल्कि जो सभी देशवासियों में आत्मविश्वास और इनमें एक-दूसरे के प्रति विश्वास का भाव जगा सके; जो इतनी विविधता वाले देश की एकता और अखंडता को सुनिश्चित कर सके; जो कट्टरता को दरकिनार कर ऐसा माहौल विकसित कर सके, जिसमें सभी वर्ग एवं समूह के लोगों को समानता एवं सम्मान के साथ देश में रहने का अवसर मिले। संविधान का प्रारूप बनाते समय मसौदा समिति के समक्ष निम्न प्रमुख चुनौतियाँ थीं—

1. देश के नागरिकों में उनके भविष्य के प्रति उम्मीद जगाना।
2. देश की जनता को समानता के अधिकार के साथ विकास के समान अवसर मिलने का भरोसा देना।
3. उद्देश्य संकल्प में प्रयोग किए गए 'गणराज्य' को लेकर पैदा हुए भ्रम को दूर कर वास्तविक लोकतंत्र आधारित शासन-प्रणाली का स्वरूप तय करना।
4. भारतीय रियासतों को भारत का अंग बनने देने के लिए उचित माहौल तैयार करना।
5. प्रान्तों एवं रियासतों के मध्य अन्तर को समाप्त कर इन्हें राष्ट्र-निर्माण में उत्तरदायित्वपूर्ण भूमिका निभाने के लिए माहौल बनाना।
6. आर्थिक विषमता कम करने और इसके लिए सभी अलग-अलग विचारधाराओं वाली संस्थाओं को, चाहे वह पूँजीवादी हो या साम्यवादी या समाजवादी; उदारवादी हो या अनुदारवादी; सत्ता-संचालन में समान रूप से सहभागिता का अवसर देना।
7. देश का नाम तय करना और उसकी भौगोलिक स्थिति एवं क्षेत्राधिकार को राष्ट्र की सम्प्रभुता के साथ जोड़ना।
8. ऐसी शासन-प्रणाली विकसित करना जिसके माध्यम से देश की एकता पर बिना कोई जोखिम उठाए परिसंघात्मक व्यवस्था कायम हो।

9. केन्द्र और राज्यों की शक्तियों के मध्य इस तरह सन्तुलन बनाना, ताकि राज्यों को ज्यादा शक्ति देने से देश की एकता एवं अखंडता प्रभावित न हो और केन्द्र को ज्यादा शक्ति देने से देश में तानाशाही प्रवृत्ति पैदा होने का खतरा न हो।
10. नागरिकों के मूलभूत अधिकारों को उचित सीमाओं के साथ सुरक्षित करना, ताकि वे समय-समय पर बदलते रहने वाले शासन से अप्रभावित बने रहें।
11. आर्थिक लोकतंत्र व लैंगिक न्याय हेतु नीति निदेशक सिद्धान्तों को अन्तिम स्वरूप देना।
12. देश के शासन-संचालन के लिए राजनीतिक संस्थाओं की संरचना करना और इनके अधिकार एवं शक्तियों को परिभाषित करना।
13. निश्चित अन्तराल पर सरकार चुनने के लोकतांत्रिक अधिकार को सुरक्षित करने के लिए निष्पक्ष चुनाव की व्यवस्था करना और इसके लिए एक निष्पक्ष एवं स्वतंत्र चुनाव आयोग की संरचना करना और इसकी शक्तियों को परिभाषित करना।
14. न्यायिक अधिकार को सुरक्षित रखने हेतु एक निष्पक्ष एवं स्वतंत्र न्यायपालिका की संरचना करना और इसकी शक्तियों को परिभाषित करना।
15. संवैधानिक महत्त्व वाली अन्य गैर-राजनीतिक संस्थाओं जैसे नियंत्रक महालेखा परीक्षक, लोक सेवा आयोग की संरचना करना और इनकी शक्तियों को परिभाषित करना।
16. भाषा, आपातकाल, नागरिकता, संशोधन-प्रक्रिया, केन्द्र-राज्य सम्बन्ध, उद्देशिका जैसे महत्त्वपूर्ण विषयों से सम्बन्धित प्रारूप प्रावधानों को अन्तिम स्वरूप प्रदान करना।

नुकसान की सम्भावनाएँ हुईं क्षीण

यद्यपि मसौदा समिति में कुल सात सदस्य शामिल थे, लेकिन कई सदस्यों की निरन्तरता के अभाव में प्रारूप संविधान को तैयार करने की जिम्मेदारी पूरी तरह डॉ. बी. आर. आंबेडकर के कन्धों पर थी। संविधान निर्माण का राष्ट्रीय कार्य जो एक समिति के माध्यम से सामूहिक दायित्व के अन्तर्गत किया जाना चाहिए था, वह एक व्यक्ति-विशेष के इर्द-गिर्द सिमटकर रह गया। प्रारूप संविधान को तैयार करने में डॉ. आंबेडकर एवं समिति के अन्य सदस्यों की भूमिका का विश्लेषण टी. टी. कृष्णमाचारी द्वारा किया गया। कृष्णमाचारी कहते हैं—

> "संविधान-सभा में एक मैं भी हूँ, जिसने डॉ. आंबेडकर को बहुत सावधानीपूर्वक सुना है। मैं उस मेहनत और लगनयुक्त उत्साह को समझता हूँ जिससे उन्होंने भारतीय संविधान का प्रारूप तैयार किया है। मैं यह महसूस करता हूँ कि जो ध्यान भारतीय संविधान के निर्माण में दिया जाना अनिवार्य था वह मसौदा समिति द्वारा नहीं दिया गया। सदन शायद यह जानता है कि आपके द्वारा नियुक्त किए गए सात सदस्यों में से एक ने त्यागपत्र दे दिया, जिसे बदल दिया गया। एक सदस्य की मृत्यु हो गई और उस रिक्त स्थान की पूर्ति नहीं की जा सकी। एक अमेरिका चले गए और वह भी रिक्त स्थान नहीं भरा जा सका और एक दूसरे सदस्य अपने राजकीय कार्यों में व्यस्त रहे और उनका भी स्थान खाली रहा। एक या दो सदस्य दिल्ली से बाहर

रहे। शायद अपने स्वास्थ्य के कारण वे शामिल नहीं हो सके। अन्तत: हुआ यह कि संविधान के प्रारूप को तैयार करने का भार डॉ. आंबेडकर पर आ गया और मुझे कोई संशय नहीं है कि उनके द्वारा किए गए इस कार्य के लिए हम सभी आभारी हैं, जो नि:सन्देह प्रशंसनीय हैं।"[8]

संविधान निर्माण जैसे महत्त्वपूर्ण एवं संवेदनशील कार्य के एक व्यक्ति पर निर्भर हो जाने के फायदे भी थे और नुकसान भी। फायदा यह है कि वैचारिक मतभेद के कारण गतिरोध की सम्भावना न्यूनतम हो जाती है। लेकिन इस फायदे से कई गुना ज्यादा नुकसान की भी सम्भावना होती है। नुकसान यह होती है कि जिस व्यक्ति पर दायित्व रहता है, उसकी अल्पक्षमता के कारण कार्य-विशेष की गुणवत्ता के प्रभावित होने की प्रबल सम्भावना रहती है या उस व्यक्ति के पूर्वाग्रही विचारों के कारण राष्ट्रीय हित नेपथ्य में हो सकता है। इस देश का सौभाग्य था कि उसे प्रारूप संविधान के निर्माण का नेतृत्व करने के लिए डॉ. बी. आर. आंबेडकर के रूप में ऐसा व्यक्ति मिला था, जिसके कारण नुकसान की ये सभी सम्भावनाएँ क्षीण साबित हुईं।

5

प्रारूप संविधान के मूलभूत सिद्धान्त

मसौदा समिति की पहली बैठक 30 अगस्त, 1947 को आरम्भ हुई। लगभग पाँच महीने कार्य करने के बाद मसौदा समिति ने प्रारूप संविधान तैयार कर इसे 26 जनवरी, 1948 को प्रकाशित किया। कुछ संशोधन की संस्तुति के साथ इसे दोबारा अक्टूबर 1948 में प्रकाशित किया गया। इस तरह 141 कार्यदिवस की बैठक के बाद तैयार किए गए इस प्रारूप संविधान में कुल 315 अनुच्छेद और आठ अनुसूची शामिल थी। यह प्रारूप संविधान, संविधान-सभा के समक्ष 4 नवम्बर, 1948 को विचारार्थ प्रस्तुत किया गया।

4 नवम्बर, 1948 को आरम्भ हुए नये सत्र की बैठक में, सर्वप्रथम सभी सदस्यों ने खड़े होकर राष्ट्रजनक महात्मा गांधी को श्रद्धांजलि अर्पित की। इसके बाद पाकिस्तान के कायदे आजम मोहम्मद अली जिन्ना, और संविधान-सभा के दो सदस्य श्री देबी प्रसाद खेतान एवं श्री दम्बर सिंह गुरुंग की मृत्यु पर शोक संवेदना व्यक्त की गई।

संविधान-सभा की कार्यवाही को आगे बढ़ाते हुए सभाध्यक्ष ने डॉ. बी. आर. आंबेडकर से अपना प्रस्ताव रखने के लिए कहा। प्रारूप संविधान को प्रस्तुत करने के दौरान डॉ. आंबेडकर ने न केवल प्रस्तावित शासन-व्यवस्था का विस्तृत उल्लेख किया, बल्कि इसको लेकर की जा रही आलोचनाओं का जवाब भी दिया। उनका यह सम्बोधन प्रारूप संविधान के मूलभूत सिद्धान्तों का प्रतिपादन करता है। इसे हम निम्न बिन्दुओं में बाँटकर समझने का प्रयास कर सकते हैं—

1. शासन-प्रणाली : स्थिरता की अपेक्षा उत्तरदायित्व को महत्त्व।
2. संविधान का स्वरूप : लचीला संघवाद—
   (क) एकल नागरिकता के साथ द्वैध शासन-पद्धति।
   (ख) लचीला परिसंघ : कठोरता एवं अति-वैधानिकता से बचने के लिए आवश्यक।
   (ग) एकीकृत न्यायपालिका, समान कानून और एकीकृत नागरिक सेवा।
3. नकल करने के आरोप का बचाव : संवैधानिक नैतिकता सीखने पर बल।
4. ग्राम के बजाय व्यक्ति है शासन की इकाई।
5. बहुसंख्यक-अल्पसंख्यक समस्या का समाधान।
6. मूल अधिकार असीमित अधिकार के रूप में नहीं।
7. निदेशक सिद्धान्त: लोक-जवाबदेही का आधार।
8. शक्तिशाली केन्द्र के माध्यम से अखंड भारत का दर्शन।
9. रियासतों से राष्ट्र की मुख्य धारा में शामिल होने की अपील।
10. भावी संसद की तुलना में संविधान-सभा ज्यादा निष्पक्ष।

शासन-प्रणाली : स्थिरता की अपेक्षा उत्तरदायित्व को महत्त्व

वैश्विक परिदृश्य में लोकतंत्र आधारित शासन-प्रणाली के दो स्वरूप मौजूद रहे हैं। एक अमेरिकी संविधान में स्वीकृत अध्यक्षीय शासन-प्रणाली और दूसरा ब्रिटेन में विकसित संसदीय शासन-प्रणाली। इन दोनों ही शासन-प्रणाली के अपने-अपने गुण व दोष होते हैं। इन गुण-दोष को स्थिरता एवं उत्तरदायित्व के पैमाने पर जाँचकर भारत के अनुकूल सर्वश्रेष्ठ प्रणाली का चयन करना बहुत बड़ी चुनौती थी। अतिस्थिरता तानाशाही प्रवृत्ति को जन्म दे सकती थी, तो अतिउत्तरदायित्व अराजकता पैदा कर सकता था। इन चुनौतियों से कैसे निबटा गया, इसको वर्णित करने के साथ डॉ. बी. आर. आंबेडकर ने प्रारूप संविधान में अंगीकृत शासन-प्रणाली की विशेषताओं को रेखांकित करते हुए कहा—

> "अमेरिका की अध्यक्षीय शासन-प्रणाली के अन्तर्गत राष्ट्रपति कार्यकारिणी का प्रमुख होता है। शासन का केन्द्र उसमें ही निहित होता है। प्रारूप संविधान के अनुसार राष्ट्रपति का वही स्थान है जो ब्रिटिश संविधान के अनुसार वहाँ के राजा को प्राप्त है। वह राज्य का अध्यक्ष है, लेकिन कार्यकारिणी का अध्यक्ष नहीं। वह राष्ट्र का प्रतिनिधित्व करता है, राष्ट्र पर शासन नहीं करता है। वह राष्ट्र का राजकीय प्रतीक है। शासन में उसका स्थान उस राज्य-मुद्रा पर बने 'अलंकृत स्वरूप' की तरह है, जिससे देश के निर्णयों को जाना जाता है।...
>
> 'एक लोकतांत्रिक कार्यपालिका को दो शर्तें पूरी करनी चाहिए—
> 1. यह स्थायी कार्यपालिका होनी चाहिए और
> 2. यह जवाबदेह कार्यपालिका होनी चाहिए।
>
> 'दुर्भाग्य से अभी तक किसी ऐसी व्यवस्था का आविष्कार सम्भव नहीं हो सका है, जिसमें उक्त दोनों शर्तें समान रूप से मौजूद हों। आपके पास एक शासन-पद्धति ऐसी हो सकती है जिसमें स्थिरता अधिक किन्तु उत्तरदायित्व कम हो या आपके पास दूसरी शासन-पद्धति ऐसी हो सकती है जिसमें उत्तरदायित्व अधिक किन्तु स्थिरता कम हो।
>
> 'अमेरिका और स्विट्जरलैंड की शासन-पद्धति में स्थिरता अधिक है, किन्तु उत्तरदायित्व कम होती है। जबकि ब्रिटिश शासन-पद्धति में उत्तरदायित्व अधिक है किन्तु स्थिरता कम होती है। इसका कारण स्पष्ट है। अमेरिकी कार्यपालिका गैर-संसदीय कार्यपालिका है, जिसका मतलब है कि यह अपने अस्तित्व के लिए संसद के बहुमत पर निर्भर नहीं करती है। जबकि ब्रिटिश कार्यपालिका एक संसदीय कार्यपालिका है, जिसका मतलब है कि वह संसद के बहुमत पर निर्भर करती है। गैर-संसदीय कार्यपालिका होने के कारण संयुक्त राज्य अमेरिका का संसद वहाँ की कार्यपालिका को बर्खास्त नहीं कर सकता है। लेकिन एक संसदीय कार्यपालिका को उसी पल त्यागपत्र देना होगा, जिस पल वह संसद के सदस्यों के बहुमत का विश्वास खो देती है।
>
> 'यदि हम उत्तरदायित्व की दृष्टि से देखें, तो गैर-संसदीय कार्यपालिका संसद पर निर्भर नहीं होने के कारण विधायिका के प्रति उत्तरदायी नहीं होगी, जबकि एक संसदीय कार्यपालिका संसद के बहुमत पर निर्भर रहने के कारण विधायिका के प्रति अधिक उत्तरदायी होती है। संसदीय शासन-प्रणाली और गैर-संसदीय शासन-प्रणाली में एक

अन्तर यह है कि पहली पद्धति दूसरी पद्धति की अपेक्षा अधिक उत्तरदायी होती है, लेकिन इनके इन उत्तरदायित्वों का निर्धारण करने के समय और साधन के बारे में भी अन्तर है। गैर-संसदीय शासन-प्रणाली, जैसी कि संयुक्त राज्य अमेरिका में लागू है, में कार्यपालिका के उत्तरदायित्व का निर्धारण एक समय-विशेष पर होता है। यह मतदाताओं द्वारा किया जाता है। इंग्लैंड में जहाँ संसदीय शासन-प्रणाली विद्यमान है, वहाँ कार्यपालिका के उत्तरदायित्व का निर्धारण दो स्तर पर होता है यानी रोज-रोज और समय-विशेष पर। उत्तरदायित्व का दैनिक निर्धारण संसद-सदस्यों द्वारा किया जाता है—जैसे प्रश्न पूछकर, प्रस्ताव लाकर, अविश्वास-प्रस्ताव पेश कर, काम-रोको प्रस्ताव के माध्यम से तथा भाषणों पर चर्चा-परिचर्चा करके। समय-विशेष पर किए जाने वाले उत्तरदायित्व का निर्धारण मतदाताओं द्वारा चुनाव के समय किया जाता है, जो या तो प्रत्येक पाँच वर्ष में अथवा इससे पहले भी हो सकता है। 'उत्तरदायित्व का दैनिक निर्धारण', जिसका अमेरिकी शासन-पद्धति में कोई स्थान नहीं होता है, वह 'समय-विशेष पर किए जाने वाले उत्तरदायित्व' की अपेक्षा कहीं अधिक प्रभावशाली होता है तथा वह भारत जैसे देश में अधिक आवश्यक है। प्रारूप संविधान में संसदीय शासन-प्रणाली की सिफारिश करते समय 'स्थिरता' की अपेक्षा 'उत्तरदायित्व' को अधिक महत्त्व दिया गया है।[1]

संविधान का स्वरूप : लचीला संघवाद

नेहरू द्वारा प्रस्तुत उद्देश्य संकल्प के पैरा (3) के अन्तर्गत क्षेत्रीय राज्यों की कल्पना एक अवशिष्ट शक्ति प्राप्त स्वायत्तशासी इकाई के रूप में की गई थी। यह कमजोर केन्द्र की अवधारणा को आगे बढ़ाती थी, जो देश की एकता के लिए घातक था। इसलिए देश के विभाजन के बाद बदली हुई परिस्थितियों में संघीय शक्ति समिति ने मजबूत राज्य आधारित नीति को बदलने और केन्द्र को ज्यादा शक्ति प्रदान करने का निर्णय लिया।

मसौदा समिति के लिए ऐसे संघात्मक संविधान का निर्माण करना, जो संघात्मक होने के बाद भी देश को एक सूत्र में बाँधे रखे, एक चुनौतीपूर्ण कार्य था। देश की एकता के लिए मजबूत केन्द्र की उपेक्षा नहीं की जा सकती थी, किन्तु इतना मजबूत केन्द्र से बचाना भी उतना ही महत्त्वपूर्ण था, जो तानाशाही प्रवृत्ति को जन्म देने लगे। प्रारूप संविधान की सबसे ज्यादा आलोचना इसमें स्वीकार किए गए ज्यादा मजबूत केन्द्र के कारण की जा रही थी। इसलिए अपने प्रस्तुति-भाषण में डॉ. बी. आर. आंबेडकर ने 'संविधान की प्रकृति' के विषय को ज्यादा महत्त्व दिया। इसे देश के समक्ष मौजूद चुनौतियों से जोड़ते हुए, डॉ. आंबेडकर ने मसौदा समिति द्वारा किए गए उपायों और इन उपायों के औचित्य को विस्तार से संविधान-सभा के समक्ष रखा। डॉ. आंबेडकर के शब्दों में—

> "इतिहास संविधान के दो स्वरूपों से परिचित है—पहला एकात्मक और दूसरा संघात्मक। एकात्मक संविधान के दो आवश्यक गुण होते हैं—(क) केन्द्रीय शासन का सर्वोच्च होना और (ख) सहायक प्रभुतासम्पन्न शासन का अभाव। जबकि संघात्मक संविधान की विशेषता है—(क) केन्द्रीय शासन तथा सहायक शासनों का साथ-साथ होना और (ख) अपने-अपने क्षेत्रों में उनका प्रभुतासम्पन्न होना। दूसरे शब्दों में संघीयता का अर्थ है द्वैध शासन-पद्धति की स्थापना। प्रारूप संविधान एक 'संघात्मक' संविधान है क्योंकि यह द्वैध शासन-पद्धति को स्थापित करता है। प्रस्तावित संविधान के अनुसार

द्वैध शासन-पद्धति के अन्तर्गत संघीय सरकार केन्द्र में और राज्य सरकारें परिधि में होंगी, जो संविधान द्वारा सौंपे गए क्षेत्रों में कार्य करने के लिए प्रभुत्वसम्पन्न होंगी।

"यह द्वैध शासन-व्यवस्था अमेरिकी संविधान के सदृश है। अमेरिका की शासन-पद्धति भी द्वैध शासन-पद्धति है। वहाँ एक 'संघीय' सरकार और दूसरी राज्यों की सरकारें हैं जो प्रारूप-संविधान की 'संघीय सरकार' तथा 'राज्य सरकारों' के समान हैं। अमेरिकी संविधान के अन्तर्गत वहाँ की फेडरल सरकार, केवल राज्यों का 'लीग' मात्र नहीं है और न ही राज्य, संघ सरकार की प्रशासनिक इकाई या एजेंसी मात्र है। उसी तरह प्रारूप संविधान में जिस भारतीय संविधान को प्रस्तावित किया गया है, उसमें संघ सरकार, केवल राज्यों का 'लीग' मात्र नहीं है और न ही राज्य, संघ सरकार की प्रशासनिक इकाई या एजेंसी मात्र है। लेकिन यहाँ भारतीय संविधान और अमेरिकी संविधान की समानताएँ समाप्त होती हैं। दोनों में जो अन्तर हैं, वे उनकी समानताओं की अपेक्षा ज्यादा मूलभूत एवं स्पष्ट हैं।"[2]

(क) एकल नागरिकता के साथ द्वैध शासन-पद्धति

'अमेरिकी परिसंघ और भारतीय परिसंघ में असमानता के मुख्यत: दो बिन्दु हैं। अमेरिका में द्वैध शासन-पद्धति के साथ-साथ दोहरी नागरिकता की व्यवस्था है। वहाँ संयुक्त राज्य अमेरिका की नागरिकता तो है ही, उसके साथ-साथ राज्य की भी नागरिकता है। नि:सन्देह, इस दोहरी नागरिकता से उत्पन्न कठिनाइयों को संयुक्त राज्य के संविधान के चौदहवें संशोधन द्वारा कम कर दिया गया है, क्योंकि इस संशोधन द्वारा किसी भी राज्य को संयुक्त राज्य अमेरिका के नागरिक के अधिकारों, सुविधाओं या मिली छूटों को खत्म करने से रोक दिया गया है।

'लेकिन साथ ही, जैसा कि मि. विलियम एंडर्सन द्वारा इंगित किया गया है, कुछ राजनीतिक मामलों में—जिनमें मत देने का अधिकार और सरकारी नौकरियाँ पाने का अधिकार शामिल है—राज्य अपने नागरिकों का पक्षपात कर सकते हैं और करते हैं। बहुत सारे मामलों में यह पक्षपात काफी आगे बढ़ जाता है। अपने राज्य में नागरिकों को मिली सुविधाएँ, उस राज्य-विशेष की नागरिकता के विशिष्ट अधिकार हैं। यह सब एक राज्य-विशेष के नागरिक और गैर-नागरिक के अधिकारों में काफी बड़े अन्तर को स्पष्ट करते हैं। अस्थायी तथा अल्पकालीन यात्री को हर जगह कुछ विशेष असुविधाओं को बर्दाश्त करना पड़ता है। प्रस्तावित भारतीय संविधान में एकल नागरिकता के साथ द्वैध शासन-पद्धति है। सम्पूर्ण भारत के लिए केवल एक ही नागरिकता है। यह है—भारतीय नागरिकता। इसमें राज्य-नागरिकता नहीं है। सभी भारतीय, चाहे वे किसी भी राज्य में रहते हों, की नागरिकता के अधिकार एक समान हैं।

'प्रस्तावित भारतीय संविधान की द्वैध शासन-पद्धति अमेरिका की द्वैध शासन-पद्धति से एक अन्य तरीके में भी भिन्न है। संयुक्त राज्य अमेरिका में फेडरल सरकार तथा राज्य सरकारों के संविधानों का आपसी सम्बन्ध नहीं है। इसे मि. ब्राइस के शब्दों में रखते हैं—'अमेरिका में राज्य अपने संविधान के कारण एक कामनवेल्थ की तरह अस्तित्व में रहते हैं और सभी राज्य अधिकारी, विधायिका, कार्यपालिका एवं न्यायपालिका संविधान की उत्पत्ति होते हैं और उसके अधीन रहते हैं। ऐसा प्रस्तावित भारतीय संविधान के सन्दर्भ में सही नहीं है। कोई भी राज्य अपना अलग संविधान बनाने का अधिकार नहीं रखता है। संघ और राज्यों के संविधान का एक ही ढाँचा है, जिसके बाहर वे नहीं जा सकते हैं और उसके अन्दर ही रहकर उन्हें कार्य करना है।'[3]

(ख) लचीला परिसंघ : कठोरता एवं अति-वैधानिकता से बचने के लिए आवश्यक

'प्रस्तावित भारतीय परिसंघ की कुछ अन्य विशेषताएँ भी हैं जिसके कारण यह न केवल अमेरिकी परिसंघ बल्कि दूसरे भी परिसंघों से विशेष ठहरते हैं। सभी संघात्मक शासन-पद्धतियाँ, जिसमें अमेरिकी संघात्मक शासन-पद्धति भी शामिल है, एक तंग सांघिक-सिद्धान्त के साँचे में ढली हुई हैं। चाहे कैसी भी परिस्थिति हो, वे अपने आकार-प्रकार को नहीं बदल सकते। ये किसी भी हालत में 'एकात्मक' नहीं हो सकते। जबकि प्रस्तावित प्रारूप संविधान, समय और परिस्थिति की आवश्यकतानुसार 'एकात्मक' और 'संघात्मक' दोनों हो सकते हैं। इसको इस तरह बनाया गया है कि सामान्य समय में यह एक 'संघात्मक शासन-पद्धति' की तरह काम करे, लेकिन 'युद्ध' जैसे हालात में यह 'एकात्मक शासन-पद्धति' की तरह काम करे। यदि राष्ट्रपति एक उद्घोषणा कर दे, जैसा कि वह संविधान के अनुच्छेद 275 के अन्तर्गत करने के लिए अधिकारयुक्त है, तो सारा दृश्य बदल सकता है, और राज्य एक 'एकात्मक राज्य' हो जाता है।

'प्रस्तावित भारतीय परिसंघ और दूसरे परिसंघों के मध्य यही एकमात्र अन्तर नहीं है। संघवाद को यदि अयोग्य नहीं तो कमजोर शासन-पद्धति माना ही जाता है। परिसंघ दो कमजोरियों से ग्रसित माना जाता है। एक है कठोरता और दूसरी है अति-वैधानिकता। इसमें कुछ भी विवाद नहीं है कि संघवाद की ये कमियाँ आनुवंशिक हैं। एक संघीय संविधान को लिखित संविधान होना ही होगा और एक लिखित संविधान का कठोर संविधान होना आवश्यक है। संघीय संविधान का अर्थ संविधान के कानून के अनुसार सम्प्रभुता की संघीय सरकार एवं राज्य सरकारों के मध्य वितरण है। इस वितरण के अनिवार्यत: दो परिणाम हैं—(1) संघीय सरकार द्वारा राज्य सरकारों के निर्धारित क्षेत्र में या राज्य सरकार द्वारा संघीय सरकार के निर्धारित क्षेत्र में हस्तक्षेप किया जाना संविधान का उल्लंघन है और (2) ऐसे उल्लंघन के औचित्य का निर्धारण केवल न्यायपालिका द्वारा किया जाएगा। यदि संघवाद की यह प्रकृति है, तो संघीय संविधान कठोरता के आरोप से बच नहीं सकता है। संघीय संविधान की यह कमी स्पष्ट रूप से संयुक्त राज्य अमेरिका के संविधान में पाई गई है।

'जिन देशों ने संघवाद को बाद में अपनाया है, उन्होंने इस पद्धति में निहित कठोरता और अति-वैधानिकता से उत्पन्न नुकसान को कम करने का प्रयास किया है। इस सम्बन्ध में आस्ट्रेलिया के संविधान का दृष्टान्त दिया जा सकता है। आस्ट्रेलियन संविधान ने परिसंघ की कठोरता को कम करने के लिए निम्न तरीकों को अपनाया है—

1. राष्ट्रमंडल के संसद को समवर्ती कानून बनाने की ज्यादा और विशिष्ट कानून बनाने की कम शक्ति प्रदान करके।
2. संविधान के कुछ अनुच्छेदों को, जब तक संसद अन्यथा लागू नहीं करता है, अस्थायी बना करके।

'कठोरता और अति-वैधानिकता से उत्पन्न नुकसान को कम करने के लिए, प्रस्तावित संविधान ने आस्ट्रेलिया के तरीके को अपेक्षाकृत अधिक मात्रा में अपनाया है। आस्ट्रेलिया के संविधान की तरह इस संविधान में ऐसे विषयों की एक लम्बी सूची रखी गई है, जिनके बारे में समवर्ती कानून बनाने का अधिकार है। आस्ट्रेलियन संविधान के अन्तर्गत 39 समवर्ती विषय हैं। और प्रारूप संविधान के अन्तर्गत ये 37 हैं। आस्ट्रेलियन संविधान का अनुसरण करते हुए प्रारूप संविधान में छह ऐसे अनुच्छेद हैं, जो 'अस्थायी समय' के लिए हैं और जिन्हें किसी भी समय आवश्यकतानुसार संसद बदल सकता है। जिस एक मामले में प्रारूप संविधान आस्ट्रेलियन

संविधान पर विशेष रूप से बाजी मार ले गया है वह है संसद की 'विशिष्ट मामलों' में कानून बनाने की शक्ति। आस्ट्रेलिया के संसद को केवल तीन विषयों में 'विशिष्ट शक्ति' प्राप्त है, जबकि प्रारूप संविधान के अन्तर्गत भारतीय संसद को 91 विषयों में कानून बनाने की 'विशिष्ट शक्ति' प्राप्त है। इस तरह प्रारूप संविधान ने संघवाद, जिसे स्वभावत: कठोर माना जाता है, को अधिक-से-अधिक लचीला बना दिया है।

'यह कहना पर्याप्त नहीं है कि प्रारूप संविधान आस्ट्रेलियन संविधान का अनुसरण करता है या कहीं और ज्यादा विस्तृत क्षेत्र में अनुसरण करता है। जो बात ध्यान देने की है, वह यह है कि संघवाद की आनुवंशिक कठोरता और अति-वैधानिकता के स्वभाव को दूर करने के लिए प्रारूप संविधान ने ऐसे नये तरीके जोड़े हैं, जो अन्य कहीं नहीं पाए जाते हैं। कठोरता और अति-वैधानिकता से बचने का जो दूसरा उपाय अपनाया गया है वह है संविधान में संशोधन करने के नियम को सरल बनाना। इसलिए हम सुरक्षित महसूस करते हुए कह सकते हैं कि भारतीय परिसंघ को कठोरता और अति-वैधानिकता से होने वाली किसी हानि को भुगतना नहीं पड़ेगा। लचीला संघवाद इस संविधान की विशेषता है।'[4]

(ग) एकीकृत न्यायपालिका, समान कानून और एकीकृत नागरिक सेवा

'प्रस्तावित भारतीय परिसंघ का एक अन्य विशेष लक्षण है जो इसे दूसरे परिसंघों से अलग बनाता है। द्वैध शासन आधारित परिसंघ विधायी, कार्यपालिकीय और न्यायिक शक्तियों के पृथक्करण के साथ दोनों स्तर के शासनों के अलग-अलग प्राधिकार पर निर्भर होता है, जो कानून में, प्रशासन में और न्यायिक सुरक्षा में विभिन्नता पैदा करते हैं। एक सीमा तक ऐसी विभिन्नता मायने नहीं रखते हैं। स्थानीय आवश्यकताओं एवं स्थानीय परिस्थितियों के साथ तालमेल बैठाने के प्रयत्न की दृष्टि से शासन की शक्ति का स्वागत किया जा सकता है।

'लेकिन यह विभिन्नता एक सीमा के बाद अराजकता पैदा करने योग्य हो जाती है और इसने कई संघीय राज्यों में अराजकता को उत्पन्न किया है। कल्पना करें कि एक देश में बीस राज्य हैं और अब इन राज्यों में विवाह, विवाह-विच्छेद, सम्पत्ति के उत्तराधिकार, पारिवारिक सम्बन्धों, संविदा, अपकृत्य, अपराध, माप-तौल, बिल व चेक, बैंकों एवं वाणिज्य, न्याय प्राप्त करने की प्रक्रिया तथा प्रशासन के स्तर एवं तरीकों के बारे में बीस तरह के अलग-अलग कानून हैं। ऐसी स्थिति न केवल राज्य को दुर्बल बनाती है, बल्कि उन नागरिकों, जिन्हें प्राय: एक राज्य से दूसरे राज्य में आना-जाना पड़ता है, के लिए भी असह्य हो जाता है कि एक बात जो एक राज्य में कानून-सम्मत है, वही बात दूसरे राज्य में गैरकानूनी है। प्रारूप संविधान ने ऐसे उपाय और तौर-तरीके खोजे हैं जिनसे भारत परिसंघ रहेगा और इसी के साथ ऐसे आधारभूत मामलों में, जो देश की एकता के लिए आवश्यक हैं, एकरूपता भी बनी रहेगी। प्रारूप संविधान ने तीन उपाय अपनाए हैं—

1. एकीकृत न्यायपालिका।
2. दीवानी तथा फौजदारी से जुड़े मूलभूत कानूनों में एकरूपता, और
3. महत्त्वपूर्ण पदों के लिए एक सामान्य अखिल भारतीय सिविल सेवा।

'द्वैध न्यायपालिका, दो-दो तरह की कानून संहिता और दो-दो तरह की सिविल सेवा एक द्वैध शासन-पद्धति के तर्कसंगत परिणाम हैं। अमेरिका में संघीय न्यायपालिका और राज्य न्यायपालिका अलग-अलग और एक-दूसरे से स्वतंत्र है। भारतीय परिसंघ में, द्वैध शासन आधारित होते हुए भी, न्यायपालिका के दो समूह नहीं हैं। उच्च न्यायालय तथा उच्चतम न्यायालय सभी

मिलकर एक अविभाज्य न्यायपालिका का निर्माण करते हैं और वे संवैधानिक कानून या दीवानी कानून या फौजदारी कानून के अन्तर्गत पैदा होने वाले सभी मामलों में क्षेत्राधिकार रखते हुए उपचार प्रदान करते हैं। ऐसा प्रक्रियाओं में सभी तरह की विभिन्नताओं को समाप्त करने के लिए किया गया है। कनाडा ही एक ऐसा देश है, जो इसके बिलकुल निकट है। आस्ट्रेलियन व्यवस्था इसके आसपास रहती है।

'यह सावधानी बरती गई है कि कम-से-कम उन कानूनों से, जो नागरिक एवं कॉरपोरेट जीवन के आधार हैं, सभी तरह की विभिन्नताएँ समाप्त हों। नागरिक एवं फौजदारी कानूनों से सम्बन्धित संहिताएँ जैसे सिविल प्रक्रिया संहिता, दंड संहिता, आपराधिक प्रक्रिया संहिता, साक्ष्य कानून, सम्पत्ति अन्तरण कानून, विवाह, विवाह-विच्छेद एवं उत्तराधिकार के कानून को समवर्ती सूची में रखा गया है ताकि संघीय व्यवस्था को हानि पहुँचाए बिना आवश्यक एकरूपता बनाई रखी जा सके।

'द्वैध प्रणाली, जो संघीय प्रणाली की नैसर्गिक उपज है, को सभी परिसंघों के अन्तर्गत द्वैध सेवा के माध्यम से अपनाया गया है। सभी परिसंघों में एक केन्द्रीय सिविल सेवा और एक राज्य सिविल सेवा होता है। भारतीय परिसंघ, जो यद्यपि द्वैध प्रणाली होने के कारण द्वैध सिविल सेवा रखता है, किन्तु यह एक अपवाद के साथ है। यह मान्य है कि प्रत्येक देश की प्रशासनिक व्यवस्था में कुछ पद ऐसे होते हैं जिन्हें शासन की गुणवत्ता को बनाए रखने की दृष्टि से कूटनीतिक महत्त्व का कहा जा सकता है। हमारे लिए यह सौभाग्य की बात है कि हम सब ऐसी पूर्व-विद्यमान प्रशासन-व्यवस्था के उत्तराधिकारी हैं, जो सम्पूर्ण देश के लिए समान है और हम जानते हैं कि ये 'कूटनीतिक' पद कौन-से हैं? संविधान में यह व्यवस्था है कि राज्यों के अपनी-अपनी सिविल-सेवा बनाने के अधिकार में बिना हस्तक्षेप किए, अखिल भारतीय स्तर पर एक समान योग्यता और एकरूप वेतन वाला एक अखिल भारतीय सेवा की नियुक्ति होगा और केवल इसके सदस्य ही राष्ट्रीय स्तर के कूटनीतिक पदों पर नियुक्त किए जा सकेंगे।'[5]

विश्व के दूसरे देशों में स्वीकृत स्वरूपों में से किसी एक स्वरूप को चुनकर स्वीकार कर लेना एक बात थी और इसे भारतीय परिस्थितियों के अनुकूल परिष्कृत कर स्वीकार करना दूसरी बात। विश्व के दूसरे संविधान के प्रावधानों को एवं उनके प्रभाव को समझना और फिर उसे अपने देश के अनुकूल परिष्कृत करना आसान कार्य नहीं था। दूसरे संविधान की नकल होने के आधार पर भारतीय संविधान की आलोचना करने वाले लोगों के लिए संघीय ढाँचे को लेकर किया गया उक्त सुधार एक दृष्टान्त जैसा है। ऐसे तमाम सुधारों को समझने की आवश्यकता है।

नकल करने के आरोप का बचाव : संवैधानिक नैतिकता सीखने पर बल

प्रारूप संविधान की सबसे अधिक आलोचना इस आधार पर की गई कि इसमें कुछ भी नया नहीं है। यह दूसरे देशों के संविधान की नकल मात्र है। ऐसी आलोचना की वास्तविकता को समझने के लिए संविधान निर्माण के समय की वैश्विक परिस्थितियों को जानना आवश्यक है। भारतीय संविधान के निर्माण के समय ज्यादातर देशों द्वारा किसी-न-किसी स्वरूप में संविधान स्वीकार किए जा चुके थे। लोकतांत्रिक शासन-व्यवस्था के जो भी भिन्न-भिन्न स्वरूप और आयाम हो सकते थे, उनके मूल तत्त्वों का आविष्कार करके किसी-न-किसी संविधान में शामिल कर लिया गया था। वैश्विक फलक पर संवैधानिक आविष्कार और विकास होना स्वाभाविक प्रक्रिया थी। इसे रोका नहीं जा सकता था। इन देशों में हुए संवैधानिक विकास का भारत के

संविधान निर्माण के नजरिये से सकारात्मक पहलू यही था कि इन संविधान में शामिल शासन व्यवस्था के मूल तत्त्वों का एवं इसके प्रभाव का अध्ययन एवं जाँच-परख की जाए और यह तय किया जाए कि इन मूल तत्त्वों में से कौन भारतीय परिस्थितियों के अनुकूल है और इन्हें भारतीय परिस्थितियों के अनुकूल कितना और किस तरह परिष्कृत कर अंगीकृत किया जाए। ऐसा अध्ययन, जाँच-परख एवं परिष्करण करना एक स्वाभाविक-सी प्रक्रिया थी, जिसे मसौदा समिति ने प्रारूप संविधान बनाते समय अपनाया। फिर भी आलोचकों द्वारा अन्ध नकल करने का आरोप लगाया जा रहा था। इस आरोप का जवाब देते हुए डॉ. आंबेडकर ने कहा—

> "यह पूछा जाना चाहिए कि विश्व के इतिहास की इस घड़ी में यदि किसी संविधान की रचना की जाए, तो क्या उसमें कुछ नई बात हो सकती है? पहले लिखित संविधान के लिपिबद्ध हुए सौ वर्ष से अधिक समय बीत गए। उसके बाद अनेक देशों ने अपने-अपने संविधान को लिपिबद्ध किया। एक संविधान का क्या क्षेत्र होना चाहिए—यह बात काफी समय पहले ही निश्चित हो चुकी है। इसी प्रकार एक संविधान में कौन-कौन से मूलभूत विचार होने चाहिए—यह भी सारे संसार में माना जाने लगा है। इन तथ्यों को ध्यान में रखें तो सभी संविधानों की मुख्य-मुख्य बातें एक जैसी दिखेंगी। इतने समय के बाद यदि कोई संविधान बनता है तो उसमें कोई नई बात यही हो सकता है कि दोषों को समाप्त किया जाए और अपने देश की आवश्यकतानुसार अनुकूल बनाया जाए। यह आरोप कि यह संविधान दूसरे देशों के संविधानों की अन्धी नकल है, संविधान के अपर्याप्त अध्ययन करने पर ही आधारित है।
>
> "जहाँ तक इस दोषारोपण की बात है कि प्रारूप संविधान ने 1935 के भारत शासन अधिनियम के बहुत से प्रावधानों को ग्रहण किया है, इस पर मुझे क्षमा माँगने की आवश्यकता नहीं है। किसी से कुछ ग्रहण करने में शर्मिन्दा होने की कोई बात नहीं है। यह साहित्यिक चोरी की बात नहीं है। संविधान के मूलभूत विचारों पर कोई सर्वाधिकार का दावा नहीं कर सकता है।"[6]

डॉ. बी. आर. आंबेडकर की खासियत थी कि वह किसी विषय पर प्रारूप प्रावधान का बचाव करने के लिए वैश्विक दृष्टान्तों एवं संवैधानिक महत्त्व के विचारों को उद्धृत करते थे। नकल करने के आरोप का जवाब देते समय भी डॉ. आंबेडकर ने महान इतिहासकार 'ग्रोटे' का उल्लेख करते हुए संवैधानिक नैतिकता का विचार दिया, जो देश की भावी पीढ़ी के लिए मार्गदर्शन का काम करती रहेगी। अपने अन्दर संवैधानिक नैतिकता विकसित करने की आवश्यकता पर बल देते हुए डॉ. आंबेडकर ने आगे कहा—

> "जिस बात का मुझे अफसोस है वह यह है कि भारत शासन अधिनियम, 1935 से जो बातें ग्रहण की गई हैं, वे ज्यादातर प्रशासन सम्बन्धी विस्तार से जुड़ी हैं। मैं सहमत हूँ कि संविधान में 'प्रशासन सम्बन्धी विस्तार' के लिए कोई स्थान नहीं होना चाहिए। मैं बहुत ज्यादा चाहता हूँ कि मसौदा समिति किसी तरीके से इसको अपने अन्दर शामिल करने से बच जाती। लेकिन यह आवश्यक है कि हम इसको संविधान में शामिल करने को औचित्यपूर्ण बताएँ। यूनान के प्रमुख इतिहासकार 'ग्रोटे' ने कहा है कि—'संवैधानिक नैतिकता' को न केवल किसी समुदाय के बहुतांश में बल्कि इसकी सम्पूर्णता में फैलाना, स्वतंत्र एवं शान्तिमय शासन के लिए अनिवार्य शर्त है क्योंकि कोई

शक्तिशाली और जिद्दी अल्पमत, जब तक कि वह इतना सामर्थ्यवान न हो कि वह स्वयं शासनारूढ़ हो सके, किसी स्वतंत्र संस्थान का चलना असम्भव बना सकता है।

"'संवैधानिक नैतिकता' से 'ग्रोटे' का आशय था कि 'संविधान के स्वरूपों के लिए विशिष्ट आदर का ऐसा भाव हो, जो इन स्वरूपों की सीमा के भीतर और इनके अधीन कार्य करने वाले अधिकारियों के प्रति आज्ञाकारी होने के लिए प्रेरित करे, इसके बावजूद एक निश्चित कानूनी सीमाओं के दायरे में वाणी की और कार्यों की आजादी हो एवं इन अधिकारियों द्वारा किए गए सभी सार्वजनिक कार्यों की बिना रुकावट आलोचना की आजादी हो और साथ-साथ प्रत्येक नागरिक के हृदय में यह विश्वास हो कि कोई भी पक्ष-विवाद कितना ही कड़वा क्यों न हो, विरोधी की दृष्टि में भी संविधान के स्वरूप उतने ही पवित्र होंगे, जितना उसकी अपनी दृष्टि में।"[7]

"जब हर कोई यह मानता है कि किसी भी लोकतांत्रिक संविधान को शान्तिपूर्वक कार्य करने के लिए 'संवैधानिक नैतिकता' विकसित करना आवश्यक है, तो इससे जुड़ी दो ऐसी बातें हैं, दुर्भाग्य से, जिन्हें आमतौर पर मान्य नहीं किया गया है। एक यह है कि प्रशासन का स्वरूप, संविधान के स्वरूप के साथ निकट सम्बन्ध रखता है। प्रशासन के स्वरूप को संविधान के स्वरूप के साथ मेल खाने वाला और समअर्थी होना चाहिए। दूसरी बात यह है कि संविधान के स्वरूप में बिना किसी प्रकार का बदलाव लाए, केवल प्रशासन के स्वरूप को बदलकर और इसे संविधान की आत्मा के विपरीत एवं विरोधी बनाकर, संविधान को विकृत करना बिलकुल सम्भव है। इससे निष्कर्ष निकलता है कि जहाँ लोग 'संवैधानिक नैतिकता' की भावना से ओत-प्रोत हैं, जैसा कि इतिहासकार 'ग्रोटे' ने वर्णित किया है, वहाँ हम प्रशासन के विस्तार को संविधान में शामिल न करने का और इसे निश्चित करने का कार्य विधायिका पर छोड़ने का खतरा मोल ले सकते हैं। प्रश्न यह है कि क्या हम संवैधानिक नैतिकता के प्रसार का अनुमान लगा सकते हैं? संवैधानिक नैतिकता कोई प्राकृतिक भावना नहीं है। इसका विकास करना होता है। हमें समझना चाहिए कि हमारे लोगों को अभी इसे सीखना है। भारत में लोकतंत्र इसकी उस मिट्टी के ऊपर चढ़ाई गई चादर है जो खुद अन्दर से अलोकतांत्रिक है।

इन परिस्थितियों में, प्रशासन का स्वरूप तय करने के लिए विधायिका पर विश्वास नहीं करना बुद्धिमानी है। संविधान में इसे शामिल करने का यह औचित्य है।"[8]

ग्राम के बजाय व्यक्ति है शासन की इकाई

देश के शासन की इकाई 'ग्राम' होना चाहिए या 'व्यक्ति', इस प्रश्न को लेकर तत्कालीन नेतृत्व के मध्य द्वंद्व था। एम. अनन्थसंयनम अयंगर, एच. वी. कामथ, अरुण चन्द्र गुहा, प्रो. के. टी. शाह, प्रो. शिब्बन लाल सक्सेना जैसे सदस्यगण ग्राम पंचायत को देश की शासन-प्रणाली की इकाई के रूप में विकसित करने के पक्षधर थे, तो मौलाना हसरत मोहानी रूस के मॉडल की तरह भारत में भी 'ग्राम-सोवियत' की शासन-प्रणाली स्थापित करने पर बल दे रहे थे। इस तरह संविधान-सभा का एक वर्ग ग्राम-गणतंत्र आधारित ऐसे अप्रत्यक्ष लोकतंत्र का पक्षधर था, जिसमें ग्राम पंचायतों के प्रतिनिधि केन्द्र एवं राज्य विधान सभाओं के चुनाव में भूमिका निभाएँ। इसके विपरीत प्रस्तावित प्रारूप संविधान में केन्द्र और राज्यों की शासन-प्रणाली के लिए 'ग्राम' के

बजाय 'व्यक्ति' को इकाई बनाया गया था। इस आधार पर की जा रही आलोचनाओं का जवाब देते हुए डॉ. आंबेडकर ने कहा—

"यह कहा गया है कि नये संविधान की शासन-पद्धति को प्राचीन हिन्दू मॉडल के आधार पर तैयार होना चाहिए था और पाश्चात्य सिद्धान्तों का समावेश करने के बजाय नये संविधान की रचना ग्राम पंचायतों तथा जिला-पंचायतों को आधार बनाकर होनी चाहिए थी। कुछ ऐसे लोग भी हैं, जिनके विचार और भी ज्यादा अतिवादी हैं। वे किसी तरह की केन्द्रीय या प्रान्तीय सरकार को नहीं चाहते हैं। वे इतना ही चाहते हैं कि भारत में कई ग्राम सरकारें बनी रहें। भारतीय बुद्धिजीवी का अपने ग्राम समुदायों के लिए जो प्रेम है, यदि वह कारुणिक नहीं है, तो असीम अवश्य है। इसका मुख्य कारण मि. मैटकाफ द्वारा खुले दिल से की गई वह प्रशंसा है, जो इन्हें ऐसे छोटे गणराज्य के रूप में वर्णित करते हैं, जो अपने में सब कुछ, जो वे चाहते हैं, रखते हैं और विदेशी सम्बन्धों को लेकर स्वतंत्र रहते हैं। मि. मैटकाफ के अनुसार—अपने-अपने में ही छोटे-छोटे राज्य बने हुए इन ग्राम समुदायों के अस्तित्व के कारण ही भारतीय जनता को सभी क्रान्तियों और परिवर्तनों के दौरान संरक्षण मिला है। इन क्रान्तियों एवं परिवर्तनों के बीच ग्राम पंचायतों ने ही उन्हें सबसे अधिक सुख, प्रसन्नता और स्वतंत्रता प्रदान की है। इसमें कोई सन्देह नहीं कि जहाँ बहुत-सी दूसरी चीजें नष्ट हो गईं, वहीं ग्राम-समुदाय आज तक बना हुआ है। लेकिन जो लोग ग्राम समुदायों को लेकर इतनी गौरवान्वित महसूस करते हैं, वे यह विचार करने की फिक्र नहीं करते कि देश के मामलों में और देश को भाग्यशाली बनाने में इसने कितनी कम भूमिका निभाई है, और क्यों? मि. मैटकाफ ने ही, देश को भाग्यशाली बनाने में ग्राम समुदायों की भूमिका को इन शब्दों में वर्णित किया है—एक राजवंश के बाद दूसरे राजवंश का पतन होता है। एक क्रान्ति के बाद दूसरी क्रान्ति होती है। हिन्दू, पठान, मुगल, मराठा, सिख, अंग्रेज सभी बारी-बारी से मुल्क के मालिक बनते हैं, लेकिन ग्राम-समुदाय अपने स्वरूप में बने रहते हैं। विपत्ति के समय शस्त्रों के साथ वे स्वयं को किले के अन्दर सहेज लेते हैं। शत्रु सेना पूरे देश से होकर गुजर जाती है। ग्राम-समुदाय अपने पशुओं को गाँव की दीवारों के भीतर एकत्र कर लेता है और शत्रुओं को बिना किसी रोक-टोक के आगे बढ़ जाने देता है।

'ग्राम समुदायों ने अपने देश के इतिहास में इस प्रकार की भूमिका निभाई हैं। इन बातों को जानने के बाद कौन व्यक्ति इनमें गर्व महसूस कर सकता है? यह एक सच्चाई है कि सभी तरह का उलटफेर होने के दौरान ये ग्राम-समुदाय जीवित बने रहे। लेकिन किसी तरह से जीवित रहने का कोई मूल्य नहीं है। प्रश्न यह है कि वे किस स्तर पर बने रहे हैं? मेरा मानना है कि ये ग्राम गणराज्य निश्चित ही एक निम्न एवं स्वार्थपूर्ण स्तर पर भारत का पतन किए हैं। इसलिए मैं आश्चर्यचकित हूँ कि जो लोग प्रान्तीयता और साम्प्रदायिकता की निन्दा करते हैं, वे ही लोग 'ग्राम' का पक्ष लेकर आगे आते हैं। ग्राम स्थानीयवाद की हौज, अज्ञानता, संकीर्णता एवं साम्प्रदायिकता की गुफा के अलावा और क्या हैं? मुझे खुशी है कि प्रारूप संविधान ने ग्राम को तिलांजलि दी है और व्यक्ति को इकाई के रूप में स्वीकार करता है।'[9]

महात्मा गांधी, ग्राम स्वराज्य की अवधारणा के अन्तर्गत कहते थे—

> "आजादी नीचे से शुरू होनी चाहिए। हर एक गाँव पूर्ण शक्ति रखने वाला गणराज्य या पंचायत होगा। इसका मतलब यह है कि सभी गाँवों को अपने पाँव पर खड़ा होना होगा और अपनी जरूरतें स्वयं पूरी करने योग्य होना होगा। यहाँ तक कि वह समस्त विश्व के खिलाफ अपनी रक्षा स्वयं कर सके।"

इस तरह महात्मा गांधी ग्रामों को स्थानीय स्तर पर मजबूत कर इन्हें विकास की इकाई तो बनाना चाहते थे, किन्तु इसका यह आशय नहीं है कि वह इन ग्रामों को नागरिक और केन्द्र/राज्य की सरकारों के बीच की कड़ी मानते थे। तत्कालीन परिस्थिति में संसद या राज्य विधायिका में प्रतिनिधि चुनने का अधिकार नागरिकों को देने के बजाय, किन्हीं ग्राम-नेतृत्व को देने का अर्थ यह था कि हम संसद एवं राज्य विधायिका को यथास्थितिवाद का शिकार बना देते। तब शासन की जवाबदेही नागरिकों के प्रति न होकर कुछ ऐसे चुने हुए लोगों के प्रति होता, जिनका चुना जाना उन्हीं के हाथ में होता। इसलिए महात्मा गांधी के ग्राम गणराज्य का यह अर्थ नहीं है कि लोकतांत्रिक व्यवस्था में केन्द्र एवं राज्य सरकार का नागरिकों के प्रति प्रत्यक्ष जवाबदेही सुनिश्चित न हो।

बहुसंख्यक-अल्पसंख्यक समस्या का समाधान

आजादी के समय देश के हालात आसान नहीं थे। धर्म आधारित विभाजन के कारण लोगों के मन-मस्तिष्क में धर्म-आधारित दुराग्रह मौजूद था। इस दुराग्रह से बाहर निकलना देश के लिए चुनौती थी। जिस तरह पाकिस्तान ने स्वयं को इस्लामिक देश होना स्वीकार किया था, भारत भी उस दिशा में आगे बढ़ सकता था। किन्तु प्रगतिशील वैश्विक परिदृश्य में एक देश-एक धर्म की अवधारणा स्वीकरणीय नहीं रह गई थी। शासन के सम्बन्ध में धर्मनिरपेक्ष नीति के साथ आगे बढ़ने का निर्णय तत्कालीन नीति-निर्माताओं के मानवीय दृष्टि को साबित करता है। अल्पसंख्यक समुदाय के मूलभूत अधिकारों को संवैधानिक संरक्षण देने के लिए संविधान-सभा कार्यवाही के आरम्भिक दौर में ही 24 जनवरी, 1947 को सरदार वल्लभभाई पटेल की अध्यक्षता में अल्पसंख्यक अधिकार समिति का गठन कर दिया गया था और इस समिति ने भी अपनी रिपोर्ट 27 अगस्त, 1947 को प्रस्तुत कर दी थी। इस रिपोर्ट के आधार पर प्रारूप संविधान में अल्पसंख्यक को यथोचित सुरक्षा प्रदान करने वाले प्रावधान शामिल किए गए थे। इन प्रावधानों की भी आलोचना की जा रही थी। ऐसी आलोचनाओं का जवाब देते हुए डॉ. आंबेडकर ने कहा—

> "मसौदा समिति की इसलिए भी आलोचना की गई है क्योंकि यह अल्पसंख्यकों को संरक्षण प्रदान करता है। इसमें मसौदा समिति की कोई जिम्मेदारी नहीं है। वह संविधान-सभा के निर्णयों का अनुसरण करता है। व्यक्तिगत रूप से मुझे कोई सन्देह नहीं है कि अल्पसंख्यकों के लिए संरक्षण की व्यवस्था करके संविधान-सभा ने बुद्धिमानी का काम किया है। इस देश में अल्पसंख्यक और बहुसंख्यक दोनों ने गलत रास्ता अपनाया है। बहुसंख्यक की तरफ से अल्पसंख्यकों के अस्तित्व को नकारना गलत है और अल्पसंख्यकों द्वारा अपने-आपको 'चिरंजीवी' मानना, यह भी ठीक नहीं है। ऐसा हल निकाला जाना चाहिए, जिससे दोनों उद्देश्यों की पूर्ति

हो सके। इस हल में अल्पसंख्यकों के अस्तित्व को मान्यता देने के साथ शुरुआत हो और परिणामस्वरूप एक दिन सभी अल्पसंख्यक और बहुसंख्यक घुल-मिलकर एक हो जाएँ। संविधान ने जो हल प्रस्तावित किया है, वह स्वागत योग्य है क्योंकि इससे दोनों उद्देश्यों की पूर्ति होती है।"[10]

मूल अधिकार असीमित अधिकार के रूप में नहीं

मूल अधिकार ऐसे अधिकार हैं जिनके अभाव में एक व्यक्ति का बौद्धिक, आध्यात्मिक और बहुमुखी विकास रुक जाता है। ये ऐसे नैसर्गिक अधिकार होते हैं, जिनका संरक्षण उन मूल्यों का संरक्षण है, जो किसी व्यक्ति के गरिमामय जीवन और समाज के समतायुक्त निर्माण के लिए भी आधारभूत होते हैं। प्रारूप संविधान के अन्तर्गत इन मूलभूत अधिकारों को आत्यंतिक और असीमित अधिकार के रूप में नहीं स्वीकार किया गया था, बल्कि इसके साथ कुछ आवश्यक प्रतिबन्धों को जोड़ा गया था। बिना किसी यथोचित सीमा के किसी एक व्यक्ति को अधिकार देना, न केवल दूसरे व्यक्ति के अधिकार में, बल्कि राज्य के कानून एवं व्यवस्था में बाधा पहुँचाते हैं और अराजकता के कारक सिद्ध होते हैं। इसलिए प्रारूप संविधान में मूल अधिकारों को कुछ निर्बन्धनों के साथ स्वीकार किया गया था। इसे लेकर भी प्रारूप संविधान की आलोचना की जा रही थी। अमेरिकी संविधान का उदाहरण देकर आरोप लगाया जा रहा था कि इन प्रतिबन्धों के कारण मूल अधिकारों के मूलतत्त्व को नष्ट कर दिया गया है। इस आलोचना के जवाब में डॉ. आंबेडकर ने कहा—

"यह कहना गलत है कि मूल अधिकार पूर्ण होते हैं और गैर-मूल अधिकार पूर्ण नहीं होते हैं। दोनों में जो वास्तविक अन्तर है वह यह है कि गैर-मूल अधिकार दो पक्षों के आपसी समझौते का परिणाम होते हैं, जबकि मूल अधिकार कानून का उपहार होते हैं। क्योंकि मूल अधिकार कानून का उपहार हैं, इसका यह मतलब नहीं होता कि कानून उसमें कुछ विशेषता नहीं ला सकता। यह भी कहना गलत है कि अमेरिका में मूल अधिकार पूर्ण है। अमेरिकी संविधान और प्रारूप संविधान में जो अन्तर है, वह बाह्य है, तात्त्विक नहीं है। यह निर्विवादित है कि अमेरिका में मूल अधिकार पूर्ण अधिकार नहीं है। प्रारूप संविधान के मूल अधिकारों के हर अपवाद के समर्थन में अमेरिकी सुप्रीम कोर्ट का कम-से-कम एक निर्णय सन्दर्भित किया जा सकता है। प्रारूप संविधान के अनुच्छेद 13 में 'वाणी की स्वतंत्रता' पर जो प्रतिबन्ध लगाए गए हैं, उसके औचित्य को सिद्ध करने के लिए सुप्रीम कोर्ट के कम-से-कम एक निर्णय को उद्धृत करना पर्याप्त है। 'गिटलो बनाम न्यूयार्क' के मामले में 'न्यूयार्क आपराधिक अराजकता कानून' की संवैधानिकता, विवाद का विषय था। इस कानून का उद्देश्य था—हिंसापूर्ण परिवर्तन उत्पन्न करने का प्रयास करने वाली वाणी को दंडनीय ठहराना। उक्त मामले में अमेरिकी सुप्रीम कोर्ट ने व्यवस्था देते हुए कहा था—

"यह चिरकाल से स्थापित मूलभूत सिद्धान्त है कि संविधान में बोलने एवं प्रेस की जो आजादी प्रदान की गई है, वह बोलने वालों को पूर्ण अधिकार नहीं दे देता कि वे बिना किसी उत्तरदायित्व के, जो भी वे चाहें बोलें, बिना किसी संयम और नियंत्रण के, प्रकाशित करें, किसी भी तरह की भाषा का उपयोग करें, और इस स्वतंत्रता का दुरुपयोग करने पर उसे दंडित करने से रोकें।"

'इसलिए यह कहना कि अमेरिका के मूल अधिकार पूर्ण हैं और प्रारूप संविधान में दिये गए मूल अधिकार पूर्ण नहीं हैं, गलत है।

'नि:सन्देह अमेरिका में संविधान ने जिन मूल अधिकारों को कानून का स्वरूप दिया, वे पूर्ण थे। लेकिन जल्द ही कांग्रेस ने यह पाया कि इन मूल अधिकारों को उचित निर्बन्धनों के साथ प्रतिबन्धित किया जाना बिलकुल आवश्यक है। जब सुप्रीम कोर्ट के समक्ष मूल अधिकारों पर लगाए गए प्रतिबन्धों की संवैधानिकता का प्रश्न उठाया गया, तो यह तर्क दिया गया था कि संविधान ने अमेरिकी संसद को इस प्रकार के प्रतिबन्ध लगाने का कोई अधिकार नहीं दिया है। उस समय उच्चतम न्यायालय ने 'पुलिस की ताकत' के सिद्धान्त का आविष्कार किया और मूल अधिकारों के असीमित होने के तर्क को यह कहकर खारिज कर दिया कि हर राज्य में 'पुलिस की ताकत' अन्तर्निहित होती है, जिसको संविधान द्वारा स्पष्टत: स्वीकृति देना आवश्यक नहीं है।'

"प्रारूप संविधान ने यही किया है कि बजाय मूल अधिकारों को असीमित बनाने के और सुप्रीम कोर्ट पर इस बात के लिए निर्भर रहने के कि वह 'पुलिस की ताकत' के सिद्धान्त का आविष्कार कर संसद को उपकृत करे, उसने सीधे राज्य को इन मूल अधिकारों पर प्रतिबन्ध लगाने की अनुमति दे दी है। दोनों स्थितियों में, परिणाम पर कोई अन्तर नहीं है। जो एक प्रत्यक्ष रूप से करता है उसे दूसरा अप्रत्यक्ष तरीके से करता है। दोनों ही हालात में मूल अधिकार पूर्ण और असीमित नहीं है।"[11]

निदेशक सिद्धान्त : लोक-जवाबदेही का बन्धन

प्रारूप संविधान में सामाजिक-आर्थिक लोकतंत्र के लक्ष्य को हासिल करना राज्य का दायित्व माना गया। इस लक्ष्य को हासिल करने के लिए आवश्यक सभी सिद्धान्तों को 'निदेशक सिद्धान्त' के रूप में रखा गया। यह अति महत्त्वपूर्ण सिद्धान्त थे, किन्तु इन्हें न्यायालयों द्वारा अप्रवर्तनीय बनाया गया था। इसके कारण भी प्रारूप संविधान आलोचकों के निशाने पर था। ऐसा करने के औचित्य को स्पष्ट करते हुए डॉ. आंबेडकर ने कहा—

"प्रारूप संविधान में मूल अधिकारों का अनुसरण करते हुए 'निदेशक सिद्धान्त' लगे हुए हैं। संसदीय लोकतंत्र के लिए बनाए गए संविधान की यह एक नई विशेषता है। संसदीय लोकतंत्र के लिए बना दूसरा ऐसा संविधान, आयरलैंड स्वतंत्र राज्य का संविधान है, जिसमें इन सिद्धान्तों को शामिल किया गया है। इन निदेशक सिद्धान्तों की भी आलोचना हुई है। कहा गया है कि ये केवल 'पवित्र घोषणाएँ' मात्र हैं। उनमें कोई बाध्यकारी ताकत नहीं है।

"यदि यह कहा जाए कि निदेशक सिद्धान्तों के पीछे कोई कानूनी बल नहीं है, तो मैं इस बात को स्वीकार करता हूँ। लेकिन मैं इस बात को मानने के लिए तैयार नहीं हूँ कि उनमें किसी प्रकार का कुछ भी बल नहीं है। न मैं यह ही बात स्वीकार करने के लिए तैयार हूँ कि क्योंकि उनके पीछे कोई कानूनी बल नहीं है, इसलिए वे उपयोगहीन हैं।

"ये 'निदेशक सिद्धान्त' उन निर्देश-विलेख के समान हैं, जो 1935 अधिनियम के अन्तर्गत ब्रिटिश सरकार द्वारा भारत के तथा इसके उपनिवेशों के गवर्नर-जनरल एवं गवर्नरों को जारी किए जाते थे। प्रारूप संविधान में यह प्रस्ताव किया गया है कि

ऐसे निर्देश राष्ट्रपति एवं राज्यपालों को दिए जाएँ। इन निर्देश-विलेख की शब्दावली संविधान की चौथी अनुसूची में दी गई है। 'निदेशक सिद्धान्त' पूर्व के 'निर्देश-विलेख' का एक दूसरा नाममात्र है। अन्तर इतना ही है कि ये विधायिका और कार्यपालिका दोनों को निर्दिष्ट हैं।

"एक संविधान में इस प्रकार के निर्देशों का होना, जैसा प्रारूप संविधान में प्रस्तावित किया गया है, एक और कारण से भी उचित सिद्ध होता है। जिस रूप में प्रारूप संविधान निर्मित है, उससे केवल देश का शासन चलाने के लिए एक मशीनरी उपलब्ध हो जाता है। यह, जैसा कुछ देशों में किया गया है, किसी पार्टी-विशेष को शासनारूढ़ करने का आविष्कार मात्र नहीं है। शासनारूढ़ कौन हो, यह तय करने का अधिकार, अनिवार्य रूप से, जनता को दिया गया है। यदि किसी भी शासन-पद्धति को प्रजातंत्रवाद की कसौटी पर उतरना है, तो ऐसा करना आवश्यक है। लेकिन शासनारूढ़ होने वाला कोई भी मनमानी करने के लिए स्वतंत्र नहीं होगा। अपनी शक्ति को कार्यान्वित करते समय उसे इन निर्देश-विलेख, जिसे 'निदेशक सिद्धान्त' कहा गया है, को सम्मान देना ही होगा। वह इनकी उपेक्षा नहीं कर सकता। उसे इन निदेशक सिद्धान्तों के उल्लंघन पर कानून की अदालत में खड़ा नहीं किया जा सकेगा, लेकिन उसे निश्चित समय पर होने वाले चुनाव में मतदाताओं के समक्ष जवाबदेह बनाया जा सकेगा। इन 'निदेशक सिद्धान्त' में कितना अधिक मूल्य है, इसका और अधिक स्पष्टता के साथ तब पता लगेगा, जब सही सोच वाली ताकतें सत्ता पाने के लिए आगे बढ़ेंगी।"[12]

शक्तिशाली केन्द्र के माध्यम से अखंड भारत का दर्शन

प्रारूप संविधान के अन्तर्गत 'एक भारत-अखंड भारत' के दर्शन को साकार करते हुए ऐसा देश बनाया गया, जो अविभाज्य होगा और जिसमें राज्यों को इस देश से पृथक् होने का अधिकार नहीं प्राप्त होगा। इसलिए अनुच्छेद 1 में भारत को 'राज्यों का परिसंघ (फेडरेशन)' नहीं कहा गया था, बल्कि 'राज्यों का संघ (यूनियन)' कहा गया था। इसको लेकर भी प्रारूप संविधान की आलोचना की जा रही थी और आरोप लगाया जा रहा था कि इसमें केन्द्र को अत्यधिक शक्तिशाली बनाया गया है, और राज्यों को अपेक्षाकृत बहुत कम अधिकार दिए गए हैं। इन सवालों का जवाब देते हुए डॉ. आंबेडकर ने कहा—

"कुछ आलोचकों का कहना है कि केन्द्र बहुत शक्तिशाली है। जबकि अन्य दूसरों का कहना है कि इसे और अधिक शक्तिशाली होना चाहिए। प्रारूप संविधान ने सन्तुलित मार्ग अपनाया है। आप केन्द्र को चाहे कितना भी शक्ति से वंचित रखने का प्रयास करें, केन्द्र को शक्तिशाली न बनने देना कठिन है। आधुनिक विश्व में परिस्थितियाँ ऐसी हैं कि शक्तियों का केन्द्रीकरण अनिवार्य है। यदि हम अमेरिका की फेडरल सरकार के ही विकास पर विचार करें तो हम, इसके बावजूद कि संविधान ने उसे बहुत ही सीमित शक्तियाँ दी हुई हैं, पाएँगे कि इसके पूर्व-स्वरूप का बहुत विस्तार हो गया है और यह राज्य सरकारों पर छा गया है। इसका कारण वर्तमान परिस्थिति ही है। यही परिस्थिति भारत सरकार पर भी लागू है और इसे शक्तिशाली बनने से रोकने के लिए कोई कुछ नहीं कर सकता। दूसरी ओर हमें इसको और भी अधिक शक्तिशाली बनने की प्रवृत्ति को रोकना चाहिए। यह उतना ही चबा सकता है, जितना वह हजम कर

सके। इसकी शक्ति इसके वजन के अनुरूप होना चाहिए। यह मूर्खतापूर्ण होगा कि हम इसे इतना अधिक शक्तिशाली बना दें कि यह अपने ही वजन से गिर पड़े।...[13]

"मसौदा समिति यह स्पष्ट करना चाहती थी कि यद्यपि भारत एक परिसंघ है तो भी यह परिसंघ भिन्न-भिन्न राज्यों के मध्य हुए किसी ऐसे समझौते का परिणाम नहीं है, जिसके अनुसार वे इस परिसंघ का सदस्य बने हैं और क्योंकि परिसंघ किसी ऐसे समझौते का परिणाम नहीं है, इसलिए किसी भी राज्य को इससे अलग होने का अधिकार नहीं है। परिसंघ इसीलिए एक 'संघ' है, क्योंकि यह 'अविभाज्य' है। यद्यपि देश और उसके लोग प्रशासन की सुविधा के लिए कई राज्यों में बाँटे जा सकते हैं, लेकिन सम्पूर्ण देश मूलत: एक है। यहाँ के सभी लोग एक स्रोत से निकले एक शासन में रहने वाले एक लोग हैं। इस बात की स्थापना के लिए कि राज्यों को पृथक् होने का अधिकार प्राप्त नहीं है और उनका परिसंघ अविभाज्य है, अमेरिका के लोगों को एक सिविल वार का दाँव लगाना पड़ा है। मसौदा समिति ने सोचा कि इस बात को किसी की कल्पना या विवाद के भरोसे छोड़ने की बजाय पहले ही स्पष्ट कर देना ठीक होगा।"[14]

रियासतों से राष्ट्र की मुख्य धारा में शामिल होने की अपील

आजादी के बाद रियासतों को देश का अंग बनाना तत्कालीन नीति-निर्माताओं के लिए बहुत बड़ी चुनौती थी। रियासतों के सम्बन्ध में वार्ताकारी-समितियों के साथ हुए समझौतों से मसौदा समिति के हाथ बँधे थे। इन समझौतों के कारण न चाहते हुए भी प्रारूप संविधान में भारतीय रियासतों को कुछ ऐसे विशिष्ट अधिकार दिए गए थे, जो अन्य प्रान्तों को नहीं प्राप्त थे। भारतीय रियासत रक्षा, विदेश मामलों एवं संचार के अलावा 'संघ सूची' में शामिल सभी विषयों को मानने के लिए बाध्य नहीं थे। वे समवर्ती सूची या राज्यसूची में दिए गए विषयों को मानने के लिए भी बाध्य नहीं थे। वे अपने लिए अलग-अलग संविधान-सभा का गठन करने और पृथक् संविधान बनाने के लिए स्वतंत्र थे। उन्हें निजी सेना रखने की भी आजादी थी। इस कारण भी प्रारूप संविधान आलोचकों के निशाने पर था। भारत की एकता के लिए ये समझौते किस तरह खतरनाक और चिन्ता के विषय थे, इसका विश्लेषण करते हुए डॉ. बी. आर. आंबेडकर ने रियासतों से 'भारतीय संघ' का पूर्ण अंग बनने की अपील किया। अपने अपील में डॉ. आंबेडकर ने कहा—

"प्रारूप संविधान की इस विषय में भी आलोचना हुई है कि इसमें केन्द्र और प्रान्तों के मध्य संवैधानिक सम्बन्ध एक तरह का है तथा केन्द्र और भारतीय रियासतों के मध्य संवैधानिक सम्बन्ध दूसरी तरह का है। यह असमानता राज्य की सुरक्षा के लिए खतरनाक सिद्ध हो सकती है। जब तक यह असमानता कायम रहती है तब तक अखिल भारतीय मामलों में केन्द्र का अधिकार कमजोर पड़ सकता है। क्योंकि वह शक्ति, शक्ति नहीं है जिसका हर मामलों में और हर स्थान पर प्रयोग न किया जा सके। ऐसी स्थिति में युद्ध जैसे हालात उत्पन्न हो सकते हैं। महत्त्वपूर्ण अधिकारों पर लगी ऐसी सीमाएँ राज्य के समस्त जीवन को खतरे में डाल सकती हैं। जो सबसे बुरी बात है वह यह है कि प्रारूप संविधान के अनुसार भारतीय रियासतों को अपनी-अपनी निजी सेना रखने की आजादी है। मैं इसे बहुत ही पीछे की ओर ले जाने वाला और खतरनाक प्रावधान

मानता हूँ। इससे भारत की एकता टूट सकती है और केन्द्र सरकार को पदच्युत किया जा सकता है। मसौदा समिति इस विषय को लेकर खुश नहीं थी। उसकी इच्छा थी कि केन्द्र के साथ प्रान्तों और भारतीय रियासतों के संवैधानिक सम्बन्धों में समानता हो। लेकिन दुर्भाग्य से वह इसको सुधारने की दिशा में कुछ नहीं कर सकती थी। वह संविधान-सभा के निर्णयों से बँधी थी और संविधान-सभा भी उस समझौते से बँधी थी जो दोनों वार्ताकारी-समितियों के मध्य हुआ था।

"लेकिन हम सब जर्मनी में घटित घटनाओं से अपनी हिम्मत को बढ़ा सकते हैं। 1870 में जिस जर्मन-साम्राज्य को बिस्मार्क द्वारा स्थापित किया गया था, वह एक ऐसा संग्रथित राज्य था, जिसमें 25 इकाइयाँ सम्मिलित थीं। इन 25 इकाइयों में से 22 एकाधिकार प्राप्त राज्य थे और 3 गणराज्यात्मक नगर-राज्य थे। यह विभेद, समय के साथ समाप्त हो गया और जर्मनी एक संविधान में रहने वाले लोगों का एक देश बन गया। भारतीय रियासतों का भारत में मिलना जर्मनी की अपेक्षा और भी ज्यादा शीघ्रता से होने वाला है। 15 अगस्त, 1947 को हमारे पास 600 भारतीय रियासतें थीं। आज इन रियासतों का भारतीय प्रान्तों में जा मिलने से या आपस में मिल जाने से या केन्द्र द्वारा इन्हें 'केन्द्र-शासित क्षेत्र' के अन्तर्गत ले लिये जाने के फलस्वरूप अब केवल 20-30 रियासतें बची हुई हैं। यह कार्यवाही और प्रगति बड़ी शीघ्रता के साथ हो रही है। मैं इन रियासतों, जिन्हें अभी भारतीय प्रान्तों की तरह होना बाकी है, से अपील करता हूँ कि वे भारतीय प्रान्तों के समान शर्तों पर 'भारतीय संघ' की पूर्ण इकाई बनें। वे ऐसा करके भारतीय संघ को आवश्यक शक्ति प्रदान करेंगे। वे ऐसा करके अलग संविधान-सभा खड़ा करने और अलग संविधान बनाने के सिरदर्द से बच जाएँगे। ऐसा करके उन्हें ऐसी किसी चीज की हानि नहीं होगी, जो उनके लिए कोई मूल्य की हो। मैं पूर्णतया आशान्वित हूँ कि मेरी अपील बेकार नहीं जाएगी और इस संविधान के पारित होने से पहले हम प्रान्तों और भारतीय रियासतों के मध्य विभेद को समाप्त करने में समर्थ होंगे।"[15]

भावी संसद की तुलना में संविधान-सभा ज्यादा निष्पक्ष

आलोचकों द्वारा संविधान निर्माण करने की संविधान-सभा की क्षमता पर सवालिया निशान खड़ा किया गया था। ऐसी आलोचना के लिए मुख्य आधार यह लिया जा रहा था कि संविधान-सभा का चुनाव वयस्क मताधिकार के माध्यम से नहीं किया गया है। इसके अलावा यह भी आरोप लगाया जा रहा था कि संविधान-सभा में प्रारूप संविधान के प्रावधानों को पारित करने के लिए जहाँ सामान्य बहुमत की आवश्यकता है, वहीं भावी संसद को संविधान में संशोधन करने के लिए दो-तिहाई बहुमत का होना आवश्यक बनाया गया है। इस आधार पर भी प्रारूप संविधान में प्रस्तावित संशोधन-प्रक्रिया की आलोचना की जा रही थी। आलोचकों की माँग थी कि संविधान में ऐसे प्रावधान होने चाहिए जिससे कम-से-कम दस वर्ष तक आम चुनाव द्वारा चुने जाने वाले संसद के लिए संविधान में संशोधन करना बिलकुल आसान हो।

डॉ. आंबेडकर ने संशोधन-प्रक्रिया का बचाव करने का अनूठा रास्ता निकाला और यह सिद्ध किया कि भावी संसद की तुलना में संविधान-सभा ज्यादा निष्पक्ष और भरोसेमन्द है। संशोधन प्रक्रिया को कठिन बनाने के आरोप को निराधार बताते हुए डॉ. आंबेडकर ने कहा—

"यह जानने के लिए कि संविधान के संशोधन के सम्बन्ध में मसौदा समिति द्वारा सुझाए गए प्रावधान कितने सरल हैं, एक व्यक्ति को अमेरिका तथा आस्ट्रेलिया के संविधान में इसके संशोधन से सम्बन्धित प्रावधानों का अध्ययन करना होगा। उनकी तुलना में प्रारूप संविधान के प्रावधान सरलतम हैं।

"जिसे संशोधन पद्धति की बेहूदगी कहा गया है, वह 'संविधान-सभा' तथा संविधान के अन्तर्गत चुनी जाने वाली 'भावी संसद' की स्थिति के बारे में मिथ्या धारणा पर आधारित है। संविधान का निर्माण करते समय संविधान-सभा के समक्ष किसी पक्ष-विशेष को लेकर पूर्वाग्रह नहीं है। एकमात्र अच्छा और कार्य करने वाला संविधान बनाने के अलावा और कोई दूसरा स्वार्थ नहीं है। संविधान के अनुच्छेदों पर विचार करते समय इसकी नजर किसी विशेष लक्ष्य पर नहीं रहता है। यदि भावी संसद एक संविधान-सभा के रूप में संविधान में संशोधन करने के लिए बैठता है, तो उसके सदस्य पक्ष-विशेष के लिए कार्य करेंगे और उनका प्रयास होगा कि ऐसे संशोधन पेश करें, जिनके पारित हो जाने पर वे अपने पक्ष के ऐसे कानूनों को आसानी से पारित करा सकें, जिनको पारित कराने में संविधान के कुछ प्रावधान विशेष बाधक सिद्ध हुए हैं। संसद का अपना स्वार्थ होगा, जबकि संविधान-सभा का ऐसा कोई स्वार्थ नहीं है। संविधान-सभा और भावी संसद में यही अन्तर है। इससे यह बात स्पष्ट हो जाती है कि क्यों इस संविधान-सभा पर, जो सीमित मतदान से चुना गया है, सामान्य बहुमत के द्वारा संविधान पारित करने के मामले में भरोसा किया जा सकता है और क्यों भावी संसद पर, जिनका चुनाव वयस्क मतदान के आधार पर होगा, उसी सामान्य बहुमत द्वारा संविधान का संशोधन करने के मामले में विश्वास नहीं किया जा सकता।"[16]

प्रारूप संविधान की विशेषताओं का वर्णन करने और इसके प्रावधानों के सम्बन्ध में की जा रही सभी आलोचनाओं का जवाब देने और अन्त में यह कहते हुए कि "कोई भी संविधान सर्वगुण सम्पन्न नहीं हो सकता है और स्वयं मसौदा समिति भी इस संविधान को और अच्छा बनाने के लिए कुछ संशोधनों का सुझाव प्रस्तुत कर रही है। यह व्यावहारिक है, यह लचीला है और शान्तिकाल एवं युद्धकाल दोनों दौर में देश को एकजुट रखने की शक्ति रखता है। यदि नये संविधान के अन्तर्गत कुछ गलत होता है, तो इसका कारण यह नहीं होगा कि हमारे पास बुरा संविधान था। जो हमें कहना होगा कि वह यह कि मानव में ही कमी थी।" डॉ. बी. आर. आंबेडकर ने प्रारूप संविधान को प्रस्तावित संशोधनों के साथ विचार-विमर्श करने और अन्तिम स्वरूप देने के लिए 4 नवम्बर, 1948 को संविधान-सभा के समक्ष प्रस्तुत किया।

6

संविधान-सभा पर घुमड़ते बादल

संविधान-सभा पर सवाल कर बहस टालने का प्रयास

4 नवम्बर, 1948 को डॉ. बी. आर. आंबेडकर द्वारा प्रस्ताव रखे जाने के बाद इस पर आम बहस किया जाना था। लेकिन इसके पूर्व ही सभाध्यक्ष ने कहा कि सुबह साढ़े ग्यारह बजे मौलाना हसरत मोहानी द्वारा एक संशोधन की नोटिस दी गई है, वह इसे प्रस्तुत करें। इसके पश्चात मोहानी ने वर्तमान संविधान-सभा को अक्षम बताते हुए अपने संशोधन के माध्यम से माँग[1] की कि प्रारूप संविधान पर विचार-विमर्श तब तक के लिए टाल दिया जाए जब तक कि साम्प्रदायिक पार्टियों के बजाय राजनीतिक पार्टियों के माध्यम से नई एवं सक्षम संविधान-सभा का चुनाव न हो जाए। इस पर व्यवस्था का प्रश्न उठाते हुए बी. दास ने आपत्ति की कि हसरत मोहानी ऐसा नकारात्मक संशोधन नहीं प्रस्तुत कर सकते हैं।[2] किन्तु सभाध्यक्ष ने हसरत मोहानी को संशोधन प्रस्तुत करने की इजाजत दे दी।

हसरत मोहानी के अनुसार, "डॉ. आंबेडकर ने प्रारूप संविधान में कुछ भी नया नहीं किया है। उन्होंने अधिकतम भारत शासन अधिनियम, 1935 या दूसरे देश के संविधानों की नकल की है। एक टुकड़ा यहाँ से तो एक टुकड़ा वहाँ से—यह एक पंडोरा बाक्स की तरह है। यदि संविधान निर्माण के उद्देश्य से उन्हें दूसरे देशों के संविधान की नकल करनी पड़ रही है तो उन्होंने सबसे नये और अच्छे संविधान की नकल क्यों नहीं की? यह कैसे है कि उन्होंने आस्ट्रेलिया, कनाडा, अमेरिका एवं इंग्लैंड का संविधान देख लिया, किन्तु उनकी आँखें सोवियत संघ के संविधान को नहीं पकड़ पाईं?"[3]

बीच में हस्तक्षेप करते हुए बालकृष्ण शर्मा ने हसरत मोहानी के संशोधन का विरोध किया और कहा कि "जब हम चर्चा को टालने के सवाल पर विचार कर रहे हैं, तो संविधान की गुणवत्ता पर बहस नहीं की जा सकती।"[4] शर्मा की इस आपत्ति पर सभाध्यक्ष ने कहा कि "समय बचाने के लिए अच्छा होगा कि उन्हें (अर्थात् मोहानी जी को) अकेले छोड़ दिया जाए।"[5]

इसके पश्चात हसरत मोहानी ने अपनी बात को आगे बढ़ाते हुए कहा कि "इस संविधान-सभा के चुनाव का आधार साम्प्रदायिक रहा है और मुस्लिम लीग के किसी सदस्य ने भाग नहीं लिया था। इसका परिणाम यह हुआ है कि यह संविधान केवल एक ही पार्टी द्वारा बनाया गया होगा। इसे कैसे दूसरों पर लागू किया जा सकता है?"[6] मोहानी के बहस के बाद सभा की बैठक को अगले दिन यानी 5 नवम्बर, 1948 के लिए टाल दिया गया।

अगले दिन दामोदर स्वरूप सेठ ने भी मोहानी जैसा संशोधन प्रस्तुत किया। सेठ के अनुसार "यह संविधान-सभा बालिग मताधिकार द्वारा नहीं चुनी गई है। जबकि आजाद भारत के अन्तिम संविधान का निर्माण भारत की सम्पूर्ण जनता की इच्छा पर आधारित होना चाहिए, इसलिए

मसौदा समिति द्वारा तैयार प्रारूप संविधान पर विचार-विमर्श करने के लिए वयस्क मताधिकार द्वारा चयनित संविधान-सभा के समक्ष रखा जाए।"[7]

उक्त दोनों संशोधनों पर एस. नागप्पा ने सवाल करते हुए आपत्ति की कि "आज संविधान-सभा की क्षमता पर सवाल खड़ा कर रहे सदस्यगण, जब इस सभा के लिए चुने जा रहे थे, क्या तब उन्होंने इसे सक्षम संस्था के रूप में मान्यता नहीं दी थी? तब उन्होंने इसका सदस्य बनना क्यों स्वीकार किया?"[8]

किन्तु दामोदर स्वरूप सेठ ने अपनी बहस को आगे बढ़ाते हुए प्रारूप संविधान पर अमेरिका, ब्रिटेन, आयरलैंड, आस्ट्रेलिया एवं कनाडा की नकल होने का आरोप लगाया और कहा कि हमारे देश की परिस्थिति की तुलना रूस से की जा सकती है। हमारे देश में सात लाख गाँव हैं और ये गाँव सबसे छोटी इकाई हैं। सेठ के अनुसार डॉ. आंबेडकर ने प्रारूप संविधान में जिस तरह केन्द्र को मजबूत और शासन-व्यवस्था को केन्द्रीकृत बनाया है, उतना करने की आवश्यकता नहीं है। इस सन्दर्भ में उन्होंने महात्मा गांधी के कथन को याद किया जिसमें कहा गया था कि शक्तियों के केन्द्रीकरण से तानाशाही और फासीवाद बढ़ता है। केवल विकेन्द्रीकरण से ही तानाशाही एवं फासीवाद की सम्भावनाओं को रोका जा सकता है।[9]

इसके बाद बालकृष्ण शर्मा ने सेठ के आरोप का जवाब दिया। शर्मा ने कहा कि "यहाँ पर उपस्थित हम सभी लोग सम्पूर्ण देश का प्रतिनिधित्व करते हैं। हम सब लोगों की इच्छाओं, भावनाओं एवं महत्त्वाकांक्षाओं का प्रतिनिधित्व कर रहे हैं, और इस योग्यता के साथ हम सम्पूर्ण भारत के प्रतिनिधि के तौर पर संविधान का निर्माण कर रहे हैं।" मौलिकता के सवाल का जवाब देते हुए बालकृष्ण शर्मा ने आगे कहा कि "मेरे मित्र सेठ दामोदर स्वरूप जो बहुत अधिक मौलिकता के पीछे भाग रहे हैं, मुझे डर है कि वह स्वयं कहीं मजाक के पात्र न हो जाएँ। ऐसा इसलिए है क्योंकि वह जब मौलिकता की बात करते हैं उस समय वह स्वयं मौलिक नहीं रहते हैं। उनकी नजर तो बस 'रूस' पर टिकी हुई है और टिप्पणी करते हैं कि इस संविधान को बनाने में रूस के संविधान का ध्यान नहीं रखा गया है। इसका मतलब यदि हम रूस पर ध्यान देते तो मौलिक हो गए होते। लेकिन चूँकि हमने आस्ट्रेलिया, कनाडा, अमेरिका और यूनाइटेड किंगडम के संविधान से कुछ लिया है, इसलिए हम मौलिक नहीं हैं। मेरे मित्र को याद रखना चाहिए कि महात्मा गांधी जी एक दार्शनिक अराजकतावादी थे। उनका विचार था कि अन्तत: अराजकता लाभकारी होती है क्योंकि इसका उद्देश्य एक व्यक्ति को वहाँ तक पहुँचाना है, जहाँ पर किसी तरह के बाहरी प्रतिरोध की आवश्यकता नहीं होती है। आप और हम इतने महान नहीं हैं। केवल गांधी शब्द का प्रयोग करके अराजकतावाद को चर्चा का विषय बनाना और इसे व्यावहारिक रूप से लागू करना हमारे लिए हास्यास्पद है।"[10]

इसके उपरान्त प्रो. शिब्बन लाल सक्सेना ने काफी हद तक सेठ दामोदर दास के विचारों का समर्थन तो किया लेकिन यह सवाल भी उठाया कि "क्या आज की तारीख में इस संविधान-सभा को नये चुनाव तक टाल देना व्यावहारिक है?" प्रो. सक्सेना ने सुझाव दिया कि "हमें प्रारूप संविधान पर विचार करना चाहिए, किन्तु संविधान संशोधन-प्रक्रिया को नये संसद के चुने जाने से दस वर्ष तक बहुत ही सरल बनाना चाहिए।"[11] प्रो. सक्सेना ने श्री एस. एन. अग्रवाल द्वारा लिखित महात्मा गांधी के ग्राम गणराज्य या ग्राम पंचायत पर आधारित संविधान का हवाला दिया और इस तरह उचित स्थान पर इस बिन्दु पर बहस करने की जरूरत पर बल दिया।

एस. नागप्पा ने भी हसरत मोहानी एवं दामोदर स्वरूप के संशोधनों का विरोध किया। उनका तर्क था कि "यदि हमें बालिग मताधिकार के आधार पर मतदाता-सूची बनानी पड़े और

आम चुनाव कराना पड़े तो इसके लिए दो वर्ष या इससे अधिक समय की प्रतीक्षा करनी पड़ेगी। क्या तब तक हमारे मित्र किसी विदेशी हुकूमत को स्वीकार करेंगे?" सभा में गरीब प्रतिनिधि न होने सम्बन्धी उठाए गए सेठ के सवाल का जवाब देते हुए एस. नागप्पा ने कहा कि "क्या हम दलित नहीं हैं? डॉ. आंबेडकर क्या हैं? वह किन लोगों का प्रतिनिधित्व कर रहे हैं?" वह समाज के सबसे निचले पायदान के लोगों का प्रतिनिधित्व कर रहे हैं। डॉ. आंबेडकर के अलावा दलित का प्रतिनिधि कौन हो सकता है? यह हम सब का सौभाग्य है कि संविधान के निर्माण का कार्य ऐसे व्यक्ति को सौंपा गया है जो समाज के सबसे निचले वर्ग से आते हैं।"[12]

तत्पश्चात स्यामानन्दन सहाय संशोधन पर बहस बन्द करने और प्रारूप संविधान को आम बहस के लिए प्रस्तुत करने का प्रस्ताव लाए। इस प्रस्ताव को स्वीकार करते हुए सभाध्यक्ष ने हसरत मोहानी एवं दामोदर स्वरूप के संशोधनों को संविधान-सभा के पटल पर मतदान के लिए रखा, जिन्हें सभा द्वारा 5 नवम्बर, 1948 को अस्वीकार कर दिया गया।

उक्त दोनों संशोधनों के अस्वीकृत हो जाने के उपरान्त सभाध्यक्ष ने डॉ. बी. आर. आंबेडकर द्वारा रखे गए प्रारूप संविधान के प्रस्ताव पर आम बहस करने के लिए कहा। बहस आरम्भ होने के साथ एच. वी. कामथ ने एक अन्य संशोधन[13] डॉ. आंबेडकर के प्रस्ताव पर प्रस्तुत किया गया, जिसमें शब्द 'सभा' के पूर्व प्रयुक्त शब्द 'संविधान' को निरस्त करने और शब्दावली 'जैसा कि मसौदा समिति द्वारा स्थापित किया गया है' के स्थान पर शब्दावली 'जैसा कि मसौदा समिति द्वारा तैयार किया गया है' को प्रतिस्थापित करने के लिए प्रस्तुत किया। इस संशोधन के साथ कामथ ने आम बहस की शुरुआत की।

असहमति से बाहर निकलने की चुनौती

डॉ. बी. आर. आंबेडकर द्वारा रखे गए प्रारूप संविधान के प्रस्ताव पर संविधान-सभा में लगातार चार दिन तक आम बहस चली। इस बहस के दौरान कुल 72 माननीय सदस्यों ने भाग लेकर प्रस्ताव पर विचार व्यक्त किया। लगभग सभी सदस्यों ने प्रारूप संविधान प्रस्ताव को स्वीकार किया और इसके निर्माण में किए गए अथक परिश्रम के लिए डॉ. बी. आर. आंबेडकर और मसौदा समिति की भूरि-भूरि प्रशंसा करते हुए बधाई दी। इस अवसर पर टी. टी. कृष्णमाचारी ने कहा कि "डॉ. आंबेडकर द्वारा किए गए इस कार्य के लिए हम सभी आभारी हैं, जो नि:सन्देह प्रशंसनीय है।"[14] सैयद करीमुद्दीन ने उन्हें संविधान निर्माता के रूप में सम्बोधित करते हुए कहा कि उनका नाम आने वाली पीढ़ियों तक बना रहेगा।[15] लक्ष्मीकान्त मैत्रे ने निम्न शब्दों में अपना भाव व्यक्त किया—

> "यदि मैं अपने माननीय मित्र और पुराने साथी डॉ. आंबेडकर को उनके शानदार कार्य के लिए इसी क्षण बधाई नहीं देता हूँ तो यह मेरे कर्तव्य निर्वहन में विफलता होगी। एक निश्चित आकार में संवैधानिक प्रस्तावों को प्रदान करने के लिए, उनके द्वारा अद्भुत मात्रा में लगाए गए समय एवं ऊर्जा के लिए यह सदन उनकी प्रशंसा करता है।"[16]

कुछ माननीय सदस्यों द्वारा प्रारूप संविधान के कुछ प्रावधानों पर असहमति एवं डॉ. आंबेडकर के प्रस्तुति-सम्बोधन के कुछ बिन्दुओं पर आपत्ति भी व्यक्त की गई। ऐसे प्रमुख बिन्दुओं में शासन ढाँचे का अति केन्द्रीकरण, संघात्मक की तुलना में एकात्मक स्वरूप पर ज्यादा जोर, मूल अधिकारों पर प्रतिबन्ध लगाना, निदेशक सिद्धान्तों को अप्रवर्तनीय बनाना, संसदीय शासन-प्रणाली, राज्यपाल की नियुक्ति निर्वाचन से न करके नामांकन द्वारा करना, शासन के ढाँचे में ग्राम पंचायतों की उपेक्षा, प्रमुख थे।

डॉ. भीमराव आंबेडकर द्वारा ग्राम को स्थानीयवाद का हौज, अज्ञानता, संकीर्णता एवं साम्प्रदायिकता की गुफा बताने पर सबसे तीखी प्रतिक्रिया व्यक्त की गई। डॉ. आंबेडकर की इस टिप्पणी का जवाब देते हुए एच. वी. कामथ ने कहा कि "हम सब मैट्काफ के प्रति नहीं, बल्कि उनकी तुलना में ज्यादा महान ऐसे राष्ट्रपिता के प्रति ऋणी हैं, जिसने हॉल ही में हम सभी को आजादी दिलाई। हमारा गाँवों के प्रति प्यार बढ़ा है, हमारा ग्राम गणराज्य में और ग्रामीण समुदाय में विश्वास बढ़ा है और हम इसे दिल से मानते हैं। यह महात्मा गांधी के कारण, महोदय आपके (डॉ. राजेन्द्र प्रसाद) कारण, सरदार पटेल के कारण, पंडित नेहरू और नेताजी बोस के कारण हम सब अपने गाँव की जनता से प्यार करते हैं।" गाँवों के सन्दर्भ में की गई टिप्पणी को मसौदा समिति के गलत चयन का परिणाम बताते हुए कामथ ने आगे कहा कि "सम्भवत: गलती मसौदा समिति के गठन में ही कर दिया गया, जिसमें केवल एक श्रीयुत् मुंशी के अपवाद के अलावा किसी ने देश की आजादी में सक्रिय योगदान नहीं दिया। इनमें से कोई भी आजादी के लिए किए गए संघर्ष की पवित्रता, जिसने हम सबको उत्साहित किया, को समझने की योग्यता नहीं रखता है।"[17]

इस दौरान सेठ गोविन्द दास ने प्रारूप संविधान को एक विदेशी भाषा में बनाने एवं प्रस्तुत करने और राष्ट्रभाषा एवं राष्ट्रीय लिपि का सवाल पहले तय नहीं करने पर दुख व्यक्त किया। सेठ दास ने हिन्दी को राष्ट्रीय भाषा के रूप में स्वीकार करने की पुरजोर वकालत करते हुए सुझाव दिया कि संविधान का मूल हिन्दी भाषा में निर्मित होना चाहिए।[18] उन्होंने प्रारूप संविधान में राष्ट्रीय ध्वज एवं राष्ट्रगान का उल्लेख न किए जाने का सवाल उठाया। उनका सुझाव था कि भारत के राष्ट्रीय ध्वज का नाम 'सुदर्शन' रखा जाना चाहिए। सेठ दास ने 'वंदे मातरम्' को राष्ट्रगान के रूप में स्वीकार करने की भी वकालत की। उनका तर्क था कि आजादी आन्दोलन का इतिहास वंदे मातरम् से जुड़ा हुआ है। उन्होंने रवीन्द्रनाथ टैगोर को कवियों के राजा की उपाधि देकर उनके प्रति सम्मान व्यक्त किया। किन्तु यह भी कहा कि कविता 'जन गण मन' को सम्राट जार्ज पंचम के भारत आगमन पर 1911 में लिखा गया था। इसे माँ भारती के अभिनन्दन के लिए नहीं, बल्कि राजा सम्राट के अभिनन्दन के लिए लिखा गया था। इसमें शामिल प्रत्येक भाव 'भारत भाग्य विधाता' के सम्बन्ध में है और इसका क्या मतलब है, यह शब्दावली 'अधिनायक की जय (जय राजेश्वर)' से स्पष्ट हो जाता है। यह स्पष्ट है कि एक लोकतंत्र में हम अपने राष्ट्रगान में किसी राजेश्वर (अधिनायक) का अभिनन्दन नहीं कर सकते हैं। इसलिए केवल वंदे मातरम् ही हमारा राष्ट्रगान हो सकता है।[19]

प्रारूप संविधान के प्रस्ताव पर हुए आम बहस में तत्कालीन प्रधानमंत्री जवाहरलाल नेहरू ने भी भाग लिया और 8 नवम्बर, 1948 को प्रतिक्रिया-सम्बोधन दिया। इस सम्बोधन में कुल 11 पैरा और लगभग 4500 शब्द हैं। किन्तु आश्चर्य रूप से इस सम्बोधन में मसौदा समिति या डॉ. आंबेडकर के लिए बधाई या प्रशंसा का एक भी शब्द नहीं है। वह भी तब जब कि कड़े परिश्रम के बाद तैयार प्रारूप संविधान को संविधान-सभा के समक्ष प्रस्तुत किया जाना एक राष्ट्रीय महत्त्व का कार्य था, प्रधानमंत्री नेहरू के प्रतिक्रिया-सम्बोधन का विश्लेषणात्मक उल्लेख करना महत्त्वपूर्ण है।

यद्यपि नेहरू के प्रतिक्रिया-सम्बोधन में ज्यादातर सन्दर्भ उनके द्वारा पूर्व में प्रस्तुत 'उद्देश्य संकल्प' को लेकर था। इसके अलावा जिन विषयों पर नेहरू जी ने विचार व्यक्त किया, उन्हें निम्न तीन बिन्दुओं में बाँटकर विश्लेषण किया जा सकता है—

1. राज्य के लोकतांत्रिक स्वरूप को लेकर असहमति।

2. संविधान संशोधन-प्रक्रिया को सरल बनाने का सवाल।

3. भारतीय भाषा या सर्व-भारत भाषा।

उक्त तीनों विषय ऐसे थे, जिस पर तत्कालीन नेतृत्व के मध्य किसी भी तरह की असहमति होना ठहराव का कारण बन सकता था। इस असहमति से निकलना भी संविधान-सभा के लिए एक चुनौती थी।

राज्य के लोकतांत्रिक स्वरूप को लेकर असहमति

देश की शासन-व्यवस्था की इकाई 'नागरिक' होनी चाहिए या 'ग्राम पंचायत', इसे लेकर तत्कालीन नेतृत्व के मध्य वैचारिक मतभेद था। एक वर्ग ऐसे गणराज्य की स्थापना का पक्षधर था, जिसमें ग्राम पंचायतों के प्रतिनिधि, विधायिका एवं सरकार के गठन में भूमिका निभाएँ, जबकि दूसरा समूह ऐसी शासन-व्यवस्था चाहता था, जिसमें नागरिक को विधायिका में अपना प्रतिनिधि चुनने का प्रत्यक्ष अधिकार हो।

जवाहरलाल नेहरू द्वारा प्रस्तुत 13 दिसम्बर, 1946 के उद्देश्य संकल्प में भारत को एक 'स्वतंत्र, सम्प्रभु गणराज्य' बनाने की घोषणा की गई थी। इसमें सुधार करके प्रारूप संविधान में इसके स्थान पर 'सम्प्रभु लोकतांत्रिक गणराज्य' का प्रयोग किया गया था। इस बदलाव के कारण का उल्लेख करते हुए प्रारूप संविधान की उद्देशिका के पैरा सं. 2 में कहा गया था कि "संविधान-सभा द्वारा जनवरी, 1947 में स्वीकृत उद्देश्य संकल्प घोषित करता है कि भारत को एक स्वतंत्र, सम्प्रभु गणराज्य होना है। मसौदा समिति ने शब्दावली 'सम्प्रभु लोकतांत्रिक गणराज्य' को स्वीकार किया है क्योंकि सामान्यतया स्वतंत्रता का भाव सम्प्रभुता में शामिल होता है। इसलिए स्वतंत्रता का प्रयोग करने से शायद ही कुछ हासिल हो।" इस तरह गणराज्य के स्थान पर 'लोकतांत्रिक गणराज्य' का प्रयोग करके मसौदा समिति ने इस दुविधा को समाप्त कर दिया कि एक गणराज्य, अप्रत्यक्ष लोकतंत्र पर भी आधारित हो सकता है या फिर यह अलोकतांत्रिक भी हो सकता है।

तत्कालीन नेतृत्व के एक समूह द्वारा ग्राम गणराज्य आधारित शासन-व्यवस्था बनाने की पैरवी की जा रही थी। एम. अनन्थसंयनम अयंगर का विचार कि "इस संविधान को अवश्य ही स्वायत्त ग्राम गणराज्य पर आधारित होना चाहिए था। यदि एक बार लोगों को नीले चन्द्रमा पर एक सामान्य उद्देश्य से इस सभा या उस सभा हेतु किसी एक्स, वाई और जेड को चुनने मात्र के लिए एक साथ लाया जाए और फिर उसके बाद वे छितर-बितर हो जाएँ, ऐसा लोकतंत्र किसी चीज को मूल्यवान नहीं बना देता है। आज भारत की यही स्थिति है"[20] इसी कड़ी में व्यक्त विचार था। संविधान में ग्राम गणराज्य की अवधारणा के इस अभाव को संविधान-सभा में कांग्रेस की उपेक्षा के साथ भी जोड़कर देखा गया। अरुण चन्द्र गुहा ऐसी ही कुछ पीड़ा व्यक्त करते हुए कहते हैं कि "पूरे प्रारूप संविधान में हम कहीं भी कांग्रेस के विचारों को, गांधीवाद के सामाजिक और राजनीतिक दृष्टिकोण को नहीं पाते हैं। अपने लम्बे और विद्वत्तापूर्ण भाषण में माननीय डॉ. आंबेडकर ने कहीं भी गांधी जी को या कांग्रेस को सन्दर्भित नहीं किया है। यह आश्चर्यजनक नहीं है क्योंकि पूरे संविधान में कांग्रेस के आदर्शों एवं विचारधारा का अभाव है।"[21]

किन्तु डॉ. बी. आर. आंबेडकर इस मामले में विपरीत दिशा में खड़े थे। वे शासन-व्यवस्था में 'ग्राम पंचायतों' के बजाय 'नागरिक' को इकाई बनाने के लिए कार्य कर रहे थे। उनका स्पष्ट मानना था कि वयस्क नागरिकों के मताधिकार के आधार पर केन्द्र और राज्य की विधायिका के सदस्यों का प्रत्यक्ष चुनाव होना चाहिए। वैचारिक मतभेद इस बात को लेकर

था कि भारतीय शासन-व्यवस्था 'गणराज्य की विचारधारा' पर आधारित हो या 'लोकतांत्रिक राज्य की विचारधारा' पर। इस वैचारिक मतभेद का मूल यह था कि भावी सरकार पर जनता का अप्रत्यक्ष नियंत्रण रहने दिया जाए या प्रत्यक्ष नियंत्रण?

यह मतभेद तब ज्यादा खुलकर सामने आ गया जब स्वयं जवाहरलाल नेहरू द्वारा 8 नवम्बर, 1948 को दिए गए अपने सम्बोधन में गणराज्य हेतु पूर्व में पारित उद्देश्य संकल्प पर जोर दिया जाने लगा। अपनी प्रतिक्रिया-सम्बोधन के आठवें पैरा में नेहरू कहते हैं—"इस सदन को याद होगा कि जब इस सदन के समक्ष मैंने उद्देश्य संकल्प प्रस्तुत किया था, जिसमें इस तथ्य को सन्दर्भित किया था और हम सब माँग किए थे या यूँ कहें कि प्रतिपादित किए थे कि हमारा संविधान एक 'स्वतंत्र, सम्प्रभु गणराज्य' के लिए निर्मित होना चाहिए। मैंने उसी समय कहा था और बाद में भी कहता आया हूँ कि हमारे 'गणराज्य' होने का मामला वस्तुत: हमारे द्वारा तय किए जाने का मामला है। इसका इस बात से कुछ भी लेना-देना नहीं है कि हमारा दूसरे देशों, खासतौर से यूनाइटेड किंगडम या कामनवेल्थ के साथ क्या सम्बन्ध होना चाहिए। या है भी तो बहुत थोड़ा लेना-देना है। यह सवाल है, जिसे इस सभा द्वारा और किसी के द्वारा नहीं, स्वतंत्र तरीके से पुन: तय करना है कि हमारे संविधान को कैसा बनना है। उद्देश्य संकल्प संविधान-सभा का है। नि:सन्देह यह संविधान-सभा के लिए ही खुला है कि वह इस प्रस्ताव से अलग कुछ करे क्योंकि इन मामलों में या दूसरे सभी मामलों में यह सम्प्रभु होने के कारण ऐसा कुछ भिन्न कर सकता है। फिर भी यह (उद्देश्य संकल्प) संविधान-सभा द्वारा खुद को और मसौदा समिति को संविधान के लिए दिया गया निर्देश है और जब तक यह है और जैसा कि यह है और आगे रहेगा, उद्देश्य संकल्प में कही गई बातों के अनुकूल ही संविधान बनेगा।"[22]

प्रारूप संविधान की उद्देशिका के पैरा सं. 2 के पश्चात सदस्यों में चल रही वह दुविधा लगभग समाप्त हो गई थी जो उद्देश्य संकल्प में लोकतंत्र का प्रयोग नहीं करने के कारण पैदा हुई थी। इसके बाद भी गणराज्य पर जोर देते हुए नेहरू ने 'पुन: तय करने' की बात करके एक बार फिर उन सदस्यों की दुविधा बढ़ा दी, जो केवल 'गणराज्य' का प्रयोग करने को लेकर सवाल खड़ा कर रहे थे।

यहीं पर थोड़ा रुककर पीछे 22 जनवरी, 1947 की ओर चलते हैं, जब नेहरू ने भारतीय रियासतों के सम्बन्ध में एक महत्त्वपूर्ण वक्तव्य दिया था और कहा था कि "यह कल्पना भी मुझे ग्राह्य है कि भारतीय प्रजातंत्र के अन्तर्गत राजतंत्र भी रह सकते हैं, यदि लोग इसे चाहते हों। यह पूर्णतया उनके द्वारा तय करने के लिए है। यह प्रस्ताव और सम्भवत: वह संविधान भी, जो हम बनाएँगे, इस मामले में कोई हस्ताक्षेप नहीं करेगा। वे स्वायत्तशासी होंगे, और यदि ये इकाइयाँ शीर्ष के रूप में अपना कोई संवैधानिक राजतंत्र रखना चाहती हैं तो वे ऐसा करने के लिए आजाद हैं।" यद्यपि यह वक्तव्य तब का है, जब यह देश आजाद नहीं हुआ था और उस समय की परिस्थितियाँ बिलकुल अलग थीं। इसे कूटनीतिक एवं समझौतावादी वक्तव्य कहा जा सकता है। उनके द्वारा यह अनायास ही नहीं कहना पड़ा कि उद्देश्य संकल्प में कही गई बातों के अनुकूल ही संविधान बनेगा। इसका अर्थ अलग-अलग तरीके से निकाला जा सकता है। किन्तु एक बात निश्चित था कि संविधान-सभा के लिए इस असहमति से निकलने की चुनौती आसान नहीं थी।

संविधान संशोधन-प्रक्रिया को सरल बनाने का सवाल

अपनी प्रतिक्रिया-सम्बोधन में जवाहरलाल नेहरू ने बार-बार उद्देश्य संकल्प का उल्लेख किया और इसे इस आधार पर अकाट्य बताया कि यह संविधान-सभा द्वारा पारित किया

गया है। उनके अनुसार, "उद्देश्य संकल्प संविधान-सभा द्वारा खुद को और मसौदा समिति को संविधान के लिए दिया गया निर्देश है और इसमें कही गई बातों के अनुकूल ही संविधान बनेगा।"[23]

डॉ. आंबेडकर अपनी प्रस्तुति-सम्बोधन में कई विषयों पर विचार रख चुके थे, किन्तु अपनी प्रतिक्रिया-सम्बोधन में नेहरू ने इन विषयों में से केवल एक विषय—संविधान संशोधन-प्रक्रिया पर अपना विचार व्यक्त किया। उनके अनुसार—

> "कुछ लचीलापन होना चाहिए। यदि आप किसी चीज को कठोर एवं स्थायी बनाते हैं तो आप देश के विकास को, चेतनायुक्त लोगों के विकास को रोकते हैं। इसलिए इसे लचीला होना पड़ेगा। इसलिए जब आप संविधान पारित करें, आप, कुछ वर्षों की ऐसी समय-सीमा, जो भी उचित हो, को प्रस्तावित करेंगे, जिसके अन्दर संविधान का बदला जाना बिना किसी कठिन प्रक्रिया के आसान हो। ऐसा करना कई कारणों से आवश्यक है। एक यह है कि हम सब जो इस सदन में यहाँ एकत्रित हैं, नि:सन्देह भारत के लोगों का प्रतिनिधित्व करते हैं, फिर भी मैं समझता हूँ कि यह सचमुच में सोचा जा सकता है कि जब नये सदन का चुनाव इस संविधान के प्रावधानों के अनुसार हो और भारत के सभी वयस्क लोगों, पुरुष और महिला, द्वारा मताधिकार के प्रयोग के बाद जिस सदन का उद्भव होगा, वह वास्तव में भारतीय लोगों के सभी वर्गों का पूर्ण प्रतिनिधित्व करेगा।"[24]

अपने सम्बोधन में नेहरू ने प्रारूप संविधान में स्वीकृत संशोधन-प्रक्रिया सम्बन्धी प्रावधान पर असन्तोष जाहिर करते हुए ऐसी अवधि निर्धारित करने की बात दोहराई, जिस दौरान संविधान में संशोधन बहुत आसानी से किया जा सके। यद्यपि संविधान संशोधन के बारे में नेहरू का विचार स्वयं में विरोधाभासी है, क्योंकि एक तरफ जहाँ उनके द्वारा उद्देश्य-संकल्प को संविधान-निर्माण की कसौटी बनाने के लिए इस आधार पर जोर दिया जा रहा था क्योंकि यह संविधान-सभा द्वारा स्वीकार किया गया था, वहीं दूसरी ओर वह संशोधन-प्रक्रिया के सन्दर्भ में संविधान-सभा पर सन्देह व्यक्त कर रहे थे क्योंकि यह भारत के सभी वयस्क लोगों का प्रतिनिधित्व नहीं करता है।

इसके विपरीत चार दिन पूर्व डॉ. आंबेडकर अपनी प्रस्तुति-भाषण के माध्यम से संशोधन-प्रक्रिया पर अपना विचार स्पष्ट कर चुके थे। उन्होंने न केवल यह सिद्ध किया था कि कैसे प्रारूप संविधान में स्वीकार की गई संशोधन-प्रक्रिया अमेरिका और आस्ट्रेलिया जैसे दूसरे देशों की तुलना में सरलतम है, बल्कि यह भी स्पष्ट किया था कि क्यों भावी संसद की तुलना में यह संविधान-सभा ज्यादा निष्पक्ष, नि:स्वार्थ और विश्वसनीय है।

संशोधन-प्रक्रिया को लेकर संविधान-सभा के पटल पर निकलकर आई यह असहमति भी तत्कालीन नेतृत्व के लिए चुनौती जैसी थी।

भारतीय भाषा या सर्व-भारत भाषा

प्रतिक्रिया-सम्बोधन में नेहरू द्वारा उठाया गया तीसरा विषय भाषायी आधार पर राज्यों का पुनर्गठन और राष्ट्रीय भाषा का था। नेहरू के शब्दों में—

> "किसी व्यक्ति के जीवन और देश के जीवन में भाषा एक आवश्यक तत्त्व है। क्योंकि यह आवश्यक है, इसलिए हमें इससे जुड़े सभी तरह के विचारों पर ध्यान देना पड़ेगा।

क्योंकि यह आवश्यक है, इसलिए यह अविलम्ब मामला है। क्योंकि यह आवश्यक है, यह ऐसा मामला है जिसमें जल्दबाजी उद्देश्यों को नुकसान पहुँचा सकती है। यहाँ पर थोड़ी-सी मतभिन्नता है। एक अविलम्ब मामले में आगे बढ़ते हुए, यदि हम, देश के या इस सदन में भी अनिच्छुक अल्पसंख्यक भाग पर, कुछ थोपते हैं, जिसे बहुसंख्यक द्वारा किया जाना सम्भव है, तो हम वह पाने में सफल नहीं होंगे, जिसे पाने के लिए हम प्रारम्भ किए हैं। इस देश में प्रबल शक्तियाँ काम कर रही हैं, जो अंग्रेजी भाषा को भारतीय भाषा या भारतीय भाषाओं द्वारा प्रतिस्थापित करना चाहती हैं, लेकिन एक 'सर्व-भारत भाषा' होगी। प्रबल शक्तियाँ 'सर्व-भारत भाषा' बनाने के लिए भी कार्य कर रही हैं।...मैं 'सर्व-भारत भाषा' के लिए अपनी धारणा रखता हूँ। दूसरे लोगों की धारणा मेरी तरह नहीं हो सकती है। मैं उसी तरह अपनी धारणा को इस सदन या देश पर थोप नहीं सकता हूँ, जैसे कि दूसरा व्यक्ति अपनी धारणा को नहीं थोप सकता, जब तक कि देश स्वीकार न करे।"[25]

अपने उक्त सम्बोधन में नेहरू ने भाषा को लेकर दो बार 'प्रबल शक्तियों' का उल्लेख किया। एक उन 'प्रबल शक्तियों' का जो भारतीय भाषा के लिए काम कर रही थीं और दूसरे उन 'प्रबल शक्तियों' का, जो 'सर्व-भारत भाषा' के लिए। यह भी अनायास नहीं था कि नेहरू ने किसी भारतीय भाषा का पक्ष लेने के बजाय यह कहा कि "लेकिन एक आल-इंडिया लैंग्वेज (अर्थात् सर्व-भारत भाषा) होगी।" 'आल-इंडिया लैंग्वेज' एक नई शब्दावली थी, जिसमें अंग्रेजी के भी बने रहने का अवसर था जो 'भारतीय भाषा' में कदापि नहीं था। भाषा को लेकर यह नेहरू के एक दृष्टिकोण को दिखाता है, किन्तु तब नेहरू द्वारा कही गई यह बात कि "किसी स्वतंत्र और आत्मनिर्भर देश को अपनी भाषा में काम करना चाहिए" उनके दूसरे दृष्टिकोण को दर्शाती है।

अगले ही दिन 9 नवम्बर, 1948 को श्रीमती रेणुका राय ने 'भाषायी आधार पर प्रान्तों के पुनर्गठन' के विचार को राष्ट्र की एकता के लिए घातक बताया। उनके शब्दों में, "अपनी बातों को समाप्त करने के पहले, मैं भाषायी आधार पर प्रान्तों के विषय पर कहना चाहती हूँ। आज एकता हमारी कुंजी होनी चाहिए और हमारे देश के इतिहास के इस मोड़ पर प्रान्तीय सीमाओं को भाषा के आधार पर तय करना एक गम्भीर गलती होगा। यह पहले ही कड़वाहट और कलह पैदा कर चुका है और आगे भी करेगा। ऐसी चीजों को होने देने के लिए देश के एक भाग को अनुमति देना और दूसरे भाग को न देना कोई न्यायसंगत या तर्कपूर्ण नहीं है।" श्रीमती राय ने आगे कहा कि "उदाहरण के लिए यदि आप महाराष्ट्र प्रान्त को बनने की अनुमति देते हैं, तो और भागों में ऐसी माँग की जाएगी। मैं ऐसे किसी सिद्धान्त को मान्यता नहीं देती हूँ कि इस समय भाषायी आधार पर प्रान्तों का पुनर्गठन होना चाहिए। यदि ऐसा होना ही है तो दस साल बाद होना चाहिए, जब उत्तेजनाएँ शान्त हो जाएँ। किसी भी तरह प्रशासनिक दृष्टिकोण से 'भाषायी आधार पर प्रान्तों के पुनर्गठन' की आवश्यकता नहीं है। सभी प्रान्तों में भाषायी अल्पसंख्यकों को उनकी मातृभाषा में शिक्षा के लिए सुरक्षा की गारंटी होनी चाहिए। मैं निवेदन करती हूँ कि भाषायी सीमा आयोग को काम करने देने से रोक देना चाहिए, कम-से-कम दस वर्ष के लिए तो कर ही देना चाहिए। यदि हम चाहते हैं कि भारत को मजबूत और खुशहाल बनना चाहिए और राष्ट्रों के समूह में ठीक-ठाक स्थान प्राप्त करना चाहिए, तो सबसे आवश्यक विचार 'एकता का विचार' है।"[26]

इसी दिन मद्रास प्रान्त के श्री मोटुरी सत्यनारायणा ने न केवल संविधान-सभा को हिन्दुस्तानी भाषा में सम्बोधित किया, बल्कि हिन्दुस्तानी भाषा की पैरवी करके उन उत्तर भारतीय सदस्यों को आईना दिखाया, जो भाषा के मसले पर दोहरी राजनीति कर रहे थे। श्री मोटुरी सत्यनारायणा के शब्दों में—

> "यह सामान्य धारणा है कि मद्रास का सदस्य अंग्रेजी में बोलना पसन्द करेगा। मुझे इस पर आश्चर्य नहीं है। यह मेरी धारणा है कि संविधान-सभा में भाषण हिन्दुस्तानी में दिया जाना चाहिए। यह बहुत दुर्भाग्यपूर्ण है कि यद्यपि इस प्रयोजन के लिए लोग पिछले तीस वर्षों से कार्य कर रहे हैं, हिन्दुस्तानी भाषी लोग इस सदन में दक्षिण, पूर्व और पश्चिम से नहीं चुनकर आते हैं। इसका मतलब यह नहीं है कि इन प्रान्तों में हिन्दुस्तानी भाषी लोग नहीं हैं। केवल हिन्दुस्तानी भाषी लोग इस सभा में चुने जाने योग्य नहीं हैं। मैं पाता हूँ कि उत्तर के सदस्य भी केवल अंग्रेजी में बोलते हैं। इसका कारण यह हो सकता है कि वे दक्षिण और दूसरे प्रान्तों के लोगों के साथ ज्यादा निकट होना चाहते हैं। जो भी कारण हो, लेकिन यह एक तथ्य है कि वे अंग्रेजी ही बोलते हैं।...
>
> "राष्ट्रीय भाषा और विभिन्न प्रान्तीय भाषाओं की स्थिति पर काफी चर्चा की गई है।...मेरे विचार से राष्ट्रीय भाषा की तुलना में प्रान्तीय भाषा को कम महत्त्व नहीं मिलना चाहिए। जो भी भाषा, राष्ट्रीय भाषा बनने जा रही है और जिसका प्रयोग यहाँ होने जा रहा है, अवश्य ही मिश्रित संस्कृति को जोड़ने वाला हो, मिश्रित शब्दकोष वाली हो, मिश्रित शब्दावली और मुहावरे वाली हो, सामान्य लिपि हो ताकि आने वाले दस से पन्द्रह वर्षों में हम सब आपसी समझ को विकसित कर सकें और उसके बाद हम एक साथ आगे बढ़ने के योग्य हो सकें। तब तक हमें अपनी मिश्रित संस्कृति को छोड़ने के लिए कोई कदम नहीं उठाना चाहिए। सारांश में मैं निवेदन करना चाहता हूँ कि हमारी राष्ट्रीय भाषा हिन्दुस्तानी होनी चाहिए, हमारी संस्कृति हिन्दुस्तानी होनी चाहिए।"[27]

मोटुली सत्यनारायणा के उक्त सम्बोधन को देखकर यह कहना कहीं से भी उचित नहीं है कि दक्षिण भारत का आम जनमानस हिन्दी के विरोध में खड़ा रहा है। किन्तु भाषा को लेकर नेहरू द्वारा जिन दो 'प्रबल शक्तियों' का और उनके मध्य असहमति होने का उल्लेख किया गया, उससे मुक्ति दिलाना भी तत्कालीन नेतृत्व के लिए चुनौती थी।

असहमति से आगे बढ़ने का रास्ता

डॉ. आंबेडकर के प्रारूप संविधान प्रस्ताव पर चली आम बहस के अन्त में बोलने वाले सदस्य सैयद मुहम्मद सादुल्ला थे। प्रारूप समिति के सदस्य के रूप में बोलते हुए सादुल्ला ने उस आरोप का भी जवाब दिया, जिसमें कहा गया था कि प्रारूप समिति ने उद्देश्य संकल्प का पालन नहीं किया है।

अपने सम्बोधन में सादुल्ला ने कहा कि "वस्तुत: प्रारूप संविधान की अन्तर्वस्तु को तय करने की कसौटी उद्देश्य संकल्प है, और जब इसे अपने विद्वान प्रधानमंत्री द्वारा प्रस्तुत किया गया, तो इस सदन ने इसे खुलकर स्वीकार किया। इस उद्देश्य संकल्प में केवल आठ धाराएँ हैं, जिसमें से अन्तिम आठवें को संविधान में रखे जाने की आवश्यकता नहीं है। अब कोई भी

कहता है कि हमने इस उद्देश्य संकल्प द्वारा प्रतिपादित सिद्धान्तों का अनुसरण नहीं किया है। हम यह नहीं कह सकते हैं कि अपना संविधान इन आठ धाराओं से बना है; इसने हमें केवल अस्थि प्रदान की है। प्रारूप समिति पर चित्रपट को भरने एवं चित्र को ऐसे पूर्ण स्वरूप में प्रस्तुत करने का आरोप लगाया गया है, जिस स्वरूप में संविधान होना चाहिए। इस उद्देश्य संकल्प को प्रस्तुत करने के दौरान अपने प्रधानमंत्री ने कहा था कि यह हमारे सपनो की अभिव्यक्ति है, यह हमारी आकांक्षा का लक्ष्य है और यह कुछ भी नहीं बल्कि एक घोषणा है। ऐसे कड़े शब्दों में व्यक्त घोषणा से संविधान का निर्माण नहीं किया जा सकता है।"[28]

इसके उपरान्त सभा के उपाध्यक्ष ने एच. वी. कामथ से अपना संशोधन प्रस्तुत करने के लिए कहा। किन्तु कामथ ने अपना संशोधन शाब्दिक होने के आधार पर प्रस्तुत करने से मना कर दिया।

तत्पश्चात संविधान-सभा ने मसौदा समिति की तरफ से डॉ. आंबेडकर द्वारा प्रस्तुत प्रारूप संविधान को 9 नवम्बर, 1948 को विचारार्थ अंगीकृत कर लिया।

प्रारम्भिक आपत्तियों का निस्तारण

प्रारूप संविधान के अनुच्छेद 1, जो देश के नाम के सम्बन्ध में था, से आम बहस का आरम्भ अगले कार्यदिवस यानी 15 नवम्बर, 1948 को किया जाना था। किन्तु इसके पूर्व हसरत मोहानी और अलगू राय शास्त्री ने एक बार पुन: आरम्भिक आपत्ति प्रस्तुत कर दी।

हसरत मोहानी की आपत्ति में कहा गया था कि प्रारूप संविधान के एक-एक खंड पर विचार-विमर्श तब तक के लिए टाल दिया जाए, जब तक यह न तय हो जाए कि तीन शब्दावली—(1) सम्प्रभु स्वतंत्र गणराज्य, (2) सम्प्रभु लोकतांत्रिक गणराज्य, (3) सम्प्रभु लोकतांत्रिक राज्य, में से किस एक को उद्देशिका में शामिल किया जाए। उनका आरोप था कि कांग्रेस पार्टी ने इस संविधान के एक-एक खंड पर विचार-विमर्श करने का निर्णय बिना यह महत्त्वपूर्ण निर्णय के कर लिया है कि उद्देशिका में कौन सा शब्द—गणराज्य या राज्य, होना चाहिए।[29] इस संशोधन को उपाध्यक्ष महोदय ने व्यवस्था के प्रतिकूल बताकर खारिज कर दिया। उन्होंने कहा कि "उद्देशिका को पहले नहीं लिया जाना है। यह सबसे अन्त में आएगा। सदस्य को उद्देशिका पर विचार करते समय अपने सभी संशोधन प्रस्तुत करने का अधिकार रहेगा।"

इसके बाद अलगू राय शास्त्री ने आपत्ति के माध्यम से सिन्धियों को संविधान-सभा में प्रतिनिधित्व देने की माँग की। उनका तर्क था कि सिन्ध छोड़कर बहुत सारे सिन्धी लोग भारत आ गए हैं। भारत आने वाले इन लोगों की संख्या चौदह लाख के लगभग है और इसलिए इन सिन्धी भाइयों को भी, जो अपना स्थान छोड़ने के लिए मजबूर हुए हैं और जो अपना घर-बार छोड़कर यहाँ आए हैं, इस संविधान-सभा में कुछ प्रतिनिधित्व मिलना आवश्यक है।[30] शास्त्री ने इसके लिए नियमित प्रस्ताव लाने के लिए अनुमति देने की माँग किया। किन्तु उपाध्यक्ष महोदय ने शास्त्री की माँग को यह कहकर खारिज कर दिया कि इस सवाल पर यहाँ विचार नहीं किया जा सकता।

7

भूभाग एवं नाम : राष्ट्र की सार्वभौमिक पहचान

प्रारूप संविधान का भाग I देश के भूभाग, क्षेत्र और नाम से सम्बन्धित था। शीर्षक नाम—'संघ एवं इसके क्षेत्र' के साथ इस भाग को संविधान-सभा के पटल पर 15 नवम्बर, 1948 को रखा गया। इस भाग में चार अनुच्छेद—अनुच्छेद 1, 2, 3 एवं 4 शामिल किए गए थे। प्रारूप अनुच्छेद 1 के अन्तर्गत संघ का नाम और क्षेत्र को परिभाषित किया गया था। प्रारूप अनुच्छेद 2 का प्रावधान, संसद को भारत संघ में नये राज्यों को शामिल करने के सम्बन्ध में कानून बनाने की शक्ति देता था और प्रारूप अनुच्छेद 3 का प्रावधान, संसद को नये राज्यों के निर्माण एवं मौजूदा राज्यों के क्षेत्र, सीमा या नाम में बदलाव करने के सम्बन्ध में कानून बनाने की शक्ति देता था। प्रारूप अनुच्छेद 4 का खंड (1) संसद द्वारा बनाए गए इन कानूनों के परिणाम के बारे में व्यवस्था करता था और खंड (2) कहता था कि ऐसे किसी कानून को संविधान का संशोधन नहीं माना जाएगा।

प्रारूप प्रावधानों पर चर्चा के दौरान मूल विषय के साथ कई अन्य आनुषंगिक विषय भी संविधान-सभा के समक्ष विचारार्थ आते थे। इन विषयों पर संविधान-सभा में व्यक्त किए गए विचार को अलग-अलग शीर्षकों के माध्यम से समझने का प्रयास करते हैं।

देश का नाम एवं क्षेत्र

तीन खंडों वाले प्रारूप अनुच्छेद 1 के खंड (1) में देश के नाम एवं इसके क्षेत्रीय स्वरूप को; खंड (2) में राज्य को; तथा खंड (3) में भारत के क्षेत्र को परिभाषित किया गया था। खंड (2) में कहा गया था कि 'राज्यों से तात्पर्य वे राज्य हैं, जो प्रथम अनुसूची के भाग I, II एवं III में उल्लेखित है।'

आर्थिक ढाँचे का स्वरूप तय करने का अधिकार जनता को

प्रारूप अनुच्छेद 1 के खंड (1) के अन्तर्गत प्रस्तावित किया गया था कि 'इंडिया राज्यों का संघ होगा'। इस सम्बन्ध में कई संशोधन देश के प्रस्तावित नाम 'इंडिया' को बदलकर 'भारत' या 'भारतवर्ष' या 'हिन्दुस्तान' करने के लिए थे। इसको ध्यान में रखकर एम. अनंथशयनम् अयंगर ने सुझाव दिया कि ऐसे संशोधनों को आज के लिए टाल दिया जाए और उद्देशिका पर चर्चा के साथ इन्हें लिया जाए।[1] किन्तु लोकनाथ मिश्र ने कहा कि यदि इन संशोधनों को दो-तीन दिनों के लिए टाल दिया जाता है, तो उन्हें कोई आपत्ति नहीं है, किन्तु उनकी संशोधन संख्या 85 केवल इंडिया का नाम बदलकर भारतवर्ष करने के लिए नहीं है, बल्कि इसका अर्थ कुछ ज्यादा है और उन्हें डर है कि इस संशोधन को टाल देने पर दूसरी बातें औचित्यहीन हो

जाएँगी। इसलिए उन्हें अपना संशोधन प्रस्तुत करने दिया जाए, परन्तु वह नाम में बदलाव पर अभी तुरन्त बल नहीं देंगे।[2] इस सुझाव को स्वीकार कर उपाध्यक्ष महोदय ने प्रो. के. टी. शाह से संशोधन सं. 98 प्रस्तुत करने के लिए कहा।

प्रो. के. टी. शाह ने नये दृष्टिकोण के साथ देश के नाम को लेकर संशोधन[3] प्रस्तुत किया और शब्दावली 'इंडिया राज्यों का संघ होगा' के स्थान पर 'इंडिया राज्यों का धर्मनिरपेक्ष, परिसंघात्मक, समाजवादी संघ होगा' प्रतिस्थापित करने की माँग किया। उन्होंने बहस की कि संघ (यूनियन) शब्द का अर्थ राज्यों के सम्मिश्रित सकल से है, जो अपने-आप में एक नया राज्य होगा। ऐसा न हो कि संघ शब्द एक एकीकृत सरकार होने का भाव कराए, इसलिए वह स्पष्ट करना चाहते हैं कि यह एक परिसंघीय संघ (फेडरल यूनियन) है। परिसंघीय का अर्थ राज्यों के समान शर्तों पर सहमत हुए एक संगठन से है, जो परिसंघ का हिस्सा बनते हैं। परिसंघ नहीं होगा, तो समान हैसियत नहीं होगी और यदि एक सदस्य और दूसरे सदस्यों में भेदभाव या अन्तर होगा, तो संघ शक्तिशाली नहीं हो पाएगा।[4] इसी तरह प्रो. शाह ने शासन को धर्म से अलग करने के लिए 'धर्मनिरपेक्ष' और समान न्याय एवं समान अवसर सुनिश्चित करने के लिए 'समाजवाद' जोड़ने पर बल दिया।

उक्त संशोधन को डॉ. बी. आर. आंबेडकर ने अस्वीकार कर दिया। इसके लिए डॉ. आंबेडकर ने दो तर्क दिए। पहला तर्क यह था कि संविधान राज्य के सभी अंगों पर नियंत्रण रखने की सिर्फ यंत्र रचना है। यह किसी सदस्य या विशेष पार्टी को सत्ता में बैठाने की यंत्र रचना नहीं है। राज्य-शासन की क्या नीति होनी चाहिए, सामाजिक और आर्थिक दृष्टि से समाज का कैसे गठन होना चाहिए, ये ऐसे मामले हैं जिन्हें समय और परिस्थितियों को देखते हुए स्वयं जनता द्वारा तय किया जाना है। यह प्रावधान संविधान में नहीं रखा जा सकता है क्योंकि ऐसा करने से लोकतंत्र ध्वस्त हो जाएगा। यदि आप संविधान में यह प्रावधान करते हैं कि देश की सामाजिक रचना एक निश्चित स्वरूप वाली होगी, तो इससे लोगों की यह निर्णय लेने की आजादी छिन जाएगी कि वे किस तरह की सामाजिक व्यवस्था में रहना चाहते हैं। यह पूरी तरह सम्भव है कि बहुसंख्यक लोग इसका समर्थन कर सकते हैं कि समाज के लिए समाजवादी व्यवस्था, पूँजीवादी व्यवस्था की तुलना में श्रेष्ठतर है। लेकिन यह भी पूरी तरह सम्भव है कि जनता ऐसी सामाजिक व्यवस्था बनाए, जो वर्तमान या भविष्य की समाजवादी व्यवस्था से ज्यादा अच्छी व्यवस्था हो। वह नहीं समझते हैं कि क्यों संविधान लोगों को किसी निश्चित समाज-व्यवस्था में रहने के लिए बाध्य करे? और क्यों न लोगों को यह निर्णय लेने के लिए स्वतंत्र छोड़ दिया जाए कि उन्हें किस रूप में रहना है?[5] शब्द समाजवाद जोड़ने के खिलाफ डॉ. आंबेडकर ने तर्क दिया कि समाजवाद के मूल सिद्धान्त स्वयं निदेशक सिद्धान्त के रूप में स्वीकार किए गए हैं। उन्होंने प्रारूप अनुच्छेद 31 का उल्लेख करते हुए प्रो. शाह से पूछा कि क्या इसमें शामिल सिद्धान्त समाजवादी नहीं हैं? इससे ज्यादा समाजवाद और क्या हो सकता है?[6]

एच. वी. कामथ ने भी प्रो. शाह के संशोधन का विरोध करते हुए कहा कि धर्मनिरपेक्ष और समाजवाद जैसे शब्द के लिए उचित स्थान 'उद्देशिका' है। यह भाग संघ के क्षेत्र एवं क्षेत्राधिकार से सम्बन्धित है, न कि संविधान ढाँचे की विशेषता से।[7]

तत्पश्चात संविधान-सभा ने प्रो. के. टी. शाह के संशोधन को अस्वीकार कर दिया। महबूब अली बेग साहिब बहादुर ने पुन: 'परिसंघ' के महत्त्व को बताते हुए इसे 'संघ' के स्थान पर रखने के लिए संशोधन[8] प्रस्तुत किया। लेकिन डॉ. आंबेडकर के विरोध के बाद संविधान-सभा ने इसे भी अस्वीकार कर दिया।

एच. वी. कामथ ने प्रारूप अनुच्छेद 1 के खंड (1) में शब्द 'राज्य' के स्थान पर 'प्रदेश' रखने के लिए संशोधन[9] प्रस्तुत किया। उनका तर्क था कि राज्य का प्रयोग अनुच्छेद 7 (नियमित अनुच्छेद 12) में भी किया गया है, जहाँ इसका अर्थ कार्यपालिका, विधायिका और स्थानीय एवं अन्य प्राधिकारी से है। इसलिए अलग-अलग स्थानों पर अलग-अलग भाव के लिए एक ही शब्द 'राज्य' का प्रयोग करने से भ्रम पैदा होता है। इससे बचने के लिए संशोधन आवश्यक है। कामथ ने 'राज्य' शब्द को अमेरिकी संविधान से लेने का आरोप लगाते हुए कहा कि वह अंधानुकरण के खिलाफ हैं।

घनश्याम सिंह गुप्ता ने अनुच्छेद 1 के सभी खंडों में 'राज्य' शब्द के स्थान पर 'प्रदेश' रखने और सम्पूर्ण प्रारूप संविधान में परिणामिक बदलाव करने के लिए संशोधन[10] प्रस्तुत किया। उनका तर्क था कि अमेरिका के सभी राज्य मूलत: सम्प्रभु राज्य थे। हमारे प्रान्त कभी सम्प्रभु नहीं रहे हैं। भारतीय रियासत भी सम्प्रभु नहीं हैं। हम चाहते हैं कि भारत को न केवल एक राष्ट्र होना चाहिए, बल्कि इसे वस्तुत: एक राज्य होना चाहिए।

उक्त संशोधनों का के. हनुमन्थैया, रोहिणी कुमार चौधरी और जवाहरलाल नेहरू ने विरोध किया, जबकि लक्ष्मीकान्त मैत्रे एवं सेठ गोविन्द दास ने 'राज्य' शब्द के स्थान पर 'प्रदेश' करने का समर्थन किया। लक्ष्मीकान्त मैत्रे ने कहा कि " 'राज्य' शब्द हमेशा सम्प्रभुता, पूर्ण स्वतंत्रता और इस तरह के विचारों का भाव प्रदान करता है। यह बिलकुल सम्भव है कि ये राज्य बाद में यह कहने लगें कि वे पूर्ण सम्प्रभु राज्य हैं।"[11] जबकि जवाहरलाल नेहरू ने 'राज्य' शब्द को ज्यादा यथार्थ बताते हुए एक सदन का नाम राज्यसभा स्वीकार करने के बाद आने वाली कठिनाइयों की ओर ध्यान आकर्षित कराया। नेहरू ने आगे कहा कि "राज्य वही होगा, जो आप परिभाषित करेंगे। यदि आप इन्हें प्रदेश या प्रान्त कहते हैं, तो यह कुछ कम नहीं हो जाता है। प्रदेश ऐसा शब्द है, जिसकी कोई परिभाषा नहीं है। कोई नहीं जानता कि इसका क्या अर्थ है।"[12]

अन्त में डॉ. आंबेडकर ने भी उक्त संशोधनों का विरोध किया। तत्पश्चात संविधान-सभा ने भी इन्हें अस्वीकार कर दिया।

इसके तुरन्त बाद एच. वी. कामथ ने तमाम तर्कों के साथ 'राज्य' के स्थान पर 'प्रान्त' शब्द का प्रयोग करने के लिए संशोधन[13] प्रस्तुत किया। डॉ. आंबेडकर ने इस संशोधन को भी अस्वीकार कर दिया। इस पर हिम्मत सिंह के. माहेश्वरी ने कुछ बोलना चाहा। किन्तु सभाध्यक्ष ने यह कहते हुए बोलने देने से मना कर दिया कि डॉ. आंबेडकर पहले ही बहस का जवाब दे चुके हैं और खेद है कि आगे किसी तरह के बहस की अनुमति नहीं दी जा सकती। इसके बाद संविधान-सभा ने कामथ के संशोधन को अस्वीकार कर दिया।

वस्तुत: आजादी के बाद देश के सामने सबसे बड़ी चुनौती भारतीय रियासतों (इंडियन स्टेट्स) को देश का अविभाज्य अंग बनाने को लेकर थी। पूर्व में वार्ताकारी समितियों द्वारा किए गए समझौतों की वजह से 'भारतीय रियासतों' को 'प्रान्तों' की तुलना में ज्यादा अधिकार मिले हुए थे। इन समझौतों के कारण मसौदा समिति के भी हाथ बँधे थे। अनुच्छेद 1(1) में भारत को 'प्रान्तों का संघ' घोषित करने के बाद या तो भारतीय रियासतें अलग-थलग बनी रहतीं या फिर इसे 'प्रान्तों एवं भारतीय रियासतों का संघ' घोषित करना पड़ता। इसके कारण इन रियासतों का अस्तित्व और भी अलग दिखता। यह स्थिति भारतीय रियासतों के अस्तित्व को और स्थिरता ही प्रदान करती, जो उचित नहीं था। प्रान्त स्पष्ट रूप से देश के अंग थे, लेकिन भारत को 'प्रान्तों का संघ' के रूप में स्वीकार करने के बाद भारतीय

रियासतों को लेकर गलत सन्देश जाता। इसलिए भारत को 'प्रान्तों का संघ' के स्थान पर 'राज्यों का संघ' घोषित करने से इस प्रावधान में 'रियासत' शब्द का प्रयोग करने की बाध्यता से मुक्ति मिल गई। इसका दूसरा लाभ यह हुआ कि राज्य शब्द के भाव में प्रान्त एवं रियासत दोनों आ गए और इसके कारण भारतीय रियासतें मनोवैज्ञानिक रूप से प्रान्तों के समकक्ष स्थिति में आ गईं।

सम्प्रभुता : जनता में निहित होने का सवाल

अनुच्छेद 1(1) के सम्बन्ध में महावीर त्यागी ने शब्द 'राज्य' के स्थान पर शब्दावली 'गणराज्य और संघ की सम्प्रभुता सम्पूर्ण जनता की इकाई में निहित होगी' प्रतिस्थापित करने के लिए संशोधन[14] प्रस्तुत किया। त्यागी ने बहस की कि प्रारूप संविधान में सम्प्रभुता के स्थान का उल्लेख नहीं किया गया है। सम्प्रभुता कहाँ पर निहित है, इसको स्पष्ट नहीं किया गया है। वह चाहते हैं कि यह रिकॉर्ड पर आ जाए। त्यागी ने आगे तर्क दिया कि यदि हम यूनाइटेड किंगडम के परिवार में बने रहते हैं, तो सम्भवत: तकनीकी रूप से सम्प्रभुता वहाँ के राजा में निहित होगी। वह देश को इस खतरे से बचाना चाहते हैं।

उपाध्यक्ष की इस टिप्पणी पर कि यह संशोधन उद्देशिका से सम्बन्धित है, त्यागी ने कहा कि "चूँकि उद्देशिका संविधान का एक अनुच्छेद नहीं है, इसलिए वह चाहते हैं कि यह सही तरीके से संविधान में आए और संविधान के एक अनुच्छेद में सम्प्रभुता को परिभाषित किया जाए।"[15] त्यागी के संशोधन का गोपीकृष्ण विजयवर्गीय, प्रो. शिब्बन लाल सक्सेना, हसरत मोहानी एवं लोकनाथ मिश्र ने समर्थन किया। हसरत मोहानी ने नेहरू के उद्देश्य संकल्प का सहारा लेकर यह सिद्ध करने का प्रयास किया कि डॉ. आंबेडकर द्वारा बनाया गया प्रारूप संविधान इस उद्देश्य संकल्प के अनुरूप नहीं है।[16]

प्रो. शिब्बन लाल सक्सेना ने भाग I के बाद नया भाग I-क जोड़ने के लिए संशोधन[17] प्रस्तुत किया। 'सामान्य सिद्धान्त' शीर्षक नाम वाले इस नये भाग में नौ नये खंड (6 से 14) शामिल थे, जो प्रस्तावित करते थे कि संघ का नाम 'भारत' होगा; भारत एक सम्प्रभु, स्वतंत्र, लोकतांत्रिक, समाजवादी गणराज्य होगा; सरकार, विधायिका, कार्यपालिका, न्यायपालिका की समस्त शक्तियाँ जनता से प्राप्त की जाएँगी; उसका राष्ट्रीय ध्वज अशोक धर्मचक्र के साथ केसरिया, सफेद, हरा तीन रंगों वाला होगा; देवनागरी में लिखी जाने वाली हिन्दी देश की राष्ट्रीय भाषा होगी; वंदे मातरम् राष्ट्रगान होगा; भारत की राजधानी दिल्ली शहर होगा; इत्यादि।

प्रभु दयाल हिम्मतसिंहका और एम. अनन्थसंयनम अयंगर ने महावीर त्यागी के संशोधन का विरोध किया। एम. ए. अयंगर ने तर्क दिया कि "उद्देशिका में यह कहा गया है कि 'हम भारत के लोग...दृढ़संकल्पित होकर...'। जब तक हम सम्प्रभु नहीं हैं, हम संविधान को आत्मार्पित नहीं कर सकते हैं। यह तथ्य कि हम तमाम विधायिकाओं द्वारा निर्वाचित किए गए हैं और यहाँ पर संविधान निर्माण के लिए आए हैं, इंगित करता है कि सम्प्रभुता जनता में निहित है।"[18] तत्पश्चात महावीर त्यागी ने कहा कि विद्वान् मसौदा समिति के सदस्य के इस कथन के बाद कि संविधान के अन्तर्गत सम्प्रभुता जनता में निहित है, वह अपने संशोधन पर जोर नहीं देना चाहते हैं। उन्होंने उम्मीद की कि डॉ. आंबेडकर भी इस अर्थ से सहमत होंगे। इस पर डॉ. आंबेडकर ने कहा कि "नि:सन्देह सम्प्रभुता जनता में ही निहित है। उन्हें इस मामले को उद्देशिका पर चर्चा के दौरान उठाए जाने पर तनिक भी आपत्ति नहीं होगी।"[19]

डॉ. आंबेडकर के इस आश्वासन के बाद महावीर त्यागी ने अपना संशोधन वापस ले लिया।

राज्यों के मध्य समानता लाने का सवाल

प्रो. के. टी. शाह ने 'स्टेट्स' शब्द के बाद 'इक्वल इंटर से' जोड़ने के लिए संशोधन[20] प्रस्तुत किया। इसे स्वीकार करने के बाद 'राज्यों का संघ' के स्थान पर 'आपस में समान राज्यों का संघ' हो जाता। प्रो. शाह ने तर्क दिया कि "आज राज्यों में जनसंख्या, सम्भावनाओं, क्षेत्रफल या संसाधनों को लेकर समानता नहीं है। यदि इस संघ को सही मायने में परिसंघ बनना है, यदि इस संघ को लोकतांत्रिक परिसंघ बनना है, तो यह सबसे अधिक महत्त्वपूर्ण है कि संघ के सभी घटक अंग आपस में समान हों।"

एच. वी. कामथ ने प्रो. शाह के उक्त संशोधन का समर्थन किया, जबकि एम. अनन्थसंयनम अयंगर ने इसका विरोध किया। कामथ ने कहा कि "इस तथ्य को देखते हुए कि इस सदन ने संघ के लिए विशेषक शब्द 'परिसंघ' स्वीकार नहीं किया है, राज्यों की स्थिति परिभाषित करना आवश्यक है। प्रान्त या रियासत या कमिश्नर-प्रान्त आपस में समान नहीं हैं। इसलिए स्पष्टता के लिए रियासतों के मध्य का आपसी सम्बन्ध या स्थिति परिभाषित करना आवश्यक है।"[21] जबकि उक्त संशोधन को अवांछनीय, अबोधगम्य, अस्पष्ट एवं अव्यावहारिक बताते हुए अयंगर ने कहा कि "जहाँ तक प्रतिनिधित्व का सवाल है, भाग I में आने वाले ज्यादातर राज्य समान हैं। जहाँ तक भाग II का सवाल है, इसमें आने वाले राज्यों के सम्बन्ध में एक समझौता स्वीकार किया गया है, और जब तक इसे रद्द नहीं किया जाता है इन्हें समान नहीं बनाया जा सकता है।"[22]

देश के सभी राज्यों में समानता लाना न तो व्यावहारिक रूप से सम्भव था और न ही सैद्धान्तिक रूप से इस स्थिति को स्वीकार करना उचित था। 'आपस में समान राज्यों का संघ' को सिद्धान्ततः स्वीकार करने के बाद सबसे बड़ी समस्या यह पैदा होती कि इस आधार पर राज्यों द्वारा तरह-तरह का दावा-प्रतिदावा करने का रास्ता खुल जाता, जो न केवल केन्द्रीय प्रशासन के लिए बल्कि न्यायपालिका के लिए अनावश्यक बोझ साबित होता। जनसंख्या एवं संसाधनों में बदलाव होना स्वाभाविक था और इसे देखते हुए ऐसे किसी प्रावधान को स्वीकार करना जटिल समस्या पैदा करता।

बहस समाप्त होने के बाद डॉ. आंबेडकर ने संशोधन स्वीकार करने से मना कर दिया। इसके बाद संविधान-सभा ने भी प्रो. शाह के संशोधन को अस्वीकार कर दिया।

ताकि देश में घटक होने का सन्देश न जाए

प्रो. शाह का संशोधन अस्वीकार होने के बाद नजीरुद्दीन अहमद ने यह संशोधन[23] प्रस्तुत किया कि अनुच्छेद 1 के खंड (1) के अन्त में 'और यूनाइटेड स्टेट्स ऑफ इंडिया कहा जाएगा' जोड़ा जाए। उनका तर्क था कि यूनाइटेड स्टेट ऑफ अमेरिका की तरह यह संघ को एक बड़ा, सम्मानजनक एवं मधुर नाम प्रदान करेगा। पश्चिम गोलार्द्ध एवं पूर्वी गोलार्द्ध में सद्भाव बनाने के लिए आवश्यक है कि भारत में इस अभिव्यक्ति को स्वीकार किया जाए। 'यूनाइटेड स्टेट्स ऑफ इंडिया' के अलावा अहमद ने दो और नामों 'यूनियन ऑफ इंडिया' या 'इंडियन यूनियन' का विकल्प सुझाया।

एच. वी. कामथ ने 'यूनाइटेड स्टेट्स ऑफ इंडिया' नाम का इस आधार पर विरोध किया कि ऐसा किया जाना अमेरिकी संविधान का अन्धानुकरण करना होगा। अहमद के सन्तुलन पर दिए गए विचार का जवाब देते हुए कामथ ने कहा कि निश्चित रूप से वह पूरब एवं पश्चिम के मध्य सम्मिश्रित सद्भाव (हार्मोनी) का समर्थन करते हैं, लेकिन वह कोई संकर (हाइब्रिड)

विकास भी नहीं चाहते हैं। किन्तु कामथ ने 'यूनियन ऑफ इंडिया' को ज्यादा कर्णप्रिय एवं सम्मानजनक नाम बताकर इसका समर्थन किया। उनका तर्क था कि इस नाम के साथ ही हम 'राज्य' जैसे घृणित शब्द से छुटकारा पा जाएँगे।[24]

डॉ. बी. आर. आंबेडकर ने नजीरुद्दीन अहमद के संशोधन का विरोध किया। इसके लिए उन्होंने बहुत ही सूक्ष्म, किन्तु गम्भीर तर्क दिया कि देश के नाम के शीर्षक से बिना ऐसा कोई संकेत दिये कि भारतीय संघ का इसके घटक भागों से क्या सम्बन्ध है, इस देश को इंडिया नाम से जाना जाना चाहिए। डॉ. आंबेडकर ने आगे कहा कि "इतिहास के दौरान एवं पिछले कई वर्षों के दौरान यह देश इंडिया के रूप में जाना जाता रहा है। संयुक्त राष्ट्र संघ के सदस्य के रूप में इस देश का नाम 'इंडिया' ही है और सभी समझौते इसी नाम से हस्ताक्षरित हैं और व्यक्तिगत रूप से वह समझते हैं कि देश का नाम ऐसा नहीं होना चाहिए जिससे यह संकेत जाए कि यह किन अधीनस्थ घटकों से बना है।"[25] डॉ. आंबेडकर के इस तर्क के बाद नजीरुद्दीन अहमद ने अपना संशोधन वापस ले लिया।

'दि' शब्द का महत्त्व

प्रारूप अनुच्छेद 1 का खंड (2) कहता था कि 'राज्य का अर्थ वे राज्य होंगे जो प्रथम अनुसूची में निर्दिष्ट किए गए हैं।' इसके अंग्रेजी संस्करण में शब्द 'स्टेट' के पूर्व 'दि' का प्रयोग किया गया था। इस 'दि' शब्द को निकालने के लिए नजीरुद्दीन अहमद ने संशोधन[26] प्रस्तुत किया। उनका तर्क था कि यह शब्द एक निश्चित आर्टिकल है और नाम या नामांकन का भाग नहीं है।

डॉ. आंबेडकर ने व्यवस्था के प्रश्न के आधार पर उक्त संशोधन पर आपत्ति की और कहा कि "जब तक यह मूल प्रावधान के तत्त्व को नहीं बदलता है, यह संशोधन नहीं है।" उन्होंने आगे कहा कि " 'कॉमा' यहाँ होना चाहिए, वहाँ नहीं होना चाहिए, ऐसी छोटी चीजों को आरम्भ होने के पहले ही बन्द कर देना चाहिए।"[27] इस पर नजीरुद्दीन अहमद ने कहा कि वह अनुच्छेद से शब्द 'दि' हटाना चाहते हैं, इसलिए यह एक संशोधन ही है। "इसे गैर-महत्त्वपूर्ण या अतार्किक या उद्देश्यहीन या अनुपयोगी या अन्य ऐसा कुछ बताकर विरोध किया जा सकता है किन्तु इसे संशोधन न बताना उचित नहीं है।"

इसके उपरान्त पीठासीन उपाध्यक्ष ने कहा कि "यदि यह एक प्रारूप संशोधन है तो क्यों न इसे तीसरे वाचन के लिए मसौदा समिति और इसके अध्यक्ष पर छोड़ दिया जाए?" उन्होंने विश्वास व्यक्त किया कि "उक्त संशोधन प्रस्ताव में थोड़ा-सा भी तत्त्व होने पर मसौदा समिति द्वारा इसे स्वीकार कर लिया जाएगा।"[28] लेकिन नजीरुद्दीन अहमद अपने आपति पर अड़े रहते हुए कहा कि "मसौदा समिति तो पहले ही अपनी मंशा जाहिर कर चुकी है। यदि उन्हें इसे मसौदा समिति पर छोड़ देने के लिए स्वीकृति देनी पड़े, तो इससे अच्छा है कि वह अपना संशोधन ही वापस ले लें।" अहमद के इस रुख के बाद उपाध्यक्ष महोदय ने कहा कि वह इस बिन्दु पर डॉ. आंबेडकर को सुनने की प्रतीक्षा कर रहे हैं।

तब डॉ. बी. आर. आंबेडकर ने 'दि' शब्द के औचित्य को स्पष्ट करते हुए कहा—

> "महोदय, मैं नहीं जानता कि मेरे मित्र 'दि' शब्द पर क्यों आपत्ति कर रहे हैं? 'दि' एक निश्चित आर्टिकल है और यह बहुत आवश्यक है। हम राज्यों को सामान्य रूप में नहीं सन्दर्भित कर रहे हैं, बल्कि यह कुछ निश्चित राज्यों को सन्दर्भित है, जिनका अनुसूची में उल्लेख है।

"दूसरी बात, यह कहना गलत होगा कि कोई भी भारतीय, जिसमें मैं स्वयं को भी शामिल करते हुए कहना चाहूँगा, अंग्रेजी पर इतनी जबरदस्त पकड़ रखता है कि वह जोर देकर कहे कि यहाँ 'कॉमा' आवश्यक है, वहाँ 'सेमी-कोलन' आवश्यक है या यहाँ आर्टिकल 'ए' उचित है, वहाँ पर आर्टिकल 'दि' उचित है, इत्यादि, इत्यादि। किन्तु यदि मेरे मित्र अंग्रेजी भाषा के निपुण व्याकरण विशेषज्ञ होने का दावा करते हैं तो उनका ध्यान आस्ट्रेलिया के संविधान की ओर दिलाना चाहूँगा, जहाँ से हमने इस शब्द को लिया है और वहाँ पर निश्चित आर्टिकल 'दि' का प्रयोग किया गया है। यह ऐसे योग्य व्यक्तियों द्वारा निर्मित किया गया था, जो अंग्रेजी भाषा को जानते थे और जिनको हम भाषायी गलतियों के लिए दोषपूर्ण नहीं ठहरा सकते।[29]

इसके बाद संविधान-सभा ने नजीरुद्दीन अहमद के संशोधन को अस्वीकार कर दिया।

ग्राम-आधारित पुनर्गठन का सवाल

प्रो. के. टी. शाह ने एक अन्य संशोधन[30], प्रारूप अनुच्छेद 1 के प्रावधान के साथ एक परन्तुक जोड़ने के लिए प्रस्तुत किया। इस परन्तुक के अनुसार संविधान लागू होने से दस वर्ष की अनधिक अवधि के अन्दर संविधान की सभी अनुसूचियों और अनुच्छेदों में रखी गईं सभी तरह की भिन्नताएँ और अन्तर समाप्त होंगे और भारत संघ के सभी सदस्य-राज्य, संघ के अन्दर सहकारी तरीके से संगठित और लोकतांत्रिक इकाई के रूप में कार्य करने वाले ग्राम पंचायत के समूहों से समरूपता के आधार पर संगठित किए जाएँगे। प्रो. शाह ने तर्क दिया कि "संविधान की विभिन्न अनुसूचियों एवं अनुच्छेदों में प्रान्तों के मध्य स्पष्ट भेदभाव मौजूद हैं। वर्तमान हालात में एक कलम मात्र से इनके द्वारा और इनके मध्य समानता लाया जाना भले ही सम्भव न हो, तो भी एक समय-सीमा के अन्दर यह अन्तर समाप्त होना चाहिए और देश समानता के आधार पर पुनर्गठित होना चाहिए। सहकारिता के आधार पर ग्रामों का गठन विकास के लिए सबसे बेहतर गारंटी होगा। वे केन्द्र या प्रान्तीय मुखयालय की तुलना में ज्यादा प्रभावशाली तरीके से स्थानीय संसाधनों, स्थानीय प्रतिभाओं और स्थानीय सम्भावनाओं पर ध्यान दे पाएँगे।"[31]

एम. अनन्थसंयनम अयंगर ने प्रो. शाह के विचार का समर्थन तो किया, किन्तु उनके संशोधन को अपरिपक्व व अव्यावहारिक बताया। अयंगर ने कहा कि "जितना जल्दी हो सके देश को ग्राम पंचायत व्यवस्था के आधार पर पुनर्गठित करना चाहिए। किन्तु यह कह देना कि दस वर्ष के अन्दर सारी विभिन्नता को समाप्त कर देना चाहिए, व्यावहारिक बात नहीं होगी। हम इसे तुरन्त नहीं कर सकते हैं। दुर्भाग्य से ग्राम गुटबन्दी से ग्रस्त है और उनमें जिम्मेदारी का भाव नहीं है। इस परिस्थिति में वे उससे ज्यादा कुछ नहीं कह सकते हैं, जो डॉ. आंबेडकर ने कहा है। वह थोड़े ज्यादा निराशावादी हैं। हम ग्रामों को सुधारने और वहाँ शासन के लोकतांत्रिक सिद्धान्त को लागू कर सकते हैं। इसमें समय लगेगा।"[32]

प्रो. शिब्बन लाल सक्सेना ने भी ग्राम पंचायत को पुनर्गठित करने की आवश्यकता और इसे संघ के अधीन कार्य करने के सिद्धान्त का समर्थन किया, लेकिन प्रो. शाह के संशोधन के लिए इसे उपयुक्त स्थान नहीं बताया। उनके अनुसार संविधान में ग्राम पंचायतों के लिए अलग स्थान होना चाहिए और सभी जगह ग्राम पंचायतों की समान व्यवस्था अपनाई जानी चाहिए। वस्तुत: गांधीयन संविधान में भी, जैसा प्रो. अग्रवाल ने भी प्रस्तावित किया है, बताया गया है कि महात्मा गांधी ग्राम गणराज्य चाहते थे।[33] जबकि हसरत मोहानी ने प्रो. शाह के संशोधन का

पूर्ण समर्थन किया। महात्मा गांधी से हुई चर्चा का उल्लेख करते हुए मोहानी ने कहा कि ग्राम पंचायत के बजाय हमें ग्राम-सोवियत को संविधान की इकाई बनाना चाहिए।[34]

अन्त में डॉ. भीमराव आंबेडकर ने कहा कि वह प्रो. के. टी. शाह के संशोधन का विरोध करते हैं। तत्पश्चात संविधान-सभा ने इस संशोधन को अस्वीकार कर दिया।

देश का नाम : 'इंडिया अर्थात् भारत'

प्रारूप अनुच्छेद 1 के खंड (1) पर चर्चा के दौरान देश के नाम को लेकर बहस लम्बी खिंचती जा रही थी। सर्वसहमति न बनती देख गोविन्द बल्लभ पंत ने 17 नवम्बर, 1948 को सुझाव दिया कि अनुच्छेद 1 के शेष संशोधनों पर चर्चा तब तक के लिए टाल दी जाए, जब तक हम इस महत्त्वपूर्ण विषय पर एकमत होने की स्थिति में न पहुँच जाएँ। ऐसा करने पर सर्वस्वीकरणीय निर्णय पर पहुँचना सम्भव हो सकता है।[35] इस पर एच. वी. कामथ ने टिप्पणी की कि कब तक हम मामले को टालेंगे? इसके कारण बाहर विश्व में और देश के अन्दर बहुत गलत सन्देश जाएगा। आर. के. सिधवा ने इसका जवाब दिया कि यदि हम सब इस विषय पर एक सन्तोषजनक समाधान एवं एकमत निर्णय पर आ जाते हैं, तो बाहर विश्व में इस सदन के प्रति ज्यादा अच्छा सन्देश जाएगा। डॉ. आंबेडकर और सेठ गोविन्द दास ने पंत के सुझाव का समर्थन किया। इसके उपरान्त उपाध्यक्ष ने इस विषय को आपसी समझ विकसित होने तक के लिए टाल दिया।

लगभग दस महीने बाद 17 सितम्बर, 1949 को डॉ. बी. आर. आंबेडकर ने प्रारूप अनुच्छेद 1 के खंड (1) एवं (2) को नये प्रावधान के साथ प्रस्तुत किया।[36] खंड (1) में शब्द 'इंडिया' के स्थान पर 'इंडिया अर्थात् भारत', और खंड (2) में शब्दावली 'राज्यों से तात्पर्य वे राज्य हैं' के स्थान पर 'राज्य एवं इनके क्षेत्र' को रखा गया था। अब नया खंड (1) कहता था—'इंडिया अर्थात् भारत, राज्यों का संघ होगा'।

उक्त प्रस्ताव के तुरन्त बाद हसरत मोहानी चर्चा को अगले दिन तक के लिए टालने का प्रस्ताव लाए, जिसे संविधान-सभा ने अस्वीकार कर दिया। किन्तु कोरम का अभाव होने के आधार पर मोहानी ने व्यवस्था का सवाल उठाया। गणना के बाद सभाध्यक्ष महोदय ने कहा कि "86 सदस्य उपस्थित हैं और नियम के अन्तर्गत कोरम के लिए एक-तिहाई सदस्यों की उपस्थिति आवश्यक है और यह 97 आता है। इस कारण कोरम का अभाव है और उन्हें सदन को टालना पड़ेगा।"[37]

इसके बाद एक सदस्य द्वारा यह कहने पर कि अगले दिन भी कोरम होने की कोई गारंटी नहीं है, सभाध्यक्ष ने नियम 22 का उल्लेख करते हुए कहा कि "कोरम का अभाव होने पर अध्यक्ष सभा को पन्द्रह मिनट के लिए टालेगा और यदि पुनर्गणना में भी कोरम नहीं पूरा होता है, तो सभा को अगले दिन के लिए टाला जाएगा।" नजीरुद्दीन अहमद द्वारा याद दिलाए जाने पर कि पन्द्रह मिनट पूरा हो चुका है, माननीय सभाध्यक्ष ने कहा कि "अभी भी केवल 94 सदस्य हैं, इसलिए कोरम का अभाव है।"[38] ऐसी परिस्थिति में सभा को अगले दिन 18 सितम्बर, 1949 के लिए टाल दिया गया।

अगले दिन एच. वी. कामथ ने खंड (1) में शब्द 'इंडिया अर्थात् भारत' के स्थान पर 'भारत या अंग्रेजी भाषा में इंडिया' या 'हिन्द या अंग्रेजी भाषा में इंडिया' में से कोई एक रखने के लिए संशोधन प्रस्तुत किया।[39] कामथ ने 'इंडिया अर्थात् भारत' को भद्दा बताते हुए कहा कि "जो लोग भारत या भारतवर्ष या भारतभूमि के लिए तर्क देते हैं, वे इस तथ्य के साथ खड़े

हैं कि यह इस भूमि के लिए सबसे पुराना नाम है। इतिहासकारों एवं दर्शनशास्त्रियों ने इस देश के नाम को लेकर, खासकर भारत नाम के मूल पर, गहराई से कार्य किए हैं। यूरोप के कई अन्य देशों में इस देश को आज भी इसके पुराने नाम 'हिन्दुस्तान' से ही पुकारा जाता है और यहाँ के लोगों को हिन्दू ही सन्दर्भित करते हैं, चाहे वे किसी धर्म के हों।"[40]

ब्रजेश्वर प्रसाद ने 'संघ' और 'राज्य' के प्रयोग का विरोध करते हुए प्रारूप अनुच्छेद (1) के लिए प्रावधान—'इंडिया अर्थात् भारत, जो एक सम्पूर्ण इकाई है' रखने का संशोधन[41] प्रस्तुत किया। इस पर के. सन्थानम ने आपत्ति की कि राज्यों के गठन को परिभाषित करने वाला प्रावधान पहले ही पारित किया जा चुका है।

इसके उपरान्त उद्देश्य संकल्प का उल्लेख करते हुए हसरत मोहानी ने कहा कि "इसमें 'स्वतंत्र, सम्प्रभु गणराज्य' की बात कही गई है। ये तीन शब्द हैं जिन्हें नेहरू ने कई बार घोषित किया है और यह एक ऐतिहासिक तथ्य है कि इस उद्देश्य संकल्प में कोई बदलाव नहीं किया जाएगा। लेकिन डॉ. आंबेडकर इसका अनुपालन नहीं करेंगे। हम गणराज्य शब्द को 'उद्देशिका' में लाना चाहते थे। किन्तु चूँकि डॉ. आंबेडकर दिल से मुझको इस अवसर से वंचित करना चाहते हैं, ताकि वह गणराज्य के बिना अनुच्छेद 1 को पारित करा लें और जब उद्देशिका पर बहस हो तो वह (डॉ. आंबेडकर) आगे आकर कहेंगे कि यह पहले ही तय हो चुका है।"[42]

हसरत मोहानी ने डॉ. आंबेडकर पर आरोप लगाया कि वह संविधान की प्रकृति को बदल रहे हैं। वह शब्द 'राज्यों का संघ' लेकर आए हैं। उन्होंने ऐसा सिर्फ 'गणराज्य' को छिपाने के लिए किया है।[43] मोहानी ने डॉ. आंबेडकर की तुलना जर्मनी के बिस्मार्क से करते हुए आगे कहा, "डॉ. आंबेडकर इस संघ को कुछ उसी तरह चाहते हैं जैसा प्रिन्स बिस्मार्क द्वारा जर्मनी में प्रस्तावित किया गया था और जिसे कैसर विलियम द्वारा और बाद में एडोल्फ हिटलर द्वारा अपनाया गया। वह चाहते हैं कि सभी राज्य एक शासन के अन्दर आ जाएँ। डॉ. आंबेडकर ऐसे ही विचार के हैं और वह इसी तरह का संघ बनाना चाहते हैं। वह चाहते हैं कि सभी इकाइयाँ, सभी प्रान्त और रियासतों के समूह इसके दायरे में आ जाए और सब कुछ केन्द्र के अँगूठे पर हो।"[44]

आम बहस के दौरान सेठ गोविन्द दास ने भारत नाम शामिल करने पर खुशी व्यक्त की, किन्तु प्रयुक्त शब्दावली से असन्तुष्टि भी जाहिर करते हुए कहा कि "डॉ. आंबेडकर मुझे माफ करेंगे कि हम इसे उतना सुन्दर स्वरूप नहीं देने जा रहे हैं जितना आवश्यक है। कुछ लोग इस भ्रम में हैं कि इंडिया इस देश का सबसे प्राचीन नाम है। हमारी सबसे प्राचीन पुस्तक वेद है और यह मान्य हो चुका है कि यह विश्व की सबसे प्राचीन पुस्तक है। ऋग्वेद में 'इडियम' और 'इडांयाह' शब्दों का उल्लेख है और यजुर्वेद में 'इडा' शब्द का उल्लेख है। इन शब्दों का इंडिया से कोई सम्बन्ध नहीं है। इडियम एवं इडे का अर्थ 'आग' है और इडा का अर्थ 'आवाज' है। इंडिया की उत्पत्ति तब हुई जब ग्रीक भारत आए। उन्होंने 'सिन्धु' नदी को 'इंडु' कहना प्रारम्भ कर दिया और इसी शब्द से आगे 'इंडिया' की उत्पत्ति हुई। वेद, उपनिषद्, ब्रह्मनास, महाभारत, विष्णु पुराण एवं ब्रह्म पुराण में भी 'भारत' नाम का ही उल्लेख है। चीनी यात्री ह्वेनसांग भारत आया और उसने अपने यात्रा-वर्णन में 'भारत' का उल्लेख किया है।"[45]

भारत नाम का समर्थन करते हुए कल्लुर सुब्बा राव ने वायु पुराण का उल्लेख किया, जिसमें भारत की सीमाओं के बारे में लिखा गया है—

इदं तु मध्यमं चित्रं सुभाशुम मकोदयम।
उतरं यत्समुद्रस्य हिम वन् दक्षिणं चयत्। (वायु पुराण 45-47)

सुब्बा राव ने आगे कहा कि "इसका अर्थ है कि भूमि, जो हिमालय के दक्षिण में है और समुद्र के उत्तर में है, भारत कहलाती है। इस तरह भारत नाम बहुत प्राचीन है। इंडिया नाम सिंधु (इंदुस नदी) से आया है। सिन्ध हिन्द बन गया, क्योंकि संस्कृत में 'स' का उच्चारण प्राकृत भाषा में 'ह' होता है। ग्रीक ने हिन्द का उच्चारण 'इंड' किया। यहाँ पर उचित एवं सही यही है कि हमें इंडिया को 'भारत' ही सन्दर्भित करना चाहिए।"[46]

कमलापति त्रिपाठी ने कामथ के संशोधन का समर्थन करते हुए कहा कि "यदि 'अर्थात्' शब्द आवश्यक था तो प्रस्ताव में 'भारत अर्थात् इंडिया' का प्रयोग किया जा सकता था। यदि मसौदा समिति द्वारा अब भी इसे स्वीकार कर लिया जाता है तो यह हमारी भावनाओं और देश के स्वाभिमान को ज्यादा महत्त्व देने जैसा होगा।"[47]

शब्द 'इंडिया' का विरोध करते हुए हरगोविन्द पंत ने कहा कि वह समझने में असफल हैं कि सदस्य 'इंडिया' से इतना जुड़ाव क्यों रखते हैं। "यह नाम उन विदेशियों द्वारा दिया गया नाम है, जो इस भूमि की समृद्धि को सुनकर प्रलोभित हुए थे और जिन्होंने हमारे देश के ऐश्वर्य को पाने के लिए हमारी आजादी तक को लूटा। इसके बाद भी 'इंडिया' शब्द से चिपकना दिखाता है कि हम विदेशी शासकों द्वारा थोपे गए ऐसे अपमानकारी शब्द को लेकर शर्मिन्दा नहीं हैं।"[48]

आम बहस के बाद संविधान-सभा ने हसरत मोहानी के दोनों संशोधनों को अस्वीकार कर दिया। इसके बाद एच. वी. कामथ के संशोधन कि 'भारत या अंग्रेजी भाषा में इंडिया, राज्यों का संघ होगा' पर संविधान-सभा में मत विभाजन कराया गया। संविधान-सभा ने 38 के मुकाबले 51 मतों से एच. वी. कामथ के संशोधन को अस्वीकार कर दिया। अन्त में संविधान-सभा ने प्रारूप अनुच्छेद 1 के खंड (1) और खंड (2) के नये प्रस्तावित प्रावधान को अंगीकृत कर लिया।

इसमें सच्चाई हो सकती है कि 'इंडिया' शब्द की उत्पत्ति में विदेशी लोगों का भी योगदान रहा हो। लेकिन यह नहीं कहा जा सकता कि इस शब्द का देश की संस्कृति से कोई सम्बन्ध नहीं है। यह निर्विवाद है कि 'इंडिया' शब्द के 'इंडू' शब्दांश की उत्पत्ति 'हिन्दू' से हुई है। यह सम्भव है कि हिन्दू की स्थली को हिन्दीया कहा जाता रहा हो, जो कालक्रम में 'इंडिया' में परिवर्तित हो गया हो या यह भी सम्भव है कि 'हिन्दू' के अपभ्रंश 'इंडू' से 'इंडिया' की उत्पत्ति हुई हो। जो भी रास्ते रहे हों, लेकिन यह नहीं कहा जा सकता है कि 'इंडिया' शब्द के मूल तत्त्व का इस देश की संस्कृति से जुड़ाव नहीं है। केवल इस आधार पर कि 'इंडिया' शब्द वैश्विक स्तर पर ज्यादा स्वीकरणीय रहा है, इसे अंग्रेजी भाषा का शब्द कहना उचित नहीं है। भरत की भूमि को 'भरतभूमि' कहने के बजाय 'भारतभूमि' कहा गया और फिर भारत। हिन्दुओं के स्थान को भी 'हिन्दुस्थान' के बजाय हमने 'हिन्दुस्तान' के रूप में स्वीकार किया। ये दोनों नाम भी कुछ हद तक अपभ्रंश ही हैं। फिर 'इंडिया' को लेकर अलग विचार उचित नहीं है।

संविधान-सभा में एक समूह 'इंडिया' की पैरवी इस आधार पर कर रहा था क्योंकि यह वैश्विक पटल पर ज्यादा प्रचलित और संयुक्त राष्ट्र संघ में मान्य नाम था, तो दूसरे समूह के लिए 'भारत' नाम सांस्कृतिक भावनाओं से जुड़ा नाम था। मसौदा समिति ने देश के नाम के लिए इन दोनों शब्दों का प्रयोग करके दोनों समूह के मध्य सन्तुलन साधने की कोशिश की। वस्तुत: यह ऐसा गम्भीर विषय नहीं था, जिस पर आकर देश को थमने दिया जाता क्योंकि अभी संविधान निर्माण की दिशा में बहुत सारे काम किए जाने थे।

नया राज्य बनाने के सम्बन्ध में संसद की शक्ति

प्रारूप अनुच्छेद 2 एवं 3 के प्रावधान, संघ में नया राज्य शामिल करने और संघ के अन्दर नया राज्य बनाने हेतु कानून बनाने की शक्ति संसद को प्रदान करते थे।

प्रारूप अनुच्छेद 2 उपबन्धित करता था कि संसद, समय-समय पर कानून द्वारा, ऐसे निर्बन्धनों और शर्तों पर, जो वह ठीक समझे, संघ में नये राज्यों का प्रवेश या उनकी स्थापना कर सकेगा। प्रारूप अनुच्छेद 3 उपबन्धित करता था कि संसद कानून द्वारा (क) किसी राज्य से किसी क्षेत्र को अलग करके या दो राज्यों या उनके किसी क्षेत्र को मिलाकर कोई नया राज्य बना सकता है; (ख) किसी राज्य के क्षेत्र को बढ़ा सकता है; (ग) किसी राज्य के क्षेत्र को घटा सकता है; (घ) किसी राज्य की सीमाओं में बदलाव कर सकता है; (ङ) किसी राज्य के नाम को बदल सकता है।

नजीरुद्दीन अहमद ने दोनों प्रारूप अनुच्छेद 2 एवं 3 के प्रावधानों के स्थान पर एक नया संयुक्त अनुच्छेद रखने के लिए संशोधन[49] प्रस्तुत किया। उन्होंने तर्क दिया कि यह पुनरावृत्ति से बचाता है और निरर्थक भाग को समाप्त करता है। अहमद के प्रस्तावित नये प्रावधान में क्षेत्रों को बढ़ाने या घटाने जैसे शब्दों का प्रयोग नहीं किया गया था। उनके अनुसार ये उपयुक्त शब्द नहीं हैं। नजीरुद्दीन अहमद के संशोधन पर काजी सैयद करीमुद्दीन और एच. वी. कामथ ने व्यवस्था का प्रश्न उठाया। कामथ ने आपत्ति की कि अनुच्छेद 3 पर अभी चर्चा नहीं हो रही है। इसलिए इस पर संशोधन नहीं लाया जा सकता है। लेकिन नजीरुद्दीन अहमद ने प्रतिवाद किया कि अनुच्छेद 2 व 3 के प्रावधान कुछ हद तक एक-दूसरे में व्याप्त हैं।

नजीरुद्दीन अहमद का एक अन्य संशोधन[50] प्रारूप अनुच्छेद 2 से शब्दावली 'समय-समय पर' हटाने के लिए था। उन्होंने तर्क दिया कि "प्रारूप अनुच्छेद 303 (नियमित अनुच्छेद 367) में कहा गया है कि संविधान के निर्वचन में जनरल क्लाज एक्ट के प्रावधान लागू होंगे। इस अधिनियम के अन्तर्गत यदि किसी को कोई शक्ति या अधिकार दिया गया है, तो यह समझा जाएगा कि इस शक्ति या अधिकार का प्रयोग समय-समय पर जब अवसर आए, किया जाएगा, जब तक अन्यथा स्पष्ट न किया गया हो। जब जनरल क्लाज एक्ट में यह स्पष्ट प्राविधानित किया गया है, तो बार-बार शब्दावली 'समय-समय पर' की पुनरावृत्ति आवश्यक नहीं है।" अहमद ने आगे तर्क दिया कि यद्यपि इन शब्दों का प्रयोग अनुच्छेद 2 में किया गया है किन्तु अनुच्छेद 3 में नहीं किया गया है। मसौदा की शब्दावली में समानता होना चाहिए।

एम. ए. अयंगर ने शाब्दिक संशोधन बताकर उक्त संशोधन का विरोध किया। डॉ. आंबेडकर ने भी इसका विरोध किया।[51] इसके उपरान्त संविधान-सभा ने नजीरुद्दीन अहमद के उक्त दोनों संशोधनों को अस्वीकार कर दिया।*

इसके बाद एच. वी. कामथ ने कहा कि "अनुच्छेद 2 में संसद शब्द को स्पष्ट नहीं किया गया है कि यह किससे सन्दर्भित है। इसे 'संघ का संसद' कहना चाहिए।" उन्होंने संघीय संविधान समिति की रिपोर्ट के अनुच्छेद 2 में प्रयुक्त 'परिसंघ का संसद' का दृष्टान्त दिया।[52] डॉ. आंबेडकर ने इस सुझाव पर विचार करने का आश्वासन दिया।[53] इसके बाद संविधान-सभा ने अनुच्छेद 2 (नियमित अनुच्छेद 2) को अंगीकृत कर लिया।**

---

* संविधान को अन्तिम रूप देते समय प्रारूप अनुच्छेद 2 से शब्द 'समय-समय पर' निकाल दिया गया।

** चूँकि राज्यों की विधायिका का नाम 'विधान सभा' एवं 'विधान परिषद' स्वीकार कर लिया गया और शब्द 'संसद' केवल केन्द्रीय विधायिका को सन्दर्भित कर रहा था, इसलिए 'संसद' के स्थान पर 'संघ का संसद' रखने की आवश्यकता समाप्त हो गया।

तत्पश्चात प्रारूप अनुच्छेद 3 को चर्चा के लिए रखा गया। इस सम्बन्ध में के. सन्थानम ने एक संशोधन[54] खंड (क) के अन्त में शब्दावली 'या राज्यों या राज्यों के किसी भाग के साथ अन्य क्षेत्रों को जोड़कर' जोड़ने के लिए प्रस्तुत किया। सन्थानम ने कहा कि "यह शब्दावली खंड (क) को पूर्ण बनाता है, क्योंकि एक नये राज्य का निर्माण परिगृहीत राज्य के एक भाग के साथ और इसके साथ भारत द्वारा अर्जित किए गए क्षेत्र को जोड़कर किया जा सकता है।" इस प्रस्ताव का एम. अनन्थसंयनम अयंगर ने समर्थन किया। डॉ. आंबेडकर ने भी इस संशोधन को सिद्धान्तत: तुरन्त स्वीकार कर लिया, लेकिन उन्होंने दो बदलाव का सुझाव दिया। पहला शब्द 'जोड़कर' के स्थान पर 'मिलाकर' रखने का और दूसरा शब्द 'अन्य क्षेत्र' के स्थान पर 'किसी क्षेत्र' रखने के लिए था।[55] इन दोनों सुझाव पर के. सन्थानम तुरन्त सहमत हो गए।

इसके बाद संविधान-सभा ने यथासंशोधित प्रारूप अनुच्छेद 3 (नियमित अनुच्छेद 3) को अंगीकृत कर लिया।

राज्यों की बदलाव-प्रक्रिया में राज्य की भूमिका

प्रारूप अनुच्छेद 3 के अन्तर्गत नये राज्यों के गठन और राज्यों के क्षेत्र, सीमा या नाम में परिवर्तन करने के सम्बन्ध में कानून बनाने की प्रक्रिया का उल्लेख किया गया था। इसके साथ एक परन्तुक भी जोड़ा गया था, जिसके अनुसार इस अनुच्छेद के अन्तर्गत संसद में कोई विधेयक लाने का अधिकार सिर्फ भारत सरकार को प्राप्त था। इस प्रक्रिया में राज्य की कोई भूमिका नहीं थी। राज्य की भूमिका सुनिश्चित करने के लिए प्रो. के. टी. शाह एवं डॉ. बी. आर. आंबेडकर ने अलग-अलग संशोधन प्रस्तुत किए।

प्रो. के. टी. शाह का संशोधन[56] प्रारूप अनुच्छेद 3 के खंड (ङ) के बाद एक नया परन्तुक जोड़ने के लिए था। इस परन्तुक के अनुसार किसी मौजूदा राज्य क्षेत्र में वृद्धि या कमी करने के लिए या इसके नाम या सीमा में बदलाव के लिए सभी प्रस्ताव सम्बन्धित या प्रभावित राज्य की विधायिका से प्रारम्भ किए जाएँगे। प्रो. शाह का तर्क था कि "जिन इकाइयों से फेडरेशन का गठन हो रहा है, वे समान नहीं हैं। यदि किसी राज्य की सीमा, नाम और क्षेत्र को बदलना आवश्यक है तो प्रभावित राज्य की जनता की राय लेना उचित तरीका होगा और अगर इसके लिए हम प्रत्यक्ष जनमत नहीं करा सकते तो कम-से-कम उस राज्य के विधायिका की राय लेना चाहिए।" प्रो. शाह ने आगे कहा कि लोकतंत्र में बहुमत की इच्छा को प्राथमिकता मिलनी चाहिए, किन्तु बहुमत हमेशा सही या कम-से-कम हमेशा न्यायोचित होने का एकमात्र रास्ता नहीं है।[57]

इसके बाद स्यामानन्दन सहाय ने सलाह दी कि यदि डॉ. आंबेडकर अपना संशोधन प्रस्तुत करते हैं तो स्थिति ज्यादा स्पष्ट हो जाएगी। हम तय कर सकने की स्थिति में होंगे कि हमें अपना संशोधन रखना चाहिए या नहीं। इस विचार से सहमत पीठासीन उपाध्यक्ष ने कहा कि डॉ. आंबेडकर अपना संशोधन प्रस्तुत कर सकते हैं।

उसके बाद डॉ. आंबेडकर ने अनुच्छेद 3 के साथ जोड़े गए परन्तुक के स्थान पर नया परन्तुक रखने के लिए संशोधन[58] प्रस्तुत किया। नये परन्तुक के अनुसार अनुच्छेद 3 के अन्तर्गत लाए जाने वाले विधेयक, प्रभावित राज्य या राज्यों के विचार/सहमति लेने के बाद और राष्ट्रपति की संस्तुति के उपरान्त संसद के किसी सदन के पटल पर रखे जाएँगे। इस संशोधन के माध्यम से मूलत: दो बदलाव किए गए थे। पहला बदलाव यह था कि केवल भारत सरकार को विधेयक प्रस्तुत करने का अधिकार देने वाले प्रावधान को हटा दिया गया और प्रस्ताव के पूर्व राज्य विधायिका के विचार/सहमति को आवश्यक बना दिया गया। इस

बदलाव से संसद का कोई सदस्य भी निजी विधेयक प्रस्तुत कर सकता था। दूसरा बदलाव यह किया गया कि विधेयक प्रस्तुत करने के पहले राष्ट्रपति की संस्तुति आवश्यक हो गया, चाहे यह विधेयक भारत सरकार द्वारा लाया गया हो या निजी विधेयक के रूप में संसद के किसी सदस्य द्वारा।

डॉ. बी. आर. आंबेडकर ने प्रो. शाह के संशोधन को अनावश्यक बताते हुए जवाब दिया कि वह अब दोनों संशोधनों में ज्यादा अन्तर नहीं पाते हैं। प्रो. शाह कहते हैं कि राज्यों से चर्चा प्रारम्भ होनी चाहिए और मेरे प्रावधान में राज्यों की राय आवश्यक है। जब राष्ट्रपति राय लेने की प्रक्रिया अपनाएगा तो उसे प्रभावित राज्य विधायिका के समक्ष विचारार्थ प्रस्ताव रखने के लिए या तो प्रधानमंत्री* से या राज्यपाल से कहना होगा। इस तरह अन्ततः राज्य विधायिका से आरम्भ होगा, न कि संसद से।[59]

आम बहस में भाग लेते हुए के. सन्थानम ने कहा कि "प्रो. शाह के संशोधन को स्वीकार कर लेने के बाद राज्य के किसी अल्पमत को अलग राज्य बनाने या दूसरे राज्य में शामिल होने का तब तक अधिकार नहीं होगा जब तक कि राज्य की विधायिका में बहुमत का उसे साथ न हो।" मद्रास और आन्ध्रा का दृष्टान्त देते हुए सन्थानम ने डॉ. आंबेडकर के संशोधन का समर्थन किया और कहा कि "उनके द्वारा प्रस्तावित नये प्रावधान के अन्तर्गत यदि किसी के पास विधायिका में बहुमत नहीं है तो वह सीधे राष्ट्रपति के पास जा सकता है और उसे प्रत्यावेदन दे सकता है। प्रो. शाह के संशोधन से लोकतंत्र के बजाय प्रान्त एवं राज्य में बहुमत की तानाशाही होगी। ऐसा प्रो. शाह भी नहीं चाहते हैं।"[60]

आर. के. सिधवा ने यद्यपि डॉ. आंबेडकर के संशोधन का समर्थन किया, किन्तु उन्होंने के. सन्थानम के तर्कों से असहमति व्यक्त की। सिधवा ने कहा कि "यदि राज्य के बहुमत के खिलाफ अल्पमत को राष्ट्रपति के यहाँ प्रत्यावेदन देने का अधिकार है, तो यह स्वागत योग्य नहीं है। यदि राज्य का बहुमत अलगाव नहीं चाहता तो अल्पमत को पीछे के दरवाजे से राष्ट्रपति के समक्ष जाने और अलगाव के लिए कहने का अधिकार नहीं होना चाहिए। लेकिन महोदय इस मामले में प्रो. शाह के विचारों से भी मैं सहमत नहीं हूँ। डॉ. आंबेडकर का संशोधन ज्यादा स्पष्ट और व्यापक है।"[61]

स्यामानन्दन सहाय ने भी डॉ. आंबेडकर के संशोधन का समर्थन किया, जबकि ठाकुर दास भार्गव ने कहा कि डॉ. आंबेडकर का संशोधन, मूल प्रावधान की तुलना में ज्यादा कड़ा प्रावधान प्रस्तावित करता है। भार्गव के अनुसार, "यदि राष्ट्रपति और कैबिनेट नहीं चाहते हैं और संस्तुति नहीं देते हैं, तो संसद कुछ नहीं कर सकता है। संस्तुति का अर्थ है कि सदस्यों से ऐसा विधेयक लाने की शक्ति छीन ली गई है। इसलिए यह प्रावधान पूरी तरह अलोकतांत्रिक है और संसद के अधिकार को निर्बन्धित करता है। विधायिका से विचार आमंत्रित किया जा सकता है और इन पर विचार किया जा सकता है, किन्तु निर्णयात्मक शक्ति उस क्षेत्र की जनता के हाथ में होना चाहिए, जो अलग होना चाहते हैं।"[62]

रोहिणी कुमार चौधरी ने प्रो. शाह और कुंजरू के संशोधनों का विरोध किया और कहा कि वह डॉ. आंबेडकर के संशोधन को ज्यादा पसन्द करते हैं, क्योंकि यह वर्तमान परिस्थितियों के ज्यादा अनुकूल है। किन्तु उन्होंने यह सवाल किया कि क्या शब्द 'राष्ट्रपति' का तात्पर्य यह है कि राष्ट्रपति की संस्तुति सरकार की सहमति से दी जाएगी या क्या अपने विवेकाधिकार का प्रयोग करते समय राष्ट्रपति स्वतंत्र कार्य कर सकता है? चौधरी ने सुझाव दिया कि इस मामले

* उस समय प्रान्त में प्रधानमंत्री हुआ करते थे।

में सरकार के विचार से निर्देशित होने की तुलना में राष्ट्रपति को अपने विवेक का प्रयोग करने की अनुमति देना ज्यादा तार्किक है।[63]

प्रो. शिब्बन लाल सक्सेना ने नये प्रावधान को ज्यादा बेहतर बताते हुए कहा कि "डॉ. आंबेडकर के संशोधन के अन्तर्गत कोई भी सदस्य राष्ट्रपति की संस्तुति पर विधेयक प्रस्तुत कर सकता है। केवल शर्त यह है कि राष्ट्रपति ऐसे किसी सदस्य का प्रस्ताव प्राप्त होने के बाद अपने मंत्रालय की राय लेने की कोशिश करेगा, फिर विधेयक की प्रस्तुति पर संस्तुति देगा या नहीं देगा। सीमाओं में बदलाव करना बहुत संवेदनशील मामला है और इसे इतना सरल नहीं बनाना चाहिए कि प्रत्येक दिन कोई भी सदस्य सीमा में बदलाव के लिए प्रस्ताव लेते आए और विधायिका इस पर चर्चा करने लगे।"[64]

डॉ. आंबेडकर के संशोधन ने दो सवालों को आगे बढ़ाया। पहला, राज्यों के बदलाव की प्रक्रिया में राज्य की भूमिका का सवाल और दूसरा, इस भूमिका हेतु सहमति के बिन्दु पर प्रान्त और रियासत के मध्य अन्तर रखने का सवाल। इन दोनों सवालों पर साथ-साथ चर्चा की गई। अन्त में संविधान-सभा ने डॉ. आंबेडकर के संशोधन को स्वीकार कर लिया। किन्तु प्रो. के. टी. शाह के संशोधन पर अलग से कोई निर्णय नहीं लिया जा सका। इस पर उपाध्यक्ष महोदय ने कहा, "डॉ. आंबेडकर का संशोधन स्वीकार करने के बाद प्रो. शाह का संशोधन अपने-आप अस्वीकृत हो गया।"

प्रान्तों एवं रियासतों के मध्य अन्तर अस्थायी

डॉ. आंबेडकर द्वारा प्रस्तावित नये परन्तुक के अनुसार नये राज्यों के गठन इत्यादि से सम्बन्धित विधेयक को संसद के समक्ष प्रस्तुत करने के पूर्व प्रान्त की राय लेने वाले शर्त को पूरा किया जाएगा। किन्तु रियासत के सन्दर्भ में राय नहीं, बल्कि सहमति लेना आवश्यक था। डॉ. आंबेडकर ने इस अन्तर को स्पष्ट करते हुए कहा कि "परन्तुक को अब दो भागों (क) और (ख) में बाँट दिया गया है। पहला भाग प्रान्तों के सन्दर्भ में और दूसरा भाग रियासतों के सन्दर्भ में है। दोनों में जो मुख्य अन्तर है वह यह है कि प्रान्तों के सन्दर्भ में राज्य विधायिका की मात्र राय लेना आवश्यक है जबकि भारतीय रियासतों के सन्दर्भ में राज्य विधायिका की सहमति लेना आवश्यक है। यह अन्तर इस तथ्य पर आधारित है कि प्रान्त की स्थिति रियासत की स्थिति से अलग है। रियासत सम्प्रभु राज्य हैं और प्रान्त सम्प्रभु राज्य नहीं हैं।"[65]

प्रान्त एवं रियासत के मध्य उक्त अन्तर को समाप्त करने के लिए हृदयनाथ कुंजरू ने संशोधन[66] प्रस्तुत किया कि रियासतों के सन्दर्भ में शब्द 'पूर्व सहमति लेने' के स्थान पर 'विचार लेने' रखा जाए। कुंजरू ने बहस की कि "इसी प्रारूप संविधान में अनुच्छेद 226, 230, 294 जैसे कई प्रावधान हैं जिनमें रियासतों की सम्प्रभुता का सिद्धान्त लागू नहीं किया गया है। प्रारूप अनुच्छेद 226 (नियमित अनुच्छेद 249) के अन्तर्गत संसद राष्ट्रीय हित में राज्यसूची के विषयों पर, भारतीय रियासतों की सम्प्रभुता के बावजूद, कानून बना सकता है। ऐसी स्थिति में मात्र अनुच्छेद 3 के सन्दर्भ में सम्प्रभुता का सिद्धान्त लागू करके रियासतों को ज्यादा महत्त्व देना उचित नहीं है।"

स्यामानन्दन सहाय ने एक अलग दृष्टिकोण के साथ प्रान्त और रियासत के मध्य अन्तर को समाप्त करने का सुझाव दिया। जहाँ हृदयनाथ कुंजरू ने 'विचार लेने' की व्यवस्था को रियासतों पर लागू करने की माँग की थी, वहीं स्यामानन्दन सहाय का सुझाव था कि 'पूर्व सहमति' की व्यवस्था प्रान्तों पर लागू हो।[67] गोपीकृष्ण विजयवर्गीय ने भी सहमति के सवाल पर प्रान्त और

रियासत के मध्य किसी तरह का अन्तर समाप्त करने पर बल दिया गया। उन्होंने तर्क दिया कि "रियासतों के लोग हमेशा शासकों की सम्प्रभुता का विरोध करते रहे हैं। वे शासकों की सम्प्रभुता को स्वीकार नहीं करते हैं। ज्यादातर रियासतें बहुत छोटी हैं, अब वे कुछ इकाइयों में विलीन हो गई हैं। किन्तु यदि शासकों को सम्प्रभुता दी जाती है, तो पुन: सवाल उठेगा।"[68]

सहमति के सवाल पर प्रो. सक्सेना ने कहा कि "डॉ. आंबेडकर भी दिल से चाहते हैं कि प्रान्त और रियासत के मध्य अन्तर समाप्त होना चाहिए और हम भी चाहते हैं कि यह अन्तर समाप्त हो। हम अपने आदरणीय मित्र पंडित कुंजरू से सहमत हैं। किन्तु वह व्यक्तिगत रूप से मानते हैं कि इस मामले में हमारे नेता सरदार पटेल महसूस करते हैं कि बिना भारतीय रियासतों की सहमति के संविधान में यदि कोई प्रावधान बनाते हैं, तो यह विश्वास का उल्लंघन होगा।[69] उन्होंने इन रियासतों से सहमति प्राप्त करने के प्रयास का वादा किया है। हम सभी उनके प्रयास के सफलता की कामना करते हैं।"

एल. कृष्णास्वामी भारती ने डॉ. आंबेडकर के संशोधन का समर्थन तो किया लेकिन यह भी कहा कि "रियासतों की सम्प्रभुता का सिद्धान्त बहुत ही खतरनाक है।" राज बहादुर ने भी कहा कि "सम्प्रभुता आज जनता में निहित है और इसलिए यह इस संविधान-सभा में निहित है। संविधान-सभा की सम्प्रभुता भारत संघ के किसी एवं सभी भाग के सन्दर्भ में अशर्त एवं अमिश्रित है। यह अच्छा होगा कि इस संशोधन को टाल दिया जाए क्योंकि यह मामला भारतीय रियासतों के लोगों के लिए बहुत महत्त्वपूर्ण है।"[70]

एच. वी. कामथ ने डॉ. आंबेडकर से निवेदन किया कि वह मामले पर उस पहलू से विचार करें जैसे उन्होंने इस सभा में दिये गए अपने भाषण में आशा व्यक्त की थी कि जल्द से जल्द रियासतों को प्रान्तों के समान स्थिति में लाया जाना चाहिए और संविधान में ऐसे अन्तर को समाप्त करने वाले कई अनुच्छेदों, जिसका उल्लेख पंडित कुंजरू ने कल किया था, को देखते हुए इस सम्बन्ध में भी अन्तर को समाप्त किया जाना चाहिए। चौधरी रणबीर सिंह और आर. के. सिधवा ने भी डॉ. आंबेडकर के संशोधन का समर्थन किया। सिधवा ने आशा व्यक्त की कि डॉ. आंबेडकर स्पष्ट करेंगे कि रियासतों के मामले में अन्तर क्यों रखा गया है।[71]

इसके बाद पीठासीन उपाध्यक्ष ने डॉ. आंबेडकर को जवाब देने के लिए बुलाया। इस पर हसरत मोहानी ने व्यवस्था का प्रश्न उठाते हुए कहा कि डॉ. आंबेडकर पहले ही अपने संशोधन के पक्ष में बोल चुके हैं, इसलिए उनको आगे बोलने का अधिकार नहीं है। किन्तु आर. के. सिधवा और घनश्याम सिंह गुप्ता ने मोहानी की आपत्ति का विरोध करते हुए कहा कि जब सम्पूर्ण प्रावधान पर चर्चा हो रहा है तो डॉ. आंबेडकर को जवाब देने का अधिकार है। तत्पश्चात उपाध्यक्ष महोदय ने डॉ. आंबेडकर को पुन: बुलाया।

कुंजरू द्वारा उठाया गया सवाल, जटिल, संवेदनशील और उचित लगने वाला सवाल था। कई सदस्यों ने उनका समर्थन भी किया। लेकिन कुंजरू के विचार को स्वीकार करने के बाद दो राजनीतिक समस्याएँ पैदा होने की सम्भावना थी। पहली यह कि कुंजरू के बहस के बाद रियासतों द्वारा प्रारूप अनुच्छेद 226, 230, 294 के सम्बन्ध में भी सम्प्रभुता का सिद्धान्त लागू करने का दबाव बनाया जा सकता था और दूसरी यह कि रियासतों और सरकार के मध्य अविश्वास का संकट पैदा हो सकता था, जिसके कारण दोनों के मध्य चल रहा वार्तालाप प्रभावित हो सकता था। कुंजरू के सवालों की उपेक्षा करना और भी ज्यादा नुकसानदायक हो सकता था। इसलिए प्रारूप अनुच्छेद 3 के अन्तर्गत भारतीय रियासतों को मिले अतिरिक्त अधिकार का बचाव इस तरह से करने की आवश्यकता थी कि संविधान-सभा के सदस्य सन्तुष्ट हो जाएँ और रियासतों

को 'सम्प्रभुता के सिद्धान्त' के आधार पर प्रारूप अनुच्छेद 226, 230, 294 (क्रमश: नियमित अनुच्छेद 249, 253 और 332) को लेकर अनुचित माँग करने का अवसर न मिल सके।

संविधान-सभा के बाहर चाहे जो भी राजनीतिक गतिविधि हो, किन्तु संविधान-सभा में पैदा हो रही ऐसी किसी विषम परिस्थिति को समझने और उससे उपजने वाली समस्याओं का निराकरण निकालने की जिम्मेदारी डॉ. बी. आर. आंबेडकर पर होती थी। डॉ. आंबेडकर ने भी बड़ी कुशलता से इन तीनों प्रावधानों से उपजे सवालों का अलग-अलग जवाब दिया और प्रारूप अनुच्छेद 212 का जिक्र करके संविधान-सभा के सदस्यों को हर्षध्वनि व्यक्त करने के लिए मजबूर कर दिया। डॉ. आंबेडकर के शब्दों में—

> "मि. कुंजरू द्वारा लाया गया संशोधन एक ऐसा संशोधन है, जिसके प्रति हमारी पूरी सहानुभूति है, लेकिन दुर्भाग्य से जिस परिस्थिति में इसे रखा गया है, मैं उसे स्वीकार करने की स्थिति में नहीं हूँ। उनका कहना है कि अनुच्छेद 3 में निहित प्रावधान के मामले में प्रान्तों और रियासतों के मध्य अन्तर को न्यायोचित बताने के लिए जो मैंने तर्क दिये थे, वे अनुच्छेद 226, 230 और 294 से असंगत हैं। मेरा कहना है कि ऐसी कोई असंगति नहीं है।
>
> "केन्द्रीय विधायिका को प्रान्तीय सूची में शामिल विषयों पर कानून बनाने की शक्ति देने वाले अनुच्छेद 226 के सम्बन्ध में मेरा कहना है कि संसद द्वारा प्राधिकार का प्रयोग ऊपरी सदन के दो-तिहाई बहुमत द्वारा पारित प्रस्ताव से किया जाता है। ऊपरी सदन यानी राज्यसभा में रियासतों के प्रतिनिधि और प्रान्तों के प्रतिनिधि शामिल होते हैं। नि:सन्देह वे राज्यसभा के उस विशेष प्रस्ताव की प्रक्रिया में भाग लेते हैं, जो संसद को विधि बनाने की शक्ति प्रदान करते हैं। इसलिए यह कहना कठिन है कि अनुच्छेद 226 अपने-आप भारतीय रियासतों की सम्प्रभुता का अतिक्रमण करता है।
>
> "अनुच्छेद 230 के सम्बन्ध में भी मेरा तर्क समान है। भारतीय रियासतों ने वर्तमान में, संविधान पारित होने के बाद उनके द्वारा किए जाने वाले कार्यों के अलावा, तीन विषयों को स्वीकार किया है और एक विषय विदेश सम्बन्धी मामला है। जाहिर है कि समझौते को लागू करना विदेश सम्बन्धी मामलों से आच्छादित विषय है। इसलिए इसे सम्प्रभु अधिकारों का अतिक्रमण नहीं कहा जा सकता है।
>
> "अनुच्छेद 294, जो भारतीय रियासतों में अल्पसंख्यकों की सुरक्षा के प्रावधान के विस्तार की बात करता है, जो नि:सन्देह कुछ अर्थों में रियारातों की सम्प्रभुता पर अतिक्रमण होने जैसा लगता है लेकिन ऐसा है नहीं। यह एक प्रस्ताव मात्र है, जिसे हम भारतीय रियासतों के समक्ष उस समय रखेंगे, जब वे भारतीय संघ में शामिल होने के लिए प्रार्थना करेंगे। तब उन्हें अनुच्छेद 294 को स्वीकार करना पड़ेगा। मैं कह सकता हूँ कि मसौदा समिति द्वारा यह विस्तार इसलिए किया गया है क्योंकि मसौदा समिति ने सुना है कि कुछ भारतीय रियासतों की संविधान-सभाएँ इस सम्बन्ध में कुछ इतनी अलग एवं खतरनाक प्रावधान बना रही हैं। इसलिए मसौदा समिति ने यह प्राविधानित करना उत्तम समझा कि भारत संघ, अल्पसंख्यकों की सुरक्षा के लिए किस तरह की व्यवस्था स्वीकार करेगा और किस तरह की नहीं।"[72]

अनुच्छेद 3 के अन्तर्गत अपनाए गए रियासतों की सम्प्रभुता के सिद्धान्त के कारण को स्पष्ट करते हुए डॉ. आंबेडकर ने आगे कहा कि वह इस सदन को दो बात बताना चाहते हैं।

"पहली यह कि मौजूदा समय में हम उन दो वार्ताकारी समितियों के बीच हुए समझौते की शर्तों से बँधे हैं, जिसमें से एक की नियुक्ति ब्रिटिश प्रान्त के प्रतिनिधि के रूप में संविधान-सभा द्वारा की गई है और दूसरे की नियुक्ति भारतीय रियासतों के नामांकित उन प्रतिनिधियों द्वारा की गई है, जिनका दायित्व दोनों भागों पर समान रूप से लागू हो सकने वाले संविधान को बनाने हेतु आधार खोजना है। अब मैं वार्ताकारी समितियों द्वारा बनाए गए रिपोर्ट के विस्तार में नहीं जाना चाहता, लेकिन यदि सम्मानित मित्र पंडित कुंजरू इन समितियों की रिपोर्ट को देखकर अपनी याद को ताजा करेंगे तो वह पाएँगे कि यहाँ एक विशिष्ट प्रावधान है कि वार्ताकारी समिति की रिपोर्ट से ऐसा कुछ नहीं समझा जाएगा, जो भारत संघ को भारतीय रियासतों के क्षेत्रों में अतिक्रमण करने की अनुमति प्रदान करे। निवेदन है कि यदि दोनों पक्षों में ऐसी समझ है, जिससे उनका मतलब दो पक्षों के बीच संविदा या समझौता होना नहीं है, तो इस स्तर पर अच्छा होगा कि हम सब इस समझ का सम्मान करें।"[73]

'विलय पत्र' के माध्यम से सरदार पटेल द्वारा किए जा रहे प्रयास और भारतीय रियासतों के सन्दर्भ में प्रारूप अनुच्छेद 212 (नियमित अनुच्छेद 239) के महत्त्व को रेखांकित करते हुए डॉ. बी. आर. आंबेडकर ने सदस्यों से संयम रखने की आवश्यकता पर बल दिया। डॉ. आंबेडकर के शब्दों में—

> "अनुच्छेद 3 भारतीय रियासतों को भारत संघ के पक्ष में जारी किए गए 'विलय पत्र' के आधार पर शामिल करने के लिए प्राविधानित करता है। लेकिन भारतीय रियासतों को भारत संघ में शामिल करने के लिए 'विलय पत्र' ही एकमात्र तरीका नहीं है। संविधान में एक और बहुत महत्त्वपूर्ण अनुच्छेद है और वह अनुच्छेद 212 है। अनुच्छेद 212 प्राविधानित करता है कि भारतीय रियासत का कोई शासक अपनी रियासत के सम्बन्ध में अपनी सम्पूर्ण सम्प्रभुता का हस्तान्तरण भारत संघ को कर सकता है। इसलिए इस विषय पर मूर्च्छित, यदि मैं कह सकूँ तो, होने की कोई आवश्यकता नहीं है। यदि हम थोड़ा-सा भी संयम रखते हैं, तो मुझे तनिक भी सन्देह नहीं है कि हमारे भारतीय रियासतों के मंत्री, जो इस संविधान का निर्माण आरम्भ होने के पूर्व मौजूद 'अव्यवस्था' को कम करने की दिशा में बहुत कुछ कर चुके हैं, संघ सरकार को मिले सार्वभौम अधिकार का प्रयोग करेंगे और अव्यवस्था को और भी कम करेंगे और ऐसी व्यवस्था लाएँगे जिससे भारतीय रियासत या तो लागू प्रावधान को स्वीकार करने के लिए या अनुच्छेद 212 के प्रावधानों का पालन करने और अपनी सम्पूर्ण सम्प्रभुता का समर्पण करने के लिए प्रेरित हों, ताकि भारत संघ भारतीय रियासतों के साथ उसी तरह व्यवहार करने योग्य हो जाए, जिस तरह प्रान्तों के साथ किए जाते हैं।"[74]

अन्त में डॉ. आंबेडकर ने निवेदन किया कि मौजूदा समय में हमारे लिए दोनों वार्ताकारी समितियों द्वारा किए गए समझौते का सम्मान करना बुद्धिमानी होगी और तब तक इसका पालन करें जब तक कि अगले समझौते के माध्यम से दोनों तरफ से परस्पर सद्‌भाव, शान्ति और सम्मान के साथ हम इसके आधार को बदलने की स्थिति में नहीं आ जाते हैं।

इसके उपरान्त संविधान-सभा ने हृदयनाथ कुंजरू के संशोधन को अस्वीकार कर और डॉ. आंबेडकर के संशोधन को स्वीकार कर, यथासंशोधित प्रारूप अनुच्छेद 3 (नियमित अनुच्छेद 3) को 18 नवम्बर, 1948 को अंगीकृत कर लिया।

चर्चा के दौरान वैश्विक पूर्व-दृष्टान्तों का महत्त्व

प्रारूप अनुच्छेद 4 के खंड (1) के अन्तर्गत प्रस्तावित किया गया था कि अनुच्छेद 2 एवं अनुच्छेद 3 में सन्दर्भित किसी कानून में प्रथम अनुसूची के संशोधन के लिए ऐसे प्रावधान शामिल होंगे, जो उस कानून के प्रावधान को लागू करने के लिए आवश्यक हों और ऐसे आनुषंगिक एवं पारिणामिक प्रावधान भी शामिल होंगे जिन्हें संसद आवश्यक समझे। खंड (2) के अन्तर्गत प्रस्तावित किया गया था कि उपर्युक्त ऐसा कोई कानून अनुच्छेद 304 (नियमित अनुच्छेद 368) के उद्देश्य के लिए इस संविधान का संशोधन नहीं माना जाएगा।

खंड (1) के सम्बन्ध में नजीरुद्दीन अहमद ने पाँच संशोधन प्रस्तुत किए। संशोधन सं. 177, शब्दावली 'इस संविधान का अनुच्छेद' हटाने के लिए और अनुच्छेद 303 में नया परिभाषा-खंड जोड़ने के लिए था, जिसमें यह स्पष्ट हो कि 'अनुच्छेद' का अर्थ 'संविधान का अनुच्छेद' है। उनका तर्क था कि यह जनरल क्लाज एक्ट के अन्तर्गत निहित है। एक अन्य संशोधन, खंड (1) में शब्दावली 'अनुच्छेद 2 या अनुच्छेद 3' के स्थान पर 'अनुच्छेद 2 या 3' रखने के लिए था। प्रो. शिब्बन लाल सक्सेना ने खंड (2) समाप्त करने के लिए संशोधन प्रस्तुत किया। किन्तु उपाध्यक्ष महोदय द्वारा अनुमति नहीं देने के कारण प्रो. सक्सेना ने इसे प्रस्तुत नहीं किया। खंड (2) के सम्बन्ध में एक अन्य संशोधन महबूब अली बेग साहिब बहादुर ने शब्दावली 'अनुच्छेद 304 के उद्देश्य के लिए' के स्थान पर 'अनुच्छेद 304 के अन्तर्गत' रखने के लिए प्रस्तुत किया।

प्रारूप अनुच्छेद 4 पर चर्चा के दौरान एच. वी. कामथ ने डॉ. आंबेडकर से नजीरुद्दीन अहमद के संशोधन को अस्वीकार करने पर इसका कारण बताने की चुनौती देते हुए कहा कि "संशोधन के प्रस्तावक के तर्कों एवं उल्लेखित दृष्टान्तों के अलावा, उन्होंने भी आस्ट्रेलिया कामनवेल्थ, दक्षिण अफ्रीका संघ, स्विस परिसंघ और जर्मनी का संविधान को देखा है, जिसे संवैधानिक पूर्व-दृष्टान्त—द्वितीय शृंखला कहे जाने वाली सभा-सचिवालय की पुस्तिका में उपलब्ध कराया गया है। उन्होंने इन सभी को बहुत गहराई से देखा है और पाया कि इनमें से किसी में भी शब्दावली 'इस संविधान का' को दोहराया नहीं गया है। कामथ ने आगे कहा कि 'संक्षिप्तता' किसी संविधान की आत्मा और आवश्यकता होती है और हमें बेकार एवं अनावश्यक शब्द या शब्दावली या अभिव्यक्ति के कारण संविधान को भारी बनाने से बचना चाहिए।"[75]

रोहिणी कुमार चौधरी ने नजीरुद्दीन अहमद के संशोधन का विरोध किया और कहा कि "मि. नजीरुद्दीन अहमद ने हमारा कुछ समय खराब किया है और वह ऐसा नहीं कर सकते हैं। ऐसे बहुत सारे संशोधन होंगे, जिन्हें इस सदन के समक्ष लाने के बजाय मसौदाकर्ता के ऊपर आसानी से छोड़ा जा सकता है।"[76]

खंड (2) को गलत प्रावधान बताते हुए प्रो. शिब्बन लाल सक्सेना ने कहा कि "राज्यों की सीमाओं को बदलना गम्भीर परिणाम देने वाला विषय है और इन्हें मात्र बहुमत से नहीं बदलने दिया जाना चाहिए। राज्य की सीमाएँ स्थायी होनी चाहिए, इसलिए इसे संसद के प्रत्येक बहुमत से करना सम्भव नहीं होना चाहिए कि वह जब भी शासन में आएँ, सीमाओं को बदल दें, जैसा कि खंड (2) इन्हें ऐसा करने के लिए योग्य बनाता है।"[77]

प्रारूप अनुच्छेद 4 के सन्दर्भ में प्रस्तुत संशोधन कोई बहुत ज्यादा महत्त्वपूर्ण नहीं थे, लेकिन इन संशोधनों के पक्ष-विपक्ष में संविधान-सभा में जो तर्क दिये गए, वह दर्शाता है कि चर्चा के दौरान विश्व के संविधान के पूर्व-दृष्टान्त बहुत महत्त्वपूर्ण होते थे और इसके लिए बहस में भाग लेने वाले सदस्यगण भी तथ्यों के साथ-साथ पूर्व-दृष्टान्तों पर पूरी तैयारी करके

सभा में आते थे। कई बार तो तर्क अपनी सीमाओं को तोड़कर चुनौती की दहलीज तक पहुँच जाते थे। इन चुनौतियों का सबसे अधिक सामना डॉ. बी. आर. आंबेडकर को करना पड़ता था। डॉ. आंबेडकर भी इन चुनौतियों का सामना करने के लिए हमेशा तैयार रहते थे। इस दृष्टि से अनुच्छेद 4 पर हुई बहस महत्त्वपूर्ण है। यह बहस डॉ. आंबेडकर की विश्व के संविधान पर पारंगतता को सिद्ध करती है।

एच. वी. कामथ की चुनौती के बाद डॉ. बी. आर. आंबेडकर के पास दो विकल्प थे—या तो प्रस्तावित संशोधन को बिना कोई सरदर्द लिये स्वीकार कर लें या फिर अस्वीकार करने की स्थिति में इसका कारण बताएँ। अस्वीकार करने का कारण तुरन्त तभी दिया जा सकता है, जब उस विषय पर पूरी तैयारी हो। कामथ द्वारा दिए गए पूर्व-दृष्टान्त के जवाब में डॉ. आंबेडकर ने तुरन्त आयरलैंड के संविधान और भारत शासन अधिनियम, 1935 का पूर्व-दृष्टान्त दिया। प्रारूप प्रावधान का बचाव करते हुए डॉ. आंबेडकर ने कहा कि "स्वीकारत: संशोधन केवल शब्दावली से सम्बन्धित है, इसे किसी भी तरह से सिद्धान्त का मामला नहीं कहा जा सकता है। यह केवल पूर्व-दृष्टान्त का विषय रह जाता है। मुझे कहते हुए खेद है कि मेरे मित्र मि. कामथ ने अपने शोध को 'आयरिश संविधान' तक नहीं पहुँचाया। सन्दर्भ के लिए आयरिश संविधान के अनुच्छेद 19, अनुच्छेद 27, अनुच्छेद 32(4) और अनुच्छेद 46(5) की ओर ध्यान आकर्षित कराता हूँ, जहाँ वह पाएँगे कि शब्द 'अनुच्छेद' के पूर्व शब्दावली 'इस संविधान का' प्रयोग हुआ है। इसलिए हमने सनकी तरीके से कार्य नहीं किया है।"[78] डॉ. आंबेडकर ने नजीरुद्दीन अहमद के दूसरे संशोधन का भी विरोध करते हुए कहा कि "इस तरह की शब्दावली का प्रयोग भारत शासन अधिनियम में किया गया है।"

इसके उपरान्त संविधान-सभा ने नजीरुद्दीन अहमद के पाँच संशोधनों और महबूब अली बेग के एक संशोधन को अस्वीकार कर अनुच्छेद 4 के मूल प्रारूप प्रावधान को 18 नवम्बर, 1948 को अंगीकृत कर लिया।

प्रारूप संविधान के भाग I के चारों अनुच्छेद—अनुच्छेद 1 से 4 को अंगीकृत करने के बाद नागरिकता से सम्बन्धित भाग II और मूल अधिकार से सम्बन्धित भाग III के प्रावधानों पर बहस शुरू की जानी थी। किन्तु उपाध्यक्ष ने पहले भाग IV पर कार्य करने का विचार दिया। उपाध्यक्ष के इस विचार का एम. अनन्थसंयनम अयंगर ने समर्थन किया और कहा कि भाग IV निदेशक सिद्धान्तों से सम्बन्धित है। इस भाग पर बहुत संशोधन नहीं हैं। भाग II एवं भाग III पर बहुत सारे संशोधन प्रस्ताव आ गए हैं। किन संशोधनों को प्रस्तावित करने की आवश्यकता होगी और किन्हें नहीं, इस पर विचार करने के लिए कुछ समय लगेगा।[79]

यद्यपि अयंगर के उक्त सुझाव पर आपत्ति भी की गई, किन्तु उपाध्यक्ष ने निर्णय दिया कि हम भाग IV पर बहस करेंगे। इस तरह प्रारूप संविधान के भाग I के बाद भाग IV पर बहस करने के लिए सदन की कार्यवाही को अगले दिन 19 नवम्बर, 1948 के लिए टाल दिया गया।

8

निदेशक सिद्धान्त : सुराज की आधारशिला

किसी देश की समृद्धि का पैमाना उसके नागरिकों का जीवनस्तर होता है। जीवनस्तर को लेकर नागरिकों के मध्य अधिकतम स्तर पर समानता होना सामाजिक-आर्थिक लोकतंत्र का आधार है। यह सामाजिक-आर्थिक लोकतंत्र (सुराज) ही है, जो राजनीतिक लोकतंत्र (स्वराज) को जीवन्त एवं उद्देश्यपरक बनाता है। वस्तुत: एक स्वस्थ लोकतांत्रिक देश में सामाजिक-आर्थिक लोकतंत्र के बिना राजनीतिक लोकतंत्र बेमानी-सा है। प्रारूप संविधान में सामाजिक-आर्थिक लोकतंत्र का लक्ष्य हासिल करना राज्य का दायित्व माना गया और इस लक्ष्य को हासिल करने के लिए आवश्यक सभी सिद्धान्त, 'निदेशक सिद्धान्त' के रूप में शामिल किए गए।

वल्लभभाई पटेल की अध्यक्षता वाली मूल अधिकार समिति ने संविधान-सभा की तृतीय बैठक के दौरान 29 अप्रैल, 1947 को अपनी अन्तरिम रिपोर्ट प्रस्तुत की। इस रिपोर्ट में अधिकारों को दो स्वरूप में प्रस्तुत किया गया। प्रथम स्वरूप वाले अधिकारों को मूल अधिकार के रूप में न्यायालय द्वारा प्रवर्तनीय बनाया गया था, जबकि दूसरे स्वरूप वाले अधिकारों को, शासन के मूलभूत सिद्धान्त के रूप में न्यायालय द्वारा अप्रवर्तनीय बनाया गया था। इस अन्तरिम रिपोर्ट के साथ एक संलग्नक प्रस्तुत किया गया था, जिसमें पहले स्वरूप वाले अधिकारों का उल्लेख तो था, किन्तु दूसरे स्वरूप वाले अधिकारों का उल्लेख नहीं था। करीब चार महीने बाद 30 अगस्त, 1947 को मूल अधिकार समिति ने एक पूरक रिपोर्ट[1] प्रस्तुत की, जिसके साथ 'शासन का मूलभूत सिद्धान्त' शीर्षक नाम से एक संलग्नक भी जोड़ा गया था। बारह पैराग्राफ वाले इस संलग्नक के अन्तर्गत राज्य के लिए पुरुष एवं महिला को समान अधिकार, समान कार्य के लिए समान वेतन, काम का अधिकार, मातृत्व लाभ, कामगारों के लिए यथोचित सुरक्षा, जीविकोपार्जन के स्तर में वृद्धि, समान नागरिक संहिता का निर्माण, नि:शुल्क प्राथमिक शिक्षा, ऐतिहासिक स्थलों की सुरक्षा, अन्तरराष्ट्रीय शान्ति को प्रोत्साहन जैसे शासन के लक्ष्य निर्धारित किए गए थे।

प्रारूप संविधान में मूल अधिकारों को इसके प्रारूप भाग III में और मूलभूत सिद्धान्तों को नये नाम 'निदेशक सिद्धान्त' के साथ प्रारूप भाग IV में शामिल किया गया। प्रारूप भाग III के पूर्व प्रारूप भाग IV को संविधान-सभा के पटल पर 19 नवम्बर, 1948 को विचारार्थ प्रस्तुत किया गया।

1. 'निदेशक' शब्द का महत्त्व

प्रारूप संविधान के भाग IV का शीर्षक नाम 'राज्य के नीति निदेशक सिद्धान्त' प्रस्तावित किया गया था। इस सम्बन्ध में पहला संशोधन[2], सैयद करीमुद्दीन ने इस शीर्षक नाम से 'निदेशक'

शब्द हटाने के लिए प्रस्तुत किया। उनका तर्क था कि "भाग IV में रखे गए सिद्धान्त बहुत महत्त्वपूर्ण हैं, क्योंकि ये समान नागरिक संहिता तथा आर्थिक विषय और बहुत से मूलभूत विषयों से सम्बन्धित हैं। निदेशक सिद्धान्त का अर्थ यह है कि वे राज्य पर बन्धनकारी नहीं होंगे और किसी तरह न्यायालयों द्वारा प्रवर्तनीय नहीं किए जा सकेंगे। यदि यह संविधान इन सिद्धान्तों का प्रतिपादन, न्यायालयों द्वारा लागू होने के लिए या राज्य पर बन्धनकारी होने के लिए नहीं कर रहा है, तो ये अर्थहीन हैं। इसलिए यह बहुत आवश्यक है कि 'निदेशक' शब्द हटा दिया जाए।"

इसके उपरान्त एच. वी. कामथ ने शब्द 'निदेशक' के स्थान पर शब्द 'मौलिक' रखने के लिए संशोधन[3] प्रस्तुत किया। उनका तर्क था कि भाग III और IV दोनों में ऐसे अधिकार हैं जो मूलभूत हैं। उन्होंने इसके लिए मूल अधिकार समिति द्वारा पूर्व में दिए गए नाम 'शासन का मूलभूत सिद्धान्त' को आधार बनाकर सवाल किया कि सरदार पटेल द्वारा इन अधिकारों के लिए दिए गए शीर्षक नाम से अलग नाम क्यों रखा गया है?

आम बहस के दौरान एम. अनन्थसंयनम अयंगर ने इन सिद्धान्तों को न्यायालय द्वारा अप्रवर्तनीय बनाए जाने और 'निदेशक' नाम दिये जाने का समर्थन किया। अयंगर ने तर्क दिया कि "'निदेशक सिद्धान्त' ऐसे सिद्धान्त हैं, जिन्हें सरकार को हमेशा अपने दिमाग में रखना चाहिए और इन्हें अवश्य लागू करना चाहिए। इन्हें स्वयं संविधान में इसलिए सम्मिलित किया गया है, क्योंकि हम इन्हें महत्त्वपूर्ण बनाना चाहते हैं।" अयंगर ने आगे कहा कि "यह लोकमत और लोकमत की शक्ति है, जो इस माँग के पीछे है, जो इन प्रावधानों को लागू कर सकेगी।[4] लेकिन नजीरुद्दीन अहमद ने 'निदेशक' शब्द हटाने के लिए प्रस्तुत संशोधन का समर्थन किया। उनके अनुसार, न केवल शीर्षक बल्कि पूरा अध्याय ही मिथ्या धारणा है। अहमद ने डॉ. आंबेडकर को वह पल याद दिलाया जब उन्होंने कहा था कि संविधान में पवित्र अभिव्यक्ति को सम्मिलित किया जाना उचित नहीं है। अहमद ने आगे कहा कि "यदि आप ऐसे पवित्र सिद्धान्तों को बिना वादयोग्य बनाए शामिल करते हैं, तो यह वैसे ही नये वर्ष के पहले दिन के प्रस्ताव की तरह होगा, जिसे आप 2 जनवरी को तोड़ भी देते हैं।"[5]

बहस के अन्त में डॉ. आंबेडकर ने उक्त दोनों संशोधनों को अस्वीकार कर दिया। 'निदेशक' शब्द के महत्त्व को रेखांकित करते हुए डॉ. आंबेडकर ने कहा कि "मि. कामथ के संशोधन को वस्तुत: पहले से ही मसौदा में शामिल किया गया है। यदि मसौदा को देखें तो मि. कामथ पाएँगे कि शब्द 'मूलभूत' इस भाग के पहले अनुच्छेद में ही शामिल है। इसलिए उनका उद्देश्य कि इन सिद्धान्तों को मूलभूत की तरह स्वीकार किया जाना चाहिए, इस अनुच्छेद की शब्दावली द्वारा प्राप्त कर लिया गया है। 'निदेशक' शब्द आवश्यक एवं महत्त्वपूर्ण है और इसे अवश्य ही बनाए रखना चाहिए क्योंकि यह समझा जाना है कि संविधान के इस भाग को बनाकर संविधान-सभा भावी विधायिका एवं भावी कार्यपालिका को कुछ निर्देश दे रहा है कि उन्हें अपनी विधायी और कार्यपालिकीय शक्तियों का कैसे प्रयोग करना है। यदि 'निदेशक' शब्द को हटा दिया जाए, तो मुझे डर है कि संविधान-सभा इस भाग को लागू कराने के अपने उद्देश्य में विफल हो जाएगी। निश्चित रूप से इन सिद्धान्तों को पवित्र घोषणा के रूप में रख देना ही मात्र आशय नहीं है। इस सभा की मंशा है कि भविष्य में विधायिका और कार्यपालिका दोनों इस भाग में उल्लेखित सिद्धान्तों के प्रति केवल मौखिक सेवा न करें बल्कि ये सिद्धान्त सभी विधायी और कार्यपालिकीय कार्यों का आधार बनें और इनका प्रयोग देश का शासन चलाने में किया जाए। इसलिए 'मूलभूत' और 'निदेशक' दोनों शब्द आवश्यक हैं और इन्हें बनाए रखना चाहिए।"[6]

डॉ. आंबेडकर के सम्बोधन के उपरान्त एच. वी. कामथ ने अपना संशोधन वापस ले लिया और काजी करीमुद्दीन के संशोधन को संविधान-सभा ने अस्वीकार कर दिया।

2. 'दि स्टेट' और 'स्टेट' में मूलभूत अन्तर

भाग IV का पहला प्रारूप अनुच्छेद 28 (नियमित अनुच्छेद 36) कहता था कि 'दि स्टेट' का वही अर्थ होगा, जो भाग III के लिए है, जब तक अन्यथा आवश्यक न हो। इस प्रावधान के सन्दर्भ में नजीरुद्दीन अहमद ने शब्द सुधार के लिए तीन संशोधन प्रस्तुत किए। इनमें से एक संशोधन[7] 'दि स्टेट' के स्थान पर 'स्टेट' करने के लिए था। उनका तर्क था कि "भाग III में एक से अधिक राज्य शामिल हैं। इसलिए आगामी अनुच्छेद 29 से 40 में शब्द 'दि स्टेट' उपयुक्त नहीं होगा। यदि कोई एक राज्य है, जिसकी ओर हमारा इशारा है, तो 'दि स्टेट' सन्दर्भ में उचित होगा। किन्तु हमने एक राज्य या 'दि स्टेट' को नहीं, बल्कि अलग-अलग सन्दर्भों में तमाम राज्य को ध्यान में रखा है। इसलिए 'दि' शब्द बिलकुल अनावश्यक है।

किसी शब्द के पहले 'दि' हो या न हो, यह बहुत ही सूक्ष्म-सी बात दिखती है। लेकिन 'दि' जैसे शब्दों का प्रयोग करने के पीछे कितना महत्त्वपूर्ण भाव है, इसे इस प्रावधान पर संविधान-सभा में हुई चर्चा के माध्यम से समझा जा सकता है।

डॉ. आंबेडकर ने नजीरुद्दीन अहमद के संशोधन का विरोध किया। 'दि स्टेट' के औचित्य को स्पष्ट करते हुए उन्होंने कहा कि "अनुच्छेद 28 में 'दि स्टेट' शब्द का प्रयोग जान-बूझकर किया गया है। इस संविधान में 'स्टेट' शब्द का प्रयोग दो अर्थों में किया गया है। इसका प्रयोग केन्द्र या प्रान्त का प्रतिनिधित्व करने वाले सामूहिक स्वरूप में किया गया है। केन्द्र और प्रान्त दोनों को संविधान के कुछ भागों में 'स्टेट' के रूप में कहा गया है। किन्तु वहाँ पर इस शब्द का प्रयोग सामूहिक अर्थ में किया गया है। यहाँ पर 'दि स्टेट' शब्द का प्रयोग सामूहिक और विभाजक दोनों अर्थों में किया गया है। भाग III, जो अनुच्छेद 7 से प्रारम्भ है, में 'दि स्टेट' में भारत की सरकार एवं संसद और राज्यों की सरकार एवं विधायिका और भारत क्षेत्र के सभी स्थानीय या अन्य प्राधिकारी शामिल हैं, जब तक कि अन्यथा आवश्यक न हो। इसलिए जहाँ तक निदेशक सिद्धान्तों का सम्बन्ध है, ग्राम पंचायत या जिला या स्थानीय बोर्ड भी 'राज्य' होंगे। इस भाव को स्पष्ट करने के लिए 'स्टेट' और 'दि स्टेट' कहना वांछित समझा है।"[8]

इसके उपरान्त संविधान-सभा ने नजीरुद्दीन अहमद का संशोधन प्रस्ताव अस्वीकृत कर प्रारूप अनुच्छेद 28 का मूल प्रावधान (नियमित अनुच्छेद 36) 19 नवम्बर, 1948 को अंगीकृत कर लिया।

3. निदेशक सिद्धान्त : कानून निर्माण एवं शासन के लिए मूलभूत

प्रारूप संविधान के अनुच्छेद 29 में यह स्पष्ट किया गया था कि भाग IV के प्रावधान प्रवर्तनीय नहीं होंगे किन्तु इनमें शामिल किए गए सिद्धान्त देश के शासन हेतु मूलभूत हैं और यह राज्य का कर्तव्य होगा कि वह कानूनों के निर्माण में इन सिद्धान्तों का प्रयोग करे।

इन सिद्धान्तों को प्रवर्तनीय बनाने के उद्देश्य से प्रो. के. टी. शाह ने संशोधन[9] प्रस्तुत कर प्रारूप अनुच्छेद 29 के लिए नया प्रावधान सुझाया। प्रस्तावित नये प्रावधान के अनुसार— "भाग IV का प्रावधान नागरिकों के प्रति राज्य का दायित्व माना जाएगा, यह इस तरीके से और ऐसे प्राधिकारी द्वारा प्रवर्तनीय माना जाएगा जिसे ऐसे दायित्व से सम्बन्धित कानून के अन्तर्गत उचित समझा जाए। यह राज्य का कर्तव्य होगा कि वह इन सिद्धान्तों का प्रयोग आवश्यक एवं

उचित कानूनों का निर्माण करने में करे।" प्रारूप प्रावधान का विरोध करते हुए प्रो. शाह ने कहा कि "यह एक ऐसा प्रावधान है जो न्यायालय एवं कार्यपालिका को प्रोत्साहित करेगा कि वे उन बातों को लेकर चिन्तित न हों, जो संविधान में कहा गया है, बल्कि वे अपनी सुविधानुसार और अपनी व्यावहारिकता के अनुसार कार्य करें और इस पर चलें। यह एक ऐसे चेक की तरह दिखता है, जिसका भुगतान तभी होगा, जब यह योग्य हो यानी जब केवल बैंक का संसाधन इसकी अनुमति दे।

इसके बाद नजीरुद्दीन अहमद ने संशोधन 'दि स्टेट' के स्थान पर 'एवरी स्टेट अर्थात् समस्त राज्य' प्रतिस्थापित करने के लिए प्रस्तुत किया।

प्रो. शिब्बन लाल सक्सेना ने संशोधन प्रस्तुत किया कि "संविधान लागू होने के दस वर्ष बाद नीति निदेशक सिद्धान्त, जनता के मूल अधिकार के रूप में न्यायालय द्वारा प्रवर्तनीय होगा।" उन्होंने प्रारूप प्रावधान का समर्थन भी किया और कहा कि "इन सिद्धान्तों को संविधान में शामिल करने से इस बात की गारंटी हो जाती है और यह पूरी तरह विधायिका के लिए खुला है कि जब कोई कानून उसके समक्ष आए तो वह उन तथ्यों को उजागर करे जो इस अध्याय में उल्लिखित सिद्धान्तों के विरुद्ध हैं। इसलिए केवल यह तथ्य कि वे संविधान में शामिल हैं, दिखाता है कि प्रत्येक विधायिका संविधान के इन निदेशक सिद्धान्तों का सम्मान करेंगे और इसलिए कोई कार्य जो इन सिद्धान्तों के खिलाफ हो, वह अधिकार-क्षेत्र के बाहर होगा। यद्यपि प्रत्येक नागरिक इन सिद्धान्तों को लागू कराने के लिए न्यायालय की शरण में नहीं जा पाएगा, फिर भी प्रत्येक विधायिका के अध्यक्ष के अधिकार में होगा कि वह किसी विधेयक को अस्वीकार करे और कहे कि इस विधेयक को प्रस्तावित नहीं किया जा सकता है क्योंकि यह स्वयं संविधान के मूलभूत निदेशक सिद्धान्तों के विरुद्ध है। इसलिए यह अध्याय मात्र पवित्र इच्छा का अध्याय नहीं है, बल्कि महान सिद्धान्त रखने वाला अध्याय है।"[10] सम्बोधन के अन्त में प्रो. सक्सेना ने अपना संशोधन वापस ले लिया।

आम बहस के बाद संविधान-सभा ने शेष दोनों संशोधनों को अस्वीकृत कर प्रारूप अनुच्छेद 29 (नियमित अनुच्छेद 37) के मूल प्रावधान को अंगीकृत कर लिया।

4. आर्थिक लोकतंत्र हेतु सभी विचारधाराओं के लिए रास्ते खुले

देश की सभी संस्थाओं को 'सामाजिक, आर्थिक एवं राजनीतिक न्याय' के सिद्धान्त से अनुप्राणित होने और 'लोक-कल्याण' के आदर्शों पर चलने की प्रेरणा देने वाले प्रारूप अनुच्छेद 30 का महत्त्वपूर्ण प्रावधान 19 नवम्बर, 1948 को प्रस्तुत किया गया। इसके अन्तर्गत प्रस्तावित किया गया था कि "राज्य ऐसी सामाजिक व्यवस्था की, जिसमें सामाजिक, आर्थिक एवं राजनीतिक न्याय, जो राष्ट्रीय जीवन की सभी संस्थाओं को अनुप्राणित करे, हर सम्भव प्रभावी रूप में स्थापना और संरक्षण करके लोक-कल्याण की अभिवृद्धि का प्रयास करेगा।"

उक्त प्रावधान को अनिश्चित एवं अस्थिर बताते हुए दामोदर स्वरूप सेठ ने इसके स्थान पर नया प्रावधान रखने के लिए संशोधन[11] प्रस्तुत किया। उन्होंने कहा कि इसके स्थान पर 'राज्य लोकतांत्रिक समाजवादी व्यवस्था को स्थापित करके लोगों के कल्याण, सफलता एवं प्रगति को प्रोत्साहित करने का प्रयास करेगा...', समाजीकरण पर जोर देने वाला ज्यादा स्पष्ट प्रावधान है। इसके अलावा दूसरा संशोधन नजीरुद्दीन अहमद का 'स्ट्राइव अर्थात् प्रयत्न करना' को हटाने के लिए और तीसरा संशोधन एच. वी. कामथ का 'नेशनल लाइफ' के पूर्व प्रयुक्त शब्द 'दि' को हटाने के लिए प्रस्तुत किया गया। डॉ. बी. आर. आंबेडकर ने कामथ के संशोधन को तुरन्त स्वीकार कर लिया।

आम बहस का आरम्भ करते हुए महबूब अली बेग साहिब बहादुर ने संविधान में इन योजनाओं को शामिल किए जाने पर, यह कहकर आपत्ति की कि ये मूलभूत नहीं हैं, बल्कि राज्य योजनाएँ हैं। उन्होंने कहा कि "यह देश, इन निदेशक सिद्धान्तों की देखभाल नहीं कर सकता। वह सम्बन्धित पार्टी के आदर्शों, कार्यक्रमों और सिद्धान्तों की देखभाल करेगा। यही है, जिसे संसदीय लोकतंत्र कहा जाता है। ये गलत सिद्धान्त हैं, इनको संविधान में स्थान नहीं मिलना चाहिए।"[12]

जबकि के. हनुमन्थैया ने दामोदर स्वरूप सेठ के संशोधन का विरोध और प्रारूप अनुच्छेद का समर्थन करते हुए कहा कि "श्री सेठ जिस विचार को अंगीकृत कराना चाहते हैं वह मूल प्रावधान में मौजूद है, अत: उसका संशोधन प्रस्ताव बिलकुल निरर्थक है।" हनुमन्थैया ने बेग के सुझाव को 'अंगूर खट्टे हैं' की सोच से प्रभावित बताते हुए कहा कि "मसौदा समिति ने बहुत ही अच्छे शब्दों में वाक्य-रचना की है, जो किसी भी धारा का पक्ष नहीं लेती है और इसके साथ ही यह इतनी योग्यता के साथ बनाई गई है कि कम्युनिस्ट पार्टी भी, यदि वह सत्ता में आती है, तो वह अनुच्छेद 30 और 31 के अन्तर्गत अपनी विचारधारा लागू कर सकती है। इन धाराओं में किसी भी पार्टी को अपनी विचारधारा को लागू करने से नहीं रोका गया है।"[13]

दामोदर स्वरूप सेठ के संशोधन को सन्दर्भित करते हुए हुसैन इमाम ने कहा कि "इस संशोधन में प्रस्तावित समाजीकरण, पूर्ण समाजीकरण नहीं है। उदाहरण के लिए इसमें भूमि का राष्ट्रीयकरण नहीं शामिल किया गया है, जो आज भारत के तमाम राज्यों में सक्रिय योजना है। इसके साथ उन्होंने प्रारूप प्रावधान की आलोचना इस आधार पर की कि यह वाद योग्य अधिकार नहीं है।"[14]

जबकि महावीर त्यागी ने इस अनुच्छेद को संविधान की 'पवित्रता का केन्द्र' और एक देश के निर्माण के लिए बहुत महत्त्वपूर्ण बताते हुए कहा कि "यही धारा एकमात्र ऐसी धारा है जो न्याय की बात करती है और न्याय को सामाजिक, आर्थिक और राजनीतिक न्याय के रूप में परिभाषित करती है। यह उन सभी बातों को समायोजित करती है, जिसे हम चाहते हैं।"[15]

बहस के दौरान न केवल निदेशक सिद्धान्तों की उपयोगिता पर सन्देह व्यक्त किया गया, बल्कि इन सिद्धान्तों को संविधान में स्थान देने के लिए मसौदा समिति की मंशा पर भी सवाल खड़ा किया गया। इन सभी शंकाओं एवं सवालों के जवाब में डॉ. बी. आर. आंबेडकर ने निदेशक सिद्धान्त को आर्थिक लोकतंत्र की बुनियाद बताते हुए कहा—

> "हमारा संविधान संसदीय लोकतंत्र कहे जाने वाले एक तंत्र की स्थापना करता है। संसदीय लोकतंत्र से हमारा अर्थ है एक व्यक्ति-एक मत। सभी सरकार दो स्तर पर जवाबदेह होती हैं—एक तो रोज-रोज की कार्यवाही के सम्बन्ध में और दूसरा तब जब निश्चित अवधि के बाद मतदाताओं को सरकार के कार्यों की समीक्षा करने का अवसर मिलता है। संविधान में राजनीतिक लोकतंत्र स्थापित करने का कारण यह है कि हम किसी भी रूप में लोगों के किसी विशेष समूह की निरन्तर तानाशाही नहीं स्थापित करना चाहते हैं। राजनीतिक लोकतंत्र की स्थापना करते समय यह भी इच्छा रहती है कि हमें अपना आदर्श आर्थिक लोकतंत्र स्थापित करना चाहिए। हम केवल ऐसी व्यवस्था स्थापित नहीं करना चाहते जिसमें कुछ लोग आएँ और सत्ता पर कब्जा कर लें। सरकार बनाने वाले उन लोगों के समक्ष भी संविधान आदर्श रखना चाहता है। यह आदर्श 'आर्थिक लोकतंत्र' है। प्रश्न है कि क्या हमारे पास ऐसा कोई निश्चित

तरीका है जिससे आर्थिक लोकतंत्र लाया जा सके? बहुत से ऐसे रास्ते हैं, जिनके बारे में लोगों का विश्वास है कि इनके माध्यम से आर्थिक लोकतंत्र लाया जा सकता है। कुछ लोग विश्वास करते हैं कि व्यक्तिवाद आर्थिक लोकतंत्र का श्रेष्ठ रूप है; कुछ लोग विश्वास करते हैं कि समाजवादी राज्य आर्थिक लोकतंत्र का श्रेष्ठ रूप है; कुछ लोग ऐसे भी हैं जो विश्वास करते हैं कि साम्यवादी तरीका आर्थिक लोकतंत्र का सर्वश्रेष्ठ रूप है।

"अब इस तथ्य को देखते हुए कि ऐसे बहुत से रास्ते हैं जिनके माध्यम से आर्थिक लोकतंत्र लाया जा सकता है, हमने जान-बूझकर निदेशक सिद्धान्तों में ऐसी भाषा का प्रयोग किया है, जो दृढ़ या कठोर नहीं है। आर्थिक लोकतंत्र का आदर्श पाने के लिए, अपने ढंग से प्रयत्न करने के लिए और मतदाताओं को इस बात से प्रभावित करने के लिए कि आर्थिक लोकतंत्र को पाने के लिए उनका तरीका उत्तम तरीका है, अलग-अलग सोच वाले लोगों के लिए हमने काफी गुंजाइश छोड़ी है और सभी को पूर्ण अवसर दिया गया है कि वे जिस तरह कार्य करना चाहें, कर सकते हैं।

"यही कारण है कि भाग IV के प्रावधान की भाषा को इस तरह खुला रखना मसौदा समिति ने उचित समझा है। जो बात दृढ़ नहीं है, जो मौलिक रूप से बदल रहा है और जो परिस्थिति एवं समय के अनुसार बदलते रहना चाहिए, उसको दृढ़ रूप देने का कोई उपयोग नहीं है। इसलिए यह कहने का कोई मतलब नहीं है कि निदेशक सिद्धान्त का कोई मूल्य नहीं है। मेरे निर्णय में, निदेशक सिद्धान्तों का बड़ा महत्त्व है क्योंकि ये उनका प्रतिपादन करते हैं, जो आर्थिक लोकतंत्र के आदर्श हैं।

"क्योंकि हम संविधान में प्रदत्त तरह-तरह के तंत्रों के माध्यम से शासन की मात्र ऐसी संसदीय प्रणाली नहीं स्थापित करना चाहते हैं, जिसमें यह निर्देश न हो कि हमारा आर्थिक आदर्श क्या होगा, हमारी सामाजिक व्यवस्था क्या होनी चाहिए, हमने जान-बूझकर अपने संविधान में निदेशक तत्त्वों को रखा है। यदि मेरे मित्र जो इस प्रश्न पर उत्तेजित हैं, वह उन बातों को ध्यान में रखेंगे, जिन्हें मैंने अभी कहा है कि संविधान निर्माण में हमारा उद्‌देश्य दो तरह के लक्ष्य प्राप्त करना है—पहला राजनीतिक लोकतंत्र के स्वरूप को निर्धारित करना और दूसरा आर्थिक लोकतंत्र के आदर्श को निश्चित करना एवं यह व्यवस्था बनाना कि सभी सरकार, जो भी सत्ता में हो, आर्थिक लोकतंत्र को लागू करने का प्रयत्न करेगी, तो इस सम्बन्ध में बहुत सारी गलतफहमी समाप्त हो जाएगी।"[16]

उक्त सम्बोधन के साथ डॉ. आंबेडकर ने प्रारूप अनुच्छेद 30 पर प्रस्तुत सभी संशोधनों का विरोध किया। इसके बाद संविधान-सभा ने दामोदर स्वरूप सेठ के संशोधन को अस्वीकृत कर दिया और एच. वी. कामथ ने अपना संशोधन वापस ले लिया।

5. 'प्रयत्न करना' : इसका व्यावहारिक महत्त्व

प्रारूप अनुच्छेद 30 के सम्बन्ध में नजीरुद्‌दीन अहमद ने शब्द 'प्रयत्न करे' हटाने के लिए संशोधन[17] प्रस्तुत किया। उनका तर्क था कि भाग IV के अधिकारों को प्रवर्तनीय न बनाकर इन्हें पहले ही कमजोर कर दिया गया है, अब इसमें 'प्रयत्न करे' जैसे शब्द का प्रयोग करके

इसे और कमजोर बनाना उचित नहीं है। महावीर त्यागी ने इस संशोधन का समर्थन यह कहकर किया कि यह खंड भाषायी दृष्टि से मजबूत नहीं है, यह बहुत विराम देने वाला है।

किन्तु डॉ. बी. आर. आंबेडकर ने संशोधन का विरोध किया। 'स्ट्राइव अर्थात् प्रयत्न करे' शब्द के महत्त्व को रेखांकित करते हुए उन्होंने कहा कि "हमने इसका प्रयोग किया है क्योंकि हमारा आशय है कि यदि ऐसी भी परिस्थितियाँ हों जो सरकार को रोकें या निदेशक सिद्धान्तों को लागू करने के रास्ते में रोड़ा बनकर आएँ, ऐसी कठिन और प्रतिकूल परिस्थितियों में भी इन निदेशकों को पूरा करने का वह प्रयत्न करेगी। यही कारण है कि हमने 'स्ट्राइव' शब्द का प्रयोग किया है। अन्यथा किसी भी सरकार को यह कहने की खुली छूट होगी कि परिस्थितियाँ इतनी खराब हैं और अर्थ-संसाधन इतना अपर्याप्त है कि हम उस दिशा में कोशिश नहीं कर सकते हैं, जिसे करने के लिए संविधान कहता है। इस सन्दर्भ में 'स्ट्राइव' शब्द अधिक महत्त्व का है और इसको हटाना गलत होगा।"[18]

इसके बाद संविधान-सभा ने नजीरुद्दीन अहमद के संशोधन को अस्वीकार कर, प्रारूप अनुच्छेद 30 (नियमित अनुच्छेद 38) को अंगीकृत कर लिया।

6. समान वितरण न्याय आधारित सामाजिक अर्थवाद का सिद्धान्त

प्रारूप अनुच्छेद 30 का प्रावधान जहाँ सामाजिक, आर्थिक एवं राजनीतिक न्याय के आदर्श और लोक कल्याण के उस लक्ष्य को स्थापित करता था, जिन्हें हासिल किया जाना है, वहीं प्रारूप अनुच्छेद 31 का प्रावधान 'समान वितरण न्याय आधारित सामाजिक अर्थवाद' के उन सिद्धान्तों को प्रतिपादित करता था, जिनके माध्यम से न्याय के आदर्श एवं लोक कल्याण का लक्ष्य हासिल किया जा सकता है। पहला प्रावधान साध्य है, तो दूसरा साधन। ये दोनों प्रावधान मिलकर आर्थिक लोकतंत्र की बुनियाद बनाते हैं।

प्रारूप प्रावधान 31 के अन्तर्गत निम्न छह मूल सिद्धान्त प्रस्तावित किए गए थे—राज्य अपनी नीतियों को इस प्रकार संचालित करेगा कि सुनिश्चित रूप से—

(क) पुरुष और स्त्री नागरिकों को समान रूप से जीविका के पर्याप्त साधन अर्जित करने का अधिकार हो;
(ख) समुदाय के भौतिक संसाधनों का स्वामित्व और नियंत्रण इस प्रकार बँटा हो जिससे सामूहिक हित की सर्वोत्तम रूप से पूर्ति हो;
(ग) आर्थिक व्यवस्था इस तरह चले जिससे धन और उत्पादन के साधनों का सर्वसाधारण के लिए अहितकारी केन्द्रीकरण न हो;
(घ) पुरुषों और स्त्रियों दोनों का समान कार्य के लिए समान वेतन हो;
(ङ) पुरुष और स्त्री, सभी श्रमिकों की शक्ति और स्वास्थ्य का तथा बालकों की सुकुमार अवस्था का दुरुपयोग न हो और आर्थिक आवश्यकताओं से विवश होकर नागरिकों को ऐसे रोजगार में न जाना पड़े जो उनकी आयु या शक्ति के अनुकूल न हो;
(च) शोषण के खिलाफ और नैतिक एवं भौतिक परित्याग के खिलाफ बचपन एवं युवा की सुरक्षा हो।

प्रारूप अनुच्छेद 31 के सम्बन्ध में कुल नौ संशोधन प्रस्तुत किए गए। इनमें से ज्यादातर संशोधन, भाषायी सुधार या शब्द सुधार के लिए थे। एस. वी. कृष्णमूर्ति राव के एक महत्त्वपूर्ण संशोधन[19] खंड (ङ) में शब्द 'शक्ति और स्वास्थ्य' के स्थान पर शब्द 'स्वास्थ्य और शक्ति'

रखने के लिए प्रस्तुत किया गया। उनका तर्क था कि शक्ति स्वास्थ्य के पीछे चलती है और यह शब्दावली ज्यादा बेहतर है।

इसके अलावा दो अलग-अलग संशोधन प्रो. के. टी. शाह ने खंड (ख) एवं (ग) के प्रारूप प्रावधान को निम्न नये प्रावधान से प्रतिस्थापित करने के लिए प्रस्तुत किए—

(ख) खान एवं खनिज सम्पदा, जंगल, नदी एवं बहने वाले जल के रूप में और समुद्र के साथ देश के तट के रूप में देश के प्राकृतिक संसाधनों का स्वामित्व, नियंत्रण एवं प्रबन्धन सामूहिक रूप से देश में निहित होगा व देश का होगा और इनका प्रयोग एवं विकास ऐसे राज्य द्वारा समुदाय की तरफ से किया जाएगा, जो केन्द्र या राज्य सरकार का या स्थानीय शासकीय प्राधिकार का या वैधानिक निगम, जैसा कि संसद के कानून द्वारा प्रत्येक मामले में प्राविधानित किया जाए, की तरफ से प्रतिनिधित्व करे।

(ग) भौतिक सम्पदा, सामाजिक सेवा या लोक उपयोग के उत्पादन का किसी भी रूप में निजी एकाधिकार नहीं होगा और न उत्पादन एवं वितरण के साधनों का निजी हाथों में केन्द्रीकरण होगा और राज्य ऐसे समस्त साधन अपनाएगा, जो ऐसे केन्द्रीकरण या संचय को रोके।[20]

प्रो. शाह ने तर्क दिया कि यह उचित समय है कि हम इस संविधान में स्पष्ट रूप से यह स्थापित करें कि इन संसाधनों का परम स्वामित्व, प्रत्यक्ष नियंत्रण, संचालन एवं विकास केवल राज्य के हाथ में होगा। खंड (ग) के सम्बन्ध में उनका तर्क था कि निजी एकाधिकार अपने-आप में लोकहित के विरुद्ध होता है। प्रत्येक देश में, जिसके भी इतिहास सुरक्षित हैं, जहाँ-जहाँ ये प्रकट हुए हैं, लोगों ने इनका विरोध किया है।

आम बहस में भाग लेते हुए प्रो. शिब्बन लाल सक्सेना ने कहा कि "खंड (ख) का प्रावधान महत्त्वपूर्ण सिद्धान्त रखने वाली एक व्यापक घोषणा है। यह घोषणा इतनी बृहत् है कि अर्थशास्त्र की सारी व्यवस्थाएँ इस पर आधारित हो सकती हैं। समाजवाद अर्थशास्त्र की व्यवस्था, जो कहती है कि देश के सभी संसाधन राज्य में निहित हों और उनका उपयोग सभी समुदायों के हित में किया जाए, इस पर आधारित हो जाएगी। लेकिन अगले संसद में चुनकर आया बहुमत भी इस प्रावधान के अन्तर्गत आगे आकर कह सकता है कि रूजवेल्ट द्वारा बनाई गई योजना ज्यादा अच्छी है और इसको स्वीकार किया जाना चाहिए। यह खंड भावी संसद के लिए खुला रहता है कि वह अपनी इच्छानुसार अच्छी-से-अच्छी योजनाओं को विकसित करे।"[21] मूल उद्योगों का स्वामित्व राज्य को दिये जाने और निजी एकाधिकार के खिलाफ संविधान में प्रावधान रखने का समर्थन करते हुए प्रो. सक्सेना ने आगे कहा कि "स्वीकृत रूप से प्रत्येक जगह एकाधिकार की व्यवस्था बहुत खतरनाक है। अमेरिका में देश की सम्पत्ति का लगभग 54 प्रतिशत हिस्सा सिर्फ 60 परिवारों के स्वामित्व में है और कहा जाता है कि इन उद्योगों के 12 निर्देशक वहाँ के कैबिनेट मंत्री से भी अधिक शक्तिशाली हैं। इनसे हम सभी को सीखने की आवश्यकता है और इसलिए संविधान में यह प्रतिपादित करना चाहिए कि भारत में एकाधिकार की अनुमति नहीं होगी"। प्रो. सक्सेना ने विश्वास व्यक्त किया कि डॉ. आंबेडकर इस विचार को उचित संशोधन के माध्यम से शामिल करने का प्रयास करेंगे।

यदुबंश सहाय ने प्रारूप प्रावधान का समर्थन और प्रो. शाह के प्रावधान को हल्के शब्द से युक्त प्रावधान बताते हुए कहा कि "कल किसी ने कहा कि यह अनुच्छेद आर्थिक लोकतंत्र का चार्टर है। इस अध्याय में, और खासकर इस अनुच्छेद में, हम समाजवाद और अन्य सभी

वाद के बीज पा सकते हैं। यह भी कहा गया कि यह अनुच्छेद गरीबों का अध्याय है। मेरा विनम्र निवेदन है कि इस चैप्टर में अनुच्छेद 31 वह केन्द्र है जिसके चारों ओर सब कुछ घूमेगा। अनुच्छेद 31 का खंड (ख) बहुत ही महत्त्वपूर्ण प्रावधान है।" सहाय ने सदन से यह सिद्धान्त स्वीकार करने की अपील की कि देश के उत्पादन के सभी साधन एवं प्राकृतिक या भौतिक संसाधन, समुदाय में और इसके माध्यम से राज्य में निहित होंगे।[22]

एस. नागप्पा ने खंड (ख) एवं (ग) के प्रावधान को एकमात्र ऐसा प्रावधान बताया जिसमें गरीब आदमी और आम आदमी अपने भविष्य की उम्मीदों को तलाश सकता है। नागप्पा ने आगे कहा कि "यहाँ एकत्रित सभी सम्मानित सदस्यों का उद्देश्य जल्द-से-जल्द समाजवाद लाने का है। जब तक यह खंड है, भारत में पूँजीवाद की उन्नति सम्भव नहीं है।"[23]

अन्त में उपाध्यक्ष महोदय ने डॉ. बी. आर. आंबेडकर को बुलाया। डॉ. आंबेडकर ने एस. वी. कृष्णमूर्ति राव के संशोधन को स्वीकार किया और बाकी सभी संशोधनों का विरोध किया। प्रो. के. टी. शाह के खंड (ख) एवं (ग) के सम्बन्ध में प्रस्तुत संशोधन पर डॉ. आंबेडकर ने कहा कि "वह इन पर विचार करने के लिए बिलकुल तैयार हो जाते यदि यह दिखा दिया जाए कि वह जो अपने खंडों के माध्यम से प्रतिस्थापित करवाना चाहते हैं, उसे इसके मूल प्रावधान की भाषा के माध्यम से किया जाना सम्भव नहीं है। प्रारूप में प्रयोग की गई भाषा ज्यादा व्यापक है, जो प्रो. शाह द्वारा प्रस्तावित की गई विशिष्ट बातों को भी शामिल करती है।"[24]

तत्पश्चात संविधान-सभा ने कृष्णामूर्त्ति राव के संशोधन को स्वीकार कर और शेष संशोधन को अस्वीकार कर प्रारूप अनुच्छेद 31 का यथासंशोधित प्रावधान (नियमित अनुच्छेद 39) 22 नवम्बर, 1948 को अंगीकृत कर लिया।

7. नारियों को पुरुषों के समान हक

प्रारूप अनुच्छेद 31 के छह खंडों में से तीन खंड—खंड (क), (घ) एवं (ङ) के प्रावधान महिलाओं को विशिष्ट रूप से सन्दर्भित करते थे। संविधान इन प्रावधानों के माध्यम से महिलाओं को, आर्थिक एवं सामाजिक जीवन के प्रत्येक स्तर पर पुरुषों के समान हैसियत प्रदान करने की घोषणा करता था।

नजीरुद्दीन अहमद ने प्रारूप खंड (क) से शब्दावली 'पुरुषों एवं स्त्रियों को समान रूप से' निकालने के लिए संशोधन[25] प्रस्तुत किया। इस शब्दावली को अनावश्यक एवं निरर्थक बताते हुए अहमद ने कहा कि अनुच्छेद 5 'नागरिक' को सामान्य शब्दों में परिभाषित करता है। निर्वचन में पुल्लिंग में स्त्रीलिंग शामिल है।

प्रो. के. टी. शाह ने भी शब्दावली 'पुरुष और स्त्री नागरिकों को समान रूप से' के स्थान पर 'सभी नागरिक को समान रूप से' रखने के लिए संशोधन[26] प्रस्तुत किया। उनका तर्क था कि शब्द 'नागरिकों' इतना सामूहिक है कि उन्हें डर है कि कहीं इसका विभाजक भाव ही समाप्त न हो जाए। 'एवरी सिटिजन' का प्रयोग करने से समाज के प्रत्येक और सभी सदस्य, पर्याप्त जीवनस्तर का अधिकार प्राप्त कर सकेंगे। प्रो. शाह ने आगे कहा कि "'पुरुषों एवं स्त्रियों को समान रूप से' इस बात पर बहुत जोर देता है कि स्त्री पुरुषों द्वारा संरक्षित हैं। सभी नागरिक लिंग, उम्र या पंथ से निरपेक्ष केवल नागरिक हैं और इस मूलभूत बात को संविधान में स्वीकार कर लेने के बाद कोई कारण नहीं है कि हम 'पुरुषों एवं स्त्रियों को समान रूप से' कहें।"

डॉ. आंबेडकर ने उक्त दोनों संशोधनों पर गम्भीर आपत्ति व्यक्त की। उन्होंने 'नागरिकों' की तुलना में 'सभी नागरिकों' को ज्यादा उपयुक्त बताते हुए आश्वासन दिया कि जब यह

संविधान, मसौदा समिति के समक्ष शब्द सुधार के लिए भेजा जाएगा तो वह प्रो. शाह के इस सोच को शामिल करने के लिए तैयार रहेंगे।[27]

प्रारूप खंड (क) का मूल उद्देश्य 'लिंग आधारित समानता' स्थापित करने का था। 'पुरुषों एवं स्त्रियों को समान रूप से' के स्थान पर 'नागरिकों' का प्रयोग करने से इसका सन्दर्भ बहुत व्यापक हो जाता है। यह सम्भव था कि इसका प्रयोग जाति आधारित समानता या धर्म आधारित समानता के सन्दर्भ में भी किया जाने लगे, जो प्रारूप प्रावधान का आशय नहीं था।

संविधान-सभा ने भी उक्त दोनों संशोधनों को अस्वीकार कर दिया।

8. ग्राम पंचायत : एक स्वायत्त इकाई के रूप में स्वीकार

22 नवम्बर, 1948 को एच. वी. कामथ ने नया अनुच्छेद 30-क जोड़ने के लिए संशोधन[28] प्रस्तुत किया। इस प्रस्तावित अनुच्छेद के अनुसार—'राज्य ग्राम पंचायतों को प्रशासन की आधारभूत इकाई बनाने की दृष्टि से उनके विकास को प्रोत्साहित करने का प्रयत्न करेगा।' इसके समर्थन में कामथ ने कहा कि "जहाँ यूरोप एवं अमेरिका से प्रभावित पूँजीवादी, संसदीय लोकतंत्र और सोवियत यूनियन से प्रभावित केन्द्रीकृत समाजवाद, मानव-जीवन में शान्ति, खुशहाली और समृद्धि लाने में विफल रहे हैं, हम भारत में महात्मा गांधी के पंचायत राज आधारित दर्शन को आत्मसात कर नये राजनीतिक और आर्थिक तरीके स्थापित कर सकेंगे और विकेन्द्रीकृत समाजवाद के इस तंत्र के माध्यम से हम मानव जगत एवं विश्व को शान्ति और खुशहाली के लक्ष्य का रास्ता दिखा सकेंगे।"

डॉ. आंबेडकर ने उक्त संशोधन को टालने के लिए प्रस्ताव किया। इस पर उपाध्यक्ष ने कहा कि इस संशोधन को के. सन्थानम के संशोधन के साथ लिया जाएगा। इसके बाद अनुच्छेद 31 को प्रस्तुत किया गया और अंगीकृत किया गया।

अनुच्छेद 31 अंगीकृत होने के बाद के. सन्थानम ने नया अनुच्छेद 31-क जोड़ने के लिए संशोधन[29] प्रस्तुत किया। इस नये अनुच्छेद के अनुसार—'राज्य, ग्राम पंचायतों को संगठित करने के लिए कदम उठाएगा और उनको ऐसी शक्तियाँ एवं प्राधिकार प्रदान करेगा, जो उन्हें स्वायत्त शासन की इकाइयों के रूप में कार्य करने योग्य बनाने के लिए आवश्यक हो।' इसके समर्थन में सन्थानम ने कहा कि "इस स्वतंत्र देश में स्वराज के समस्त ढाँचों को संगठित ग्राम सामुदायिक जीवन पर आधारित होना चाहिए।" डॉ. आंबेडकर ने इस संशोधन को तुरन्त स्वीकार कर लिया।

आम बहस के दौरान टी. प्रकासम ने भी सन्थानम के संशोधन का समर्थन किया। डॉ. राजेन्द्र प्रसाद के विचार को याद करते हुए टी. प्रकासम ने कहा कि "ग्राम गणराज्य या ग्राम इकाई को संविधान का वास्तविक आधार नहीं बनाने से एक गम्भीर स्थिति पैदा हो गई है। इसे सभी के द्वारा स्वीकार करना चाहिए कि यह एक ऐसा तंत्र है, जो ऊपर से प्रारम्भ होता है और चलकर नीचे पहुँचता है। इस सम्बन्ध में जो सुझाव डॉ. राजेन्द्र प्रसाद द्वारा स्वयं दिया गया था वह यह है कि तंत्र को नीचे बुनियाद से प्रारम्भ होकर ऊपर पहुँचना चाहिए। यदि ग्राम को स्वराज की इकाई बनाया जाता है, तो यह मुद्रा-स्फीति को भी रोकेगा, जिसे मात देने में सरकार भी सफल नहीं रही है। यह ग्राम-संगठन देश में शान्ति स्थापित करेगा। यदि गाँवों को सही तरीके से संगठित कर लें और उन्हें सही तरीके से काम करने दें, तो साम्यवाद को तुरन्त नियंत्रित किया जा सकता है। हमारे अपने लोगों को साम्यवादी होने का प्रलोभन नहीं होगा और अपने ही लोगों को मारने, जैसा कि वे कर रहे हैं, का अवसर नहीं होगा।"[30]

के. सन्थानम द्वारा संशोधन प्रस्तुत करने और डॉ. आंबेडकर द्वारा इसे स्वीकार करने पर सुरेन्द्र मोहन घोष ने खुशी व्यक्त की और कहा कि "जहाँ तक करोड़ों-करोड़ लोगों का सवाल है इस संविधान का मतलब कुछ नहीं होता जब तक कि संविधान में इस तरह का प्रावधान न हो। हजारों-हजार वर्षों से भारत में हमारे जीवन का अर्थ यह था कि सभी व्यक्तियों को पूर्ण स्वतंत्रता प्राप्त हो। प्रत्येक व्यक्ति को पूर्ण एवं असीमित आजादी प्राप्त थी, किन्तु व्यक्ति को इस आजादी के साथ क्या करना चाहिए, इसके लिए कुछ निर्देश भी थे। व्यक्ति के पास आजादी केवल एकता हेतु कार्य करने के लिए थी। व्यक्ति के पास ऐसी कोई आजादी नहीं थी, जो हमारी एकता को भंग करने के लिए कार्य करे। शरीर की जीवित कोशिकाओं की तरह गाँवों को भी अपनी बात कहने की पूर्ण आजादी दी गई थी, किन्तु उसी समय इस आजादी के साथ उनको केवल भारत की एकता को बनाए रखने के लिए भी कार्य करना था।[31]

यह आशा व्यक्त करते हुए कि एक समय आएगा, जब हम गाँवों में अपनी प्राचीन महिमा को देख सकेंगे, सेठ गोविन्द दास ने भी के. सन्थानम के संशोधन का समर्थन किया। हिन्दी भाषा में बोलते हुए दास ने कहा कि "यूनान में गाँवों की तुलना में टाउन को ज्यादा महत्त्व मिला। एथेन्स गणराज्य और स्पार्टा आज विश्व के इतिहास में महत्त्वपूर्ण स्थान रखते हैं, किन्तु यहाँ गाँवों को महत्त्व नहीं मिला। लेकिन हमारे देश में गाँवों को इतना महत्त्वपूर्ण स्थान मिला था कि सबसे प्राचीन ग्रन्थ 'उपनिषद्' की महान कृतियों में गाँवों का उल्लेख है। यहाँ तक कि कौटिल्य के 'अर्थशास्त्र' में प्राचीन गाँवों का सन्दर्भ पाया गया है। आधुनिक इतिहास में भी इसे स्वीकार किया गया है। मि. हेनरी द्वारा लिखित 'एन्शिएंट लॉ', मि. बाडेन पावेल के 'इंडियन विलेज कम्युनिटी', श्री बी. सी. पाल के 'फंडामेंटल यूनिटी ऑफ इंडिया' सभी में प्राचीन ग्राम संगठनों का उल्लेख पाया जाता है। यहाँ तक कि मुस्लिम शासन के दौरान भी गाँवों का महत्त्व था। ब्रिटिश काल के दौरान गाँवों की उपेक्षा हुई और इसने अपना महत्त्व खोया।"[32]

वी. आई. मुनिस्वामी पिल्लई ने भी संशोधन का समर्थन करते हुए कहा कि "यह वास्तविकता है कि गाँव बर्बाद होने के कगार पर हैं और यदि कोई सुख-सुविधा या स्वराज होना है तो वह इन गाँवों से होना है। इन्हें सम्प्रभुता दी जानी चाहिए। इस संशोधन के अन्तर्गत हम गाँवों को आत्मनिर्भर बनाने एवं स्वराज लाने के लिए कुछ शक्ति प्रदान करने जा रहे हैं।"[33] डॉ. वी. सुब्रमण्यम ने भी कहा कि "जब हमारी भारत माँ अपना संविधान प्राप्त कर रही हैं, यदि संविधान में कोई जीवित कोशिका होगा, तो वह यह ग्राम पंचायत होगा, जिसे मेरे मित्र माननीय सन्थानम द्वारा संशोधन के माध्यम से लाया गया है।"[34]

यद्यपि एल. कृष्णास्वामी भारती ने कहा कि वह इस संशोधन प्रस्ताव से पूरी तरह सहमत नहीं हैं क्योंकि मौजूदा स्वरूप में इस संविधान में प्रान्तीय सरकारों को ग्राम पंचायत बनाने और इसे एक स्वराज के रूप में क्रियाशील करने की शक्ति प्राप्त है, फिर भी वह यह संशोधन प्रस्तुत करने के लिए के. सन्थानम और संशोधन स्वीकार करने के लिए डॉ. आंबेडकर को बधाई देते हैं। महात्मा गांधी को याद करते हुए भारती ने कहा कि "आर्थिक लोकतंत्र महत्त्वपूर्ण है और इसके लिए आर्थिक शक्ति का विकेन्द्रीकरण महत्त्वपूर्ण है। यदि भारत को लोकतंत्र के रूप में कार्य करना है तो राजनीतिक एवं आर्थिक दोनों स्तर पर विकेन्द्रीकरण अति आवश्यक है।" उन्होंने महात्मा गांधी द्वारा 'एशियन रिलेशंस कॉन्फ्रेंस' में व्यक्त किए भाषण का स्मरण किया, जिसमें उन्होंने कहा था कि "जो आप लोग दिल्ली में देख रहे हैं वह भारत नहीं है। गाँवों में जाएँ वहाँ भारत है, वहाँ भारत की आत्मा निवास करती है।"[35]

अन्त में डॉ. बी. आर. आंबेडकर ने एक बार पुन: कहा कि वह के. सन्थानम के संशोधन को स्वीकार करते हैं और इसमें कुछ जोड़ने की आवश्यकता नहीं है। इसके उपरान्त संविधान-सभा ने अनुच्छेद 31-क (नियमित अनुच्छेद 40) को अंगीकृत कर इसे प्रारूप संविधान का भाग बना दिया।

9. कुटीर उद्योगों को प्रोत्साहन और श्रमिकों को संरक्षण

किसी भी देश का समग्र विकास उस देश के श्रमिकों के जीवनस्तर से आँका जाता है। श्रमिक वर्ग औद्योगिक विकास के साथ-साथ कृषि उत्पादन का आधार होता है, इसलिए इनके जीवनस्तर को सुधारना किसी भी तंत्र की जिम्मेदारी है। इसको दृष्टिगत रखते हुए प्रारूप अनुच्छेद 34 प्रस्तावित किया गया था। इस अनुच्छेद के अनुसार—'राज्य, उपयुक्त विधान या आर्थिक संगठन द्वारा या किसी अन्य रीति से उद्योग के या अन्य प्रकार के सभी कर्मकारों को काम, निर्वाह मजदूरी, शिष्ट जीवनस्तर और अवकाश का सम्पूर्ण उपभोग सुनिश्चित करने वाली काम की दशाएँ तथा सामाजिक और सांस्कृतिक अवसर प्राप्त कराने का प्रयास करेगा।'

महावीर त्यागी ने प्रारूप प्रावधान के साथ एक नया खंड (ख) जोड़ने के लिए संशोधन[36] प्रस्तुत किया। इस नये खंड के अनुसार—'राज्य स्वदेशी वस्तुओं का और कुटीर उद्योगों का, विशेषकर ग्रामीण इलाकों में, प्रोत्साहन करेगा।' इसके समर्थन में त्यागी ने कहा कि "गाँवों में स्थिति इतना खराब है कि श्रमिक वर्ग कस्बों की तरफ आ रहे हैं। हमने रिकॉर्ड पर यह कहा है कि हम आर्थिक लोकतंत्र चाहते हैं। ग्रामीण क्षेत्र के मौजूदा हालात में हम कैसे आर्थिक लोकतंत्र लाएँगे? इस संशोधन का उद्देश्य है कि बजाय मानवीय शक्तियाँ मशीन की तरफ जाएँ, मशीनों को गाँवों तक ले जाया जाए, ताकि गाँववासी जो अपने स्वच्छ पर्यावरण में अपने प्यारे घर में रह रहे हैं, उनको उनके परिवार से दूर न किया जाए। यदि आप राजनीतिक लोकतंत्र को आर्थिक लोकतंत्र के साथ जोड़ना चाहते हैं और डॉ. आंबेडकर के 'एक व्यक्ति-एक इकाई' के विचार को जीवंत बनाना चाहते हैं, तो आपको गाँवों को आत्मनिर्भर और आत्म-परिपूर्ण बनाना चाहिए।"

तदुपरान्त पीठासीन उपाध्यक्ष ने बताया कि इसी तरह का एक संशोधन रामलिंगम चेटियार का है। वह अपना संशोधन प्रस्तुत कर सकते हैं।

इसके बाद टी. ए. रामलिंगम चेटियार ने प्रारूप अनुच्छेद 34 के प्रावधान के अन्त में शब्दावली 'और राज्य विशेष रूप से ग्रामों में सहकारिता के रास्ते पर कुटीर उद्योग को बढ़ाने का प्रयास करेगा' जोड़ने के लिए संशोधन[37] प्रस्तुत किया। चेटियार का तर्क था कि "कुटीर उद्योगों के आगे न बढ़ पाने का प्रमुख कारण है कि आयातित वस्तुओं से प्रतियोगिता और कुटीर उद्योग को सहयोग करने वाली संरचना का अभाव। उसके लिए कच्चे माल की आपूर्ति करनी होगी; मजदूरी का नियमित भुगतान करना होगा और सबसे बड़ी बात बाजार को व्यवस्थित करना होगा। इन्हें पूरा करने के उद्देश्य के लिए एक संरचना की आवश्यकता है, जिसके लिए दो रास्ते हैं या तो पूँजीवादी व्यवस्था को शामिल किया जाए, जो शोषण-प्रयोगशाला होगी या सहकारी संस्थाएँ। निश्चित ही हममें से किसी का यह आशय नहीं है कि हमें पूँजीवाद को प्रोत्साहित करना चाहिए, जो ग्रामीण श्रमिकों का और यहाँ तक कि कस्बे के श्रमिकों का शोषण करते हैं। इसलिए कच्चे माल की आपूर्ति और उत्पाद के बाजारीकरण के लिए एकमात्र तरीका जो हमारे पास है वह है सहकारी संस्थाओं का निर्माण।"

इसी दौरान अमियो कुमार घोष ने कहा कि पहले से ही एक संशोधन प्रस्ताव श्री गुप्तनाथ सिंह के नाम से है, जो कहता है कि 'राज्य कुटीर उद्योगों को विकसित एवं प्रोत्साहित करेगा और जहाँ तक सम्भव हो, गाँवों को आत्मनिर्भर बनाएगा।' इसलिए यह संशोधन (चेटियार का संशोधन) प्रस्तुत करने की आवश्यकता नहीं है। किन्तु उपाध्यक्ष महोदय ने चेटियार के संशोधन को व्यवस्था के अनुकूल बताते हुए इसे आम बहस के लिए खोल दिया।"[38]

आम बहस के दौरान एच. वी. कामथ ने कहा कि "यदि हम अनुच्छेद 34, 32 एवं 31 के प्रावधान को गम्भीरता से लागू करने जा रहे हैं और सरकार वास्तव में इन अनुच्छेदों के अनुसार कार्य करेगी, तो कोई शंका नहीं है कि वे नये चार्टर होंगे। शोषित, वंचित एवं हाशिये के लोगों के लिए नया जीवन देने वाले चार्टर होंगे और हमारे देश में आर्थिक एवं सामाजिक लोकतंत्र के ब्लूप्रिंट के लिए ढाँचा प्रदान करेंगे।"[39]

इसके उपरान्त एस. नागप्पा ने प्रारूप प्रावधान में शब्द 'औद्योगिक' के बाद शब्द 'कृषिक' जोड़ने हेतु एक महत्त्वपूर्ण संशोधन लाने की बात कहा। किन्तु उपाध्यक्ष ने इसे व्यवस्था के प्रतिकूल बताया।

डॉ. आंबेडकर ने अपने जवाब में कहा कि वह सिद्धान्ततः कुटीर उद्योग को अनुच्छेद 34 में शामिल करने के लिए सहमत हैं। इसलिए कुछ बदलाव की शर्त के साथ वह रामलिंगम चेटियार के संशोधन को स्वीकार करने के लिए तैयार हैं।[40] इसके बाद डॉ. आंबेडकर ने दो बदलाव सुझाए। पहला बदलाव शब्द 'सहकारिता' के पूर्व 'व्यक्तिगत या' जोड़ने के लिए और दूसरा बदलाव शब्दावली 'के रास्ते पर' के स्थान पर 'के आधार पर' रखने के लिए था। इन दोनों बदलावों को चेटियार ने तुरन्त स्वीकार कर लिया।

डॉ. आंबेडकर ने आगे कहा कि वह मि. नागप्पा के इस संशोधन को स्वीकार करने के लिए सहमत हैं कि शब्द 'औद्योगिक' के बाद शब्द 'कृषिक' जोड़ दिया जाए।

इसके बाद उपाध्यक्ष ने कहा कि इसकी अनुमति नहीं दी गई है।

किन्तु डॉ. आंबेडकर ने कहा कि यदि आप अनुमति देते हैं, तो उन्हें कोई आपत्ति नहीं है। वह सोचते हैं कि मि. नागप्पा के इस सुझाव में कुछ तत्त्व है कि हमारी कृषि प्रयोगशाला का उतना ही महत्त्व है, जितना कि हमारी औद्योगिक प्रयोगशाला का है और इसे केवल शब्द 'अन्य प्रकार से' द्वारा सन्दर्भित नहीं किया जाना चाहिए।[41]

एल. कृष्णास्वामी भारती ने पूछा कि "आप शब्दावली 'व्यक्तिगत या सहकारिता के आधार पर' क्यों चाहते हैं? इन शब्दों को जोड़ने का कोई आधार नहीं है।"

डॉ. आंबेडकर ने जवाब दिया कि "इस विषय में रुचि रखने वाले सदस्यों में दो श्रेणी के लोग हैं। एक वे लोग, जो केवल सहकारिता के आधार पर कुटीर उद्योग में विश्वास करते हैं और दूसरे वे लोग हैं, जो यह विश्वास करते हैं कि कुटीर उद्योग बिना ऐसी किसी सीमा के होना चाहिए। दोनों विचारों को सन्तुष्ट करने के लिए मैंने ऐसी शब्दावली का प्रयोग जान-बूझकर किया है। यह अभिव्यक्ति दोनों विचारों को सन्तुष्ट करेगी।[42]

शब्द 'कृषिक' जोड़ने के विषय पर उपाध्यक्ष महोदय ने कहा कि यदि यह सदन डॉ. आंबेडकर के सुझाव को स्वीकार करता है, तो वह अपनी व्यवस्था को वापस लेने के लिए तैयार हैं।

इसके बाद महावीर त्यागी ने अपना संशोधन प्रस्ताव वापस ले लिया और संविधान-सभा ने डॉ. आंबेडकर द्वारा पुनर्संशोधित रामलिंगम चेटियार का संशोधन और एस. नागप्पा का संशोधन स्वीकार कर प्रारूप अनुच्छेद 34 का यथासंशोधित प्रावधान (नियमित अनुच्छेद 43) 23 नवम्बर, 1948 को अंगीकृत कर लिया।

10. बच्चों के लिए नि:शुल्क एवं अनिवार्य शिक्षा

शिक्षा किसी देश के विकास की कुंजी होती है। यह राज्य का दायित्व है कि वह देश के सभी बच्चों को समान रूप से नि:शुल्क एवं अनिवार्य शिक्षा प्रदान करे। इस दायित्व को संवैधानिक निदेशन के रूप में स्थापित करने के लिए प्रारूप अनुच्छेद 36 प्रस्तावित किया गया।

प्रारूप अनुच्छेद 34 के बाद समान नागरिक संहिता से सम्बन्धित प्रारूप अनुच्छेद 35 पर विचार किया जाना था, लेकिन डॉ. आंबेडकर ने इसे टाल देने का आग्रह किया, जिसे उपाध्यक्ष ने सदन की सहमति से स्वीकार कर लिया। इस तरह पहले प्रारूप अनुच्छेद 36 को विचारार्थ सदन के समक्ष रखा गया। इसके अनुसार—

> प्रत्येक नागरिक नि:शुल्क प्राथमिक शिक्षा प्राप्त करने का अधिकारी होगा और राज्य, संविधान लागू होने के 10 वर्ष के अन्दर, सभी बालकों को चौदह वर्ष की आयु पूरी करने तक नि:शुल्क और अनिवार्य शिक्षा प्रदान करने के लिए उपबन्ध करने का प्रयास करेगा।

प्रारूप अनुच्छेद 36 के सम्बन्ध में तीन संशोधन प्रस्तुत किए गए। लक्ष्मीकान्त मैत्रे का पहला संशोधन[43] शब्दावली 'प्रत्येक नागरिक नि:शुल्क प्राथमिक शिक्षा प्राप्त करने का अधिकारी होगा और' को हटाने के लिए था। उनका तर्क था कि अनुच्छेद 30, 31, 32, 33, 34, 35, 37 और 38 का आरम्भ 'राज्य...करेगा' (अंग्रेजी में 'दि स्टेट शैल...') शब्दों से किया गया है, जबकि अनुच्छेद 36 की शुरुआत 'प्रत्येक नागरिक...का अधिकारी है' (अंग्रेजी में 'एवरी सिटिजन इज इंटाइटिल्ड टू...') से किया गया है। संशोधन के बाद प्रारूप अनुच्छेद 36 का स्वरूप पूर्व या बाद के अनुच्छेदों की भाँति हो जाएगा। मैत्रे का दूसरा तर्क यह था कि स्वरूप के सवाल के अलावा इसमें तत्त्व का भी सवाल शामिल है। अनुच्छेद 36 में राज्य के नीति निदेशक सिद्धान्त को मूल अधिकार यानी 'प्रत्येक नागरिक...का अधिकारी है' के साथ युग्मित कर दिया गया है। यह उपयुक्त नहीं है।

इसके बाद नजीरुद्दीन अहमद का दूसरा संशोधन शब्द 'शिक्षा' के स्थान पर 'प्राथमिक शिक्षा' रखने के लिए और तीसरा संशोधन शब्द 'शिक्षा' के बाद सेमीकोलन लगाने के लिए था। उनका तर्क था कि प्रावधान प्राथमिक शिक्षा से आरम्भ होता है, किन्तु अन्त की तरफ यह नि:शुल्क और अनिवार्य शिक्षा की बात कहता है। सन्दर्भ एवं दूसरे आन्तरिक साक्ष्य से इसका आशय अनिवार्य प्राथमिक शिक्षा से है।[44]

आम बहस में केवल बी. दास ने भाग लिया। अपने सम्बोधन में बी. दास ने कहा कि वह अभी तक इन निदेशक सिद्धान्तों से आकर्षित नहीं हुए हैं। ये निदेशक सिद्धान्त पवित्र उम्मीद एवं पवित्र इच्छा की तरह प्रान्तीय मंत्रालयों के लिए जब-तब समस्या ही खड़ी करने वाले हैं और शायद ही केन्द्र सरकार इस सदन की आलोचनाओं से प्रभावित होगा। यद्यपि अनुच्छेद 36, प्राथमिक शिक्षा की बात करता है, जिसका मूल अधिकार वाला अनुच्छेद 23 उपेक्षा करता है, वह इन भाषणों से सन्तुष्ट नहीं हैं कि नि:शुल्क एवं अनिवार्य प्राथमिक शिक्षा क्या होगा।[45]

डॉ. आंबेडकर ने मैत्रे के संशोधन को स्वीकार और नजीरुद्दीन अहमद के दोनों संशोधनों को अस्वीकार कर दिया। नजीरुद्दीन अहमद के सवाल का जवाब देते हुए डॉ. आंबेडकर ने कहा कि "लगता है, उन्होंने यह समझा है कि अनुच्छेद 36 के शेष प्रावधान का उद्देश्य नि:शुल्क प्राथमिक शिक्षा तक सीमित है। जबकि ऐसा नहीं है। संशोधन के बाद इसके प्रावधान के अनुसार सभी बच्चों को शैक्षणिक संस्थाओं में प्रशिक्षण के लिए रखा जाएगा, जब तक कि

उनकी उम्र 14 वर्ष न हो जाए। यदि मित्र मि. नजीरुद्दीन अनुच्छेद 18 (नियमित अनुच्छेद 24), जो मूल अधिकार का भाग है, का सन्दर्भ लें, तो वह पाएँगे कि 14 वर्ष से कम उम्र के बच्चों को कोई काम करने से रोकने के लिए प्रावधान बनाया गया है। यदि 14 वर्ष के नीचे के बच्चों को काम करने से रोका गया है तो स्वाभाविक रूप से इन बच्चों को शिक्षण संस्थाओं में ही स्थान देना होगा। यह अनुच्छेद 36 का उद्देश्य है और इस कारण इस विशेष खंड में प्राथमिक शब्द अनुचित है।"[46]

डॉ. आंबेडकर के उक्त विचार के बाद संविधान-सभा ने मैत्रे के संशोधन को स्वीकार कर और नजीरुद्दीन के दोनों संशोधनों को अस्वीकार कर, प्रारूप अनुच्छेद 36 का यथासंशोधित प्रावधान (नियमित अनुच्छेद 45) 23 नवम्बर, 1948 को अंगीकृत कर लिया।

11. समान नागरिक संहिता : राष्ट्रीय एकता के लिए अनिवार्य

एक ही देश में एक ही विषय पर अलग-अलग धर्मों के लिए अलग-अलग कानून, न केवल न्याय-प्रशासन के सुगम संचालन के लिए बाधा होता है, बल्कि उस देश में धर्म-आधारित पृथक्करणीय भाव को बनाए रखकर उसकी एकता के लिए खतरा पैदा करता है। धर्म के नाम पर हुआ इस देश का बँटवारा बहुत बड़ा सबक था। इसलिए एक समग्र धर्मनिरपेक्ष एवं लिंग निरपेक्ष 'सिविल संहिता' बनाकर लागू किया जाना आवश्यक समझा गया।

सरदार वल्लभभाई पटेल की अध्यक्षता में मूल अधिकार समिति ने 30 अगस्त, 1947 को 'शासन का मूलभूत सिद्धान्त'[47] प्रस्तुत किया। इसके माध्यम से समान नागरिक संहिता की अवधारणा को पहली बार सिद्धान्त रूप में स्वीकार किया गया। इसके पैरा 7 के अनुसार—'राज्य नागरिकों के लिए एक यूनिफॉर्म सिविल संहिता प्राप्त करने का प्रयास करेगा।' इस प्रावधान को प्रारूप संविधान के अनुच्छेद 35 के अन्तर्गत शब्दश: स्वीकार किया गया और 23 नवम्बर, 1948 को संविधान-सभा के पटल पर विचारार्थ रखा गया[48]। इस प्रावधान के सम्बन्ध में तीन संशोधन प्रस्तुत किए गए।

पहला संशोधन मोहम्मद इस्माइल साहिब का परन्तुक 'लोगों के किसी समूह, भाग या समुदाय को अपने व्यक्तिगत कानूनों, यदि ऐसा कानून है, को छोड़ने के लिए बाध्य नहीं किया जाएगा।' जोड़ने के लिए था। उनका तर्क था कि "व्यक्तिगत कानून को मानने और उससे बँधे रहने का अधिकार मूल अधिकार है। ऐसे कानून को मानना किसी व्यक्ति के जीवन का तरीका हो जाता है। यह उसके धर्म का अंग होता है, यह उसकी संस्कृति का अंग होता है। यदि ऐसे व्यक्तिगत कानूनों को प्रभावित करनेवाला कोई काम होता है तो यह उन लोगों के जीवनपथ में हस्तक्षेप करने के समान है। एक धर्मनिरपेक्ष राज्य में ऐसा कुछ नहीं किया जाना चाहिए जो लोगों के जीवनपथ और धर्म में हस्तक्षेप करे।"

नजीरुद्दीन अहमद ने भी 'परन्तुक' जोड़ने के लिए संशोधन[49] प्रस्तुत किया। इस परन्तुक के अनुसार—'किसी समुदाय के व्यक्तिगत कानून, जो किसी विधान द्वारा गारंटी किया गया है, में बदलाव उस समुदाय की पूर्व सहमति के बिना नहीं किया जाएगा।' इसके समर्थन में अहमद ने पहला तर्क दिया कि "इसे सिर्फ मुसलमानों की दृष्टि से नहीं लाया गया है। अन्य सभी धर्मों के कुछ-न-कुछ अपने धार्मिक कानून हैं और इन सभी के कुछ ऐसे सिविल कानून हैं जिनको उनके धार्मिक विश्वास से अलग नहीं किया जा सकता है। उन्होंने दूसरा तर्क दिया कि यह प्रावधान इसी प्रारूप अनुच्छेद 19 (संविधान का अनुच्छेद 25) के प्रावधान के खिलाफ है, जो सभी नागरिकों को लोक व्यवस्था, नैतिकता एवं स्वास्थ्य के अधीन

अन्त:करण की आजादी और धर्म को अबाध रूप से मानने, आचरण करने एवं प्रचार करने के मूल अधिकार की गारंटी देता है।"

तीसरा संशोधन[50] महबूब अली बेग साहिब बहादुर का परन्तुक 'इस अनुच्छेद का कोई प्रावधान नागरिक के व्यक्तिगत कानून को प्रभावित नहीं करेगा।' जोड़ने के लिए था। महबूब अली का तर्क था कि "अनुच्छेद 35 में प्रयुक्त शब्द 'सिविल संहिता' किसी नागरिक के व्यक्तिगत कानून को अपने में समायोजित नहीं करता है। 'सिविल संहिता', सम्पत्ति कानून, संविदा कानून, साक्ष्य कानून जैसे कानूनों को ही समायोजित करता है, न कि व्यक्तिगत कानूनों को। इसे स्पष्ट करने के लिए प्रस्तावित परन्तुक जोड़ा जाना आवश्यक है। मुसलमान का जहाँ तक सवाल है उनके उत्तराधिकार, विरासत, विवाह, विवाह-विच्छेद के कानून उनके धर्म पर पूरी तरह निर्भर हैं।"

आम बहस में भाग लेने वाले पहले सदस्य बी. पोकर साहिब बहादुर ने मोहम्मद इस्माइल साहिब के संशोधन को सन्तुलित एवं तार्किक संशोधन बताया। इसे भिन्न-भिन्न कानून की संहिता का पालन करने वाले सभी समुदायों के नजरिये से देखने की अपील करते हुए साहिब ने कहा—

> "ब्रिटिश इस देश को पराजित कर इसके प्रशासन को पिछले 150 वर्षों से ज्यादा समय से चलाने में सफल हो पाए, इसका एक कारण यह है कि उन्होंने इस देश में सभी समुदायों को अपनी व्यक्तिगत कानूनों से संचालित होने की गारंटी दी हुई थी। यह सफलता का एक रहस्य है और न्याय-प्रशासन का आधार है, जिस पर यहाँ तक कि विदेशी शासन भी आधारित था। क्या हम आजादी, जिसे हमने प्राप्त किया है, के द्वारा अन्त:करण की आजादी, धार्मिक क्रियाकलाप की आजादी और व्यक्तिगत कानून को मानने की आजादी छोड़ने जा रहे हैं और सिविल कानूनों की एक संहिता, इसका चाहे जो भी मतलब हो, चाहे इसमें सभी सिविल कानून की शाखाएँ जैसे विवाह कानून, उत्तराधिकार कानून, तलाक कानून शामिल हो, बनाकर हम उसे सम्पूर्ण देश पर लागू करने का प्रयास कर रहे हैं?
>
> "यदि यह संस्था धार्मिक अधिकार एवं क्रियाकलाप में हस्तक्षेप करती है, तो यह भयावह होगा। इन संस्थाओं (हिन्दू संस्थाओं) ने मेरी तुलना में ज्यादा कठोर भाषा का प्रयोग किया है। इसलिए उसे केवल मुस्लिम समुदाय के दृष्टिकोण से विचार न करें। मैं जानता हूँ कि हिन्दू समुदाय के विभिन्न मतों के मध्य विरासत के कानून और अन्य मामलों में बहुत मतभिन्नताएं हैं। क्या यह सदन इन सभी विभिन्नताओं को समाप्त करने और उनमें समानता लाने जा रही है? यूनिफॉर्म से आपका क्या तात्पर्य है और किस विशेष कानून को और किस विशेष समुदाय के कानून को आप आदर्श बनाने जा रहे हैं? इस तरह के प्रावधान को बनाने में आप अपने मस्तिष्क में क्या रखे हैं? यहाँ 'मिताक्षरा' और 'दायभाग' व्यवस्थाएँ हैं, और भी अन्य व्यवस्थाएँ हैं, जिन्हें अलग-अलग समुदायों द्वारा मान्य किया जाता है।"[51]

हुसैन इमाम ने भी प्रारूप अनुच्छेद 35 के प्रावधान का विरोध करते हुए कहा कि "इतने बड़े एवं विशाल जनसंख्यावाले देश में यह लगभग असम्भव है कि आप एक तरह की किसी चीज को उस पर थोप दें। उत्तर दिशा में हम अति-शीत हैं तो दक्षिण में अति-उष्ण हैं, आसाम में अति-वर्षा होती है तो राजस्थान में मरुस्थल है। ऐसी विभिन्नता वाले देश के लिए समान रूप से सिविल कानून लागू करना असम्भव है। धर्मनिरपेक्ष राष्ट्र का मतलब धर्मविरुद्ध होना

नहीं है।" इमाम ने विश्वास व्यक्त किया कि डॉ. आंबेडकर की प्रतिभा इसका समाधान खोजने में अवश्य सफल होगी।[52]

इस तरह प्रारूप अनुच्छेद 35 के विरोध में और प्रस्तुत संशोधनों के पक्ष में मुख्यत: निम्न चार तर्क दिए गए—

1. यह प्रावधान, अनुच्छेद 19 (नियमित अनुच्छेद 25) का अतिक्रमण करता है।
2. भारत में मुसलमानों का व्यक्तिगत कानून अपरिवर्तनीय रहा है और बहुत पहले से समान रूप से लागू है।
3. व्यक्तिगत कानून पूर्णतया धार्मिक मामला है, इसमें किसी तरह का हस्तक्षेप धर्मनिरपेक्षता के सिद्धान्त के विरुद्ध है।
4. सिविल संहिता के निर्माण के दौरान अन्तत: अल्पसंख्यकों को ही अपने व्यक्तिगत कानून से समझौता करना पड़ेगा, इसलिए राज्य को सिविल संहिता बनाने और थोपने की छूट देना अल्पसंख्यकों के प्रति निर्दयतापूर्ण होगा।

इसके बाद प्रारूप अनुच्छेद 35 पर आम बहस में भाग लेने के लिए उपाध्यक्ष ने के. एम. मुंशी को बुलाया। अनुच्छेद 19 का अतिक्रमण होने के आधार पर किए जा रहे विरोध के जवाब में मुंशी ने अनुच्छेद 19 का उल्लेख किया और कहा—

> "इस सदन ने पहले ही इस सिद्धान्त को स्वीकार कर लिया है कि यदि एक धार्मिक आचरण, धर्मनिरपेक्ष क्रियाकलाप या सामाजिक सुधार या सामाजिक कल्याण के दायरे में आता है तो यह संसद के लिए खुला है कि वह अल्पसंख्यकों के मूल अधिकार का अतिक्रमण किए बिना इस बारे में कानून बनाए। यह याद रखना चाहिए कि यदि इस प्रावधान को न भी बनाया जाए तो इसका मतलब यह नहीं है कि संसद भविष्य में सिविल संहिता पर कानून बनाने का अधिकार नहीं रखेगा। इस अधिकार पर केवल एकमात्र निर्बन्धन प्रारूप अनुच्छेद 19 होगा और मैं पहले ही कह चुका हूँ कि अनुच्छेद 19, जिसे इस सदन द्वारा सर्वसम्मति से स्वीकार किया जा चुका है, धर्मनिरपेक्ष क्रिया-कलापों पर कानून बनाने की अनुमति देता है।"[53]

सिविल संहिता का अल्पसंख्यकों के खिलाफ निर्दयी होने के आरोपों का जवाब देते हुए मुंशी ने आगे कहा—

> "किसी भी प्रगतिशील मुस्लिम देश में अल्पसंख्यकों के व्यक्तिगत कानूनों को इस तरह मान्यता नहीं दी गई है, जो सिविल संहिता के निर्माण को रोके। टर्की या मिस्र का उदाहरण लें। इन देशों में अल्पसंख्यकों को ऐसा अधिकार रखने की अनुमति नहीं है। लेकिन मैं इससे आगे जाता हूँ। जब शरीयत कानून पारित किया गया था या जब पुरानी शासन-व्यवस्था के दौरान केन्द्रीय विधायिका में केन्द्रीय कानून पारित किया गया था तो 'खोजा' और 'कुच्ची मेमन्स' बहुत ही असन्तुष्ट थे। तब वे हिन्दू मान्यताओं को मानते थे। वे शरीयत को स्वीकार नहीं करना चाहते थे और तब भी कुछ मुस्लिम सदस्य, जो शरीयत कानून को सभी समुदायों पर थोपना चाहते थे, केन्द्रीय विधायिका के कानून के माध्यम से ऐसा करने में सफल रहे। बहुत अनचाहे मन से 'खोजा' और 'कुच्ची मेमन्स' को झुकना पड़ा। तब अल्पसंख्यकों के अधिकार कहाँ थे? जब आप किसी समुदाय को एकीकृत करते हैं तब आपको उन हितों का

ध्यान देना पड़ता है, जो समस्त समुदाय को लाभ दे सकें न कि इसके किसी एक भाग की मान्यताओं को। इसलिए यह कहना उचित नहीं है कि इस तरह का अनुच्छेद बहुसंख्यकों का आतंक है।

"यदि आप यूरोप के उन देशों को देखेंगे, जिनके पास सिविल संहिता है, विश्व के जिस भी भाग से जो लोग वहाँ पर गए, उन्हें और प्रत्येक अल्पसंख्यक को सिविल संहिता को स्वीकार करना पड़ता है। इसे अल्पसंख्यकों के प्रति निर्दयी नहीं कहा जाता है।"[54]

मुंशी ने समान नागरिक संहिता को पृथक्करणीय दृष्टिकोण समाप्त कर राष्ट्रीय एकता एवं धर्मनिरपेक्षता सुनिश्चित करने, और लैंगिक समानता के साथ प्रगतिशील समाज बनाने के लिए आवश्यक बताते हुए कहा—

"विषय यह है कि क्या हम अपने व्यक्तिगत कानूनों को इस तरह एकीकृत और एक समान करने जा रहे हैं जिससे कालक्रम में पूरे देश का जीवनपथ एक समान और धर्मनिरपेक्ष हो सके? हम धर्म को व्यक्तिगत कानूनों से, जिसे सामाजिक सम्बन्ध कहा जा सकता है या उत्तराधिकार या विरासत से सम्बन्धित पक्षकारों के अधिकारों से अलग करना चाहते हैं। इन सब चीजों का धर्म से क्या सम्बन्ध है। मैं वास्तव में नहीं समझ पाता हूँ। हम सब एक प्रगतिशील समाज हैं। हम सब उस दौर में हैं, जहाँ धार्मिक क्रियाकलापों में हस्तक्षेप किए बिना हमें देश को अवश्य ही एकीकृत करना चाहिए। यदि बीते दिनों में धार्मिक क्रियाकलाप ने जीवन के सभी क्षेत्रों को अपने दायरे में ले लिया है, हमें ऐसा करने से मना करने का निर्णय लेना पड़ेगा और कहना होगा कि ये मामले धार्मिक नहीं हैं, ये पूरी तरह धर्मनिरपेक्ष कानून के विषय हैं। इसी बात पर यह अनुच्छेद बल देता है।

"अब उन नुकसान पर ध्यान करते हैं, जिसे सिविल संहिता न होने के कारण उठाना होगा। हिन्दुओं का उदाहरण लेते हैं। हमारे पास भारत के कुछ भागों में लागू होनेवाला मयुखा का कानून है; दूसरे भागों के लिए मिताक्षरा है; और बंगाल में दायभाग का कानून हमारे पास है। इस तरह हिन्दुओं में भी पृथक्-पृथक् कानून हैं और बहुत से हमारे प्रान्तों एवं राज्यों ने अपने लिए पृथक् हिन्दू कानूनों को बनाना प्रारम्भ भी कर दिया है। क्या हम ऐसे अलग-अलग कानूनों को इस आधार पर अनुमति देने जा रहे हैं कि यह देश के व्यक्तिगत कानून को प्रभावित करता है? इसलिए यह मात्र अल्पसंख्यकों का सवाल नहीं है, बल्कि यह बहुसंख्यकों को भी प्रभावित करता है।

"बहुत से हिन्दू भी यूनिफॉर्म सिविल संहिता को नहीं पसन्द करते हैं क्योंकि वे भी उसी तरह का विचार रखते हैं, जैसा कि पूर्व में बोलनेवाले माननीय मुस्लिम सदस्यों ने व्यक्त किया है। वे भी मानते हैं कि विरासत, उत्तराधिकार का कानून उनके धर्म का भाग है। यदि ऐसा है तो आप कभी भी महिलाओं को समानता का अधिकार नहीं दे सकते हैं। किन्तु आप पहले ही इस सम्बन्ध में मूल अधिकार पारित कर चुके हैं और आपके पास एक अनुच्छेद है, जो लिंग के आधार पर भेदभाव करने से मना करता है। हिन्दू कानून को देखते हैं। आप महिलाओं के विरुद्ध बहुत से भेदभाव पाएँगे और यदि यह हिन्दू धर्म या हिन्दू धार्मिक क्रियाकलाप का भाग है, तो आप

एक ऐसा कानून नहीं पारित कर सकते हैं, जो हिन्दू महिलाओं की स्थिति को पुरुषों के बराबरी पर लाए। इसलिए कोई कारण नहीं है कि क्यों पूरे भारत भूभाग के लिए सिविल संहिता नहीं होना चाहिए।

"एक महत्त्वपूर्ण विचार जो हमें अपने दिमाग में रखना है और मैं अपने मुस्लिम मित्रों को अहसास कराना चाहता हूँ कि जितना ही जल्दी हम जीवन के पृथक्करणीय दृष्टिकोण को भूल जाएँगे, देश के लिए उतना ही अच्छा होगा। धर्म उस परिधि तक सीमित होना चाहिए जो नियमत: धर्म की तरह दिखता है और बाकी जीवन अवश्य ही इस तरह से विनियमित, एकीकृत और संशोधित होना चाहिए कि हम जितनी जल्दी सम्भव हो, एक मजबूत एवं एकीकृत राष्ट्र के रूप में निखर सकें। देश में राष्ट्रीय एकता को मजबूत करना हमारी पहली समस्या और सबसे महत्त्वपूर्ण समस्या है। हम सोचते हैं कि हमने राष्ट्रीय एकता पा ली है। किन्तु बहुत से ऐसे कारक हैं—महत्त्वपूर्ण कारक हैं, जो अभी भी हमारे राष्ट्रीय एकीकरण के लिए गम्भीर खतरा बने हुए हैं और यह बहुत आवश्यक है कि हमारे सम्पूर्ण जीवन, जो धर्मनिरपेक्षता के दायरे में आते हैं को अवश्य ही, जितना जल्दी हो सके, एकीकृत किया जाए ताकि हम पूरी क्षमता के साथ कह सकें कि हम केवल कहने के लिए एक राष्ट्र नहीं हैं बल्कि जिस तरह हम अपने एकीकृत व्यक्तिगत कानूनों द्वारा संचालित होते हैं हम एक मजबूत और एकीकृत राष्ट्र हैं।

"ब्रिटिश शासन के अधीन रहने के दौरान हमने इस तरह का दिमाग बना लिया है कि व्यक्तिगत कानून धर्म का भाग है। इसे ब्रिटिश लोगों और ब्रिटिश न्यायालयों द्वारा पोषित भी किया गया है। हमें निश्चय ही इससे ऊपर उठना होगा। अलाउद्दीन खिलजी, जो यद्यपि मुस्लिम सल्तनत की स्थापना करनेवाला पहला शासक था, ने बहुत सारे ऐसे बदलाव किए जो शरीयत कानून के खिलाफ थे। जब उसके द्वारा किए गए इस सुधार का दिल्ली के काजियों द्वारा विरोध किया गया तो उसने जवाब दिया कि 'मैं एक अज्ञानी आदमी हूँ और मैं इस देश में इसकी भलाई के लिए शासन कर रहा हूँ। मैं निश्चिन्त हूँ कि मेरी अज्ञानता और अच्छे आशय को देखते हुए अल्लाह मुझे माफ करेगा, जब वह पाएगा कि मैंने शरीयत के अनुसार कार्य नहीं किया है।' यदि अलाउद्दीन खिलजी यह नहीं स्वीकार कर सका, तो फिर क्या आधुनिक सरकार ऐसी स्थिति स्वीकार कर सकती है कि धार्मिक अधिकार के अन्तर्गत व्यक्तिगत कानून या बहुत सारे वे मामले जिन्हें हम दुर्भाग्य से अपने धर्म का भाग बताने का प्रयास करते हैं, आते हैं।"[55]

इसके उपरान्त अल्लादी कृष्णास्वामी अय्यर ने समान नागरिक संहिता को मैत्रीयता बनाए रखने के लिए आवश्यक बताते हुए प्रारूप अनुच्छेद 35 का समर्थन किया और कहा—

"एक सिविल संहिता, जैसा कि कहा जा चुका है, सिविल सम्बन्धों के प्रत्येक विभाग, संविदा के कानून के, सम्पत्ति के कानून के, उत्तराधिकार के कानून के, विवाह के कानून के और समान मामलों के सम्बन्ध में है। इस सामान्य अवधारणा कि राज्य भारत भूभाग के लिए एक यूनिफॉर्म सिविल संहिता बनाने का प्रयास करेगा, पर कैसे आपत्ति की जा सकती है?

"दूसरी आपत्ति थी कि यदि एक यूनिफॉर्म सिविल संहिता बन जाएगी तो धर्म खतरे में होगा और समुदाय मैत्रीयता के साथ नहीं रह सकते हैं। इस अनुच्छेद का उद्देश्य ही मैत्रीयता लाना है। यह मैत्रीयता को समाप्त नहीं करता है। विचार यह है कि उत्तराधिकार या अन्य मामलों की पृथक् व्यवस्थाएँ ऐसे कारक हैं, जो भारत के तमाम लोगों में भिन्नता पैदा करते हैं। इसका उद्देश्य यह है कि ऐसे मामलों में एक समान सहमति तक पहुँचने का प्रयास करना है। यह ऐसा नहीं है कि एक विधिक व्यवस्था दूसरी विधिक व्यवस्था को प्रभावित नहीं कर रही है या दूसरी विधिक व्यवस्था से प्रभावित नहीं हो रही है। आज बहुत सारे मामलों में हिन्दू संहिता के प्रावधान में केवल हिन्दू कानून की ही नहीं बल्कि दूसरी अन्य व्यवस्थाओं की अच्छी बातों को ग्रहण किया गया है। उत्तराधिकार कानून रोमन और इंग्लिश दोनों व्यवस्थाओं पर आधारित है। इसलिए यदि किसी व्यवस्था को अपने में विकास के तत्त्व को बनाए रखना है तो इसे खुद को परिपूर्ण मानने से बचना होता है। हमारे पूर्वज एक-दूसरे से जुड़े हुए लोकतांत्रिक एकीकृत राष्ट्र के बारे में नहीं सोच सके। हमेशा अपने अतीत से चिपके रहना उपयोगी नहीं है। हम अपने इस अतीत से आगे बढ़कर एक ऐसा भारत चाहते हैं जो एक राष्ट्र के रूप में एक-दूसरे से जुड़ा हुआ और एकीकृत हो। क्या हम एक राष्ट्र के रूप में एक-दूसरे को जुड़ा रखनेवाले कारकों का सहयोग कर रहे हैं या इस देश को एक प्रतियोगी समुदायों की कड़ी के रूप में बनाए रखना चाहते हैं? यह विचार करने का विषय है।

"जब ब्रिटिश, देश की सत्ता पर काबिज हुए तो उन्होंने कहा कि हम इस देश में सभी नागरिकों, चाहे अंग्रेज हों या हिन्दू हों या मुस्लिम हों, पर समान रूप से लागू होनेवाला एक आपराधिक कानून लागू करने जा रहे हैं। क्या तब मुस्लिम अपवाद बने रह पाए थे और क्या वे आपराधिक कानून की एक व्यवस्था को लागू करने के लिए ब्रिटिश हुकूमत के खिलाफ विद्रोह कर सके थे? इसी तरह हमारे पास संविदा कानून है, जो मुसलमान और हिन्दू के बीच या मुसलमान और मुसलमान के बीच होनेवाले अन्तरण पर लागू होता है। वे कुरान के कानून द्वारा नहीं बल्कि निरपवाद रूप से एंग्लो-इंडियन विधिशास्त्र द्वारा संचालित होते हैं। इसी तरह अन्तरण के कानून में तमाम सिद्धान्त ऐसे हैं, जो इंग्लिश विधिशास्त्र से लिये गए हैं।

"यूरोपीय देशों में मुस्लिम हैं, हिन्दू हैं, कैथोलिक हैं, ईसाई हैं, पारसी हैं। मैं मि. पोकर से जानना चाहता हूँ कि क्या फ्रांस में, जर्मनी में, इटली में या अन्य यूरोपीय देशों में भिन्न-भिन्न व्यक्तिगत कानून बने रह पाए हैं? क्या वहाँ पर उत्तराधिकार के कानून एकीकृत नहीं हैं? उन्हें मुस्लिम विधिशास्त्र पर विस्तारपूर्वक अध्ययन करना चाहिए और पता करना चाहिए कि क्या इन देशों में एक समान कानून लागू है या भिन्न-भिन्न कानून।"[56]

प्रारूप अनुच्छेद 35 पर आम बहस के अन्त में डॉ. आंबेडकर को जवाब देने के लिए बुलाया गया। अपने जवाब में डॉ. आंबेडकर ने प्रारूप प्रावधान को लेकर पैदा हुए भ्रम को दूर करने का सफल प्रयास किया। उन्होंने ऐसे कई कानूनों का दृष्टान्त दिया, जो न केवल इस देश के सभी धर्मों पर समान रूप से लागू हैं, बल्कि इसे सभी धर्मों द्वारा स्वीकार भी किया गया है। उन्होंने तर्क देते हुए इस विचार को भी नकार दिया कि भारत में मुसलमानों का व्यक्तिगत

कानून अपरिवर्तनीय रहा है और बहुत पहले से समान रूप से लागू है। प्रारूप प्रावधान का बचाव करते हुए डॉ. आंबेडकर ने कहा—

"उपाध्यक्ष महोदय, मैं इस अनुच्छेद पर रखे गए संशोधनों को स्वीकार नहीं कर सकता। इस विषय पर बोलते हुए मैं इस प्रश्न के मेरिट को नहीं छूता हूँ कि इस देश में 'यूनिफॉर्म सिविल संहिता' की आवश्यकता है या नहीं। इस विषय पर मेरे मित्र मि. मुंशी जी और श्री अल्लादी कृष्णास्वामी अय्यर ने भरपूर प्रकाश डाला है। जब मूल अधिकार पर संशोधन रखा जाएगा, उस समय इस विषय पर पूर्ण बयान देना मेरे लिए सम्भव होगा।

"मेरे मित्र मि. हुसैन इमाम ने संशोधनों का समर्थन करते हुए पूछा कि क्या इतने विशाल देश के लिए कानूनों की एक सर्वमान्य संहिता प्राप्त करना सम्भव और वांछनीय है? अब मुझे अवश्य ही स्वीकारना चाहिए कि मुझे इस बयान पर बहुत आश्चर्य था। इसका सीधा-सा कारण है कि मानवीय सम्बन्ध से जुड़े लगभग सभी क्षेत्रों के सन्दर्भ में इस देश में समान कानून संहिताएँ हैं। हमारे पास 'दंड संहिता' और 'आपराधिक प्रक्रिया संहिता' के रूप में एक समान और पूर्ण आपराधिक संहिता है जो पूरे देश में लागू होती है। हमारे पास 'सम्पत्ति अन्तरण कानून' है जो सम्पत्ति के सम्बन्ध में पूरे देश में लागू है। 'परक्राम्य लिखत कानून' है और ऐसे अनेक कानूनों को मैं गिना सकता हूँ जो सिद्ध करते हैं कि व्यावहारिक रूप से इस देश में एक सिविल संहिता है, जिसके प्रावधान सर्वमान्य हैं और एक समान रूप से पूरे देश पर लागू हैं। जिस क्षेत्र में यूनिफॉर्म सिविल कानून लागू नहीं होता है, वह विवाह और उत्तराधिकार का क्षेत्र है। यह एक छोटा-सा क्षेत्र है जिस पर हम समान कानून नहीं बना सके हैं और यह इच्छा है कि अनुच्छेद 35 को संविधान का भाग बनाकर बदलाव लाया जाए। इसलिए यह तर्क कि क्या हमें इस दिशा में प्रयास करना चाहिए, हमें भूल-सा लगता है क्योंकि हम इस देश में लगभग सभी क्षेत्रों को यूनिफॉर्म सिविल संहिता के अन्तर्गत ला चुके हैं। इसलिए अब यह पूछना कि क्या हम ऐसा कर सकते हैं, बहुत देर से पूछा गया सवाल है। जैसा मैं कहता हूँ हम पहले ही ऐसा कर चुके हैं।

"संशोधन के बारे में दो बात कहना चाहता हूँ। मुझे पहली बात उन सदस्यों से कहना है जो इन संशोधनों के माध्यम से कहते हैं कि मुस्लिम व्यक्तिगत कानून, जहाँ तक इस देश का सम्बन्ध है, अपरिवर्तनीय है और सम्पूर्ण भारत में समान रहा है। मैं इस कथन को चुनौती देना चाहता हूँ। मैं सोचता हूँ कि इस संशोधन पर बोलनेवाले मेरे बहुत से मित्र बिलकुल भूल चुके हैं कि 1935 तक नार्थ-वेस्ट फ्रंटियर प्रान्त में शरीयत कानून लागू नहीं था। गोद लेने और दूसरे अन्य मामलों में इन पर हिन्दू कानून ही लागू होते थे। 1939 में केन्द्रीय विधायिका ने नार्थ-वेस्ट फ्रंटियर प्रान्त में मुसलमानों पर से हिन्दू कानून को हटाया और शरीयत कानून को लागू किया। इतना ही नहीं है। मेरे आदरणीय मित्र भूल चुके हैं कि नार्थ-वेस्ट फ्रंटियर प्रान्त के अलावा 1937 तक शेष भारत के विभिन्न भागों, जैसे संयुक्त प्रान्त, मध्य प्रान्त और बम्बई में मुसलमान, बड़ी हद तक उत्तराधिकार के मामले में हिन्दू कानून से संचालित होते थे। इनमें समानता के धरातल पर लाने के लिए विधायिका को 1937 में हस्तक्षेप करना पड़ा और कानून

लाकर शेष भारत के उन मुसलमानों के लिए, जो शरीयत कानून मानते थे, शरीयत कानून लागू किया गया। मित्र मा. करुणाकर मेनन ने मुझे सूचना दी है कि उत्तरी मालाबार में मरुमक्कथयम कानून न केवल हिन्दुओं पर बल्कि सभी मुसलमानों पर लागू होता था। यह याद रहना चाहिए कि मरुमक्कथयम कानून एक मातृप्रधान कानून है, न कि पितृप्रधान कानून।

"उत्तरी मालाबार में मुसलमान अब तक मरुमक्कथयम कानून को मान रहे थे। इसलिए यह कहने का कोई औचित्य नहीं है कि मुस्लिम कानून, जिसको वे प्राचीन समय से मानते रहे हैं, वह एक अपरिवर्तनीय कानून है। वह कानून जो कुछ भागों में लागू नहीं था, उन पर वह दस वर्ष पूर्व लागू हुआ है। इसलिए यह अनिवार्य पाया गया कि एक ऐसी सिविल संहिता का विकास किया जाए, जो धर्म से निरपेक्ष रहकर सभी नागरिकों पर समान रूप से लागू हो। हिन्दू कानून का कुछ भाग, इसलिए नहीं कि यह हिन्दू कानून में है बल्कि इसलिए कि वह सबसे उपयुक्त है, अनुच्छेद 35 द्वारा प्रस्तावित की गई नई सिविल संहिता में शामिल किए जाएँगे। इस बात को लेकर मैं निश्चिन्त हूँ कि मुसलमानों के लिए खुला नहीं होगा कि वह कह सकें कि 'सिविल संहिता' के निर्माताओं ने मुस्लिम समुदाय की भावनाओं को गम्भीर चोट पहुँचाई है।

"अनुच्छेद 35 को बहुत ज्यादा पढ़ा गया है जो प्रस्ताव करता है कि राज्य देश के नागरिकों के लिए एक सिविल संहिता बनाने का प्रयास करेगा। ऐसा नहीं कहा गया है कि संहिता के निर्माण के बाद राज्य इसे नागरिकों पर इसलिए लागू कर देगा क्योंकि वे नागरिक हैं। यह पूरी तरह सम्भव है कि भावी संसद शुरुआत करते समय यह प्रावधान बनाए कि संहिता उन लोगों पर लागू होगी जो इससे शासित होने की घोषणा करते हैं ताकि शुरू में कानून का लागू होना स्वयं की इच्छा पर निर्भर हो। संसद ऐसे किसी तरीके से इसके आधार का पता लगा सकता है। यह कोई नई बात नहीं है। ऐसा तरीका शरीयत एक्ट के सन्दर्भ में 1937 में अपनाया गया था और इसको नार्थ-वेस्ट फ्रंटियर प्रान्त के अलावा अन्य भागों में लागू किया गया था। कानून कहता है कि यहाँ एक शरीयत कानून है जो उन मुसलमानों पर लागू होना चाहिए जो यह चाहते हैं कि उन्हें शरीयत कानून से बन्धना चाहिए और वे इसके लिए राज्य के एक अधिकारी के पास जाकर यह घोषणा करें कि वह इससे शासित होने को इच्छुक हैं और ऐसी घोषणा के बाद यह कानून उन पर और उनकी पीढ़ियों पर लागू होगा। इस तरह का प्रावधान बनाना संसद के लिए पूरी तरह सम्भव होगा। मैं इनका विरोध करता हूँ।"[57]

तत्पश्चात संविधान-सभा ने सभी संशोधनों को अस्वीकार कर, प्रारूप अनुच्छेद 35 (नियमित अनुच्छेद 44) को सर्वसम्मति से 23 नवम्बर, 1948 को अंगीकृत कर लिया।

12. काम का अधिकार, प्रसूति सहायता, दुर्बल वर्ग की सुरक्षा

प्रारूप अनुच्छेद 32 के माध्यम से प्रस्तावित किया गया था कि 'राज्य, अपने आर्थिक सामर्थ्य और विकास की सीमाओं के भीतर, काम पाने के, शिक्षा पाने के और बेकारी, बुढ़ापा, बीमारी और नि:शक्तता तथा अन्य अनर्ह अभाव की दशाओं में लोक सहायता पाने के अधिकार को प्राप्त कराने का प्रभावी उपबन्ध करेगा।' इस अनुच्छेद के सम्बन्ध में स्यामानन्दन सहाय ने

दो संशोधन—पहला शब्द 'शिक्षा' के बाद 'चिकित्सीय सहायता' जोड़ने के लिए और दूसरा शब्द 'अनर्ह अभाव की' के स्थान पर शब्द 'अर्ह सहायता' रखने के लिए प्रस्तुत किया। तीसरा संशोधन एच. वी. कामथ का शब्द 'लोक' के स्थान पर 'राज्य' रखने के लिए था। डॉ. बी. आर. आंबेडकर ने इन तीनों संशोधनों का विरोध किया। संविधान-सभा ने भी इन्हें अस्वीकार कर प्रारूप अनुच्छेद 32 (नियमित अनुच्छेद 41) के मूल प्रावधान को अंगीकृत कर लिया।

प्रारूप अनुच्छेद 33 के माध्यम से यह प्रस्तावित किया गया था कि 'राज्य, काम की न्यायसंगत और मानवोचित दशाओं को सुनिश्चित करने के लिए तथा प्रसूति सहायता के लिए उपबन्ध करेगा।' इस अनुच्छेद के सम्बन्ध में एकमात्र संशोधन वी. आई. मुनिस्वामी पिल्लई का था, जिसे अनुसूची से सम्बन्धित होना बताकर प्रस्तुत नहीं किया गया। संविधान-सभा ने प्रारूप अनुच्छेद 33 (नियमित अनुच्छेद 42) को अंगीकृत कर लिया।

प्रारूप अनुच्छेद 37 के अन्तर्गत प्रस्तावित किया गया था कि 'राज्य, जनता के कमजोर वर्गों के, विशेषकर अनुसूचित जातियों और अनुसूचित जनजातियों के शैक्षणिक एवं आर्थिक हितों को बढ़ावा देगा और सामाजिक अन्याय और सभी प्रकार के शोषण से उनकी रक्षा करेगा।' इस सम्बन्ध में पहला संशोधन[58] सरदार हुकुम सिंह द्वारा 'अनुसूचित जाति' के स्थान पर 'किसी भी वर्ग या धर्म के पिछड़े समुदाय' रखने के लिए और दूसरा संशोधन[59] ए. वी. ठक्कर द्वारा 'हिन्दू एवं मुसलमान की पिछड़ी जातियों' को शामिल करने के लिए प्रस्तुत किया गया। इन दोनों संशोधनों को लेकर डॉ. आंबेडकर ने कहा कि पिछड़ी जाति से सम्बन्धित इन दोनों संशोधन पर अनुसूची पर चर्चा के दौरान विचार करना ज्यादा उचित होगा। कुछ चर्चा के बाद ए. वी. ठक्कर ने अपना संशोधन प्रस्तुत नहीं किया और सरदार हुकुम सिंह ने भी अपना संशोधन वापस ले लिया। एक अन्य संशोधन नजीरुद्दीन अहमद का था, जिसे उन्होंने यह कहते हुए प्रस्तुत नहीं किया कि यह केवल अनुसूचित जातियों के विषय में बड़े अक्षर को लेकर है। इस तरह संविधान-सभा ने प्रारूप अनुच्छेद 37 (नियमित अनुच्छेद 46) के मूल प्रावधान को अंगीकृत कर लिया।

13. शराबबन्दी : राजस्व वृद्धि या समाज सुधार

प्रारूप अनुच्छेद 30 अंगीकृत होने के बाद 19 नवम्बर, 1948 को सैयद करीमुद्दीन ने प्रारूप संविधान में नया अनुच्छेद 30-क जोड़ने के लिए संशोधन[60] प्रस्तुत किया। इस प्रस्तावित अनुच्छेद के अनुसार—राज्य, पेय उद्देश्य के लिए मादक शराब के निर्माण, बिक्री, आवागमन एवं प्रयोग पर रोक लगाने का प्रयास करेगा। महात्मा गांधी को याद करते हुए सैयद करीमुद्दीन ने कहा कि उन्होंने जीवनभर भारत में शराब के प्रयोग और इसके निर्माण पर रोक लगाने के लिए शिक्षा दी और वस्तुत: इस योजना को स्वीकार करते हुए कई प्रान्तीय सरकारों द्वारा कानून बनाया और लागू किया जा रहा है। यह आश्चर्य की बात है कि तैयार किए जा रहे इस संविधान में भारत में शराब के प्रयोग और शराब के निर्माण पर रोक लगाने का उल्लेख नहीं है। इस बुराई के कारण हजारों परिवार बर्बाद होते हैं और चिन्ताजनक स्थिति में हैं। सैयद करीमुद्दीन ने अमेरिकी संविधान में संशोधन सं. 21 द्वारा स्वीकृत किए गए मूल अधिकार का भी उल्लेख किया, जिसके अन्तर्गत कानून के विरुद्ध मादक द्रव्यों के आवागमन पर रोक लगाया गया है।

उक्त संशोधन का प्रो. शिब्बन लाल सक्सेना, सेठ गोविन्द दास एवं मोहम्मद इस्माइल साहिब ने समर्थन किया। लेकिन प्रो. सक्सेना ने यह भी कहा कि "इस प्रावधान को प्रारूप अनुच्छेद 31 के अन्तर्गत नये खंड के रूप में शामिल करना ज्यादा उचित होगा।" जबकि

बिश्वनाथ दास ने इसका विरोध किया। उनका कहना था कि "हम सभी पूर्ण रोक के सिद्धान्त को लेकर बँधे हैं, किन्तु दुर्भाग्य से प्रस्तावित किया गया है कि शराब के निर्माण एवं प्रयोग पर रोक लगना चाहिए। ओपियम का क्या होगा, जो देश में सबसे बड़ी बुराई के रूप में उभरा है। महात्मा गांधी के नाम के आधार पर भावुक होने से कुछ भी हासिल नहीं हो सकता है। हमें इस सवाल के व्यावहारिक पक्ष को देखना चाहिए और इसे निदेशक सिद्धान्त में रख देने से कुछ भी नहीं होगा।"[61]

इसी बीच महावीर त्यागी ने कहा कि इसी तरह का एक संशोधन उनका भी है, जो अनुच्छेद 38 के अन्त में औषधीय प्रयोग के अतिरिक्त शराब और नशायुक्त दवाइयों पर प्रतिबन्ध लगाने सम्बन्धी प्रावधान जोड़ने के लिए है। किन्तु महावीर त्यागी ने यह भी कहा कि "इस प्रावधान को अनुच्छेद 31 के नीचे आना चाहिए।" इस पर सैयद करीमुद्दीन ने कहा कि यदि डॉ. आंबेडकर संशोधन के सिद्धान्त को स्वीकार करते हैं और इसे अनुच्छेद 31 में शामिल करने के लिए तैयार हैं तो उन्हें इसे वापस लेने में आपत्ति नहीं है।"

इसके बाद बी. पोकर साहिब बहादुर ने उक्त संशोधन का समर्थन करते हुए कहा कि "आर्थिक समस्या इसके रास्ते में आड़े नहीं आनी चाहिए। यदि हम गांधी जी के विचार के प्रति वास्तव में सम्मान रखते हैं, तो भले ही मूल अधिकार के बाध्यकारी प्रावधान में नहीं किन्तु कम-से-कम इस रोक को निदेशक सिद्धान्त में अवश्य शामिल करना चाहिए।"[62]

उपाध्यक्ष महोदय द्वारा बहस को अगले दिन के लिए टाल दिया गया। लेकिन अगले दिन सैयद करीमुद्दीन अपना पक्ष रखने के लिए उपस्थित नहीं हो सके। तब महावीर त्यागी ने मामले को टालने के लिए कहा। अजीज अहमद खान ने भी बहस को प्रारूप अनुच्छेद 38 तक के लिए टाल देने का सुझाव दिया। डॉ. आंबेडकर ने भी इसका समर्थन किया।

24 नवम्बर, 1948 को प्रारूप अनुच्छेद 38 का प्रावधान विचारार्थ प्रस्तुत किया गया। इसके अनुसार—'राज्य, अपने लोगों के पोषाहार स्तर एवं जीवन स्तर को ऊँचा करने और लोक स्वास्थ्य में सुधार को अपने प्राथमिक कर्तव्यों में मानेगा।'

महावीर त्यागी ने इस प्रावधान के अन्त में शब्दावली 'तथा मादक पेयों और स्वास्थ्य के लिए हानिकारक औषधियों के उपयोग का प्रतिषेध करने का प्रयास करेगा' जोड़ने के लिए संशोधन[63] प्रस्तुत किया। प्रो. शिब्बन लाल सक्सेना ने भी इसके अन्त में शब्दावली 'तथा चिकित्सीय उद्देश्य के अलावा मादक पेयों और स्वास्थ्य के लिए हानिकारक औषधियों के उपयोग का प्रतिषेध करने का प्रयास करेगा' जोड़ने के लिए संशोधन[64] प्रस्तुत किया। संशोधन का समर्थन करते हुए प्रो. सक्सेना ने कहा कि "इसे स्वीकार करने से हुए त्याग का वास्तविक महत्त्व इस तथ्य से स्पष्ट होगा कि यदि हम शराबबन्दी के लक्ष्य को हासिल कर लेते हैं तो राजस्व में ऐच्छिक रूप से लगभग 25 करोड़ रुपये छोड़ना होगा। लेकिन यह राजस्व-हानि शराब के मूल्य का केवल चौथा या पाँचवाँ हिस्सा होगा, और भले ही राजस्व हानि 25 करोड़ रुपये की हो, किन्तु जनता के कम-से-कम 100 करोड़ रुपये नशीले पदार्थों पर बर्बाद होने से बचाए जा सकेंगे। खासतौर से यह हरिजन और मजदूर वर्ग के परिवार के लिए बचेगा, जहाँ पर यह दोष ज्यादा देखने को मिलता है।" प्रो. सक्सेना ने आशा व्यक्त की कि "यह निदेशक सिद्धान्त मात्र पवित्र इच्छा बनकर नहीं रहेगा बल्कि मद्रास की तरह अन्य सभी प्रान्त इसे लागू करेंगे और जल्द ही हम देश को नशामुक्त करके पूरे विश्व के सामने एक उदाहरण प्रस्तुत करने में सफल होंगे।"

महावीर त्यागी ने प्रो. सक्सेना के संशोधन को स्वीकार कर लिया।

किन्तु बी. एच. खारडेकर ने उक्त संशोधन का कड़ा विरोध किया। उन्होंने कहा कि "शराबबन्दी के लिए पहला आधार यह लिया जा रहा है कि अमेरिकी संविधान में ऐसा प्रावधान है। हम दूसरे द्वारा की गई गलतियों से सीख नहीं लेने जा रहे हैं?" कांग्रेस के शराबबन्दी के लिए वचनबद्ध होने की बात पर खारडेकर ने कहा कि "अब कांग्रेस कोई जन संगठन भी नहीं रह गया है, अब यह एक बहुत महत्त्वपूर्ण राजनीतिक पार्टी है।" खारडेकर ने मद्रास में शराबबन्दी होने या सभी समुदायों के शराबबन्दी के पक्ष में होने को गलत बताते हुए कहा कि "पारसी और ईसाई इस रोक के पक्ष में नहीं हैं।"[65] महात्मा गांधी के विचार को लेकर की गई बातों पर उन्होंने कहा कि उनकी गांधी जी के प्रति अटूट श्रद्धा और असीम सम्मान है। "गांधीजी पहले सन्त थे और राजनेता बाद में। गांधीवाद का मूल प्यार है, सहिष्णुता है, अहिंसा है, सत्य की खोज है और ऐसी महत्त्वपूर्ण बातें हैं। 'खद्दर' और 'शराबबन्दी' गांधीवाद का बाहरी दृश्य है। दुर्भाग्य से गांधी के अनुयायी गांधीवाद के मूल तत्त्वों की तुलना में इसके बाहरी दृश्य को ज्यादा महत्त्व दे रहे हैं।"

शराबबन्दी करने के बजाय शिक्षा पर जोर देते हुए बी. एच. खारडेकर ने आगे कहा कि "एक महान विचारक ने कहा है कि जीवन में दो महत्त्वपूर्ण मोर्चे हैं—पहला मोर्चा युद्ध है और उसके बाद दूसरा मोर्चा शिक्षा है। जब हम युद्ध के दौर में होंगे तो हमें उसके लिए तैयार रहना ही होगा। लेकिन हमें याद रखना होगा कि हम एक गरीब देश हैं और अपने सभी संसाधनों को एकत्रित करना है। ऐसे देश में जहाँ लोकतंत्र को अभी सफल होना है, जहाँ लोकतंत्र अभी शैशवावस्था में है, शिक्षा का मोर्चा सबसे महत्त्वपूर्ण हो जाता है। जहाँ तक शिक्षा की बात है, आप सब जानते हैं कि कितनी भयावह स्थिति है। आजादी के बाद शिक्षा हमारी पहली प्राथमिकता होनी चाहिए। आप सभी इस महान कथन को जानते हैं कि 'बिना शिक्षा के लोकतंत्र बिना सीमा का पाखंड है।' "[66]

जयपाल सिंह ने भी शराबबन्दी को धार्मिक अधिकार से जोड़ते हुए प्रस्तुत संशोधन का कड़ा प्रतिरोध किया और इसे तब तक टाल देने के लिए कहा जब तक आदिवासी क्षेत्रों पर बनी सलाहकार समिति की रिपोर्ट विचारार्थ न आ जाए। उन्होंने तर्क दिया कि "इस संशोधन को स्वीकार करके हम पीछे से इस देश के सबसे प्राचीन लोगों के धार्मिक मामलों में हस्तक्षेप करने की कोशिश कर रहे हैं। आदिवासियों का कोई भी धार्मिक कार्य बिना राइस बीयर का प्रयोग किए सम्पन्न नहीं होता है।"[67]

जबकि वी. आई. मुनिस्वामी पिल्लई ने जयपाल सिंह के इस दावे का खंडन किया कि शराब आदिवासियों के धार्मिक अधिकार का भाग है। पिल्लई ने कहा कि "पहाड़ी आदिवासी क्षेत्र से आने वाला मेरे जैसा व्यक्ति यह कह सकता है कि ऐसा कुछ भी नहीं है कि आदिवासियों के किसी धार्मिक समारोह में शराब, ताड़ी, ब्रांडी इत्यादि चीजों का सेवन आवश्यक है। पिल्लई ने नीलगिरि में रहने वाले टोडा आदिवासी समुदाय और मद्रास प्रान्त के कोटाहस, इरुलास, पानियास, कुरुन्बास, बदागस आदिवासी समुदाय का उदाहरण देते हुए बताया कि उन्होंने अल्कोहल को कभी नहीं देखा है या उन्होंने अधिकारियों के खिलाफ इस बात के लिए प्रदर्शन नहीं किया कि उन्हें पीछे से शराब अवश्य देनी चाहिए। पिल्लई ने शराबबन्दी को महात्मा गांधी के चार सबसे बड़े रचनात्मक कार्यक्रमों में सबसे ऊपर बताया और कहा कि "वह देश जल्दी ही तबाह हो जाता है, जहाँ गरीब अपने बच्चों एवं परिवार को घोर गरीबी एवं अभाव में छोड़कर अपनी सारी कमाई शराब पर खर्च कर रहा है। मद्रास प्रान्त हर वर्ष लगभग सत्रह करोड़ का नुकसान करता है। लेकिन मद्रास के लोगों ने एक सुर में खड़े होकर कहा कि 'सत्रह करोड़ रुपये की चिन्ता मत करो, हम गरीब लोगों को स्वस्थ एवं शान्तिमय रखना चाहते हैं।' "[68]

बी. जी. खेर ने भी संशोधन का समर्थन करते हुए कहा कि "इस देश की प्रगति में रुचि रखने वाले ज्यादातर लोगों ने अपने लोगों को नशीली दवा एवं शराब के प्रयोग से हो रही तबाही से सुरक्षित करने की आवश्यकता को स्वीकार किया है। राजस्व के रूप में ज्यादा धन लेने और इसको शिक्षा पर खर्च करने के बजाय यह अच्छा है कि हम लोगों को शराब और ड्रग से बचे रहने की शिक्षा दें। आबकारी से राजस्व के रूप में राज्य को प्राप्त होने वाले प्रत्येक एक रुपये के बदले समाज को तीन गुना ज्यादा नुकसान उठाना पड़ता है जो अपराध बढ़ने या रोग बढ़ने या क्षमता घटने के कारण होता है। यह अर्थशास्त्रियों द्वारा भी स्वीकार किया गया है।"[69]

इसी दौरान सरदार भूपिंदर सिंह ने शराब और ड्रग्स के बीच में तम्बाकू को जोड़ने के लिए संशोधन प्रस्तुत किया।[69क]

ए. वी. ठक्कर ने भी त्यागी के संशोधन का समर्थन किया। उनका कहना था कि सभी आदिवासी शराब-सेवन नहीं करना चाहते हैं, वे प्रतिबन्ध चाहते हैं। वह गुजरात में, महाराष्ट्र में, पश्चिम खांडेस में एवं मध्य प्रान्त में भिल्ल की बात कर रहे हैं। वह मध्य प्रान्त में गोंड समुदाय की बात कर रहे हैं। उन्होंने उनमें से सैकड़ों-हजारों आदिवासियों से पूछा है कि क्या वे शराब पीना चाहते हैं या इस पर प्रतिबन्ध चाहते हैं? उनका निश्चित जवाब आया कि ठक्कर, आप शराबबन्दी की बात कर रहे हैं, आप पीने से दूर रहने की बात कर रहे हैं। आप हमारे रास्ते पर प्रलोभन को रखे हुए हैं और फिर भी हमारे विचार के बारे में पूछ रहे हैं। ईश्वर के लिए पहले इन शराब की दुकानों को बन्द करवाएँ और फिर हमसे पूछिए।[70]

शराब-सेवन को धार्मिक अधिकार के साथ जोड़ने को अनुचित बताते हुए लक्ष्मीनारायण साहू ने कहा कि "यह सही है कि आदिवासी नशे के आदी हैं जैसा जयपाल सिंह ने कहा भी है, लेकिन यह भी एक सच्चाई है कि ये आदिवासी इससे मुक्ति चाहते हैं जैसा श्री ठक्कर बाबा द्वारा कहा गया है। हमारे देश में सती-प्रथा के रूप में भी धार्मिक आजादी रही है, अब यह कहाँ है? ऐसी बहुत-सारी धार्मिक आजादी को समय एवं परिस्थितियों के अनुसार हमने समाप्त किया है। आदिवासियों के बीच मानव-त्याग अनुमन्य था, किन्तु बदलती परिस्थितियों के दबाव में यह दोषयुक्त मान्यता समाप्त हुई है। श्री ठक्कर बाबा के साथ उन्होंने तीन-चार महीने भ्रमण किया है। उड़ीसा में तो अकेले भ्रमण किया है। उस क्षेत्र के आदिवासियों के बीच हमने नये अनुभव प्राप्त किए हैं। उनमें यह भाव पैदा हुआ है कि जो व्यक्ति पढ़ाता है उसे शराब नहीं पीना चाहिए और जो स्कूल जाता है उसे भी नहीं पीना चाहिए। अध्ययन एवं शराब-सेवन को एक साथ नहीं जोड़ा जाना चाहिए। एक व्यक्ति, जो पढ़ता है, उसे पीना नहीं है। आदिवासी ऐसे उत्तम विचार रखते हैं और उनके इस विचार में वृद्धि के लिए हम जितनी ज्यादा-से-ज्यादा सुविधाएँ देंगे, उतना उनके लिए अच्छा होगा।"[71]

आम बहस के उपरान्त डॉ. बी. आर. आंबेडकर ने प्रो. शिब्बन लाल सक्सेना द्वारा पुन:संशोधित महावीर त्यागी के संशोधन को स्वीकार कर लिया। इसके साथ डॉ. आंबेडकर ने त्यागी के प्रस्तावित प्रावधान के प्रारम्भ में शब्द 'विशिष्टतया' जोड़ने का भी प्रस्ताव किया। अपने सम्बोधन में डॉ. आंबेडकर ने कहा कि "उन्हें नहीं लगता कि सदन को यह संशोधन स्वीकार करने में कोई परेशानी होगी। यह अनुच्छेद उन प्रावधानों में से एक है जिसे नीति निदेशक सिद्धान्त कहा जाता है। इन सिद्धान्तों पर कार्य करने के लिए राज्य पर कोई बाध्यता नहीं है। इस सिद्धान्त पर कार्य करना है या नहीं और कब करना है यह राज्यों और जनविचार पर छोड़ा गया है। इसलिए यदि राज्य ऐसा सोचते हैं कि इस निदेशक सिद्धान्त के अन्तर्गत शराबबन्दी लागू करने का अभी उपयुक्त समय नहीं आया है या अभी शराबबन्दी को धीरे-धीरे

या अंशत: लागू करना चाहिए, तो ऐसा सोचने के लिए पूरी छूट है। इस विषय पर किसी तरह का पश्चात्ताप करने की आवश्यकता नहीं है।"

जयपाल सिंह के टालने वाले विचार पर आश्चर्य व्यक्त करते हुए डॉ. आंबेडकर ने कहा कि "यदि वह प्रारूप संविधान को पढ़ते, खासतौर से इसके छठे अनुसूची के पैराग्राफ सं. 12 को, तो वे पाते कि शराबबन्दी के सम्बन्ध में आदिवासी लोगों को पर्याप्त सुरक्षा प्रदान की गई है। आदिवासी क्षेत्रों के सम्बन्ध में यह योजना है कि राज्य द्वारा, चाहे प्रान्त हो या केन्द्र, बनाया गया कानून स्वत: इन विशेष क्षेत्रों में लागू नहीं हो जाता है। पहले तो कानून बनाना पड़ेगा। दूसरी बात यह कि इस संविधान के अन्तर्गत इन क्षेत्रों के प्रशासन के लिए स्थापित किए गए 'जिला परिषद' या 'क्षेत्रीय परिषद' को यह तय करने की शक्ति दी गई है कि उन्हें प्रान्त या केन्द्र द्वारा बनाया गया विशेष कानून उस क्षेत्र में लागू करना चाहिए या नहीं।"[72]

तत्पश्चात संविधान-सभा ने प्रो. शिब्बन लाल सक्सेना एवं डॉ. आंबेडकर द्वारा पुन:संशोधित महावीर त्यागी का संशोधन स्वीकार कर और सरदार भूपिंदर सिंह मान का संशोधन अस्वीकार कर, प्रारूप अनुच्छेद 38 (नियमित अनुच्छेद 47) का यथासंशोधित प्रावधान 24 नवम्बर, 1948 को अंगीकृत कर लिया।

14. गौवध : धार्मिक एवं आर्थिक पहलू

प्रारूप अनुच्छेद 38 के उद्देश्य को प्राप्त करने के लिए कृषि एवं दुग्ध की उत्पादन क्षमता उत्तम करना आवश्यक था। इस सम्बन्ध में नया अनुच्छेद 38-क जोड़ने के लिए ठाकुर दास भार्गव ने संशोधन[73] प्रस्तुत किया। नये अनुच्छेद के अनुसार—'राज्य, कृषि और पशुपालन को आधुनिक एवं वैज्ञानिक प्रणालियों पर संगठित करने का प्रयास करेगा और विशेषकर पशुओं के नस्ल को संरक्षित करने एवं सुधारने और गाय एवं अन्य उपयोगी पशुओं खासतौर से दुधारू एवं वाहक पशुओं और इनके युवा बछड़ों के वध को रोकने के लिए कदम उठाएगा।'

भार्गव ने अपने संशोधन के समर्थन में तर्क दिया कि "अनुच्छेद 38 बिना आत्मा के शरीर जैसा है। यदि अनुच्छेद 38-क को पारित करने में विफल होते हैं, तो अनुच्छेद 38 का प्रावधान अर्थहीन होगा। यदि अनाज और दुग्ध का उत्पादन पूर्ण मात्रा में नहीं करते हैं तो स्वास्थ्य एवं खाद्य-स्थिति को कैसे सुधार सकते हैं? कृषि और भोजन दोनों दृष्टि से गाय की सुरक्षा आवश्यक है।" भगवान् श्रीकृष्ण और राजा दिलीप की गाय के प्रति श्रद्धा का उदाहरण देते हुए कहा कि "मुस्लिम शासन के दौरान भी चाहे बाबर का शासन हो या हुमायूँ का या अकबर या जहाँगीर या औरंगजेब का, भारत में गौवध प्रचलन में नहीं था।" भार्गव ने महात्मा गांधी के विचार को याद किया, जिसमें उन्होंने कहा था कि गौवध का सवाल कुछ मामलों में स्वराज से भी बड़ा मामला है। गौ-हत्या और मानव-हत्या उनके विचार से एक ही सिक्के के दो पहलू हैं।[74]

इसके बाद सेठ गोविन्द दास ने प्रस्तावित अनुच्छेद 38-क के प्रावधान से शब्दावली 'एवं अन्य उपयोगी पशुओं खासतौर से दुधारू एवं वाहक पशुओं और इनके युवा बछड़ों' निकालने और इसके अन्त में शब्दावली 'गाय जिसमें साँड़, बैल और गौवंश के युवा बछड़े शामिल हैं' जोड़ने के लिए संशोधन[75] प्रस्तुत किया। दास ने कहा कि उनके संशोधन का उद्देश्य है कि गाय के सन्दर्भ में चाहे वे उपयोगी हों या अनुपयोगी, दोनों के वध पर प्रतिबन्ध हो और इसमें गाय के अन्तर्गत साँड़, बैल, और बछड़े भी शामिल हैं। "गाय की सुरक्षा हमारे लिए केवल धार्मिक सवाल नहीं है, यह एक सांस्कृतिक और आर्थिक सवाल भी है। संस्कृति इतिहास का

उपहार है। न्यूजीलैंड, डेनमार्क, जैसे कई देशों में प्रति व्यक्ति दुग्ध उत्पादन का उदाहरण देते हुए दास ने बताया कि यह भारत में मात्र 7 औन्स है। इस देश में शिशु मृत्युदर बहुत ज्यादा है। बच्चे कुत्ते और बिल्ली की तरह मरते हैं।"

सेठ गोविन्द दास ने आगे कहा कि वह मुस्लिम भाइयों से एक बिन्दु पर जोर देना चाहते हैं। "भले ही हम अलग-अलग धर्म के अनुयायी हों, किन्तु वह इस देश को सांस्कृतिक रूप से एक देखना चाहते हैं। जैसे हिन्दू और सिख या हिन्दू और जैन एक परिवार के रूप में रह सकते हैं, उसी तरह हिन्दू और मुस्लिम भी एक परिवार के रूप में रह सकते हैं। पैगम्बर मोहम्मद साहब ने कभी अपने जीवन में गौमांस नहीं लिया। यह एक ऐतिहासिक तथ्य है। पहले मुगल शासक बाबर ने हुमायूँ से कहा था कि हिन्दुस्तानी लोगों के दिल में राज करने के लिए गौवध से बचो।"[76]

इस सम्बन्ध में प्रो. शिब्बन लाल सक्सेना, श्रीराम सहाय और चौधरी रणबीर सिंह द्वारा भी संशोधन प्रस्तुत किया गया। श्रीराम सहाय का संशोधन मूल अधिकार के रूप में प्रारूप अनुच्छेद 9 के साथ शब्दावली 'राज्य कानून द्वारा गौवध पर रोक लगाएगा' जोड़ने के लिए थी। किन्तु ये सभी संशोधन वापस ले लिये गए।

आम बहस में भाग लेते हुए प्रो. सक्सेना ने कहा कि गौरक्षा, यदि हिन्दू धर्म का भाग बन गई है, तो इसका कारण इसका आर्थिक एवं अन्य पहलू भी हैं। वह विश्वास करते हैं कि हिन्दू धर्म ज्यादातर ऐसे ही सिद्धान्तों पर आधारित रहा है, जो शताब्दी से देश के लोगों के लिए उपयोगी पाया गया। धर्म आर्थिक रूप से अच्छी चीजों को पवित्र बनाता है।[77] डॉ. रघु वीर एवं आर. वी. धुलेकर ने भी संशोधन का समर्थन किया। वीरा ने तर्क दिया कि "इस देश ने सभ्यता का उद्भव किया है और इस सभ्यता में हमने अहिंसा को यानी न केवल मानव मात्र को बल्कि जीव-जगत को नहीं मारने या चोट नहीं पहुँचाने को सबसे प्रमुख स्थान दिया है। सम्पूर्ण ब्रह्मांड को एक जैसा माना जाता है और गाय जीवन के उस एकत्व की एक प्रतीक है।"[78] धुलेकर ने कहा कि "भारत को आज घोषणा करना चाहिए कि सम्पूर्ण मानव-जगत एवं सम्पूर्ण जीव-जगत आजाद है और इन्हें सुरक्षित किया जाएगा। गाय जीव-जगत की प्रतिनिधि है, पीपल वृक्ष शाक-जगत का और शालिग्राम खनिज-सम्पदा का प्रतिनिधि है। इन सबकी पूजा की जाती है क्योंकि हम पूरे मानवमात्र को बचाना चाहते हैं।"[79]

मुस्लिम समुदाय के प्रतिनिधि के रूप में जेड. एच. लारी ने कहा कि "वह उनकी भावनाओं का सम्मान करते हैं, जो गायों की सुरक्षा चाहते हैं, चाहे वह धार्मिक आधार पर हो या इस देश में कृषिहित पर आधारित हो। वह इस प्रावधान के पक्ष या विरोध में नहीं खड़े हैं बल्कि वह इस सदन से निवेदन करने के लिए खड़े हैं कि किसी तरह की अनिश्चितता और सन्देह नहीं रहने दे। गौवध प्रतिबन्ध को निदेशक सिद्धान्त में अस्पष्ट छोड़ने के बजाय इसे मूल अधिकार के खंड में शामिल करने के लिए आगे आना ज्यादा उचित है। हमारा धर्म आवश्यक रूप से यह नहीं कहता है कि हम गाय की कुर्बानी अवश्य करें। यह इसकी इजाजत देता है। सवाल यह है कि आपकी भावना को देखते हुए, बहुसंख्यकों की पशुओं के कुछ वर्ग के प्रति सम्मान को देखते हुए, क्या वे अल्पसंख्यकों को अनुमति देते हैं या नहीं देते हैं?"[80]

विषय को आर्थिक दृष्टिकोण से देखे जाने पर जोर देते हुए सैयद मुहम्मद सादुल्ला ने कहा कि "जो बन्धु हमेशा के लिए गौ-हत्या पर प्रतिबन्ध के पक्ष में इस संविधान में प्रावधान जोड़ना चाहते हैं, उनका आधार धार्मिक सन्दर्भ को लेकर है। इस देश का बहुसंख्यक हिन्दू गाय को अपनी देवी मानता है और इसलिए वह इनके वध करने के विचार को सहन नहीं कर

सकता है। मेरी धार्मिक पुस्तक पवित्र कुरान में मुसलमानों पर एक रोक लगाया गया है 'ला इक्राबा फिद दीन' यानी धर्म के नाम पर कोई बाध्यता नहीं होनी चाहिए। इसलिए वह अपने संविधान निर्माताओं को रोकना नहीं चाहते हैं। लेकिन यदि आप आर्थिक सन्दर्भ की बात रखते हैं, तो वह आपके समक्ष ऐसे तथ्य एवं आँकड़ा रख सकते हैं जो सिद्ध करते हैं कि गौवध आर्थिक दृष्टि से उतना बुरा नहीं है।"

आसाम राज्य का आँकड़ा रखते हुए सादुल्लाह ने कहा कि "वर्ष 1931 में यह पाया गया कि आसाम के पास 90 लाख इनसानों की जनसंख्या पर 70 लाख जानवर थे। डील-डौल में ये इतने कमजोर थे कि इनकी माल खींचने की शक्ति लगभग नगण्य है। इन जानवरों के संरक्षण के लिए आसाम सरकार ने कानून भी बना दिया। लेकिन इसके बावजूद आश्चर्यजनक तरीके से यह पाया गया कि मुसलमानों द्वारा नहीं, बल्कि सिर पर बड़ी-बड़ी शिखा रखने वाले हिन्दुओं द्वारा जानवरों के झुंड को वध के लिए सैन्य छावनी की तरफ ले जाया जा रहा था। जब उनसे पूछा गया कि वे अपने धर्म एवं सरकारी आदेश के बावजूद जानवरों को वध के लिए क्यों ले जा रहे हैं तो उन्होंने कहा कि 'महोदय, ये सब अनुपयोगी जानवर हैं। वे हमारी अर्थव्यवस्था पर मृतक भार हो गए हैं। हम सब इनके बदले नगद चाहते हैं।' इसलिए यदि आप इसे आर्थिक सन्दर्भ से रखना चाहते हैं, तो आपको इस बात का सामना करना है कि हमारे पास बड़ी संख्या में आर्थिक दृष्टि से ऐसे अनुपयोगी पशु हैं, जिन्हें अवश्य हटाना होगा, जब तक इन्हें अच्छी नस्ल में न बदल दिया जाए।"[81]

आम बहस के पश्चात डॉ. आंबेडकर ने केवल ठाकुर दास भार्गव का संशोधन स्वीकार किया। इसके बाद संविधान-सभा ने ठाकुर दास भार्गव का संशोधन स्वीकार कर और सेठ गोविन्द दास का संशोधन अस्वीकार कर, अनुच्छेद 38-क का यथासंशोधित प्रावधान (नियमित अनुच्छेद 48) 24 नवम्बर, 1948 को अंगीकृत कर लिया।

15. ऐतिहासिक स्मारकों की सुरक्षा

संविधान निर्माण के समय बहुत सारे ऐसे स्मारक स्थल थे, जो हमारे ऐतिहासिक एवं सांस्कृतिक मूल्यों के प्रतीक थे। इन स्मारकों को सुरक्षित रखना आवश्यक महसूस किया गया, ताकि ये भावी पीढ़ी के लिए प्रेरणास्रोत बने रहें। इसको ध्यान में रखकर ऐतिहासिक स्मारक स्थलों को सुरक्षित करना प्रारूप अनुच्छेद 39 के अन्तर्गत राज्य का दायित्व माना गया। इस अनुच्छेद के अनुसार—'ऐसे कलात्मक एवं ऐतिहासिक हित वाले प्रत्येक स्मारक, स्थल या वस्तु, जिन्हें संसद द्वारा कानून बनाकर राष्ट्रीय महत्त्व का घोषित किया गया है, को लूटने से, नष्ट होने से, हटाए जाने से, व्ययन या निर्यात होने से सुरक्षित करना, संसद द्वारा बनाए गए कानून के अनुसार ऐसे प्रत्येक स्मारक, स्थल या वस्तु को संरक्षित करना एवं बनाए रखना राज्य का दायित्व होगा।'

इस सम्बन्ध में पहला संशोधन[82] डॉ. बी. आर. आंबेडकर का शब्द 'लूटने से' के बाद 'विरूपण से' जोड़ने के लिए था। प्रो. शिब्बन लाल सक्सेना ने भी दो बातों के लिए संशोधन[83] प्रस्तुत किया। पहला शब्द 'लूटने से' के बाद 'विरूपण से' जोड़ने के लिए और दूसरा शब्दावली 'संसद द्वारा बनाए गए कानून के अनुसार ऐसे प्रत्येक स्मारक, स्थल या वस्तु को संरक्षित करना एवं बनाए रखना' को निकालने के लिए था। इस पर डॉ. आंबेडकर ने प्रो. सक्सेना से कहा कि "आप सम्बोधन क्यों करना चाहते हैं, जब वह इसे स्वीकार कर रहे है?" इस पर खुशी व्यक्त करते हुए प्रो. सक्सेना ने कहा कि "यह अनुच्छेद एक निदेशक सिद्धान्त है, और इसमें संसद के कानून के बारे में उल्लेख नहीं होना चाहिए।"

एक अन्य संशोधन[84] श्रीराम सहाय की शब्दावली 'राज्य का दायित्व होगा' के स्थान पर 'राज्य...करेगा' रखने के लिए था। उनका तर्क था कि यह संशोधन पूर्व के अनुच्छेदों की तरह इस अनुच्छेद में एकरूपता लाएगा।

इसके बाद संविधान-सभा ने डॉ. बी. आर. आंबेडकर और प्रो. शिब्बन लाल सक्सेना के संशोधन को स्वीकार कर लिया और श्री राम सहाय के संशोधन को अस्वीकार कर दिया। इस दौरान सहाय ने कहा कि उनके संशोधन को डॉ. आंबेडकर ने स्वीकार किया है, इसलिए पुन: मत कराया जाए। किन्तु उपाध्यक्ष महोदय ने कहा कि बहुत देर हो चुका है। अन्त में संविधान-सभा ने यथासंशोधित प्रारूप अनुच्छेद 39 का मूल प्रावधान (नियमित अनुच्छेद 49) 24 नवम्बर, 1948 को अंगीकृत कर लिया।

16. न्यायपालिका की स्वतंत्रता

24 नवम्बर, 1948 को डॉ. बी. आर. आंबेडकर ने प्रारूप संविधान में नया अनुच्छेद 39-क जोड़ने के लिए संशोधन[85] प्रस्तुत किया। अनुच्छेद 39-क के अनुसार—'राज्य, इस संविधान के लागू होने के तीन वर्ष के अन्दर यह सुनिश्चित करने के लिए कदम उठाएगा कि राज्य की लोक सेवाओं में न्यायपालिका कार्यपालिका से पृथक् हो।' इस तरह यह प्रावधान 'न्यायपालिका की स्वतंत्रता' का सिद्धान्त प्रतिपादित करता था।

अपने संशोधन के औचित्य को स्पष्ट करते हुए डॉ. आंबेडकर ने कहा कि "चिरकाल से इस देश की इच्छा रही है कि न्यायपालिका को कार्यपालिका से पृथक् होना चाहिए और ऐसी माँग कांग्रेस की स्थापना के समय से की जा रही है। इस सिद्धान्त को देश के प्रशासन में शामिल करने की माँग को लेकर पारित कांग्रेस के प्रस्तावों को दुर्भाग्य से ब्रिटिश सरकार द्वारा नहीं माना गया। हम सोचते हैं कि इस सुधार को लागू करने का अब समय आ गया है। हमने जान-बूझकर इसे मौलिक सिद्धान्त का मामला नहीं बनाया है क्योंकि यदि हम इसे मौलिक सिद्धान्त का मामला बनाते तो संविधान लागू होने के साथ ही न्यायपालिका को कार्यपालिका से अलग करने की बाध्यता हो जाती। इसलिए इसे निदेशक सिद्धान्त के भाग में रखा है और यहाँ पर भी यह प्रावधान किया है कि इस सुधार को तीन वर्ष के अन्दर लागू किया जाए ताकि इस मामले में हीलाहवाली करने के लिए कोई जगह न रह जाए।"

डॉ. आंबेडकर के प्रस्तावित उक्त नये प्रावधान का टी. टी. कृष्णमाचारी ने कड़ा विरोध किया। अपने विरोध में कृष्णमाचारी ने कहा कि "डॉ. आंबेडकर ने यह बात तब क्यों नहीं सोची जब वह प्रारूप संविधान तैयार कर रहे थे। सम्भवत: उन्होंने सोचा कि इस तथ्य को देखते हुए चूँकि इस भाग में, जिसे भावनाओं का यथार्थ कूड़ेदान कहा जा सकता है, कई नई बातें रेंग कर आ सकी हैं, तो वह इसमें अपने इस विशेष संशोधन के लिए स्थान खोज सकते हैं। यह कूड़ेदान पर्याप्त रूप से इतना लचीला है कि इस सदन के किसी भी व्यक्ति को इस पर अपने शौक के घोड़े चढ़ाने की अनुमति दे देता है।"

कृष्णमाचारी ने सवाल किया कि जब डॉ. आंबेडकर इसे मूल अधिकार में नहीं रखना चाहते हैं, केवल अनुमन्य बनाना चाहते हैं, तो तीन वर्ष की समय-सीमा रखने का क्या उद्देश्य है? डॉ. आंबेडकर द्वारा इसे कांग्रेस की माँग बताए जाने पर कृष्णमाचारी ने एक विशिष्ट कांग्रेसी के उस विचार को याद किया, जिसमें उन्होंने कहा था कि न्यायपालिका को कार्यपालिका से अलग करने का विचार अब बदल गया है और चूँकि अब विदेशी सरकार सत्ता में नहीं है, इसलिए पृथक्करण को लागू करने की कोई आवश्यकता नहीं रह गई है।[86] कृष्णमाचारी ने न्यायपालिका

को व्यापक शक्ति दिए जाने पर भी सवाल किया और कहा कि इस कोशिश में—न्यायपालिका, जो किसी भी तरीके से विधायिका द्वारा नियंत्रित नहीं की जा सकती, सम्भवत: सिवाय इसके कि उसे हटा ही दिया जाए—हम ऐसी वस्तु बनाने जा रहे हैं, जो खुद व्यवस्था के लिए भयंकर साबित हो सकती है और अन्तत: यह संविधान निर्माताओं की मंशा के विरुद्ध होगा।

बी. दास ने डॉ. आंबेडकर के इस संशोधन को कुछ दिन के लिए टाल देने का सुझाव दिया। उनका कहना था कि "बहुत जल्द ही कांग्रेस की बैठक जयपुर में होने जा रहा है। जब लोग ब्रिटिश सरकार से प्रताड़ित हुए थे, उस समय यह सोचा गया कि ब्रिटिश सरकार से न्याय नहीं मिल पाता है, इसलिए हमने कार्यपालिका से न्यायपालिका को पृथक् कराना चाहा। अब वह सन्देह नहीं रह गया है। हमें इसका परीक्षण करना है कि क्या आज पृथक्करण आवश्यक है। हमें देखने दें कि आजादी के एक वर्ष के बाद जयपुर कांग्रेस इस विषय पर क्या विचार करती है।"[87]

प्रारूप अनुच्छेद 39-क एक ऐसा ही उदाहरण है जो डॉ. बी. आर. आंबेडकर की दूरदृष्टि, साहस और निर्णय लेने की क्षमता सिद्ध करता है। दूरदृष्टि यह कि उन्होंने न्यायपालिका की स्वतंत्रता के सिद्धान्त को संवैधानिक महत्त्व का विषय बनाने की बात सोची; साहस यह कि कांग्रेसी सदस्यों द्वारा विरोध करने के बावजूद उन्होंने ऐसा किया; और निर्णय लेने की क्षमता यह कि बिना गुणवत्ता से समझौता किए उन्होंने दूसरे विचारों को भी महत्त्व दिया, ताकि बाधाओं को दूर किया जा सके। अगले दिन 25 नवम्बर, 1948 को डॉ. आंबेडकर ने एक अन्य संशोधन[88] के माध्यम से अनुच्छेद 39-क का नया प्रावधान प्रस्तुत किया। इस नये प्रावधान से तीन वर्ष की समय-सीमा को हटा दिया गया था। नये अनुच्छेद 39-क के अनुसार—'राज्य, राज्य की लोक सेवाओं में न्यायपालिका को कार्यपालिका से पृथक् करने के लिए कदम उठाएगा।'

डॉ. आंबेडकर ने तीन वर्ष की समय-सीमा हटाने के पीछे के दो कारण बताए। पहला कारण यह कि निदेशक सिद्धान्तों में समय-सीमा या प्रक्रिया की बाध्यता नहीं शामिल करना चाहिए। इसमें केवल सिद्धान्त प्रतिपादित होना चाहिए न कि सिद्धान्तों को लागू करने का विवरण। दूसरे कारण को स्पष्ट करते हुए उन्होंने कहा कि तीन वर्ष की समय-सीमा ने विचारों की दृष्टि से इस सदन के सदस्यों को बाँट दिया था। कुछ कहते हैं कि यदि आप तीन वर्ष का समय निर्धारित करते हैं तो कोई सरकार तब तक कदम नहीं उठाएगी, जब तक तीन वर्ष की अवधि पूरी न होने को हो। दूसरा विचार यह है कि तीन वर्ष की अवधि बहुत ही कम है। यह हो सकता है कि तीन वर्ष की अवधि उन प्रान्तों के लिए पर्याप्त हो जहाँ प्रशासनिक मशीनरी पूर्णतया स्थापित हो चुकी है किन्तु हमने इस निदेशक सिद्धान्त के सन्दर्भ में 'दि स्टेट' का प्रयोग किया है, जिसमें केवल प्रान्तीय सरकार शामिल नहीं है बल्कि भारतीय रियासतों की सरकार भी शामिल हैं। यह कहा गया है कि भारतीय रियासत के प्रशासन लम्बे समय तक इच्छित परिणाम नहीं प्राप्त कर सकेंगे। इसलिए इन रियासतों के लिए तीन वर्ष की अवधि बहुत ही अल्प है। इसलिए यह सोचा गया कि यह अनुच्छेद अपना उद्देश्य तभी प्राप्त कर पाएगा, जब इसमें प्रान्तों और भारतीय रियासतों को दिशानिर्देश देने वाला मात्र आज्ञाकारी प्रावधान हो कि यह संविधान उन पर राज्य की लोक सेवा में न्यायपालिका को कार्यपालिका से अलग करने का दायित्व सौंपता है। आशय यह है कि जहाँ यह सम्भव है, इसे बिना कोई देरी किए किया जाए और जहाँ इस सिद्धान्त को तुरन्त लागू करना सम्भव न हो, फिर भी वहाँ इसे आवश्यक दायित्व के रूप में स्वीकार किया जाएगा और इसमें हीला-हवाली संविधान में प्रतिपादित सिद्धान्त के अन्तर्गत बर्दाश्त नहीं किया जाएगा।"[89]

बीच में ही प्रो. शिब्बन लाल सक्सेना ने डॉ. आंबेडकर द्वारा इस तरह प्रस्तुत किए गए संशोधन पर आपत्ति की और सवाल पूछा कि क्या अपने संशोधन पर संशोधन लाना एक सदस्य के लिए अनुमन्य है? किन्तु उपाध्यक्ष ने इस आपत्ति को यह कहकर खारिज कर दिया कि हमें मूलभूत बातों को ध्यान में रखना है, न कि तकनीकियों को।

इसके बाद आर. के. सिधवा ने डॉ. आंबेडकर के संशोधन का समर्थन किया और कहा कि महोदय, वह बहुत खुश हैं कि डॉ. आंबेडकर ने संशोधन प्रस्ताव रखा और इस पश्चातवर्ती स्तर पर बहुत उचित राय एवं समझदारी दिखाई है। अनुच्छेद 36 (नियमित अनुच्छेद 45) में प्राथमिक शिक्षा जैसे बहुत महत्त्वपूर्ण विषय के सम्बन्ध में इसी तरह की समय-सीमा का उल्लेख है। इस पर उन्होंने यह कहकर आपत्ति की थी कि निदेशक सिद्धान्त में इस तरह समय सीमा नहीं तय की जानी चाहिए। किन्तु मेरी आवाज अनसुनी हो गई और वह अनुच्छेद पारित हो गया। उन्हें खुशी है कि देरी से ही सही आज ज्यादा अच्छी समझदारी दिखाई गई है। बी. दास की आपत्ति का जवाब देते हुए सिधवा ने आगे कहा कि "यदि कोई मूलभूत सिद्धान्त ब्रिटिश हुकूमत के समय बुरा था, तो कैसे यह सिद्धान्त स्वतंत्र भारत में अच्छा हो जाएगा? जिला मजिस्ट्रेट अभियोजक है और वही न्याय-प्रशासक भी है। क्या ऐसी स्थिति में वही व्यक्ति निष्पक्ष न्याय कर सकता है, जो अभियोग लगाए और उसी समय वह उसी मामले में निर्णय देने के लिए बैठे?"[90]

हृदयनाथ कुंजरू ने डॉ. आंबेडकर के मूल संशोधन का समर्थन और समय-सीमा सम्बन्धी उपबन्ध हटाने का विरोध किया। न्यायपालिका को कार्यपालिका से अलग करने की वकालत करते हुए कुंजरू ने कहा कि "यह माँग पचासों वर्ष पुरानी है और जब डॉ. आंबेडकर ने यह प्रस्ताव रखा, तो उन्होंने सोचा कि भारत सरकार इच्छुक है कि इस सुधार को जल्द-से-जल्द लागू करना चाहिए। यह बहुत दुख की बात है कि डॉ. आंबेडकर इस विचार को अब इस तरह संशोधित करना चाहते हैं कि इसे स्थानीय सरकारों के ऊपर छोड़ दिया जाए। यह पृथक्करण, जो न्याय प्रशासन के लिए बहुत महत्त्वपूर्ण है, को अवश्य ही एक तार्किक समय-सीमा के अन्दर लागू किया जाना चाहिए।"[91]

उक्त बहस में जवाहरलाल नेहरू ने भी भाग लिया। प्रस्तुत संशोधनों पर प्रतिक्रिया व्यक्त करते हुए नेहरू ने कहा कि "यदि कोई व्यक्ति संविधान की बहुत गहराई में चला जाए, तो सम्भवत: उस संविधान का सम्मान पर्याप्त रूप से नहीं बना रह पाता है। संविधान एक ऐसी चीज है, जिसमें लम्बे समय तक के लिए ठहराव हो, जो मजबूत बुनियाद पर निर्मित हो, जो समय-समय पर परिवर्तनशील हो—यह दृढ़ नहीं होना चाहिए—तथापि इसके लिए यह सोचा जाना चाहिए कि यह कुछ ऐसा हो, जो अन्त तक चलने वाला हो, जो एक ऐसा अल्पकालिक संविधान, अस्थायी संविधान न हो, जिसे आप दिन-प्रतिदिन बदलते रहें।"[92] कुंजरू के आरोप का जवाब देते हुए नेहरू ने आगे कहा कि "सरकार का इस सदन के क्रियाकलाप से कोई लेना-देना नहीं है, लेकिन यह सच्चाई है कि सरकार के कुछ सदस्य इसके बारे में मजबूती से विचार करते हैं और इस सदन से पूरी तरह चाहेंगे कि वह डॉ. आंबेडकर द्वारा इस सदन के समक्ष आज रखे गए संशोधन पर पूरी तरह विचार करे। जहाँ तक सरकार का सवाल है वह न्यायपालिका और कार्यपालिका को अलग करने के पूरी तरह पक्ष में है।"

डॉ. बख्शी टेक चन्द ने भी डॉ. आंबेडकर के संशोधन का समर्थन किया और कहा कि "न्यायिक कार्य को कार्यपालिका से पृथक् करने का सवाल कांग्रेस जितना ही पुराना नहीं है, बल्कि उससे भी बहुत पुराना है। यह वर्ष 1852 का समय है, जब बंगाल में एक सांगठनिक

तरीके से इस पर विचार बनना आरम्भ हो गया था। यह कांग्रेस के अस्तित्व में आने से 30 वर्ष पहले का समय था। सैन्य-विद्रोह के बाद आन्दोलन अपने जोर पर था और सत्तरहवें दशक के आरम्भ में कीस्टो दास पाल और राम गोपाल घोष, जो उन दिनों लोक भावनाओं के नेता थे, के नेतृत्व में न्यायिक एवं कार्यपालिकीय कार्य को अलग करने का एक निश्चित प्रस्ताव लेकर आगे बढ़ा गया। इसके बाद मनमोहन घोष ने इस मामले को अपने हाथ में ले लिया और वह और बाबू सुरेन्द्रनाथ बनर्जी ने कई सार्वजनिक बैठकों में इस विषय को लगातार उठाते रहे।"[93]

लोकनाथ मिश्र ने यद्यपि डॉ. आंबेडकर के संशोधन का समर्थन किया, किन्तु उन्होंने इसे दिखावटी यंत्र बताया और कहा कि "यदि हम अच्छे न्याय-प्रशासन को लेकर गम्भीर हैं, तो केवल न्यायपालिका को कार्यपालिका से पृथक् ही नहीं करना चाहिए, बल्कि राज्य को देखना चाहिए कि कानून कम हो, सरल हो और जनमानस के समझ के अनुकूल हो।"

बहस के दौरान ही पीठासीन उपाध्यक्ष ने कहा कि हमने पर्याप्त रूप से बहस कर ली है, अब मामले को मत के लिए रखना चाहता हूँ।" इसके बाद संविधान-सभा ने डॉ. आंबेडकर द्वारा प्रस्तुत अनुच्छेद 39-क (नियमित अनुच्छेद 50) जोड़ने वाले द्वितीय संशोधन को 25 नवम्बर, 1948 को अंगीकृत कर लिया।

17. पूजास्थलों की सुरक्षा एवं संरक्षण का सवाल

अनुच्छेद 39-क अंगीकृत होने के बाद मोहम्मद ताहिर ने एक नया अनुच्छेद 40 जोड़ने के लिए संशोधन[94] प्रस्तुत किया। इस प्रस्तावित अनुच्छेद के अनुसार—गुरुद्वारा, चर्च, मन्दिर, मस्जिद जैसे पूजास्थलों के साथ-साथ कब्रिस्तान एवं शवदाह घाटों की सुरक्षा, बचाव एवं संरक्षण करना राज्य का दायित्व होगा। इसके समर्थन में ताहिर ने तर्क दिया कि "एक समय था, जब यह देश अंग्रेजों द्वारा, विदेशियों द्वारा इनके बनाए गए ऐसे संविधान से शासित होता था, जिससे हम अपरिचित थे। उस संविधान में ऐसे विचार को शामिल नहीं किया गया था। इसका सीधा-सा कारण था कि अंग्रेज भारत राष्ट्र के अलग-अलग समुदायों के साथ खेल खेलने की नीति अपनाए थे। लेकिन अब हम समझते हैं कि देश अपना है, राज्य अपना है और निश्चित रूप से पूजा के धार्मिक स्थलों की सुरक्षा का दावा करना हमारा अधिकार है।"

मोहम्मद ताहिर के संशोधन का एम. अनन्थसंयनम अयंगर ने यह कहते हुए विरोध किया कि "इस उद्देश्य के लिए पहले से ही पर्याप्त प्रावधान हैं। निश्चित रूप से यह राज्य का दायित्व है कि वह गुरुद्वारा, चर्च, मन्दिर, मस्जिद जैसे पूजास्थलों के साथ-साथ कब्रिस्तान एवं शवदाह घाटों की सुरक्षा करे। देश के सामान्य कानून—दंड कानून—में इसके लिए पर्याप्त प्रावधान है। लोक पूजास्थलों, चाहे वह किसी एक व्यक्ति का हो या एक समुदाय का, की सुरक्षा एक मूल अधिकार है, जिसे भाग III में रखा गया है। इसलिए इसे यहाँ निदेशक बनाना आवश्यक नहीं है।" अनुच्छेद 39 का उल्लेख करते हुए अयंगर ने संरक्षण के कारण पैदा होने वाली समस्या की ओर ध्यान आकर्षित कराया और कहा कि "यदि प्रत्येक मन्दिर और प्रत्येक गुरुद्वारा, जिन्हें एक समुदाय द्वारा छोड़ दिया जाए, को बनाए रखना है, तो यह राज्य पर अनावश्यक उत्तरदायित्व थोपना होगा और करदाताओं द्वारा दिए गए धन को ऐसे उद्देश्य के लिए खर्च करना होगा, जो इसके अनुरूप न्यायसंगत नहीं है। दूसरी तरफ, मन्दिर को या गुरुद्वारा को बनाए रखना या संरक्षित करना समुदाय का कर्तव्य है। राज्य से केवल यह देखने की अपेक्षा की जा सकती है कि छेड़छाड़ न हो, वह अतिक्रमण से उनकी सुरक्षा करे। इसके लिए मूल अधिकारों में और सामान्य आपराधिक कानून में भी पर्याप्त प्रावधान हैं।"[95]

इसके बाद डॉ. बी. आर. आंबेडकर ने कहा कि वह संशोधन को नहीं स्वीकार करते हैं। तत्पश्चात संविधान-सभा ने भी मोहम्मद ताहिर के संशोधन को अस्वीकार कर दिया।

18. वैश्विक परिदृश्य में भारत की भूमिका

प्रारूप अनुच्छेद 40 के अन्तर्गत अन्तरराष्ट्रीय सम्बन्धों पर भारत की नीतियों के सम्बन्ध में कुछ मूलभूत सिद्धान्तों का प्रतिपादन किया गया था। इन नीतियों को क्रमबद्ध करते हुए डॉ. बी. आर. आंबेडकर ने इस अनुच्छेद को नये प्रावधान के साथ प्रस्तुत किया।[96] नये प्रावधान के अनुसार राज्य—

(क) अन्तरराष्ट्रीय शान्ति और सुरक्षा में अभिवृद्धि करेगा।
(ख) राष्ट्रों के मध्य न्यायसंगत और सम्मानपूर्ण सम्बन्धों को स्थापित करेगा; और
(ग) संगठित लोगों के एक-दूसरे से व्यवहारों में अन्तरराष्ट्रीय कानून एवं सन्धि की बाध्यताओं के प्रति आदर बनाए रखने का प्रयास करेगा।

वी. एस. सरवटे ने नया खंड जोड़ने के लिए संशोधन[97] प्रस्तुत किया, जो नागरिकों में सत्य, न्याय और दायित्वबोध प्रोत्साहित करने की बात कहता था। उनका तर्क था कि यह संशोधन गांधीयन विचार की विशेषताओं को स्थान देने का प्रयास करता है।

एच. वी. कामथ ने भी संशोधन प्रस्तुत कर तीन महत्त्वपूर्ण बदलाव की माँग की—पहला शब्द 'प्रयास करेगा' का प्रयोग तीनों खंडों के लिए सामूहिक अर्थ में करने के लिए; दूसरा खंड (ख) से शब्द 'स्थापित करेगा' को हटाने के लिए और तीसरा खंड (ग) से शब्द 'प्रयास करेगा' को हटाने के लिए था। अपने सम्बोधन में कामथ ने कहा कि "नया विश्व, जिसमें हम रह रहे हैं, जिसमें हम खेल रहे हैं और अपनी महत्त्वपूर्ण भूमिका निभाने जा रहे हैं, के लिए अन्तरराष्ट्रीय सम्बन्धों में महत्त्वपूर्ण बदलाव लाने में हम अवश्य समर्थ होंगे तो जल्द-से-जल्द हम सब एक वैश्विक-सरकार या एक सुपर-राज्य प्राप्त कर पाएँगे, जिसमें विश्व के सभी देश अपनी सम्प्रभुता का त्याग करेंगे और जिसमें सभी देश अपनी निष्ठा को व्यक्त करेंगे।" कामथ ने सरवटे के संशोधन का यह कहकर विरोध किया कि अनुच्छेद 40 अन्तरराष्ट्रीय सम्बन्धों को लेकर है, जबकि सरवटे का संशोधन भारत के नागरिकों के चरित्र को लेकर है।[98]

प्रो. के. टी. शाह ने भी शब्द 'राज्य' के स्थान पर 'भारत का संघीय गणराज्य धर्मनिरपेक्ष राज्य' का प्रयोग करने के लिए संशोधन[99] प्रस्तुत किया। जबकि दामोदर स्वरूप सेठ का संशोधन[100] अनुच्छेद 40 के अन्त में शोषित एवं पिछड़े लोगों की राजनीतिक एवं आर्थिक सहभागिता और सांस्कृतिक उत्थान को प्रोत्साहित करने से सम्बन्धित उपबन्ध जोड़ने के लिए था। उनका तर्क था कि विश्व में शोषित एवं पिछड़े लोगों का बने रहना विश्व शान्ति के लिए बहुत बड़ा खतरा रहा है। यह शोषक एवं रक्त पिपासु को अपना शोषण करने एवं रक्त चूसने वाले कुटिल व्यवसाय में प्रलोभन एवं प्रोत्साहन देता है। यह क्षेत्रीय एवं अन्तरराष्ट्रीय युद्ध के लिए रास्ता बनाने वाले पूँजीवाद के हाथ को बढ़ाता है और साम्राज्यवाद एवं उपनिवेशवाद को पोषित करता है।

प्रो. बी. एच. खारडेकर ने डॉ. आंबेडकर के संशोधन का समर्थन किया और कहा कि "महान विधिशास्त्री मि. आस्टिन कहते हैं कि अन्तरराष्ट्रीय विधि जैसी कोई चीज नहीं है और यदि कुछ है तो वह केवल सकारात्मक नैतिकता है। वह इसके लिए तीन कारण—कोई विधायिका नहीं, कोई न्यायपालिका नहीं, कोई कार्यपालिका नहीं—को बताते हैं। यह भी कहना गलत है कि कोई सकारात्मक नैतिकता जैसी चीज भी है। यदि देशों के मध्य आज कोई नैतिकता है, तो वह लूट की नैतिकता है। यदि कोई कानून है तो वह जंगल का कानून है, जहाँ शक्ति ही सत्य

है। भारत को जो भूमिका निभाना है और उसने जो निभाया है वह डॉ. आंबेडकर के संशोधन प्रस्ताव में विद्यमान है। यह संशोधन मात्र संस्तुति करने वाला शाब्दिक सौन्दर्य नहीं है बल्कि यह मंशा रखता है कि आवश्यकता पड़ने पर इस देश को कुछ कार्यवाही करनी चाहिए। भारत द्वारा निभाई जाने वाली भूमिका बहुत महत्त्वपूर्ण है क्योंकि अन्तरराष्ट्रीय नैतिकता की बुनियाद रखी जानी है और इसे केवल भारत जैसा देश ही अपनी आध्यात्मिक विरासत से कर सकता है। भारत का मिशन, शान्ति का मिशन है। रामतीर्थ एवं विवेकानन्द से लेकर टैगोर एवं गांधी जी ने जो कुछ किया है, इसे मजबूत करने के लिए ही किया है।"[101]

अन्तरराष्ट्रीय पटल पर अमेरिका और रूस के उभर रहे दो गुटों पर भारत की होने वाली नीति को स्पष्ट करते हुए प्रो. खारडेकर ने आगे कहा कि "सामान्य समझ एवं अनुभव सिखाते हैं कि जो सभी के मित्र होते हैं, उनके पास कभी-कभी कोई मित्र नहीं होता है। इसलिए जब हम साध्य और साधन को शुद्ध बनाए रखना चाहते हैं तो हमें अपनी नीति को स्पष्ट रखना चाहिए। रूस के लिए हम कह सकते हैं और कहना चाहिए कि 'हम आपके उद्देश्य और विचारों को स्वीकार करते हैं और उसका सम्मान करते हैं, लेकिन आपके साधन अपरिष्कृत हैं, कभी-कभी वे बहुत सन्देहास्पद हैं।' इंग्लैड एवं अमेरिका के लिए हमें अवश्य कहना चाहिए, 'हमें आपकी मदिरा और विचारों पर बहुत सन्देह है बावजूद इसके कि आपके साधन ज्यादा स्वच्छ हैं और बहुत ही शिष्ट हैं।"

बिश्वनाथ दास ने भी डॉ. आंबेडकर के संशोधन का समर्थन किया। उन्होंने कहा कि "यह प्रस्ताव देश को स्पष्ट सन्देश देता है। यह संशोधन भारत के अन्तरराष्ट्रीय सम्बन्धों के सन्दर्भ में हमारी नीतियों एवं स्थिति को दोहराता है। भारत, यहाँ तक कि जब वह बेड़ी और गुलामी में था, तो भी उसका शक्तिशाली योगदान मात्र वीरता और धन-सम्पन्नता के प्रभाव के रूप में नहीं बल्कि अन्तरराष्ट्रीय अवधारणा के क्षेत्रों में टैगोर एवं गांधी जी के महान बौद्धिक एवं नैतिक प्रभाव वाले विचारों को समाहित कराने के कारण है, जिन्होंने हमें अन्तरराष्ट्रीय भाईचारा, राष्ट्रों एवं देशों के मध्य सम्मान एवं खुला सम्बन्ध बनाने के बारे में सिखाया है। डॉ. आंबेडकर का प्रस्ताव न केवल यह प्रतिपादित करता है कि हमें क्या करना चाहिए और हमें क्या करना पड़ेगा बल्कि उन सीमाओं का भी उल्लेख करता है जिसके अन्दर रहकर भारत को दूसरे देशों के साथ अन्तरराष्ट्रीय लेन-देन में अपनी भूमिका निभाना है।"[102]

बी. एम. गुप्ता ने भी डॉ. आंबेडकर के संशोधन का समर्थन करते हुए सन्तोष व्यक्त किया कि इस अनुच्छेद में हमारी विदेश नीति के जिस महत्त्वपूर्ण सिद्धान्त को प्रतिपादित किया गया है, वह शान्ति, अन्तरराष्ट्रीय शान्ति एवं सुरक्षा को प्रोत्साहित करने का है। श्रमिक विवादों को निपटाने के लिए महात्मा गांधी द्वारा प्रतिपादित मध्यस्थता के सिद्धान्त की ओर ध्यान आकर्षित करते हुए गुप्ता ने कहा कि "इस सिद्धान्त को जीवन के अन्य विभागों और अन्तरराष्ट्रीय विवादों में भी लागू किया जा सकता है। यह बहुत अच्छा होता यदि हम यह प्राविधानित करें कि युद्ध को टालने के लिए मध्यस्थता का सहारा लिया जाना चाहिए। हमें युद्ध के किसी अन्य विकल्प पर विचार करना चाहिए। स्वाभाविक रूप से मध्यस्थता के अलावा और कोई विकल्प नहीं हो सकता है।" गुप्ता ने आशा व्यक्त की कि वह स्वयं कोई संशोधन नहीं प्रस्तुत कर रहे हैं लेकिन उन्हें खुशी होगी यदि उनके सुझाव को प्रस्तावक द्वारा स्वीकार किया जाए और वह स्वयं इसके लिए संशोधन लेकर आगे आएँ।[103]

बी. एम. गुप्ता के उक्त विचार को प्रारूप संविधान में शामिल करने के लिए एम. अनन्थसंयनम अयंगर ने उक्त प्रस्तावित प्रारूप अनुच्छेद 40 के नये प्रावधान के साथ नया खंड

(घ) जोड़ने के लिए संशोधन[104] प्रस्तुत किया। इस नये खंड का प्रावधान था—'अन्तरराष्ट्रीय विवादों को निपटाने के लिए मध्यस्थता को बढ़ावा देने।' अपने सम्बोधन में अयंगर ने कहा कि "यदि हम अपने देश में शान्ति और प्रगति चाहते हैं तो यह भी बिलकुल आवश्यक है कि हमारे आसपास के देशों में भी शान्ति कायम हो और वे आर्थिक एवं सामाजिक रूप से प्रगति पथ पर आगे बढ़ें। इसलिए हमें यह अवधारणा प्रतिपादित करनी चाहिए कि यह अनुच्छेद अन्तरराष्ट्रीय विवादों को मध्यस्थता एवं शान्तिपूर्ण साधनों द्वारा निपटाने में योगदान देने पर बल देता है।"

लेकिन महावीर त्यागी ने अयंगर के उक्त संशोधन का विरोध किया। डॉ. आंबेडकर के संशोधन का आधे मन से समर्थन करते हुए त्यागी ने कहा कि "यह केवल पवित्र इच्छा भर है। यह संविधान में कुछ भी सारभूत बात नहीं जोड़ता है।" त्यागी ने सुझाव दिया कि हमारा उद्देश्य प्रथम श्रेणी की शक्ति, एक मजबूत शक्ति बनने का होना चाहिए, ताकि हमारी आवाज को, हमारे द्वारा कही गई बातों को और हमारे तर्कों को महत्त्व मिल सके।[105]

इसके बाद डॉ. पी. सुब्बारयन ने सदन से यह संशोधन प्रस्तावित करने की अनुमति माँगी कि खंड (ग) में 'सॅस्टेन अर्थात् बनाए रखने' के बजाय शब्द 'फास्टर अर्थात् बढ़ाने' का प्रयोग किया जाए। उन्होंने यह भी बताया कि डॉ. आंबेडकर ने इस संशोधन को स्वीकार करने का आश्वासन दिया है। टी. टी. कृष्णमाचारी और एम. अनन्थसंयनम अयंगर द्वारा इस पर सवाल उठाए जाने पर डॉ. सुबारयन ने शब्द 'सॅस्टेन अर्थात् बनाए रखने' को स्पष्ट किया और कहा कि इस शब्द का भाव बाध्यता प्रदान करने वाला है और वह नहीं समझते हैं कि हम भावी भारत सरकार पर या वर्तमान सरकार पर ऐसी कोई बाध्यता थोपना चाहते हैं।[106]

अन्त में डॉ. बी. आर. आंबेडकर ने एच. वी. कामथ के तीनों संशोधन, डॉ. सुब्बारयन के संशोधन और एम. ए. अयंगर के संशोधन को स्वीकार किया और बाकी अन्य संशोधनों को अस्वीकार कर दिया।

इसके बाद संविधान-सभा ने प्रो. के. टी. शाह और दामोदर स्वरूप सेठ के संशोधन को अस्वीकार कर तथा एच. वी. कामथ, डॉ. सुब्बारयन और एम. ए. अयंगर के संशोधन को स्वीकार कर डॉ. आंबेडकर द्वारा प्रस्तावित अनुच्छेद 40 के यथासंशोधित प्रावधान (नियमित अनुच्छेद 51) को 25 नवम्बर, 1948 को अंगीकृत कर लिया। इसके साथ प्रारूप संविधान के भाग IV के समस्त प्रावधान अंगीकृत कर लिये गए।

9

मूल अधिकार-1 : समतायुक्त समाज की बुनियाद

1. मूल अधिकार की अवधारणा

मानव सभ्यता के विकास क्रम में 'मूल अधिकार' को मान्यता मिलना एक महत्त्वपूर्ण घटना है। मूल अधिकार प्राकृतिक है, अहस्तान्तरणीय है, अहरणीय है, अविभाज्य है, और अनन्य है। यह एक व्यक्ति के गरिमामय जीवन एवं बहुमुखी विकास के लिए आवश्यक है, तो एक समाज को समतायुक्त एवं सौहार्दपूर्ण बनाने के लिए अनिवार्य। ब्रिटिश हुकूमत के खिलाफ आजादी आन्दोलन का संघर्ष करनेवाले महानायकों के अवचेतन मन में नागरिकों के ये मूल अधिकार अमिट रूप से अंकित थे। इन मूल अधिकारों को समय-समय पर बदलते रहनेवाले विधायिका एवं कार्यपालिका की दया पर नहीं छोड़ा जा सकता है। इसलिए संविधान के माध्यम से इनकी घोषणा एवं संरक्षण बहुत महत्त्वपूर्ण हो जाता है। संवैधानिक संरक्षण से राज्य पर लोगों के मूल अधिकार में अनावश्यक हस्तक्षेप न करने का दबाव होता है, जब तक राष्ट्रहित या समाजहित में स्वयं संविधान ऐसा करने की छूट न दे।

भारतीय संविधान के निर्माण के समय ऐसे तमाम मूल अधिकारों के दृष्टान्त मौजूद थे, जिन्हें आधुनिक देशों द्वारा अपने-अपने तरीके से स्वीकार किया गया था। इंग्लैंड के सम्राट जॉन द्वारा घोषित मैग्ना कार्टा (1215) को मूल अधिकार के इतिहास का पहला लिखित दस्तावेज माना जाता है। मैग्ना कार्टा से प्रेरित होकर सत्रहवीं शताब्दी के दौरान इंग्लिश पिटीशन ऑफ राइट (1628) और इंग्लिश बिल ऑफ राइट (1688) का निर्माण किया गया। इन दोनों दस्तावेजों के माध्यम से इंग्लैंड में मूल अधिकार का बीजारोपण हुआ और स्वराज और स्वनिर्णय के अधिकार की अवधारणा का जन्म हुआ। इंग्लिश बिल ऑफ राइट से प्रेरित होकर वर्ष 1776 में वर्जीनिया के लोगों ने ब्रिटिश हुकूमत के खिलाफ आन्दोलन चलाया, जिसका परिणाम अधिकारों की वर्जीनिया घोषणा (1776) के रूप में आया और वर्ष 1791 में अमेरिकी बिल ऑफ राइट अपनाया गया। वर्ष 1789 में फ्रांस में भी वर्ग एवं धर्म आधारित विशेषाधिकार को समाप्त कर नागरिकों के अधिकारों की घोषणा की गई। इसी तरह 1917 की रूसी क्रान्ति के फलस्वरूप बने रूसी संविधान के अन्तर्गत घोषणा की गई कि रूस की सभी शक्तियाँ जनता में निहित हैं। इसके माध्यम से वर्गभेदयुक्त समाज को समाप्त करने की भी घोषणा की गई।

संविधान निर्माण के दौरान भी मूल अधिकार का विषय शीर्ष महत्त्व का विषय था। अपने आरम्भिक दौर में 24 जनवरी, 1947 को ही संविधान-सभा ने सरदार वल्लभभाई पटेल की अध्यक्षता में मूल अधिकार समिति का गठन कर दिया। इस समिति ने एक अन्तरिम रिपोर्ट दिनांक 23 अप्रैल, 1947 तैयार कर 29 अप्रैल, 1947 को संविधान-सभा के समक्ष प्रस्तुत की। इस रिपोर्ट में अधिकारों को दो स्वरूप में प्रस्तुत किया गया। प्रथम स्वरूप वाले अधिकारों को

मूल अधिकार के रूप में न्यायालय द्वारा प्रवर्तनीय बनाया गया था, जबकि दूसरे स्वरूप वाले अधिकारों को, शासन के मूलभूत सिद्धान्त के रूप में न्यायालय द्वारा अप्रवर्तनीय बनाया गया था। इसी रिपोर्ट के साथ 'वादयोग्य मूल अधिकार' नाम के शीर्षक वाला एक संलग्नक[1] भी प्रस्तुत किया गया था। इस संलग्नक में कुल 24 खंड थे, जिसमें राज्य एवं संघ की परिभाषा; कानूनों का प्रयोग; नागरिक की परिभाषा; समानता का अधिकार; स्वतंत्रता का अधिकार; धर्म सम्बन्धी अधिकार; सांस्कृतिक एवं शैक्षणिक अधिकार; प्रकीर्ण अधिकार; संवैधानिक उपचार का अधिकार; सेना के लिए निर्बन्धन और संघीय विधायिका को कानून बनाने की शक्ति का उल्लेख किया गया था।

प्रारूप संविधान में इसके भाग III के अन्तर्गत मूलभूत अधिकारों का उल्लेख किया गया था। इस भाग का पहला प्रारूप अनुच्छेद 7 'राज्य' को परिभाषित करने के सम्बन्ध में था। इसे संविधान-सभा के समक्ष 25 नवम्बर, 1948 को विचारार्थ रखा गया।

2. राज्य का व्यापक स्वरूप

चूँकि प्रारूप भाग III में गारंटी किए गए मूल अधिकारों का प्रवर्तन 'राज्य' के विरुद्ध किया जा सकता है, इसलिए 'राज्य' की परिभाषा और क्षेत्र बहुत महत्त्वपूर्ण हो जाता है। प्रारूप अनुच्छेद 7 कहता था कि 'राज्य' में केन्द्र एवं राज्यों की विधायिका तथा कार्यपालिका और भारत राज्यक्षेत्र के भीतर स्थानीय या अन्य प्राधिकारी शामिल होगा।

डॉ. बी. आर. आंबेडकर ने प्रारूप अनुच्छेद 7 में शब्दावली 'भारत राज्यक्षेत्र के भीतर' के बाद 'या भारत सरकार के नियंत्रण में' जोड़ने के लिए संशोधन[2] प्रस्तुत किया। इस संशोधन के समर्थन में डॉ. आंबेडकर ने कहा कि "इसे इसलिए आवश्यक समझा गया क्योंकि भारत के भाग वाले क्षेत्रों के अलावा ऐसे दूसरे क्षेत्र भी हो सकते हैं जो भारत के भाग नहीं हों, लेकिन तब भी वे भारत सरकार के नियंत्रण में हो सकते हैं। अन्तरराष्ट्रीय सम्बन्धों में ऐसे बहुत से मामले आ सकते हैं जब किसी आदेश या ट्रस्टीशिप के अन्तर्गत कुछ क्षेत्र को प्रशासन के लिए दूसरे देश को सौंपा गया हो। यह वांछनीय है कि भारत के नागरिकों और ऐसे आदेश या ट्रस्टीशिप वाले क्षेत्र के निवासियों के मध्य मूल अधिकार को लेकर कोई भेदभाव नहीं होना चाहिए।"

इसके पश्चात नजीरुद्दीन अहमद ने भी दो संशोधन[3] प्रस्तुत किए। पहला संशोधन शब्दावली 'और भारत के राज्यक्षेत्र के भीतर स्थानीय या अन्य प्राधिकारी' को निकालने के लिए और दूसरा संशोधन नया खंड (2) जोड़ने के लिए था, जो कहता था कि इस भाग के प्रावधान 'भारत के राज्यक्षेत्र के भीतर या भारत सरकार के नियंत्रण में स्थानीय या अन्य प्राधिकारी' पर लागू होगा। नजीरुद्दीन अहमद ने नगरपालिका एवं जिला परिषद और अन्य प्राधिकारी को राज्य की तरह रखे जाने पर आपत्ति की। एक अन्य संशोधन प्रस्ताव[4] सैयद अब्दुल रऊफ का अनुच्छेद 7 में शब्द 'या' के स्थान पर 'और' रखने के लिए था। उनका तर्क था कि इस अनुच्छेद में हम यह वर्णित करने जा रहे हैं कि राज्य क्या है और यह वर्णन अपने आप में सम्पूर्ण है, न कि मात्र उदाहरणात्मक।

आम बहस में भाग लेते हुए महबूब अली बेग साहिब बहादुर ने कहा कि "यह परामर्श योग्य नहीं है कि विधायी कानून में भिन्न-भिन्न भागों के लिए राज्य का अलग-अलग अर्थ हो। इससे भ्रम पैदा होगा। वह नहीं जानते हैं कि 'अन्य प्राधिकारी' क्या है। स्थानीय अधिकारी जैसे शब्द को शामिल करना क्यों आवश्यक है, जिसे कहीं परिभाषित नहीं किया गया है।"[5] बहादुर ने संविधान को आगे बढ़ाने वाले प्रभारी सदस्य से इसे स्पष्ट करने की उम्मीद की।

इसके बाद उपाध्यक्ष डॉ. एच. सी. मुखर्जी ने कहा कि वह डॉ. आंबेडकर से निवेदन करेंगे कि वह इन बिन्दुओं पर हमें प्रकाशित करें। हम साधारण व्यक्ति हैं और हम उन्हें सुनना चाहते हैं। डॉ. आंबेडकर के प्रति यह सम्मान-भाव अनूठा है।

प्रारूप अनुच्छेद 7 को लेकर उठाए गए सवालों का जवाब देते हुए डॉ. आंबेडकर ने कहा—

> "मूल अधिकार के उद्देश्य के दो सन्दर्भ हैं। पहला यह कि प्रत्येक नागरिक को इस स्थिति में होना चाहिए कि वह इन अधिकारों पर दावा कर सके। दूसरा यह कि वे सभी प्राधिकारियों पर बाध्यकारी हों। मैं अब 'प्राधिकारी' शब्द के अर्थ को स्पष्ट करूँगा। प्राधिकारी वह होता है, जिसमें या तो कानून बनाने की शक्ति हो या स्वविवेक से निर्णय लेने की शक्ति हो। इसलिए यह बिलकुल स्पष्ट है कि यदि मूल अधिकार को स्पष्ट बने रहना है तो उसे न केवल केन्द्र सरकार पर बाध्यकारी होना चाहिए, उसे न केवल प्रान्तीय सरकार पर बाध्यकारी होना चाहिए, उसे न केवल भारतीय रियासतों के सरकार पर बाध्यकारी होना चाहिए, बल्कि उसे जनपद के स्थानीय परिषदों, नगरपालिकाओं, यहाँ तक कि ग्राम पंचायतों एवं ताल्लुक परिषदों और वस्तुत: प्रत्येक प्राधिकारी पर, जो कानून द्वारा स्थापित है और जिसे कानून, नियम, उपकानून या अधिसूचना बनाने की शक्ति है, पर भी बाध्यकारी होना चाहिए।
>
> "यदि यह स्थिति स्वीकार्य है—और मैं नहीं समझता कि मूल अधिकारों का ध्यान रखने वाले किसी व्यक्ति द्वारा कानून के अन्तर्गत स्थापित सभी प्राधिकारियों पर सौंपे गए इन वैश्विक दायित्वों पर आपत्ति की जा सकती है—तब हमें अपने आशय को स्पष्ट करने के लिए क्या करना है? ऐसा करने के दो तरीके हैं। एक तरीका यह कि एक 'राज्य (दि स्टेट)' जैसी किसी संयुक्त शब्दावली का प्रयोग करें, जैसा कि हमने इस अनुच्छेद 7 में किया है या फिर हम 'केन्द्र सरकार, प्रान्तीय सरकार, रियासत की सरकार, नगरपालिका, स्थानीय परिषद, पोर्ट ट्रस्ट या अन्य प्राधिकारी' को बार-बार दोहराते रहें। प्रत्येक बार इन शब्दों को दोहराते रहना न केवल कष्टदायक लगता है बल्कि मूर्खतापूर्ण भी लगता है। बुद्धिमत्ता का रास्ता यही है कि इसके लिए हम संयुक्त शब्दावली का प्रयोग कर शब्दों की बचत करें।"[6]

इसके बाद संविधान-सभा ने डॉ. आंबेडकर के संशोधन को स्वीकार कर और अन्य संशोधनों को अस्वीकार कर प्रारूप अनुच्छेद 7 का यथासंशोधित प्रावधान (नियमित अनुच्छेद 12) 25 नवम्बर, 1948 को अंगीकृत कर लिया।

3. कानून की व्यापक अवधारणा

मूल अधिकारों की घोषणा को वास्तविक बनाने के लिए आवश्यक था कि इनसे असंगत कानून को अवैध घोषित किया जाए। इस उद्देश्य के लिए प्रारूप अनुच्छेद 8 प्रस्तावित किया गया। यह अनुच्छेद समस्त कानूनों को, चाहे वे संविधान लागू होने के पूर्व से प्रवृत्त रहे हों या संविधान लागू होने के बाद बनाए जाने वाले हों, मूल अधिकार से असंगत होने पर शून्य घोषित करता था।

तीन खंडों में प्रस्तावित प्रारूप अनुच्छेद 8 का खंड (1) कहता था कि इस संविधान के लागू होने के ठीक पूर्व भारत क्षेत्र में प्रवृत्त कानून उस मात्रा तक शून्य होंगे, जहाँ तक

वे इस भाग (भाग III) के प्रावधानों से असंगत हैं। खंड (2) के अनुसार राज्य, इस भाग में उल्लिखित अधिकारों से असंगत या इसे न्यून करने वाला कोई कानून नहीं बनाएगा और इस खंड के विरुद्ध बनाया गया कोई कानून, विरोध की सीमा तक शून्य होगा। इस खंड के साथ एक परन्तुक भी जोड़ा गया था, जो कहता था कि यह खंड राज्य को प्रवृत्त कानून से पैदा होने वाली किसी असमानता, विभिन्नता, अहित या भेदभाव को समाप्त करने के लिए कोई कानून बनाने से नहीं रोकेगा। जबकि प्रारूप खंड (3) का प्रावधान 'विधि' शब्द को परिभाषित करता था, जिसके अनुसार इस अनुच्छेद में 'विधि' के अन्तर्गत अध्यादेश, आदेश, उपविधि, नियम, नियमावली, अधिसूचना, रूढ़ि या प्रथा, जो भारत क्षेत्र में कानून का प्रभाव रखते हैं, शामिल होंगे।

लक्ष्मीकान्त मैत्रे ने प्रारूप खंड (2) के परन्तुक को समाप्त करने के लिए संशोधन प्रस्तुत किया। लोकनाथ मिश्र ने प्रारूप खंड (2) के बाद नया खंड जोड़ने के लिए संशोधन[7] प्रस्तुत किया, जिसके अनुसार संघ या राज्य कोई ऐसा विधान नहीं लाएगा या कोई ऐसा कानून नहीं पारित करेगा, जो किसी समुदाय या समुदायों के खिलाफ भेदभाव करने वाला हो या किसी विशेष समुदाय या समुदायों पर लागू होने वाला हो और अन्य पर नहीं लागू होने वाला हो। उनका तर्क था कि यह नया प्रावधान पूर्व में पारित अनुच्छेद 35 (नियमित अनुच्छेद 44) का पूरक है। प्रस्तावित प्रावधान केवल यह कहता है कि राज्य को क्या नहीं करना चाहिए, ताकि वह उस उद्देश्य को खंडित नहीं कर पाए, जिसके लिए अनुच्छेद 35 पारित किया गया है। हमने जान-बूझकर चुना है कि हमारा राज्य धर्मनिरपेक्ष राज्य है और हमने धर्म के सभी तरह के तकरार से छुटकारा पाने की कोशिश की है, क्योंकि यह धारणा बन गई है कि यद्यपि धर्म मानव समुदाय को एकत्रित करने के लिए बनाया गया था, किन्तु यह पाया गया कि इसने मानव समुदाय को बिखेरा है और कई तरह के विवाद पैदा किए हैं।

इसके बाद स्वयं डॉ. बी. आर. आंबेडकर ने एक महत्त्वपूर्ण संशोधन[8], खंड (3) के प्रारूप प्रावधान को नये प्रावधान से प्रतिस्थापित करने के लिए प्रस्तुत किया। खंड (3) के इस नये प्रावधान में दो उपखंड शामिल किए गए थे। उपखंड (क) के अन्तर्गत शब्द 'विधि' को उसी तरह परिभाषित किया गया था, जैसा प्रारूप खंड (3) में किया गया था, जबकि नये उपखंड (ख) के अनुसार 'प्रवृत्त विधि' में वे कानून शामिल होंगे जो इस संविधान के लागू होने के ठीक पहले भारत क्षेत्र में विधायिका या अन्य सक्षम प्राधिकारी द्वारा पारित किए गए या बनाए गए हैं और इन्हें पूर्व में निरस्त नहीं किया गया है।

मो. ताहिर ने प्रस्तावित नये खंड (3) में शब्दावली 'रूढ़ि या प्रथा' के बाद शब्दावली 'या कुछ भी' जोड़ने[9] के लिए, जबकि नजीरुद्दीन अहमद ने शब्दावली 'रूढ़ि या प्रथा, जो भारत के क्षेत्र या इसके किसी भाग में कानून का प्रभाव रखते हैं' को निरस्त[10] करने के लिए संशोधन प्रस्तुत किया। नजीरुद्दीन अहमद ने बहस की कि खंड (2) में कहा गया है कि 'राज्य कोई ऐसा कानून नहीं बनाएगा...' और खंड (3)(क) कहता है कि 'कानून के अन्तर्गत कानून का प्रभाव रखने वाली रूढ़ि या प्रथा भी शामिल है।' तर्क यह है कि 'कानून का प्रभाव रखने वाली रूढ़ि या प्रथा' को किसी के द्वारा 'बनाया' नहीं जाता है। ये विकसित होते हैं। रूढ़ि सामान्यतया स्थानीय लोगों या परिवार या समूह द्वारा या ऐसे अन्य तरीके से बनती है। यह मान्यताओं के लगातार बने रहने के आधार पर निर्मित होती है।

इसी दौरान बी. जी. खेर ने हस्तक्षेप करते हुए कहा कि प्रस्तावित प्रावधान में शब्दावली 'अन्तर्गत...शामिल है' का प्रयोग किया गया है न कि 'अर्थात्' का।[11] किन्तु नजीरुद्दीन अहमद

ने प्रतिवाद किया कि इससे समस्या समाप्त नहीं हो जाती है। अभी भी आपके सामने यह समस्या बनी हुई है कि राज्य को कानून, जिसमें रूढ़ि या प्रथा शामिल है, बनाना है।[12]

इसके बाद उपाध्यक्ष ने पूछा कि क्या कोई माननीय सदस्य बोलना चाहता है? किसी सदस्य द्वारा इच्छा व्यक्त नहीं करने के बाद डॉ. बी. आर. आंबेडकर जवाब देने के लिए खड़े हुए। नजीरुद्दीन अहमद के उक्त तर्क का जवाब देने के साथ-साथ पैदा हो रही समस्या का समाधान देते हुए डॉ. बी. आर. आंबेडकर ने कहा—

> "मि. नजीरुद्दीन अहमद के संशोधन से कुछ समस्या खड़ी होती है, जिसको स्पष्ट कर देना आवश्यक है। उनके संशोधन की मंशा प्रारूप द्वारा पैदा हुए उस स्थिति को समाप्त करना है जिसे उन्होंने हास्यास्पद बताया है। उनके तर्क का मतलब है कि कानून की परिभाषा में हमने रूढ़ि को शामिल किया है और रूढ़ि को शामिल करके हमने ऐसी शक्ति न रखने वाले राज्य को कानून बनाने के लिए कह दिया है। उनके अनुसार इसका मतलब राज्य को रूढ़ि बनाने की शक्ति प्राप्त हो जाएगी क्योंकि हमारी परिभाषा के अनुसार कानून में रूढ़ि शामिल है। ऐसी व्याख्या सम्भव नहीं है। इसका सीधा-सा कारण है कि अनुच्छेद 8 का खंड (3) सम्पूर्ण अनुच्छेद 8 के प्रावधान पर लागू होता है और मात्र अनुच्छेद 8 के खंड (2) पर नहीं लागू होता है। ऐसा होने पर उचित व्याख्या यह होगी कि 'कानून' शब्द को विभाजक तरीके से पढ़ा जाए ताकि जहाँ तक अनुच्छेद 8 के खंड (1) का सम्बन्ध है कानून में 'रूढ़ि' शामिल होगी, जबकि खंड (2) का जहाँ तक सम्बन्ध है कानून में 'रूढ़ि' शामिल नहीं होगी। यह उचित व्याख्या होगी और यदि इसे इस तरह पढ़ा जाता तो हास्यास्पद होने की बात पैदा नहीं होती।
>
> "लेकिन मैं बिलकुल समझ सकता हूँ कि एक व्यक्ति जो कानून के निर्वचन के नियमों को सही तरीके से नहीं जानता है, वह वैसे ही व्याख्या कर सकता है जैसा कि मेरे मित्र मि. नजीरुद्दीन अहमद करने का प्रयास कर रहे हैं। इसलिए इस समस्या से बचने के लिए अनुच्छेद 8 के खंड (3) में मुझे शब्दावली 'इस अनुच्छेद में' के बाद शब्दावली 'जब तक कि सन्दर्भ से अन्यथा अपेक्षित न हो' जोड़ने की अनुमति दी जाए।
>
> "इस तरह यदि अनुच्छेद 8 का खंड (1) माँग करता है कि 'कानून' शब्द का इस तरह प्रयोग हो कि इसमें 'रूढ़ि' शामिल हो, तो यह व्याख्या होना सम्भव होगा। यदि अनुच्छेद 8 के खंड (2) में यह आवश्यक नहीं है कि सन्दर्भ में 'कानून' शब्द को इस तरह पढ़ा जाए कि इसमें 'रूढ़ि' शामिल हो, तो यह पढ़ा जाना सम्भव नहीं होगा कि 'कानून' शब्द में 'रूढ़ि' शामिल हो। इस संशोधन को लेकर जो समस्या उठाई गई है, उसका समाधान हो गया होगा।"[13]

इसके बाद संविधान-सभा ने डॉ. बी. आर. आंबेडकर और लक्ष्मीकान्त मैत्रे* के संशोधन को स्वीकार कर और अन्य संशोधनों को अस्वीकार कर प्रारूप अनुच्छेद 8 का यथासंशोधित प्रावधान (नियमित अनुच्छेद 13) 29 नवम्बर, 1948 को अंगीकृत कर लिया।

---

* किन्तु उपाध्यक्ष द्वारा महबूब अली बेग का नाम लिया गया है।

4. संविधान-सभा प्रक्रिया : समय का सदुपयोग करने की चिन्ता

प्रारूप अनुच्छेद 8 पर चर्चा के मध्य संविधान-सभा में दो घटनाएँ देखने को मिलीं, जो दर्शाती हैं कि संविधान-सभा की कार्यवाही को कितनी ईमानदारी से पूरा किया गया। संशोधन प्रस्तावों के त्वरित किन्तु गुणवत्तायुक्त निस्तारण के लिए संविधान-सभा द्वारा समय-समय पर अपनी प्रक्रिया में यथोचित एवं आवश्यक बदलाव किया जाता रहा है।

26 नवम्बर, 1948 को श्रीमती जी. दुर्गाबाई ने नियम 38-पी में दो नये खंड जोड़ने के लिए संशोधन[14] प्रस्तुत किया। पहला खंड सभाध्यक्ष को ऐसा संशोधन अस्वीकार करने की शक्ति देता था, जो शाब्दिक या व्याकरण सम्बन्धी या औपचारिक परिवर्तन करने के लिए है। दूसरा खंड सभाध्यक्ष को यह शक्ति प्रदान करता था कि वह एक ही विषय पर लाए गए संशोधनों में से सबसे उपयुक्त या व्यापक संशोधन या संशोधनों को चुन सकता है और ऐसे संशोधन जिन्हें नहीं चुना गया है को बिना चर्चा के प्रस्तुत किया हुआ एवं मत के लिए चुना हुआ माना जाएगा। इसी तरह श्रीमती जी. दुर्गाबाई का एक अन्य संशोधन[15], नया नियम 38-डब्ल्यू जोड़ने के लिए था, जो कहता था कि 'सभाध्यक्ष' शब्द के अन्तर्गत वे सभी व्यक्ति शामिल होंगे जो सभा की अध्यक्षता करते हैं।

इन संशोधनों का मुख्य उद्देश्य एक ऐसी व्यवस्था बनाना था, जिससे सभा की कार्यवाही यथाशीघ्र निपटाई जा सके और सभा के समय का उपयोग ऐसे संशोधनों के लिए किया जा सके, जो महत्त्वपूर्ण और सारवान प्रकृति के हों।

इस पर हुई आम बहस के दौरान उक्त संशोधनों का बी. एन. मुनवल्ली, अलगू राय शास्त्री, एम. अनन्थसंयनम अयंगर ने समर्थन किया, किन्तु प्रो. के. टी. शाह, एच. वी. कामथ, दामोदर स्वरूप सेठ जैसे कुछ प्रमुख सदस्यों ने विरोध किया। विरोध करने के दौरान प्रो. शाह ने यहाँ तक जाकर टिप्पणी[15क] की कि विधिवक्ता एक बहुत चालाक वर्ग है। उन्हें आवश्यक रूप से चालाक होना होता है, क्योंकि वे प्रख्यात परजीवी होते हैं; वे मानव समुदाय के झगड़े, दुर्भाग्य एवं त्रासदी पर जीते हैं; इसलिए वे किसी भी व्याख्या का पुनर्आविष्कार करने का, अर्थ के आविष्कार का, ऐसे दृष्टिकोण अपनाने का रास्ता खोजेंगे, जिसकी सम्भवत: संविधान के मूल लेखकों की मंशा कभी नहीं थी।

लम्बी बहस के बाद संविधान-सभा ने श्रीमती जी. दुर्गाबाई के उक्त संशोधनों को अंगीकृत कर लिया। इस निर्णय के बाद प्रारूप अनुच्छेद 8 को विचारार्थ रखा जाना था। किन्तु उस दिन केवल पन्द्रह मिनट का समय बचा था। इसलिए लक्ष्मीकान्त मैत्रे ने सुझाव दिया कि हमें अब सभा को स्थगित कर देना चाहिए। किन्तु उपाध्यक्ष ने कहा, हमारा समय बहुत मूल्यवान है। हमें पन्द्रह मिनट का समय बरबाद नहीं करना चाहिए।

इसके बाद इस पन्द्रह मिनट के दौरान डॉ. बी. आर. आंबेडकर, मो. ताहिर एवं नजीरुद्दीन अहमद ने अपना-अपना संशोधन प्रस्तुत किया और समर्थन में तर्क भी रखा। नजीरुद्दीन अहमद के संशोधन के बाद बी. जी. खेर, नजीरुद्दीन अहमद और डॉ. आंबेडकर के मध्य आपसी बहस भी हुई और उसके बाद सभा को अगले दिन यानी 29 नवम्बर, 1948 के लिए स्थगित कर दिया गया। यह घटना दर्शाता है कि संविधान-सभा अपने किसी भी पल को निरर्थक नहीं होने देता था।

5. समानता का अधिकार : कोई बहस नहीं हो सकी

प्रारूप संविधान में समानता के अधिकार को अनुच्छेद 15 के अन्तर्गत जीवन के अधिकार के साथ शामिल किया गया था। इसके प्रथम भाग में जीवन और व्यक्तिगत आजादी के अधिकार

का और द्वितीय भाग में समानता के अधिकार का उल्लेख किया गया था। प्रारूप अनुच्छेद 15 के अनुसार—

> 'किसी व्यक्ति को उसके जीवन या व्यक्तिगत स्वतंत्रता से, सिवाय विधि द्वारा स्थापित प्रक्रिया के, वंचित नहीं किया जाएगा, न तो भारत राज्यक्षेत्र में किसी व्यक्ति को विधि के समक्ष समानता या विधियों के समान संरक्षण से मना किया जाएगा।'

प्रारूप अनुच्छेद 15 के उक्त दोनों भागों में प्रयुक्त शब्दावली, मूल अधिकार समिति की रिपोर्ट[15] दिनांक 23 अप्रैल, 1947 के खंड (9) की शब्दावली से कुछ अलग थी। खंड (9) के अनुसार—

> 'किसी व्यक्ति को उसके जीवन या स्वतंत्रता से, बिना सम्यक विधि की प्रक्रिया के, वंचित नहीं किया जाएगा, न तो भारत राज्यक्षेत्र में किसी व्यक्ति को विधि के समान व्यवहार से मना किया जाएगा।'

इस तरह प्रारूप अनुच्छेद 15 के प्रथम भाग के सम्बन्ध में मसौदा समिति ने दो बदलाव किए थे। एक शब्दावली 'सम्यक् विधि प्रक्रिया' के स्थान पर 'विधि द्वारा स्थापित प्रक्रिया' का प्रयोग किया गया था और दूसरे शब्द 'स्वतंत्रता' के पूर्व 'व्यक्तिगत' जोड़ा गया था। द्वितीय भाग के सम्बन्ध में भी एक बदलाव शब्दावली 'विधि के समान व्यवहार' के स्थान पर 'विधि के समक्ष समता या विधियों का समान संरक्षण' का प्रयोग करके किया गया था। द्वितीय भाग में किए गए इस बदलाव को लेकर कोई विवाद नहीं था। किन्तु प्रथम भाग में किए गए दोनों बदलावों को लेकर गम्भीर विवाद पैदा हो गया। प्रारूप अनुच्छेद 15 के सम्बन्ध में जो भी संशोधन लाए गए, वे केवल प्रथम भाग से सम्बन्धित थे और इन्हीं संशोधनों के ही इर्द-गिर्द बहस भी की गई। बहस समाप्त होने के बाद संविधान-सभा ने प्रारूप अनुच्छेद 15 का सम्पूर्ण प्रावधान 13 दिसम्बर, 1948 को अंगीकृत कर लिया। इस तरह समानता का सिद्धान्त प्रतिपादित करने वाला द्वितीय भाग बिना किसी बहस के संविधान-सभा द्वारा अंगीकृत कर लिया गया।

17 अक्टूबर, 1949 को संविधान का द्वितीय पाठन समाप्त होने के बाद मसौदा समिति द्वारा सभी प्रारूप अनुच्छेद एवं खंडों का पुनर्अंकन और पुनरीक्षण किया गया। यह प्रक्रिया 13 नवम्बर, 1949 तक चली। इस दौरान प्रारूप अनुच्छेद 15 के प्रथम एवं द्वितीय भाग को अलग-अलग कर दिया गया। प्रथम भाग को नियमित अनुच्छेद 21 के रूप में और द्वितीय भाग को नियमित अनुच्छेद 14 के रूप में पुनर्अंकित किया गया।

पुनर्अंकन और पुनरीक्षण के बाद, जिस प्रावधान को मसौदा समिति ने नियमित अनुच्छेद 14 के रूप में अन्तिम स्वरूप दिया, वह निम्न है—

> 'राज्य भारत राज्यक्षेत्र में किसी व्यक्ति को विधि के समक्ष समानता या विधियों के समान संरक्षण से मना नहीं करेगा।'

इस तरह समानता के महत्त्वपूर्ण सिद्धान्त को प्रतिपादित करने वाले उक्त प्रावधान को कभी संविधान-सभा के समक्ष स्वतंत्र अनुच्छेद के रूप में विचारार्थ नहीं रखा जा सका। केवल एक बार इसे संविधान-सभा के समक्ष तृतीय पाठन के दौरान 14 नवम्बर, 1949 को रखा गया और वह भी नजीरुद्दीन के एक शाब्दिक संशोधन पर विचार करने हेतु बहुत ही सीमित उद्देश्य के लिए था। यह संशोधन[15ख] शब्द 'राज्य' के पूर्व प्रयुक्त शब्द 'दि' को हटाने के लिए था, जिसे अहमद ने मसौदा समिति पर छोड़ते हुए प्रस्तुत करने से मना कर दिया।

अनुच्छेद 14 के अन्तर्गत समानता के दो विचार—'विधि के समक्ष समानता' और 'विधि का समान संरक्षण' शामिल किए गए हैं। संविधान-सभा में अनुच्छेद 14 के प्रावधान पर कोई चर्चा न हो पाने के कारण यह कहना मुश्किल है कि इन दोनों विचारों को शामिल करने के पीछे हमारे संविधान निर्माताओं की क्या मंशा थी। किन्तु इसका आकलन इन दोनों विचारों के महत्त्व से और इस महत्त्व की तुलनात्मक समीक्षा 'सिक्के के दो फलकों' के माध्यम से करके आसानी से किया जा सकता है।

'विधि के समक्ष समानता' ब्रिटिश मूल का विचार है, जिसका अर्थ है कि प्रत्येक व्यक्ति, चाहे किसी भी हैसियत का हो, अमीर हो या गरीब, ऊँचा हो या नीचा, कानून से ऊपर नहीं है और सबके साथ एक समान व्यवहार किया जाएगा। जबकि 'विधि का समान संरक्षण', जिसका स्रोत अमेरिकी संविधान है, का अर्थ है कि समान परिस्थिति वाले लोगों के साथ समान व्यवहार और असमान परिस्थिति वाले लोगों के साथ असमान व्यवहार किया जाएगा।

सिक्का के दो फलकों में अग्र फलक (राज्यचिह्न-फलक) जहाँ स्थिर होता है, वहीं पृष्ठ फलक (मूल्य-फलक) सिक्के के मूल्य के अनुसार परिवर्तनशील रहता है। सिक्के के अस्तित्व के लिए जिस तरह इन दोनों फलकों का होना अनिवार्य है, उसी तरह समानता के सिद्धान्त को पूर्णता प्रदान करने के लिए दोनों विचारों—'विधि के समक्ष समानता' और 'विधि का समान संरक्षण' का होना अनिवार्य है। महत्त्व को लेकर जो अन्तर सिक्के के दो फलकों के मध्य है, वही अन्तर समानता के इन दोनों विचारों के मध्य है। 'विधि के समक्ष समानता' जहाँ राज्यचिह्न फलक की तरह स्थिर रहने वाला विचार है, वहीं 'विधि का समान संरक्षण' मूल्य-फलक की तरह परिस्थितियों के अनुसार परिवर्तनशील रहने वाला विचार है। 'विधि के समक्ष समानता', समानता के सिद्धान्त का मार्गदर्शन करता है तो 'विधि का समान संरक्षण', समानता के सिद्धान्त को लागू करता है। प्रारूप अनुच्छेद 15 के द्वितीय भाग (नियमित अनुच्छेद 14) में शामिल किए गए दोनों विचार एक-दूसरे के पूरक हैं और समानता-प्राप्ति के लक्ष्य को पूर्ण बनाते हैं।

6. भेदभाव के खिलाफ मूल अधिकार

प्रारूप अनुच्छेद 9 के माध्यम से भेदभाव के खिलाफ मूल अधिकार प्रस्तावित किया गया था। इसका खंड (1) सामान्य नियम प्रतिपादित करता था, और खंड (2) महिलाओं और बालकों के पक्ष में अपवाद का उल्लेख करता था। प्रारूप अनुच्छेद 9 के अनुसार—

1. राज्य, किसी नागरिक के विरुद्ध केवल धर्म, मूलवंश, जाति, लिंग या इनमें से किसी के आधार पर कोई विभेद नहीं करेगा। विशेषतया कोई नागरिक केवल धर्म, मूलवंश, जाति, लिंग या इनमें से किसी के आधार पर (क) दुकानों, सार्वजनिक भोजनालयों, होटलों और सार्वजनिक मनोरंजन के स्थानों में प्रवेश, या (ख) पूर्णतः या आंशिक रूप से राज्य के राजस्व से पोषित या साधारण जनता के प्रयोग के लिए समर्पित कुओं, तालाबों, सड़कों और सार्वजनिक समागम के स्थानों के उपयोग के सम्बन्ध में किसी भी निर्योग्यता, दायित्व, निर्बन्धन या शर्त के अधीन नहीं होगा।
2. इस अनुच्छेद की कोई बात राज्य को स्त्रियों और बालकों के लिए कोई विशेष प्रावधान बनाने से नहीं रोकेगी।

उक्त प्रावधान के सम्बन्ध में पहला संशोधन[16] सी. सुब्रमण्यम का खंड (1) के दूसरे वाक्य को अलग कर इसे नया खंड (1-क) बनाने के लिए और बनने वाले नये खंड के आरम्भ में

आ रहे शब्द 'विशेषतया' को हटाने के लिए प्रस्तुत किया। उनका तर्क था कि यह इस तरह दिखता है जैसे सामान्य प्रावधान—राज्य भेदभाव नहीं करेगा—बनाने के बाद हम 'विशेषतया' शब्द का प्रयोग कर कुछ उदाहरण दे रहे हैं कि राज्य इस आधार पर भेदभाव नहीं करेगा। जबकि तथ्यत: ऐसा नहीं है। 'विशेषतया' शब्द के बाद यह भाग दुकान इत्यादि के प्रयोग को सन्दर्भित करता है। यह विषय है ही नहीं कि राज्य को भेदभाव करने की शक्ति प्राप्त हो गई है। इसलिए इसे अलग खंड के रूप में पढ़ा जाना चाहिए।

इसके पश्चात सैयद अब्दुल रऊफ ने संशोधन[17] प्रस्तुत किया कि 'लिंग' शब्द, जहाँ भी यह है, के बाद 'जन्म-स्थान' शब्द जोड़ा जाए। उनका तर्क था कि इस अनुच्छेद की मंशा नागरिकों के खिलाफ भेदभाव रोकना है। हमने धर्म, मूलवंश, जाति या लिंग के आधार पर भेदभाव को रोका है। 'मूलवंश' का बहुत विस्तृत अर्थ है और यह आर्यन मूलवंश या द्रविड़ मूलवंश या मंगोलियन मूलवंश इत्यादि पर लागू होता है। यदि इस आधार पर भेदभाव होता है कि कोई व्यक्ति किसी विशेष प्रान्त का रहने वाला है तो शब्द 'मूलवंश' इसका निराकरण नहीं कर सकता। 'जन्म-स्थान' के आधार पर नागरिकों के बीच भेदभाव करने का प्रयास हो सकता है और ऐसा स्थानीय क्षेत्रीयता की आड़ में किया जा सकता है। इससे सुरक्षा प्रदान करने के लिए यह संशोधन लाया गया है।

खंड (1) के सम्बन्ध में प्रो. के. टी. शाह ने दोनों अलग-अलग उपखंडों (क) और (ख) के स्थान पर एक संयुक्त खंड प्रतिस्थापित करने के लिए संशोधन[18] प्रस्तुत किया। इस संयुक्त खंड में स्कूल, कॉलेज, लाइब्रेरी, मन्दिर, अस्पताल, होटल, रेस्टोरेंट, थियेटर और सिनेमाघर जैसे लोक मनोरंजन, बहलाव या आमोद के स्थान या गोष्ठीस्थल; सामुदायिक पार्क, बगीचा या संग्रहालय; सड़क, कुआँ, तालाब या नहर; पुल, डाक एवं टेलीग्राफ, रेलमार्ग, ट्राममार्ग या बस सेवा का भी उल्लेख किया गया था।

गुप्तनाथ सिंह का संशोधन[19], उपखंड (1)(ख) में 'कुआँ, टैंक' शब्द के बाद 'स्नानघाट' शब्द जोड़ने के लिए था।

डॉ. बी. आर. आंबेडकर ने भी शब्दावली 'राज्य के राजस्व' के स्थान पर 'राज्य कोष' रखने के लिए संशोधन[20] प्रस्तुत किया। उनका तर्क था कि "अभी तक प्रशासनिक भाषा में हम सब प्रान्तीय सरकार के राजस्व या केन्द्रीय सरकार के राजस्व बोलने के लिए अभ्यस्त हैं। जब हम स्थानीय परिषद या जिला परिषद की बात करते हैं, तो हम सामान्यतया स्थानीय कोष का प्रयोग करते हैं न कि राजस्व का। यही शब्द है, जिसका भारत के सभी प्रान्तों में प्रयोग किया जाता रहा है। अब हम 'राज्य' शब्द का प्रयोग कर रहे हैं जिसमें न केवल केन्द्र सरकार और राज्य सरकार आती है, बल्कि स्थानीय प्राधिकारी जैसे जिला परिषद या तालुका स्थानीय परिषद या पोर्ट ट्रस्ट प्राधिकारी भी शामिल हैं।"

मो. ताहिर ने भी एक संशोधन प्रस्तुत किया। इस संशोधन[21] का प्रभाव था कि खंड (1) के प्रावधानों का उल्लंघन कानून के अनुसार एक दंडनीय अपराध हो जाता।

आम बहस के दौरान वंशक्रम के आधार पर होने वाले भेदभाव की ओर ध्यान आकर्षित करते हुए राज बहादुर ने कहा कि "हमने बीते दिनों देखा है और आज भी देखते हैं कि राज्य में पदों के बँटवारे एवं नियुक्तियों के मामले में या सम्पत्ति के आधार पर अधिकारों एवं सुविधाओं का आनन्द लेने के मामले में वंशक्रम के कारण या पारिवारिक स्थिति के कारण या इस तरह के दूसरे कारणों से भेदभाव किया जाता रहा है। हमें परिवार और वंशक्रम के आधार पर भेदभाव समाप्त करना चाहिए।"[22]

एस. नागप्पा ने कहा कि "महात्मा गांधी के नेतृत्त्व में कठिन परिश्रम एवं संघर्ष के परिणामस्वरूप यह देश राजनीतिक रूप से आजाद हुआ है। किन्तु लोगों का एक विशेष वर्ग दोहरी आजादी प्राप्त कर रहा है, केवल राजनीतिक रूप से आजादी नहीं बल्कि सामाजिक रूप से आजादी भी।[23] भूपिंदर सिंह मान ने मन्दिरों में प्रवेश को लेकर किए जा रहे भेदभाव की ओर ध्यान आकर्षित करते हुए कहा कि यदि सूची में पूजा-स्थलों को नहीं शामिल किया गया, तो मूल अधिकार अपूर्ण रहेगा। भारत के जीवन में यह अक्सर देखा गया है कि मन्दिरों एवं अन्य पूजागृहों के दरवाजे, जो लोक उपयोग के लिए होते हैं, उन्हें पुजारियों या संरक्षकों द्वारा समाज के सभी वर्ग के लिए खुला नहीं रखा जाता है।"[24]

प्रो. शिब्बन लाल सक्सेना ने प्रारूप अनुच्छेद 9 का विरोध करते हुए कहा कि अनुच्छेद 11 द्वारा अस्पृश्यता को समाप्त करने के बाद यह विशेष खंड अनावश्यक है।[25] जबकि आर. के. सिधवा ने इस अनुच्छेद को महत्त्वपूर्ण बताया और कहा कि शब्द 'सार्वजनिक स्थान', मनोरंजन जैसे सभी स्थलों को समाहित करता है। सिधवा ने शब्द 'पूजागृह' को शामिल करने के सुझाव का विरोध यह कहते हुए किया कि जब तक इस देश में कई धर्म हैं, इस खंड में इन शब्दों को शामिल करना उचित नहीं है। ऐसा तभी सम्भव है जब इस देश में एक ही धर्म हो। सिधवा ने शब्द 'सार्वजनिक' को लेकर सवाल किया कि हमें क्यों नहीं यहीं पर स्पष्ट कर देना चाहिए कि 'सार्वजनिक' का अर्थ जाति एवं पंथ से निरपेक्ष सभी लोगों से है, खासतौर से तब जब भारतीय दंड संहिता में आपके पास इसकी सीमित परिभाषा है?[26]

आम बहस के बाद डॉ. आंबेडकर ने सी. सुब्रमण्यम, सैयद अब्दुल रऊफ और गुप्तनाथ सिंह के संशोधन को स्वीकार किया। मो. ताहिर के संशोधन के बारे में डॉ. आंबेडकर ने कहा कि "इस उद्देश्य को अनुच्छेद 11 (नियमित अनुच्छेद 17) के माध्यम से पूरी तरह प्राप्त कर लिया गया है। अनुच्छेद 27 (नियमित अनुच्छेद 35) भी संसद पर ऐसा कानून बनाने का दायित्व सौंपता है। संसद को ऐसी शक्ति इसलिए दी गई है क्योंकि मूल अधिकार के सम्बन्ध में कोई भी अपराध पूरे भारत क्षेत्र में एक समान होना चाहिए।" दुकान और कब्रिस्तान के सम्बन्ध में एस. नागप्पा के सवाल का जवाब देते हुए डॉ. आंबेडकर ने कहा कि "शब्द 'दुकान' में धोबीदुकान और नाईदुकान भी शामिल है। 'दुकान' एक ऐसा स्थान है, जहाँ मालिक किसी उस व्यक्ति को अपनी सेवा देने के लिए तैयार है, जो उसकी सेवा पाने हेतु वहाँ जाने के लिए तैयार है।"[27]

इसी दौरान हस्तक्षेप करते हुए बी. जी. खेर ने पूछा कि "क्या इसमें चिकित्सक और विधिवक्ता के कार्यालय भी शामिल हैं?" डॉ. आंबेडकर ने जवाब दिया कि "निश्चित रूप से इसमें वे सभी लोग शामिल हैं, जो सेवा का प्रस्ताव देते हैं। यहाँ पर दुकान शब्द का प्रयोग प्रवेश की अनुमति हेतु सीमित अर्थ में नहीं किया गया है। इसका प्रयोग सेवा चाहने के व्यापक अर्थ में किया गया है।"

अपनी बात को आगे बढ़ाते हुए डॉ. आंबेडकर ने कब्रिस्तान को लेकर उठाए गए सवाल का भी जवाब दिया और कहा कि "शब्दावली 'सार्वजनिक समागम के स्थान' में कब्रिस्तान शामिल होगा किन्तु शर्त यह है कि ऐसे कब्रिस्तान की देखभाल पूर्णतया या आंशिक रूप से सार्वजनिक कोष से हो रही हो। पोखरा, तालाब के अन्तर्गत शामिल है। तालाब एक बड़ी चीज है। यह सही है कि नि:सन्देह अनुच्छेद 9 में नदी, झील और नहर शामिल नहीं होगा, किन्तु निश्चित रूप से वे अनुच्छेद 11 के प्रावधानों से आच्छादित होंगे। यदि संसद ऐसी कोई अयोग्यता पाता है, तो उसके द्वारा अनुच्छेद 11 के अन्तर्गत इसे समाप्त करने के लिए कानून बनाना पूरी तरह सम्भव है।"

इसी बीच आर. के. सिधवा ने पूछा कि "'सार्वजनिक' शब्द की व्याख्या के बारे में क्या?" डॉ. आंबेडकर ने जवाब दिया कि "भारतीय दंड संहिता में 'सार्वजनिक' शब्द का प्रयोग विशेष अर्थ में किया गया है। कोई स्थान सार्वजनिक समागम का स्थान है, बशर्ते कि उसकी देखभाल पूर्णतया या आंशिक रूप से सार्वजनिक कोष से हो रही हो। भारतीय दंड संहिता में दी गई परिभाषा से इसका कोई लेना-देना नहीं है।"[28]

इसके उपरान्त संविधान-सभा ने सी. सुब्रमण्यम, सैयद अब्दुल रऊफ, गुप्तनाथ सिंह एवं डॉ. बी. आर. आंबेडकर के संशोधनों को स्वीकार कर और बाकी संशोधनों को अस्वीकार कर, प्रारूप अनुच्छेद 9 (नियमित अनुच्छेद 15) का यथासंशोधित प्रावधान 29 नवम्बर, 1948 को अंगीकृत कर लिया।

7. दलितों एवं जनजातियों के लिए अलग तंत्र अस्वीकरणीय

प्रारूप अनुच्छेद 9 के खंड (2) में महिलाओं और बालकों के हित में अपवाद का उल्लेख किया गया था। इस अपवाद का लाभ अनुसूचित जाति एवं पिछड़ी जनजाति को प्राप्त कराने के लिए प्रो. के. टी. शाह ने संशोधन[29] प्रस्तुत किया। उनका तर्क था कि अयोग्यता एवं कमजोरियों के कारण हमारे समाज के विशेष वर्ग के साथ बीते दिनों हुए भेदभाव को हम एक दुर्भाग्यपूर्ण विरासत के रूप में प्राप्त कर रहे हैं। वे बीते दिनों उपेक्षित रहे हैं और अपने पिछड़ेपन के कारण समान नागरिक के रूप में उन्हें मिलने वाले अधिकारों एवं दावों को अस्वीकार किया जाता रहा है। इन्हें किसी भी तरह शिक्षा, रोजगार हेतु अवसर देने के सम्बन्ध में और बहुत सारे मामलों में, जहाँ भी आज असमानता है, विशेष सुविधा देने की आवश्यकता है। देश के त्वरित विकास के लिए इनका वर्तमान पिछड़ापन ही केवल एक बाधा है।

डॉ. बी. आर. आंबेडकर ने प्रो. शाह के संशोधन को अस्वीकार कर दिया। ऐसा होने पर अलग तंत्र विकसित होने की आशंका व्यक्त करते हुए डॉ. आंबेडकर ने कहा—

> "प्रो. के.टी. शाह का संशोधन, जिसका उद्देश्य है कि महिलाओं और बालकों के साथ अनुसूचित जाति और अनुसूचित जनजाति को जोड़ा जाए, किन्तु मुझे डर है कि इसका उलटा असर होगा।
>
> "हम सभी जो उद्देश्य अपने मस्तिष्क में रखते हैं, वह यह है कि अनुसूचित जातियों एवं अनुसूचित जनजातियों को सामान्य लोगों से अलग नहीं किया जाना चाहिए। हममें से कोई नहीं चाहेगा कि जब गाँव में सभी समुदाय के बच्चों के लिए सामान्य स्कूल खुला है तो अनुसूचित जाति के बच्चों के लिए अलग स्कूल स्थापित किया जाए। यदि यह शब्द जोड़ दिया जाता है, तो सम्भवत: राज्य को यह कहने के लिए अवसर होगा कि 'ठीक है, हम अनुसूचित जातियों के लिए विशेष प्रावधान बना रहे हैं।' यदि प्रोफेसर द्वारा चाहे गए तरीके से संशोधन कर दिया जाए तो राज्य इस अनुच्छेद की आड़ में ऐसा कहकर बच सकते हैं। इसलिए यह वांछनीय संशोधन नहीं है।"[30]

इस तरह डॉ. आंबेडकर ने स्पष्ट कर दिया कि वे दलित एवं वंचित वर्ग के लिए अलग तंत्र विकसित करने के पक्ष में नहीं हैं। वे सामाजिक एकता की कीमत पर विकास नहीं चाहते थे। बल्कि वे चाहते थे कि एक ही तंत्र में लोगों को विकास के समान अवसर उपलब्ध हों।

तत्पश्चात संविधान-सभा ने प्रो. के. टी. शाह के संशोधन को अस्वीकार कर दिया।

8. अस्पृश्यता के कलंक की समाप्ति

प्रारूप अनुच्छेद 9 अंगीकृत होने के बाद प्रारूप अनुच्छेद 10 पर विचार किया जाना था, किन्तु डॉ. बी. आर. आंबेडकर ने इसे टालने का निवेदन किया। तत्पश्चात प्रारूप अनुच्छेद 11 को विचारार्थ प्रस्तुत किया गया। यह अनुच्छेद, भारतीय समाज में व्याप्त 'अस्पृश्यता के कलंक' को समाप्त करने की प्रतिबद्धता व्यक्त करता था। प्रारूप अनुच्छेद 11 के अनुसार—

> 'अस्पृश्यता समाप्त की जाती है और उसका किसी भी रूप में आचरण करना निषिद्ध किया जाता है। अस्पृश्यता से उपजी किसी अयोग्यता को लागू करना कानून के अन्तर्गत दंडनीय अपराध होगा।'

नजीरुद्दीन अहमद ने अस्पृश्यता को 'धर्म और जाति के कारण अस्पृश्यता' के रूप में स्पष्ट करने के लिए संशोधन[31] प्रस्तुत किया। उनका तर्क था कि यह सम्भव है कि महामारी या फैलने वाली बीमारी से पीड़ित होने के कारण कोई व्यक्ति अस्पृश्य हो; फिर कुछ तरह के भोजन हिन्दू और मुसलमान के लिए अस्पृश्य होते हैं। कुछ धारणा के अनुसार दूसरे परिवार की महिलाएँ अस्पृश्य होती हैं। इसलिए उन्होंने इसे अच्छा बनाने का प्रयास किया है कि कोई भी व्यक्ति धर्म और जाति के कारण अस्पृश्य नहीं माना जाए।

आम बहस के दौरान वी. आई. मुनिस्वामी पिल्लई ने कहा कि "यह बहुत सन्तोष की बात है कि इस संविधान में यह महत्त्वपूर्ण प्रावधान लाया गया है और इसके माध्यम से इस महान धरती से अस्पृश्यता को समाप्त किया जा रहा है। इस खंड को स्वीकार करके बहुत सारे हिन्दू, जो हरिजन हैं, जो अनुसूचित जाति हैं, अनुभव करेंगे कि उन्हें भी समाज में स्थान मिला है।"[32]

डॉ. मनमोहन दास ने भी प्रारूप प्रावधान को अत्यन्त महत्त्वपूर्ण मूल अधिकार बताते हुए कहा कि "यह खंड किसी अल्पसंख्यक समुदाय को कोई विशिष्ट सुविधा या सुरक्षा देना प्रस्तावित नहीं करता है, बल्कि यह भारतीय जनसंख्या के एक छठे भाग को सतत दमन एवं निराशा से और सतत अपमान एवं कलंक से बचाता है। अस्पृश्यता की परम्परा ने न केवल भारतीय जनसंख्या के लाखों लोगों को उदासी और निराशा के, शर्म और कलंक के अँधेरे रसातल में ढकेल दिया, बल्कि इसने हमारे देश के प्राण को भी खाया है। स्वराज हमारे लिए अर्थहीन होगा यदि भारतीय जनसंख्या के पाँचवें भाग को सतत दमन में रखा जाए।" डॉ. दास ने आगे कहा कि वह अपने महान एवं ख्यातिलब्ध कानून मंत्री और इस मसौदा समिति के अध्यक्ष डॉ. आंबेडकर के बारे में कुछ शब्द कहने से खुद को नहीं रोक पा रहे हैं—

> "यह भाग्य का चमत्कार है कि जिस व्यक्ति को एक स्कूल से दूसरे स्कूल तक खदेड़ा गया, जिसे कक्षा से बाहर अध्ययन करने के लिए बाध्य किया गया, उसे आज आजाद एवं स्वतंत्र भारत के संविधान के निर्माण का महान कार्य सौंपा गया है और यह वही हैं, जिन्होंने अस्पृश्यता की परम्परा को अन्तिम रूप से समाप्त कर दिया है जिसका शिकार वह अपने युवा दिनों में हुआ करते थे।"[33]

सांतनु कुमार दास ने कहा कि "इस प्रावधान का उद्देश्य समाज में व्याप्त सामाजिक असमानता, सामाजिक कलंक और सामाजिक अयोग्यता को समाप्त करना है।"[34] श्रीमती दक्षियानी वेलायुधन ने आशा व्यक्त की कि "समय के साथ कोई भी ऐसा समुदाय नहीं होगा, जिसे अस्पृश्य कहा जाए और अन्तरराष्ट्रीय संगठनों में ऐसे सवाल उठाए जाने पर हमारे प्रतिनिधियों को शर्म से सर झुकाना न पड़े।"[35]

जबकि प्रो. के. टी. शाह ने आपत्ति की कि "अस्पृश्यता शब्द को कहीं भी परिभाषित नहीं किया गया है। इसलिए हम यह समझ सकने की स्थिति में नहीं हैं कि खंड में प्रयोग किए गए अस्पृश्यता का क्या अर्थ है और यह कैसे प्रभावित करने जा रहा है। हम सब जानते हैं कि कुछ अवधि के लिए महिलाओं को अस्पृश्य माना जाता है। क्या इसे यह माना जाए कि यह इस अनुच्छेद के अन्तर्गत अपराध होगा? कुरान के कुछ सुरा में ऐसा स्पष्ट रूप से वर्णित किया गया है। क्या आप पैगम्बर के अनुयायियों द्वारा किए जा रहे धर्म के इस व्यवहार को अपराध बना देंगे?" प्रो. शाह द्वारा कुष्ठ रोग का भी उदाहरण दिया गया, जिससे पीड़ित एक व्यक्ति अस्पृश्य माना जाता है।[36]

अन्त में डॉ. बी. आर. आंबेडकर ने कहा कि वह नजीरुद्दीन अहमद के संशोधन को नहीं स्वीकार कर सकते हैं। तब उपाध्यक्ष ने डॉ. आंबेडकर से पूछा कि क्या वह प्रो. शाह के सुझाव का जवाब देंगे? डॉ. आंबेडकर ने 'नहीं' में जवाब दिया।

इसके बाद संविधान-सभा ने भी नजीरुद्दीन अहमद के संशोधन को अस्वीकार कर, 29 नवम्बर, 1948 को प्रारूप अनुच्छेद 11 (नियमित अनुच्छेद 17) अंगीकृत कर लिया।

9. नौकरी हेतु समानता के सिद्धान्त एवं आरक्षण के सिद्धान्त के मध्य सन्तुलन

समानता का अधिकार सम्बन्धी सबसे महत्त्वपूर्ण विषय सार्वजनिक पदों पर नियुक्ति का विषय था। इस सम्बन्ध में प्रारूप अनुच्छेद 10 प्रस्तावित किया गया था, जो समानता के सिद्धान्त को व्यापक परिप्रेक्ष्य में स्वीकार करने के साथ युक्तियुक्त वर्गीकरण की भी अनुमति देता है, ताकि असमान परिस्थितियों में रहने वाले व्यक्ति को यथोचित सुरक्षा दिया जा सके।

यह अनुच्छेद चार खंडों में प्रस्तावित किया गया था। खंड (1) अवसर की समानता का सामान्य नियम प्रतिपादित करता था; खंड (2) इस नियम को विस्तारित कर किसी नागरिक को धर्म, मूलवंश, जाति, लिंग, उद्भव, जन्म-स्थान के आधार पर अयोग्य ठहराने से रोकता था। जबकि खंड (3) एवं खंड (4) सामान्य नियम के दो अपवादों का उल्लेख करते थे। खंड (3) पिछड़े वर्ग के नागरिकों के पक्ष में आरक्षण का उल्लेख करता था और खंड (4) किसी धार्मिक संस्था को अपने क्रियाकलाप के लिए उस धर्म से जुड़े व्यक्ति को नियुक्त करने की आजादी देता था। प्रारूप अनुच्छेद 10 के अनुसार—

1. राज्य के अधीन नियोजन के विषयों में सभी नागरिकों के लिए अवसर की समानता होगी।
2. राज्य के अधीन किसी पद के सम्बन्ध में केवल धर्म, मूलवंश, जाति, लिंग, उद्भव, जन्म-स्थान या इनमें से किसी के आधार पर कोई नागरिक अपात्र नहीं होगा।
3. इस अनुच्छेद की कोई बात राज्य को पिछड़े हुए नागरिकों के किसी वर्ग के पक्ष में, जिनका प्रतिनिधित्व राज्य की राय में राज्य के अधीन सेवाओं में पर्याप्त नहीं है, नियुक्ति या पदों के आरक्षण के लिए उपबन्ध करने से नहीं रोकेगी।
4. इस अनुच्छेद की कोई बात किसी ऐसे विधि के प्रवर्तन पर प्रभाव नहीं डालेगी जो यह उपबन्ध करता है कि किसी धार्मिक या साम्प्रदायिक संस्था के क्रियाकलाप से सम्बन्धित कोई पदधारी या उसके शासी निकाय का कोई सदस्य किसी विशिष्ट धर्म को मानने वाला या विशिष्ट सम्प्रदाय का हो।

मो. ताहिर ने प्रारूप खंड (1) में 'नियोजन' के बाद 'लाभप्राप्ति' जोड़ने के लिए और नजीरुद्दीन अहमद ने खंड (2) में प्रयुक्त शब्दावली 'केवल...के आधार पर' से 'केवल'

शब्द निकालने के लिए संशोधन[37] प्रस्तुत किया। एक अन्य संशोधन[38] लोकनाथ मिश्र ने प्रारूप खंड (2), (3) व (4) को निकालने के लिए प्रस्तुत किया। उनका तर्क था कि खंड (1) में सभी बातें सम्मिलित हो जाती हैं और खंड (2) निश्चित रूप से खंड (1) में शामिल कर लिया गया है। खंड (3) जो नियुक्ति में पिछड़े वर्ग के आरक्षण को सन्दर्भित है, अनावश्यक है क्योंकि यह पिछड़ेपन एवं अयोग्यता को प्राथमिकता प्रदान करता है। खंड (4) बिलकुल अनावश्यक है, क्योंकि हम धर्मनिरपेक्ष राज्य हैं, इसे स्वयं को सभी धार्मिक संस्थाओं से अलग रखना चाहिए।

नजीरुद्दीन अहमद ने संशोधन[39] प्रस्तुत कर प्रारूप खंड (2) के लिए नया प्रावधान प्रस्तावित किया, जो कहता था कि 'सभी नागरिक अपने धर्म, मूलवंश, जाति, लिंग, उद्भव, जन्म-स्थान से निरपेक्ष राज्य के अन्तर्गत पद के लिए पात्र होंगे।' उनका तर्क था कि यह प्रावधान ज्यादा निदेशकीय स्वरूप वाला है। मो. ताहिर ने खंड (2) में शब्द 'किसी पद' के बाद 'या नियोजन' जोड़ने के लिए और प्रो. के. टी. शाह ने 'जन्म-स्थान' के पूर्व 'भारत में' जोड़ने के लिए संशोधन प्रस्तुत किया। प्रो. शाह का तर्क था कि इस देश में उपलब्ध किसी नियोजन के लिए पहला दावा और अधिमान्य दावा इस भूमि के निवासियों का होना चाहिए।

एम. अनन्थसंयनम अयंगर ने भी तीन संशोधन प्रस्तुत किए। पहला संशोधन खंड (1) में शब्द 'नियोजन के विषयों में' के स्थान पर 'किसी पद पर नियोजन या नियुक्ति के विषयों में' रखने के लिए; दूसरा संशोधन खंड (2) में शब्द 'राज्य के अधीन किसी' के बाद 'नियोजन या' जोड़ने के लिए; और तीसरा संशोधन खंड (2) में शब्द 'इनइलिजिबल (अपात्र)' के बाद 'ऑर डिस्क्रिमिनेटेड अगेंस्ट' जोड़ने के लिए था। तीसरे संशोधन का परिणाम यह होता कि खंड (2) में शब्दावली 'न तो कोई नागरिक अपात्र होगा' के बाद 'और न उससे भेदभाव किया जाएगा' जुड़ जाता। तीसरे संशोधन के पक्ष में अयंगर का तर्क था कि प्रोन्नति इत्यादि के मामले में भी भेदभाव हो सकता है। नियुक्ति के लिए अपात्रता इन मामलों को आच्छादित नहीं कर सकती है।[40]

खंड (2) के सम्बन्ध में जसपत राय कपूर ने 'निवास' जोड़ने के लिए; एम. ए. अयंगर ने निवास-अवधि तय करने हेतु कानून बनाने का अधिकार केवल संसद को देने के लिए; खंड (3) के सम्बन्ध में हृदयनाथ कुंजरू ने आरक्षण को दस वर्ष की अवधि तक सीमित करने के लिए; अजीज अहमद खान ने 'पिछड़ा' शब्द निकालने के लिए भी संशोधन प्रस्तुत किया। कुंजरू एवं खाँ ने अपने सम्बोधन में अल्पसंख्यकों के आरक्षण का भी विषय उठाया।

प्रो. के. टी. शाह ने प्रारूप खंड (4) में शब्दावली 'संस्था के कार्यकलाप से सम्बन्धित' के स्थान पर 'संस्था के प्रबन्धन और कार्यकलाप से सम्बन्धित' रखने और 'या विशिष्ट सम्प्रदाय का' को हटाने के लिए संशोधन प्रस्तुत किया। इसी खंड के सम्बन्ध में लाए गए दो अन्य संशोधन को प्रस्तुतकर्ता लोकनाथ मिश्र और डॉ. बी. पट्टाभि सीतारमैया ने प्रस्तुत करने से मना कर दिया। आम बहस के बाद संविधान-सभा ने प्रो. शाह के संशोधन को अस्वीकार कर प्रारूप खंड 4 (नियमित खंड 5) के मूल प्रावधान को अंगीकृत कर लिया।

इस तरह प्रारूप अनुच्छेद 10 पर हुई बहस के दौरान संविधान-सभा के समक्ष मुख्यत: तीन विषय उठाए गए। पहला 'निवास' शब्द जोड़ने का प्रभाव क्या है; दूसरा पिछड़ा वर्ग के पक्ष में आरक्षण कितना न्यायसंगत है; और तीसरा अल्पसंख्यकों के लिए आरक्षण की वास्तविक स्थिति क्या है? इन तीनों विषयों की अलग-अलग शीर्षक के माध्यम से आगे चर्चा की जाएगी। बहस का एक अन्य विषय, टी. टी. कृष्णमाचारी द्वारा मसौदा समिति के खिलाफ लगाए गए

आरोप और संविधान को 'विधिवक्ताओं का स्वर्ग' कहे जाने के कारण पैदा हुआ, जिसकी चर्चा अलग शीर्षक में की जाएगी।

(क) निवास अवधि तय करने की शक्ति संसद को

प्रारूप अनुच्छेद 10 के खंड (2) में उन आधारों का उल्लेख किया गया था, जिसके आधार पर नागरिकों को किसी पद के लिए अपात्र नहीं किया जा सकता था। इन आधारों के साथ 'या निवास' शब्द जोड़ने के लिए जसपत राय कपूर ने संशोधन[41] प्रस्तुत किया। कपूर ने तर्क दिया कि "दुर्भाग्य से पिछले दिनों हमने यह देखा है कि इस देश में प्रान्तवाद बढ़ रहा है। अक्सर और हमेशा 'बंगाल बंगालियों के लिए', 'मद्रास मद्रासियों के लिए' और ऐसे तमाम शोर सुनने को मिलते हैं। यह शोर देश की एकता के हित में नहीं है।" कपूर ने आगे कहा कि "देश के प्रत्येक नागरिक को यह अनुभूति होना चाहिए कि वह सम्पूर्ण देश का एक नागरिक है न कि किसी विशेष प्रान्त का, जहाँ वह रह रहा है। उसे इसकी भी अनुभूति होनी चाहिए कि वह देश भर में कहीं भी जाए, उसके पास रोजगार के मामले में उसी तरह एक समान अधिकार एवं सुविधाएँ प्राप्त होंगी, जैसी कि उसे देश के उस विशेष भाग में प्राप्त है, जहाँ वह रहता है।

के. एम. मुंशी ने कपूर द्वारा प्रस्तावित 'या निवास' के स्थान पर 'निवास' रखने के लिए संशोधन प्रस्तुत किया। मुंशी का कहना था कि उनका संशोधन केवल खंड की भाषा को सही तरीके से क्रमबद्ध करने के लिए लाया गया है।

इसके पश्चात अल्लादी कृष्णास्वामी अय्यर ने खंड (2) के बाद नया खंड (2-क) शामिल करने के लिए संशोधन[42] प्रस्तुत किया। प्रस्तावित नये खंड का उद्देश्य स्पष्ट करते हुए अय्यर ने कहा कि "निवास के सम्बन्ध में मनचाहा नियम बनाने के लिए अलग-अलग राज्यों पर छोड़ने के बजाय यह ज्यादा अच्छा है कि संसद सभी राज्यों पर लागू होने योग्य सामान्य नियम प्रतिपादित करे। विशेष रूप से मूल अधिकार से सम्बन्धित किसी मामले को ध्यान में रखते हुए। यह केवल संसद ही है, जो कानून बनाने की शक्ति रखता है न कि भारत की अलग-अलग इकाई।"

आम बहस के दौरान टी. टी. कृष्णमाचारी ने निवास के सम्बन्ध में प्रस्तुत उक्त संशोधनों पर गम्भीर आपत्ति की। अपनी आपत्ति में कृष्णमाचारी ने कहा कि "इस खंड में 'जन्म' के बाद 'निवास' को शामिल करने के लिए इस सदन को कई कष्ट में डाल दिया गया है। यह सभी तरह की कठिनाइयों का आरम्भ है। ये सब आवश्यक नहीं है क्योंकि यदि निवास के आधार पर कोई भेदभाव होता है, जैसा कि हो सकता है, आप इसे यहाँ पर रखकर और खंड (2-क) से इसे बाहर करके आप इसका निराकरण नहीं करने जा रहे हैं।"[43]

डॉ. बी. आर. आंबेडकर ने 'निवास' से सम्बन्धित उक्त तीनों संशोधनों को स्वीकार कर लिया। इनके अन्तर्निहित उद्देश्य को स्पष्ट करते हुए डॉ. आंबेडकर ने कहा—

> "इस सदन के ज्यादातर लोगों की सोच है चूँकि हमने प्रान्तों और भारतीय रियासतों के क्षेत्रीय अधिकार के बावजूद सम्पूर्ण भारत के लिए एक नागरिकता को स्थापित किया है, यह साथ-साथ चलने वाली बात है कि एक विशेष राज्य में विशेष पद को धारण करने के लिए 'निवास' आवश्यक नहीं होना चाहिए क्योंकि जब आप 'निवास' को अर्हता बनाते हैं तो आप वास्तव में उस समान नागरिकता के महत्त्व को कम करते हैं जिसे हमने इस संविधान के माध्यम से स्थापित किया है। इसलिए मेरे विचार से यह तर्क कि 'निवास' राज्य में नियुक्ति के लिए पात्रता नहीं होनी चाहिए पूर्णतया वैध और पूर्णतया सार्थक तर्क है।

"इसी समय यह भी समझना चाहिए कि आप उन लोगों को, जो बिना किसी जड़ वाले प्रवासी पक्षी की तरह, बिना उस विशेष प्रान्त से कोई जुड़ाव रखे, एक प्रान्त से दूसरे अन्य तक, एक रियासत से दूसरे अन्य तक उड़ते रहते हैं, यह अनुमति नहीं दे सकते कि वे केवल आएँ, पद के लिए आवेदन करें और फल प्राप्त करें और भाग जाएँ। इसलिए कुछ सीमा आवश्यक है। जब इस मामले की खोजबीन की गई, तो पाया गया कि कई प्रान्तीय सरकारों ने उस विशेष प्रान्त में पद के लिए निवास की कुछ अवधि को पात्रता के रूप में निर्धारित करने वाले प्रान्तीय नियम बनाए हैं। इसलिए इस संशोधन का प्रस्ताव कि यद्यपि सामान्य नियम यह है कि 'निवास' को अर्हता नहीं बनाया जाना चाहिए, फिर भी कुछ अपवाद बनाया जाना बिलकुल असामान्य नहीं है। हम केवल एक परम्परा का पालन कर रहे हैं, जो विभिन्न प्रान्तों में पहले से स्थापित है। हमने पाया कि जब अलग-अलग प्रान्त पद के लिए कुछ अवधि को अर्हता-अवधि के रूप में स्वीकार किए हैं, तो ये अवधि काफी विरोधाभासी है। कुछ प्रान्तों ने कहा है कि एक व्यक्ति को अवश्य ही वास्तविक अधिवासी होना चाहिए। कोई नहीं जानता है कि इसका क्या मतलब है। दूसरों ने दस वर्ष निर्धारित कर रखा है, तो कुछ ने सात वर्ष यानी अवधि इस तरह निर्धारित किए हुए हैं। इसलिए यह महसूस किया गया कि जब अर्हता के रूप में ऐसी अवधि रखना वांछित है, तो यह अर्हता पूरे भारत में एक समान होना चाहिए। परिणामत: यदि ऐसा कोई उद्देश्य कि अर्हता अवधि एक समान होनी चाहिए, को प्राप्त किया जाना है, तो यह उद्देश्य केवल संसद को ही अधिकार देकर प्राप्त किया जा सकता है, न कि किसी क्षेत्रीय इकाई को, चाहे वह प्रान्त हो या रियासत।"[44]

इसके बाद संविधान-सभा ने के. एम. मुंशी द्वारा पुनर्संशोधित जसपत राय कपूर के संशोधन एवं अल्लादी कृष्णास्वामी अय्यर के संशोधन को स्वीकार कर लिया।

(ख) पिछड़े वर्ग के लिए आरक्षण का सिद्धान्त

प्रारूप अनुच्छेद 10 के खंड (3) के माध्यम से ऐसे पिछड़े वर्ग के पक्ष में आरक्षण की व्यवस्था को प्रस्तावित किया गया था, जिनको नौकरियों में पर्याप्त प्रतिनिधित्व नहीं मिल सका था। इस खंड को निरस्त करने के लिए दामोदर स्वरूप सेठ ने संशोधन[45] प्रस्तुत किया। आरक्षण व्यवस्था का विरोध करते हुए उन्होंने तर्क दिया कि "पदों या सेवाओं की नियुक्तियों में पिछड़े वर्ग के लिए आरक्षण का मतलब दक्षता और सुशासन को नकारना है। 'पिछड़ा' शब्द को परिभाषित करना आसान नहीं है और न ही किसी समुदाय या वर्ग के पिछड़ेपन के परीक्षण हेतु उचित मापदंड को प्राप्त करना आसान है।"

इसके बाद हृदयनाथ कुंजरू ने खंड (3) में आरक्षण हेतु दस वर्ष की समय-अवधि निश्चित करने के लिए संशोधन[46] प्रस्तुत किया। कुंजरू ने सवाल किया कि "जब हम जीवन की दौड़ में पीछे रह गए एक समुदाय को सुरक्षा देने जा रहे हैं तो क्या यह उचित है कि इनके लिए बनाए गए विशेष प्रावधान अनिश्चित काल के लिए लागू हों? क्या यह पिछड़े वर्ग और राज्य दोनों के हित में नहीं है कि इन विशेष वर्गों के लिए बनाए गए ऐसे विशेष प्रावधान कुछ सीमित अवधि के लिए हों?" कुंजरू ने अनुच्छेद 305 (नियमित अनुच्छेद 334) का उदाहरण दिया, जो प्रतिपादित करता है कि अल्पसंख्यकों हेतु सीट के आरक्षण के लिए प्रावधान बिना बदलाव किए दस वर्षों के लिए लागू होगा।

अजीज अहमद खान ने भी खंड (3) से 'पिछड़ा' शब्द निरस्त करने के लिए संशोधन[47] प्रस्तुत किया। उनका तर्क था कि जब अल्पसंख्यक रिपोर्ट इस सदन के समक्ष पेश की गई थी, तो कहीं भी 'पिछड़ा' शब्द नहीं था। अन्ततः हमने निर्णय लिया कि 'पिछड़ा' शब्द को शामिल करना अनावश्यक है। यदि राज्य-सेवाओं पर एक विशेष वर्ग द्वारा एकाधिकार प्राप्त कर लिया जाए तो दूसरे अन्य यह सोच सकते हैं कि उनके अस्तित्व को नकारा जा रहा है। ऐसा कोई विचार देश में वैमनस्य पैदा करने का स्रोत होगा।

विषय की गम्भीरता को देखते हुए संविधान-सभा के उपाध्यक्ष डॉ. एच. सी. मुखर्जी ने निम्न शब्दों में आम बहस की बुनियाद रखी—

> "यह खंड हमारे लोगों के कुछ विशेष वर्ग को—वर्ग जिनके साथ पिछले कई दिनों से निर्दयता का व्यवहार किया गया है—प्रभावित करता है और यद्यपि आज हम अपने पूर्वजों द्वारा की गई गलतियों को सुधारने के लिए तैयार हैं, तो भी आज यहाँ-वहाँ की पुरानी कहानियाँ कहा जाना जारी है और भारत के बाहर भी इसे प्रधानता के साथ उठाया जाता है। हर पल जब भी हम अन्तरराष्ट्रीय फलक पर चर्चा के मौके खोजते हैं, तुरन्त यह कह दिया जाता है कि हम अपने भाइयों के कुछ समुदाय के साथ अन्यायपूर्वक व्यवहार करते रहे हैं। इसलिए मेरे लिए इस सदन की अनुमति लेना उचित होगा ताकि मैं इस विषय पर पिछड़े वर्ग के अपने बन्धुओं को चर्चा की पूर्ण आजादी दे सकूँ।"[48]

इसके पश्चात अरी बहादुर गुरुंग ने गोरखा के हित को सुरक्षित करने पर जोर देते हुए कहा कि "'पिछड़ा' शब्द में तीन श्रेणी के लोग—अनुसूचित जाति और जनजाति और एक विशेष वर्ग, जो अब तक 'पिछड़ा' के अन्तर्गत शामिल नहीं है, यद्यपि यह शैक्षणिक और आर्थिक रूप से पिछड़ा है, शामिल है।...भारत में, यदि ज्यादा नहीं तो, तीस लाख गोरखा रहते हैं। वे शैक्षणिक एवं आर्थिक रूप से पिछड़े हैं। उनको भी भारत में दूसरे पिछड़े समुदाय की तरह समान सुविधा मिलना चाहिए।"[49]

मोहम्मद इस्माइल साहिब और टी. टी. कृष्णमाचारी ने भी 'पिछड़ा' शब्द का प्रयोग करने का विरोध किया। साहिब ने कहा कि "'पिछड़ा' शब्द के बिना इस प्रावधान का अर्थ स्पष्ट समझा जा सकता है। किन्तु इसको शामिल कर लेने से यह इस प्रावधान का अर्थ अस्पष्ट कर देता है।"[50] कृष्णमाचारी ने भी विरोध करते हुए कहा कि "पिछले अवसर पर जब इस सदन ने इस सम्बन्ध में, इस विशेष मामले में निर्णय लिया था, तब 'पिछड़ा' शब्द नहीं था। यह पश्चातवर्ती विचार है, जिसका आविष्कार मसौदा समिति के संचयी ज्ञान से किया गया है। इस अनुच्छेद की शब्दावली बहुत ही हल्का है। मेरे कुछ मित्रों को डर है कि 'पिछड़ा' शब्द की अलग-अलग व्याख्या की जाएगी, यद्यपि मैं महसूस करता हूँ कि इस डर की कोई आवश्यकता नहीं है, क्योंकि मुझे कोई सन्देह नहीं है कि जाति, समुदाय, धर्म, साक्षरता या आर्थिक स्थिति जैसे कुछ आधारों पर इसकी व्याख्या अन्ततः सुप्रीम प्राधिकारी द्वारा की जाने वाली है। इसलिए मसौदा समिति को इस विशेष शब्द को रखने के लिए बधाई नहीं दे सकता। वे अपने दिमाग में जो भी प्रभाव रखते हों, यह अनुभव करते हुए कि यह खंड ढेर सारी मुकदमेबाजी पैदा करेगा, मैं सहयोग नहीं कर सकता हूँ।"[51]

प्रारूप प्रावधान के समर्थन में भी कई सदस्यों ने विचार रखा। समाज में व्याप्त विसंगतियों का उल्लेख करते हुए डॉ. धरम प्रकाश ने आरक्षण का समर्थन किया और कहा कि कोई भी ऐसा समुदाय नहीं है, जिसमें आर्थिक या शैक्षणिक या सामाजिक रूप से पिछड़े लोगों का

वर्ग न हो। इसलिए प्रत्येक समुदाय में पिछड़े लोग हैं। हमारी राष्ट्रीय सरकार ऐसा प्रशासनिक तंत्र विरासत में पा रही है, जो हमेशा से साम्प्रदायिक या प्रान्तीय या धार्मिक रूप से संकीर्ण दृष्टिकोण रखे हुए थे। आज भी यह निर्विवाद तथ्य है कि जब भी सेवाओं में आरक्षण का सवाल उठाया जाता है, तो किसी प्रान्त के लोग जो ज्यादातर पदों पर कब्जा किए हुए हैं या वे व्यक्ति जो किसी कार्यालय को सँभाले हुए हैं, नियुक्ति करने में प्रान्तीय या व्यक्तिगत हितों से प्रभावित रहते हैं। यदि कोई व्यक्ति अधिकारी के प्रान्त का है तो प्रान्तीय विचार से उसका पक्ष लिया जाता है। यदि वह उसके सम्प्रदाय का है तो साम्प्रदायिक दृष्टि से उसका पक्ष लिया जाता है और यदि वह उसकी जाति या उपजाति का है तो उस दृष्टि से उसका पक्ष लिया जाता है। अधिकारी अभ्यर्थी की योग्यता को विचार में नहीं रखता है, बल्कि देखता है कि क्या वह उसके हित को सँभाल सकता है।[52]

डॉ. धरम प्रकाश ने एक निश्चित समय निर्धारित करने का समर्थन करते हुए आगे कहा कि "एक देश में, जो आजाद हो गया है और जो पूरी आजादी के साथ अपना संविधान बना रहा है, आरक्षण की आवश्यकता नहीं है। लेकिन सबसे बड़ी समस्या, जो बात आरक्षण की माँग करने के लिए हमें बाध्य करती है, वह यह है कि हमारे समाज में उदारता एवं निष्पक्षता नहीं है और न ही निकट भविष्य में इसके होने की सम्भावना दिखती है। यह उचित प्रतीत होता है कि आरक्षण कुछ समय के लिए होना चाहिए। पिछड़े लोगों के अन्य वर्ग की तरह सांस्कृतिक रूप से बराबरी पर आ जाने पर मैं पहला व्यक्ति होऊँगा, जो किसी भी तरह के आरक्षण का विरोध करेगा।

आरक्षण से सम्बन्धित प्रारूप प्रावधान और प्रारूप अनुच्छेद का समर्थन चन्द्रिका राम, पी. कक्कन, वी. आई. मुनिस्वामी पिल्लई, टी. चन्नैया, शान्तनु कुमार दास, एच. जे. खांडेकर, एवं के. एम. मुंशी ने भी किया। पूरे दिल से मसौदा समिति के परिश्रम की प्रशंसा करते हुए चन्द्रिका राम ने कहा कि "जो सोचते हैं कि देश में कोई पिछड़ा वर्ग नहीं हैं, उनको मैं केवल कहूँगा कि उन्होंने हमारे देश के इतिहास पर, आज के प्रगतिशील समाज पर और आज मिल रही परिस्थितियों पर आँखें बन्द कर ली हैं।"[53] पी. कक्कन ने भी खुशी व्यक्त करते हुए कहा कि अब तक गरीब हरिजन अभ्यर्थी सरकारी सेवाओं में उचित नियुक्ति नहीं पाए हैं। उच्च अधिकारी केवल अपने लोगों का चयन करते हैं, किन्तु हरिजन लोगों का नहीं। यदि आप केवल योग्यता पर विचार करेंगे तो हरिजन आगे नहीं आ सकता है। सरकार को कुछ वर्षों के लिए नियुक्ति में हरिजनों के आरक्षण हेतु विशेष कदम उठाना चाहिए।"[54]

वी. आई. मुनिस्वामी पिल्लई ने कहा कि "नौकरियों से रोटी व मछली का आनन्द नहीं ले सकने वाले समुदायों को छोड़ नहीं देना चाहिए। एक दिन हमारे आदरणीय उपप्रधानमंत्री सरदार पटेल ने स्पष्ट रूप से कहा था कि हरिजन लोगों के साथ न केवल न्याय होना चाहिए, बल्कि उनके साथ उदारता से व्यवहार किया जाना चाहिए। इस सदन से यह स्पष्ट सन्देश जाना चाहिए कि अनुसूचित जाति के हित को ध्यान में रखा जाएगा।"[55] टी. चन्नैया ने कुंजरू के दस वर्ष की समयावधि तय करने के विचार का विरोध करते हुए कहा कि "वह इस आरक्षण को 150 वर्ष के लिए चाहते हैं, जितनी अवधि के दौरान उन्हें अवसर से वंचित रखा गया है।"[56] शान्तनु कुमार दास ने भी कहा कि "दस वर्ष के लिए क्यों, यदि हम दो वर्ष में ही समान अधिकार प्राप्त कर लेते हैं, तो आरक्षण की कोई आवश्यकता ही नहीं रह जाएगी।"[57] अनुसूचित जाति की चिन्तनीय स्थिति का उल्लेख करते हुए एच. जे. खांडेकर ने खंड (3) में 'पिछड़ा' शब्द रखने के लिए मसौदा समिति को बधाई दी और

कहा कि यद्यपि सरकारी पदों के लिए अनुसूचित जातियों के अभ्यर्थी आवेदन करते हैं, किन्तु वे चयनित नहीं होते हैं, क्योंकि जिन लोगों को चयनित करना है, वे उनके समुदाय या वर्ग के नहीं होते हैं। खांडेकर ने आशंका जताई कि " 'पिछड़ा' शब्द की व्याख्या इस तरह की जाएगी कि हम लोगों को नौकरियों में अवसर नहीं मिलेगा क्योंकि दूसरी जाति के लोग भी पिछड़ा होने का दावा करने लगेंगे।"[58]

के. एम. मुंशी ने भी शब्द 'पिछड़ा वर्ग' के प्रयोग का समर्थन किया और कहा कि "इस देश के बहुत से प्रान्तों में विद्यमान हालात को दृष्टिगत रखते हुए हम चाहते हैं कि पिछड़े वर्ग को, जो सचमुच पिछड़ा वर्ग है, राज्य नौकरियों में अवसर दिया जाना चाहिए; इसके लिए यह महसूस किया गया है कि राज्य की नौकरियाँ देश की सेवा के लिए एक प्रतिष्ठा और अवसर प्रदान करती हैं और यह अवसर प्रत्येक समुदाय तक विस्तारित होना चाहिए, पिछड़े लोगों के मध्य भी। यदि ऐसा है तो हमें कोई व्यापक शब्द प्राप्त करना होगा और शब्द 'पिछड़ा वर्ग' सबसे सुन्दर सम्भाव्य शब्द है।"[59]

इस तरह सेवा में आरक्षण विषय को लेकर पूरा सदन दो समूहों में बँट गया था। यह सही है कि सरदार पटेल की अध्यक्षता वाली 'मूल अधिकार समिति' की रिपोर्ट के पैरा संख्या 5 के परन्तुक-खंड में 'पिछड़ा' शब्द का प्रयोग नहीं किया गया था। इस खंड का परन्तुक कहता था कि 'इस खंड की कोई बात उन वर्गों को, जिनका लोक सेवा में उचित प्रतिनिधित्व नहीं है, के पक्ष में आरक्षण का प्रावधान बनाने से राज्य को नहीं रोकेगा।' यह भी सही है कि इस रिपोर्ट को संविधान-सभा द्वारा 30 अप्रैल, 1947 को अंगीकृत किया जा चुका था। ऐसी स्थिति में प्रारूप प्रावधान में 'पिछड़ा' शब्द का प्रयोग एक गम्भीर विषय था। इस शब्द के प्रयोग को स्पष्ट करने और आरक्षण के सिद्धान्त को उचित बताने की जिम्मेदारी डॉ. बी. आर. आंबेडकर पर थी। इस विषय पर आए सभी विचारों को बड़ी कुशलता से सम्मिलित करते हुए डॉ. आंबेडकर ने कहा—

> "महोदय, अनुच्छेद 10(3) में प्रयोग किए गए 'पिछड़ा' शब्द के सवाल पर आता हूँ जिसने इस सदन के सदस्यों को सबसे ज्यादा उद्वेलित किया है। यदि सदस्यगण इस विषय पर अपने विचारों का आदान-प्रदान करें, तो वे पाएँगे कि तीन तरह के दृष्टिकोण है, जिनको जानना समाधान के लिए आवश्यक है।
>
> "पहला यह है कि सभी नागरिकों को अवसर की समानता प्राप्त होगी। यह इस सदन के बहुत से सदस्यों की इच्छा है कि प्रत्येक व्यक्ति, जो विशेष पद के लिए पात्र है, को इस बात की स्वतंत्रता होनी चाहिए कि वह उस पद के लिए आवेदन करे, परीक्षा में बैठे और अपनी क्षमता का परीक्षण कराए, ताकि यह तय हो कि क्या वह उस पद के लिए उपयुक्त है या नहीं और अवसर की समानता के इस सिद्धान्त पर कोई सीमा या बाधा नहीं होनी चाहिए। एक अन्य दृष्टिकोण, जिस पर इस सदन के एक वर्ग द्वारा अधिक बल देकर कहा गया है, यह है कि यदि इस सिद्धान्त को पूर्णता के साथ लागू करना है—और उनके विचार से इसे अवश्य ही पूर्णता के साथ लागू करना चाहिए—तो किसी भी वर्ग या समुदाय के लिए किसी तरह का कोई आरक्षण नहीं होना चाहिए और जहाँ तक लोक सेवाओं की बात है, सभी नागरिकों को, यदि वे योग्य हैं, समान रूप से रखा जाना चाहिए। यह दूसरा दृष्टिकोण है जो हम रखते हैं। तब हम एक और शक्तिशाली मत रखते हैं जो इस पर बल देता है कि यद्यपि सिद्धान्ततः यह विचार अच्छा है कि

अवसर की समानता हो, किन्तु उसी समय एक ऐसा प्रावधान भी होना चाहिए, जिससे कुछ ऐसे समुदाय जो अब तक प्रशासन में बाहर रहे हैं, को अन्दर लाया जा सके।

"मसौदा समिति को एक ऐसा उपाय निकालना था, जो इन तीनों दृष्टिकोणों के मध्य सामंजस्य बनाए। यदि माननीय सदस्यगण इन तथ्यों—तीन सिद्धान्त, जिनके मध्य सामंजस्य बनाना है—को दिमाग में रखे, तो वे पाएँगे कि संविधान के अनुच्छेद 10 के खंड (3) में रखे गए प्रावधान से अच्छा कोई उपाय नहीं हो सकता। वे पाएँगे कि उनके विचार, जो विश्वास करते हैं और संकल्पित हैं कि अवसर की समानता हो, को अनुच्छेद 10 के खंड (1) में रखा गया है। यह एक सामान्य सिद्धान्त है। उसी समय, जैसा हमने कहा है, हमें इस सिद्धान्त को कुछ समुदायों की उस माँग के साथ सन्तुलित करना था कि प्रशासन, जो अभी भी—ऐतिहासिक कारणों से—एक समुदाय द्वारा या कुछ समुदायों द्वारा नियंत्रित किया गया है, की स्थिति समाप्त होनी चाहिए और यह कि लोक सेवाओं में दूसरे लोगों को भी सहभागिता का अवसर अवश्य मिलना चाहिए।

"उदाहरण के लिए मान लें कि हम उन समुदायों, जो अभी तक लोक सेवाओं में नियुक्त नहीं किए गए हैं, की माँग को पूर्णता के साथ स्वीकार कर लें, तो वस्तुत: जो बात घटित होगी, वह यह है कि हमें पहली बात कि अवसर की समानता होगी, जिस पर हम सभी सहमत हैं, को पूरी तरह नष्ट करना होगा। मुझे एक दृष्टान्त रखने दें। उदाहरण के लिए मान लीजिए कि एक समुदाय या समुदायों के एक समूह के लिए आरक्षण की व्यवस्था बनाई गई, जो राज्य के अधीन सभी पदों का 70 प्रतिशत जैसा कुछ आए और केवल 30 प्रतिशत अनारक्षित रह जाए, तो क्या कोई व्यक्ति यह कह सकेगा कि 30 प्रतिशत आरक्षण, जो सामान्य प्रतियोगिता के लिए खुला है, पहले सिद्धान्त यानी अवसर की समानता हो, को लागू करने की दृष्टि से सन्तोषजनक है? मेरे विचार से कदापि नहीं। इसलिए यदि आरक्षण को अनुच्छेद 10 के खंड (1) के अनुकूल होना है तो आरक्षित रहने वाली सीट को अवश्य ही सीटों की अल्पसंख्या तक सीमित रखना चाहिए। केवल तभी पहले सिद्धान्त को संविधान में स्थान मिल सकेगा और प्रभावशाली तरीके से लागू किया जा सकेगा।

"माननीय सदस्यगण इस स्थिति को समझते हैं कि हमें दोनों बातों यानी अवसर की समानता का सिद्धान्त और उसी समय राज्य में उचित प्रतिनिधित्व से वंचित समुदाय की माँग, को सुरक्षित रखना है तो मैं निश्चिन्त हूँ कि वे सभी सहमत होंगे कि जब तक आप 'पिछड़ा' जैसे कुछ विश्लेषणीय शब्द का प्रयोग नहीं करते हैं, आरक्षण के पक्ष में बनाया गया यह अपवाद अन्तत: नियम को ही खा जाएगा। कोई नियम ही नहीं बचा रह पाएगा। यह न्यायोचित कारण है, कि क्यों मसौदा समिति ने 'पिछड़ा' शामिल करने की जिम्मेदारी अपने कन्धे पर ले लिया है।"[60]

पिछड़ा समुदाय क्या है, इसको भी स्पष्ट करते हुए डॉ. आंबेडकर ने आगे कहा कि "कोई भी यदि प्रारूप की भाषा पढ़े, तो वह स्वयं पाएगा कि हमने इसे प्रत्येक स्थानीय सरकार द्वारा तय करने के लिए छोड़ दिया है। एक पिछड़ा समुदाय वह समुदाय है जो सरकार के विचार में पिछड़ा है। मि. टी. टी. कृष्णमाचारी ने मुझसे पूछा है कि क्या यह नियम वादयोग्य होगा। इसका एक दृढ़ उत्तर दिया जाना कठिन है। व्यक्तिगत रूप से वह सोचते हैं कि यह एक

वादयोग्य मामला है। यदि स्थानीय सरकार आरक्षण की श्रेणी में अधिक संख्या में सीटों को शामिल करता है तो मैं सोचता हूँ कि कोई व्यक्ति फेडरल कोर्ट या सुप्रीम कोर्ट जा सकेगा और कह सकेगा कि आरक्षण इस स्तर का है कि अवसर की समानता के नियम को नष्ट कर दिया गया है और तब न्यायालय निष्कर्ष निकाल सकेगा कि क्या स्थानीय सरकार या राज्य सरकार ने तार्किकता या बुद्धिमत्ता के साथ कार्य किया है? मि. कृष्णमाचारी ने पूछा है कि 'तर्कशाली व्यक्ति कौन है और बुद्धिमान व्यक्ति कौन है? यह सब मुकदमेबाजी का मामला है।' निश्चित तौर पर यह मुकदमेबाजी का मामला है, लेकिन मेरे माननीय मित्र मि. कृष्णमाचारी समझेंगे कि शब्दावली 'तर्कशाली व्यक्ति और बुद्धिमान व्यक्ति' बहुत सारे कानूनों में प्रयोग की गई है और यदि वह केवल सम्पत्ति अन्तरण कानून का सन्दर्भ लेंगे तो पाएँगे कि बहुत सारे मामलों में शब्द 'तर्कशाली व्यक्ति और बुद्धिमान व्यक्ति' अच्छी तरह परिभाषित है और न्यायालय को इसे परिभाषित करने में कोई कठिनाई नहीं होगी।"[61]

उक्त सम्बोधन के आरम्भ में डॉ. आंबेडकर ने निवास से सम्बन्धित दो संशोधनों के अलावा तीन अन्य संशोधन—पहला, खंड (1) में 'नियोजन के विषयों में' के स्थान पर 'किसी पद पर नियोजन या नियुक्ति के विषयों में' रखने वाले; दूसरा, खंड (2) में 'राज्य के अधीन किसी पद' के स्थान पर 'राज्य के अधीन किसी नियोजन या पद' रखने वाले; और तीसरा, खंड (2) में 'न तो कोई नागरिक अपात्र होगा' के बाद 'और न उससे भेदभाव किया जाएगा' जोड़ने वाले संशोधन को स्वीकार किया और दूसरे अन्य संशोधनों को अस्वीकार कर दिया।

संविधान-सभा ने भी डॉ. आंबेडकर द्वारा स्वीकृत संशोधनों को स्वीकार कर और बाकी अन्य संशोधनों को अस्वीकार कर, प्रारूप अनुच्छेद 10 का यथासंशोधित प्रावधान (नियमित अनुच्छेद 16) 30 नवम्बर, 1948 को अंगीकृत कर लिया।

(ग) आरक्षण के सम्बन्ध में अल्पसंख्यक की स्थिति : सरदार पटेल ने किया स्पष्ट

सेवा हेतु आरक्षण के लिए दस वर्ष की समयसीमा तय करने के सम्बन्ध में प्रस्तुत संशोधन पर बोलने के दौरान हृदयनाथ कुंजरू ने अल्पसंख्यकों के आरक्षण पर सवाल किया कि "अनुच्छेद 10(3) और अनुच्छेद 296 के मध्य क्या सम्बन्ध है? अनुच्छेद 296 (नियमित अनुच्छेद 335) कहता है कि केन्द्र या प्रथम अनुसूची के भाग I में शामिल राज्यों से जुड़ी सेवाओं और पदों पर नियुक्ति में उसकी प्रशासनिक क्षमता को योग्य बनाए रखने के साथ अल्पसंख्यक समुदाय के दावों पर विचार किया जाएगा। अनुच्छेद 10(3) का प्रावधान प्रथम अनुसूची के सभी राज्यों पर लागू होता है, और अनुच्छेद 296 केवल पहली अनुसूची के भाग I के राज्यों पर लागू होता है। इन दोनों के मध्य अन्तर स्पष्ट है। लेकिन इसके अलावा इन दोनों अनुच्छेदों में क्या सम्बन्ध है, यह दूर-दूर तक स्पष्ट नहीं है। इसे स्पष्ट करने की आवश्यकता है।"[62]

प्रारूप खंड (3) से 'पिछड़ा' शब्द हटाने के लिए अजीज अहमद खान ने संशोधन[63] प्रस्तुत किया। अनुच्छेद 296 और 297 को सन्दर्भित करते हुए खान ने कहा कि "ये अनुच्छेद ऐसी प्रकृति के हैं कि यदि संशोधन को स्वीकार नहीं किया जाता है, तो इन अनुच्छेदों के प्रावधान, अनुच्छेद 10 के विरुद्ध हो जाते हैं। पंडित कुंजरू का आशय है कि भारत में उपजी नई परिस्थितियों में, यदि कोई संरक्षण दिया जाना है, तो यह केवल शैक्षणिक एवं सांस्कृतिक रूप से पिछड़े समुदाय को दिया जा सकता है। केवल यही लोग संरक्षण पाने के अधिकारी हैं, अल्पसंख्यक नहीं। बदलाव जो इस देश में हम लाने जा रहे हैं, उसको देखते हुए अल्पसंख्यकों को संरक्षण दिया जाना आवश्यक है।"

अल्पसंख्यकों के लिए आरक्षण सुनिश्चित करने की माँग करते हुए मोहम्मद इस्माइल साहिब ने भी कहा कि "किसी भी रूप में यह अर्थ नहीं निकाला जाना चाहिए कि इस प्रावधान की परिधि से अल्पसंख्यक समुदायों जैसे—मुस्लिम, ईसाई और अनुसूचित जाति के लोगों के पिछड़ा वर्ग बाहर होंगे। यह एक तथ्य है कि गैर-बहुसंख्यकों में भी पिछड़े लोग हैं। ईसाई पिछड़े हैं। यह एक तथ्य है कि उनका प्रान्तों की सेवाओं में पर्याप्त प्रतिनिधित्व नहीं है। ऐसा मुसलमानों के साथ भी है और अनुसूचित जातियों के साथ भी। यदि कोई प्रावधान बनाया जाता है, तो वह इन सभी पिछड़े लोगों के लिए बनाया जाए।"[64]

सरदार हुकुम सिंह ने भी स्थिति स्पष्ट करने की आवश्यकता पर बल देते हुए कहा कि "मुझे अनुच्छेद 10 और 296 में कुछ अन्तर्विरोध लगता है। अनुच्छेद 10 कहता है कि अवसर की समानता होगी, तब यह एक नकारात्मक प्रावधान के माध्यम से इस पर जोर देता है कि किसी भी नागरिक के साथ धर्म या वंश के आधार पर भेदभाव नहीं किया जाएगा। यह बिलकुल सही है, लेकिन जब ऐसा कोई इशारा नहीं किया गया है कि क्या यह अनुच्छेद 296 के प्रावधान पर प्रभावी होगा या अनुच्छेद 296 इससे स्वतंत्र है, तो निश्चित तौर पर हम सन्देह की स्थिति में हो जाते हैं। अल्पसंख्यकों के भाग्य का क्या होगा?"[65]

आरक्षण के सम्बन्ध में अल्पसंख्यकों की वास्तविक स्थिति पर अपनी संक्षिप्त टिप्पणी में डॉ. बी. आर. आंबेडकर ने कहा—

> "अल्पसंख्यक के सम्बन्ध में अनुच्छेद 296 का विशेष सन्दर्भ है, जहाँ यह प्रतिपादित किया गया है कि कुछ प्रावधान अल्पसंख्यकों के लिए बनाया जाएगा। निश्चित रूप से हमने ऐसी कोई बात प्रतिपादित नहीं किया है। यह इस धारा से बिलकुल स्पष्ट है। किन्तु हमने अल्पसंख्यकों को विचार करने से सर्वथा निकाल नहीं दिया है।"[66]

प्रारूप अनुच्छेद 296 प्रस्तावित करता था कि संघ एवं प्रथम अनुसूची के भाग I में वर्णित राज्यों के क्रियाकलापों से सम्बन्धित सेवाओं एवं पदों पर नियुक्ति करने में सभी अल्पसंख्यक समुदायों के दावों पर विचार किया जाएगा। प्रारूप अनुच्छेद 299 इस संविधान के अन्तर्गत अल्पसंख्यकों को दी गई सुरक्षा सम्बन्धी मामलों की जाँच करने के लिए अल्पसंख्यकों के विशेष अधिकारी की नियुक्ति की बात करता था।

प्रारूप संविधान के तृतीय वाचन के दौरान 14 अक्टूबर, 1949 को डॉ. बी. आर. आंबेडकर ने प्रारूप अनुच्छेद 296 को नये प्रावधान से प्रतिस्थापित करने के लिए संशोधन[67] संख्या 15 प्रस्तुत किया। नये प्रावधान के अनुसार—संघ एवं राज्यों के क्रियाकलापों से सम्बन्धित सेवाओं एवं पदों पर नियुक्ति करने में अनुसूचित जातियों एवं अनुसूचित जनजातियों के सदस्यों के दावों पर विचार किया जाएगा।

इस संशोधन पर हुई आम बहस में भाग लेते हुए नजीरुद्दीन अहमद ने कहा कि "अल्पसंख्यक पर नियुक्त की गई उपसमिति ने अनुशंसा की कि अल्पसंख्यकों के लिए विधायिका में सीटों का आरक्षण होना चाहिए और जहाँ तक अखिल भारतीय एवं प्रान्तीय सेवाओं का सम्बन्ध है, आरक्षण नहीं होगा किन्तु सेवाओं की नियुक्ति करने में सभी अल्पसंख्यकों के दावों को ध्यान दिया जाएगा। इसको इस सदन द्वारा अगस्त सत्र 1947 में स्वीकार किया गया। बाद में माननीय सरदार पटेल के पत्र दिनांक 11 मई, 1947 के आधार पर इसे आंशिक रूप से फिर से खोल दिया गया कि सेवाओं हेतु नहीं बल्कि केवल विधायिका में आरक्षण हेतु अल्पसंख्यकों के लिए विचार हो। सरदार पटेल ने रिपोर्ट भेजी कि अनुसूचित जाति को छोड़कर

अल्पसंख्यकों के लिए विधायिका में आरक्षण की व्यवस्था को समाप्त कर दिया जाए, जिसे इस सदन द्वारा 26 मई, 1949 को स्वीकार कर लिया गया।[68]

सरदार हुकुम सिंह ने मूल प्रारूप को अल्पसंख्यकों के लिए सुरक्षा-कवच बताते हुए इसे पुनर्स्थापित करने के लिए संशोधन[69] प्रस्तुत किया और डॉ. आंबेडकर के संशोधन संख्या 15 का कड़ा विरोध किया। हुकुम सिंह ने कहा कि "अनुच्छेद 296 और 299 का मूल प्रारूप अल्पसंख्यक समिति की संस्तुति दिनांक 8 अगस्त, 1947 का परिणाम था, जिसे इसी वर्ष 27/28 अगस्त को संविधान-सभा ने स्वीकार किया था।" हुकुम सिंह ने आगे कहा कि "सिखों ने जब कांग्रेस को 1929, 1946 और 1947 में किए गए वादे को याद दिलाया तो उनसे कहा गया कि परिस्थितियाँ बदल गई हैं।" ब्रजेश्वर प्रसाद ने भी डॉ. आंबेडकर के संशोधन का विरोध किया और अनुच्छेद 296 के लिए नया प्रावधान प्रस्तुत किया, जो अनुसूचित जाति एवं जनजाति के सदस्यों की नियुक्ति के सम्बन्ध में संसद को कानून बनाने की शक्ति प्रदान करता था। इसका खंड (1) अन्य पिछड़े वर्गों के पक्ष में भी प्रावधान प्रस्तावित करता था।[70] गुप्तनाथ सिंह ने भी अनुसूचित जातियों एवं अनुसूचित जनजातियों के साथ शैक्षणिक एवं सामाजिक पिछड़े जातियों को जोड़ने के लिए संशोधन प्रस्तुत किया। धर्म के नाम पर आरक्षण का विरोध करते हुए उन्होंने तर्क दिया कि "सम्प्रदायवाद देश के लिए अभिशाप साबित हुआ है। यह राष्ट्रीय बाधा हो चुका है।"[71]

एच. वी. कामथ ने धर्म के नाम पर आरक्षण समाप्त करने का श्रेय सरदार पटेल को दिया और कहा कि "आज हम समान भारतीय राष्ट्रीयता को निर्मित करने की दिशा में एक कदम और आगे बढ़ गए हैं। दो वर्ष पहले इस सभा ने प्रस्ताव पारित किया था कि देश की विधायिका में अल्पसंख्यक समुदायों को सीटों का आरक्षण मिलना चाहिए, किन्तु यह महान क्षण, शायद कुछ मायने में दुखद क्षण, जल्द ही घटित हुए भाग्य से लद गया। दो महीने पूर्व सरदार वल्लभभाई पटेल के इस प्रस्ताव को इस सदन ने स्वीकार किया कि विधायिका में मुसलमान एवं सिख के लिए आरक्षण समाप्त किया जाए। यह राष्ट्रीयता को एक साथ लेकर आगे बढ़ने वाला एक बुद्धिमत्तापूर्ण निर्णय था। आज पुन: हम एक और निर्णय ले रहे हैं, जो हमारे एक साथ चलने में एक और छलाँग लगाने वाला निशान है। इसलिए हमने अल्पसंख्यक समुदायों, मुसलमानों एवं सिखों के लिए राज्य की सेवाओं में आरक्षण को समाप्त करने का प्रस्ताव किया है।"[72]

आर. के. सिधवा ने डॉ. आंबेडकर की संशोधन संख्या 15 का समर्थन किया और गुप्तनाथ सिंह के संशोधन को निरर्थक बताकर इसका विरोध किया।[73]

इसके बाद सरदार वल्लभभाई पटेल ने संविधान-सभा को सम्बोधित किया। उन्होंने अल्पसंख्यकों के सम्बन्ध में आरक्षण की स्थिति को स्पष्ट करने के साथ हुकुम सिंह के आरोपों का भी जवाब दिया। सरदार पटेल के शब्दों में—

> "उनका आरोप है कि हम 1929, 1946 और 1947 में किए गए वादे को तोड़ रहे हैं—तोड़ दिया है। मैं नहीं जानता हूँ कि उन्होंने किस वादे को सन्दर्भित किया है। यदि वह 1929 को और पुन: भारत एवं पाकिस्तान के बँटवारे को सन्दर्भित करते हैं, तो मैं उनसे कहना चाहता हूँ कि किसी भी एक सिख ने बँटवारे के खिलाफ आवाज नहीं उठाई; दूसरी तरफ वे पंजाब के बँटवारे की माँग को लेकर सबसे आगे थे। रावलपिंडी एवं मुल्तान में कत्लेआम एवं रक्तपात होने के बाद, सिख भयंकर रूप से परेशान हो गए और स्वाभाविक संकट में आ गए। कांग्रेस ने उनके साथ काफी सहानुभूति दिखाई। उसी समय देश के दूसरे भागों में दुखदायी घटनाएँ हुईं और तब लाहौर, अमृतसर एवं

पंजाब के दूसरे भागों में आगजनी हुई। उस समय सिखों की सहमति से—एक आवाज में सर्वसम्मति से वे सहमत थे—हम भारत के बँटवारे को राजी हुए। मैं नहीं जानता हूँ कि 1946 वादे से उनका क्या मतलब है। मैं सिख नेताओं की मनोदशा को नहीं समझ पाया हूँ।...सेना को देखिए। हम उनकी सुरक्षा में हैं और हम उन पर विश्वास करते हैं और एक भी सेना अधिकारी ऐसा नहीं है, जो हमारे प्रति निष्ठाहीन हो। आप कुछ नहीं होने का भाव क्यों पैदा कर रहे हैं? यह क्या है, जो आप चाहते हैं?

"परामर्श समिति की अल्पसंख्यक समिति द्वारा पहला निर्णय लिये जाते समय मैं अध्यक्ष नियुक्त किया गया और मैंने सभी अल्पसंख्यकों को बुलाया और अल्पसंख्यक समिति एवं परामर्श समिति के निर्णय लगभग सर्वसम्मति से लिये गए थे। इस सदन ने भी समिति के कार्य की प्रशंसा की थी और इस पर बधाई दी थी। समय आगे बढ़ा और अल्पसंख्यक स्वयं यह महसूस करना आरम्भ कर दिए कि हमें अपने निर्णय पर विचार करना चाहिए और महान देशभक्त ईसाई नेता के नेतृत्व में उन्होंने प्रस्ताव लाया कि वे आरक्षण को छोड़ना चाहते हैं। न केवल सेवाओं में अल्पसंख्यकों के छोटे आरक्षण को, बल्कि केन्द्र एवं प्रान्तों दोनों की विधायिकाओं में बड़े आरक्षण को। वे संयुक्त निर्वाचन के पक्ष में थे और साम्प्रदायिक अलगाव जैसा कुछ नहीं रखने के लिए सहमत थे। जब उनकी इच्छा थी, तो मैंने अल्पसंख्यक समिति और परामर्श समिति की बैठक बुलाई। उनकी पहल पर ये निर्णय लिये गए। सिख हमेशा इस बात पर कायम रहे हैं कि 'यदि सभी अल्पसंख्यक सहमत हैं, तो हम भी सहमत हैं। हम कोई विशेष व्यवस्था नहीं चाहते हैं। हम कोई लाभ नहीं चाहते हैं। हम अपने पैरों पर खड़े होने योग्य हैं।' यह हमेशा से ही उनकी बात रही है, चाहे कांग्रेस के अन्दर हो या कांग्रेस के बाहर।

"जब यह प्रस्ताव लाया गया और इस सवाल पर विचार किया जाने वाला था, तो पंजाब के सिख प्रतिनिधिमंडल मेरे पास आए और उन्होंने कहा कि जहाँ तक अनुसूचित जाति के सिखों का सवाल है, उनके साथ अलग व्यवहार किया जाना चाहिए और उन्हें भी वही लाभ दिया जाना चाहिए, जो हिन्दू अनुसूचित जातियों को दिया जा रहा है। अनुसूचित जाति के लोग आपत्ति करते हैं कि ये लोग अनुसूचित जाति नहीं हैं और यदि ये लोग अनुसूचित जाति हैं, तो सिख नहीं हैं। अब अस्पृश्य या अनुसूचित जाति की तरह एक अलग सिख जाति को मान्यता देना हमारी धारणा के खिलाफ है क्योंकि सिख धर्म में अस्पृश्यता को मान्यता नहीं दी गई है।"[74]

धर्मनिरपेक्षता एवं सम्प्रदाय आधारित प्रावधान को लेकर संविधान की स्थिति स्पष्ट करते हुए सरदार पटेल ने आगे कहा—

"जब परामर्श समिति ने आरक्षण छोड़ने का निर्णय लिया, हमने स्थिति को स्पष्ट रूप से समझ लिया था और सभी समुदाय भी इसे स्पष्ट रूप से समझ लिये थे। जब परामर्श समिति का निर्णय इस सदन के समक्ष स्वीकारार्थ रखा गया, तो मैंने इसे स्पष्ट किया था कि भारत का, आजाद भारत का, धर्मनिरपेक्ष राज्य का यह संविधान साम्प्रदायिक आधार पर ऐसे किसी प्रावधान से कुरूपित नहीं किया जाएगा। जयघोष के साथ इसे स्वीकार किया गया।[75]

"जहाँ तक मुसलमानों का सम्बन्ध है, माहौल उतना अच्छा नहीं है, जितना होना चाहिए। किन्तु इसका कारण है। कांग्रेस इसके लिए जिम्मेदार नहीं है। यदि बँटवारा नहीं हुआ होता, तो सम्भवत: हम अपने मतभेदों को सुलझा लिये होते। किन्तु बँटवारा हुआ। समझौते से हुए इस बँटवारे के बाद घटनाएँ घटित हुईं। लेकिन बँटवारे के बाद से, दूसरी (पाकिस्तान) तरफ जो कुछ भी हुआ, उसकी प्रतिक्रिया यहाँ पर हुई, जिसके लिए हम रात-दिन संघर्ष किए हैं।"[76]

सरदार पटेल के उक्त भाषण के बाद डॉ. बी. आर. आंबेडकर ने एक वाक्य में कहा कि पूर्व में जो कहा गया है, उसमें वह कुछ भी नहीं जोड़ना चाहते हैं।

इसके बाद संविधान-सभा ने डॉ. आंबेडकर के संशोधन को स्वीकार कर और शेष संशोधनों को अस्वीकार कर, यथासंशोधित प्रारूप अनुच्छेद 296 (नियमित अनुच्छेद 335) 14 अक्टूबर, 1949 को अंगीकृत कर लिया।

14 अक्टूबर, 1949 को ही के. एम. मुंशी ने अनुच्छेद 299 के प्रारूप प्रावधान के स्थान पर नया प्रावधान प्रतिस्थापित करने के लिए संशोधन[77] प्रस्तुत किया। नये प्रस्तावित अनुच्छेद 299 का प्रावधान इस संविधान के अन्तर्गत अनुसूचित जातियों एवं अनुसूचित जनजातियों के सदस्यों को दिए गए सुरक्षा से सम्बन्धित मामलों की जाँच करने के लिए विशेष अधिकारी की नियुक्ति के सम्बन्ध में था। इस पर दस अन्य संशोधन प्रस्तुत किए गए। कुछ चर्चा के बाद संविधान-सभा ने के. एम. मुंशी के संशोधन को स्वीकार कर और शेष संशोधनों को अस्वीकार कर प्रारूप अनुच्छेद 299 का यथासंशोधित प्रावधान (नियमित अनुच्छेद 338) 14 अक्टूबर, 1949 को अंगीकृत कर लिया।

सरदार वल्लभभाई पटेल द्वारा बनाए गए बुनियाद पर तैयार डॉ. आंबेडकर एवं के. एम. मुंशी के संशोधन को अंगीकृत करने का प्रभाव यह हुआ कि सेवाओं एवं पदों पर धर्म या सम्प्रदाय आधारित आरक्षण के विचार पर विराम लग गया।

(घ) संसार का कौन सा संविधान वकीलों के लिए स्वर्ग नहीं?

के. एम. मुंशी द्वारा शब्द 'पिछड़ा' का प्रयोग करने के समर्थन में तर्क दिए जाने के दौरान हृदयनाथ कुंजरू ने टिप्पणी की कि "यह स्वयं को सिद्ध मानकर बहस करने जैसा है। इस तरह बहस करना घेरे में चक्कर लगाने जैसा है।"[78]

इस पर के. एम. मुंशी ने जवाब दिया, "ठीक है, इसके बावजूद कि मेरे मित्र ने मुझसे ऐसा करवाने का प्रयास किए हैं, मैं अभी भी इस घेरे को ढूँढ़ नहीं पाया हूँ।"

इसी दौरान किसी सदस्य ने हस्तक्षेप करते हुए पूछा कि "वे पिछड़े वर्ग कौन हैं?"

तब के. एम. मुंशी ने जवाब दिया कि अनुच्छेद 301 से यह स्पष्ट है कि पिछड़े वर्ग कौन हैं, की जाँच करने के उद्‌देश्य से एक आयोग नियुक्त किया जाएगा। इसलिए हमें 'पिछड़ा' शब्द के क्षेत्र को किसी विशेष समुदाय से परिभाषित या निर्बन्धित करने की आवश्यकता नहीं है। जो भी पिछड़े हैं, वे इससे आच्छादित होंगे।"[79]

के. एम. मुंशी द्वारा विचार रखे जाने के बाद टी. टी. कृष्णमाचारी ने आम बहस में भाग लिया। विधिवक्ताओं पर प्रो. जेनिंग्स द्वारा की गई टिप्पणी को उद्धृत करते हुए कृष्णमाचारी ने कहा कि "मि. मुंशी को यह सदन बहुत विद्वान विधिवक्ता के रूप में जानता है। उनकी वकालत की तकनीक जज को भ्रमित करने वाली होती है, जैसे कि यदि मैं उनके बारे में सही

सुना हूँ—वह इस सदन के उन सदस्यों के मस्तिष्क को भी भ्रमित किए होंगे, जो अनुच्छेद 10 के प्रावधान के सम्बन्ध में थोड़ा-सा भी सन्देह रखे थे। मैं जल्द ही एक समाचार-पत्र में सीलोन विश्वविद्यालय के कुलपति प्रो. एवर जेनिंग्स द्वारा इस संविधान पर की गई टिप्पणी पढ़ रहा था, जिसमें उन्होंने मूल अधिकार के इस अध्याय को 'विधिवक्ताओं का स्वर्ग' कहा है। हल्के प्रावधान के टुकड़े के रूप में अनुच्छेद 10 ने चरम स्थिति को प्राप्त किया है। इस अनुच्छेद को मूल अधिकार के अध्याय में स्थान न देना अच्छा होता।"[80]

कृष्णमाचारी ने मसौदा समिति की मंशा पर भी प्रश्नचिह्न लगाया। उन्होंने सवाल करते हुए कहा कि "नागरिकों का पिछड़ा वर्ग कौन है? भविष्य में 'पिछड़ा' और 'अगड़ा' के मध्य किसी भी विभाजन का आधार साक्षरता हो सकती है। यदि विभाजन का आधार साक्षरता है तो हमारे 80 प्रतिशत लोग पिछड़े वर्ग वाले नागरिक की श्रेणी में आ जाएँगे। अब यह अन्तिम सम्मान कौन देने जा रहा है? सम्भवत: सुप्रीम कोर्ट। कृष्णमाचारी ने आगे कहा कि मेरे मित्र मि. मुंशी सोचते हैं कि यह शब्द मन्ना की तरह कोई स्वर्ग से आया है और मसौदा समिति ने अपनी बुद्धिमत्ता से झपट लिया है। मैं कहता हूँ कि यह विधिवक्ताओं के लिए स्वर्ग है। मैं नहीं जानता हूँ कि यदि विधिवक्तागण, जो समिति में रहे हैं, इतनी कठिनाइयों से भरपूर संविधान का निर्माण करके वास्तव में अपने समुदाय के व्यावसायिक सम्भावनाओं को सुधारने और अपने समुदाय या वर्ग के लिए अवसर बढ़ाने का प्रयास तो नहीं कर रहे हैं?"

उक्त विचार पर के. एम. मुंशी ने टिप्पणी की कि "मेरे माननीय मित्र विधिवक्ता बनने का प्रयास कर सकते हैं।"

तब कृष्णमाचारी ने जवाब दिया कि "मुझे डर है कि मुझे करना पड़ सकता है, जब मि. मुंशी जैसे लोग दूसरे अन्य लाभप्रद व्यवसाय के लिए इस व्यवसाय को छोड़ दें।"

डॉ. बी. आर. आंबेडकर ने 'विधिवक्ता का स्वर्ग' वाली टिप्पणी और मसौदा समिति की मंशा पर उठाए गए सवाल का जवाब दिया। उनके शब्दों में—

> "मेरे मित्र मि. टी. टी. कृष्णमाचारी ने मसौदा समिति की निन्दा की है कि सम्भवत: मसौदा समिति ने संविधान बनाने के बजाय अपने कुछ सदस्यों के हित में विधिवक्ताओं के लिए स्वर्ग बनाया है। मैं यह कहने के लिए नहीं तैयार हूँ कि यह संविधान ऐसे सवाल नहीं खड़ा करेगा, जिसमें कानूनी निर्वचन या न्यायिक निर्वचन अन्तर्निहित होगा। वस्तुत:, मैं कृष्णमाचारी से पूछना चाहूँगा, यदि वह संसार के एक भी किसी संविधान का उदाहरण बता दें, जो विधिवक्ताओं के लिए स्वर्ग नहीं रहे हैं। विशेष रूप से मैं उनसे अमेरिका, कनाडा या अन्य देशों के संविधान के सन्दर्भ में विधि रिपोर्टों के विशाल भंडार का सन्दर्भ पूछना चाहूँगा। इसलिए मैं बिलकुल भी शर्मिन्दा नहीं हूँ यदि बाद में इस संविधान को व्याख्या के लिए संघीय न्यायालयों में ले जाया जाए। प्रत्येक संविधान और प्रत्येक मसौदा समिति का यही भाग्य होता है।"[81]

इस तरह डॉ. आंबेडकर ने बड़ी कुशलता से टी. टी. कृष्णमाचारी के सवाल को ही अपने जवाब का आधार बना दिया और कृष्णमाचारी के आरोपों को महत्त्वहीन कर दिया।

10. उपाधि धारण करने पर निषेध

ब्रिटिश शासन के दौरान कुछ खास लोगों को दीवान, बहादुर जैसी उपाधियाँ प्रदान करके उपकृत करने का प्रचलन था। ऐसी उपाधियों एवं उपाधि-धारकों के माध्यम से ब्रिटिश हुकूमत

द्वारा सत्ता को भी साधा जाता था। वस्तुत: ये उपाधियाँ साम्राज्यवाद एवं शोषण का प्रतीक बन चुकी थीं। प्रारूप संविधान का अनुच्छेद 12, उपाधि प्रदान करने या धारण करने पर रोक लगाने के लिए उपबन्धित करता था। इसके अन्तर्गत तीन खंड शामिल थे। पहला खंड भारतीय राज्य के सम्बन्ध में, जबकि दूसरा एवं तीसरा खंड विदेशी राज्य के सम्बन्ध में लागू होती थी।

खंड (1) कहता था कि राज्य द्वारा कोई उपाधि प्रदान नहीं की जाएगी। खंड (2) किसी भी नागरिक द्वारा किसी विदेशी राज्य से कोई उपाधि स्वीकार करने पर रोक लगाता था। खंड (3) प्रस्तावित करता था कि राज्य के अधीन लाभ या विश्वास का पद धारण करने वाला कोई व्यक्ति, किसी विदेशी राज्य से या उसके अधीन किसी रूप में कोई भेंट, उपलब्धि, उपाधि या पद राष्ट्रपति की सहमति के बिना स्वीकार नहीं करेगा। खंड (3) नागरिक और गैर-नागरिक दोनों पर समान रूप से लागू होता था।

इस अनुच्छेद के सम्बन्ध में पहला संशोधन[82] टी. टी. कृष्णमाचारी ने खंड (1) में शब्द 'उपाधि' के बाद 'सेना या विद्या सम्बन्धी सम्मान के सिवाय' जोड़ने के लिए प्रस्तुत किया। उनका तर्क था कि "आजादी के बाद तमाम लोगों ने, जो बीते दिनों ब्रिटिश शासकों से उपाधि स्वीकार की थी, उस उपाधि को वापस कर दिया, यद्यपि कुछ लोग अभी भी रखे हुए हैं। एक समय यह प्रस्ताव किया गया कि मसौदा समिति के सदस्यों की मंशा केवल आनुवंशिक उपाधि या जन्म के कारण मिलने वाले दूसरे विशेषाधिकार को अलग करने की है, किन्तु डॉ. आंबेडकर ने इसे प्रस्तावित नहीं किया है। यह अनुच्छेद पूर्ण नहीं है क्योंकि ब्रिटिश शासन द्वारा पूर्व में दी गई उपाधि को स्पष्ट रूप से अमान्य किए बिना कोई लाभ नहीं है।"

संशोधन के समर्थन में कृष्णमाचारी ने कहा कि "कुछ उपाधियों को अनुमति देनी ही होगी। उदाहरण के लिए सरकार ने भविष्य में तीन तरह की सैनिक उपाधियाँ, महावीर चक्र, परमवीर चक्र और वीर चक्र प्रदान करने का निर्णय लिया है। यह संशोधन ऐसी 'सैनिक विशिष्टता' हेतु प्रावधान बनाने के लिए प्रस्तुत किया गया है। एकेडमिक विशिष्टता के सन्दर्भ में यह सम्भव है कि कुछ समय बाद राज्य महामहोपाध्याय जैसी उपाधियों को पुनर्जीवित करने के लिए इच्छुक हो जाए, जो सम्भवत: अकादमिक के रूप में वर्गीकृत होगा। इसी तरह अनुच्छेद 7 (नियमित अनुच्छेद 12) में राज्य की परिभाषा के अनुक्रम में विश्वविद्यालय एक राज्य है। विश्वविद्यालयों या एकेडमिक संस्थाओं द्वारा प्रदान की गई उपाधियों को प्राविधानित करना ही होगा क्योंकि कोई भी इसे अनुच्छेद 12 के खंड (1) के दायरे से बाहर नहीं कर सकता है। यह सदन पूछ सकता है कि उपाधि जो हम सबने परीक्षा में बैठकर हासिल की है, क्या वह अनुच्छेद 12 के दायरे में आएगी, क्योंकि धारक को परीक्षा में बैठना पड़ा है और उसे उपाधि प्राप्त हुई है। यह अनुच्छेद 12 के अन्तर्गत नहीं आएगा। लेकिन सम्मानार्थ प्रदान की गई उपाधियाँ हैं। हमारे प्रधानमंत्री, उप मंत्री, मंत्रिगण और गवर्नर जनरल डॉक्टरेट उपाधि से सम्मानित हैं। इस तरह की हालत के लिए हमने इस संशोधन के माध्यम से यह प्राविधानित किया है कि इस उपखंड के दायरे से एकेडमिक विशिष्टता को बाहर कर देना चाहिए।"[83]

खंड (1) के सम्बन्ध में लोकनाथ मिश्र और एच. वी. कामथ ने एक ही तरह के संशोधन शब्द 'प्रदान' के बाद 'या मान्य' जोड़ने के लिए प्रस्तुत किए। एक अन्य संशोधन प्रो. के. टी. शाह का शब्द 'राज्य' के बाद 'और राज्य किसी भी तरह 15 अगस्त, 1947 के पूर्व ब्रिटिश हुकूमत द्वारा भारत के नागरिकों को प्रदान की गई उपाधि को मान्यता नहीं प्रदान करेगा' जोड़ने के लिए था। खंड (2) के सम्बन्ध में नजीरुद्दीन अहमद ने संशोधन प्रस्तुत किया, जो कहता था कि विदेशी राज्य द्वारा किसी नागरिक को प्रदान की गई उपाधि राज्य द्वारा मान्य नहीं होगी।

आम बहस के दौरान एच. वी. कामथ ने सवाल किया कि क्या अनुच्छेद 12 का खंड (1) वादयोग्य मूल अधिकार हो सकता है? यदि राज्य अनजाने में या भूल से या कुछ अन्य कारणों से उपाधि प्रदान करता है, तो राज्य के खिलाफ क्या किया जा सकता है?[84] जबकि आर. के. सिधवा ने प्रारूप प्रावधान पर खुशी व्यक्त करते हुए कहा कि ब्रिटिश हुकूमत के दौरान उपाधियों को दिया जाना इतना अपमानपूर्ण हो गया कि देश के लोगों का एक बड़ा समूह इसे हमेशा अवमानना के साथ जोड़कर देखा है। उनका एक महत्त्वपूर्ण सुझाव खंड (3) में से शब्द 'उपाधि' को निकालने के लिए था। उनका तर्क था कि "यदि हमारा राज्य अपने देश में उपाधि प्रदान किए जाने को मान्यता नहीं देता है, तो विदेशी राज्य को क्यों अपने नागरिकों को उपाधि प्रदान करने की अनुमति दी जाए?"[85]

आम बहस के उपरान्त डॉ. बी. आर. आंबेडकर ने टी. टी. कृष्णमाचारी के संशोधन को स्वीकार किया। नजीरुद्दीन अहमद और एच. वी. कामथ के सवालों का जवाब देते हुए डॉ. आंबेडकर ने कहा—

> "मि. नजीरुद्दीन अहमद ने चाहा है कि 'स्वीकार करना' के स्थान पर 'मान्य करना' प्रतिस्थापित किया जाए। उनका तर्क था कि मान लिया जाए कि नागरिक उपाधि ग्रहण कर लेता है तो संविधान में ऐसा क्या दांडिक प्रावधान है जो इस कृत्य को शून्य बना दे? मेरा इसका उत्तर बहुत सरल है कि संविधान के अन्तर्गत संसद के लिए यह बिलकुल खुला है कि वह अपनी अवशिष्ट शक्तियों का प्रयोग कर ऐसा कानून बनाए कि इस अनुच्छेद के प्रावधान के विरुद्ध उपाधि स्वीकार करने वाले व्यक्ति के खिलाफ क्या किया जाना चाहिए।
>
> "जहाँ तक मि. कामथ के दूसरे बिन्दु का सन्दर्भ है, तो वह पूछते हैं कि क्या यह एक वादयोग्य अधिकार है? इसका मेरा जवाब बहुत सरल है कि यह वादयोग्य अधिकार नहीं है। उपाधियों को अस्वीकार करना नागरिकता बनाए रखने की एक शर्त है; यह अधिकार नहीं है, यह एक कर्तव्य है, जो एक व्यक्ति पर अधिरोपित है कि यदि उसे इस देश की नागरिकता बनाए रखना है तो उसे कुछ शर्तों को अवश्य मानना चाहिए। एक शर्त यह है कि उसे उपाधि नहीं स्वीकार करना चाहिए। संसद के लिए यह खुला होगा कि इस अनुच्छेद का उल्लंघन करने वाले व्यक्ति के खिलाफ कार्यवाही करने के सम्बन्ध में वह कानूनी प्रावधान बनाए। इन दंडों में से एक यह हो सकता है कि वह अपनी नागरिकता खो दे। इसलिए यह समझने में कोई समस्या नहीं है कि यह प्रावधान नागरिकता की पूर्व शर्त है; यह अपने में कोई वादयोग्य अधिकार नहीं है।"[86]

इस दौरान एच. वी. कामथ ने कहा कि उनका सवाल पहले से मौजूद उपाधियों को राज्य द्वारा मान्यता देने के बारे में है। डॉ. आंबेडकर ने जवाब दिया कि "तब भी संसद के लिए यह खुला होगा कि वह जैसा चाहे इसके खिलाफ कार्यवाही के लिए कानून बनाए और इनमें से एक संसद यह कर सकता है कि वह इन उपाधियों को मान्यता न दे।"

इसके पश्चात संविधान-सभा ने टी. टी. कृष्णमाचारी के संशोधन को स्वीकार कर और बाकी चार संशोधन अस्वीकार कर, प्रारूप अनुच्छेद 12 का यथासंशोधित प्रावधान (नियमित अनुच्छेद 18) 1 दिसम्बर, 1948 को अंगीकृत कर लिया।

बाद में खंड (3) में से 'उपाधि' शब्द निकालने के लिए आर. के. सिधवा द्वारा दिए गए सुझाव को स्वीकार कर लिया गया। एक अन्य महत्त्वपूर्ण परिवर्तन यह किया गया कि खंड (3) को खंड (4) के रूप में बदल करके नया खंड (3) जोड़ दिया गया। नया खंड (3) कहता है कि कोई व्यक्ति जो भारत का नागरिक नहीं है, राज्य के अधीन लाभ या विश्वास का पद धारण करते हुए किसी विदेशी राज्य से कोई उपाधि राष्ट्रपति की सहमति के बिना स्वीकार नहीं करेगा।

11. जनप्रतिनिधि वापस बुलाने का अधिकार मूल अधिकार नहीं

प्रारूप अनुच्छेद 8 अंगीकृत होने के तुरन्त बाद लोकनाथ मिश्र ने एक संशोधन[87], प्रारूप संविधान में नया अनुच्छेद 8-क जोड़ने के लिए प्रस्तुत किया। इस नये अनुच्छेद में नागरिकों को मत देने का अधिकार; स्थानीय स्वराज वाले एक स्वायत्त इकाई के रूप में ग्राम पंचायत का चुनाव करने; प्राथमिक सदस्य की अवधारणा और इनके द्वारा संघीय संसद एवं राज्यसभा के सदस्यों को चुने जाने का अधिकार; प्राथमिक सदस्यों द्वारा संसद या राज्यसभा के लिए चुने गए सदस्य को वापस बुलाने का अधिकार; राज्य के खर्च पर चुनाव लड़ने का अधिकार; सम्पूर्ण मतों के कम-से-कम एक-तिहाई मत से चुनाव किए जाने की व्यवस्था शामिल की गई थी।

जनप्रतिनिधि वापस बुलाने के अधिकार को मूल अधिकार बताते हुए लोकनाथ मिश्र ने तर्क दिया कि "हम जानते हैं कि जब हम सभा में वापस आते हैं, हम यहाँ पाँच वर्ष के लिए लोगों का प्रतिनिधित्व करते हैं। लेकिन हम पार्टी काकस—हाईकमान—का ध्यान रखने लगते हैं। यदि हाईकमान खुश है तो सब कुछ ठीक रहता है। हम जनता का ध्यान नहीं रखते हैं। यदि हम वास्तव में जनता का प्रतिनिधित्व करने वाले सदस्य हैं, तो हमारा पहला सरोकार 'जनता' होनी चाहिए। उन्हें हमारा मास्टर होना चाहिए। यदि हम उनकी सेवा करते हैं तो हम यहाँ हैं, यदि ऐसा हम नहीं करते हैं तो हमें बाहर जाना चाहिए। यदि ठीक से काम नहीं हो रहा है, तो जनता के पास सदस्यों को चुनने के अधिकार के साथ वापस बुलाने का अधिकार भी होना चाहिए। लोकतंत्र में वापस बुलाने का अधिकार मूल अधिकार है। इसके बिना वास्तविक लोकतंत्र नहीं हो सकता है।"[88]

लोकनाथ मिश्र ने चुनाव का खर्च राज्य द्वारा वहन करने सम्बन्धी अपने प्रावधान को स्पष्ट करते हुए तर्क दिया कि "सभा में चुनकर आना कोई वृत्ति या लाभकारी व्यवसाय नहीं है। यदि एक व्यक्ति, जो सभा में लोगों की सेवा के लिए आता है, तो राज्य के लिए यह देखना आवश्यक है कि उनके चुनाव के खर्च का भार राज्य द्वारा उठाया जाए। अन्यथा कुछ जमींदार और कुछ पूँजीपति प्रत्याशी खड़ा करने के लिए पार्टी बनाएँगे और यही प्रत्याशी वापस आएँगे। एक गरीब व्यक्ति, अच्छा श्रमिक और ईमानदार व्यक्ति, जिसके पास न तो धन है और न ही पार्टी का सहयोग है, चुनाव के लिए खड़ा नहीं हो सकता है। यदि वह खड़ा होता है तो हँसी का पात्र होता है।"

मिश्र ने आगे कहा कि "यदि अभी ऐसा नहीं करते हैं, तो हम केवल क्रान्ति को आमंत्रित करेंगे और यह क्रान्ति सब कुछ अव्यवस्थित कर देगी। तब यही काम हमें अपनी बुद्धिमत्तायुक्त समझ के बजाय जनता की क्रान्ति के कारण करना होगा। इसलिए चुनावों के उचित और पारदर्शी खर्च को राज्य द्वारा इसलिए वहन करना चाहिए क्योंकि चुनाव राज्य का सरोकार है न कि व्यक्तिगत सरोकार।

आम बहस के दौरान अलगू राय शास्त्री ने लोकनाथ मिश्र के संशोधन का दो आधार पर विरोध किया। पहला यह कि चुनाव से सम्बन्धी मामलों का उल्लेख इस प्रारूप संविधान में दूसरे स्थान पर किया गया है, जहाँ यह कहा गया है कि विधायिका का गठन कैसे होगा; विधायिका का सदस्य कौन होगा; उनके अधिकार क्या होंगे; उनके चुनाव की प्रक्रिया क्या होगी। इस प्रकृति के संशोधन इन विषयों से सम्बन्धित अनुच्छेद पर प्रस्तुत किए जा सकते हैं। ये संशोधन, मूल अधिकारों के लिए पूरी तरह अप्रासंगिक हैं। शास्त्री ने दूसरा आधार यह लिया कि यदि राज्य चुनाव का खर्च वहन करने की उदारता करना आरम्भ कर दे तो प्रत्येक व्यक्ति, जिसका नाम मतदाता सूची में आ जाए और चुनाव लड़ने हेतु योग्य हो जाए, चुनाव लड़ने लगेगा—और किसी कारण से नहीं तो कम-से-कम मजा लेने के लिए तो अवश्य लड़ेगा। विश्व का कोई देश ऐसा नहीं है, जो प्रत्याशियों के चुनाव खर्च का वहन करने की व्यवस्था अपनाकर आर्थिक रूप से सक्षम बना रहे।"[89]

अन्त में डॉ. बी. आर. आंबेडकर ने लोकनाथ मिश्र का संशोधन अस्त्रीकार कर दिया। संविधान-सभा ने भी इस संशोधन को 29 नवम्बर, 1948 को अस्वीकार कर दिया।

10

मूल अधिकार-2 : गरिमामय जीवन का आधार

1. आजादी का अधिकार : पूर्ण अधिकार के रूप में नहीं

प्रारूप संविधान के अन्तर्गत मुख्यत: दो तरह के आजादी के अधिकारों को मान्य किया गया था। पहला वैयक्तिक आजादी और दूसरा धार्मिक आजादी। कुछ वैयक्तिक आजादी नागरिक एवं गैर-नागरिक में अन्तर किए बिना सभी व्यक्तियों को प्रदान की गई थी, तो कुछ वैयक्तिक आजादी केवल नागरिकों को ही प्रदान की गई थी। प्रारूप अनुच्छेद 13 के खंड (1) में ऐसे सात आजादी के अधिकार का उल्लेख था, जो सिर्फ नागरिकों द्वारा प्रयोग किए जा सकते थे। प्रारूप खंड (1) के अनुसार—

इस अनुच्छेद के अन्य प्रावधानों के अधीन, सभी नागरिकों के पास

(क) वाक् एवं अभिव्यक्ति की स्वतंत्रता का;
(ख) शान्तिपूर्वक और बिना शस्त्र के सभा करने का;
(ग) संगम या संघ बनाने का;
(घ) भारत के राज्य क्षेत्र में सर्वत्र अबाध भ्रमण करने का;
(ङ) भारत के राज्य क्षेत्र के किसी भाग में निवास करने और बस जाने का;
(च) सम्पत्ति हासिल करने, धारण करने एवं निस्तारण करने; और
(छ) किसी वृत्ति का अभ्यास करने, या उपजीविका, व्यापार या व्यवसाय करने का अधिकार होगा।

आजादी के उक्त अधिकार असीमित व पूर्ण अधिकार के रूप में नहीं, बल्कि ऐसे निर्बन्धनों के साथ प्रदान किए गए थे, जिन्हें राष्ट्रीय एकता और सामाजिक व्यवस्था के लिए आवश्यक माना गया। प्रारूप खंड (2) से (6) के अन्तर्गत उक्त सभी अधिकारों के लिए अलग-अलग निर्बन्धन उल्लिखित किए गए थे।

प्रारूप अनुच्छेद 13 के सम्बन्ध में कुल पैंतीस संशोधन प्रस्तुत किए गए और इस पर लगभग दो दिन की अवधि तक लम्बी बहस चली। आम बहस के दौरान संविधान-सभा के समक्ष मुख्यत: छह विषय—निर्बन्धन, विद्यमान विधि, प्रेस की आजादी, शस्त्र धारण करने का अधिकार, व्यक्तिगत कानून का अधिकार एवं आदिवासियों की स्थिति विचारार्थ निकलकर आए। इनके अलावा कुछ अन्य संशोधन भी प्रस्तुत किए गए।

दामोदर स्वरूप सेठ ने एक नया अनुच्छेद 13-क जोड़ने के लिए संशोधन[1] प्रस्तुत किया। इसके माध्यम से भ्रमण की स्वतंत्रता और किसी भी स्थान पर ठहरने एवं बसने का अधिकार प्रदान करने की माँग की गई थी। मिहिर लाल चट्टोपाध्याय ने खंड (1) के आरम्भ में प्रयोग

की गई शब्दावली 'इस अनुच्छेद के अन्य प्रावधानों के अधीन' निकालने के लिए संशोधन[2] प्रस्तुत किया। उनका तर्क था कि यह अनुच्छेद मूल अधिकार से सम्बन्धित प्रावधान है और इस कारण से प्रारम्भ में इन अधिकारों का सकारात्मक निर्देश होना चाहिए और इसका आरम्भ परन्तुक के साथ नहीं होना चाहिए। प्रत्येक परन्तुक अपने नैसर्गिक क्रम में बाद में आ जाएगा।

खंड (1) के सम्बन्ध में प्रो. के. टी. शाह का संशोधन[3] शब्दावली 'इस अनुच्छेद के अन्य प्रावधानों के अधीन' के स्थान पर 'इस संविधान और इसके अन्तर्गत या इसके अनुसार उस समय प्रवृत्त कानूनों के अधीन' रखने और इस खंड के अन्त में शब्द 'का अधिकार होगा' के बाद 'और गारंटी की जाती है' जोड़ने के लिए था। प्रो. शाह ने दो अन्य संशोधन[4] खंड (1) (क) में शब्द 'अभिव्यक्ति' के बाद 'विचार और पूजा का; प्रेस और प्रकाशन का' जोड़ने के लिए और खंड (1) के बाद नया खंड जोड़ने के लिए था। इस प्रस्तावित खंड में प्रावधान था कि 'व्यक्ति के आजादी की गारंटी है। कोई भी व्यक्ति कानून की प्रक्रिया के बिना अपने जीवन से वंचित नहीं किया जाएगा या गिरफ्तार नहीं किया जाएगा या अभिरक्षा या कारावास में निरुद्ध नहीं किया जाएगा और न ही कोई भी व्यक्ति कानून के समक्ष समानता या कानून के समान संरक्षण के अधिकार से वंचित किया जाएगा।'[5]

नजीरुद्दीन अहमद ने खंड (1)(ग) के प्रारम्भ में शब्द 'किसी वैधानिक उद्देश्य के लिए' जोड़ने के लिए संशोधन[6] प्रस्तुत किया। इस पर के. सन्थानम ने आपत्ति की कि खंड (4) में बिलकुल इस विचार को व्यापक तरीके से शामिल किया गया है।

मोहम्मद ताहिर का संशोधन[7] खंड (2) में शब्द 'राजद्रोह' के बाद 'साम्प्रदायिक जुनून' जोड़ने के लिए; स्यामानन्दन सहाय का संशोधन खंड (3) में शब्द 'निर्बन्धन' के पूर्व 'एक निश्चित अवधि के लिए' जोड़ने के लिए; डॉ. बी. आर आंबेडकर का संशोधन[8] खंड (4) में शब्द 'साधारण जनता' के स्थान पर 'लोक व्यवस्था या सदाचार' रखने के लिए; सैयद अब्दुल रऊफ का संशोधन खंड (5) में शब्द 'राज्य' का स्थान पर 'संसद' रखने के लिए; डॉ. बी. आर. आंबेडकर का संशोधन[9] खंड (6) में शब्द 'लोक व्यवस्था, सदाचार या स्वास्थ्य' के स्थान पर 'साधारण जनता' रखने के लिए; और एक अन्य संशोधन मोहम्मद ताहिर का खंड (6) के बाद नया खंड जोड़ने के लिए था, जो किसी स्वरूप में भीख के व्यवसाय पर प्रतिबन्ध लगाता था।

एक महत्त्वपूर्ण संशोधन[10] के. एम. मुंशी ने खंड (2) के प्रारूप प्रावधान को नये प्रावधान से प्रतिस्थापित करने के लिए प्रस्तुत किया। इस नये प्रावधान में मूलतः तीन बदलाव किए गए थे। पहला शब्द 'विद्यमान विधि' के बाद 'जहाँ तक इसका सम्बन्ध है' जोड़ा गया था; दूसरा 'राजद्रोह' शब्द को निकाला गया था और तीसरा शब्दावली 'या राज्य के प्राधिकार या बुनियाद को कमजोर करना' के स्थान पर 'या राज्य की सुरक्षा को कमजोर करना या इसे उखाड़ फेंकने की कोशिश करना' रखा गया था। आम बहस के दौरान सेठ गोविन्द दास ने 'राजद्रोह' निकालने का समर्थन किया।

आम बहस में भाग लेते हुए प्रो. शिब्बन लाल सक्सेना ने प्रारूप अनुच्छेद 13 को आजादी का चार्टर और पूरे प्रारूप संविधान में सबसे महत्त्वपूर्ण अनुच्छेद बताया।[11]

अलगू राय शास्त्री ने सम्पत्ति के अधिकार के सम्बन्ध में बहुत महत्त्वपूर्ण टिप्पणी किया कि "सम्पत्ति हासिल करने के अधिकार की आजादी का अर्थ है कि पूँजीवादी एवं सामंती आभिजात्य वर्ग को सम्पत्ति हासिल करने एवं निस्तारित करने का पूर्ण अधिकार प्राप्त होगा। किन्तु जिस तरीके से सम्पत्ति को हासिल एवं धारण किया जाता है, वह ऐसा है कि सम्पत्ति

के स्वामी को ही सभी तरह के लाभ रखने की अनुमति रहती है, जबकि श्रमिक, जो सम्पत्ति बनाता है, के हिस्से में केवल परिश्रम रहता है। 'बैल उत्पादन करता है और घोड़ा उपभोग करता है'—इस कथन की पूर्ति होती है। निश्चित ही ऐसा नहीं होना चाहिए। सम्पत्ति के अधिकार का भविष्य में इस तरह निर्वचन होना चाहिए कि यह व्यक्तिवादी पूँजीवाद को राज्य पूँजीवाद में बदलने की अनुमति दे। उत्पादन के सभी साधन एवं वस्तुओं का वितरण राज्य द्वारा स्वीकृत एवं नियंत्रित किया जाना चाहिए न कि व्यक्ति द्वारा। जब तक व्यक्तिगत स्वामित्व का स्थान सामूहिक स्वामित्व—सामाजिक स्वामित्व—न ले ले, वास्तविक 'स्वराज' नहीं आ सकता है।"[12]

आम बहस के उपरान्त डॉ. बी. आर. आंबेडकर ने पैंतीस संशोधनों में से केवल चार संशोधन—मिहिर लाल चट्टोपाध्याय एवं के. एम. मुंशी का एक-एक संशोधन और ठाकुर दास भार्गव के दो संशोधनों को स्वीकार किया।

संविधान-सभा ने डॉ. आंबेडकर के तीन संशोधन व उक्त चार संशोधनों को स्वीकार कर और बाकी अट्ठाईस संशोधनों को अस्वीकार कर प्रारूप अनुच्छेद 13 का यथासंशोधित प्रावधान (नियमित अनुच्छेद 19) 2 दिसम्बर, 1948 को अंगीकृत कर लिया।

प्रारूप अनुच्छेद 13 को लेकर संविधान-सभा में निम्न छह महत्त्वपूर्ण विषयों पर बहस की गई—

(क) क्या आजादी के अधिकार पर निर्बन्धन लगाना उचित है?
(ख) मूल अधिकार से असंगत विद्यमान विधि का क्या प्रभाव है?
(ग) संविधान में प्रेस एवं प्रकाशन की आजादी के क्या मायने हैं?
(घ) आजाद भारत में शस्त्र धारण करने का अधिकार कितना प्रासंगिक है?
(ङ) व्यक्तिगत कानून के अधिकार को संवैधानिक संरक्षण प्रदान करना कितना उचित है? और
(च) संविधान में आदिवासियों की क्या स्थिति है?

(क) आजादी के अधिकार पर निर्बन्धन का औचित्य

दामोदर स्वरूप सेठ ने अनुच्छेद 13 के प्रारूप प्रावधान के स्थान पर नया प्रावधान रखने के लिए संशोधन[13] प्रस्तुत किया। इस नये प्रावधान में अधिकारों का तो उल्लेख था, किन्तु किसी तरह के परन्तुक या निर्बन्धन का उल्लेख नहीं था। सेठ ने तर्क दिया कि "मूल अधिकार को पूर्णतया न केवल विधायिका के बल्कि कार्यपालिका के क्षेत्राधिकार के बाहर रखा जाना चाहिए। यदि हम अमेरिका में लागू पुलिस शक्ति के कानून का अध्ययन करें तो यह स्पष्ट हो जाएगा कि वहाँ की अपेक्षा हमने प्रारूप संविधान में निर्बन्धनों को ज्यादा व्यापक स्वरूप में स्वीकार किया है।"

महबूब अली बेग साहिब बहादुर ने अपने संशोधन[14] के माध्यम से खंड (2) से (6) को समाप्त करने और खंड (1) के साथ एक सामूहिक स्वरूप वाले परन्तुक को जोड़ने की माँग की। अमेरिकी संविधान, ब्रिटिश अलिखित संविधान, जर्मन संविधान का उल्लेख करते हुए महबूब अली ने कहा कि "यह केवल जर्मन संविधान है, जिसमें मूल अधिकार को विधायिका द्वारा बनाए गए कानून के अधीन रखा गया। यह मूल अधिकार की बुनियाद को ही समाप्त करता है। 30 अगस्त, 1947 को इस सभा में बृहत् चर्चा के बाद इन परन्तुकों को निकाल दिया गया था। अब इन्हें पुन: शामिल करना पीछे ले जाने वाला भटकाव है।" सरदार हुकुम सिंह ने भी खंड (2) से (6) को समाप्त करने के लिए संशोधन[15] प्रस्तुत किया। उन्होंने तर्क दिया कि

"यदि अमेरिका जैसे दूसरे देशों ने अपने न्यायपालिका पर पूरा भरोसा बनाए रखा है और लम्बे अनुभव से यह पाया गया है कि यह भरोसा गलत नहीं था, तो इन उपखंडों के अन्तर्गत इतने अपवादों के माध्यम से आजादी के चारों तरफ काँटों की झाड़ी लगाने के बजाय क्यों न हमें भी व्यक्तिगत आजादी एवं राज्यहित को सुरक्षित रखने वाले उसी संरक्षक पर निर्भर रहना चाहिए।"

आम बहस के दौरान प्रो. के. टी. शाह, काजी सैयद करीमुद्दीन, एच. जे. खांडेकर और लक्ष्मीनारायण साहू ने निर्बन्धन वाले उपखंडों (2) से (6) का विरोध किया। प्रो. शाह ने कहा कि "इस अनुच्छेद में गारंटी किए गए आजादी इतने मायावी हो जाते हैं कि इन्हें खोजने के लिए सूक्ष्मदर्शी रखने की आवश्यकता होगी कि यह आजादी कहाँ है। जब भी यह राज्य या प्राधिकारी को उचित लगे, वह इन्हें अस्वीकार कर सकता है।"[16] करीमुद्दीन ने कहा कि "यह अनुच्छेद प्रारूप संविधान का जीवन है। इस अनुच्छेद के बिना संविधान मृत शब्द होगा। लेकिन ये उपखंड लोगों की उन गारंटी पर डाका डालते हैं, जो उन्हें सुरक्षित करेंगी।"[17] एच. जे. खांडेकर ने कहा कि "यदि आम आदमी इन उपखंडों को पढ़े तो उसे पूरी तरह यकीन हो जाएगा कि अभी भी हमारा देश सही मायने में स्वराज हासिल नहीं कर पाया है। इसका मतलब यह होगा कि जो कुछ भी दाहिने हाथ से दिया गया है, उसे बाएँ से वापस ले लिया गया है।"[17क] लक्ष्मीनारायण साहू ने कहा कि "जब तक ये उपखंड हैं, हम अपनी आजादी की सही तसवीर नहीं पा सकते हैं। इसने आजादी को बहुत ज्यादा संकीर्ण कर दिया है। यह ठीक उसी तरह है जैसे मन्दिर निर्माण के दौरान मन्दिर के आकार को, इसका मुख्य द्वार बहुत बड़ा बना देने के कारण, छोटा कर दिया जाए।"[18]

जबकि सेठ गोविन्द दास, अलगू राय शास्त्री, टी. टी. कृष्णमाचारी और देशबन्धु गुप्ता ने निर्बन्धनों का समर्थन किया। दास ने कहा कि "वह भी चाहते हैं कि ये अधिकार हमारे लोगों को बिना इन निर्बन्धनों के प्रदान किया जाए। किन्तु हमारे देश की परिस्थिति ऐसा करने की अनुमति नहीं देती है।"[19] शास्त्री ने कहा कि हम सभी को पूर्ण आजादी प्रदान की गई है, किन्तु इसका यह मतलब नहीं हो सकता है कि हमें किसी तरह के निर्बन्धन में नहीं होना चाहिए। हमें यह भी देखना है कि आजादी का दुरुपयोग न हो। शास्त्री ने श्लोक 'सत्यं ब्रूयात् प्रियं ब्रूयात्, न ब्रूयात् सत्यम् अप्रियम्।' को भी उद्धृत किया, जिसका अर्थ है कि सत्यवादी बनिये और मीठा बोलिए, किन्तु अप्रिय सत्य न बोलिए।[20] टी. टी. कृष्णमाचारी ने तर्क दिया कि कोई भी अधिकार पूर्ण नहीं हो सकता है और सभी अधिकार को किसी तरीके से या कुछ परिस्थितियों में संक्षिप्त करना होता है। यह मात्र दो चरम विचारों के मध्य समझौते का विषय है।[21] देशबन्धु गुप्ता ने भी आजादी को दायित्व के साथ जोड़कर देखने की अपील करते हुए कहा कि यदि किसी एक व्यक्ति को आजादी दी गई है, जिससे दूसरे की आजादी कम कर दी गई है, तो यह सही तरीके की आजादी के लिए माँग नहीं है। यदि हम दायित्वों के साथ नहीं खड़े हैं तो हमारी आजादी जंगल की आजादी होगी।[22]

आम बहस के उपरान्त डॉ. बी. आर. आंबेडकर ने प्रारूप खंड (2) से (6) निरस्त करने के लिए प्रस्तावित सभी संशोधनों को अस्वीकार कर दिया। इसके उपरान्त संविधान-सभा ने भी इन संशोधनों को अस्वीकार कर दिया।

(ख) मूल अधिकार से असंगत 'विद्यमान विधि' का प्रभाव

प्रारूप अनुच्छेद 13 के सम्बन्ध में ठाकुर दास भार्गव ने मूलतः चार बदलाव के लिए तीन संशोधन[23] प्रस्तुत किए। पहला संशोधन प्रारूप खंड (2), (3), (4), (5) और (6) के प्रावधान

से शब्दावली 'कोई विद्यमान विधि के प्रवर्तन पर प्रभाव या' निकालने के लिए; दूसरा संशोधन खंड (2) में दूसरी बार प्रयोग किए गए 'कोई' को 'युक्तियुक्त' शब्द से प्रतिस्थापित करने के लिए; तीसरा संशोधन खंड (3), (4), (5) और (6) में शब्द 'निर्बन्धन' के पूर्व 'युक्तियुक्त' जोड़ने के लिए; और चौथा संशोधन खंड (2) में से शब्द 'राजद्रोह' निकालने के लिए था।

इसके बाद उपाध्यक्ष महोदय ने भार्गव से कहा कि "आप इस मामले को कैसे उठा सकते हैं जब तक कि यह डॉ. आंबेडकर द्वारा प्रस्तावित नहीं किया जाता है?"[24]

भार्गव ने जवाब दिया कि केवल समय बचाने की दृष्टि से उन्होंने ऐसा किया।

उपाध्यक्ष महोदय की अनुमति के बाद भार्गव ने प्रारूप अनुच्छेद 8 का उल्लेख करते हुए कहा कि "यह संविधान जो वास्तविक प्रभाव रखना चाहता है वह यह है कि जहाँ तक ये कानून असंगत हैं, इन्हें अप्रवर्तनीय बनाया जाना चाहिए और बाकी कानून जारी रहेगा। इसलिए यदि शब्दावली 'कोई विद्यमान विधि के प्रवर्तन पर प्रभाव या' नहीं होगी तो यह कोई अन्तर नहीं पैदा करेगी। उनके और डॉ. आंबेडकर के संशोधन का परिणाम एक ही है। यदि सदन उनका संशोधन स्वीकार कर लेता है, तो डॉ. आंबेडकर का संशोधन अनावश्यक है।"[25]

उपाध्यक्ष महोदय ने कहा, "मुझे लगता है कि यदि डॉ. आंबेडकर अपना संशोधन प्रस्तुत करते हैं तो आपका संशोधन बिलकुल अनावश्यक हो जाएगा।"[26]

लेकिन ठाकुर दास भार्गव ने कहा कि "मेरा संशोधन अभी भी आवश्यक होगा, क्योंकि इसमें और भी विषय शामिल हैं।" भार्गव ने सरदार पटेल द्वारा एक दीक्षांत समारोह में कुछ दिन पूर्व दिये गए उस वक्तव्य को याद किया जिसमें उन्होंने पूरे देश से कहा था कि खेतों के मजदूर और गलियों के आम आदमी, भारत की आजादी की चमक का अनुभव नहीं किए हैं। यद्यपि भारत आजाद है, फिर भी आज कोई भी इस चमक का अनुभव नहीं करता है। क्यों?... इसका कारण यह है कि नुकसान पहुँचाने वाले ये शब्द उसे शून्य कर देते हैं, जिसे अनुच्छेद 8 मौजूदा कानूनों के सन्दर्भ में प्रदान करता है और लोग हमें गम्भीरता से नहीं लेते हैं। भार्गव ने आगे कहा कि "किसी ने पूछा है कि बेजान अनुच्छेद 13 की आत्मा कहाँ है? मैंने इस आत्मा को डाल दिया है। यदि आप 'युक्तियुक्त' शब्द को वहाँ रख देते हैं, तो न्यायालय देख सकेगा कि क्या एक विशेष अधिनियम जनहित में है और विधायिका द्वारा लगाया गया निर्बन्धन मामले की परिस्थितियों में तर्कसंगत, उचित और आवश्यक है।"[27]

तत्पश्चात डॉ. बी. आर. आंबेडकर ने भी 'विद्यमान विधि' के सम्बन्ध में दो महत्त्वपूर्ण बदलाव के लिए संशोधन[28] प्रस्तुत किया। पहला संशोधन प्रारूप खंड (3), (4), (5) और (6) में प्रयुक्त शब्द 'कोई विद्यमान विधि' के बाद शब्द 'जहाँ तक यह अधिरोपित करता है' जोड़ने के लिए था। यह प्रस्तावित बदलाव के. एम. मुंशी के प्रारूप खंड (2) के सम्बन्ध में प्रस्तावित संशोधन के अनुकूल था। दूसरा संशोधन प्रारूप खंड (6) में शब्द 'विशिष्टतया' के बाद शब्दावली 'उक्त उपखंड की कोई बात विद्यमान विधि के प्रवर्तन को वहाँ तक प्रभावित नहीं करेगा, जहाँ तक यह किसी प्राधिकारी को निर्देशित करता है या अधिकारयुक्त बनाता है कि वह राज्य को कानून बनाने हेतु निर्देश दे या रोके' जोड़ने के लिए था।

अपने संशोधन के समर्थन में डॉ. आंबेडकर ने कहा, "अनुच्छेद 13 के परन्तुकों में प्रयोग किए गए शब्द 'विद्यमान विधि' की वास्तविक मंशा को लेकर भारी गलतफहमी हो रही है। अनुच्छेद 8 बिना किसी सन्देह के कहता है कि कोई विद्यमान विधि, जो मूल अधिकारों से असंगत है, शून्य है। यह एक मौलिक स्थिति है और मुझे इसके बारे में कोई सन्देह नहीं है कि किसी भी प्रशिक्षित विधिवक्ता से अनुच्छेद 13 के इन उप-खंडों में उल्लिखित शब्द

'विद्यमान विधि' की व्याख्या करने के लिए पूछा जाए, तो वह 'विद्यमान विधि' को उतना ही पढ़ेगा, जहाँ तक यह मूल अधिकार से असंगत नहीं है। कोई सन्देह नहीं है कि इसी रास्ते से हम उपखंडों में मौजूद 'विद्यमान विधि' की व्याख्या करेंगे। यह अनावश्यक है कि जब-जब 'विद्यमान विधि' का प्रयोग हो, हम अनुच्छेद 8 के इस सिद्धान्त को बार-बार दुहराएँ, क्योंकि यह निर्वचन का एक नियम है कि किसी कानून की व्याख्या करने के लिए सभी सम्बन्धित धाराओं पर विचार किया जाएगा और इस तरह पढ़ा जाएगा कि एक धारा का दूसरे के साथ सामंजस्य हो। इसलिए मसौदा समिति ने यह अनुभव किया कि वह अनुच्छेद 8 में एक पूर्ण सिद्धान्त प्रतिपादित करे कि कोई 'विद्यमान विधि' जहाँ तक यह मूल अधिकार से असंगत हो, निरस्त हो जाएगा। मसौदा समिति ने ऐसा करना आवश्यक नहीं समझा है कि विभिन्न खंडों में हर जगह जहाँ भी 'विद्यमान विधि' है, उसके साथ इन विशेषताओं को शामिल करे। जैसा कि मैं देखता हूँ, बहुत लोग, इस रूप में इस खंड को पढ़ नहीं पाते हैं। 'विद्यमान विधि' को पढ़ने में वे अनुच्छेद 8 में कही गई बातों को भूल जाते हैं। इस गलतफहमी को दूर करने के लिए संशोधन हेतु प्रस्ताव लाया हूँ।"[29]

विद्यमान विधि को लेकर भार्गव के आरोप पर डॉ. आंबेडकर ने आगे कहा, "मैं नहीं जानता हूँ कि वह मसौदा समिति से क्या करवाना चाहते हैं? क्या वह चाहते हैं कि हम सीधे-सीधे कह दें कि संविधान के अस्तित्व में आते ही सभी विद्यमान कानून निरस्त हो जाएँगे?"

इस पर ठाकुर दास भार्गव ने कहा, "बिलकुल नहीं।"

डॉ. आंबेडकर ने आगे कहा, "हमने जो कहा है वह यह है कि विद्यमान कानून उस सीमा तक जितना यह मूल अधिकारों से असंगत है, निरस्त हो जाएगा। निश्चित रूप से देश का प्रशासन, उन कानूनों के अस्तित्व पर निर्भर है, जो आज लागू हैं। यदि विद्यमान कानूनों को पूरी तरह समाप्त कर दिया जाए तो पूरा प्रशासन बिखर जाएगा।"

ठाकुर दास भार्गव ने यह भी आरोप लगाया था कि प्रारूप अनुच्छेद 307 (नियमित अनुच्छेद 372) के माध्यम से यह व्यवस्था स्वीकार की गई है कि 'विद्यमान कानून' जब तक संशोधित न हो जाए, जारी रहेगा। प्रारूप अनुच्छेद 307 के उद्देश्य को रेखांकित करते हुए डॉ. आंबेडकर ने जवाब दिया, "एक व्यक्ति, जो कानून समझता है, इस तथ्य को महसूस करेगा कि संविधान के अस्तित्व में आने के बाद इस देश में कानून बनाने की अनन्य शक्ति अपने-अपने क्षेत्राधिकार में या तो संसद के पास होगी या तमाम स्थानीय विधायिकाओं के पास होगी। शायद यदि आप यह सिद्धान्त अपनाते हैं कि अब के बाद कोई कानून तब तक लागू नहीं होगा या क्रियाशील नहीं रहेगा या शास्ति नहीं रखेगा, जब तक संसद द्वारा पारित नहीं हो जाता है, तो क्या स्थिति होगी? स्थिति यह होगी कि सभी कानून जो पूर्व की विधायिकाओं द्वारा, केन्द्रीय विधायिकाओं या प्रान्तीय विधायिकाओं द्वारा बनाए गए हैं, तुरन्त समाप्त हो जाएँगे क्योंकि वे संसद या क्षेत्रीय विधायिकाओं द्वारा न बनाए जाने के कारण कोई बल नहीं रखेंगे। इसलिए यह आवश्यक है कि संविधान में ऐसा प्रावधान हो कि कोई कानून, जो पहले बनाया गया है, केवल इस कारण समाप्त नहीं माना जाएगा क्योंकि वह संसद द्वारा पारित नहीं किया गया है। यही कारण है कि अनुच्छेद 307 को संविधान में शामिल किया गया है।"[30]

विद्यमान विधि के सम्बन्ध में एक अन्य महत्त्वपूर्ण संशोधन[31] के. एम. मुंशी द्वारा खंड (2) के प्रारूप प्रावधान को नये प्रावधान से प्रतिस्थापित करने के लिए लाया गया था। इस नये प्रावधान में एक बदलाव शब्दावली 'विद्यमान विधि' के बाद 'जहाँ तक इसका सम्बन्ध है' जोड़ा गया था।

आम बहस के उपरान्त डॉ. बी. आर. आंबेडकर ने मुंशी के संशोधन को और भार्गव के खंड (3), (4), (5) एवं (6) में 'निर्बन्धन' के पूर्व 'युक्तियुक्त' जोड़ने के लिए प्रस्तुत संशोधन को स्वीकार किया। संविधान-सभा ने भी इन दोनों संशोधनों और डॉ. आंबेडकर के संशोधन को स्वीकार कर लिया।

(ग) संविधान के अन्तर्गत प्रेस की आजादी का दायरा

दामोदर स्वरूप सेठ द्वारा प्रस्तावित नये प्रावधान में प्रेस की आजादी; पोस्टल, टेलीग्राफिक एवं टेलीफोनिक संचार की गोपनीयता के अधिकार भी शामिल किया गया था। उनका आरोप था कि "अनुच्छेद 13 का प्रारूप अनाड़ी की तरह तैयार किया गया प्रतीत होता है। इसमें प्रेस की आजादी को छोड़ दिया गया है। यह तर्क दिया जाएगा कि खंड (क) में यह आजादी शामिल है। किन्तु वर्तमान समय प्रेस का समय है और आज प्रेस बहुत शक्तिशाली होता जा रहा है। इसलिए यह वांछित है कि प्रेस की आजादी का अलग एवं स्पष्ट रूप से उल्लेख किया जाए।"[32]

प्रो. के. टी. शाह ने भी प्रारूप अनुच्छेद 13 के खंड (1) में 'अभिव्यक्ति' शब्द के बाद 'विचार और पूजा का; प्रेस और प्रकाशन का' शब्दावली जोड़ने के लिए संशोधन प्रस्तुत किया। संयुक्त राष्ट्र चार्टर में स्वीकृत प्रेस की आजादी का उदाहरण देते हुए प्रो. शाह ने कहा कि "प्रेस की आजादी उन अधिकारों में से एक है, जिसके इर्द-गिर्द महानतम एवं कटुतम संवैधानिक संघर्षों ने सभी संविधानों में और उन समस्त देशों में, जहाँ उदारवादी संविधान प्रचलित है, हिलोरें ली हैं। तमाम त्याग और कष्ट के बाद इन्हें प्राप्त किया गया है।"[33]

आम बहस के दौरान प्रो. शिब्बन लाल सक्सेना ने प्रेस की आजादी को शामिल करने का समर्थन किया और आशा व्यक्त की कि डॉ. आंबेडकर प्रेस की आजादी को इस उप-खंड में शामिल करने के लिए कोई संशोधन लाएँगे।[34] जबकि एम. अनन्थसंयनम अयंगर ने प्रो. शाह के संशोधन का विरोध किया। अयंगर ने बहस की कि प्रेस की आजादी का मतलब अभिव्यक्ति की आजादी है। जहाँ तक टेलीग्राफिक एवं टेलीफोनिक संचार की गोपनीयता का सन्दर्भ है, यह चर्चा का विषय है और हमें वर्तमान प्रावधान में किसी तरह का बदलाव नहीं करना चाहिए।[35]

डॉ. बी. आर. आंबेडकर ने प्रेस की आजादी के सम्बन्ध में अयंगर के विचार से सहमति व्यक्त करते हुए कहा कि "प्रेस, केवल एक व्यक्ति या नागरिक को पुकारने का दूसरा रास्ता है। प्रेस के पास कोई विशेष अधिकार नहीं है, जिसको प्रदान नहीं किया जाना है या जिसे नागरिकों द्वारा अपनी व्यक्तिगत क्षमता में प्रयोग नहीं किया जाना है। प्रेस के सम्पादक या प्रबन्धक एक नागरिक होते हैं और इसलिए जब वे समाचार-पत्र में कुछ लिखते हैं, तो वे मात्र अपनी अभिव्यक्ति के अधिकार का प्रयोग करते हैं। प्रेस की आजादी का विशेष उल्लेख करने की आवश्यकता नहीं है।"[36]

आम बहस के उपरान्त डॉ. आंबेडकर ने प्रेस की आजादी जोड़ने के लिए प्रस्तुत सभी संशोधनों को अस्वीकार कर दिया। संविधान-सभा ने भी इन संशोधनों को अस्वीकार कर दिया।

(घ) शस्त्र धारण करना : अधिकार नहीं राष्ट्र के प्रति कर्तव्य

एच. वी. कामथ ने एक महत्त्वपूर्ण संशोधन[37], खंड (1) में नया उपखंड (ज) और नया परन्तुक खंड (7) जोड़ने के लिए प्रस्तुत किया। प्रस्तावित उपखंड (ज) के अन्तर्गत 'शस्त्र रखने और लेकर चलने की आजादी' के अधिकार का और नये खंड (7) के अन्तर्गत इस अधिकार पर

कुछ निर्बन्धनों का उल्लेख किया गया था। शस्त्र अधिनियम के खिलाफ 1924 में चलाए गए सत्याग्रह आन्दोलन और सरदार पटेल की अध्यक्षता में मूल अधिकार समिति की रिपोर्ट का उल्लेख करते हुए कामथ ने तर्क दिया कि पिछले तीस वर्षों या उससे ज्यादा समय से भारत में लोगों के सभी वर्गों द्वारा इसकी दो स्वरूपों में माँग की जाती रही है। पहला, ब्रिटिश सरकार द्वारा बनाए गए अपमानजनक व अमानवीय शस्त्र कानून के खिलाफ संघर्ष के रूप में और दूसरा, आत्मरक्षा के अधिकार की गारंटी के रूप में। ये माँग कांग्रेस के कई प्रस्तावों में स्थान पाए हैं। इसमें से एक मूल अधिकार कहता था—'नियमावली के अनुसार और इसमें बनाए गए शर्तों के अधीन प्रत्येक नागरिक के पास शस्त्र रखने एवं धारण करने का अधिकार हो।' डॉ. आंबेडकर से स्पष्टीकरण की माँग करते हुए कामथ ने आगे कहा कि यदि इस सदन को शस्त्र धारण करने की इतनी न्यून आजादी स्वीकरणीय नहीं है तो उन्हें डर है, यह हमारे देशवासियों में दुर्भाग्यपूर्ण प्रभाव पैदा करेगा कि सरकार को जनता पर विश्वास नहीं है।

आम बहस के दौरान प्रो. शिब्बन लाल सक्सेना ने कामथ के संशोधन का समर्थन किया और कहा कि उन्हें याद है जब महात्मा गांधी ने 1930 में लार्ड इरविन को पत्र लिखकर आठ मुद्दों को उठाया था, इनमें से एक शस्त्र धारण करने का अधिकार था, जिस पर वह स्वीकृति चाहते थे।[38] किन्तु एम. अनन्थसंयनम अयंगर ने ऐसे किसी मूल अधिकार का विरोध करते हुए कहा कि "आज परिस्थितियाँ बदल चुकी हैं। तब हम गुलाम थे और खुद को पर्याप्त रूप से मजबूत करना चाहते थे ताकि विदेशी हुकूमत से आजादी पाने के लिए शस्त्र का प्रयोग कर सकें।"[39]

डॉ. बी. आर. आंबेडकर ने एच. वी. कामथ के संशोधन को अस्वीकार कर दिया। इसके लिए डॉ. आंबेडकर ने अनूठा तर्क दिया कि शस्त्र धारण करना अधिकार नहीं, बल्कि देश के प्रति दायित्व है। इस अधिकार को प्रशासन के लिए बाधा बताते हुए डॉ. आंबेडकर ने कहा—

> "शस्त्र धारण करने के सवाल के सन्दर्भ में, जिस पर मि. कामथ भयंकर रूप से उत्तेजित हैं, मैं सोचता हूँ कि हमने जो स्थिति ली है वह बहुत स्पष्ट है। यह बिलकुल सत्य है और सभी लोग जानते हैं कि कांग्रेस पार्टी ने इसके लिए संघर्ष किया था कि शस्त्र धारण करने का अधिकार होना चाहिए। उसी समय सदन को यह तथ्य नहीं भूलना चाहिए कि परिस्थितियाँ जो कांग्रेस द्वारा प्रस्ताव पारित करते समय मौजूद थीं, वे अब अस्तित्व में नहीं हैं।"
>
> बीच में हस्तक्षेप करते हुए एच. वी. कामथ ने कहा, "बहुत ही सुविधाजनक तर्क।"
>
> डॉ. आंबेडकर ने अपना सम्बोधन जारी रखते हुए कहा, "ऐसा इसलिए है कि ब्रिटिश सरकार ने भारतीयों को शस्त्र धारण करने से मना कर दिया था। यह शान्ति और व्यवस्था के आधार पर नहीं, बल्कि इस आधार पर था कि लोगों को एक विदेशी सरकार के खिलाफ शस्त्र धारण करने का अधिकार नहीं होना चाहिए ताकि वे सरकार का तख्ता पलट करने के लिए खुद को संगठित कर सकें। परिणामत: वे आधारभूत बातें, जिन पर प्रस्ताव पारित किए गए थे, मेरे विचार से समाप्त हो चुकी हैं। वर्तमान परिस्थिति में मैं व्यक्तिगत रूप से खुद को सन्तुष्ट नहीं कर सकता कि कैसे एक राज्य के लिए प्रशासन चलाना सम्भव होगा यदि प्रत्येक व्यक्ति को बाजार जाने और बिना राज्य की किसी अनुमति या रुकावट के आक्रमण करने वाले सभी तरह के हथियार खरीदने का अधिकार हो।"[40]

बीच में पुन: एच. वी. कामथ ने हस्तक्षेप करते हुए कहा, "महोदय, इन अधिकारों को निर्बन्धित करने के लिए परन्तुक है।"

डॉ. आंबेडकर ने कामथ के इस तर्क का जवाब देते हुए कहा—

> "परन्तुक क्या करता है? परन्तुक क्या कहता है? परन्तुक जो कुछ कर सकता है वह है विनियमन और 'विनियमन' शब्द की न्यायिक व्याख्या शर्तों को निर्धारित करने की तरह की गई है, लेकिन शर्तें ऐसी नहीं हो सकती हैं, जो नागरिकों के शस्त्र धारण करने के अधिकार को पूरी तरीके से समाप्त कर दें। इसलिए विनियमन स्वयं ऐसे नागरिकों को शस्त्र रखने से नहीं रोक पाएगा, जो इसे रखने का अधिकार चाहते हैं। मेरा सवाल सभी नागरिकों को अन्धाधुन्ध ऐसा कोई मूल अधिकार देने की व्यवस्था पर ही है। मान लीजिए कि मि. कामथ की बात कि प्रत्येक नागरिक को शस्त्र रखने का मूल अधिकार प्राप्त होना चाहिए, को स्वीकार कर लिया गया, तो हजारों-हजार ऐसे नागरिकों को शस्त्र रखने की छूट मिल जाएगा, जिन्हें आज आपराधिक जनजाति कहा जाता है। ऐसे सभी तरह के लोगों को, जो अभ्यस्त अपराधी हैं, शस्त्र रखने के अधिकार का दावा करने की छूट होगी। आप यह नहीं कह सकते हैं कि परन्तुक के अन्तर्गत एक व्यक्ति शस्त्र रखने का अधिकारी नहीं है क्योंकि वह किसी विशेष वर्ग का है।
>
> "विषय यह है कि ऐसे अन्धाधुंध अधिकार की अनुमति देना सम्भव नहीं है। इसके साथ जहाँ तक शस्त्र रखने का सवाल है मेरा निवेदन है कि जिस पर हमें जोर देना चाहिए वह यह है कि शस्त्र रखना एक व्यक्ति का अधिकार नहीं है बल्कि शस्त्र रखना उसका कर्तव्य है। वस्तुत: हमें जो बात सुरक्षित करनी चाहिए, वह यह है कि जब आपातकाल की स्थिति पैदा हो, जब युद्ध हो, जब राजविद्रोह हो, जब देश की स्थिरता और सुरक्षा खतरे में हो, तब राज्य को अधिकार होगा कि वह प्रत्येक नागरिक को बुलाकर उससे राज्य की रक्षा में शस्त्र रखने के लिए कहे।"[41]

इसी दौरान एच. वी. कामथ कुछ कहने के लिए पुन: खड़े हुए, लेकिन उपाध्यक्ष महोदय ने कहा, "आप हस्तक्षेप न करें, मि. कामथ। आप यह नहीं कह सकते हैं कि मैंने आपको पर्याप्त छूट नहीं दी है।"

अन्त में संविधान-सभा ने एच. वी. कामथ के संशोधन को अस्वीकार कर दिया।

जो लोग भारतीय संविधान के सम्बन्ध में यह धारणा रखते हैं कि यह मात्र दूसरे देश के संविधानों की नकल है, शस्त्र के अधिकार को अमान्य करना उनकी इस अवधारणा को बदलने वाला दृष्टान्त है। संविधान निर्माण के समय अमेरिका जैसे देशों में 'शस्त्र के अधिकार' को मान्यता मिली हुई थी, किन्तु डॉ. आंबेडकर के नेतृत्व में मसौदा समिति ने इसे संविधान में शामिल न करने का निर्णय लिया। आज जब अमेरिका 'शस्त्र के अधिकार' पर पुनर्विचार करने के लिए बाध्य है, मसौदा समिति का यह निर्णय सही साबित होता है।

(ङ) व्यक्तिगत कानून के अधिकार की प्रासंगिकता

व्यक्तिगत कानून के अधिकार को संवैधानिक मान्यता प्रदान करने के उद्देश्य से मोहम्मद इस्माइल साहिब ने प्रारूप अनुच्छेद 13 के खंड (1) में दो नये उपखंड (ज) एवं (झ) और तीन नये खंड (7), (8) एवं (9) जोड़ने के लिए संशोधन[42] प्रस्तुत किया। नया उपखंड (ज)

प्रस्तावित करता था कि सभी नागरिकों के पास 'अपने समूह या समुदाय, जिसके अन्तर्गत वह आता है या आने का दावा करता है, के व्यक्तिगत कानून को मानने की आजादी' का अधिकार होगा और नया उपखंड (झ) कहता था कि सभी नागरिकों के पास व्यक्तिगत आजादी का और इस आजादी को कम करने की स्थिति में कानून के सक्षम न्यायालय द्वारा परीक्षित किए जाने का अधिकार होगा।

इस्माइल साहिब के नये खंड (7) एवं (8) के अन्तर्गत प्रस्तावित किया गया था कि खंड (2) से (6) में कही गई कोई बात क्रमश: उपखंड (ज) एवं (झ) में गारंटी किए गए किसी अधिकार को प्रभावित नहीं करेगी। और नया खंड (9) ऐसे किसी कानून के लागू होने पर रोक लगाता था, जो उपखंड (झ) से असंगत हो।

इस्माइल साहिब के उक्त संशोधन पर सी. सुब्रमण्यम ने मूलत: दो आपत्तियाँ कीं। पहली यह कि इस सदन ने पहले ही निदेशक सिद्धान्त वाले भाग में यह पारित कर दिया है कि समान नागरिक संहिता होनी चाहिए और यह उस अनुच्छेद के विरोध में होने जा रहा है। दूसरी यह कि व्यक्तिगत आजादी के सवाल पर चर्चा अनुच्छेद 15 (नियमित अनुच्छेद 21) पर बहस के दौरान की जानी चाहिए।[43]

किन्तु उपाध्यक्ष महोदय ने मौलाना इस्माइल साहिब को अपना सम्बोधन जारी रखने की अनुमति प्रदान कर दी। इसके बाद व्यक्तिगत कानून को किसी समुदाय के धर्म का अंग बताते हुए इस्माइल साहिब ने कहा कि "कोई भी बात जो व्यक्तिगत कानून में हस्तक्षेप करती है, उस समुदाय द्वारा और आम जनता द्वारा भी, धर्म के साथ हस्तक्षेप के रूप में लिया जाता है। व्यक्तिगत कानून का सवाल पूरी तरह धर्म पर निर्भर है।"[44]

एम. अनन्थसंयनम अयंगर ने इस्माइल साहिब के उक्त संशोधन का विरोध किया और कहा कि "हमारे मित्र दोहरी गारंटी चाहे हैं कि उनके व्यक्तिगत कानून में हस्तक्षेप नहीं किया जाना चाहिए। मेरा निवेदन है कि प्रगतिशील समाज में यह बिलकुल अव्यावहारिक है, यहाँ तक कि एक विशेष समुदाय को मानने वाले सदस्यगण अपने व्यक्तिगत कानून में बदलाव करने के लिए इच्छुक हो सकते हैं।" 1939 में केन्द्रीय विधायन के माध्यम से शरीयत कानून में किए गए बदलाव का उल्लेख करते हुए अयंगर ने आगे कहा कि "महिलाओं को सामान्यतया विवाह-विच्छेद करने का अधिकार नहीं प्राप्त है। उसे कानून के न्यायालय के समक्ष जाना पड़ता है और नपुंसकता और इस तरह के कई मामले सिद्ध करने पड़ते हैं। अब इन सबको आसान बनाया गया है। एक महिला, जो अपने पति के साथ उसी घर में पारिवारिक जीवन नहीं व्यतीत कर सकती है, को कुछ परिस्थितियों में अलग होने का अधिकार है। मुस्लिम विवाह-विच्छेद अधिनियम में अब तक इसका न तो विचार है और न कोई प्रावधान है। एक समय आ सकता है कि जब किसी विशेष समुदाय के सदस्य महसूस करें कि समुदाय के हित में प्रगतिशील कानून बनना ही चाहिए। लेकिन यदि हमने यहाँ यह प्रावधान बना दिया कि व्यक्तिगत कानून में हस्तक्षेप नहीं किया जा सकेगा, तो उस समुदाय के सदस्यों के पास उस कानून को सुधारने का कोई अधिकार नहीं रह जाएगा।"[45]

यह दूसरी बार था, जब संविधान-सभा के समक्ष व्यक्तिगत कानून के सवाल को उठाया गया। डॉ. बी. आर. आंबेडकर ने इस सवाल को सामाजिक सुधार की दृष्टि से देखे जाने की आवश्यकता पर बल देते हुए कहा—

> "यदि संविधान में ऐसा कोई सुरक्षात्मक खंड शामिल कर लिया जाता है, तो यह भारत की विधायिकाओं को किसी तरह के सामाजिक सुधार पर कानून बनाने से अक्षम

बना देगा। इस देश में धार्मिक विचार इतने विस्तृत हैं कि वे जीवन के सभी पक्ष, जन्म से लेकर मृत्यु तक को आच्छादित कर लेते हैं। ऐसा कुछ भी नहीं है जहाँ धर्म न हो और यदि व्यक्तिगत कानून को बचाया जाता है, सामाजिक मामलों में हम ठहराव की स्थिति में आ जाएँगे। मैं नहीं सोचता हूँ कि ऐसी कोई स्थिति स्वीकार करना सम्भव है। यह कहने में कुछ भी असाधारण बात नहीं है कि हमें धर्म की परिभाषा को इस तरह सीमित करने का प्रयास करना चाहिए कि हम संस्कार से जुड़े विश्वास और रीतियों, जो आवश्यक रूप से धार्मिक हों, से बाहर जाकर विस्तारित नहीं करेंगे।

"यह आवश्यक नहीं है कि इस तरह के कानूनों, जैसे किरायेदारी के कानून या उत्तराधिकार के कानून, को धर्म द्वारा संचालित होना चाहिए। यूरोप में ईसाइयत है, लेकिन ईसाइयत का अर्थ यह नहीं होता है कि ईसाई पूरे विश्वभर में या यूरोप के किसी भाग में, जहाँ भी रहते हैं, उत्तराधिकार के कानून पर समान व्यवस्था रखेंगे। ऐसी किसी बात का अस्तित्व नहीं होता है। मैं व्यक्तिगत रूप से नहीं समझता हूँ कि धर्म को इतना विस्तृत और व्यापक क्षेत्र क्यों दिया जाना चाहिए जो सम्पूर्ण जीवन पर कब्जा कर ले और विधायिका को इन क्षेत्रों में हस्तक्षेप करने से रोके। सबके बाद, इस आजादी को हम किसके लिए रख रहे हैं? हम इस आजादी को अपनी उस सामाजिक व्यवस्था में सुधार लाने के लिए रख रहे हैं, जो असमानता, भेदभाव और ऐसी तमाम चीजों से भरी पड़ी हैं, जो हमारे मूल अधिकारों से असंगत होती हैं। इसलिए किसी के लिए यह विचार करना बिलकुल असम्भव है कि व्यक्तिगत कानून को राज्य के क्षेत्राधिकार से बाहर रखा जाएगा।"[46]

अन्त में संविधान-सभा ने मोहम्मद इस्माइल साहिब के संशोधन को अस्वीकार कर दिया।

(च) संविधान में जनजातियों की स्थिति

प्रारूप अनुच्छेद के खंड (5) में एक अपवाद का उल्लेख किया गया था, जो कहता था कि राज्य उप-खंड (घ), (ङ) एवं (च) के अन्तर्गत गारंटी किए गए अधिकारों को उपेक्षित करके 'या तो साधारण जनता के हित में या किसी आदिवासी जनजाति के हित को सुरक्षित करने के लिए' कानून बना सकता है।

खंड (5) के सम्बन्ध में मोहम्मद ताहिर ने शब्द 'या तो' और शब्दावली 'या किसी आदिवासी जनजाति के हित के संरक्षण के लिए' निकालने के लिए संशोधन[47] प्रस्तुत किया। उनका तर्क था कि इन शब्दों को हटाने से यह खंड सामान्य चरित्र का हो जाएगा, जिसमें निश्चित ही आदिवासी जनजाति के हित की सुरक्षा भी शामिल होगी।

एक अन्य संशोधन[48] डॉ. बी. आर आंबेडकर का खंड (5) में शब्द 'आदिवासी' के स्थान पर 'अनुसूचित' रखने के लिए था।

आम बहस में भाग लेते हुए जयपाल सिंह ने डॉ. आंबेडकर से मुख्यत: तीन विषय पर स्पष्टीकरण जानना चाहा। पहला विषय शब्द 'आदिवासी जनजाति' निकालने और इसके स्थान पर 'अनुसूचित जनजाति' का प्रयोग करने के सम्बन्ध में था। जयपाल सिंह ने आगे पूछा कि क्या परामर्श परिषद या क्षेत्रीय परिषद की व्यवस्था अनुसूचित क्षेत्र के बाहर लागू होगी? यदि नहीं लागू होती है, तो अनुसूचित क्षेत्रों से बाहर के उन आदिवासियों का क्या होने जा रहा है, जो लाखों में हैं? जयपाल सिंह का तीसरा सवाल शान्तिपूर्वक और बिना शस्त्र के सभा

के अधिकार को लेकर था। उनके अनुसार शस्त्र कानून के विषय को बहुत शरारती तरीके से आदिवासियों पर लागू किया गया है।[49]

डॉ. बी. आर. आंबेडकर ने मो. ताहिर के संशोधन को अस्वीकार कर दिया। जयपाल सिंह द्वारा उठाए गए सवाल पर डॉ. आंबेडकर ने विस्तारपूर्वक स्पष्ट किया कि क्यों उन्होंने शब्द 'आदिवासी जनजाति' के स्थान पर 'अनुसूचित जनजाति' रखने का प्रस्ताव किया है। डॉ. आंबेडकर के शब्दों में—

> "यह सदन महसूस करेगा कि इस प्रारूप संविधान में आदिवासियों के सन्दर्भ में क्या स्थिति प्रतिपादित की गई है? हमारे पास क्षेत्रों की दो श्रेणियाँ हैं—'अनुसूचित क्षेत्र' और 'जनजाति क्षेत्र'। 'जनजाति क्षेत्र' वे क्षेत्र हैं, जो केवल आसाम के प्रान्त से सम्बन्धित हैं, जबकि 'अनुसूचित क्षेत्र' वे क्षेत्र हैं, जो आसाम के अलावा दूसरे प्रान्तों में फैले हैं। ये वस्तुत: एक अलग नाम हैं जिसके लिए भारत शासन अधिनियम में 'आंशिक अपवर्जित क्षेत्र' का प्रयोग किया गया है। इसके परे कुछ नहीं है।
>
> "अब अनुसूचित जनजाति दोनों क्षेत्रों यानी अनुसूचित क्षेत्रों में और साथ-साथ जनजाति क्षेत्रों में रहते हैं और 'अनुसूचित क्षेत्रों में अनुसूचित जनजातियाँ' एवं 'जनजाति क्षेत्रों में अनुसूचित जनजातियाँ' की स्थिति में अन्तर यह है : अनुसूचित क्षेत्रों में अनुसूचित जनजातियों के मामले में, वे पाँचवीं अनुसूची के पैराग्राफ सं. 5 के प्रावधान से संचालित होते हैं। इस अनुसूची के अनुसार संसद या स्थानीय विधायिका द्वारा पारित सामान्य कानून अपने-आप लागू हो जाता है जब तक राज्यपाल घोषणा नहीं करता है कि वह कानून या उस कानून का भाग लागू नहीं होगा। जनजाति क्षेत्रों में अनुसूचित जनजातियों के मामले में स्थिति थोड़ी अलग है। यहाँ संसद द्वारा बनाया गया कानून या आसाम के स्थानीय विधायिका द्वारा बनाया गया कानून तब तक लागू नहीं होगा, जब तक कि राज्यपाल इसे 'जनजातीय क्षेत्रों' तक विस्तारित न कर दे। एक मामले में यह लागू होता है जब तक इसे बाहर न किया जाए और दूसरे मामले में यह लागू नहीं होता है जब तक इसे विस्तारित न किया जाए। यह स्थिति है।
>
> "अब अनुसूचित जनजाति के सवाल पर और इस सवाल पर कि मैंने 'आदिवासी' शब्द के स्थान पर 'अनुसूचित' शब्द क्यों प्रतिस्थापित किया है, पर आता हूँ। स्पष्टीकरण यह है। शब्द 'अनुसूचित जनजाति' का एक स्थिर अर्थ होता है क्योंकि यह जनजातियों को वर्णित करता है, जैसा कि आप दोनों अनुसूचियों में देखेंगे। ठीक है, 'आदिवासी' शब्द वास्तव में एक सामान्य शब्द है जिसका कोई विशिष्ट कानूनी अर्थ नहीं है, कुछ उसी तरह जैसे अस्पृश्यता का है। यह एक सामान्य शब्द है। कोई भी अपने को 'अस्पृश्यता' शब्द में शामिल कर सकता है। इसका कोई निश्चित कानूनी अर्थ नहीं है। इसलिए भारत शासन अधिनियम, 1935 में 'अस्पृश्यता' शब्द को निश्चित कानूनी अर्थसूचक शब्द का रूप देना आवश्यक महसूस किया गया और इसे करने के लिए एकमात्र रास्ता, जो सम्भव पाया गया, वह उन समुदायों को वर्णित करने का था, जो विभिन्न भागों एवं विभिन्न क्षेत्रों में स्थानीय लोगों द्वारा ऐसे माने जाते थे, जो अस्पृश्यता के मानक को सन्तुष्ट करें। इसी तरह का सवाल आदिवासी के सम्बन्ध

में भी उठता है। आदिवासी कौन हैं? यह सवाल प्रासंगिक होगा, क्योंकि इस संविधान द्वारा हम इन आदिवासियों को कुछ विशिष्ट सुविधा, कुछ विशिष्ट अधिकार देने जा रहे हैं। यदि ऐसे मामले कानून के न्यायालय में ले जाए जाएँ तो वहाँ पर एक स्पष्ट परिभाषा होनी चाहिए कि ये आदिवासी कौन हैं।

"उन्होंने (जयपाल सिंह ने) मुझसे एक अन्य सवाल पूछा है और वह यह था। मान लीजिए अनुसूचित क्षेत्र में रहने वाला एक अनुसूचित जनजाति का सदस्य या जनजाति क्षेत्र में रहने वाला एक अनुसूचित जनजाति का सदस्य भारत क्षेत्र के किसी दूसरे भाग, जो अनुसूचित क्षेत्र और जनजाति क्षेत्र दोनों के बाहर हो, में प्रवास कर जाता है, तो क्या वह स्थानीय सरकार, जिसके क्षेत्राधिकार में रह रहा है, से उन्हीं विशिष्ट सुविधाओं का दावा करने योग्य रहेगा, जिसे वह अनुसूचित क्षेत्र में या जनजाति क्षेत्र में रहते हुए प्राप्त करने का अधिकारी था? इस सवाल का जवाब देना मेरे लिए कठिन है। लेकिन जहाँ तक वर्तमान संविधान की स्थिति है, अनुसूचित क्षेत्र से बाहर जाने वाला अनुसूचित जनजाति का सदस्य निश्चित रूप से अपने साथ उन विशिष्ट अधिकारों को साथ लेकर नहीं जाएगा, जिसको वह एक जनजाति क्षेत्र या एक अनुसूचित क्षेत्र में रहते हुए प्राप्त करने का अधिकारी था। जहाँ तक मैं देख सकता हूँ, जनजाति क्षेत्रों या अनुसूचित क्षेत्रों में लागू प्रावधानों को उन क्षेत्रों में, जो इनसे आच्छादित नहीं हैं, लागू करना व्यावहारिक रूप से असम्भव है।"[50]

अन्त में संविधान-सभा ने मोहम्मद ताहिर के संशोधन को अस्वीकार और डॉ. आंबेडकर के संशोधन को स्वीकार कर लिया।

2. मृत्युदंड संविधान-सभा का नहीं, संसद का विषय

प्रारूप अनुच्छेद 11 (नियमित अनुच्छेद 17) अंगीकृत होने के बाद जेड. एच. लारी ने 29 नवम्बर, 1948 को दो नये अनुच्छेद—अनुच्छेद 11-क और 11-ख जोड़ने के लिए संशोधन[51] प्रस्तुत किया। प्रस्तावित अनुच्छेद 11-क के माध्यम से किसी ऋण के सम्बन्ध में कारावास की सजा समाप्त करने का और अनुच्छेद 11-ख के माध्यम से हिंसक देशद्रोह के अलावा बाकी अपराध के लिए मृत्युदंड की सजा समाप्त करने का प्रस्ताव किया गया था। अपने सम्बोधन के अन्त में जेड. एच. लारी ने अनुच्छेद 11-क को प्रस्तुत करने से मना कर दिया और केवल अनुच्छेद 11-ख स्वीकार करने पर बल दिया।

अनुच्छेद 11-ख के समर्थन में लारी ने कहा कि न्यूजीलैंड, रूस, हॉलैंड, बेल्जियम, स्विट्जरलैंड जैसे कम-से-कम तीस देशों में मृत्युदंड की सजा को समाप्त कर दिया गया है। उन्होंने मृत्युदंड की सजा को समाप्त करने के समर्थन में तीन प्रमुख तर्क दिए—

1. मानवीय निर्णय अचूक नहीं है। सभी न्यायाधीश, सभी न्यायाधिकरण से गलती होना स्वाभाविक है। लेकिन मृत्युदंड की सजा अपरिवर्तनीय है।
2. मानवीय जीवन पवित्र है और इसकी पवित्रता सभी लोगों द्वारा स्वीकार्य है, और यह एक ऐसी सजा है जो असभ्य है और आधुनिक शताब्दी में प्रचलित भावनाओं के अनुरूप नहीं है; और
3. सजा के लिए सुधारात्मक तत्त्व बहुत महत्त्वपूर्ण है।

अमियो कुमार घोष ने लारी के संशोधन का विरोध करते हुए कहा कि "वह संशोधन में निहित सिद्धान्त का विरोध नहीं करते हैं, लेकिन वह इसे संविधान में शामिल करने का विरोध करते हैं। संविधान में ऐसा खंड शामिल करके हम राज्य के हाथ को किसी विषम परिस्थिति में भी इस सजा का सहारा लेने से हमेशा के लिए बाँध देंगे। समाज में केवल अच्छे लोग ही नहीं रहते हैं। दुष्ट तत्त्व भी होते हैं और इन दुष्ट तत्त्वों को समाज हड़पने से या समाज पर धाक जमाने से रोकने के लिए राज्य द्वारा ऐसे लोगों को, जो समाज को भयभीत करते हैं, ऐसी सजा देने की आवश्यकता हो सकती है।"[52]

के. हनुमन्थैया ने भी लारी के संशोधन का विरोध करते हुए कहा कि "हमें इस समस्या को दो नजरिये से देखना होगा : पहला स्वयं दोषी व्यक्ति के नजरिये से और दूसरा राज्य के नजरिये से। पहले उनका विचार था कि एक दोषसिद्ध व्यक्ति, मौत की सजा की तुलना में आजीवन कारावास की सजा ज्यादा पसन्द करेगा। लेकिन कुछ दिन पहले उन्हें बर्नार्ड शॉ का एक ड्रामा पढ़ने को मिला। यह फ्रांस की एक महान हीरोइन पर आधारित बहुत अच्छा ड्रामा है और इसमें उसने आजीवन जेल में रहने के बजाय जलकर मरने को प्राथमिकता दी। जेल की दीवारों में जीवनभर एक मृतक व्यक्ति की तरह रखे जाने से बेहतर दोषी द्वारा इस संसार को छोड़ देना है। तब राज्य के नजरिये से एक व्यक्ति, जो दूसरे मानव-जीवन पर विचार नहीं रखता है, अपने जीवन पर विचार किए जाने योग्य नहीं रह जाता है। समाज केवल सुधार पर ही आधारित नहीं है, बल्कि भय प्रेरित सिद्धान्त पर भी आधारित रहता है। दूसरे का जीवन समाप्त करने वाले सभी व्यक्तियों को यदि इस बात की निश्चिन्तता हो कि उसके जीवन को छुआ नहीं जा सकता है और यह मात्र कैद का सवाल है तो सम्भवत: सजा के निवारक सिद्धान्त का महत्त्व समाप्त हो जाएगा।"[53]

डॉ. बी. आर. आंबेडकर ने लारी के संशोधन को अस्वीकार कर दिया। इसके बाद संविधान-सभा ने भी इस संशोधन को अस्वीकार कर दिया।

3. आपराधिक मामलों से सम्बन्धित मूलभूत अधिकार

आपराधिक मामलों के सम्बन्ध में कुछ आधारभूत सिद्धान्त ऐसे होते हैं, जो व्यक्ति के जीवन के अधिकार से प्रत्यक्ष जुड़े होते हैं। इन्हें विधायिका या कार्यपालिका के भरोसे नहीं छोड़ा जा सकता है। संवैधानिक विधिशास्त्र के अन्तर्गत ऐसे आधारभूत सिद्धान्त जनता की प्रत्यक्ष सम्प्रभुता का विषय होते हैं न कि प्रत्यायोजित सम्प्रभुता का। इसलिए इन आधारभूत सिद्धान्तों को प्रारूप अनुच्छेद 14 के अन्तर्गत मूल अधिकार के रूप में प्रस्तावित किया गया और 2 दिसम्बर, 1948 को संविधान-सभा के समक्ष विचारार्थ रखा गया। तीन खंड वाले इस अनुच्छेद के माध्यम से आपराधिक मामलों से सम्बन्धित चार मूलभूत सिद्धान्त स्वीकार किए गए थे—

1. किसी व्यक्ति को अपराध होने के समय प्रवृत्त कानून के अन्तर्गत ही दोषी ठहराया जा सकता है।
2. कोई व्यक्ति उससे अधिक दंड से दंडित नहीं किया जा सकता, जो अपराध करते समय प्रवृत्त कानून में प्राविधानित था।
3. किसी व्यक्ति को एक ही अपराध के लिए एक बार से अधिक 'दंडित' नहीं किया जा सकता है; और
4. किसी अपराध के अभियुक्त को स्वयं अपने विरुद्ध साक्षी होने के लिए बाध्य नहीं किया जा सकता है।

प्रारूप अनुच्छेद 14 के अनुसार—

1. किसी व्यक्ति को किसी अपराध के लिए तब तक दोषसिद्ध नहीं ठहराया जाएगा, जब तक कि उसने ऐसा कोई कार्य करने के समय, जो अपराध के रूप में आरोपित है, किसी प्रवृत्त विधि का अतिक्रमण नहीं किया है या वह उससे अधिक दंड का भागी नहीं होगा जो उस अपराध के किए जाने के समय विधि के अन्तर्गत अधिरोपित किया जा सके।
2. किसी व्यक्ति को एक ही अपराध के लिए एक बार से अधिक 'दंडित' नहीं किया जाएगा।
3. किसी अपराध के अभियुक्त एक व्यक्ति को स्वयं अपने विरुद्ध साक्षी होने के लिए बाध्य नहीं किया जाएगा।

खंड (1) के सम्बन्ध में पहला संशोधन[54], नजीरुद्दीन अहमद ने शब्द 'उससे अधिक' के बाद 'या किसी प्रकार का दूसरे अन्य' जोड़ने के लिए प्रस्तुत किया। उनका तर्क था कि "बहुत से मामलों में केवल जुर्माना के दंड का प्रावधान है। यह संशोधन केवल दंड की सीमा को लेकर ही नहीं, बल्कि दंड के प्रकार को लेकर सीमित करने के लिए है।" दूसरा संशोधन[55], ठाकुर दास भार्गव ने खंड (1) के दूसरे भाग में भी शब्द 'विधि' के पूर्व 'प्रवृत्त' जोड़ने के लिए प्रस्तुत किया। नजीरुद्दीन अहमद ने खंड (2) के अन्त में शब्दावली 'आपराधिक प्रक्रिया संहिता, 1898 द्वारा अन्यथा अनुमन्य न हो' जोड़ने के लिए संशोधन प्रस्तुत किया।

अपने संशोधन पर बोलते हुए नजीरुद्दीन अहमद ने डॉ. बी. आर. आंबेडकर के लिए एक दिलचस्प बात कही। उनके शब्दों में—

> "महोदय, मैं आदरणीय सदस्य मसौदा समिति के अध्यक्ष का ध्यान आकर्षित कराना चाहता हूँ, अन्यथा बहस करना अर्थहीन होगा। यदि वह 'नहीं' कहेंगे, तो पूरा सदन उनकी आवाज को दोहराएगा।"[56]

तब उपाध्यक्ष महोदय ने डॉ. आंबेडकर से कहा—

> "डॉ. आंबेडकर, मि. नजीरुद्दीन अहमद आपका पूरा ध्यान चाहते हैं। वह कहते हैं कि यदि आप 'नहीं' कहते हैं तो सदन 'नहीं' कहेगा।[57]

सैयद करीमुद्दीन ने तलाशी और जब्ती के खिलाफ अधिकार के सम्बन्ध में नया खंड (4) जोड़ने के लिए संशोधन[58] प्रस्तुत किया। प्रस्तावित खंड (4) के अनुसार—

> "लोगों के अपने शरीर, घरों, कागजातों की सुरक्षा करने और अयुक्तियुक्त तलाशी और जब्ती के विरुद्ध अधिकार का अतिक्रमण नहीं किया जाएगा और शपथ या पुष्टीकरण से समर्थित सम्भाव्य कारण के बिना एवं विशेषकर तलाशी लिये जाने वाले स्थान और जब्ती किए जाने वाले व्यक्ति या वस्तु को वर्णित किए बिना वारंट नहीं जारी किया जाएगा।"

संशोधन के समर्थन में करीमुद्दीन ने अमेरिकी संविधान के अनुच्छेद 4, आयरिश संविधान के खंड (2) और (5) तथा जर्मन संविधान के अनुच्छेद 114 एवं 115 का दृष्टान्त दिया। उन्होंने डॉ. आंबेडकर की पुस्तक—'माइनारिटीज एंड स्टेट्स' की पृष्ठ सं. 11, मद सं. 10

का भी उल्लेख किया, जिसमें इस अधिकार को स्वीकार किया गया था। करीमुद्दीन ने आगे कहा कि "भारत में, लगभग सभी प्रान्तों में, गुंडा अधिनियम और लोक सुरक्षा अधिनियम लागू है, जिसमें अपील या प्रत्यावेदन के लिए प्रावधान नहीं है और जो सम्बन्धित व्यक्ति को अपना बचाव करने का अवसर नहीं देते हैं। वारंट के बिना गिरफ्तारी और औचित्य के बिना तलाशी किए जाते हैं। हम कानून-विहीन कानून से संचालित हो रहे हैं। अनाधिकृत गिरफ्तारी एवं तलाशी के कारण होने वाली पीड़ा के निदान के लिए हमारे पास कोई उपचार नहीं है।"

आम बहस के दौरान पी. कक्कन ने जेल प्रशासन द्वारा हरिजन कैदियों के साथ किए जा रहे मनमाने व्यवहार का सवाल उठाया। उनके अनुसार कारावास में जेल प्रशासन द्वारा कैदियों के मध्य काम देने को लेकर भेदभाव किया जाता है। यदि कैदी हरिजन समुदाय का है, तो उसे सफाई का कार्य करने के लिए बाध्य किया जाता है।[59]

टी. टी. कृष्णमाचारी ने खंड (2) के प्रावधान में शब्द 'दंडित' के पहले शब्द 'अभियोजित और' जोड़ने के लिए संशोधन प्रस्तुत करने की इच्छा व्यक्त किया और आशा की कि डॉ. आंबेडकर इसे स्वीकार करेंगे। उनका तर्क था कि "यह सम्भवत: ऐसे मामलों को प्रभावित कर सकता है जिसमें एक सरकारी अधिकारी, जिसकी विभागीय जाँच की गई है और सजा प्रदान की गई है, किन्तु यदि वह अपराध कर दे, तो वह पुन: अभियोजित एवं दंडित नहीं किया जा सकेगा; या इसके विपरीत, यदि एक सरकारी अधिकारी को न्यायालय द्वारा अभियोजित कर कैद या जुर्माने से दंडित किया गया है तो यह सरकार को उसके खिलाफ अनुशासनात्मक कार्रवाही करने से रोक सकता है। यह संशोधन भविष्य के सरकार को कई कठिनाइयों से बचाएगा।"[60]

इसके बाद उपाध्यक्ष महोदय ने डॉ. आंबेडकर का नाम पुकारा कि वह कृष्णमाचारी द्वारा सुझाए गए संशोधन को प्रस्तुत करें। डॉ. आंबेडकर ने कृष्णमाचारी के संशोधन को स्वीकार करते हुए कहा कि "सही कहा जाए तो संशोधन आवश्यक नहीं है, लेकिन चूँकि कुछ सन्देह व्यक्त किया गया है कि 'दंडित' शब्द की कई तरह व्याख्या की जा सकती है, मेरा मानना है कि 'अभियोजित और दंडित' शब्द जोड़ देना वांछित होगा।"[61] डॉ. आंबेडकर ने ठाकुर दास भार्गव एवं सैयद करीमुद्दीन के संशोधन को भी स्वीकार किया, किन्तु नजीरुद्दीन अहमद के दोनों संशोधनों को स्वीकार करने से मना कर दिया।

करीमुद्दीन के संशोधन के सम्बन्ध में डॉ. आंबेडकर ने कहा कि "यह एक उपयोगी प्रावधान है और हमारे संविधान में स्थान पा सकता है। इसमें कुछ भी नया नहीं है क्योंकि उनके द्वारा सुझाया गया सम्पूर्ण खंड आपराधिक प्रक्रिया संहिता में है, इसलिए एक तरह से यह पहले से देश का कानून है। यह पूरी तरह सम्भव है कि भविष्य की विधायिका उनके संशोधन में वर्णित प्रावधान समाप्त कर सकता है, किन्तु जहाँ तक व्यक्तिगत स्वतंत्रता का सम्बन्ध है, वे इतने महत्त्वपूर्ण हैं कि इन प्रावधानों को विधायिका के क्षेत्राधिकार के बाहर रखना बहुत वांछित है।"[62]

इसके उपरान्त संविधान-सभा ने ठाकुर दास भार्गव के संशोधन को स्वीकार और नजीरुद्दीन अहमद के दोनों संशोधनों को अस्वीकार कर दिया। किन्तु सैयद करीमुद्दीन के संशोधन पर उपाध्यक्ष महोदय ने दो बार कहा कि सदन का निर्णय 'हाँ' के पक्ष में है। लेकिन दोनों बार टी. टी. कृष्णमाचारी ने उपाध्यक्ष के निर्णय पर यह कहते हुए आपत्ति की कि सदन का निर्णय 'नहीं' के पक्ष में है। तब उपाध्यक्ष महोदय ने हाथ उठाने के लिए कहा। किन्तु महावीर त्यागी ने सदस्यों को आपस में परामर्श करने और निर्णय तक पहुँचने हेतु अवसर देने के लिए मामले को टालने का सुझाव दिया। इस सुझाव का समर्थन करते हुए जवाहरलाल नेहरू ने कहा कि इस विषय पर कई सदस्यों के दिमाग में थोड़ा भ्रम पैदा हो गया है। तत्पश्चात उपाध्यक्ष

महोदय ने सैयद करीमुद्दीन के संशोधन पर मतदान हेतु टालने की अनुमति माँगी, जिसे सदन ने स्वीकार कर लिया।

अगले कार्यदिवस यानी 6 दिसम्बर, 1948 को प्रारूप अनुच्छेद 14 को पुन: संविधान-सभा के समक्ष रखा गया। इस दौरान हसरत मोहानी ने आरोप लगाया कि कांग्रेस पार्टी ने संशोधन का विरोध करने के लिए व्हिप जारी किया है।[63] इस आरोप का महावीर त्यागी ने विरोध किया। अन्तत: उपाध्यक्ष महोदय ने सैयद करीमुद्दीन के संशोधन को मत के लिए रखा, जिसे संविधान-सभा ने अस्वीकार कर दिया।

सैयद करीमुद्दीन का यह संशोधन एक ऐसा संशोधन है, जिसे यद्यपि डॉ. बी. आर. आंबेडकर ने स्वीकार किया था, किन्तु संविधान-सभा ने स्वीकार नहीं किया। यह तथ्य दर्शाता है कि संविधान-सभा डॉ. आंबेडकर द्वारा स्वीकार किए गए प्रावधानों एवं संशोधनों की गुणवत्ता को भी परखती थी।

इसके उपरान्त उपाध्यक्ष ने टी. टी. कृष्णमाचारी के 'अभियोजित और' जोड़ने वाले संशोधन को भी रखा, जिसे संविधान-सभा ने स्वीकार कर लिया। अन्त में संविधान-सभा ने प्रारूप अनुच्छेद 14 का यथासंशोधित प्रावधान (नियमित अनुच्छेद 20) 6 दिसम्बर, 1948 को अंगीकृत कर लिया।

4. जीवन और व्यक्तिगत आजादी का अधिकार

प्रारूप अनुच्छेद 15 के माध्यम से जीवन के मूल अधिकार को प्रस्तावित किया गया था। इस अनुच्छेद के दो भाग थे। पहले भाग में जीवन एवं व्यक्तिगत आजादी के अधिकार का और दूसरे भाग में समानता के अधिकार का उल्लेख था। प्रारूप अनुच्छेद 15 के अनुसार—

"किसी व्यक्ति को उसके जीवन या व्यक्तिगत स्वतंत्रता से, सिवाय विधि द्वारा स्थापित प्रक्रिया के, वंचित नहीं किया जाएगा, न तो भारत राज्यक्षेत्र में किसी व्यक्ति को विधि के समक्ष समता या विधियों के समान संरक्षण से मना किया जाएगा।"

उक्त प्रावधान की शब्दावली, मूल अधिकार समिति की रिपोर्ट दिनांक 23 अप्रैल, 1947 के खंड (9) की शब्दावली से अलग थी। खंड (9) के अनुसार—

> "किसी व्यक्ति को उसके जीवन या आजादी से, बिना सम्यक विधि की प्रक्रिया के, वंचित नहीं किया जाएगा, न तो भारत राज्यक्षेत्र में किसी व्यक्ति को विधि के समान व्यवहार से मना किया जाएगा।"

इस तरह प्रारूप अनुच्छेद 15 के पहले भाग के सम्बन्ध में मसौदा समिति ने दो बदलाव किए थे। एक शब्दावली 'सम्यक् विधि प्रक्रिया' के स्थान पर 'विधि द्वारा स्थापित प्रक्रिया' का प्रयोग किया गया था और दूसरा शब्द 'आजादी' के पूर्व 'व्यक्तिगत' जोड़ा गया था। शब्दावली 'विधि द्वारा स्थापित प्रक्रिया' का प्रयोग करने को लेकर प्रारूप के फुटनोट में यह कहा गया था कि यह ज्यादा निश्चित शब्दावली है और इसे जापान के संविधान के अनुच्छेद 31 में स्थान मिला हुआ है। आजादी के पहले 'व्यक्तिगत' जोड़ने को लेकर यह कहा गया था कि आजादी को 'व्यक्तिगत' से सीमित नहीं करने पर इस खंड की व्याख्या इतनी व्यापक की जा सकती है कि यह उस आजादी को भी अपने में शामिल कर लेगा, जिस पर अनुच्छेद 13 में पहले ही विचार कर लिया गया है। ये दोनों बदलाव, संविधान-सभा में गम्भीर चर्चा का विषय हो गया।

प्रारूप अनुच्छेद 15 को संविधान-सभा के पटल पर 3 दिसम्बर, 1948 को रखा गया। ज्यों ही इसे विचारार्थ रखा गया, टी. टी. कृष्णमाचारी ने इस पर चर्चा टालने की सलाह दी, जिसे स्वीकार कर लिया गया। इसके बाद इसे 6 दिसम्बर, 1948 को विचारार्थ रखा गया।

सैयद करीमुद्दीन ने प्रारूप अनुच्छेद 15 के पहले भाग को संवैधानिक कानून के इतिहास का बुरा अध्याय खोलने वाला बताते हुए संशोधन[64] प्रस्तुत किया। इस संशोधन के माध्यम से दो बदलाव प्रस्तावित किए गए—1. शब्द 'जीवन' के पहले प्रयुक्त 'व्यक्तिगत' निकालने के लिए; 2. शब्दावली 'विधि द्वारा स्थापित प्रक्रिया' के स्थान पर शब्दावली 'सम्यक् विधि प्रक्रिया' को प्रतिस्थापित करने के लिए। करीमुद्दीन ने कहा कि "यदि 'विधि द्वारा स्थापित प्रक्रिया' को कानून बना दिया गया तो यह देश के कानूनी न्यायालयों के लिए बहुत बड़ा अन्याय होगा, क्योंकि ज्यों ही न्यायालय द्वारा विधि के अनुसार प्रक्रिया का पालन किया जाएगा, उसी समय न्यायालय का कर्तव्य समाप्त हो जाएगा और यदि न्यायालय सन्तुष्ट है कि प्रक्रिया का पालन किया गया है, तब न्यायाधीश किसी भी कानून में हस्तक्षेप नहीं कर सकता, भले ही यह अतार्किक, अनुचित या मनमानापूर्ण हो। प्रावधान जिस रूप में है, वह ऐसे देश में बहुत बड़ा अनिष्ट कर सकता है, जो राजनीतिक पार्टियों के तूफान का केन्द्र है और जहाँ अनुशासन अज्ञात है।"

इसी तरह 'विधि द्वारा स्थापित प्रक्रिया' को निकालने और इसके स्थान पर 'सम्यक् विधि की प्रक्रिया' प्रतिस्थापित करने के लिए पाँच अन्य अलग-अलग संशोधन ठाकुर दास भार्गव, एस. वी. कृष्णमूर्ति राव, कृष्ण चन्द्र शर्मा, दामोदर स्वरूप सेठ, महबूब अली बेग साहिब बहादुर और जेड. एच. लारी द्वारा कुछ मामूली शाब्दिक बदलाव के साथ प्रस्तुत किए गए। महबूब अली ने कहा कि "नागरिकों को न्यायालय जाकर यह सिद्ध करने का अधिकार होना चाहिए कि उसको जिस आधार पर गिरफ्तार किया गया है, गलत है। यह उस कार्यपालिका के खिलाफ नागरिक का बुनियादी अधिकार है, जिसे दलगत विधायिका द्वारा अधिकारयुक्त बनाया जा सकता है और विधायिका यह कहते हुए कानून पारित कर सकती है कि कुछ परिस्थितियों में कार्यपालिका एक व्यक्ति की आजादी को छीनने के लिए अधिकारयुक्त है और उसे न्यायालय जाने का और खुद को निर्दोष सिद्ध करने का अधिकार नहीं होगा।"[65]

आम बहस में भाग लेते हुए ठाकुर दास भार्गव ने शब्द 'व्यक्तिगत' हटाने का विरोध किया किन्तु शब्दावली 'सम्यक् विधि प्रक्रिया' रखने का समर्थन किया। उनका तर्क था कि "'सम्यक् विधि प्रक्रिया' का प्रयोग कर हम चाहते हैं कि न्यायालय को मौलिक कानून और प्रक्रियात्मक कानून दोनों सवाल पर विचार करने का अधिकार मिले। तब न्यायालय के पास इस सवाल पर विचार करने का अधिकार होगा कि क्या संसद द्वारा पारित कोई विशेष कानून न्यायोचित है या नहीं? हम अपने आजादी की सुरक्षा के दो बचाव चाहते हैं। एक विधायिका का और दूसरा न्यायपालिका का। लेकिन यदि विधायिका दलगत आस्था से संचालित होने लगे, तो न्यायपालिका ही हमें विधायिका और कार्यपालिका की निर्दयता से बचाएगी। लोकतंत्र में न्यायालय नागरिकों के अधिकार एवं आजादी बचाने के लिए उनकी अन्तिम शरणस्थल है।"[66]

चिमनलाल चक्कूबाई शाह, कृष्ण चन्द्र शर्मा, एच. वी. पाटस्कर और के. एम. मुंशी ने भी 'सम्यक् विधि प्रक्रिया' का समर्थन किया। शाह ने तर्क दिया कि "अनुच्छेद 15 के अन्तर्गत अधिकार, जीवन और व्यक्तिगत आजादी का अधिकार है, जिसके बिना दूसरे सभी अधिकार अर्थहीन होंगे। इस अधिकार के प्रयोग पर ऐसा निर्बन्धन नहीं लगाना चाहिए, जो इसे अनुपयोगी और निरर्थक बना दे।"[67] शर्मा ने एडवर्ड शासन की विधायन संख्या 28 और अमेरिकी संविधान

का और लोन एसोसिएशन बनाम टोपेका (1875) मामले में व्यक्त न्यायालय के विचार का उल्लेख करते हुए कहा कि "शब्द 'सम्यक् विधि प्रक्रिया' राज्य की शक्ति पर, चाहे वह विधायिका हो या कार्यपालिका, आवश्यक सीमा लगाता है।"[68] पाटस्कर ने कहा कि "हम इस समय ऐसे राज्य में हैं जो लोकतंत्र बनने जा रहा है। लोकतंत्र का तात्पर्य दलगत सरकार है और हमारे देश में दलगत सरकार तुलनात्मक रूप से नई है और हमारे पास ऐसे उदाहरण हैं जो हमें यह सोचने के लिए विवश करते हैं कि कार्यरत पार्टियाँ ऐसी प्रक्रिया बना सकते हैं जो उन प्रावधानों को निरर्थक कर दें।"[69] मुंशी ने कहा कि "इस खंड का तभी मतलब होगा, जब न्यायालय न केवल इसका परीक्षण कर सके कि दोषसिद्ध की सजा कानून के अनुसार या उचित प्रक्रिया के अनुसार है, बल्कि इसका भी परीक्षण कर सके कि कानून का प्रक्रियात्मक और साथ-साथ मौलिक भाग, ऐसा है जो मामले की परिस्थितियों में उचित एवं न्यायसंगत है।"[70]

मसौदा समिति के एक अन्य सदस्य अल्लादी कृष्णास्वामी अय्यर ने भी आम बहस में भाग लिया। उन्होंने एक ब्रिटिश न्यायाधीश और अमेरिकी सुप्रीम कोर्ट द्वारा 'सम्यक् प्रक्रिया' को लेकर किए गए अस्थिर एवं अन्तर्विरोधी व्याख्या की ओर ध्यान दिलाया और 'विधि द्वारा स्थापित प्रक्रिया' को न्यायसंगत बताने का प्रयास किया। किन्तु अपने सम्बोधन के अन्त में वह इसे लेकर दृढ़ नहीं बने रह सके। अय्यर ने कहा कि "इस संशोधन ने जो समर्थन प्राप्त किया है, वह इस देश की न्यायपालिका के प्रति गहरे विश्वास को साबित करता है। 'विधि द्वारा स्थापित प्रक्रिया' का सुझाव देकर मसौदा समिति सम्भवत: कानून गढ़ने की न्यायिक उतार-चढ़ाव से आशंकित होने का दोषी थी। मसौदा समिति ने सुझाव दिया है और यह अन्तत: सदन को निष्कर्ष पर पहुँचना है कि क्या यह सही है।[71] अन्तिम वक्ता के रूप में जेड. एच. लारी ने भी 'सम्यक् विधि की प्रक्रिया' का समर्थन करते हुए कहा कि दूसरे देशों का अनुभव दिखाता है कि शब्दावली 'सम्यक् विधि की प्रक्रिया' राज्य को बिना खतरे में डाले अस्तित्व में रह सकती है। शक्ति भ्रष्ट आचरण कराती है। हमें दूसरे देशों के अनुभव से लाभ लेना चाहिए। यह अनुच्छेद, जैसा है, निर्जीव है और यह सम्पूर्ण संविधान को भी निर्जीव बनाता है।[72]

आम बहस के अन्त में अगले दिन 7 दिसम्बर, 1948 को डॉ. आंबेडकर को विचार रखना था, किन्तु उन्होंने इस विषय को टाल देने का निवेदन किया। सदन ने इसे स्वीकार कर लिया। इसके बाद यह प्रावधान 13 दिसम्बर, 1948 को प्रस्तुत किया गया।

कानून निर्माण : न्यायपालिका की तुलना में विधायिका ज्यादा भरोसेमन्द

13 दिसम्बर, 1948 को डॉ. बी. आर. आंबेडकर ने 'विधि द्वारा स्थापित प्रक्रिया' के सम्बन्ध में उठाए गए सवालों पर अपना विचार रखा। संविधान-सभा में पूरा माहौल शब्द 'विधि द्वारा स्थापित प्रक्रिया' के खिलाफ और 'सम्यक् विधि प्रक्रिया' के समर्थन में था। मसौदा समिति के सदस्य के. एम. मुंशी जहाँ प्रारूप प्रावधान के खिलाफ थे, तो दूसरे सदस्य अल्लादी कृष्णास्वामी अय्यर दुविधा की स्थिति में दिखे। ऐसी स्थिति में प्रारूप प्रावधान का बचाव करने के लिए डॉ. आंबेडकर ने जो तरीका अपनाया, वह अनोखा, अद्‌भुत और अविश्वसनीय-सा है। शब्दावली 'विधि द्वारा स्थापित प्रक्रिया' और 'सम्यक् विधि प्रक्रिया' दोनों के विभिन्न पहलुओं का विश्लेषण करते हुए डॉ. आंबेडकर ने कहा—

> "उपाध्यक्ष महोदय, मुझे स्वीकार करना चाहिए कि मैं अनुच्छेद 15 और अपने मित्र पंडित भार्गव द्वारा 'विधि द्वारा स्थापित प्रक्रिया' हटाने और 'सम्यक् विधि प्रक्रिया' रखने के लिए प्रस्तुत संशोधन के सम्बन्ध में कुछ कठिन स्थिति में हूँ। जिन्होंने भी

पिछले दिनों हुई बहस को सुना है, उससे यह बिलकुल स्पष्ट है कि साफ-साफ दो दृष्टिकोण हैं। एक दृष्टिकोण कहता है कि 'सम्यक् विधि की प्रक्रिया' अवश्य ही इस अनुच्छेद में होना चाहिए, अन्यथा यह अनुच्छेद निरर्थक है। दूसरा दृष्टिकोण यह है कि मौजूदा शब्दावली उद्देश्य हेतु बिलकुल पर्याप्त है।

"मुझे यह स्पष्ट करने दें कि 'सम्यक् प्रक्रिया' में सही-सही क्या शामिल है। मेरे निर्णय में 'सम्यक् प्रक्रिया' का सवाल, विधायिका और न्यायपालिका के मध्य सम्बन्ध के सवाल को उठाता है। संघात्मक संविधान में, न्यायपालिका के लिए यह हमेशा खुला रहता है कि वह तय करे कि विधायिका द्वारा पारित कोई विशेष कानून उस विधायी शक्ति के सन्दर्भ में प्राधिकार के बाहर है या अधीन है, जिसे संविधान द्वारा किसी विशिष्ट विधायिका को प्रदान किया गया है। यदि विशिष्ट विधायिका द्वारा बनाया गया कानून इसको मिली शक्ति के प्राधिकार को लाँघता है तो ऐसा कानून अधिकार-क्षेत्र के बाहर और अवैध होगा। यह एक सामान्य बात है जो सभी संघात्मक संविधान में होता है। संघात्मक संविधान में समस्त कानून, चाहे केन्द्र के संसद द्वारा बनाया गया हो या राज्यों की विधायिका द्वारा बनाया गया हो, हमेशा न्यायपालिका द्वारा, विधायिका के कानून बनाने के प्राधिकार के दृष्टिकोण से, परीक्षण किए जाने के अधीन होते हैं।

"मेरे निर्णय में 'सम्यक् प्रक्रिया' न्यायपालिका को विधायिका द्वारा बनाए गए कानून पर एक अन्य आधार पर सवाल करने की शक्ति देता है। यह आधार होगा कि क्या यह कानून व्यक्तियों के अधिकारों से सम्बन्धित मूलभूत सिद्धान्तों को ध्यान में रखते हुए बनाया गया है। दूसरे शब्दों में न्यायपालिका को कानून पर न केवल विधायिका के प्राधिकार-क्षेत्र के बाहर होने के आधार पर, बल्कि इस आधार पर भी सवाल करने का अधिकार मिल जाता है कि क्या यह कानून अच्छा कानून है। जहाँ तक विधायिका के प्राधिकार का सम्बन्ध है कानून पूर्णतया अच्छा और वैध हो सकता है। लेकिन यह अच्छा कानून नहीं हो सकता है, यदि यह कुछ मूलभूत सिद्धान्तों का उल्लंघन करता है; और न्यायपालिका को कानून को अवैध घोषित करने की एक अतिरिक्त शक्ति मिल जाती है। विभिन्न विधायी निकायों द्वारा बनाए गए कानून की वैधता को इस आधार पर परीक्षण करने की शक्ति न्यायपालिका को देने पर हमें कोई सन्देह नहीं है कि क्या वह कानून उसको दी गई शक्ति के अनुसार है। अब 'सम्यक् प्रक्रिया' शब्दावली को शामिल करके यह सवाल खड़ा हुआ है कि क्या न्यायपालिका को राज्य द्वारा बनाए किसी कानून पर इस आधार पर प्रश्नचिह्न लगाने की अतिरिक्त शक्ति मिलनी चाहिए कि वे कुछ मूलभूत सिद्धान्तों का उल्लंघन करते हैं।

"इस बिन्दु पर दो विचार हैं। एक विचार यह है कि विधायिका पर विश्वास किया जा सकता है कि वह ऐसा कोई कानून नहीं बनाएगा, जो सभी व्यक्तियों के मूल अधिकार का उल्लंघन करे और परिणामत: शब्दावली 'विधि द्वारा स्थापित प्रक्रिया'* शामिल

* सी.ए.डी. के मूल संस्करण में इस स्थान पर शब्दावली 'विधि द्वारा स्थापित प्रक्रिया' नहीं, बल्कि 'सम्यक् प्रक्रिया' लिखा हुआ है। किन्तु डॉ. बी. आर. आंबेडकर ने जिस सन्दर्भ में अपना विचार व्यक्त किए हैं, वह शब्दावली 'विधि द्वारा स्थापित प्रक्रिया' को शामिल करने से खतरा नहीं पैदा होने की बात कह रहे थे, न कि 'सम्यक् प्रक्रिया' को शामिल करने से।

करने से कोई खतरा नहीं पैदा होता है। एक अन्य विचार यह है कि विधायिका पर विश्वास करना सम्भव ही नहीं है, विधायिका गलती कर सकता है, वह उत्तेजना में दलगत-पूर्वाग्रह से या दलगत विचारों के कारण रास्ते से भटक सकता है और विधायिका ऐसा कानून बना सकती है, जो एक नागरिक के वैयक्तिक अधिकारों को सुरक्षित करने वाले मूलभूत सिद्धान्तों का उल्लंघन करे। इस तरह हम दो कठिन स्थितियों के मध्य खड़े हैं। एक यह कि विधायिका की इच्छा के ऊपर निर्णय देने का और उसके द्वारा बनाए गए कानून को इस आधार पर कि वह मूलभूत सिद्धान्तों के अनुरूप अच्छा कानून नहीं है, पर सवाल करने का प्राधिकार न्यायपालिका को दिया जाए। क्या यह एक वांछित सिद्धान्त है? दूसरी स्थिति यह है कि विधायिका पर विश्वास किया जाना चाहिए कि वह बुरा कानून नहीं बनाएगा।

"किसी निश्चित निष्कर्ष पर पहुँचना बहुत कठिन है। दोनों तरफ खतरे हैं। स्वयं के लिए, मैं दलगत लोगों से पटी हुई विधायिका द्वारा ऐसा कानून बनाने की सम्भावना का सर्वथा त्याग नहीं कर सकता, जो एक व्यक्ति के जीवन एवं आजादी को प्रभावित करने वाले कुछ मूलभूत सिद्धान्तों का उल्लंघन या अतिक्रमण करे। उसी समय मैं नहीं समझता हूँ कि कैसे फेडरल या सुप्रीम कोर्ट में बैठने वाले पाँच या छह भद्रपुरुषों पर विश्वास किया जाए कि वे अपनी व्यक्तिगत संवेदनाओं या अपने पक्षपात या अपने पूर्वाग्रह के प्रहार से विधायिका द्वारा बनाए गए कानून का परीक्षण करें और यह तय करें कि कौन सा कानून अच्छा और कौन सा कानून बुरा है। यह ऐसा मामला है, जहाँ एक व्यक्ति के लिए आगे कुआँ, पीछे खाई जैसी स्थिति है। मैं इसे इस सदन पर छोड़ता हूँ कि वह जैसा चाहे, निर्णय ले।"[73]

ऐसे समय, जब संविधान-सभा का पूरा माहौल 'विधि द्वारा स्थापित प्रक्रिया' के खिलाफ और 'सम्यक् विधि की प्रक्रिया' के पक्ष में था, डॉ. आंबेडकर के उक्त ऐतिहासिक सम्बोधन का यह प्रभाव हुआ कि एस. वी. कृष्णमूर्ति राव ने अपना संशोधन वापस ले लिया और बाकी पाँच संशोधनों को संविधान-सभा ने अस्वीकार कर प्रारूप अनुच्छेद 15 का मूल प्रावधान 13 दिसम्बर, 1948 को अंगीकृत कर लिया।

'विधि द्वारा स्थापित प्रक्रिया' शब्दावली को स्वीकार करके संविधान निर्माताओं ने एक तरह से विधायिका पर अपना भरोसा व्यक्त किया। डॉ. आंबेडकर ने प्रारूप प्रावधान में प्रयोग की गई शब्दावली 'विधि द्वारा स्थापित प्रक्रिया' का बचाव जिस स्पष्टता और कुशलता के साथ किया, वह साबित करता है कि उन्हें क्यों भारतीय संविधान का निर्माता कहकर सम्मान दिया जाता है। डॉ. आंबेडकर का उक्त सम्बोधन कानून के निर्माण और इसकी व्याख्या के सम्बन्ध में इस देश के नीति-निर्माताओं, कानून-निर्माताओं एवं कानून-व्याख्याकारों के लिए प्रदर्शक का काम करता रहेगा।

अंगीकृत किए गए प्रारूप अनुच्छेद 15 का द्वितीय भाग समानता से सम्बन्धित सिद्धान्त प्रतिपादित करता था। 17 अक्टूबर 1949 को संविधान का द्वितीय पाठन समाप्त होने के बाद मसौदा समिति ने सभी प्रारूप अनुच्छेद एवं खंडों का पुनर्अंकन और पुनरीक्षण किया। यह प्रक्रिया 13 नवम्बर, 1949 तक चली। इस दौरान प्रारूप अनुच्छेद 15 के प्रथम एवं द्वितीय भाग को अलग-अलग कर दिया गया। प्रथम भाग को नियमित अनुच्छेद 21 के रूप में और द्वितीय भाग को नियमित अनुच्छेद 14 के रूप में पुनर्अंकित किया गया।

5. गिरफ्तारी एवं निरोध के विरुद्ध संरक्षण

प्रारूप संविधान के भाग III के अन्तर्गत आने वाले मूल अधिकार से सम्बन्धित सभी प्रावधानों को संविधान-सभा द्वारा 9 दिसम्बर, 1948 तक विचार कर अंगीकृत कर लिया गया था। इसके लगभग 10 महीने बाद 15 सितम्बर, 1949 को डॉ. बी. आर. आंबेडकर ने एक नया प्रारूप अनुच्छेद 15-क जोड़ने के लिए संशोधन[74] प्रस्तुत किया। इस नये अनुच्छेद के माध्यम से अपराध प्रक्रिया से सम्बन्धित कुछ मूलभूत सिद्धान्तों को प्रारूप संविधान का भाग बनाने के लिए प्रस्तावित किया गया।

नए प्रारूप अनुच्छेद 15-क में कुल चार खंड शामिल थे। खंड (1) प्रस्तावित करता था कि गिरफ्तार किए गए किसी व्यक्ति को बिना गिरफ्तारी का आधार बताए, जितना जल्द हो सके, निरुद्ध नहीं किया जाएगा और न तो उसे अपनी रुचि के किसी विधिवक्ता से परामर्श लेने के अधिकार से वंचित किया जाएगा। इसी तरह खंड (2) में कहा गया था कि प्रत्येक गिरफ्तार एवं अभिरक्षा में निरुद्ध व्यक्ति को 24 घंटे, यात्रा की अवधि निकालकर, के अन्दर किसी निकट के मजिस्ट्रेट के समक्ष पेश किया जाएगा और बिना मजिस्ट्रेट के प्राधिकार के ऐसे किसी व्यक्ति को इस अवधि से अधिक निरुद्ध नहीं किया जाएगा।

प्रारूप खंड (3) के अन्तर्गत उपरोक्त नियमों के दो अपवादों का उल्लेख किया गया था। पहला अपवाद उपखंड (क) के अन्तर्गत किसी विदेशी शत्रु के सम्बन्ध में और दूसरा अपवाद उपखंड (ख) के अन्तर्गत निवारक निरोध कानून में गिरफ्तार व्यक्ति के सम्बन्ध में था। उपखंड (ख) के साथ एक परन्तुक भी जोड़ा गया था, जो कहता था कि किसी व्यक्ति को तीन महीने से अधिक निवारक निरोध के अन्तर्गत निरुद्ध नहीं किया जाएगा, जब तक कि परामर्श बोर्ड द्वारा इसके लिए अनुशंसा न की गई हो या वह प्रारूप खंड (4) के अन्तर्गत संसद द्वारा बनाए गए कानून के अनुसार निरुद्ध न किया गया हो। प्रारूप खंड (4) संसद को उन परिस्थितियों का या उन मामलों का उल्लेख करने के लिए कानून बनाने की शक्ति प्रदान करता था, जिसमें निवारक निरोध कानून के अन्तर्गत गिरफ्तार किए गए किसी व्यक्ति को तीन महीने से अधिक निरुद्ध किया जाए।

उक्त नये प्रावधान की आवश्यकता को स्पष्ट करते हुए डॉ. बी. आर. आंबेडकर ने कहा कि "अनुच्छेद 15 में शब्दावली 'विधि द्वारा स्थापित प्रक्रिया' स्वीकार करने को लेकर मेरे साथ इस सदन के कई लोग बहुत असन्तुष्ट थे। बाहरी लोगों ने भी इसकी भयानक आलोचना की है, क्योंकि यह केवल कार्यपालिका को गिरफ्तारी करने से रोकता है। केवल आवश्यक यह है कि कोई कानून हो और इस कानून को किसी शर्त या सीमा के अधीन होना आवश्यक नहीं है। दूसरे शब्दों में यह महसूस किया गया कि जब इस विषय को मूल अधिकार से सम्बन्धित अध्याय में शामिल किया जा रहा था, तो हम संसद को किसी परिस्थिति में किसी व्यक्ति को गिरफ्तार करने के लिए प्रावधान बनाने का, जैसा वह उचित समझे, पूर्ण अधिकार दे रहे थे। इसलिए अब हम इस अनुच्छेद 15-क को शामिल करके, अनुच्छेद 15 पारित करते समय की गई कमियों की भरपाई कर रहे हैं। दूसरे शब्दों में हम अनुच्छेद 15-क लाकर 'सम्यक् प्रक्रिया' के तत्त्व को प्राविधानित कर रहे हैं।"

नए अनुच्छेद 15-क के प्रस्तावित प्रावधान पर ठाकुर दास भार्गव, नजीरुद्दीन अहमद, श्रीमती पूर्णिमा बनर्जी, डॉ. पी. एस. देशमुख, एच. वी. कामथ, एच. वी. पाटस्कर, आर. के. सिधवा, डॉ. बख्शी टेक चन्द और स्वयं डॉ. बी. आर. आंबेडकर ने अपने-अपने संशोधन प्रस्तुत किए। इनकी कुल संख्या चौंतीस थी। ठाकुर दास भार्गव ने दो नये खंड 15-क एवं

15-ख जोड़ने के लिए संशोधन[75] प्रस्तुत किया। इन नये प्रावधान में आपराधिक परीक्षण से सम्बन्धित कई अधिकार जैसे 24 घंटे के अन्दर निरुद्ध व्यक्ति को मजिस्ट्रेट के समक्ष लाने का अधिकार; गिरफ्तारी के बाद परामर्श का अधिकार; अपनी रुचि के विधिवक्ता द्वारा बचाव किए जाने का अधिकार; गवाहों से जिरह करने के पूर्ण अवसर का अधिकार; सजा की स्थिति में अपील करने का अधिकार; प्रताड़ना से आजादी का अधिकार; त्वरित एवं लोक परिक्षण और कैमरा में परीक्षण का अधिकार इत्यादि शामिल थे।

इस बीच डॉ. आंबेडकर ने कहा कि वह अपनी रुचि के विधिवक्ता से परामर्श करने और बचाव किए जाने के अधिकार को स्वीकार करने के लिए तैयार हैं।

श्रीमती पूर्णिता बनर्जी का संशोधन[76], खंड (1) में शब्दावली 'जितना जल्द हो सके' के बाद '15 दिन से ज्यादा न हो' जोड़ने के लिए था। उनका एक अन्य संशोधन प्रस्ताव प्रारूप खंड (3) के उपखंड (ख) के परन्तुक में शब्द 'हाई कोर्ट' के बाद शब्दावली 'निरुद्ध व्यक्ति को सुनने के बाद' जोड़ने के लिए था। उन्होंने इसी परन्तुक में कुछ शब्दावली जोड़ने के लिए भी संशोधन प्रस्तुत किया, जिसे स्वीकार करने के बाद परामर्श बोर्ड छह महीने की अवधि से ऊपर निवारक निरोध के लिए रिपोर्ट नहीं लगा सकता था। श्रीमती बनर्जी ने निरुद्ध व्यक्ति पर निर्भर परिवार को भरण-पोषण भत्ता देने के लिए भी संशोधन प्रस्तुत किया। एच. वी. कामथ ने भी चार संशोधन प्रस्तुत किए। इनमें से एक संशोधन[77], खंड (2-क) जोड़ने के लिए था, जिसमें प्राविधानित किया गया था कि किसी भी निरुद्ध व्यक्ति को शारीरिक या मानसिक रूप से प्रताड़ित नहीं किया जाएगा। उन्होंने '15 दिन से ज्यादा न हो' जोड़ने वाले पूर्णिमा बनर्जी के संशोधन का समर्थन किया, किन्तु सुझाव दिया कि पन्द्रह दिन की अवधि ज्यादा है। यह चौबीस घंटा होना चाहिए।

इस पर डॉ. आंबेडकर ने प्रावधान को स्पष्ट करते हुए कहा कि "'जितना जल्द हो सके' का वास्तविक अर्थ है कि गिरफ्तारी के तुरन्त बाद। खंड (2) कहता है कि प्रत्येक गिरफ्तार एवं अभिरक्षा में निरुद्ध व्यक्ति को गिरफ्तारी के बाद 24 घंटे के अन्दर किसी निकट के मजिस्ट्रेट के समक्ष पेश किया जाएगा। कोई भी मजिस्ट्रेट इससे अधिक अवधि के ऊपर निरुद्ध करने की अनुमति देने के अपने प्राधिकार का प्रयोग तब तक नहीं करेगा, जब तक वह उन आरोपों को जान न जाए जिनके आधार पर कोई व्यक्ति निरुद्ध किया गया है।[78]

एच. वी. पाटस्कर ने भी दो संशोधन[79] प्रस्तुत किए। पहला संशोधन खंड (1) में शब्दावली 'जितना जल्द हो सके' के स्थान पर 'चौबीस घंटे के अन्दर' प्रतिस्थापित करने के लिए और दूसरा संशोधन एक नया परन्तुक जोड़ने के लिए था, जिसका प्रभाव यह था कि खंट (2) के अन्तर्गत प्राधिकार का प्रयोग तृतीय श्रेणी मजिस्ट्रेट द्वारा नहीं किया जा सकता था और द्वितीय श्रेणी मजिस्ट्रेट द्वारा इस प्राधिकार का प्रयोग तभी किया जा सकता था, जब उसे विशेष रूप से ऐसी शक्ति प्रदान की जाए। डॉ. बख्शी टेक चन्द का संशोधन[80] खंड (3) के परन्तुक में नया खंड (कक) जोड़ने के लिए था, जो निरुद्ध व्यक्ति को अपना स्पष्टीकरण प्रस्तुत करने का अधिकार देता था। डॉ. चन्द ने मैग्ना कार्टा, एडवर्ड तृतीय की संविधि, जापानी संविधान, अमेरिकी संविधान के चौदहवें संशोधन का उदाहरण देकर 'सम्यक् विधि प्रक्रिया' का समर्थन किया और मानवाधिकार चार्टर का उल्लेख करते हुए कहा कि "यह सभ्य देशों के लिए मूलभूत मानवाधिकार का तत्त्व है।" उन्होंने अनुच्छेद 15-क को संविधान कुरूप बनाने वाला प्रावधान बताया।

अल्लादी कृष्णास्वामी अय्यर ने डॉ. बख्शी टेक चन्द के विचार से असहमति व्यक्त करते हुए कहा कि संविधान केवल उन्हीं न्यूनतम बातों की गारंटी करता है, जिसके साथ विधायिका

हस्तक्षेप नहीं कर सकती है। आपराधिक प्रक्रिया संहिता के प्रावधान विधायिका द्वारा बदले जाने योग्य होते हैं, जबकि ये प्रावधान बदले जाने योग्य नहीं होते हैं। इसलिए डॉ. आंबेडकर ने बहुत सावधानी के साथ अनुच्छेद 15-क में केवल मूलभूत सिद्धान्तों को रखा है। दूसरी गारंटी आपराधिक प्रक्रिया संहिता के अन्तर्गत दी गई हैं।[81]

अगले दिन जसपत राय कपूर ने प्रारूप प्रावधान का विरोध यह कहते हुए किया कि पूरा अनुच्छेद कान को झनझना रहा है और यह रूढ़िवाद का एक और उदाहरण है, जो मूल अधिकारों के इस अध्याय को 'मूल अधिकारों की सीमाएँ' या 'मूल अधिकार एवं इन पर सीमाएँ' का चित्रण करता है।[82] जबकि एम. अनन्थसंयनम अयंगर ने कुछ सुझावों के साथ नये अनुच्छेद का समर्थन किया। उन्होंने अपनी रुचि के विधिवक्ता से परामर्श लेने और बचाव करवाने वाले अधिकार का समर्थन किया।

महावीर त्यागी ने निवारक निरोध से सम्बन्धित प्रावधान का कड़ा विरोध किया और आरोप लगाया कि डॉ. आंबेडकर और मसौदा समिति के किसी अन्य सदस्य को मसौदा समिति का सदस्य बनने के पूर्व जेल में निरुद्ध होने का अनुभव नहीं है।[83] बीच में ही डॉ. आंबेडकर ने प्रतिक्रिया की कि इसके बाद वह ऐसा अनुभव लेने का प्रयास करेंगे। अपने वक्तव्य को जारी रखते हुए त्यागी ने जवाब दिया कि वह डॉ. आंबेडकर को भरोसा दिला सकते हैं कि ब्रिटिश हुकूमत के समय यह सुविधा तो उन्हें नहीं मिली, किन्तु यह संविधान जिसे वे अपने हाथ से बना रहे हैं, उनको उनके जीवन में यह सुविधा अवश्य देगा। तब उन्हें अपनी गलती का अहसास होगा। ऐसा समय आ सकता है कि जब सरकार इन प्रावधानों का प्रयोग अपने राजनीतिक विरोधियों के खिलाफ स्वतंत्र होकर करे।

डॉ. पी. के. सेन ने प्रारूप प्रावधान को देश की सुरक्षा के नजरिये से देखने पर जोर दिया, तो हृदयनाथ कुंजरू ने किसी व्यक्ति को बिना परीक्षण के कार्यपालिका द्वारा निरुद्ध किए जाने की शक्ति पर अंकुश लगाने की आवश्यकता पर बल दिया। बी. एम. गुप्ता ने कहा कि इन प्रावधानों को उदार बनाया जा सकता था, तो श्रीमती जी. दुर्गाबाई ने नये अनुच्छेद 15-क का पूर्ण समर्थन किया।

बहस के बाद सभाध्यक्ष ने कहा कि वह समझते हैं कि इस अनुच्छेद के खिलाफ की गई आलोचनाओं का निवारण करने के लिए डॉ. बी. आर. आंबेडकर को कुछ सुझाव देना चाहिए। इसलिए हम उन्हें इस स्तर पर एक बार बोलने का अवसर देते हैं और इसके बाद यदि कोई सवाल पैदा होता है, तो हम उस पर विचार कर सकते हैं। इसके बाद डॉ. आंबेडकर ने अनुच्छेद 15-क को दो भाग—एक सामान्य प्रावधान और दूसरा निवारक निरोध से सम्बन्धित विशेष प्रावधान—में बाँटकर आलोचनाओं का जवाब दिया।

खंड (1) के सम्बन्ध में कुछ संशोधन, निरुद्ध व्यक्ति को आधार बताने हेतु समय-सीमा निर्धारित करने के लिए प्रस्तुत किया गया था। खंड (1) के प्रावधान को खंड (2) से जोड़कर समझे जाने पर जोर देते हुए डॉ. आंबेडकर ने कहा कि "खंड (2) कहता है कि गिरफ्तार किया गया कोई भी व्यक्ति 24 घंटा से अधिक तब तक निरुद्ध नहीं किया जाएगा, जब तक कि 24 घंटा बीतने तक गिरफ्तार एवं निरुद्ध करने वाला पुलिस मजिस्ट्रेट से प्राधिकार न प्राप्त कर ले। इस तरह इस धारा को पढ़ना चाहिए। अब यह निश्चित है कि यदि पुलिस को 24 घंटा के बाद एक व्यक्ति की गिरफ्तारी बनाए रखने के लिए मजिस्ट्रेट से न्यायिक प्राधिकार प्राप्त करने की आवश्यकता है, तो यह कहने की आवश्यकता नहीं है कि उसे मजिस्ट्रेट को उन आरोपों के बारे में सूचित करना होगा, जिसके अन्तर्गत उस व्यक्ति की गिरफ्तारी की गई

है। इसका मतलब है कि 'जितना जल्द हो सके' 24 घंटे से ज्यादा नहीं हो सकता है। इसलिए पन्द्रह दिन या सात दिन का सुझाव देने वाले सभी संशोधन ऐसे संशोधन हैं, जो व्यक्ति की आजादी समाप्त करते हैं।"[84]

ठाकुर दास भार्गव के अपनी रुचि के विधिवक्ता द्वारा बचाव किए जाने का अधिकार जोड़ने वाले सुझाव को स्वीकार करते हुए डॉ. आंबेडकर ने कहा कि वह व्यक्तिगत रूप से सोचते थे कि शब्द 'परामर्श लेने' में बचाव करने का अधिकार भी शामिल है क्योंकि परामर्श पूरी तरह से बेमतलब का होगा, यदि यह बचाव के उद्देश्य से नहीं है। फिर भी किसी तरह की अस्पष्टता या पैदा हो सकने वाले ऐसे किसी तर्क कि परामर्श को सीमित भाव के साथ प्रयोग किया गया है, को समाप्त करने के लिए वह 'परामर्श लेने' के साथ शब्दावली 'और विधिवक्ता से बचाव करने' जोड़ने के लिए तैयार हैं। 'अपनी रुचि के' को भी स्पष्ट करते हुए डॉ. आंबेडकर ने कहा कि इसका प्रयोग जान-बूझकर किया गया है, क्योंकि हम नहीं चाहते हैं कि सरकार अभियुक्त पर विधिवक्ता थोपे।

खंड (2) की शक्ति केवल प्रथम श्रेणी के मजिस्ट्रेट को देने के लिए लाए गए एच. वी. पाटस्कर के संशोधन को डॉ. आंबेडकर ने दो कारण बताकर अस्वीकार कर दिया। पहला कारण यह बताया कि "खंड (2) में हमने 'निकटतम मजिस्ट्रेट' शब्द का प्रयोग किया है और यह बहुत आवश्यक है, अन्यथा पुलिस एक व्यक्ति को अधिक समय तक निरुद्ध करने के लिए यह आधार ले सकता है कि एक विशेष मजिस्ट्रेट, जिसके पास वह अभियुक्त को ले जाना चाहता है या मजिस्ट्रेट, जो अभियुक्त का परीक्षण करने के लिए योग्य है, बहुत दूरी पर रहता है और इसलिए उसके द्वारा ज्यादा अवधि तक निरुद्ध किया जाना न्यायोचित है।" डॉ. आंबेडकर ने दूसरा कारण यह बताया कि "यदि हम 'निकटतम प्रथम श्रेणी मजिस्ट्रेट' को शक्ति देने का संशोधन स्वीकार कर लेते हैं, तो सरकार के लिए सम्भव है कि वह आपराधिक प्रक्रिया संहिता में संशोधन करके किसी मजिस्ट्रेट को प्रथम श्रेणी मजिस्ट्रेट की शक्ति प्रदान कर दे, जिसे वह चाहता है और इस तरह अभियुक्त के साथ छल करे।"

नए अनुच्छेद 15-क की सबसे अधिक आलोचना इसके निवारक निरोध सम्बन्धी विशिष्ट प्रावधान को लेकर की गई थी। इन आलोचनाओं का जवाब देने के पूर्व डॉ. आंबेडकर ने अनुच्छेद 15-क के खंड (3) के उद्देश्य को स्पष्ट करते हुए कहा कि सातवीं अनुसूची के अन्तर्गत तीन सूची हैं। इनमें से प्रथम एवं द्वितीय अनुसूची में निवारक निरोध से सम्बन्धित विषय शामिल किए गए हैं। इसका प्रभाव यह होगा कि प्रान्तीय ।वेधायिका के साथ-साथ केन्द्रीय विधायिका को भी निवारक निरोध के सम्बन्ध में किसी तरह का कानून बनाने की पूरी छूट है। इस प्रावधान का उद्देश्य इस शक्ति को कम करना है और इस पर अंकुश लगाना है।

अनुच्छेद 15-क के खंड (3) की आलोचना इस आधार पर भी की गई थी कि इसके अन्तर्गत एक व्यक्ति को निरुद्ध करने का आधार बताने का प्रावधान नहीं है, जबकि खंड (1) के अन्तर्गत ऐसा प्रावधान बनाया गया है। इस आलोचना को उचित आलोचना बताते हुए डॉ. आंबेडकर ने दो नये खंड (3-क) और खंड (3-ख) जोड़ने के लिए प्रस्ताव किया। नये खंड (3-क) के अन्तर्गत कहा गया था कि निरुद्ध के लिए आदेश करने वाले अधिकारी को निरुद्ध का आधार बताना होगा और इस आदेश के खिलाफ उसे प्रत्यावेदन करने का जल्द-से-जल्द अवसर देना होगा। नये खंड (3-ख) में प्रस्तावित किया गया था कि खंड (3-क) में कही गई कोई बात, प्राधिकारी को ऐसा कोई तथ्य उजागर करने के लिए बाध्य नहीं करेगी, जिसे उजागर करना वह जनहित के खिलाफ मानता है।[85] डॉ. आंबेडकर ने बताया कि "बिलकुल

यही शब्दावली कुछ प्रान्तों के कानून में है और कोई कारण नहीं है कि इसे इस संविधान में न स्वीकार किया जाए।"

खंड (3) के परन्तुक में तीन महीने की अवधि का उल्लेख किया गया था। इसका अर्थ यह था कि किसी भी व्यक्ति को तीन महीने की अवधि तक बिना किसी परीक्षण के निवारक निरोध के अन्तर्गत निरुद्ध किया जा सकता था। तीन महीने की अवधि बहुत ज्यादा बताकर भी इसकी आलोचना की गई थी। इस आलोचना का जवाब देने के पूर्व डॉ. आंबेडकर ने उन तमाम सम्भावित परिस्थितियों का वर्णन किया, जिनको कानून बनाते समय ध्यान में रखना होता है। डॉ. आंबेडकर ने कहा कि "हम नहीं जानते हैं कि जब यह संविधान लागू होगा, तो इस देश में किस तरह की परिस्थितियाँ विकसित होंगी, क्या लोग या पार्टियाँ सत्ता पाने के लिए संवैधानिक तरीके से व्यवहार करेंगे या वे अपने उद्देश्यों को पाने के लिए असंवैधानिक तरीके अपनाएँगे। यदि हम सभी अपने उद्देश्यों को पाने के लिए शुद्ध संवैधानिक तरीके अपनाएँ, तो स्थिति अलग होगी और सम्भवत: निवारक निरोध की आवश्यकता ही नहीं होगी।"[86]

आलोचना का जवाब देने के साथ समाधान देते हुए डॉ. आंबेडकर ने आगे कहा कि वह सोचते हैं कि कानून बनाते समय हमें सबसे बुरी, न कि सबसे अच्छी बातों को ध्यान में रखना चाहिए। इसलिए यदि हम उस स्थिति का आकलन करें कि कई पार्टियाँ एवं लोग हैं, जो संवैधानिक तरीकों को अपनाने के लिए धैर्यवान नहीं हैं, बल्कि अपने उद्देश्यों के लिए अधीर हैं और उस उद्देश्य के लिए असंवैधानिक तरीके अपनाते हैं, तो यह हो सकता है कि कार्यपालिका द्वारा बहुत सारे लोगों को उनके अवैध क्रियाकलापों के लिए निरुद्ध करना पड़े। यदि हम उपखंड (क) के परन्तुक को लागू करना चाहते हैं, तो स्थिति क्या होगी? मान लीजिए कि सौ व्यक्ति निरुद्ध किए गए हैं तो क्या कार्यपालिका के लिए इन मामलों को तैयार करना, सार बनाना, सभी सूचनाओं को एकत्रित करना और परामर्श बोर्ड के समक्ष प्रस्तुत करना सम्भव होगा? क्या यह व्यावहारिक रूप से सम्भव होगा? क्या यह सम्भव होगा कि परामर्श बोर्ड इन सभी मामलों को तीन महीने के अन्दर निस्तारित करे?

प्रारूप प्रावधान की आलोचना इस आधार पर भी की गई थी कि इसमें परामर्श बोर्ड द्वारा अपनाई जाने वाली प्रक्रिया के बारे में कोई उल्लेख नहीं किया गया है और सरकार पर ऐसी कोई बाध्यता नहीं है कि वह परामर्श बोर्ड के समक्ष मामले से सम्बन्धित उन दस्तावेजों को प्रस्तुत करे, जिनके आधार पर एक व्यक्ति को निरुद्ध किया गया है। इसका जवाब देते हुए डॉ. आंबेडकर ने कहा कि "मान लीजिए कि उपखंड (क) के प्रावधान में सुधार नहीं किया और इसे ऐसे ही रखा जाए तो क्या परिणाम होगा? जैसा कि मैं पढ़ता हूँ कि निरोध करने के आदेश के समर्थन में रिपोर्ट प्राप्त करनी बाध्यकारी है। तीन महीने के बाद कार्यपालिका के लिए एक व्यक्ति को निरुद्ध करना अवैध होगा, जब तक कि वह तीन महीना बीतने के पूर्व परामर्श बोर्ड की संस्तुति न ले ले। इसलिए यदि कार्यपालिका अपने समर्थन में परामर्श बोर्ड के समक्ष दस्तावेज नहीं प्रस्तुत करती है, तो निश्चित ही वह अपना मामला हार जाएगा और इसका अर्थ है कि वह तीन महीना से अधिक एक व्यक्ति को निरुद्ध करने का प्राधिकार खो देगा। इसलिए अपने हित में कार्यपालिका के लिए यह वांछित होगा कि वह परामर्श बोर्ड के समक्ष समस्त दस्तावेज प्रस्तुत करे। अन्त में डॉ. आंबेडकर ने कहा कि फिर भी यदि हमारे मित्र इससे सन्तुष्ट नहीं हैं, तो वह खंड (4) के अन्त में यह जोड़ने का प्रस्ताव करते हैं कि संसद परामर्श बोर्ड द्वारा अपनाई जाने वाली प्रक्रिया का निर्धारण कर सकता है।"[87]

इसके पश्चात जसपत राय कपूर, डॉ. बख्शी टेक चन्द, महावीर त्यागी, ठाकुर दास भार्गव, हृदयनाथ कुंजरू, एच. वी. कामथ द्वारा कई सवाल किए गए और इन सबका डॉ. आंबेडकर ने बड़ी कुशलता के साथ जवाब दिया। एक ऐसा ही सवाल एच. वी. कामथ द्वारा यह पूछा गया कि क्या हाई कोर्ट के लिए निवारक निरोध के मामले में अभियुक्त के हित में रिट जारी करना सम्भव है।

उक्त सवाल का जवाब देते हुए डॉ. बी. आर. आंबेडकर ने कहा कि "हैबियस कॉर्पस का बहुत सीमित उद्देश्य है। न्यायालय द्वारा यह पता करने का मामला होता है कि क्या एक व्यक्ति की गिरफ्तारी कानून के अन्तर्गत की गई है या केवल कार्यपालिका की स्वेच्छाचारिता से उसे गिरफ्तार किया गया है। यदि हाई कोर्ट सन्तुष्ट है कि व्यक्ति की गिरफ्तारी कानून के अन्तर्गत की गई है, तो अवश्य ही हैबियस कॉर्पस समाप्त हो जाता है। यदि उसकी गिरफ्तारी किसी कानून के अन्तर्गत नहीं की गई है, तो निश्चित ही प्रभावित पक्षकार ऐसी गलती के निवारण हेतु दूसरे रिट के लिए, जो भी आवश्यक एवं उचित हो, के लिए कह सकता है।"

डॉ. आंबेडकर के सम्बोधन के उपरान्त सभी चौंतीस संशोधन प्रस्ताव संविधान-सभा के पटल पर निर्णय हेतु रखे गए। डॉ. आंबेडकर द्वारा स्वीकार किए गए एक संशोधन के साथ स्वयं उनके द्वारा सुझाए गए तीन संशोधनों को संविधान-सभा ने स्वीकार कर और बाकी सभी तीस संशोधन को अस्वीकार कर प्रारूप अनुच्छेद 15-क का यथासंशोधित प्रावधान (नियमित अनुच्छेद 22) 16 सितम्बर, 1949 को अंगीकृत कर लिया।

6. दासता एवं बेगारी पर रोक

दासता के लिए मानव को पशुओं एवं सम्पत्ति की तरह खरीदने, बेचने, स्वामित्व हासिल करने की कुप्रथा अति प्राचीन काल से प्रचलित थी। यह अपने समाज में भिन्न-भिन्न रूपों यथा सम्पत्ति-दासता, बँधुवा मजदूरी, कर्ज-दासता, बलात् मजदूरी या बेगारी, कृषि-दासता, भृत्यभाव (सर्वीच्यूड), घरेलू नौकर, बाल-सैनिक, बलात्-विवाह, मानव दुर्व्यापार, लैंगिक-दासता, धर्म-वेश्यावृत्ति या देवदासी, में मौजूद था। दासता के ये सभी स्वरूप एक सभ्य समाज में सामाजिक दोष और कलंक की तरह देखे जाते रहे हैं।

प्रारूप अनुच्छेद 17 के माध्यम से इस देश से मानव दुर्व्यापार, बेगारी एवं अन्य दूसरी तरह की दासता को समाप्त करने का संकल्प व्यक्त किया गया था। इस प्रारूप अनुच्छेद में दो खंड शामिल थे। खंड (1) सामान्य सिद्धान्त प्रतिपादित करता था, जबकि इस सिद्धान्त के एक अपवाद का उल्लेख खंड (2) में किया गया था। प्रारूप अनुच्छेद 17 के अनुसार—

1. मानव का दुर्व्यापार और बेगार तथा बलात्श्रम के ऐसे अन्य स्वरूपों पर रोक लगाया जाता है और इस प्रावधान का कोई उल्लंघन विधि के अनुसार दंडनीय अपराध होगा।
2. इस अनुच्छेद की कोई बात राज्य को सार्वजनिक उद्देश्यों के लिए अनिवार्य सेवा अधिरोपित करने से नहीं रोकेगी। ऐसी सेवा अधिरोपित करने में राज्य धर्म, मूलवंश, जाति या वर्ग के आधार पर कोई भेदभाव नहीं करेगा।

सैयद करीमुद्दीन ने प्रारूप प्रावधान के स्थान पर एक खंड वाला नया प्रावधान प्रतिस्थापित करने के लिए संशोधन[83] प्रस्तुत किया। यह प्रावधान दासता पर रोक लगाने के साथ एक अपवाद का उल्लेख करता है। उनका तर्क था कि कैदियों से उनकी स्वतंत्र इच्छा के विरुद्ध

कार्य लिया जाता है, इस पर रोक नहीं होनी चाहिए? इस अपवाद को अमेरिकी संविधान में स्थान दिया गया है। दामोदर स्वरूप सेठ ने खंड (1) में कृषि दासता (सर्फडॉम) और भृत्यभाव (सर्विच्यूड) शब्दावली जोड़ने के लिए संशोधन प्रस्तुत किया। उनका कहना था कि कुछ राज्यों में ये स्वरूप प्रचलित हैं।

प्रो. के. टी. शाह ने खंड (1) में शब्दावली 'मानव दुर्व्यापार और बेगार' के स्थान पर 'मानव दुर्व्यापार या देवदासी या दासीकरण के दूसरे स्वरूपों में होने वाले धर्म के नाम पर उनका समर्पण और अध:पतन और बेगार' रखने के लिए संशोधन[89] प्रस्तुत किया। उनका तर्क था कि मानव व्यापार केवल उस बात तक सीमित नहीं है जिसे आधुनिक समय में दासता के रूप में जाना जाता है। अब यह और भी व्यापक स्तर पर, जिसे 'श्वेत दासता व्यापार (ह्वाइट स्लेव ट्रैफिक)' यानी 'युवा महिलाओं को एक देश से दूसरे देश आयात-निर्यात के लिए खरीदना-बेचना' कहा जाता है, के रूप में घटित होता है। उन्होंने देवदासी प्रथा समाप्त करने पर भी जोर दिया।

गुरुमुख सिंह मुसाफिर ने खंड (1) में शब्द 'वेश्यावृत्ति' शामिल करने के लिए संशोधन[90] प्रस्तुत किया। भूपिंदर सिंह मान का भी संशोधन खंड (2) में '...नहीं रोकेगा' के बाद 'और इसके लिए पर्याप्त प्रतिकर दिया जाएगा' जोड़ने के लिए था। उनका तर्क था कि जब राज्य एक व्यक्ति को उसके श्रम से (जो उसकी सम्पत्ति है) वंचित करे, तो राज्य को इसके लिए प्रतिकर देना चाहिए। एच. वी. कामथ ने भी खंड (2) में 'सार्वजनिक उद्‌देश्य' के स्थान पर 'सामाजिक या राष्ट्रीय उद्‌देश्य' रखने के लिए संशोधन[91] प्रस्तुत किया। उनका तर्क था कि 'सार्वजनिक सेवा' शब्द की तुलना में 'राष्ट्रीय सेवा' या 'सामाजिक सेवा', ज्यादा व्यापक शब्द है। प्रो. के. टी. शाह का संशोधन खंड (2) में शब्दावली 'धर्म, मूलवंश, जाति या वर्ग' के पूर्व 'केवल' जोड़ने के लिए था।

आम बहस के दौरान श्रीमती जी. दुर्गाबाई ने देवदासी के खिलाफ किए गए महान प्रयास के लिए समाज सुधारक श्रीमती मुत्तुलक्ष्मी रेड्डी को याद किया। प्रो. शाह के संशोधन को अनावश्यक बताते हुए दुर्गाबाई ने कहा कि देवदासी जैसी सबसे बीभत्स प्रथा मद्रास में लम्बे समय से विद्यमान है। मद्रास ने पहले ही कुछ वर्ष पूर्व कानून बनाकर इस पर रोक लगा दी है। अब यह वहाँ प्रचलन में नहीं है। यद्यपि अभी भी इस व्यवस्था के कुछ अवशेष विद्यमान हैं किन्तु उन्हें विश्वास है कि समयक्रम में यह लुप्त हो जाएगी।[92] बी. दास ने 'मानव दुर्व्यापार' के बाद 'विशेषकर महिलाओं में' जोड़ने पर बल दिया। उनका तर्क था कि "यदि यहाँ महिलाओं का व्यापार है, इसके लिए हर जगह पुरुष जिम्मेदार हैं। युवा महिलाओं को विदेशी सरकार द्वारा सेनाओं के कैम्प में ले जाया जाता है और इस तरह वहाँ उनकी मानवता समाप्त हो जाती है, परिवार समाप्त हो जाता है और हम एक अच्छे नागरिक का नुकसान कर लेते हैं।"[93] श्रीमती रेणुका राय ने प्रारूप प्रावधान का समर्थन किया, किन्तु बी. दास के संशोधन को प्रशंसनीय बताते हुए कहा कि अनुच्छेद, जैसा है, इसे भी समाहित करता है। उन्होंने देवदासी प्रथा को संविधान में स्पष्ट प्रावधान बनाकर समाप्त करने के लिए प्रस्तुत प्रो. शाह के संशोधन का भी समर्थन किया।[94]

राजबहादुर ने प्रारूप अनुच्छेद 13 को आम लोगों की आजादी का चार्टर बताया। बहुत मार्मिक शब्दों में दासता के कुछ उदाहरण गिनाते हुए राजबहादुर ने कहा कि "दासता की तरह बेगारी के पीछे अन्धकारमय और पीड़ादायी इतिहास है। भारतीय रियासत से आने के कारण मैं जानता हूँ कि बँधुवा मजदूरी की इस बेगारी का, इस शोषण का जो अर्थ है उसे भारतीय रियासत

के दबे-कुचले एवं मूक लोग भोगे हैं। यदि बेगार की सभी कहानियों को लिखा जाए तो यह मानव की मुसीबत, मानवीय कष्ट, खून और आँसुओं से भर जाएगा। मैं जानता हूँ कि कैसे कुछ राजकुमार आम आदमी के खर्च पर अपने ठाट-बाट एवं ऐश्वर्य में और लापरवाह जीवन जीने में लिप्त रहे हैं, कैसे वे दबे-कुचले श्रमिकों और मूक भोले-भाले लोगों का शोषण अपने आनन्द के लिए किए हैं। मैं जानता हूँ कि कैसे बतख निशानेबाजी के लिए बड़ी संख्या में लोग कड़ाके की ठिठुरन के दिनों में कीचड़दार मिट्टी में रस्सी से बँधकर पूरे दिन खड़े रहने के लिए मजबूर रहते हैं। मैं जानता हूँ कि कैसे अपने खेल के बहाने शेर को मारने के लिए बड़ी संख्या में लोगों को रस्सी से बाँध दिया जाता था ताकि राजकुमार उस पर निशाना लगा सकें। मैंने देखा है कि कैसे गरीब लोग घरेलू कामों और अन्य तरह के श्रम के लिए रखे जाते हैं और यह भी ध्यान नहीं दिया जाता है क्या वे बीमार हैं या क्या उनके परिवार का कोई सदस्य बीमार है।"[95]

इसी क्रम में दलित वर्ग की स्थिति को उजागर करते हुए एस. नागप्पा ने कहा कि "जब भी कोई पशु मरता है, तो पशु का स्वामी चाहता है कि गरीब हरिजन आए और मृत पशु को हटाए, उसके चमड़े को हटाए, उसकी चप्पल बनाकर बिना धन लिये उसे पहुँचा दे। इसके बदले में उसे क्या मिलता है? कुछ त्योहार के दिनों में कुछ भोजन। मुझे खुशी है कि अब के बाद इस तरह के बलात् श्रम के लिए कोई स्थान नहीं होगा।"[96]

टी. टी. कृष्णमाचारी ने प्रारूप प्रावधान का समर्थन और प्रो. के. टी. शाह के संशोधन का विरोध किया। कृष्णमाचारी ने कहा कि "इस भाग के माध्यम से हम चाहते हैं कि व्यक्तियों के कुछ अधिकारों को सुरक्षित किया जाए। हम यह भी चाहते हैं कि विधायिकाओं द्वारा इन अधिकारों का अतिक्रमण किए जाने पर रोक लगाई जाए। हमारे प्रयास का यह विषय नहीं है कि समाज में हो रहे सभी दुरुपयोगों के सुधार को इस विशेष भाग में शामिल किया जाए। यदि ये दुरुपयोग ऐसे हैं, जिनके निहित लाभ उन दुरुपयोगों को स्थायित्व प्रदान कर दें, तो इनके खिलाफ व्यवस्था बनानी चाहिए। लेकिन यदि जनमानस ऐसे दुरुपयोग के खिलाफ जागरूक हैं, तो इस दुरुपयोग पर रोक लगाने हेतु अपने संविधान में प्रावधान बना करके भारत के सुन्दर नाम पर इस धब्बे को रखना उचित नहीं है। जो दुरुपयोग समय के साथ लुप्त हो जाएँगे, उन्हें मात्र इस संविधान में रोक लगाकर तुरन्त समाप्त नहीं किया जा सकता।"[97]

आम बहस समाप्त होने के बाद डॉ. बी. आर. आंबेडकर ने मात्र प्रो. शाह के खंड (2) में 'केवल' शब्द शामिल करने वाले संशोधन को स्वीकार किया और बाकी संशोधनों को अस्वीकार कर दिया। एच. वी. कामथ के संशोधन के सम्बन्ध में डॉ. आंबेडकर ने कहा कि वह सोचते हैं कि 'सार्वजनिक' शब्द पर्याप्त है, जिसमें 'सामाजिक' एवं 'राष्ट्रीय' दोनों शामिल हो जाते हैं। भूपिंदर सिंह मान के संशोधन को अस्वीकार करने के पीछे डॉ. आंबेडकर ने तर्क दिया कि "यह पूरी तरह सम्भव है कि राज्य द्वारा अनिवार्य श्रम ऐसे समय कराया जाए कि यह उस नागरिक को अपनी जीविकोपार्जन चलाने हेतु पर्याप्त समय रखने से न रोके और यदि, उदाहरण के लिए, ऐसा अनिवार्य श्रम अवकाश के समय तक सीमित हो या जब वह अपने जीविकोपार्जन के लिए व्यस्त नहीं है, तो राज्य के लिए यह कहना बिलकुल उचित होगा कि वह प्रतिकर का भुगतान नहीं करेगा। इस खंड में, यह देखा जा सकता है कि प्रतिकर का भुगतान नहीं करना विरोध का आधार नहीं हो सकता है क्योंकि खंड (2) का मौलिक सिद्धान्त यह है कि जब भी अनिवार्य श्रम या अनिवार्य सेवा माँगी जाए, तो यह सभी से माँगी जाएगी और यदि राज्य सभी से ऐसी सेवा माँगता है और वह इसके बदले कोई भुगतान नहीं करता है, तो यह नहीं कहा जा सकता है कि राज्य कोई गम्भीर असमानता कर रहा है।"[98]

तत्पश्चात भूपिंदर सिंह मान ने अपना संशोधन वापस ले लिया। संविधान-सभा ने 'केवल' जोड़ने वाले संशोधन को स्वीकार कर, और बाकी चार संशोधनों को अस्वीकार कर प्रारूप अनुच्छेद 17 का यथासंशोधित प्रावधान (नियमित अनुच्छेद 23) 3 दिसम्बर, 1948 को अंगीकृत कर लिया।

7. बच्चों की सुरक्षा और नैसर्गिक विकास

किसी देश का भविष्य उसके बच्चों पर निर्भर करता है। यह देश की जिम्मेदारी है कि वह अपने बच्चों की कमसिनी एवं मासूमियत को शोषित होने से बचाए और उन्हें उनके नैसर्गिक विकास के लिए उचित माहौल प्रदान करे। इस उद्देश्य की पूर्ति के लिए प्रारूप संविधान में अनुच्छेद 18 शामिल किया गया। प्रारूप अनुच्छेद 18 के अनुसार—

> "चौदह वर्ष से कम आयु के किसी बालक को किसी कारखाने या खान में काम करने के लिए नियोजित नहीं किया जाएगा या किसी अन्य खतरनाक नियोजन में नहीं लगाया जाएगा।"

दामोदर स्वरूप सेठ ने उक्त प्रावधान के अन्त में शब्दावली 'न तो किसी महिला को रात्रि में उसके स्वास्थ्य के विपरीत खानों या कारखानों में नियोजित किया जाएगा' जोड़ने के लिए संशोधन[99] प्रस्तुत किया। सेठ ने अवयस्क बच्चों को सुरक्षा प्रदान करने पर सन्तोष व्यक्त किया और कहा कि "दुर्भाग्य से ऐसा संरक्षण, खानों और कारखानों में नियोजित महिलाओं को नहीं दिया गया है।"

प्रो. शिब्बन लाल सक्सेना ने उक्त प्रावधान को आजादी का चार्टर बताया, किन्तु यह आपत्ति भी की कि "इसमें आर्थिक अधिकार के लिए पर्याप्त प्रावधान नहीं है। रूस में काम के अधिकार, आराम और अवकाश के अधिकार, वृद्धावस्था और बीमारी में भरण-पोषण के अधिकार इत्यादि की गारंटी है। इन्हें निदेशक सिद्धान्तों के बजाय इस अध्याय में होना चाहिए।" प्रो. सक्सेना ने सेठ के संशोधन का समर्थन किया और कहा कि "महिलाओं को सन्ध्या के बाद और अरुणोदय के पूर्व रात्रिकाल में कारखानों में नियोजित नहीं किया जाना चाहिए। वस्तुत: विश्व के सभी प्रगतिशील देशों में सन्ध्या के बाद और अरुणोदय के पूर्व महिला श्रम पर रोक है।"[100]

संविधान द्वारा ऐसी कोई सीमा लगाना कि महिलाओं को रात में नियोजित नहीं किया जा सकेगा और वह भी इसे मूल अधिकार के रूप में स्वीकार करना न केवल सरकार के लिए समस्या का कारण होता, बल्कि स्वयं उन महिलाओं के अधिकार का उल्लंघन करता, जो पुरुषों की तरह बिना किसी सीमा के अपनी जीविकोपार्जन का अधिकार चाहती हैं। रात्रि अवधि में महिलाओं द्वारा काम करना या उनसे काम लिया जाना गलत नहीं है, बल्कि देखने का विषय यह है कि उनकी इच्छा के खिलाफ ऐसा कार्य न कराया जाए और नियोक्ता एवं राज्य द्वारा महिलाओं की सुरक्षा सुनिश्चित की जाए।

डॉ. बी. आर. आंबेडकर ने दामोदर स्वरूप सेठ का संशोधन अस्वीकार कर दिया। तत्पश्चात संविधान-सभा ने भी इस संशोधन को अस्वीकार कर, प्रारूप अनुच्छेद 18 (नियमित अनुच्छेद 24) का मूल प्रावधान 3 दिसम्बर, 1948 को अंगीकृत कर लिया।

8. धर्म और अन्त:करण की आजादी

किसी व्यक्ति के जीवन में आध्यात्मिक शान्ति का उतना ही महत्त्व है, जितना लौकिक विकास का। आध्यात्मिक शान्ति की प्राप्ति के लिए लोग धर्म का सहारा लेते हैं। एक व्यक्ति किस

धर्म/पंथ को मानता है, इसे उसका व्यक्तिगत मामला माना गया है। किसी व्यक्ति द्वारा कोई भी धर्म मानने की यह आजादी एक मूलभूत अधिकार है। राज्य किसी व्यक्ति के धार्मिक आजादी के अधिकार में हस्तक्षेप नहीं कर सकता है। किन्तु उसी समय राज्य के लिए यह देखना भी आवश्यक है कि कोई भी धर्म/पंथ छद्म तरीका अपनाकर या प्रभावशाली होने का सहारा लेकर इस आजादी का दुरुपयोग न कर सके और दूसरे धर्म/पंथ को दबा न सके। इसलिए धर्मनिरपेक्ष होने के बावजूद राज्य की यह जिम्मेदारी है कि वह न केवल लोगों को धार्मिक आजादी प्रदान करे, बल्कि किसी व्यक्ति की धर्म-आधारित आस्था को दूसरे धर्मों के प्रहार से सुरक्षित भी करे। प्रारूप संविधान के अनुच्छेद 19 में धार्मिक आजादी के इन दोनों पहलुओं का सामंजस्य किया गया था। प्रारूप अनुच्छेद 19 के अनुसार—

(1) लोक व्यवस्था, सदाचार और स्वास्थ्य तथा इस भाग के अन्य उपबन्धों के अधीन रहते हुए, सभी व्यक्तियों को अन्त:करण की स्वतंत्रता और धर्म को अबाध रूप से मानने, आचरण करने और प्रचार करने का समान अधिकार होगा।
स्पष्टीकरण—कृपाण धारण करना और लेकर चलना सिख धर्म के मानने का अंग समझा जाएगा।

(2) इस अनुच्छेद की कोई बात, किसी मौजूदा कानून को प्रभावित नहीं करेगी या राज्य को कोई ऐसा कानून बनाने से मना नहीं करेगी, जो
(क) धार्मिक आचरण से सम्बद्ध किसी आर्थिक, वित्तीय, राजनीतिक या अन्य लौकिक क्रियाकलापों का विनियमन या निर्बन्धन करता है।
(ख) सामाजिक कल्याण और सुधार का उपबन्ध करता है या हिन्दुओं के सार्वजनिक चरित्र की धार्मिक संस्थाओं को हिन्दुओं के किसी वर्ग और विभाग के लिए खोलता है।

उक्त प्रावधान के सम्बन्ध में तजामुल हुसैन ने दो संशोधन[101] प्रस्तुत किए। पहला खंड (1) में शब्दावली 'धर्म को आचरण करने और प्रचार करने की' के स्थान पर 'निजी रूप से धर्म को आचरण करने की' रखने के लिए और दूसरा खंड (1) के 'स्पष्टीकरण' के स्थान पर 'नया स्पष्टीकरण' रखने के लिए था। नये स्पष्टीकरण के अनुसार—'कोई भी व्यक्ति ऐसा दृश्य-चिह्न या निशान या नाम नहीं रखेगा और किसी भी व्यक्ति का पहनावा ऐसा नहीं होगा जिससे उसके धर्म की पहचान हो सके।' दूसरे संशोधन के समर्थन में हुसैन ने तर्क दिया कि "धर्म व्यक्ति और उसके ईश्वर के बीच का एक निजी मामला है। इसका विश्वभर के किसी दूसरे व्यक्ति से कोई सम्बन्ध नहीं है। तो क्यों ऐसा दृश्य-चिह्न रखा जाए, जिससे किसी के धर्म की पहचान हो? यूरोप एवं अमेरिका के सभी सभ्य देशों में ऐसा कोई दृश्य चिह्न या निशान नहीं है, जिससे एक व्यक्ति की पहचान की जा सके कि वह किस धर्म को मानने वाला है।"

घनश्याम सिंह गुप्ता ने खंड (1) के स्पष्टीकरण में शब्द 'मानने' के स्थान पर 'आचरण करने' रखने के लिए और लोकनाथ मिश्र ने इस स्पष्टीकरण के अन्त में 'और किसी धर्म के ऐसे मामलों के लिए' जोड़ने के लिए संशोधन[102] प्रस्तुत किया। एच. वी. कामथ ने खंड (1) के बाद नया खंड जोड़ने के लिए संशोधन प्रस्तुत किया, जो कहता था कि 'राज्य किसी विशेष धर्म को स्थापित, मान्य या संरक्षित नहीं करेगा। कोई भी बात राज्य को संघ के नागरिकों को आत्मिक प्रशिक्षण या निर्देश प्रदान करने से नहीं रोकेगा।' कामथ ने 'आत्मिक प्रशिक्षण' को किसी व्यक्ति के जीवन के लिए मूलभूत बताया। डॉ. बी. आर. आंबेडकर ने खंड (2) में

शब्द 'मना करने' के स्थान पर 'रोकने' रखने और श्रीमती जी. दुर्गाबाई ने खंड (2) (ख) में शब्दावली 'किसी वर्गों और विभागों' के स्थान पर 'सभी वर्गों और विभागों' रखने के लिए संशोधन प्रस्तुत किया। दुर्गाबाई का तर्क था कि उनके संशोधन का उद्देश्य व्यापक तरीके से लाभ को सुरक्षित करना है और इसे सभी वर्ग एवं विभाग पर लागू होने योग्य बनाना है।[103] प्रो. के. टी. शाह का भी दो संशोधन खंड (2) (क) में 'निर्बन्धन' के बाद 'या निषेध' जोड़ने और उपखंड (ख) में 'हिन्दू' के बाद 'जैन, बौद्ध या ईसाई' जोड़ने के लिए था।

मोहम्मद इस्माइल साहिब का एक संशोधन[104] नया खंड जोड़ने के लिए था, जो किसी नागरिक के अपने समूह या समुदाय के व्यक्तिगत कानून को मानने के अधिकार को सुरक्षित करता था। साहिब ने तर्क दिया कि इसके पहले उन्होंने इसे सकारात्मक स्वरूप में रखा था और अब इसे नकारात्मक स्वरूप में रख रहे हैं। यह प्रावधान केवल परिवार एवं समुदाय के भीतर दीर्घकाल से माने जा रहे लोगों के व्यक्तिगत कानून के अधिकार को मान्यता प्रदान करेगा। यह दूसरे समुदायों के सदस्यों को किसी तरह प्रभावित नहीं करता है।

आम बहस के दौरान के. एम. मुंशी ने 'हिन्दू' को व्यापक रूप में परिभाषित करने वाले प्रो. शाह के संशोधन का समर्थन किया[105], जबकि रोहिणी कुमार चौधरी ने एच. वी. कामथ के 'आत्मिक प्रशिक्षण' जोड़ने वाले संशोधन का यह कहकर विरोध किया कि "यह कुछ अस्पष्ट शब्दावली है। चैम्बर के शब्दकोश में 'आत्मा' शब्द को 'भूत' के रूप में परिभाषित किया गया है। विश्व में ऐसे लोग हैं जो ईश्वर से नहीं डरते हैं किन्तु वे भूतों से डरते हैं क्योंकि भूत कष्ट देते हैं और ईश्वर ऐसा नहीं करता है। 'आत्मिक प्रशिक्षण' शब्द को समझना बहुत कठिन है। क्या यह प्रशिक्षण भूतों में विश्वास करने के लिए है या उनकी उपेक्षा करने के लिए?"[106]

आम बहस के उपरान्त डॉ. बी. आर. आंबेडकर ने केवल श्रीमती जी. दुर्गाबाई के संशोधन को स्वीकार किया। इस पर एच. वी. कामथ ने कहा, "क्या डॉ. आंबेडकर द्वारा यह कहा जाना कि 'मैं विरोध करता हूँ या मुझे कुछ नहीं कहना है' पर्याप्त है? इस सदन के प्रति न्याय के लिए उन्हें बहस के दौरान उठाए गए बिन्दुओं का जवाब देना चाहिए।"[107]

उपाध्यक्ष महोदय ने कहा, "हम डॉ. आंबेडकर को बाध्य नहीं कर सकते कि वे विभिन्न संशोधनों को खारिज करने के पीछे का कारण बताएँ।"

तत्पश्चात घनश्याम सिंह गुप्ता ने अपना संशोधन वापस ले लिया। संविधान-सभा ने डॉ. आंबेडकर एवं श्रीमती दुर्गाबाई के संशोधन को स्वीकार कर और शेष सभी बारह संशोधनों को अस्वीकार कर प्रारूप अनुच्छेद 19 का यथासंशोधित प्रावधान (नियमित अनुच्छेद 25) 6 दिसम्बर, 1948 को अंगीकृत कर लिया।

क्या धर्म-प्रचार की आजादी मूल अधिकार है?

निजी रूप से धर्म का आचरण करने के लिए तजामुल हुसैन द्वारा प्रस्तुत किए गए संशोधन से दो अन्तर पैदा होता। पहला धर्म का प्रचार करने की आजादी समाप्त हो जाती और दूसरा धर्म को अबाध मानने एवं आचरण करने की आजादी निजी रूप से ही प्राप्त होती। हुसैन ने बहस की कि "धर्म एक व्यक्ति और उसके ईश्वर के बीच का निजी मामला है। मेरा धर्म मेरा विश्वास है और आपका धर्म आपका विश्वास है। धर्म एकमात्र मोक्ष प्राप्त करने का साधन है। यदि हम अपने-अपने वैचारिक रास्ते एवं धर्म के अनुसार मोक्ष प्राप्त करने में विश्वास करते हैं, तो मुझे आपसे क्यों मेरे रास्ते के अनुसार मोक्ष प्राप्त करने के लिए कहना चाहिए या आप मुझसे अपने रास्ते के अनुसार मोक्ष प्राप्त करने के लिए क्यों कहें? यदि यह स्थिति स्वीकार

है तो धर्म का प्रचार क्यों? तब ईमानदारी से घर में धर्म को मानें और आचरण करें। प्रचार के बहाने इसका प्रदर्शन न करें।"[108]

कुछ संस्थाओं द्वारा धर्म-परिवर्तन के लिए धर्म का दुरुपयोग करने का आरोप लगाते हुए प्रो. के. टी. शाह ने खंड (1) के साथ एक परन्तुक जोड़ने के लिए संशोधन प्रस्तुत[109] किया। प्रस्तावित परन्तुक के अनुसार—

> "परन्तु किसी स्कूल या कॉलेज या अन्य शैक्षणिक संस्थाओं में, किसी अस्पताल या शरण-स्थल में या किसी ऐसे स्थान या संस्थान में, जहाँ इनके शिक्षकों, नर्सों या चिकित्सकों या रक्षकों या संरक्षकों या प्राधिकार रखने वाले किसी अन्य प्रभावशाली व्यक्ति द्वारा कमसिन या दुर्बल मस्तिष्क या शरीर के व्यक्ति पर अपना अनुचित प्रभाव दिखाया जा सके, किसी एक धर्म के पक्ष में प्रचार करने का अधिकार नहीं होगा, जो प्रभावित लोगों की अपनी आस्था बदलने की क्षमता रखे।"

प्रो. शाह ने कहा कि उनका यह परन्तुक प्रचार करने की आजादी के अधिकार का दुरुपयोग होने से बचाएगा।

अपने संशोधन के समर्थन में बोलते हुए लोकनाथ मिश्र ने धर्म-प्रचार के अधिकार को मूल अधिकार के रूप में मान्यता देने का विरोध किया। अनुच्छेद 19 को प्रारूप संविधान का सबसे काला भाग बताते हुए उन्होंने कहा कि "प्रारूप संविधान का अनुच्छेद 13 जहाँ आजादी का चार्टर है, वहीं अनुच्छेद 19 हिन्दू दासता का चार्टर है। हमारा ईसा मसीह या मोहम्मद से या उनकी द्वारा देखी-सुनी गई बातों से कोई शत्रुता नहीं है। हमारा उनके लिए पूर्ण आदर है। इस्लाम ने हिन्दू विचार के लिए अपनी शत्रुता घोषित कर रखी है। ईसाइयत ने हमारे सामाजिक जीवन के सरहद के चोर-दरवाजे से शान्तिपूर्वक प्रवेश करने की नीति पर कार्य किया है। ऐसा इसलिए है क्योंकि हिन्दुत्व ने अपनी सुरक्षा के लिए कोई किलेबन्दी करना स्वीकार नहीं किया। हिन्दुत्व एक एकीकृत दृष्टि है और जीवन एवं ब्रह्मांड का दर्शन है, जिसे एक संगठित समाज में शान्ति एवं मेल-जोल के साथ इस दर्शन को जीने के लिए व्यक्त किया गया है। किन्तु हिन्दू उदारता का दुरुपयोग किया गया है।"[110]

आम बहस की शुरुआत करते हुए लक्ष्मीकान्त मैत्रे ने प्रारूप प्रावधान का समर्थन किया। धर्मनिरपेक्ष राज्य की अवधारणा को स्पष्ट करते हुए मैत्रे ने कहा कि "धर्मनिरपेक्ष राज्य का अर्थ यह है कि राज्य धर्म या सम्प्रदाय के आधार पर विशेष धार्मिक आस्था मानने वाले किसी भी व्यक्ति के खिलाफ किसी तरह का भेदभाव नहीं करेगा। राज्य में किसी विशेष धर्म को किसी तरह का संरक्षण नहीं प्राप्त होगा। लक्ष्मीकान्त मैत्रे ने ईसाई समुदाय के प्रति गलत धारणा रखने का भी विरोध करते हुए कहा कि भारतीय ईसाई समुदाय पूरे भारत में सबसे अधिक अनाक्रामक समुदाय है। भारतीय ईसाई समुदाय शैक्षणिक उत्थान, चिकित्सीय सहायता के लिए और स्वच्छता, जन चिकित्सा इत्यादि के लिए प्रत्येक वर्ष लगभग दो करोड़ रुपये खर्च करते हैं। इनके द्वारा सभी वर्ग एवं समुदायों के लिए प्रभावशाली और गुणकारी तरीके से चलाए जा रहे अनगिनत शैक्षणिक संस्थानों, चिकित्सालयों और अस्पतालों को देखा जा सकता है।"[111]

प्रचार करने की आजादी सम्बन्धी प्रावधान का एल. कृष्णास्वामी भारती ने भी समर्थन किया। भारती ने कहा कि सामान्यतया ऐसा समझा जाता है कि 'प्रचार करने' का प्रावधान केवल ईसाई समुदाय के लिए आशयित है। लेकिन वर्तमान परिस्थिति में यह बिलकुल आवश्यक है कि

हमें अपने लोगों को धार्मिक मत एवं सिद्धान्तों की शिक्षा अवश्य देनी चाहिए। ईसाई समुदाय ने अपने धार्मिक विचार का प्रचार करने में किसी सीमा का उल्लंघन नहीं किया है और यथार्थ में उन्होंने बहुत अच्छा कार्य किया है। यह दूसरे समुदायों के लिए प्रेरित करने वाली बात है। यह सर्वज्ञात है कि इसके बावजूद सभी धर्मों का एक उद्‌देश्य है। सबका ईश्वर एक है, यद्यपि उसके नाम अनेक हैं।[112]

धर्म-प्रचार को मात्र अभिव्यक्ति की आजादी का भाग बताते हुए के. सन्थानम ने भी प्रारूप प्रावधान का समर्थन किया और कहा कि "धर्म-परिवर्तन जैसा कोई शब्द यहाँ पर नहीं है। व्यापक धर्म-परिवर्तन इस देश में ईसाई मिशनरियों के क्रियाकलाप का एक भाग था और इसके खिलाफ लोगों द्वारा गहरी आपत्ति भी की गई। इस संविधान का प्रारूप बनाने वालों ने यह ध्यान रखा है कि धर्म-परिवर्तन का असीमित अधिकार न दिया जाए।"[113]

टी. टी. कृष्णमाचारी ने भी प्रारूप प्रावधान का समर्थन किया। धर्म परिवर्तन के कारणों का उल्लेख करते हुए उन्होंने कहा कि "जहाँ तक धर्म-परिवर्तन के इतिहास का सन्दर्भ है, यह उस तरीके पर निर्भर करता है जिसे अपनाकर कुछ धर्मवादी लोगों और कुछ समुदायों द्वारा अपने ही कम सौभाग्यशाली भाइयों के साथ व्यवहार किया जाता है। यह तथ्य कि इस देश में बहुत से लोगों ने ईसाइयत को गले लगाया है तो इसके पीछे कारण उनकी सामाजिक स्थिति रही है जो उन्हें दिया गया था। हमें उस विशेष तथ्य को क्यों भूलना चाहिए? एक अस्पृश्य व्यक्ति ईसाई बनने के बाद हर दृष्टि से उच्च वर्ण हिन्दू के समकक्ष हो जाता है और यदि हम इस विशेष लाभ पाने की आवश्यकता को समाप्त कर दें—नि:सन्देह जो बहुत महत्त्वपूर्ण लाभ है—तो सम्भवत: किसी व्यक्ति के लिए ईसाई बनने के प्रलोभन का कोई अस्तित्व ही नहीं रह पाएगा।"[114] धर्म के मामले में यथास्थिति बनाए रखने पर जोर देते हुए कृष्णमाचारी ने आगे कहा कि "हम इस स्थिति में आ गए हैं जब यह कोई विषय नहीं रह जाता है कि एक व्यक्ति किस धर्म को मानता है। वह कानून की नजर में और समाज में बराबर होगा और सभी अधिकारों का प्रयोग करने के लिए बराबर होगा। इसलिए अपने धर्म को बदलने के लिए लोगों के मन में लाए जा सकने वाले अनुचित प्रभाव या किसी विशेष धर्म में अपनी आस्था छोड़ने और दूसरी आस्था स्वीकार करने वाले दूसरे असंगत विचार अब मौजूद नहीं रह जाएँगे।"

के. एम. मुंशी ने भी धर्म-प्रचार के खिलाफ की गई आपत्तियों को अनुचित बताया और कहा कि "इस संविधान के अन्तर्गत हम जो व्यवस्था बनाने जा रहे हैं, वह धर्मनिरपेक्ष राज्य है। किसी एक समुदाय के सदस्य को दूसरे पर विशेष लाभ नहीं हैं, न ही किसी एक को बढ़ाने से कोई राजनीतिक लाभ ही है। इन परिस्थितियों में 'प्रचार करने' शब्द का कोई सम्भावित नुकसानदायक प्रभाव नहीं है।"[115]

आम बहस के बाद धर्म-प्रचार के सम्बन्ध में प्रस्तुत सभी संशोधनों को संविधान-सभा ने अस्वीकार कर दिया।

9. धार्मिक संस्थाओं के प्रबन्धन की आजादी

प्रारूप अनुच्छेद 20 के माध्यम से धार्मिक समुदाय या समूह को अपना धार्मिक कार्य करने के लिए संस्था स्थापित करने और इनका प्रबन्धन करने की आजादी प्रस्तावित की गई थी और प्रारूप अनुच्छेद 21 प्रस्तावित करता था कि किसी विशेष धर्म के प्रोत्साहन हेतु खर्च करने के उद्‌देश्य से किसी व्यक्ति को कर देने के लिए बाध्य नहीं किया जाएगा।

प्रारूप अनुच्छेद 20 के अनुसार—

> "प्रत्येक धार्मिक सम्प्रदाय या उसके किसी वर्ग को, (क) धार्मिक एवं कल्याणकारी उद्‌देश्यों के लिए संस्थाओं की स्थापना और पोषण का; (ख) अपने धर्म विषयक कार्यों का प्रबन्ध करने का; (ग) चल एवं अचल सम्पत्ति के अर्जन एवं स्वामित्व का; और (घ) ऐसी सम्पत्ति का विधि के अनुसार प्रशासन करने का अधिकार होगा।"

यह प्रावधान, प्रारूप अनुच्छेद 19 का पूरक प्रावधान था। किन्तु दोनों प्रारूपों में एक अन्तर यह था कि जहाँ प्रारूप अनुच्छेद 19 में निर्बधन का उल्लेख था, वहीं प्रारूप अनुच्छेद 20 में ऐसा कोई निर्बन्धन नहीं था। इसलिए डॉ. बी. आर. आंबेडकर ने प्रारूप अनुच्छेद 20 के प्रारम्भ में भी शब्दावली 'लोक व्यवस्था, सदाचार और स्वास्थ्य के अधीन रहते हुए' जोड़ने के लिए संशोधन[116] प्रस्तुत किया। डॉ. आंबेडकर ने इसे मात्र एक भूल बताया।

नजीरुद्‌दीन अहमद का संशोधन नया खंड जोड़ने के लिए था, जो राज्य को लोक व्यवस्था, सदाचार और स्वास्थ्य सुनिश्चित करने के लिए कोई कानून बनाने की शक्ति प्रदान करता था। लोकनाथ मिश्र ने खंड (क) में 'पोषण' के बाद 'प्रबन्धन और प्रशासन' जोड़ने के लिए, सैयद अब्दुल रऊफ ने खंड (क) में शब्दावली 'धार्मिक और कल्याणकारी उद्‌देश्यों' के स्थान पर 'धार्मिक, कल्याणकारी और शैक्षणिक उद्‌देश्यों' रखने के लिए, नजीरुद्‌दीन अहमद ने खंड (ग) में शब्दावली 'एवं अचल सम्पत्ति' के स्थान पर 'अचल एवं अमूर्त सम्पत्ति' रखने के लिए संशोधन प्रस्तुत किया। अहमद का तर्क था कि प्रावधान में अमूर्त सम्पत्ति का उल्लेख नहीं है। कॉपीराइट अमूर्त सम्पत्ति है, यह न तो चल है और न ही अचल है।

आम बहस के दौरान जसपत राय कपूर ने प्रारूप खंड (क) में से 'और कल्याणकारी' शब्द हटाने का सुझाव दिया। उनका तर्क था कि "इसे मूल अधिकार के रूप में स्वीकार करना कि कोई धार्मिक सम्प्रदाय या उसका वर्ग अनन्य रूप से अपने हित के लिए कल्याणकारी संस्था बना सकता है और समाज के दूसरे वर्ग को इसके लाभ से वंचित कर सकता है, निश्चित ही सौहार्द और समान राष्ट्रीयता के विचार के खिलाफ है।"[117] जबकि तजामुल हुसैन ने जसपत राय कपूर के इस विचार से असहमति व्यक्त करते हुए कहा कि "इस देश में कोई अल्पसंख्यक नहीं है। मैं अपने को अल्पसंख्यक नहीं मानता हूँ। एक धर्मनिरपेक्ष देश में अल्पसंख्यक जैसी कोई चीज नहीं है। मुझे अन्य लोगों की तरह ही अधिकार, हैसियत और दायित्व मिला है। जो अपने को बहुसंख्यक मानते हैं, मैं उनसे कहना चाहता हूँ कि वे भूल जाएँ कि इस देश में कोई अल्पसंख्यक है। यदि एक व्यक्ति के पास धन है और मृत्यु के समय वह वसीयत करना चाहता है और अपनी सम्पत्ति को किसी निजी प्रकृति वाले कल्याणकारी उद्‌देश्य या धार्मिक उद्‌देश्य से समर्पित करना चाहता है तो इसमें किसी को कोई आपत्ति नहीं होनी चाहिए।"[118]

आम बहस के उपरान्त डॉ. बी. आर. आंबेडकर ने कहा कि उनके पास कहने के लिए कुछ नहीं है।

इसके पश्चात संविधान-सभा ने डॉ. आंबेडकर के संशोधन को स्वीकार कर और अन्य चार संशोधनों को अस्वीकार कर, प्रारूप अनुच्छेद 20 का यथासंशोधित प्रावधान (नियमित अनुच्छेद 26) 7 दिसम्बर, 1948 को अंगीकृत कर लिया।

प्रारूप अनुच्छेद 20 जहाँ धार्मिक संस्था स्थापित करने और इनका प्रबन्धन करने का अधिकार प्रदान करता था, वहीं प्रारूप अनुच्छेद 21 राज्य पर निर्बन्धन लगाता है कि वह किसी को ऐसा 'कर' देने के लिए बाध्य नहीं करेगा, जिसका उपयोग किसी विशेष धर्म के प्रोत्साहन हेतु किया जाए। प्रारूप अनुच्छेद 21 के अनुसार—

> "किसी भी व्यक्ति को ऐसे कर का भुगतान करने के लिए बाध्य नहीं किया जाएगा, जिसकी आमदनी का विशेष प्रयोग किसी विशिष्ट धर्म या धार्मिक सम्प्रदाय के प्रोत्साहन या पोषण हेतु खर्च के भुगतान के लिए किया जाए।"

उक्त प्रावधान के सम्बन्ध में दो संशोधन प्रस्तुत किए गए। पहला संशोधन[119] सैयद अब्दुल रऊफ का शब्द 'प्रयोग' के बाद 'पूर्णतया या आंशिक रूप से' जोड़ने के लिए था। उनका तर्क था कि "यदि उनका संशोधन स्वीकार नहीं किया जाता है, तो एक व्यक्ति को 'कर' देने के लिए बाध्य किया जा सकता है, जिसकी आमदनी का प्रयोग आंशिक रूप से धार्मिक उद्देश्य के लिए किया जाए।" दूसरा संशोधन[120] नजीरुद्दीन अहमद का 'आमदनी' के स्थान पर 'आय' का प्रयोग इस तरह करने के लिए प्रस्तुत किया गया, जिसका प्रभाव यह था कि किसी भी व्यक्ति को ऐसी आय पर कोई कर का भुगतान करने के लिए बाध्य नहीं किया जाएगा, जिसका उपयोग धर्म के प्रोत्साहन के लिए किया जाता है। उनका तर्क था कि "आमदनी का अर्थ सकल प्राप्ति होता है। कर आमदनी पर नहीं, बल्कि वस्तुत: आय पर लागू होता है।"

आम बहस में भाग लेते हुए गुप्तनाथ सिंह ने कहा कि "भारत में जो भी सम्पत्ति किसी धर्म या किसी धार्मिक संस्था जैसे मन्दिर, मस्जिद एवं चर्च के नाम पर है, वह देश के हित के लिए बिलकुल नुकसानदायक है। इन सम्पत्तियों की समाज के लिए कोई उपयोगिता नहीं है। हमारे धर्मनिरपेक्ष राज्य में इस तरह की मूर्खता को एक बार हमेशा के लिए समाप्त कर देना चाहिए। राज्य सभी ईश्वरों से ऊपर है। यह ईश्वरों का ईश्वर है। लोगों का प्रतिनिधि होने के कारण राज्य अपने आप में ईश्वर है। इसलिए इसके पास सभी प्रकार की सम्पत्तियों पर कर लगाने का अधिकार होना चाहिए। इसलिए धर्म के नाम से या धार्मिक संस्थाओं द्वारा धारित सम्पत्ति पर अवश्य ही कर लगना चाहिए।"[121]

एम. अनन्थसंयनम अयंगर ने उक्त दोनों संशोधनों का विरोध किया। उन्होंने तर्क दिया कि "अनुच्छेद कहता है कि ऐसा कर नहीं लगाया जाएगा, जिसकी आमदनी किसी धार्मिक सम्प्रदाय का सहयोग करने के लिए विशेष रूप से निर्धारित हो।" सैयद अब्दुल रऊफ के संशोधन पर अयंगर ने कहा कि "'पूर्ण' में 'अंश' शामिल है, इसलिए संशोधन अनावश्यक है।" नजीरुद्दीन अहमद के संशोधन को अनुच्छेद के उद्देश्य से असंगत बताते हुए अयंगर ने आगे कहा कि "अनुच्छेद कहता है कि पहले राजा उस धर्म के महत्त्व को बढ़ाने के लिए कर लगाते थे, जिसे वे मानते थे। इस अनुच्छेद का आशय यह देखना है कि किसी भी नाम पर या किसी भी स्वरूप में ऐसा कोई कर नहीं लगाया जाए, जिसकी आमदनी किसी विशिष्ट सम्प्रदाय या वर्ग को प्रोत्साहित करने के लिए निर्धारित हो। दूसरी तरफ मि. नजीरुद्दीन अहमद अपने संशोधन द्वारा सभी मन्दिरों एवं धार्मिक विन्यासों के आय पर छूट चाहते हैं। इसका सन्दर्भित विषय से कोई मतलब नहीं है।[122]

आम बहस के अन्त में डॉ. बी. आर. आंबेडकर ने कहा कि वह दोनों संशोधनों को नहीं स्वीकार करते हैं।

तत्पश्चात संविधान-सभा ने दोनों संशोधनों को अस्वीकार कर, प्रारूप अनुच्छेद 21 (नियमित अनुच्छेद 27) का मूल प्रावधान 7 दिसम्बर, 1948 को अंगीकृत कर लिया।

10. स्कूलों में धार्मिक शिक्षा : समन्वय की स्थिति स्वीकार

प्रारूप संविधान के अनुच्छेद 22 के अन्तर्गत शिक्षण संस्थाओं में धार्मिक शिक्षा प्रदान करने के सम्बन्ध में संवैधानिक स्थिति को स्पष्ट किया गया था। खंड (1) में यह सामान्य सिद्धान्त स्वीकार किया गया था कि राज्य निधि से पोषित शिक्षण संस्थाओं में धार्मिक शिक्षा नहीं प्रदान की जाएगी। जबकि खंड (1) के परन्तुक, खंड (2) और (3) के अन्तर्गत इस सामान्य सिद्धान्त के तीन अपवादों का उल्लेख किया गया था।

प्रारूप अनुच्छेद 22 के अनुसार—

1. राज्य द्वारा पूर्णत: राज्य निधि से पोषित किसी शिक्षण संस्था में कोई धार्मिक शिक्षा नहीं प्रदान की जाएगी।
   परन्तु इस खंड की कोई बात ऐसी शिक्षण संस्था पर लागू नहीं होगी, जो राज्य द्वारा प्रशासित होती है। लेकिन ऐसे किसी विन्यास या न्यास के अन्तर्गत स्थापित हुई है, जो ऐसी संस्था में धार्मिक शिक्षा देना आवश्यक करता है।
2. राज्य द्वारा मान्यता प्राप्त या राज्य निधि से सहायता पाने वाली शिक्षण संस्था में मौजूद किसी व्यक्ति को ऐसी संस्था में दी जाने वाली धार्मिक शिक्षा में भाग लेने के लिए या ऐसी संस्था में या उससे संलग्न स्थान में की जाने वाली धार्मिक उपासना में उपस्थित होने के लिए तब तक बाध्य नहीं किया जाएगा जब तक कि उस व्यक्ति ने या यदि वह अवयस्क है, तो उसके संरक्षक ने, इसके लिए अपनी सहमति नहीं दे दी है।
3. इस अनुच्छेद की कोई बात किसी समुदाय या सम्प्रदाय को शैक्षणिक संस्था में कार्य-समय के अलावा बाकी समय में अपने समुदाय या सम्प्रदाय के शिष्यों को धार्मिक शिक्षा प्रदान करने से नहीं रोकेगी।

मोहम्मद इस्माइल साहिब ने उक्त प्रारूप प्रावधान के स्थान पर एक खंड वाला नया प्रावधान प्रतिस्थापित करने के लिए संशोधन[123] प्रस्तुत किया। यह नया प्रावधान कहता था कि 'राज्य द्वारा पोषित, सहायता प्राप्त या मान्यता प्राप्त शिक्षण संस्था में किसी व्यक्ति को बिना उसकी सहमति के यदि वह वयस्क है या बिना उसके माता-पिता या संरक्षक की सहमति के यदि वह अवयस्क है, धार्मिक शिक्षा प्राप्त करने की आवश्यकता नहीं होगी।' साहिब ने कहा कि उनका संशोधन स्कूलों में धार्मिक शिक्षा दिए जाने की आवश्यकता के सम्बन्ध में सुरक्षित रास्ता प्रस्तावित करता है; यह विषय को नकारात्मक स्वरूप में प्रस्तुत करता है।

प्रो. शिब्बन लाल सक्सेना ने खंड (1) और (3) को निरस्त करने के लिए संशोधन[124] प्रस्तुत किया। उनका तर्क था कि बँटवारा के बाद 30 से 33 करोड़ बहुसंख्यक समुदाय हैं। यदि ये लोग चाहते हैं कि इनके बच्चों को उनके धर्म के बारे में शिक्षा मिलनी चाहिए, तो इस अनुच्छेद के पारित होने पर वे ऐसा नहीं कर सकेंगे। यह उचित नहीं है। खंड (1) को भी हटा देना चाहिए, क्योंकि उस स्थिति में राज्य के लिए स्कूल में बच्चों को धर्म की, गीता की, ईसा मसीह के प्रवचन इत्यादि की शिक्षा देना सम्भव होगा।

खंड (1) के सम्बन्ध में प्रो. के. टी. शाह ने 'पूर्णत:' के बाद 'या आंशिक रूप से' जोड़ने के लिए; हुकुम सिंह ने 'प्रदान किया जाएगा' के स्थान पर 'प्रदान या अनुमति दिया जाएगा'

रखने के लिए; भूपिंदर सिंह मान ने 'शिक्षण' निकालने के लिए; डॉ. बी. आर. आंबेडकर ने 'राज्य द्वारा' निकालने के लिए; और ताजमुल हुसैन ने 'राज्य द्वारा' और 'पूर्णत: राज्य निधि द्वारा पोषित' निकालने के लिए संशोधन प्रस्तुत किया।

शब्द 'राज्य द्वारा' निकालने के लिए प्रस्तुत अपने संशोधन के पक्ष में डॉ. आंबेडकर ने तर्क दिया कि "इस शब्द की व्याख्या यह की जा सकती है कि यह अनुच्छेद राज्य के अलावा अन्य संस्थाओं को धार्मिक शिक्षा प्रदान करने की अनुमति देता है। इस अनुच्छेद का अन्तर्निहित सिद्धान्त यह है कि कोई संस्था जो राज्य कोष से पूर्णतया पोषित है, का उपयोग धार्मिक शिक्षा देने के लिए नहीं किया जाएगा, चाहे धार्मिक शिक्षा राज्य द्वारा दी जाए या किसी अन्य संस्था द्वारा।[125]

खंड (2) और (3) के सम्बन्ध में भी एच. वी. कामथ, जसपत राय कपूर, मोहम्मद इस्माइल साहिब एवं प्रो. के. टी. शाह ने संशोधन प्रस्तुत किए। जसपत राय कपूर का महत्त्वपूर्ण संशोधन[126] खंड (3) को हटाने के लिए था। कपूर ने इसके चार कारण बताए। पहला यह कि यह खंड, खंड (1) से असंगत है। एक तरफ जहाँ खंड (1) कहता है कि राज्य द्वारा पोषित किसी संस्था में धार्मिक शिक्षा नहीं प्रदान की जाएगी, वहीं खंड (3) कहता है कि ऐसी धार्मिक शिक्षा कार्यसमय के अलावा बाकी समय में प्रदान की जा सकती है। दूसरा कारण यह कि खंड (3) के बने रहने से विभिन्न धार्मिक सम्प्रदायों के मध्य मतभेद पैदा होगा, क्योंकि किसी संस्था में अलग-अलग धार्मिक-साम्प्रदायिक संस्थाओं द्वारा अपने-अपने शिष्यों को एक ही समय में और एक ही स्थान पर धार्मिक शिक्षा देने का दावा किया जा सकता है। निश्चित रूप से यह आपसी तनाव पैदा करेगा। तीसरा यह कि साम्प्रदायिक संस्थाओं के प्रबन्धतंत्र शायद नहीं चाहेंगे कि उनकी संस्था में किसी व्यक्ति द्वारा दूसरे धर्म की धार्मिक शिक्षा प्रदान की जाए। कपूर ने चौथा कारण यह बताया कि खंड (2) पहले से ही प्राविधानित करता है कि यदि छात्र या छात्र के नाबालिग होने पर संरक्षक सहमत हैं, तो एक शैक्षणिक संस्था के प्रबन्धतंत्र द्वारा धार्मिक शिक्षा दी जा सकती है, इसलिए खंड (3) बिलकुल अनावश्यक है।

आम बहस के दौरान श्रीमती रेणुका राय ने कपूर के संशोधन का समर्थन किया और उम्मीद की कि डॉ. आंबेडकर उस शंका पर स्थिति स्पष्ट करेंगे जिसे प्रो. के. टी. शाह ने व्यक्त किया है कि यदि एक सार्वजनिक स्कूल में छोटा-सा अंशदान कर दिया जाए तो यह कहा जा सकता है कि वह स्कूल राज्य निधि द्वारा पूर्ण पोषित नहीं है और इसलिए धार्मिक-साम्प्रदायिक शिक्षा दी जा सकती है।[127] बी. आई. मुनिस्वामी पिल्लई ने प्रारूप प्रावधान को बहुत महत्त्वपूर्ण बताते हुए कहा कि "यह अनुच्छेद स्पष्ट करता है कि राज्य से सहायता प्राप्त किसी शैक्षणिक संस्था को धार्मिक शिक्षा के मामले में लिप्त नहीं होना चाहिए। यह ज्यादातर उन दुर्भाग्यपूर्ण समुदायों को सहयोग करेगा, जो इस सम्बन्ध में शिकार हुए हैं।"[128]

वी. एस. सरवटे ने भी खंड (3) के अलावा बाकी प्रारूप प्रावधान का समर्थन किया। अपना अनुभव साझा करते हुए उन्होंने कहा कि "कॉलेज में, जहाँ वह पढ़े हैं, यह आवश्यक था कि हम धार्मिक पूजा में शामिल हों और यदि नहीं शामिल होते थे तो हम पर जुर्माना लगाया जाता था। यह आपत्तिजनक था और इसे समाप्त ही होना है।"[129] सैयद करीमुद्दीन ने प्रो. के. टी. शाह और तजामुल हुसैन के संशोधनों का विरोध किया और कहा कि वस्तुत: वह नहीं समझ पाए कि मद्रास के मि. इस्माइल द्वारा इन प्रावधानों का विरोध कैसे किया गया है। "यह स्कूलों में पढ़ाए जाने वाले धार्मिक विवादों, अन्तर्विरोधों और धार्मिक हठधर्मिता से बचने हेतु अल्पसंख्यकों के लिए सर्वोत्तम है। मिशनरी स्कूलों में लोगों को अनुचित तरीके से प्रभावित

करके या धनलोभ देकर एक आस्था से दूसरी आस्था में धर्म-परिवर्तन के लिए उकसाया जाता था। अब एक धर्मनिरपेक्ष राज्य में धर्म एक व्यक्तिगत मामला होगा।"[130]

एम. अनन्थसंयनम अयंगर ने भी खंड (3) के अलावा प्रारूप अनुच्छेद का समर्थन किया। किन्तु अयंगर ने कहा कि इस खंड का समर्थन करते समय उन्हें बहुत पीड़ा है कि धर्मों से भरे देश में किसी भी स्कूल में धार्मिक शिक्षा नहीं प्रदान की जा सकेगी। "स्कूलों के अन्दर हम बच्चों को धर्म की शिक्षा देने से मना कर सकते हैं। लेकिन स्कूल के बाहर हम अपने सम्प्रदाय को भूल नहीं सकते हैं। धर्म किसी समाज की आधारभूत बुनियाद है, सभी सदाचार और सभी अच्छे सिद्धान्त की जानकारी धर्म से ही होती है।[131]

डॉ. बी. आर. आंबेडकर ने केवल जसपत राय कपूर के संशोधन को स्वीकार किया और बाकी सभी संशोधनों को स्वीकार करने से मना कर दिया। खंड (3) के अलावा शेष प्रारूप उपबन्धों के बचाव में डॉ. आंबेडकर का सम्बोधन बहुत महत्त्वपूर्ण है। डॉ. आंबेडकर के शब्दों में—

> "प्रस्तावित सभी संशोधनों को देखते हुए यह स्पष्ट है कि तीन तरह के अलग-अलग दृष्टिकोण हैं। एक दृष्टिकोण वह है, जिसका प्रतिनिधित्व मद्रास से आने वाले मेरे मित्र मि. इस्माइल द्वारा किया जा रहा है। उनके विचार से धार्मिक शिक्षा पर किसी तरह का प्रतिबन्ध नहीं होना चाहिए। केवल एक प्रतिबन्ध जिसकी वह वकालत करते हैं यह है कि किसी भी व्यक्ति को इसे ग्रहण करने के लिए बाध्य नहीं किया जाना चाहिए। हमारे पास एक अन्य विचार है, जिसका प्रतिनिधित्व मेरे मित्र मि. मान और मि. ताजामुल हुसैन करते हैं। उनके अनुसार कोई भी धार्मिक शिक्षा होनी ही नहीं चाहिए, यहाँ तक कि उन संस्थाओं में भी नहीं, जो शैक्षणिक हैं। तब तीसरा दृष्टिकोण भी है और इसे प्रो. के. टी. शाह ने व्यक्त किया है कि किसी तरह की धार्मिक शिक्षा की अनुमति शिक्षण संस्था में नहीं होनी चाहिए, भले ही वह राज्य निधि से पूर्ण रूप से पोषित होता हो या आंशिक रूप से।
>
> "अब मैं कहने की आजादी चाहता हूँ कि प्रारूप, जैसा है, बीच का रास्ता निकालता है, जिसके लिए मैं उम्मीद करता हूँ कि इस सदन द्वारा स्वीकार्य होगा।
>
> "मेरे निर्णय में तीन कारण हैं जो मेरे मित्र मि. इस्माइल के इस विचार को स्वीकार करने के विरुद्ध हैं कि धार्मिक शिक्षा पर किसी तरह का प्रतिबन्ध नहीं होना चाहिए; और मैं इन कारणों का संक्षेप में उल्लेख करूँगा।
>
> "पहला कारण यह है कि हमने अनुच्छेद 21 में यह स्थिति स्वीकार की है कि कर द्वारा बनाए गए सार्वजनिक कोष का प्रयोग किसी विशेष समुदाय के हित के लिए नहीं किया जाएगा। उदाहरण के लिए, यदि हम किसी विशेष धार्मिक शिक्षा की अनुमति देते हैं, जैसे यदि जिला या स्थानीय परिषद द्वारा स्थापित स्कूल धार्मिक शिक्षा इस आधार पर देता है कि उस स्कूल में पढ़ने वाले छात्रों में ज्यादातर हिन्दू हैं, प्रभाव यह होगा कि यह कार्य अनुच्छेद 21 के प्रावधान के विरुद्ध होगा। जिला परिषद अपने जिला क्षेत्र में रह रहे सभी व्यक्तियों से कर वसूल रहा होगा। यह एक सामान्य कर होगा और यदि जिला या स्थानीय परिषद में दी जाने वाली धार्मिक शिक्षा बहुसंख्यक समुदाय के बच्चों के लिए सीमित हो, तो यह अनुच्छेद 21 का दुरुपयोग होगा क्योंकि मुस्लिम समुदाय के बच्चे या अन्य समुदाय के बच्चे, जो इन

स्कूलों में दी जा रही धार्मिक शिक्षा में शामिल नहीं होते हैं, फिर भी वे जिला स्थानीय परिषद के कोष में योगदान करने के लिए जिला स्थानीय परिषद की कार्यवाही द्वारा बाध्य किए जाएँगे।

"दूसरी कठिनाई तो पहली की तुलना में ज्यादा वास्तविक है अर्थात् इस देश में धर्मों की बहुलता है। उदाहरण के लिए, बॉम्बे जैसे एक शहर को लेते हैं जहाँ विभिन्न मतों वाले लोगों की मिली-जुली जनसंख्या होती है। मान लीजिए, बॉम्बे शहर में नगरपालिका द्वारा पोषित एक स्कूल है। निश्चित रूप से ऐसे स्कूल में हिन्दू धर्म में विश्वास करने वाले हिन्दू बच्चे होंगे, ईसाई समुदाय, यहूदी समुदाय या पारसी समुदाय को मानने वाले बच्चे होंगे। यदि कोई इससे और आगे बढ़े तो मैं समझता हूँ, आगे बढ़ना वांछनीय भी होगा, हिन्दू पुन: कई भागों में बँटे होंगे, सनातनी हिन्दू होंगे, वैदिक धर्म में विश्वास करने वाले वैदिक हिन्दू होंगे, बौद्ध को मानने वाले होंगे, जैन को मानने वाले होंगे, यहाँ तक कि हिन्दू में कुछ शैव होंगे, कुछ वैष्णव होंगे। क्या शिक्षण संस्थाओं से इन सभी बच्चों के साथ समान व्यवहार करने और सभी सम्प्रदायों के धार्मिक शिक्षा प्रदान करने की अपेक्षा की जा सकती है? मुझे ऐसा लगता है कि राज्य को ऐसे लक्ष्य देना एक असम्भव कार्य करने के लिए कहना होगा।

"इस सन्दर्भ में तीसरी बात जिसका मैं उल्लेख करना चाहूँगा कि दुर्भाग्य से इस देश में प्रचलित धर्म न केवल असामाजिक हैं, जहाँ तक उनके आपसी व्यवहार की बात है, बल्कि वे समाज विरोधी भी हैं, जब एक धर्म दावा करता है कि उसकी शिक्षा ही मोक्ष के लिए सही रास्ता दिखाती है और दूसरे सभी धर्म गलत हैं। मुसलमान मानता है कि कोई भी व्यक्ति जो इस्लाम के सिद्धान्त में विश्वास नहीं करता है, वह काफिर है और मुसलमानों द्वारा भाईचारा रखे जाने का हकदार नहीं है। ईसाई भी ऐसा ही विश्वास करता है। इस दृष्टि से ऐसा मुझे लगता है कि यदि किसी विशेष धर्म के सत्यपूर्ण व्यवहार और दूसरे धर्म के दोषपूर्ण व्यवहार के परस्पर विरोधी विवादों को इन स्कूलों में मुकाबला के लिए लाते हैं, तो हम लोग एक संस्था के शान्तिपूर्ण वातावरण को काफी हद तक खराब कर देंगे। इसलिए मैं कहता हूँ कि अनुच्छेद 22(1) में यह प्रावधान कि राज्य-संस्थाओं में कोई धार्मिक शिक्षा नहीं प्रदान की जाएगी, प्रतिपादित करके हम पूर्णतया सुरक्षित रहेंगे।

"दूसरे खंड के सम्बन्ध में मैं समझता हूँ कि इसे पर्याप्त रूप से नहीं समझा गया है। हमने ऐसे समुदायों, जिन्होंने शैक्षणिक या सांस्कृतिक मामलों में अपने बच्चों की प्रगति के लिए संस्थाओं का आरम्भ किया है, की इन संस्थाओं में धार्मिक शिक्षा प्रदान करने हेतु अनुमति देने के दावों को सुलझाने का प्रयास किया है, इसके बावजूद कि इन्हें राज्य से कुछ आर्थिक सहायता प्राप्त होती है। निश्चित रूप से राज्य, सहायता देने या सहायता नहीं देने के लिए स्वतंत्र है; हमने एकमात्र सीमा जो रखी है, वह यह है कि राज्य संस्थाओं को शासकीय-सहायता-अनुदान की संहिता के अन्तर्गत सहायता का दावा करने से मात्र इस आधार पर अयोग्य नहीं करेगा कि वह किसी समुदाय द्वारा संचालित एवं पोषित है और सार्वजनिक संस्था द्वारा पोषित नहीं है। हमने एक विशेषता और प्रदान की है कि जब संस्था में धार्मिक शिक्षा प्रदान किए जाने की आजादी है, तो राज्य द्वारा सहायता दिये जाने के कारण ऐसी संस्थाओं को धार्मिक शिक्षा प्रदान

> करने पर रोक नहीं लगेगी और यह संस्था कोई ऐसी धार्मिक शिक्षा दूसरे समुदाय के बच्चों के लिए अनिवार्य तब तक नहीं करेगी जब तक कि वह इन बच्चों के माँ-बाप से सहमति नहीं प्राप्त कर लेती हैं। मैं सोचता हूँ कि यह एक अभिवादन योग्य प्रावधान है। इसके दो कार्य हैं...।"[132]

इसी बीच एच. वी. कामथ ने जानना चाहा कि एक समुदाय या अल्पसंख्यक द्वारा अपने बच्चों के लिए संचालित संस्थाओं या स्कूलों—न कि एक ऐसे स्कूल के बारे में, जहाँ सभी समुदाय मिश्रित रहते हैं, लेकिन स्कूल समुदाय द्वारा अपने बच्चों के लिए संचालित होते हैं, के बारे में क्या कहना है?[133]

डॉ. आंबेडकर ने अपना सम्बोधन जारी रखते हुए जवाब दिया—

> "यदि मेरे मित्र मि. कामथ अन्य अनुच्छेद को पढ़ेंगे तो वे देखेंगे कि एक बार जब एक संस्था, चाहे वह समुदाय द्वारा संचालित है या नहीं, सरकारी सहायता पाती है, तो एक शर्त होती है कि वह स्कूल को सभी समुदायों के लिए खुला रखेगी। यह प्रावधान उन्होंने नहीं पढ़ा है।
>
> "इसलिए खंड (2) द्वारा हम वस्तुत: दो उद्देश्यों को प्राप्त करते हैं। पहला यह कि हम किसी समुदाय को स्कूल में ऐसी शिक्षा देने की अनुमति दे रहे हैं, जिन्होंने अपने धर्म या अपने सांस्कृतिक जीवन के विकास के लिए संस्था स्थापित की है। हमने यह भी प्राविधानित किया है कि दूसरे समुदाय के बच्चों को, जो ऐसे स्कूल में शामिल होते हैं, ऐसी धार्मिक शिक्षा में शामिल होने के लिए बाध्य नहीं किया जाएगा, जो नि:सन्देह और स्पष्टत: उस समुदाय के धर्म की ही शिक्षा होगा, जब तक कि इसके लिए माँ-बाप की सहमति न हो। जैसा मैंने कहा है कि हमने यह दोहरा उद्देश्य प्राप्त किया है और वे जो धार्मिक शिक्षा देना चाहते हैं, वे अपनी संस्था स्थापित करने के लिए और राज्य से सहायता का दावा करने, धार्मिक शिक्षा देने के लिए स्वतंत्र हैं, लेकिन वे उस धार्मिक शिक्षा को दूसरे समुदायों पर लागू करने की स्थिति में नहीं होंगे। इसलिए यह कहना उचित नहीं है कि इस अनुच्छेद द्वारा हमने धार्मिक शिक्षा पर पूरी तरह रोक लगा दी है। कुछ शर्तों के अधीन प्रत्येक समुदाय को अपने उद्देश्य और लक्ष्य के अनुसार धार्मिक शिक्षा को पढ़ाने और प्रदान करने के लिए छूट दे रखी है। केवल एक रोक यह है कि पूरी तरीके से सार्वजनिक कोष से संचालित संस्थाओं में राज्य धार्मिक शिक्षा प्रदान करने के लिए स्वतंत्र नहीं रहेगा।"[134]

इसी दौरान लक्ष्मीकान्त मैत्रे ने कहा, "क्या मैं अपने माननीय मित्र से एक सवाल कर सकता हूँ? उदाहरण के लिए कोई ऐसी शिक्षण संस्था है, जिसका पूर्ण रूप से प्रबन्धन सरकार द्वारा होता है, जैसे संस्कृत कॉलेज, कलकत्ता। वहाँ पर वेद पढ़ाए जाते हैं, स्मृति पढ़ाई जाती है, गीता पढ़ाई जाती है, उपनिषद् पढ़ाया जाता है। इसी तरह बंगाल के कई भाग में संस्कृत संस्थाएँ चल रही हैं जहाँ इन विषयों की शिक्षा दी जाती है। आपने अनुच्छेद 22 (1) में व्यवस्था की है कि ऐसी संस्थाओं में, जो पूर्णत: राज्य द्वारा पोषित हैं, धार्मिक शिक्षा नहीं दी जाएगी। ये संस्थाएँ पूर्णतया राज्य द्वारा पोषित हैं। मेरा सवाल है कि क्या ऐसी व्याख्या होगी कि वेद या स्मृति या शास्त्र या उपनिषद् की शिक्षा-दीक्षा भी धार्मिक शिक्षा की परिभाषा में आ जाए? ऐसी स्थिति में इन सब संस्थाओं को बन्द होना होगा।"[135]

डॉ. आंबेडकर ने जवाब दिया, "मैं इन संस्थाओं, जिनका सन्दर्भ मेरे मित्र मि. मैत्रे द्वारा दिया गया है, की वास्तविकता के बारे में नहीं जानता हूँ, इसलिए मेरे द्वारा कुछ कहना कठिन है।"

लक्ष्मीकान्त मैत्रे ने फिर कहा, "शासकीय संस्कृत कॉलेज एवं स्कूलों में गीता, उपनिषद्, वेद और इस तरह की चीजों के शिक्षण का उदाहरण लें।"

मैत्रे के इस सवाल का ऐसा सन्तुलित जवाब देना, जो किसी समुदाय के लिए असन्तोष का कारण न बने, आसान कार्य नहीं था। इस सवाल का सीधे-साधे 'हाँ' या 'नहीं' में जवाब देना भी नुकसानदायक हो सकता था, खासतौर से देश की तत्कालीन परिस्थितियों को देखते हुए। डॉ. बी. आर. आंबेडकर ने शोधकार्य को धार्मिक शिक्षा से अलग करते हुए जवाब दिया—

> "धार्मिक शिक्षा को शोधकार्य या अध्ययन से अलग माना जाए। ये बिलकुल अलग चीजें हैं। धार्मिक शिक्षा का अर्थ अलग है। उदाहरण के लिए जहाँ तक इस्लाम धर्म का सम्बन्ध है, इसका अर्थ है कि तुम एक ईश्वर में विश्वास करो, कि तुम विश्वास करो कि मोहम्मद साहब आखिरी पैगम्बर हैं इत्यादि-इत्यादि। दूसरे शब्दों में, इसे हम 'मत' कहते हैं। कोई मत 'अध्ययन' से बिलकुल अलग है।"[136]

इस बीच उपाध्यक्ष महोदय ने कहा, "कलकत्ता विश्वविद्यालय के कॉलेज-निरीक्षक के रूप में मैं संस्कृत कॉलेज का निरीक्षण करने के लिए जाया करता था। वहाँ पर छात्रों को न केवल विश्वविद्यालय-पाठ्यक्रम का, बल्कि इससे अलग संस्कृत साहित्य की दूसरी पुस्तकों का भी अध्ययन करना पड़ता था। लेकिन इसको कभी धार्मिक शिक्षा नहीं माना गया, इसे संस्कृति का एक पाठ्यक्रम माना जाता था।"

लक्ष्मीकान्त मैत्रे ने पुन: कहा, "मेरा भी यही विषय है। यह शोधकार्य का सवाल नहीं है। यह मात्र धर्म या धार्मिक शाखाओं का अध्ययन मात्र है। मैं पूछता हूँ कि क्या गीता और उपनिषद् पर व्याख्यान देना धार्मिक शिक्षा देने की तरह माना जाएगा? उपनिषद् की व्याख्या देना शोधकार्य का मामला नहीं है।"

उपाध्यक्ष महोदय ने कहा, "यह विद्यार्थियों को पढ़ाने का प्रश्न है और कम-से-कम एक उदाहरण मैं जानता हूँ जहाँ संस्कृत कॉलेज में एक मुस्लिम विद्यार्थी था।"

इसके उपरान्त एच. वी. कामथ ने कहा, "स्पष्टीकरण के तौर पर, क्या मेरे मित्र डॉ. आंबेडकर का यह कहना है कि एक समुदाय द्वारा संचालित स्कूल, जो केवल उस समुदाय के विद्यार्थियों के लिए हैं, में धार्मिक शिक्षा अनिवार्य नहीं होनी चाहिए?"

डॉ. आंबेडकर ने जवाब दिया, "यह उस समुदाय पर छोड़ दिया गया है कि वह इसे अनिवार्य बनाता है या नहीं। हमने यह प्रतिपादित किया है कि उन समुदाय को, जो स्कूल चलाते हैं, अपनी धार्मिक शिक्षा को दूसरे समुदाय के बच्चों के लिए अनिवार्य करने का अधिकार नहीं होगा।"

तत्पश्चात प्रो. शिब्बन लाल सक्सेना ने सुझाव दिया, "आपने 'धार्मिक शिक्षा' शब्द का जिस तरह से वर्णन किया है, उसे संविधान में स्थान मिलना चाहिए।"

डॉ. आंबेडकर ने जवाब दिया, "मैं सोचता हूँ कि यह न्यायालय को तय करना है, जब मामला उसके सामने आए।"

नजीरुद्दीन अहमद ने पूछा, "माननीय सदस्य ने खंड (3) को हटाने की स्वीकृति का प्रस्ताव किया है। यह एक व्याख्यात्मक कथन है। मैं पूछना चाहूँगा कि क्या इसका हटाया जाना उस सिद्धान्त को भी समाप्त करेगा जो इसे हटाए जाने के पहले उसमें मौजूद था।"

डॉ. आंबेडकर ने जवाब दिया, "बहुत अच्छा, मैं जो विचार रखता हूँ, वह यह है कि खंड (3) वास्तव में अनावश्यक है। यह एक समुदाय द्वारा पोषित स्कूल से सम्बन्धित है। स्कूल अवधि के बाद समुदाय इसका प्रयोग, जैसा चाहे, उस तरीके से करने के लिए स्वतंत्र है। संविधान में इस तरह का प्रावधान नहीं होना चाहिए।"

माननीय सदस्यों के साथ इतने त्वरित सवाल-जवाब के बाद भी डॉ. आंबेडकर ने ट्रस्ट को लेकर प्रो. के. टी. शाह के सवाल को अनुत्तरित रखना उचित नहीं समझा। अपने सम्बोधन को जारी रखते हुए डॉ. आंबेडकर ने कहा—

> "अब महोदय, एक विषय है जो प्रो. के. टी. शाह द्वारा उठाया गया है कि परन्तुक राज्य को ऐसी संस्थाओं, जिनके ट्रस्टीशिप को राज्य ने स्वीकार किया है, में धार्मिक शिक्षा जारी रखने की अनुमति देता है। मैं वास्तव में नहीं समझता हूँ कि प्रो. के. टी. शाह द्वारा उठाए गए विषय में कोई ज्यादा सार है। वह महसूस करेंगे कि ऐसे मामले रहे हैं जब देश के प्रारम्भिक इतिहास में धार्मिक शिक्षा प्रदान करने के उद्देश्य से संस्थाएँ स्थापित किए गए और कुछ कारणों से इनके पास अपने प्रबन्धन के लिए कोई भी व्यक्ति नहीं रह गया और बाद में इनका राज्य द्वारा ट्रस्टी के रूप में ग्रहण कर लिया गया। अब यह स्पष्ट है कि जब आप एक ट्रस्ट को स्वीकार करते हैं तो आपको उस ट्रस्ट को सभी अर्थों में पूरा करना चाहिए। यदि राज्य ने इन संस्थाओं को पहले ही ग्रहण कर लिया और अपनी स्थिति को एक ट्रस्टी के रूप में बना लिया, तब स्पष्टतया आप सरकार से यह नहीं कह सकते कि इस तथ्य के बावजूद कि आप इन संस्थाओं में धार्मिक शिक्षा दे रहे थे, अब के बाद आप ऐसी शिक्षा नहीं देंगे। मैं समझता हूँ कि ऐसा करना राज्य को ट्रस्ट को भंग करने के लिए न केवल अनुमति देने जैसा होगा, बल्कि विवश करने जैसा होगा। इसलिए इस स्थिति को स्पष्ट करने के लिए हमने इस परन्तुक को शामिल करना वांछित एवं आवश्यक समझा।"[137]

इसके पश्चात संविधान-सभा ने जसपत राय कपूर के संशोधन को स्वीकार कर और बाकी सभी बारह संशोधनों को अस्वीकार कर, अनुच्छेद 22 का यथासंशोधित प्रावधान (नियमित अनुच्छेद 28) 7 दिसम्बर, 1948 को अंगीकृत कर लिया। तृतीय पाठन के दौरान प्रारूप खंड (1) के साथ रखे गए ट्रस्ट से सम्बन्धित परन्तुक को नियमित खंड (2) के रूप में और प्रारूप खंड (2) को नियमित खंड (3) के रूप में बदल दिया गया।

11. भाषा और संस्कृति का अधिकार

प्रारूप अनुच्छेद 23 के अन्तर्गत भाषा एवं संस्कृति सम्बन्धी अधिकार को सुरक्षित किया गया था। प्रारूप अनुच्छेद 23 के अनुसार—

1. भारत के राज्य क्षेत्र या उसके किसी भाग में रहने वाले नागरिकों के किसी वर्ग को, जिसकी अपनी विशिष्ट भाषा, लिपि और संस्कृति है, उसे बनाए रखने का अधिकार होगा।
2. राज्य द्वारा पोषित किसी शिक्षण संस्था में प्रवेश से किसी भी अल्पसंख्यक को केवल धर्म, समुदाय या भाषा के आधार पर वंचित नहीं किया जाएगा।

3. (क) धर्म या भाषा पर आधारित सभी अल्पसंख्यक वर्गों को अपनी रुचि की शिक्षण संस्थाओं की स्थापना और प्रशासन का अधिकार होगा।
(ख) शिक्षण संस्थाओं को सहायता देने में राज्य किसी शिक्षण संस्था के विरुद्ध इस आधार पर विभेद नहीं करेगा कि वह धर्म, समुदाय या भाषा पर आधारित किसी अल्पसंख्यक वर्ग के प्रबन्ध में है।

लोकनाथ मिश्र ने प्रारूप प्रावधान को एक खंड वाले नये प्रावधान से प्रतिस्थापित करने के लिए संशोधन[138] प्रस्तुत किया। यह नया प्रावधान भी नागरिकों की विशेष भाषा, लिपि और संस्कृति को सुरक्षित करने के लिए प्रस्तावित करता था, किन्तु इसे आध्यात्मिक विरासत और सांस्कृतिक एकता के अधीन रखा गया था। उन्होंने तर्क दिया कि "भारत क्षेत्र में अलग-अलग भाषा, लिपि और यहाँ तक कि अलग-अलग संस्कृति है, किन्तु इन सभी संस्कृतियों, इन सभी भाषाओं और इन सभी लिपियों को एक सामान्य लक्ष्य हेतु माध्यम के रूप में लिया जाना चाहिए और इस सामान्य लक्ष्य को राज्य द्वारा मान्य, पोषित एवं सुरक्षित करना चाहिए।"

जे. एच. लारी ने खंड (1) के प्रावधान को नये प्रावधान से प्रतिस्थापित करने के लिए संशोधन प्रस्तुत किया। नये प्रावधान में नागरिक के स्थान पर अल्पसंख्यक शब्द का प्रयोग किया गया था। डॉ. आंबेडकर ने खंड (1) में शब्दावली 'लिपि और संस्कृति' के स्थान पर 'लिपि या संस्कृति' रखने के लिए, प्रो. शाह ने खंड (1) में शब्द 'बनाए रखने' के बाद 'और विकसित करने' जोड़ने के लिए, एम. अनन्थसंयनम अयंगर ने खंड (2) में शब्दावली 'कोई अल्पसंख्यक' के स्थान पर 'कोई नागरिक या अल्पसंख्यक' रखने के लिए संशोधन प्रस्तुत किया।

ठाकुर दास भार्गव का एक महत्त्वपूर्ण संशोधन[139], खंड (3) को नये अनुच्छेद 23-क के रूप में अलग करने और खंड (2) के प्रावधान को निम्न नये प्रावधान से प्रतिस्थापित करने के लिए प्रस्तुत किया—

(2) कोई भी नागरिक राज्य द्वारा पोषित या राज्य निधि से सहायता प्राप्त शिक्षण संस्था में केवल धर्म, मूलवंश, जाति, भाषा या इसमें से किसी के आधार पर वंचित नहीं किया जाएगा।

भार्गव के खंड (2) और प्रारूप खंड (2) के बीच निम्न तीन मूलभूत अन्तर थे—

1. शब्द 'किसी भी अल्पसंख्यक' के स्थान पर 'किसी भी नागरिक' का प्रयोग किया गया था।
2. शब्दावली 'धर्म, समुदाय या भाषा के आधार पर' के स्थान पर 'धर्म, मूलवंश, जाति, भाषा या इसमें से किसी के आधार पर' रखा गया था। और
3. इस प्रावधान के दायरे में न केवल राज्य द्वारा पोषित शिक्षण संस्थाओं को, बल्कि राज्य निधि से सहायता पाने वाली शिक्षण संस्थाओं को भी रखा गया था।

अपने संशोधन के समर्थन में भार्गव ने कहा कि राष्ट्रीय हित में आवश्यक है कि इस विषय को लेकर बहुसंख्यक के खिलाफ भी भेदभाव नहीं होना चाहिए। दुर्भाग्य से कुछ मामलों में धारणा है कि कुछ विशेष अधिकार केवल अल्पसंख्यकों के पास होते हैं और जिन्हें बहुसंख्यकों को देने से मना किया जाता है। यह आदत हमारे अंग्रेजी शासकों की थी, जिससे वे अल्पसंख्यकों और बहुसंख्यकों के मध्य इस तरह का भेदभाव पैदा करना चाहते थे। कभी अल्पसंख्यक कहते थे कि उनके खिलाफ भेदभाव किया गया तो दूसरे अवसर पर बहुसंख्यकों

को ऐसा महसूस होता था। यह संशोधन अल्पसंख्यकों और बहुसंख्यकों को समान हैसियत पर लाता है। शैक्षणिक संस्थाओं में प्रवेश का जहाँ तक सम्बन्ध है, अल्पसंख्यक या बहुसंख्यक के बीच कोई भेदभाव नहीं होगा। यह अल्पसंख्यक और बहुसंख्यक समुदाय के छात्र वर्ग के लिए आजादी का चार्टर है।

प्रारूप खंड (3) के सम्बन्ध में ठाकुर दास भार्गव, दामोदर स्वरूप सेठ एवं प्रो. के. टी. शाह ने संशोधन प्रस्तुत किए। भार्गव का महत्त्वपूर्ण संशोधन[140] खंड (3) से 'समुदाय' शब्द हटाने के लिए प्रस्तुत किया गया। भार्गव ने तर्क दिया कि "एक समुदाय को दूसरे समुदाय से अलग करने वाली ऐसी कोई भी सामान्य विशेषता नहीं है जो 'धर्म एवं भाषा' शब्द से आच्छादित न होती हो। इसलिए 'समुदाय' शब्द निरर्थक है।" जेड. एच. लारी का एक अन्य संशोधन[141] मातृभाषा में प्राथमिक शिक्षा प्रदान करने हेतु नया खंड (4) जोड़ने के लिए था।

आम बहस में भाग लेते हुए आर. के. सिधवा ने प्रारूप अनुच्छेद में अन्तर्विरोधों का उल्लेख किया और कहा कि "जहाँ तक धार्मिक शिक्षा का सवाल है इसे स्पष्ट शब्दों में कहा जाना चाहिए था कि जो भी शैक्षणिक संस्थाएँ सहायता प्राप्त करती हैं, उनमें धार्मिक शिक्षा नहीं पढ़ाई जाएगी।" वह ऐसे दृष्टान्तों को जानते हैं जहाँ धर्म के नाम पर साम्प्रदायिक घृणा सिखाई जाती है। वह नहीं जानते हैं कि इस नये युग में जब हम इस संविधान के अन्तर्गत कार्य करेंगे, तो क्या उसी तरह की धार्मिक शिक्षा सिखाई जाएगी। विभिन्न स्कूलों में दी जाने वाली ऐसी धार्मिक शिक्षा के सम्बन्ध में ऐसा कोई निर्बन्धन नहीं है।[142] जबकि जयपाल सिंह ने प्रारूप अनुच्छेद का समर्थन किया और आशा व्यक्त किया की कि प्रान्तीय सरकारें इस अनुच्छेद की आत्मा के अनुसार कार्य करेंगी, ताकि प्रान्तों में भाषायी लड़ाई के कारण मौजूद कड़ुवाहट धीरे-धीरे विलुप्त हो जाए और सभी भाषायी अल्पसंख्यक यह महसूस करने लगें कि उनकी भाषा को नहीं सताया जाएगा और वे अपनी भाषा का उसी तरह विकास कर सकते हैं, जैसा वे चाहते हैं।[143]

बिश्वनाथ दास ने प्रारूप प्रावधान से असहमति व्यक्त की। उनका तर्क था कि "हम सभी प्राचीन संस्कृति और पाश्चात्य संस्कृति नाम की दो संस्कृति को मानने के आदती रहे हैं। लेकिन मसौदा समिति के हमारे बुद्धिमान माननीय सदस्यगण ने न केवल बहुसंस्कृति का विचार दिया है, बल्कि सांस्कृतिक अंचलों को स्थिर भी कर दिया है।" धार्मिक अल्पसंख्यक की धारणा पर सवाल उठाते हुए बिश्वनाथ दास ने कहा, "ब्रिटिश सरकार ने हमें धार्मिक अल्पसंख्यक दिया है। ये धार्मिक अल्पसंख्यक कौन हैं? मेरा दावा है कि मेरे मुसलमान भाई का रक्त मेरा रक्त है और उनकी अस्थि मेरी अस्थि है। संस्कृति को लेकर किसी तरह का कोई अन्तर नहीं है। हमारी ही संस्कृति है। यह प्राचीन संस्कृति है।"[144] आम बहस में जेड. एच. लारी, मिहिर लाल चट्टोपाध्याय, के. सन्थानम, ओ. वी. अलगेसन, गोविन्द बल्लभ पंत, हसरत मोहानी, हृदयनाथ कुंजरू ने भी भाग लिया।

आम बहस के उपरान्त डॉ. आंबेडकर ने केवल ठाकुर दास भार्गव के दोनों संशोधनों को स्वीकार किया।

संविधान-सभा ने डॉ. बी. आर. आंबेडकर के एक और ठाकुर दास भार्गव के दो संशोधन को स्वीकार कर और बाकी आठ संशोधनों को अस्वीकार कर, प्रारूप अनुच्छेद 23 के यथासंशोधित प्रावधान को दो प्रारूप अनुच्छेद—प्रारूप अनुच्छेद 23 (नियमित अनुच्छेद 29) और नया अनुच्छेद 23-क (नियमित अनुच्छेद 30) के रूप में 8 दिसम्बर, 1948 को अंगीकृत कर लिया।

प्रारूप अनुच्छेद 23 पर बहस के दौरान निम्न दो महत्त्वपूर्ण विषयों पर विस्तार से चर्चा की गई—

(क) 'अल्पसंख्यक' शब्द की मौलिक स्थिति क्या है; और

(ख) मातृभाषा में प्राथमिक शिक्षा प्राप्त करने का मूल अधिकार कितना प्रासंगिक है?

(क) भाषा एवं संस्कृति के सम्बन्ध में अल्पसंख्यक की मौलिक स्थिति

जेड. एच. लारी ने खंड (1) के प्रारूप प्रावधान को नये प्रावधान से प्रतिस्थापित करने के लिए संशोधन[145] प्रस्तुत किया। इस नये प्रस्तावित प्रावधान के अनुसार—'भाषा, लिपि और संस्कृति के सम्बन्ध में प्रत्येक इकाई में अल्पसंख्यकों को संरक्षण मिलेगा और कोई भी ऐसा कानून या विनियम नहीं बनाया जा सकता है, जो इस सम्बन्ध में उत्पीड़क या हानिकारक की तरह लागू हो।' लारी ने मूल अधिकार समिति की रिपोर्ट को आधार बनाकर कहा कि यह सर्वस्वीकरणीय है कि सांस्कृतिक और शैक्षणिक अधिकारों की सुरक्षा होनी ही चाहिए और यही अनुच्छेद 23 का आशय है। इस खंड का, जैसा मूलरूप में था और इस सदन से अनुमोदित था, आशय यह प्रतिपादित करना था कि ऐसा कोई कानून या विनियम पारित नहीं किया जाएगा, जो अल्पसंख्यकों की अपनी संस्कृति और भाषा को बनाए रखने एवं आगे बढ़ाने पर विपरीत प्रभाव डाले।

आम बहस के दौरान मिहिर लाल चट्टोपाध्याय ने प्रारूप अनुच्छेद का समर्थन किया और कहा कि "यह एक तथ्य है कि देश के विभिन्न प्रान्तों में भाषायी अल्पसंख्यक रहते हैं। यह भी एक तथ्य है कि भारत के बहुत से प्रान्तों में भाषा आधारित अल्पसंख्यकों को कई तरह की अयोग्यताओं के अधीन कर दिया गया है और इसके परिणामस्वरूप, पिछले कुछ समय से, देश में भाषा के अत्याचार और साम्राज्यवाद के बारे में दबी हुई आवाज है। इसलिए यह अनुच्छेद 23 विभिन्न प्रान्तों के बहुसंख्यकों के लिए स्पष्ट निर्देश है कि वे भाषा एवं संस्कृति आधारित अल्पसंख्यकों के हितों का ध्यान रखें।"[146] जबकि हसरत मोहानी ने लारी के संशोधन का समर्थन किया और कहा कि "यह एक व्यापक सिद्धान्त है। वह समझने में विफल हैं कि डॉ. आंबेडकर कैसे नया सिद्धान्त बना सकते हैं। उन्हें ऐसा नहीं करना चाहिए था।"[147]

यह सही है कि मूल अधिकार समिति की रिपोर्ट दिनांक 23 अप्रैल, 1947 के पैरा 18(1) में 'अल्पसंख्यक' शब्द का प्रयोग किया गया था और इस रिपोर्ट को संविधान-सभा द्वारा स्वीकार भी किया गया था। जबकि प्रारूप प्रावधान में ऐसा कोई शब्द नहीं रखा गया था। इस बदलाव को एक सुधार की दिशा में उठाया गया कदम सिद्ध करते हुए डॉ. बी. आर. आंबेडकर ने कहा—

> "मूल अधिकार की मौलिक धारा को पढ़ने के बाद यह पाया गया कि इसमें 'अल्पसंख्यक' शब्द का प्रयोग इस शब्द के उस तकनीकी भाव में नहीं किया गया था जैसा कि हम सभी कुछ राजनीतिक बचाव के उद्देश्य से इसका प्रयोग करने के आदती रहे हैं, जैसे कि विधायिका में प्रतिनिधित्व या सेवाओं में प्रतिनिधित्व इत्यादि। इस शब्द का प्रयोग केवल तकनीकी अर्थ में अल्पसंख्यक को सन्दर्भित करने के लिए नहीं किया गया है, बल्कि इसका प्रयोग उन अल्पसंख्यकों को आच्छादित करने के लिए भी किया गया है, जो तकनीकी अर्थ में अल्पसंख्यक नहीं हैं, लेकिन फिर भी जो सांस्कृतिक और भाषायी अर्थ में अल्पसंख्यक हैं। उदाहरण के लिए, यदि कुछ लोग मद्रास से आकर बॉम्बे में कुछ निश्चित उद्देश्यों के लिए बस जाएँ, यद्यपि वे तकनीकी अर्थ में अल्पसंख्यक नहीं हैं लेकिन सांस्कृतिक अल्पसंख्यक हैं। इसी

तरह से यदि कुछ महाराष्ट्रीयन लोग महाराष्ट्र से चलकर बंगाल में बस जाएँ, यद्यपि वे तकनीकी अर्थ में अल्पसंख्यक नहीं हैं लेकिन बंगाल में सांस्कृतिक और भाषायी अल्पसंख्यक होंगे।

"इस अनुच्छेद का आशय संस्कृति, भाषा और लिपि के मामलों में केवल तकनीकी अर्थ में अल्पसंख्यक को सुरक्षा देना नहीं है, बल्कि व्यापक अर्थ में अल्पसंख्यक को सुरक्षा देना है। यही कारण है कि हमने 'अल्पसंख्यक' शब्द को हटा दिया है क्योंकि हमने महसूस किया कि इस शब्द की संकीर्ण अर्थों में व्याख्या की जा सकती है। इस सदन का आशय, जब इसने पैरा 18 पारित किया था, 'अल्पसंख्यक' शब्द का प्रयोग व्यापक अर्थों में करना था, जो उन लोगों को सांस्कृतिक सुरक्षा दे सके जो तकनीकी रूप से अल्पसंख्यक नहीं हैं लेकिन फिर भी अल्पसंख्यक हैं। यह सुरक्षा बहुत सामान्य कारण से आवश्यक थी क्योंकि जो लोग एक प्रान्त से दूसरे प्रान्त जाकर बसते हैं, वे वहाँ स्थायी रूप से नहीं बसते हैं। वे उस प्रान्त से, जहाँ से पलायित होते हैं, अपने सम्बन्ध को पूरी तरह समाप्त नहीं किए रहते हैं, बल्कि वे अपना सम्बन्ध बनाए रखते हैं। वे विवाह के उद्देश्य के लिए अपने प्रान्त वापस जाते हैं। वे दूसरे कई अन्य उद्देश्यों से अपने प्रान्त वापस जाते हैं और यदि यह संरक्षण उनको न दिया जाए, जब वे स्थानीय विधायिका के अधीन हों और स्थानीय विधायिका इन्हें अपनी संस्कृति को बनाए रखने का अवसर देने से मना कर दे, तब इन सांस्कृतिक अल्पसंख्यकों के लिए अपने प्रान्त वापस जाना और अपने मूल लोगों के साथ तालमेल करना बहुत कठिन होगा। एक प्रान्त से दूसरे प्रान्त में प्रव्रजन की स्थिति से निपटने के लिए हमने इस संविधान में इस तरह का प्रावधान शामिल करना वांछित महसूस किया।

"एक दूसरी बात जिसे अनुच्छेद 23 को पढ़ते समय दिमाग में रखना चाहिए, यह है कि यह राज्य पर कोई दायित्व या भार नहीं थोपता है। यह नहीं कहता है कि जब, उदाहरण के लिए, मद्रास के लोग बॉम्बे आएँ तो बॉम्बे सरकार के लिए तमिल भाषा में या आन्ध्र भाषा में या किसी अन्य भाषा में शिक्षा देने के सम्बन्ध में किसी योजना को आर्थिक सहयोग देने का कानून बनाना आवश्यक होगा। राज्य पर ऐसा कोई भी दायित्व नहीं है। अनुच्छेद 23 द्वारा एकमात्र सीमा यह लगाई गई है कि यदि कोई सांस्कृतिक अल्पसंख्यक हैं जो अपनी भाषा, अपनी लिपि और अपनी संस्कृति को सुरक्षित रखना चाहते हैं, तो राज्य कानून बनाकर उन पर दूसरी संस्कृति, चाहे वह स्थानीय हो या अन्य, को थोप नहीं सकता है। इसलिए इस अनुच्छेद को वास्तव में व्यापक अर्थों में पढ़ा जाना चाहिए और केवल उन पर नहीं लागू किया जाना चाहिए जिसे मैंने तकनीकी अर्थों में अल्पसंख्यक कहा है, जैसा कि हमने इस संविधान में प्रयोग किया है। यही कारण है कि हमने मूल धारा में प्रयुक्त 'अल्पसंख्यक' शब्द निकाल दिया है।

"किन्तु मेरे मित्र मि. लारी, यह देखना भूल गए कि जब हम 'अल्पसंख्यक' शब्द को हटा रहे थे, तो इसके साथ हमने मौलिक प्रावधान में प्रदत्त की गई सुरक्षा, जैसे कि यह मूल अधिकार में मौजूद है, में कई बहुत बड़े सुधार भी किए हैं। मूल अनुच्छेद, जैसा कि यह मूल अधिकारों में मौजूद है, राज्य पर केवल यह कर्तव्य सौंपता है कि राज्य

उनकी संस्कृति, उनकी लिपि और उनकी भाषा की सुरक्षा करेगा। मौलिक प्रावधान में इन विभिन्न समुदायों को मूल अधिकार नहीं प्रदान किया है। इसने केवल एक कर्तव्य सौंपा है और एक धारा जोड़ी है कि जब राज्य के पास भाषा, संस्कृति और लिपि के इन अधिकारों पर सीमाएँ लगाने का अधिकार हो, तब राज्य ऐसा कानून नहीं बनाएगा जिसे उत्पीड़क कहा जा सके। ऐसा नहीं है कि राज्य इस तरह के मामलों को प्रभावित करने वाला कानून नहीं बना सकता है, बल्कि यह है कि कानून उत्पीड़क नहीं होगा। अब मैं इस बारे में निश्चिंत हूँ कि मौलिक धारा में प्रदान की गई सुरक्षा बहुत ही असुरक्षित थी। यह राज्य की शुभेच्छा पर निर्भर करती थी। अब आप पाते हैं, जैसा कि अनुच्छेद 23 में कहा गया है, हमने इसे मूल अधिकार में बदल दिया है ताकि यदि राज्य कोई कानून बनाता है जो इस अनुच्छेद के प्रावधान से असंगत हो तब ऐसा कानून अनुच्छेद 8 (नियमित अनुच्छेद 13) के आधार पर अवैध होगा।

"मेरे मित्र मि. लारी और मि. मौलाना समझेंगे कि यह मूल धारा की तुलना में बहुत बड़ा सुधार है। निश्चित रूप से मसौदा समिति द्वारा किए गए बदलावों के कारण स्थिति में किसी तरह का क्षय नहीं हुआ है।"[148]

डॉ. बी. आर. आंबेडकर के सम्बोधन के बाद संविधान-सभा ने जेड. एच. लारी के संशोधन को अस्वीकार कर प्रारूप खंड (1) का प्रावधान अंगीकृत कर लिया।

लारी के संशोधन पर हुई चर्चा से स्पष्ट हुआ कि अनुच्छेद 23 के खंड (1) का अल्पसंख्यक के सन्दर्भ में वास्तविक महत्त्व क्या है। अनुच्छेद 29 (प्रारूप अनुच्छेद 23) का प्रावधान भारत की सांस्कृतिक एवं भाषायी विविधता को एक सूत्र में पिरोए रखने वाला ऐसा धागा है, जो इस देश की भूभागीय-राष्ट्रीयता को अखंड बनाए रखता है।

(ख) मातृभाषा में प्राथमिक शिक्षा के अधिकार का सवाल

प्रारूप अनुच्छेद 23 के सम्बन्ध में एक अन्य संशोधन[149] जेड. एच. लारी ने नया खंड (4) जोड़ने के लिए प्रस्तुत किया। प्रस्तावित नये खंड के अनुसार 'भारत क्षेत्र या इसके किसी भाग में रह रहे नागरिकों का कोई वर्ग, जो अपनी विशिष्ट भाषा और लिपि रखता है, अपने बच्चों को उस भाषा एवं लिपि में प्राथमिक शिक्षा दिलाने का अधिकारी होगा।' इस संशोधन के समर्थन में लारी ने भारत सरकार द्वारा स्वीकृत और 14 अगस्त, 1948 के गजट में प्रकाशित प्रस्ताव को आधार बनाया। यह प्रस्ताव कहता था कि 'यह सिद्धान्त कि एक बच्चे को उसकी मातृभाषा के माध्यम से प्रारम्भिक स्तर की शिक्षा दिया जाना चाहिए, सरकार द्वारा स्वीकार किया गया है। सभी शिक्षाविद् सहमत हैं कि इस सिद्धान्त से भटकना बच्चों के लिए और इसलिए समाज-हित के लिए नुकसानदायक है।' लारी ने तत्कालीन शिक्षामंत्री मौलाना अबुल कलाम आजाद के विचार कि प्राथमिक विद्यालयों में अर्थात् छह से ग्यारह वर्ष की उम्र के जूनियर स्तर तक के लिए शिक्षा का माध्यम बच्चों की मातृभाषा होगा, का भी उल्लेख किया।

इसी बीच हस्तक्षेप करते हुए के. सन्थानम ने कहा, "इस संशोधन का अर्थ है कि प्रत्येक बच्चे को शिक्षा प्राप्त करने का अधिकार तुरन्त प्राप्त होगा। इसके लिए हमने निदेशक सिद्धान्त अपनाया है।"[150]

जेड. एच. लारी ने सन्थानम का जवाब देते हुए आगे कहा कि निदेशक सिद्धान्त से शब्दावली 'प्रत्येक नागरिक नि:शुल्क प्राथमिक शिक्षा प्राप्त करने का अधिकारी होगा' को

निकाल दिया गया और वक्ता ने कहा था कि यह मौलिक प्रकृति का था इसलिए इसे उस अध्याय में रखा जाना सम्भव नहीं था। जहाँ तक निदेशक सिद्धान्त का सम्बन्ध है, तो यह प्राथमिक शिक्षा के साथ माध्यमिक शिक्षा से भी सम्बन्धित है। हम यहाँ पर अल्पसंख्यकों के सांस्कृतिक और शैक्षणिक अधिकार पर चर्चा कर रहे हैं और यह शामिल कराना चाहते हैं कि प्राथमिक शिक्षा मातृभाषा के माध्यम से प्रदान की जाए। यह नहीं कहता है कि उन्हें प्राथमिक शिक्षा दी ही जाए।[151]

सैयद करीमुद्दीन ने लारी के प्रावधान के अन्त में शब्दावली 'यदि ऐसे छात्रों की सारभूत संख्या उपलब्ध हो' जोड़ने के लिए संशोधन प्रस्तुत किया। उनका तर्क था कि मि. लारी का संशोधन न केवल मुसलमानों के दृष्टिकोण से, न केवल अल्पसंख्यकों के दृष्टिकोण से, बल्कि उनके दृष्टिकोण से भी महत्त्वपूर्ण है जो बंगाल या मद्रास या दूसरे प्रान्तों से आते हैं।[152] बेगम एजाज रसूल ने भी लारी के प्रावधान में 'नागरिकों का कोई वर्ग' के स्थान पर 'अल्पसंख्यक' शब्द प्रतिस्थापित करने के लिए संशोधन प्रस्तुत किया।[153]

के. सन्थानम ने जेड. एच. लारी के प्रावधान को अव्यावहारिक बताया और कहा कि "कोई नहीं जानता कि क्या इस देश की आर्थिक एवं दूसरी परिस्थितियाँ सर्वमान्य प्राथमिक शिक्षा की अनुमति दे पाएँगी। आज भारत में कोई व्यक्ति अधिकार के रूप में प्राथमिक शिक्षा के लिए नहीं कह सकता है क्योंकि पूरी जनसंख्या के मात्र दस प्रतिशत लोग ही प्राथमिक शिक्षा प्राप्त करते हैं। मि. लारी के संशोधन को स्वीकार करना सम्भव नहीं है क्योंकि यह कई तरह की समस्याएँ खड़ा करेगा। यदि इसे पारित कर दिया गया, तो कोई भी सुप्रीम कोर्ट जा सकता है और कह सकता है कि उसके बच्चे को एक विशेष भाषा में प्राथमिक शिक्षा अवश्य दी जानी चाहिए।"[154]

गोविन्द बल्लभ पंत ने भी लारी के संशोधन पर आपत्ति की। उन्होंने कहा कि "इस भारत संघ में हम सबका उन सभी नागरिकों के प्रति दायित्व है जो इस भूमि पर रहते हैं और हमें चीजों को इस तरह करना है ताकि उन संसाधनों का, जो आज मौजूद हैं या जो कल उपलब्ध हो सकेंगे, अधिकतम उपयोग करने में हम सक्षम हों। मि. लारी करदाताओं के खर्च पर किसी की भी धुन को पूरा किए जाने की उम्मीद हमसे नहीं कर सकते हैं। हमारे देश में अधिसंख्य लोग अशिक्षित हैं और उन्हें कम-से-कम प्राथमिक शिक्षा का लाभ दिया ही जाना है। प्राथमिक शिक्षा को वैश्विक बनाने के लिए करोड़ों-करोड़ खर्च होंगे। प्रत्येक विद्यालय के पास अन्धाधुंध शिक्षकों के दो या तीन समूह होने चाहिए, एक नागरी को जानने वाला और दूसरा उर्दू को जानने वाला, इसको समझे बिना कि कितने छात्र इसमें रुचि रखते हैं, क्या हम आर्थिक रूप से ऐसा करने में सक्षम हैं?"[155]

किन्तु हसरत मोहानी ने लारी के संशोधन का समर्थन किया। उन्होंने बहस की कि "ब्रिटिश काल के दौरान मातृभाषा में माध्यमिक शिक्षा के लिए अलग-अलग मातृभाषी शैक्षणिक संस्थाएँ होती थीं। अंग्रेजी माध्यम से उच्च शिक्षा प्राप्त करने की इच्छा रखने वालों के लिए अंग्रेजी माध्यम वाले हाईस्कूल होते थे। वे लोग, जो इसे नहीं चाहते थे, उनके लिए सभी जिलों में हर जगह मातृभाषी स्कूल थे।"[156] हृदयनाथ कुंजरू ने भी लारी के संशोधन का समर्थन किया। रूस का उदाहरण देते हुए कुंजरू ने कहा कि "भारत की तरह रूस में भी एक से अधिक भाषा हैं। वहाँ पर रूसी सरकार द्वारा शासित सभी क्षेत्रों के लिए लिंगुआ फ्रैंका (सम्पर्क भाषा) के रूप में एक भाषा है और यह रसिया है। किन्तु उसी समय क्षेत्रीय भाषाओं के विकास को प्रोत्साहित किया गया।"[157]

मातृभाषा में शिक्षा देने की माँग को लेकर कोई सैद्धान्तिक विरोध नहीं था। किन्तु इसे मूल अधिकार के रूप में स्वीकार करने के कारण कई व्यावहारिक कठिनाइयाँ भी पैदा हो सकती थीं। इन कठिनाइयों का उल्लेख करते हुए डॉ. बी. आर. आंबेडकर ने कहा—

"मैं नहीं सोचता हूँ कि तार्किक सोच रखने वाले लोगों के मध्य इस बात को लेकर कोई विवाद हो सकता है कि यदि प्राथमिक शिक्षा को सेवायोग्य और वास्तविक बनाना है तो इसे मातृभाषा में ही प्रदान करना होगा। अन्यथा प्राथमिक शिक्षा महत्त्वहीन और अर्थहीन होगी। यह वैश्विक रूप से इतनी स्वीकृत बात है और इतनी न्यायसंगत है कि इस पर किसी तरह का कोई विवाद हो ही नहीं सकता।

"सवाल है कि क्या हमें इसको कानून में या संविधान में शामिल करना चाहिए? मैं इस विषय को संविधान के एक अनुच्छेद में रखने में कुछ कठिनाई पाता हूँ। यह सत्य है जैसा कि मेरे माननीय मित्र पंडित कुंजरू ने कहा है कि इस मूल अधिकार को लागू करने में जो कठिनाइयाँ महसूस की गई हैं, उन्हें कुछ हद तक मेरे मित्र मि. करीमुद्दीन द्वारा संशोधन प्रस्तुत करके कम या दूर किया गया है। इस संशोधन में कहा गया है कि यह सिद्धान्त सारभूत संख्या में बच्चे उपलब्ध होने की स्थिति में ही लागू होना चाहिए। मैं अपने मित्र करीमुद्दीन का ध्यान आकर्षित करना चाहूँगा कि उनका संशोधन वास्तव में उस कठिनाई का समाधान नहीं करता है, जो उनके द्वारा स्वीकार किए गए सिद्धान्त से पैदा होता है। पहला यह कि यह कौन निर्धारित करेगा कि सारभूत संख्या क्या है? हमें एक उदाहरण देने दें।

"मान लीजिए यह मामला कार्यपालिका पर छोड़ दिया जाए, जैसा कि अवश्य होना चाहिए और कार्यपालिका नियमावली बनाती है कि प्राथमिक विद्यालय में शिक्षा लेने वाले ऐसे बच्चों की संख्या 49 प्रतिशत होने पर ही इसे सारभूत संख्या माना जाएगा। यदि इस तरह के प्राधिकार को कार्यपालिका पर छोड़ दिया जाए तो क्या यह उन्हें सन्तुष्ट करेगा? तब मान लीजिए कि आप इस विषय को वादयोग्य मामला बना देते हैं, जैसा कि मूल अधिकार के रूप में शामिल करने पर यह नि:सन्देह होगा, तो क्या यह उचित है, कि ऐसे सवाल को कि किसी विशेष विद्यालय में सारभूत संख्या मौजूद है या नहीं, न्यायालय द्वारा तय किए जाने के लिए किसी न्यायालय में घिसटने दिया जाए? मैं इस कठिनाई के समाधान के लिए दूसरा कोई रास्ता नहीं देख सकता हूँ। 'सारभूत संख्या' शब्द की व्याख्या करने के लिए या तो आपको कार्यपालिका पर छोड़ना होगा या न्यायपालिका पर और मेरे निर्णय में अल्पसंख्यक को अपना उद्देश्य पाने योग्य बनाने के लिए इनमें से कोई भी तरीका सुरक्षित तरीका नहीं होगा।

"इसलिए मेरा निवेदन है कि हमें इस तथ्य से सन्तुष्ट होना चाहिए कि यह एक ऐसा वैश्विक सिद्धान्त है जिसे कोई भी प्रान्तीय सरकार, शैक्षणिक अधिकार के मामले में जनसंख्या के एक बड़े भाग को हानि पहुँचाए बिना, तर्कसंगत तरीके से निष्प्रभावी नहीं कर सकती है। इसलिए मैं निवेदन करता हूँ कि इस अनुच्छेद को, जैसा संशोधन किया गया है, सदन द्वारा स्वीकार किया जाए।"[158]

डॉ. बी. आर. आंबेडकर के सम्बोधन के बाद संविधान-सभा ने जेड. एच. लारी के संशोधन को अस्वीकार कर दिया।

12. सम्पत्ति का अधिकार

प्रारूप अनुच्छेद 24 के अन्तर्गत सम्पत्ति के अधिकार सम्बन्धी प्रावधान प्रस्तावित किया गया था। इसके खंड (1) के अनुसार कोई व्यक्ति कानून के प्राधिकार के बिना अपनी सम्पत्ति से वंचित नहीं किया जाएगा। खंड (2) कहता था कि सार्वजनिक उद्देश्य के लिए किसी चल या अचल सम्पत्ति, जिसमें कोई कम्पनी, कोई वाणिज्यिक या औद्योगिक इकाई का हित शामिल है, का कब्जा या अधिग्रहण तब तक नहीं लिया जाएगा, जब तक कि कानून ऐसी सम्पत्ति की क्षतिपूर्ति का भुगतान करने के लिए प्राविधानित न करे। जबकि खंड (3) का प्रावधान कर लगाने या लोकस्वास्थ्य को बढ़ाने या जीवन या सम्पत्ति को खतरे से बचाने के उद्देश्य के लिए मौजूद किसी कानून को या राज्य द्वारा बनाए जाने वाले किसी कानून को खंड (2) के प्रभाव से बचाने का प्रस्ताव करता था।

उक्त प्रावधान को 9 दिसम्बर, 1948 को विचारार्थ प्रस्तुत किया गया। किन्तु टी. टी. कृष्णमाचारी के प्रस्ताव पर और डॉ. बी. आर. आंबेडकर की सहमति के उपरान्त इस अनुच्छेद पर चर्चा को टाल दिया गया। इसके उपरान्त इसे 10 सितम्बर, 1949 को संविधान निर्माण के अन्तिम चरण में विचारार्थ प्रस्तुत किया गया। प्रारूप अनुच्छेद 24 को रखे जाने के साथ सभाध्यक्ष ने व्यवस्था दी कि हम संशोधन संख्या 369 (जवाहरलाल नेहरू के संशोधन) से आरम्भ करेंगे। इस संशोधन पर 97 संशोधन प्राप्त हो चुके हैं।[159] सभाध्यक्ष की इस व्यवस्था पर ब्रजेश्वर प्रसाद ने आपत्ति की कि यह प्रक्रिया अभी तक अपनाई गई प्रक्रिया के अनुरूप नहीं है, क्योंकि यह डॉ. आंबेडकर थे, जिनको अनुच्छेद 24 को या संशोधित स्वरूप में दूसरे अनुच्छेद को प्रस्तावित करना चाहिए था। मसौदा समिति की तरफ से इस सदन के किसी सदस्य को संशोधन प्रस्तुत करने का अधिकार नहीं है।

इसके बाद जवाहरलाल नेहरू ने प्रारूप प्रावधान को नये प्रावधान से प्रतिस्थापित करने के लिए संशोधन[160] प्रस्तुत किया। इस नये प्रावधान में छह खंड शामिल थे। खंड (1), (2) व (5) के प्रावधान क्रमश: प्रारूप खंड (1), (2) व (3) के प्रावधान जैसे ही थे। केवल खंड (2) में 'क्षतिपूर्ति का भुगतान' के स्थान पर 'क्षतिपूर्ति' का प्रयोग किया गया था। नया खंड (3) कहता था कि खंड (2) के अन्तर्गत राज्य विधायिका द्वारा बनाए गए कानून तब तक नहीं लागू होंगे जब तक राष्ट्रपति की सहमति प्राप्त न हो जाए। खंड (4) एवं (6) के अनुसार राज्य के कानून पर किसी न्यायालय में इस आधार पर सवाल नहीं उठाया जा सकता है कि वह खंड (2) के प्रावधान का उल्लंघन करता है। इन दोनों खंडों का उद्देश्य यूनाइटेड प्राविंसेज (वर्तमान उत्तर प्रदेश), बिहार और मद्रास राज्यों के जमींदारी विनाश कानूनों को सुरक्षित करना था।

उक्त संशोधन के समर्थन में जवाहरलाल नेहरू ने कहा कि "दो विचारधाराएँ हैं, सम्पत्ति के व्यक्तिगत अधिकार की विचारधारा और सम्पत्ति में सामुदायिक हित या सामुदायिक अधिकार की विचारधारा। इन दोनों के मध्य आवश्यक रूप से कोई अन्तर्विरोध नहीं है : कभी-कभी ये दोनों परस्पर व्याप्त होते हैं और कभी-कभी कुछ छोटे अन्तर्विरोध हो सकते हैं। यह संशोधन उस अन्तर्विरोध को समाप्त करने या कम करने का प्रयास करता है और इन दोनों अधिकारों—व्यक्ति के अधिकार और समुदाय के अधिकार, पर पूर्ण विचार करने का भी प्रयास करता है। यह न केवल व्यक्ति के साथ बल्कि समुदाय के साथ न्याय एवं साम्यता का व्यवहार करता है।

जवाहरलाल नेहरू ने आगे कहा कि "ऐसे कुछ लोगों को छोड़कर, जो अपनी सुरक्षा करने के लिए पर्याप्त रूप से मजबूत हैं, दूसरे व्यक्ति को आज कैसे सुरक्षित किया जाए? वे कुछ लोग कम और बहुत कम हो गए हैं। ऐसे हालात में राज्य को सम्पत्ति के व्यक्तिगत अधिकार

की सुरक्षा करनी होगी। उसके पास सम्पत्ति हो सकती है, किन्तु इसका कोई मतलब नहीं हो सकता है, क्योंकि उसके रास्ते में कुछ एकाधिकारवादी आ सकते है और उसे उसकी सम्पत्ति का उपभोग करने से रोक सकते है। इसलिए जब आप कहते हैं कि आप व्यक्ति के अधिकार को सुरक्षित कर रहे हैं, तो विषय इतना आसान नहीं होता है, क्योंकि आज पूँजीवादी दिशा में और समाजवादी दिशा में बहुत सारी ताकतों के कार्य करने के कारण व्यक्ति अपने अधिकार को पूर्णतया खो सकता है।"

खंड (4) और (6) के माध्यम से न्यायिक समीक्षा पर रोक लगाई गई थी। इसके औचित्य को स्पष्ट करते हुए नेहरू ने तर्क दिया कि "कोई सुप्रीम कोर्ट या कोई न्यायपालिका सम्पूर्ण समुदाय का प्रतिनिधित्व करने वाले संसद की सार्वभौमिक इच्छा के ऊपर निर्णय नहीं दे सकती है। यदि हम यहाँ पर गलत करते हैं और वहाँ इसका ध्यान दिया जाता है, किन्तु अन्तिम निष्कर्ष में, जहाँ तक समुदाय के भविष्य का सवाल है, कोई न्यायपालिका रास्ते में नहीं आ सकता है। बुद्धिमान जनता के रूप में यह देखना उनका कर्तव्य है कि उत्साह के पल में और यहाँ तक कि उत्तेजना के क्षण में भी जनता का प्रतिनिधि गलती नहीं कर सकता है; जबकि वे कर सकते हैं। न्यायालयों के अलग-थलग वातावरण में, उन्हें यह देखना चाहिए कि कुछ भी ऐसा नहीं किया जाता है, जो संविधान के खिलाफ हो, जो देशहित के विरुद्ध हो, जो व्यापक सन्दर्भ में समुदाय के खिलाफ हो। इसलिए यदि ऐसा कुछ होता है, तो उन्हें इस तथ्य की ओर ध्यान देना चाहिए, किन्तु यह निश्चित है कि कोई भी न्यायालय या न्यायपालिका का कोई भी तंत्र सुधार करने वाले तृतीय सदन के स्वरूप में, तृतीय सदन की तरह कार्य नहीं कर सकता है। इसलिए यह महत्त्वपूर्ण है कि न्यायपालिका को इस सीमा के साथ कार्य करना चाहिए।"[161]

जवाहरलाल नेहरू के उक्त संशोधन पर यद्यपि 97 संशोधन प्राप्त हुए, किन्तु सदन के पटल पर केवल 50 संशोधन ही रखे गए। ये संशोधन मुख्यत: निम्न चार अलग-अलग विषयों को लेकर प्रस्तुत किए गए थे—

1. सम्पत्ति को राज्य एवं समुदाय की सम्पत्ति के रूप में स्थापित करने पर बल,
2. सार्वजनिक उद्देश्य हेतु सम्पत्ति का अधिग्रहण होने पर किसी तरह की क्षतिपूर्ति नहीं देने की वकालत,
3. क्षतिपूर्ति के बजाय 'उचित एवं न्यायसंगत क्षतिपूर्ति' देने का समर्थन, और
4. राज्य के कानून के खिलाफ न्यायिक समीक्षा पर निर्बन्धन लगाने वाले प्रावधान का विरोध।

समाजवादी विचारक दामोदर स्वरूप सेठ ने नेहरू के प्रावधान को भारत के पूँजीवादियों के हाथ का होने जा रहा मैग्ना कार्टा बताते हुए पहला संशोधन[162] प्रस्तुत किया और नेहरू के प्रस्तावित प्रावधान को नये प्रावधान से प्रतिस्थापित करने की माँग की। दामोदर के प्रावधान में पाँच खंड शामिल थे। इसके अनुसार समस्त लोगों की सम्पत्ति राष्ट्रीय अर्थ के विकास में राज्य का मुख्य आधार है; समस्त लोगों की सम्पत्ति का प्रशासन एवं निस्तारण कानून द्वारा निर्धारित किया जाएगा; निजी सम्पत्ति एवं निजी उपक्रम की गारंटी उस सीमा तक है, जितनी यह गणराज्य एवं इसके मेहनतकश लोगों के सामान्य हित के अनुकूल है; निजी सम्पत्ति पर कर लगाए जा सकते हैं, अधिग्रहण किए जा सकते हैं, इनका समाजीकरण किया जा सकता है; इत्यादि-इत्यादि। दामोदर स्वरूप सेठ ने बहस की कि "कुछ वर्ष पहले जब हम विदेशी

शासन के अधीन थे, तो हम सभी भोलेपन के साथ उम्मीद करते थे कि आजाद भारत में हम ऐसा जन-संविधान बनाएँगे, जो मेहनतकश लोगों का मैग्ना कार्टा होगा। अनुच्छेद 24 में जिस तरह से शब्दों को रखा गया है, यह तर्क दिया जा सकता है कि इन शब्दों का अर्थ केवल सरकार, स्थानीय शासकीय इकाई और अन्य कल्याणकारी एवं लोक संस्थाओं के सामान्य उपयोग के लिए सम्पत्ति का अधिग्रहण है, और राष्ट्रीयकरण एवं समाजीकरण के लिए इसे विस्तारित करने की अनुमति नहीं दी जा सकती है।"

प्रो. शिब्बन लाल सक्सेना ने नेहरू के प्रावधान को भारत शासन अधिनियम, 1935 की धारा 299 की पुनर्उत्पत्ति होने का आरोप लगाते हुए कहा कि "यदि इसे पारित कर दिया गया, तो इसका अर्थ होगा कि देश में पूँजीवादी व्यवस्था को बरकरार बने रहने देने की अनुमति दे रहे हैं।"[163] ब्रजेश्वर प्रसाद ने क्षतिपूर्ति एवं वादयोग्यता का विरोध करते हुए कहा कि "यदि हम इन सिद्धान्तों को अपने संविधान में शामिल करते हैं, तो इसका परिणाम सामाजिक अन्याय होगा।"[164] महात्मा गांधी को याद करते हुए किशोरी मोहन त्रिपाठी ने कहा कि "रामराज्य की तसवीर का अर्थ आम नागरिक के लिए मात्र राजनीतिक मुक्ति नहीं है, बल्कि आर्थिक अभाव से मुक्ति है, जिसे इस संविधान में गारंटी किया जाना चाहिए।"[165] एच. वी. कामथ ने भी महात्मा गांधी को याद करते हुए कहा कि "उन्होंने 'अपरिग्रह' के सिद्धान्त की शिक्षा दी और इसे अपने जीवन में अपनाया। अपरिग्रह का अर्थ है कि सम्पत्ति धारक को समुदाय की भलाई के लिए केवल उस सम्पत्ति का ट्रस्टी होना चाहिए। अपनी मूर्खता में मनुष्य ने महात्मा एवं दूसरे महान लोगों के परामर्श पर ध्यान नहीं दिया है।"[166]

प्रो. के. टी. शाह ने क्षतिपूर्ति का भुगतान वाले प्रावधान का विरोध करते हुए संशोधन[167] प्रस्तुत किया। उन्होंने कुछ समयावधि निर्धारित कर ऐसी छह स्थितियों को प्रस्तावित किया, जब क्षतिपूर्ति का भुगतान करना आवश्यक नहीं था। प्रो. शाह ने महान फ्रांसीसी विचारक के विचार का उल्लेख किया, जब उन्होंने 'सम्पत्ति क्या है' के जवाब में कहा कि 'यह चोरी है'। प्रो. शाह ने कहा कि "बहुत सारी सम्पत्ति—यदि आप इसके मूल में जाएँ—ताकत, धोखा और हिंसा से हासिल की गई है, जिसको शायद ही किसी भी नैतिक व्यवस्था के अन्तर्गत सही कहा जा सकता है।" यदुबंश सहाय ने प्रस्तावित अनुच्छेद 24 के खंड (2) से (6) को निरस्त करने के लिए संशोधन प्रस्तुत किया। उनका कहना था कि वह हर जगह अराजकता एवं भ्रम की स्थिति देख रहे हैं।[168]

एस. नागप्पा ने सहकारी कामनवेल्थ पर जोर देते हुए कहा कि "जब तक आप भूमि का समाजीकरण नहीं करते हैं, तब तक आप उस कामनवेल्थ को नहीं हासिल कर सकते हैं। जमींदारों से प्राप्त भूमि को सहकारिता के आधार पर भूखंडीकरण करना चाहिए और प्रशिक्षित किसान को इस निर्देश के साथ दिया जाना चाहिए कि वे अधिक से अधिक अन्न का उत्पादन करें।"[168क] अनुच्छेद 24 के प्रावधान को आधे-अधूरे मन वाला प्रावधान बताते हुए पी. एस. देशमुख ने कहा कि "यह न तो निजी सम्पत्ति की सुरक्षा करता है और न ही इसे जब्त करता है।" उन्होंने आशा व्यक्त की कि देर-सबेर भारत में कोई भी निजी सम्पत्ति नहीं होगी। किन्तु वर्तमान के लिए वह अपने माननीय मित्र मि. सहाय के संशोधन को स्वीकार करके चीजों को इस तरह रखना चाहते हैं, जो तरल, अपरिभाषित और लचीली स्थिति वाला हो।[169]

क्षतिपूर्ति के दावे को अधिकार के रूप में दिए जाने का विरोध करते हुए गुप्तनाथ सिंह ने तर्क दिया कि "सभी विशाल बड़े भवन, महल और सभी कारखाने देश और समाज के हैं न कि किसी विशेष व्यक्ति के। लोग कहते हैं कि उन्होंने कुछ कारखानों को खरीदा है, कुछ

भवनों को बनाया है और कुछ भूमि को खरीदा है। किन्तु मैं उनसे पूछता हूँ कि वे कहाँ से धन प्राप्त किए और इसे कैसे कमाये और किसने इन भवनों एवं कारखानों को खड़ा किया? इन्हें मेहनतकश लाखों लोगों द्वारा खड़ा किया गया था; इन्हें किसानों एवं मजदूरों द्वारा जोता गया और न कि इन कारखाना स्वामियों और भूमि-स्वामी जमींदारों द्वारा। समयक्रम में भूमि एवं कारखाने दोनों का अवश्य ही राष्ट्रीयकरण एवं समाजीकरण होना चाहिए।"[170] लक्ष्मीनारायण साहू ने पूँजीवाद को तुरन्त समाप्त करने पर जोर देते हुए कहा कि "ऐसे प्रावधान होने चाहिए, जिससे यह सुनिश्चित हो कि ऐसे व्यक्ति को, जिसके पास ज्यादा भूमि है, जो इसका सुधार नहीं कर सकता है और जिसका उसने 30 वर्षों से उपभोग किया है, कोई क्षतिपूर्ति नहीं दी जानी चाहिए।"[171] श्रीमती रेणुका राय ने कहा कि "पूँजीवादियों को छूट पर छूट देते जा रहे हैं, किन्तु उत्पादन में वृद्धि नहीं हो सकी है। आज देश की पूँजी का एवं उत्पादन वृद्धि का सवाल अति आवश्यक है। यदि पूँजीवादी ऐसा नहीं कर पाए हैं, तो हमें लक्ष्य प्राप्ति के लिए रास्ता एवं माध्यम तलाशना होगा।"[172]

कृष्ण चन्द्र शर्मा ने नया खंड (7) जोड़ने के लिए संशोधन प्रस्तुत किया, जो संसद को सम्पत्ति के समाजीकरण हेतु कानून बनाने की शक्ति प्रदान करता था। शर्मा ने प्रावधान को उद्धृत किया, जिन्होंने सम्पत्ति के अवधारणा की व्याख्या की थी कि सभी नागरिक उतना द्रव्य प्राप्त करने का अधिकार रखते हैं, जो उनके अस्तित्व हेतु आवश्यकताओं के उत्पादन के लिए अनिवार्य है। जर्मन संविधान के अनुच्छेद 155 का उल्लेख करते हुए शर्मा ने कहा कि "एक व्यक्ति सम्पत्ति का तब तक उपभोग नहीं कर सकता है, जब तक कि समाज उन्हें इसे धारण करने, उपभोग करने की अनुमति न प्रदान करे। सम्पत्ति के अधिकार सामाजिक शर्तों द्वारा सीमित किए जाते हैं।"[173]

सम्पत्ति के समाजीकरण को लेकर व्यक्त किए गए उक्त विचार के विपरीत संविधान-सभा में निजी सम्पत्ति के अधिकार और क्षतिपूर्ति पाने के अधिकार को सुनिश्चित करने की वकालत भी की गई। बी. दास ने नेहरू के प्रस्तावित प्रावधान का समर्थन किया और प्रो. के. टी. शाह के जब्ती करने वाले विचार का यह कहते हुए विरोध किया कि यह बेहतर धन-सम्पत्ति के उत्पादन के लिए सही उपाय नहीं है। दास के अनुसार किसी भी उद्योग को जब्त कर लेने के बाद वह बचा नहीं रह सकता है।[174] समुदाय आधारित सम्पत्ति की अवधारणा का विरोध करते हुए ठाकुर दास भार्गव ने कहा कि वह पूरी तरह सन्तुष्ट नहीं है कि कैसे व्यक्ति के अधिकार पर समुदाय के अधिकार की श्रेष्ठता का सिद्धान्त प्रभावी है। सब कुछ के बाद ऐसा कानून कहाँ है कि आप व्यक्ति के अधिकार को उस व्यक्ति के अलावा बाकी समाज के हित के लिए हड़प लें? भार्गव ने आगे कहा कि "मेरे समाजवादी मित्र यहाँ पर हैं। इनमें से कई खुद भी बहुत धनवान हैं और वे जिसकी शिक्षा देते हैं, उसको अपने व्यवहार में लागू नहीं करते हैं और अधिक-से-अधिक सम्पति को एकत्रित करने में लगे रहते हैं, जितना वे कर सकते हैं। आम आदमी आपके 'सम्पत्ति चोरी है' वाले सिद्धान्त के बजाय सम्पत्ति की पवित्रता में विश्वास करता है।"[175]

नजीरुद्दीन अहमद ने 'उचित क्षतिपूर्ति' या 'पूर्ण क्षतिपूर्ति' या 'न्यायसंगत क्षतिपूर्ति' शामिल किए जाने की वकालत करते हुए कहा कि "व्यक्तिगत स्वामित्व को न केवल सभी सभ्य देशों के सिविल कानून में, बल्कि अन्तरराष्ट्रीय कानून में भी, शान्ति एवं युद्ध दोनों समय में, मान्य किया गया है।" उन्होंने फ्रांसीसी सिविल संहिता एवं जर्मन सिविल संहिता का हवाला भी दिया। नजीरुद्दीन ने आगे कहा कि "जमींदारी भी एक सामान्य सम्पत्ति की तरह है। अपने कठिन

मेहनत की कमाई से आज के जमींदारों ने इसके लिए भुगतान किया है। इसलिए यदि हम बिना पर्याप्त क्षतिपूर्ति के जमींदारी को जब्त करते हैं, तो हमें किसी व्यवसाय या लिमिटेड कम्पनी को, इस अभिकथित आधार पर कि ऐसा जनता के हित के लिए होगा, जब्त करना होगा।"[176]

काला वेंकट राव ने मैकियावली को उद्धृत किया, जिन्होंने कहा था कि "एक व्यक्ति अपने पिता की हत्या करने वाले को माफ कर देगा, लेकिन उसकी सम्पत्ति छीनने वाले को कभी नहीं। राव ने कहा कि सम्पत्ति केवल एक श्रेणी की नहीं, बल्कि कई श्रेणी की होती है।"[177] जसपत राय कपूर ने निष्क्रान्त सम्पत्ति (पाकिस्तान गए लोगों द्वारा छोड़ी गई सम्पत्ति) से सम्बन्धित कानून को खंड (2) के प्रभाव से बचाने हेतु खंड (5) में नया उपखंड (ग) जोड़ने के लिए संशोधन प्रस्तुत किया। कपूर ने उचित, न्यायसंगत एवं साम्य क्षतिपूर्ति की वकालत करते हुए कहा कि "इन तीन आवश्यक शब्दों का उपयोग हम अपने चुनाव घोषणापत्र में हमेशा करते रहे हैं और कोई कारण नहीं है कि इन्हें शामिल नहीं किया जाए।"[178] के. टी. एम. अहमद इब्राहिम साहिब बहादुर ने खंड (1) में शब्दावली 'प्राधिकार के बिना' के बाद 'और सम्पत्ति के बाजार-कीमत पर आधारित उचित एवं साम्य क्षतिपूर्ति का भुगतान किए बिना' जोड़ने के लिए संशोधन[179] प्रस्तुत किया।

प्रभु दयाल हिम्मतसिंहका, बी. पी. झुनझुनवाला और महबूब अली बेग साहिब बहादुर ने भी क्षतिपूर्ति दिए जाने का समर्थन किया। हिम्मतसिंहका ने बहस की कि "यह निवेशकों के दिमाग में आत्मविश्वास पैदा करने का सवाल है और यदि हम देश का अधिक-से-अधिक औद्योगीकरण करना चाहते हैं तो लोगों को औद्योगिक उपक्रम में धन लगाने के लिए प्रोत्साहित किया जाना चाहिए।"[180] बी. पी. झुनझुनवाला ने भी कहा कि "विशेष उद्योग का राष्ट्रीयकरण कभी भी राज्य के हित में नहीं हो सकता है। यदि हम पाते हैं कि निजी स्वामित्व वाले सम्पत्ति या निजी स्वामित्व वाले उद्योग देश के अर्थ को बढ़ाने की दिशा में अच्छी प्रगति कर रहे हैं तो ऐसी स्थिति में राज्य के लिए ऐसा कोई अवसर नहीं होना चाहिए कि वह इस सम्पत्ति का अधिग्रहण करे, और यदि ऐसा किया ही जाना है तो सम्पूर्ण क्षतिपूर्ति दी जानी चाहिए।"[181] महबूब अली बेग ने तर्क दिया कि उनका समाज निजी सम्पत्ति की मान्यता पर आधारित है और अर्थशास्त्र की पूँजीवादी व्यवस्था पर आधारित है। जिन व्यक्तियों की सम्पत्ति अधिगृहीत किया गया है, उन्हें अवश्य ही उचित मूल्य मिलना चाहिए और उचित मूल्य क्या है, यह निर्धारित करने का तंत्र न्यायालय है।[182] फूल सिंह ने सुझाव दिया कि "सभी तरह के कानूनों को, चाहे संविधान लागू होते समय विचाराधीन हों या बाद में इन्हें प्रस्तुत किया गया हो, न्यायालय के हस्तक्षेप से सुरक्षित किया जाना चाहिए।"[183]

प्रारूप अनुच्छेद 24 पर हुई आम बहस में नौ सदस्यों ने भाग लिया। इनमें से ज्यादातर सदस्यों ने खंड (4) एवं (6) का विरोध किया। कामेश्वर सिंह ने तर्क दिया कि "ये खंड, अनुच्छेद में प्रतिपादित सामान्य सिद्धान्त के मूल तत्त्व का उल्लंघन करते हैं और सदन द्वारा पहले से स्वीकृत मूल अधिकार समिति की संस्तुति को नकारते हैं।"[184] जगन्नाथ बख्श सिंह ने कहा कि निजी सम्पत्ति के सम्बन्ध में वादयोग्य अधिकार का मामला अभेद्य है।[185] केवल खंड (1) को बनाए रखने का समर्थन करते हुए बिश्वनाथ दास ने इस प्रावधान को भारत शासन अधिनियम, 1935 से जोड़कर सवाल उठाया। दास ने कहा कि "यदि 1935 का अधिनियम इतना अच्छा था, तो क्या हम कांग्रेस के लोग मूर्ख थे जब हमने इस अधिनियम के खिलाफ प्रस्ताव पारित किया और गतिरोध पैदा किया।"[186] बेगम एजाज रसूल ने खंड (4) एवं (6) को संविधान पर बहुत बड़ा धब्बा बताते हुए कहा कि "एक देश का संविधान मात्र कुछ वर्ष के

लिए या किसी कार्यक्रम की सुविधा के लिए या एक राजनीतिक पार्टी की मजबूरियों के लिए नहीं बनता है, यह पीढ़ी के लिए और सभी लोगों के लिए बनता है। आपको सभी बच्चों के लिए नि:शुल्क शिक्षा की गारंटी, सभी नागरिकों को नि:शुल्क चिकित्सा सहायता और रोजगार की गारंटी देना चाहिए और तब हम किसी तरह की क्षतिपूर्ति के लिए नहीं कहेंगे।"[187] हसरत मोहानी ने भी कहा कि "जिसे आप बनाने जा रहे हैं, वह जमींदारी को समाप्त करने के बजाय, ऐसे भूमिधरी की बुरी व्यवस्था स्थापित करने जा रहा है, जो उसी तरह की साज-सज्जा के साथ होगी। यदि आप छोटे जमींदार पैदा करते हैं, तो वे उसी तरह का व्यवहार करेंगे और इससे बचा नहीं जा सकता है।"[188]

बालकृष्ण शर्मा ने यद्यपि खंड (4) एवं (6) को बिलकुल अनावश्यक बताया, किन्तु अनुच्छेद का समर्थन किया। उन्होंने कहा कि "इस अनुच्छेद का केवल मतलब यह है कि हम यहाँ ऐसा सिद्धान्त प्रतिपादित कर रहे हैं, जो राज्य को सामान्य हित हेतु कुछ कार्य करना सुविधाजनक बनाएगा।" श्लोक 'सर्वे भवन्तु सुखिन: सर्वे सन्तु निरामया:, सर्वे भद्राणि पश्यंतु मा कश्चित् दुखभाग भवेत्' को उद्धृत करते हुए शर्मा ने कहा कि "यह है, जिसे हम हासिल करना चाहते हैं। विश्व के सभी समाज के लोग खुशहाल हों। कोई बीमारी से पीड़ित न हो। सभी लोग सच्चाई के रास्ते पर चलते हुए अपनी क्षमतानुसार विकास करें और कोई भी दुखी न हो।"[189]

अल्लादी कृष्णास्वामी अय्यर ने खंड (4) एवं (6) का समर्थन करते हुए कहा कि "न्यायालय को अपने में अपील या पुनर्विलोकन के न्यायालय के रूप में महा-विधायिका नहीं समझना है।" अय्यर ने आगे कहा कि "पूँजीवाद को पश्चिम में अपनाया जाता है, जो औद्योगिक क्रान्ति की जागरूकता से आया। सम्पत्ति का एकमात्र लक्ष्य यज्ञ है और ऐसे सामाजिक उद्‌देश्य की पूर्ति करना है, जिसका विचार महात्मा गांधी के जीवन एवं शिक्षा का आवश्यक भाग है।"[190]...जबकि स्यामानन्दन सहाय ने क्षतिपूर्ति का भुगतान करने और न्यायालय जाने की छूट देने का समर्थन किया और कहा कि "आज भी भौमिक सम्पत्ति कुछ हाथों में केन्द्रित है, जबकि बहुत सारे लोग आज भी भूमिहीन हैं। इसलिए सवाल जिसे मुझे अवश्य पूछना चाहिए कि कब तक, कितनी बार और किस सीमा तक हम समानता लाने की इच्छा रखते हैं।"[191] गोविन्द बल्लभ पंत ने साम्य क्षतिपूर्ति का समर्थन करते हुए कहा कि "राज्य की क्षमता सीमित है। सब कुछ के बाद, जब हम जनता के कल्याण के लिए कदम उठाते हैं, तो हमें सभी वर्ग के प्रति न्यायसंगत होना पड़ता है। हमें हमेशा जिस मुख्य उद्‌देश्य को ध्यान में रखना पड़ता है वह है सम्पूर्ण राज्य का और सम्पूर्ण समुदाय का कल्याण। किसी भी वर्ग या हित को रास्ते में आड़े नहीं आने दिया जा सकता है।" वादयोग्यता पर पंत ने कहा कि "यू.पी. विधेयक, जमींदारों को सिविल कोर्ट जाने की छूट देता है। वे हाई कोर्ट में अपील कर सकते हैं। इसलिए न्यायालय को अपवर्जित नहीं किया गया है। लेकिन हम किसी तरह की मुकदमेबाजी में उलझना नहीं चाहते हैं।" कोई भी विधायिका संविधान के साथ छल नहीं कर सकती है। एक विधायिका का मतलब संविधान को बनाए और सँभाले रखना है।"[192]

आम बहस के अन्त में सभाध्यक्ष ने जवाहरलाल नेहरू को जवाब देने के लिए बुलाया। किन्तु नेहरू ने कहा कि यदि आप अनुमति दें तो मेरे मित्र माननीय मि. मुंशी जवाब देंगे। इसके बाद सभाध्यक्ष ने मुंशी को बुलाया और फिर मुंशी ने जवाब दिया। के. एम. मुंशी ने प्रस्तुत सभी संशोधनों को चार श्रेणियों में विभाजित किया। पहली श्रेणी ऐसे संशोधनों की थी, जो कहते थे कि किसी भी तरह की क्षतिपूर्ति नहीं होनी चाहिए; दूसरी श्रेणी के संशोधन कहते थे कि संसद द्वारा नहीं बल्कि राष्ट्रपति द्वारा सम्पत्ति के मूल अधिकार को जब्त किया जाना चाहिए; तीसरी

श्रेणी वाले संशोधन कहते थे कि बिना किसी न्यायिक पुनर्विलोकन के संसद को क्षतिपूर्ति तय करके सम्पत्ति लेने की सम्पूर्ण शक्ति होना चाहिए; और चौथी श्रेणी के संशोधन जमींदारों को सन्दर्भित है, जो खंड (4) एवं (6) को समाप्त करने के लिए है।[193]

संसद की शक्ति के सवाल पर के. एम. मुंशी ने कहा कि "यह कहना सही नहीं है कि संसद को पूर्ण शक्ति नहीं दी गई है। यह क्षतिपूर्ति दिये जाने के स्वरूप एवं तरीके को तय कर सकता है; यह अधिगृहीत किए गए भूमि के बदले में बांड या भूमि दे सकता है। इसलिए संसद यह तय करने वाला निर्णायक और सर्वेसर्वा है कि प्रत्येक मामले में कौन-सा सिद्धान्त लागू होना है।" मुंशी ने सिद्धान्त को भी स्पष्ट करते हुए कहा कि "सिद्धान्त यंत्रवत् प्रयोग किया जाने वाला कोई कठोर नियम नहीं है। इन्हें प्रत्येक मामले की परिस्थितियों के प्रकाश में; चाहे गए सुधार के प्रकाश में; और उन उद्देश्यों के प्रकाश में प्रतिपादित करना होता है, जिसके लिए सम्पत्ति का अधिग्रहण किया जाता है। संसद को प्रत्येक मामले में निर्धारित करना है कि न्यायोचित एवं साम्यिक क्या है।"[194]

वादयोग्यता के सवाल पर मुंशी ने कहा कि "अनुच्छेद अपेक्षा करता है कि यदि विधायिका को संविधान द्वारा प्रदत्त जिम्मेदारी का प्रयोग करना है, तो उसे क्षतिपूर्ति के सिद्धान्त को प्रतिपादित करना चाहिए; कोई न्यायालय मात्रा की नीति के पीछे नहीं पड़ेगा। इसे ब्रिटिश कामनवेल्थ के न्यायालय और साथ-साथ अमेरिका के सुप्रीम कोर्ट द्वारा बार-बार प्रतिपादित किया गया है।" खंड (4) एवं (6) को समाप्त करने के सम्बन्ध में मुंशी ने कहा कि "वह न तो मद्रास, यू.पी. से आते हैं, न बिहार से और न मेरे पास कोई जमींदारी है, लेकिन हम इसकी अनुमति नहीं दे सकते हैं कि जब विवादग्रस्त विषय इतने महत्त्वपूर्ण हों और इनके द्वारा लाखों-करोड़ों लोग प्रभावित हो रहे हों, तो इन विधानों की वैधता की लड़ाई किसी न्यायालय में लड़ा जाए।"[195]

अन्त में के. एम. मुंशी ने यदुबन्स सहाय के खंड (2) में शब्द 'और प्रदान किया' जोड़ने; काला वेंकट राव की एक वर्ष के स्थान पर अठारह महीना करने और जसपत राय कपूर के निष्क्रान्त सम्पत्ति सम्बन्धी संशोधन को स्वीकार किया और दूसरे संशोधनों का विरोध किया।

तत्पश्चात संशोधन संख्या 369 पर प्रस्तुत पाँच संशोधन को प्रस्तावक-सदस्यों द्वारा वापस ले लिया गया। संविधान-सभा ने के. एम. मुंशी के दो संशोधन और उनके द्वारा स्वीकृत तीन संशोधन को स्वीकार कर और शेष चालीस संशोधनों को अस्वीकार कर अनुच्छेद 24 का यथासंशोधित प्रावधान (संविधान का अनुच्छेद 31) 12 सितम्बर, 1949 को अंगीकृत कर लिया।

13. संवैधानिक उपचार का अधिकार : संविधान की आत्मा

अधिकार अपने साथ उपचार लेकर चलता है। उपचार भी अधिकार का अनुसरण करता है। उपचार के बिना अधिकार निरर्थक है और अधिकार के बिना उपचार एक अस्तित्वहीन तत्त्व है। मूल अधिकार लागू कराने के उपचार को विधायिका एवं कार्यपालिका के भरोसे नहीं छोड़ा जा सकता था। इसे संवैधानिक संरक्षण मिलना और जनता के प्रत्यक्ष सम्प्रभुता का विषय बनाना उतना ही महत्त्वपूर्ण था, जितना स्वयं मूल अधिकारों की घोषणा की। मूल अधिकार का अतिक्रमण करने वाली किसी कार्यवाही या कानून के खिलाफ संवैधानिक उपचार प्राप्त करने के अधिकार को प्रारूप अनुच्छेद 25 के अन्तर्गत स्वयं मूल अधिकार घोषित किया गया और संविधान-सभा के समक्ष 9 दिसम्बर, 1948 को विचारार्थ प्रस्तुत किया गया।

प्रारूप अनुच्छेद 25 का खंड (1) मूल अधिकारों को लागू करवाने के लिए सुप्रीम कोर्ट जाने के अधिकार की गारंटी देता था। इसका खंड (2) सुप्रीम कोर्ट को मूल अधिकारों को

प्रवर्तित कराने के लिए निर्देश या बन्दी प्रत्यक्षीकरण, परमादेश, प्रतिषेध, अधिकार पृच्छा और उत्प्रेषण के रिट* के प्रकृति वाले आदेश जारी करने की शक्ति प्रदान करता था। खंड (3) के अन्तर्गत यह प्रस्तावित किया गया था कि संसद कानून के माध्यम से सुप्रीम कोर्ट द्वारा प्रयोग किए जाने वाले सभी या किसी शक्ति को किसी अन्य न्यायालय को प्रदान कर सकता है, और खंड (4) के अनुसार इस संविधान द्वारा अन्यथा उपबन्धित होने के सिवाय, इस अनुच्छेद द्वारा गारंटी किए गए अधिकार को निलम्बित नहीं किया जाएगा।

प्रारूप अनुच्छेद 25 पर चर्चा शुरू होने के पूर्व सैयद करीमुद्दीन ने यह प्रस्ताव[196] रखा कि इस प्रावधान पर चर्चा को आपातकाल से सम्बन्धित प्रारूप भाग XI पर विचार होने तक के लिए टाल दिया जाए। उनका तर्क था कि अनुच्छेद 275 से 280 (नियमित अनुच्छेद 352 से 359) पर कई संशोधन प्रस्तुत किया जाना है। इसलिए इस अनुच्छेद को स्वीकार करके हम अनुच्छेद 275 से 280 के प्रावधान को स्वीकार कर रहे होंगे। लेकिन डॉ. आंबेडकर ने इस प्रस्ताव का यह कहते हुए विरोध किया कि "मान लीजिए कि हम अनुच्छेद 275 या इस विषय से सम्बन्धित दूसरे प्रावधानों में बदलाव करते हैं, तो हम आसानी से अनुच्छेद 25 में परिणामी बदलाव कर सकेंगे। इसके बाद संविधान-सभा ने सैयद करीमुद्दीन के प्रस्ताव को अस्वीकार कर चर्चा प्रारम्भ की।

इस सम्बन्ध में पहला संशोधन[197] नजीरुद्दीन अहमद ने खंड (1) के प्रारूप प्रावधान को नये प्रावधान से प्रतिस्थापित करने के लिए प्रस्तुत किया। इस नये प्रावधान के अनुसार 'प्रत्येक व्यक्ति को समुचित कार्यवाही के माध्यम से इस भाग द्वारा प्रदत्त अधिकारों को प्रवर्तित कराने का अधिकार होगा।' इस पर के. सन्थानम ने आपत्ति की कि यह अस्पष्टता से ग्रसित है। एम. अनन्थसंयनम अयंगर ने भी आपत्ति की कि संशोधन में न तो प्रक्रिया का उल्लेख है और न ही फोरम का। तब नजीरुद्दीन ने छपाई-दोष होने की सम्भावना व्यक्त करते हुए कहा कि वह जनता को अन्य न्यायालयों में भी जाने देने की अनमुति प्रदान करना चाहते थे।

इस पर डॉ. आंबेडकर ने कहा—खंड (3) देखें।

किन्तु अपनी बात जारी रखते हुए नजीरुद्दीन अहमद ने कहा कि जनता के लिए सभी न्यायालय खुले होने चाहिए। यदि किसी मूल अधिकार का उल्लंघन हुआ है, और जिस व्यक्ति का उल्लंघन हुआ है, वह गरीब व्यक्ति है तो उसे सुप्रीम कोर्ट या उसकी तरफ से अधिकारयुक्त अन्य किसी न्यायालय, जो कोई उच्चतर न्यायालय होगा, में भेजना गलत होगा। यह शक्ति सभी न्यायालयों सिविल और क्रिगिनल कोर्ट को दी जानी चाहिए।

नजीरुद्दीन अहमद का एक अन्य संशोधन खंड (1) में शब्द 'सुप्रीम कोर्ट' के स्थान पर शब्दावली 'सुप्रीम कोर्ट या अन्य कोई कोर्ट, जिसे खंड (3) के अन्तर्गत सुप्रीम कोर्ट के अधिकारों का प्रयोग करने की शक्ति मिली हो' रखने के लिए था। एच. वी. कामथ,

---

* अनुच्छेद 32 और 266 में प्रयुक्त 'रिट' शब्द के लिए हिन्दी भाषा में सामान्यतया इसी शब्द का या कभी-कभी शब्द 'आज्ञापत्र' का प्रयोग प्रचलित है। वस्तुत: रिट, परमाधिकार-शक्ति का प्रयोग कर जारी किया जाने वाला एक आदेश है। इसलिए इसके लिए सर्वाधिक उपयुक्त शब्द 'परमादेश' है। इन प्रावधानों में पाँच प्रकार के रिट—हैबियस कॉर्पस, मैंडेमस, प्रोहिबिशन, सर्शियोरारी और क्वो-वारंटो का उल्लेख है, जिनके लिए हिन्दी में क्रमश: बन्दी प्रत्यक्षीकरण, परमादेश, प्रतिषेध, उत्प्रेषण और अधिकार पृच्छा शब्द का प्रयोग किया जाता है। इन अलग-अलग रिट के भावार्थ को देखते हुए सम्यक हिन्दी शब्द का प्रयोग करना ज्यादा उचित है। हैबियस कॉर्पस के लिए बन्दी मुक्त्यादेश, मैंडेमस के लिए कर्तव्य निर्वहनादेश, प्रोहिबिशन के लिए कार्यवाही निषेधादेश, सर्शियोरारी के लिए निर्णय निरस्तादेश और क्वो-वारंटो के लिए अधिकार पृच्छादेश ज्यादा सार्थक शब्द है।[195क]

डॉ. बी. आर. आंबेडकर, वी. एस. सरवटे, तजामुल हुसैन, सैयद करीमुद्दीन और नजीरुद्दीन अहमद ने भी संशोधन प्रस्तुत किए।

इस दौरान डॉ. आंबेडकर ने कहा कि एम. ए. बेग इस सदन में मौजूद नहीं हैं। वह उनके संशोधन को स्वीकार करने जा रहे हैं। इसे औपचारिक रूप से प्रस्तावित करना होगा।[198] तब नजीरुद्दीन अहमद ने कहा कि यदि सदन स्वीकार करे तो वह इसे प्रस्तावित करना चाहते हैं। सदन की अनुमति मिलने के बाद नजीरुद्दीन अहमद ने बेग का संशोधन प्रस्तुत किया। इस संशोधन का प्रभाव यह था कि खंड (2) में शब्दावली 'समुचित निर्देश या बन्दी प्रत्यक्षीकरण,... के रिट की प्रकृति वाले आदेश' के स्थान पर शब्दावली 'समुचित निर्देश या आदेश या रिट जिनके अन्तर्गत बन्दी प्रत्यक्षीकरण,... प्रकृति के रिट शामिल हैं' प्रतिस्थापित हो जाता। इस संशोधन को अपनी पालित-सन्तान बताते हुए नजीरुद्दीन अहमद ने कहा कि यह इस सदन में उनके जीवन का बहुत ही महत्त्वपूर्ण दिन है कि यह एक अकेला संशोधन है, जिसे सदन द्वारा स्वीकार किया जा रहा है।[199]

डॉ. आंबेडकर का संशोधन, खंड (3) के प्रारूप प्रावधान को नये प्रावधान से प्रतिस्थापित करने के लिए था। इस संशोधन के माध्यम से प्रारूप प्रावधान को इसके आरम्भ में शब्दावली 'सुप्रीम कोर्ट को खंड (1) और खंड (2) के अन्तर्गत प्रदत्त शक्तियों पर प्रतिकूल प्रभाव डाले बिना' जोड़कर प्रस्तुत किया गया था।

आम बहस का आरम्भ करते हुए श्रीमती जी. दुर्गाबाई ने इस अधिकार को सबसे मूल्यवान अधिकार बताया। बन्दी प्रत्यक्षीकरण रिट का उल्लेख करते हुए उन्होंने कहा कि सुप्रीम कोर्ट में अन्तर्निहित शक्ति किसी भी तरह भारत के हाई कोर्ट के समान रिट जारी करने की शक्ति को प्रभावित नहीं करता है। इस सम्बन्ध में यह सवाल पैदा हो सकता है कि यदि हाई कोर्ट द्वारा रिट जारी करने से मना कर दिया जाए, तो क्या होगा और क्या ऐसा प्रभाव रखने वाले विशेष प्रावधान के अभाव में सुप्रीम कोर्ट से रिट जारी करने हेतु प्रार्थना-पत्र देना निषिद्ध होगा? इस पर मेरा उत्तर है, 'नहीं', क्योंकि इन मामलों में 'रेस जूडिकेटा' का सवाल नहीं आता है।[200]

दलगत राजनीति के दृष्टिकोण से प्रारूप प्रावधान को महत्त्वपूर्ण बताते हुए जेरोम डिसूजा ने कहा कि "इन अधिकारों को न्यायाधीशों के क्षेत्राधिकार के अन्तर्गत रखकर यह सदन, इन्हें पार्टीगत राजनीति के भावावेश एवं उलटफेर से पैदा होने वाले सम्भावित आक्रमण से बाहर रखना चाहता है।"[201] एम. अनन्थसंयनम अयंगर ने कहा कि "किसी भी लोकतंत्र में सुप्रीम कोर्ट नागरिकों के अधिकार का प्रधान संरक्षक होता है। यह प्रावधान लोकतंत्र की आत्मा है। सत्ता में आकर कार्यपालिका कभी-कभी अपनी शक्ति का दुरुपयोग करने लगती है, इसलिए वहाँ सुप्रीम कोर्ट को अवश्य होना चाहिए। यदि व्यक्ति के मूल अधिकार को सरकार की दया पर छोड़ दिया जाए, तो इसे किसी भी तरह मूल अधिकार नहीं कहा जा सकता है।"[202] प्रो. शिब्बन लाल सक्सेना ने इस अनुच्छेद को सम्पूर्ण अध्याय की मुकुटीय धारा बताते हुए कहा कि "इसके बिना, वे सभी अनुच्छेद, जिन्हें हमने पारित किया है, अर्थहीन होंगे। यह सभी मूल अधिकारों को वास्तविक बनाता है।"[203] बी. पोकर साहिब बहादुर ने भी कहा कि "हॉल में अपनाए जा रहे गैर-जिम्मेदाराना तरीके पर यदि हम ध्यान दें तो यह बहुत आवश्यक है कि हमारे पास सरकारों को प्रदत्त शक्तियों के दुरुपयोग या कुप्रयोग के खिलाफ मजबूत रक्षाकवच हो। मंत्रालय आ सकते हैं, मंत्रालय जा सकते हैं, लेकिन न्याय-प्रशासन को इन मंत्रालयों के जीवन में हो रहे उलटफेर और सरकार में बदलाव से प्रभावित हुए बिना अवश्य ही चलते रहना चाहिए।"[204]

आम बहस के उपरान्त डॉ. बी. आर. आंबेडकर ने केवल नजीरुद्दीन अहमद द्वारा प्रस्तावित महबूब अली बेग के संशोधन को स्वीकार किया।

उपचार के महत्त्व को रेखांकित करते हुए डॉ. बी. आर. आंबेडकर ने कहा कि "ब्रिटिश विधिशास्त्र जोर देता है कि ऐसे अधिकार का कोई अर्थ नहीं है, जब तक कि संविधान में इसके लिए उपचार न हो। यह उपचार है जो अधिकार को वास्तविक बनाता है। यदि उपचार नहीं है, तो कोई अधिकार नहीं है और इसलिए वह इस संविधान पर ऐसी तमाम पवित्र घोषणाओं का भार डालने के लिए तैयार नहीं हैं, जो व्यापक तरीके से चमचमाये तो, लेकिन जिसके लिए संविधान में उपचार का कोई प्रावधान न हो। संविधान में तमाम पवित्र इच्छाओं को रखने की तुलना में अपने अधिकारों के विषय-क्षेत्र को लेकर सीमित रहना और उपचारों की व्यवस्था करके इसे वास्तविक बनाना ज्यादा अच्छा है। मुझे खुशी है कि हमने जो उपचार की व्यवस्था की है वह इस संविधान में मौलिक भाग का हिस्सा है।"

प्रारूप अनुच्छेद 25 के महत्त्व को रेखांकित करते हुए डॉ. आंबेडकर ने आगे कहा, "यदि मुझसे इस संविधान के ऐसे अनुच्छेद का नाम पूछा जाए, जो सबसे महत्त्वपूर्ण अनुच्छेद है—जिसके बिना यह संविधान बेकार होगा—तो मैं इस अनुच्छेद के अलावा अन्य किसी का सन्दर्भ नहीं लूँगा। यह इस संविधान की आत्मा है और बहुत कुछ इसका हृदय है और मुझे खुशी है कि सदन ने इसके महत्त्व को महसूस किया है।"[205]

संविधान-सभा ने डॉ. बी. आर. आंबेडकर और महबूब अली बेग के संशोधन को स्वीकार कर लिया। दो अन्य संशोधन प्रस्तावक-सदस्यों द्वारा वापस ले लिए गए। शेष छह संशोधनों को अस्वीकार कर संविधान-सभा ने प्रारूप अनुच्छेद 25 (संविधान का अनुच्छेद 32) का यथासंशोधित प्रावधान 9 दिसम्बर, 1948 को अंगीकृत कर लिया।

प्रारूप अनुच्छेद 25 पर चर्चा के दौरान संविधान-सभा में निम्न तीन महत्त्वपूर्ण विषय निकलकर आए—

(क) विशेष रिटों का उल्लेख करने से सुप्रीम कोर्ट की शक्ति पर प्रभाव।
(ख) प्रारूप प्रावधान में परमाधिकार रिट का विषय-क्षेत्र; और
(ग) आपातकाल के दौरान उपचार के अधिकार के निलम्बन का औचित्य।

(क) विशिष्ट रिटों के उल्लेख का प्रभाव

प्रारूप अनुच्छेद 25 के अन्तर्गत सुप्रीम कोर्ट को निर्देश के साथ रिट जारी करने की शक्ति दी गई थी। इस प्रावधान में कुछ विशिष्ट तरह के रिट का उल्लेख भी किया गया था जिस पर एच. वी. कामथ ने आपत्ति की और संशोधन[206] प्रस्तुत कर खंड (2) के लिए नया प्रावधान प्रस्तावित किया। प्रस्तावित प्रावधान में किसी भी रिट के नाम का उल्लेख नहीं किया गया था।

कामथ ने बहस की कि "जहाँ तक सुप्रीम कोर्ट का सम्बन्ध है यह प्रतिपादित करना आवश्यक नहीं है कि उसे कौन से विशेष रिट जारी करना चाहिए। यह हो सकता है कि कानूनी एवं संवैधानिक पूर्व-दृष्टान्तों के विकास के साथ इस अनुच्छेद में उल्लिखित रिटों के अलावा अन्य रिट की भी उत्पत्ति हो जाए और जब भी कोई विशेष मामला सुप्रीम कोर्ट के समक्ष आए तो यह हो सकता है कि वह मामले के सभी पहलुओं पर विचार करे और ऐसे रिट जारी करे—सम्भव है, इनमें से कोई एक हो या कोई नया रिट निर्मित किया जाए। यह प्रतिपादित करना कि सुप्रीम कोर्ट कौन-सा विशेष रिट जारी करेगा, न तो बुद्धिमानी है और न ही वांछित

है।" कामथ ने आशा व्यक्त की कि "डॉ. आंबेडकर हमें बताएँगे कि उन्होंने क्यों विशेष रिटों का उल्लेख करना उचित समझा।

प्रारूप प्रावधान में कुछ रिटों का उल्लेख करने का कारण स्पष्ट करते हुए डॉ. बी. आर. आंबेडकर ने कहा—

> "मैं नहीं समझता हूँ कि मि. कामथ ने इस अनुच्छेद को बहुत ध्यान से पढ़ा है। यदि वह इस अनुच्छेद को ध्यानपूर्वक पढ़ते, तो वह पाए होते कि प्रारूप में जो कुछ किया गया है, वह यह है कि इसमें सामान्य शक्ति देने के साथ-साथ विशिष्ट उपचारों को भी प्रस्तावित किया गया है।
>
> "इन विशिष्ट रिटों को वर्णित करने और सन्दर्भित करने की आवश्यकता बिलकुल स्पष्ट है। ये रिट काफी पहले से ग्रेट ब्रिटेन में अस्तित्व में रहे हैं। इनकी प्रकृति और इनके द्वारा प्रदान किया जाने वाला उपचार प्रत्येक विधिवक्ता को मालूम है और परिणामत: हमने सोचा कि जैसा कि एक व्यक्ति के लिए, यहाँ तक कि जो बहुत उपजाऊ कल्पनाशक्ति रखता है, कुछ नया खोजना असम्भव है, वहीं इन रिटों में, जो हजारों वर्षों से अस्तित्व में रहे हैं एवं जो प्रत्येक अंग्रेज को उनकी आजादी की सुरक्षा के सन्दर्भ में पूर्ण सन्तुष्टि प्रदान किए हैं, सुधार करना शायद ही सम्भव हो। इसलिए हमने सोचा कि ऐसी कोई स्थिति, जो इन रिटों को रखने वाले इंग्लिश विधिशास्त्र में मौजूद हैं और जो अचूक एवं पूर्णसिद्ध पाए गए हैं, को संविधान में इनके नाम के साथ उल्लेखित करना चाहिए, और यह उल्लेख, सुप्रीम कोर्ट के दूसरे तरीके से न्याय प्रदान करने के अधिकार को हानि पहुँचाए बिना किया गया है।"[207]

डॉ. बी. आर. आंबेडकर के सम्बोधन के बाद संविधान-सभा ने एच. वी. कामथ के संशोधन को अस्वीकार कर दिया।

(ख) रिट शक्ति का महत्त्व एवं विषय-क्षेत्र

सुप्रीम कोर्ट की शक्ति को व्यापक बनाने के उद्देश्य से वी. एस. सरवटे ने खंड (3) के अन्त में एक स्पष्टीकरण जोड़ने के लिए संशोधन[208] प्रस्तुत किया। इस स्पष्टीकरण के अनुसार "इस अनुच्छेद से पैदा होने वाले मामले में सुप्रीम कोर्ट को तथ्य का प्रश्न भी देखने की शक्ति प्राप्त होगी।" सरवटे का तर्क था कि "यह बहस करना सम्भव है कि बिना विस्तार में जाए न्यायालय सिर्फ यह देख सकता है कि क्या विधायिका ने उस मामले के सम्बन्ध में अधिनियम पारित किया है, या यह बहस की जा सकती है कि न्यायालय को विस्तार में जाने की शक्ति नहीं है और यह विषय तय करने की शक्ति नहीं है कि क्या कोई विशेष मामले में किसी विशिष्ट कानून को पारित करना अपेक्षित या आवश्यक या औचित्यपूर्ण है।"

प्रारूप अनुच्छेद के अन्तर्गत प्रदत्त रिट शक्ति को परमाधिकार रिट और इसे दूसरे विभिन्न कानून में वर्णित सामान्य रिट से अलग बताते हुए डॉ. बी. आर. आंबेडकर ने बी. एस. सरवटे के संशोधन को अनुपयुक्त बताया और कहा—

> "मि. सरवटे इन रिटों के विषय-क्षेत्र एवं प्रकृति को लेकर गलतफहमी में हैं। इसलिए मैं सोचता हूँ कि मुझे इन रिटों की प्रकृति को स्पष्ट करने के लिए क्षमा माँगने की आवश्यकता नहीं है। कोई भी व्यक्ति जो इंग्लिश कानून के बारे में जानता है, महसूस

करेगा और समझेगा कि इस अनुच्छेद में जिन रिटों का उल्लेख है, वे दो श्रेणियों में विभाजित हैं। वे एक अर्थ में 'परमाधिकार रिट' कहलाते हैं, जबकि दूसरे सन्दर्भ में वे 'कार्यवाही रिट' कहलाते हैं। मैंडेमस रिट, प्रतिषेध रिट, उत्प्रेषण रिट का उपयोग एवं प्रयोग दोनों के लिए किया जाता है; इनका उपयोग 'परमाधिकार रिट' के रूप में किया जा सकता है या इनका प्रयोग वादकारी द्वारा वाद या कार्यवाही के दौरान भी किया जा सकता है। इन रिटों का महत्त्व इस तथ्य में है कि वे परमाधिकार रिट हैं; इनकी माँग पीड़ित व्यक्ति द्वारा बिना कोई वाद या कार्यवाही दाखिल किए की जा सकती है।

"सामान्यतया आपको न्यायालय से किसी तरह का कोई आदेश, चाहे माँगा गया आदेश मैंडेमस की प्रकृति का हो या प्रतिषेध का या उत्प्रेषण का या अन्य किसी तरह का हो, प्राप्त करने के लिए पहले वाद दाखिल करना पड़ता है। लेकिन यहाँ, जहाँ तक इस अनुच्छेद का सम्बन्ध है, बिना कोई मामला दाखिल किए आप सीधे न्यायालय में जा सकते हैं और रिट के लिए आवेदन कर सकते हैं। वस्तुत: रिट का उद्देश्य अन्तरिम राहत प्रदान करना है। उदाहरण के लिए, यदि एक व्यक्ति गिरफ्तार किया गया है, तो वह गिरफ्तार करने वाले अधिकारी के खिलाफ बिना वाद या कार्यवाही दाखिल किए, अपनी आजादी के लिए न्यायालय में याचिका दायर कर सकता है। उसके लिए उस अधिकारी के खिलाफ पहले वाद या कार्यवाही दाखिल करना आवश्यक नहीं है। इस तरह की कार्यवाही में, जहाँ 'परमाधिकार रिट' के लिए आवेदन किया गया है, न्यायालय जो कुछ कर सकता है, वह यह निश्चित करना है कि क्या गिरफ्तारी कानून के अनुसार है? इस स्तर पर न्यायालय इस सवाल पर नहीं जा सकता है कि वह कानून, जिसके अन्तर्गत गिरफ्तारी हुई है, सही कानून है या गलत कानून; या क्या यह संविधान के किसी प्रावधान से असंगत है या असंगत नहीं है।

"बन्दी प्रत्यक्षीकरण कार्यवाही में न्यायालय जो जाँच कर सकता है वह यह है कि क्या गिरफ्तारी वैधानिक है और वह कानून की गुणवत्ता के सवाल को नहीं देख सकेगा, कम-से-कम न्यायालय की यही परम्परा है। जब एक व्यक्ति वास्तव में गिरफ्तार हो जाता है और उसका विचारण आरम्भ हो जाता है, तो उस कार्यवाही के दौरान न्यायालय तथ्यों में जाने और इस निर्णय पर पहुँचने का अधिकार रखता है कि क्या कोई विशेष कानून, जिसके अन्तर्गत कोई व्यक्ति गिरफ्तार किया गया है, सही कानून है या गलत कानून। परिणामत: मेरे मित्र श्री वी. एस. सरवटे द्वारा प्रस्तुत संशोधन बिलकुल अनुपयुक्त है। ये प्रावधान यहाँ पर नहीं बनाए जा सकते हैं। यदि वह अनुच्छेद 115 (नियमित अनुच्छेद 139) का सन्दर्भ ले तो वह पाएँगे कि सामान्य रिट के लिए प्रावधान वहाँ बनाया गया है। किन्तु वे ऐसे रिट हैं, जो तथ्य एवं कानून के सवालों के सम्बन्ध में जारी किए जा सकें।

"तथापि एक बात है, जिसे मैं पाता हूँ कि बोलने वाले सदस्यगण पर्याप्त रूप से महसूस नहीं किए हैं। ये रिट, जो इस अनुच्छेद में सन्दर्भित हैं, एक अर्थ में कोई नये नहीं हैं। बन्दी प्रत्यक्षीकरण का अस्तित्व हमारी आपराधिक प्रक्रिया संहिता में है। मैंडेमस के

रिट को अपने विशिष्ट उपचार अधिनियम में स्थान मिला हुआ है और कुछ अन्य रिट, जो यहाँ सन्दर्भित हैं, हमारे अलग-अलग कानूनों में उल्लिखित हैं। लेकिन इन रिटों के सन्दर्भ में जो स्थिति बनती है, उसमें और इस संविधान के पारित हो जाने के बाद की स्थिति में एक अन्तर है।

"रिट जो विभिन्न कानूनों में मौजूद हैं, वे विधायिका की दया पर आश्रित हैं। हमारी आपराधिक प्रक्रिया संहिता जिसमें बन्दी प्रत्यक्षीकरण से सम्बन्धित प्रावधान हैं, को मौजूदा विधायिका द्वारा संशोधित किया जा सकता है। विशिष्ट उपचार अधिनियम को भी संशोधित किया जा सकता है, बन्दी प्रत्यक्षीकरण और मैंडेमस के रिट को बिना किसी कठिनाई के विधायिका द्वारा छीना जा सकता है। यह विधायिका बहुमत वालों की विधायिका होगी और यह बहुमत एक सोच वालों का बहुमत होगा। किन्तु यहाँ पर विधायिका द्वारा इस अनुच्छेद में उल्लिखित रिट को वापस छीना जाना सम्भव नहीं होगा। ऐसा नहीं है कि सुप्रीम कोर्ट को रिट जारी करने की जो शक्ति मिली है, वह किसी विधायिका की शुभेच्छा पर बने कानून द्वारा मिली है। संविधान ने सुप्रीम कोर्ट को अधिकारयुक्त बनाया है और इन रिटों को छीना नहीं जा सकता जब तक कि विधायिका प्राप्त तरीकों का पालन करके संविधान में स्वयं संशोधन नहीं कर लें। यह एक बहुत बड़ा सुरक्षा-कवच है।"[209]

डॉ. बी. आर. आंबेडकर के उक्त सम्बोधन के बाद संविधान-सभा ने वी. एस. सरवटे के संशोधन को अस्वीकार कर दिया।

(ग) उपचार अधिकार का निलम्बन : राष्ट्र सुरक्षा सर्वोपरि

प्रारूप अनुच्छेद 25 के खंड (4) के अनुसार 'इस संविधान द्वारा अन्यथा उपबन्धित के सिवाय, इस अनुच्छेद द्वारा गारंटी किए गए अधिकार को निलम्बित नहीं किया जाएगा।'

तजामुल हुसैन ने खंड (4) को समाप्त करने के लिए संशोधन[210] प्रस्तुत किया। इसके समर्थन में हुसैन ने कहा था कि "यह नागरिकों के अधिकार को निलम्बित करने की बात कहता है। अनुच्छेद 280 (नियमित अनुच्छेद 359) कहता है कि जहाँ आपातकाल की उद्घोषणा लागू हो, राष्ट्रपति नागरिकों को गारंटी किए गए मूल अधिकार निलम्बित कर सकता है। इसकी अनुमति नहीं होनी चाहिए। यदि संविधान के अन्तर्गत राष्ट्रपति को इसकी अनुमति दी जाती है तो अनुच्छेद 9 (नियमित अनुच्छेद 15) में उल्लिखित समानता का अधिकार उस समय के लिए समाप्त हो जाएगा और नागरिकों को कुआँ, तालाब, सड़क इत्यादि का प्रयोग करने की अनुमति नहीं होगी, अभिव्यक्ति की आजादी निलम्बित होगी, इत्यादि। राष्ट्रपति को ये सभी शक्तियाँ देना बहुत खतरनाक है।" आम बहस के दौरान बी. पोकर साहिब बहादुर ने इस संशोधन का समर्थन किया।

यद्यपि सैयद करीमुद्दीन ने तजामुल हुसैन के संशोधन से अपनी असहमति व्यक्त की, लेकिन उन्होंने खंड (4) के प्रभाव को सीमित करने के उद्देश्य से संशोधन प्रस्तुत किया। इस संशोधन के माध्यम से खंड (4) में शब्दावली 'इस अनुच्छेद द्वारा अन्यथा उपबन्धित के सिवाय' के स्थान पर 'राजद्रोह या आक्रमण के मामलों में और जब इस संविधान के भाग XI के अन्तर्गत राज्य का आपातकाल लागू हो, के सिवाय' रखने की माँग की गई। उनका

तर्क था कि "देश में शान्ति और स्थिरता बनाए रखने के लिए अनुच्छेद 13 और 25 के कुछ प्रावधानों को निलम्बित करना आवश्यक होगा, लेकिन यह कहना कि ज्यों ही आक्रमण या युद्ध हो, अनुच्छेद 13 और 25 के प्रत्येक खंड और उपखंड निलम्बित कर दिया जाएगा, अकल्पनीय है।"[211]

आम बहस में भाग लेते हुए एम. अनन्थसंयनम अयंगर ने खंड (4) समाप्त करने के सुझाव से असहमति व्यक्त की। अयंगर ने कहा कि "यद्यपि इस पर सहमत हूँ कि यहाँ प्रयोग किए गए शब्द कुछ व्यापक हैं और इसके दुरुपयोग की सम्भावना है। यदि आपातकाल की घोषणा होती है, तो मैं निश्चिंत हूँ कि इस अनुच्छेद में गारंटी किए गए अधिकार केवल आपातकाल की अवधि के लिए न कि आपातकाल के समाप्त होने के बाद पुन: छह महीने के लिए निलम्बित किए जाएँगे।" अयंगर ने आगे कहा कि "अनुच्छेद 280 का मतलब यह नहीं है कि राष्ट्रपति इन अधिकारों को निलम्बित करेगा ही। वह ऐसा करने के लिए बाध्य नहीं है।"[212]

प्रो. शिब्बन लाल सक्सेना ने कहा कि "खंड (4) निरस्त करने की माँग अपने देश की वर्तमान परिस्थिति में उचित नहीं है, यद्यपि सैद्धान्तिक तौर पर इसे सही कहा जा सकता है। अमेरिका और इंग्लैंड में कोई ऐसा प्रावधान नहीं है, जिसके अन्तर्गत मूल अधिकार को निलम्बित किया जा सके। अभी विकास के इस दौर में वस्तुत: जब राज्य निर्मित हो रहा है, आपातकाल में अधिकारों को निलम्बित करने वाला यह प्रावधान, जैसा इस संविधान में प्राविधानित है, आवश्यक है।"[213]

प्रो. एन. जी. रंगा ने प्रारूप प्रावधान का पूरी तरह समर्थन किया। देश के समक्ष आने वाले भावी खतरों से सावधान करते हुए उन्होंने तर्क दिया कि "जिस तरह कुछ व्यक्ति या इनके समूह के पास अधिकार होते हैं, उसी तरह समाज भी एक सम्पूर्ण इकाई के रूप में ऐसे व्यक्तियों एवं समूहों के सामने कुछ अधिकार रखता है, जो हिंसक साधनों द्वारा समाज को नष्ट करने, सामाजिक व्यवस्था को ढहाने एवं सामाजिक संस्थाओं को खंड-खंड करने के लिए उतावले रहते हैं। क्या यह एक तथ्य नहीं है कि इस शताब्दी के मौजूदा दशक में विभिन्न देशों में संगठित समूहों एवं अल्पसंख्यकों द्वारा सामाजिक व्यवस्था को ढहाने और अपने ही बहुसंख्यकों के सामाजिक जीवन को नष्ट करने का प्रयास किया गया है?" प्रो. रंगा ने आगे कहा कि "आज दो तरह की विचारधारा के मध्य वैश्विक टकराव है। एक तरफ निरंकुशता है तो दूसरी तरफ लोकतंत्र है। इस टकराव के बीच हमें तय करना है कि हम क्या करने जा रहे हैं। ये मूल अधिकार केवल उस समाज और उन लोगों द्वारा प्रयोग किए जाने वाले हैं, जो कानून के प्रति आदर रखते हैं, जो अपने साथ दूसरों के भी मूल अधिकार के प्रति आदर भाव रखते हैं और इसलिए जो जिम्मेदारी और नियंत्रण के सम्यक् भाव के साथ व्यवहार करने के लिए तैयार रहते हैं। जहाँ ये शर्त नहीं मानी जाती हैं और जहाँ ऐसे समूह या दल हैं, जो राज्य को नष्ट करने और राज्य को कैद करने के लिए संगठित होते हैं और इसे अपना व्यवसाय बना लेते हैं तो निश्चित रूप से राज्य या समाज के लिए इन मूल अधिकारों का सम्मान करना सम्भव नहीं होगा। यदि कोई व्यक्ति या समूह इस देश में अधिनायकवाद लाने की, विशेष रूप से अधिनायकवादी राज्य स्थापित करने की कोशिश करता है, तो यह सुप्रीम कोर्ट का और साथ-साथ इस देश के राष्ट्रपति का पवित्र कर्तव्य होगा कि किसी भी कीमत पर इस संविधान को बनाए रखा जाए और इन मूल अधिकारों को ऐसे लोगों या समूहों द्वारा इस तरीके से प्रयोग किए जाने की अनुमति न हो, जो अपने समाज के लिए खतरनाक हो।"[214]

जबकि रोहिणी कुमार चौधरी ने खंड (4) के प्रावधान का कड़ा विरोध किया। अपने विरोध में चौधरी ने कहा कि "निलम्बन का बुरा प्रभाव यह होगा कि आपातकाल की स्थिति में आप अस्पृश्यता की चर्चा करने वाले अनुच्छेद 11 की उपेक्षा कर सकते हैं। इसका मतलब है कि हम एक ऐसी परिस्थिति का विचार करते हैं, जो राज्य या किसी व्यक्ति को अनुच्छेद 11 के खिलाफ अतिक्रमण करने के लिए और बिना किसी सजा के ऐसा करने के लिए अधिकारयुक्त बनाएगा। क्या यह सदन ऐसे विचार का समर्थन करता है? अनुच्छेद 17 को लेते हैं, जहाँ पर मानव दुर्व्यापार पर रोक लगाई गई है। क्या यह सदन सहमत है कि संविधान का निलम्बन इस तरह लागू होना चाहिए ताकि लोग बिना दंड के मानव दुर्व्यापार में लिप्त हों? आपातकाल के दौरान आप अनुच्छेद 13 निलम्बित करना चाहते हैं, जहाँ अभिव्यक्ति की आजादी, संगठन बनाने की आजादी और ऐसे सभी अधिकारों का उल्लेख किया गया है। आप पहले से ही इन अनुच्छेदों में सामाओं एवं निर्बन्धनों को बना रखे हैं।"[215]

आम बहस के अन्त में डॉ. बी. आर. आंबेडकर ने खंड (4) के प्रावधान को समाप्त करने या हल्का करने के लिए लाए गए संशोधनों को अस्वीकार कर दिया। आपातकाल के दौरान अपनी सुरक्षा करने के राज्य के अधिकार को महत्त्व देने पर जोर देते हुए डॉ. बी. आर. आंबेडकर ने कहा—

> "खंड (4) को समाप्त करने के पक्ष में दिए गए तर्क के सम्बन्ध में, यदि मैं ऐसा कोई अपराध किए बिना कह सकूँ, मुझे कहते हुए डर है कि यह एक बहुत असंयमित माँग है, एक ऊँचा आदेश है। इसमें कोई सन्देह नहीं है कि जहाँ कुछ ऐसे मूल अधिकार हैं जिन्हें राज्य द्वारा व्यक्तियों को अवश्य गारंटी किया जाना चाहिए ताकि वे सुरक्षित रहें और अपने व्यक्तित्व का विकास करने के लिए आजाद हों, यह समान रूप से स्पष्ट है कि कुछ मामलों में जहाँ राज्य का जीवन ही खतरे में हो, तब ये अधिकार कुछ सीमाओं के अधीन होते हैं।
>
> "सामान्य एवं शान्ति का समय, आपातकाल से बिलकुल अलग होता है। आपातकाल के दौरान, जब स्वयं राज्य का जीवन खतरे में होता है और यदि राज्य इस आपातकाल में अपनी रक्षा करने में असमर्थ हो जाए, तो खुद लोग अपने अस्तित्व को समाप्त होता हुआ पाएँगे। परिणामत: राज्य के पास आपातकाल में अपनी रक्षा करने के सर्वोच्च अधिकार की गारंटी उसी तरह सुरक्षित तरीके से होना चाहिए जैसे व्यक्ति-विशेष के अधिकार का होता है ताकि वह आपातकाल को समाप्त कर सके और अपने दायित्वों का निर्वहन करने के लिए जीवित रह सके और लोग उसकी छाया में विकास कर पाने में सक्षम हों। मैं ऐसे किसी संविधान को नहीं जानता हूँ जो मूल अधिकार को प्रदान करता है लेकिन वह इस तरह प्रदान करता है कि राज्य आपातकाल में व्यक्ति के अधिकारों में कटौती करके अपना ही सुरक्षा करने से वंचित रहे। आप चाहे किसी भी संविधान को लें, जहाँ मूल अधिकार गारंटी किया गया है, इनमें आप राज्य द्वारा आपातकाल में इनको निलम्बित करने वाले प्रावधान भी पाएँगे। इसलिए जहाँ तक खंड (4) को निरस्त करने का सम्बन्ध है, यह सिद्धान्त की बात है और मुझे अवश्य ही इसका विरोध करना चाहिए।
>
> "मेरे मित्र मि. तजामुल हुसैन ने मूल अधिकार वाले इस अध्याय के कई अनुच्छेदों को सन्दर्भित करते हुए बहुत भयंकर तसवीर खींची है। वह कहते हैं कि यहाँ पर पानी

लेने का अधिकार है, वहाँ दुकान में प्रवेश का अधिकार है, वहाँ स्नानघाट पर जाने की आजादी है। अब उनका मानना है कि यदि खंड (4) लागू हो जाता है, तो पानी पीने के लिए एक व्यक्ति को कुएँ तक जाने की, सड़क पर चलने की, सिनेमा-थियेटर में जाने की अनुमति देने वाले ये सभी बुनियादी मानवीय अधिकार, जिन्हें मौलिक भाग द्वारा गारंटी किया गया है, समाप्त हो जाएँगे। मैं नहीं समझ सकता हूँ कि मेरे मित्र तजामुल हुसैन ने कहाँ से इस तरह के विचार प्राप्त किए हैं। यदि वह अनुच्छेद 279 (नियमित अनुच्छेद 358), जो राष्ट्रपति के आपातकाल की उद्‍घोषणा जारी करने की शक्ति से सम्बन्धित है, का सन्दर्भ लिये होते तो वे पाते कि खंड (4), जो इन अधिकारों को निलम्बित करने की अनुमति देता है, केवल अनुच्छेद 13 (नियमित अनुच्छेद 19) को सन्दर्भित करता है, अन्य को नहीं। राष्ट्रपति द्वारा जारी आपातस्थिति की उद्‍घोषणा के अन्तर्गत केवल अनुच्छेद 13 में गारंटी किए गए अधिकारों को निलम्बित किया जाएगा; अन्य सभी अनुच्छेद और उसमें वर्णित अधिकार बरकरार बने रहेंगे, इनमें से कोई भी प्रभावित नहीं होगा। परिणामत:, उनके द्वारा प्रस्तुत किया गया तर्क अनुच्छेद 279 में रखे गए प्रावधान की परिधि से पूरी तरह बाहर हैं।"[216]

इसी दौरान एच. वी. कामथ ने सवाल पूछा, "अनुच्छेद 280 के बारे में क्या?"

डॉ. आंबेडकर ने जवाब दिया, "यह जो कुछ करता है, वह उपचार को निलम्बित करता है। मैं समझता हूँ कि मैं इस पर तब चर्चा करुँगा जब हम उन उपचारों की प्रकृति से सम्बन्धित सामान्य सवाल पर चर्चा करेंगे, और इसलिए मैं इसको यहाँ पर नहीं छूता हूँ।"

मि. करीमुद्‍दीन के संशोधन पर प्रतिक्रिया व्यक्त करते हुए डॉ. आंबेडकर ने कहा—"उन्होंने जो करने की कोशिश की है, खंड (4) को विद्रोह या आक्रमण के मामलों तक सीमित किया है। यदि वह अनुच्छेद 275 (नियमित अनुच्छेद 352) को ध्यान से पढ़े होते तो अनुच्छेद 275 में रखे गए प्रावधान और उनके प्रस्तावित सुझाव में वस्तुत: कोई व्यावहारिक अन्तर नहीं है। अनुच्छेद 275 द्वारा राष्ट्रपति में निहित आपातस्थिति की उद्‍घोषणा जारी करने की शक्ति केवल युद्ध या घरेलू हिंसा के मामलों तक सीमित है।"

इसके बाद सैयद करीमुद्‍दीन ने पूछा, "क्या केवल युद्ध की धमकी होने पर भी?"

डॉ. आंबेडकर ने जवाब दिया, "निश्चित रूप से। आपातस्थिति केवल तभी नहीं लागू होती है जब युद्ध हो गया है, बल्कि ऐसी स्थिति को भी आपातस्थिति माना जा सकता है जब युद्ध की धमकी हो। परिणामत:, यदि अनुच्छेद 275 के शब्दों की मि. करीमुद्‍दीन के संशोधन से तुलना करें तो वह पाएँगे कि अनुच्छेद 275 राष्ट्रपति को जो करने की अनुमति देता है इसमें और मि. करीमुद्‍दीन के संशोधन को स्वीकार कर लेने पर जो वह करने के लिए अधिकारयुक्त होगा उसमें व्यावहारिक रूप से कोई अन्तर नहीं है।"[217]

डॉ. बी. आर. आंबेडकर के सम्बोधन के बाद संविधान-सभा ने तजामुल हुसैन और सैयद करीमुद्‍दीन के संशोधनों को अस्वीकार कर दिया।

11

कार्यपालिका : सुराज का वाहक

किसी राज्य की व्यवस्था में कार्यपालिका का स्थान सर्वोपरि होता है। वह देश का शासन-प्रशासन चलाती है, आन्तरिक शान्ति एवं सुरक्षा सुनिश्चित करती है, विदेश-सम्बन्धों का संचालन करती है, देश की रक्षा के लिए सेना की भूमिका तय करती है, आर्थिक नीति तय करती है और मुद्रा का संचालन करती है, कानून निर्माण का मार्गदर्शन करती है और इसे लागू भी करती है, जनता के कल्याण के लिए कार्य करती है, और ऐसे सभी कार्यों के लिए नीतियों का निर्धारण एवं क्रियान्वयन करती है। वस्तुत: कार्यपालिका अपनी नीतियों एवं कार्यों से किसी देश में सुराज की दिशा तय करती है। कार्यपालिका के चरित्र के अनुसार ही राज्य के दूसरे अंगों की भूमिका तय होती है। इसके वंशानुगत होने या तानाशाही होने या कुलीन तंत्र होने या सत्तावादी होने या लोकतांत्रिक होने के आधार पर विधायिका, न्यायपालिका एवं अन्य अंगों का स्वरूप तय होता है। राजनीतिक व्यवस्था में कार्यपालिका की भूमिका एक नाभिक की तरह होती है, जिसके इर्द-गिर्द राज्य के दूसरे अंग, चाहे विधायिका, न्यायपालिका जैसे प्रमुख अंग हों या चुनाव आयोग, लोक सेवा आयोग, लेखापरीक्षक, सेना, बैंक जैसे आनुषंगिक अंग, अपने-अपने कार्यक्षेत्र और शक्तियों के साथ इलेक्ट्रॉनों की तरह घूमते रहते हैं और संविधान-चक्र पूरा करते हैं।

संवैधानिक विकास क्रम में लोकतांत्रिक व्यवस्था के दो शासन-प्रणाली—अध्यक्षीय प्रणाली और संसदीय प्रणाली, विकसित हुए। संघीय संविधान समिति के सुझाव के आधार पर प्रारूप संविधान में संसदीय प्रणाली अपनाया गया। इस प्रणाली को अपनाकर संविधान निर्माताओं ने स्थायित्व की तुलना में जवाबदेही को महत्त्व दिया। संसदीय प्रणाली में कार्यपालिका, विधायिका से अपना अस्तित्व प्राप्त करती है और इसके प्रति जवाबदेह होती है। यहाँ राज्य और सरकार के मुखिया अलग-अलग व्यक्ति होते हैं। संघीय व्यवस्था के अनुरूप प्रारूप संविधान में केन्द्र और राज्य के स्तर पर अलग-अलग कार्यपालिका का ढाँचा प्रस्तावित किया गया। केन्द्र स्तर पर देश एवं सरकार के मुखिया को क्रमश: राष्ट्रपति एवं प्रधानमंत्री, और राज्य स्तर पर राज्य एवं सरकार के मुखिया को क्रमश: राज्यपाल एवं मुख्यमंत्री कहा गया।

शासन का संसदीय स्वरूप या अध्यक्षीय स्वरूप : पुन: उठा सवाल

प्रारूप संविधान का भाग V संघ की कार्यपालिका, विधायिका, न्यायपालिका इत्यादि से सम्बन्धित था। 10 दिसम्बर, 1948 को ज्यों ही संविधान-सभा के पटल पर यह भाग रखा गया, प्रो. के. टी. शाह ने नया अनुच्छेद 40-क जोड़ने के लिए संशोधन[1] प्रस्तुत कर दिया। इसके अनुसार राज्य के मुख्य अंगों अर्थात् विधायिका, कार्यपालिका और न्यायपालिका की शक्तियाँ बिलकुल पृथक्-पृथक् होंगी। इस संशोधन का उद्देश्य अध्यक्षीय शासन-प्रणाली को स्थापित करना

था। इस तरह एक बार पुन: शासन-प्रणाली का स्वरूप संविधान-सभा में चर्चा का विषय बन गया। प्रो. शाह ने बहस की कि "प्रारूप संविधान अध्यक्षीय शासन और संसदीय शासन के मध्य समझौते पर आधारित है। अध्यक्षीय शासन में राज्य के तीनों प्रमुख अंगों के मध्य शक्ति पृथक्करण होता है। इसमें न्यायपालिका और कार्यपालिका के मध्य तथा न्यायपालिका और विधायिका के मध्य स्वतंत्रता को सुरक्षित कर सकेंगे। यह जनसाधारण की आजादी, नागरिक स्वतंत्रता और कानून का शासन स्थापित करने के दृष्टि से बहुत महत्त्वपूर्ण है। यदि न्यायपालिका और विधायिका के बीच सम्पर्क बना रहता है, यदि सर्वोच्च न्यायाधिकारियों और विधायिका के सदस्यों के मध्य परस्पर बदलाव होना सम्भव हुआ, तो भय है कि कानून का निर्वचन स्वतंत्र रूप से मामले के गुण-दोषों पर होने के बजाय पार्टी के प्रभाव से ज्यादा निर्देशित होगा।" प्रो. शाह ने आगे कहा कि "विधायिका और कार्यपालिका में जितना कम सम्पर्क हो, उतना ही दोनों के लिए हितकर है। कार्यपालिका सदन को भ्रष्ट करने की स्थिति में होती है, कार्यपालिका सदस्यों के मत को उपहार एवं पक्षपात द्वारा प्रभावित करने की स्थिति में होती है।

प्रो. शाह के संशोधन के बाद संविधान-सभा एक बार पुन: शासन-प्रणाली को लेकर बँट गया। के. हनुमन्थैया, के. सन्थानम जैसे सदस्य जहाँ संशोधन के खिलाफ थे वहीं सैयद करीमुद्दीन संशोधन का समर्थन कर रहे थे। प्रो. शिब्बन लाल सक्सेना जैसे भी लोग थे जो यद्यपि यह मानते थे कि इतने समयान्तराल के बाद प्रारूप संविधान में प्रस्तावित संसदीय शासन-प्रणाली को बदलना सम्भव नहीं है, किन्तु वह देश के लिए अध्यक्षीय शासन-प्रणाली को सबसे उपयुक्त मानते थे।

प्रो. शाह के संशोधन का विरोध करते हुए के. हनुमन्थैया ने कहा कि "परस्पर-विरोधी त्रिमूर्ति रखने की तुलना में सामंजस्ययुक्त शासन व्यवस्था रखना ज्यादा अच्छा है। यदि हम कार्यपालिका, न्यायपालिका और विधायिका को बिलकुल पृथक् कर दें तो सरकारी विभागों के मध्य कलह उत्पन्न होना निश्चित है। किसी भी देश में, किसी भी शासन में परस्पर विरोध उस देश की शान्ति एवं विकास के लिए आत्महत्या जैसा होता है। न्यायपालिका के सवाल पर हनुमन्थैया ने आगे कहा कि कार्यपालिका की हमेशा निन्दा करने का और न्यायपालिका को आदर्श मानते हुए इसकी हमेशा प्रशंसा करने का चलन हो गया है। ऐसा न तो न्यायपालिका के हित में है और न सरकार के। न्यायपालिका की स्वतंत्रता का अर्थ यह है कि कार्यपालिका या इसके अधिकारियों को न्याय-प्रशासन के दिन-प्रतिदिन के कार्य में हस्तक्षेप नहीं करना चाहिए। इसका अर्थ यह नहीं है कि न्यायपालिका को कार्यपालिका का मालिक होना चाहिए या कार्यपालिका के समान होना चाहिए। न्यायपालिका को निष्पक्ष बनाने के लिए यह आवश्यक नहीं है कि हम इसे सरकार या विधायिका की तरह ऊँचा बनाएँ। यह गलत तर्क है कि सर्वोच्च न्यायालय के कुछ न्यायाधीश विधायिका के उन चार सौ सदस्यों से ज्यादा अच्छे होते हैं, जो जनता के चुने हुए प्रतिनिधि हैं या देश के प्रतिष्ठित नेता हैं।"[2]

यद्यपि प्रो. सिब्बन लाल सक्सेना ने प्रो. शाह के तर्क से सहमति व्यक्त की, किन्तु वर्तमान में इसे लागू करना असम्भव बताते हुए कहा कि "सम्भवत: अपने दासत्व के कारण ही हमने ब्रिटिश प्रणाली की नकल की है। यदि इस सम्बन्ध में आजादी होती तो हम अमेरिकी प्रणाली की नकल करते। उस प्रणाली के अन्तर्गत न्यायपालिका और विधायिका बिलकुल पृथक् हैं और विधायिका और कार्यपालिका भी बिलकुल पृथक् हैं। वहाँ विधायिका जिन कानूनों को देश के लिए लाभप्रद समझती है, बनाती है और राष्ट्रपति को इसे मानना होता है। संसदीय शासन-प्रणाली में बहुसंख्यक दल के नेता को सभा का सहयोग प्राप्त होना चाहिए। सभा उन्हीं

कानूनों को स्वीकार करती है जिन्हें दल आवश्यक समझता है। विधायिका कार्यपालिका के अधीन होती है, वह स्वाधीन नहीं होती है। अधिकतर सभी जगहों पर जहाँ नेता ख्यातिलब्ध होते हैं, दल उनकी हाँ में हाँ मिलाते हैं और बहुसंख्यकों की वास्तविक इच्छा व्यक्त नहीं हो पाती। इसलिए समस्त शासन केवल एक व्यक्ति के शासन का रूप धारण कर लेता है। किन्तु हम बहुत आगे बढ़ गए हैं और अब संविधान के आधार को बदलना सम्भव नहीं है क्योंकि पिछले दो वर्षों से हमने सभी बातें ब्रिटिश प्रणाली के अनुसार ही रखी हैं।[3]

काजी सैयद करीमुद्दीन ने प्रो. शाह के संशोधन का पूर्ण समर्थन किया। न्यायपालिका की स्वतंत्रता का सवाल उठाते हुए करीमुद्दीन ने कहा कि "मंत्री विधान-मंडलों के दास होते हैं और उन्हें अपने अस्तित्व को तथा अपने पदों को बनाए रखने के लिए देश के लोगों के लुभावने विचारों पर निर्भर रहना पड़ता है। उनको अपनी बुद्धि तथा विवेक से काम करने की आजादी नहीं होती है। संसदीय शासन-प्रणाली के अधीन न्यायपालिका कभी भी स्वतंत्र नहीं होगी। यदि उसे स्वतंत्र नहीं बनाया गया तो व्यक्तिगत आजादी और सम्पत्ति सम्बन्धी मूल अधिकार की गारंटी हास्यास्पद ही सिद्ध होगी।"[4]

जबकि के. सन्थानम ने प्रो. शाह के संशोधन को वर्तमान परिप्रेक्ष्य में अव्यावहारिक बताते हुए कहा कि "इस सभा द्वारा संसदीय शासन-प्रणाली के पक्ष में निर्णय किया जा चुका है। इसी निर्णय के आधार पर मसौदा समिति ने संविधान का मसौदा बनाया है।" शासन-प्रणाली को आर्थिक प्रगति से जोड़ते हुए सन्थानम ने आगे कहा कि इस देश का भविष्य एक आर्थिक राज्य का है। यदि हमें केवल पुलिस राज्य होना है, तो निश्चित ही कार्यपालिका और विधायिका का पृथक्करण बहुत महत्त्वपूर्ण है। यदि संविधान का निर्माण करते समय केवल शक्ति और स्थिरता का या मुख्यत: इन्हीं का ध्यान रखना है तो अध्यक्षीय कार्यपालिका का पक्ष मजबूत है, परन्तु आज शक्ति और स्थिरता की तुलना में त्वरित आर्थिक प्रगति का महत्त्व है। हमारी स्थिरता एवं शक्ति भी उस दिशा पर निर्भर करेगी, जिसमें भारत के आर्थिक पुनर्निर्माण को आगे बढ़ाया जा सके। प्रो. के. टी. शाह को इसकी बहुत चिन्ता है कि भारत का समाजवाद के आधार पर जितना जल्दी हो सके पुनर्निर्माण किया जाए। किन्तु यदि अध्यक्षीय कार्यपालिका होगी, तो इस सम्बन्ध में उनकी इच्छाओं की पूर्ति के मार्ग में बहुत बाधा आएगी।[5] के. सन्थानम ने आगे कहा कि "चूँकि केन्द्रीय सरकार को इतनी शक्ति दी जा रही हैं, जिनकी आशा भी नहीं की गई थी, और चूँकि शासन का स्वरूप संघीय से ज्यादा एकात्मक है इसलिए यह और भी आवश्यक हो जाता है कि केन्द्र में संसद और कार्यपालिका एक ही शरीर के अंग हों और एक ही इकाई के रूप में काम करें।"

इसके बाद सभाध्यक्ष ने चर्चा पर विराम लगाते हुए डॉ. बी. आर. आंबेडकर को अपनी बात रखने के लिए बुलाया। तत्पश्चात डॉ. आंबेडकर ने न्यायपालिका को कार्यपालिका से अलग करने हेतु स्वीकार किए गए निदेशक सिद्धान्त का उदाहरण दिया और इसे पर्याप्त बताया। कार्यपालिका को विधायिका से अलग रखने के सवाल का जवाब देते हुए डॉ. आंबेडकर ने कहा—

> "यह सच है कि संयुक्त राज्य अमेरिका के संविधान में इस प्रकार के पृथक्करण की व्यवस्था है। परन्तु यदि मेरे मित्र प्रो. शाह ने अमेरिका के संविधान के इस विशेष प्रावधान की हाल में हुई आलोचना को पढ़ा होता तो उनको पता होता कि बहुत से अमेरिकी लोग ही अमेरिका के संविधान में कार्यपालिका एवं विधायिका के पूर्ण पृथक्करण से बहुत असन्तुष्ट हैं। अमेरिका के बहुत से संविधानविज्ञों ने एक प्रस्ताव

यह भी किया है कि कार्यपालिका और विधायिका के पृथक्करण का बिलकुल ही निराकरण कर दिया जाए ताकि अमेरिका में उसी प्रकार की स्थिति उत्पन्न हो जाए जैसी कि इंग्लैंड में है। इंग्लैंड में कार्यपालिका और विधायिका के बीच कोई अन्तर अथवा पृथक्करण नहीं है। यह मत प्रतिपादित किया गया है कि अमेरिका के संविधान में कोई ऐसा प्रावधान रखा जाए, जिसके अन्तर्गत कार्यपालिका के सदस्य विधायिका या सीनेट में बैठ सकें। भले ही वे विधान सभा के सभी कार्यों जैसे मतदान इत्यादि में भाग न लें, परन्तु वे वहाँ बैठें, प्रश्नों का उत्तर दें और जिस किसी विषय पर कानूनी बहस हो रहा हो उसमें भाग लें। इसे ध्यान में रखते हुए यह कहा जा सकता है कि अमेरिकी लोगों को ही इस सम्बन्ध में बहुत सन्देह है कि कार्यपालिका और विधायिका के पूर्ण पृथक्करण से लाभ हो सकता है अथवा नहीं।

"मेरे मस्तिष्क में या राजनीति विज्ञान के बहुत सारे विद्वानों के मस्तिष्क में इस सम्बन्ध में बिलकुल भी सन्देह नहीं है कि संसद का कार्य बहुत जटिल एवं बहुत व्यापक है, और जब तक कार्यपालिका के लोग संसद में बैठकर सदस्यों का पथ-प्रदर्शन नहीं करेंगे, तब तक संसद सदस्यों के लिए विधान-कार्यों को आगे बढ़ाना कठिन हो जाएगा। किसी कानूनी विषय पर विचार-विमर्श में संसद के सदस्यों के साथ कार्यपालिका के सदस्यों के भाग लेने से नि:सन्देह यह लाभ होता है कि जटिल विषयों के सम्बन्ध में संसद के सदस्यों का पथ-प्रदर्शन होता है। इसलिए मेरा अपना यह विचार है कि यदि हम कार्यपालिका और विधायिका को पृथक् करने की अमेरिका की प्रणाली का अनुसरण नहीं करते हैं, तो इससे किसी प्रकार का अहित होने की सम्भावना नहीं है।

"कार्यपालिका और न्यायपालिका के पृथक्करण के सवाल के सम्बन्ध में मैं कह चुका हूँ कि इस सम्बन्ध में कोई मतभेद नहीं है और मेरी समझ से यह सवाल अध्यक्षीय प्रणाली अथवा संसदीय प्रणाली पर निर्भर नहीं है, क्योंकि इसे सभी स्वीकार करते हैं कि संसदीय प्रणाली में भी कार्यपालिका और न्यायपालिका का पृथक्करण हो सकता है।"[6]

डॉ. बी. आर. आंबेडकर के सम्बोधन के बाद प्रो. के. टी. शाह कुछ बोलना चाहे, किन्तु उपाध्यक्ष के हस्तक्षेप के बाद वह बैठ गए। उसके बाद संविधान-सभा ने प्रो. शाह के संशोधन को अस्वीकार कर दिया।

(क) केन्द्रीय कार्यपालिका

राष्ट्रपति : संविधान में स्थिति

देश के राष्ट्राध्यक्ष के सम्बन्ध में प्रारूप अनुच्छेद 41 प्रस्तावित करता था कि 'भारत का एक राष्ट्रपति होगा।'

इस अनुच्छेद के सम्बन्ध में पहला संशोधन[7] प्रो. के. टी. शाह का प्रारूप प्रावधान के स्थान पर शब्दावली 'भारतीय संघ में मुख्य कार्यपालक और राज-प्रमुख को प्रेसिडेंट कहा जाएगा।' रखने के लिए था। उनका तर्क था कि राष्ट्रपति के पदनाम वाले अनुच्छेद में, केवल ऐसा लिखने के बजाय यहाँ पर राष्ट्रपति की स्थिति एवं शक्तियों के बारे में भी कुछ संकेत होना चाहिए। इस संशोधन का समर्थन करते हुए महावीर त्यागी ने कहा कि "अवश्य ही एक ऐसी इकाई, एक ऐसा प्राधिकारी, एक ऐसा व्यक्ति होना चाहिए, जिसमें सम्प्रभुता एवं सर्वश्रेष्ठता

निहित हो; जिसमें जनता का विशेषाधिकार निहित हो। इसलिए यह बहुत अच्छा विचार होगा यदि हम यह अभिनिर्धारित करें कि राष्ट्रपति देश का न केवल कार्यकारी प्रमुख होगा, बल्कि जनता की सार्वभौमिकता का प्रतीक भी होगा।"[8]

प्रारूप संविधान में प्रस्तावित शासन-प्रणाली, संसदीय प्रणाली पर आधारित था। जिसके अन्तर्गत शासन-शक्ति का केन्द्र प्रधानमंत्री होता है। जबकि प्रो. के. टी. शाह का उक्त संशोधन राष्ट्रपति को मुख्य कार्यपालक घोषित करने के लिए था। इस संशोधन को अस्वीकार करते हुए डॉ. बी. आर. आंबेडकर ने जवाब दिया—

> "यदि मेरे मित्र प्रो. शाह संघीय संविधान समिति की रिपोर्ट देखेंगे तो उन्हें लगेगा कि मसौदा समिति ने इस समिति की रिपोर्ट का ही अनुसरण किया है। इस समिति की रिपोर्ट में यह कहा गया है कि यद्यपि राष्ट्रपति कार्यपालिका का प्रमुख होगा किन्तु उसका पथ-प्रदर्शन एक मंत्रिपरिषद करेगा। संविधान के अनुसार उसे जो अधिकार दिये गए हैं, इसके अधीन वह जो भी कार्य करेगा, इस सम्बन्ध में उसे मंत्रिपरिषद की सलाह माननी होगी। वह कोई ऐसा प्रमुख नहीं होगा जो सर्वत्र स्वतंत्र हो और जिसे किसी की भी सलाह मान्य न हो। यही संसदीय शासन-प्रणाली है।
>
> "संयुक्त राज्य अमेरिका के शासन में विभिन्न विभागों के अध्यक्ष सेक्रेटरी ऑफ स्टेट होते हैं और वे शासन चलाते हैं। वे शासन-कार्य के सम्बन्ध में राष्ट्रपति को भी परामर्श देते हैं। किन्तु सैद्धान्तिक दृष्टि से प्रेसिडेंट सेक्रेटरी ऑफ स्टेट के परामर्श को मानने के लिए बाध्य नहीं है। इसी कारण अमेरिका का राष्ट्रपति कार्यपालिका का प्रमुख कहा जाता है। हमने उस प्रणाली को स्वीकार नहीं किया है। हमने संसदीय शासन-प्रणाली स्वीकार किया है और इसलिए इस अवसर पर मेरा यह निवेदन है कि हम प्रो. के. टी. शाह के प्रश्न पर उस समय तक विचार नहीं कर सकते हैं जब तक कि हम प्रारूप संविधान के अनुच्छेद 61 पर विचार न कर लें, जिसमें यह कहा गया है कि प्रेसिडेंट का यह कर्तव्य है कि वह मंत्रिपरिषद के परामर्श के अनुसार कार्य करे। वास्तविक प्रश्न यह है कि क्या हम यह चाहते हैं कि मंत्रियों का परामर्श राष्ट्रपति को मान्य होगा या ऐसा नहीं चाहते हैं? यदि हम यह निर्णय कर लें कि राष्ट्रपति को मंत्रिपरिषद का परामर्श मान्य नहीं होगा तो सभा प्रोफेसर के. टी. शाह का संशोधन स्वीकार कर सकती है। परन्तु अभी इस प्रश्न पर विचार नहीं किया जा सकता है।"[9]

डॉ. आंबेडकर के सम्बोधन के बाद संविधान-सभा ने प्रो. के. टी. शाह के संशोधन को अस्वीकार कर प्रारूप अनुच्छेद 41 (नियमित अनुच्छेद 52) का मूल प्रावधान अंगीकृत कर लिया।

इसी तरह प्रारूप अनुच्छेद 42 के माध्यम से प्रस्तावित किया गया था कि संघ की कार्यपालिकीय शक्ति राष्ट्रपति में निहित होगी और उसके द्वारा इसका प्रयोग प्रत्यक्ष या अधीनस्थ अधिकारियों के माध्यम से इस संविधान के अनुसार किया जाएगा।

प्रारूप अनुच्छेद 42 के सम्बन्ध में प्रो. के. टी. शाह का पहला संशोधन[10] इसके खंड (1) के लिए था, जिसमें कहा गया था कि सरकार की सार्वभौम कार्यपालिकीय शक्ति एवं प्राधिकार राष्ट्रपति में सन्निहित होगा और दूसरा संशोधन खंड (2) में ऐसे तमाम प्रावधान जोड़ने के लिए था, जो राष्ट्रपति को कई अधिकार एवं शक्ति प्रदान करते थे। इन संशोधनों के समर्थन में प्रो. शाह ने कई तर्क दिए। एक तर्क यह भी था कि राष्ट्रपति की शक्ति एवं कार्य उसी तरह होना

चाहिए था जैसा कि सम्प्रभु जनता की इन शक्तियों एवं कार्यों का राज्य की मुख्य कार्यपालिका द्वारा प्रयोग किया जाता है।

प्रो. शाह के इस संशोधन का आर. के. सिधवा, जगत नारायण लाल, के. एम. मुंशी और अल्लादी कृष्णास्वामी अय्यर ने विरोध किया। आर. के. सिधवा ने कहा कि "अमेरिकी शासन-प्रणाली के कुछ प्रावधान अच्छे हो सकते हैं, किन्तु इस विषय पर कई बार विचार करने के बाद यह निष्कर्ष निकला है कि ब्रिटिश संसदीय प्रणाली, जो वस्तुत: ज्यादा लोकतांत्रिक है, इस देश के लिए ज्यादा उपयुक्त है।"[11] जगत नारायण लाल ने भी कहा कि वह प्रो. शाह की इस धारणा से सहमत नहीं हैं कि भारत के राष्ट्रपति के पास अमेरिकी राष्ट्रपति के समान शक्तियाँ एवं अधिकार होना चाहिए। संविधान में जिन शक्तियों को राष्ट्रपति को देना प्रस्तावित हैं, वह कमोबेश आयरिश गणराज्य के समान है।[12] इसी तरह कई देशों का उदाहरण देते हुए के. एम. मुंशी ने भी कहा कि "इंग्लैंड में मजबूत सरकार और सबसे लचीली कार्यपालिका पाई गई है और यह इस कारण से है क्योंकि कैबिनेट में अन्तर्निहित कार्यपालिकीय शक्तियों को उस निम्न सदन के बहुमत का समर्थन प्राप्त है, जिसे संविधान के अन्तर्गत आर्थिक शक्तियाँ मिली हुई हैं। राजा या राष्ट्रपति को पार्टी से ऊपर रखा गया है। उन्हें वास्तव में संविधान की निष्पक्ष मर्यादा का प्रतीक बनाया गया है।"[13]

संसदीय शासन-प्रणाली अपनाने के उद्देश्य को स्पष्ट करते हुए अल्लादी कृष्णास्वामी अय्यर ने कहा कि "जब तक कि विधायिका और कार्यपालिका के मध्य कोई निकट की कड़ी न हो, निश्चित रूप से इसका परिणाम एक कष्टकारी व्यवस्था होगी। कौन बजट का अनुमोदन करे? कौन किसी विशिष्ट योजना का अनुमोदन करे? संसद एक रास्ते को अपना सकता है तो कार्यपालिका दूसरे रास्ते पर जा सकती है। आधुनिक परिस्थितियों में एक शैशव लोकतंत्र विधायिका एवं कार्यपालिका के मध्य लगातार मतभेद, संघर्ष या संकट का जोखिम नहीं उठा सकती है। वर्तमान संवैधानिक व्यवस्था का उद्देश्य विधायिका एवं कार्यपालिका के मध्य ऐसे संघर्ष को रोकना और शासन-व्यवस्था के विभिन्न भागों के मध्य सामंजस्य बढ़ाना है। यह संविधान का मुख्य उद्देश्य है।"[14]

तत्पश्चात डॉ. आंबेडकर ने प्रारूप अनुच्छेद 42 पर प्रस्तुत सभी पाँच संशोधनों को अस्वीकार कर दिया। संविधान-सभा ने भी इन्हें अस्वीकार कर प्रारूप अनुच्छेद 42 (नियमित अनुच्छेद 53) का मूल प्रावधान अंगीकृत कर लिया।

राष्ट्रपति : हिन्दी नाम के प्रयोग का सवाल

प्रारूप अनुच्छेद 41 पर आम बहस के दौरान एच. वी. कामथ ने इसके प्रावधान से हिन्दी शब्द 'राष्ट्रपति' निकाले जाने का कड़ा विरोध किया। उनका तर्क था कि इसके पूर्व जवाहरलाल नेहरू की अध्यक्षता वाली संघीय संविधान समिति ने इस प्रारूप अनुच्छेद के लिए प्रावधान 'संघ का प्रमुख प्रेसिडेंट (राष्ट्रपति) होगा' प्रस्तुत किया था। अब उक्त प्रावधान से हिन्दी शब्द 'राष्ट्रपति' हटा दिया गया है। वह डॉ. आंबेडकर से जानना चाहते हैं कि आज संविधान के इस अनुच्छेद में 'राष्ट्रपति' शब्द क्यों नहीं है?[15]

कामथ के उक्त सवाल का जवाब देते हुए डॉ. आंबेडकर ने कहा कि "मसौदा समिति ने ऐसा इसलिए नहीं किया है, क्योंकि उसे 'राष्ट्रपति' शब्द से द्वेष है या वह संविधान में हिन्दी शब्द रखने के खिलाफ है। इसे निकालने का कारण यह है कि हमें बताया गया था कि संविधान-सभा के अध्यक्ष ने हिन्दी तथा हिन्दुस्तानी में संविधान का प्रारूप तैयार करने के लिए

एक अन्य समिति नियुक्त की है। इसलिए हमने सोचा कि जब हिन्दी और हिन्दुस्तानी में संविधान का प्रारूप होगा तो राष्ट्रपति शब्द को उस समिति पर अंगीकृत किए जाने के लिए छोड़ा जा सकता है और छोड़ा भी जाना चाहिए, क्योंकि यह अंग्रेजी शब्द नहीं है और हम संविधान के इस प्रारूप को अंग्रेजी में बना रहे हैं। हिन्दुस्तानी में बनाए जा रहे प्रारूप में इसके लिए 'प्रेसिडेंट' शब्द का और हिन्दी में 'प्रधान' शब्द का प्रयोग किया गया है न कि 'राष्ट्रपति' का। मुझे अभी-अभी सूचना मिली है कि उर्दू के मसौदे में शब्द 'सरदार' का प्रयोग किया गया है।"[16]

राष्ट्राध्यक्ष का सर्वोच्च पद एक लिंगनिरपेक्ष पद है, जबकि इसके लिए प्रचलित हिन्दी नाम 'राष्ट्रपति' एक पुरुष-प्रधान भाव वाला नाम है। इस तरह के नाम के कारण हिन्दी भाषा के बारे में इसके पुरुष प्रधान भाषा होने का सन्देश जाता है। यह धारणा बनती है कि हिन्दी भाषा मूल रूप से पुरुष भाव को संरक्षित करने वाली भाषा है। वैश्विक परिदृश्य में और भी तेजी से बनती है, क्योंकि दूसरे देश का कोई व्यक्ति पहले इसी सर्वोच्च पद के माध्यम से हिन्दी भाषा को जानता-समझता है।

संयुक्त राष्ट्र संघ ने इस सम्बन्ध में लिंग निरपेक्ष भाषा के लिए दिशानिर्देश (गाइडलाइन फार जेंडर-इनक्लूसिव लैंग्वेज) जारी किया हुआ है। इस गाइडलाइन के अनुक्रम में अंग्रेजी जैसी तमाम भाषाओं ने सुधार किया है। जैसे अंग्रेजी ने चेयरमैन शब्द के स्थान पर 'चेयरपर्सन' का प्रयोग करना शुरू किया गया है। किन्तु हिन्दी भाषा में राष्ट्रपति जैसे शब्द का प्रयोग करना वैश्विक परिदृश्य में बगलें झाँकने जैसी बात है। यह हिन्दी भाषा के लिए बिलकुल अनुचित और इसकी छवि को धूमिल करने वाला है।

राष्ट्राध्यक्ष के लिए हिन्दी में 'राष्ट्रपति' शब्द का प्रयोग केवल इसलिए किया गया प्रतीत होता है, क्योंकि कभी आजादी आन्दोलन के दौरान इसका प्रयोग भारतीय राष्ट्रीय कांग्रेस के अध्यक्ष के लिए किया जाता था। एक राजनीतिक पार्टी के रूप में स्थापित होने के बाद भारतीय राष्ट्रीय कांग्रेस के किसी भी प्रतीक को देश के प्रतीक के रूप में धारण करना उचित नहीं है। इसलिए सुधार और भी अपेक्षित है। भारत में राज्यों के प्रमुख के लिए हिन्दी में एक लिंग निरपेक्ष नाम 'राज्यपाल' का प्रयोग किया जाता है। इस नाम के अनुरूप देश के इस सर्वोच्च कार्यपालिकीय पद के लिए 'राष्ट्रपाल' का प्रयोग प्रचलन में लाया जा सकता है। इस पद को श्रीमती प्रतिभा पाटिल और श्रीमती द्रौपदी मुर्मू जैसी सम्मानित महिलाओं द्वारा धारण करने के बाद हिन्दी साहित्यकारों पर सुधार करने की जिम्मेदारी बढ़ गया है। यद्यपि यह प्रयोग में लाए जाने का सवाल है, किन्तु जब तक संविधान (हिन्दी रूपान्तरण) में यथोचित संशोधन न हो जाए, इस पुस्तक में लेखक के लिए 'राष्ट्रपति' शब्द का ही प्रयोग करना ही उचित है।

राष्ट्रपति का निर्वाचन

प्रारूप अनुच्छेद 43 के अन्तर्गत राष्ट्रपति चुनाव के लिए निर्वाचक मंडल परिभाषित किया गया था, और प्रारूप अनुच्छेद 44 के अन्तर्गत इस चुनाव के लिए प्रक्रिया का उल्लेख किया गया था। प्रारूप अनुच्छेद 43 के अनुसार राष्ट्रपति के चुनाव के लिए निर्वाचक मंडल होगा, जिसमें संसद के दोनों सदनों के सदस्य और राज्यों की विधायिका के निर्वाचित सदस्य शामिल होंगे।

इस सम्बन्ध में तजामुल हुसैन का संशोधन संसद के सम्बन्ध में 'सदस्यों' के स्थान पर 'निर्वाचित सदस्यों' रखने के लिए था। जबकि मोहम्मद ताहिर का संशोधन राज्य विधायिका के सम्बन्ध में शब्द 'निर्वाचित' को निरस्त करने के लिए था। डॉ. बी. आर. आंबेडकर ने एक संशोधन 'स्पष्टीकरण' जोड़ने के लिए प्रस्तुत किया, जिसमें कहा गया था कि 'राज्य की

विधायिका का अर्थ, जहाँ विधायिका द्विसदनीय है, विधायिका का निचला सदन है।' इस नये स्पष्टीकरण में प्रयुक्त शब्द 'विधायिका का निचला सदन' के स्थान पर 'राज्य का विधान सभा' रखने के लिए मो. ताहिर ने संशोधन प्रस्तुत किया।

सबसे आमूल-चूल प्रभाव रखने वाला संशोधन[17] प्रो. के. टी. शाह ने प्रस्तुत किया, जिसके स्वीकार होने पर राष्ट्रपति का चुनाव भारत के वयस्क नागरिकों द्वारा संघ के प्रत्येक निर्वाचक भाग में गुप्त मतदान प्रक्रिया से किया जाता। प्रो. शाह ने बहस की कि शासन के विभिन्न अंगों के मध्य शक्तियों के पूर्ण पृथक्करण का सिद्धान्त ठुकरा दिया गया है। किन्तु इसके बावजूद यह राष्ट्रपति के चुनाव को लोकमत से कराए जाने से नहीं रोकता है। उनकी यह मान्यता थी कि राष्ट्रपति केन्द्र के या स्थानीय विधान मंडलों के बहुमत के दल की कठपुतली न हो, बल्कि वह जनता का सच्चा प्रतिनिधि हो और वह राज्य के मुखिया के रूप में कार्य करने तथा उसका प्रतिनिधित्व करने के लिए चुना गया हो।

आम बहस के दौरान के. हनुमन्थैया एवं बिश्वनाथ दास ने प्रो. शाह के संशोधन का विरोध किया। हनुमन्थैया ने कहा कि प्रो. शाह राष्ट्रपति को वास्तविक सम्प्रभु बनाना चाहते हैं। संविधान निर्माताओं का यह आशय नहीं है। इस संविधान में राष्ट्रपति की स्थिति राज करने की है न कि शासन करने की। यदि हम राष्ट्रपति को वास्तविक शक्ति देते हैं, तो मसौदा समिति द्वारा प्रस्तावित सम्पूर्ण ढाँचा ही बदल जाएगा।[18] फ्रांस का उदाहरण देते हुए बिश्वनाथ दास ने प्रत्यक्ष निर्वाचन से पैदा होने वाली कठिनाइयों का उल्लेख किया और कहा कि "जनता के प्रत्यक्ष चुनाव के माध्यम से बनने वाले राष्ट्रपति का संसद की परिधि से बाहर अपना स्वतंत्र अस्तित्व होगा। ऐसा है तो कुछ समय माननीय सदस्यगण को संसद और राष्ट्रपति के मध्य संघर्ष पैदा होते देखने को मिल सकता है और यह स्थिति किसी भी तंत्र के सुचारु कार्यों में कठिनाई पैदा कर सकती है। इन कठिनाइयों के कारण कभी-कभी महत्त्वपूर्ण कार्यक्रम में बाधा पैदा हो सकती है।"[19]

प्रो. के. टी. शाह के संशोधन का प्रभाव व्यवस्था को अध्यक्षीय शासन-प्रणाली की तरफ मोड़ने वाला होता था। यद्यपि उनके ये संशोधन संविधान-सभा द्वारा अस्वीकार कर दिए जाते थे। किन्तु इनका सबसे अधिक लाभ यह होता था कि जब-जब इन संशोधनों पर चर्चा होता था, डॉ. आंबेडकर एवं अन्य सदस्यों द्वारा अपनी बात को स्थापित करने के लिए तर्क देना पड़ता था। इन तर्कों के कारण संविधान-सभा को सही-गलत का फैसला करने का अवसर मिलता था। डॉ. आंबेडकर ने तजामुल हुसैन के संशोधन को स्वीकार किया और वयस्क मत से राष्ट्रपति का प्रत्यक्ष चुनाव कराने के लिए प्रस्तुत संशोधन का तीन आधार पर विरोध किया—

1. निर्वाचक समूह का परिमाण।
2. चुनाव प्रबन्धन के लिए व्यापक तंत्र, और
3. राष्ट्रपति को प्राप्त शक्ति को देखते हुए इसका औचित्य।

डॉ. बी. आर. आंबेडकर के शब्दों में—

> "यदि हम प्रो. शाह के सुझाव को मान लें तो राष्ट्रपति के निर्वाचन में जितने मतदाता भाग लेंगे उनकी संख्या का अनुमान मैं सभा के समक्ष रख दूँ तो ठीक होगा। आज जो गणना उपलब्ध है उसके अनुसार गवर्नर के प्रान्तों की कुल जनसंख्या लगभग 22 करोड़ 80 लाख है। देशी राज्यों की जनसंख्या लगभग 8 करोड़ 90 लाख है। दोनों

को मिलाकर भारत राज्य क्षेत्र की जनसंख्या 31 करोड़ 70 लाख है। मान लीजिए कि वयस्क मताधिकार के आधार पर जो जनसंख्या राष्ट्रपति के निर्वाचन में भाग लेगी वह कुल जनसंख्या की पचास प्रतिशत हो तो निर्वाचक समूह 15 करोड़ 85 लाख का होगा। यदि माननीय सदस्य इस संख्या को याद रखेंगे, तो वे एक ऐसे निर्वाचन की असम्भावना को समझ जाएँगे, जिसमें 15 करोड़ 85 लाख लोग भाग लेंगे। अत: निर्वाचक समूह का परिमाण हमें बाध्य करता है कि राष्ट्रपति के निर्वाचन के विषय में हम वयस्क मताधिकार को ग्रहण न करें।

"वयस्क मताधिकार के इस प्रश्न पर दूसरी बात, जिसे ध्यान में रखना है, वह है—प्रशासन-तंत्र। क्या इस देश के लिए यह सम्भव है कि वह इतने कार्यकर्ता दे सके जिनकी आवश्यकता विभिन्न निर्वाचक स्थानों पर होगी, वहाँ 15 करोड़ 85 लाख लोग आकर मत देंगे? मुझे यह विश्वास है कि निर्वाचन के लिए बहुत से उम्मीदवार गैर-सरकारी लोगों को चुनाव में काम नहीं करने देना चाहेंगे क्योंकि गैर-सरकारी लोग राज्य के नियंत्रण में नहीं होंगे और वे भ्रष्टाचार, रिश्वतखोरी, चालाकियों तथा अन्य अवांछनीय बातों से प्रभावित हो सकते हैं। अत: इसके प्रबन्ध के लिए सरकारी शासन व्यवस्था से लोगों को लेना पड़ेगा। क्या भारतीय सरकार अथवा देशी राज्यों की सरकार इतने कार्यकर्ताओं को देने में समर्थ हो सकेगी, जो भाग लेने वाले 15 करोड़ 85 लाख मतदाताओं से निर्वाचन का प्रबन्ध कर सके? यह भी हमें सर्वथा असम्भव-सा प्रतीत होता है।

"इन दो विचारों के अतिरिक्त एक महत्त्वपूर्ण विचार जो वयस्क मताधिकार के विरोध में निर्णय करने के लिए मसौदा समिति को गम्भीर लगा, वह राष्ट्रपति की संविधान में स्थिति थी। यदि राष्ट्रपति की वही स्थिति होती जो कि संयुक्त राज्य अमेरिका के राष्ट्रपति की है, जिसे संयुक्त राज्य के समस्त अधिशासी कार्यभार सौंपे गए हैं, तब तो प्रत्यक्ष निर्वाचन के तर्क को इस आधार पर समझा जा सकता था कि उसे इतना गुरुतर अधिकार दिया गया है। परन्तु भारतीय संघ के राष्ट्रपति की क्या स्थिति है? वह केवल एक नाममात्र का मुखिया है। उसकी स्थिति संयुक्त राज्य के राष्ट्रपति जैसी नहीं है। हमारे भारतीय संविधान के अन्तर्गत संयुक्त राज्य के राष्ट्रपति की तुलना यदि किसी उच्च प्राधिकारी से की जा सकती है तो वह प्रधानमंत्री है न कि राष्ट्रपति। अत: इस बात का ध्यान रखते हुए कि राष्ट्रपति के पास वास्तव में कोई अधिशासी अधिकार नहीं है, इस बात के पक्ष में कि राष्ट्रपति का निर्वाचन वयस्क मताधिकार के आधार पर हो, मेरी सम्मति से सारहीन सिद्ध हो जाता है।[20]

तत्पश्चात संविधान-सभा ने डॉ. आंबेडकर और तजामुल हुसैन का संशोधन स्वीकार कर और बाकी पाँच संशोधन अस्वीकार कर, प्रारूप अनुच्छेद 43 का यथासंशोधित प्रावधान (नियमित अनुच्छेद 54) 13 दिसम्बर, 1948 को अंगीकृत कर लिया।

प्रारूप अनुच्छेद 44 के अन्तर्गत राष्ट्रपति की निर्वाचन-प्रक्रिया का उल्लेख किया गया था। यह राज्य विधायिका के सम्बन्ध में राज्यों को समान प्रतिनिधित्व देने के बजाय राज्यों के प्रतिनिधियों के समान मूल्यांकन पर जोर देता था। प्रारूप अनुच्छेद 44 का खंड (1) कहता था कि व्यवहार में जहाँ तक सम्भव है, राष्ट्रपति के चुनाव में विभिन्न राज्यों के प्रतिनिधि के मतों के मूल्यांकन में एकरूपता होगी। प्रारूप खंड (2) एकरूपता लाने के तरीकों के सम्बन्ध में

था और प्रारूप खंड (3) प्रस्तावित करता था कि राष्ट्रपति का चुनाव आनुपातिक प्रतिनिधित्व पद्धति के अनुसार एकल संक्रमणीय मत द्वारा किया जाएगा।

इस सम्बन्ध में डॉ. बी. आर. आंबेडकर का एक संशोधन[21] शब्द 'ऐसे सदस्यों' के स्थान पर 'संसद के दोनों सदनों के सदस्यों' रखने के लिए था। राष्ट्रपति के चुनाव में मतों के मध्य एकरूपता लाने हेतु किए गए प्रयासों का वर्णन करते हुए डॉ. आंबेडकर ने कहा—

> "एक राज्य में प्रत्येक दस हजार की जनसंख्या पर एक प्रतिनिधि हो सकता है तो दूसरे राज्य में बीस हजार की जनसंख्या पर एक प्रतिनिधि हो सकता है। इसलिए इनके मतों का मूल्य 'एक व्यक्ति एक मत' के आधार पर नहीं मापा जा सकता है। अतः समस्या यह है कि इन सदस्यों के मतों के मूल्य में एकरूपता कैसे लाई जाए। राज्य विधान सभा के सदस्यों के मत का मूल्यांकन करने के लिए जो तरीका स्वीकार किया गया है वह यह है कि राज्य की जनसंख्या में उस राज्य के समस्त निर्वाचित सदस्यों की संख्या से भाग किया जाए और भागफल में 1000 का भाग किया जाए। यदि शेष 500 से अधिक आए तो भागफल में 'एक' जोड़ दिया जाए।
>
> "संसद के सदस्यों के मतों में एकरूपता लाने के दो तरीके हैं। एक यह कि समस्त राज्य विधान सभा के सदस्यों द्वारा जितने भी मत दिये जा सकते हैं, उनकी समस्त संख्या में सभी सदस्यों की संख्या से भाग किया जाए और जितना भागफल आए, उतना मत देने का अधिकार प्रत्येक सदस्य के पास हो। दूसरा यह कि समस्त राज्य के विधान सभा के सदस्यों द्वारा जितने भी मत दिये जा सकते हैं, उनकी समस्त संख्या में संसद के दोनों सदनों के निर्वाचित सदस्यों की समस्त संख्या से भाग किया जाए। पहला तरीका खंड (2) के उपखंड (ग) में शामिल है और दूसरा तरीका मेरे संशोधन में शामिल है। ऐसा समझा गया कि संसद के सदस्यों की आवाज मजबूत होनी चाहिए, इसलिए संशोधन प्रस्तुत किया गया है।"

इसके बाद प्रारूप अनुच्छेद 44 के खंड (3) के सम्बन्ध में महावीर त्यागी एवं बेगम एजाज रसूल ने संशोधन प्रस्तुत किया। महावीर त्यागी का संशोधन[22] कहता था कि राष्ट्रपति का चुनाव 'आनुपातिक प्रतिनिधित्व पद्धति के अनुसार एकल संक्रमणीय मत द्वारा' के बजाय 'बहुमत वरीयता मतदान पद्धति के अनुसार एकल वैकल्पिक मत द्वारा' कराया जाए। उनका तर्क था कि प्रथम पद्धति का प्रयोग उस चुनाव के लिए किया जाता है, जहाँ पर कई निर्वाचन क्षेत्र होते हैं और निर्वाचकों में से संख्या के अनुपात के अनुसार अल्पसंख्यकों को अपना प्रतिनिधि भेजने का विशेषाधिकार दिया गया रहता है। आनुपातिक प्रतिनिधित्व पद्धति से राष्ट्रपति के निर्वाचन में अल्पसंख्यक का कोई योगदान नहीं प्राप्त होगा। जब तक कि निर्वाचन क्षेत्रों में कई सदस्य न चुने जाएँ तब तक अनुपात का प्रश्न ही नहीं आता। बेगम एजाज रसूल का संशोधन[23] प्रारूप प्रावधान से 'आनुपातिक प्रतिनिधित्व पद्धति के अनुसार' शब्दावली निकालने के लिए था। महावीर त्यागी के तर्क का समर्थन करते हुए बेगम रसूल ने कहा कि यदि केवल एक ही व्यक्ति का निर्वाचन होना है तो आनुपातिक प्रतिनिधित्व का प्रश्न ही नहीं उठता। किन्तु रसूल ने प्रारूप में स्वीकार की गई एकल संक्रमणीय मत की व्यवस्था का समर्थन किया और कहा कि यह पद्धति राष्ट्रपति के चुनाव के सन्दर्भ में लाभदायी होगी क्योंकि इसका मतलब होगा कि कम मत पाने वाला उम्मीदवार बाहर हो जाएगा। प्रारूप प्रावधान के स्पष्टीकरण में 1941 की जनगणना को जनसंख्या का आधार बनाया गया था। इस सम्बन्ध में नजीरुद्दीन

अहमद ने एक महत्त्वपूर्ण संशोधन[24] 'जनसंख्या का अर्थ अन्तिम बार की गई जनगणना, जो प्रकाशित किया गया है, से है' करने के लिए प्रस्तुत किया।

आम बहस के दौरान प्रो. के. टी. शाह ने रसूल के संशोधन का समर्थन किया। उनका तर्क था कि "आनुपातिक प्रतिनिधित्व पद्धति दुधारी तलवार की तरह है। यह एक तरफ जहाँ सभी विचारों का प्रतिनिधित्व कर सकती है, उसी समय यह एक ऐसे व्यक्ति को राज्य का प्रमुख बना सकती है, जिसने केवल अल्पमत की प्रथम डिग्री में प्रतिनिधित्व प्राप्त किया हो।"[25] जबकि प्रो. शिब्बन लाल सक्सेना ने महावीर त्यागी के संशोधन का समर्थन किया। प्रो. सक्सेना ने कहा कि प्रत्येक मतदाता के पास एक से अधिक मत होंगे और उनकी गणना एक वृहद एवं जटिल तरीके से की जाएगी और वह नहीं समझते हैं कि ऐसे मामले में आनुपातिक प्रतिनिधित्व सम्भव है।[26] आर. के. सिधवा ने भी बहस की कि जब एक से ज्यादा पद हों तो एकल संक्रमणीय मत की व्यवस्था सन्तोषजनक रूप से कार्य करेगी। किन्तु यहाँ पर राष्ट्रपति के चुनाव का सवाल है। इसलिए वह राष्ट्रपति के चुनाव के लिए छाँटने की पद्धति को वरीयता देंगे।[27]

आम बहस के बाद डॉ. बी. आर. आंबेडकर ने नजीरुद्दीन अहमद का संशोधन स्वीकार कर लिया और महावीर त्यागी एवं बेगम रसूल के संशोधनों को अस्वीकार कर दिया। राष्ट्रपति चुनाव हेतु स्वीकृत व्यवस्था को स्पष्ट करते हुए डॉ. आंबेडकर ने कहा—

> "राष्ट्रपति के चुनाव के लिए दो तरीके हैं। एक तरीका यह है कि उसे सदन के कोरे बहुमत से चुना जाए। यदि एक व्यक्ति 51 प्रतिशत मत पा जाए, तो उसे चयनित मान लिया जाए। यह साधारण व सीधा-सीधा तरीका है। इस सम्बन्ध में ऐसा हो सकता है कि बहुमत वाली पार्टी राष्ट्रपति का इस तरह चुनाव करने की स्थिति में हो, जिसमें अल्पमत की कोई आवाज ही न हो। निःसन्देह इस सदन का कोई भी सदस्य नहीं चाहेगा कि राष्ट्रपति का चुनाव साधारण बहुमत से हो या चुनाव की ऐसी पद्धति से हो, जिसमें अल्पमत का कोई योगदान न हो। यदि ऐसा है, तो मात्र कोरे बहुमत से राष्ट्रपति के चुनाव को छोड़ना पड़ेगा और हमें ऐसी व्यवस्था लानी होगी, जिसके द्वारा राष्ट्रपति के चुनाव में अल्पमत की भी आवाज हो। राष्ट्रपति के चुनाव में अल्पमत की आवाज को प्रदान करने का एकमात्र तरीका है कि पृथक् निर्वाचकों की व्यवस्था हो और यह व्यवस्था की जाए कि राष्ट्रपति को न केवल बहुमत का विश्वास प्राप्त हो, बल्कि उसे प्रत्येक अल्पमत के मतों की भी सारभूत संख्या प्राप्त हो। किन्तु एक बार फिर इसमें यह बात आती है कि हम इसे स्वीकार नहीं कर सकते हैं क्योंकि हमने संविधान में यह निर्धारित किया है कि पृथक् निर्वाचन नहीं होंगे। इसके अलावा एकमात्र दूसरी बची हुई चुनाव की पद्धति, जिसमें अल्पमत का कुछ योगदान रहता है, वह निःसन्देह रूप से और कोई नहीं, बल्कि आनुपातिक प्रतिनिधित्व की व्यवस्था है, जिसे संविधान में स्वीकार किया गया है।"[28]

इसी बीच हस्तक्षेप करते हुए नजीरुद्दीन अहमद ने कहा कि "जब एक ही व्यक्ति को चुना जाना है तो आनुपातिक प्रतिनिधित्व कैसे रह सकता है?"

जवाब में डॉ. आंबेडकर ने कहा, "इस सवाल के विवरण को मैं नहीं ले सकता। ऐसा करने के लिए मुझे एक कक्षा लेनी होगी और एक अध्याय पर व्याख्यान देना होगा। इस भार का वहन इस समय नहीं कर सकता। यह पद्धति विख्यात है और सभी लोग जानते हैं कि यह पद्धति कैसे काम करती है।"

इसके बाद हसरत मोहानी ने पूछा कि "यदि एक ही प्रत्याशी है तो आप क्या करने जा रहे हैं?"

डॉ. आंबेडकर ने जवाब दिया, "यदि केवल एक ही प्रत्याशी है, तो वह सर्वसहमति से निर्वाचित हो जाएगा और किसी तरह से बहुमत या अल्पमत का सवाल नहीं पैदा होगा।"

इसके पश्चात महावीर त्यागी के सवाल कि "उम्मीदवारों की छँटाई के लिए क्या कोई प्रक्रिया है?" का जवाब देते हुए डॉ. आंबेडकर ने कहा कि "मैं चाहता हूँ कि राष्ट्रपति के चुनाव या साधारण प्रतिनिधित्व में छँटाई भी शामिल हो। अन्यथा इसका कोई मतलब नहीं होगा। केवल एक बात, जिसे हमने किया है वह यह है कि तमाम आनुपातिक प्रतिनिधित्व रखने के बजाय हमने एक आनुपातिक प्रतिनिधित्व रखा है, जिसमें सबसे नीचे रहने वाले उम्मीदवार की छँटाई तब तक होगी, जब तक कि उस एक व्यक्ति तक न पहुँच जाया जाए, जिसे निर्धारित मत प्राप्त हो।"[29]

इसके बाद महावीर त्यागी ने कहा कि "किन्तु संसद के लिए वैकल्पिक मत की व्यवस्था को अपनाया गया है।"

डॉ. आंबेडकर ने जवाब दिया, "वैकल्पिक केवल आनुपातिक का दूसरा नाम है।"

तत्पश्चात संविधान-सभा ने डॉ. आंबेडकर एवं नजीरुद्दीन अहमद के संशोधन को स्वीकार कर और बाकी दो संशोधन को अस्वीकार कर, प्रारूप अनुच्छेद 44 का यथासंशोधित प्रावधान (नियमित अनुच्छेद 55) 13 दिसम्बर, 1948 को अंगीकृत कर लिया।

राष्ट्रपति द्वारा शपथ लेने का तरीका : ईश्वर के नाम का महत्त्व

प्रारूप अनुच्छेद 49 के अन्तर्गत प्रस्तावित किया गया था कि सुप्रीम कोर्ट के मुख्य न्यायाधीश द्वारा राष्ट्रपति को शपथ दिलाई जाएगी। इसी प्रावधान में राष्ट्रपति द्वारा ली जाने वाली शपथ का स्वरूप भी प्रस्तावित किया गया था। प्रस्तावित शपथ का प्रारम्भ 'मैं अमुक, गम्भीरतापूर्वक निश्चय करता हूँ कि...' से किया गया था।

इस सम्बन्ध में तीन संशोधन प्रस्तुत किए गए। पहला संशोधन[30] टी. टी. कृष्णमाचारी का 'सुप्रीम कोर्ट के मुख्य न्यायाधीश' के बाद शब्दावली 'या उसकी अनुपस्थिति में सुप्रीम कोर्ट के सबसे वरिष्ठतम न्यायाधीश, जो उपलब्ध हो' जोड़ने के लिए था। दूसरा संशोधन[31] एच. वी. कामथ ने शब्दावली 'मैं अमुक, गम्भीरतापूर्वक निश्चय करता हूँ' के स्थान पर निम्न शब्दावली रखने के लिए प्रस्तुत किया गया—

> 'ईश्वर के नाम में, मैं अमुक, शपथ लेता हूँ।'
> अथवा विकल्प में,
> 'मैं अमुक, गम्भीरतापूर्वक निश्चय करता हूँ।'

कामथ ने बहस की कि "यह कहने की जरूरत नहीं है कि किस प्रकार जीवन के प्रत्येक क्षेत्र में हमारे सभी कार्य ईश्वर को अर्पण करने की आध्यात्मिक भावना से ओतप्रोत रहते हैं। हिन्दू परम्परा के अनुसार हमारे संस्कार के आरम्भ में 'हरि ओम् तत्सत्' कहा जाता है। हमारे मुस्लिम मित्रों के कुरान शरीफ में प्रत्येक पद के प्रारम्भ में 'बिसमिल्ला अल रहमान अल रहीम' की स्तुति होती है। हमारे सिख मित्रों के गुरु ग्रन्थ साहिब का आरम्भ 'एकोम्कार सतनाम कर्ता' से होता है। ईसाई मित्रों को उनके मसीहा ने आदेश किया है कि 'जो भी तुम्हारे पास है,

उसे छोड़ दो और मेरा अनुसरण करो।' इसलिए यह संविधान, जो कि बहुत पवित्र कार्य है, भी ईश्वर को अर्पित करते हुए किया जाना चाहिए।"

इसके बाद महावीर त्यागी ने कामथ के उक्त संशोधन पर पुनर्संशोधन[32] प्रस्तुत किया, जो कहता था कि शब्दावली 'मैं अमुक, गम्भीरतापूर्वक निश्चय करता हूँ' के स्थान पर निम्न शब्दावली जोड़ी जाए—

ईश्वर के नाम शपथ लेता हूँ।
'मैं... ———————————— हूँ'
गम्भीरतापूर्वक निश्चय करता हूँ।

त्यागी का तर्क था कि जो ईश्वर में विश्वास करते हैं, वे उसके नाम में शपथ लेंगे और उन नास्तिकों के लिए, जो ईश्वर में विश्वास नहीं करते हैं, को भी गम्भीरतापूर्वक निश्चय लेने की आजादी होगी। इस प्रावधान से राज्य की धर्मनिरपेक्षता पर कोई प्रभाव नहीं पड़ेगा, इसको स्पष्ट करते हुए त्यागी ने आगे कहा कि "कोई व्यक्ति जब तक शपथ नहीं ले लेता तब तक उसकी कोई सरकारी हैसियत नहीं होती है। वह केवल एक व्यक्ति होता है और व्यक्तिगत हैसियत के साथ ही वह शपथ लेता है और अपने व्यक्तिगत विश्वास के अनुसार ही शपथ लेता है।"

कामथ एवं त्यागी के संशोधन का एम. थिरुमाला राव, के. एम. मुंशी, रेव. जेरोम डिसूजा ने समर्थन किया। रेव. जेरोम डिसूजा ने कहा कि "भारत में बहुतायत लोग ईश्वर में विश्वास करने वाले हैं और नि:सन्देह कोई भी व्यक्ति जो कि इस उच्च पद पर आसीन होगा, यदि वह सर्वशक्तिमान ईश्वर के नाम पर प्रतिज्ञा लेता है, तो वह पद पर रहते हुए कार्यों को और निष्ठापूर्वक करेगा।"[33] जबकि आर.के. सिधवा एवं तजामुल हुसैन ने कामथ एवं त्यागी के संशोधनों का विरोध किया। तजामुल हुसैन ने प्रारूप अनुच्छेद 49 को ही समाप्त करने की वकालत की। आर. के. सिधवा ने कहा कि उन्हें भी ईश्वर के अस्तित्व में तथा धर्म में दृढ़ विश्वास है किन्तु उन्हें यह कहना पड़ेगा कि हम ईश्वर का आशीर्वाद माँगते हैं, केवल इसलिए परमात्मा का नाम संविधान में रखना उचित नहीं होगा। वह नहीं चाहते हैं कि हमारे संविधान में धर्म की बाधा हो।[34]

इसके उपरान्त सभा के उपाध्यक्ष ने सिधवा से पूछा कि क्या आप संशोधन का सुझाव दे रहे हैं? सिधवा ने जबाब दिया कि वह तो केवल आयरिश संविधान की बात को रख रहे हैं। वहाँ पर राष्ट्रपति समस्त देश की जनता के नाम पर शपथ लेता है। वह कहता है, 'मैं समस्त देश की जनता के समक्ष शपथ लेता हूँ।' और शपथ के अन्त में यह भी कहता है कि 'यदि मैं शपथ को तोड़ता हूँ तो मैं राज्य द्वारा कठोर सजा पाने के लिए तैयार रहूँगा।'

आम बहस के बाद डॉ. बी. आर. आंबेडकर ने टी. टी. कृष्णमाचारी और महावीर त्यागी के संशोधन से पुनर्संशोधित कामथ के संशोधन को स्वीकार कर लिया। ईश्वर के नाम शपथ के विकल्प को मसौदा समिति द्वारा क्यों नहीं सुझाया जा सका, इसका स्पष्टीकरण देते हुए डॉ. आंबेडकर ने कहा—

> "जहाँ तक मेरा अध्ययन है, 'ईश्वर' शब्द का अलग-अलग धर्मों में अलग-अलग महत्त्व है। ईसाई और मुसलमान ईश्वर को न केवल एक विचार के रूप में, बल्कि एक ऐसी शक्ति के रूप में मानते हैं, जो विश्व को संचालित करता है और इस कारण

जो उनके नैतिक एवं आध्यात्मिक कार्यों को संचालित करता है। जहाँ तक हिन्दू विचार की बात है मेरे अध्ययन से मैं सोचता हूँ कि शब्द 'ईश्वर' या इसका बड़ा शब्द 'परमेश्वर' एक विचार का, एक धारणा का सारांश है। यदि हिन्दू दर्शन में कुछ भी ठोस कल्पना है तो वह 'ब्रह्मा', 'विष्णु', 'महेश', 'शिव', 'शक्ति' है। हिन्दू इन्हें विश्व को चलाने वाली शक्ति मानते हैं। मसौदा समिति के लिए इस आधार पर चलना और इन सभी शब्दों को शामिल करना कठिन हो जाता। इसी घबड़ाहट के कारण हमने स्थिति को खाली छोड़ दिया।"[35]

ईश्वर के नाम शपथ लेने के संशोधन पर खुशी व्यक्त करते हुए और ऐसी शपथ के कानूनी महत्त्व को रेखांकित करते हुए डॉ. आंबेडकर ने आगे कहा—

"कुछ सदस्यों को डर है कि संविधान में 'ईश्वर' शब्द का शामिल होना धर्मनिरपेक्ष राज्य की प्रकृति बदल देने वाला है। मेरे विचार से 'ईश्वर' शब्द शामिल होने से यह सवाल पैदा ही नहीं होता है।

" 'ईश्वर' शब्द क्यों शामिल किया जाए, इसका एक सीधा-सा कारण है। संविधान राष्ट्रपति पर कुछ दायित्व सौंपता है। ये दायित्व दो भागों में विभाजन योग्य हैं। एक वे दायित्व, जिनके लिए कानूनी भय और कानूनी दंड की व्यवस्था है और दूसरे वे दायित्व, जिनके लिए न कोई कानूनी नियम है और न कोई कानूनी दंड की ही व्यवस्था है। परिणामत: प्रत्येक संविधान में यह सवाल हमेशा पैदा होता है। ऐसे कर्तव्यों या ऐसे दायित्वों, जो कुछ विशेष पदाधिकारियों को सौंपे गए हैं किन्तु जिनके लिए आपराधिक भय या पेनाल्टी की व्यवस्था कानून में निर्धारित करना सम्भव नहीं है, के लिए क्या भय हो? यह स्पष्ट है कि जब तक हम निर्णय या विश्वास नहीं करते हैं कि ये नैतिक दायित्व, जिनके लिए कोई आपराधिक या कानूनी भय नहीं है, केवल मात्र पवित्र घोषणा नहीं है, हमें अवश्य ही कुछ भय की व्यवस्था करना चाहिए। कुछ लोगों के लिए 'ईश्वर' एक भय है। वे सोचते हैं कि यदि उन्होंने ईश्वर के नाम शपथ ली है, तो ईश्वर के नाम यह शपथ, ईश्वर के विश्व का एवं उनके व्यक्तिगत जीवन का संचालक होने के कारण उनमें वह भय पैदा करता है, जो उन दायित्वों को पूरा करने के लिए आवश्यक है, जो विशुद्ध रूप से नैतिक हैं और जिनके लिए कोई भग नहीं है। ऐसे भी लोग हैं जो विश्वास करते हैं कि उनकी अन्तरात्मा ही भय के लिए पर्याप्त है। उन्हें अपने कार्यों के लिए किसी बाह्यशक्ति ईश्वर की, किसी चौकीदार या प्रहरी की आवश्यकता नहीं है। वे सोचते हैं कि उनकी अन्तरात्मा से निकला गम्भीर निश्चय ही भय के लिए पर्याप्त है।

'इसलिए संशोधन में जो बिन्दु है, उसका राज्य के स्वरूप से कुछ भी लेना-देना नहीं है। इसे धर्मपरायण होना चाहिए या धर्मनिरपेक्ष, यह उठाए गए विषय से बाहर की बात है। एकमात्र सवाल यहाँ पर यह है कि क्या हमें राष्ट्रपति पर सौंपे गए कुछ नैतिक दायित्वों के लिए कुछ भय की व्यवस्था नहीं करनी चाहिए। यदि राष्ट्रपति सोचता है कि ईश्वर एक गुरु है और जब तक वह ईश्वर के नाम शपथ नहीं ले लेता, वह अपने कर्तव्यों के प्रति ईमानदार नहीं होगा। मैं सोचता हूँ कि हमें अवश्य ही उसे ईश्वर के नाम शपथ लेने की आजादी देनी चाहिए।"[36]

तत्पश्चात संविधान-सभा ने टी. टी. कृष्णमाचारी का संशोधन और महावीर त्यागी द्वारा पुनर्संशोधित एच. वी. कामथ का संशोधन स्वीकार कर, प्रारूप अनुच्छेद 49 का यथासंशोधित प्रावधान (नियमित अनुच्छेद 60) 27 दिसम्बर, 1948 को अंगीकृत कर लिया।

राष्ट्रपति के खिलाफ महाभियोग

प्रारूप अनुच्छेद 50 का प्रावधान राष्ट्रपति के खिलाफ महाभियोग लाने से सम्बन्धित था। चार खंडों में प्रस्तुत इसका खंड (1) कहता था कि राष्ट्रपति के खिलाफ महाभियोग का प्रस्ताव संविधान का उल्लंघन करने के आरोप के आधार पर लाया जा सकता है और किसी भी एक सदन या तो राज्यसभा या लोकसभा में प्रस्तुत किया जा सकता है। खंड (2) कहता था कि यह प्रस्ताव उस सदन के न्यूनतम 30 सदस्यों द्वारा हस्ताक्षरित लिखित नोटिस के बाद प्रस्तावित किया गया हो और यह प्रस्ताव सदन के सभी सदस्यों के कम-से-कम दो-तिहाई से समर्थित हो। खंड (3) के अनुसार जब इस तरह एक सदन द्वारा आरोप लगाया गया है, तो इस आरोप की जाँच दूसरे सदन द्वारा किया जाएगा। खंड (4) के अनुसार यदि दूसरे सदन द्वारा जाँच के उपरान्त आरोप सिद्ध पाया गया और इसका प्रस्ताव इस सदन के कम-से-कम दो-तिहाई सदस्यों के समर्थन से पारित किया गया है, तो इसका प्रभाव राष्ट्रपति का पदच्युत होना होगा।

इस प्रारूप प्रावधान के सम्बन्ध में पहला संशोधन सैयद करीमुद्दीन ने शब्दावली 'संविधान का उल्लंघन करने' के बाद 'राजद्रोह, घूस या अन्य गम्भीर अपराधों एवं दुराचार करने' जोड़ने के लिए प्रस्तुत किया। प्रो. के. टी. शाह ने भी कई संशोधन प्रस्तुत किए। उनमें से एक, खंड (1) में शब्द 'किसी भी सदन' के स्थान पर 'लोकसभा' रखने के लिए था।[37] यह संशोधन स्वीकार होने के बाद राज्यसभा के पास राष्ट्रपति के खिलाफ महाभियोग का प्रस्ताव लाने का अधिकार नहीं होता। प्रो. शाह का तर्क था कि राज्यसभा का गठन जनता द्वारा चुनाव करके नहीं किया जाता है, बल्कि ऐसे लोगों द्वारा किया जाता है, जो जनता से निर्वाचित होते हैं। प्रो. शाह का एक अन्य महत्त्वपूर्ण संशोधन खंड (4) के सम्बन्ध में भी था, जिसका प्रभाव यह था कि एक सदन द्वारा जाँच किए जाने और दोष सिद्ध हो जाने के उपरान्त राष्ट्रपति को हटाने का प्रस्ताव दोनों सदनों से पारित किया जाना आवश्यक होता। प्रो. शाह ने आरोप लगाते हुए कहा कि 'जो लोग दूसरों की नकल करने का शौक रखते हैं, कहते हैं कि यह संशोधन केवल अमेरिका और पश्चिम में प्रचलित परम्पराओं का समर्थन करता है, इस संशोधन का ऐसे किसी आधार पर विरोध नहीं किया जा सकता है।"

एक अन्य महत्त्वपूर्ण संशोधन शंकर राव देव ने प्रस्तुत किया, जिसमें यह माँग की गई थी कि खंड (2) के अन्तर्गत राष्ट्रपति के खिलाफ प्रस्ताव का समर्थन उस सदन के न्यूनतम 30 सदस्यों से नहीं, बल्कि 'सदन की कुल सदस्यता के एक-चौथाई' से समर्थित होना चाहिए। उनका तर्क था कि महाभियोग के आरोप से राष्ट्रपति, जो सार्वजनिक जीवन एवं राज्य की प्रतिष्ठा का प्रमुख है, को क्षति उठानी होगी। इसलिए यदि उसके खिलाफ ऐसा कोई आरोप लगाया जा रहा है तो ऐसा करने के पूर्व इसकी गम्भीरता को समझना चाहिए और उसे अपने आरोपों के समर्थन के लिए पर्याप्त प्रतिनिधियों की संख्या होनी चाहिए।[38] शंकर राव देव के इस संशोधन पर एक पुनर्संशोधन टी. टी. कृष्णमाचारी ने प्रस्तुत किया, जिसमें कहा गया था कि यदि श्री देव के संशोधन को स्वीकार किया जा रहा है, तो यह 'सदन की कुल सदस्यता के एक-चौथाई' के स्थान पर 'सदस्यों की कुल संख्या का एक-चौथाई' हो। बी. एम. गुप्ता ने भी एक महत्त्वपूर्ण संशोधन यह प्रस्तुत किया कि राष्ट्रपति के खिलाफ महाभियोग के सम्बन्ध

में भी 14 दिन अवधि की पूर्व सूचना की व्यवस्था होनी चाहिए। उनका तर्क था कि नोटिस की यह व्यवस्था उपराष्ट्रपति, लोकसभा अध्यक्ष, उपलोकसभा अध्यक्ष और राज्यों के विधान सभाध्यक्ष के लिए बनाया गया है, तो राष्ट्रपति के लिए ऐसा न होने का कोई कारण नहीं है।[39] मोहम्मद ताहिर का संशोधन इस बात के लिए था कि आरोप सिद्ध होने पर सदन के दो-तिहाई बहुमत से नहीं, बल्कि साधारण बहुमत से प्रस्ताव पारित होने का प्रावधान हो।[40]

आम बहस में बोलने वाले सदस्यों में एच. वी. कामथ, ठाकुर दास भार्गव, कुलाधर चालिहा, बी. दास, तजामुल हुसैन थे। यद्यपि एच. वी. कामथ ने प्रो. शाह के महाभियोग का आरम्भ केवल लोकसभा से करने वाले संशोधन से असहमति जताई, किन्तु दोषी होने के बाद दोनों सदनों से प्रस्ताव पारित कर राष्ट्रपति को हटाए जाने वाले संशोधन का समर्थन किया।

डॉ. बी. आर. आंबेडकर ने बी. एम. गुप्ता और टी. टी. कृष्णमाचारी द्वारा पुनर्संशोधित शंकर राव देव का संशोधन स्वीकार किया और शेष संशोधनों को अस्वीकार कर दिया। अपने संशोधन के पक्ष में बोलते हुए प्रो. शाह ने मसौदा समिति पर नकल करने का आरोप भी लगाया था। इस आरोप का जवाब देते हुए डॉ. आंबेडकर ने कहा—

> "प्रो. के. टी. शाह अपनी बातों की सत्यता को लेकर इतना दृढ़ हैं कि बहस के दौरान उन्होंने कहा है कि केवल वही लोग, जो दूसरे संविधान का गुलामों की तरह नकल करते आए हैं, इस संशोधन का विरोध कर पाएँगे। आपने मसौदा समिति पर जो आक्षेप किया है, उसकी मैं चिन्ता नहीं करता। जैसा कि मैंने अपने आरम्भिक वक्तव्य में ही कहा है कि देशहित में मसौदा समिति दूसरे संविधान की नकल करने से नहीं डरेगा, जिसको वह समझता है कि इन दूसरे संविधानों में ऐसे प्रावधान हैं जो हमारे द्वारा बनाई जाने वाली व्यवस्था से ज्यादा बेहतर हैं। परन्तु मैं सोचता हूँ कि प्रो. के. टी. शाह भूल गए कि यदि यहाँ कोई ऐसा व्यक्ति है, जिसने गुलामों की तरह अमेरिकी संविधान की नकल करने की आदत डाल रखी है, तो मैं और किसी को नहीं पाता हूँ सिवाय प्रो. के. टी. शाह के। मेरा खयाल है कि उन्होंने सारी योजनाएँ, जो प्रारूप संविधान में स्वीकृत शासन सम्बन्धी योजनाओं को प्रतिस्थापित करने के लिए प्रस्तुत की गई हैं, मय कामा एवं फुलस्टाप के अमेरिकी संविधान से नकल कर ली हैं और जब वे अपनी बातों में असफल हो गए तो उनकी अमेरिकी संविधान के प्रति आस्था इतनी गहरी हो गई कि दूसरे ऐसे संशोधनों को प्रस्तुत करते रहने के लिए अडिग हो गए हैं, जिन्हें वे स्वयं जानते हैं कि वे केवल आनुषंगिक है, उनमें सार जैसा कुछ भी नहीं है।"[41]

प्रो. के. टी. शाह, मोहम्मद ताहिर, काजी सैयद करीमुद्दीन के संशोधनों को अस्वीकार करने के कारणों को स्पष्ट करते हुए डॉ. आंबेडकर ने आगे कहा—

> 'प्रो. के. टी. शाह का संशोधन दो सवालों को सन्दर्भित हैं। पहला प्रारूप संविधान में दिये गए महाभियोग की योजना को लेकर है और दूसरा राष्ट्रपति के विरुद्ध आरोपों की जाँच करने वाले सदन के समक्ष राष्ट्रपति के उपस्थित होने और वकील के माध्यम से बचाव करने के अधिकार को लेकर है। जहाँ तक प्रो. के. टी. शाह के दूसरे संशोधन का सन्दर्भ है, इसकी कोई आवश्यकता नहीं है।...प्रो. के. टी. शाह ने उपबन्ध के एक भाग को अलग करके केवल दूसरा स्वतंत्र उपबन्ध बना दिया है। मैं नहीं समझता कि ऐसे उपाय की कोई आवश्यकता है।

"अब मैं पहले सवाल पर आता हूँ, जो प्रारूप संविधान में दिये गए महाभियोग की योजना में कमियों को लेकर उनके द्वारा बताया गया है। प्रो. शाह का कहना है कि राष्ट्रपति के खिलाफ महाभियोग को लेकर ऊपरी सदन को कुछ नहीं करना है और इस सन्दर्भ में जाँच करने और निष्कर्ष निकालने का एकमात्र क्षेत्राधिकार केवल लोकसभा में निहित है। मैं उन कारणों को नहीं समझ पा रहा हूँ कि आखिर क्यों प्रो. के. टी. शाह सोचते हैं, निचले सदन को इन सब बातों के लिए विशेष रूप से क्षेत्राधिकार रखने का हक प्राप्त हो। सब कुछ के बाद राष्ट्रपति के खिलाफ महाभियोग का आशय यही है कि इस विशेष पद को धारण करने वाले व्यक्ति द्वारा उस पद की मर्यादा, गौरव एवं सम्मान बनाए रखा जाए। निश्चित रूप से उस पद की मर्यादा, गौरव एवं सम्मान का सवाल केवल निचले सदन से जुड़ा मसला नहीं है, बल्कि यह ऊपरी सदन से भी समान रूप से जुड़ा सवाल है। मैं नहीं समझता हूँ कि क्यों ऊपरी सदन जो इस बात के लिए समान रूप से हितबद्ध है कि राष्ट्रपति का आचरण संविधान के प्रावधानों के अनुकूल हो, को राष्ट्रपति द्वारा गरिमा के विरुद्ध आचरण करने के खिलाफ आरोपों को स्वीकार करने और जाँच करने से बाहर किया जाए।

"दूसरी बात जिसे प्रो. के. टी. शाह संविधान में शामिल कराना चाहते हैं, वह यह है कि दूसरे सदन की स्थिति भी समान होनी चाहिए। प्रारूप संविधान की मूल योजना को आपने स्वीकार कर लिया है। अब वह यह चाहते हैं कि यदि जाँच करने वाला सदन किसी निष्कर्ष पर आ जाए तो यह निष्कर्ष तब तक प्रभावी न माना जाए, जब तक कि दूसरे सदन द्वारा इसे स्वीकार न कर लिया जाए। मैं नहीं समझता हूँ कि जूरी के निर्णय को क्यों—नि:सन्देह एक जूरी, जो जाँच करेगा और निष्कर्ष निकालेगा—दूसरे जूरी के समक्ष रखना चाहिए? मैं ऐसा कोई सिद्धान्त या पूर्व-निर्णय नहीं जानता हूँ। दूसरा, मैं नहीं समझता हूँ कि यदि दूसरे सदन ने स्वीकार नहीं किया तो इसका क्या प्रभाव होना है। क्या दूसरे सदन को साधारण बहुमत से स्वीकार करना है या दो-तिहाई बहुमत से? मान लीजिए कि दूसरा सदन एक सदन के निष्कर्ष को स्वीकार नहीं करता है, तो क्या होगा? निश्चित रूप से गतिरोध की स्थिति होगी। इस गतिरोध के लिए प्रो. के. टी. शाह ने कोई उपाय नहीं सुझाया है। इन कारणों से मैं प्रो. के. टी. शाह के संशोधन को स्वीकार करने की स्थिति में नहीं हूँ।

"एक और संशोधन मेरे मित्र मोहम्मद ताहिर का है, जो प्रो. के. टी. शाह के संशोधन से मिलता-जुलता है, जिसका मुझे जवाब देना चाहिए। वह कहते हैं कि संविधान के उल्लंघन के दोष के आरोप के लिए दो-तिहाई बहुमत की व्यवस्था बनाना अनावश्यक है। वह सोचते हैं कि साधारण बहुमत ही पर्याप्त है। श्रीमान मैं सोचता हूँ कि मेरे मित्र मोहम्मद ताहिर ने इस तथ्य की तरफ पर्याप्त ध्यान नहीं दिया है कि महाभियोग का प्रस्ताव अविश्वास के प्रस्ताव से बिलकुल अलग है। अविश्वास प्रस्ताव में कोई लज्जा या नैतिक भ्रष्टता का सवाल नहीं होता है। अविश्वास प्रस्ताव का केवल मतलब यह होता है कि पार्टी या सदन सरकार की नीति को स्वीकार नहीं करता है। इसके अलावा अविश्वास के प्रस्ताव में कोई निन्दा की बात नहीं होती है। किन्तु महाभियोग प्रस्ताव बिलकुल ही अलग होता है। यदि एक व्यक्ति महाभियोग के प्रस्ताव पर दोषी होता है तो इसका प्रभाव उसके सार्वजनिक जीवन को रौंद देने वाला होता है। यह अन्तर है,

जिसके आधार पर मैं समझता हूँ कि इतना महत्त्वपूर्ण परिणाम देने वाले मसले को केवल साधारण बहुमत से नहीं तय होना चाहिए।

"अब मैं अपने माननीय मित्र सैयद करीमुद्दीन के संशोधन पर आता हूँ। अपने पहले संशोधन द्वारा वह 'संविधान के उल्लंघन' के बाद शब्द 'राजद्रोह, घूस एवं अन्य गम्भीर अपराधों और दुष्कृत्यों' को रखना चाहते हैं। शब्दावली 'संविधान का उल्लंघन' बहुत व्यापक है और इसमें राजद्रोह, घूस एवं अन्य गम्भीर अपराधों और दुष्कृत्य भी शामिल है।...इसलिए मेरे विचार से राजद्रोह, घूस जैसे शब्दों को जोड़ना अनावश्यक है।"[42]

सैयद करीमुद्दीन का एक अन्य संशोधन यह भी था कि महाभियोग के प्रस्ताव के सम्बन्ध में होने वाली किसी भी बैठक की अध्यक्षता सुप्रीम कोर्ट का मुख्य न्यायाधीश करेगा, जिसके द्वारा साक्ष्य की स्वीकार्यता पर दिया गया निर्णय अन्तिम होगा। करीमुद्दीन के इस संशोधन का एच. वी. कामथ और कुलाधर चालिहा ने समर्थन किया, जबकि इसका विरोध करते हुए ठाकुर दास भार्गव ने कहा कि सदन के अध्यक्ष या सभापति पर शंका करने की कोई वजह नहीं है। सैयद करीमुद्दीन के इस संशोधन को डॉ. आंबेडकर ने भी अस्वीकार कर दिया। उनके सवाल का जवाब देते हुए डॉ. आंबेडकर ने कहा—

"अपने दूसरे संशोधन के माध्यम से श्री करीमुद्दीन चाहते हैं कि जब महाभियोग के आरोप की जाँच हो तो उसकी अध्यक्षता मुख्य न्यायाधीश करे। उनकी इस बात को लेकर मुझे कोई विवाद नहीं दिखता कि कोई भी जाँच, जो किसी भी सदन द्वारा महाभियोग के आरोप में की जाए, न्यायिक तरीके से आपराधिक प्रक्रिया संहिता एवं साक्ष्य अधिनियम में दिये गए प्रावधानों के अनुसार की जानी चाहिए। उनके इस मंतव्य को लेकर कोई विरोध नहीं है बल्कि मैं उनसे सहमत हूँ। केवल बात यह है कि क्या इस मामले को दोनों सदनों के ऊपर नियम निर्धारित करने के लिए छोड़ देना चाहिए या इसी संविधान में इसे निश्चित एवं स्पष्ट तरीके से लिपिबद्ध कर देना चाहिए। मेरे मित्र करीमुद्दीन देखेंगे कि उपखंड (3) में यह व्यवस्था बनाई गई है कि सदन जाँच करेगा और इसलिए यह बिलकुल स्पष्ट है कि प्रक्रिया का नियम बनाते समय दोनों सदनों को महाभियोग से सम्बन्धित प्रक्रिया निर्धारित करने वाली धारा को भी शामिल करना पड़ेगा। क्योंकि ऐसा हो सकता है कि एक समय ऊपरी सदन में प्रक्रिया का प्रारम्भ हो और परीक्षण निचले सदन में हो और इसी तरह अदल-बदल कर हो। इसलिए दोनों सदनों को अपने प्रत्येक सदन की प्रक्रिया में इस मामले को लेकर एक धारा रखनी पड़े। यदि ऐसा है, तो ऐसा कुछ भी नहीं है जो विधायिका को दोनों सदनों की प्रक्रिया के उस भाग में यह निर्धारित करने से रोके कि होने वाली जाँच की अध्यक्षता मुख्य न्यायाधीश करेगा या कोई दूसरा न्यायिक अधिकारी। और इसलिए मुझे ऐसा दिखता है कि दोनों सदनों की प्रक्रियात्मक नियम के माध्यम से उनका उद्देश्य पूरा हो जाएगा। इसलिए यह प्रावधान अनावश्यक है।"[43]

तत्पश्चात संविधान-सभा ने बी. एम. गुप्ता और टी. टी. कृष्णमाचारी द्वारा पुनर्संशोधित शंकर राव देव का संशोधन तथा डॉ. आंबेडकर के दो संशोधन को स्वीकार कर और शेष सभी 15 संशोधनों को अस्वीकार कर, प्रारूप अनुच्छेद 50 का यथासंशोधित प्रावधान (नियमित अनुच्छेद 61) 28 दिसम्बर, 1948 को अंगीकृत कर लिया।

उपराष्ट्रपति का निर्वाचन

प्रारूप अनुच्छेद 55 का प्रावधान उपराष्ट्रपति के चुनाव से सम्बन्धित था। इसका खंड (1) कहता था कि उपराष्ट्रपति का चुनाव संयुक्त अधिवेशन में एकत्रित दोनों सदनों के सदस्यों द्वारा आनुपातिक प्रतिनिधित्व पद्धति के अनुसार एकल संक्रमणीय मत द्वारा किया जाएगा।

इस सम्बन्ध में पहला संशोधन[44] प्रो. के. टी. शाह का उपराष्ट्रपति का चुनाव उसी समय और उसी पद्धति के अनुसार कराने के लिए था, जब और जैसा राष्ट्रपति का होता है। ऐसा ही एक अन्य संशोधन मो. ताहिर का भी था। उनका तर्क था कि "उपराष्ट्रपति की भी वही स्थिति है जो राष्ट्रपति की है। दोनों के कार्य में विभाजन किया गया है, किन्तु दोनों कम या ज्यादा समान स्थान रखते हैं। यदि उपराष्ट्रपति को राष्ट्रपति की तरह नहीं चुनते हैं तो इसका मतलब है कि हम राज्य विधायिका को उसे चुनने के अधिकार से वंचित करने जा रहे हैं।" नजीरुद्दीन अहमद ने दो संशोधन[45] शब्दावली 'संयुक्त अधिवेशन में एकत्रित' और 'आनुपातिक प्रतिनिधित्व पद्धति के अनुसार' निकालने के लिए प्रस्तुत कीं। पहले संशोधन के पक्ष में उनका तर्क था कि चुनाव के लिए दोनों सदनों के सदस्यों का मत अवश्य ही लिया जाना चाहिए, किन्तु इसके लिए संयुक्त अधिवेशन में एकत्रित होने की कोई आवश्यकता नहीं है। दूसरे संशोधन के पक्ष में नजीरुद्दीन ने कहा कि आनुपातिक प्रतिनिधित्व पद्धति एक पद के मामले में नहीं लागू की जा सकती है।

नजीरुद्दीन के दूसरे संशोधन का तजामुल हुसैन ने विरोध किया। उनके अनुसार, "राष्ट्रपति के निर्वाचन के सन्दर्भ में आनुपातिक पद्धति पर चर्चा की गई है। एक से ज्यादा तीन या चार प्रत्याशी होने पर यह पद्धति महत्त्वपूर्ण हो जाती है। यह सबसे सुरक्षित तरीका है और भारत जैसे देश के लिए सबसे अच्छा तरीका है।"[46] जबकि एल. कृष्णास्वामी भारती ने नजीरुद्दीन अहमद के इस संशोधन का समर्थन करते हुए कहा कि जैसा वह समझते हैं अहमद को मत की स्थानान्तरीयता को लेकर कोई आपत्ति नहीं है, बल्कि इस व्यवस्था के लिए प्रयोग किए गए शब्दावली को लेकर उन्हें आपत्ति है। वस्तुत: उनका कहना है कि जब चुना जाने वाला प्रत्याशी एक ही है तो आनुपातिक प्रतिनिधित्व का सवाल नहीं रह जाता है। इसी तरह की समस्या को इंग्लैंड में अनुभव किया गया। इस सम्बन्ध में रायल कमीशन ने पाया कि आनुपातिक प्रतिनिधित्व उचित शब्द नहीं है। एक सदस्यीय निर्वाचन क्षेत्र के मामले में 'वैकल्पिक मत' ही उचित है।[47]

इसके उपरान्त सभाध्यक्ष ने डॉ. बी. आर. आंबेडकर को जवाब देने के लिए बुलाया। डॉ. आंबेडकर ने प्रारूप अनुच्छेद 55 के सन्दर्भ में प्रस्तुत सभी संशोधनों को अस्वीकार कर दिया। इस सम्बन्ध में उठाए गए सवालों का जवाब देते हुए डॉ. आंबेडकर ने कहा—

> "श्रीमान, प्रारूप संविधान में राष्ट्रपति की निर्वाचन प्रणाली और उपराष्ट्रपति की निर्वाचन प्रणाली को लेकर जो अन्तर रखा गया है, वह इन दोनों विभूतियों के उन कार्यों पर आधारित है, जिन्हें उनके द्वारा निभाया जाता है। राष्ट्रपति राष्ट्र का प्रमुख है और उसकी शक्ति केन्द्र-प्रशासन के साथ-साथ राज्य-प्रशासन के सम्बन्ध में भी लागू होती है। परिणामत: यह आवश्यक है कि उसके निर्वाचन में न केवल संसद के सदस्यों की सहभागिता हो, बल्कि राज्य विधायिका के सदस्यों की भी आवाज हो। किन्तु जब हम उपराष्ट्रपति पर आते हैं, उसका सामान्य कार्य राज्यसभा की अध्यक्षता करना होता है। बहुत ही कम अवसर पर और वह भी बहुत थोड़ी-सी अवधि के लिए,

> उसे राष्ट्रपति के कर्तव्यों के निर्वहन के लिए बुलाया जाता है। ऐसी स्थिति में यह आवश्यक नहीं लगता है कि उपराष्ट्रपति के निर्वाचन में राज्य विधायिका के सदस्यों को भाग लेने के लिए आमंत्रित किया जाए।
>
> "दूसरा संशोधन मि. नजीरुद्दीन अहमद का है, जिसका उत्तर देने की आवश्यकता है। उन्होंने सुझाव दिया है कि शब्द 'एकत्रित' निकाल दिया जाए। इस अनुच्छेद में 'एकत्रित' शब्द को इसलिए रखा गया है, ताकि मत-पत्रों को डाक से भेजने की प्रथा न अपनाई जा सके। हम सभी जानते हैं कि यदि निर्वाचन के कार्य के लिए डाक के साधन का प्रयोग किया जाए तो वह असफल हो जाएगा। डाक से भेजे गए मत-पत्र निश्चित स्थान पर नहीं पहुँच सकते हैं या रास्ते में खो सकते हैं या एक उम्मीदवार के लिए यह भी पूर्णतया सम्भव है कि वह अपने एजेंटों को मत-पत्र एकत्रित करने के लिए चारों ओर भेज दे, ताकि वह उन्हें लेकर, बिना निर्वाचक को चुनाव में भाग लेने की आजादी का अवसर दिये स्वयं हस्ताक्षर करके भेज दे। यही कारण है कि यह तय किया गया कि निर्वाचन उसी समय होना चाहिए, जब दोनों सदन एकत्रित हों, ताकि डाक के साधन का दुरुपयोग न किया जा सके। अब मैं नहीं समझता हूँ कि इस उद्देश्य के लिए संसद के सदस्यों की बैठक बुलाने में कोई कठिनाई या असुविधा होगा। आखिर संसद के सदस्य कानून बनाने के लिए एकत्रित होंगे ही और यह पूर्णतया सम्भव है कि किसी एक सत्र में निर्वाचन करा लिया जाए।"[48]

शब्दावली 'आनुपातिक प्रतिनिधित्व पद्धति' निकालने के लिए प्रस्तुत नजीरुद्दीन अहमद के संशोधन पर डॉ. आंबेडकर ने कहा कि "यदि यह केवल भाषा बदलने का मामला है, तो मसौदा समिति के लिए सम्भव है कि वह बाद में इस बिन्दु पर विचार करे। किन्तु यदि वैकल्पिक मत किसी तरह से सारतत्त्व को बदलता है तो मुझे भय है कि किसी भी स्तर पर इस मामले पर विचार करना हमारे लिए सम्भव न हो।" डॉ. आंबेडकर के इस आश्वासन के बाद नजीरुद्दीन अहमद ने अपना संशोधन वापस ले लिया।

तत्पश्चात नजीरुद्दीन अहमद ने अपने दूसरे संशोधन को वापस ले लिया और संविधान-सभा ने प्रो. के. टी. शाह के संशोधन और नजीरुद्दीन अहमद के पहले संशोधन को अस्वीकार कर अन्य खंडों के साथ प्रारूप अनुच्छेद 55 (नियमित अनुच्छेद 66) के खंड (1) का मूल प्रावधान 29 दिसम्बर, 1948 को अंगीकृत कर लिया।

संघ की कार्यपालिकीय शक्ति : राज्यों तक विस्तारित

प्रारूप अनुच्छेद 60 के माध्यम से संघ की कार्यपालिकीय शक्ति की सीमाओं का उल्लेख किया गया था। इसके खंड (1) का उपखंड (क) कहता था कि संघ की कार्यपालिकीय शक्ति उस सीमा तक विस्तारित होगी, जहाँ तक संसद को कानून बनाने की शक्ति प्राप्त है और उपखंड (ख) के अन्तर्गत इस शक्ति को किसी संधि या समझौते से भारत सरकार द्वारा प्रयोग किए जाने वाले अधिकार, प्राधिकार एवं क्षेत्राधिकार तक विस्तारित की गई थी। इस खंड के साथ एक परन्तुक जोड़कर यह व्यवस्था प्रस्तावित किया गया था कि उपखंड (क) के अन्तर्गत प्राप्त संघ की कार्यपालिकीय शक्ति किसी राज्य को उन मामलों में नहीं प्राप्त होगी, जिसके सम्बन्ध में राज्य विधायिका को भी कानून बनाने की शक्ति प्राप्त है, जब तक कि ऐसा इस संविधान में या संसद द्वारा बनाए गए कानून में प्राविधानित न किया गया हो।

इस परन्तुक को निरस्त करने के लिए के. टी. एम. अहमद इब्राहिम साहिब बहादुर ने संशोधन[49] संख्या 1289 प्रस्तुत किया। अहमद इब्राहिम ने बहस की कि उनके संशोधन का उद्देश्य राज्यों या प्रान्तों की कार्यपालिकीय शक्ति को कम-से-कम समवर्ती सूची में शामिल किए गए विषयों के सन्दर्भ में सुरक्षित करना है। प्रारूप संविधान की योजना है कि राज्यों की शक्ति को ज्यादा से ज्यादा कम किया जाए। यद्यपि योजना कहने के लिए संघीय है, किन्तु वस्तुत: यह एक शासन की एकात्मक प्रणाली है, जिसे प्रारूप संविधान द्वारा देश पर थोपने का प्रयास किया गया है। राज्यों की शक्ति को पहले ही बहुत कम कर दिया गया है और यदि यह प्रावधान इसी तरह बनाए रखा जाता है, तो प्रान्तीय स्वायत्तता बिलकुल समाप्त हो जाएगी। संशोधन संख्या 1289 के सन्दर्भ में एक अन्य संशोधन[50] हृदयनाथ कुंजरू ने भी प्रस्तुत किया। इस प्रस्ताव के माध्यम से अनुच्छेद 60 के खंड (1) के परन्तुक से शब्दावली 'या संसद द्वारा बनाए गए किसी कानून में' निरस्त करने और खंड (1) के पश्चात नया खंड (1-क) जोड़ने की माँग की गई था। कुंजरू ने बहस की कि अमेरिका, कनाडा और आस्ट्रेलिया में भी संघीय व्यवस्था है, किन्तु इन सभी में से किसी संघीय संविधान में केन्द्रीय सरकार के पास यह अधिकार नहीं है कि वह प्रान्तीय या राज्य की सरकार को कार्यपालिकीय दिशानिर्देश जारी करे। केन्द्र सरकार को इस तरह की शक्ति भारत शासन अधिनियम, 1935 के अन्तर्गत दी गई थी, किन्तु यह बहुत सीमित थी।

आम बहस के दौरान भारत में मुस्लिम लीग के तत्कालीन अध्यक्ष मोहम्मद इस्माइल साहिब और बी. पोकर साहिब बहादुर ने के. टी. एम. अहमद इब्राहिम साहिब बहादुर के संशोधन का समर्थन किया। इस्माइल साहिब का तर्क था कि "ये संशोधन केन्द्र और प्रान्तों के मध्य भविष्य में पैदा होने वाले किसी तरह के कलह एवं अन्तर्विरोध को समाप्त करेगा। यदि केन्द्र समय-समय पर इकाइयों के अधिकारों एवं शक्तियों में हस्तक्षेप करेगा तो अवश्य ही कलह एवं अन्तर्विरोध होगा।"[51] बी. पोकर साहिब बहादुर का कहना था कि "प्रारूप जिस रूप में है, वह शासन की संघात्मक प्रणाली को एकात्मक प्रणाली में परिवर्तित करने वाला होगा। यदि यह अनुच्छेद, जो केन्द्र सरकार को समवर्ती सूची के विषयों के सम्बन्ध में कार्यपालिकीय शक्ति प्रदान करता है, पारित कर दिया जाता है, तो इस संविधान को संघीय कहने का कोई औचित्य नहीं होगा। उसे ऐसा कहना मिथ्या होगा।"[52]

जबकि टी. टी. कृष्णमाचारी ने उक्त दोनों संशोधनों का विरोध किया। प्रारूप प्रावधान का समर्थन करते हुए कृष्णमाचारी ने कहा कि "परन्तुक को लेकर मि. इब्राहिम की आपत्ति का आधार राजनीतिक है, जबकि कुंजरू की आपत्ति का आधार सैद्धान्तिक है।" संघीय संविधान के सम्बन्ध में तमाम तरह की व्याख्या है। इनमें व्यापक भिन्नता है। उदाहरण के लिए कनाडा संविधान, जो विश्व के चार प्रमुख संघीय संविधान में से एक है, को कुछ लोगों द्वारा पूर्ण संघात्मक नहीं माना जाता है। जबकि दूसरे हाथ, ऐसा भी है कि यह संविधान क्रियान्वयन की दृष्टि से आस्ट्रेलियन संविधान, जो नि:सन्देह पूर्ण संघात्मक है, की तुलना में ज्यादा संघात्मक है। प्राय: ऐसा कहा जाता है कि संविधान संघात्मक तब होता है जब इकाई का निर्माण पहले होता है और केन्द्र का निर्माण बाद में। यह विचार एक मामले में लार्ड हेल्डेन द्वारा 1993 में व्यक्त किया गया था, जहाँ उन्होंने कहा है कि कनाडा संविधान संघात्मक नहीं है। इसी तरह संघात्मक बनाने के सम्बन्ध में एक अन्य विचार यह है कि अवशिष्ट शक्ति इकाइयों के साथ होना चाहिए न कि केन्द्र के साथ। यदि ऐसा है तो नि:सन्देह प्रारूप संविधान संघात्मक नहीं है, क्योंकि अवशिष्ट शक्ति इकाइयों में अन्तर्निहित नहीं है।[53]

अपने सम्बोधन के अन्त में कृष्णमाचारी ने के. टी. एम. अहमद इब्राहिम के संशोधन को राजनीतिक प्रस्ताव बताते हुए कहा कि "पहले मुस्लिम लीग चाहती थी कि उसके नियंत्रण में जितने प्रान्त हों, उनमें वह मनमानी कर सके। देश दो भागों में विभाजित होने के बाद वह स्थिति समाप्त हो गई है। ऐसा लगता है कि मेरे माननीय मित्र पुराने झगड़े को पुन: शुरू कर रहे हैं।"

अन्त में डॉ. बी. आर. आंबेडकर ने उपरोक्त दोनों संशोधनों को अस्वीकार कर दिया। चर्चा के दौरान उठाए गए सवालों का जवाब देते हुए डॉ. आंबेडकर ने कहा—

> "मैं सभा को संक्षेप में यह बताऊँगा कि मैं इन संशोधनों को क्यों नहीं स्वीकार कर सकता। ऐसा करने के पूर्व मैं यह वांछनीय समझता हूँ कि सभा को इस बात से परिचित करा दूँ कि इस परन्तुक में तथा इस पर जो दो संशोधन पेश किए गए हैं उनमें परस्पर ठीक-ठीक अन्तर क्या है। परन्तुक दो अवधारणाओं का निर्धारण करता है। पहला यह है कि सामान्यतया समवर्ती कहे जाने वाले विषयों से सम्बन्धित कानूनों को क्रियान्वित करने का अधिकार, चाहे ये कानून संसद द्वारा पारित किए गए हों या राज्य विधायिका द्वारा पारित किए गए हों, साधारणतया प्रान्तों या राज्यों का होगा। इस परन्तुक की दूसरी अवधारणा यह है कि यदि किसी विशेष परिस्थिति में संसद समवर्ती से सम्बन्धित कानून को पारित करते समय अनुभव करता है कि उसे केन्द्र सरकार द्वारा ही क्रियान्वित किया जाना चाहिए, तो संसद को ऐसा करने का अधिकार होगा। यह एक आपवादिक स्थिति है।
>
> "दोनों संशोधन अलग तरह के हैं। पहला संशोधन यह है कि समवर्ती सूची में रखे गए विषयों से जुड़े कानून के प्रशासन के सम्बन्ध में केन्द्र के पास कोई अधिकार नहीं होना चाहिए। दूसरा संशोधन, जिसे मित्र पंडित कुंजरू ने प्रस्तुत किया है, जो यद्यपि केन्द्र को समवर्ती विषय के कानून के क्रियान्वयन के लिए केन्द्र को अनुमति नहीं देता है, किन्तु यह केन्द्र को सूची 25 एवं 37 में आने वाले मामलों के सम्बन्ध में निर्देश जारी करने की अनुमति देने के लिए तैयार है। इन दोनों संशोधन में यह अन्तर है। पहला संशोधन उस शक्ति को वापस लेता है, जिसे भारत शासन अधिनियम, 1935 केन्द्र को प्रदान करता है और दूसरा संशोधन उस पुरानी स्थिति को वापस लाना चाहता है, जो अब भारत शासन अधिनियम, 1935 में पाया जाता है।"[54]

बीच में हस्तक्षेप करते हुए कुंजरू ने कहा कि उनके संशोधन का दूसरा भाग उस शक्ति से बाहर है, जिसे भारत सरकार, भारत शासन अधिनियम, 1935 के अन्तर्गत प्रयोग करती है।

डॉ. आंबेडकर ने अपने सम्बोधन को जारी रखते हुए कहा—

> "ठीक है, ऐसा हो सकता है। जैसा मैं समझता हूँ, उसे कह रहा हूँ। मैं प्रमुख संशोधन के बारे में बोलूँगा, जो चाहता है कि केन्द्र के पास दिशानिर्देश जारी करने तक की शक्ति नहीं होगी। इसके लिए मुझे इतिहास में जाना आवश्यक है। एक बात ध्यान में रखनी चाहिए कि पहले संशोधन के पक्ष में बोलने वालों में ज्यादातर मुस्लिम हैं। इनमें से एक हमारे मित्र मि. पोकर सोचते हैं कि यह इस सदन के सभी सदस्यों का पवित्र कर्तव्य है कि वे परन्तुक का विरोध करें। मुझे पता नहीं है...।"

बी. पोकर साहिब बहादुर ने हस्तक्षेप करते हुए कहा, "मैंने यह नहीं कहा है। मैंने केवल यह कहा था कि अन्त:करण के अनुसार कार्य करना प्रत्येक सदस्य का कर्तव्य है।"

डॉ. आंबेडकर ने जवाब दिया, "उससे मैं समझा कि प्रत्येक अन्त:करण रखने वाले सदस्य को इस परन्तुक का विरोध करना चाहिए। इसका और कोई अर्थ नहीं हो सकता।"

बी. पोकर साहिब बहादुर ने सफाई देते हुए कहा, "निश्चित रूप से ऐसा नहीं है।"

उसके बाद डॉ. आंबेडकर ने अपनी बात आगे बढ़ाते हुए कहा—

"इस परन्तुक पर मुसलमान सदस्यों के इस विचित्र प्रदर्शन के पीछे एक इतिहास है और मुझे खेद के साथ यह कहना पड़ता है कि मेरे माननीय मित्र श्री कुंजरू उस इतिहास को बिलकुल ही भूल गए हैं। साथ ही इस बात में मुझे कुछ भी सन्देह नहीं है कि वह इस इतिहास से इतना ही परिचित हैं, जितना कि मैं। यह विषय उस गोलमेज सम्मेलन तक से सम्बन्ध रखता है, जो सन् 1930 ई. में हुआ था। सन् 1930 ई. के गोलमेज सम्मेलन में जो कुछ हुआ था, उससे तो लोग परिचित हैं। उनमें से प्रत्येक को यह याद होगा कि उस सम्मेलन में दो प्रमुख दलों अर्थात् मुस्लिम लीग और भारतीय राष्ट्रीय कांग्रेस का प्रतिनिधित्व हुआ था। इनमें कानूनी महत्त्व के कई सवालों पर परस्पर मतभेद थे।

"एक प्रश्न जिस पर उनमें मतभेद था वह प्रान्तीय स्वायत्त-शासन का विषय था। इस सच्चाई को तो सब लोग समझते थे कि ऐसे संविधान द्वारा, जो कानून एवं प्रशासन के क्षेत्रों में भारत की एकता को कायम रखने के लिए बनाया गया हो, प्रान्तों को पूर्ण स्वतंत्रता नहीं दी जा सकती है। किन्तु इस बारे में मुस्लिम लीग ऐसा हठ पकड़ा कि भारतीय मंत्री को इस बात के लिए मजबूर हो जाना पड़ा कि वह कुछ ऐसी रिआयतें मुस्लिम लीग को दे, जिससे खुश होकर वह किसी-न-किसी तरह से केन्द्र में उत्तरदायी शासन की स्थापना के लिए राजी हो जाए। दूसरी अन्य रिआयतों के साथ-साथ उसने एक रिआयत यह भी दी थी कि भारत शासन कानून की धारा 126 में एक खंड यह भी शामिल करा दिया कि समवर्ती सूची में उल्लिखित विषयों के बारे में कानून बनाने के सम्बन्ध में केन्द्रीय सरकार को केवल इतनी शक्ति होगी कि वह उनके अधीन इकाइयों को निर्देश तो दे सकेगी, किन्तु इन विषयों का प्रशासन स्वयं अपने द्वारा नहीं कर सकेगी।

"तर्क यह था कि यदि केन्द्रीय सरकार में हिन्दुओं के आधिपत्य की सम्भावना नहीं होती, तो समवर्ती क्षेत्र में किसी विशिष्ट कानून के बारे में केन्द्र द्वारा स्वयं कार्यान्वित किए जाने पर मुस्लिम लीग को कोई आपत्ति न होती। मुझे याद है कि गोलमेज सम्मेलन के विवाद में यह बात बहुत स्पष्ट रूप से कही गई थी कि भारत मंत्री को यह रिआयत इसलिए करनी पड़ी थी क्योंकि उत्तर पश्चिमी सीमाप्रान्त, पंजाब, बंगाल और कुछ हद तक आसाम जैसे मुस्लिम बाहुल्य प्रान्तों की मुस्लिम लीगी सरकारें यह नहीं चाहती थीं कि इस प्रकार का हस्तक्षेप केन्द्र उन क्षेत्रों में भी करे जिनको वह बिलकुल अपने अधिकार के अन्तर्गत ही समझती थीं। मुझे इसमें कुछ भी सन्देह नहीं है कि यह एक रिआयत मात्र थी। यह बात सिद्धान्त रूप में स्वीकार नहीं की गई थी कि समवर्ती विषयों के सम्बन्ध में बनाए गए कानून को अमल में लाने के लिए केन्द्र को लेशमात्र भी अधिकार न होगा। अत: मेरा निवेदन यह है कि भारत शासन कानून, 1935 की धारा 126 में इस बारे में जो कानून रखा गया है उसे सिद्धान्त की दृष्टि से उचित नहीं ठहराया जा सकता। उसका औचित्य केवल इसी दृष्टि से है कि मुसलमानों के लिए

एक रिआयत है। अत: इस संशोधन के पक्ष में जो तर्क दिये गए हैं उनको धारा 126 के प्रावधानों की दुहाई देकर ठीक बताना उचित नहीं है।

"श्रीमान यह बात कि भारत शासन कानून, 1935 की धारा 126 के अन्तर्गत इस बारे में जो व्यवस्था दी गई थी, वह अन्तत: ठीक नहीं है, इस सच्चाई को भारत मंत्री ने युद्ध की घोषणा होने के पूर्व बनाए गए कानून के सिलसिले में स्वीकार किया था। माननीय सदस्यों को यह याद होगा कि युद्ध की घोषणा होने के पूर्व संसद ने धारा 126 की एक सहायक धारा 126-क बनाना क्यों आवश्यक समझा? आपको यह स्मरण करना होगा कि जहाँ तक समवर्ती कानून का सम्बन्ध है, भारत शासन कानून की धारा 126-क ऐसी धारा है, जिसका असर बहुत से क्षेत्रों पर पड़ता है, उसके माध्यम से केन्द्र को केवल प्रान्तीय विषयों पर कानून बनाने की शक्ति नहीं मिलती, बल्कि प्रान्तीय और समवर्ती विषयों के बारे में प्रशासन को अपने अधिकार में लेने की भी शक्ति मिलती है। इसे इसलिए बनाया गया था क्योंकि भारत मंत्री को ऐसा प्रतीत हुआ कि युद्धकाल में देश के प्रशासन के लिए धारा 126 पूर्णतया घातक सिद्ध होगी। अत: मेरा निवेदन यह है कि धारा 126-क, जो संकटकाल के लिए बनाई गई थी, केवल संकटकाल में ही प्रयोज्य नहीं है, वरन् सामान्य स्थिति तथा सामान्य काल में भी प्रयोज्य है। अत: सभा से मेरा पहला निवेदन यह है कि जिन परिस्थितियों का मैंने उल्लेख किया है उनके कारण धारा 126 की दुहाई देकर किसी भी तर्क का समर्थन नहीं किया जा सकता।"[55]

डॉ. आंबेडकर के सम्बोधन के बाद बी. पोकर साहिब बहादुर ने एक बार पुन: हस्तक्षेप किया और कहा कि क्या वह अपने विद्वान् मंत्री डॉ. आंबेडकर के भ्रम का निवारण कर सकते हैं? "यह संविधान वर्तमान भारतीय संघ के लिए बनाया जा रहा है, जिसमें कोई भी प्रान्त ऐसा नहीं है, जिसमें मुसलमान बहुसंख्या में हों। अत: इस कथन में कोई भी सार नहीं है कि मुस्लिम लीग के हितों के लिए मुसलमान सदस्य इस संशोधन को पेश कर रहे हैं। यह बहुत ही भ्रमात्मक तर्क है। माननीय कानून मंत्री इस बात को भूल जाते हैं कि वर्तमान भारतीय संघ में हम मुसलमानों को इस संशोधन से कोई भी विशिष्ट लाभ नहीं होगा।"

डॉ. आंबेडकर ने जवाब देते हुए कहा कि "मेरी शिकायत केवल इतनी ही है कि मुसलमान सदस्यों ने अभी तक मुस्लिम लीग के दृष्टिकोण को नहीं छोड़ा है, जिसे उन्हें त्याग देना चाहिये था। वे उन्हीं तर्कों को दोहरा रहे हैं, जो उस समय तक ठीक थे जब तक कि यहाँ मुस्लिम लीग थी और मुसलमान प्रान्त थे। अब ये ठीक नहीं हैं। मैं नहीं समझ पाता हूँ कि मुसलमान अब उन्हें क्यों दोहरा रहे हैं।"

समवर्ती सूची के विषयों के सम्बन्ध में बने कानूनों पर अमल कराने की शक्ति केन्द्र द्वारा अपने हाथ में ले लेने सम्बन्धी परन्तुक के औचित्य को अस्पृश्यता, बाल विवाह, श्रम के लिए बनाए गए कानून के माध्यम से समझाते हुए डॉ. आंबेडकर ने आगे कहा—

"संविधान-सभा ने अनुच्छेद 11 स्वीकार किया है, जो अस्पृश्यता को समाप्त करता है। यह अस्पृश्यता की समाप्ति को सार्थक करने हेतु उपयुक्त कानून बनाने की भी शक्ति संसद को देता है। केन्द्र अछूतों को अपने नागरिक अधिकारों के प्रयोग करने में बाधा डालने का अभियोग और कुछ दंड विहित करने वाले कानून का निर्माण करता है। मान लीजिए कि यदि ऐसा कोई कानून बना दिया जाता है और किसी विशेष प्रान्त

में अस्पृश्यता को समाप्त करने के पक्ष में उतनी पवित्र एवं प्रबल भावना नहीं है और न सरकार की ही यह इच्छा है कि अछूतों के लिए जिन नागरिक अधिकारों की गारंटी संविधान देता है, वह उनको मिले तो क्या यह बात तर्कसंगत या उचित होगी कि अस्पृश्यता के विषय में जिस केन्द्र पर संविधान द्वारा इतना उत्तरदायित्व लादा गया है, वह केवल कानून पारित करने तक सीमित रहे और हाथ-पर-हाथ बाँधे यह देखता एवं प्रतीक्षा करता रहे कि उन सब विशिष्ट कानूनों पर अमल कराने के विषय में प्रान्तीय सरकारें क्या कर रही हैं? क्या उस केन्द्र को जो इस प्रकार का कानून बनाता है उस पर अमल कराने का प्राधिकार नहीं होना चाहिए? यदि कोई ऐसा व्यक्ति है, जो यह कह सकता है कि इतने महत्त्व के विषय पर केन्द्र कानून बनाने के अतिरिक्त और कुछ न करे तो मैं उसे जानना चाहूँगा।

"मैं आपके सामने एक उदाहरण और देता हूँ। हमारे देश में बाल विवाह की प्रथा है जिसके विरुद्ध बहुत प्रचार हुआ है और बहुत कोलाहल हुआ है। इस सम्बन्ध में केन्द्र द्वारा कानून पारित कर दिए गए हैं। उन पर अमल कराना प्रान्तों पर छोड़ दिया गया है। हम सब जानते हैं कि एक सरकार में विधायी प्राधिकार निहित होने और दूसरी सरकार में कार्यपालिकीय अधिकार निहित होने का क्या नतीजा हुआ है? मैं समझता हूँ कि कानून के होते हुए भी देश में बाल विवाह उसी प्रकार से होते हैं, जिस तरह पहले होते थे। क्या यह वांछनीय नहीं है कि केन्द्र, जो कि इन दोषों का निवारण करने में बहुत ही रुचि रखता है, क्या उसे इस प्रकार के कानूनों को अमल कराने का कुछ भी प्राधिकार न हो? क्या प्रान्तों को यह स्वतंत्रता दे दें कि वे उन कानूनों के साथ, जिन्हें संसद ने बड़ी लगन तथा उत्कंठा से अमल में लाए जाने के लिए बनाया है, जैसा भी करना चाहें, करते रहें। एक उदाहरण और है। कारखानों से सम्बन्धित कानून को लीजिए। मुझे अच्छी तरह याद है कि जब मैं भारतीय सरकार का श्रम मंत्री था, उस समय अनेकों ऐसे मामले आते थे जिनमें यह शिकायत की जाती थी कि कोई भी प्रान्त अथवा अधिकतर प्रान्त, यह देखने के लिए कि कारखाने सम्बन्धी कानूनों पर उचित रूप में अमल किया जाए, कारखाने में निरीक्षक नियुक्त करने के लिए उद्यत नहीं हैं। क्या यह वांछनीय है कि केन्द्र सरकार द्वारा बनाए गए श्रम-कानून केवल कागजी कानून बने रहें और उन पर कोई अमल न किया जाए? जब तक केन्द्र को अपने बनाए हुए कानूनों को अमल में लाने का अधिकार न हो तब तक उन कानूनों को किस प्रकार प्रभावी किया जा सकता है?

"अत: जिन उदाहरणों को मैंने आपके सामने प्रस्तुत किया है उनको ध्यान में रखकर—और मुझे इस बात में कोई सन्देह नहीं है कि अपने अनुभव के आधार पर माननीय सदस्यों को और भी अनेकों उदाहरण याद होंगे—मैं निवेदन करता हूँ कि समवर्ती क्षेत्र में केन्द्र के बनाए हुए कानून का एक बड़ा भाग केवल इस कारण कागजी कानून ही बना रहता है क्योंकि केन्द्र अपने कानूनों पर स्वयं अमल नहीं करा सकता। यह स्थिति बहुत खराब है और हमें इससे मुक्त होना चाहिए। यह परन्तुक इसी बात का प्रयत्न करता है।

"एक बात और है जिसका मैं उल्लेख करना चाहता हूँ। सच बात तो यह है कि प्रान्तीय सरकारों को इस परन्तुक का स्वागत करना चाहिए, क्योंकि आजकल एक प्रकार की आर्थिक अव्यवस्था फैली हुई है। केन्द्र द्वारा बनाए गए कानून को अमल कराने का

दायित्व प्रान्तों पर छोड़ देने का अर्थ यह है कि प्रान्तों पर आर्थिक भार लादना होगा, जिसकी आवश्यकता इन कानूनों का पालन करने के लिए तंत्र की नियुक्ति करने में होती है। इस परन्तुक के कारण प्रान्त, आर्थिक भार से मुक्त हो जाएँगे और इसीलिए मैं सोचता था कि इस परन्तुक का स्वागत एक ऐसे अतिरिक्त राहत के रूप में, जिसकी प्रान्तों को बहुत आवश्यकता है, होना चाहिए।"[56]

डॉ. बी. आर. आंबेडकर के सम्बोधन के बाद संविधान-सभा ने सभी संशोधनों को अस्वीकार कर, प्रारूप अनुच्छेद 60 (नियमित अनुच्छेद 73) का मूल प्रावधान 30 दिसम्बर 1948 को अंगीकृत कर लिया।

प्रधानमंत्री एवं मंत्रिमंडल

प्रारूप संविधान के अनुच्छेद 61 का खंड (1) कहता था कि राष्ट्रपति को अपने कार्यों का निर्वहन करने में सहयोग एवं परामर्श देने के लिए एक मंत्रिमंडल होगा, जिसका प्रमुख प्रधानमंत्री होगा। खंड (2) कहता था कि मंत्रियों द्वारा राष्ट्रपति को दिए गए परामर्श का किसी न्यायालय द्वारा जाँच नहीं की जाएगी।

मंत्रिमंडल-सदस्यों की संख्या निश्चित करने का सवाल

प्रारूप अनुच्छेद 61 के सम्बन्ध में पहला संशोधन[57] महबूब अली बेग साहिब बहादुर ने नया प्रावधान प्रतिस्थापित करने के लिए प्रस्तुत किया। इसके खंड (1) में शब्दावली 'जिसका प्रमुख प्रधानमंत्री होगा' का प्रयोग नहीं किया गया था और खंड (2) के अन्तर्गत मंत्रिमंडल में मंत्रियों की संख्या 15 निर्धारित की गई थी।

किन्तु तजामुल हुसैन ने महबूब अली के संशोधन का विरोध किया और कहा कि विश्व में ऐसा कोई संविधान नहीं है, जहाँ मंत्रियों की संख्या निश्चित की गई हो। यह संसद द्वारा या कैबिनेट द्वारा तय किए जाने वाला विषय है कि उसे कार्य के लिए कितने मंत्रियों की आवश्यकता है।[58]

आम बहस के बाद डॉ. आंबेडकर ने महबूब अली के संशोधन को अस्वीकार कर दिया। इसके कारण को स्पष्ट करते हुए डॉ. आंबेडकर ने कहा—

"आरम्भ में ही मंत्रिमंडल के सदस्यों की संख्या निश्चित करना सम्भव नहीं है। यह भी हो सकता है कि प्रधानमंत्री 15 से भी कम मंत्रियों से देश का शासन चला सके। कोई कारण नहीं है कि जब वह नहीं चाहता, जैसा संविधान द्वारा निश्चित किया गया है, तो क्यों संविधान उस पर 15 मंत्रियों का भार दे। यह हो सकता है कि सरकारी कामकाज इतना ज्यादा बढ़ जाए कि 15 की संख्या कम हो जाए। 15 से ज्यादा सदस्यों की नियुक्ति आवश्यक हो सकती है।"[59]

आनुपातिक प्रतिनिधित्व के आधार पर मंत्रिमंडल के चुनाव का सवाल

खंड (2) के लिए प्रस्तुत अपने संशोधन[60] के माध्यम से महबूब अली बेग साहिब बहादुर ने यह भी माँग की थी कि मंत्रिमंडल के सदस्यों का चुनाव दोनों सदनों के निर्वाचित सदस्यों द्वारा अपने मध्य से आनुपातिक प्रतिनिधित्व पद्धति द्वारा एकल संक्रमणीय मत से किया जाए, न कि प्रधानमंत्री की सलाह पर। उनका तर्क था कि संसदीय-लोकतंत्र लोकतंत्र नहीं है। लोकतंत्र

केवल बहुमत द्वारा शासन नहीं है, बल्कि यह उचित विचार-विमर्श के माध्यम से किया जाने वाला शासन है। यह किसी विषय विशेष पर विचार-विमर्श की पद्धति अपनाकर जनता द्वारा निर्मित सभी वर्ग को विश्वास में लेकर किया जाने वाला शासन है। इसी दौरान ठाकुर दास भार्गव और अलगू राय शास्त्री ने सवाल किया कि आप सामूहिक उत्तरदायित्व कैसे सुनिश्चित करेंगे? महबूब अली ने जवाब दिया कि "जब राजनीतिक पार्टी नहीं होंगी, तो जो कैबिनेट चुना जाएगा, वह गैर-राजनीतिक होगा और उसके दिमाग में एकमात्र उद्देश्य देश का कल्याण होगा और इस उद्देश्य की प्राप्ति के लिए वे एक-दूसरे का सहयोग करेंगे।"

महावीर त्यागी, राजबहादुर, तजामुल हुसैन ने महबूब अली के उक्त संशोधन का विरोध किया। महावीर त्यागी ने कहा कि समान विचारधारा के अभाव में कैबिनेट एक दिन भी जीवित नहीं रह पाएगा।[61] राजबहादुर ने इस प्रस्ताव को पृथकतावाद एवं विभाजन करने की प्रवृत्ति से प्रेरित बताया।[62] तजामुल हुसैन ने कहा कि सभी देश दिन-प्रतिदिन की गतिविधि के लिए सुचारु रूप से कार्य करने वाला संविधान चाहते हैं। यह बेतुका होगा।[63] जबकि के. सन्थानम ने कहा कि कुछ परिस्थितियों में यह व्यवस्था लाभदायी हो सकती है किन्तु भारत जैसे बड़े एवं विविधता वाले देश के लिए यह प्रणाली उपयुक्त नहीं हो सकती है।[64]

मंत्रिमंडल के सदस्यों के चुनाव के लिए आनुपातिक प्रतिनिधित्व पद्धति के समर्थन में दिये गए तर्कों में महबूब अली ने कहीं भी यह नहीं कहा था कि इसके पीछे उनका उद्देश्य अल्पसंख्यकों को मंत्रिमंडल में समान प्रतिनिधित्व दिलाना है। किन्तु उनकी इस मंशा को भाँपते हुए डॉ. बी. आर. आंबेडकर ने कहा—

> "मैं नहीं समझता हूँ कि क्यों एक प्रधानमंत्री, जो लोगों द्वारा चुना गया है, को वयस्क मताधिकार द्वारा या वयस्क मताधिकार के आधार पर निर्वाचित लोगों से चुने गए सदन के मध्य से मंत्री नियुक्त करने की अनुमति देना अलोकतांत्रिक है? मैं समझने में असमर्थ हूँ कि क्यों यह पद्धति अलोकतांत्रिक है?
>
> "मुझे शंका है कि उनके संशोधन का आशय कैबिनेट में अल्पसंख्यक के प्रतिनिधित्व को सुरक्षित करना है। यदि ऐसा है तो मेरी उनके इस उद्देश्य के साथ इसलिए सहानुभूति है क्योंकि मैं महसूस करता हूँ कि सुशासन बहुत कुछ इस पर निर्भर करता है कि शासन की बागडोर किनके हाथों में हैं। यदि यह कुछ समूहों के नियंत्रण में है तो इसको लेकर कोई सन्देह नहीं है कि शासन इन समूहों के हित में कार्य करेगा, जिसका प्रतिनिधित्व शासन पर नियंत्रण रखने वाले लोगों का वह विशेष संगठन करता है। इसलिए इसमें कुछ भी गलत नहीं है कि कैबिनेट को चुनने की पद्धति ऐसी होनी चाहिए कि इसमें अल्पसंख्यक समुदाय के सदस्यों को कैबिनेट में शामिल होने की अनुमति मिले। मैं नहीं सोचता हूँ कि यह लक्ष्य ओछा है या इसमें कुछ ऐसा है, जिसे लेकर शर्मिंदित हुआ जाए। श्री महबूब अली बेग के लक्ष्य को अनुसूची 3-क, जिसे मसौदा समिति ने जोड़ने के लिए प्रस्तावित किया है, से हासिल किया जा सकेगा।
>
> "मैं नहीं समझता हूँ कि कैबिनेट में किसी विशेष समुदाय के सदस्य को शामिल करने के लिए कानूनी प्रावधान बनाया जाना सम्भव है। यह इस तथ्य को ध्यान में रखते हुए भी सम्भव नहीं है कि संविधान में सामूहिक उत्तरदायित्व के सिद्धान्त को रखा गया है और प्रधानमंत्री पर ऐसा सहयोगी लादने से कोई लाभ नहीं है जो इस कारण रखा जाए कि वह

किसी विशेष अल्पसंख्यक समुदाय का सदस्य है, परन्तु जो उन नीतियों की आधारभूत बातों से सहमत नहीं है, जिनको लेकर प्रधानमंत्री एवं उसका पार्टी प्रतिबद्ध है।"[65]

डॉ. बी. आर. आंबेडकर के सम्बोधन के बाद संविधान-सभा ने महबूब अली बेग के संशोधन को अस्वीकार कर दिया।

परमाधिकार का सिद्धान्त : राष्ट्रपति का स्वविवेक-आधारित निर्णय

मोहम्मद ताहिर ने प्रारूप अनुच्छेद 61 के खंड (1) के साथ एक अपवाद और इसके बाद एक नया खंड जोड़ने के लिए संशोधन[66] प्रस्तुत किया। प्रस्तावित अपवाद का प्रभाव यह था कि जिन मामलों में संविधान राष्ट्रपति से विवेकानुसार कार्य करने की अपेक्षा करता है, वहाँ वह मंत्रिमंडल की सलाह मानने के लिए बाध्य नहीं होगा। प्रस्तावित नये खंड का प्रभाव यह था कि इस विषय को कि कोई मामला राष्ट्रपति से अपने विवेकानुसार कार्य करने की अपेक्षा रखने वाला है या नहीं, तय करने की शक्ति राष्ट्रपति के पास होगी और इस निर्णय पर सवाल नहीं उठाया जाएगा। मोहम्मद ताहिर का तर्क था कि राष्ट्रपति को अपने विवेक का इस्तेमाल करने की छूट मिलना चाहिए। ऐसा ही अपवाद हमने प्रारूप अनुच्छेद 143 के अन्तर्गत राज्यपाल एवं मंत्रियों के सन्दर्भ में स्वीकार किया है।

डॉ. बी. आर. आंबेडकर ने उक्त संशोधन को अस्वीकार कर दिया। राष्ट्रपति के परमाधिकार के सिद्धान्त का उल्लेख करते हुए डॉ. आंबेडकर ने कहा—

> "श्री ताहिर यह व्यवस्था चाहते हैं कि राष्ट्रपति उन मामलों में प्रधानमंत्री की सलाह को मानने के लिए बाध्य न हो, जिसमें उसके द्वारा स्वविवेक से कार्य किया जाना है। ऐसा मुझे लगता है कि श्री ताहिर ने इसे स्वीकार करने के पूर्व भारत शासन अधिनियम की धारा 50 की केवल नकल कर ली है। धारा 50 को जब मूल रूप से स्वीकार किया गया था, तो उस समय यह पूर्णतया उचित था क्योंकि इस अधिनियम के अन्तर्गत गवर्नर जनरल को कानून के अन्तर्गत स्वविवेक से कार्य करना सौंपा गया था। यहाँ, जहाँ तक गवर्नर जनरल* का सन्दर्भ है, उसके पास कोई भी स्वविवेकात्मक कार्य नहीं है। इसलिए यहाँ पर ऐसी कोई स्थिति ही नहीं पैदा होती है, जहाँ राष्ट्रपति को प्रधानमंत्री या कैबिनेट की सलाह के बिना कोई कार्य करना पड़े। इस दृष्टि से संशोधन बिलकुल अनावश्यक है। श्री ताहिर यह समझने में असफल रहे हैं कि नये संविधान के अन्तर्गत राष्ट्रपति को कुछ परमाधिकार तो प्राप्त होंगे, किन्तु कार्य नहीं। और परमाधिकार एवं कार्य में बहुत अन्तर है।
>
> "संसदीय शासन-प्रणाली में केवल दो परमाधिकार हैं, जिनका प्रयोग राजा या राज्य-प्रमुख कर सकता है। एक प्रधानमंत्री की नियुक्ति और दूसरा संसद का विघटन। जहाँ तक प्रधानमंत्री का सवाल है राष्ट्रपति में विवेकाधिकार के निहित होने की उपेक्षा करना सम्भव नहीं है। राष्ट्रपति द्वारा विवेकाधिकार का इस्तेमाल किए बिना प्रधानमंत्री की नियुक्ति का एक ही तरीका बचता है कि सर्वप्रथम सदन अपने नेता का चुनाव करे और फिर प्रस्ताव या संकल्प द्वारा इच्छा व्यक्त किए जाने पर राष्ट्रपति प्रधानमंत्री की नियुक्ति के लिए आगे बढ़े। किन्तु यह बिलकुल अनावश्यक-सा दिखता है। मान

---

* सी. ए. डी. के मूल संस्करण में शब्द 'गवर्नर जनरल' ही लिखा है। डॉ. बी. आर. आंबेडकर ने जिस उद्देश्य से अपना विचार व्यक्त किए हैं, यह 'राष्ट्रपति' को सन्दर्भित होना प्रतीत होता है।

लीजिए राष्ट्रपति ने ऐसे किसी गलत व्यक्ति का चयन कर लिया, जो या तो सदन में स्थायी बहुमत नहीं रखता है या जो सदन द्वारा मान्य न हो, तब इसका उपचार स्वयं सदन के पास है, क्योंकि ज्यों ही राष्ट्रपति द्वारा प्रधानमंत्री नियुक्त किया जाता है, यह सदन के लिए या सदन के किसी सदस्य के लिए या उस पार्टी के लिए जो ऐसी किसी नियुक्ति का विरोध करता है, के लिए खुला है कि वह उसके खिलाफ अविश्वास का प्रस्ताव लेकर आए और यदि सदन की इच्छा है तो उसे पद छोड़ने के लिए मजबूर करे। इसलिए यह तरीका उतना ही अच्छा है जितना कि दूसरा। और इसलिए यह वांछनीय समझा गया कि इसे राष्ट्रपति के विवेकाधिकार पर छोड़ दिया जाए।

"सदन के विघटन के सन्दर्भ में ब्रिटिश संवैधानिक विधिवेत्ताओं का कोई निश्चित मत नहीं है। एक विचार यह है कि राष्ट्रपति या राजा को विघटन हेतु प्रधानमंत्री के परामर्श को अवश्य मानना चाहिए, यदि वह पाता है कि सदन हठी हो गया है या सदन जनता की इच्छा का प्रतिनिधित्व नहीं करता है। एक दूसरा विचार यह भी है कि प्रधानमंत्री और उसके मंत्रिमंडल का परामर्श कुछ भी हो, राष्ट्रपति यदि सोचता है कि सदन ने लोकइच्छा का प्रतिनिधित्व खो दिया है, तो वह स्वयं आगे बढ़कर सदन का विघटन कर सकता है। मैं सोचता हूँ कि यह विशुद्ध रूप से परमाधिकार है और वह देश के प्रशासन के दायरे में नहीं आता है। इसलिए ऐसा कोई प्रावधान, जिसे श्री ताहिर ने अपने संशोधन में सुझाया है, परमाधिकार का प्रयोग करने के लिए आवश्यक नहीं है।"[67]

डॉ. बी. आर. आंबेडकर के सम्बोधन के बाद संविधान-सभा ने मो. ताहिर के संशोधन को अस्वीकार कर दिया।

प्रधानमंत्री : सामूहिक उत्तरदायित्व के सिद्धान्त को लागू करने का केन्द्र

प्रारूप अनुच्छेद 61 के खंड (1) के सन्दर्भ में प्रो. के. टी. शाह का एक संशोधन शब्दावली 'जिसका प्रमुख प्रधानमंत्री होगा' निकालने के लिए था। उनका कहना था कि वह एक संस्था के रूप में प्रधानमंत्री के विरुद्ध नहीं हैं बल्कि उनका सुझाव केवल यह है कि उसे संविधान से बाहर रखा जाना चाहिए। इसका मतलब सिर्फ यह है कि जहाँ तक संविधान की स्थिति है, मंत्रियों का वर्णन केवल मंत्रियों की तरह होगा और किसी का कोई अलग से महत्त्व नहीं होगा। वित्त के मंत्री को हमने यहाँ पर वित्त का मंत्री नहीं कहा है। इसी तरह एक प्रधानमंत्री होगा, किन्तु इसे संविधान में इस नाम से वर्णित किए बिना होगा।[68]

आम बहस के दौरान महावीर त्यागी ने कहा कि "वस्तुत: जब कोई मंत्री कैबिनेट में प्रविष्ट होता है तो वह अपना सब कुछ और अपने अस्तित्व को उसमें विलीन कर देता है। उसकी अपनी कोई आवाज नहीं होती है, वह प्रधानमंत्री के शब्दों में बोलता है और कैबिनेट के निर्णय के अनुसार कार्य करता है।"[69]

आम बहस के उपरान्त डॉ. बी. आर. आंबेडकर ने प्रो. के. टी. शाह के संशोधन को अस्वीकार कर दिया। सामूहिक उत्तरदायित्व के सिद्धान्त और इसके क्रियान्वयन में प्रधानमंत्री के योगदान को स्पष्ट करते हुए डॉ. आंबेडकर ने कहा—

"मैं समझ पाने में असमर्थ हूँ कि प्रो. के. टी. शाह क्यों सोचते हैं कि प्रधानमंत्री को बाहर कर देना चाहिए। यदि मैं उन्हें सही से समझ पा रहा हूँ तो वह सोचते हैं कि उन्हें

कोई आपत्ति नहीं होती यदि परम्परा द्वारा प्रधानमंत्री को कार्यपालिका के एक भाग के रूप में रखा जाता। ठीक है, यदि ऐसा है। यदि प्रो. के. टी. शाह को प्रधानमंत्री के बनाए जाने की परम्परा पर कोई आपत्ति नहीं है, तो प्रधानमंत्री की स्थिति को कानूनी मान्यता देने पर शायद ही कोई आपत्ति हो। इंग्लैंड में प्रधानमंत्री का पद ऐसा था, जिसे परम्परा द्वारा मान्यता मिली हुई थी। कुछ समय बाद ही कैबिनेट के मंत्री के वेतन को विनियमित करने के लिए कानून बनाया गया। मुझे विश्वास है कि 1939 में या इसके आसपास प्रधानमंत्री को कानूनी मान्यता दी गई। इसके बावजूद प्रधानमंत्री का अस्तित्व था।

"मैं अपने मित्र प्रो. के. टी. शाह को बताना चाहता हूँ कि उनका संशोधन सामूहिक उत्तरदायित्व के सिद्धान्त के लिए घातक है, जिसे हम लागू करना चाहते हैं। इस सदन के सभी सदस्य बहुत इच्छुक हैं कि कैबिनेट को सामूहिक उत्तरदायित्व के आधार पर कार्य करना चाहिए और सभी सहमत हैं कि यह सही सिद्धान्त है। किन्तु मैं नहीं जानता हूँ कि इस सदन के कितने सदस्य यह महसूस करते हैं कि वह कौन-सा तंत्र है, जिसके आधार पर सामूहिक उत्तरदायित्व का सिद्धान्त क्रियान्वित किया जाता है। नि:सन्देह कोई कानूनी उपचार नहीं हो सकता है। मान लीजिए कि एक मंत्री अपने कैबिनेट के सदस्यों से मतभेद रखता है और कैबिनेट के विचार के खिलाफ अपना कोई विचार व्यक्त करता है, तो कानून के लिए शायद ही यह सम्भव हो कि वह आगे आए और उसे सामूहिक उत्तरदायित्व के उल्लंघन के लिए अभियोजित करे। नि:सन्देह सामूहिक उत्तरदायित्व के लिए कोई कानूनी भय नहीं हो सकता है।

"एकमात्र माध्यम जिससे सामूहिक उत्तरदायित्व को लागू किया जा सकता है, वह है प्रधानमंत्री का माध्यम। मेरे विचार से दो सिद्धान्त लागू करके सामूहिक उत्तरदायित्व को क्रियान्वित किया जाता है। एक सिद्धान्त यह है कि कोई भी व्यक्ति कैबिनेट के लिए सिवाय प्रधानमंत्री की सलाह के मनोनीत नहीं किया जाएगा। दूसरा यह कि यदि प्रधानमंत्री कह दे कि कोई व्यक्ति कैबिनेट के सदस्य से पदच्युत होगा, तो वह कैबिनेट के सदस्य के रूप में बना नहीं रह पाएगा। सामूहिक उत्तरदायित्व का आदर्श प्राप्त करना सम्भव होगा, जब कैबिनेट के सदस्य की नियुक्ति और साथ-साथ पदच्युत को प्रधानमंत्री के अधीन रखा जाए। मैं नहीं समझता हूँ कि इस सिद्धान्त को लागू करने के लिए इसके अलावा और कौन सा तरीका या रास्ता है।

"मान लीजिए कि आप के पास प्रधानमंत्री नहीं है, तो वास्तव में क्या होगा? क्या होगा कि सभी मंत्री राष्ट्रपति के नियंत्रण या प्रभाव के अधीन हों? राष्ट्रपति के लिए यह पूर्णतया सम्भव होगा कि जो भी मंत्री कैबिनेट के अनुकूल नहीं हैं, उनसे अलग से बर्ताव करे, उन्हें प्रभावित करे और कैबिनेट में फूट कर दे। ऐसी किसी स्थिति की कल्पना करना असम्भव नहीं है। आप सबको स्मरण होगा कि ब्रिटिश संसद में सामूहिक उत्तरदायित्व को शामिल करने के पूर्व कैसे अंग्रेज राजा ब्रिटिश कैबिनेट में फूट डाला करते थे। इन्हें कैबिनेट के साथ-साथ संसद में भी राजा का मित्र कहा जाता था। इस प्रकार के दोष को सामूहिक उत्तरदायित्व द्वारा समाप्त किया गया। जैसा मैंने कहा था, सामूहिक उत्तरदायित्व को केवल प्रधानमंत्री नामक तंत्र से हासिल

किया जा सकता है। इसलिए प्रधानमंत्री ही कैबिनेट रूपी मेहराब की मुख्य शिला है और जब तक इस पद को निर्मित नहीं किया जाता है और इसे मंत्रियों को नियुक्त करने एवं पदच्युत करने का कानूनी प्राधिकार नहीं सौंपा जाता है, तब तक सामूहिक उत्तरदायित्व नहीं हो सकता है।"[70]

डॉ. बी. आर. आंबेडकर के सम्बोधन के बाद संविधान-सभा ने प्रो. के. टी. शाह के संशोधन को अस्वीकार कर दिया।

नए मंत्री द्वारा पुन:विश्वास हासिल किए जाने का सवाल

प्रो. के. टी. शाह ने प्रारूप अनुच्छेद 61 के खंड (2) के बाद पाँच नये खंड जोड़ने के लिए भी संशोधन प्रस्तुत किया। इन खंडों में कहा गया था कि मंत्रिमंडल में बदलाव के बाद नये मंत्रियों को भी लोकसभा का विश्वास हासिल करना होगा; दो-तिहाई से कम मंत्री लोकसभा से और एक-तिहाई से ज्यादा मंत्री राज्यसभा से नहीं होंगे; किसी व्यक्ति द्वारा मंत्री पद ग्रहण करने के बाद वह अपने सभी अधिकार, हित, सम्पत्ति, व्यवसाय, उद्योग, व्यापार या वृत्ति में स्वत्व की घोषणा करेगा; इत्यादि-इत्यादि।[71]

आम बहस के दौरान महावीर त्यागी ने प्रो. के. टी. शाह के संशोधन का विरोध किया, जिसमें प्रत्येक बार नये मंत्री की नियुक्ति होने पर उसे विश्वास मत हासिल करना आवश्यक बनाया गया था। त्यागी ने बहस की कि "यदि कैबिनेट के प्रत्येक सदस्य को अपने लिए मत प्राप्त करने की आवश्यकता होगी या उसे अपनी नियुक्ति के पहले दिन ही परीक्षण से गुजरना पड़े, तो इसका मतलब होगा कि केवल वही व्यक्ति मंत्री होगा, जो स्वयं सदन में अपना अनुयायी और व्यक्तिगत पार्टी रखेगा। ऐसे मंत्री को अपनी व्यक्तिगत पार्टी को हमेशा जीवित, सक्रिय और पृथक् रखने पर विचार करते रहना होगा।"[72] तजामुल हुसैन ने भी प्रो. के. टी. शाह के मंत्रिमंडल की रचना वाले संशोधन को अव्यावहारिक बताते हुए इसका विरोध किया और सवाल किया कि मान लीजिए कि सत्तासीन पार्टी के पास राज्यसभा में एक-तिहाई न हो, तो क्या होगा।[73]

इसके बाद के. सन्थानम ने प्रो. के. टी. शाह को लेकर एक रोचक बात कही। सुझाव देते हुए सन्थानम ने कहा कि "प्रो. के. टी. शाह एक एकाकी युद्ध लड़ रहे हैं। उन्होंने अपने ऊपर कुछ ज्यादा ही भार लाद लिया है और यह बहुत कुछ अनावश्यक है। यदि वह कुछ विशेष बातों पर स्वयं को केन्द्रित किए होते तो उनकी बातें अधिक वजनदार हो सकती थीं। वे इतने लम्बे-चौड़े संशोधन रखते हैं, जिनके सम्बन्ध में मेरा विश्वास है कि वे खुद भी इनकी जाँच नहीं कर पाते होंगे।"[74] सन्थानम ने प्रो. शाह द्वारा प्रस्तावित खंड 2-ग में व्याप्त विसंगतियों का उदाहरण देते हुए कहा कि "उन्हें इसे देखने के लिए समय नहीं था। जब वह उन मामलों में बहुत सारे संशोधन प्रस्तुत करते हैं, जो समितियों के विचार-विमर्श के बाद आने चाहिए, स्वाभाविक रूप से वह स्वयं गिर जाते हैं। जब हम इतने जटिल संविधान पर विचार कर रहे हैं, तो व्यक्तिगत रूप से सदस्यों को पूरे संविधान का फिर से मसौदा बनाने के बजाय किसी विशेष विषय पर संकेत कर एवं विशेष संशोधन प्रस्तुत कर सन्तुष्ट हो जाना चाहिए। इससे सभा का ज्ञान बढ़ने के बजाय केवल उसका समय नष्ट होता है।" सन्थानम ने प्रो. शाह से वैकल्पिक संविधान प्रस्तुत करने के बजाय केवल संविधान में सुधार सम्बन्धी बातों पर ध्यान देने का अनुरोध किया।

आम बहस के उपरान्त डॉ. आंबेडकर ने प्रो. के. टी. शाह द्वारा उठाए गए तीन विषयों—प्रत्येक मंत्री की नियुक्ति होने पर उसके द्वारा विधायिका का विश्वास हासिल करना, मंत्री यदि विधायिका का सदस्य नहीं है तो उसे छह महीने के अन्दर सदस्य होना और घूसखोरी या भ्रष्टाचार के दोषी को मंत्री पद पर नियुक्त न किया जाना—का जवाब दिया गया। डॉ. आंबेडकर के शब्दों में—

"मैं निश्चिन्त हूँ कि प्रो. के. टी. शाह महसूस करेंगे कि नियुक्ति के बाद मंत्री को विश्वास का मत हासिल करने जैसे किसी भी प्रावधान की कोई आवश्यकता ही नहीं है। यह सत्य है कि ब्रिटिश कैबिनेट के प्रारम्भिक इतिहास में वे सभी व्यक्ति, जो मंत्री नियुक्त किए गए होते हैं, इसके बावजूद कि वे संसद के सदस्य रहते थे, को संसद से इस्तीफा देना और पुन: चुनाव के लिए जाना पड़ता था, क्योंकि ऐसा महसूस किया गया कि एक व्यक्ति, जिसे मंत्री नियुक्त किया गया है, वह क्राउन के प्रभाव में हो सकता है और ऐसे कार्य कर सकता है, जो जनहित के अनुकूल न हों। ब्रिटिश लोगों ने अब खुद ही इस व्यवस्था को छोड़ दिया है। कानून द्वारा इस नियम को समाप्त कर दिया है और कोई व्यक्ति या संसद का सदस्य, जो मंत्री नियुक्त किया गया है, को अब पुन: निर्वाचन के लिए नहीं जाना पड़ता है। इसलिए यह प्रावधान बिलकुल ही अनावश्यक है। जैसा कि मैंने कुछ समय पहले स्पष्ट किया है कि यदि प्रधानमंत्री ऐसे किसी मंत्री की नियुक्ति करता है, जो पद के योग्य न हो, यह विधायिका के लिए पूर्णतया सम्भव है कि वह या तो उस मंत्री के खिलाफ या सम्पूर्ण मंत्रिमंडल के खिलाफ अविश्वास प्रस्ताव लेकर आए और इसके द्वारा प्रधानमंत्री से या उस मंत्री से, जिसे विधायिका द्वारा कहे जाने के बावजूद प्रधानमंत्री पदच्युत करने के लिए तैयार नहीं है, छुटकारा पा ले।

"अगली बात यानी यदि एक व्यक्ति जो कैबिनेट का सदस्य नियुक्त हुआ है, विधायिका का सदस्य नहीं है, उसे 6 महीने के अन्दर अवश्य ही विधायिका का सदस्य हो जाना चाहिए, के सन्दर्भ में कह सकता हूँ कि इसे अनुच्छेद 62(5) में पहले ही अपनाया जा चुका है।

"उनकी अन्तिम बात यह है कि कोई भी सजायाफ्ता व्यक्ति राज्य के मंत्री के रूप में नियुक्त न किया जा सके। ठीक है, जहाँ तक उनके आशय का सन्दर्भ है, नि:सन्देह यह बहुत सराहनीय है और मैं नहीं समझता हूं कि इस सदन का कोई सदस्य इस बात पर मतभेद रखता होगा। किन्तु सवाल यह है कि क्या इन सभी योग्यताओं एवं अयोग्यताओं को स्वयं इसी संविधान में हमें शामिल कर लेना चाहिए। क्या यह वांछनीय नहीं है, क्या यह पर्याप्त नहीं है कि हम मंत्रियों के कार्य को और विधायिका के कार्य को देखते रहने वाले प्रधानमंत्री पर, विधायिका पर और उन जनसमूह पर विश्वास करें कि उनमें से किसी के द्वारा ऐसा कोई अशोभनीय कार्य न हो? मैं सोचता हूँ कि यह ऐसा विषय है, जिसे उस प्रधानमंत्री की सद्‌भावना और विधायिका की सद्‌भावना पर छोड़ा जा सकता है, जिन पर आमजन देख-रेख करते हैं।"[75]

डॉ. बी. आर. आंबेडकर के सम्बोधन के बाद संविधान-सभा ने महबूब अली, मोहम्मद ताहिर और प्रो. के. टी. शाह के संशोधनों को अस्वीकार कर प्रारूप अनुच्छेद 61 का मूल प्रावधान (नियमित अनुच्छेद 74) अंगीकृत कर लिया।

मंत्रिमंडल के सदस्यों के लिए शर्त

प्रारूप अनुच्छेद 62 का प्रावधान प्रधानमंत्री एवं मंत्रियों की नियुक्ति एवं सेवाशर्तों के सम्बन्ध में था। छह खंडों में प्रस्तावित इसका खंड (1) कहता था कि प्रधानमंत्री की नियुक्ति राष्ट्रपति द्वारा की जाएगी और अन्य मंत्रियों की नियुक्ति राष्ट्रपति द्वारा प्रधानमंत्री के परामर्श से की जाएगी; खंड (2) कहता था कि मंत्रीगण राष्ट्रपति के प्रसाद-पर्यन्त पद पर बने रहेंगे; खंड (3) कहता था कि परिषद लोकसभा के प्रति सामूहिक रूप से उत्तरदायी होगा; खंड (4) शपथ ग्रहण करने के सम्बन्ध में प्राविधानित करता था; खंड (5) यह कहता था कि कोई मंत्री जो छह महीने की निरन्तर अवधि तक संसद के किसी सदन का सदस्य न रहे, उस अवधि के बाद मंत्री नहीं रहेगा; और खंड (6) मंत्रियों के वेतन एवं भत्ता के सम्बन्ध में संसद को अधिकारयुक्त बनाता था।

प्रारूप अनुच्छेद 62 के सम्बन्ध में पहला संशोधन सैयद करीमुद्दीन का था। इस संशोधन को स्वीकार करने के बाद कैबिनेट के किसी सदस्य को कुछ निश्चित आरोपों के आधार पर उसी तरह महाभियोग की प्रक्रिया अपनाकर हटाया जा सकता था, जिस तरह प्रारूप अनुच्छेद 50 के अन्तर्गत राष्ट्रपति को हटाया जाता है। उनका तर्क था कि यदि मंत्री, सांसदों एवं उनके समर्थकों को नहीं सुनता है तो उसे हटाया जा सकता है।[76] दूसरा संशोधन प्रो. के. टी. शाह का खंड (1) के लिए था। इसके स्वीकार होने के बाद खंड (1) की शब्दावली 'प्रधानमंत्री की नियुक्ति राष्ट्रपति द्वारा संसद की लोकसभा में बहुमत रखने वाली पार्टी के सदस्यों में से की जाएगी' हो जाती। प्रो. शाह ने तर्क दिया कि मंत्रिमंडल न केवल विधायिका के प्रति सामूहिक रूप से उत्तरदायी है, बल्कि वह समान विचार वाले लोगों से चयनित है।[77] बी. पोकर साहिब बहादुर का संशोधन खंड (2) की शब्दावली बदलकर 'मंत्रिगण तभी तक पदासीन रहेंगे जब तक कि उन्हें लोकसभा का विश्वास हासिल है' करने के लिए था। बी. पोकर ने तर्क दिया कि "मंत्रिगण के राष्ट्रपति के प्रसाद-पर्यन्त पद पर बने रहने की बात एक नाट्यमात्र ही है। यह परिपाटी ग्रेट-ब्रिटेन एवं कुछ अन्य देशों में प्रचलित है। किन्तु जब हम देश के लिए एक लिखित संविधान बनाने जा रहे हैं तो कोई कारण नहीं है कि हम इन परिपाटियों से चिपके रहें।[78]

मिहिर लाल चटोपाध्याय ने एक महत्त्वपूर्ण संशोधन[79] संख्या 1322 खंड (3) में 'काउंसिल' के बाद 'ऑफ मिनिस्टर' जोड़ने के लिए प्रस्तुत किया। इसे स्वीकार करने के बाद 'परिषद्', 'मंत्रिपरिषद्' हो जाता। मोहम्मद ताहिर ने खंड (5) की शब्दावली बदलकर 'कोई मंत्री अपने पद पर नियुक्ति के समय संसद का सदस्य होगा।' करने के लिए संशोधन[80] प्रस्तुत किया। उनका तर्क था कि "यह लोकतंत्र की भावना के सर्वथा विरुद्ध है कि ऐसे व्यक्ति को मंत्री चुना जाए, जिसे लोगों ने चुना ही नहीं है। यह कल्पना नहीं किया जा सकता है कि संसद के 300-400 सदस्यों में मंत्रिमंडल लायक कोई योग्य व्यक्ति नहीं मिल सकेगा और उसे ऐसा व्यक्ति चुनना पड़ेगा, जो कि संसद का सदस्य ही न हो।" एक अन्य संशोधन[81] संख्या 1326 प्रो. के. टी. शाह ने खंड (5) में शब्दावली 'छह निरन्तर महीने की अवधि तक' के स्थान पर 'नियुक्ति के बाद, यदि छह निरन्तर महीने की अवधि तक' रखने के लिए प्रस्तुत किया। उनका तर्क था कि "प्रावधान का जो आशय है, वह यह होना चाहिए कि यदि मंत्री, अपनी नियुक्ति के बाद, लगातार छह महीने के लिए सदस्य नहीं है, तो उसकी सदस्यता समाप्त हो जाएगी।" प्रो. शाह के इस संशोधन के लिए दो पुनर्संशोधन भी प्रस्तुत किए गए। एक टी. टी. कृष्णमाचारी ने शब्द 'after' के स्थान पर 'from the date of' को और दूसरा एच. वी. कामथ ने शब्द 'any' के स्थान पर 'a' रखने के लिए प्रस्तुत किया।

आम बहस के उपरान्त डॉ. बी. आर. आंबेडकर ने संशोधन संख्या 1322 और टी. टी. कृष्णमाचारी एवं एच. वी. कामथ द्वारा पुनर्संशोधित प्रो. शाह का संशोधन संख्या 1326 को स्वीकार कर लिया तथा शेष सभी संशोधनों को अस्वीकार कर दिया। डॉ. आंबेडकर ने मुख्यत: दो विषयों को केन्द्रित करके अपना जवाब दिया। एक मंत्रियों के कार्यकाल से सम्बन्धित विषय और दूसरा मंत्रियों की योग्यता से सम्बन्धित विषय। पहले विषय पर प्रस्तुत बी. पोकर और करीमुद्दीन के संशोधनों को समेकित करते हुए डॉ. आंबेडकर ने इन्हें अनावश्यक सिद्ध कर दिया। डॉ. आंबेडकर के शब्दों में—

> "श्री पोकर का संशोधन यह है कि मंत्री तब तक अपने पद पर बना रहेगा जब तक कि उसे सदन का विश्वास हासिल है, चाहे अन्य बातें कुछ भी हों। वह भ्रष्ट मंत्री हो सकता है, वह बुरा मंत्री हो सकता है, वह बिलकुल ही अयोग्य हो सकता है, किन्तु यदि उसे सदन का विश्वास हासिल है, तो किसी को भी उसे पद से हटाने का अधिकार नहीं है। श्री करीमुद्दीन के विचार तो बिलकुल विपरीत हैं। उनकी धारणा से यह प्रतीत होता है कि मंत्री को कुछ विशेष अपराधों जैसे घूसखोरी, भ्रष्टाचार, राजद्रोह इत्यादि के लिए महाभियोग द्वारा ही हटाया जाएगा, चाहे उसे सदन का विश्वास हासिल रहे या न रहे। तब भी जब तक एक मंत्री सदन का विश्वास न खो दे, उसके खिलाफ कुछ आधारों पर महाभियोग न हो जाए, तब तक प्रधानमंत्री या राष्ट्रपति को उसे पद से हटाने का अधिकार नहीं होगा। जैसा कि देखेंगे कि ये दोनों संशोधन कुछ मामलों में एक-दूसरे से भिन्न हैं, भले ही अन्तर्विरोधी न हों।
>
> "मेरा निवेदन है कि अनुच्छेद 62 के खंड (2) के प्रावधान ज्यादा बेहतर प्रावधान हैं और वह इन दोनों विचारों को समाहित करता है। अनुच्छेद 62(2) कहता है कि मंत्री राष्ट्रपति के प्रसाद-पर्यन्त पद पर बना रहेगा। इसका अर्थ यह है कि एक मंत्री को दो आधारों पर हटाया जाएगा। पहला आधार यह कि उसने सदन का विश्वास खो दिया है और दूसरा यह कि उसका प्रशासन पवित्र नहीं है, क्योंकि शब्द जो यहाँ पर इस्तेमाल किया गया है, वह प्रसाद-पर्यन्त है। राष्ट्रपति के लिए इस आधार पर किसी मंत्री को हटाना पूर्णतया खुला होगा कि वह भ्रष्टाचार या घूसखोरी या कुप्रशासन का दोषी है, यद्यपि वह विशेष मंत्री ऐसा व्यक्ति है, जिसे सम्भवत: सदन का विश्वास हासिल है। मैं सोचता हूँ कि माननीय सदस्यगण महसूस करेंगे कि मंत्री का कार्यकाल न केवल एक ही शर्त के बल्कि दो शर्तों के अधीन होना चाहिए और ये दोनों शर्त 'प्रशासन की पवित्रता' और 'सदन का विश्वास' हैं। यह अनुच्छेद इन दोनों के लिए प्रावधान बनाता है और इसलिए मेरे माननीय मित्र श्री पोकर एवं श्री करीमुद्दीन का संशोधन प्रस्ताव बिलकुल अनावश्यक है।"[82]

मंत्रियों की योग्यता से सम्बन्धित विषय पर दो संशोधन मोहम्मद ताहिर और प्रो. शाह ने प्रस्तुत किए थे। ताहिर के अनुसार सदन के निर्वाचित सदस्य को ही मंत्री पद पर नियुक्त किया जाना चाहिए, जबकि प्रो. के. टी. शाह के अनुसार एक मंत्री को बहुमत की पार्टी का होना चाहिए। डॉ. आंबेडकर ने इन दोनों संशोधनों का अलग-अलग विश्लेषण करते हुए इन्हें अव्यावहारिक सिद्ध कर दिया। डॉ. आंबेडकर के शब्दों में—

> "यह कल्पना करना पूर्णतया सम्भव है कि एक व्यक्ति, जो मंत्री पद के लिए सर्वथा योग्य हो, चुनाव में कुछ ऐसे कारणों से हार गया है, जो कि यद्यपि बिलकुल ठीक

है, किन्तु निर्वाचन क्षेत्र के लोग चिढ़े हों या उसने उस विशेष निर्वाचन क्षेत्र को नाराज कर दिया हो। यह कोई कारण नहीं है कि क्यों एक सदस्य को, जो इतना योग्य हो, को इस कल्पना के आधार पर कैबिनेट के सदस्य के पद पर नियुक्त होने की अनुमति नहीं दी जानी चाहिए कि वह अपने ही निर्वाचन क्षेत्र या किस अन्य निर्वाचन क्षेत्र से चुनकर आए। सब कुछ के बावजूद यह ऐसा विशेषाधिकार है, जो छह महीने तक ही बना रहा सकता है। यह किसी ऐसे व्यक्ति को बिना निर्वाचित हुए सदन में बैठने का कोई अधिकार निहित नहीं करता है। इसलिए यह योग्यता मेरी नजर में अनावश्यक है।

"दूसरी योग्यता यानी एक सदस्य को अवश्य ही बहुमत के पार्टी का सदस्य होना चाहिए, के सन्दर्भ में मैं सोचता हूँ प्रो. के. टी. शाह यह धारणा या विश्वास और आशा रखते हैं कि निर्वाचक एक ऐसी पार्टी को चुनेंगे, जो हमेशा बहुमत में होगी और अल्पमत में रहने वाली एक अन्य ऐसी पार्टी को विपक्ष के लिए चुनेंगे। अब ऐसी धारणा रखना अनुमन्य नहीं है। यह पूर्णतया सम्भव और नैसर्गिक है कि एक चुनाव में संसद में कई संख्या में पार्टियाँ हों और उनमें से कोई बहुमत में न हो। यदि इस सिद्धान्त को अपना लिया जाए तो कैसे उस स्थिति में इसे लागू किया जा सकता है, जहाँ तीन पार्टियाँ हों और उनमें से किसी को बहुमत न हो? इसलिए ऐसी अकस्मात् स्थिति में प्रो. के. टी. शाह द्वारा बताई गई योग्यता के कारण सरकार का बनना बिलकुल असम्भव होगा।

"दूसरा, मान लीजिए कि सदन में बहुमत की पार्टी है, किन्तु आपात की स्थिति है और बहुमत की पार्टी एवं अल्पमत की पार्टी दोनों की तरफ से यह इच्छा रखी जाती है कि आपातकाल के दौरान दलगत झगड़ों को बन्द कर देना चाहिए और कोई दलीय सरकार नहीं होगी ताकि सरकार उस आपात से निपटने में सक्षम हो सके और यदि सामूहिक सरकार बनती है तो यह स्पष्ट है कि अल्पमत पार्टी के सदस्य को भी अवश्य ही कैबिनेट का अंग बनने के लिए अधिकारयुक्त होना चाहिए। इसलिए मेरा निवेदन है कि इन दोनों आधार पर यह संशोधन व्यावहारिक प्रस्ताव नहीं है।"[83]

उक्त सम्बोधन के बाद संविधान-सभा ने डॉ. बी. आर. आंबेडकर के संशोधन तथा संशोधन संख्या 1322 एवं 1326 को स्वीकार कर और शेष पन्द्रह संशोधनों को अस्वीकार कर यथासंशोधित प्रारूप अनुच्छेद 62 (नियमित अनुच्छेद 75) अंगीकृत कर लिया।

प्रधानमंत्री एवं मंत्रियों के लिए शुचिता का सवाल

प्रो. के. टी. शाह ने प्रारूप अनुच्छेद 62 के खंड (6) के पश्चात् नया खंड (7) जोड़ने के लिए संशोधन प्रस्तुत किया, जो कहता था कि प्रत्येक व्यक्ति मंत्री पद ग्रहण करने के पूर्व अपनी सम्पत्ति, स्वत्व इत्यादि की घोषणा करेगा। इस तरह प्रो. शाह ने प्रधानमंत्री एवं मंत्रियों को शुचिता के दायरे में रखे जाने का सवाल उठाया। इसके पूर्व भी प्रो. शाह ने इसी तरह का संशोधन राष्ट्रपति के सम्बन्ध में प्रस्तुत किया था, जिसे अस्वीकार किया जा चुका था। अपने नये संशोधन के समर्थन में प्रो. शाह ने डॉ. आंबेडकर पर आरोप लगाते हुए कहा—

"श्रीमान, यह ऐसा संशोधन है जिस पर मैं सिद्धान्ततः विभिन्न दृष्टिकोणों से बल देता रहा हूँ। कभी राष्ट्रपति के सन्दर्भ में, तो कभी मंत्री के सन्दर्भ में, तो कभी प्रधानमंत्री

के सन्दर्भ में। मेरे लिए एक अत्यन्त दुखद और आश्चर्यजनक बात यह है कि कल यद्यपि मसौदा समिति के अध्यक्ष (डॉ. आंबेडकर) ने मेरे एक संशोधन का अत्यन्त सन्तोषजनक रूप से तर्कसंगत उत्तर दिया था, किन्तु इस बात विशेष का उन्होंने उत्तर नहीं दिया; मैं नहीं जानता कि भूल से इसका उत्तर देना रह गया या उन्होंने जान-बूझकर चुप्पी साध ली थी। मैंने इसका स्मरण कराया, तो उन्होंने मुझे आश्वासन दिया था या कम-से-कम, उन्होंने कुछ वचन-सा दिया था कि जब भी यह विषय मंत्रियों के बारे में, जिन्हें संविधान के अन्तर्गत वास्तविक प्रभावी कार्यपालिका शक्ति प्राप्त है, खड़ा होगा, तब वह इस पर विचार कर सकते हैं। यह अत्यधिक आश्चर्यजनक बात है कि मसौदे के ऐसे सतर्क एवं श्रमशील समर्थक, स्पष्टत: स्मरण कराए जाने पर भी चुप रहे। जब एक माननीय सदस्य ने वास्तव में कुछ पूछ लिया कि क्या उस तर्क विशेष का कोई उत्तर है, तब तो उनकी चुप्पी षड्यंत्रयुक्त-सी थी।"[84]

डॉ. बी. आर. आंबेडकर ने प्रो. शाह के उक्त संशोधन को अस्वीकार कर दिया। प्रस्तावित प्रावधान को उचित, किन्तु अपर्याप्त बताते हुए डॉ. आंबेडकर ने कहा—

"...इस प्रश्न पर उस समय भी बहस हुई थी जब राष्ट्रपति की नियुक्ति और शपथ सम्बन्धी अनुच्छेद के सन्दर्भ में इसी तरह का संशोधन प्रस्तुत किया गया था और उस समय मैंने जो कुछ कहा था, उसे मैं यहाँ दोहराना नहीं चाहता। मेरे मित्र श्री कामथ ने मुझे स्मरण कराया है...।"

इसी बीच एच. वी. कामथ ने हस्तक्षेप करते हुए कहा कि "क्या मैं डॉक्टर आंबेडकर को स्मरण करा सकता हूँ कि उन्होंने शब्दश: क्या कहा था? मैं सभा के सचिवालय की सरकारी टाइप-लिपि पढ़ता हूँ। उनके यही शब्द हैं—यदि भारत सरकार में किसी व्यक्ति के पास खुद को बढ़ाने का अवसर है, तो वह या तो प्रधानमंत्री के पास है या राज्य के मंत्रियों के पास है और इस तरह के प्रावधान को उन पर उनकी पदावधि के लिए लागू किया जाना चाहिए, न कि राष्ट्रपति पर।"

कामथ के उक्त हस्तक्षेप के बाद डॉ. आंबेडकर ने जवाब दिया—

"मैं भी यही कह रहा था। मैंने यह कहा था कि मंत्रियों के विषय में ऐसे प्रावधान आवश्यक हो सकते हैं और मेरे मित्र श्री कामथ ने फैक्टरी कानून में से कोई धारा पढ़कर भी सुनाई थी, जिसमें फैक्टरी दरोगा के लिए ऐसी योग्यताएँ अपेक्षित थी। अब, श्रीमान हमें जिस स्थिति पर विचार करना है वह यह है : नि:सन्देह, यह अत्यन्त प्रशंसनीय उद्देश्य है कि विभागाधिकारी मंत्रियों को प्रशासन की शुद्धता बनाए रखना चाहिए। मैं नहीं समझता कि इस सभा में किसी को भी इस पर आपत्ति हो सकती है। हम सबको इस बात में रुचि है कि प्रशासन उच्च स्तर का रहे, केवल कुशलता में ही नहीं, बल्कि शुद्धता की दृष्टि से भी।

"वास्तव में प्रश्न यह है कि इस शुद्धता को बनाए रखने के लिए क्या प्रतिबन्ध होने चाहिए? मुझे दिखता है कि दो प्रतिबन्ध हैं। एक तो यह कि हमें कानून अथवा संविधान द्वारा केवल यही बात निश्चित नहीं कर देनी चाहिए कि मंत्री पद ग्रहण करते समय अपनी सम्पत्ति और दायित्वों की घोषणा करें, किन्तु हमें दो अन्य पूरक प्रावधान भी रखनी चाहिए। एक यह है कि प्रत्येक मंत्री अपना पद छोड़ते समय अपनी सम्पत्ति

की घोषणा करेगा, जिससे कि प्रत्येक व्यक्ति, जो कि यह हिसाब लगाना चाहे कि उसकी पदावधि में प्रशासन भ्रष्टाचार युक्त था या नहीं। वह यह देख सकता है कि मंत्री की सम्पत्ति में कितनी वृद्धि हुई और क्या उस वृद्धि का हिसाब उस बचत में से पूरा किया जा सकता है जो वह अपने वेतन द्वारा कर सकता हो। दूसरा प्रतिबन्ध यह होगा कि यदि हमें पता लगे कि त्यागपत्र के दिन तक मंत्री की सम्पत्ति में जो वृद्धि हुई है, वह उसके बचत के कारण सामान्य वृद्धि के अनुकूल स्पष्टीकरण देने योग्य नहीं है, तो उस मंत्री पर अभियोग लगाने के लिए तीसरा प्रावधान भी होना चाहिए कि वह इस बात की सफाई दे कि उसने उस अवधि में अपनी सम्पत्ति में असाधारण वृद्धि कैसे कर ली। मेरे विचार में, यदि आप इस खंड को प्रभावी बनाना चाहते हैं तो मेरे बताए हुए तीन प्रावधान होनी चाहिए। एक तो आरम्भ में घोषणा करने का, दूसरा पद छोड़ते समय घोषणा करने का, तीसरा सम्पत्ति की असाधारण तरीके से हुई वृद्धि को स्पष्ट करने के उत्तरदायित्व के बारे में और चौथा इसे ऐसा अपराध घोषित करने का हो, जिसमें दंड या जुर्माने की व्यवस्था हो। आरम्भ में केवल इतना ही घोषित करना[85]...

इसी बीच हस्तक्षेप करते हुए नजीरुद्दीन अहमद ने कहा, "आप अदृश्य पूँजी का अथवा गुप्त पूँजी का कैसे पता लगा सकते हैं या उसे कैसे रोक सकते हैं।"

डॉ. आंबेडकर ने अपनी बात को आगे बढ़ाते हुए कहा "तो यह कहना चाहिए कि सारी बात ही व्यर्थ है। इस संशोधन के बावजूद भी यह किसी मंत्री के लिए सम्भव हो सकता है कि वह उस अवधि में अपनी पूँजी को इस प्रकार से हस्तान्तरित कर दे कि किसी को यह पता न लग सके कि उसने क्या किया है और इस कारण यद्यपि उद्देश्य प्रशंसनीय है, किन्तु इसके लिए व्यवस्था बहुत अपूर्ण रखी गई है और मैं कहता हूँ कि उपचार कदाचित् रोग से भी अधिक भयानक है।"

एच. वी. कामथ ने पुन: हस्तक्षेप करते हुए कहा, "क्या श्रीमान मैं यह समझ लूँ कि डॉ. आंबेडकर कम-से-कम सिद्धान्त में तो इस संशोधन को स्वीकार करते हैं और वे अपनी बात से पीछे नहीं हटे हैं जो उन्होंने दूसरे दिन कही थी। क्या वे वापस नहीं लौटे हैं?"

डॉ. आंबेडकर ने जवाब दिया, "मैं अपनी बात से बिलकुल पीछे नहीं हटता। मैं तो बस यही कह रहा हूँ कि जिस उपचार का प्रावधान किया गया है वह अत्यन्त अपूर्ण है और प्रभावी नहीं है और इसलिए मैं इसे स्वीकार करने की स्थिति में नहीं हूँ।"

इसी बीच प्रो. शिब्बन लाल सक्सेना ने सुझाव दिया कि इसे अधिक व्यापक बना दीजिए।

डॉ. आंबेडकर ने जवाब दिया कि वह अब ऐसा नहीं कर सकते। जिन्होंने यह संशोधन पेश किया है उनका यह काम था कि इसे ऐसा बनाते कि कोई मूर्ख न बना सके और धोखा न दे सके, किन्तु उन्होंने ऐसा नहीं किया। डॉ. आंबेडकर ने आगे कहा—

"अत: श्रीमान मैं कह रहा था कि किसी को भी इस संशोधन के उद्देश्य पर कोई आपत्ति नहीं है। किसी को इससे कोई झगड़ा नहीं है। प्रश्न यह है, हम किस प्रकार इस पर रोक लगाएँ। जैसा कि मैं कह चुका हूँ, कानूनी शक्ति अपर्याप्त है। क्या हमारे पास और कोई शक्ति है या नहीं? मेरे विवेकानुसार प्रशासन की शुद्धता को स्थिर रखने के लिए हमारे पास एक अधिक अच्छी शक्ति है और वह है जनता की शक्ति। मेरे माननीय मित्र श्री एच. वी. कामथ ने फैक्टरी कानून का उदाहरण दिया है। फैक्टरी-

दरोगा के लिए ऐसी निर्योग्यताएँ रखने का कारण यह है कि जनमत का उस पर कोई प्रभाव नहीं पड़ सकता, किन्तु मंत्रिमंडल के विरुद्ध तो जनमत का प्रचंड दंड सदा सामने रहता है और यदि सभा चाहे तो किसी समय वह किसी कुशासन पर अपनी शक्ति का प्रयोग करके मंत्रिमंडल को हटा सकती है और इसलिए मेरा निवेदन है कि सभा के मत और प्राधिकार में प्रशासन की शुद्धता को बनाए रखने की अधिक शक्ति है। इस कारण कोई बाह्य शक्ति की आवश्यकता नहीं रहती।"[86]

लोकनाथ मिश्र ने बीच में ही हस्तक्षेप करते हुए सवाल पूछा, "क्या यह अधिक असम्भव कार्य नहीं है?"

डॉ. आंबेडकर ने जवाब दिया, "लोकतंत्र को इससे भी अधिक कई असम्भव कार्य करने होते हैं। यदि आप लोकतंत्र चाहते हैं, तो आपको उनका सामना करना होगा।"

उक्त सम्बोधन एवं संवाद के बाद संविधान-सभा ने प्रो. के. टी. शाह के संशोधन को अस्वीकार कर दिया।

मंत्रियों की शैक्षणिक योग्यता का सवाल

प्रो. के. टी. शाह ने प्रारूप अनुच्छेद 62 के पश्चात नया अनुच्छेद 62-क जोड़ने के लिए एक संशोधन प्रस्तुत किया। इस अनुच्छेद में पाँच खंड शामिल थे। खंड (1) और (2) के अनुसार कोई भी ऐसा व्यक्ति किसी भी सरकारी पद पर, जिसमें राष्ट्रपति, राज्यपाल, संघ या किसी राज्य के मंत्री, सुप्रीम कोर्ट या किसी हाई कोर्ट के न्यायाधीश के पद शामिल हैं, नियुक्त नहीं किया जाएगा, जो अंग्रेजी भाषा पढ़ने या लिखने या बोलने की योग्यता न रखता हो; या संविधान लागू होने के दस वर्ष के अन्दर राष्ट्रभाषा पढ़ने या लिखने या बोलने की योग्यता न रखता हो, इत्यादि-इत्यादि। उनका तर्क था कि "राष्ट्रभाषा के अभाव में यह महत्त्वपूर्ण है कि सदस्यों में किसी सामान्य माध्यम के जरिये अपने विचारों का आदान-प्रदान करने की योग्यता होनी चाहिए। एक सामान्य भाषा का प्रयोग किया जाना चाहिए ताकि सभी लोग एक-दूसरे का अनुसरण करने और किसी टिप्पणी के साथ न्याय करने की स्थिति में हो सकें।"[87]

आर. के. सिधवा ने उक्त प्रस्ताव का सैद्धान्तिक समर्थन तो किया, किन्तु अंग्रेजी को राष्ट्रभाषा की तुलना में ज्यादा महत्त्व दिये जाने के आधार पर विरोध किया। उनका तर्क था कि "गुणवत्ता के आधार पर यह प्रावधान दोषयुक्त ही होगा क्योंकि यह राष्ट्रभाषा है, जिसे महत्त्व मिलना चाहिए न कि अंग्रेजी को। इसलिए हम यह व्यवस्था कर सकते हैं कि यदि एक व्यक्ति अंग्रेजी के साथ-साथ राष्ट्रभाषा को नहीं जानता है तो उसे राष्ट्रपति, राज्यपाल इत्यादि पदों को धारण करने योग्य नहीं समझा जाना चाहिए।"[88]

महावीर त्यागी ने प्रो. के. टी. शाह के उक्त संशोधन का कड़ा विरोध किया। त्यागी ने कहा, "जहाँ तक साक्षरता का सवाल है, मैं कुछ अराजकतावादी हूँ। मैं वर्तमान शिक्षा में विश्वास नहीं करता हूँ। मैं साक्षरता की विचारधारा का भी विरोधी हूँ, बावजूद इसके कि इसका अपना मूल्य है। मैंने पढ़ने-लिखने से मना कर दिया था और अब मैं अनपढ़ हूँ। भारत में बहुतायतता निरक्षर लोगों की है। उन्हें देश के शासन में सहभागिता से वंचित क्यों किया जाए? मैं आश्चर्यचकित हूँ कि क्यों साक्षरता को एक व्यक्ति की सर्वोत्तम सफलता माना जाना चाहिए? क्यों देश का शासन सँभालने हेतु इसे एक व्यक्ति के लिए एकमात्र कसौटी बनाना चाहिए? रणजीत सिंह साक्षर नहीं थे, शिवाजी साक्षर नहीं थे, अकबर भी बेहतर साक्षर नहीं थे। किन्तु इन सभी

लोगों ने अपने राज्यों का प्रशासन बहुत कुशलता से निभाया।[89] जो भी कुछ आवश्यक है वह आत्मबल, ईमानदारी, व्यक्तित्व, सच्चाई, बुद्धिमत्ता और गम्भीरता है। ये योग्यताएँ हैं, जिन्हें एक व्यक्ति को मंत्री बनने के लिए रखना चाहिए।"

साक्षरता के बिना लोकतंत्र की क्या स्थिति होगी, इस सम्बन्ध में बी. एच. खारडेकर ने फ्रांसीसी राजा द्वारा कहे गए व्यंग्य का उल्लेख करते हुए कहा कि "महावीर त्यागी के चेतनामय भाषण को सुनना आनन्ददायक था। इस सदन को फ्रांसीसी राजा के उस व्यंग की याद दिलाना चाहता हूँ जब उन्होंने इब्राहिम लिंकन की लोकतंत्र की उस परिभाषा को सुना, जिसमें कहा गया था कि यह जनता का, जनता द्वारा और जनता के लिए शासन है। फ्रांसीसी राजा ने तत्काल बिना सोचे-समझे बोला 'लोकतंत्र पशुओं का, पशुओं द्वारा और पशुओं के लिए शासन है'। यदि हम निरक्षर लोगों द्वारा लोकतंत्र को बनाने जा रहे हैं, तो यह उसी तरह का लोकतंत्र होगा, जैसा कि फ्रांसीसी राजा द्वारा कहा गया।"[90]

मंत्री के लिए भाषायी ज्ञान को प्रधानमंत्री के विवेक का विषय बताते हुए डॉ. बी. आर. आंबेडकर ने जवाब दिया कि "मेरे लिए पुन: सोचना असम्भव है कि एक प्रधानमंत्री इतना मूर्ख होगा कि वह ऐसे मंत्री की नियुक्ति करे, जो देश की या प्रशासन की सरकारी भाषा को नहीं समझता हो और यद्यपि इस बात को ध्यान में रखना नि:सन्देह बहुत वांछनीय है कि जो भी व्यक्ति शासन में पद धारण करेगा, उसके पास उपयुक्त शैक्षणिक योग्यता होनी चाहिए, मैं सोचता हूँ कि इस सिद्धान्त को संविधान में शामिल करना अनावश्यक-सा है।"[91]

डॉ. बी. आर. आंबेडकर के सम्बोधन के बाद संविधान-सभा ने प्रो. के. टी. शाह के संशोधन को अस्वीकार कर दिया।

(ख) राज्य कार्यपालिका

राज्यपाल की नियुक्ति : निर्वाचन या मनोनयन

भारत में राज्यों के प्रमुख राज्यपाल की नियुक्ति की प्रक्रिया के बारे में मसौदा समिति ने प्रारूप अनुच्छेद 131 के माध्यम से दो विकल्प प्रस्तावित किए थे। पहला चुनाव का और दूसरा मनोनयन का। पहले विकल्प के अन्तर्गत राज्यपाल का चुनाव राज्य के मतदाताओं द्वारा किया जाना था, जबकि दूसरे विकल्प के अन्तर्गत राज्य की विधायिका द्वारा चयनित कर भेजे गए चार प्रत्याशियों में से किसी एक का मनोनयन राष्ट्रपति द्वारा किया जाना था।

चुनाव का पहला विकल्प, वल्लभभाई पटेल की अध्यक्षता वाली प्रान्तीय संविधान समिति की संस्तुति पर आधारित था। उस समय यह तर्क स्वीकार किया गया था कि निर्वाचित राज्यपाल की व्यवस्था को स्वीकार नहीं करने पर लोकतांत्रिक सिद्धान्त का हनन होगा और प्रान्तों के स्वशासन का अधिकार समाप्त हो जाएगा। किन्तु राज्यपाल के निर्वाचन की व्यवस्था स्वीकार करने के खतरे भी कम नहीं थे। मुख्यमंत्री के साथ-साथ राज्य द्वारा अपने मुखिया का चुनाव करने की व्यवस्था स्वीकार करने से राज्यों के राष्ट्रीयकरण होने का खतरा था और इस कारण देश को एक-सूत्र में बाँधे रखने की समस्या खड़ी हो सकती थी। इसलिए मसौदा समिति ने राज्यपाल की नियुक्ति के लिए मनोनयन प्रणाली का दूसरा विकल्प भी प्रस्तावित किया था।

प्रारूप अनुच्छेद 131 के प्रावधान को लेकर संविधान-सभा तीन समूहों में बँट गई थी। एक समूह प्रत्यक्ष निर्वाचन के पहले विकल्प के पक्ष में, दूसरा समूह राज्य और केन्द्र दोनों की भूमिका वाले दूसरे विकल्प के पक्ष में था। संविधान-सभा में एक तीसरा समूह ऐसा भी

था, जो राज्यपाल की नियुक्ति में केवल केन्द्र की भूमिका चाहता था। तीसरे समूह की इच्छा को शामिल करते हुए ब्रजेश्वर प्रसाद ने संशोधन[92] प्रस्तुत किया और इसके माध्यम से प्रारूप अनुच्छेद 131 को निम्न प्रावधान से बदलने की माँग की—

'राज्य के राज्यपाल को राष्ट्रपति अपने हस्ताक्षर एवं सील से वारंट द्वारा नियुक्त करेगा।'

ब्रजेश्वर प्रसाद ने बहस की कि भारतीय एकता के हित में तथा केन्द्रीकरण की प्रवृत्ति को प्रोत्साहित करने की दृष्टि से यह आवश्यक है कि प्रान्तों पर भारत सरकार के अधिकार को अक्षुण्ण बनाए रखा जाए। यह कहना कि राष्ट्रपति नामों के एक पैनल से मनोनयन कर सकता है, का मतलब है कि राष्ट्रपति के मनोनयन की शक्ति को सीमित कर देना है। यह आवश्यक है कि राष्ट्रपति को विधायकों के प्रभाव से मुक्त रखा जाए।

के. एम. मुंशी ने उक्त संशोधन का समर्थन किया और कहा कि यह बेहतर होगा कि राज्यपाल मनोनीत हो और प्रान्त की दलगत राजनीति से अलग हो, ताकि प्रतिद्वंद्वी दलों के मध्य प्रतियोगिता और प्रतिद्वंद्विता का निराकरण न्यायोचित, जिम्मेदाराना एवं संवैधानिक तरीके से हो।[93] जवाहरलाल नेहरू ने भी निर्वाचन व्यवस्था का विरोध करते हुए इससे होने वाले नुकसान का उल्लेख किया। नेहरू ने कहा कि "यदि हम निर्वाचित राज्यपाल की व्यवस्था रखते हैं तो इससे कुछ हद तक प्रान्तीयता सम्बन्धी पृथकता की भावना को प्रोत्साहन मिलेगा। इस व्यवस्था के अन्तर्गत राज्य का केन्द्र के साथ बहुत कम सम्पर्क रहेगा। इस व्यवस्था का नि:सन्देह मतलब यह भी होगा कि प्रत्येक प्रान्त में प्रान्तीय विचार से सोचने और करने की संकुचित भावना को प्रोत्साहन मिलेगा।"[94] मनोनीत राज्यपाल के समर्थन में बोलने वालों में एच. वी. कामथ, अल्लादी कृष्णास्वामी अय्यर, डॉ. पी. एस. देशमुख, बी. जी. खेर, हृदयनाथ कुंजरू, डॉ. पी. के. सेन, श्रीमती जी. दुर्गाबाई, टी. टी. कृष्णमाचारी, वी. एस. सरवटे, आर. के. सिधवा जैसे सदस्यगण प्रमुख थे।

संविधान-सभा में एक समूह ऐसा भी था, जो निर्वाचित राज्यपाल का समर्थन कर रहा था। प्रो. शिब्बन लाल सक्सेना इनमें से प्रमुख थे। लोकतंत्र का हवाला देते हुए प्रो. सक्सेना ने कहा कि "प्रधानमंत्री के परामर्श से राष्ट्रपति को राज्यपाल मनोनीत करने की शक्ति देना ठीक नहीं होगा। हम यह भी प्रावधान बना रहे हैं कि आपातकाल की स्थिति में राज्यपाल को राज्य की शासन व्यवस्था अपने हाथ में लेने की शक्ति होगी। वह ऐसा नहीं कर सकता है, जब तक कि प्रान्त की जनता का उसे विश्वास हासिल न हो।"[95] सैयद मुहम्मद सादुल्ला ने कहा कि "हमें ऐसा गणराज्य होना चाहिए, जहाँ देश की शासन व्यवस्था में नागरिकों की आवाज शामिल हो। निर्वाचन का सिद्धान्त नागरिकों को अपने प्रान्त के शासक की नियुक्ति में अपनी बात कहने का अधिकार प्रदान करता है।"[96] रोहिणी कुमार चौधरी ने सवाल किया कि "क्या आप स्वतंत्र होने पर मनोनीत राज्यपाल चाहते हैं और जब हम स्वतंत्र नहीं होते तो निर्वाचित राज्यपालों से प्रसन्न रहते? माननीय मित्र डॉ. आंबेडकर की प्रतिष्ठा में कुछ बदलाव आया है। सम्भवत: यही कारण है कि आज हम अपना निर्णय बदलने जा रहे हैं।"[97] विश्वनाथ दास ने भी निर्वाचित राज्यपाल का समर्थन किया।

जबकि सरदार हुकुम सिंह ने सशर्त मनोनयन की व्यवस्था वाले दूसरे प्रारूप विकल्प का समर्थन किया।

आम बहस के अन्त में सभाध्यक्ष ने डॉ. बी. आर. आंबेडकर को अपनी बात रखने के लिए बुलाया। डॉ. आंबेडकर ने न तो संशोधन को स्वीकार किया और न ही अस्वीकार।

संविधान में राज्यपाल को प्रदान किए गए अधिकार एवं शक्ति को अपने तर्क का आधार बनाते हुए डॉ. आंबेडकर ने कहा—

"अध्यक्ष महोदय, इस संशोधन पर एक लम्बी बहस हुई है और मैं नहीं समझता कि अब कोई लम्बा भाषण देकर सभा का समय लेना मेरे लिए आवश्यक है। मैं दो बातों को स्पष्ट करने के लिए खड़ा हुआ हूँ। पहली यह कि सभा को उन दो विकल्पों, जिन्हें मसौदा समिति ने इस सदन के समक्ष रखा है और वह संशोधन जिस पर कल चर्चा की गई है के मध्य परस्पर सम्बन्धों को बताना चाहता हूँ। मेरा दूसरा उद्‌देश्य यह है कि इस सभा को मूल विषय बताना है ताकि यह सभा जान सके कि मसौदा समिति द्वारा प्रस्तुत किए गए विकल्पों और नये संशोधन के सम्बन्ध में निर्णय लेते समय उन्हें क्या-क्या बातें दिमाग में रखनी है।

"श्रीमान, मसौदा समिति द्वारा प्रस्तुत पहला विकल्प इस सभा द्वारा कुछ दिन पूर्व लिए गए निर्णय के अनुसार है। यह निर्णय प्रान्तीय संविधान के विनियमन हेतु सिद्धान्तों का निर्धारण करने के लिए नियुक्त समिति की संस्तुति के अनुक्रम में लिया गया था। इस मामले में मसौदा समिति के पास बिलकुल ही कोई विकल्प नहीं था, क्योंकि मसौदा समिति को दिए गए दिशानिर्देश के अनुसार वह उन सिद्धान्तों को मानने के लिए बाध्य था, जो स्वयं इस सभा द्वारा निर्धारित किए गए थे। इसलिए सवाल उठता है : मसौदा समिति ने विकल्प पेश करने के लिए क्यों सोचा? मसौदा समिति द्वारा विकल्प पेश करने के कारण हैं। मसौदा समिति ने महसूस किया, जैसा कि इस सभा में मौजूद सभी लोग जानते हैं कि राज्यपाल के पास कोई ऐसा कार्य नहीं है, जिसे वह स्वविवेक या व्यक्तिगत निर्णय के आधार पर सम्पादित करे। नये संविधान के सिद्धान्त के अनुसार उसे सभी मामलों में मंत्रिमंडल की सलाह माननी है। इस तथ्य को ध्यान में रखते हुए क्या यह वांछनीय है कि निर्वाचक मंडल को ऐसी चुनाव-प्रक्रिया में शामिल होने के लिए बाध्य किया जाए, जिसमें बहुत समय लगे, बहुत कष्ट उठाना पड़े और मैं कहूँ कि बहुत धन खर्च करना पड़े। यह भी महसूस किया गया कि यह जानते हुए कि संविधान के अन्तर्गत उसे कौन सी शक्ति प्राप्त है, चुनाव लड़ने के लिए कोई आगे नहीं आएगा। हमने महसूस किया कि राज्यपाल की शक्ति इतनी सीमित है, इतनी नाममात्र की है, उसकी स्थिति शोभा बढ़ाने वाली है कि बहुत कम लोग चुनाव में खड़े होने के लिए आगे आएँगे। यह कारण था कि मसौदा समिति ने सोचा कि एक अन्य विकल्प को भी सुझाया जाए।"[98]

मनोनीत राज्यपाल के पक्ष में बोलने वाले माननीय सदस्यों का एक तर्क यह भी था कि उसी राज्य से राज्यपाल के चुनाव की व्यवस्था किए जाने से उसकी मुख्यमंत्री के साथ प्रतिद्वंद्विता की सम्भावना हमेशा बनी रहेगी। किन्तु डॉ. आंबेडकर ने इससे अपनी असहमति व्यक्त करते हुए कहा—

"मैं यह नहीं स्वीकार करता हूँ कि निर्वाचन की स्थिति में मुख्यमंत्री और राज्यपाल के मध्य कोई प्रतिद्वंद्विता होगी। इसका कारण यह है कि मुख्यमंत्री नीतियों के आधार पर चुना जाएगा और राज्यपाल नीतियों के आधार पर नहीं चुना जाएगा क्योंकि उसके पास कोई नीति नहीं होगी, कोई शक्ति नहीं होगी। राज्यपाल का चुनाव व्यक्तित्व के आधार पर होगा। क्या वह हैसियत से, चरित्र से, शिक्षा से, जनता में अपनी छवि से

राज्यपाल पद के लिए सही व्यक्ति है? मुख्यमंत्री के मामले में स्थिति यह होगी कि क्या उसके कार्यक्रम उचित हैं? क्या उसके कार्यक्रम सही हैं? इसलिए यदि हम निर्वाचन के सिद्धान्त को अपनाते हैं, तो कोई प्रतिद्वंद्विता नहीं हो सकती है।

"अब जहाँ तक इस सदन में हुई बहस का सवाल है, मेरे मस्तिष्क में यह प्रभाव उत्पन्न हुआ है कि अधिकतर वक्ता महसूस करते हैं कि मसौदा समिति द्वारा सुझाए गए दूसरे विकल्प और इस संशोधन प्रस्ताव के बीच बहुत ज्यादा और बुनियादी अन्तर है। मेरे विचार से दूसरे विकल्प और इस संशोधन में कोई भी बुनियादी अन्तर नहीं है। मसौदा समिति द्वारा सुझाया गया विकल्प भी मनोनयन का प्रस्ताव है। अन्तर सिर्फ इतना है कि इसके लिए एक शर्त रखी गई है कि राष्ट्रपति प्रान्तीय विधायिका द्वारा चयनित किए गए एक पैनल में से एक व्यक्ति का मनोनयन करेगा। परन्तु बुनियादी रूप से यह भी मनोनयन का ही एक प्रस्ताव है। यदि मुझे कहने दिया जाए तो इस सभा के समक्ष दूसरे विकल्प या संशोधन में से किसी एक को चुनने के रास्ते हैं। संशोधन कहता है कि मनोनयन बिना शर्त के होगा और दूसरा विकल्प कहता है कि मनोनयन कुछ शर्तों के साथ होना चाहिए। कुछ दृष्टिकोण से मैं इस बात का समर्थन नहीं कर सकता कि मसौदा समिति का सशर्त मनोनयन करने वाला प्रस्ताव साधारण मनोनयन की तुलना में ज्यादा अच्छा है। इसी समय मैं इस सभा को आगाह भी करना चाहता हूँ कि उसके समक्ष मूल विषय मनोनयन या निर्वाचन नहीं है क्योंकि जैसा मैं कह चुका हूँ कि यह पद विशुद्ध रूप से शोभा का पद रहने वाला है। यदि राज्यपाल, इस संविधान में दी गई शक्तियों के अलावा कोई अन्य शक्ति नहीं रखने वाला केवल संवैधानिक राज्यपाल ही है और उसे प्रान्तीय मंत्रालय के आन्तरिक प्रशासन में हस्तक्षेप करने की कोई शक्ति नहीं है, तो मुझे मनोनयन के सिद्धान्त के खिलाफ कोई खास आपत्ति नहीं दिखाई देती। इसलिए मेरा सुझाव है।"

इसी दौरान रोहिणी कुमार चौधरी ने कहा कि "क्या आप ऐसी स्थिति की कल्पना करते हैं, जिसमें राज्यपाल—चाहे आप उसे प्रतीक मात्र कहें या न कहें—को मंत्रिमंडल बनाने की शक्ति नहीं होगी? क्या उसे किसी को, चाहे उसके पास बड़ा बहुमत हो या सारभूत अल्पमत, को बुलाने की शक्ति नहीं होगी? यह एक बहुत बड़ी शक्ति है, जिससे उसको किसी भी परिस्थिति में वंचित नहीं किया जा सकता है।"

चौधरी के सवाल का जवाब देते हुए डॉ. आंबेडकर ने आगे कहा—

"ठीक है, यह शक्ति निर्वाचित या मनोनीत राज्यपाल को प्राप्त होगी। यदि वह गलत व्यक्ति को मंत्रिमंडल बनाने के लिए बुलाता है, तो शीघ्र ही उसे गलत निर्णय लेने के लिए पछताना होगा। ऐसा नहीं है कि जिसे निर्वाचित राज्यपाल होने पर उपेक्षित किया जा सकता है। ऐसा हो सकता है कि राज्यपाल का अपना कोई मित्र हो, जिसे वह मंत्रिमंडल बनाने के लिए बुलाए। यह विषय शीघ्र ही सदन द्वारा विश्वास प्रस्ताव या अविश्वास प्रस्ताव के माध्यम से तय किया जा सकता है। किन्तु विषय का यह पहलू नहीं है, जो महत्त्वपूर्ण है।

"महत्त्वपूर्ण सवाल यह है कि क्या राज्यपाल ऐसी कोई शक्ति रखने जा रहा है, जो विधायिका के बहुमत के विश्वास से बने मंत्रिमंडल के कार्यों में हस्तक्षेप करता है?

यदि राज्यपाल बहुमत रखने वाले मंत्रिमंडल के आन्तरिक प्रशासन में हस्तक्षेप करने की कोई शक्ति नहीं रखता है, तो मुझे लगता है कि यह सवाल कि वह मनोनीत है या निर्वाचित, बिलकुल गौण सवाल है। मैं इसी दृष्टिकोण से इसे देखता हूँ और मैं सदन को बताना चाहता हूँ कि किसी निर्णय पर आने के लिए उन्हें इस अकादमिक सवाल की चिन्ता नहीं करना चाहिए कि राज्यपाल को मनोनीत किया जाना चाहिए या निर्वाचित, बल्कि उन्हें यह सवाल दिमाग में रखना चाहिए कि वे कौन सी शक्तियाँ हैं, जिन्हें हम राज्यपाल को देने जा रहे हैं? यदि संविधान को सैद्धान्तिक रूप से वैसे ही रहना है, जैसा कि हम आशय रखते हैं कि राज्यपाल को प्रान्त के प्रशासन में हस्तक्षेप करने की शक्ति के बिना केवल विशुद्ध रूप से संवैधानिक राज्यपाल रहना चाहिए, तो मुझे लगता है कि वह निर्वाचित हो या मनोनीत यह सवाल बिलकुल ही गौण है।"[100]

अपने पूरे सम्बोधन के दौरान डॉ. आंबेडकर ने संशोधन को स्वीकार करने या अस्वीकार करने के सम्बन्ध में कुछ भी नहीं कहा। इसलिए एल. कृष्णास्वामी भारती ने पूछा कि क्या वे संशोधन को स्वीकार करते हैं, तो डॉ. आंबेडकर ने कहा कि वह इसे इस सदन पर छोड़ते हैं।

इसके उपरान्त संविधान-सभा ने ब्रजेश्वर प्रसाद का संशोधन स्वीकार कर प्रारूप अनुच्छेद 131 का यथासंशोधित प्रावधान (नियमित अनुच्छेद 155) 31 मई, 1949 को अंगीकृत कर लिया।

मुख्यमंत्री एवं राज्य मंत्रिमंडल

प्रारूप अनुच्छेद 143 के खंड (1) के अन्तर्गत प्रत्येक राज्य के लिए एक मंत्रिमंडल और इसके प्रमुख मुख्यमंत्री तथा राज्यपाल एवं मुख्यमंत्री के मध्य दायित्वों के सम्बन्ध में निम्न प्रावधान प्रस्तावित किया गया था—

"राज्यपाल को अपने कार्यों, उन बातों को छोड़ कर जिनमें वह इस संविधान के द्वारा या अधीन अपने कार्यों या इनमें से किसी एक को स्वविवेक से करने के लिए अपेक्षित हो, का निर्वहन करने में सहयोग एवं परामर्श देने के लिए एक मंत्रिमंडल होगा, जिसका प्रमुख मुख्यमंत्री होगा।"

उक्त प्रारूप खंड के अन्तर्गत कुछ मामलों में राज्यपाल द्वारा स्वविवेक का प्रयोग करने का उल्लेख किया गया था। इस सम्बन्ध में एच. वी. कामथ ने शब्दावली 'उन बातों को छोड़ कर जिनमें वह इस संविधान के द्वारा या अधीन अपने कार्यों या इनमें से किसी एक को स्वविवेक से करने के लिए अपेक्षित हो' को निकालने के लिए संशोधन प्रस्तुत की। कामथ ने बहस की कि "ऐसा प्रतीत हो रहा है कि बिना कोई परिपक्व विचारण किए कुछ कम या ज्यादा अन्ध तरीके से भारत शासन अधिनियम, 1935 की नकल कर ली गई है। मंत्रियों के साथ सम्बन्ध के सन्दर्भ में राष्ट्रपति को दिये गए अधिकार की तुलना में राज्यपाल को ज्यादा अधिकार देने का कोई मजबूत या वैध कारण नहीं है। यह जैसा था, वह ही पूरी तरह से गलत था, किन्तु अब राज्यपाल की मनोनयन व्यवस्था स्वीकार करने के बाद यह सैद्धान्तिक रूप से गलत और संवैधानिक-शासन के सिद्धान्त के विपरीत होगा।"[101]

एच. वी. कामथ के संशोधन का हृदयनाथ कुंजरू, प्रो. शिब्बन लाल सक्सेना, एच. वी. पाटस्कर, रोहिणी कुमार चौधरी ने समर्थन किया, जबकि टी. टी. कृष्णमाचारी, डॉ. पी. एस. देशमुख, महावीर त्यागी, बी. एम. गुप्ता, अल्लादी कृष्णास्वामी अय्यर, ठाकुर दास भार्गव, कृष्ण चन्द्र शर्मा ने विरोध किया।

ब्रजेश्वर प्रसाद जैसे सदस्य भी थे, जो राज्यपाल को व्यापक शक्ति देने के पक्षधर थे और इस कारण उन्होंने प्रारूप अनुच्छेद की अवधारणा का ही विरोध करते हुए कहा कि "समय की माँग है कि राज्यपाल में न केवल अपने विवेक के अनुसार कार्य करने की शक्ति निहित हो, बल्कि अपने व्यक्तिगत निर्णय के अनुसार भी कार्य करने की शक्ति हो। जब तक राज्यपाल में व्यापक शक्ति निहित नहीं होगी, प्रान्तीय प्रशासन में सुधार लागू करना कठिन होगा। ऐसी प्रक्रिया अलोकतांत्रिक हो सकती है, किन्तु यह प्रक्रिया देशहित में बिलकुल सही कदम होगी। वह इसकी इजाजत नहीं दे सकते हैं कि लोकतंत्र देश के व्यापक हितों को जोखिम में डाले।" संघीय ढाँचे को वर्तमान हालात में अनुपयोगी बताते हुए प्रसाद ने आगे कहा कि "संघवाद ऐसे देश में सफल नहीं हो सकता है, जो संक्रमणीय काल से गुजर रहा हो।[102]

प्रारूप प्रावधान की स्थिति स्पष्ट करते हुए टी. टी. कृष्णमाचारी ने कहा कि "वस्तुत: यह प्रावधान सुरक्षा-कवच की तरह है, क्योंकि प्रारूप संविधान में कुछ ऐसे विशिष्ट प्रावधान हैं, जहाँ राज्यपाल के पास मंत्रिपरिषद के परामर्श से निरपेक्ष होकर स्वविवेक से कार्य करने की शक्ति है। इस विचार को शामिल करने के दो तरीके हैं। एक यह कि इस अपवाद को इस अनुच्छेद 143 में उल्लेखित कर दिया जाए और राज्यपाल की विशिष्ट शक्ति को बाद में आने वाले उन अनुच्छेदों में स्पष्ट किया जाए, जिसमें वह अपने विवेक का प्रयोग कर सकता है या दूसरा यह कि इस शक्ति का उल्लेख यहाँ न किया जाए और उचित अनुच्छेद में इसे बताया जाए। पहले तरीके को अपनाया गया है।"[103]

जबकि हृदयनाथ कुंजरू ने कामथ के संशोधन का समर्थन किया। इसे पुराने भारत शासन अधिनियम, 1935 की याद ताजा करने वाले शब्द बताते हुए डॉ. आंबेडकर से पूछा कि "यदि इस शब्दावली को निकाल दिया जाए तो क्या नुकसान हो जाएगा?" कुंजरू ने आगे कहा कि "मंत्रियों का कार्य केवल राज्यपाल को सहयोग एवं परामर्श देना है। यह अनुच्छेद यह नहीं प्रतिपादित करता है कि राज्यपाल मंत्रियों के परामर्श से निर्देशित होगा।"[104] प्रो. शिब्बन लाल सक्सेना ने भी संशोधन के समर्थन में तर्क दिया कि "अब हम मनोनीत राज्यपाल रखने जा रहे हैं, जो राष्ट्रपति के प्रसाद-पर्यन्त कार्य करेगा। वह नहीं समझते हैं कि ऐसे व्यक्ति को अनुच्छेद 188 में प्रस्तावित शक्ति प्रदान की जानी चाहिए।"[105] रोहिणी कुमार चौधरी ने डॉ. आंबेडकर के आश्वासन कि राज्यपाल केवल प्रतीक मात्र होगा, की याद दिलाते हुए सवाल किया, "अपने विवेक की शक्ति का प्रयोग करने वाले किसी व्यक्ति को क्या प्रतीक मात्र कहा जा सकता है?"[106]

कामथ के संशोधन के अलावा एक अन्य संशोधन[107] प्रो. के. टी. शाह का प्रारूप अनुच्छेद 143 के खंड (1) के अन्त में शब्दावली 'जो राज्यपाल के प्रति उत्तरदायी होगा' जोड़ने के लिए था। इस प्रस्ताव के विरोध में कृष्ण चन्द्र शर्मा ने कहा कि "मंत्री के पास विधान-मंडल का बहुमत होगा और इस तरह बहुमत के माध्यम से वह जनता के प्रति जिम्मेदार होगा। यदि उसे राज्यपाल के प्रति उत्तरदायी बना दिया गया, तो वह अपनी स्थिति को नहीं बनाए रख सकता है।"[108]

आम बहस के पश्चात डॉ. बी. आर. आंबेडकर ने उक्त संशोधन एवं आपत्तियों का जवाब देते हुए कहा—

> "अध्यक्ष महोदय, श्री टी. टी. कृष्णमाचारी द्वारा कही गई बातों के बाद मेरे लिए कुछ बोलना आवश्यक नहीं रह जाता है। किन्तु जैसा कि मेरे मित्र पंडित कुंजरू ने मुझसे सवाल पूछा है और जवाब की माँग की है, मैंने सोचा कि मुझे शिष्टाचार में कुछ कहना चाहिए।

"मुख्य एवं महत्त्वपूर्ण सवाल यह है कि क्या राज्यपाल के पास विवेकाधिकार होना चाहिए?" बहस के दौरान यह कहा गया है कि राज्यपाल में विवेकाधिकार की शक्ति बनाए रखना प्रान्तों में उत्तरदायित्वपूर्ण शासन के खिलाफ है। यह भी कहा गया है कि राज्यपाल में स्वविवेक की शक्ति बनाए रखने से भारत शासन अधिनियम, 1935 का गन्ध आता है, जो मुख्यत: अलोकतांत्रिक है। व्यक्तिगत रूप से मुझे इस बात पर कोई सन्देह नहीं है कि राज्यपाल में कुछ स्वविवेक की शक्ति निहित करना, किसी भी तरीके से उत्तरदायित्वपूर्ण शासन के खिलाफ या नकारात्मक नहीं है। इस बिन्दु पर मैं इस सदन को कनाडा के संविधान एवं आस्ट्रेलिया के संविधान का सन्दर्भ देकर सन्तुष्ट कर सकता हूँ, जिस पर शायद ही कोई भी व्यक्ति विवाद करेगा कि ये एक पूर्ण उत्तरदायित्वपूर्ण शासन-व्यवस्था नहीं है।"[109]

इसी बीच हृदयनाथ कुंजरू ने हस्तक्षेप करते हुए डॉ. आंबेडकर से पूछा, "ब्रिटिश नार्थ अमेरिका अधिनियम कब पारित किया गया था?"

डॉ. आंबेडकर ने जवाब दिया, "यह कतई महत्त्वपूर्ण नहीं है। इसकी तारीख का कोई मतलब नहीं है।"

एच. वी. कामथ ने बीच में हस्तक्षेप करते हुए कहा, "करीब एक शताब्दी पूर्व।"

डॉ. आंबेडकर ने आगे कहा, "यही मेरा जवाब है। कैनेडियन एवं आस्ट्रेलियन ने कभी इस प्रावधान को समाप्त करने की आवश्यकता महसूस नहीं की। यहाँ तक कि आज की स्थिति में भी नहीं। वे बिलकुल सन्तुष्ट हैं कि कैनेडियन अधिनियम की धारा 55 के प्रावधान को बने रहने देना उत्तरदायित्वपूर्ण शासन से सर्वथा संगत है।"

इसी बीच लोकनाथ मिश्र ने हस्तक्षेप करते हुए सवाल किया, "क्या हम कनाडा और आस्ट्रेलिया की स्थिति प्राप्त करने जा रहे हैं या क्या हम गणराज्यात्मक संविधान प्राप्त करने जा रहे हैं?"

डॉ. आंबेडकर ने जवाब दिया, "यदि यह सदन सन्तुष्ट है कि राज्यपाल में कुछ विवेकाधिकार को निहित करना उत्तरदायित्वपूर्ण शाासन से असंगत या प्रतिकूल नहीं है, तो इसका कोई विवाद नहीं है कि इस खंड को बनाए रखना वांछनीय है और मेरी नजर में यह आवश्यक है। केवल सवाल यह पैदा होता है कि..."

बीच में हस्तक्षेप करते हुए हृदयनाथ कुंजरू ने कहा, "डॉ. आंबेडकर ने आलोचना के बिन्दुओं को पूरी तरह छोड़ दिया है। आलोचना यह नहीं है कि अनुच्छेद 175 के अन्तर्गत राज्यपाल को कुछ शक्तियाँ नहीं प्रदान करना चाहिए, आलोचना चर्चा किए जा रहे अनुच्छेद के अन्तर्गत राज्यपाल में सामान्य प्रकृति के विवेकाधिकार की शक्तियों को निहित करने के खिलाफ है।"

डॉ. आंबेडकर ने आगे जवाब दिया, "मैं समझता हूँ कि उन्होंने अनुच्छेद को गलत पढ़ा है। प्रारूप प्रावधान में 'उन बातों को छोड़कर जिनमें वह इस संविधान के द्वारा या अधीन' शब्दावली है। यदि शब्द यह होते कि 'उन बातों को छोड़कर, जब भी वह सोचे कि उसे मंत्रियों की इच्छा के खिलाफ या परामर्श के खिलाफ विवेक की शक्ति का प्रयोग करना चाहिए' तो मैं समझता कि मेरे माननीय मित्र पंडित कुंजरू द्वारा की गई आलोचना ठीक है। उपधारा बहुत ही सीमित उपधारा है। अनुच्छेद 143 को उन दूसरे अनुच्छेदों के साथ पढ़ा जाएगा, जो विशेष करके राज्यपाल में शक्तियों को सुरक्षित करते हैं।"

"इसलिए कुछ मामलों में राज्यपाल को विवेक की शक्ति देने की उत्तरदायित्वपूर्ण शासन से कुछ भी असंगतता नहीं है। केवल सवाल यह रह जाता है कि कैसे हमें इस

विवेक की शक्ति को उपबन्धित करना चाहिए? मुझे प्रतीत होता है कि तीन रास्ते हैं, जिनके द्वारा हम ऐसा कर सकते हैं। एक रास्ता, जैसा कि पंडित कुंजरू एवं अन्य लोग चाहते हैं, अनुच्छेद 143 से शब्दों को हटा दे और 175 या 188 या ऐसे अन्य अनुच्छेद, जिन्हें यह सदन बाद में शामिल करेगा, के प्रावधानों के साथ राज्यपाल के विवेक की शक्ति को निहित करने की व्यवस्था यह कहते हुए जोड़ें कि अनुच्छेद 143 में किसी बात के होते हुए भी राज्यपाल के पास यह-यह शक्ति होगी। दूसरा रास्ता यह है कि अनुच्छेद 143 में यह कह दिया जाए कि 'विशिष्ट रूप से वर्णित अनुच्छेद 175, 188, 200 या ऐसे जो भी हों या इस-इस अनुच्छेद में उपबन्धित हों, को छोड़कर।' किन्तु मैं सदन से जिस बात का निवेदन करना चाहता हूँ कि सदन किसी-न-किसी रूप में इस बात का वर्णन करने से बच नहीं सकता कि राज्यपाल के पास विवेक की शक्ति होगी। यह केवल रचना का सवाल है। इसमें कोई सार का सवाल या सिद्धान्त का सवाल नहीं है।"[110]

बीच में ही एच. वी. कामथ ने हस्तक्षेप करते हुए पूछा कि "क्या राष्ट्रपति व उसके मंत्री से सम्बन्धित अनुच्छेद 61(1) और इस अनुच्छेद के मध्य कोई अन्तर नहीं हैं?"

डॉ. आंबेडकर ने जवाब दिया, "निश्चित रूप से ऐसा है क्योंकि हम राष्ट्रपति में किसी तरह के विवेक की शक्ति निहित करना नहीं चाहते हैं। क्योंकि प्रान्तीय सरकार को केन्द्र सरकार के अधीन कार्य करना है, इसलिए प्रान्तीय सरकारों से संविधान के अनुसार या केन्द्र सरकार के अधीन जिन नियमों के अन्तर्गत कार्य की अपेक्षा है, उसका पालन हो, इसलिए राष्ट्रपति को यह अवसर देने के लिए राज्यपाल के पास कुछ बातें सुरक्षित रहेंगी।"

इसके बाद भी एच. वी. कामथ ने सवालों का पूछना जारी रखा और इनका डॉ. आंबेडकर जवाब देते रहे। इस संवाद को रोकते हुए सभाध्यक्ष ने प्रस्तुत संशोधनों को संविधान-सभा के समक्ष निर्णय लेने के लिए रखा, जिन्हें अस्वीकार कर प्रारूप अनुच्छेद 143 का मूल प्रावधान (नियमित अनुच्छेद 163) 1 जून, 1949 को अंगीकृत कर लिया गया।

राज्य के मंत्री : राज्यपाल के प्रसाद-पर्यन्त के मायने

प्रारूप अनुच्छेद 144 का प्रावधान मुख्यमंत्री एवं मंत्रियों की नियुक्ति एवं सेवाशर्तों के सम्बन्ध में था। छह खंडों में प्रस्तावित इस अनुच्छेद का खंड (1) कहता था कि राज्यपाल के मंत्री उसके द्वारा नियुक्त किए जाएँगे और वे उसके प्रसाद-पर्यन्त पद पर बने रहेंगे। खंड (1) के साथ एक परन्तुक भी जोड़ा गया था, जो कहता था कि बिहार, सेंट्रल प्राविंसेज एवं बेरार और उड़ीसा राज्य में एक जनजातीय कल्याण के प्रभार का मंत्री होगा, जो अनुसूचित जाति और पिछड़े वर्ग के कल्याण या कोई अन्य कार्य का अतिरिक्त प्रभार सँभालेगा।

इस सम्बन्ध में पहला संशोधन[111] डॉ. बी. आर. आंबेडकर ने खंड (1) को दो नये खंडों—खंड (1) और खंड (1-क) में बाँटने के लिए प्रस्तुत किया। खंड (1) के अन्तर्गत प्रस्तावित किया गया था कि मुख्यमंत्री की नियुक्ति राज्यपाल द्वारा की जाएगी और अन्य मंत्रियों की नियुक्ति राज्यपाल द्वारा मुख्यमंत्री के परामर्श से की जाएगी और मंत्रीगण राज्यपाल के प्रसाद-पर्यन्त पद पर बने रहेंगे; खंड (1-क) प्रस्तावित करता था कि परिषद (काउंसिल) राज्य के विधान सभा के प्रति सामूहिक रूप से उत्तरदायी होगा। इस संशोधन के सम्बन्ध में टी. टी. कृष्णमाचारी ने यह सुझाव दिया कि शब्द 'परिषद' के पूर्व शब्द

'मंत्री' जोड़ा जाए। इस सुझाव को उचित बताते हुए डॉ. आंबेडकर ने इसे संशोधन के रूप में प्रस्तुत किया।

प्रारूप खंड (1) के सम्बन्ध में मोहम्मद ताहिर और मोहम्मद इस्माइल साहिब ने लगभग एक जैसे अलग-अलग संशोधन प्रस्तुत किए। साहिब का संशोधन 'प्रसाद-पर्यन्त' के स्थान पर 'जब तक कि वह राज्य की विधान सभा का विश्वास बनाए रखता है' रखने के लिए था। उनका तर्क था कि जब राज्यपाल के प्रसाद और सदन के प्रसाद में अन्तर है, तो कौन प्रभावी होगा, राज्यपाल का विचार या विधायिका के बहुमत का विचार? जैसी कि यह स्वीकृत अवधारणा है कि मंत्री विधायिका के प्रति उत्तरदायी होना चाहिए, इसलिए बिना कोई सन्देह बनाए रखने के इसे स्पष्ट कर देना चाहिए।[112] मोहम्मद ताहिर ने तर्क दिया कि "यह सम्भव है कि विधान सभा के सदस्यों का मंत्रियों में विश्वास न हो, किन्तु उसी समय राज्यपाल के साथ लम्बी अवधि से जुड़ाव के कारण मंत्रिपरिषद राज्यपाल का प्रसाद लेता रहे।" मो. ताहिर का एक अन्य संशोधन[113] खंड (3) के सम्बन्ध में था, जो कहता था कि एक मंत्री को अपने पद पर नियुक्ति के समय राज्य की विधान सभा या विधान परिषद का सदस्य होना होगा। उनका तर्क था कि "मंत्रियों को सभा के उन सदस्यों के मध्य से अवश्य होना चाहिए, जिन्हें राज्य की जनता ने चुना है और जो राज्य की जनता द्वारा भेजे गए राज्य के सच्चे प्रतिनिधि हैं।" खंड (3) के ही सम्बन्ध में प्रो. शिब्बन लाल सक्सेना ने यह संशोधन[114] प्रस्तुत किया कि प्रारूप में प्रयुक्त शब्द 'राज्य की विधायिका' के स्थान पर 'राज्य की विधान सभा' रखा जाए। इसका प्रभाव यह था कि केवल विधान सभा का सदस्य मंत्री बन सकेगा, विधान परिषद का नहीं। उनका तर्क था कि यह अलोकतांत्रिक होगा कि हमारा मंत्री ऐसा व्यक्ति हो, जो एक चुनाव भी नहीं जीत सकता है।

इसके अलावा डॉ. बी. आर. आंबेडकर ने राज्यपाल को कुछ अतिरिक्त विवेकाधिकार प्रदान करने वाले खंड (6) को निरस्त करने के लिए और जयपाल सिंह ने खंड (1) के परन्तुक में 'बॉम्बे' शब्द जोड़ने के लिए संशोधन प्रस्तुत किया। जयपाल सिंह का तर्क था कि कई रियासतों के शामिल हो जाने से बॉम्बे राज्य में जनजातीय लोगों की संख्या बढ़ गई है।

आम बहस के दौरान डॉ. पी. एस. देशमुख ने यह महत्त्वपूर्ण सुझाव दिया कि "खंड (1) के परन्तुक उपखंड में प्रस्तावित प्रावधान मौलिक किस्म का है, इसलिए इसे एक स्वतंत्र अनुच्छेद के रूप में या इसी अनुच्छेद में अलग खंड के रूप में रखना बेहतर होगा।"[115] ठाकुर दास भार्गव ने खंड (1) के सम्बन्ध में प्रस्तुत मो. ताहिर और साहिब के संशोधनों का विरोध किया। उन्होंने तर्क दिया कि "जब तक मंत्रिमंडल विधान सभा के सदस्यों के बहुमत का विश्वास हासिल करने में असफल नहीं हो जाता है, मंत्रिगंटल को भंग नहीं किया जाना चाहिए। अब यह एक सच्चाई है कि इसका एकमात्र निर्णायक स्वयं राज्यपाल है और इसलिए उसके पास इस सन्दर्भ में व्यापक शक्ति है।" ठाकुर दास भार्गव ने प्रो. सक्सेना के संशोधन का भी विरोध किया और कहा कि "ऊपरी सदन के पास बहुत से ऐसे सदस्य होते हैं, जो जनता के बड़े निकायों, जैसे नगरपालिका, जिला परिषद, ग्राम पंचायतों द्वारा चुने गए होते हैं। कोई कारण नहीं है कि क्यों मंत्रिमंडल के सदस्यों को निचले सदन से चुने जाने के लिए बाँधा जाए।"[116] एच. वी. पाटस्कर ने प्रारूप खंड (1) में प्रयोग किए गए शब्द 'प्रसाद-पर्यन्त' का विरोध किया। उनका तर्क था कि "यह प्रावधान पुराने विचार कि मंत्री राजा के प्रसाद-पर्यन्त बना रहेगा, का अवशेष मात्र है। आज हालात बदल गए हैं और यह आवश्यक नहीं है।"[117] आर. के. सिधवा ने प्रारूप खंड (3) के विरोध में तर्क दिया कि "यह केवल भारत शासन अधिनियम, 1935 की पुनरावृत्ति या नकल है। नये संविधान में ऐसे प्रावधान की आवश्यकता नहीं है।"[118]

आम बहस के दौरान सबसे प्रमुख विषय राज्यपाल के प्रसाद-पर्यन्त का विषय था। इसके अलावा प्रो. शिब्बन लाल सक्सेना, एच. वी. कामथ और जयपाल सिंह के संशोधन से उपजे तीन विषयों को डॉ. बी. आर. आंबेडकर ने अपने सम्बोधन का हिस्सा बनाया। प्रो. सक्सेना के संशोधन से उपजे विषय पर उन्होंने कहा कि "संविधान के प्रावधान के अन्तर्गत यह योजना नहीं है कि मंत्री केवल निचले सदन से लिया जाए और ऊपरी सदन से नहीं।" जयपाल सिंह के संशोधन पर डॉ. आंबेडकर ने कहा कि "मसौदा समिति ने संविधान-सभा की अल्पसंख्यक समिति द्वारा नियुक्त जनजातीय उपसमिति की संस्तुति का अनुपालन किया है। बॉम्बे मंत्रालय की सलाह के बिना बॉम्बे शब्द को नहीं जोड़ा जा सकता है।" प्रारूप अनुच्छेद 144 में प्रयोग किए गए राज्यपाल के प्रसाद-पर्यन्त को स्पष्ट करते हुए डॉ. आंबेडकर ने कहा—

> "मंत्रियों के प्रसाद-पर्यन्त पद पर बने रहने सम्बन्धी प्रावधान रखने के बजाय यह चाहा गया है कि यह प्रावधान बनाया जाए कि वे सदन के बहुमत का विश्वास बने रहने तक अपने पद पर बने रहें। इस संविधान का आशय है कि मंत्रिमंडल बहुमत का विश्वास हासिल रहने तक अपने पद पर बना रहेगा। यही सिद्धान्त है, जिस पर यह संविधान कार्य करेगा। हमने इस बात को खुलकर क्यों नहीं व्यक्त किया है, इसका कारण यह है कि जिस भी संविधान में संसदीय शासन-प्रणाली स्वीकार की गई है, इसे उस स्वरूप में या इस शब्दावली में नहीं व्यक्त किया गया है। 'प्रसाद-पर्यन्त' का अर्थ हमेशा यह समझा जाता है कि 'प्रसाद' इस तथ्य के बावजूद भी नहीं बना रहेगा कि मंत्रिमंडल ने बहुमत का विश्वास खो दिया है। जिस क्षण मंत्रिमंडल बहुमत का विश्वास खो देता है, यह मान लिया जाता है राष्ट्रपति अपने प्रसाद का प्रयोग मंत्रिमंडल को बर्खास्त करने के लिए करेगा। और इस कारण उस रूढ़िबद्ध वाक्यांश से अलग होना अनावश्यक है, जिसे सभी जिम्मेदार शासन द्वारा प्रयोग किया गया है।"[119]

डॉ. आंबेडकर के सम्बोधन के बाद संविधान-सभा ने डॉ. आंबेडकर के दोनों संशोधनों को स्वीकार कर और बाकी सभी संशोधनों को अस्वीकार कर प्रारूप अनुच्छेद 144 का यथासंशोधित प्रावधान (नियमित अनुच्छेद 164) 1 जून, 1949 को अंगीकृत कर लिया।

मुख्यमंत्री एवं राज्य मंत्रिमंडल के लिए शुचिता का सवाल

एच. वी. कामथ ने प्रारूप अनुच्छेद 144 में एक नया खंड (7) जोड़ने के लिए संशोधन प्रस्तुत किया, जो कहता था कि मुख्यमंत्री के साथ-साथ प्रत्येक मंत्री अपना पद ग्रहण करने के पूर्व और मंत्री पद छोड़ते समय किसी व्यवसाय, व्यापार, उद्योग इत्यादि में अपने हित, अधिकार, हिस्सेदारी, सम्पत्ति या स्वत्व इत्यादि का खुलासा राज्य विधायिका के समक्ष करेगा और विधायिका ऐसे मामलों का उचित निस्तारण कर सकेगी। कामथ ने तर्क दिया कि "इस संशोधन का उद्देश्य देश के प्रशासन में, न केवल क्षमता के स्तर पर बल्कि शुद्धता के स्तर पर भी, उच्च मानक स्थापित करना है।" डॉ. आंबेडकर ने भी केन्द्रीय मंत्रिपरिषद के सन्दर्भ में इस तरह के संशोधन का समर्थन किया था, किन्तु वह इसे और प्रभावशाली बनाना चाहते थे और मैंने ऐसा ही करने का प्रयास किया है।[120] कामथ ने यह भी कहा कि डॉ. आंबेडकर द्वारा सुझाए गए सभी प्रावधान उनके संशोधन में शामिल हैं।

कामथ के संशोधन जैसा एक अन्य संशोधन प्रो. के. टी. शाह ने भी प्रस्तुत किया। प्रो. शाह का तर्क था कि "मंत्रियों को सभी तरह के सन्देहों से ऊपर होना चाहिए। इसलिए यह

सुझाव दिया गया है कि यदि उन्हें लुभाये जाने का कोई अवसर मिलता है या यदि उनका किसी व्यवसाय, व्यापार या वृत्ति में किसी तरह का कोई हित या सम्बन्ध है, जिसका होना सम्भावित है, तो इन सभी बातों की राज्य विधायिका के समक्ष घोषणा की जाए।"[121]

आम बहस के दौरान डॉ. पी. एस. देशमुख ने एच. वी. कामथ और प्रो. शाह के संशोधनों के अन्तर्निहित उद्देश्य का समर्थन तो किया, किन्तु इसके लिए संविधान को उचित स्थान नहीं बताया। डॉ. देशमुख ने कहा कि "व्यावसायिक हित के अलावा भी समान रूप से कई असाधारण भोगवादी प्रवृत्ति की बातें हैं, जैसे अपना जन्मदिन मनाया जाना या अपने पुत्र-पुत्रियों की शादी में उपहार लेना इत्यादि, जिन्हें हतोत्साहित किया जाना चाहिए। इन सब चीजों को भी शामिल किया जाना चाहिए। इन सब बातों की पूर्ण सूची बनाना, जाँच एवं परीक्षण की व्यवस्था करना आवश्यक होगा, किन्तु इन्हें संविधान में शामिल करना बहुत कठिन होगा।"[122] ठाकुर दास भार्गव ने भी कामथ के संशोधन का विरोध किया और कहा कि "मंत्रियों के सम्बन्ध में किसी तरह की न्यायिक जाँच का सहारा नहीं लेना चाहिए।"[123]

आम बहस के अन्त में डॉ. बी. आर. आंबेडकर ने एच. वी. कामथ एवं प्रो. शाह के संशोधनों से अपनी असहमति व्यक्त की और कहा कि "इस सदन को ध्यान होगा कि प्रो. शाह द्वारा अनुच्छेद 144 के सदृश्य अनुच्छेद 62 पर संशोधन संख्या 1332 प्रस्तुत किया गया था और इस पर लम्बी चर्चा की गई थी। उस अवसर पर रखा गया मेरा विचार ही इस विषय के सन्दर्भ में भी है।"[124]

तब एच. वी. कामथ ने कहा कि "मेरे माननीय मित्र डॉ. आंबेडकर ने उस अवसर पर संशोधन को इसलिए अस्वीकार किया क्योंकि उनके विचार में यह व्यापक नहीं था। अब यह ज्यादा व्यापक है।" किन्तु सभाध्यक्ष ने कामथ से कहा कि आप पहले ही अपनी बात कह चुके हैं। इसके उपरान्त संविधान-सभा ने एच. वी. कामथ एवं प्रो. शाह के संशोधन को अस्वीकार कर दिया।

मुख्यमंत्री का राज्यपाल के प्रति दायित्व

प्रारूप अनुच्छेद 147 के माध्यम से मुख्यमंत्री द्वारा राज्यपाल के प्रति तीन दायित्वों को प्रस्तावित किया गया। खंड (क) कहता था कि मुख्यमंत्री राज्य-कार्य के प्रशासन एवं विधान के प्रस्तावों के सम्बन्ध में मंत्रिमंडल के सभी निर्णयों को राज्य के राज्यपाल को प्रेषित करेगा। खंड (ख) कहता था कि मुख्यमंत्री राज्य-कार्य के प्रशासन एवं विधान के प्रस्तावों के सम्बन्ध में ऐसी सूचनाओं को प्रदान करेगा, जिसे राज्यपाल द्वारा माँगी जाएँ। खंड (ग) कहता था कि राज्यपाल के चाहने पर मुख्यमंत्री ऐसे मामलों को मंत्रिमंडल के समक्ष विचारार्थ रखेगा, जिनके सम्बन्ध में मंत्री द्वारा निर्णय लिया गया है, किन्तु मंत्रिमंडल द्वारा विचार नहीं किया गया है।

उक्त प्रावधान राज्यपाल को वैसी ही शक्ति प्रदान करता था, जैसा राष्ट्रपति को प्रारूप अनुच्छेद 65 के अन्तर्गत प्राप्त थी। राज्यपाल को इतनी व्यापक शक्ति प्रदान करने वाले इस प्रावधान को समाप्त करने के लिए एच. वी. कामथ ने संशोधन प्रस्तुत किया, किन्तु सभाध्यक्ष ने इस प्रस्ताव को नकारात्मक घोषित कर दिया, जिसके कारण कामथ ने इसे प्रस्तुत करने से मना कर दिया। इसके बाद एच. वी. कामथ ने प्रारूप प्रावधान का विरोध किया और तर्क दिया कि "इस अनुच्छेद के कुछ पक्ष ऐसे हैं, जो मनोनीत राज्यपाल के सिद्धान्त से असंगत हैं, कम-से-कम अनुरूप तो नहीं ही हैं।...यह आश्चर्यजनक है कि क्यों राज्यपाल को मुख्यमंत्री से किसी ऐसे मामले में मंत्रिपरिषद से विचार कराने के लिए कहना

चाहिए, जिसमें एक मंत्री द्वारा निर्णय लिया जा चुका है, किन्तु जिसे मंत्रिपरिषद द्वारा विचार नहीं किया गया है।"[125]

कामथ की इस आपत्ति का जवाब देते हुए डॉ. पी. एस. देशमुख ने कहा कि "ऐसे किसी विधान को प्रान्तीय सभा के समक्ष पेश किए जाने के पूर्व राज्यपाल को यह पता होना चाहिए कि विधान की प्रकृति क्या है और वर्तमान स्थिति में यह कैसे प्रासंगिक है या भारत के दूसरे भागों में लागू कानून की तुलना में यह कैसा है? यह देखना भी उसका कर्तव्य है कि यह विधान किस तरह से भारतीय सरकार की नीति के अनुरूप है?"[126] जबकि प्रारूप प्रावधान का विरोध करते हुए बी. दास ने तंज कसा कि "यदि हम सभी शक्तियों को राष्ट्रपति एवं केन्द्रीय-कैबिनेट में केन्द्रित करते जा रहे हैं, तो यह भी बुरा नहीं है। यदि हम प्रान्तीय सरकार, प्रान्तीय राज्यपाल और प्रान्तीय मंत्रियों को समाप्त कर देते हैं, तो यह बहुत से खर्च को बचाएगा। यह प्रावधान इस पूरे अध्याय की एक क्षति है। यह एक लगातार रहने वाला झगड़ा है।"[127]

बी. एम. गुप्ता ने भी खंड (ग) के सन्दर्भ में कामथ की आपत्ति का समर्थन किया। उनका कहना था कि "कैबिनेट की कार्यप्रणाली के अनुसार दो तरह के निर्णय होते हैं। एक मंत्री अपने विभाग में अपनी जिम्मेदारी पर बिना अपने सहयोगियों की सहमति या संज्ञान के ऐसे विभिन्न मामलों में निर्णय लेता है, जो उसके समक्ष दिन-प्रतिदिन आते रहते हैं। किन्तु कुछ ऐसे अन्य अति महत्त्वपूर्ण मामले होते हैं, जिन्हें एक मंत्री कैबिनेट के समक्ष सामूहिक निर्णय हेतु प्रस्तुत करने के लिए बाध्य होता है। केवल दूसरे तरह का निर्णय राज्यपाल के पास जाता है। पहले तरह के निर्णय के सम्बन्ध में इस अनुच्छेद में कोई उल्लेख नहीं है।"[128]

आर. के. सिधवा ने बी. एम. गुप्ता के इस प्रश्न का जवाब देते हुए कहा, "सभी पत्रावलियाँ जो राज्यपाल के पास जाती हैं, उन पर टिप्पणी लिखी गई होती है कि यह मामला मंत्री द्वारा निर्णीत है या मंत्रिपरिषद द्वारा।"[129]

तब बी. एम. गुप्ता ने कहा, "मंत्री की व्यक्तिगत पत्रावली उसके पास नहीं जाएगी।"

जवाब में सिधवा ने कहा, "यह स्थापित परम्परा है। सभी पत्रावली राज्यपाल के समक्ष हस्ताक्षर हेतु जाती हैं। संविधान कहता है कि सभी आदेश राज्यपाल के नाम से होंगे और इसलिए सभी पत्रावली उसके पास जाती हैं।"

बीच में कामथ ने प्रतिवाद करते हुए कहा, "कोई पत्रावली उसके पास तभी जानी चाहिए, जब मामले का निर्णय मंत्रिपरिषद द्वारा लिया गया हो, न कि व्यक्तिगत मंत्री द्वारा।"

महावीर त्यागी ने हस्तक्षेप करते हुए कहा, "ऐसा सिन्ध में देखा जा सकता है, किन्तु यहाँ के प्रान्तों में नहीं।"

आर. के. सिधवा ने अपनी बात को आगे बढ़ाते हुए कहा कि "मान लीजिए, एक मंत्री ने कोई निर्णय लिया है और इस निर्णय पर राज्यपाल को किसी प्रकार का सन्देह है कि मामले पर सम्पूर्ण कैबिनेट द्वारा पुनर्विचार किया जाना चाहिए, तो यह उचित होगा कि मंत्रिपरिषद को इस पर पुनर्विचार करने के लिए कहे। इसमें कुछ भी गलत नहीं है।"

प्रारूप प्रावधान के माध्यम से राज्यपाल को शक्ति प्रदान करने का विरोध करते हुए विश्वनाथ दास ने कहा कि "जैसे-जैसे संविधान आगे बढ़ेगा, यह सम्भव हो सकता है कि केन्द्र और राज्य में अलग-अलग राजनीतिक कार्यक्रम एवं विचारधारा वाली पार्टियाँ उभरकर आएँ। ऐसी स्थिति में केन्द्र के प्रधानमंत्री द्वारा मनोनीत राज्यपाल राज्य के अलग राजनीतिक पार्टी की अगुवाई वाले कैबिनेट को शायद ही स्वीकार हो। ऐसी परिस्थिति में यदि राज्यपाल को प्रशासनिक हस्तक्षेप करने की शक्ति प्रदान की गई, तो रगड़ा होते रहने की उपेक्षा नहीं की जा सकती है।"[130]

जबकि के. एम. मुंशी ने प्रारूप प्रावधान का समर्थन किया और कहा कि "जब एक मंत्री द्वारा अपने सहयोगियों के पीछे से या मंत्रियों के क्रियाकलाप के लिए उत्तरदायी मुख्यमंत्री के पीछे से कोई निर्णय लिया जाता है, तो राज्यपाल क्यों नहीं कह सकता है कि यह एक विशेष आदेश है, यह महत्त्वपूर्ण मामला है और वह चाहता है कि सामूहिक उत्तरदायित्व के अन्तर्गत सभी मंत्री इस पर एक साथ बैठें और विचार करें। यदि वे इसे स्वीकार कर लेते हैं तो वह इस परामर्श को मानने के लिए बाध्य है। यह सुरक्षा-कवच है, जो सामूहिक उत्तरदायित्व को संरक्षित करता है।"[131]

रोहिणी कुमार चौधरी ने सम्पूर्ण प्रावधान का विरोध करते हुए कहा कि "यदि यह अनुच्छेद स्वीकार कर लिया जाता है तो हमारे भावी संविधान में यह एक कलंक के रूप में बना रहेगा। इस प्रावधान को प्रान्तीय प्रशासन में गतिरोध पैदा करने वाला बताते हुए उन्होंने सवाल किया कि प्रान्त में मुख्यमंत्री सबसे प्रभावशाली होगा या राज्यपाल? बहुत सारी बातें होती हैं, जिन्हें कोई विशेष मंत्री करता है और यदि उसे कोई सन्देह है तो वह मुख्यमंत्री से सामान्यतया परामर्श लेता है। यदि मुख्यमंत्री ने ठीक कह दिया है और आदेश अति आवश्यक है और इसे अविलम्ब क्रियान्वित किया जाना आवश्यक है, तो राज्यपाल को इससे क्या लेना-देना है?"[132]

आम बहस के उपरान्त डॉ. आंबेडकर ने प्रारूप प्रावधान को लेकर की जा रही सभी आशंकाओं का खारिज कर दिया। राज्यपाल के संवैधानिक कर्तव्यों का उल्लेख करते हुए डॉ. आंबेडकर ने कहा—

> "अनुच्छेद 147 अनुच्छेद 65 की पुनरुत्पत्ति है, जिसको यह सभा पारित कर चुकी है। अनुच्छेद 65 राष्ट्रपति को वही शक्ति प्रदान करता है, जिसे अनुच्छेद 147 के अन्तर्गत राज्यपाल को देना प्रस्तावित किया गया है। चूँकि वाद-विवाद समाप्त हो चुका है और चूँकि सभा के बहुत सदस्य यह समझते हैं कि इस अनुच्छेद के पीछे अवश्य ही कोई बात ऐसी है, जो प्रान्त में मंत्रियों एवं मंत्रिमंडल की स्थिति को संकट में डाल देगी, इसलिए मैं कुछ स्पष्टीकरण देना चाहता हूँ।
>
> "सभा इस बात पर ध्यान दे। संविधान के अन्तर्गत राज्यपाल के पास ऐसा कोई कार्य नहीं है, जिसका निर्वहन वह स्वयं कर सके। कोई भी कार्य नहीं है। यद्यपि उसके पास कोई कार्य नहीं है, फिर भी उसे कुछ कर्तव्यों का पालन करना होगा और मैं समझता हूँ कि सभा इस अन्तर को ठीक से अपने दिमाग में रखे। इस बात को ध्यान में रखना चाहिए कि निश्चित रूप से यह अनुच्छेद राज्यपाल को ऐसी कोई शक्ति नहीं प्रदान करता है कि वह किसी भी विशेष मामले में मंत्रिमंडल के निर्णय को पलट सके। यहाँ तक कि इस अनुच्छेद में राज्यपाल मंत्रिमंडल के परामर्श को मानने के लिए बाध्य है। अत: यह आलोचना कि यह अनुच्छेद किसी तरह से राज्यपाल को मंत्रिमंडल के निर्णय में हस्तक्षेप करने या पलटने का अधिकार देता है, पूर्णतया विषय से परे और भ्रमात्मक है। राज्यपाल के कार्य और राज्यपाल द्वारा निर्वहन किए जाने वाले कर्तव्य में अन्तर बनाया गया है।
>
> "मेरे विचार से उसके कर्तव्यों को दो भागों में बाँटा जा सकता है। एक यह कि उसे मंत्रिपरिषद को पदारूढ़ रखना होगा। चूँकि मंत्रिपरिषद को उसके प्रसाद-पर्यन्त बने रहना है, इसलिए उसे देखना है कि क्या और कब मंत्रिपरिषद के खिलाफ अपने

प्रसाद का प्रयोग करना है। दूसरा कर्तव्य, जो राज्यपाल का है और अवश्य ही होना चाहिए, यह है कि वह मंत्रिपरिषद को परामर्श दे, मंत्रिपरिषद को चेतावनी दे, मंत्रिपरिषद को विकल्प सुझाए और पुनर्विचार करने के लिए कहे। मैं नहीं सोचता हूँ कि इस सभा में कोई भी व्यक्ति राज्यपाल के इन कर्तव्यों पर सवाल करेगा अन्यथा यह एक बिलकुल अनावश्यक संस्था हो जाएगी, जिससे कोई लाभ नहीं मिलना है। वह किसी पार्टी का प्रतिनिधि नहीं है, वह पूरे राज्य की जनता का प्रतिनिधि है। वह जनता के नाम पर प्रशासन चलाता है। उसे अवश्य ही देखना चाहिए कि प्रशासन एक ऐसे स्तर से चले, जिसे अच्छा, कुशल एवं ईमानदार प्रशासन समझा जाए।

"इसलिए राज्यपाल के इन दो कर्तव्यों को समझते हुए मैं सभा से पूछता हूँ कि राज्यपाल इन कर्तव्यों का निर्वहन करने की स्थिति में कैसे हो पाएगा, जब तक कि उसके समक्ष कुछ सूचनाएँ न पहुँचें? दृष्टान्त के रूप में मान लीजिए कि मंत्रिपरिषद ने कोई प्रस्ताव पारित किया, यदि राज्यपाल को दस्तावेज भेजने की बाध्यता न हो, कैसे राज्यपाल अपने कार्य का निर्वहन कर पाएगा? मैं नहीं समझता हूँ कि इसके कारण सरकार के प्रशासनिक कार्यों में किस तरह से हस्तक्षेप हो सकता है? इसलिए मैं निवेदन करता हूँ कि इस अनुच्छेद के विरुद्ध की गई आलोचना या तो इस अनुच्छेद को गलत पढ़े जाने पर आधारित है या कुछ लोगों की इस मिथ्या धारणा पर आधारित है कि यह अनुच्छेद राज्यपाल को प्रशासन में हस्तक्षेप करने की शक्ति प्रदान करने जा रहा है।"[133]

संविधान-सभा के समक्ष कोई संशोधन न होने के कारण प्रारूप अनुच्छेद 147 का मूल प्रावधान (नियमित अनुच्छेद 167) 2 जून, 1949 को अंगीकृत कर लिया गया।

12

विधायिका : स्वराज का सदन

एक राज्य का आदर्श व्यक्तिवादी-शासन के खिलाफ 'विधि-शासन' की स्थापना करना है और विधि-शासन का मूल 'सम्यक कानून' में निहित होता है। इस सम्यक कानून को बनाने की जिम्मेदारी एक निश्चित स्वरूप वाले विधायी संस्था यानी विधायिका पर होती है। विधायिका कानून बनाकर समाज के आवश्यकता की पूर्ति और न्याय की अवधारणा को सुनिश्चित करती है।

विधि-शासन के आदर्श अवधारणा के बावजूद शासन-व्यवस्था के अलग-अलग चरित्र एवं स्वरूप को नकारा नहीं जा सकता है। किसी देश में लोकतांत्रिक व्यवस्था हो सकती है, तो किसी देश में वंशवादी या कुलीनवादी या तानाशाही या सत्तावादी शासन के रूप में अलोकतांत्रिक व्यवस्था। कार्यपालिका के भिन्न-भिन्न चरित्र के अनुसार ही विधायिका का स्वरूप भी निर्धारित होता है। स्वरूप को लेकर भले ही विधायिका की कार्यपालिका पर निर्भरता हो, किन्तु किसी भी स्थिति में एक राज्य द्वारा विधायिका की आवश्यकता को नकारा नहीं जा सकता है। एक अलोकतांत्रिक राज्य में भी कार्यपालिका का शीर्ष नेतृत्व ऐसे व्यक्ति-समूह को रखती है, जो समय-समय पर जनता की इच्छा व्यक्त करता रहे और सम्यक व्यवस्था संचालन हेतु कानून के लिए परामर्श देता रहे। यह व्यक्ति-समूह भी, भले ही यह अस्पष्ट एवं सुषुप्त स्वरूप में हो, विधायिका का कार्य करता है। एक अलोकतांत्रिक व्यवस्था में विधायिका जहाँ अस्पष्ट एवं सुषुप्त स्वरूप में विद्यमान रहता है, लोकतांत्रिक व्यवस्था में यह स्पष्ट एवं जागृत स्वरूप में कार्य करता है। लोकतांत्रिक व्यवस्था में विधायिका जनमत की प्रत्यायोजित सम्प्रभुता का प्रतिनिधित्व करती है और इस रूप में वह कानून-निर्माण में प्रत्यक्ष भूमिका निभाती है। वह जनता द्वारा प्रत्यायोजित शक्ति का प्रयोग करके देश के शासन-प्रमुख का चुनाव करने और उसे हटाने का कार्य करती है। वह समय-समय पर राज्य का बजट पारित करती है, और सरकार के व्यवहार को नियंत्रित करती है। वस्तुत: विधायिका स्वराज का सदन होती है और जनमानस में स्वराज होने की अनुभूति कराती है।

प्रारूप संविधान में अपनाए गए संसदीय शासन-प्रणाली के अन्तर्गत विधायिका का निर्वाचन नागरिकों द्वारा किया जाता है और इसी विधायिका से कार्यपालिका अपना अस्तित्व प्राप्त करती है। यहाँ राज्य का मुखिया नाममात्र का होता है और विधायिका के प्रति जवाबदेह प्रधानमंत्री एवं मंत्रिपरिषद वास्तविक शासन-शक्ति रखता है। संघीय व्यवस्था के अनुरूप प्रारूप संविधान में केन्द्र और राज्य के स्तर पर अलग-अलग विधायिका का ढाँचा प्रस्तावित किया गया। केन्द्र स्तर पर विधायिका को द्विसदनीय विधायिका (राज्यसभा और लोकसभा) के रूप में, और राज्य स्तर पर विधायिका को दो विकल्प—एकसदनीय (विधान सभा) एवं द्विसदनीय (विधान परिषद और विधान सभा) के साथ प्रस्तावित किया गया।

(क) केन्द्रीय विधायिका

संसद की संरचना

प्रारूप अनुच्छेद 66 के अन्तर्गत संसद को परिभाषित किया गया था। इसके अनुसार—संघ के लिए एक संसद होगा, जिसमें राष्ट्रपति और क्रमश: राज्यसभा एवं लोकसभा कहे जाने वाले दो सदन शामिल होंगे। इस सम्बन्ध में तीन संशोधन प्रस्तुत किए गए।

पहला संशोधन लोकनाथ मिश्र द्वारा शब्द 'राज्यसभा' निकालने के लिए प्रस्तुत किया गया। राज्यसभा को अनावश्यक, बीते समय की व्यवस्था, सरकारी धन का अपव्यय, और समय की बरबादी बताते हुए लोकनाथ ने कहा कि "इसके पक्ष में आमतौर पर केवल एक तर्क दिया जाता है कि यह लोकसभा के निर्णयों को संयमित करेगा। जब तक द्वितीय सदन के गठन के तरीके में बदलाव नहीं लाया जाता और हम सब इसे भारतीय संस्कृति के अनुरूप स्वीकार करने की स्थिति में नहीं हो जाते हैं, ऊपरी सदन का निर्माण स्वयं में लोकसभा पर कोई प्रभाव नहीं रख पाएगा।" उन्हें खुशी है कि उनका उड़ीसा प्रान्त पहले ही द्वितीय सदन के खिलाफ निर्णय ले चुका है और हम मात्र एक सदन रखने जा रहे हैं।[1]

दूसरा संशोधन बेगम एजाज रसूल ने संघ की विधायिका का नाम संसद के स्थान पर 'भारतीय राष्ट्रीय कांग्रेस' करने के लिए प्रस्तुत किया। उनका तर्क था कि "ऐसा करने से कांग्रेस का स्वाधीनता संग्राम में किया गया योगदान सदैव के लिए प्रतिष्ठित हो जाएगा। यह कालक्रम में कांग्रेस को विकृत होने से बचा लेगा। ऐसा इसलिए भी ज्यादा आवश्यक है क्योंकि अतीत में यह एक पार्टी की तुलना में एक आन्दोलन के रूप में स्वीकृत था। यह राष्ट्र की आजादी के प्रति आग्रह का प्रतिनिधित्व करता था और लोगों को तप एवं त्याग की तरफ आकर्षित करता था। इसके पार्टी के रूप में बदलाव के साथ यह राजनीतिक मनचलों एवं सफल चोर-बाजारुओं के लिए सुन्दर शिकार-स्थल बन सकता है।"[2]

प्रो. के. टी. शाह ने शब्दावली 'राष्ट्रपति' निकालने के लिए तीसरा संशोधन प्रस्तुत किया। प्रारूप खंड को ब्रिटिश व्यवस्था की अनावश्यक नकल बताते हुए प्रो. शाह ने कहा कि "ब्रिटिश संविधान ज्यादातर रूढ़ियों एवं परम्पराओं पर आधारित है, जो आज भी अलिखित एवं अप्रमाणित है। यहाँ हम स्वयं पहली बार अपने प्रयास से संविधान लिखने जा रहे हैं। इसलिए राष्ट्रपति को अपने संसद के साथ उस तरह जोड़ना, जिस तरह राजा को ब्रिटिश संसद से जोड़ा गया है, बिलकुल सन्दर्भ के बाहर है।"[3]

आम बहस में भाग लेते हुए एम. अनन्थसंयनम अयंगर ने उक्त तीनों संशोधनों का विरोध किया। लोकनाथ मिश्र के पहले संशोधन पर अयंगर ने कहा कि "हमें विभिन्न लोगों को राजनीति में भाग लेने का अवसर देना चाहिए।...यदि निम्न सदन जल्दीबाजी में कोई विधान पारित कर देता है, तो उसे ऊपरी सदन तक ले जाकर नियंत्रित किया जा सकेगा। ऊपरी सदन एक स्थायी सदन होगा, जबकि निम्न सदन ऐसा नहीं होगा।" एजाज रसूल के संशोधन से उत्पन्न कठिनाइयों का उल्लेख करते हुए अयंगर ने आगे कहा कि "यदि इसे स्वीकार कर लिया जाता है, तो यह आरोप लगेगा कि इस देश में एकदलीय शासन स्थापित किया जा रहा है। तब कांग्रेस समाप्त हो जाएगा, क्योंकि यह एक राजनीतिक पार्टी के रूप में कार्य नहीं कर पाएगा या उन प्रतिक्रियावादी सम्प्रदाय आधारित राजनीतिक पार्टियों के खिलाफ नहीं लड़ सकेगा।"[4] प्रो. शाह के संशोधन पर अयंगर ने कहा कि इस संविधान के अन्तर्गत राष्ट्रपति मुख्य कार्यपालिकीय अधिकारी है। कार्यपालिकीय शक्ति विधायी शक्ति का विस्तार

है। इसलिए यह केवल यूनाइटेड किंगडम की रूढ़ियों की नकल नहीं है, बल्कि हमने स्वतंत्र रूप से भी निष्कर्ष निकाला है।"

एम. अनन्थसंयनम अयंगर के सम्बोधन के बाद डॉ. आंबेडकर ने भी तीनों संशोधन को स्वीकार करने से मना कर दिया। तत्पश्चात संविधान-सभा ने इन संशोधनों को अस्वीकार कर प्रारूप अनुच्छेद 66 का मूल प्रावधान (नियमित अनुच्छेद 79) 3 जनवरी, 1949 को अंगीकृत कर लिया।

राज्यसभा का गठन

नौ खंडों में प्रस्तावित प्रारूप अनुच्छेद 67 का प्रावधान राज्यसभा एवं लोकसभा की आन्तरिक संरचना के सम्बन्ध में था। इस प्रावधान को सभापटल पर रखने के साथ एल. कृष्णास्वामी भारती ने सुझाव दिया कि "इस प्रारूप प्रावधान को तीन भाग यानी पहला भाग राज्यसभा से सम्बन्धित खंड (1) से (4), दूसरा भाग लोकसभा से सम्बन्धित खंड (5) से (7) और तीसरा भाग दोनों सदन से सम्बन्धित खंड (8) एवं (9) में बाँटकर चर्चा की जानी चाहिए, ताकि बहस में स्पष्टता रहे।" डॉ. आंबेडकर की सहमति के बाद पीठासीन उपाध्यक्ष ने इस सुझाव को स्वीकार कर लिया।

इसके उपरान्त खंड (1) के सम्बन्ध में डॉ. आंबेडकर ने यह संशोधन[5] प्रस्तुत किया कि मूल खंड (1) के लिए नया प्रावधान प्रतिस्थापित किया जाए कि राज्यसभा में 250 सदस्य से अधिक नहीं शामिल होंगे। इनमें से बारह सदस्य राष्ट्रपति द्वारा मनोनीत किए जाएँगे और शेष सदस्यों का चुनाव राज्यों के प्रतिनिधियों द्वारा किया जाएगा। इस संशोधन के माध्यम से दो परिवर्तन किए गए। पहला '250 सदस्य शामिल होंगे' के स्थान पर '250 सदस्य से अधिक नहीं शामिल होंगे' कर दिया गया और दूसरा मनोनीत सदस्यों की संख्या 'पन्द्रह' से घटाकर 'बारह' कर दी गई।

लोकनाथ मिश्र का संशोधन सदस्यों की संख्या 250 से घटाकर 150 करने के लिए था। उनका तर्क था कि "इतनी ज्यादा संख्या से हम कोई उपयोगी उद्देश्य नहीं प्राप्त कर सकेंगे और कानून-निर्माण के लिए इतनी संख्या में योग्य एवं उपयुक्त सदस्यों को खोजना भी कठिन कार्य है।"[6] जबकि लक्ष्मीनारायण साहू का संशोधन मनोनयन से सम्बन्धित खंड (1) के उपखंड (क) को निरस्त करने के लिए था। उनका तर्क था कि "मनोनयन की व्यवस्था का समर्थन नहीं किया जा सकता है। हमें ऐसे प्रतिभाशाली लोगों के चुनाव के लिए कुछ व्यवस्था बनानी चाहिए, जो सामान्य क्षेत्र से विधायिका के लिए नहीं चुने जा पाते हैं। यदि हम राष्ट्रपति को 12 व्यक्तियों को मनोनीत करने की शक्ति देते हैं, तो कई लोगों द्वारा उन पर पक्षपात करने का आरोप लगाया जा सकता है।"[7] एक अन्य संशोधन नजीरुद्दीन अहमद का '12 सदस्यों' के स्थान पर 'सदन के कुल सदस्यों की संख्या के 6 प्रतिशत से अधिक नहीं' करने के लिए था। उनका तर्क था कि "सदन के कुल सदस्यों की संख्या 250 से कम भी हो सकती है। इसी अनुपात में मनोनीत सदस्यों की संख्या भी घटती-बढ़ती रहना चाहिए।"[8] लोकनाथ मिश्र का एक अन्य संशोधन राज्यसभा में सभी राज्यों का समान प्रतिनिधित्व करने और यह संख्या किसी भी स्थिति में तीन से अधिक नहीं करने के लिए था। अमेरिका का दृष्टान्त देते हुए लोकनाथ ने कहा कि "राज्यसभा राज्यों का प्रतिनिधित्व करने जा रही है, इसलिए यह उचित होगा कि इन राज्य इकाइयों के साथ समान तरीके से व्यवहार किया जाए और प्रत्येक इकाई का समान प्रतिनिधित्व हो।"[9]

प्रो. के. टी. शाह ने सलाहकार परिषद की स्थापना हेतु एक नया खंड (1-क) जोड़ने के लिए संशोधन संख्या 1377 प्रस्तुत किया। यह परिषद संसद एवं मंत्रिपरिषद को कृषि, उद्योग, वाणिज्य, खान, वन, इंजीनियरिंग, लोक उपयोगिता एवं समाजसेवा प्रभावित करने वाली योजना के सभी मामलों में सलाह देता और विधानों के लिए प्रस्तावों का निर्माण करता।[10] प्रो. शाह का तर्क था कि "आज के दौर में विधायन इतना जटिल, विविधता वाला और ज्यादा संख्या में हो गया है कि संसद के औसत सदस्यों द्वारा तकनीकी भाषा वाले इनके विशिष्ट प्रावधानों को समझना या इसके लिए अपने मस्तिष्क का प्रयोग करना बहुत ही कठिन होता है। इसलिए ऐसे परामर्श का होना बहुत लाभदायी होगा।"

खंड (2) के मूल प्रारूप प्रावधान के अन्तर्गत राष्ट्रपति दस श्रेणी में विशिष्ट ज्ञान रखने वाले व्यक्तियों को मनोनीत कर सकता था। चार उपखंड में विभाजित ये श्रेणियाँ थीं—(क) साहित्य, कला, विज्ञान एवं शिक्षा; (ख) कृषि, मत्स्य पालन एवं सम्बन्धित विषय; (ग) इंजीनियरिंग एवं वास्तुशास्त्र; (घ) लोक प्रशासन एवं सामाजिक सेवा। इस खंड को निरस्त करने के लिए प्रो. के. टी. शाह ने संशोधन[11] प्रस्तुत किया। उन्होंने तर्क दिया कि "वास्तुशास्त्र भी एक कला है, इसी तरह विज्ञान के अन्तर्गत इंजीनियरिंग और शिक्षा में कला एवं विज्ञान भी शामिल हो जाता है। इस पूरे खंड का संयोजन गलत है, इसलिए डॉ. आंबेडकर को नया प्रावधान प्रस्तावित करना चाहिए।"

इसके उपरान्त डॉ. आंबेडकर ने दस श्रेणियों के स्थान पर केवल चार श्रेणी रखने के लिए संशोधन[12] प्रस्तुत किया। ये चार श्रेणियाँ थीं—साहित्य, कला, विज्ञान एवं सामाजिक सेवा। अंग्रेजी संस्करण में साहित्य के लिए 'Liturature' शब्द के बजाय 'Letter' का प्रयोग किया गया। लोकनाथ मिश्र ने इन चार श्रेणियों के स्थान पर 'पुरातन भारतीय दर्शन के इतिहास एवं संस्कृति, कला एवं विज्ञान एवं अन्तर्दर्शी भारत के निर्माण की दिशा में सामाजिक सेवा' रखने के लिए, और नजीरुद्दीन अहमद ने इन चार श्रेणियों के साथ 'दर्शन, धर्म, कानून' जोड़कर इन्हें उपखंड (क) में रखने के लिए और दूसरा नया उपखंड (ख) पत्रकारिता, वाणिज्य, उद्योग, कानून' जोड़ने के लिए संशोधन प्रस्तुत किया।

प्रारूप खंड (3) राज्यसभा के सदस्यों के चुनाव के तरीके के बारे में था। इसके उपखंड (क) के अनुसार द्विसदनीय विधायिका वाले राज्यों के प्रतिनिधि निचले सदन के निर्वाचित सदस्यों द्वारा चुने जाएँगे; उपखंड (ख) के अनुसार एकसदनीय विधायिका वाले राज्यों के प्रतिनिधि उस सदन के निर्वाचित सदस्यों द्वारा चुने जाएँगे; और उपखंड (ग) के अनुसार जहाँ कोई सदन नहीं है, वहाँ संसद द्वारा बनाए गए कानून के अनुसार चुने जाएँगे। इस खंड के सम्बन्ध में कई संशोधन प्रस्तुत किए गए, जो ज्यादातर शब्द बदलाव को लेकर थे। जैसे मो. ताहिर ने उपखंड (क) में शब्द 'निचले सदन' के स्थान पर 'विधान सभा' रखने और शब्द 'निर्वाचित' हटाने के लिए, महबूब अली बेग साहिब बहादुर ने शब्द 'निचले सदन' के स्थान पर 'दोनों सदन' रखने के लिए संशोधन प्रस्तुत किया।

आम बहस के उपरान्त पीठासीन उपाध्यक्ष ने डॉ. बी. आर. आंबेडकर को बुलाया। प्रारूप अनुच्छेद 67 के खंड (1) से (4) के सम्बन्ध में प्रस्तुत 28 संशोधनों में से छह संशोधन स्वीकार कर डॉ. आंबेडकर ने दो विषयों पर अपना विचार रखा। एक राज्यसभा में भारतीय रियासतों को 40 प्रतिशत प्रतिनिधित्व देने से सम्बन्धित और दूसरा प्रो. शाह का संशोधन संख्या 1377। प्रो. शाह के संशोधन पर विचार देते हुए डॉ. आंबेडकर ने कहा—

> "प्रो. शाह द्वारा विशिष्ट क्षेत्रों के लिए प्रस्तावित परिषद एक स्थायी संस्था होगा। राज्य को इन्हें वेतन, भत्ता इत्यादि देना होगा और जैसा कि प्रो. शाह द्वारा प्रस्तावित किया

गया है कि इन पर सरकार को सलाह देने का कानूनी दायित्व होगा और यह सरकार के लिए अनुमन्य नहीं होगा कि वह विधेयक के प्रावधान के सम्बन्ध में इस कानूनी संस्था के परामर्श के बिना कोई कदम उठाए। इसको लेकर कई आपत्तियाँ हैं। पहले स्थान पर यह कि जो भी भारत सरकार में या प्रान्तीय सरकार में कोई विभाग का पद धारण करता है, तो वह इसके सामान्य तौर-तरीकों को जानता रहेगा, जिन्हें भारत सरकार या प्रान्तीय सरकार कोई विधायी कार्य करने के पूर्व अपनाती हैं। भारत सरकार के समक्ष आने वाला ऐसा कोई भी प्रस्ताव नहीं होता है, जिसमें भारत सरकार किसी विशेष मामले से जुड़ी सांगठनिक राय लेने के लिए कदम न उठाती हो। ऐसा मुझे लगता है कि यह प्रावधान, जिसका आमतौर पर पालन किया जाता है, को संविधान में स्थान देने की शायद ही कोई आवश्यकता है।"[13]

उक्त सम्बोधन के उपरान्त संविधान-सभा ने प्रो. के. टी. शाह के संशोधन को अस्वीकार कर दिया।

राज्यसभा में भारतीय रियासतों के लिए विशेष रिआयत समाप्त

प्रारूप अनुच्छेद 67 के खंड (1) के साथ एक परन्तुक भी जोड़ा गया था। इसके अनुसार राज्यसभा में रियासतों के प्रतिनिधियों की कुल संख्या 40 प्रतिशत से अधिक नहीं होगी। यह परन्तुक भारत शासन अधिनियम, 1935 के उस सिद्धान्त को आगे बढ़ाता था, जिसमें विधायिका में प्रान्त की तुलना में भारतीय रियासतों को ज्यादा सीट दी गई थी। 1935 के इस कानून में यह प्रावधान था कि भारतीय रियासतों का प्रतिनिधित्व विधान सभा में एक-तिहाई और विधान परिषद में 2/5 यानी 40 प्रतिशत होगा, जबकि इन रियासतों की जनसंख्या सिर्फ एक-चौथाई थी। ब्रिटिश हुकूमत द्वारा यह रियासतों को दी गई विशेष रिआयत थी। बाद में संघीय शक्ति समिति ने यह संस्तुति की कि भारतीय रियासतों को यह रिआयत केवल विधान परिषद के लिए दी जाए, विधान सभा के लिए नहीं। इसी आधार पर उक्त परन्तुक जोड़ा गया था।

डॉ. बी. आर. आंबेडकर ने अपनी संशोधन संख्या 1375 के माध्यम से उक्त परन्तुक निरस्त करने और नया खंड (1-क) जोड़ने के लिए संशोधन[14] प्रस्तुत किया। यह नया खंड प्रस्तावित करता था कि राज्यसभा में राज्यों के प्रतिनिधियों के सीट का निर्धारण अनुसूची III-ख के अनुसार किया जाएगा। इस तरह भारतीय रियासतों को राज्यसभा के सन्दर्भ में दी गई विशेष रिआयत समाप्त कर दी गई।

एक अन्य संशोधन हृदयनाथ कुंजरू का इस नये खंड (1-क) के साथ परन्तुक जोड़ने के लिए था। प्रस्तावित परन्तुक में कहा गया था कि भाग III में उल्लिखित राज्यों के प्रतिनिधियों की कुल संख्या एवं इन राज्यों की जनसंख्या के बीच जो अनुपात होगा वह उस अनुपात से ज्यादा नहीं होगा जो भाग I एवं भाग II में उल्लिखित राज्यों की कुल संख्या एवं इन राज्यों की जनसंख्या के बीच है। कुंजरू ने डॉ. आंबेडकर के संशोधन का समर्थन करते हुए कहा कि "नई परिस्थितियों में भारतीय रियासतों की स्थिति बदल गई है। कोई कारण नहीं है कि क्यों भारत शासन अधिनियम, 1935 में भारतीय रियासतों को दी गई वरीयता को आगे बनाए रखा जाए।"[15]

डॉ. आंबेडकर ने अपने संशोधन की प्रासंगिकता स्पष्ट करते हुए कहा कि "प्रान्तों एवं रियासतों के प्रतिनिधियों के बीच कई स्तर पर समझौते का प्रयास किया गया था। इसके फलस्वरूप मित्र श्री गोपालस्वामी अयंगर ने 31 जुलाई, 1947 को एक संशोधन प्रस्ताव यह दिया कि रियासतों के प्रतिनिधि 40 प्रतिशत से अधिक नहीं होंगे। इसी नियम को प्रारूप

प्रावधान में स्वीकार किया गया है।"[16] डॉ. आंबेडकर ने आगे कहा कि यह व्यवस्था, रियासतों को महत्त्व देने के लिए नहीं बनाई गई है, बल्कि रियासतों की संख्या इतनी ज्यादा थी कि उन सभी रियासतों को संघ में प्रतिनिधित्व देना तब तक सम्भव नहीं था, जब तक कि इन रियासतों के प्रतिनिधित्व को ज्यादा से ज्यादा न बढ़ाया जाए। इस कारण से परन्तुक को शामिल किया गया। अब हम पाते हैं कि स्थिति बिलकुल बदल गई है। कुछ रियासतों ने आपस में मिलकर बड़े संघ बना लिए हैं, कुछ रियासतें प्रान्तों के साथ शामिल हो गई हैं, कुछ ही हैं जो अपने स्वरूप में बनी हुई हैं। इस बदलाव के कारण अब रियासतों के प्रतिनिधित्व को बढ़ाकर रखना आवश्यक नहीं रह गया है, क्योंकि जो क्षेत्र अब प्रान्तों के साथ शामिल हो गए हैं, उनके लिए अलग प्रतिनिधित्व की आवश्यकता नहीं रह गई है। हमने रियासतों को दिए गए 40 प्रतिशत अनुपात को समाप्त कर दिया है और ऊपरी सदन में दोनों भारतीय रियासतों और प्रान्तों के लिए समान प्रतिनिधित्व होगा।"

तत्पश्चात डॉ. आंबेडकर का संशोधन संख्या 1375 अस्तित्व में न होने के आधार पर छोड़ दिया गया और दूसरा संशोधन संविधान-सभा द्वारा स्वीकार कर लिया गया। जबकि कुंजरू के संशोधन को संविधान-सभा ने अस्वीकार कर दिया।

राज्यसभा निर्वाचन : अल्पसंख्यक विचारों के प्रतिनिधित्व का सवाल

प्रारूप अनुच्छेद 67 के खंड (3) में यह तो कहा गया था कि राज्यसभा के सदस्यों का चुनाव विधान सभा के निर्वाचित सदस्यों द्वारा किया जाएगा, किन्तु निर्वाचन की प्रक्रिया पर यह प्रावधान मौन था। इस सम्बन्ध में पहला संशोधन[17] प्रो. के. टी. शाह का खंड (3) के लिए नया प्रावधान प्रस्तावित करता था, जिसके अनुसार राज्यसभा के सभी सदस्यों का चुनाव होगा। प्रत्येक निर्वाचक राज्य वयस्क नागरिकों के मत द्वारा पाँच सदस्यों का चुनाव करेंगे। प्रो. शाह का तर्क था कि राज्यसभा में सभी राज्यों का समान प्रतिनिधित्व होना चाहिए और इसके सदस्य मनोनीत होने के बजाय निर्वाचित होकर आने चाहिए।

महबूब अली बेग साहिब बहादुर एवं महावीर त्यागी के संशोधन एक ही उद्देश्य के लिए थे। इन संशोधनों के माध्यम से माँग की गई कि राज्यसभा के सदस्यों का चुनाव आनुपातिक प्रतिनिधित्व प्रणाली के आधार पर एकल संक्रमणीय मत द्वारा किया जाएगा। अन्तर केवल शब्दावली जोड़ने के तरीके को लेकर था। महबूब अली ने इसके लिए नया उपखंड जोड़ने की माँग की, वहीं त्यागी के दो संशोधन 1400 एवं 1403 क्रमशः प्रारूप उपखंड (क) एवं (ख) में ही यह शब्दावली जोड़ने के लिए थे।

स्विट्जरलैंड का उदाहरण देते हुए महबूब अली ने अपने संशोधन के समर्थन में कहा कि "अल्पसंख्यकों के अधिकार एवं हित को सुरक्षित रखने का सबसे अच्छा सुरक्षा-कवच 'आनुपातिक प्रतिनिधित्व प्रणाली के आधार पर एकल संक्रमणीय मत द्वारा' चुनाव है।" महबूब अली ने लार्ड हावर्ड के विचार का भी उदाहरण दिया, जिसमें कहा गया था कि लोकतंत्र के लिए दो मूलभूत आवश्यकताएँ होती हैं, पहली यह कि सरकार जनभावना की प्रतीक हो और दूसरी यह कि वह सुचारु एवं स्थिरतापूर्वक कार्य करे और बार-बार आलोचना किए जाने का विषय न रहे।[18] महावीर त्यागी ने भी बहस की कि राज्यसभा का प्रतिनिधित्व उन सदस्यों से होगा, जो राज्यों द्वारा आम चुनाव में बहुमत से भेजे गए हैं। इसका अर्थ है कि राज्यों के इन प्रतिनिधियों में उस राज्य की अल्पमत वाली पार्टी के सदस्यों का प्रतिनिधित्व नहीं होगा। त्यागी ने आगे कहा कि "सभी पार्टी आधारित लोकतंत्र में केवल कुछ चन्द ऐसे लोगों का आधिपत्य होता है, जो

पढ़े-लिखे और बुद्धिसम्पन्न होते हैं। आज पाश्चात्य देशों में जो लोकतंत्र प्रचलित है, वह महज एक धोखा है, छल है, किन्तु फिर भी यदि यह आज भी जीवित है, तो विपक्ष के कारण है।"[19] इसलिए राज्यसभा में कुछ सीटें ऐसे सदस्यों के लिए रखनी चाहिए, जो विपक्ष विचारधारा के हों।

आम बहस के दौरान हृदयनाथ कुंजरू ने राज्यसभा के चुनाव के लिए 'आनुपातिक प्रतिनिधित्व प्रणाली' अपनाए जाने का समर्थन किया। इससे सम्प्रदायवाद के जन्म लेने के भय को बेबुनियाद बताते हुए कुंजरू ने कहा कि "निर्वाचक मंडल मिश्रित होगा। इसमें सभी समुदाय के लोग शामिल होंगे और इस प्रकार मिश्रित निर्वाचकों द्वारा जो लोग चुनकर आएँगे, उनमें साम्प्रदायिक मनोवृत्ति होने की सम्भावना नहीं होगी। यह 'आनुपातिक प्रतिनिधित्व प्रणाली' है, जो बहुसंख्यक से भिन्न विचार रखने वाले अल्पसंख्यकों को समुचित प्रतिनिधित्व दे पाने में समर्थ होगी।"[20]

डॉ. बी. आर. आंबेडकर ने संशोधन संख्या 1400 एवं 1403 को स्वीकार कर लिया और कहा कि "मुझे महबूब अली बेग का संशोधन स्वीकार करने में खुशी होती, किन्तु यह अनुच्छेद 67 के खंड (3) में प्रयोग की गई शब्दावली के साथ उपयुक्त नहीं है। यही एकमात्र कारण है कि वह महावीर त्यागी का संशोधन स्वीकार करते हैं, क्योंकि इसकी भाषा अनुच्छेद की भाषा के अनुरूप है।"

तत्पश्चात संविधान-सभा ने 3 जनवरी, 1949 को महावीर त्यागी के दोनों संशोधनों को स्वीकार कर लिया और शेष बाईस संशोधनों को अस्वीकार कर दिया। प्रारूप अनुच्छेद 67 के खंड (1)-(4) के यथासंशोधित प्रावधान को पुन:अंकन के बाद नियमित अनुच्छेद 80 के रूप में रखा गया।

लोकसभा का गठन

लोकसभा के गठन से सम्बन्धित प्रारूप अनुच्छेद 67 का खंड 5 (नियमित अनुच्छेद 81 का खंड 1 एवं 2) तीन उपखंडों में विभाजित था। इसका उपखंड (क) प्रस्तावित करता था कि इस संविधान के अनुच्छेद 292 एवं 293 के प्रावधान के अधीन रहते हुए लोकसभा में मतदाताओं द्वारा प्रत्यक्ष तरीके से निर्वाचित राज्यक्षेत्र के लोगों के प्रतिनिधि, जिनकी संख्या 500 से अधिक नहीं होगी, शामिल होंगे।

उक्त प्रावधान के सम्बन्ध में प्रो. के. टी. शाह ने संशोधन[21] प्रस्तुत किया, जिसे स्वीकार करने के बाद लोकसभा में सदस्यों की अधिकतम 500 की संख्या-सीमा समाप्त हो जाती और इसके स्थान पर प्रत्येक पाँच लाख की जनसंख्या पर एक लोकसभा के सदस्य चुनकर आते। प्रो. शाह का तर्क था कि "इस देश की जनसंख्या लगातार बढ़ रही है। जैसे-जैसे एक प्रतिनिधि अधिक-से-अधिक लोगों का प्रतिनिधित्व करेगा, उसका प्रातिनिधिक-गुणवत्ता भी क्रमश: घटती जाएगी। यदि आप एक सदस्य पर बहुत ज्यादा मतदाताओं के प्रतिनिधित्व का भार डालते हैं, तो आप सही जनादेश नहीं पा सकेंगे।" प्रो. शाह ने उपखंड (ख) के परन्तुक को निरस्त करने के लिए भी संशोधन प्रस्तुत किया।

एच. वी. कामथ का संशोधन[22] उपखंड (क) में शब्दावली 'मतदाताओं द्वारा प्रत्यक्ष तरीके से निर्वाचित राज्यक्षेत्र के लोगों के प्रतिनिधि' के स्थान पर 'राज्यों में मतदाताओं द्वारा प्रत्यक्ष निर्वाचित सदस्य' रखने और उपखंड (ख) में शब्दावली 'भारत के राज्यों' के स्थान पर शब्द 'राज्यों' रखने के लिए था। पहले संशोधन के समर्थन में कामथ ने कहा कि उनके संशोधन से प्रावधान और ज्यादा संक्षिप्त एवं स्पष्ट हो जाता है और वर्तमान स्वरूप में जो भाषा का दोष है, वह भी मिट जाता है। एक अन्य महत्त्वपूर्ण संशोधन[23] नजीरुद्दीन अहमद ने प्रारूप अनुच्छेद 67 के खंड (5)(ग) में शब्दावली 'अन्तिम पूर्ववर्ती जनगणना' के स्थान पर 'अन्तिम पूर्ववर्ती जनगणना, जिसके आँकड़े प्रकाशित हो चुके हों' रखने के लिए प्रस्तुत किया। उनका

तर्क था कि "यदि हमें जनगणना पर निर्भर होना है, तो इसके आँकड़े उपलब्ध होने चाहिए। हम ऐसी जनगणना पर निर्भर नहीं हो सकते हैं, जिसके आँकड़े उपलब्ध न हों। इसके पूर्व भी डॉ. आंबेडकर ने ऐसा संशोधन स्वीकार किया है।"

आम बहस के दौरान एच. जे. खांडेकर ने 'अन्तिम जनगणना' के स्थान पर 'नवीनतम जनगणना' करने का सुझाव दिया। उनका तर्क था कि "हम 1941 की जनगणना पर विश्वास नहीं कर सकते हैं, क्योंकि इसमें हरिजनों की जनसंख्या का आँकड़ा सही नहीं है। इसलिए जब तक नई जनगणना न हो जाए और हरिजन की जनसंख्या सुनिश्चित न हो जाए, मुझे विश्वास नहीं है कि हम सीटों की सही संख्या दे पाएँगे।"[24]

डॉ. आंबेडकर ने एच. वी. कामथ के दोनों संशोधन और नजीरुद्दीन अहमद के संशोधन को स्वीकार कर लिया। संविधान-सभा ने भी इन्हें स्वीकार कर लिया।

अनुच्छेद 67 के खंड (5)-(9) के सम्बन्ध में कुल सोलह संशोधन प्रस्तुत किए गए थे। इनमें से सात संशोधनों को स्वीकार कर और नौ संशोधनों को अस्वीकार कर संविधान-सभा ने प्रारूप अनुच्छेद 67 का यथासंशोधित प्रावधान 4 जनवरी, 1949 को अंगीकृत कर लिया।

प्रारूप अनुच्छेद 67 के खंड (5)-(7) के यथासंशोधित प्रावधान पुन:अंकन के बाद नियमित अनुच्छेद 81 के रूप में और खंड (8) के यथासंशोधित प्रावधान पुन:अंकन के बाद नियमित अनुच्छेद 82 के रूप में रखे गए। जबकि खंड (9) का प्रावधान 13 अक्टूबर, 1949 को निरस्त कर दिया गया।

लोकसभा का निर्वाचन : आनुपातिक मतदान प्रणाली स्थिर सरकार के लिए खतरनाक

लोकसभा हेतु सदस्यों के चुनाव के लिए प्रारूप संविधान के अन्तर्गत साधारण प्रणाली को स्वीकार किया गया था न कि आनुपातिक प्रणाली को। साधारण प्रणाली में एक तरह से प्रत्यक्ष चुनाव होता है जिसमें एक व्यक्ति एक मत देता है और जिस भी प्रत्याशी को सबसे ज्यादा मत मिलता है, वह निर्वाचित हो जाता है। हारे हुए प्रत्याशियों को प्राप्त हुए मत बेकार हो जाते हैं। किन्तु आनुपातिक प्रणाली में कोई भी मत व्यर्थ नहीं जाता है। इसमें प्रत्येक मतदाता का अपनी पसन्द के सदस्य को संसद भेजने में योगदान होता है।

सैयद करीमुद्दीन ने संशोधन[25] प्रस्तुत किया कि लोकसभा के सदस्यों का चुनाव संचयी मत के माध्यम से बहुसदस्यीय निर्वाचन क्षेत्र के साथ आनुपातिक प्रतिनिधित्व प्रणाली के अनुसार किया जाए। उन्होंने तर्क दिया कि "लोकतंत्र का एक अन्तर्निहित दोष बहुमत का जुल्म है, जिसके आधार पर वे निर्वाचित हो जाते हैं। प्रतिनिधित्व की सामान्य प्रणाली इस खतरे को और मजबूत करती है और इसलिए इसका एकमात्र समाधान आनुपातिक प्रतिनिधित्व है।" जबकि प्रो. के. टी. शाह का संशोधन[26] लोकसभा का चुनाव एकल संक्राम्य मत से आनुपातिक प्रतिनिधित्व प्रणाली द्वारा कराने के लिए था। उनका तर्क था कि "आनुपातिक प्रतिनिधित्व के सिद्धान्त का आशय केवल साम्प्रदायिक अल्पसंख्यक को बनाए रखना नहीं है, बल्कि अलग-अलग तरह के राजनीतिक विचारों का प्रतिनिधित्व सुनिश्चित करना है और यदि आप वास्तव में लोकतांत्रिक सरकार चाहते हैं, तो प्रतिनिधित्व की ऐसी ही प्रणाली होना चाहिए।" महबूब अली बेग साहिब ने भी इसी उद्देश्य की पूर्ति हेतु नया खंड (10) जोड़ने के लिए संशोधन[27] प्रस्तुत किया। उनका तर्क था कि "कल राज्यसभा सदस्यों के निर्वाचन के सम्बन्ध में हमने इस सिद्धान्त को मान्यता दी है और यह स्थापित किया है कि निर्वाचन की यह व्यवस्था ज्यादा लोकतांत्रिक एवं ज्यादा वैज्ञानिक

है। जो राज्यसभा के चुनाव के सन्दर्भ में सत्य है, वह लोकसभा के चुनाव के सन्दर्भ में भी समान रूप से सत्य है।"

आम बहस का आरम्भ करते हुए ठाकुर दास भार्गव ने सुझाव दिया कि मि. करीमुद्दीन के संशोधन का अर्थ है पृथक् निर्वाचक मंडल में बदलाव। इसलिए इन दोनों खंडों पर उसी समय चर्चा की जाए, जब अनुच्छेद 292 एवं अन्य दूसरे अनुच्छेदों पर आ जाए।[28]

प्रभु दयाल हिम्मतसिंहका, एच. जे. खांडेकर और एम. अनन्थसंयनम अयंगर ने भी "सैयद करीमुद्दीन एवं महबूब अली के संशोधन का विरोध किया। हिम्मतसिंहका ने कहा कि बहुसदस्यीय निर्वाचन क्षेत्रों और सामूहिक मतदान बहुत ही गलत होगा क्योंकि ऐसे निर्वाचक मंडल बहुत ही बड़े होंगे और यदि आपके पास कई सीट हों, तो प्रत्याशियों की कठिनाइयों की केवल कल्पना की जा सकती है। यदि बहुसदस्यीय निर्वाचन क्षेत्र की व्यवस्था अपनाई जाती है, तो कोई भी बहुत अच्छा व्यक्ति निर्विरोध निर्वाचित होने की आशा नहीं कर सकता है।"[29] एच. जे. खांडेकर ने कहा कि "यदि हम इस संशोधन को स्वीकार करते हैं तो इसका मतलब है कि चुनाव सामूहिक प्रणाली पर आधारित मतदान से होगा। इसके अन्तर्गत एक निर्वाचन क्षेत्र में दो सीट—एक आरक्षित और दूसरी सामान्य होगी और प्रत्येक मतदाता को मतपत्र दिया जाएगा और उसके पास या तो एक प्रत्याशी को दोनों मत देने का विकल्प होगा या दोनों प्रत्याशियों के मध्य अपना मत बाँट देने का। ऐसी स्थिति में स्वाभाविक है कि वह अपने समुदाय वाले प्रत्याशी के पक्ष में, न कि दूसरे समुदाय के पक्ष में अपने दोनों मत देगा। सामुदायिक प्रतिद्वंद्विता कायम रहेगी। हमें जितना जल्द हो सके साम्प्रदायिकता के भाव को समाप्त करना होगा।"[30] एम. अनन्थसंयनम अयंगर ने बहस की कि "सामूहिक मतदान द्वारा आनुपातिक प्रतिनिधित्व प्रणाली बिलकुल भी व्यावहारिक नहीं है। इतने बड़े निर्वाचन क्षेत्र हैं और प्रत्येक निर्वाचन क्षेत्र में पाँच लाख से साढ़े सात लाख की जनसंख्या शामिल होगी। हम सब इतने विकसित देश नहीं हैं, बहुत से लोग शिक्षित नहीं हैं। अशिक्षित लोगों के लिए एकल मतदान के माध्यम से वरीयता का मत देना सम्भव नहीं है।"[31]

आनुपातिक मतदान प्रणाली को लेकर प्रस्तुत संशोधन का आशय इसके माध्यम से अल्पसंख्यकों का प्रतिनिधित्व सुनिश्चित करना था। इसे स्वीकार करने से उत्पन्न व्यावहारिक समस्याओं का उल्लेख करते हुए डॉ. बी. आर. आंबेडकर ने कहा—

> "मेरे मित्र मि. करीमुद्दीन इसे स्वीकार करेंगे कि आनुपातिक प्रतिनिधित्व बड़े पैमाने पर साक्षरता का पूर्वानुमान करता है। वस्तुत: यह पूर्वानुमान करता है कि प्रत्येक मतदाता साक्षर होगा, कम-से-कम इतना होगा कि वह अंकों को जान सके और उन्हें मतपत्र पर लिख सके। इस देश की साक्षरता को दृष्टिगत रखते हुए इस तरह का पूर्वानुमान बिलकुल असाधारण होगा। विश्व में हमारी साक्षरता बहुत कम है और इसलिए यहाँ के निरक्षर मतदाताओं पर एक ऐसी निर्वाचन प्रणाली का भार डालना, जिसके अनुसार मतपत्रों पर लिखना आवश्यक हो, बिलकुल ही असम्भव है। केवल इसी कारण से ही आनुपातिक प्रतिनिधित्व की प्रणाली स्वीकरणीय नहीं होगा।"

> "आनुपातिक प्रतिनिधित्व प्रणाली का एक नुकसान विधान मंडल का छोटे-छोटे समूहों में विभाजन है। इस सभा को ज्ञात होगा कि यद्यपि ब्रिटिश संसद ने वर्ष 1910 में एक रायल कमीशन की नियुक्ति इस विषय पर विचार करने के लिए की थी कि क्या उनकी एक व्यक्ति-एक मत वाली एक सदस्यीय निर्वाचन क्षेत्र की प्रणाली अच्छी थी या

आनुपातिक प्रतिनिधित्व प्रणाली अच्छी थी। संसद, रायल कमीशन की संस्तुति स्वीकार करने के लिए तैयार नहीं था। इसे न स्वीकार करने का एक कारण, जो मेरे विचार से बहुत महत्त्वपूर्ण कारण है, यह था कि आनुपातिक प्रतिनिधित्व प्रणाली किसी स्थिर सरकार को कार्यालय में बने रहने की अनुमति नहीं देती। क्योंकि संसद इतने छोटे-छोटे समूहों में विभाजित हो जाता है कि जब भी संसद में कुछ समूहों को नापसन्द करने वाली कोई घटना होता है तो वे उस अवसर पर सरकार से अपना समर्थन वापस ले लेंगे। परिणाम यह होता है कि कुछ समूहों एवं इकाइयों का समर्थन वापस हो जाने के कारण सरकार गिर जाती है। अब मुझे लेशमात्र भी सन्देह नहीं है कि भावी सरकार चाहे जो कुछ भी करे, चाहे वह लोगों की कठिनाइयों को दूर करे या नहीं, हमारी भावी सरकार को एक काम अवश्य ही करना चाहिए कि वह अवश्य ही एक स्थायी सरकार बनाए और कानून-व्यवस्था सुनिश्चित करे। इसलिए मुझे चुनाव की ऐसी व्यवस्था स्वीकार करने में बहुत संकोच है, जो सरकार की स्थिरता को नुकसान पहुँचाएँ।"[32]

उक्त सम्बोधन के बाद संविधान-सभा ने लोकसभा चुनाव हेतु आनुपातिक प्रणाली अपनाने के लिए प्रस्तुत सभी संशोधनों को अस्वीकार कर दिया।*

धर्म आधारित राजनीतिक आरक्षण अस्वीकार्य : सरदार पटेल का अतुलनीय योगदान

प्रारूप अनुच्छेद 67 के खंड (5) के उपखंड (क) का आरम्भ शब्दावली 'इस संविधान के अनुच्छेद 292 और 293 के अधीन' से किया गया था। प्रारूप अनुच्छेद 292 (नियमित अनुच्छेद 330) के माध्यम से लोकसभा में मुस्लिम समुदाय, अनुसूचित जाति, अनुसूचित जनजाति, और मद्रास एवं बॉम्बे राज्य के भारतीय ईसाई समुदाय के पक्ष में और प्रारूप अनुच्छेद 293 (नियमित अनुच्छेद 331) के माध्यम से एंग्लो-इंडियन समुदाय के पक्ष में आरक्षण व्यवस्था लागू करने की घोषणा की गई थी।

सैयद करीमुद्दीन ने अपने संशोधन संख्या 1415 के माध्यम से दो माँगें कीं, पहली आनुपातिक प्रतिनिधित्व प्रणाली के अनुसार चुनाव कराने की और दूसरी शब्दावली 'इस संविधान के अनुच्छेद 292 और 293 के अधीन' को निरस्त करने की। अल्पसंख्यकों के लिए आरक्षण व्यवस्था का विरोध करते हुए उन्होंने कहा कि "इस देश की मिट्टी से साम्प्रदायिकता को हर हाल में जड़ से उखाड़ देना चाहिए। हमने पहले ही यह प्रस्ताव पारित कर दिया है कि इस देश में किसी भी साम्प्रदायिक पार्टी को कार्य करने की अनुमति नहीं होगी। इसलिए भारत में राजनीतिक संस्थाओं से पृथकतावाद, सम्प्रदायवाद और अलगाववाद को समाप्त करना ही है।"[33]

सरदार हुकुम सिंह ने अल्पसंख्यकों के लिए आरक्षण का विरोध करते हुए कहा कि "यह अल्पसंख्यकों के लिए ही ज्यादा नुकसानदायक और बहुसंख्यकों के लिए हितकारी होने वाला है। जब आप अल्पसंख्यकों के लिए 30 प्रतिशत आरक्षण कर रहे हैं, तो अप्रत्यक्ष रूप से बहुसंख्यक के लिए 70 प्रतिशत आरक्षण कर रहे हैं।"[34] हसरत मोहानी ने भी शब्दावली 'अनुच्छेद 292 और 293 के अधीन' का विरोध किया और कहा कि जब हमने निर्वाचक मंडल और वयस्क मताधिकार की व्यवस्था अपना लिया है तो आरक्षण की कोई आवश्यकता ही नहीं रह जाती है। ये दोनों साथ-साथ नहीं चल सकते हैं। संयुक्त निर्वाचक मंडल स्वीकार

* यद्यपि लोकसभा सचिवालय द्वारा प्रकाशित संविधान-सभा बहस के मूल अंग्रेजी संस्करण के खंड VII; पृष्ठ संख्या 1265 पर महबूब अली बेग साहिब का संशोधन स्वीकार होना दिखाया गया है, किन्तु यह गलत प्रिंटिंग प्रतीत होता है।

करने का मतलब है कि प्रत्येक व्यक्ति को किसी भी सीट पर खड़ा होने एवं लड़ने का हक है।[35] मोहानी ने आगे कहा कि "आप मुसलमान को अल्पसंख्यक क्यों कहते हैं? मुसलमान उसी वक्त अल्पसंख्यक हो सकते हैं, जब वे साम्प्रदायिक संगठन के रूप में काम करें। जिस वक्त मुसलमान मुस्लिम लीग में शरीक थे, उस वक्त वे अल्पसंख्यक थे। मुसलमान खुद को अल्पसंख्यक कहा जाना पसन्द नहीं करेंगे। उन्हें अल्पसंख्यक कहना उनकी बेइज्जती है। मैं इसे एक पल के लिए बर्दाश्त नहीं कर सकता।"

ज्ञानी गुरुमुख सिंह मुसाफिर ने भी अल्पसंख्यकों के लिए आरक्षण की व्यवस्था का विरोध किया और कहा कि "जनसंख्या आधारित आरक्षण अल्पसंख्यकों के लिए अच्छा नहीं है और विशेष रूप से सिखों के लिए आरक्षण की कोई उपयोगिता नहीं है। उन्हें आरक्षण से बाँधने का मतलब है कि उनके विकास को रोकना है। नि:सन्देह वह ऐसा हरिजनों एवं अनुसूचित जाति के लोगों के लिए नहीं कह सकते हैं। किन्तु जिस तरह हमने जहरीले पृथक् निर्वाचक मंडल को इस संविधान से समाप्त किया है, उसी तरह ऐसे किसी नासूर को पनपने की हम अनुमति नहीं दे सकते हैं, जिससे कि साम्प्रदायिकता फैले।"[36] धर्म के आधार पर आरक्षण की व्यवस्था का विरोध करते हुए प्रो. शिब्बन लाल सक्सेना ने कहा कि यह साम्प्रदायिक जुनून को जिन्दा रखेगा। इस संविधान में किसी भी तरह के आरक्षण को समाप्त कर देना चाहिए। हमें एक ऐसा पूर्ण धर्मनिरपेक्ष राज्य बनाना चाहिए, जहाँ सभी लोग भारत के आजाद नागरिक हों और सभी लोग निर्वाचित हो सकें, चाहे वे किसी भी समुदाय के हों। विश्वास है कि कुछ ही वर्षों में साम्प्रदायिक जुनून मर जाएगा।"[37]

अन्त में अल्पसंख्यकों के प्रतिनिधित्व के ऐतिहासिक कारणों को स्पष्ट करते हुए डॉ. बी. आर. आंबेडकर ने इस विषय को अल्पसंख्यकों की इच्छा पर छोड़ देने पर बल दिया। अपने निष्कर्ष भाषण में डॉ. आंबेडकर ने कहा—

> "इस देश में बहुत वर्षों तक लोग बहुसंख्यक और अल्पसंख्यक समुदाय में बँटे रहे हैं। मैं इस सवाल में नहीं जा रहा हूँ कि यह विभाजन प्राकृतिक था या कृत्रिम या कुछ ऐसे लोगों द्वारा जान-बूझकर लाया गया था, जो इस देश की प्रगति के विरुद्ध थे। कारण जो भी हो, किन्तु एक तथ्य यह है कि हमारे देश में बहुसंख्यक और अल्पसंख्यक हैं। प्रारम्भ में जब संविधान-सभा ने इस बात पर विचार करने के लिए कि देश का भावी संविधान किन सिद्धान्तों पर आधारित होगा, बैठक की थी, तो प्रतिनिधित्व के सवाल पर बहुसंख्यक एवं अल्पसंख्यक समुदायों के मध्य एक समझौता हुआ था। यह समझौता परस्पर आदान-प्रदान का था। संविधान-सभा की उस बैठक के पूर्व जिन अल्पसंख्यकों को पृथक् निर्वाचन क्षेत्र की व्यवस्था के साथ रखा गया था, वे उस व्यवस्था का त्याग करने के लिए तैयार हो गए थे और बहुसंख्यक, जो यह विश्वास करता था कि भले ही वह किसी विशेष समुदाय के लिए सीट सुरक्षित रखने के लिए सहमत नहीं होगा किन्तु वह सीट सुरक्षित रखकर संयुक्त निर्वाचक मंडल की व्यवस्था के लिए सहमत हो जाएगा। यह समझौता दो बातों को सुनिश्चित करता है। इसके अन्तर्गत विभिन्न अल्पसंख्यक वर्ग के प्रतिनिधित्व के लिए एक सुनिश्चित कोटा होगा और ये प्रतिनिधि संयुक्त निर्वाचक मंडल के माध्यम से ही चुने जाएँगे।
>
> "मेरा निवेदन है कि यह इस संविधान-सभा के लिए खुला है कि वह प्रारूप संविधान के किसी प्रावधान पर पुनर्विचार करे, किन्तु ऐसा एकाएक या अप्रत्याशित रूप से

नहीं किया जाना चाहिए। मेरी समझ से अनुच्छेद 292 या 293 में बदलाव का अच्छा तरीका यही है कि इसे विभिन्न अल्पसंख्यकों पर ही छोड़ देना चाहिए। उसे बलपूर्वक नहीं, बल्कि सहमति से ही वापस लिया जा सकता है।"[38]

डॉ. आंबेडकर के सम्बोधन के बाद संविधान-सभा ने सैयद करीमुद्दीन के संशोधन संख्या 1415 को 4 जनवरी, 1949 को अस्वीकार कर दिया।

इस तरह प्रारूप अनुच्छेद 292 बना रहा, किन्तु चार महीने बाद अल्पसंख्यकों पर परामर्श समिति की रिपोर्ट[39] दिनांक 11 मई, 1949 आने के बाद इसके प्रावधान में कई मूलभूत परिवर्तन कर दिये गए। वल्लभभाई पटेल की अध्यक्षता में समिति द्वारा बनाई गई इस रिपोर्ट के माध्यम से धर्म के नाम पर मुस्लिम, ईसाई एवं सिख को संसद एवं राज्य विधायिका में दिया गया राजनीतिक आरक्षण समाप्त कर दिया गया। इस रिपोर्ट के पैरा संख्या 5 में कहा गया था कि यद्यपि पृथक् निर्वाचन व्यवस्था को समाप्त करके राजनीतिक व्यवस्था में व्याप्त कई बुराइयों को खत्म कर दिया गया था, किन्तु यह महसूस किया गया कि धार्मिक समुदायों के लिए सीटों का आरक्षण पृथकतावाद को बढ़ावा देता रहा है और यह इस सीमा तक धर्मनिरपेक्ष लोकतांत्रिक राज्य की अवधारणा के खिलाफ है। इस पैरा के अन्त में प्रस्तावित किया गया था कि अनुसूचित जातियों के अलावा अल्पसंख्यकों के लिए विधायिका में आरक्षण की व्यवस्था समाप्त है। इस रिपोर्ट के पैरा संख्या 6 में सिख समुदाय के मझाबिस, रामदासी, कबीरपंथी एवं सीकलीगार को पूर्वी पंजाब में अनुसूचित जाति की सूची में शामिल करने की घोषणा की गई थी।

उक्त बदलाव लाने में डॉ. एच. सी. मुखर्जी (ईसाई धर्मानुयायी) के योगदान का उल्लेख करते हुए वल्लभभाई पटेल ने उक्त रिपोर्ट को संविधान-सभा के समक्ष 25 मई, 1949 को विचारार्थ प्रस्तुत की। इस रिपोर्ट पर तीन संशोधन प्रस्तुत किए गए।

पहला संशोधन[40] मद्रास के मोहम्मद इस्माइल साहिब का था, जिसके माध्यम से माँग की गई थी कि "केन्द्र एवं प्रान्तों की विधायिका में मुस्लिम एवं अन्य अल्पसंख्यक समुदाय का जनसंख्या के आधार पर सीटों के आरक्षण का सिद्धान्त पुष्ट एवं बनाए रखा जाए। मुस्लिम लीग को मुस्लिम समुदाय का प्रातिनिधिक संगठन बताते हुए साहिब ने बहस की कि एक समुदाय के रूप में मुस्लिमों ने आरक्षण का त्याग नहीं किया है। यही नहीं, उन्होंने पृथक् निर्वाचक को बनाए रखने की प्रार्थना की है। एकमात्र यही व्यवस्था विधायिका में उनके प्रतिनिधित्व के अधिकार को प्रदान करेगा।" दूसरा संशोधन[41] जेड. एच. लारी का अनुसूचित जाति को प्रदत्त आरक्षण समाप्त करने और बहुसदस्यीय निर्वाचन क्षेत्र में संचयी मत व्यवस्था के अन्तर्गत चुनाव कराए जाने के लिए था। लारी ने कहा कि उनके संशोधन का अर्थ केवल यह है कि दो या तीन या चार की संख्या, जैसा संसद निर्धारित करे, वाला बहुसदस्यीय निर्वाचन क्षेत्र होना चाहिए, ताकि अल्पसंख्यकों को अपने मतों का समूह बनाने की अनुमति मिले। यह समाधान कोई मुस्लिम लीग का मिश्रण नहीं है, बल्कि इसे बहुत पहले 1853 में बनाया गया था, जब इसकी वकालत मि. मार्शल द्वारा जॉन रसेल को लिखे अपने खुले पत्र 'माइनारिटीज एंड मेजारिटीज, देयर रिलेटिव राइट्स' में की गई।

तीसरा महत्त्वपूर्ण संशोधन[42] ठाकुर दास भार्गव की शब्दावली 'सीटों एवं मनोनयन के आरक्षण का प्रावधान संविधान लागू होने से दस वर्ष बाद समाप्त हो जाएगा' जोड़ने के लिए था। यद्यपि इसी तरह का प्रस्ताव एस. नागप्पा एवं एच. जे. खांडेकर का भी था। पहली नोटिस भार्गव के प्रस्ताव की मिलने के कारण सभाध्यक्ष ने इसे प्रस्तुत करने का अवसर दिया। किन्तु

सभाध्यक्ष ने टिप्पणी भी की कि समय के बाहर प्रस्तुत ऐसे किसी संशोधन को वह स्वीकार नहीं करेंगे जो पूरी तरह संशोधन का संशोधन नहीं है बल्कि मूल प्रावधान का संशोधन है। भार्गव ने अपने इस संशोधन को संशोधन का संशोधन बताते हुए प्रस्तुत किया। इसका समर्थन घनश्याम सिंह गुप्ता एवं जसपत राय कपूर ने किया और सभाध्यक्ष ने स्वीकार भी कर लिया।

रिपोर्ट दिनांक 11 मई, 1949 पर हुए आम बहस में एस. नागप्पा, नजीरुद्दीन अहमद, डॉ. एच. सी. मुखर्जी, बेगम एजाज रसूल, सैयद मुहम्मद सादुल्ला, जेरोम डिसूजा, जगत नारायण लाल, आर. के. सिधवा, प्रो. शिब्बन लाल सक्सेना, सरदार हुकुम सिंह, मोहम्मद इस्माइल साहिब, रोहिणी कुमार चौधरी, फ्रैंक आर. एंथोनी, जवाहरलाल नेहरू, तजामुल हुसैन, एल. एस. भाटकर, सरदार सोचेत सिंह, मौलाना हसरत मोहानी, महावीर त्यागी, बी. एच. जैदी ने भाग लिया।

इस विषय को लेकर वल्लभभाई पटेल के प्रति सदस्यों में किस तरह का भाव था, उसे एल. एस. भाटकर एवं एस. नागप्पा द्वारा व्यक्त किए गए विचार से समझा जा सकता है। अपने सम्बोधन में भाटकर ने कहा कि "सरदार पटेल जैसे सम्मानित एवं प्रतिष्ठित नेताओं का होना भारत के लिए सौभाग्य की बात है। उन्होंने ऐसी कठिन समस्याओं का पूर्ण समाधान दिया है, जिससे इस देश ने सामना किया। कुछ दिन पूर्व सभी लोग इसे असम्भव मानते थे कि भारत में साम्प्रदायिक एवं सामान्य प्रतिनिधित्व की व्यवस्था समाप्त हो पाएगी। सरदार पटेल ने इस असम्भव को समाप्त किया है और वस्तुत: साम्प्रदायिक प्रतिनिधित्व को खत्म कर दिया है, जिसके लिए सभी भारतीय उनके बहुत-बहुत आभारी रहेंगे।"[43] इसी तरह एस. नागप्पा ने सरदार पटेल को इस आश्चर्यजनक उपलब्धि के लिए बधाई देते हुए कहा कि "ब्रिटिश लोगों की बाँटने की नीति भारत पर हमेशा शासन करते रहने के उद्देश्य से अपनाई गई। जो पिछली दो शताब्दी में नहीं किया जा सका, उसे पिछले दो वर्ष में किया गया है। अब अल्पसंख्यक खुद ही आगे बढ़कर कहते हैं कि वे आरक्षण नहीं चाहते हैं। यह एक उपलब्धि है।"[44]

सैयद मुहम्मद सादुल्ला के अलावा आम बहस में भाग लेने वाले सभी सदस्यों ने मो. इस्माइल एवं लारी के संशोधन का विरोध किया और वल्लभभाई पटेल की भूरि-भूरि प्रशंसा करते हुए उनके प्रस्ताव का समर्थन किया। चूँकि विषय अल्पसंख्यकों के राजनीतिक आरक्षण की समाप्ति का है, इसलिए यहाँ अल्पसंख्यक समुदाय के सदस्यों के विचार का उल्लेख करना समीचीन है।

पटेल के उक्त प्रस्ताव का समर्थन करते हुए नजीरुद्दीन अहमद ने कहा कि "मुस्लिम सीट का आरक्षण वस्तुत: स्वयं मुसलमानों के लिए नुकसानदायक होगा।"[45] डॉ. एच. सी. मुखर्जी ने अपनी माँ के विचार का उल्लेख किया और कहा कि "वह मिंटो-मार्ले सुधार द्वारा राष्ट्रीय जीवन में लाए गए दरार के परिणाम की साक्षी थीं, जिसमें गैर-मुस्लिम को हमारे मुस्लिम भाइयों से अलग कर दिया गया था। उन्होंने मुझसे वादा लिया था कि यदि मैं कभी सार्वजनिक या राजनीतिक जीवन में आऊँ तो मुझे साम्प्रदायिक निर्वाचक मंडल को समाप्त करने के लिए खुद को हर तरीके से समर्पित करना चाहिए।"[46] बेगम एजाज रसूल ने भी कहा कि "उनके विचार से आरक्षण आत्मघाती हथियार है जो हमेशा के लिए अल्पसंख्यकों को बहुसंख्यक से अलग कर देगा। अभी भी भारत के समुदायों में पृथक्करणीय सोच विद्यमान है। इसे समाप्त होना चाहिए।"[47]

जबकि 24 मई, 1949 को रखे गए प्रस्ताव से असहमति व्यक्त करने वाले एकमात्र सदस्य सैयद मुहम्मद सादुल्ला ने मुस्लिमों के लिए आरक्षण का समर्थन किया। इस दौरान उन्होंने

आरोप लगाया कि "इसके लिए जिन डॉ. एच. सी. मुखर्जी के प्रस्ताव को आधार बनाया गया है, वह बड़े देशभक्त हैं और जैसा कि उन्होंने कहा है कि वह अल्कोहल एवं ड्रग के खात्मे के लिए बड़ा कार्य कर रहे हैं। वह इस पवित्र सभा के माननीय उपाध्यक्ष भी हैं, किन्तु मैं उन्हें मुसलमान के प्रतिनिधि के रूप में कभी नहीं जानता हूँ।"[48] सादुल्ला ने आगे कहा कि उन्हें केवल मुस्लिम सदस्यों से सलाह कर कोई निर्णय लेना चाहिए था, किन्तु इसकी प्रतीक्षा किए बिना केवल बेगम एजाज रसूल के समर्थन के आधार पर इस सदन में यह प्रस्ताव लाना उचित समझा गया कि मुसलमानों के लिए आरक्षण समाप्त हो जाना चाहिए।

पारसी समुदाय से आने वाले आर. के. सिधवा ने कहा कि "ऐसे किसी साम्प्रदायिक संगठन को मान्यता नहीं दी जानी चाहिए, जो अपने सदस्यों के लिए राजनीतिक अधिकार एवं सुविधा का उद्देश्य रखता है। सिधवा ने ईश्वर को धन्यवाद दिया कि इस संविधान के पूर्ण होने में देरी हुई। यदि ऐसा नहीं हो पाता, तो सीटों का आरक्षण अपने संविधान में धब्बा बना रहता।"[49] सरदार हुकुम सिंह ने भी कहा कि "यह सामान्य धारणा है कि पृथक् निर्वाचन क्षेत्र ने तमाम समुदायों के बीच दरार पैदा की। हमने इसकी परीक्षा दी है और अब हम सभी एक राष्ट्र के रूप में सौहार्दपूर्ण तरीके से रहना चाहते हैं।"[50] बेगम रसूल को लेकर सादुल्ला द्वारा लगाए गए आरोप का जवाब देते हुए मोहम्मद इस्माइल साहिब (यूनाइटेड प्राविंसेज) ने कहा कि "बेगम एजाज रसूल ने जब अपना मत दिया था, तो यह केवल उनका मत नहीं था, बल्कि उन्होंने ऐसा उन सभी लोगों की तरफ से किया था, जो उस बैठक में मौजूद थे। मैं नहीं कहता हूँ कि सर सैयद सादुल्ला उनसे सहमत थे, किन्तु वहाँ पर दस या बारह सदस्य मौजूद थे, जो इस बात पर सहमत थे कि आरक्षण को समाप्त करने के लिए उन्हें कदम उठाना चाहिए।"[51]

तजामुल हुसैन ने साहिब एवं लारी के संशोधन का विरोध करते हुए कहा कि "हम पहले भारतीय हैं और हम सभी भारतीय हैं व भारतीय बने रहेंगे। हम भारत के सम्मान एवं प्रतिष्ठा के लिए लड़ेंगे और इसके लिए मरेंगे। हम एकजुट हैं। हम भारतीयों में कोई बँटवारा नहीं होगा। एकजुट रहकर खड़े हैं, बँटकर गिरे हुए हैं। इसलिए हम आरक्षण नहीं चाहते हैं।"[52] हुसैन ने लारी की माँग को साहिब की पृथक् निर्वाचन क्षेत्र वाली माँग से ज्यादा बुरा बताते हुए लारी के लिए कहा कि इस तथ्य के बावजूद कि लारी ने हमेशा पाकिस्तान, पृथक् निर्वाचन क्षेत्र एवं सीटों के आरक्षण का खुलकर विरोध किया है, किन्तु अभी भी वह हीनभावना महसूस करते हैं। उन्हें हीनभावना से मुक्त होना चाहिए। यह देश अच्छाइयों के लिए बदलेगा।

मौलाना हसरत मोहानी ने मो. इस्माइल साहिब पर मुस्लिम लीग को जीवित करने की इच्छा रखने का आरोप लगाया और कहा कि "मुस्लिम लीग अब नहीं रह गया है। अब हम एक बार और हमेशा के लिए तय कर लें कि हम अब अपने बीच कोई साम्प्रदायिक पार्टी नहीं रखेंगे। यदि हमें सच्चा लोकतांत्रिक राज्य स्थापित करना है, तो किसी धार्मिक या साम्प्रदायिक पार्टी के लिए स्थान नहीं है।"[53] बी. एच. जैदी ने भी वल्लभभाई पटेल के प्रस्ताव का समर्थन किया। उन्होंने तजामुल हुसैन के उस वक्तव्य का भी जवाब दिया जिसमें कहा गया था कि 'इस देश में किसी को अल्पसंख्यक न रहने दिया जाए।' जैदी ने कहा कि "इस देश में केवल एक अल्पसंख्यक हैं, जो हमेशा रहे हैं, और जो सभी देशों में होते हैं, और आगे भी बने रहेंगे और यह अल्पसंख्यक हैं—अच्छे एवं न्यायप्रिय लोग, जो मानवीय एवं उदार सोच के होते हैं, और जो मानवजाति के उत्थान के लिए, एवं मानवता के विकास के लिए कार्य करते हैं। सरदार पटेल एवं भारत के प्रधानमंत्री एवं इस कुर्सी पर विराजमान आप महोदय एवं इस सदन के सदस्यगण

अल्पसंख्यक के अन्तर्गत आते हैं। यही अल्पसंख्यक हैं, जो देश में पवित्र लोकतंत्र एवं न्याय एवं प्रगति एवं मौलिक दृष्टिकोण की स्थापना के लिए खड़े हैं। यदि अल्पसंख्यकों को कोई भय है, तो वे अपने देश के सबसे अच्छे लोगों वाले इस यशस्वी एवं अविनाशी अल्पसंख्यक के साथ आ जाएँ और मिल लें।"[54]

इसके बाद सत्यनारायण सिन्हा के सुझाव पर आम बहस समाप्त कर दी गई और वल्लभभाई पटेल अपना जवाब देने के लिए खड़े हुए।

मुसलमानों एवं दूसरे अल्पसंख्यकों के लिए जनसंख्यानुसार आरक्षण की माँग का समर्थन करनेवाले मो. इस्माइल साहिब का जवाब देते हुए वल्लभभाई पटेल ने कहा—

> "यहाँ पर उनके लिए कोई स्थान नहीं है, जो पृथक् प्रतिनिधित्व का दावा करते हैं। मुख्य संशोधन के रूप में पहला संशोधन, जिसे 1947 के अगस्त सत्र में खारिज कर दिया गया है, पुन: इसी समूह द्वारा लाया गया। मुझे नहीं मालूम है कि इस देश में घटित इतने सारे प्रतिफल एवं अनुभव के बाद आज भी ऐसे संशोधन को आगे बढ़ाने के लिए क्या उनके अपने व्यवहार में कोई बदलाव आया है। किन्तु मैं यह जानता हूँ कि वे इस संशोधन को प्रस्तुत करने के लिए मुस्लिम लीग से आज्ञा प्राप्त किए हैं। मुझे इनके प्रति खेद है। ऐसी आज्ञा पर कार्य करने के लिए यह उचित स्थान नहीं है। आज यह अपनी अन्तरात्मा पर कार्य करने और देशहित में कार्य करने का स्थान है। एक समुदाय द्वारा यह सोचना कि उसका हित इस देश के हित से अलग है, जिसमें वह रहता है, एक बड़ी गलती है। मान लीजिए कि हम सीटों के आरक्षण पर आज राजी हो जाएँ, तो इस कदम से धर्मनिरपेक्ष एवं लोकतांत्रिक राज्य पर होने वाले परिणाम के कारण मैं खुद को मुस्लिम समुदाय का सबसे बड़ा दुश्मन मानूँगा। मुझे याद है, जब ये महानुभाव, जिन्होंने अन्तिम बार अगस्त 1947 में पृथक् निर्वाचन के लिए प्रस्ताव किया था, तब इन्होंने कहा था कि आज के मुसलमान बहुत मजबूत, ज्यादा घुले-मिले, ज्यादा संगठित अल्पसंख्यक हैं। बहुत अच्छा। एक अल्पसंख्यक जो देश का बँटवारा करने के लिए मजबूर कर सके, वह अल्पसंख्यक ही नहीं है। आप यह क्यों मानते हैं कि आप अल्पसंख्यक हैं? यदि आप मजबूत, ज्यादा घुले-मिले, ज्यादा संगठित अल्पसंख्यक हैं, तो आप सुरक्षा का दावा क्यों करना चाहते हैं, आप विशेषाधिकार का दावा क्यों करना चाहते हैं? जब तीसरा पक्ष था, तो यह सब ठीक था, किन्तु अब यह सब समाप्त हो गया है। वह स्वप्न एक विक्षिप्त स्वप्न था और उसे किसी भी तरीके से भूल जाना चाहिए।"[55]

आम बहस के दौरान बोलने वाले सदस्यों में केवल सैयद मुहम्मद सादुल्ला ने वल्लभभाई पटेल के प्रस्ताव पर आपत्ति की थी। सादुल्ला द्वारा उठाए गए सवाल का जवाब देते हुए पटेल ने आगे कहा—

> "जब डॉ. मुखर्जी ने प्रस्ताव पेश किया, तो यह बिहार के मि. तजामुल हुसैन थे, जो खड़े हुए और संशोधन पेश किया कि आरक्षण अवश्य ही समाप्त होना चाहिए। जब समिति में उनसे पूछा गया कि क्या उन्होंने मुस्लिम समुदाय के अन्य सदस्यों से परामर्श किया है, तो उन्होंने प्रान्तों के उन प्रतिनिधियों के विचारों एवं भावों का उल्लेख किया, जिनसे परामर्श लिया गया था। तब भी हम कोई आकस्मिक मत नहीं चाहते थे। मैंने

कहा था कि अल्पसंख्यक समुदाय के सभी सदस्यों से अपने क्षेत्र की सलाह लें कि वे वास्तव में क्या चाहते हैं। उसके चार महीने बाद हम मिले, और दुर्भाग्य से मि. सादुल्ला उपस्थित नहीं थे या वह उपस्थित नहीं हुए और इसलिए जो उनके विचार थे, उन्हीं के पास रह गए। उन्होंने अपने विचारों को हम तक पहुँचाया भी नहीं।

"कुछ लोग हैं, जिन्होंने हमेशा बँटवारे के लिए कार्य किया, जो जीवनपर्यन्त दावा करते रहे हैं कि दोनों देश अलग-अलग हैं और फिर भी यहाँ शेष देश का प्रतिनिधित्व करने का दावा करते हैं। मुझे आश्चर्य है कि मि. सादुल्ला अब इस देश के मुसलमानों का प्रतिनिधित्व करने का दावा करते हैं। ऐसा वह कैसे कर सकते हैं? मुझे हैरानी है कि वह दावा करते हैं। मैं मुसलमानों का प्रतिनिधित्व उनकी तुलना में ज्यादा बेहतर करता हूँ। वह अपने जीवनपर्यन्त जिन तरीकों को मानते रहे हैं, उनका अनुकरण करके वह कभी नहीं कर सकते हैं। उन्हें अपने को बदलना होगा। वह कहते हैं कि वह आरक्षण से आकर्षित नहीं हैं, आसाम इसे नहीं चाहता है। तब इसे कौन चाहता है? वह कहते हैं कि यदि इस सदन में अल्पसंख्यक का मत ले लिया जाए या यदि मुसलमान उनके प्रस्ताव के खिलाफ हैं, तो वह निर्णय को स्वीकार कर लेंगे। ठीक है, उन्होंने इस सदन में मुसलमानों के विचार को सुना है। तब उन्हें अपना विचार बनाने दें।"[56]

दूसरा संशोधन जेड. एच. लारी का बहुसदस्यीय निर्वाचन क्षेत्र में संचयी मत व्यवस्था के अन्तर्गत चुनाव कराए जाने के लिए था। उनके इस संशोधन का भी सरदार पटेल ने जवाब दिया। पटेल के शब्दों में––

"अपने मित्र मि. लारी ने एक अन्य संशोधन प्रस्तुत किया है। वह कहते हैं कि समिति का सोच सही है। मुझे खुशी है कि वह यह स्वीकारते हैं। किन्तु जब मि. लारी कहते हैं कि हमें आनुपातिक प्रतिनिधित्व प्रणाली को अवश्य शामिल करना चाहिए, मैं उनसे कहना चाहता हूँ कि यह कोई नई बात नहीं है। इसका जन्म आयरलैंड में हुआ था और अब यह स्विट्जरलैंड एवं अन्य कुछ देशों में प्रचलित है। मैं मि. लारी को ध्यान दिलाता हूँ कि आयरलैंड यूनाइटेड प्राविंसेज के किसी एक जिला जितना भी नहीं है। अकेले गोरखपुर जिला आयरलैंड से बड़ा है। हमारा यह देश बड़ी जनसंख्या वाला देश है। हमने यहाँ बालिग मत प्रणाली स्वीकार की है, जहाँ इतनी ज्यादा अशिक्षा है। बड़ा देश है। प्रत्यक्ष मत वाली यह सामान्य प्रणाली ही भय पैदा कर रही है। यदि तब ऐसा है तो इस तरह की जटिलता को शामिल करना आसान नहीं है। इस संविधान में इस तरह की जटिलता को शामिल करना बहुत खतरनाक है। इसलिए यदि वह इससे सन्तुष्ट हैं कि आरक्षण बुरा है तो वह पिछले दरवाजे से इसे वापस लाने का प्रयास न करें। इसे वैसा ही छोड़ दें, जैसा यह है।"[57]

उक्त सम्बोधन के बाद संविधान-सभा ने मो. इस्माइल व जेड. एच. लारी के संशोधनों को अस्वीकार कर और ठाकुर दास भार्गव के संशोधन को स्वीकार कर वल्लभभाई पटेल के यथासंशोधित प्रस्ताव को 26 मई, 1949 को अंगीकृत कर लिया।

इसके उपरान्त 23 अगस्त, 1949 को डॉ. बी. आर. आंबेडकर ने प्रारूप अनुच्छेद 292 को बदलने के लिए संशोधन[58] प्रस्तुत किया। नया अनुच्छेद 292 अब केवल अनुसूचित जाति एवं अनुसूचित जनजाति के पक्ष में विधायिका की सीटों को आरक्षित करने का प्रस्ताव करता

था। इस दौरान डॉ. आंबेडकर ने केवल यह कहा कि नया प्रावधान परामर्श समिति के निर्णय पर आधारित है। इस पर स्पष्टीकरण की कोई आवश्यकता नहीं है। डॉ. आंबेडकर के इस नये प्रावधान के सम्बन्ध में प्रो. निबरन चन्द्र लस्कर, जसपत राय कपूर, हुकुम सिंह, वी. आई. मुनिस्वामी पिल्लई ने एक-एक और ठाकुर दास भार्गव ने तीन संशोधन प्रस्तुत किए। इस पर हुई संक्षिप्त आम बहस में कुलाधर चालिहा, जयपाल सिंह, जे. जे. एम. निकोल्स रॉय ने भाग लिया और अन्त में डॉ. आंबेडकर ने जवाब दिया। लस्कर एवं पिल्लई ने अपने संशोधन वापस ले लिए और बाकी पाँच संशोधनों को संविधान-सभा ने अस्वीकार कर डॉ. आंबेडकर के प्रस्तावित अनुच्छेद 292 (नियमित अनुच्छेद 330) का नया प्रावधान 24 अगस्त, 1949 को अंगीकृत कर लिया।

अगले दिन डॉ. आंबेडकर ने एक नया अनुच्छेद 295-क (नियमित अनुच्छेद 331) जोड़ने के लिए संशोधन[59] प्रस्तुत किया। इस नये अनुच्छेद के माध्यम से अनुसूचित जाति एवं अनुसूचित जनजाति के पक्ष में विधायिका के सीटों के आरक्षण को दस वर्ष की अवधि के लिए सीमित किया गया था। यह प्रस्ताव भी परामर्श समिति के निर्णय पर आधारित था। इस नये प्रावधान के सम्बन्ध में युधिष्ठिर मिश्रा, एस. नागप्पा, वी. आई. मुनिस्वामी पिल्लई, डॉ. मनमोहन दास, नजीरुद्दीन अहमद, ठाकुर दास भार्गव एवं टी. टी. कृष्णमाचारी ने एक-एक संशोधन प्रस्तुत किए। ठाकुर दास भार्गव का संशोधन[60], उक्त समयसीमा एंग्लो-इंडियन पर भी लागू करने हेतु नया खंड (2) जोड़ने के लिए और टी. टी. कृष्णमाचारी का संशोधन[61] नया परन्तुक जोड़ने के लिए था। यह परन्तुक कहता था कि अनुच्छेद 292 की कोई बात प्रतिनिधित्व को प्रभावित नहीं करेगी, जब तक कि मौजूदा विधायिका विघटित न हो जाए। इस पर हुए संक्षिप्त आम बहस में चन्द्रिका राम, जगत नारायण लाल, उपेन्द्रनाथ बर्मन, यदुबंश सहाय ने भाग लिया और अन्त में डॉ. आंबेडकर ने जवाब दिया। तत्पश्चात युधिष्ठिर मिश्रा, एस. नागप्पा, वी. आई. मुनिस्वामी पिल्लई एवं नजीरुद्दीन अहमद ने अपने-अपने संशोधन प्रस्ताव वापस ले लिए। अन्त में संविधान-सभा ने डॉ. मनमोहन दास के संशोधन को अस्वीकार कर और ठाकुर दास भार्गव एवं टी. टी. कृष्णमाचारी के संशोधन को स्वीकार कर डॉ. आंबेडकर के प्रस्तावित अनुच्छेद 295-क का यथासंशोधित प्रावधान (नियमित अनुच्छेद 331) 25 अगस्त, 1949 को अंगीकृत कर लिया।

संसद की सदस्यता के लिए अर्हता

संसद के सदस्यों की अर्हता के बारे में नया अनुच्छेद 68-क जोड़ने के लिए डॉ. बी. आर. आंबेडकर ने 18 मई, 1949 को संशोधन[62] प्रस्तुत किया। इसके अनुसार एक व्यक्ति संसद का सदस्य बनने के लिए तब तक अर्ह नहीं होगा जब तक—

(क) वह भारत का नागरिक न हो।
(ख) उसकी आयु राज्यसभा की स्थिति में पैंतीस वर्ष और लोकसभा की स्थिति में पचीस वर्ष से कम न हो; और
(ग) वह संसद द्वारा इस सम्बन्ध में बनाए गए कानून के अन्तर्गत निर्धारित अर्हता न रखता हो।

उक्त नये प्रारूप प्रावधान को प्रस्तुत करते हुए डॉ. आंबेडकर ने कहा कि "इस अनुच्छेद के अन्तर्गत यह प्रस्तावित किया गया है कि प्रत्याशी होने के लिए मतदाता होना एक अर्हता

तो है ही, किन्तु जो मतदाता प्रत्याशी बनना चाहते हैं, उनको कुछ अतिरिक्त योग्यता भी रखनी होगी। यह सभा इस बात पर सहमत होगी कि यह आवश्यक है कि एक प्रत्याशी को, जो विधायिका में सेवा देना चाहता है, मतदाताओं की तुलना में कुछ ज्यादा योग्यता रखनी चाहिए। सदन में उन्हें जो कार्य करने होते हैं, वे कुछ अनुभव, कुछ ज्ञान, वैश्विक मामलों में कुछ व्यावहारिक अनुभव की माँग करते हैं। यदि इन अतिरिक्त योग्यता को स्वीकार कर लेते हैं, तो हम ऐसे उत्तम प्रत्याशी का चयन कर सकेंगे, जो एक सामान्य मतदाता की तुलना में सदन की सेवा करने में ज्यादा सक्षम हो।"

उक्त प्रारूप प्रावधान के सम्बन्ध में एकमात्र संशोधन[63] श्रीमती जी. दुर्गाबाई का था, जिसके माध्यम से राज्यसभा के लिए निर्धारित आयु को 35 वर्ष से घटाकर 30 वर्ष करने की माँग की गई। उनका तर्क था कि कुछ समय पहले तक यह माना जाता था कि आयु व्यक्ति में बौद्धिकता लाती है। किन्तु नई परिस्थितियों में हम पाते हैं कि हमारे लड़के एवं लड़कियाँ कालपूर्व ज्यादा प्रौढ़ हैं और अपनी जवाबदेही को लेकर ज्यादा जागरूक हैं। बौद्धिकता आयु पर निर्भर नहीं रह गई है। शैक्षणिक पाठ्यक्रम अब इतने व्यापक हैं कि ये उन्हें बहुत अच्छी तरह से नागरिक अधिकार एवं कर्तव्य के बारे में शिक्षित करते हैं। हमारे प्रधानमंत्री 40 वर्ष की आयु के पूर्व ही कांग्रेस के अध्यक्ष हो गए थे और पिट्ट जब इंग्लैंड के प्रधानमंत्री बने तो भी वह मात्र 24 वर्ष के थे। इसलिए हमें भयभीत होने का कोई कारण नहीं दिखता है कि चूँकि एक व्यक्ति केवल 30 वर्ष का है, तो वह राज्य से सम्बन्धित कार्य करने में सक्षम नहीं होगा।"

आम बहस के दौरान एच. वी. कामथ ने श्रीमती जी. दुर्गाबाई के संशोधन का समर्थन किया। कामथ ने दुर्गाबाई के कथन कि बुद्धिमत्ता आयु पर निर्भर नहीं होती है, का उल्लेख करते हुए कहा कि "वह इस बात पर भी सहमत होंगी कि यह लिंग से भी निरपेक्ष होता है। यह संविधान लिंग के आधार पर भेदभाव नहीं करता है और आशा है कि गार्गी, मैत्रेयी और उभयभारती जैसी दार्शनिक महिला की अपनी परम्परा के साथ बुद्धिमत्ता लिंग के खिलाफ भेदभाव नहीं करेगी।"[64] दोनों सदनों के लिए उम्र-सीमा एक समान 21 वर्ष करने की वकालत करते हुए कामथ ने आगे कहा कि "अनुच्छेद 55(3) के अन्तर्गत उपराष्ट्रपति की आयु कम से कम 35 वर्ष होना आवश्यक है। यदि हम राज्यसभा के लिए आयु-सीमा घटाकर 30 वर्ष कर देते हैं तो इसका प्रभाव यह होगा कि यदि एक सदस्य 35 वर्ष से कम होगा तो वह उपराष्ट्रपति का पद धारण नहीं कर सकता है। यह एक विसंगति है, जो बहुत ही खतरनाक है।"

प्रो. शिब्बन लाल सक्सेना ने भी प्रारूप प्रावधान से नाखुशी जाहिर करते हुए कहा कि "300 मिलियन का हमारा देश कालपूर्व परिपक्व हो चुके ऐसे युवाओं का निर्माण कर रहा है, जो 25 वर्ष से पूर्व उच्च पदों की जिम्मेदारी निभाने की योग्यता रखते हैं। इन्हें इस अवसर से वंचित नहीं किया जाना चाहिए।" प्रो. सक्सेना ने खंड (ग) के प्रावधान को बहुत खतरनाक बताते हुए कहा कि "इसकी आड़ में संसद ऐसे निर्बन्धन लगा सकता है, जो सत्तासीन पार्टी को विरोधियों को हराने में सक्षम बनाए। प्रत्याशियों की अर्हता को साधारण बहुमत से तय करने के लिए संसद को दी जा रही यह शक्ति बहुत खतरनाक है।"[65] तजामुल हुसैन ने भी प्रो. सक्सेना के इस विचार का समर्थन किया और कहा कि वरिष्ठता आयु से नहीं बल्कि बुद्धिमत्ता से आती है। किन्तु चूँकि ऐसा कोई संशोधन प्रस्ताव नहीं है, इसलिए वह श्रीमती दुर्गाबाई के संशोधन का समर्थन करते हैं।[66] महबूब अली बेग साहिब बहादुर ने डॉ. आंबेडकर द्वारा प्रस्तुत प्रावधान को खतरनाक और लोकतांत्रिक सिद्धान्त के विरुद्ध बताया। उनका तर्क था कि "आपने उन परिस्थितियों को रेखांकित नहीं किया है, जिनको लेकर अयोग्यता का कानून बनाया जाए, जैसा कि हमने मतदाताओं के

मामले में किया है। इसलिए एक प्रतिक्रियावादी संसद, एक पूँजीवादी संसद कानून बनाकर कह सकता है कि एक व्यक्ति को चुनाव में खड़े होने के लिए आवश्यक है कि उसके पास 5000 एकड़ भूमि हो या आयकर के रूप में वह एक लाख रुपये देता हो।"[67]

टी. टी. कृष्णमाचारी ने कामथ के सवाल का जवाब दिया और कहा कि "उपराष्ट्रपति की आयु 35 वर्ष इसलिए निर्धारित की गई है, क्योंकि अनुच्छेद 47 के अन्तर्गत राष्ट्रपति की आयु 35 वर्ष है। चूँकि उपराष्ट्रपति से अपेक्षा है कि रिक्त होने पर वह राष्ट्रपति का पद धारण करे, इसलिए यह व्यवस्था अपनाई गई है। उपराष्ट्रपति के लिए 35 वर्ष का निर्धारण बिलकुल दूसरे कारण से है। इसलिए यदि राज्यसभा के सदस्यों की न्यूनतम आयु 35 वर्ष से कम है तो, इसमें कोई विसंगति नहीं है।"[68] उन्होंने श्रीमती दुर्गाबाई के संशोधन से पुनर्संशोधित डॉ. आंबेडकर के संशोधन का समर्थन किया।

इसके बाद डॉ. बी. आर. आंबेडकर ने श्रीमती दुर्गाबाई के संशोधन को स्वीकार कर लिया। अपने संक्षिप्त जवाब में उन्होंने कहा कि "ऐसा होने के बाद यह प्रावधान अनुच्छेद 52 एवं 155 के प्रावधान से असंगत हो जाएगा क्योंकि प्रान्तीय ऊपरी सदन के सदस्य और उपराष्ट्रपति के लिए आयु-सीमा 35 वर्ष निर्धारित की गई है। फिर भी यह बहुत मायने नहीं रखेगा। यह अभी भी इस सदन के लिए खुला होगा कि वह यदि चाहे तो आयु-सीमा को एक समान कर ले।"[69]

अन्त में सभाध्यक्ष डॉ. राजेन्द्र प्रसाद ने भी विचार व्यक्त किया कि "हमने इस देश में किसी व्यक्ति को एक न्यायाधीश पद पर नियुक्त होने के लिए उच्च योग्यता निर्धारित की है। इन्हें विधायिका द्वारा पारित कानून का निर्वचन करना है। हम यह भी जानते हैं कि उनको भी उच्च योग्यता धारण करना आवश्यक है, जिनसे कानून का निर्वचन करने के लिए न्यायाधीशों को सहयोग देने की अपेक्षा होती है। किन्तु ऐसा लगता है कि कुछ सदस्यगण इस विचार के हैं कि एक ऐसे व्यक्ति के लिए, जिन्हें कानून बनाना है, किसी तरह की योग्यता आवश्यक नहीं है और यदि हम पूरी हद तक चले जाएँ तो बिना किसी योग्यता वाले व्यक्तियों से बनी विधायिका ऐसा कुछ पारित करे जो मूर्खतापूर्ण हो, तो इन विधिवक्ताओं एवं न्यायाधीशों की विद्वत्ता से ऐसे कानून के निर्वचन की अपेक्षा की जाएगी। यह एक विसंगति है।"[70]

तत्पश्चात संविधान-सभा ने श्रीमती दुर्गाबाई के संशोधन को स्वीकार कर अनुच्छेद 68-क का यथासंशोधित प्रावधान (नियमित अनुच्छेद 84) अंगीकृत कर लिया।

संसद की कार्यवाही : आहूत करने की शक्ति अध्यक्ष को नहीं

प्रारूप संविधान का अनुच्छेद 69 सदन के सत्र, सत्रावसान एवं विघटन के बारे में था। इसका खंड (1) कहता था कि संसद के सदन को प्रत्येक वर्ष कम-से-कम दो बार बैठक के लिए आहूत किया जाएगा और उसके एक सत्र की अन्तिम बैठक और आगामी सत्र की प्रथम बैठक के लिए तय तारीख के बीच छह महीने का अन्तर नहीं होगा। तीन उपखंडों वाले प्रारूप खंड (2) का उपखंड (क) सदनों को आहूत करने के बारे में; उपखंड (ख) सदनों के सत्रावसान के बारे में; और उपखंड (ग) लोकसभा के विघटन के बारे में था।

एच. वी. कामथ का संशोधन[71] खंड (1) में प्रयुक्त शब्द 'दो बार' के स्थान पर 'तीन बार' रखने के लिए था। मसौदा समिति पर भारत शासन अधिनियम, 1935 के प्रावधान की शब्दश: नकल करने का आरोप लगाते हुए कामथ ने कहा कि "मुझे भय है कि जब अनुच्छेद 69 का यह प्रावधान मसौदा समिति द्वारा बनाया जा रहा था तो उसके सदस्य भारत शासन अधिनियम, 1935 के भयानक स्वप्न के प्रभाव से मुक्त नहीं हो पाए थे। प्रारूप संविधान को

विचारार्थ प्रस्तुत करते समय डॉ. आंबेडकर ने यह स्वीकार किया था कि इस संविधान पर ज्यादातर भारत शासन अधिनियम, 1935 का प्रभाव है और यह बुद्धिमत्तापूर्ण है। किन्तु यहाँ एक वर्ष में कम से कम दो बार संसद बुलाने की व्यवस्था की भारत शासन अधिनियम से पूरी तरह नकल कर ली गई है और बिना इस पर विचार किए शब्दश: नकल कर ली गई है कि आजाद भारत के संसद पर क्या अतिरिक्त कर्तव्य और जिम्मेदारी आई है या आने वाली है?...प्रो. के. टी. शाह ने उक्त प्रावधान के सम्बन्ध में सात संशोधन प्रस्तुत किए। इनमें से एक संशोधन[72] यह था कि यदि राष्ट्रपति संविधान में निर्धारित समयसीमा के अन्दर संसद के सदनों को नहीं बुलाता है तो लोकसभा के अध्यक्ष और राज्यसभा के सभापति को अपना-अपना सदन बुलाने की शक्ति प्राप्त होगी। उनका तर्क था कि राष्ट्रपति द्वारा नहीं बुलाए जाने जैसी विशेष परिस्थिति से निपटने के लिए हमारे पास कुछ न कुछ वैकल्पिक व्यवस्था होनी ही चाहिए।

आम बहस में आर. के. सिधवा, तजामुल हुसैन एवं प्रो. शिब्बन लाल सक्सेना ने भाग लिया। इन सभी माननीय सदस्यगणों ने संसद के सत्र की संख्या के सम्बन्ध में लाए गए उक्त संशोधनों का समर्थन किया। सिधवा ने विचार दिया कि "जनता के सच्चे प्रतिनिधियों के छह सौ सदस्यीय सदन को यदि आप केवल दो सत्र ही बुलाएँगे तो यह सदन जनता की सेवा करने का अवसर नहीं पा सकेगा।"[73]

इस तरह संविधान-सभा का पूरा माहौल एच. वी. कामथ के संशोधन के पक्ष में था। किन्तु प्रारूप प्रावधान का बचाव करते समय डॉ. आंबेडकर के आत्मविश्वास का स्तर कितना मजबूत होता था, इसको उनके तर्कों से समझा जा सकता है। संशोधनों को अस्वीकार करते हुए डॉ. आंबेडकर ने कहा—

> "मुझे ऐसा दिखता है कि न तो प्रो. शाह और न ही श्री कामथ वे कारण समझ सके हैं कि क्यों इन खंडों को पहली बार भारत शासन अधिनियम में शामिल किया गया था। वे महसूस करेंगे कि 1935 का कानून पारित करते समय जो राजनीतिक वातावरण था, वह अब के वातावरण से सर्वथा भिन्न था। 1935 में जो वातावरण था, उसमें कार्यपालिका विधान-मंडल को टाला करती थी। वस्तुत: उस समय विधान-मंडल को मूलत: राजस्व संग्रह के उद्देश्य से बुलाया जाता था। यह केवल बजट के लिए बैठता था और कर एवं राजस्व से सम्बन्धित आर्थिक प्रस्तावों पर विधान-मंडल की स्वीकृति प्राप्त करने के बाद कार्यपालिका इस बात के लिए उत्सुक नहीं होती थी कि वह विधान-मंडल को इस बात के लिए अनुमति दे कि वह दिन-प्रतिदिन के प्रशासनिक कार्यों को लेकर सवाल खड़ा करे या सामाजिक शिकायतों को दूर करने के लिए कानून प्रस्तुत करे।"[74]

बीच में हस्तक्षेप करते हुए तजामुल हुसैन ने पूछा कि "इसके लिए कौन उत्तरदायी था?"

डॉ. आंबेडकर ने जवाब दिया कि उस समय की कार्यपालिका की मनोवृत्ति ऐसे आचरण के लिए उत्तरदायी थी, जो विधायिका की बैठक नहीं बुलाना चाहती थी ताकि उसका और उसके प्रशासन का परीक्षण विधायिका द्वारा न किया जा सके।"

लोकतंत्र के बदले माहौल को प्रारूप प्रावधान के साथ जोड़ते हुए डॉ. आंबेडकर ने आगे कहा—

> "यह सोचा गया कि जैसा कि 1935 के पूर्व होता था, वही बात आगे भी हो तो लोकप्रिय सरकार के लिए उपहास होगी। केवल राजस्व के लिए विधान-मंडल को

बुलाना और संक्षिप्त रूप से विघटित कर देना और उसे प्रश्नोत्तर या विधायी कार्य के माध्यम से प्रशासन में सुधार करने के समस्त न्यायपूर्ण अवसरों से वंचित कर देना लोकतंत्र का उपहास है। इसे रोकने के लिए 1935 के कानून में यह खंड रखा गया था। अब वातावरण सवर्था बदल गया है और मैं नहीं सोच सकता कि अब कोई भी कार्यपालिका विधायिका के प्रति इस तरह का कठोर व्यवहार करने में समर्थ हो सकेगी। इसलिए हमने सोचा कि सावधानी के उपाय के रूप में इस खंड को संविधान में भी बनाए रखना चाहिए।

"मेरे मित्र श्री कामथ और प्रो. शाह समझते हैं कि यह पर्याप्त नहीं है। वे और भी अधिक बार सत्र चाहते हैं। यह खंड विधायिका को उससे ज्यादा बार बुलाने से नहीं रोकता है। बल्कि मुझे भय है कि संसद के इतने सत्र होंगे और इतने लम्बे होंगे कि कदाचित संसद के सदस्य इन सत्रों के कारण थक न जाएँ। इसका कारण यह है कि सरकार जनता के प्रति उत्तरदायी है। यह केवल सुशासन के लिए ही नहीं, बल्कि अपनी पार्टी के कार्यक्रमों को लागू करने हेतु आवश्यक विधायी कार्यों को पूरा करने के लिए जनता के प्रति उत्तरदायी है।

"इसी तरह कई निजी सदस्य भी होंगे जो अपनी धुन या छोटी-मोटी कल्पनाओं को पूरा करने के लिए कानून बनवाना चाहेंगे। इसके अलावा एक और कारण है जो कार्यपालिका को ज्यादा बार विधायिका बुलाने के लिए बाध्य कर सकता है। मेरे विचार में कर-सम्बन्धी कानूनों, अनुदानों की माँगों और पूरक अनुदानों को पारित कराने का प्रश्न भी एक बहुत बड़ा कारण है, जो यह तय करेगा कि विधायिका को कितनी बार बुलाया जाए। इसलिए मेरा सदन से निवेदन है कि जो हमने उपबन्ध किया है वह न्यूनतम के रूप में पर्याप्त है। जहाँ तक अधिकतम का सवाल है यह हमेशा खुला है।"[75]

राष्ट्रपति द्वारा सदन नहीं बुलाने पर लोकसभा अध्यक्ष और राज्यसभा के सभापति को शक्ति देने सम्बन्धी प्रो. शाह के संशोधन का विरोध करते हुए डॉ. बी. आर. आंबेडकर ने आगे कहा—

"प्रो. शाह अपने संशोधन के माध्यम से अनुच्छेद 67 (2)(क) में से शब्द 'किसी सदन' हटाना चाहते हैं। मैं उनके तर्क को नहीं समझ पाया। वे गलती होने पर मुझे सुधार देंगे। ऐसा लगता है कि वे धारणा रखते हैं कि चूँकि ऊपरी सदन का विघटन नहीं हो सकता, इसलिए राष्ट्रपति के लिए यह आवश्यक नहीं है कि वह उसे कार्य करने के लिए आहूत करे। मुझे लगता है कि दोनों स्थितियों में बहुत अन्तर है। भले ही इस सदन को विघटित करने की आवश्यकता न हो, किन्तु उस सदन को कार्य करने के लिए आहूत करने का काम फिर भी रहता है। सदन यहाँ दिल्ली में प्रत्येक दिन 24 घंटे और वर्ष के बारहों महीने नहीं बैठा रहेगा। उसे आहूत करना पड़ेगा और आहूत करने पर सदस्यगण आएँगे। इसलिए ऊपरी सदन को बुलाने की व्यवस्था उसी तरह अवश्य ही होनी चाहिए, जिस तरह निचले सदन के लिए है।

"प्रो. शाह के अन्य दो संशोधनों का सार यह है कि यदि राष्ट्रपति सामान्य काल में या आपातकाल में भी संसद आहूत करने के अपने कर्तव्य निर्वहन में असफल हो जाए,

तो ऐसी स्थिति में निचले सदन को आहूत करने की शक्ति लोकसभा अध्यक्ष के पास और ऊपरी सदन को आहूत करने की शक्ति सभापति या उपसभापति के पास होनी चाहिए। यदि प्रो. शाह ऐसी धारणा रखते हैं, तो मुझे लगता है कि वह पूरी स्थिति को गलत समझे हैं। पहली बात कि मैं नहीं समझता हूँ कि क्यों राष्ट्रपति अपने उस कर्तव्य का निर्वहन नहीं करेगा, जो कानून उसमें निहित करता है। यदि प्रधानमंत्री राष्ट्रपति से संसद आहूत करने का सुझाव देता है और राष्ट्रपति किन्हीं कारणों से, मर्यादाहीनता के कारण या चंचलता के कारण आहूत करने से मना करता है तो इस संविधान में ऐसे राष्ट्रपति को हटाने के लिए महाभियोग का बहुत अच्छा उपचार हैं। किन्तु यदि हम प्रो. शाह के सुझाव को स्वीकार कर लेते हैं तो एक और समस्या खड़ी हो जाएगी। मान लीजिए कि राष्ट्रपति किसी उचित कारण से संसद को नहीं बुलाता है और लोकसभा अध्यक्ष एवं राज्यसभाध्यक्ष संसद को बुला लेते हैं, तो क्या होगा? यदि राष्ट्रपति संसद को नहीं बुलाता है तो इसका मतलब कि सरकार के पास कोई कार्य नहीं है, जिसे वह सदन के समक्ष रख सके। क्योंकि वही एक आधार है जिस पर राष्ट्रपति प्रधानमंत्री की मंत्रणा पर सभा का सत्र बुलाएगा। अब लोकसभा अध्यक्ष एवं राज्यसभाध्यक्ष सभा के लिए कार्य तो नहीं पैदा करेगा। विधायिका के लिए कार्य कार्यपालिका को ही देना है यानी प्रधानमंत्री की सलाह पर राष्ट्रपति को संसद बुलाना है। इसलिए बिना कार्य करने की व्यवस्था बनाए केवल लोकसभा अध्यक्ष एवं राज्यसभाध्यक्ष को सदन आहूत करने की शक्ति देना मेरे विचार से व्यर्थ की बात होगी।"[76]

तत्पश्चात संविधान-सभा ने एच. वी. कामथ एवं प्रो. के. टी. शाह के सभी संशोधनों को अस्वीकार कर प्रारूप अनुच्छेद 69 (नियमित अनुच्छेद 84) अंगीकृत कर लिया।

सदन का विघटन : राष्ट्रपति के अधिकार का सवाल

प्रो. के. टी. शाह ने प्रारूप अनुच्छेद 69 के खंड (2) के उपखंड (ग) के सम्बन्ध में एक संशोधन[77] यह प्रस्तुत किया कि यदि प्रधानमंत्री सामान्य अवधि पूर्ण होने से पूर्व लोकसभा का विघटन करने की सलाह देता है तो वह ऐसा लिखित रूप से विघटन के कारणों को बताकर करेगा।

उक्त संशोधन ऊपर-ऊपर से देखने पर उचित-सा लगता है। इसलिए यह समझा जा सकता है कि इसे स्वीकार कर लेने में कुछ कठिनाई नहीं होनी चाहिए। किन्तु इस संशोधन को अस्वीकार करने के लिए डॉ. बी. आर. आंबेडकर ने जो तर्क दिया, वह प्रारूप प्रावधान में निहित सिद्धान्त को व्यावहारिक बनाने के लिए बहुत ही उपयोगी है। डॉ. आंबेडकर का प्रयास होता था कि वह उठाए गए सवाल से सम्बन्धी सभी पहलुओं के बारे में सभा के सदस्यों को अवगत कराएँ, ताकि सदस्यों के समक्ष उठाए गए विषय को लेकर स्थिति स्पष्ट हो और उन्हें निर्णय लेने में आसानी हो। विघटन के सिद्धान्त का उल्लेख करते हुए डॉ. आंबेडकर ने कहा—

"प्रो. शाह के अन्तिम संशोधन सं. 1482 का उद्देश्य यह है कि राष्ट्रपति तब तक सदन का विघटन नहीं करेगा, जब तक कि प्रधानमंत्री लिखित में कारण न बताए। मैं नहीं जानता कि इन बातों में क्या अन्तर है कि प्रधानमंत्री राष्ट्रपति के पास जाकर कहे कि सदन को विघटित कर देना चाहिए और प्रधानमंत्री पत्र में लिखे कि सदन को विघटित कर देना चाहिए। प्रो. शाह यह नहीं बता पाए कि वह ऐसा करके क्या

उद्देश्य प्राप्त करना चाहते हैं। इसलिए मैं कोई टिप्पणी करने में असमर्थ हूँ। यदि प्रो. शाह का उद्देश्य यह है कि प्रधानमंत्री द्वारा मनमाने तरीके से विघटन के लिए नहीं कहा जाना चाहिए, तो मैं सोचता हूँ कि यदि विघटन से सम्बन्धित परम्परा को ठीक से समझ लिया जाए तो उद्देश्य पूरा हो जाएगा।

"जहाँ तक मैं समझ पाया हूँ कि राजा को संसद विघटित करने का अधिकार है। वह सामान्यत: प्रधानमंत्री की सलाह पर उसका विघटन करता है, किन्तु एक समय जब मैकाले ने इंग्लिश इतिहास लिखा था, जहाँ उसने संसद के विघटन का सिद्धान्त प्रतिपादित किया था, स्थिति यह थी कि सभी राजनीतिज्ञ सहमत थे कि परम्परा के अनुसार उस समय राजा, संसद को विघटित करने की प्रधानमंत्री की सलाह मानने के लिए बाध्य नहीं था। राजा, यदि चाहे, तो विपक्ष के नेता से पूछ सकता था कि क्या वह आगे आकर सरकार बनाने के लिए तैयार है, ताकि उस प्रधानमंत्री को, जो सदन का विघटन चाहता है, पदच्युत किया जा सके और विपक्ष के नेता द्वारा बिना सदन का विघटन किए, उसी संसद के साथ सरकारी कामकाज सँभाला जा सके। राजा को यह भी अधिकार था कि वह सदन से ऐसे अन्य सदस्य को ढूँढ़े, जो सदन का विघटन किए बिना प्रशासन के कामकाज को चलाने के लिए तैयार हो। यदि राजा शासन का उत्तरदायित्व स्वीकार करने और प्रशासन को सँभालने के लिए विपक्ष के नेता या ऐसे किसी संसद के सदस्य को राजी करने में असफल होता है तो वह सदन का विघटन करने के लिए बाध्य था। इसी तरह भारत संघ का राष्ट्रपति सदन की भावनाओं का परीक्षण करेगा कि क्या सदन सहमत है कि उसका विघटन होना चाहिए या सदन इस बात पर सहमत है कि बिना विघटन के किसी दूसरे नेता के साथ कामकाज चलाया जाए। यदि वह पाता है कि विघटन के अलावा और कोई विकल्प नहीं है, तो वह संवैधानिक प्रमुख होने के नाते नि:सन्देह सदन को विघटित करने की प्रधानमंत्री के सलाह को स्वीकार करेगा।

"इसलिए मुझे ऐसा प्रतीत होता है कि इस बात पर कि लिखित में एक दस्तावेज, जिस पर प्रधानमंत्री सदन के विघटन के लिए कारण बताए, के होने पर बल देना व्यर्थ-सा दिखाई देता है और उसका मूल्य उस कागज के बराबर भी नहीं है, जिस पर वह लिखा गया है। राष्ट्रपति के पास सदन की भावनाओं का परीक्षण करने और यह पता करने के और भी तरीके है कि प्रधानमंत्री सदन के विघटन की माँग सच्चे कारणों से कर रहा है या केवल दलगत हित के लिए कर रहा है। मैं सोचता हूँ कि हम राष्ट्रपति पर विश्वास कर सकते हैं कि वह पार्टी के नेताओं और सम्पूर्ण सदन के बीच से सही निर्णय लेगा।"[78]

डॉ. बी. आर. आंबेडकर के सम्बोधन के बाद संविधान-सभा ने प्रो. के. टी. शाह का संशोधन 18 मई, 1949 को अस्वीकार कर दिया।

(ख) राज्य विधायिका

विधान परिषद : स्थायी नहीं, बल्कि प्रयोगार्थ शामिल सदन

प्रारूप अनुच्छेद 148 का प्रावधान राज्यों में विधायिका की संरचना से सम्बन्धित था। इसके खंड (1) के अनुसार प्रत्येक राज्य के लिए एक विधायिका होगी, जिसमें राज्यपाल और

(क) ...राज्यों में दो सदन, (ख) अन्य राज्यों में एक सदन शामिल होंगे। इसका खंड (2) कहता था कि जहाँ राज्य के विधायिका के दो सदन हैं, एक को विधान परिषद और दूसरे को विधान सभा जाना जाएगा और जहाँ केवल एक सदन है, इसे विधान सभा जाना जाएगा। यह प्रावधान संविधान-सभा के समक्ष 6 जून, 1949 को प्रस्तुत किया गया।

उक्त प्रावधान को रखे जाने के पूर्व प्रो. के. टी. शाह ने नया अनुच्छेद 147-क जोड़ने के लिए संशोधन[79] प्रस्तुत किया। इसके अनुसार 'प्रत्येक राज्य की विधायिका उस राज्य में कार्यपालिका या न्यायपालिका से पूर्णत: अलग और स्वतंत्र होगी।' उनका तर्क था कि जबकि कानून-निर्मात्री सभा अपने पास रह रहे कानूनी सलाहकारों एवं मसौदाकर्ताओं से परामर्श लेकर कानून बनाती है, तो भी उन्हें न्यायपालिका से कोई सम्पर्क नहीं करना चाहिए। इस संशोधन का डॉ. बी. आर. आंबेडकर ने विरोध किया और कहा कि संशोधन का मूल सिद्धान्त प्रारूप संविधान में स्वीकृत मूल सिद्धान्त के इतना खिलाफ है कि इस प्रस्ताव को स्वीकार करना लगभग असम्भव है। इसके बाद संविधान-सभा ने प्रो. शाह का संशोधन अस्वीकार कर दिया।

प्रारूप अनुच्छेद 148 के सम्बन्ध में पहला संशोधन[80] प्रो. के. टी. शाह का इस बात के लिए था कि कोई भी राज्य विधायिका, द्विसदनीय व्यवस्था को एकसदनीय व्यवस्था में बदलने के लिए निवेदन कर सकेगी और ऐसा निवेदन किए जाने पर संसद आवश्यक कानून पारित करेगा। प्रो. शाह ने तर्क दिया कि वह कम-से-कम राज्यों के लिए द्विसदनीय विधायिका रखने में विश्वास नहीं करते हैं। जहाँ भी द्वितीय सदन चुने जाते हैं, वे अपने सदस्यों के वेतन एवं भत्ता और आकस्मिक व्यय के कारण राजकोष पर भारी-भरकम खर्च कराते हैं; वे केवल आश्रय प्रदान करने हेतु पार्टी-प्रमुखों का सहयोग करते हैं और आवश्यक विधायी कार्यों, जिसके लिए जनता अपना मत देती है, में केवल रुकावट करने या विलम्ब करने में सहायता करते हैं।

लक्ष्मीनारायण साहू ने प्रारूप उपखंड (क) के रिक्त स्थान में 'उड़ीसा' शब्द जोड़ने के लिए संशोधन[81] प्रस्तुत किया। उनका तर्क था कि हाल ही में लगभग पचीस राज्य उड़ीसा में विलीन हुए हैं। इसलिए वहाँ द्वितीय सदन बहुत आवश्यक है। द्वितीय सदन के खिलाफ की जा रही आलोचना को अनावश्यक बताते हुए साहू ने कहा कि चूँकि हम प्रान्तों की विधायिका के लिए आनुपातिक प्रतिनिधित्व के आधार पर चुनाव नहीं कराने जा रहे हैं, इसलिए यह सम्भव है कि अल्पसंख्यकों को विधायिका में समुचित प्रतिनिधित्व न मिल सके। इसलिए द्वितीय सदन आवश्यक हो जाता है।

इसी तरह एल. कृष्णास्वामी भारती ने भी मद्रास में विधान परिषद के गठन के लिए संशोधन[82] प्रस्तुत किया। ऊपरी सदन के समर्थन में भारती ने जार्ज वाशिंगटन और थामस जेफर्सन के बीच हुए वार्तालाप का उदाहरण भी दिया, जिसका उल्लेख मि. फरांड ने बहुत रोचक तरीके से किया था। थामस जेफर्सन द्वारा जार्ज वाशिंगटन के सामने द्वितीय सदन के विचार का बहुत विरोध किया जा रहा था। सुबह के नाश्ते के समय वह कॉफी पी रहे थे। एकाएक जार्ज वाशिंगटन ने पूछा : "क्यों मि. जेफर्सन जी, आप काफी को तश्तरी में क्यों उड़ेल रहे हैं?" जेफर्सन ने जवाब दिया : "ठंडा करने के लिए।" वाशिंगटन ने कहा कि "उसी तरह हम कानून-निर्माण को सीनेट चैम्बर की तश्तरी में डालकर ठंडा करते हैं।" यह विचार को व्यक्त करने का बहुत ही सुन्दर तरीका है। द्वितीय सदन जल्दीबाजी में कानून बनने को नियंत्रित करेगा, न कि प्रगतिशील कानून को बनने में अड़ंगा लगाएगा।

प्रारूप अनुच्छेद 148 के खंड (1) में किसी राज्य का नाम अंकित नहीं था, बल्कि रिक्त स्थान था। इस रिक्त स्थान में शब्दावली 'मद्रास, बॉम्बे, पश्चिम बंगाल, यूनाइटेड प्राविंसेज,

बिहार और पूर्वी पंजाब' जोड़ने के लिए डॉ. बी. आर. आंबेडकर ने संशोधन[83] प्रस्तुत किया। डॉ. आंबेडकर ने कहा कि यह प्रस्ताव प्रान्तीय संविधान समिति की संस्तुति पर आधारित है, जिसने निर्णय लिया है कि इस मामले को प्रत्येक प्रान्त पर निर्णय लेने के लिए छोड़ देना चाहिए। यदि कोई प्रान्त द्वितीय सदन के पक्ष में निर्णय लेता है तो उसे द्वितीय सदन रखने दिया जाए और यदि कोई प्रान्त नहीं चाहता है, तो उस पर द्वितीय सदन नहीं लादा जाना चाहिए।

आम बहस में भाग लेने वाले ज्यादातर सदस्यों ने द्वितीय सदन की अवधारणा का विरोध किया। कुलाधर चालिहा ने कहा कि "केवल वही प्रान्त द्वितीय सदन का दावा कर रहे हैं, जिनका निजी हित है, जहाँ जमींदार हैं और जो बहुमत से बचना चाहते हैं। द्वितीय सदन प्रगतिशील विधायी कार्य के रास्ते में अड़ंगे के अलावा कुछ नहीं हैं।"[84] श्रीमती रेणुका राय ने भी ऊपरी सदन को अनावश्यक बताते हुए कहा कि "प्रान्तों में राज्यपाल और केन्द्र में राष्ट्रपति हैं, जो लापरवाहीपूर्वक पारित किए गए किसी भी ऐसे विधेयक को पुनर्विचार के लिए वापस भेज सकते हैं। इसलिए भले हम वर्तमान संविधान के अन्तर्गत प्रान्तों में द्वितीय सदन रखने के लिए प्रावधान बनाएँ, किन्तु इससे जल्द-से-जल्द छुटकारा पाने का भी प्रावधान होना चाहिए।"[85] के. हनुमन्थैया ने द्विसदनीय विधायिका की प्रणाली को अप्रासंगिक बताते हुए कहा कि "सभी बड़े निर्णय पार्टियों की बैठक में किए जाएँगे, न कि ऊपरी सदन या निचली सदन में। एक बार जब पार्टी की बैठक में सवाल तय कर लिए जाते हैं तो इसका कोई मतलब नहीं रह जाता है कि सवाल को ऊपरी सदन के समक्ष लाया गया है या निचले सदन के समक्ष। यहाँ तक कि यदि दस सदन हों तो जल्दीबाजी में विधान को रोकने का कोई प्रश्न ही नहीं रह जाता है।" भारती के कप एवं तश्तरी वाले दृष्टान्त का जवाब देते हुए हनुमन्थैया ने आगे कहा कि "चाहे वह कप हो या वह तश्तरी हो, जिसमें कॉफी उड़ेला जाता है, किन्तु यह गर्माने वाली वह केतली है, जिससे कॉफी का ताप निर्धारित होता है। यहाँ पर गर्माने वाली केतली पार्टी की बैठक है, जिसमें यह तय किया जाता है कि किस तरह सदन में मत दिया जाना है।"[86]

द्वितीय सदन को राजनीतिज्ञों के लिए वृद्धावस्था पेंशन संस्थान बताते हुए ओ. वी. अलगेसन ने वाशिंगटन के कप-तश्तरी वाले उदाहरण का जवाब दिया और कहा कि "वाशिंगटन के दिनों से कई शताब्दी आगे बढ़ चुके हैं और आज अमेरिका में भी प्रबुद्ध संविधान विचारक, द्वितीय सदन के खिलाफ हैं। तमाम विशेषज्ञों ने अमेरिका के लिए आदर्श संविधान तैयार किए हैं। उन्होंने राज्यों के लिए केवल एकसदनीय विधायिका की संस्तुति की है।" अलगेसन ने एक प्रसिद्ध अमेरिकी लेखक के कथन का जिक्र किया, जिसमें कहा गया था—'बहुत से ऐसे दृष्टान्त हैं कि राजनीतिज्ञ एक सदन का प्रयोग दूसरे के खिलाफ प्रस्तावों को गिराने के लिए करते हैं, जिसको लेकर लोगों की प्रबल माँग होती है और इस तरह वे अपने ऐसे कार्यों के लिए अपनी व्यक्तिगत उत्तरदायित्वों से बचने में सफल हो जाते हैं।'[87] बिश्वनाथ दास ने भी प्रान्तों में द्वितीय सदन को अनुपयोगी खर्चीला तमाशा बताते हुए इसका विरोध किया। दास ने कहा कि "यदि निचला सदन जल्दीबाजी में कानून बनाना चाहता है तो ऊपरी सदन किसी भी तरीके से इसे रोक नहीं सकता है क्योंकि इसके कार्य करने की एक सीमा है। वे केवल आभूषण होंगे। यदि वे केवल सजावटी हैं, तो भी इसका कुछ मतलब है क्योंकि इनका मूल्य होता है, वे चीजों को आकर्षक बनाते हैं। किन्तु यह तो बहुत ही खर्चीला है। यह बिना किसी उपयोगी उद्देश्य के प्रान्तीय राजकोष पर बहुत बड़ा भार है, यह पूरी तरह से अनावश्यक है और एक अवशिष्ट है, जिसे बाहर फेंक देना उचित है।"[88]

जबकि टी. टी. कृष्णमाचारी ने प्रारूप प्रावधान का समर्थन किया और कहा कि यह प्रावधान इस बात का परीक्षण नहीं कर रहा है कि प्रान्त में द्वितीय सदन का होना सही है या नहीं। सवाल उन मूलभूत सिद्धान्तों को अपनाए रखने या छोड़ देने का है, जिन्हें हमने संविधान-निर्माण के लिए निर्धारित कर रखा है। 18 जुलाई, 1947 को इस सभा ने प्रान्तीय संविधान समिति का रिपोर्ट स्वीकार किया है, खासतौर से नियम 19 को, जो इस प्रारूप प्रावधान से सम्बन्धित है। इसके गठन के स्वरूप को लेकर यह सभा अलग राय रख सकती है, किन्तु 18 जुलाई, 1947 को की गई बचनबद्धता को देखते हुए इस सभा के लिए यह उचित नहीं है कि वह इस सवाल पर जाए कि किसी प्रान्त को द्वितीय सदन रखना चाहिए या नहीं। इस विषय को इन प्रान्तों पर पूरी तरह छोड़ देना चाहिए।[89]

आम बहस के अन्त में उपाध्यक्ष ने डॉ. बी. आर. आंबेडकर को विचार रखने के लिए बुलाया। सभी संशोधनों को अस्वीकार करते हुए डॉ. आंबेडकर ने जवाब दिया—

> "इस सभा में द्वितीय सदन के खिलाफ व्यक्त किए गए विचार पर कोई आश्चर्य नहीं है। जब फ्रांस की संविधान-सभा की बैठके हुई थीं, तो वहाँ पर द्वितीय सदन के खिलाफ हमेशा मत रहा है। द्वितीय सदन के खिलाफ ऐसे विचार को मि. एबे सेइज के शब्दों से बेहतर किसी स्वरूप में नहीं व्यक्त किया जा सकता है। उनकी आलोचना के दो बिन्दु हैं। वह कहते हैं कि यदि ऊपरी सदन निचली सदन से सहमत है, तो यह फालतू संस्था है और यदि यह निचली सदन से सहमत नहीं होता है, तो यह उपद्रवी संस्था होती है और हमें इसका स्वागत नहीं करना चाहिए। मि. एबे सेइज की आलोचना का पहला भाग निश्चित रूप से सही है। किन्तु शायद ही कोई मि. एबे सेइज की आलोचना के दूसरे भाग से सहमत हो। यहाँ तक कि फ्रांस देश भी इस विचार को स्वीकार नहीं करता है और वह द्वितीय सदन रखने का सिद्धान्त लगातार स्वीकार करता रहा है।
>
> "मेरा निजी विचार यह है कि मैं नहीं कह सकता हूँ कि मैं द्वितीय सदन के पक्ष में बहुत आग्रही हूँ। मेरे लिए यह पादरी के उस अंडे के समान है, जिसका कुछ भाग अच्छा है। जो कुछ भी हम इस संविधान में करने जा रहे हैं, वह द्वितीय सदन को केवल एक प्रयोग के रूप में शामिल करना है। हम प्रारूप संविधान के माध्यम से द्वितीय सदन को स्थायी स्थान नहीं दे रहे हैं। इसे हमने संविधान में स्थायी भाग नहीं बनाया है। यह पूर्णतया प्रयोगात्मक साधन है। जैसा कि मैंने कहा है कि द्वितीय सदन से छुटकारा पाने के लिए अनुच्छेद 304 में पर्याप्त प्रावधान है। जब हम अनुच्छेद 304 की मेरिट पर चर्चा करेंगे, जो द्वितीय सदन को समाप्त करने से संबन्धित है, यदि माननीय सदस्य समझेंगे कि अनुच्छेद 304 के कुछ प्रावधान को और भी शिथिल करना चाहिए ताकि द्वितीय सदन से छुटकारा पाना ज्यादा सुविधाजनक बनाया जा सके, तो मैं अपनी तरफ से कह रहा हूँ कि मैं कोई कठिनाई नहीं पैदा करुँगा। इसलिए मेरा इस सभा को सुझाव है कि समझौते के रूप में इस अनुच्छेद को संविधान में बना रहने दिया जाए।"[90]

तत्पश्चात संविधान-सभा ने डॉ. आंबेडकर का संशोधन स्वीकार कर और बाकी सभी संशोधन अस्वीकार कर, अनुच्छेद 148 का यथासंशोधित प्रावधान (नियमित अनुच्छेद 168) 6 जनवरी, 1949 को अंगीकृत कर लिया।

विधान सभा का गठन

प्रारूप अनुच्छेद 149 राज्यों में विधान सभा के गठन के सम्बन्ध में था। चार खंडों में विभाजित इस अनुच्छेद का खंड (1) कहता था कि अनुच्छेद 294 एवं 295 के अधीन प्रत्येक राज्य की विधान सभा में प्रत्यक्ष तरीके से निर्वाचित सदस्य शामिल होंगे। खंड (2) कहता था कि निर्वाचन वयस्क मताधिकार के आधार पर होगा यानी सभी नागरिक जो 21 वर्ष से कम उम्र के न हों और संविधान या किसी कानून के अन्तर्गत अनिवास, अस्वस्थ मस्तिष्क, अपराध या भ्रष्टाचार या अवैध व्यवहार के आधार पर अनर्ह न हों, ऐसे निर्वाचन में मतदाता सूची में पंजीकृत होने के लिए अधिकारयुक्त होंगे। खंड (3) कहता था कि राज्य के विधान सभा में प्रत्येक निर्वाचन क्षेत्र का प्रतिनिधित्व अन्तिम पूर्ववर्ती जनगणना में निर्धारित उस निर्वाचन क्षेत्र की जनसंख्या के अनुसार होगा और आसाम के स्वायत्तशासी जनपद को सुरक्षित रखते हुए प्रत्येक एक लाख की जनसंख्या पर एक से अधिक प्रतिनिधि नहीं होंगे। खंड (3) के साथ एक परन्तुक जोड़ा गया था। इस परन्तुक के अनुसार प्रत्येक राज्य के सदस्यों की संख्या 300 से अधिक और 60 से कम नहीं होगी।

इस अनुच्छेद के सम्बन्ध में पहला संशोधन[91] प्रो. के. टी. शाह ने खंड (2) के बाद दो नये खंड (2-क) एवं (2-ख) जोड़ने के लिए प्रस्तुत किया। खंड (2-क) में कहा गया था कि कोई भी ऐसा व्यक्ति राज्य विधायिका के किसी सदन का प्रत्याशी नहीं हो सकता है, जो अस्वस्थ मस्तिष्क का हो या शारीरिक या मानसिक रूप से असमर्थ हो या 25 वर्ष से कम आयु का हो या संघ की सुरक्षा या अखंडता के खिलाफ अपराध का दोषसिद्ध हो या घूस या भ्रष्टाचार या चुनाव में गलत आचरण का दोषसिद्ध हो या निरक्षर हो। इस प्रस्तावित खंड का दूसरा भाग कहता था कि जो व्यक्ति राज्य की प्रमुख भाषा को पढ़ने या लिखने या बोलने में असमर्थ है या जो संविधान लागू होने के दस वर्ष के बाद भारत की राष्ट्रीय भाषा को पढ़ने या लिखने या बोलने में असमर्थ है, वह राज्य विधायिका के किसी सदन का प्रत्याशी नहीं हो सकता है। खंड (2-ख) के माध्यम से प्रो. शाह ने माँग की कि निर्वाचन एकल संक्राम्य मत द्वारा आनुपातिक प्रतिनिधित्व प्रणाली से किया जाएगा। प्रो. शाह ने प्रारूप खंड (3) के लिए यह प्रावधान बनाने की माँग की कि राज्य विधायिका में प्रतिनिधित्व प्रति लाख जनसंख्या पर एक प्रतिनिधि के आधार पर होगा, परन्तु विधान सभा में सदस्यों की संख्या साठ से कम नहीं होगा।

नजीरुद्दीन अहमद ने संशोधन[92] संख्या 2249 प्रस्तुत किया कि प्रारूप अनुच्छेद 149 के खंड (3) में प्रयुक्त की गई शब्दावली 'अन्तिम पूर्ववर्ती जनगणना' के स्थान पर 'अन्तिम पूर्ववर्ती जनगणना, जिसके आँकड़े प्रकाशित हो चुके हों' रखा जाए। उनका तर्क था कि इस सिद्धान्त को इसके पूर्व दो बार स्वीकार किया जा चुका है।

टी. टी. कृष्णमाचारी का संशोधन[93] संख्या 62 खंड (3) में प्रयुक्त शब्दावली 'प्रत्येक लाख' के स्थान पर शब्दावली 'प्रत्येक पचहत्तर हजार' रखने के लिए था। उनका तर्क था कि मताधिकार का प्रयोग करने में दूरी का बहुत महत्त्व है। हम संविधान में, जो वयस्क मताधिकार पर आधारित है, मतदाताओं को मतदान केन्द्र तक जाने के लिए कोई प्रावधान नहीं बना रहे हैं। बहुत सारे लोगों के लिए मतदान हेतु दूरी बहुत ही महत्त्वपूर्ण विषय है। कोई व्यक्ति जो वाहन के साधनों का इंतजाम करने में समर्थ होगा, वह अधिक मत पा लेगा।

रोहिणी कुमार चौधरी ने खंड (3) में शब्दावली 'स्वायत्तशासी जनपद' के स्थान पर 'राज्य' रखने के लिए संशोधन[94] संख्या 2252 यह कहते हुए प्रस्तुत किया कि इस पर गोपीनाथ बारदोलोई का पुनर्संशोधन[95] ज्यादा स्वीकरणीय है, इसलिए वह अपना संशोधन सिर्फ इसलिए

प्रस्तुत कर रहे हैं, ताकि यह पुनर्संशोधन प्रस्तुत किया जा सके। तत्पश्चात गोपीनाथ ने शब्दावली 'आसाम के स्वायत्तशासी जनपद' के बाद 'और निर्वाचन मंडल जिसमें शिलांग का कैंटोनमेंट एवं नगरपालिका शामिल हैं' जोड़ने के लिए पुनर्संशोधन प्रस्तुत किया।

इसके उपरान्त डॉ. बी. आर. आंबेडकर ने खंड (3) के परन्तुक को निरस्त कर इसके स्थान पर दो नये परन्तुक रखने के लिए संशोधन[96] संख्या 2255 प्रस्तुत किया। पहले परन्तुक के अनुसार जहाँ अन्तिम पूर्ववर्ती जनगणना में राज्य की जनसंख्या तीन सौ लाख से ऊपर है, वहाँ विधान सभा के सदस्यों की संख्या का पैमाना, तीन सौ लाख तक की जनसंख्या के लिए प्रत्येक लाख जनसंख्या पर एक से अधिक सदस्य नहीं और तीन सौ लाख से ऊपर जनसंख्या होने पर प्रत्येक दस लाख जनसंख्या पर पाँच से अधिक सदस्य नहीं होंगे। दूसरे परन्तुक में कहा गया था कि राज्यों के विधान सभा के सदस्यों की संख्या 450 से ज्यादा या 60 से कम नहीं होगी। इस तरह विधान सभा सदस्यों की संख्या की ऊपरी सीमा 300 से बढ़ाकर 450 प्रस्तावित किया गया।

डॉ. आंबेडकर के उक्त संशोधन को अनावश्यक बताते हुए टी. टी. कृष्णमाचारी ने खंड (3) के परन्तुक के लिए एक संशोधन[97] संख्या 66 प्रस्तुत किया कि शब्दावली '300' के स्थान पर '500' कर दिया जाए। उनका तर्क था कि डॉ. आंबेडकर के प्रस्तावित प्रावधान में यह स्पष्ट किया गया है कि क्यों और किसलिए सीमा को 300 से बढ़ाकर 450 कर देना चाहिए या इसका आगणन किस तरह किया जाएगा। किन्तु इसकी आवश्यकता नहीं है, क्योंकि प्रान्तीय विधायिका या संसद एक ऐसा संस्था होगा, जो तय कर सकेगा कि विधायिका के निम्न सदन के अधिकतम सदस्यों की संख्या को कैसे प्राप्त किया जाना चाहिए। अधिकतम संख्या के सवाल पर कृष्णमाचारी ने तर्क दिया कि 450 की संख्या उस स्थिति में पर्याप्त नहीं हो सकती है, जहाँ बढ़ती जनसंख्या के साथ बड़े प्रान्त हैं। बेगम एजाज रसूल ने भी सदस्यों की संख्या की ऊपरी सीमा 300 से बढ़ाकर 450 करने के लिए संशोधन प्रस्तुत किया।

आम बहस के दौरान आर. के. सिधवा ने टी. टी. कृष्णमाचारी एवं नजीरुद्दीन अहमद के संशोधन का समर्थन किया। विधायिका में समान प्रतिनिधित्व के रास्ते में आ रहे अड़चन को दूर किए जाने पर खुशी व्यक्त करते हुए सिधवा ने शिकायत की कि विधायिका के कार्यकाल को बढ़ाकर पाँच वर्ष करने के लिए जब उन्होंने संशोधन प्रस्तुत किया तो इसे अस्वीकार कर दिया गया। किन्तु जब हमारे संविधान परामर्शकर्ता विदेशों में गए, तो उन्हें परामर्श मिला कि आयरलैंड एवं अन्य देशों में विधायिका का कार्यकाल पाँच वर्ष है और हमारे समक्ष प्रस्ताव आया है, और हमने स्वीकार भी किया है।[98]

राज बहादुर ने विधान सभा के सदस्यों की संख्या के सन्दर्भ में किसी तरह की ऊपरी सीमा निर्धारित करने का विरोध किया। उनका तर्क था कि इस प्रावधान के कारण प्रान्त-प्रान्त के बीच असमानता पैदा होगा। जो छोटे प्रान्त हैं, वे बड़े प्रान्तों की तुलना में ज्यादा अच्छा प्रतिनिधित्व का अधिकार प्राप्त कर लेंगे। यदि कोई रियासत यू.पी. से या ऐसे किसी बड़े प्रान्त से जुड़ता है या जुड़ने वाला है, तो इस तरह की ऊपरी सीमा तय करने से वह नुकसान की स्थिति में रहेगा।[99] राज बहादुर ने प्रो. शाह के संशोधन को अनावश्यक बताते हुए आगे कहा कि जब संविधान में या प्रान्तीय कानूनों में अनर्हता के आधार दिये गए हैं, तो ऐसे प्रावधान की कोई आवश्यकता नहीं होनी चाहिए।

एल. कृष्णास्वामी भारती ने 75,000 जनसंख्या पर एक प्रतिनिधि रखने सम्बन्धी कृष्णमाचारी के संशोधन को अव्यावहारिक बताया। उनका तर्क था कि यदि "इस प्रस्ताव

को स्वीकार कर लिया जाता है, तो इसका प्रभाव यह है कि पचहत्तर हजार की जनसंख्या पर एक से अधिक प्रतिनिधि नहीं होगा और सदन की कुल अधिकतम संख्या 500 होगी।"[100] समानता के सिद्धान्त का तर्क देते हुए भारती ने आगे कहा कि "यूनाइटेड प्राविंसेज में प्रतिनिधित्व का अनुपात प्रति सीट एक लाख 10 हजार आएगा। यदि हम सभी 500 सीटों को ले लें, जो कि बहुत असम्भव है, तो यह मद्रास में 98,682 प्रति सीट होगा। यदि हम सीटों की संख्या कम कर दें, तो यह अनुपात बढ़ जाएगा। इसलिए यदि 75,000 का पैमाना है, किन्तु इसका लाभ यू.पी., मद्रास को नहीं मिल सकता है, क्योंकि यदि वे 75,000 को स्वीकार करेंगे, तो अधिकतम सीमा बढ़ जाएगी।" डॉ. बी. पट्टाभि सीतारमैया ने 75,000 जनसंख्या प्रति सीट के पैमाने को समान रूप से लागू किए जाने से पैदा होने वाली कठिनाइयों की ओर ध्यान आकर्षित किया और कहा कि "हम प्रतिनिधित्व के एक ही पैमाने को भारत के सभी प्रान्तों पर नहीं लागू कर सकते हैं। प्रतिनिधित्व के पैमाने को लेकर कुछ-न-कुछ लचीलापन होना ही चाहिए।"[101]

प्रारूप अनुच्छेद 149 के प्रावधान पर अगले दिन 7 जनवरी, 1949 तक चली आम बहस में सरदार हुकुम सिंह, डॉ. मनमोहन दास, रोहिणी कुमार चौधरी, लक्ष्मीकान्त मैत्रे, कुलाधर चालिहा, एस. नागप्पा, प्रो. एन. जी. रंगा, देशबन्धु दासगुप्ता, गोपीनाथ बारदोलोई ने भी भाग लिया। आम बहस के उपरान्त पीठासीन उपाध्यक्ष महोदय ने सुझाव दिया कि वह डॉ. बी. आर. आंबेडकर को जवाब देने के लिए आज नहीं बुला रहे हैं, ताकि सभी पक्षों को आम सहमति तक पहुँचने के लिए एक अवसर मिल सके।

इसके उपरान्त 8 जनवरी, 1949 को उपाध्यक्ष महोदय ने डॉ. आंबेडकर को जवाब देने के लिए बुलाया। डॉ. आंबेडकर ने अपने संशोधन संख्या 2255 को वापस लेने की अनुमति माँगी और नजीरुद्दीन अहमद के संशोधन को स्वीकार किया। इसके अलावा उन्होंने चार अन्य संशोधन, कृष्णमाचारी का संशोधन संख्या 62 एवं 66, गोपीनाथ बारदोलोई द्वारा पुनर्संशोधित संशोधन संख्या 2252 और प्रो. शिब्बनलाल सक्सेना का संशोधन संख्या 2263 को स्वीकार किया। अपने सम्बोधन में डॉ. आंबेडकर ने कहा—

> "बहुत सारे वक्ताओं द्वारा कहा गया है कि कुछ प्रान्तों में जनगणना शुद्ध नहीं है और जहाँ तक विभिन्न समुदायों के प्रतिनिधित्व की बात है, तो ये जनगणना सही तथ्य को नहीं प्रस्तुत करती है। इस तर्क में बहुत बल है। जनगणना में राजनीतिक वजह से किए गए छलप्रयोग से यदि सबसे अधिक कोई पीड़ित हुआ है, तो वे अनुसूचित जातियाँ हैं। उदाहरण के लिए, पंजाब में दूसरे समुदायों द्वारा अपनी संख्या को बढ़ाने एवं विधायिका में प्रतिनिधित्व को अपने लिए हासिल करने के लिए अनुसूचित जातियों को कम करने का प्रयास किया जा रहा है। ये गरीब लोग, जो गाँवों में ज्यादातर यहाँ-वहाँ रहकर, बिना किसी आर्थिक आजादी के, बिना किसी पुलिस या मजिस्ट्रेट प्राधिकारियों के सहयोग के भूमिहीन श्रमिक के रूप में अपना जीवनयापन कर रहे हैं, वे कुछ शक्तिशाली समुदाय द्वारा या तो अपने समुदाय में वापस चले जाने के लिए या चुनाव में न शामिल होने के लिए मजबूर किए जा रहे हैं। ऐसा ही बहुत कुछ अब बंगाल में किया जा रहा है। ये तथ्य जनगणना आयोग द्वारा भी बताया गया है। इसलिए मैं इस विषय पर बोलने वाले सभी सदस्यों की इस बात से पूरी तरह से सहमत हूँ कि उस जनगणना से आँकड़ों को लिया जाना सही नहीं है।

"उक्त बातें असम के लिए भी सत्य हो सकती हैं। इसलिए अगले चुनाव को सही चुनाव के रूप में करने के लिए कुछ-न-कुछ करना ही होगा। इस स्थिति में मैं यही आश्वासन दे सकता हूँ कि मैं सभा की इस भावना को उन तक पहुँचाऊँगा, जो इस विषय के लिए दायित्वाधीन हैं और मुझे थोड़ी सी भी शंका नहीं है कि इस विषय को समुचित तरीके से नहीं लिया जाएगा।"[102]

तत्पश्चात प्रस्तावित सभी ग्यारह संशोधनों में से डॉ. आंबेडकर के संशोधन सहित तीन संशोधन को वापस ले लिया गया और डॉ. आंबेडकर द्वारा स्वीकृत पाँच संशोधन स्वीकार कर और बाकी तीन संशोधन अस्वीकार कर संविधान-सभा ने प्रारूप अनुच्छेद 149 का यथासंशोधित प्रावधान (नियमित अनुच्छेद 170) अंगीकृत कर लिया।

14 अक्टूबर, 1949 को टी. टी. कृष्णमाचारी ने प्रारूप अनुच्छेद 149 के खंड (2) को निरस्त करने के लिए संशोधन प्रस्तुत किया। उनका तर्क था कि संसद एवं राज्यों के विधान सभा के चुनाव को संचालित करने वाले अनुच्छेद 289-ख (नियमित अनुच्छेद 326) में यही प्रावधान शामिल किया गया है। इसलिए अब यह खंड आवश्यक नहीं रह गया है। कृष्णमाचारी के इस संशोधन को संविधान-सभा ने स्वीकार कर लिया।

विधान सभा में जनसंख्या को लेकर समानता का सिद्धान्त

प्रो. शिब्बन लाल सक्सेना ने प्रारूप अनुच्छेद 149 में नया खंड 3-क (नियमित खंड 2) जोड़ने के लिए एक महत्त्वपूर्ण संशोधन[103] संख्या 2263 प्रस्तुत किया। इस नये खंड में कहा गया था कि प्रत्येक राज्य में क्षेत्रीय निर्वाचन क्षेत्र के लिए निर्धारित किए जा रहे सदस्यों की संख्या और उस निर्वाचन क्षेत्र की जनसंख्या के बीच का अनुपात, जहाँ तक सम्भव हो, पूरे राज्य में एक समान होगा। उनका तर्क था कि संविधान में ऐसा प्रावधान नहीं है कि सभी निर्वाचन क्षेत्र समान होंगे। यू.पी. प्रान्त में एक निर्वाचन क्षेत्र 25000 लोगों का है, तो दूसरा निर्वाचन क्षेत्र दो लाख का हो सकता है और तीसरा तीन लाख का। यह ऐसी बात है, जो संविधान की कमी है। निर्वाचन क्षेत्रों में इतनी भिन्नता कैसे हो सकती है।

प्रो. सक्सेना के उक्त संशोधन जैसा ही एक अन्य संशोधन[104] ठाकुर दास भार्गव ने नया खंड (4) जोड़ने के लिए प्रस्तुत किया। किन्तु यह प्रस्तावित खंड केवल पूर्वी पंजाब एवं पश्चिम बंगाल के लिए ही सीमित था। भार्गव ने तर्क दिया कि यदि जनसंख्या को लेकर समानता के सिद्धान्त को नहीं मान्य किया गया तो यह सम्भव है कि पूर्वी पंजाब एवं पश्चिम बंगाल में ऐसे निर्वाचन क्षेत्र बनें, जिनमें सभी समुदाय के लिए समानता न हों। यह कड़वाहट और गलतफहमी बढ़ाएगा। मि. सक्सेना के मूल संशोधन प्रस्ताव को इस सदन द्वारा स्वीकार करने पर पूर्वी पंजाब और पश्चिम बंगाल के लिए यह समस्या होगी कि अन्तिम जनगणना शुद्ध नहीं होगी और यह, समुदाय की सही प्रतिशतता का प्रतिनिधित्व नहीं करेगा।

पश्चिम बंगाल एवं पूर्वी पंजाब में हुए व्यापक प्रव्रजन के कारण पैदा हुई समस्या की तरफ ध्यान आकर्षित करते हुए लक्ष्मीकान्त मैत्रे ने कहा कि इन्हें राजनीतिक अधिकार एवं मत देने के अधिकार के लिए मान्य किया जाना भी समान रूप से आवश्यक है। यह पुनर्वास एवं पुनर्स्थापन के सवाल की तुलना में ज्यादा आवश्यक है। उन्होंने डॉ. आंबेडकर की ओर इशारा करते हुए एक महत्त्वपूर्ण बात कही कि 'सत्ता में हैं' से उनका आशय माननीय मित्र डॉ. आंबेडकर जी से है, जो इस प्रारूप संविधान के दायित्वाधिकारी हैं। पश्चिम बंगाल में प्रव्रजन लगातार जारी है। क्या मेरे माननीय मित्र डॉ. आंबेडकर, जो इस पूरे शो के हीरो हैं,

जानते हैं कि हजारों अनुसूचित जाति के लोग भारतीय संघ में अन्दर आ रहे हैं? मैं निश्चिन्त हूँ कि वे जानते हैं। मैं उनमें निष्पक्ष विचार की भावना को देखता हूँ, क्योंकि वह ही एक ऐसे व्यक्ति हैं, जिन्हें हम तुरन्त, शीघ्रतापूर्वक और शायद प्रभावशाली तरीके से पकड़ सकते हैं। वह एक ऐसे व्यक्ति हैं, जो इसकी गम्भीरता को महसूस कर सकते हैं और इस पर अलग विचार रखने वाले को समझा भी सकते हैं।[105]

प्रो. एन. जी. रंगा ने यद्यपि जनसंख्या को लेकर समानता के सिद्धान्त का समर्थन किया, किन्तु आन्ध्र एवं इसके रायलसीमा जैसे कुछ क्षेत्रों की सामाजिक एवं आर्थिक परिस्थितियों को ध्यान में रखकर कुछ विशेष क्षेत्रों पर विशेष ध्यान देने की आवश्यकता पर बल दिया। उनका तर्क था कि सिरकार्स के क्षेत्र का जनसंख्या-घनत्व घना है, जबकि रायलसीमा का घनत्व बहुत ही कम है। सिरकार्स की आर्थिक स्थिति भी रायलसीमा से ज्यादा समृद्ध है इसलिए इन दोनों अलग-अलग क्षेत्रों के लिए समानता का सिद्धान्त लागू नहीं किया जा सकता है।[106]

देशबन्धुदास गुप्ता ने भी ठाकुर दास भार्गव के बहस को आगे बढ़ाते हुए कहा कि जो स्थिति पूर्वी पंजाब एवं पश्चिम बंगाल की है, कमोबेश वही स्थिति दिल्ली की भी है। उनका तर्क था कि दिल्ली भी पाकिस्तान से आए मुसलमानों के कारण प्रभावित हुआ है। इसलिए दिल्ली के साथ भी पूर्वी पंजाब और पश्चिम बंगाल की तरह व्यवहार किया जाए।[107] इसके साथ गोपीनाथ बारदोलोई ने भी आसाम में बाहर के लोगों के आने से पैदा हो रही समस्या की ओर डॉ. आंबेडकर का ध्यान आकर्षित करते हुए कहा कि आसाम को भी पूर्वी पंजाब एवं पश्चिम बंगाल की श्रेणी में शामिल करें।[108]

अन्त में डॉ. बी. आर. आंबेडकर ने प्रो. सक्सेना के संशोधन को स्वीकार कर लिया और कहा कि उनके द्वारा चाहा गया प्रावधान एक आवश्यक प्रावधान है। इस सदन को याद होगा कि यह प्रतिनिधित्व को वरीयता देने से सम्बन्धित है। हमने इस संविधान में हर तरह के वरीयता को समाप्त किया है। सभी अल्पसंख्यकों को मिली वरीयता को हमने समाप्त किया है। हमने केन्द्रीय विधायिका के अन्दर प्रतिनिधित्व में क्षेत्रों को मिले वरीयता को समाप्त किया है। हमने ब्रिटिश भारत और भारतीय रियासतों के प्रतिनिधियों के मध्य वरीयता को समाप्त किया है। इसलिए विधायिका में प्रतिनिधित्व के सम्बन्ध में यही सिद्धान्त लागू किया जाना सही है।[109]

डॉ. आंबेडकर के सम्बोधन के बाद ठाकुर दास भार्गव ने अपना संशोधन वापस ले लिया और संविधान-सभा ने प्रो. सक्सेना का संशोधन स्वीकार कर लिया।

विधान परिषद का गठन

प्रारूप अनुच्छेद 150 राज्यों के विधान परिषद के गठन के सम्बन्ध में था। इस अनुच्छेद को पहली बार 2 जून, 1949 को संविधान-सभा के समक्ष प्रस्तुत किया गया था। किन्तु एल. कृष्णास्वामी भारती के निवेदन पर इसको टाल दिया गया। इसके उपरान्त इस प्रावधान को 30 जुलाई, 1949 को संविधान-सभा के समक्ष रखा गया। दो खंडों वाले इस प्रारूप के खंड (1) में यह प्राविधानित किया गया था कि राज्य के विधान परिषद में सदस्यों की कुल संख्या उस राज्य की विधान सभा में सदस्यों की कुल संख्या के 25 प्रतिशत से ज्यादा नहीं होगी। इस खंड के साथ एक परन्तुक यह जोड़ा गया था कि किसी भी स्थिति में राज्य के विधान परिषद के सदस्यों की संख्या 40 से कम नहीं होगी। दूसरे खंड के अन्तर्गत यह व्यवस्था प्रस्तावित

की गई थी कि राज्य के विधान परिषद में सीटों का निर्धारण, सीट को भरने के लिए चुनने का तरीका, चुने जाने वाले सदस्यों की अर्हता और चुनने हेतु मताधिकार रखने वाले व्यक्ति की योग्यता, इस तरह होगी, जैसी संसद द्वारा कानून के माध्यम से तय की जाए।

उक्त प्रस्तावित प्रावधान में विधान परिषद के गठन सम्बन्धित विषय को भावी संसद पर तय करने के लिए छोड़ दिया गया था। इसके कारण को स्पष्ट करते हुए डॉ. बी. आर. आंबेडकर ने कहा—

> "मुझे स्वीकार करना चाहिए कि मसौदा समिति ऊपरी सदन के गठन को लेकर एक निश्चित निष्कर्ष पर नहीं पहुँच पाई। इसलिए उसने मामले को संसद पर छोड़ने का निर्णय लिया है, जिसे आप कह सकते हैं कि परेशानी को स्थगित करने का निर्णय लिया है। नि:सन्देह, यह एक विसंगति है। किन्तु इस समय इन विसंगतियों के समाधान का कोई तरीका नहीं है और इसलिए मैं सभा से मसौदा समिति के प्रस्ताव को स्वीकार करने का निवेदन करता हूँ।"[110]

प्रारूप अनुच्छेद 150 के उक्त प्रस्तावित प्रावधान के सम्बन्ध में दो संशोधन प्रस्तुत किए गए। पहला संशोधन एच. वी. कामथ का था, जो न केवल अहर्ता के, बल्कि अनहर्ता के सन्दर्भ में भी संसद को कानून बनाने की शक्ति देता था। जबकि प्रो. शिब्बन लाल सक्सेना ने इस विषय को संसद पर छोड़े जाने का विरोध करते हुए अपने संशोधन[111] के माध्यम से यह प्रस्तावित किया कि राज्य के विधान परिषद के सदस्यों का चुनाव आठ अलग-अलग निर्वाचक मंडल द्वारा इस तरीके से किया जाएगा—(क) जिला बोर्ड के सदस्यों से बने निर्वाचक मंडल द्वारा 15 प्रतिशत; (ख) विद्वान व्यवसायी एवं विशेषज्ञों से बने निर्वाचक मंडल द्वारा 15 प्रतिशत; (ग) राज्य में विश्वविद्यालय के स्नातकों से बने निर्वाचक मंडल द्वारा 10 प्रतिशत; (घ) विश्वविद्यालय के सीनेट एवं कोर्ट के सदस्यों से बने निर्वाचक मंडल द्वारा 5 प्रतिशत; (ङ) नगर निकाय के सदस्यों से बने निर्वाचक मंडल द्वारा 5 प्रतिशत; (च) राज्य में रजिस्टर्ड श्रमिक संगठन के सदस्यों से बने निर्वाचक मंडल द्वारा 5 प्रतिशत; (छ) राज्य सरकार द्वारा मान्यता प्राप्त वाणिज्य चैम्बर के सदस्यों से बने निर्वाचक मंडल द्वारा 5 प्रतिशत; (ज) राज्य के विधान सभा के सदस्यों से बने निर्वाचक मंडल द्वारा 30 प्रतिशत सदस्यों का चुनाव और उपखंड (झ) के अन्तर्गत राज्यपाल द्वारा शेष 10 प्रतिशत सदस्यों का मनोनयन।

प्रो. सक्सेना के उक्त प्रावधान के खंड (3) के अनुसार उक्त सभी निर्वाचन एकल संक्राम्य मत से आनुपातिक प्रतिनिधित्व प्रणाली द्वारा किया जाएगा। प्रो. सक्सेना ने कहा कि "यदि संसद कोई कानून बनाता है, तो यह हमेशा बहुमत से परिवर्तनीय होगा और इसका कोई अन्त नहीं होगा। इसलिए संविधान के बारे में कोई भी बात संसद के ऊपर छोड़ना गलत प्रक्रिया है। कोई कारण नहीं है कि हम ऊपरी सदन के सवाल पर एक सहमति पर क्यों नहीं आ सकते हैं।" विधान परिषद के गठन के विषय को संसद के ऊपर छोड़े जाने का महावीर त्यागी, लक्ष्मीकान्त मैत्रे, श्रीमती पूर्णिमा बनर्जी, ब्रजेश्वर प्रसाद और डॉ. पी. एस. देशमुख ने भी विरोध किया। जबकि प्रो. एन. जी. रंगा, टी. टी. कृष्णमाचारी ने प्रारूप प्रावधान का समर्थन किया।

अपने विरोध में लक्ष्मीकान्त मैत्रे ने कहा कि "हमारा प्रारूप संविधान भारी-भरकम होता गया है और इसमें सचिवालय, आडिटर जनरल, हाई कोर्ट न्यायाधीश के वेतन एवं तमाम विषय से सम्बन्धित प्रावधान शामिल हैं, जिन्हें सामान्यतया संविधान में स्थान नहीं मिलता है।

कई तरह के बेकार विषय इस संविधान में रखे जा रहे हैं, किन्तु विधायिका के गठन के विषय के लिए, जो किसी संविधान की रीढ़ होता है, निराकरण सम्भव नहीं हो सका।[112] श्रीमती पूर्णिमा बनर्जी ने भी कहा कि "यह महसूस किया गया है कि वे जो कठोर एवं उथल-पुथल भरे सक्रिय राजनीति में नहीं जा सकते हैं, वे अच्छे पद से निचले सदन को परामर्श दे सकेंगे। किन्तु अब इस अनुच्छेद के माध्यम से, जब हम पूरे गठन के विषय को भावी संसद पर छोड़ रहे हैं और फिर भी ऊपरी सदन के लिए मत दे रहे हैं, तो हम वस्तुत: अँधेरे में टटोलने का काम कर रहे हैं।[113]

जबकि प्रो. एन. जी. रंगा ने प्रारूप प्रावधान को सही सुझाव बताते हुए कहा कि वह द्वितीय सदन के ही पक्ष में नहीं हैं। किन्तु चूँकि इस सभा ने द्वितीय सदन को रखने का निर्णय लिया है, यह अच्छा है कि इसके वर्णन को संसद पर छोड़ दिया जाए।[114] डॉ. बी. आर. आंबेडकर ने भी कहा कि निचले सदन के क्षेत्रों के सीमांकन का वास्तविक कार्य स्वयं संसद द्वारा ही किया जाना है। इसलिए यदि ऐसे महत्त्वपूर्ण मामलों को संसद पर छोड़ा जा सका है, तो ऊपरी सदन के गठन से सम्बन्धित मामले को संसद पर छोड़े जाने में कोई आपत्ति नहीं होनी चाहिए। मसौदा समिति की तुलना में संसद के पास इसके लिए ज्यादा समय होगा।[115]

इसके बाद संविधान-सभा के सभाध्यक्ष ने विधायिका के गठन के विषय को महत्त्वपूर्ण विषय बताते हुए कहा कि "हम सोचते थे कि सभा के लिए सर्वस्वीकरणीय निष्कर्ष पर पहुँचना सम्भव होगा, किन्तु दुर्भाग्य से ऐसा नहीं हो पाया।" वह इसके लिए मसौदा समिति पर दोषारोपण नहीं लगाते हैं। जैसा कि डॉ. आंबेडकर ने इंगित किया है कि कई तरह के संशोधन हैं, जो तमाम दृष्टिकोणों को आगे बढ़ाते हैं, वे इनके मध्य समन्वय निकालना असम्भव पाते हैं।[116]

अन्त में सभाध्यक्ष ने सुझाव दिया कि इस सवाल को पुन: मसौदा समिति के पास भेजा जाए। गोविन्द मालवीय ने इस अनुच्छेद को टाल देने का प्रस्ताव लाया, जिसका ब्रजेश्वर प्रसाद ने समर्थन किया। डॉ. आंबेडकर की सहमति के बाद इसे टाल दिया गया।

19 अगस्त, 1949 को डॉ. बी. आर. आंबेडकर ने अनुच्छेद 150 को संशोधित प्रावधान के साथ प्रस्तुत किया।[117] पाँच खंडों में प्रस्तुत इस नये प्रस्तावित अनुच्छेद का खंड (1) एवं इसका परन्तुक पहले जैसा ही था। खंड (2) का नया प्रावधान कहता था कि जब तक संसद कानून द्वारा अन्यथा निर्धारित न करे, विधान परिषद का गठन उस तरह किया जाएगा, जैसा खंड (3) में निर्धारित है। खंड (3) का प्रावधान निम्न पाँच उपखंडों के माध्यम से विधान परिषद का स्वरूप निर्धारित करता था—

(क) एक-तिहाई सदस्य का चुनाव नगर निकाय, जिला बोर्ड एवं ऐसे स्थानीय संस्थाओं के सदस्यों से मिलकर बनने वाले निर्वाचक मंडल द्वारा किया जाएगा।

(ख) 1/12 सदस्य ऐसे व्यक्तियों से मिलकर बनने वाले निर्वाचक मंडल से निर्वाचित होंगे, जो राज्य में किसी विश्वविद्यालय के कम-से-कम तीन वर्ष से स्नातक हों।

(ग) 1/12 सदस्य ऐसे व्यक्तियों से मिलकर बनने वाले निर्वाचक मंडल से निर्वाचित होंगे, जिन्होंने राज्य के अन्दर ऐसी शिक्षण संस्था में तीन वर्ष तक शिक्षक का कार्य किया हो, जो माध्यमिक स्तर से नीचे के न हों।

(घ) 1/3 सदस्य राज्य के विधान सभा के सदस्यों द्वारा चुने जाएँगे, किन्तु चुने जाने वाला व्यक्ति इस विधान सभा का सदस्य नहीं होगा।

(ङ) शेष सदस्य खंड (5) के अनुसार मनोनीत किए जाएँगे।

खंड (4) में यह प्राविधानित किया गया था कि खंड (3) के उपखंड (क), (ख) एवं (ग) के अन्तर्गत निर्वाचन संसद द्वारा बनाए गए कानून के अनुसार और उपखंड (घ) के अन्तर्गत निर्वाचन एकल संक्राम्य मत द्वारा आनुपातिक प्रतिनिधित्व प्रणाली से किया जाएगा। खंड (5) में कहा गया था कि राज्यपाल द्वारा उपखंड (ङ) के अन्तर्गत मनोनयन उन व्यक्तियों में से किया जाएगा, जिनके पास साहित्य, विज्ञान, कला, सहकारी आन्दोलन एवं सामाजिक सेवा में विशेष ज्ञान या व्यावहारिक अनुभव हो।

नए प्रारूप प्रावधान के सम्बन्ध में पहला संशोधन[118] डॉ. मनमोहन दास का खंड (3) के उपखंड (ख) में शब्दावली 'कम-से-कम तीन वर्ष से' निकालने के लिए था। उनका तर्क था कि "इससे कोई अन्तर नहीं पड़ता है कि किसी व्यक्ति ने स्नातक की डिग्री कल ली है या कुछ दिन पहले या तीन वर्ष पहले। यदि यह सोचा जा रहा है कि तीन वर्ष का अनुभव आवश्यक है, तो यह भी पर्याप्त नहीं है।" वी. आई. मुनिस्वामी पिल्लई ने उपखंड (घ) में एक-तिहाई के साथ 'जिसमें अनुसूचित जाति के लिए आरक्षित सीट शामिल है' जोड़ने के लिए संशोधन प्रस्तुत किया। इसके अलावा नजीरुद्दीन अहमद का संशोधन खंड (5) में शब्द 'कला' के बाद चिकित्सा शास्त्र, यंत्रशास्त्र एवं वाणिज्य' जोड़ने के लिए था। एस. नागप्पा का संशोधन खंड (1) के परन्तुक में '40' के स्थान पर '45' करने और खंड (3) के उपखंड (ख) एवं (ग) में 1/12 के स्थान पर 1/15 करने के लिए था और एक नया उपखंड (II) जोड़ने के लिए था, जिसमें विधान परिषद की 1/15 सीट को श्रमिकों के मध्य से कृषि श्रमिकों द्वारा चुने जाने की बात कही गई थी। एच. वी. कामथ का संशोधन[119] खंड (1) के परन्तुक को निरस्त करने के लिए और खंड (5) से शब्द 'सहकारी आन्दोलन' निरस्त करने और शब्द 'साहित्य' के पहले 'धर्म, दर्शन' जोड़ने के लिए था। उनका तर्क था कि यदि सामाजिक सेवा को व्यापक अर्थों में लिया जाए, तो इसमें सहकारी आन्दोलन शामिल होगा। 'धर्म एवं दर्शन' जोड़े जाने पर बल देते हुए कामथ ने कहा कि "हम सभी भारतीय कुछ मूलभूत आध्यात्मिक मूल्य के लिए हमेशा खड़े रहते हैं। यद्यपि ब्रिटिश संसद में लार्ड टेम्पोरल एवं लार्ड स्पिरिचुअल को स्थान दिया गया, फिर भी यदि यह मान लिया जाए कि दूसरी विधायिका में धर्म एवं दर्शन से जुड़े व्यक्तियों को स्थान नहीं दिया गया है, तो भी यह मानक नहीं हो सकता है। हमें विश्व को यह नहीं अहसास कराना चाहिए कि हमारी विधायिका में धर्म एवं दर्शन से जुड़े व्यक्ति के लिए कोई जगह नहीं है।

आम बहस के दौरान ब्रजेश्वर प्रसाद ने पूरे प्रारूप प्रावधान का ही विरोध किया। उन्होंने विधान परिषद में सदस्यों की संख्या एक-चौथाई सीमा तक सीमित करने को न केवल अतार्किक बताया, बल्कि खंड (2) एवं खंड (3) के माध्यम से संसद को दी गई शक्ति को गलत बताया।" यह उचित है कि हम यहाँ बैठकर विधान परिषद के गठन पर निर्णय लें या फिर स्पष्ट रूप से कहें कि राज्यों में विधान परिषद की आवश्यकता नहीं है।"[120] श्रीमती पूर्णिमा बनर्जी ने इस प्रावधान में शिक्षकों को प्रतिनिधित्व दिये जाने पर खुशी व्यक्त करते हुए सुझाव दिया कि इसमें स्कूल के शिक्षकों के साथ स्वैच्छिक शिक्षकों को भी शामिल किया जाना चाहिए। इसके अलावा मनोनयन के लिए निर्धारित 'सामाजिक सेवा' क्षेत्र को 'स्वैच्छिक सामाजिक सेवा' करने का भी सुझाव दिया।[121]

इस दौरान वी. एस. सरवटे ने भी दो महत्त्वपूर्ण संशोधन का सुझाव दिया। प्रस्तावित नये खंड (3) के उपखंड (ख) से पैदा होने वाली समस्या की ओर ध्यान आकर्षित करते हुए सरवटे ने कहा कि "वर्तमान स्वरूप में एक स्नातक को मतदाता बनने के लिए दो शर्तें पूरी करनी हैं। पहली यह कि तीन वर्ष पहले का स्नातक होना चाहिए और दूसरी यह कि विश्वविद्यालय उस

राज्य में होना चाहिए। इसके कारण कई समस्याएँ पैदा होंगी। उदाहरण के लिए मध्य भारत में कोई विश्वविद्यालय नहीं है। इस कारण से मध्य भारत में रहने वाला कोई स्नातक मत नहीं दे सकेगा। यह भी सम्भव है कि एक व्यक्ति, जिसने कलकत्ता विश्वविद्यालय से स्नातक किया हो, कुछ समय बाद दूसरे प्रान्त जाकर बस गया हो। ऐसा व्यक्ति इस दूसरे प्रान्त में हो रहे चुनाव में भाग नहीं ले सकता है।"[122] इस समस्या से बचने के लिए सरवटे ने दो संशोधन—पहला, उपखंड (ख) में शब्द 'व्यक्तियों' के बाद 'जो राज्य में रहने का आदती हो' जोड़ने के लिए और दूसरा शब्दावली 'राज्य में किसी विश्वविद्यालय' के स्थान पर 'भारत क्षेत्र में किसी विश्वविद्यालय' रखने के लिए प्रस्तुत किया।

जबकि डॉ. पी. एस. देशमुख ने विधान परिषद की आवश्यकता पर ही सवाल खड़ा करते हुए कहा कि "यद्यपि विधान परिषद के गठन के सम्बन्ध में रूपरेखा हमारे पास है, किन्तु यह कहना अभी भी सही है कि द्वितीय सदन की किसी तरह की कोई आवश्यकता नहीं है। द्वितीय सदन का गठन ऐसा कुछ नहीं होने जा रहा है, जो विधान सभा यानी निचले सदन के गठन से मौलिक रूप से अलग होगा। इसके एक-तिहाई सदस्य विधान सभा के सदस्यों से चुने जाने वाले हैं। यह असम्भव है कि वे अपने से अलग जैसे लोगों को चुनेंगे। इसी तरह दूसरे क्षेत्रों के सम्बन्ध में है। पहली बार सुनने में आ रहा है कि माध्यमिक शिक्षक को द्वितीय सदन के सदस्य चुनने का विशेषाधिकार दिया जाए। और यदि ये किस्मत वाले हैं, तो प्राथमिक स्कूल के शिक्षक क्यों नहीं? "[123]

प्रो. के. टी. शाह ने भी प्रस्तावित प्रारूप को समझौतावादी प्रारूप बताते हुए डॉ. बी. आर. आंबेडकर के उस वक्तव्य को याद किया, जिसमें उन्होंने मि. एबे सेइज के विचार का उल्लेख किया था कि यदि ऊपरी सदन निचली सदन से सहमत है, तो यह 'फालतू' है और यदि यह निचले सदन से सहमत नहीं होता है, तो यह 'खतरनाक' है। प्रो. शाह ने कहा कि उन्हें डर है कि प्रारूप अनुच्छेद के माध्यम से एक ऐसा द्वितीय सदन प्रस्तावित किया गया है, जो फालतू और खतरनाक दोनों होने जा रहा है।[124]

अन्त में डॉ. बी. आर. आंबेडकर ने मि. सरवटे के दोनों संशोधनों को स्वीकार कर लिया। यद्यपि इसमें प्रयोग किए गए आदती शब्द को उन्होंने अनावश्यक बताया, किन्तु बाकी संशोधन को आवश्यक बताते हुए कहा कि "यह सम्भव है कि बहुत से ऐसे राज्य हों, जहाँ कोई विश्वविद्यालय ही न हो। निश्चित रूप से यह आशय नहीं है कि किसी राज्य में रहने वाले किसी स्नातक के ऊपरी सदन के सदस्य चुनने के अधिकार को इस आधार पर छीना जाए कि वह उस विशेष राज्य के विश्वविद्यालय से स्नातक नहीं है।" डॉ. आंबेडकर ने बाकी संशोधनों को अस्वीकार कर दिया। एस. नागप्पा द्वारा कृषि श्रमिक को भी प्रतिनिधित्व देने के सवाल पर डॉ. आंबेडकर ने कहा "इसकी कोई आवश्यकता नहीं है क्योंकि निचले सदन का निर्वाचन वयस्क मताधिकार के आधार पर होगा, जहाँ कृषि श्रमिक का बहुत ज्यादा प्रतिनिधित्व होगा।" इसी तरह ऊपरी सदन में अनुसूचित जाति को प्रतिनिधित्व देने के सवाल पर डॉ. आंबेडकर ने कहा कि इस विषय पर मसौदा समिति ने परामर्श समिति की रिपोर्ट का पालन किया है, जिसके अनुसार अनुसूचित जातियों को केवल केन्द्र और प्रान्तीय विधायिका के निचले सदन में प्रतिनिधित्व की गारंटी प्राप्त होगी।" प्रस्तावित नये प्रावधान की की गई आलोचना का जवाब देते हुए डॉ. आंबेडकर ने आगे कहा—

> "इस सदन के समक्ष प्रस्तुत किए गए सुझावों की गुणवत्ता का जहाँ तक सन्दर्भ है, मैं नहीं देखता हूँ कि बहस में भाग लेने वाले किसी सदस्य ने एक भी ऐसा

रचनात्मक सुझाव दिया है कि द्वितीय सदन का वैकल्पिक गठन क्या होना चाहिए। यहाँ-वहाँ इस बात पर कि यह एक उपयोगी प्रावधान या एक खतरनाक प्रावधान है नोक-झोंक की गई है और निन्दा की गई है। ठीक है, मैं यह कहने के लिए तैयार नहीं हूँ कि जो मेरे विचार हैं या जो मसौदा समिति के विचार हैं, वह इस विषय पर सही ही है। किन्तु हमें किसी-न-किसी स्वरूप में गठन प्रदान करना है और मैं कहने के लिए तैयार हूँ कि जो भी गठन प्रस्तावित किया गया है, वह तार्किक है और उतना व्यावहारिक है, जितना कि आज की परिस्थिति में सोचा जा सकता है।"[125]

तत्पश्चात एच. वी. कामथ ने अपना संशोधन संख्या 3; एस. नागप्पा ने अपने सभी संशोधन; और डॉ. मनमोहन दास एवं मुनिस्वामी पिल्लई ने अपने-अपने संशोधन वापस ले लिए। संविधान-सभा ने सरवटे के दोनों संशोधन को स्वीकार कर और बाकी सभी संशोधन को अस्वीकार कर प्रारूप अनुच्छेद 150 का यथासंशोधित प्रावधान (नियमित अनुच्छेद 171) 19 अगस्त, 1949 को अंगीकृत कर लिया।

राज्य विधायिका की सदस्यता के लिए अर्हता

प्रारूप संविधान का अनुच्छेद 152 राज्य विधायिका के सदस्यों की अर्हता के बारे में था। इस सम्बन्ध में 2 जून, 1949 को डॉ. बी. आर. आंबेडकर ने नया प्रावधान प्रतिस्थापित करने के लिए संशोधन[126] प्रस्तुत किया। इस नये प्रावधान के अनुसार एक व्यक्ति राज्य की विधायिका में सीट हासिल करने के लिए तब तक अर्ह नहीं होगा जब तक—

(क) वह भारत का नागरिक न हो।
(ख) उसकी आयु विधान सभा की स्थिति में पचीस वर्ष एवं विधान परिषद की स्थिति में पैंतीस वर्ष से कम न हो; और
(ग) वह राज्य विधायिका द्वारा इस सम्बन्ध में बनाए गए कानून के अन्तर्गत निर्धारित अर्हता न रखता हो।

उक्त प्रारूप प्रावधान के सम्बन्ध में श्रीमती पूर्णिमा बनर्जी ने संशोधन[127] प्रस्तुत किया कि विधान परिषद के लिए निर्धारित आयु को पैंतीस वर्ष से घटाकर तीस वर्ष किया जाए। उनका तर्क था कि ऐसा किया जाना संसद के ऊपरी सदन के सम्बन्ध में निर्धारित आयु के अनुकूल है। श्रीमती पूर्णिमा ने खंड (ग) के सन्दर्भ में यह भी आशंका व्यक्त की कि जैसा प्रावधान बनाया गया है, यह बिलकुल सम्भव है कि सम्पत्ति अर्हता जैसी अन्य अर्हता को शामिल कर लिया जाए। इस सम्बन्ध में कनाडा एवं दक्षिण अफ्रीका के संविधान का सन्दर्भ लिया जा सकता है, जहाँ ऊपरी सदन का सदस्य बनने के लिए सम्पत्ति अर्हता निर्धारित की गई है। यदि इस उपखंड को शामिल करते समय ऐसा कोई विचार हमारे मस्तिष्क में है और यदि ऐसी कोई अर्हता निर्धारित की जाती है, तो वह अधिकार छीना जा सकता है, जिसे इस संविधान द्वारा प्रदान किया गया है। प्रो. के. टी. शाह ने अपने संशोधन[128] के माध्यम से विधान सभा के सन्दर्भ में शिक्षित होने और विधान परिषद के सन्दर्भ में सम्बन्धित निर्वाचन क्षेत्र का मतदाता होने की अर्हता वाला प्रावधान खंड (ख) में जोड़ने की माँग की।

आम बहस के दौरान प्रो. शिब्बन लाल सक्सेना ने खंड (ग) के प्रावधान पर आपत्ति की। उनका तर्क था कि "संविधान का एक मुख्य उद्देश्य प्रत्याशी के लिए अर्हता निर्धारित करना

है, किन्तु दुर्भाग्य से इसे राज्य की विधायिका द्वारा तय करने के लिए छोड़ दिया गया है। इसका परिणाम यह है कि प्रत्येक राज्य अपने यहाँ के प्रत्याशियों के लिए अलग-अलग अर्हता रखेंगे। एक व्यक्ति, जो बॉम्बे में विधायिका का सदस्य बन सकता है, वह यूनाइटेड प्राविंसेज में नहीं हो सकता है। यह एक गलती है, मुझे विश्वास है कि डॉ. आंबेडकर इसे ठीक करेंगे।" प्रो. सक्सेना ने योग्यता तय करने की शक्ति संसद को देने वाली व्यवस्था का भी विरोध किया और कहा कि "इसे संविधान में ही निर्धारित किया जाना चाहिए। अन्यथा प्रत्याशी की अर्हता का विषय दलगत राजनीति की खेली जाने वाली वस्तु हो जाएगा। उदाहरण के लिए यह सम्भव है कि ऐसी कोई निडर सरकार आ जाए जो यह निर्धारित कर दे कि केवल जमींदार या एक निश्चित धनराशि के आयकर जमा करने वाला व्यक्ति ही चुनाव लड़ने के लिए अर्ह होगा।"[129] प्रो. सक्सेना ने प्रान्तीय विधायिका के लिए 21 वर्ष आयु-सीमा निर्धारित करने की भी माँग की।

अन्त में डॉ. बी. आर. आंबेडकर ने श्रीमती पूर्णिमा बनर्जी के संशोधन को स्वीकार कर लिया। प्रो. शाह के शैक्षणिक अर्हता तय करने के लिए प्रस्तुत संशोधन को अस्वीकार करते हुए डॉ. आंबेडकर ने कहा इसे विधायिका पर छोड़ देना चाहिए। यदि अर्हता निर्धारित करते समय विधायिका अनुभव करती है कि शैक्षणिक अर्हता आवश्यक है, तो वे ऐसा करेंगे। श्रीमती बनर्जी एवं प्रो. सक्सेना द्वारा उठाए गए सवाल का जवाब देते हुए डॉ. आंबेडकर ने आगे कहा—

> "खंड (ग) के सम्बन्ध में व्यक्त किए गए इस भय कि यह खंड सम्पत्ति की अर्हता करने की शक्ति दे सकता है, के सम्बन्ध में मैं निश्चित रूप से कह सकता हूँ कि खंड (ग) का ऐसा कोई आशय नहीं है। इस खंड के पीछे उन अनहर्ताओं के प्रावधान हैं, जो दिवालियापन, मस्तिष्क की अस्वस्थता, किसी विशेष निर्वाचन क्षेत्र में आवास और ऐसे चीजों के सन्दर्भ में हो सकता है। निश्चित रूप से यह आशय नहीं है कि सम्पत्ति अर्हता को प्रत्याशी के आवश्यक अर्हता के रूप में स्वीकार किया जाए।
>
> "महोदय, केवल एक बिन्दु है, जिसके बारे में मैं एक विशेष सन्दर्भ देना चाहता हूँ। खंड (ग) का प्रावधान कुछ मामले में निर्वाचन विषय को संचालित करने वाले अनुच्छेद 290 और 291 से जुड़ा हुआ है। हमने अभी इन अनुच्छेदों को पारित नहीं किया है। यदि अनुच्छेद 290 और 291 पर चर्चा के दौरान यह सदन इस निष्कर्ष पर आता है कि खंड (ग) में शामिल प्रावधान को संसद द्वारा कानून बनाकर तय करना चाहिए, तब मैं चाहूँगा कि मसौदा समिति के पास यह अधिकार सुरक्षित हो कि वह खंड (ग) के अन्तिम भाग पर पुनर्विचार कर सके।"[130]

इसके उपरान्त संविधान-सभा ने डॉ. आंबेडकर एवं श्रीमती पूर्णिमा बनर्जी का संशोधन स्वीकार कर और प्रो. के. टी. शाह का संशोधन अस्वीकार कर प्रारूप अनुच्छेद 152 का यथासंशोधित प्रावधान (संविधान का अनुच्छेद 173) 2 जून, 1949 को अंगीकृत कर लिया।

13

न्यायपालिका : विधि-शासन का प्रहरी

संविधान चक्र के अन्तर्गत पैदा होते रहने वाले विवादों का निपटारा करके न्याय प्रदान करना राज्य की जिम्मेदारी है। राज्य अपनी इस जिम्मेदारी का निर्वहन मुख्य अंग 'न्यायपालिका' के माध्यम से करता है। न्यायपालिका न केवल नागरिकों के मध्य परस्पर, बल्कि नागरिक और राज्य के मध्य तथा राज्य के विभिन्न अंगों के मध्य परस्पर उपजे विवाद का निपटारा करती है। वह न्याय प्रदान करके उस राज्य की जनता को अराजकता के मार्ग पर जाने से रोकती है और राज्य में शान्ति कायम करने में मदद करती है।

न्यायपालिका का स्वरूप भी बहुत कुछ शासक (कार्यपालिका) के चरित्र एवं स्वरूप पर निर्भर करता है। कार्यपालिका के सापेक्ष न्यायपालिका के स्वरूप को मूलतः दो मौलिक और दो प्रक्रियात्मक कारक प्रभावित करते हैं। मौलिक कारक ये कि शासन द्वारा बनाए गए कानून की प्रकृति क्या है और न्यायपालिका को नैसर्गिक न्याय का सिद्धान्त लागू करने की कितनी छूट है, और प्रक्रियात्मक कारक ये कि न्यायाधीशों की चयन प्रक्रिया कितना निष्पक्ष है और इनके पदच्युति की प्रक्रिया कितना भयमुक्त है। कार्यपालिका की चरित्र के साथ इन चार कारकों की वस्तुस्थिति भी परिवर्तनशील रहते हैं और इसके कारण न्यायपालिका का स्वरूप भी बदलता रहता है। बावजूद इसके कि राज्य लोकतांत्रिक हो या अलोकतांत्रिक, न्यायपालिका के महत्त्व को नकारा नहीं जा सकता है। न्यायपालिका राज्य में लागू कानूनों का निर्वचन करती है। वह कानून के अनुसार लोगों के अधिकारों की रक्षा करती है; वह अपराधियों को सजा देकर पीड़ित में सन्तोष का भाव पैदा करती है और स्वच्छ समाज के निर्माण में भूमिका निभाती है। लोकतांत्रिक व्यवस्था में राज्य की सम्प्रभुता जनता में निहित होने के सैद्धान्तिक प्रतिबद्धता के अधीन, विधायिका जहाँ जनमत-आधारित प्रत्यक्ष सम्प्रभुता का प्रतिनिधित्व करती है, वहीं न्यायपालिका जनइच्छा-आधारित अप्रत्यक्ष सम्प्रभुता का प्रतिनिधित्व करती है। वस्तुतः न्यायपालिका विधि-शासन की प्रहरी है और जनमानस की विधि-शासन के प्रति भरोसे को कायम करती है।

प्रारूप संविधान में न्यायपालिका को विधायिका एवं कार्यपालिका से स्वतंत्र अंग के रूप में प्रस्तावित किया गया। इसकी सर्वोच्च संस्था को केन्द्र स्तर पर सुप्रीम कोर्ट, और राज्य स्तर पर हाई कोर्ट कहा गया। ये न्यायिक संस्थाएँ, दोनों स्तर पर अलग-अलग ढाँचा होते हुए भी एक-दूसरे से स्वतंत्र नहीं हैं, बल्कि एकीकृत न्यायपालिका का निर्माण करती हैं।

(क) संघ की न्यायपालिका

प्रारूप संविधान के भाग V का अध्याय IV संघ की न्यायपालिका से सम्बन्धित अध्याय था। इस अध्याय के शीर्षक का नाम 'परिसंघीय न्याय-प्रशासन' (फेडरल जूडिकेचर)

प्रस्तावित किया गया था। 23 मई 1949 को डॉ. बी. आर. आंबेडकर ने इसे 'संघीय न्यायपालिका' (यूनियन जूडिशियरी) रखने के लिए संशोधन[1] प्रस्तुत किया, जिसे संविधान-सभा ने स्वीकार कर लिया।

इस अध्याय के अन्तर्गत कुल 23 प्रारूप अनुच्छेद शामिल किए गए थे। प्रारूप अनुच्छेद 103 (नियमित अनुच्छेद 124) सुप्रीम कोर्ट की स्थापना एवं गठन से सम्बन्धित; प्रारूप अनुच्छेद 104 (नियमित अनुच्छेद 125) न्यायाधीशों के वेतन आदि; प्रारूप अनुच्छेद 105 (नियमित अनुच्छेद 126) सुप्रीम कोर्ट के कार्यवाहक मुख्य न्यायाधीश की नियुक्ति; प्रारूप अनुच्छेद 106 (नियमित अनुच्छेद 127) तदर्थ न्यायाधीशों की नियुक्ति; प्रारूप अनुच्छेद 107 (नियमित अनुच्छेद 128) सेवानिवृत्त न्यायाधीशों की सुप्रीम कोर्ट में उपस्थिति; प्रारूप अनुच्छेद 108 (नियमित अनुच्छेद 129) सुप्रीम कोर्ट के कोर्ट ऑफ रिकॉर्ड होने; प्रारूप अनुच्छेद 108-क (अनुच्छेद 130) सुप्रीम कोर्ट के स्थान; प्रारूप अनुच्छेद 109-118 (नियमित अनुच्छेद 131-142) सुप्रीम कोर्ट के अधिकार एवं शक्ति; प्रारूप अनुच्छेद 119 (नियमित अनुच्छेद 143) राष्ट्रपति की सुप्रीम कोर्ट से परामर्श लेने की शक्ति; प्रारूप अनुच्छेद 120 (नियमित अनुच्छेद 144) सभी सिविल एवं न्यायिक प्राधिकारी द्वारा सुप्रीम कोर्ट के सहायतार्थ कार्य किए जाने; प्रारूप अनुच्छेद 121 (नियमित अनुच्छेद 145) कुछ मामलों में सुप्रीम कोर्ट द्वारा नियम बनाने की शक्ति और प्रारूप अनुच्छेद 122 (नियमित अनुच्छेद 146) सुप्रीम कोर्ट के पदाधिकारियों की नियुक्ति के सम्बन्ध में मुख्य न्यायाधीश की शक्ति के बारे में प्रावधान प्रस्तावित करते थे।

उक्त प्रारूप अनुच्छेदों के अलावा चार नये अनुच्छेद 102-क, 103-क, 111-क एवं 122-क जोड़ने के लिए संशोधन प्रस्तुत किए गए। प्रो. के. टी. शाह द्वारा प्रस्तावित अनुच्छेद 102-क न्यायपालिका को कार्यपालिका एवं विधायिका से पूर्ण अलग करने के लिए; डॉ. पी. के. सेन द्वारा प्रस्तावित अनुच्छेद 103-क सुप्रीम कोर्ट के न्यायाधीश द्वारा सरकारी पद धारण करने पर रोक लगाने के लिए; ठाकुर दास भार्गव (बाद में डॉ. आंबेडकर) द्वारा प्रस्तावित अनुच्छेद 111-क (नियमित अनुच्छेद 134) आपराधिक मामलों में सुप्रीम कोर्ट के अपीलीय क्षेत्राधिकार के बारे में और डॉ. बख्शी टेक चन्द द्वारा प्रस्तावित अनुच्छेद 122-क (नियमित अनुच्छेद 147) संविधान के निर्वचन से सम्बन्धित विधि के मूलभूत प्रश्न के बारे में था।

संघ की न्यायपालिका से सम्बन्धित उक्त सभी प्रावधानों पर चर्चा के बाद इन्हें संविधान-सभा द्वारा अंगीकृत किया गया। इनमें से प्रस्तावित अनुच्छेद 102-क, प्रारूप अनुच्छेद 103, प्रारूप अनुच्छेद 108, प्रारूप अनुच्छेद 110, प्रारूप अनुच्छेद 111, प्रस्तावित अनुच्छेद 111-क, प्रारूप अनुच्छेद 121, प्रारूप अनुच्छेद 122. प्रस्तावित अनुच्छेद 122-क ऐसे प्रावधान थे, जिन पर संविधान-सभा के समक्ष विस्तार से चर्चा की गई।

फिर उठा न्यायपालिका की स्वतंत्रता का सवाल

23 मई, 1949 को प्रो. के. टी. शाह ने एक नया अनुच्छेद 102-क जोड़ने के लिए संशोधन[2] प्रस्तुत किया। प्रो. शाह के प्रस्तावित प्रावधान के अनुसार 'संविधान के अधीन भारत में न्यायपालिका, कार्यपालिका या विधायिका से पूर्णतया अलग एवं स्वतंत्र होगी।' इसके समर्थन में प्रो. शाह ने बहस की कि शक्तियों के पृथक्करण का सिद्धान्त बहुत से देशों में लोकतांत्रिक शासन की आधारशिला के रूप में स्वीकार किया गया है। दुर्भाग्यवश अन्य अवसरों पर इस महत्त्वपूर्ण सिद्धान्त के प्रति वह इस सदन का विश्वास नहीं प्राप्त कर सके हैं। यह सिद्धान्त

अभी भी कही और की अपेक्षा यहाँ ज्यादा महत्त्वपूर्ण है।...पूर्ववर्ती शासन की एक विशेषता यह थी कि न्यायिक संरचना में एक यथेष्ट स्थिति तक न्यायपालिका एवं कार्यपालिका की शक्तियाँ एक ही अधिकारी में निहित कर दी जाती थी। उच्च न्यायिक अधिकारियों को समान रूप से उच्च कार्यपालिकीय पदों पर स्थानान्तरण या पदोन्नति देना ऐसा प्रलोभन है, जिससे न्यायाधीशों को बचाया जाना चाहिए।

प्रो. शाह के उक्त संशोधन का एच. वी. कामथ, नजीरुद्दीन अहमद एवं पी. के. सेन ने समर्थन किया, जबकि के. एम. मुंशी, आर. के. सिधवा, अल्लादी कृष्णास्वामी अय्यर एवं डॉ. पी. एस. देशमुख ने विरोध किया। एच. वी. कामथ ने कहा कि "एक स्वतंत्र लोकतांत्रिक राज्य के सन्दर्भ में, जिसे हम इस देश में स्थापित करने जा रहे हैं और इसके पहले कि हम नागरिकों को मूल अधिकार प्रदान करें या इसके पहले कि हम केन्द्र एवं अन्य इकाइयों के मध्य विभिन्न कार्यों एवं शक्तियों का बँटवारा करें, एक स्वतंत्र न्यायपालिका उच्च प्राथमिकता का विषय हो जाती है। जिन अधिकारों को आप नागरिकों को प्रदान कर रहे हैं यदि इन अधिकारों को सुरक्षित एवं संरक्षित करने के लिए न्यायपालिका नहीं होगी तो कैसे हम अपने संविधान की पवित्रता की रक्षा कर सकेंगे?"[3] नजीरुद्दीन अहमद ने भी कहा कि जो एक बात जनता के हृदय को आनन्दित करेगा और हमारी आजादी को ठोस स्वरूप प्रदान करेगी, वह है न्यायपालिका में विश्वास। जिस पल आप एक व्यक्ति को यह सोचने देते हैं कि उसका न्यायपालिका में विश्वास नहीं है, तो सरकार की स्थिरता जर्जर हो जाएगी। इस दृष्टिकोण से न्यायपालिका की स्वतंत्रता को गारंटी दी जानी चाहिए। बिना किसी प्रतिबन्ध के और बिना किसी मानसिक कपट के यहाँ इस सिद्धान्त को स्वीकार कर लेना चाहिए।"[4]

प्रो. शाह के प्रस्ताव का विरोध करते हुए के. एम. मुंशी ने कहा कि "एक आधुनिक राज्य में न्यायपालिका को जितनी स्वतंत्रता होनी चाहिए, उतनी इस संविधान के अन्तर्गत दी गई है। इस संविधान के अन्तर्गत न्यायाधीश के पारिश्रमिक एवं भत्ता इत्यादि निश्चित किए गए हैं। उन्हें एक परिस्थिति के अलावा अन्य किसी प्रकार से नहीं हटाया जा सकता है। सेवानिवृत्ति के बाद उन्हें वकालत करने से वंचित किया गया है और विश्वास है कि सेवानिवृत्ति के उपरान्त भी न्यायाधीश सरकार से अपने भविष्य के लिए कोई आशा नहीं रखेंगे। न्यायपालिका की स्वतंत्रता के लिए ये पर्याप्त सुरक्षा-कवच है।"[5] अल्लादी कृष्णास्वामी अय्यर ने तर्क दिया कि यह अध्याय सुप्रीम कोर्ट के गठन एवं शक्तियों के बारे में है। कार्यपालिका एवं न्यायपालिका के मध्य सम्बन्ध से जुड़ा सवाल इस अध्याय का विषय नहीं है। वह न्यायपालिका के कार्य को कार्यपालिका से अलग करने के सामान्य सिद्धान्त से पूरी तरह सहमत हैं। किन्तु यदि इस तरह के सामान्य अनुच्छेद को संविधान में रखते हैं तो यह विशेष कठिनाइयाँ पैदा कर सकता है। यदि हम विश्व के तमाम भागों यहाँ तक कि अमेरिका, जहाँ न्यायपालिका का कार्यपालिका से पृथक्करण का सिद्धान्त मान्य है, में कार्य कर रही प्रशासनिक संस्थाओं के कार्यों की समीक्षा करें, तो आप कार्यपालिकीय या प्रशासनिक संस्थाओं में तमाम तरह के अर्ध-न्यायिक कार्यों का निहित होना पाएँगे। इसके बिना सामान्य प्रशासन आगे बढ़ ही नहीं सकता है।"[6] डॉ. पी. एस. देशमुख ने कहा कि प्रो. शाह का संशोधन दो बातें प्रस्तावित करता है। पहली न्यायपालिका का कार्यपालिका से पृथक्करण और दूसरी न्यायपालिका की स्वतंत्रता। पृथक्करण को लेकर कोई सवाल नहीं पैदा होता। दूसरी बात जिसे प्रो. शाह हासिल करना चाहते हैं, वह है स्वतंत्रता। अब न्यायपालिका की स्वतंत्रता को कैसे हासिल किया जा सकता है? न्यायपालिका की स्वतंत्रता न्यायाधीशों की नियुक्ति की उचित चयन-प्रक्रिया

से, न्यायपालिका के न्यायिक कार्यों में कार्यपालिका के हस्तक्षेप न होने से, न्यायाधीशों को आसानी से हटाए न जा सकने से, ऐसी व्यवस्थाओं को अपनाने से सुरक्षित होता है, न कि यह प्रत्यक्ष प्रावधान बनाकर कि सुप्रीम कोर्ट का न्यायाधीश स्वतंत्र होगा। प्रारूप संविधान में न्यायपालिका की स्वतंत्रता के लिए जितना कुछ है, उससे ज्यादा न तो आवश्यक है और न ही परामर्शयोग्य है।"[7]

अन्त में डॉ. आंबेडकर ने प्रो. शाह के संशोधन को यह कहकर अस्वीकार कर दिया कि इस विषय पर पहले ही नीति निदेशक सिद्धान्त पर विचार करते समय लम्बी बहस की जा चुकी है। यह दुर्भाग्य की बात है कि प्रो. शाह ने यह संशोधन प्रस्तुत किया है। वह नहीं समझते हैं कि क्यों इस विषय को पुन: उठाया गया है और इस पर बहस क्यों हुई। अनुच्छेद 39-क को स्वीकार कर लिए जाने के बाद यह विषय व्यवहारत: समाप्त हो गया है।[8]

तत्पश्चात संविधान-सभा ने प्रो. शाह का संशोधन अस्वीकार कर दिया।

न्यायाधीशों की नियुक्ति प्रक्रिया का सवाल

सुप्रीम कोर्ट के गठन से सम्बन्धित प्रारूप अनुच्छेद 103 (नियमित अनुच्छेद 124) के अन्तर्गत कुल सात खंड प्रस्तावित किए गए थे। खंड (1) कहता था कि 'भारत का एक सुप्रीम कोर्ट होगा, जिसमें एक भारत का मुख्य न्यायाधीश और इतनी संख्या में न्यायाधीश जो सात, जैसा कि संसद कानून द्वारा निर्धारित करे, से कम न हों, शामिल होंगे।' इस प्रावधान की शब्दावली में सुधार हेतु डॉ. बी. आर. आंबेडकर ने संशोधन[9] प्रस्तुत किया। इसे स्वीकार करने के बाद इस खंड का प्रावधान 'भारत का एक सुप्रीम कोर्ट होगा, जिसमें एक भारत का मुख्य न्यायाधीश और जब तक संसद कानून द्वारा ज्यादा संख्या निर्धारित न कर दे, सात की संख्या में न्यायाधीश शामिल होंगे' हो जाता।

प्रारूप खंड (2) का प्रावधान सुप्रीम कोर्ट के न्यायाधीशों की नियुक्ति प्रक्रिया के बारे में था। इसके अन्तर्गत प्रस्तावित किया गया था कि सुप्रीम कोर्ट में न्यायाधीशों की नियुक्ति राष्ट्रपति द्वारा सुप्रीम कोर्ट एवं हाई कोर्ट के न्यायाधीशों के परामर्श से जैसा वह उचित समझें, की जाएगी किन्तु मुख्य न्यायाधीश के अलावा अन्य न्यायाधीशों की नियुक्ति के सम्बन्ध में मुख्य न्यायाधीश का परामर्श हमेशा लिया जाएगा।

खंड (2) के लिए कई संशोधन प्रस्तुत किए गए। प्रो. शिब्बन लाल सक्सेना ने संशोधन[10] प्रस्तुत किया कि मुख्य न्यायाधीश की नियुक्ति संसद के दो-तिहाई बहुमत से और अन्य न्यायाधीशों की नियुक्ति मुख्य न्यायाधीश की सलाह से की जाएगी। उन्होंने तर्क दिया कि मौजूदा प्रावधान के अन्तर्गत भारत के मुख्य न्यायाधीश की नियुक्ति राष्ट्रपति द्वारा की जाएगी, जिसका अर्थ है कि प्रधानमंत्री या कार्यपालिका द्वारा नियुक्त किया जाएगा। जबकि सुप्रीम कोर्ट का मुख्य न्यायाधीश कार्यपालिका से पूर्णतया स्वतंत्र होना चाहिए। प्रो. के. टी. शाह का संशोधन[11] सुप्रीम कोर्ट के न्यायाधीश की नियुक्ति राष्ट्रपति द्वारा राज्यसभा की सलाह से करने के लिए था। उनका तर्क था कि "यह संविधान न्यायाधीशों, राजदूतों एवं राज्यपालों की नियुक्ति के सन्दर्भ में प्रधानमंत्री के हाथ में इतनी शक्ति देता है कि प्रधानमंत्री के तानाशाह होने का खतरा हमेशा बना रहेगा। कुछ विषय ऐसे हैं, जिन्हें राजनीतिक प्रभाव से, पार्टीगत पैतरेबाजी से अवश्य ही मुक्त रखना चाहिए और सुप्रीम कोर्ट के न्यायाधीशों की नियुक्ति ऐसा ही एक विषय है।"

बी. पोकर साहिब और महबूब अली बेग साहिब ने यह संशोधन प्रस्तुत किया कि न्यायाधीशों की नियुक्ति मुख्य न्यायाधीश की सलाह से नहीं बल्कि उनकी सहमति से की जाए। पोकर

साहिब का तर्क था कि "यह बहुत महत्त्वपूर्ण है कि सुप्रीम कोर्ट के न्यायाधीशों को यह अनुभूति नहीं होना चाहिए कि उनका अस्तित्व या उनकी नियुक्ति राजनीतिक विचारधारा या राजनीतिक पार्टी की इच्छा पर निर्भर है। इसलिए यह आवश्यक है कि ऐसी नियुक्तियों के दौरान रहने वाले राजनीतिक प्रभाव के खिलाफ पर्याप्त सुरक्षा हो। नि:सन्देह यदि एक न्यायाधीश को अपनी नियुक्ति के लिए राजनीतिक पार्टी पर आभारी होना पड़े, तो निश्चित तौर पर वह, न्यायाधीश या सामान्य मानव के रूप में अपने कैरियर के दौरान, उस प्राधिकारी के पक्ष में कुछ झुकाव रखने के लिए बाध्य होगा, जिसने उसे नियुक्त किया है।"[12]

इसके अलावा के. सन्थानम का संशोधन[13] खंड (2) में 'may be' के स्थान पर 'the President may' रखने के लिए था। प्रारूप खंड (3) के लिए एच. वी. कामथ द्वारा प्रस्तुत संशोधन[14] का प्रभाव यह था कि न्यायाधीशों की नियुक्ति न केवल न्यायाधीशों एवं अधिवक्ताओं के मध्य से होगी, बल्कि प्रख्यात विधिवेत्ता (Distinguished Jurist) के मध्य से भी की जा सकेगी। कामथ ने कहा कि "यह संशोधन हेग के अन्तरराष्ट्रीय न्यायालय के न्यायाधीशों के लिए निर्धारित योग्यता पर आधारित है।"

आम बहस के दौरान ठाकुर दास भार्गव ने प्रो. सक्सेना के संशोधन का समर्थन करते हुए कहा कि "यह सिद्धान्त स्पष्ट है कि हटाने वाले प्राधिकारी को ही नियुक्ति प्राधिकारी होना चाहिए। इसलिए हटाने का प्रावधान बनाकर इस आपत्ति को कि विधायिका को सुप्रीम कोर्ट के न्यायाधीश के मामले में कोई प्रभाव नहीं रखना चाहिए, निर्मूल कर दिया गया है।"[15] किन्तु बिश्वनाथ दास ने प्रो. सक्सेना एवं प्रो. शाह दोनों के संशोधनों का यह कहकर विरोध किया कि "इसे स्वीकार कर लेने के बाद हम न्यायाधीश को चुनेंगे नहीं, बल्कि उसका निर्वाचन करेंगे।" उनका तर्क था कि "चयन-प्रक्रिया के स्थान पर सुप्रीम कोर्ट के न्यायाधीशों का चुनाव कराने की प्रक्रिया एक बहुत खतरनाक सिद्धान्त है, जिसे हम अपनाने की कोशिश कर रहे हैं।"[16] रोहिणी कुमार चौधरी ने भी प्रो. सक्सेना के संशोधन प्रस्ताव का कड़ा विरोध किया। उनका तर्क था कि "इसका मतलब होगा कि न्यायाधीशों की नियुक्ति बहुमत वाली पार्टी के नेता की सदिच्छा पर निर्भर होगी। इसलिए प्रो. सक्सेना का प्रस्ताव बहुत ही खतरनाक प्रस्ताव है।" उन्होंने हाल ही में प्रिवी काउंसिल के न्यायाधीश मि. न्यायमूर्ति बायामांट द्वारा की गई उस टिप्पणी को याद दिलाया जिसमें उन्होंने कहा था कि वह यह कहने के लिए मजबूर हैं कि कांग्रेस किसी समय न्यायपालिका को कार्यपालिका से अलग करने की बहुत चिन्ता किया करती थी, किन्तु अब सत्ता में आने के बाद पुरानी प्रणाली को बनाए रखने के पक्ष में दिखाई देती है। राष्ट्रपति द्वारा लिए जाने वाले परामर्श का आयाम क्या है, इस पर अपना विचार रखते हुए रोहिणी कुमार चौधरी ने कहा कि यह एक ऐसा विषय है, जो पूरी तरह राष्ट्रपति द्वारा देखा जाना है। यदि वह चाहे तो किसी भी व्यक्ति से परामर्श ले सकता है और यदि वह नहीं चाहता है, तो उसे किसी व्यक्ति से परामर्श लेने की आवश्यकता नहीं है। इसे बाध्यकारी नहीं बनाया जाना चाहिए।"[17] अनन्थसंयनम अयंगर ने भी प्रो. शाह के प्रस्ताव का विरोध किया। उन्होंने प्रारूप प्रावधान का बचाव करते हुए कहा कि "सुप्रीम कोर्ट लोकतंत्र का प्रहरी होता है। वह नागरिकों के अधिकारों की आँख एवं संरक्षक होता है। इसलिए प्रत्येक स्तर पर न्यायाधीशों की नियुक्ति के समय से लेकर उनके वेतन एवं पदावधि इत्यादि ये सब इस तरह विनियमित होना चाहिए ताकि कार्यपालिका का उनके कार्यों से कम-से-कम या कुछ भी लेना-देना न हो।"[18]

आम बहस के अन्त में डॉ. बी. आर. आंबेडकर ने के. सन्थानम के संशोधन को और एच. वी. कामथ के संशोधन को इस शर्त के साथ स्वीकार किया कि शब्द 'विधिवेत्ता' के पूर्व

'Distinguished' रखा जाए या 'Eminent', यह अधिकार मसौदा समिति के पास सुरक्षित रहेगा। बाकी सभी संशोधनों को अस्वीकार करते हुए और इस सम्बन्ध में उठाए गए सवालों का जवाब देते हुए डॉ. आंबेडकर ने कहा—

"पहला सवाल यह है कि उच्चतम न्यायालय के न्यायाधीश की नियुक्ति किस प्रकार की जाए? इस सवाल के जवाब में जो संशोधन प्रस्तुत किए गए हैं, उनका वर्गीकरण करने से ये तीन तरह के दिखाई देते हैं। पहला प्रस्ताव यह है कि उच्चतम न्यायालय के न्यायाधीश की नियुक्ति मुख्य न्यायाधीश की सहमति से की जाए। यह एक विचार है। दूसरा विचार यह है कि राष्ट्रपति द्वारा की जाने वाली नियुक्ति संसद के दो-तिहाई मत से समर्थित हो और तीसरा सुझाव यह है कि उनकी नियुक्ति राज्यसभा की सलाह से की जानी चाहिए।

"इस सभा में इसको लेकर कोई मतभेद नहीं होना चाहिए कि हमारी न्यायपालिका को कार्यपालिका से स्वतंत्र और अपने में योग्य दोनों होना चाहिए। सवाल है कि इन दो उद्देश्यों को कैसे प्राप्त किया जाए। दूसरे देशों में इस मामले को दो तरह से सुलझाया गया है। ग्रेट ब्रिटेन में राजा द्वारा बिना किसी तरह की सीमा के अर्थात् सामयिक कार्यपालिका द्वारा नियुक्ति किया जाता है। जबकि संयुक्त राज्य अमेरिका में इससे अलग व्यवस्था अपनाई गई है। वहाँ सुप्रीम कोर्ट एवं राज्यों के अधिकारियों की नियुक्ति केवल सीनेट की सहमति से ही की जाती है।

"जिन परिस्थितियों में आज हम हैं, जहाँ उत्तरदायित्व की भावना अभी उतना विकसित नहीं हुई है, जितनी संयुक्त राज्य अमेरिका में है। यह खतरनाक सिद्ध होगा कि राष्ट्रपति बिना किसी आरक्षण या परिसीमा के यानी मात्र कार्यपालिका के परामर्श पर नियुक्ति करे। इसी प्रकार ऐसी सभी नियुक्तियाँ, जिसे कार्यपालिका करना चाहे, उसे विधायिका की सहमति के अधीन कर देना भी उचित व्यवस्था नहीं होगी। यह बोझिल होने के अलावा इसमें राजनीतिक दबाव और राजनीतिक विचारों से प्रभावित होकर नियुक्ति किए जाने की सम्भावना हो जाती है। प्रारूप अनुच्छेद में मध्य मार्ग अपनाया गया है। यह नियुक्ति के मामले में राष्ट्रपति को उच्चतम एवं अन्तिम अधिकार नहीं देता है। यह विधायिका को भी प्रभावित करने का मौका नहीं देता है। अनुच्छेद में यह प्रावधान है कि ऐसे लोगों से परामर्श लिया जाए जो इतने सुयोग्य हों कि ऐसे मामले में यथोचित परामर्श दे सकें और मेरा निर्णय है कि इस प्रकार के प्रावधान को फिलहाल पर्याप्त समझा जाए।

"मुख्य न्यायाधीश की सहमति के सम्बन्ध में मुझे लगता है कि जो लोग इस प्रस्ताव के समर्थन में है, उन्हें मुख्य न्यायाधीश की निष्पक्षता और ठीक निर्णय लेने पर विश्वास है। मैं व्यक्तिगत तौर पर मानता हूँ कि मुख्य न्यायाधीश एक बहुत ही प्रख्यात व्यक्ति होगा। किन्तु फिर भी मुख्य न्यायाधीश में भी उसी तरह भावनाएँ एवं पूर्वाग्रह होंगे जैसे हमारे जैसे आम लोगों के पास होते हैं। व्यवहार में न्यायाधीशों की नियुक्ति में मुख्य न्यायाधीश को निषेधाधिकार (वीटो) उसी तरह नहीं दिया जा सकता जिस तरह राष्ट्रपति या सरकार को नहीं देने के लिए तैयार हैं। यह भी एक खतरनाक विचार है।"[19]

तत्पश्चात संविधान-सभा ने डॉ. बी. आर. आंबेडकर द्वारा स्वीकृत संशोधन को स्वीकार कर लिया और बाकी संशोधन को अस्वीकार कर दिया।

न्यायाधीशों की उम्र-सीमा का सवाल

प्रारूप अनुच्छेद 103 के खंड (2) के अन्तर्गत सुप्रीम कोर्ट के न्यायाधीश की सेवानिवृत्ति की उम्र-सीमा 65 वर्ष प्रस्तावित की गई थी।

उम्र-सीमा को लेकर चार संशोधन प्रस्तुत किए गए। पहला संशोधन[20] बी. पोकर साहिब का उम्र-सीमा 65 वर्ष से बढ़ाकर 68 वर्ष करने के लिए प्रस्तुत किया गया। उनका तर्क था कि सुप्रीम कोर्ट के न्यायाधीश की सेवानिवृत्ति की उम्र-सीमा हाई कोर्ट के न्यायाधीश से 3 से 5 वर्ष अधिक होने की मान्यता है और चूँकि हाई कोर्ट न्यायाधीश के लिए सेवानिवृत्ति की उम्र-सीमा 65 वर्ष उचित मानी गई है, इसलिए सुप्रीम कोर्ट के न्यायाधीश की सेवानिवृत्ति की उम्र-सीमा बढ़ाकर 68 वर्ष कर देनी चाहिए। इसके विपरीत जसपत राय कपूर ने उम्र-सीमा 65 वर्ष से घटाकर 60 वर्ष करने के लिए संशोधन[21] प्रस्तुत किया। इसके साथ यह प्रावधान भी जोड़ा गया था कि राष्ट्रपति इस उम्र-सीमा को बढ़ाकर 65 वर्ष कर सकता है। कपूर का तर्क था कि "सरकारी सेवक के लिए सेवानिवृत्ति की सामान्य उम्र 55 वर्ष है, किन्तु हाई कोर्ट के न्यायाधीश के लिए इसे बढ़ाकर 60 वर्ष कर दिया गया है। सुप्रीम कोर्ट न्यायाधीशों के मामले में इसे और बढ़ाकर 65 वर्ष करने के पीछे कोई तार्किक कारण नहीं है। लम्बी सेवा अवधि के बाद उन्हें नये लोगों के लिए स्थान खाली करना चाहिए। 60 वर्ष उम्र के पश्चात एक व्यक्ति इतना दुरुस्त एवं मानसिक रूप से सक्रिय नहीं रह जाता है कि वह सुप्रीम कोर्ट के न्यायाधीश के कठिन कार्य को कर सके।" प्रो. के. टी. शाह के संशोधन[22] के अनुसार, "सेवानिवृत्ति के लिए किसी तरह की उम्र-सीमा नहीं होगी और जब तक न्यायाधीश का व्यवहार अच्छा है और वह इस्तीफा न दे दे तब तक वह पद पर बने रहेंगे। उनका तर्क था कि इस तरह की व्यवस्था न्यायपालिका की स्वतंत्रता को सुरक्षित करने के लिए आवश्यक है। जैसी कि इंग्लैंड और हाल ही में अमेरिका में अपनाई गई है, उसी तरह सुप्रीम कोर्ट के न्यायाधीश की भी नियुक्ति जीवनभर के लिए की जानी चाहिए।" एक अन्य संशोधन[23] सतीश चन्द्र का यह था कि संविधान में कोई उम्र-सीमा तय करने के बजाय इसे संसद के निर्णय पर छोड़ देना चाहिए।

सुप्रीम कोर्ट न्यायाधीश की 65 वर्ष सेवानिवृत्ति आयु का समर्थन करते हुए जवाहरलाल नेहरू ने कहा कि "प्रत्येक राष्ट्र एक व्यक्ति को प्रशिक्षित करने में बहुत धन खर्च करता है। अब हमें इन प्रशिक्षित व्यक्तियों से उनकी योग्यता का लाभ लेना है। जब वे प्रशिक्षित और पूर्णतया काम करने के योग्य हो जाएँ तो आपको उन्हें हटा नहीं देना चाहिए और इनके स्थान पर एक नये और अप्रशिक्षित व्यक्ति को नहीं ले लेना चाहिए। खान में काम करने वाला व्यक्ति निश्चित रूप से 60 वर्ष के बाद या इस उम्र के आसपास कार्य नहीं कर सकता है। किन्तु एक बौद्धिक कार्य करने वाला व्यक्ति अधिक आयु तक कार्य कर सकता है। एक लेखक के बारे में भी ऐसा है। यह बहुत ही अनर्गल बात होगी कि एक उम्र के बाद एक लेखक को लिखना बन्द कर देना चाहिए क्योंकि वह बौद्धिक रूप से कमजोर है। वैज्ञानिकों के बारे में भी ऐसा ही है। क्या ऐसे मामले में यह कहा जा सकता है कि वह कार्य नहीं कर सकता, क्योंकि उसकी उम्र साठ तक पहुँच गई है। आइन्स्टीन का उदाहरण हमारे सामने है। न्यायाधीशों का जहाँ तक सवाल है अमेरिकी सुप्रीम कोर्ट के सबसे महान न्यायाधीश होम्स 92 वर्ष की उम्र तक काम करते रहे और तीस-चालीस वर्ष तक लगातार बड़ी योग्यता से काम करते रहे।"[24]

आर. के. सिधवा ने जसपत राय कपूर की आयु-सीमा कम करने वाले प्रस्ताव का विरोध किया। उनका कहना था कि "हजारों की संख्या में ऐसे लोग हैं, जो साठ की उम्र पार कर चुके हैं, किन्तु वे ऊर्जा में युवा हैं, क्षमता में युवा हैं, क्रियाकलापों में युवा हैं और सामान्य व्यवहार में युवा हैं।"[25] रोहिणी कुमार चौधरी ने भी कहा कि "हमें एक न्यायाधीश की न्यूनतम उम्र तय करना चाहिए न कि अधिकतम उम्र। इंग्लैंड में हाई कोर्ट एवं सुप्रीम कोर्ट के लिए कोई उम्र-सीमा नहीं है। किसी भी उम्र का व्यक्ति, यदि वह न्यायिक प्रक्रिया को चलाने में योग्य है तो उसे न्यायपीठ में रखा जाना चाहिए।"[26] एम. अनन्थसंयनम अयंगर ने इस विषय पर सन्तुलित दृष्टिकोण रखने पर जोर देते हुए कहा कि कनाडा में ऊपरी सीमा 75 वर्ष है। 75 वर्ष तक न्यायाधीश अपने पद का निर्वहन कर सकता है। यह एक ठंडा देश है, जहाँ 75 वर्ष की आयु हो सकती है। प्रिवी काउंसिल में सेवानिवृत्ति की आयु 70 वर्ष है, तो अमेरिका में कोई आयु-सीमा नहीं है। न्यायपालिका के लिए एक सन्तुलित मस्तिष्क का होना आवश्यक है। अपरिपक्व मस्तिष्क अनुपयोगी है। उनके पास पर्याप्त अनुभव होना चाहिए, उन्हें ठंडे व शान्ति मन से निर्णय करना चाहिए। प्रौढ़ न्यायाधीश युवाओं के रास्ते में नहीं आएँगे, किन्तु युवाओं के पास करने के लिए बहुत कुछ अन्य चीजें हैं। इसलिए पैंसठ वर्ष की आयु-सीमा उचित प्रतीत होती है।[27]

नजीरुद्दीन अहमद ने सुप्रीम कोर्ट न्यायाधीश के लिए 68 वर्ष की आयु-सीमा रखने का समर्थन किया और कहा कि यदि हम 60 वर्ष वाले सिद्धान्त को अपना लें तो 61 वर्ष वाले पंडित जवाहरलाल नेहरू किसी सार्वजनिक पद के लिए अक्षम होंगे; 62 वर्ष वाले श्री के. एम. मुंशी भी समान रूप से अक्षम हैं; 66 वर्षीय श्री अल्लादी कृष्णास्वामी अय्यर ज्यादा अक्षम होंगे और सरदार पटेल, जो 74 वर्ष के हैं, जो इस देश के आभूषण हैं और जिनकी बौद्धिकता हमेशा से प्रखर रही है, इस तर्क के अनुसार भी समान रूप से अक्षम होंगे। माननीय प्रधानमंत्री ने 65 वर्ष की आयु-सीमा सुझाई है किन्तु उनके प्रति सम्मान का भाव रखते हुए 68 वर्ष आयु-सीमा का समर्थन करता हूँ।"[28] अहमद ने यह भी बहस किया कि कानूनी पेशे का व्यक्ति, जो ज्यादा आयु वाला व्यक्ति होता है, यदि न्यायाधीश नियुक्त होता है, तो यह बहुत बड़ा त्याग है। यदि आप पैंसठ वर्ष की उम्र-सीमा रखते हैं तो इसका मतलब है कि आप उच्च सुयोग्य विधिवेत्ताओं को उच्च न्यायिक नियुक्ति को स्वीकार करने से हतोत्साहित करेंगे।"

उम्र-सीमा को लेकर प्रस्तुत संशोधनों को डॉ. बी. आर. आंबेडकर ने अस्वीकार कर दिया। न्यायाधीश की सेवानिवृत्ति आयु संविधान में तय करने के बजाय इसे संसद के कानून पर छोड़ देना चाहिए, इस अवधारणा को अस्वीकार करते हुए डॉ. आंबेडकर ने कहा कि "ऐसा करने पर कोई भी व्यक्ति ऐसा नहीं मिल सकेगा, जो न्यायपीठ में स्थान पाना स्वीकार करे, क्योंकि न्यायपीठ में स्थान लेने को स्वीकार करने के पूर्व कोई भी एक व्यक्ति यह जानना चाहेगा कि वह कितने वर्ष तक पद को धारण कर सकेगा।" आयु-सीमा पैंसठ वर्ष से अधिक करने के लिए प्रस्तुत संशोधन पर अपनी प्रतिक्रिया देते हुए डॉ. आंबेडकर ने आगे कहा—

> "यदि आप आयु-सीमा तय करते हैं तो इसका अर्थ होगा कि आप ऐसे लोगों को हट जाने के लिए बाध्य कर रहे हैं, जो पैंसठ वर्ष की आयु-सीमा पूरी हो जाने के बावजूद हृष्ट-पुष्ट हैं, मस्तिष्क एवं शरीर से स्वस्थ हैं, कुछ वर्षों तक और राज्य को पूर्ण सेवा देने के लिए सक्षम हैं। मैं पूरी तरह सहमत हूँ कि पैंसठ वर्ष की उम्र को किसी एक व्यक्ति की बौद्धिक योग्यता के लिए शून्यकाल नहीं माना जा सकता है। उसी समय मैं सोचता हूँ कि मेरे मित्र जिन्होंने इस सम्बन्ध में संशोधन प्रस्तुत किया है उस प्रावधान

को भूल गए हैं, जिसे हमने अनुच्छेद 107 में रखा है, जिसमें यह कहा गया है कि मुख्य न्यायाधीश के पास किसी सेवानिवृत्त न्यायाधीश को विशेष मुकदमे या मुकदमों का निर्णय करने हेतु बैठने के लिए बुलाने की आजादी होगी। परिणामत: अनुच्छेद 107 के कारण सुप्रीम कोर्ट में सेवा दे चुके एक व्यक्ति के प्रतिभा को खोने की अल्प सम्भावना है। इसलिए मेरा निवेदन है कि आयु के सन्दर्भ में बहस के दौरान व्यक्त किए गए तर्क या भय का कोई आधार नहीं है।"[29]

तत्पश्चात संविधान-सभा ने सुप्रीम कोर्ट के न्यायाधीश की सेवानिवृत्ति की आयु को लेकर प्रस्तुत सभी संशोधनों को अस्वीकार कर दिया।

न्यायाधीशों द्वारा सेवानिवृत्ति उपरान्त कार्य करने का सवाल

प्रारूप अनुच्छेद 103 के खंड (2) के उपरान्त एक नया खंड (2-क) जोड़ने के लिए प्रो. के. टी. शाह ने संशोधन[30] प्रस्तुत किया। प्रस्तावित खंड के अनुसार कोई भी व्यक्ति, जो एक बार सुप्रीम कोर्ट या हाई कोर्ट के न्यायाधीश के रूप में नियुक्त हो चुका है, वह भारत सरकार या उसकी किसी इकाई के अधीन कार्यपालिकीय पद धारण करने से या जब तक वह न्यायाधीश पद से इस्तीफा न दे दे, संसद या किसी राज्य विधायिका की सीट के लिए चुनाव लड़ने से वंचित रहेगा। प्रो. शाह का तर्क था कि "न्यायपालिका को कार्यपालिका या विधायिका के प्रभाव से मुक्त होना चाहिए और इसके लिए आवश्यक है कि न्यायाधीश पद धारण करने के दौरान या सेवानिवृत्ति के उपरान्त कोई भी कार्यपालिकीय पद धारण करने को लेकर संवैधानिक रोक हो।" जसपत राय कपूर ने भी नया खंड (2-क) जोड़ने के लिए संशोधन[31] प्रस्तुत किया। इस नये खंड के अनुसार सुप्रीम कोर्ट का कोई न्यायाधीश भारत सरकार के अधीन या राज्य सरकार के अधीन लाभ का पद धारण करने के अयोग्य होगा। यद्यपि कपूर ने सैद्धान्तिक तौर पर प्रो. शाह के न्यायाधीश को प्रलोभन से बचाने वाले विचार से सहमति व्यक्त की, किन्तु प्रो. शाह के संशोधन में दो कमियाँ बताई और अपने संशोधन को ज्यादा औचित्यपूर्ण बताया। पहली कमी यह बताई कि यह किसी तरह की सेवा पर, यहाँ तक कि सेवानिवृत्त न्यायाधीश द्वारा अवैतनिक सेवा पर भी रोक लगाता है और दूसरी कमी यह बताई कि प्रो. शाह का संशोधन अनावश्यक रूप से अभिनिर्धारित करता है कि सुप्रीम कोर्ट का न्यायाधीश इस्तीफा के उपरान्त संसद के किसी सदन का सदस्य बनने के योग्य होगा।

बिश्वनाथ दास ने प्रो. शाह एवं जसपत राय कपूर के इन दोनों संशोधनों का विरोध किया और कहा कि "महाराज्यपाल या राज्यपालों को छोड़कर सुप्रीम कोर्ट के न्यायाधीश को सबसे अधिक वेतन दिया जाता है। यदि किसी समय सुप्रीम कोर्ट न्यायाधीश को लाभ के पद का प्रस्ताव दिया जाता है तो वह या तो उसी के समान पद होगा या यह अर्ध-न्यायिक कार्य करने वाला कोई पद होगा। यदि ऐसा है तो ऐसे किसी निर्बन्धन में कोई औचित्य नहीं है। ऐसा प्रावधान केवल भयानुभूति ही पैदा करता है।"[32]

इसके उपरान्त डॉ. बी. आर. आंबेडकर ने भी प्रो. शाह एवं जसपत राय कपूर के संशोधनों का विरोध किया। न्यायपालिका की स्थिति को लोक सेवा आयोग से भिन्न बताते हुए डॉ. आंबेडकर ने कहा—

"...न्यायपालिका के सदस्यों में तथा संघीय लोक सेवा आयोग के सदस्यों में आधारभूत अन्तर है। अन्तर यह है कि लोक सेवा आयोग सरकार की सेवा करता है और ऐसे विषयों के सम्बन्ध में निर्णय लेता है जिनमें सरकार का हित होता है। वह

सिविल सेवा के लिए लोगों की भर्ती करता है। यह सम्भव है कि किसी विभाग का मंत्री लोक सेवा आयोग के किसी सदस्य को यह वचन देकर उस पर प्रभाव डाले कि यदि वह उससे हितबद्ध किसी आवेदक की संस्तुति कर दे, तो सेवानिवृत्ति के उपरान्त उसे कोई पद दे दिया जाएगा। संघ लोक सेवा आयोग और कार्यपालिका के मध्य बहुत ही निकट का सम्बन्ध रहता है। किन्तु न्यायपालिका ऐसे मामलों में निर्णय लेता है, जिसमें कार्यपालिका की बहुत कम या कुछ भी दिलचस्पी नहीं होती है। न्यायपालिका प्राय: नागरिकों के बीच के मामलों को और कभी-कभी नागरिकों एवं सरकार के बीच के मामलों को तय करता है। इसलिए इसकी बहुत कम ही सम्भावना रहता है कि सरकार न्यायपालिका के किसी सदस्य को प्रभावित करे। इसलिए मेरा व्यक्तिगत मत है कि संघ लोक सेवा आयोग के लिए, जो व्यवस्था लागू है, उसे न्यायपालिका के प्रयोग में नहीं लाया जा सकता है।

"इसके अलावा कई मामले ऐसे होते हैं, जिनमें विशिष्ट न्यायिक प्रतिभा का उपयोग कुछ विशेष उद्देश्यों के लिए आवश्यक हो जाता है। हमारे मित्र श्री वर्दाचार्य का दृष्टान्त है। वे आजकल आयकर के सवालों पर अनुसन्धान कर रहे आयोग के सदस्य हैं। वे सम्राट के अधीन लाभ के पद पर नियुक्त किए गए हैं। ऐसे पदों पर न्यायिक प्रतिभा वाले व्यक्तियों के अलावा और कौन लोग नियुक्त हो सकते हैं? यदि ऐसे लोगों, जो कार्य करने की प्रतिभा रखते हैं, को ऐसे प्रावधानों के आधार पर कार्य करने से वंचित कर दिया जाए, जैसा कि श्री जसपत राय कपूर ने सुझाव दिया है, तो बड़ी कठिनाई उत्पन्न होगी। मैंने कहा है कि कार्यपालिका और न्यायपालिका के मध्य सम्बन्ध इतने पृथक् हैं कि कार्यपालिका को न्यायपालिका के निर्णयों पर प्रभाव डालने का कोई अवसर ही नहीं मिलेगा।"[33]

डॉ. बी. आर. आंबेडकर के सम्बोधन के बाद जसपत राय कपूर ने अपना संशोधन यह कहकर वापस ले लिया कि वह नहीं चाहते हैं कि उनका इतना उपयोगी संशोधन गिर जाए। इसके बाद संविधान-सभा ने प्रो. के. टी. शाह के संशोधन को 24 मई, 1949 को अस्वीकार कर दिया।

24 मई, 1949 को ही डॉ. पी. के. सेन ने नया अनुच्छेद 103-क जोड़ने के लिए संशोधन[34] प्रस्तुत किया, जो कहता था कि सुप्रीम कोर्ट के न्यायाधीश का पद धारण करने वाला एक व्यक्ति, भारत सरकार या राज्य सरकार के अधीन किसी परिलाभ के पद पर, किन्तु भारत के मुख्य न्यायाधीश या हाई कोर्ट के मुख्य न्यायाधीश पद को छोड़कर, नियुवत होने के लिए अर्ह नहीं होगा। टी. टी. कृष्णमाचारी एवं के. सन्थानम ने डॉ. सेन के संशोधन को इस आधार पर व्यवस्था के प्रतिकूल बताया कि प्रो. के. टी. शाह का ऐसा ही संशोधन संविधान-सभा द्वारा अस्वीकार किया जा चुका है। किन्तु बी. दास एवं डॉ. बख्शी टेक चन्द ने इसे व्यवस्था के अनुकूल बताया। बी. दास ने डॉ. सेन को हाई कोर्ट के पूर्व न्यायाधीश होते हुए भी ऐसा साहसिक संशोधन प्रस्तुत करने के लिए बधाई दी और कृष्णमाचारी की आपत्ति को ही व्यवस्था के प्रतिकूल बताया। दास के अनुसार हम सभी भारतीय विधिवक्ता-ग्रस्त लोग हैं। हमारे विधिवक्ता हमारे संविधान का निर्माण करते हैं, राजनीति पर नियंत्रण रखते हैं, और वे सोचते हैं कि हाई कोर्ट और न्यायपालिका सर्वोच्च है और किसी भी न्यायाधीश को चुनौती नहीं दी जा सकती है।[35]

डॉ. बी. आर. आंबेडकर ने उक्त संशोधन का जवाब तीन स्थितियों को स्पष्ट करते हुए दिया। पहली स्थिति यह कि सुप्रीम कोर्ट के एक न्यायाधीश की किसी कार्यपालिकीय

पद पर नियुक्ति सुप्रीम कोर्ट में पुनर्वापसी का अधिकार नहीं होने के साथ की गई हो। दूसरी स्थिति यह कि सेवानिवृत्ति के बाद सुप्रीम कोर्ट के न्यायाधीश की नियुक्ति एक गैर-न्यायिक कार्यपालिकीय पद पर की जाए और तीसरी स्थिति, जिसे लेकर संशोधन प्रस्तुत किया गया, यह कि सुप्रीम कोर्ट के न्यायाधीश को कुछ समय के लिए कोई गैर-न्यायिक कार्य सुप्रीम कोर्ट में पुनर्वापसी के अधिकार के साथ दिया जाए। डॉ. आंबेडकर ने आगे कहा कि "पहली स्थिति को लेकर कोई आपत्ति नहीं है, दूसरी स्थिति का निस्तारण अभी-अभी किया गया है और तीसरी स्थिति पर विचार करना है।" तीसरी स्थिति पर विचार करने के सन्दर्भ में डॉ. आंबेडकर ने एक दृष्टान्त का उल्लेख करते हुए कहा कि "एक बार जब फेडरल कोर्ट के न्यायाधीश को और दूसरी बार हाई कोर्ट के मुख्य न्यायाधीश को किसी राजनयिक मिशन के लिए बाहर भेजा गया, तो उनके मित्र मि. चिमनलाल सीतलवाड़ ने टाइम्स ऑफ इंडिया में एक लेख लिखकर सरकार के इस कदम की आलोचना की। व्यक्तिगत रूप से वह इस भावना के साथ जुड़े हैं, किन्तु जिन शब्दों में डॉ. सेन द्वारा संशोधन प्रस्तुत किया गया है, उसे वह स्वीकार करने की स्थिति में नहीं हैं। इसमें प्रयुक्त शब्द या तो बहुत व्यापक हैं या कुछ मामलों में बहुत संकीर्ण।"[36]

डॉ. आंबेडकर ने आश्वासन दिया कि वह इसे मसौदा समिति के समक्ष रखे जाने की संस्तुति करेंगे और डॉ. सेन से संशोधन वापस लेने का निवेदन किया। इसके बाद संशोधन को आगे के लिए टाल दिया गया। डॉ. सेन का यह संशोधन पुन: 14 जून, 1949 को संविधान-सभा के समक्ष रखा गया। सभाध्यक्ष ने कहा कि कोई सदस्य कुछ बोलने की इच्छा रखता है, तो बोल सकता है। किन्तु कोई सदस्य बोलने के लिए खड़ा नहीं हुआ। अन्त में संविधान-सभा ने संशोधन को अस्वीकार कर दिया।

कोर्ट ऑफ रिकॉर्ड होने के मायने

प्रारूप अनुच्छेद 108 के माध्यम से प्रस्तावित किया गया था कि सुप्रीम कोर्ट एक 'कोर्ट ऑफ रिकॉर्ड' होगा और सुप्रीम कोर्ट दिल्ली में या ऐसे अन्य स्थान या स्थानों पर, जैसा मुख्य न्यायाधीश राष्ट्रपति की स्वीकृति से, समय-समय पर निर्धारित करे, बैठेगा।

उक्त प्रारूप प्रावधान के सम्बन्ध में पहला संशोधन[37] एच. वी. कामथ ने शब्दावली 'सुप्रीम कोर्ट एक कोर्ट ऑफ रिकॉर्ड होगा' और शब्द 'दिल्ली' को निकालने के लिए प्रस्तुत किया। उनका तर्क था कि "अनुच्छेद 69 का प्रावधान संसद के सदन की बैठक के बारे में है, अनुच्छेद 48(4) राष्ट्रपति के कार्यालयी आवास को तय करता है। ऐसे अन्य अनुच्छेद हैं, जो राज्य के अंगों की बैठकों की बात करते हैं। किन्तु इनमें से कोई भी अनुच्छेद किसी स्थान विशेष की बात नहीं करते हैं।" कामथ ने डॉ. आंबेडकर से पूछा कि वह इसे क्यों आवश्यक मानते हैं कि सुप्रीम कोर्ट दिल्ली में बैठेगा। जबकि पूरा संविधान भारत की राजधानी पर मौन है। शब्दावली 'कोर्ट ऑफ रिकॉर्ड' को उधार की शब्दावली एवं अनावश्यक बताते हुए एच. वी. कामथ ने आगे कहा कि सुप्रीम कोर्ट कैसा होगा और कैसा नहीं होगा, यह विषय ऐसा है, जो पूर्ववर्ती एवं पश्चातवर्ती अनुच्छेदों में तय होगा।

इसके उपरान्त डॉ. बी. आर. आंबेडकर ने प्रारूप अनुच्छेद 108 को दो अलग-अलग भागों—प्रारूप अनुच्छेद 108 एवं 108-क—में बाँटने के लिए संशोधन[38] प्रस्तुत किया। नया अनुच्छेद 108 प्राविधानित करता था कि सुप्रीम कोर्ट एक कोर्ट ऑफ रिकॉर्ड होगा और उसके पास ऐसे कोर्ट की सभी शक्तियाँ, जिसमें अपनी अवमानना के लिए दंडित करने की शक्ति भी

शामिल है, होगा। दूसरा नया अनुच्छेद 108-क कहता था कि सुप्रीम कोर्ट दिल्ली में या ऐसे अन्य स्थान या स्थानों पर, जैसा मुख्य न्यायाधीश राष्ट्रपति की स्वीकृति से, समय-समय पर निर्धारित करे, बैठेगा।

एक अन्य संशोधन[39] जसपत राय कपूर ने डॉ. आंबेडकर द्वारा प्रस्तावित अनुच्छेद 108-क के प्रावधान में संशोधन के लिए प्रस्तुत किया। कपूर ने दो विकल्प सुझाए। पहला विकल्प प्रस्तावित प्रावधान में शब्द 'दिल्ली' और 'या' के बीच शब्द 'और' जोड़ने के लिए था। दूसरा विकल्प प्रस्तावित प्रावधान के स्थान पर शब्दावली 'सुप्रीम कोर्ट दिल्ली में या दिल्ली में ऐसे अन्य स्थान या स्थानों पर और ऐसे स्थान या स्थानों पर, जैसा मुख्य न्यायाधीश राष्ट्रपति की स्वीकृति से, समय-समय पर निर्धारित करे, बैठेगा' प्रतिस्थापित करने के लिए था। उनका तर्क था कि प्रस्तावित अनुच्छेद का अर्थ है कि सुप्रीम कोर्ट या तो दिल्ली में बैठेगा या वैकल्पिक रूप से किसी अन्य स्थान पर बैठेगा, जिसका मतलब है कि तब वह दिल्ली में नहीं बैठेगा। माननीय डॉ. आंबेडकर का आशय यह नहीं है।

टी. टी. कृष्णमाचारी ने जसपत राय कपूर के प्रावधान को बहुत ही जटिल बताते हुए इसका विरोध किया और डॉ. आंबेडकर के प्रावधान का समर्थन किया। उनका तर्क था कि "यदि कोर्ट का दिल्ली में होना निश्चित है, तो मुख्य न्यायाधीश के लिए यह अवश्य ही सम्भव होना चाहिए कि वह किसी अन्य स्थान पर कोर्ट के पीठ की व्यवस्था कर सके, यदि वह आवश्यक समझता है। और यदि वह समझता है कि कोर्ट का मुखयालय परिवर्तित हो रहा है, तो कोर्ट के लिए दिल्ली में बैठना उसी तरह सम्भव रहना चाहिए जैसा कि अन्य स्थान पर। डॉ. आंबेडकर द्वारा प्रस्तावित प्रावधान इन सभी स्थितियों को आच्छादित करता है।"[40] जबकि ठाकुर दास भार्गव ने कपूर के संशोधन का समर्थन किया। उन्होंने कहा कि "जब तक इस देश की राजधानी दिल्ली है, सुप्रीम कोर्ट के लिए उचित स्थान दिल्ली है। यह कोर्ट ऑफ रिकॉर्ड भी है, जिसकी एक स्थायी सीट होनी ही चाहिए और दिल्ली ही उचित स्थान है, जहाँ इसका स्थायी सीट होनी चाहिए। किन्तु यदि कभी राजधानी बदल रही है, तो संविधान के इस भाग का संशोधन करने में कोई कठिनाई नहीं होना चाहिए।"[41]

अन्त में डॉ. बी. आर. आंबेडकर ने शब्द 'कोर्ट ऑफ रिकॉर्ड' का अर्थ और सुप्रीम कोर्ट का एक स्थान निश्चित करने का कारण स्पष्ट करते हुए कहा—

> "श्रीमान नया अनुच्छेद 108 आवश्यक है क्योंकि हमने इस प्रारूप संविधान में ऐसा कोई प्रावधान नहीं रखा है, जो सुप्रीम कोर्ट की स्थिति को परिभाषित करे। यदि यह सदन अनुच्छेद 192 पर आए, तो वह पाएगा कि ठीक इसी तरह का प्रावधान भारत के हाई कोर्ट के सन्दर्भ में है। इसलिए यह आवश्यक है कि इसी तरह का प्रावधान सुप्रीम कोर्ट की स्थिति को परिभाषित करने के लिए संविधान में बनाया जाए। मैं इस सदन का ज्यादा समय शब्द 'कोर्ट ऑफ रिकॉर्ड' का अर्थ बताने के लिए नहीं लेना चाहता हूँ। सारांश में कह सकता हूँ कि एक कोर्ट ऑफ रिकॉर्ड ऐसा कोर्ट होता है, जिसके रिकॉर्ड का साक्ष्यिक महत्त्व होता है और इन्हें जब किसी न्यायालय में प्रस्तुत किया जाए तो इस पर सवाल न उठाया जाए। अनुच्छेद 108 का दूसरा भाग कहता है कि न्यायालय अपनी अवमानना के लिए दंडित करने की शक्ति रखेगा। यदि आप एक कोर्ट को कानून के द्वारा कोर्ट ऑफ रिकॉर्ड बनाते हैं, तो आवश्यक रूप से अवमानना के लिए दंडित करने की शक्ति इसके साथ पीछे-पीछे चलती है। किन्तु यह अनुभव किया गया कि इसे देखते हुए कि इंग्लैंड में यह शक्ति कामन लॉ से ली

जाती है और इस देश में कामन लॉ जैसी कोई चीज हम नहीं रखते हैं, हमने सोचा है कि यह अच्छा होगा कि इस स्थिति को कानून में ही शामिल कर लें।

"अनुच्छेद 108-क के सन्दर्भ में मि. कामथ ने एक बिन्दु उठाया है कि शब्द 'दिल्ली' को क्यों रखा जाना चाहिए। उत्तर बहुत ही स्पष्ट है। एक न्यायालय का एक ऐसा निश्चित स्थान होना चाहिए, जहाँ पर वह बैठे और वादकारी को अवश्य पता होना चाहिए कि उसे कहा जाना है और किसके पास पहुँचना है। इस कारण से कानून में ही इसका उल्लेख कर देना आवश्यक है कि न्यायालय कहाँ बैठेगा और इस कारण से शब्द 'दिल्ली' आवश्यक है। दूसरे शब्दों को अनुच्छेद 108-क में इसलिए रखा गया है क्योंकि यह अभी भी स्पष्ट नहीं है कि भारत की राजधानी दिल्ली में ही बनी रहेगी। यदि आप यह शब्द कि 'या ऐसे अन्य स्थान या स्थानों पर, जैसा मुख्य न्यायाधीश राष्ट्रपति की स्वीकृति से, समय-समय पर निर्धारित करे' नहीं रखते हैं, तो जो होगा, वह यह है—मान लीजिए भारत की राजधानी बदल जाती है, तो हमें सुप्रीम कोर्ट को उस स्थान पर, जिसे संसद राजधानी के रूप में तय करे, बैठने की अनुमति देने के लिए संविधान में संशोधन करना होगा। इसलिए मैंने सोचा कि पश्चातवर्ती शब्द आवश्यक है। मित्र मि. कपूर द्वारा उठाए गए सवाल के सन्दर्भ में मैं समझता हूँ कि मि. कृष्णमाचारी द्वारा दिया गया जवाब पर्याप्त है, इस कारण मैं और कुछ भी नहीं कहना चाहता हूँ।"[42]

इसके बाद एच. वी. कामथ ने दिल्ली स्थान को लेकर सवाल पूछना चाहा, तो सभाध्यक्ष महोदय ने कहा कि यह सवाल उनके द्वारा उठाया जा चुका है और इसका जवाब दिया जा चुका है। वह सन्तुष्ट हैं या नहीं यह दूसरा विषय है। तत्पश्चात जसपत राय कपूर ने कहा कि क्या वह डॉ. आंबेडकर से एक स्पष्टीकरण माँग सकते हैं? क्या यह सुप्रीम कोर्ट के लिए खुला होगा कि दिल्ली में बैठे रहने के दौरान वह इस देश में किसी अन्य स्थान पर साथ-साथ सर्किट कोर्ट रखे?

डॉ. आंबेडकर ने जवाब दिया—हाँ, निश्चित रूप से। एक सर्किट कोर्ट एक खंडपीठ की तरह ही है।

इसके उपरान्त सभाध्यक्ष महोदय ने संशोधन प्रस्तावों को मतदान के लिए रखा। जसपत राय कपूर ने अपना संशोधन वापस ले लिया। संविधान-सभा ने भी डॉ. आंबेडकर के संशोधन को स्वीकार कर प्रारूप अनुच्छेद 108 (नियमित अनुच्छेद 129) एवं प्रारूप अनुच्छेद 108-क (नियमित अनुच्छेद 130) को 27 मई, 1949 को स्वीकार कर लिया गया।*

सुप्रीम कोर्ट के अधिकारियों की नियुक्ति मुख्य न्यायाधीश के अधीन

प्रारूप अनुच्छेद 122 का प्रावधान सुप्रीम कोर्ट के अधिकारियों और सेवकों की नियुक्ति एवं वेतन-भत्ता इत्यादि से सम्बन्धित था। दो खंडों वाला यह प्रारूप प्रावधान संविधान-सभा के समक्ष 27 मई, 1949 को प्रस्तुत किया गया।

इस सम्बन्ध में पहला संशोधन[43] डॉ. बी. आर. आंबेडकर ने मूल प्रारूप प्रावधान को तीन खंड वाले नये प्रावधान से प्रतिस्थापित करने के लिए प्रस्तुत किया। प्रस्तावित नया खंड (1)

* यद्यपि एच. वी. कामथ के संशोधन पर लिए गए निर्णय का उल्लेख नहीं है, किन्तु डॉ. आंबेडकर का संशोधन स्वीकार होने का अर्थ है कि कामथ का संशोधन अस्वीकार कर दिया गया रहा होगा।

कहता था कि सुप्रीम कोर्ट के अधिकारियों एवं सेवकों की नियुक्ति भारत के मुख्य न्यायाधीश द्वारा या उसके निर्देश पर किसी अन्य न्यायाधीश द्वारा किया जाएगा। इस खंड के साथ एक परन्तुक जोड़ा गया था, जो राष्ट्रपति को ऐसी नियुक्तियों के सम्बन्ध में संघ लोक सेवा आयोग के परामर्श को आवश्यक करने हेतु नियम बनाने की शक्ति प्रदान करता था। प्रस्तावित खंड (2) के अनुसार संसद द्वारा बनाए गए कानून के अधीन, सुप्रीम कोर्ट के अधिकारियों और सेवकों की सेवा शर्तें ऐसी होंगी, जैसा भारत के मुख्य न्यायाधीश द्वारा नियम बनाकर निर्धारित किया जाएगा। खंड (2) के साथ भी एक परन्तुक जोड़ा गया था, जिसके अनुसार 'अधिकारियों और सेवकों को भुगतान किए जाने वाले वेतन, भत्ते और पेंशन भारत के मुख्य न्यायाधीश द्वारा राष्ट्रपति के परामर्श से तय किया जाएगा।' इसके अलावा खंड (3) कहता था कि सुप्रीम कोर्ट का प्रशासनिक खर्च भारत के राजस्व पर भारित होगा।

खंड (2) के परन्तुक के सम्बन्ध में डॉ. आंबेडकर ने दूसरा संशोधन[44] इसके स्थान पर नया परन्तुक प्रतिस्थापित करने के लिए प्रस्तुत किया, जो कहता था कि खंड (2) के अन्तर्गत बनाए गए नियम के लिए राष्ट्रपति की स्वीकृति आवश्यक होगी। इस तरह नये परन्तुक-प्रावधान में शब्दावली 'राष्ट्रपति के परामर्श' के स्थान पर 'राष्ट्रपति की स्वीकृति' का प्रयोग किया गया था।

उक्त प्रावधान पर आम बहस आरम्भ करते हुए टी. टी. कृष्णमाचारी ने खंड (2) के लिए प्रस्तावित नये परन्तुक का समर्थन किया। कृष्णमाचारी ने बहस की कि न्यायाधीश के स्टाफ की भर्ती को कार्यपालिका के क्षेत्राधिकार से बाहर रखने का एक ही कारण है कि न्यायपालिका की स्वतंत्रता को बनाए रखा जाए। इसी समय यह भी स्पष्ट कर देना चाहिए कि इस सदन का या इस संविधान के निर्माताओं का आशय यह नहीं है कि वे ऐसी संस्था बनाना चाहते हैं, जो अपने में कार्यपालिका एवं विधायिका से पूर्णत: अलग 'इम्पीरियम इन इम्पेरियो (सत्ता के अन्दर परमसत्ता)' हो और राजनीतिक संस्था के ऊपर परम संस्था के रूप में कार्य करे।[45]

के. एम. मुंशी ने भी खंड (2) के लिए प्रस्तावित नये परन्तुक का समर्थन किया। उन्होंने प्रो. शाह के संशोधन का विरोध करने के दौरान कही गई बात को याद दिलाते हुए कहा कि "यद्यपि शक्ति-पृथक्करण के सिद्धान्त को स्वीकार नहीं किया है, किन्तु न्यायपालिका की स्वतंत्रता को हर सम्भव बनाए रखने का प्रयास किया गया है। ऐसा कोई डर कि शक्ति-पृथक्करण का सिद्धान्त स्वीकार नहीं करने के कारण न्यायपालिका की स्वतंत्रता को नहीं बनाए रखा जा सकता है, बिलकुल बेबुनियाद है।"[46]

जबकि एम. अनन्थसंयनम अयंगर ने खंड (2) के लिए प्रस्तावित नये परन्तुक का विरोध किया। उन्होंने तर्क दिया कि "शब्द 'परामर्श' शब्द 'स्वीकृति' से बिलकुल अलग है। अब राष्ट्रपति के लिए यह खुला होगा कि वे इसे रोक दें। इस संविधान में राष्ट्रपति का मतलब है—मंत्रिमंडल। यह मंत्रिमंडल विधि मंत्रालय के परामर्श पर कार्य करेगा और मंत्री की आवाज सामान्यत: सचिव की ही आवाज होती है। यानी मुख्य न्यायाधीश को गृह मंत्रालय या कानून मंत्रालय के सचिव के इशारे पर नाचना होगा। नये संशोधन के माध्यम से इसे भारत शासन अधिनियम की धारा 242 (4) के परन्तुक (ख) के प्रावधान की तरह बनाने का प्रयास किया गया है। यह बुद्धिमत्तापूर्ण नहीं है।"[47] ठाकुर दास भार्गव ने भी डॉ. आंबेडकर द्वारा प्रस्तावित परन्तुक का विरोध किया। उनका तर्क था कि "यदि शब्दावली 'राष्ट्रपति की स्वीकृति' जोड़ा गया, तो यह न्यायपालिका की स्वतंत्रता समाप्त कर देगा।...न्यायपालिका को वही स्थान

मिलना चाहिए, जो कार्यपालिका एवं विधायिका को प्राप्त है। इनके तालमेल पर ही हमारा भविष्य, हमारी आजादी और हमारा वह सब कुछ निर्भर है, जिसे हम अपने हाथ में विकसित करना चाहते हैं।"[48]

जसपत राय कपूर ने अनुच्छेद 122 में प्रयोग की गई पूरी शब्दावली का ही विरोध किया। उनका कहना था कि हम चाहते हैं कि देश की न्यायपालिका, कार्यपालिका से पूर्णतया स्वतंत्र हो। किन्तु न्यायपालिका की स्वतंत्रता को केवल न्याय-प्रशासन तक सीमित रहना चाहिए। न्यायपालिका की स्वतंत्रता की आड़ में हम न्यायपालिका को ऐसा करने की शक्ति नहीं दे सकते, जो सामान्यत: कार्यपालिका या संसद के क्षेत्राधिकार में आती है।"[49] किन्तु कृष्ण चन्द्र शर्मा ने संशोधित परन्तुक का समर्थन करते हुए कहा कि इसमें न्यायपालिका की स्वतंत्रता को सीमित करने जैसा कुछ भी नहीं है। यह देश के अर्थ से जुड़ा सवाल है। राष्ट्रपति देश के अर्थ के बारे में अच्छी तरह जानता है और देश के अर्थ के अनुसार वह वेतन एवं भत्ते निर्धारित करेगा।"[50]

अन्त में डॉ. बी. आर. आंबेडकर ने 'राष्ट्रपति के परामर्श' के स्थान पर 'राष्ट्रपति की स्वीकृति' करने की मूल मंशा को स्पष्ट करते हुए कहा—

> "महोदय, इसमें कोई सन्देह नहीं है कि यह सदन इस बात पर सहमत रहा है कि न्यायपालिका की कार्यपालिका से स्वतंत्रता को, जितना भी हो सके, कानून बनाकर स्पष्ट एवं निश्चित किया जाना चाहिए। इसी समय यह भी डर है कि न्यायपालिका की स्वतंत्रता के नाम पर हम एक 'इम्पीरियम इन इम्पेरियो (सत्ता के अन्दर परमसत्ता)', जैसा कि हमारे मित्र मि. टी. टी. कृष्णमाचारी ने कहा है, बनाने तो नहीं जा रहे हैं। हम एक 'सत्ता के अन्दर परमसत्ता' नहीं बनाना चाहते हैं और इसी के साथ हम न्यायपालिका को कार्यपालिका से पर्याप्त स्वतंत्रता देना चाहते हैं, ताकि यह बिना भय या पक्षपात के काम कर सके। नया अनुच्छेद मध्य मार्ग को प्रस्तावित किया है। यह 'सत्ता के अन्दर परमसत्ता' को नकारता है और यह न्यायपालिका को उतनी स्वतंत्रता देता है, जितनी कि बिना भय या पक्षपात के न्याय-प्रशासन चलाने के लिए आवश्यक है।
>
> "वास्तविक सवाल यह है कि राष्ट्रपति के परामर्श वाले मूल प्रावधान और राष्ट्रपति की स्वीकृति वाले नये प्रावधान में से किस एक विकल्प को चुना जाए। नि:सन्देह, मूल प्रारूप 'राष्ट्रपति के परामर्श' मुख्य न्यायाधीश के हाथ में अन्तिम निर्णय छोड़ देता है, जबकि शब्दावली 'राष्ट्रपति की स्वीकृति' के साथ नया परन्तुक अन्तिम निर्णय राष्ट्रपति के हाथ में छोड़ने का आशय रखता है। अब महोदय, इस मामले को निर्णीत करने के लिए दो बिन्दुओं पर विचार करना है। एक यह कि फेडरल न्यायालय के सम्बन्ध में वर्तमान प्रावधान क्या है? माननीय सदस्य यदि भारत शासन अधिनियम, 1935 की धारा 216 की उपधारा (2) का सन्दर्भ लेंगे, तो वे पाएँगे कि यह प्रावधान मामले को 'स्वीकृति' पर छोड़ता है—माफ करिएगा यह धारा 242 उपधारा (4) है—जो मामले को गवर्नर जनरल की स्वीकृति पर छोड़ता है। इस दृष्टि से हम उस स्थिति को जारी रखे हुए हैं, जैसा कि यह आज है।
>
> "किन्तु इसका एक पहलू और भी है, जो इस धारणा कि हमें शब्दावली 'राष्ट्रपति की स्वीकृति' बनाए रखना चाहिए, का समर्थन करता है। और वह यह है—नि:सन्देह यह

इच्छित बात है कि राज्य के सेवकों को दिया जाने वाला वेतन, भत्ता एवं पेंशन एक समान होना चाहिए और सिविल सेवा के सन्दर्भ में इन मामलों में कोई मूलभूत अन्तर नहीं होना चाहिए। यह कोष पर अनावश्यक भार लगा सकता है। अब यदि आप इस मामले को मुख्य न्यायाधीश पर छोड़ देते हैं, तो यह बिलकुल कल्पनीय है—मैं नहीं कहता हूँ कि यह होगा—किन्तु यह बिलकुल कल्पनीय है कि मुख्य न्यायाधीश ऐसे भत्ता, पेंशन और वेतनमान निर्धारित करे, जो न्यायपालिका के अलावा दूसरे विभागों में काम करने वाले सिविल सेवकों के लिए तय मानक से भिन्न हो। और मैं नहीं समझता हूँ कि ऐसी कोई बात स्वीकरणीय है और इस कारण मेरे अनुमान से नया प्रारूप, नया संशोधन, जिसे मैंने रखा है, इस विषय का उचित समाधान निकालता है।"[51]

अन्त में संविधान-सभा ने डॉ. बी. आर. आंबेडकर के दोनों संशोधनों को स्वीकार कर प्रारूप अनुच्छेद 122 का यथासंशोधित प्रावधान (नियमित अनुच्छेद 146) अंगीकृत कर लिया।

सुप्रीम कोर्ट कर्मियों का वेतन इत्यादि संघ के राजस्व पर भारित

प्रारूप अनुच्छेद 122 का खंड (3) प्राविधानित करता था कि सुप्रीम कोर्ट के प्रशासनिक खर्चे, जिनके अन्तर्गत अधिकारियों एवं सेवकों के वेतन, भत्ते और पेंशन शामिल हैं, भारत के राजस्व पर भारित होगा।

उक्त प्रावधान के सम्बन्ध में एक अलग तरह का सुझाव देते हुए टी. टी. कृष्णमाचारी ने कहा कि भारत के राजस्व पर भारित होने वाले सभी विषयों को एक विशेष अनुच्छेद—अनुच्छेद 92 के अन्तर्गत रखा जाना चाहिए। यह सदन उचित समय पर, जब अनुच्छेद 92 पर विचार करे, तो ऐसे सभी प्रावधानों को, जो खंड (3) की तरह हैं, जहाँ भी हो, चाहे यहाँ पर हो या लोकसभा अध्यक्ष के सन्दर्भ में हो या महालेखा परीक्षक के सन्दर्भ में हो या लोक सेवा आयोग के सम्बन्ध में हो, पुनर्व्यवस्थापन के लिए अनुमति दे सकता है कि ये सभी प्रावधान एक शीर्षक के अन्तर्गत लाए जाने चाहिए ताकि लोग जानें और भविष्य के विधि-निर्माता जानें कि भारत के राजस्व पर भारित कौन से विषय हैं।[52]

के. एम. मुंशी, अल्लादी कृष्णास्वामी अय्यर एवं एम. अनन्थसंयनम अयंगर ने डॉ. आंबेडकर द्वारा प्रस्तावित खंड (3) के प्रावधान का समर्थन किया। अय्यर ने कहा कि "एक तरफ जहाँ न्यायपालिका की स्वतंत्रता को अवश्य ही सुरक्षित रखा जाना चाहिए, वहीं लोकतंत्र में करदाताओं के हित को भी सुरक्षित रखना पड़ेगा। यह लोकसभा के प्रति जिम्मेदार देश की सरकार को पर्याप्त नियंत्रण देकर ही किया जा सकता है। वर्तमान प्रावधान का प्रभाव यह है कि हर समय ऐसा खर्च सदन के मत के अधीन नहीं होगा। यह एक अच्छी बात है।"[53] एम. अनन्थसंयनम अयंगर ने भी कहा कि इस प्रावधान को इस कारण से बने रहना चाहिए क्योंकि एक तरफ जब आप मुख्य न्यायाधीश को वेतन एवं पेंशन को विनियमित करने की अनुमति देते हैं, तो दूसरी तरफ आप संसद को हर समय हस्तक्षेप करने की अनुमति नहीं दे सकते हैं।"[54]

जबकि जसपत राय कपूर ने खंड (3) के प्रावधान का विरोध किया। उनका तर्क था कि "इस प्रावधान का लागू होना बहुत गम्भीर और दूरगामी परिणाम वाला है और इन नियुक्तियों को लेकर जो भी आर्थिक प्रस्ताव हैं, वे संसद के समक्ष नहीं आएँगे और वे सरकार द्वारा अपने आप स्वीकार मान लिया जाएगा और संसद में कोई किसी तरह का आवाज नहीं उठा सकेगा। इसमें कोई भी तार्किकता नहीं है कि क्यों इन वेतन एवं भत्तों को संसद के मत के अधीन नहीं रखा जाए।"[55]

अन्त में डॉ. बी. आर. आंबेडकर ने प्रारूप खंड (3) की वास्तविक मंशा को स्पष्ट करते हुए कहा—

"नए अनुच्छेद 122 के खंड (3) द्वारा हमने यह प्रावधान बनाया है कि सुप्रीम कोर्ट का प्रशासनिक खर्च भारत के राजस्व पर भारित होगा, किन्तु यह सवाल कि क्या खंड (3) में शामिल प्रावधान न्यायपालिका की स्वतंत्रता को सुरक्षित करने के लिए पर्याप्त है? मुझे नहीं लगता है कि यह खंड ही अपने आप में न्यायपालिका की स्वतंत्रता को सुरक्षित करने के लिए पर्याप्त है। इन सबके बाद, इसका क्या अर्थ है, जब हम कहते हैं कि एक विशेष खर्च राज्य की संचित निधि पर भारित होगा? इसका अर्थ यह है कि इसे सदन के समक्ष मतदान के लिए रखा जाना आवश्यक नहीं है। इसके अलावा इसका कोई अर्थ नहीं है। यद्यपि यह विधायिका द्वारा चर्चा के लिए खुला रहेगा। न्यायपालिका से सम्बन्धित बजट के भाग को प्रत्येक वर्ष विधायिका द्वारा मत से पारित किया जाना आवश्यक नहीं होगा। किन्तु इस विषय की जड़ से जुड़ा एक सवाल है और जिसे अवश्य वरीयता मिलनी चाहिए, वह यह है कि यह कौन तय करेगा कि सुप्रीम कोर्ट की आवश्यकता क्या है। हमने ऐसा कोई प्रावधान नहीं बनाया है। हमने इसे कार्यपालिका को तय करने के लिए छोड़ दिया है कि न्यायपालिका को प्रत्येक वर्ष कितनी धनराशि आवंटित की जाए।

"इस स्तर पर मैं इस सदन का ध्यान भारत शासन अधिनियम, 1935 की धारा 216 के प्रावधान की ओर आकर्षित करना चाहता हूँ, जो कहता है कि गवर्नर-जनरल अपना व्यक्तिगत निर्णय करेगा कि फेडरल विधायिका के समक्ष रखे जाने वाले खर्च-आँकड़ों में से कितनी धनराशि फेडरल न्यायालय के प्रशासनिक खर्च के सम्बन्ध में होगी। यदि कार्यपालिका फेडरल न्यायालय के समुचित संचालन के लिए धनराशि को लेकर मुख्य न्यायाधीश से मतभेद रखता है तो गवर्नर-जनरल हस्तक्षेप कर सकता है और तय कर सकता है कि कितनी धनराशि आवंटित की जाए। निश्चित रूप से यह प्रावधान, इस संविधान की योजना से, जिसे अपनाया जा रहा है, असंगत है और इसलिए मेरे निर्णय में हमें अवश्य ही मुख्य न्यायाधीश के लिए अपने प्रशासन को चलाने हेतु पर्याप्त निधि सुरक्षित रखनी चाहिए। मैं इस सदन के समक्ष इसलिए इसका वर्णन कर रहा हूँ ताकि यदि कोई उपर्युक्त संशोधन किया जाना वांछित समझा जाए तो बाद में भी इसे लाया जा सके।"[56]

प्रारूप अनुच्छेद 122 के खंड (3) के सम्बन्ध में कोई संशोधन न होने के कारण इसका प्रावधान इसी स्वरूप में बना रहा और इसे संविधान-सभा द्वारा अंगीकृत कर लिया गया।

(ख) राज्यों की न्यायपालिका

प्रारूप संविधान के भाग V का अध्याय VII (नियमित अध्याय V) राज्यों की न्यायपालिका और अध्याय VIII (नियमित अध्याय VI) अधीनस्थ न्यायालयों से सम्बन्धित अध्याय थी।

प्रत्येक राज्य के लिए एक हाई कोर्ट होने से सम्बन्धित पहला प्रारूप अनुच्छेद 191 (नियमित अनुच्छेद 214) 6 जून, 1949 को प्रस्तुत किया गया। प्रारूप अनुच्छेद 192 (नियमित अनुच्छेद 215) हाई कोर्ट के कोर्ट ऑफ रिकॉर्ड होने; प्रस्तावित अनुच्छेद 192-क (नि. अनुच्छेद 216)

हाई कोर्ट के गठन; प्रारूप अनुच्छेद 193 (नि. अनुच्छेद 217) हाई कोर्ट के न्यायाधीशों की नियुक्ति; प्रारूप अनुच्छेद 194 (नि. अनुच्छेद 218) सुप्रीम कोर्ट के कुछ प्रावधान हाई कोर्ट पर लागू होने; प्रारूप अनुच्छेद 195 (नि. अनुच्छेद 219) हाई कोर्ट न्यायाधीश के शपथ; प्रारूप अनुच्छेद 196 (नि. अनुच्छेद 220) स्थायी न्यायाधीश द्वारा वकालत करने पर रोक लगाने; प्रारूप अनुच्छेद 197 (नि. अनुच्छेद 221) हाई कोर्ट के न्यायाधीश के वेतन; प्रारूप अनुच्छेद 198 (नि. अनुच्छेद 222) न्यायाधीशों के स्थानान्तरण; प्रारूप अनुच्छेद 199 (नि. अनुच्छेद 223) कार्यवाहक मुख्य न्यायाधीश की नियुक्ति; प्रारूप अनुच्छेद 200 (नि. अनुच्छेद 224) अतिरिक्त न्यायाधीश की नियुक्ति; प्रारूप अनुच्छेद 201 (नि. अनुच्छेद 225) हाई कोर्ट के क्षेत्राधिकार; प्रारूप अनुच्छेद 202 (नि. अनुच्छेद 226) हाई कोर्ट द्वारा रिट जारी करने की शक्ति; प्रारूप अनुच्छेद 203 (नि. अनुच्छेद 227) अधीनस्थ न्यायालयों का निरीक्षण करने की हाई कोर्ट की शक्ति; प्रारूप अनुच्छेद 204 (नि. अनुच्छेद 228) कुछ मामलों को हाई कोर्ट में स्थानान्तरित किए जाने; प्रारूप अनुच्छेद 205 (नि. अनुच्छेद 229) हाई कोर्ट के अधिकारियों एवं सेवकों की नियुक्ति; प्रारूप अनुच्छेद 207 (नि. अनुच्छेद 230) हाई कोर्ट के क्षेत्राधिकार को संघक्षेत्र तक विस्तारित करने; प्रारूप अनुच्छेद 208 (नि. अनुच्छेद 231) दो या दो से अधिक राज्यों के लिए एक सामान्य हाई कोर्ट की स्थापना के सम्बन्ध में थे।

उक्त प्रारूप प्रावधानों के अलावा प्रो. के. टी. शाह ने अनुच्छेद 193-क और डॉ. पी.के. सेन ने अनुच्छेद 196-क जोड़ने के लिए संशोधन प्रस्तुत किए। 7 जून 1949 को डॉ. सेन ने अनुच्छेद 196-क के माध्यम से हाई कोर्ट के न्यायाधीश द्वारा सरकारी पद धारण करने पर रोक लगाने की माँग किया। डॉ. बी. आर. आंबेडकर के सुझाव पर डॉ. सेन के इस संशोधन को इस आधार पर टाल दिया गया कि ऐसे ही एक अनुच्छेद 103-क को टाला गया है। इसे पुन: 14 जून, 1949 को प्रस्तुत किया गया। संविधान-सभा ने अनुच्छेद 103-क अस्वीकार किए जाने के आधार पर प्रस्तावित अनुच्छेद 196-क को हटा दिया।

16 सितम्बर, 1949 को डॉ. बी. आर. आंबेडकर ने नया प्रारूप अध्याय VIII प्रस्तुत किया। इसके अन्तर्गत पाँच नये अनुच्छेद प्रस्तावित किए गए थे। नया अनुच्छेद 209-क (नि. अनुच्छेद 233) जिला न्यायाधीशों की नियुक्ति; अनुच्छेद 209-ख (नि. अनुच्छेद 234) न्यायिक सेवा में भर्ती; अनुच्छेद 209-ग (नि. अनुच्छेद 235) अधीनस्थ न्यायालयों का नियंत्रण हाई कोर्ट में निहित होने; अनुच्छेद 209-घ (नि. अनुच्छेद 236) निर्वचन; और अनुच्छेद 209-ङ (नि. अनुच्छेद 237) कुछ मजिस्ट्रेट पर इस अध्याय के प्रावधान लागू करने के सम्बन्ध में प्रावधान संविधान-सभा द्वारा अंगीकृत किए गए।

राज्य की न्यायपालिका से सम्बन्धित उक्त सभी प्रावधानों पर चर्चा के बाद इन्हें संविधान-सभा द्वारा अंगीकृत किया गया। इनमें से प्रारूप अनुच्छेद 193, नया प्रस्तावित अनुच्छेद 193-क, प्रारूप अनुच्छेद 196, प्रारूप अनुच्छेद 200, प्रारूप अनुच्छेद 202 और प्रारूप अनुच्छेद 204 के प्रावधान ऐसे थे, जिन पर संविधान-सभा के समक्ष विस्तार से चर्चा किया गया।

हाई कोर्ट के न्यायाधीशों की नियुक्ति एवं शर्तें

प्रारूप अनुच्छेद 193 का प्रावधान देश के विभिन्न हाई कोर्ट में न्यायाधीशों की नियुक्ति एवं शर्तों के बारे में था। दो खंडों में प्रस्तुत इस अनुच्छेद का खंड (1) कहता था कि हाई कोर्ट का प्रत्येक न्यायाधीश राष्ट्रपति द्वारा भारत के मुख्य न्यायाधीश एवं राज्य के राज्यपाल के परामर्श से नियुक्त किया जाएगा और मुख्य न्यायाधीश के अलावा दूसरे न्यायाधीशों की नियुक्ति की

स्थिति में मुख्य न्यायाधीश का भी परामर्श लिया जाएगा। इसी खंड का अगला भाग कहता था कि सभी न्यायाधीश 60 वर्ष की आयु तक या इतनी आयु तक, जो पैंसठ वर्ष से अधिक न हो, जैसा राज्य की विधायिका द्वारा निश्चित किया जाए, पद धारण करेंगे और अपर या कार्यकारी न्यायाधीश अनुच्छेद 200 (नियमित अनुच्छेद 224) में जैसा प्राविधानित किया गया है, उसके अनुसार पद धारण करेंगे।

खंड (1) के साथ तीन उपखंड वाला एक परन्तुक भी जोड़ा गया था। उपखंड (क) कहता था कि न्यायाधीश राज्यपाल के नाम लिखकर इस्तीफा दे सकता है; उपखंड (ख) के अनुसार हाई कोर्ट के न्यायाधीश को अनुच्छेद 103 (नियमित अनुच्छेद 124) में निर्धारित प्रक्रिया के अनुसार ही हटाया जा सकता है और उपखंड (ग) कहता था कि हाई कोर्ट के न्यायाधीश का पद सुप्रीम कोर्ट न्यायाधीश के रूप में नियुक्त किए जाने पर या दूसरे हाई कोर्ट में स्थानान्तरित किए जाने पर रिक्त हो जाएगा। खंड (2) का प्रावधान न्यायाधीशों की अर्हता के बारे में था। इसके अनुसार कोई भी व्यक्ति हाई कोर्ट के न्यायाधीश पद पर नियुक्त नहीं किया जाएगा, जब तक कि वह भारत का नागरिक न हो और (क) कम-से-कम दस वर्ष के लिए न्यायिक अधिकारी का पद न धारण किया हो; या (ख) कम-से-कम दस वर्ष हाई कोर्ट का विधिवक्ता न रहा हो।

प्रारूप खंड (1) के सम्बन्ध में पहला संशोधन[57] बी. पोकर साहिब का था, जिसके अनुसार हाई कोर्ट न्यायाधीश की नियुक्ति सम्बन्धित हाई कोर्ट के मुख्य न्यायाधीश द्वारा राज्यपाल से सलाह लेकर की गई संस्तुति पर और भारत के मुख्य न्यायाधीश की सहमति से की जाएगी और वह 63 वर्ष की आयु तक पद धारण करेगा। पोकर का तर्क था कि "हाई कोर्ट न्यायाधीश की नियुक्ति राजनीतिक निर्णय से ऊपर होनी चाहिए। सेवानिवृत्ति की आयु के सवाल पर उन्होंने फेडरल कोर्ट की संस्तुति का उल्लेख किया, जिसके अनुसार हाई कोर्ट न्यायाधीश की सेवानिवृत्ति आयु बढ़ाकर 65 वर्ष और सुप्रीम कोर्ट न्यायाधीश की सेवानिवृत्ति आयु बढ़ाकर 68 वर्ष कर देनी चाहिए। किन्तु उन्होंने अपने संशोधन में इसे बढ़ाकर केवल तिरसठ वर्ष तक ही किया। कृष्ण चन्द्र शर्मा एवं प्रो. शिब्बन लाल सक्सेना ने अपने अलग-अलग संशोधनों के माध्यम से राज्यपाल से परामर्श लेने की व्यवस्था को हटाने का प्रस्ताव किया। इनका तर्क था कि राज्य के राज्यपाल से सलाह की बात उचित नहीं है। प्रो. सक्सेना ने सुप्रीम कोर्ट की तरह हाई कोर्ट के न्यायाधीश के सन्दर्भ में भी 'प्रख्यात विधिवेत्ता' को अर्ह मानने के लिए संशोधन[58] प्रस्तुत किया।

आयु के सम्बन्ध में एक महत्त्वपूर्ण संशोधन[59] टी. टी. कृष्णमाचारी ने खंड (1) में प्रयुक्त शब्दावली 'जो पैंसठ वर्ष से अधिक न हो, जैसा राज्य की विधायिका द्वारा निश्चित किया जाए' हटाने के लिए प्रस्तुत किया। उनका तर्क था कि ऐसा कोई प्रावधान, जो विधायिका को, चाहे राज्य विधायिका हो या संसद, न्यायाधीश के सेवानिवृत्ति की आयु बदलते रहने के लिए कानून बनाने की शक्ति दे, संविधान में बिलकुल हानिकारक एवं अस्वास्थ्यकर प्रावधान है। इसे निश्चित कर देना उचित है। यह कोई मायने नहीं रखता कि यह कितना है। प्रो. शिब्बन लाल सक्सेना ने एक अन्य संशोधन[60] खंड (1) के परन्तुक के उपखंड (क) में शब्द 'राज्यपाल' के स्थान पर 'भारत के मुख्य न्यायाधीश' प्रतिस्थापित करने के लिए प्रस्तुत किया। उनका तर्क था कि "न्यायाधीश की नियुक्ति राष्ट्रपति द्वारा की जाती है, इसलिए यह इस्तीफा या तो राष्ट्रपति को सम्बोधित होना चाहिए या भारत के मुख्य न्यायाधीश को, जो सबसे उच्च न्यायिक अधिकारी है। राज्यपाल को सम्बोधित इस्तीफे के पीछे कोई औचित्य नहीं है।" एच. वी. कामथ का संशोधन[61] हाई कोर्ट के न्यायाधीश को हटाने में राज्य विधायिका को भी भूमिका देने के लिए

था। उनका तर्क था कि "हाई कोर्ट न्यायाधीश की नियुक्ति में राष्ट्रपति एवं भारत के मुख्य न्यायाधीश जैसे केन्द्रीय संस्था के साथ राज्य के राज्यपाल व हाई कोर्ट के मुख्य न्यायाधीश की भी भूमिका है। इसलिए हटाने के सम्बन्ध में भी संसद के साथ राज्य विधायिका की भी भूमिका होनी चाहिए।" डॉ. बी. आर. आंबेडकर ने भी छह महत्त्वपूर्ण संशोधन प्रस्तुत किए। इनमें से एक संशोधन[62] खंड (2) के स्पष्टीकरण संख्या 1 के पैरा 2 में शब्द 'ब्रिटिश इंडिया' के स्थान पर शब्द 'इंडिया' रखने के लिए और दूसरा स्पष्टीकरण संख्या 2 को समाप्त करने के लिए प्रस्तुत किया गया। एक अन्तिम संशोधन प्रस्ताव मो. ताहिर द्वारा हाई कोर्ट के न्यायाधीश के लिए 'प्लीडर' को भी अर्ह मानने के लिए प्रस्तुत किया गया।

आम बहस के दौरान प्रारूप प्रावधान के सम्बन्ध में मुख्यत: तीन प्रमुख विषय विचारार्थ थे। पहला हाई कोर्ट के न्यायाधीश की नियुक्ति में राज्यपाल की भूमिका समाप्त करने का विषय; दूसरा हाई कोर्ट के न्यायाधीश की सेवानिवृत्ति आयु का विषय; और तीसरा हाई कोर्ट के न्यायाधीश को हटाने में राज्य विधायिका की भूमिका सुनिश्चित करने का विषय।

डॉ. पी. एस. देशमुख ने हाई कोर्ट न्यायाधीश को हटाने में राज्य विधायिका को भी सन्दर्भ भेजने की शक्ति प्रदान करने के लिए एच. वी. कामथ द्वारा प्रस्तुत संशोधन का समर्थन किया। उनका तर्क था कि न्यायाधीश को उनके कदाचार एवं अक्षमता के आधार पर हटाया जा सकता है। ये प्रान्तीय राज्यपाल और प्रान्तीय विधायिका हैं, जो इन बातों को जानने की योग्यता रखते हैं।[63] जबकि डॉ. बख्शी टेक चन्द, प्रभु दयाल हिम्मतसिंहका एवं ब्रजेश्वर प्रसाद ने कामथ के संशोधन का विरोध किया। डॉ. बख्शी टेक चन्द ने तर्क दिया कि "प्रान्तों में—विशेषकर जहाँ बहुत कम सदस्य हैं और जहाँ पार्टी के स्तर पर स्पष्ट बँटवारा है—सदस्य स्थानीय पूर्वाग्रह एवं अन्य कारण से प्रभावित हो सकते हैं। यदि कोई न्यायाधीश है, जिसे सत्तासीन पार्टी के नेता द्वारा पसन्द नहीं किया जाता है या जिसने अपने न्यायिक निर्णय के कारण या अन्य कारण से उस पार्टी से नाराजगी मोल ली है, तो वहाँ स्थानीय पूर्वाग्रह होने की पूरी सम्भावना है। ऐसी स्थिति में न्यायपालिका की स्वतंत्रता बहुत ज्यादा प्रभावित होगा।"[64]

डॉ. पी. के. सेन ने हाई कोर्ट के न्यायाधीश के लिए 60 वर्ष की आयु सीमा को बढ़ाकर कम से कम 62 वर्ष करने का सुझाव दिया। उन्होंने तर्क दिया कि "ऐसे लोग भी मिलते हैं, जो सार्वजनिक जीवन में 60 वर्ष के बाद भी सक्रिय रहते हैं। ऐसे कई लोगों के उदाहरण हैं, जो इस आयु के बाद भी ऊर्जावान रहकर कार्य कर सकते हैं और राज्य की ओर से बहुत ध्यान देकर महत्त्वपूर्ण कार्य कर सकते हैं।"[65] के. एम. मुंशी ने आयु के विषय को व्यक्तिगत न्यायाधीश की दृष्टि से नहीं, बल्कि सम्पूर्ण न्यायपालिका और इसकी स्वतंत्रता के नजरिये से विचार करने पर बल दिया। उन्होंने एक निश्चित आयु-सीमा का समर्थन करते हुए 60 वर्ष की आयु-सीमा को उचित बताया एवं अधिकतम आयु वाले प्रावधान, जो 65 वर्ष से अधिक नहीं हो, को समाप्त करने पर बल दिया। मुंशी ने कहा कि "यह पूरी तरह गलत होगा कि एक हाई कोर्ट का न्यायाधीश अवधि बढ़ाने के लिए माँग करते रहने की स्थिति में रहे।"[66] जबकि ब्रजेश्वर प्रसाद ने हाई कोर्ट के न्यायाधीश के लिए कोई आयु-सीमा निश्चित करने का विरोध किया। उनके अनुसार यह सोच कि 60 वर्ष के बाद न्यायाधीश अल्पमति का हो जाएगा, मनमाना है।[67] नजीरुद्दीन अहमद ने भी 60 वर्ष पर अनिवार्य सेवानिवृत्ति की व्यवस्था को अच्छा नहीं बताया। अहमद ने प्रो. सक्सेना के दोनों संशोधन का, जिसके माध्यम से हाई कोर्ट न्यायाधीश की नियुक्ति में राज्यपाल से सलाह लेने की आवश्यकता समाप्त करने और 'प्रख्यात विधिवेत्ता' को हाई कोर्ट का न्यायाधीश के रूप में नियुक्ति के लिए अर्ह मानने की माँग की गई

थी, समर्थन किया। उन्होंने तर्क दिया कि सुप्रीम कोर्ट के सन्दर्भ में हमने जो सिद्धान्त स्वीकार किया है, उसे हाई कोर्ट के सन्दर्भ में भी स्वीकार किया जाना चाहिए।[68]

आम बहस के उपरान्त पीठासीन अध्यक्ष ने डॉ. बी. आर. आंबेडकर से पूछा कि क्या आप कुछ बोलना चाहते हैं? डॉ. आंबेडकर ने कहा कि वह नहीं समझते हैं कि किसी जवाब की आवश्यकता है।

तत्पश्चात संविधान-सभा ने डॉ. आंबेडकर के छह संशोधन और टी. टी. कृष्णमाचारी के संशोधन को स्वीकार कर और बाकी आठ संशोधनों को अस्वीकार कर, प्रारूप अनुच्छेद 193 का यथासंशोधित प्रावधान (नियमित अनुच्छेद 217) 7 जून, 1949 को अंगीकृत कर लिया।

सेवानिवृत्ति उपरान्त कार्यपालिकीय सेवा पर रोक का सवाल

प्रो. के. टी. शाह ने प्रारूप संविधान में नया अनुच्छेद 193-क जोड़ने के लिए संशोधन[69] प्रस्तुत किया। इस नये प्रावधान के माध्यम से यह प्रस्तावित किया गया था कि कोई भी व्यक्ति, जो सुप्रीम कोर्ट का या फेडरल कोर्ट का या हाई कोर्ट का लगातार पाँच वर्ष के लिए न्यायाधीश रहा हो, भारत सरकार या संघ में किसी राज्य सरकार के अधीन किसी कार्यपालिकीय पद, जिसमें राजदूत, मंत्री, उच्च कमिश्नर, ट्रेड कमिश्नर, वाणिज्यदूत शामिल है, पर नियुक्त नहीं किया जाएगा। प्रो. शाह ने तर्क दिया कि "यह प्रावधान न्यायपालिका का कार्यपालिका से पूर्ण पृथक्करण एवं स्वतंत्रता के सिद्धान्त का भाग है। पूर्व में कार्यपालिका जिस एक तरीके से उच्च न्यायिक अधिकारियों को प्रभावित करने का प्रयास करता रहा है, वह है कार्यपालिका से जुड़े चकाचौंध वाले पद को धारण करने का प्रलोभन देकर।"

एच. वी. कामथ एवं प्रो. शिब्बन लाल सक्सेना ने प्रो. शाह के संशोधन का समर्थन किया। कामथ ने इस प्रावधान को न्यायिक स्वतंत्रता एवं अखंडता के लिए आवश्यक बताते हुए कहा कि "हमारे न्यायाधीशों को, चाहे वे जहाँ भी हों, राज्य में हों या केन्द्र में, भयमुक्त होकर निर्णय देने वाला और राज्य या केन्द्र प्राधिकारियों से प्रलोभन या पक्षपात के बिना कार्य करने वाला प्रतिमान होना चाहिए।"[70] प्रो. शिब्बन लाल सक्सेना ने भी इस प्रावधान को लाभकारी बताते हुए कहा कि "यदि सेवानिवृत्ति के उपरान्त उच्च स्थान पर नियुक्त होने के लालच को समाप्त नहीं किया गया, तो इसका कार्यपालिका द्वारा या सत्तासीन पार्टी द्वारा दुरुपयोग किया जा सकता है और सेवानिवृत्ति उपरान्त पद धारण करने का ऐसा प्रलोभन न्यायपालिका की स्वतंत्रता को प्रभावित कर सकता है।"[71]

इसके बाद सभाध्यक्ष ने डॉ. बी. आर. आंबेडकर से पूछा कि क्या आप कुछ बोलना चाहते हैं? तत्पश्चात डॉ. आंबेडकर ने प्रो. शाह के उक्त प्रस्तावित प्रावधान को अस्वीकार कर दिया। अपनी असहमति के कारण का उल्लेख करते हुए डॉ. आंबेडकर ने कहा कि "इस बात को लेकर कोई विवाद नहीं है कि कार्यपालिका एवं न्यायपालिका के मध्य पृथक्करण होना चाहिए। केवल सवाल पैदा होता है कि इसे कैसे लाया जाए? इस सिद्धान्त का अर्थ है कि जब कोई एक व्यक्ति किसी न्यायिक पद को धारण कर रहा हो, तो उसे कार्यपालिकीय शक्ति रखने वाले किसी पद को नहीं धारण करना चाहिए। इसी तरह जब एक व्यक्ति कोई कार्यपालिकीय पद धारण कर रहा हो, तो उसे इसके साथ न्यायिक पद नहीं धारण करना चाहिए।"

डॉ. आंबेडकर ने आगे कहा कि "प्रो. शाह का संशोधन कुछ अलग धारणा रखता है। यह कहता है कि वे कौन से पद हैं, जिन्हें ऐसा कोई व्यक्ति धारण नहीं कर पाएगा यदि उसने कुछ समय न्यायिक सेवा की है। यह एक अलग समस्या खड़ी करता है। यह कुछ वैसी ही

समस्या खड़ी करता है, जो हमारे समक्ष लोक सेवा आयोग की नियुक्ति वाले प्रावधान के सन्दर्भ में विचारार्थ आ सकती है। ऐसा मुझे लगता है कि न्यायपालिका के सदस्य की स्थिति लोक सेवा आयोग के सदस्य की स्थिति से अलग है। प्रशासनिक सेवा की नियुक्ति के सन्दर्भ में लोक सेवा आयोग के सदस्य कार्यपालिका से बहुत ही गहराई से जुड़े रहते हैं। किन्तु कई मायने में न्यायपालिका का कार्यपालिका के साथ कोई सम्बन्ध नहीं रहता है। यह बहुत कुछ लोगों के अधिकारों के निस्तारण से और कुछ सीमा तक भारत सरकार एवं इसकी इकाइयों के अधिकार से सम्बन्ध रखता है। ज्यादातर मामलों में यह लोगों के ही अधिकारों से सम्बन्ध रखता है, जिसमें शायद ही सरकार कोई हित रखता हो। इसलिए कार्यपालिका के लिए न्यायपालिका को प्रभावित करने का अवसर बहुत कम रहता है।"[72]

तत्पश्चात संविधान-सभा ने प्रो. के. टी. शाह के संशोधन को अस्वीकार कर दिया।

स्थायी न्यायाधीशों द्वारा वकालत पर रोक का सवाल

प्रारूप अनुच्छेद 196 का प्रावधान हाई कोर्ट के न्यायाधीश, अतिरिक्त न्यायाधीश एवं अस्थायी न्यायाधीश को भारत राज्यक्षेत्र के अन्तर्गत किसी न्यायालय में या प्राधिकारी के समक्ष वकालत करने पर रोक लगाता था। इस प्रावधान में कुछ बदलाव के लिए डॉ. बी. आर. आंबेडकर ने 7 जून, 1949 को संशोधन[73] प्रस्तुत किया। नये प्रावधान के अनुसार 'कोई भी व्यक्ति, जिसने इस संविधान के लागू होने के बाद न्यायाधीश पद धारण किया है, भारत राज्यक्षेत्र के अन्तर्गत किसी न्यायालय में या किसी प्राधिकारी के समक्ष वकालत नहीं करेगा।' इस तरह नये प्रावधान में शब्दावली 'संविधान के लागू होने के बाद' को जोड़ा एवं शब्दावली 'या अतिरिक्त न्यायाधीश या अस्थायी न्यायाधीश' को हटाया गया था।

सरदार हुकुम सिंह ने शब्दावली 'भारत राज्य क्षेत्र के अन्तर्गत' के स्थान पर 'उस हाई कोर्ट के क्षेत्राधिकार के अन्तर्गत' रखने के लिए संशोधन[74] प्रस्तुत किया। इसका प्रभाव यह था कि सेवानिवृत्ति के उपरान्त हाई कोर्ट का न्यायाधीश उस हाई कोर्ट के क्षेत्राधिकार के बाहर आने वाले सभी न्यायालयों में वकालत कर सकता था।

आम बहस के दौरान एच. वी. कामथ एवं बी. एम. गुप्ता ने हुकुम सिंह के संशोधन का समर्थन किया, तो प्रो. शिब्बन लाल सक्सेना एवं महावीर त्यागी ने डॉ. आंबेडकर द्वारा प्रस्तावित प्रावधान को उचित बताया। एच. वी. कामथ ने कहा कि "मान लीजिए कि एक व्यक्ति ने कुछ महीने या छह या नौ महीने की अवधि के लिए हाई कोर्ट न्यायाधीश का पद धारण किया है, तो क्या हग उस त्यक्ति पर रोक लगाने जा रहे हैं? क्या हम उसके वकालत करने पर, न केवल न्यायालयों में बल्कि भारत राज्यक्षेत्र के अन्तर्गत किसी भी प्राधिकारी के समक्ष, रोक लगाने जा रहे हैं? पूरे तरीके से संवैधानिक रोक लगाना अवांछित है, अलोकतांत्रिक है।"[75] बी. एम. गुप्ता ने सवाल पूछते हुए कहा कि "वर्तमान में एक हाई कोर्ट के सेवानिवृत्त न्यायाधीश को उसी हाई कोर्ट में या उसके अधीनस्थ न्यायालय में वकालत करने की अनुमति नहीं है। इसके अलावा और कोई रोक नहीं है। अब आप इसमें बदलाव क्यों चाहते हैं? क्या इस स्थिति में कोई कमी महसूस हुई है? एक व्यक्ति, जो पीठ में शामिल हुआ है, को उसी न्यायालय में वकालत नहीं करना चाहिए। सभी अधीनस्थ न्यायालयों में भी रोक लगना चाहिए। किन्तु इसका मतलब यह नहीं है कि उसे सुप्रीम कोर्ट आने से रोक दिया जाना चाहिए। सुप्रीम कोर्ट कहीं से भी किसी हाई कोर्ट का अधीनस्थ नहीं है। उसे अन्य हाई कोर्ट में वकालत करने से मना नहीं किया जाना चाहिए।"[76]

प्रो. शिब्बन लाल सक्सेना ने संशोधन लाने के लिए डॉ. आंबेडकर को धन्यवाद दिया। किन्तु उन्होंने शब्दावली 'संविधान लागू होने के बाद' हटाने की इच्छा व्यक्त की और कहा कि "हाई कोर्ट के एक न्यायाधीश के पास भले ही ज्यादा धन न हो, किन्तु उसकी गरिमा अन्य की तुलना में बहुत ज्यादा होती है। इसलिए यदि वह वापस बार में आता है, तो पद की गरिमा को नीचा करेगा। यही कारण है कि एक व्यक्ति जो हाई कोर्ट का न्यायाधीश रहा है, को बार में आकर वकालत करने की अनुमति नहीं होनी चाहिए।"[77] महावीर त्यागी ने भी प्रारूप प्रावधान का समर्थन किया। उन्होंने तर्क दिया कि न्याय ही वास्तविकता है। कानून तो मात्र अभिव्यक्ति का माध्यम है। एक व्यक्ति को, जो न्यायाधीश के रूप में नियुक्त हुआ है, को सत्यतापूर्ण प्रतिष्ठा का जीवन जीने दें। एक बार न्यायाधीश, हमेशा न्यायाधीश। उसे सेवानिवृत्ति के उपरान्त अवश्य ही अपने पेंशन के साथ खुश रहना चाहिए। यदि एक वकील न्यायाधीश के रूप में नियुक्त होता है, तो उसे वकालत में वापस नहीं आना चाहिए क्योंकि यह निश्चित है कि यदि वे ऐसा करते हैं, तो वे अपने पद का प्रयोग वकालत को बढ़ाने हेतु सीढ़ी के रूप में प्रयोग करेंगे।"[78]

अभी कई अन्य सदस्यों द्वारा विषय पर विचार रखना बाकी था, किन्तु सभाध्यक्ष ने बहस समाप्त करने का प्रस्ताव रखा, जिसे स्वीकार कर लिया गया। इसके बाद सभाध्यक्ष ने डॉ. बी. आर. आंबेडकर से पूछा कि क्या वे कुछ कहना चाहते हैं? डॉ. आंबेडकर ने जवाब दिया कि कुछ कहने की आवश्यकता नहीं है।

तत्पश्चात संविधान-सभा ने डॉ. आंबेडकर के संशोधन को स्वीकार कर और सरदार हुकुम सिंह के संशोधन* को अस्वीकार कर प्रारूप अनुच्छेद 196 का यथासंशोधित प्रावधान (नियमित अनुच्छेद 220) अंगीकृत कर लिया।

अतिरिक्त एवं सहायक न्यायाधीशों की नियुक्ति

प्रारूप अनुच्छेद 199 का प्रावधान हाई कोर्ट में अतिरिक्त एवं सहायक न्यायाधीशों की नियुक्ति से सम्बन्धित था। इस प्रावधान का खंड (1) हाई कोर्ट के कार्य में अस्थायी वृद्धि होने की स्थिति में या कार्य के बकाया हो जाने की स्थिति में राष्ट्रपति को, जब उसे लगे कि तत्काल समय के लिए न्यायाधीशों की संख्या बढ़ा देनी चाहिए, अतिरिक्त न्यायाधीशों की नियुक्ति का अधिकार देता था, जिनका कार्यकाल दो वर्ष से अधिक नहीं होगा। खंड (2) किसी न्यायाधीश की अनुपस्थिति के कारण या किसी अन्य कारण से उसके द्वारा पद सम्बन्धी कार्य न कर पाने की स्थिति में राष्ट्रपति को तब तक के लिए सहायक न्यायाधीश की नियुक्ति का अधिकार देता था, जब तक कि स्थायी न्यायाधीश अपना कार्य न करने लगे। और खंड (3) कहता था कि अतिरिक्त या सहायक न्यायाधीश के रूप में नियुक्त होने वाला कोई भी व्यक्ति साठ वर्ष की आयु के बाद पद पर नहीं बना रहेगा।

इसके पूर्व प्रारूप अनुच्छेद 193 पर हुई आम बहस के दौरान के. एम. मुंशी ने अस्थायी न्यायाधीश या अतिरिक्त न्यायाधीश की नियुक्ति का भी मुद्दा उठाया था। उन्होंने अस्थायी न्यायाधीश की नियुक्ति की व्यवस्था को निरस्त करने की वकालत करते हुए कहा था भारत में ऐसी व्यवस्था सन्तोषजनक प्रक्रिया नहीं है और यह निष्पक्षता एवं स्वतंत्रता को आघात पहुँचाती

---

* सातवें संविधान संशोधन, 1956 के माध्यम से अनुच्छेद 220 के प्रावधान में शब्दावली 'सुप्रीम कोर्ट एवं अन्य हाई कोर्ट के अलावा' जोड़ दिया गया। इसका प्रभाव यह हुआ है कि सेवानिवृत्ति के बाद हाई कोर्ट का न्यायाधीश उस हाई कोर्ट के अलावा दूसरे हाई कोर्ट एवं सुप्रीम कोर्ट में वकालत कर सकता है।

है।[79] 7 जून, 1949 को प्रारूप अनुच्छेद 199 के प्रस्तुत होते ही सभाध्यक्ष ने कहा कि कुछ संशोधन इस अनुच्छेद को निरस्त करने के लिए है। वह इन्हें संशोधन के रूप में नहीं लेते हैं।

इसके बाद सभाध्यक्ष ने प्रस्ताव रखा—अनुच्छेद 199 को संविधान का भाग बनाया जाए। संविधान-सभा ने इस प्रस्ताव को अस्वीकार कर दिया। इस तरह प्रारूप अनुच्छेद 199 का प्रावधान निरस्त कर दिया गया। इसका प्रभाव यह हुआ कि हाई कोर्ट में अतिरिक्त न्यायाधीश के नियुक्ति की व्यवस्था को संविधान-सभा ने अस्वीकार कर दिया।*

सेवानिवृत्ति उपरान्त न्यायाधीश के रूप में नियुक्ति

प्रारूप अनुच्छेद 199 निरस्त होने के बाद प्रारूप अनुच्छेद 200 को संविधान-सभा के समक्ष रखा गया। इसके अनुसार किसी भी राज्य का मुख्य न्यायाधीश, किसी भी समय किसी ऐसे व्यक्ति से, जिसने उस हाई कोर्ट के या किसी अन्य हाई कोर्ट के न्यायाधीश का पद धारण किया हो, उस हाई कोर्ट के न्यायाधीश के रूप में बैठने एवं कार्य करने के लिए निवेदन कर सकता है। ऐसा व्यक्ति राष्ट्रपति द्वारा तय भत्ता पाने का अधिकारी होगा और उसके पास सभी तरह की शक्तियाँ, क्षेत्राधिकार एवं विशेषाधिकार प्राप्त होगा, किन्तु उसे उस हाई कोर्ट का न्यायाधीश नहीं माना जाएगा। इस अनुच्छेद के साथ एक परन्तुक भी जोड़ा गया था, जो कहता था कि इस अनुच्छेद की कोई भी बात किसी व्यक्ति को हाई कोर्ट के न्यायाधीश के रूप में बैठने एवं कार्य करने के लिए बाध्य नहीं करेगी, जब तक कि वह इसके लिए सहमति न दे।

प्रारूप अनुच्छेद 200 के सम्बन्ध में दो संशोधन प्रस्तुत किए गए। पहला संशोधन[80] जसपत राय कपूर की शब्दावली 'किसी भी समय' के पहले 'राष्ट्रपति की पूर्व सहमति से' जोड़ने के लिए और दूसरा संशोधन[81] स्वयं डॉ. आंबेडकर ने शब्दावली 'इस अनुच्छेद के प्रावधान के अधीन' निरस्त करने के लिए प्रस्तुत किया।

तजामुल हुसैन ने जसपत राय कपूर के संशोधन का विरोध किया, जबकि रोहिणी कुमार चौधरी ने जसपत राय कपूर के संशोधन के साथ प्रारूप प्रावधान का समर्थन किया। डॉ. बख्शी टेक चन्द ने प्रारूप प्रावधान का उद्देश्य स्पष्ट करते हुए कहा कि इस अनुच्छेद के माध्यम से इंग्लैंड एवं अमेरिका में काफी दिनों से मान्य प्रचलन को शामिल किया गया है। वहाँ सेवानिवृत्त न्यायाधीशों को वापस आने और न्यायालय का नियमित सदस्य बनने के लिए नहीं आमंत्रित किया जाता है। यहाँ तक कि छह महीने या आठ महीने की अवधि के लिए भी नहीं। यह केवल किसी एक विशेष मामले या कठिन एवं महत्त्वपूर्ण सामूहिक मामले, जहाँ यह सोचा जाता है कि सेवानिवृत्त हो गए न्यायाधीश का परिपक्व अनुभव एवं विशिष्ट ज्ञान सहायक होगा, के सम्बन्ध में लागू होगा।[82]

जबकि एच. वी. कामथ ने प्रारूप अनुच्छेद का विरोध किया। उन्होंने सवाल किया कि "इस प्रावधान को विश्व के किस लिखित संविधान से लिया गया है। इस अनुच्छेद में न तो उन परिस्थितियों का उल्लेख किया गया है, जिसमें कुछ न्यायाधीश से सेवानिवृत्ति के उपरान्त कार्य लिया जा सकता है और न तो ऐसी किसी अवधि का ही उल्लेख किया गया है, जब तक वे बैठ सकते हैं।" उन्होंने जसपत राय कपूर के संशोधन का भी यह कहकर विरोध किया कि "मुख्य न्यायाधीश किसी भी न्यायाधीश से कोई मामला तय करने हेतु कहने के लिए पूर्णतया योग्य है। राष्ट्रपति को इसमें हस्तक्षेप नहीं करने देना चाहिए और मुख्य न्यायाधीश पर विश्वास

* सातवें संविधान संशोधन, 1956 के माध्यम से प्रारूप अनुच्छेद 199 के प्रावधान को नियमित अनुच्छेद 224 के रूप में स्वीकार किया गया।

करना चाहिए।" कामथ ने परन्तुक को अर्थहीन, उद्‌देश्यरहित, व्यर्थ और अनावश्यक बताते हुए कहा कि उन्हें नहीं मालूम कि क्यों मसौदा समिति के बुद्धिमान सदस्य परन्तुक को यहाँ शामिल करना उचित समझे हैं।[83]

प्रो. शिब्बन लाल सक्सेना ने भी प्रारूप प्रावधान का विरोध किया। इसके उद्‌देश्य के सम्बन्ध में बख्शी टेक चन्द के विचार से असहमति व्यक्त करते हुए प्रो. सक्सेना ने कहा कि "अनुच्छेद में प्रयुक्त शब्दावली ऐसी नहीं है जो केवल कुछ अवसर या कुछ विशेष अवधि के लिए नियुक्ति की बात कहती हो। अनुच्छेद 199 के अन्तर्गत हम अतिरिक्त और अस्थायी न्यायाधीश नहीं रखे हैं। यह बिलकुल सम्भव है कि मुकदमे बकाया हों और मुख्य न्यायाधीश द्वारा इस प्रावधान का प्रयोग सेवानिवृत्त न्यायाधीशों को इन बकाये मुकदमों को तय करने के लिए करे। यह अनुच्छेद यह नहीं कहता है कि जिस व्यक्ति से निवेदन किया गया है, वह दो या तीन वर्ष से अधिक कार्य नहीं करेगा। यह किसी न्यायाधीश को पिछवाड़े से बुलाने का तरीका है। इसके माध्यम से मनमानेपन एवं पक्षपात को बढ़ावा मिलेगा। कोई भी न्यायाधीश मुख्य न्यायाधीश की गलत साइड में नहीं रहना चाहेगा, अन्यथा उसको वापस बुलाए जाने का अवसर नहीं मिल पाएगा।"[84]

आम बहस के बाद डॉ. बी. आर. आंबेडकर ने इस सम्बन्ध में उठाए गए सवाल का जवाब दिया। कामथ द्वारा पूर्व-दृष्टान्त को लेकर पूछे गए सवाल पर डॉ. आंबेडकर ने कहा कि मि. कामथ ने प्रारूप संविधान को नहीं पढ़ा है, क्योंकि फुटनोट स्वयं कहता है कि इसी तरह का प्रावधान अमेरिका एवं ग्रेट ब्रिटेन में लागू है। वस्तुत: अनुच्छेद 200 शब्दश: इंग्लैंड के सुप्रीम कोर्ट ऑफ जुडिकेचर अधिनियम की धारा 8 से लिया गया है। डॉ. आंबेडकर ने आगे कहा—

> "किन्तु पूर्व-दृष्टान्त के अलावा अनुच्छेद 200 जैसे प्रावधान को बनाए रखने के लिए कई और भी आधार हैं। जैसा कि यह सदन जानता है कि अस्थायी या अतिरिक्त न्यायाधीश की नियुक्ति के लिए प्रावधान अब निकाल दिया गया है। सभी हाई कोर्ट के न्यायाधीश इस संविधान के अन्तर्गत ही नियुक्त किए जा सकेंगे। हाई कोर्ट के सभी न्यायाधीशों को स्थायी होना होगा। यदि आप अस्थायी या अतिरिक्त न्यायाधीश नहीं रखने जा रहे हैं, तो आपको कुछ कार्यों के निस्तारण के लिए कुछ प्रावधान रखने होंगे और इसलिए वह अन्य प्रावधान, जो अनुच्छेद 196 से सुसंगत होगा, वह अनुच्छेद 200 का प्रावधान है। जैसा कि मेरे मित्र डॉ. टेक चन्द ने कहा है कि इस अनुच्छेद के उद्‌देश्य या आशय को लेकर तमाम सन्देह या गलतफहमी दिखती है। निश्चित तौर पर अनुच्छेद का आशय यह नहीं है कि हाई कोर्ट के किसी सेवानिवृत्त न्यायाधीश को लम्बी अवधि के लिए पीछे से लाया जाए।
>
> "परन्तुक के सन्दर्भ में बहुत से लोगों ने कहा है कि यह उद्‌देश्यहीन और अर्थहीन है। मैं उनसे सहमत नहीं हूँ। मैं समझता हूँ कि यह परन्तुक बिलकुल आवश्यक है। यहाँ पर इस परन्तुक के नहीं होने से प्राधिकारियों के लिए यह खुला रहना सम्भव है कि आमंत्रण अस्वीकार करने पर वह न्यायाधीश पर पेनाल्टी लगा दे। यह भी हो सकता है कि उस व्यक्ति के खिलाफ जिसने आमंत्रण स्वीकार करने से मना किया है, न्यायालय की अवमानना शुरू कर दी जाए। हम नहीं चाहते हैं कि एक सेवानिवृत्त हाई कोर्ट के न्यायाधीश के खिलाफ ऐसी पेनाल्टी लगाई जाए, जो या तो बीमारी के कारण या अक्षमता के कारण या किसी अन्य निजी व्यवसाय में व्यस्त होने के कारण

नहीं सम्भव समझता है कि वह मुख्य न्यायाधीश के इस निवेदन को स्वीकार करे। इस परन्तुक का यह औचित्य है।

"अगला सवाल जिसे पूछा गया है कि क्या अनुच्छेद 200 में प्रयोग किया गया शब्द 'विशेषाधिकार' एक सेवानिवृत्त न्यायाधीश को पूरा वेतन पाने का अधिकारी बनाएगा, जैसा कि एक हाई कोर्ट के न्यायाधीश को मिलेगा। मेरा जवाब है कि यह ऐसा मामला है, जो पेंशन से सम्बन्धित नियमावली से संचालित होगा। अभी जो नियम लागू है उसके अनुसार जब एक सेवानिवृत्त व्यक्ति सरकार के अन्तर्गत कोई विशेष कार्य स्वीकार करता है, तो वह पेंशन घटाकर उस पद का वेतन पाता है। मेरा मानना है कि यह सामान्य नियम है। मुझसे भूल हो सकती है। फिर भी, यह ऐसा मामला है, जो पेंशन नियमावली से संचालित होगा।

"मैं मि. कपूर का संशोधन संख्या 89 स्वीकार करता हूँ क्योंकि कुछ लोगों का मानना है कि मुख्य न्यायाधीश द्वारा अपने किसी मित्र को एक से ज्यादा बार आमंत्रित करके अनुच्छेद 200 का दुरुपयोग किया जा सकता है।"[85]

तत्पश्चात संविधान-सभा ने जसपत राय कपूर एवं डॉ. बी. आर. आंबेडकर के दोनों संशोधन को स्वीकार कर प्रारूप अनुच्छेद 200 का यथासंशोधित प्रावधान (नियमित अनुच्छेद 224)* अंगीकृत कर लिया।

---

* 1956 में सातवें संविधान संशोधन के माध्यम से इस प्रावधान को निरस्त कर इसे अतिरिक्त न्यायाधीश वाले प्रावधान से प्रतिस्थापित कर दिया गया। सात वर्ष बाद 1963 में पुनः पन्द्रहवें संविधान संशोधन के माध्यम से इस प्रावधान को अनुच्छेद 224-क के रूप में संविधान में शामिल कर लिया गया।

14

संवैधानिक संस्थाएँ : सुराज के स्तम्भ

संविधान का मुख्य उद्देश्य देश का शासन-संचालन सुनिश्चित करने के लिए राज्य के विभिन्न अंगों के स्वरूप एवं कार्य को निर्धारित करना है। वह मुख्य अंग-विधायिका, कार्यपालिका और न्यायपालिका के साथ-साथ ऐसे कई आनुषंगिक अंगों को भी परिभाषित करता है, जो शासन-संचालन में अप्रत्यक्ष, किन्तु महत्त्वपूर्ण भूमिका निभाते हैं। लोगों द्वारा अपना शासक चुनने हेतु स्वतंत्र चुनाव कराने और जनमत का निष्पक्ष मूल्यांकन करने के लिए 'चुनाव आयोग' हो या शासन-व्यवस्था को अपने राजनीतिक कार्यक्रमों एवं कल्याणकारी योजनाओं के माध्यम से उद्देश्यपरक बनाने और इसके लिए जनता की राजनीतिक इच्छाशक्ति का अनवरत निर्माण करते रहने के लिए 'राजनीतिक पार्टी'; कार्यपालिका द्वारा लोकधन का पारदर्शी व्यय सुनिश्चित करने के लिए 'महालेखा परीक्षक' हो या सामान्य प्रशासन हेतु गैर-राजनीतिक कार्यपालिका के एक स्थायी ढाँचा का निर्माण करने की दिशा में इसमें होने वाली नियुक्ति को राजनीतिक हस्तक्षेप से मुक्त करने के लिए 'लोक सेवा आयोग', ये सभी इकाइयाँ राज्य के आनुषंगिक अंग के रूप में कार्य करते हैं।[1]

विधायिका एवं न्यायपालिका की तरह चुनाव आयोग, राजनीतिक पार्टी, महालेखा परीक्षक, लोक सेवा आयोग जैसे आनुषंगिक अंगों का स्वरूप भी बहुत कुछ शासक (कार्यपालिका) के चरित्र एवं स्वरूप पर निर्भर करता है। बावजूद इसके कि कार्यपालिका का स्वरूप कुछ भी हो, इन आनुषंगिक अंगों के महत्त्व को नकारा नहीं जा सकता है। वे किसी-न-किसी स्वरूप में विद्यमान रहकर शासन को सम्पूर्ण और शासक को सक्षम बनाते हैं। इसलिए अलग-अलग संविधान, अपने-अपने तरीके से इन आनुषंगिक अंगों को स्थान देते हैं। लोकतांत्रिक व्यवस्था में ये आनुषंगिक अंग अपने-अपने क्षेत्र में भूमिका निभाते हुए शासन-व्यवस्था को स्वस्थ एवं स्वच्छ बनाने और संविधान चक्र को गतिशील बनाए रखने में मदद करते हैं। वस्तुत: ये आनुषंगिक अंग सुराज स्थापना के स्तम्भ है और शासन व्यवस्था को सुराजमूलक बनाते हैं।

प्रारूप संविधान में आनुषंगिक अंग के रूप में महालेखा परीक्षक, चुनाव आयोग और लोक सेवा आयोग को शामिल किया गया। महालेखा परीक्षक और चुनाव आयोग को जहाँ एकीकृत संवैधानिक संस्था के रूप में स्वीकार किया गया, वहीं लोक सेवा आयोग को केन्द्र और राज्य स्तर पर पृथक-पृथक् संवैधानिक संस्था के रूप में स्वीकार किया गया।

(क) नियंत्रक महालेखा परीक्षक

विधायिका से अनुमोदित लोकधन का कार्यपालिका द्वारा वांछित उद्देश्य की पूर्ति के लिए और सही तरीके से उपयोग किया जाना किसी भी देश की आर्थिक प्रगति के लिए

आवश्यक है। लोकव्यय का पारदर्शी निरीक्षण शासन की गुणवत्ता को बनाए रखता है। प्रारूप संविधान में इस कार्य को एक संवैधानिक महत्त्व का विषय माना गया और इसके निर्वहन के लिए 'महालेखा परीक्षक' को एक स्वतंत्र एवं निष्पक्ष संस्था के रूप में स्थान दिया गया।

प्रारूप संविधान के भाग V का अध्याय V महालेखा परीक्षक से सम्बन्धित अध्याय था, जिसे संविधान-सभा के समक्ष 30 मई, 1949 को विचारार्थ प्रस्तुत किया गया। इस अध्याय के शीर्षक का नाम 'भारत का महालेखा परीक्षक' प्रस्तावित किया गया था। टी. टी. कृष्णमाचारी ने इस संस्था का नाम बदलकर 'भारत का नियंत्रक एवं महालेखा परीक्षक' करने के लिए संशोधन[2] प्रस्तुत किया। उनका तर्क था कि प्रारूप संविधान द्वारा महालेखा परीक्षक पर जो कार्य सौंपा गया है, वह न केवल सरकार के व्यय का लेखा रखना है, बल्कि इस पर नियंत्रण रखना भी है। डॉ. बी. आर. आंबेडकर ने इस संशोधन को स्वीकार कर लिया। संविधान-सभा ने भी इसे अंगीकृत कर लिया।

भाग V के अध्याय V के अन्तर्गत चार प्रारूप अनुच्छेद शामिल किए गए थे। प्रारूप अनुच्छेद 124 भारत के महालेखा परीक्षक की नियुक्ति इत्यादि; प्रारूप अनुच्छेद 125 महालेखा परीक्षक के कर्तव्य एवं शक्ति; प्रारूप अनुच्छेद 126 संघ और राज्यों के लेखा को महालेखा परीक्षक द्वारा रखे जाने; और प्रारूप अनुच्छेद 127 महालेखा परीक्षक द्वारा लेखा प्रस्तुत करने के तरीके से सम्बन्धित था। एक अन्य नया अनुच्छेद 124-क प्रो. के. टी. शाह ने योग्यता निर्धारण के सम्बन्ध में प्रस्तावित किया।

एकल संस्था के रूप में महालेखा परीक्षक का गठन

प्रारूप संविधान के अनुच्छेद 124 के अन्तर्गत नियंत्रक महालेखा परीक्षक को एक एकल संस्था के रूप में स्वीकार किया गया था। इसे संघ के साथ-साथ राज्य एवं अन्य प्राधिकारियों के भी लेखा परीक्षण का दायित्व सौंपा गया था। पाँच खंडों में विभाजित इस अनुच्छेद के खंड (1) के अनुसार भारत का एक महालेखा परीक्षक होगा, जिसकी नियुक्ति राष्ट्रपति द्वारा की जाएगी और उसे केवल उसी तरह एवं उसी आधार पर हटाया जा सकेगा, जिस तरह सुप्रीम कोर्ट का न्यायाधीश हटाया जाता है। खंड (2) महालेखा परीक्षक के वेतन और सेवाशर्तों के लिए संसद को कानून बनाने की शक्ति देता था, खंड (3) पदमुक्ति के बाद महालेखा परीक्षक को कोई अन्य पद धारण करने से रोकता था, खंड (4) संसद के कानून के अधीन महालेखा परीक्षक को राष्ट्रपति की सलाह लेकर सदस्यों की सेवाशर्त तय करने हेतु नियम बनाने की शक्ति देता था, और प्रारूप खंड (5) कहता था कि महालेखा परीक्षक एवं सदस्यों का वेतन, भत्ता एवं पेंशन भारत के राजस्व पर भारित होगा।

बी. दास ने खंड (1) में शब्द 'राष्ट्रपति' के बाद शब्दावली 'अपने हस्ताक्षर एवं मुद्रा सहित वारंट द्वारा' जोड़ने के लिए संशोधन[3] प्रस्तुत किया। तीन अन्य संशोधन[4] टी. टी. कृष्णमाचारी ने नया खंड (1-क) जोड़ने के लिए और खंड (4) एवं खंड (5) के मूल प्रावधान को बदलने के लिए प्रस्तुत किए। नये खंड (1-क) के अन्तर्गत नियंत्रक महालेखा परीक्षक को पद ग्रहण करने के पूर्व राष्ट्रपति के समक्ष तृतीय अनुसूची के अनुसार शपथ लेना आवश्यक बनाया गया था। इस तरह शपथ लेने के दृष्टिकोण से यह प्रावधान महालेखा परीक्षक को सुप्रीम कोर्ट के न्यायाधीश की श्रेणी में ला देता था। प्रस्तावित खंड (4) के अनुसार नियंत्रक महालेखा परीक्षक के स्टाफ के सेवाशर्त के सम्बन्ध में नियम बनाने की शक्ति नियंत्रक महालेखा परीक्षक के पास

होगी। किन्तु इसके साथ एक परन्तुक जोड़कर वेतन, भत्ता, अवकाश एवं पेंशन से सम्बन्धित ऐसे नियम के लिए राष्ट्रपति का अनुमोदन आवश्यक बना दिया गया। इसके पूर्व राष्ट्रपति का परामर्श ही आवश्यक था। नये प्रस्तावित खंड (5) के साथ शब्दावली 'नियंत्रक महालेखा परीक्षक के कार्यालय के प्रशासनिक खर्च, जिसमें सभी वेतन...शामिल हैं' जोड़कर इसके प्रावधान को व्यापक बना दिया गया।

आम बहस का आरम्भ करते हुए आर. के. सिधवा ने कृष्णमाचारी के संशोधन पर खुशी व्यक्त की। नियंत्रक महालेखा परीक्षक के महत्त्व का उल्लेख करते हुए सिधवा ने कहा कि "इस पद को हमेशा ही विधायिका या कार्यपालिका से स्वतंत्र रखना चाहिए। वह हमारे वित्त का प्रहरी है और उसकी स्थिति अवश्य ही बहुत मजबूत बनानी चाहिए, ताकि वह किसी के प्रभाव में न आए, चाहे वह कितना भी बड़ा क्यों न हो।"[5] 23 वर्ष संसद-सदस्य का अनुभव रखने वाले बी. दास ने प्रस्तावित बदलाव पर खुशी व्यक्त करते हुए कहा कि "लोकव्यय में भारत सरकार की पवित्रता और भारत सरकार के कर्मचारियों के उच्च नैतिक सिद्धान्त बनाए रखने के लिए महालेखा परीक्षक जैसी संस्था अति महत्त्वपूर्ण है। महालेखा परीक्षक को उस स्थान पर रखा जाना चाहिए, जहाँ पर संघ लोक सेवा आयोग के सदस्यों और सुप्रीम कोर्ट के मुख्य न्यायाधीश को रखा गया है।"[6] बिश्वनाथ दास ने महालेखा परीक्षक के कार्य को पवित्र जिम्मेदारी वाला कार्य बताया, किन्तु कृष्णमाचारी द्वारा खंड (4) के साथ जोड़े गए परन्तुक से असहमति व्यक्त की। इस परन्तुक को समाप्त करने की वकालत करते हुए उन्होंने कहा कि यह उसकी स्वतंत्रता को आघात पहुँचाता है, क्योंकि ऐसी स्थिति में महालेखा परीक्षक को वेतन, भत्ता या अवकाश से सम्बन्धित नियमों पर अनुमोदन लेने के लिए कार्यपालिका पर निर्भर होना पड़ेगा।"[7]

तत्पश्चात सभाध्यक्ष ने कहा कि इस पर और किसी चर्चा की आवश्यकता नहीं है। इसके बाद डॉ. बी. आर. आंबेडकर ने टी. टी. कृष्णमाचारी के सभी संशोधनों एवं बी. दास के संशोधन संख्या 1975 को सुधार की दिशा में महत्त्वपूर्ण बताते हुए स्वीकार कर लिया। नियंत्रक महालेखा परीक्षक के महत्त्व के अनुरूप प्रारूप प्रावधान को अपर्याप्त बताते हुए डॉ. बी. आर. आंबेडकर ने असन्तोष जाहिर किया। डॉ. आंबेडकर के शब्दों में—

> "मैं नहीं कह सकता कि महालेखा परीक्षक की उस स्थिति से मैं खुश हूँ, जो उसे इससे सम्बन्धित प्रारूप संविधान एवं इस अनुच्छेद पर लाए गए संशोधनों द्वारा प्रदान की गई है। व्यक्तिगत तौर पर मैं इस विचार का हूँ कि भारत के संविधान में यह पद या अधिकारी सम्भवत: सबसे महत्त्वपूर्ण अधिकारी है। वह एक व्यक्ति है जो इस बात की देखरेख करेगा कि संसद द्वारा विनियोग अधिनियम में स्वीकार किए गए व्यय से अधिक या अलग खर्च न हो। यदि इस प्राधिकारी को अपना कर्तव्य निर्वहन करना है—जिसे मैं बहुत ही महत्त्वपूर्ण कर्तव्य मानता हूँ, यहाँ तक कि न्यायपालिका के कर्तव्य से भी ज्यादा महत्त्वपूर्ण कर्तव्य मानता हूँ—तो निश्चित तौर पर उसे उतना स्वतंत्र होना चाहिए, जितनी कि न्यायपालिका है। किन्तु सुप्रीम कोर्ट से सम्बन्धित अनुच्छेद और महालेखा परीक्षक से सम्बन्धित इस अनुच्छेद की तुलना करने पर मैं यह कहे बिना नहीं रह सकता कि हम उसे उतनी स्वतंत्रता नहीं दे पा रहे हैं, जितना कि हमने न्यायपालिका को दी है। यद्यपि मैं व्यक्तिगत रूप से अनुभव करता हूँ कि उसे न्यायपालिका की तुलना में कही ज्यादा स्वतंत्रता मिलना चाहिए।

"पिछले सप्ताह के दौरान की बात है, जब मैंने सुप्रीम कोर्ट के अधिकारियों एवं सेवकों की नियुक्ति की शक्ति सुप्रीम कोर्ट को देने वाले मूल अनुच्छेद 122 में एक संशोधन प्रस्तुत किया। मूल प्रारूप और साथ-साथ संशोधन जो प्रस्तुत किए गए हैं, में महालेखा परीक्षक को ऐसी शक्ति नहीं मिली हुई है। ऐसी शक्ति के अभाव का अर्थ है कि महालेखा परीक्षक के कर्मचारियों की नियुक्ति कार्यपालिका द्वारा की जाएगी। कार्यपालिका द्वारा नियुक्त होने से अनुशासनात्मक कार्रवाही के मामले में कर्मचारी कार्यपालिका के अधीन होंगे। मुझे रंचमात्र भी सन्देह नहीं है कि यदि एक अधिकारी के अपने अधीनस्थ पर अनुशासनात्मक नियंत्रण की शक्ति नहीं प्राप्त है, तो उसके प्रशासन में धीरे-धीरे गिरावट आ जाएगी। इस दृष्टिकोण से हमें यह सोचना चाहिए कि जनहित में यह उचित होगा कि ऐसी शक्ति महालेखा परीक्षक को दिया जाए। किन्तु भावनाएँ महालेखा परीक्षक को ऐसी शक्ति देने के खिलाफ प्रतीत होती हैं। कुछ समय के लिए मैं अनुभव करता हूँ कि आज जो बातें हमारी भावनाओं के साथ जुड़ी हैं, उससे ज्यादा कुछ भी नहीं किया जा सकता है।"[8]

तत्पश्चात संविधान-सभा ने डॉ. आंबेडकर द्वारा स्वीकृत चारों संशोधनों को स्वीकार कर प्रारूप अनुच्छेद 124 का यथासंशोधित प्रावधान (नियमित अनुच्छेद 148) 30 मई, 1949 को अंगीकृत कर लिया।

इसके उपरान्त प्रो. के. टी. शाह ने एक नया अनुच्छेद 124-क जोड़ने के लिए संशोधन[9] प्रस्तुत किया। इस प्रावधान के अनुसार महालेखा परीक्षक की नियुक्ति पंजीकृत एकाउंटेंट के रूप में या ऐसी समान योग्यता धारण करने वाले और लेखापरीक्षक के रूप में कम से कम दस वर्ष का अनुभव रखने वाले व्यक्तियों के बीच से की जाएगी। उनका तर्क था कि "सिविल सेवा से जुड़े व्यक्ति को महालेखा परीक्षक बनाने की परम्परा है। इस कारण से इस पद का निर्वहन निपुणता एवं दक्षता के साथ नहीं हो पाता है। इससे बचने के लिए प्रस्तावित प्रावधान आवश्यक है।" प्रो. शाह के इस संशोधन का टी. टी. कृष्णमाचारी ने विरोध किया, जबकि लक्ष्मीनारायण साहू ने समर्थन किया। इसके बाद सभाध्यक्ष ने कहा कि उन्हें नहीं लगता है कि इस पर और कोई सदस्य बोलने की इच्छा रखता है। अन्त में संविधान-सभा ने इस संशोधन को अस्वीकार कर दिया।

इसके बाद संविधान-सभा ने प्रारूप अनुच्छेद 125 (नियमित अनुच्छेद 149) को हृदयनाथ कुंजरू के शाब्दिक संशोधन और डॉ. आंबेडकर के स्पष्टीकरण को लेकर प्रस्तुत संशोधन को स्वीकार कर तथा प्रारूप अनुच्छेद 126 (नियमित अनुच्छेद 150) एवं प्रारूप अनुच्छेद 127 (नियमित अनुच्छेद 151) को भी अंगीकृत कर लिया।

खर्च भारत के राजस्व पर भारित : अर्थ एवं परिणाम

प्रारूप अनुच्छेद 124 के खंड (5) के अनुसार महालेखा परीक्षक एवं उसके स्टाफ के सदस्यों का वेतन, भत्ता एवं पेंशन भारत के राजस्व पर भारित होगा। इस सम्बन्ध में एक संशोधन[10] टी. टी. कृष्णमाचारी ने प्रारूप प्रावधान को नये प्रावधान से प्रतिस्थापित करने के लिए प्रस्तुत किया, जिसे स्वीकार करने के बाद न केवल महालेखा परीक्षक एवं उसके स्टाफ के सदस्यों का वेतन, भत्ता एवं पेंशन, बल्कि उसके कार्यालयी खर्च भी भारत के राजस्व पर भारित होंगे।

आम बहस के दौरान आर. के. सिधवा ने यद्यपि महालेखा परीक्षक की स्वतंत्रता की पुरजोर वकालत की और कहा कि वह यह भी नहीं चाहते हैं कि महालेखा परीक्षक को

विधायिका के प्रति जवाबदेह बनाया जाए, किन्तु उन्होंने खंड (5) का विरोध भी किया। सिधवा ने तर्क दिया कि महालेखा परीक्षक को किसी भी व्यक्ति के प्रभाव से ऊपर रखना चाहिए, किन्तु संसद को इसके वेतन एवं भत्ता के सवालों पर चर्चा करने के अधिकार से वंचित नहीं करना चाहिए। जब हमारे पास देश के प्रति जवाबदेह विधायिका है, तो वह यह समझने में असफल हैं कि क्यों कुछ विषयों को भारत के राजस्व पर भारित करने की पुरानी व्यवस्था को जारी रखा जाए।[11]

बी. दास ने सिधवा के विरोध पर आश्चर्य व्यक्त करते हुए कहा कि "यदि महालेखा परीक्षक और उसके कर्मचारियों को किसी उच्च स्तर पर नहीं रखा जाता है तो उनके लिए उन जिम्मेदारियों को निभाना बहुत कठिन हो जाएगा, जिसकी अपेक्षा संविधान, महालेखा परीक्षक या समान रूप से संघ लोक सेवा आयोग या सुप्रीम कोर्ट न्यायाधीश से करता है। इसलिए व्यय के कुछ विषय 'भारित' रहने चाहिए ताकि कार्यपालिका हस्तक्षेप न कर सके। निश्चित रूप से संसद बहस और चर्चा करके हस्तक्षेप कर सकता है और कोई भी इस अधिकार को मना नहीं करेगा।"[12]

बिश्वनाथ दास ने भी टी. टी. कृष्णमाचारी के संशोधन का समर्थन किया। उन्होंने कहा कि "वेतन, भत्ता, अवकाश या पेंशन से सम्बन्धित नियमों को राष्ट्रपति यानी कार्यपालिका के प्रमुख के अनुमोदन, यानी कैबिनेट के अनुमोदन और जिसका मतलब कैबिनेट के प्राधिकार के पीछे विधायिका होता है, के अधीन रखा है। महालेखा परीक्षक को पूरी तरह से विधायिका की दया पर छोड़ दिया गया है। भारित निधि हेतु प्रावधान मात्र इसलिए बनाया गया है ताकि भविष्य में केन्द्रीय कार्यपालिका एवं महालेखा परीक्षक के उत्तरदायित्वों के निर्वहन को लेकर होने वाले संघर्ष या गतिरोध से बचा जा सके। इसलिए यह प्रावधान पवित्र है, आवश्यक है, बहुत वांछित है और न केवल एक दृष्टिकोण का प्रतिनिधित्व करता है, बल्कि दो विपरीत विचारों के बीच समझौते का प्रतिनिधित्व करता है।"[13]

महालेखा परीक्षक का खर्च संचित निधि पर भारित करने के खिलाफ सिधवा द्वारा दिए गए तर्क को गलत धारणा पर आधारित बताते हुए डॉ. आंबेडकर ने कहा—

> "यदि मेरे मित्र श्री सिधवा अनुच्छेद 93, जो ऐसे मामले के सम्बन्ध में है, पर ध्यान दें तो वह पाएँगे कि यद्यपि कुछ व्ययों को भारत के राजस्व पर भारित किया गया है, किन्तु मात्र ऐसा होने का मतलब यह नहीं है कि इन व्ययों पर चर्चा करने के अधिकार से संसद वंचित रहता है। चर्चा करने का अधिकार बना रहता है। केवल एक बात है कि यहाँ पर मत देने का अधिकार नहीं दिया गया है। इसे गैर-मतदान योग्य बनाने के पीछे का कारण बहुत ही तार्किक है। हम नहीं चाहते हैं कि कार्यपालिका उन जरूरतों में बहुत ज्यादा हस्तक्षेप करे, जो महालेखा परीक्षक द्वारा अपनी आवश्यकताओं के सन्दर्भ में तय किया गया हो, हम नहीं चाहते हैं कि बहुत सारे विधानमंडल-सदस्य, जो अपनी किसी आर्थिक धुन के कारण या किसी अन्य कारण से असन्तुष्ट हो सकते हैं, महालेखा परीक्षक के अच्छे और निपुण प्रशासन में बहुत ज्यादा हस्तक्षेप करें। यही कारण है कि इस प्रावधान को बनाया गया है।
>
> "मेरे मित्र श्री सिधवा भी महसूस करेंगे कि यह प्रावधान किसी भी रूप में असामान्य नहीं है। यह वस्तुत: उस प्रावधान के समान है, जिसे हमने सुप्रीम कोर्ट के सन्दर्भ में बनाया है।"[14]

तत्पश्चात संविधान-सभा ने टी. टी. कृष्णमाचारी के बाकी संशोधनों के साथ इस संशोधन को भी स्वीकार कर लिया।

(ख) चुनाव आयोग

किसी देश का स्वस्थ लोकतंत्र, निष्पक्ष एवं पारदर्शी निर्वाचन पर निर्भर करता है। यह न केवल शासन की गुणवत्ता तय करता है बल्कि नागरिकों के मन में सन्तोष का भाव पैदा करता है कि सरकार बनाने के लिए उसके मतदान के अधिकार का मूल्यांकन निष्पक्षता के साथ हुआ है। निष्पक्ष निर्वाचन की व्यवस्था सरकार के खिलाफ किसी तरह के विद्रोह की मन:स्थिति को समाप्त करती है। इसलिए निर्वाचन का कार्य एक राष्ट्रीय एवं संवैधानिक महत्त्व का विषय माना गया और इसके निर्वहन के लिए प्रारूप संविधान में 'चुनाव आयोग' को एक स्वतंत्र एवं निष्पक्ष संस्था के रूप में स्वीकार किया गया।

प्रारूप संविधान के भाग XIII (नियमित भाग XV) में 'निर्वाचन' से सम्बन्धित तीन अनुच्छेद शामिल थे, जिसे 15 जून, 1949 को संविधान-सभा के समक्ष विचारार्थ प्रस्तुत किया गया। प्रारूप अनुच्छेद 289 के अन्तर्गत केन्द्र और प्रत्येक राज्य के लिए अलग-अलग निर्वाचन आयोगों की अवधारणा स्वीकार किया गया था। इसका खंड (1) राष्ट्रपति, उपराष्ट्रपति एवं संसद सहित अन्य केन्द्रीय संस्थाओं के चुनाव के लिए राष्ट्रपति द्वारा नियुक्त एक आयोग के गठन की बात करता था, और खंड (2) राज्य विधायिका सहित अन्य राज्य स्तरीय संस्थाओं के चुनाव के लिए राज्यपाल द्वारा नियुक्त आयोग के गठन की बात करता था।

प्रारूप अनुच्छेद 290 का प्रावधान संसद एवं राज्य विधायिका के चुनाव और निर्वाचन सूची को तैयार करने के सम्बन्ध में संसद को और प्रारूप अनुच्छेद 291 का प्रावधान राज्य विधायिका के चुनाव और निर्वाचन सूची को तैयार करने के सम्बन्ध में राज्य विधायिका को व्यवस्था बनाने की शक्ति प्रदान करता था। नये अनुच्छेद 291-क के माध्यम से चुनावी मामलों में न्यायालय के अधिकार पर प्रतिबन्ध लगाया गया था।

एकीकृत चुनाव आयोग का गठन

प्रारूप अनुच्छेद 289 के सम्बन्ध में डॉ. बी. आर. आंबेडकर ने एक संशोधन[15] सं. 99 प्रस्तुत कर इसके माध्यम से सम्पूर्ण देश के लिए एक एकीकृत चुनाव आयोग की अवधारणा प्रस्तुत की और यह प्रस्तावित किया कि संसद के साथ-साथ सभी राज्यों की विधायिका का चुनाव कराने का दायित्व चुनाव आयोग का होगा।

पाँच खंडों में विभाजित नये अनुच्छेद 289 के खंड (1) के अनुसार राष्ट्रपति, उपराष्ट्रपति, संसद एवं राज्य विधायिका के निर्वाचन एवं इसके विवाद से सम्बन्धित व्यापक शक्ति राष्ट्रपति द्वारा नियुक्त चुनाव आयोग में निहित होगी; खंड (2) चुनाव आयोग के स्वरूप के बारे में था, जो कहता था कि इस आयोग में मुख्य चुनाव आयुक्त और इतनी संख्या में अन्य चुनाव आयुक्त शामिल होंगे, जितने राष्ट्रपति समय-समय पर नियुक्त करे; खंड (3) क्षेत्रीय आयुक्तों के सम्बन्ध में था, जिसकी नियुक्ति राष्ट्रपति द्वारा चुनाव आयोग से परामर्श करके किए जाने की व्यवस्था प्रस्तावित की गई; खंड (4) मुख्य चुनाव आयुक्त और क्षेत्रीय आयुक्त की सेवाशर्त और कार्यकाल के बारे में और इन्हें हटाने के सम्बन्ध में था। यह कहता था कि मुख्य चुनाव आयुक्त को उसी आधार पर हटाया जा सकेगा, जैसी कि सुप्रीम कोर्ट के न्यायाधीश के लिए

व्यवस्था है और अन्य चुनाव आयुक्तों या क्षेत्रीय चुनाव आयुक्तों को मुख्य चुनाव आयुक्त की संस्तुति के बिना नहीं हटाया जा सकेगा; तथा खंड (5) चुनाव आयोग को राज्य कर्मचारियों से चुनाव हेतु सहयोग लेने की आजादी देता था।

डॉ. आंबेडकर के उक्त संशोधन के बाद सभाध्यक्ष ने दूसरे संशोधनों को रखने एवं चर्चा करने के लिए कहा। इस पर हृदयनाथ कुंजरू ने सवाल किया कि क्या यह उचित नहीं है कि डॉ. आंबेडकर, जिन्होंने यह संशोधन प्रस्तुत किया है, इसके सम्बन्ध में कुछ कहें? यह विषय बहुत महत्त्वपूर्ण है और यह खेद की बात है कि इस प्रस्ताव के सम्बन्ध में डॉ. आंबेडकर ने कुछ भी कहना उचित नहीं समझा।

तत्पश्चात डॉ. बी. आर. आंबेडकर ने कहा कि दो कारणों से उन्होंने कुछ कहना उचित नहीं समझा। एक यह कि यदि इस अनुच्छेद के सम्बन्ध में चर्चा हुई तो कुछ प्रश्न अवश्य ही उठाए जाएँगे इसलिए उन्होंने समझा कि इन सबका उत्तर अन्त में दूँ ताकि मेरे सम्बोधन में वही तर्क दोहराया न जा सके और दूसरा कारण यह है कि उन्होंने सोचा कि प्रत्येक सदस्य ने उनका संशोधन प्रस्ताव पढ़ लिया होगा और चूँकि यह बहुत सरल है, इसलिए इसका आशय हर एक की समझ में आ गया होगा।

कुंजरू ने जवाब दिया कि उन्होंने प्रत्येक पंक्ति पढ़ा है। वह चाहते हैं कि माननीय सदस्य सभा के प्रति कुछ सम्मान का भाव दिखाएँ।

इसके बाद डॉ. आंबेडकर ने अपने संशोधन के पक्ष में तर्क रखा। नये प्रावधान को स्वतंत्र एवं निष्पक्ष चुनाव के मूल अधिकार से जोड़ते हुए डॉ. आंबेडकर ने कहा—

> "इस सभा को याद होगा कि बहुत पहले संविधान-सभा की कार्यवाही में मूल अधिकार के सम्बन्ध में एक समिति की नियुक्ति की गई थी। इस समिति ने यह रिपोर्ट प्रस्तुत की कि चुनाव की स्वतंत्रता एवं विधायिका के चुनाव में कार्यपालिका के किसी तरह का हस्तक्षेप न करने को मूल अधिकार की मान्यता मिलना चाहिए और इसे मूल अधिकार वाले अध्याय में शामिल किया जाना चाहिए। जब यह मामला इस सभा के समक्ष आया, तो यद्यपि इस पर कोई आपत्ति नहीं थी कि यह एक आधारभूत महत्त्व का विषय है, किन्तु यह इस सभा की इच्छा थी कि इसे संविधान के मूल अधिकार वाले अध्याय में नहीं, बल्कि किसी अन्य भाग में रखा जाना चाहिए। सभा ने बिना किसी असहमति के तय किया कि विधायी संस्था के निर्वाचन में शुद्धता एवं स्वतंत्रता को बनाए रखने के लिए यह बहुत महत्त्वपूर्ण है कि यह (चुनाव आयोग) कार्यपालिका के किसी तरह के हस्तक्षेप से मुक्त हो। सभा के निर्णय के अनुक्रम में मसौदा समिति ने इस सवाल को मूल अधिकार की श्रेणी से बाहर कर दिया और एक अलग भाग, जिसमें अनुच्छेद 289, 290 इत्यादि शामिल हैं, में रखा है। इसलिए इस आधारभूत सवाल कि निर्वाचन तंत्र को कार्यपालिकीय सरकार के नियंत्रण से बाहर होना चाहिए, को लेकर कोई विवाद नहीं है। अनुच्छेद 289 संविधान-सभा के निर्णय को आगे बढ़ाने का कार्य करता है।
>
> "खंड (2) कहता है कि एक मुख्य चुनाव आयुक्त और कई अन्य चुनाव आयुक्त, जिन्हें राष्ट्रपति समय-समय पर नियुक्त करे, होंगे। मसौदा समिति के समक्ष दो विकल्प थे—एक या तो चार या पाँच सदस्यों वाला एक स्थायी चुनाव आयोग, जो बिना किसी रोक के लगातार बना रहे, को बनाए या दूसरा यह कि चुनाव के समय एक अस्थायी इकाई की नियुक्ति करने की राष्ट्रपति को अनुमति दे। समिति ने बीच का

रास्ता अपनाया है। खंड (2) के माध्यम से मसौदा समिति ने जो प्रस्ताव किया है वह यह है कि मुख्य चुनाव आयोग के रूप में एक व्यक्ति कार्यालय में स्थायी बना रहे, ताकि रीढ़ तंत्र हमेशा के लिए मौजूद हो। नि:सन्देह चुनाव सामान्यत: पाँच वर्ष के अन्त में होगा किन्तु उपचुनाव किसी भी समय हो सकता है। पाँच वर्ष समाप्त होने के पूर्व ही सभा विघटित हो सकती है। परिणामत: हर समय मतदाता सूची को तैयार रखना होगा ताकि नया चुनाव बिना किसी कठिनाई के हो सके। इसलिए यह सोचा गया कि स्थायी तौर पर एक मुख्य चुनाव आयुक्त हो ताकि जब चुनाव होने वाला हो तो राष्ट्रपति चुनाव आयोग में सदस्यों की नियुक्ति कर तंत्र को और भी विस्तार दे सके।[16]

राज्य चुनाव आयोग के सन्दर्भ में किए गए बदलाव को स्पष्ट करते हुए डॉ. आंबेडकर ने आगे कहा—

"यह अनुच्छेद एक आयोग के हाथ में चुनावी तंत्र को केन्द्रीकृत करने का प्रस्ताव करता है, जिसमें क्षेत्रीय आयुक्त प्रान्तीय सरकार के अधीन नहीं, बल्कि केन्द्रीय चुनाव आयोग की देखरेख एवं नियंत्रण में काम करेगा। जैसा मैंने कहा है कि नि:सन्देह यह एक मौलिक बदलाव है किन्तु ऐसा करना आवश्यक हो गया है। मसौदा समिति तथा केन्द्र सरकार का ध्यान इस ओर लाया गया कि प्रान्तों में कार्यपालिका सरकार द्वारा ऐसा प्रयास किया जा रहा है ताकि उन लोगों का नाम, जो वहाँ के मूलवंश नहीं हैं, मतदाता सूची में न शामिल किया जा सके।

"यह सभा महसूस करेगा कि एक लोकतंत्र में मतदान का अधिकार बहुत ही आधारभूत बात है। प्रान्तीय सरकारें उन लोगों के साथ, जो वहाँ के मूल निवासी नहीं है, अन्याय न कर सके, इसलिए यह उचित समझा गया कि उस मूल प्रस्ताव को न स्वीकार किया जाए, जिसके अन्तर्गत प्रत्येक राज्य के लिए राज्यपाल एवं स्थानीय सरकार से निर्देशित होने वाले पृथक् चुनाव आयोग स्थापित किया जाता। इसी कारण इस अनुच्छेद में बदलाव किया गया है, जिसके अन्तर्गत अब चुनाव का पूरा तंत्र केन्द्रीय चुनाव आयोग के हाथ में होगा।"[17]

तत्पश्चात प्रो. शिब्बन लाल सक्सेना ने एक संशोधन[18] प्रस्तुत किया, जिसमें कहा गया था कि मुख्य चुनाव आयुक्त एवं अन्य चुनाव आयुक्तों की नियुक्ति संसद के दोनों सदनों के दो-तिहाई बहुमत के समर्थन से की जाए। प्रो. सक्सेना का दूसरा संशोधन खंड (3) के सम्बन्ध में यह था कि राष्ट्रपति द्वारा क्षेत्रीय आयुक्तों की नियुक्ति चुनाव आयोग से परागर्श लेकर नहीं, बल्कि सहमति लेकर की जाएगी।

नए स्वरूप में प्रावधान प्रस्तुत करने के लिए प्रो. शिब्बन लाल सक्सेना ने डॉ. आंबेडकर को बधाई देते हुए कहा कि उनके संशोधन के पीछे इच्छा है कि चुनाव आयोग कार्यपालिका से बिलकुल पृथक् हो। नि:सन्देह यह प्रान्तीय कार्यपालिका से पूर्णतया अलग होगा, किन्तु यदि राष्ट्रपति को इस आयोग की नियुक्ति करना है तो स्वाभाविक रूप से इसका मतलब है कि प्रधानमंत्री ही नियुक्ति करेगा। वह उसी की संस्तुति पर अन्य चुनाव आयुक्तों की नियुक्ति करेगा। यह उनकी स्वतंत्रता सुनिश्चित नहीं करता है। नि:सन्देह यदि एक बार नियुक्त हो जाता है तो वह दोनों सदनों के दो-तिहाई बहुमत से ही हटाया जा सकेगा। निश्चित रूप से यह ऐसा है कि वह स्वतंत्रता के साथ कार्य कर सकता है, किन्तु यह बिलकुल सम्भव है कि कुछ सत्तासीन पार्टी जो अगला चुनाव जीतना चाहती है, एक पार्टी के प्रति निष्ठा रखने वाले व्यक्ति

को मुख्य चुनाव आयुक्त नियुक्त कर सकती है। बहुत गम्भीर आरोप लगने पर ही दोनों सदनों के दो-तिहाई बहुमत से उसे हटाया जा सकता है। इसका अर्थ है कि उसका हटाया जाना लगभग असम्भव है। नियुक्त किए जाने वाले व्यक्ति पर सभी पार्टियों का भरोसा रहे, इसलिए उसकी नियुक्ति दोनों सदनों के न केवल बहुमत से बल्कि दो-तिहाई बहुमत से समर्थित होना चाहिए। यदि साधारण बहुमत से इसे रखा गया तो सत्तारूढ़ पार्टी ही विश्वास का मत प्राप्त कर लेगी। किन्तु दो-तिहाई से समर्थन का अर्थ है कि दूसरी पार्टियों की भी नियुक्ति में सहमति होगी ताकि आयोग की वास्तविक स्वतंत्रता की गारंटी हो, ताकि सभी लोग यहाँ तक कि विपक्षी भी आयोग के विरुद्ध कुछ बोल न सकें।

डॉ. बी. आर. आंबेडकर के संशोधन का आर. के. सिधवा, नजीरुद्दीन अहमद, के. एम. मुंशी ने समर्थन, जबकि एच. वी. पाटस्कर और कुलाधर चालिहा ने विरोध किया। नजीरुद्दीन अहमद ने कहा कि पहले उनका विचार था कि प्रान्तों को शक्तिशाली होना चाहिए और उस सीमा तक केन्द्र को झुक जाना चाहिए। किन्तु बहुत ज्यादा अनुभव के बाद और प्रान्तों एवं राज्यों में जो कुछ हो रहा है, उस पर गम्भीरता से विचार करने के बाद, अब वह इस विचार के हैं कि आगामी कई वर्षों के लिए केन्द्र को देश के उन सभी महत्त्वपूर्ण मामलों, जो देश के व्यापक कल्याण को प्रभावित करते हैं, को अपने हाथ में ले लेना चाहिए और प्रान्तीय क्षेत्रों में अतिक्रमण करना चाहिए।[19]

एच. वी. पाटस्कर ने एकात्मक शासन-प्रणाली थोपने का आरोप लगाते हुए कहा कि इन सभी बदलावों के पीछे जो कारण उन्हें समझ में आ रहा है वह यह है कि धीरे-धीरे अब हम संघात्मक विचार छोड़ने की कोशिश कर रहे हैं। इस सभा ने जो प्रथम संकल्प स्वीकार किया था, जिसे उद्देश्य संकल्प के नाम से जाना जाता है, उसमें अवशिष्ट शक्तियों के साथ स्वायत्तशासी इकाई के संघ की कल्पना की गई थी। अब हम उस स्थिति से दूर होते जा रहे हैं।[20] कुलाधर चालिहा ने भी डॉ. आंबेडकर के संशोधन का विरोध करते हुए कहा कि यदि आपको प्रान्तों पर सन्देह है और केन्द्र के लिए आप अधिक शक्ति रखना चाहते हैं, तो इसका परिणाम अवांछनीय ही होगा।[21]

हृदयनाथ कुंजरू ने प्रारूप प्रावधान के कमियों का उल्लेख करते हुए कहा कि "यहाँ दो बातें जानने योग्य हैं; पहला यह कि यह केवल मुख्य चुनाव आयुक्त है, जो अनुभव कर सकता है कि वह कार्यपालिका की नाराजगी से डरे बिना अपना कर्तव्य निर्वहन कर सकता है और दूसरी यह कि अन्य चुनाव आयुक्तों का हटाया जाना केवल एक व्यक्ति यानी मुख्य चुनाव आयुक्त की संस्तुति पर निर्भर होगा। निर्वाचन सूची तैयार करने और चुनाव कराने की जिम्मेदारी ऐसे लोगों को दी जानी चाहिए, जो राजनीतिक पक्षपात से मुक्त हों और जिनकी निष्पक्षता पर सभी परिस्थितियों में विश्वास किया जा सके। किन्तु राष्ट्रपति के हाथ में शक्ति देकर हमने मुख्य चुनाव आयुक्त एवं अन्य चुनाव आयुक्तों की नियुक्ति में केन्द्र सरकार द्वारा राजनीतिक प्रभाव का प्रयोग करने की छूट दे दी है। मुख्य चुनाव आयुक्त की नियुक्ति प्रधानमंत्री के परामर्श पर होगी और यदि प्रधानमंत्री किसी पार्टी के व्यक्ति की नियुक्ति का सुझाव देता है तो राष्ट्रपति के पास प्रधानमंत्री के मनोनीत व्यक्ति को स्वीकार करने के अलावा कोई विकल्प नहीं होगा।" कुंजरू ने इन कमियों को दूर करने के लिए सुझाव दिया कि संसद को कानून द्वारा इन मामलों पर प्रावधान बनाने के लिए अधिकृत किया जाना चाहिए।[22]

के. एम. मुंशी ने हृदयनाथ कुंजरू के उक्त सुझाव को आगे बढ़ाते हुए कहा कि स्पष्टता की खातिर और किसी तरह के सन्देह को दूर करने के लिए खंड (2) में छोटा सा संशोधन

आवश्यक है। खंड (2) के आरम्भ में शब्दावली 'संसद द्वारा इस सम्बन्ध में बनाए गए कानून के प्रावधान के अधीन' जोड़ दी जाए।[23]

इसके उपरान्त सत्यनारायण सिन्हा बहस समाप्त करने का प्रस्ताव लाए, जिसे संविधान-सभा ने स्वीकार कर लिया। तदुपरान्त दिए गए अपने सम्बोधन में डॉ. बी. आर. आंबेडकर ने प्रो. शिब्बन लाल सक्सेना के सुझाव को गम्भीर माना। इस सम्बन्ध में उत्पन्न हो रही कठिनाई का समाधान देते हुए डॉ. आंबेडकर ने कहा—

"...नियुक्ति के सवाल के सम्बन्ध में मुझे अवश्य ही स्वीकार करना पड़ेगा कि मेरे मित्र प्रो. शिब्बन लाल सक्सेना के इस कथन में काफी बल है कि चुनाव आयुक्त के कार्यकाल को निश्चित एवं सुरक्षित बनाने का कोई मतलब नहीं है, यदि संविधान में मूर्ख या दुष्ट या कार्यपालिका के अँगूठे के अधीन रहने वाले किसी व्यक्ति को रोकने के लिए कोई प्रावधान न हो। मुझे अवश्य ही स्वीकार करना चाहिए कि मेरे प्रावधान में ऐसी कोई बात नहीं है, जो एक अनुपयुक्त व्यक्ति के मुख्य चुनाव आयुक्त या चुनाव आयुक्त पद पर मनोनयन के खिलाफ हो। मैं यह भी स्वीकार करना चाहता हूँ कि यह एक बहुत महत्त्वपूर्ण सवाल है और यह मुझे बहुत सरदर्द देता है और मुझे इस बारे में कोई सन्देह नहीं है कि यह इस सभा को भी बहुत बड़ा सरदर्द देने जा रहा है। संयुक्त राज्य अमेरिका में उन्होंने इस सवाल का समाधान अपने संविधान के अनुच्छेद 2 के खंड (2) के प्रावधान से निकाल लिया है, जिसके अन्तर्गत राष्ट्रपति इस प्रावधान में उल्लिखित सभी नियुक्तियों को बिना सीनेट की सहमति के नहीं कर सकता है। किन्तु यह भी समझ लेना चाहिए कि यह एक बहुत बिलम्बकारी तरीका है, एक बहुत कठिन तरीका है। नियुक्ति किए जाने के समय या जब नियुक्ति बिना कोई प्रतीक्षा किए किया जाना आवश्यक हो, तो सम्भव है कि संसद का सत्र न चल रहा हो।

"मसौदा समिति द्वारा इस सवाल पर काफी विचार किया गया है, क्योंकि यह हमारे लिए बड़ा सरदर्द है। मध्यमार्ग के उपाय के रूप में यह सोचा गया कि यदि यह सभा राष्ट्रपति के लिए एक निर्देश-पत्र बना दे और उसमें ऐसे तंत्र को बना दे, जिससे परामर्श लेकर नियुक्त करना राष्ट्रपति के लिए बाध्यकारी हो, तो मैं सोचता हूँ अमेरिकी संविधान से जो कठिनाई महसूस होती प्रतीत होती है, को दूर किया जा सकता है और उनसे मिलने वाले लाभ को प्राप्त किया जा सकता है। इस समय मेरे लिए इसका पूर्वानुमान करना कठिन है कि यदि कोई विशेष निर्देश-पत्र लेकर आया जाए तो इस सभा का क्या दृष्टिकोण होगा। यदि सभा मसौदा समिति के प्रस्ताव को खारिज कर देता है कि राष्ट्रपति के लिए एक निर्देश-पत्र होना चाहिए, जिसमें अन्य बातों के अलावा नियुक्ति करने के सम्बन्ध में भी प्रावधान होना चाहिए, जिससे इस समस्या का समाधान हो जाए। किन्तु क्या होगा, इसका पूर्वानुमान लगाना मेरे लिए थोड़ा कठिन है।

"अत: अपने माननीय मित्र प्रो. सक्सेना की आलोचना, जो माननीय मित्र पंडित कुंजरू द्वारा समर्थित है, के समाधान के लिए मैं संशोधन संख्या 99 में कुछ संशोधन करने के लिए तैयार हूँ।"[24]

उक्त सम्बोधन के बाद डॉ. आंबेडकर ने चार पुनर्संशोधन[25] प्रस्तुत किए। पहला संशोधन प्रारूप खंड (1) से शब्दावली 'राष्ट्रपति द्वारा नियुक्त' (to be appointed by the president) को हटाने के लिए था। दूसरा संशोधन प्रारूप खंड (2) में शब्दावली 'समय-समय पर नियुक्त

करे' के स्थान पर 'समय-समय पर नियत करे' रखने के लिए था; तीसरा महत्त्वपूर्ण संशोधन प्रारूप खंड (2) के अन्त में शब्दावली 'राष्ट्रपति द्वारा मुख्य चुनाव आयुक्त और अन्य चुनाव आयुक्त की नियुक्ति संसद द्वारा बनाए गए किसी कानून के अधीन रहकर की जाएगी' जोड़ने के लिए था; और चौथा संशोधन खंड (2) के शेष भाग को खंड (2-क) के रूप में नया खंड बनाने के लिए था।

डॉ. आंबेडकर के उक्त पुनर्संशोधन पर पुन: चर्चा के लिए सभा की कार्यवाही को कुछ समय के लिए टाल दिया गया। 16 जून, 1949 को ही सायं छह बजे एक बार पुन: प्रारूप अनुच्छेद 289 और इस पर लाए गए संशोधनों को प्रस्तुत किया गया।

जसपत राय कपूर ने पूरे प्रारूप अनुच्छेद का विरोध इस आधार पर किया कि राष्ट्रपति एवं उपराष्ट्रपति के चुनाव में चुनाव आयोग के पास कोई कार्य करने के लिए नहीं होगा या यदि है, तो निश्चित रूप से यह तमाम विधायी संस्थाओं के प्राधिकृत अधिकारी से टकराव पैदा करेगा।[26] श्रीमती एनी मैस्करीन ने भी विरोध करते हुए कहा कि "पहले से ही यह विश्वास करके कि प्रान्तों के लोग सत्य व न्याय के सिद्धान्तों पर नहीं चलेंगे और सही तरीके से चुनाव के लिए लोकतांत्रिक सिद्धान्तों को नहीं बनाए रखेंगे, हमें देश की ख्याति पर धब्बा नहीं लगाना चाहिए। स्थायी प्रशासन के लिए केन्द्रीकरण आवश्यक है, किन्तु यह धीरे-धीरे होना चाहिए न कि लोकतंत्र के प्रारम्भ में ही।"[27]

सरदार हुकुम सिंह ने डॉ. आंबेडकर के संशोधन का समर्थन किया और इसे सांस्कृतिक, नस्लीय या भाषायी अल्पसंख्यकों के लिए सुरक्षा-कवच बताया।[28] जबकि एच. वी. कामथ ने संशोधन को आधे मन से रिआयत देने वाला संशोधन बताया। उन्होंने प्रादेशिक चुनाव आयुक्त की नियुक्ति में राज्यपाल की भूमिका समाप्त करने का विरोध किया। कामथ ने उस प्रावधान का भी विरोध किया, जिसमें मुख्य चुनाव आयुक्त को सुप्रीम कोर्ट के न्यायाधीश की तरह ही हटाया जा सकता था, किन्तु अन्य चुनाव आयुक्त के लिए ऐसी व्यवस्था नहीं की गई थी। उनका तर्क था कि जिस तरह सुप्रीम कोर्ट के मुख्य न्यायाधीश और सभी न्यायाधीशों को हटाने की प्रक्रिया एक समान है, उसी तरह मुख्य चुनाव आयुक्त और अन्य चुनाव आयुक्तों के मध्य विभेद नहीं किया जाना चाहिए। ऐसे प्रावधान के कारण निर्वाचन आयुक्तों का अधिकांश समय मुख्य चुनाव आयुक्त को प्रसन्न रखने में लग जाएगा। उन्हें डर बना रहेगा कि कहीं मुख्य चुनाव आयुक्त उनके खिलाफ कुछ लिखकर न दे दे।[29] कामथ ने प्रो. सक्सेना के दूसरे संशोधन का समर्थन किया।

आम बहस के उपरान्त संविधान-सभा ने डॉ. बी. आर. आंबेडकर के सभी संशोधन एवं पुनर्संशोधन प्रस्ताव को स्वीकार कर और प्रो. शिब्बन लाल सक्सेना के सभी संशोधन को अस्वीकार कर प्रारूप अनुच्छेद 289 का यथासंशोधित प्रावधान (नियमित अनुच्छेद 324) 16 जून, 1949 को अंगीकृत कर लिया।

बिना भेदभाव के मतदाता बनने का अधिकार

डॉ. बी. आर. आंबेडकर ने चुनाव के सम्बन्ध में दो अन्य महत्त्वपूर्ण संशोधन[30], नया अनुच्छेद 289-क और अनुच्छेद 289-ख को जोड़ने के लिए प्रस्तुत किया। अनुच्छेद 289-क के अनुसार संसद के प्रत्येक सदन और राज्य की विधायिका के लिए चुनाव हेतु एक साधारण मतदाता सूची होगी और कोई भी व्यक्ति मात्र धर्म, मूलवंश, जाति, लिंग या इनमें से किसी आधार पर इस मतदाता सूची में शामिल किए जाने से अपात्र नहीं होगा और अनुच्छेद 289-ख कहता

था कि लोकसभा और प्रत्येक राज्य की विधान सभा के लिए चुनाव, वयस्क मताधिकार के आधार पर होगा अर्थात् प्रत्येक व्यक्ति जो भारत का नागरिक हो तथा इक्कीस वर्ष से कम न हो तथा कानून के अन्तर्गत अनिवास, चित्त विकृति, अपराध या भ्रष्ट अथवा अवैध कदाचार के आधार पर अनर्ह न घोषित कर दिया गया हो, चुनाव में मतदाता के रूप में सूचीबद्ध होने का अधिकारी होगा।

ब्रजेश्वर प्रसाद ने प्रारूप अनुच्छेद 289-ख का विरोध किया और कहा कि वे वयस्क मताधिकार का सैद्धान्तिक एवं व्यावहारिक दोनों कारणों से विरोधी हैं, क्योंकि यह लोकतंत्र के मूल सिद्धान्तों के खिलाफ है। वयस्क मताधिकार में यह पूर्वधारणा होती है कि मतदाता समझदार होते हैं। जहाँ मतदाता समझदार नहीं होते हैं, वहाँ संसदीय लोकतंत्र नहीं हो सकता है।[31] किन्तु सभा के पीठाध्यक्ष ने ब्रजेश्वर प्रसाद की इस आपत्ति को इस आधार पर खारिज कर दिया कि वयस्क मताधिकार से सम्बन्धित अनुच्छेद 149 पहले ही पारित किया जा चुका है। इसके पश्चात प्रसाद ने जवाब दिया कि उस वक्त मैं सभा में उपस्थित नहीं था। फिर सभाध्यक्ष ने कहा कि तब आप इस समय इसका विरोध नहीं कर सकते।

तत्पश्चात संविधान-सभा ने डॉ. आंबेडकर के दोनों संशोधन को स्वीकार कर अनुच्छेद 289-क (नियमित अनुच्छेद 325) एवं अनुच्छेद 289-ख (नि. अनुच्छेद 326) का मूल प्रावधान 15 जून, 1949 को अंगीकृत कर लिया। इसी दिन संविधान-सभा ने प्रारूप अनुच्छेद 290 (नि. अनुच्छेद 327), प्रारूप अनुच्छेद 291 (नि. अनुच्छेद 328) और प्रारूप अनुच्छेद 291-क (नि. अनुच्छेद 329) को कुछ चर्चा के बाद अंगीकृत कर लिया।

(ग) लोक सेवा आयोग

सरकार के दिन-प्रतिदिन के प्रशासनिक कार्य में सहयोग करने के लिए एक स्वस्थ, निपुण एवं ईमानदार लोक सेवकों का ढाँचा प्रशासन की रीढ़ होता है। इन सेवकों के चयन एवं नियुक्ति के लिए लोक सेवा आयोग का गठन ब्रिटिश हुकूमत के दौरान किया गया था, किन्तु फिर भी नियुक्तियों को लेकर कुछ खास लोगों को संरक्षण मिला हुआ था। खुद इस आयोग का सदस्य बनना भाई-भतीजावाद एवं चाटुकारिता का परिणाम होता था और इस कारण इस संस्था के माध्यम से चयनित होने वाले अभ्यर्थी भी इसी दोष से ग्रसित रहते थे। चयन प्रक्रिया में निष्पक्षता एवं पारदर्शिता का अभाव था। लोक सेवकों की नियुक्तियों को संघ एवं राज्य की कार्यपालिका के दिन-प्रतिदिन के हस्तक्षेप से मुक्त रखने और चयन प्रक्रिया को पारदर्शी, निष्पक्ष एवं गुणवत्ता आधारित बनाने के लिए स्वतंत्र एवं निष्पक्ष संस्था 'लोक सेवा आयोग' का गठन संवैधानिक महत्त्व का विषय माना गया।

प्रारूप संविधान के भाग XII के अध्याय II (नियमित भाग XIV का अध्याय II) के अन्तर्गत लोक सेवा आयोग से सम्बन्धित प्रावधान शामिल थे, जिसे संविधान-सभा के समक्ष 22 अगस्त, 1949 को विचारार्थ प्रस्तुत किया गया।

इस प्रारूप अध्याय के अन्तर्गत पाँच अनुच्छेद—अनुच्छेद 284, 285, 286, 287 एवं 288 शामिल किए गए थे। लोक सेवा आयोग का गठन इस अवधारणा पर आधारित था कि संघीय ढाँचे में राज्य स्तर की नियुक्तियों के सम्बन्ध में राज्यों का अधिकार भी सुरक्षित रहे। इसलिए प्रारूप अनुच्छेद 284 के अन्तर्गत संघ एवं राज्यों के लिए अलग-अलग लोक सेवा आयोग के गठन की व्यवस्था अपनाई गई। इसके अलावा प्रारूप अनुच्छेद 285 आयोग की नियुक्ति एवं शर्तों के सम्बन्ध में; प्रारूप अनुच्छेद 286 एवं 287 लोक सेवा आयोग के कर्तव्य

एवं शक्तियों के सम्बन्ध में; और प्रारूप अनुच्छेद 288 लोक सेवा आयोग के खर्च को भारत के राजस्व पर भारित किए जाने से सम्बन्धित था।

केन्द्र एवं राज्य के लिए पृथक् लोक सेवा आयोग का गठन

प्रारूप अनुच्छेद 284 के सम्बन्ध में डॉ. बी. आर. आंबेडकर ने इसके मूल प्रावधान को बदलने के लिए संशोधन[32] प्रस्तुत किया। नये प्रस्तावित प्रावधान के खंड (1) के अनुसार संघ के लिए एक लोक सेवा आयोग और प्रत्येक राज्यों के लिए एक लोक सेवा आयोग होगा; खंड (2) दो या दो से अधिक राज्यों की विधायिका के प्रस्ताव पर एक संयुक्त लोक सेवा आयोग की नियुक्ति के लिए संसद को कानून बनाने की शक्ति देता था; खंड (2-क) कहता था कि खंड (2) के उद्‌देश्यों को लागू करने के लिए उक्त कानून में आवश्यक प्रावधान बनाए जा सकते हैं; खंड (3) प्रस्तावित करता था कि राज्य के राज्यपाल या शासक के निवेदन पर राष्ट्रपति का अनुमोदन मिलने के बाद संघ लोक सेवा आयोग उस राज्य को सेवा दे सकेगा; पाँचवें खंड (4) का प्रावधान संघ लोक सेवा आयोग एवं राज्य लोक सेवा आयोग के सन्दर्भ को परिभाषित करता था।

उक्त नये प्रस्तावित प्रावधान पर नजीरुद्‌दीन अहमद ने तीन संशोधन[33] प्रस्तुत किए। पहला संशोधन सं. 64 खंड (2) को बदलने के लिए था। प्रस्तावित नये प्रावधान के अन्तर्गत दो या अधिक राज्यों की विधायिका के प्रस्ताव पर इन राज्य के समूहों के लिए एक लोक सेवा आयोग का गठन किया जा सकता था। इसमें संसद की कोई भूमिका नहीं था। उनका तर्क था कि जब दो प्रान्त आपस में सहमत हैं, तो संसद को बीच में लाकर प्रान्तों के मामले में हस्तक्षेप करने का प्रयास किया गया है। यह बिलकुल अनावश्यक है। पहला संशोधन स्वीकार होने की स्थिति में उनका दूसरा संशोधन खंड (2-क) में शब्द 'कानून' के स्थान पर शब्द 'समझौता' रखने के लिए और तीसरा संशोधन खंड (3) से शब्द 'शासक' निरस्त करने के लिए था।

आम बहस में भाग लेते हुए ब्रजेश्वर प्रसाद ने यद्यपि अनुच्छेद 284 के प्रावधान से सहमति व्यक्त की, किन्तु उनका मानना था कि देश का प्रशासनिक एकीकरण होना चाहिए। इसलिए प्रान्तीय सिविल सेवक का समर्थन नहीं किया जा सकता। सभी अधिकारियों को केवल और केवल भारत का सेवक होना चाहिए, ताकि प्रान्तीय स्वायत्तता जैसी शरारत उनकी संकीर्ण सीमाओं तक सीमित रहें। प्रसाद ने आगे कहा कि ये प्रान्तीय लोक सेवा आयोग भ्रष्टाचार, अयोग्यता और भाई-भतीजावाद रोकने में असफल रहे हैं। इसलिए वह राज्यों में अलग आयोग का विरोध करते हैं।"[34] लोक सेवा आयोग के उद्‌देश्य को स्पष्ट करते हुए डॉ. पी. एस. देशमुख ने कहा कि "इन आयोगों के माध्यम से नियुक्तियों को दिन-प्रतिदिन की राजनीति से, पार्टीगत हस्तक्षेप एवं प्रभाव से मुक्त करना है और यह सुनिश्चित करना है कि ये नियुक्तियाँ जहाँ तक सम्भव हो गुणवत्ता के आधार पर हों और इनके चयन में राज्य की कार्यपालिकीय प्राधिकारियों का दिन-प्रतिदिन का हस्तक्षेप न हों। डॉ. देशमुख ने ग्रामीण क्षेत्र के समुदाय और अनुसूचित जाति के लोगों के अल्प प्रतिनिधित्व पर चिन्ता व्यक्त करते हुए कहा कि "जब आप गुणवत्ता को ही अवसर देने जा रहे हैं, तो आप पीछे छूट गए लोगों के दावे को नजरअन्दाज नहीं कर सकते हैं।"[35]

नए प्रस्तावित प्रावधान का यद्यपि लक्ष्मीनारायण साहू ने भी समर्थन किया, किन्तु उनका सुझाव था कि कार्यावधि सीमा छह वर्ष को बढ़ा देनी चाहिए। इसको स्वतंत्र बनाने के लिए और उचित चयन करने के लिए इनकी सेवाअवधि सुरक्षित की जानी चाहिए। यदि सेवाअवधि

सुरक्षित नहीं किया जाएगा, तो सदस्य हमेशा सरकार के आदेश के पीछे ही चलने के लिए मजबूर रहेंगे। उनका यह भी सुझाव था कि अधीनस्थ सेवा के सदस्यों का भी चयन लोक सेवा आयोग के माध्यम से किया जाना चाहिए।[36]

शैक्षणिक एवं आर्थिक रूप से पिछड़ गए क्षेत्रों के प्रतिनिधित्व का, खासतौर से विभाजन के बाद पंजाब का केन्द्र में हो गए कम प्रतिनिधित्व का सवाल उठाते हुए सरदार हुकुम सिंह ने कहा कि "केवल एक स्वतंत्र एवं निष्पक्ष आयोग ही पक्षपात एवं भाई-भतीजावाद के खिलाफ सुरक्षा है। भारत एक विविधता वाला देश है और इसके सभी क्षेत्र शिक्षा की दृष्टि से एक समान रूप से विकसित नहीं हैं। इनका ध्यान देना होगा।[37]

चौधरी रणबीर सिंह ने भी डॉ. देशमुख के विचार से सहमति व्यक्त करते हुए कहा कि "बहुत से लोग, जो शहर में पैदा होते हैं और शिक्षा पाते हैं एवं अंग्रेजी अच्छी तरह बोलते हैं, प्रतियोगिता में लोक सेवा आयोग द्वारा चयनित हो जाते हैं, किन्तु इनमें से ज्यादातर लोग ग्रामीण परिवेश से अनभिज्ञ रहते हैं और यहाँ के कठिन जीवन के साथ खुद को जोड़ नहीं पाते हैं। ग्रामीण लोग उचित न्याय पाने से वंचित रह जाते हैं। इस पहलू को लोक सेवा आयोग की नियुक्ति के समय देखना आवश्यक है। भाई-भतीजावाद समाप्त करना आसान नहीं है। इसे तभी समाप्त किया जा सकता है, जब आयोग के अन्त:करण मजबूत हों और उनके विचार बदल जाएँ।"[38] बी. एन. मुनवल्ली ने कहा कि "इसके पहले ग्रेट ब्रिटेन के दौरान संरक्षण की व्यवस्था थी। मंत्रियों के रिश्तेदार व मित्र सरकार में जॉब पाते थे। अभ्यर्थियों की नियुक्ति इन अनुच्छेदों के अनुसार गुणवत्ता के आधार पर होनी चाहिए।" मुनवल्ली ने डॉ. देशमुख के विचार का समर्थन करते हुए आगे कहा कि लोक सेवा आयोग की यह देखने की जिम्मेदारी है कि केवल विकसित समुदाय का ही नहीं, बल्कि मध्यम एवं पिछड़े वर्ग का भी प्रतिनिधित्व सुनिश्चित हो।[39]

कुलाधर चालिहा ने ब्रजेश्वर प्रसाद के उस विचार से असहमति व्यक्त की, जिसमें उन्होंने एक अखिल भारतीय आयोग का पक्ष लेते हुए प्रान्तीय आयोगों को भ्रष्ट बताया था। उन्होंने प्रस्तावित प्रावधान का समर्थन करने के साथ नजीरुद्दीन अहमद के संशोधन का भी समर्थन किया। प्रान्तों के अधिकार का सवाल उठाते हुए चालिहा ने कहा कि "डॉ. आंबेडकर के संशोधन से एक अन्तर्धारा प्रवाहित हो रही है, जो चाहती है कि जितना सम्भव हो सके प्रान्तों से ज्यादा-से-ज्यादा शक्ति लेकर इसे केन्द्र को दे दिया जाए। प्रारूप संविधान में प्रान्तों की शक्ति को कम करने के लिए कोई कसर नहीं छोड़ी गई है।[40]

राज बहादुर ने लोक सेवा आयोग का उद्देश्य स्पष्ट करते हुए कहा कि "आयोग बनाने की आवश्यकता मुख्यत: तीन बिन्दुओं पर आधारित है। पहला पक्षपात एवं भाई भतीजावाद काबू से बाहर हो गया था, दूसरा गुणवत्ता को मान्यता नहीं थी और सरकार में जॉब पाने हेतु चयन के लिए गुणवत्ता के बजाय जन्म, वंश इत्यादि को मान्यता मिली हुई थी और तीसरा व अन्तिम यह कि पक्ष-प्रचार को मुक्त करना था। इन कमियों को दूर करने के लिए और राज्य के जॉब को सबसे उपयुक्त एवं सक्षम व्यक्ति हेतु सुरक्षित करने के लिए हमने लोक सेवा आयोग की आवश्यकता को मान्यता दी हुई है।"[41]

वी. आई. मुनिस्वामी पिल्लई ने भी डॉ. आंबेडकर के संशोधन का समर्थन किया। पिछले लोक सेवा आयोग के कार्य पर असन्तोष व्यक्त करते हुए पिल्लई ने सभा से अपील की कि वह यह तय करे कि यह आयोग पिछले दिनों की तरह कार्य करना जारी रखेगा या इसे भविष्य में कुछ अच्छी सोच अपनाना चाहिए। उन्होंने डॉ. आंबेडकर पर भरोसा जताया कि वह विभिन्न सेवाओं में अनुसूचित जाति के लिए कुछ प्रतिशत प्राप्त करने में सक्षम हैं।[42]

इसके बाद सभाध्यक्ष द्वारा बुलाए जाने के बाद डॉ. बी. आर. आंबेडकर ने कहा कि उन्हें कुछ भी कहने की आवश्यकता नहीं है। तत्पश्चात संविधान-सभा ने नजीरुद्दीन अहमद के संशोधनों को अस्वीकार कर और डॉ. बी. आर. आंबेडकर के संशोधन को स्वीकार कर प्रारूप अनुच्छेद 284 का यथासंशोधित प्रावधान (नियमित अनुच्छेद 315) 22 अगस्त, 1949 को अंगीकृत कर लिया।

लोक सेवा आयोग में नियुक्ति एवं शर्तें

प्रारूप अनुच्छेद 284 अंगीकृत होने के उपरान्त डॉ. बी. आर. आंबेडकर द्वारा प्रारूप अनुच्छेद 285 के लिए संशोधन प्रस्तुत किया जाना था, किन्तु इसके पूर्व ही नजीरुद्दीन अहमद ने व्यवस्था का सवाल उठाते हुए आपत्ति की कि संशोधन मूल अनुच्छेद पर प्रस्तावित किया जाना चाहिए। इसके बजाय पूरे अनुच्छेद को नये विचार के साथ लाया गया है और पुराने खंडों एवं संशोधनों को नये अनुच्छेद की तरह रखा गया है।[43] इस आपत्ति का समर्थन करते हुए डॉ. पी. एस. देशमुख ने हिन्दू कोड बिल की याद दिलाई। इसके बाद नजीरुद्दीन ने कहा कि "बिलकुल हिन्दू कोड बिल की तरह पुराने प्रावधान और नये विचार को इस तरह एक-दूसरे से घालमेल कर दिया गया है कि यह समझ पाना बहुत कठिन है कि वास्तव में क्या बदलाव किया गया है।"

इसके बाद डॉ. बी. आर. आंबेडकर ने सभाध्यक्ष को सम्बोधित करते हुए कहा—"यह पहली बार नहीं है कि नजीरुद्दीन अहमद द्वारा व्यवस्था का सवाल उठाया गया है। इसके पूर्व आपने ऐसे प्रक्रियात्मक नियम से अलग होने की मसौदा समिति को अनुमति दी है। इसलिए निवेदन है कि इस विषय को भी आगे बढ़ाने की अनुमति दें।" इस पर डॉ. पी. एस. देशमुख ने सभाध्यक्ष से कहा, "मैं डॉ. आंबेडकर के इस तरह के व्यवहार की खिलाफत करता हूँ। आपने उन्हें कुछ विशेषाधिकार दिया है और वह इसका दुरुपयोग कर रहे हैं। उन्हें यह बताना चाहिए कि वह कैसे मूल अनुच्छेद को पूरी तरह बदलना चाहते हैं। उन्हें इस तरह नहीं करना चाहिए, जैसा उन्होंने हिन्दू कोड बिल के साथ किया है।"[44] इसके बाद एम. अनन्थसंयनम अयंगर ने आपत्ति का विरोध इस आधार पर किया कि डॉ. आंबेडकर द्वारा प्रस्तावित संशोधन परिणामिक बदलाव मात्र ही है।

अन्त में सभाध्यक्ष ने कहा कि "हमने कई बार उदारता इसलिए किया है, ताकि कठिन अनुच्छेदों पर मसौदा समिति पुनर्विचार करके नये अनुच्छेद प्रस्तुत करे और इसमें किसी तरह की तकनीकी बात बीच में आड़े नहीं आनी चाहिए।"[45] यह कहकर सभाध्यक्ष ने नजीरुद्दीन अहमद की व्यवस्था सम्बन्धी आपत्ति को खारिज कर दिया और डॉ. आंबेडकर को अपना संशोधन प्रस्तुत करने की अनुमति दे दी।

इसके उपरान्त डॉ. बी. आर. आंबेडकर ने प्रारूप अनुच्छेद 285 के स्थान पर चार अनुच्छेद 285, 285-क, 285-ख एवं 285-ग प्रतिस्थापित करने के लिए संशोधन[46] प्रस्तुत किया। अनुच्छेद 285 का खंड (1) प्रस्तावित करता था कि संघ आयोग एवं संयुक्त आयोग के अध्यक्ष एवं सदस्यों की नियुक्ति राष्ट्रपति द्वारा और राज्य आयोग के अध्यक्ष एवं सदस्यों की नियुक्ति राज्यपाल द्वारा की जाएगी। इसके साथ एक परन्तुक यह जोड़ा गया था कि इसमें से कम-से-कम आधे सदस्य वे होंगे, जो भारत सरकार या राज्य सरकार के अधीन कम-से-कम दस वर्ष तक कोई पद धारण किए हों। खंड (2) में कहा गया था कि आयोग के सदस्य छह वर्ष तक पद धारण कर सकते हैं या संघ आयोग के मामले में 65 वर्ष की उम्र तक और

राज्य आयोग के मामले में 60 वर्ष की उम्र तक धारण करेंगे। अनुच्छेद 285-क लोक सेवा आयोग के सदस्यों को हटाने एवं निलम्बन के सम्बन्ध में था। इसका खंड (1) कहता था कि संघ या राज्य के लोक सेवा आयोग के अध्यक्ष या सदस्य को, दुर्व्यवहार के आरोप के आधार पर राष्ट्रपति द्वारा सुप्रीम कोर्ट से अनुच्छेद 121 (नियमित अनुच्छेद 145) के अन्तर्गत जाँच करके भेजी गई रिपोर्ट आने के बाद हटाया जा सकेगा। खंड (2) का प्रावधान राष्ट्रपति और राज्यपाल को निलम्बित करने की शक्ति देता था। इसी तरह खंड (3) का प्रावधान तीन आधार—दिवालिया होने पर, अन्य वैतनिक नौकरी करने पर और मानसिक या शारीरिक कमजोरी के कारण पद के अयोग्य होने पर राष्ट्रपति को सदस्यों को हटाने की शक्ति देता था। यह व्यवस्था कुछ वैसी ही थी, जैसी भारत शासन अधिनियम, 1935 में हाई कोर्ट या फेडरल न्यायालय के न्यायाधीश को हटाने के लिए बनाई गई थी। प्रारूप अनुच्छेद 285-ख राष्ट्रपति और राज्यपाल को संघ/संयुक्त आयोग और राज्य आयोग के सदस्यों की संख्या एवं सेवाशर्त तय करने की शक्ति प्रदान करता था। इसके साथ एक परन्तुक यह जोड़ा गया था कि लोक सेवा आयोग के सदस्यों की सेवाशर्त में उनकी नियुक्ति के बाद अलाभकारी परिवर्तन नहीं किया जाएगा। इसी तरह प्रारूप अनुच्छेद 285-ग आयोग के अध्यक्ष एवं सदस्य को आयोग में अपने से अधीनस्थ पद धारण करने के लिए अपात्र घोषित करता था।

उक्त प्रावधानों के सम्बन्ध में जसपत राय कपूर ने छह संशोधन[47] प्रस्तुत किए। पहला संशोधन अनुच्छेद 285 के खंड (1) के परन्तुक में शब्द 'आधे' के स्थान पर शब्द 'एक-तिहाई' करने के लिए था; दूसरा संशोधन संघ एवं राज्य दोनों के सदस्यों के सन्दर्भ में उम्र-सीमा 60 वर्ष करने के लिए था; तीसरा संशोधन खंड (3) को निरस्त करने के लिए था; चौथा संशोधन अनुच्छेद 285-ख के अन्तर्गत नियम बनाने के पूर्व अध्यक्ष की सहमति लेने के लिए था; पाँचवाँ संशोधन अनुच्छेद 285-ग में 'पद' के स्थान पर 'लाभ का पद' प्रतिस्थापित करने के लिए और छठा संशोधन अनुच्छेद 285-ग के अन्त में परन्तुक जोड़ने के लिए था, जो कहता था कि किसी भी स्थिति में एक सदस्य का सभी आयोग में कार्यकाल 12 वर्ष से अधिक नहीं होगा।

एक महत्त्वपूर्ण संशोधन[48] हृदयनाथ कुंजरू का अनुच्छेद 285-ख के सन्दर्भ में था, जो नये खंड (2) के माध्यम से प्रस्तावित करता था कि आयोग के स्टाफ की नियुक्ति आयोग के अध्यक्ष द्वारा की जाएगी। उनका तर्क था कि ऐसा अधिकार सुप्रीम कोर्ट एवं हाई कोर्ट को दिया गया है। लोक सेवा आयोग भी बहुत महत्त्वपूर्ण संस्थान है, राज्य के प्रशासन की क्षमता उसके द्वारा की जाने वाली भर्ती के तरीके पर निर्भर होगी। इसलिए यह आवश्यक है कि उसे भी ऐसी स्वतंत्रता दी जाए।

एच. वी. कामथ ने एक संशोधन[49] अनुच्छेद 285 के खंड (1) में 'कम-से-कम आधे' के स्थान पर 'आधे से अधिक नहीं' रखने के लिए प्रस्तुत किया। उनका दूसरा संशोधन प्रारूप अनुच्छेद 285-ख के अन्तर्गत नियम बनाने की शक्ति राष्ट्रपति एवं राज्यपाल को देने के बजाय संसद एवं राज्य विधायिका को प्रदान करने के लिए था। कामथ ने संघ एवं राज्य दोनों के लिए उम्र-सीमा 65 वर्ष करने की भी वकालत की।

डॉ. पी. एस. देशमुख का एक संशोधन[50] अनुच्छेद 285-ख के खंड (3) के उपखंड (ग) से शब्द 'शारीरिक' हटाने के लिए था। उनका तर्क था कि यह एक महान सुधार की दिशा में उठाया गया कदम होगा। उन्होंने जसपत राय कपूर के संशोधनों, खासकर उनके पहले संशोधन का समर्थन किया। डॉ. देशमुख ने अनुच्छेद 285 के खंड (1) के परन्तुक को निरस्त करने

योग्य बताते हुए कहा कि कोई भी इसका परिणाम नहीं समझ पाया है। दस वर्ष अनुभव की बाध्यता वाले प्रावधान को अप्रिय प्रावधान बताते हुए डॉ. देशमुख ने कहा कि इसके कारण अगले दस वर्ष तक वही नियुक्त हो पाएँगे, जो ब्रिटिश हुकूमत के लिए निष्ठापूर्वक सेवा किए हैं। यदि हम आयोग के आधे पदों को ऐसे लोगों के लिए सुरक्षित रखने जा रहे हैं, तो शायद ही कोई कांग्रेसी इसे स्वीकार करेगा।

बी. दास ने लोक सेवा आयोग को सेवा में शुद्धता एवं ईमानदारी बनाए रखने का तंत्र बताया और कहा कि पूर्व में लोक सेवा आयोग का सदस्य बनना चाटुकार लोगों के लिए सम्मान जैसा हो गया था। अनुच्छेद 285 एवं 286 का प्रावधान गृह मंत्रालय के यहाँ से होने वाले पक्षपात को समाप्त करेगा। किन्तु दास ने भी दस वर्ष के सरकारी नौकरों के लिए आधे पद सुरक्षित रखने का विरोध करते हुए जसपत राय कपूर के उस संशोधन का समर्थन भी किया, जिसके माध्यम से आधे पद के बजाय केवल एक-तिहाई पद को दस वर्ष अनुभव रखने वाले सरकारी नौकरों के लिए सुरक्षित रखने की माँग की गई थी।[51]

इसके बाद सभाध्यक्ष ने यह कहते हुए डॉ. बी. आर. आंबेडकर को बुलाया कि वह चाहते हैं कि इस पर चर्चा आज ही समाप्त कर लिया जाए। तत्पश्चात डॉ. आंबेडकर ने दो बिन्दुओं पर अपनी प्रतिक्रिया व्यक्त की। एक कम-से-कम आधे पदों को पूर्व सेवकों के लिए सुरक्षित रखने के बिन्दु पर और दूसरा आयोग के सदस्य को राज्य का मानद सदस्य बनाने के लिए की गई माँग पर।

पहले बिन्दु पर डॉ. आंबेडकर ने कहा कि "जो लोग इस आधार पर आलोचना किए हैं कि आयोग के कम-से-कम आधे सदस्यों को दस वर्ष का अनुभव रखने वाले सेवकों के लिए सुरक्षित रखना आई. सी. एस. लोगों के लिए स्वर्ग बनाना है, वे लोग लोक सेवा आयोग के उद्देश्य, महत्त्व एवं कार्यों को समझ नहीं पाए हैं। लोक सेवा आयोग का कार्य लोक सेवा के लिए उपयुक्त व्यक्ति को चुनना है। उपयुक्तता के सवाल पर निष्कर्ष पर पहुँचने के लिए जो निर्णय लेने की आवश्यकता है, उसके लिए निर्णय लेने वाले व्यक्ति के पास कुछ अनुभव होना आवश्यक है। एक निश्चित संख्या में सेवा में रहने वाले व्यक्ति को सुरक्षित करने का कारण यह नहीं है कि सेवा में रह चुके लोगों को सम्मानित किया जाए, बल्कि इच्छा है कि कुछ अनुभव रखने वाले लोगों को सुरक्षित रखा जाए, जो अपेक्षित दायित्व का अच्छी तरीके से निर्वहन करन योग्य हों।[52]

डॉ. आंबेडकर ने डॉ. कपूर के एक संशोधन को इस पुनर्संशोधन की शर्त के साथ स्वीकार करने की बात कही कि "यदि कपूर 'कम-से-कम आधे' के बजाय 'आधे के निकट, जितना हो' पर सहमत हो जाएँ।"

बीच में हस्तक्षेप करते हुए एच. वी. कामथ ने कहा, "क्यों नहीं 'आधे से अधिक नहीं'।"

डॉ. आंबेडकर ने जवाब दिया, "नहीं, मैंने सबसे अच्छा कर दिया है।"

दूसरे बिन्दु के सम्बन्ध में डॉ. आंबेडकर ने कहा कि लोक सेवा आयोग के सदस्य को कार्यपालिका से स्वतंत्र बनाने का हमारा उद्देश्य यह है कि उसे किसी भी पद से वंचित रखा जाए जिसके कारण कार्यपालिका उसे उसके कर्तव्य से विमुख होने के लिए लुभा सकती है। यह बिलकुल सत्य है कि एक पद, जो लाभ का पद नहीं है, बल्कि मानद पद है, में वेतन का सवाल नहीं होता है। किन्तु जैसा कि सभी लोग जानते हैं कि वेतन ही एकमात्र चीज नहीं है, जिसके कारण कोई पद पाना चाहता है। 'भुगतान, ऊपरी आमदनी एवं लूट-खसोट' जैसी बातें भी होती हैं। किन्तु यदि ऐसा न भी हो तो, एक कार्यालय किसी व्यक्ति को कुछ हद तक प्रभाव

प्रदान करता है। यह अच्छा है कि ऐसे व्यक्ति को ऐसे किसी भी पद से दूर रखा जाए, जहाँ यद्यपि वह वेतन नहीं प्राप्त करता हो, फिर भी उसे वहाँ से कुछ भी प्रभाव मिलने की सम्भावना हो।"[53]

अन्त में डॉ. आंबेडकर ने कुंजरू के उस संशोधन पर, जिसमें उन्होंने माँग की थी कि आयोग के स्टाफ की नियुक्ति का अधिकार इसके अध्यक्ष को दिया जाए, कहा कि "इसकी तुलना सुप्रीम कोर्ट या हाई कोर्ट के स्टाफ से नहीं की जा सकती है, क्योंकि यहाँ पर उच्च पद पर बैठने वाले स्टाफ को भी कुछ हद तक न्यायिक विवेक का इस्तेमाल करना होता है, जबकि आयोग के ज्यादातर स्टाफ का सम्बन्ध केवल आधिकारिक कर्तव्यों से होता है और यहाँ पर कोई विवेकाधिकार की बात नहीं होती है।" डॉ. आंबेडकर ने आश्वासन दिया कि यदि वह बाद में ऐसा कुछ पाएँ कि ऐसा कोई बदलाव आवश्यक है, तो वह आवश्यक संशोधन लेकर इस सभा में आएँगे।

अन्त में जसपत राय कपूर द्वारा डॉ. बी. आर. आंबेडकर के सुझाव को स्वीकार करने के बाद संविधान-सभा ने उनके संशोधन को अंगीकृत कर लिया। कपूर द्वारा बाकी संशोधन वापस ले लेने और सभाध्यक्ष द्वारा एच. वी. कामथ का संशोधन गिर गया हुआ घोषित करने के बाद संविधान-सभा ने प्रारूप अनुच्छेद 286 का यथासंशोधित प्रावधान (नियमित अनुच्छेद 316) अंगीकृत कर लिया।

संविधान-सभा ने नये अनुच्छेद 285-क पर प्रस्तुत नजीरुद्दीन अहमद के एक संशोधन और एच. वी. कामथ के तीन संशोधनों को अस्वीकार कर इसके मूल प्रावधान (नियमित अनुच्छेद 317) को अंगीकृत कर लिया। नये अनुच्छेद 285-ख पर प्रस्तुत अपने संशोधन को जसपत राय कपूर ने वापस ले लिया और कुंजरू ने भी डॉ. आंबेडकर के आश्वासन का हवाला देकर अपना संशोधन वापस ले लिया। इस पर एक मात्र बचे कामथ के संशोधन को अस्वीकार कर संविधान-सभा ने अनुच्छेद 285-ख का मूल प्रावधान (नियमित अनुच्छेद 318) अंगीकृत कर लिया। अनुच्छेद 285-ग पर भी प्रस्तुत अपने दोनों संशोधनों को जसपत राय कपूर द्वारा वापस ले लेने के बाद संविधान-सभा ने इसका मूल प्रावधान (नियमित अनुच्छेद 319) 22 अगस्त, 1949 को अंगीकृत कर लिया।

लोक सेवा आयोग के कार्य

प्रारूप अनुच्छेद 286, 287, 288 के प्रावधान लोक सेवा आयोग के कार्यों के बारे में थे। डॉ. बी. आर. आंबेडकर ने इन प्रारूप अनुच्छेदों के प्रावधान को नये प्रावधान से प्रतिस्थापित करने के लिए और इसके साथ एक नया अनुच्छेद 288-क जोड़ने के लिए संशोधन[54] प्रस्तुत किया।

पाँच खंडों में प्रस्तावित अनुच्छेद 286 का खंड (1) और खंड (2) सेवाओं में नियुक्ति हेतु परीक्षाओं का संचालन करने सम्बन्धी आयोग के कर्तव्य के बारे में था। इसके खंड (3) के अन्तर्गत सिविल सेवा में भर्ती करने के तरीके जैसे पाँच मामलों में सेवा आयोग का परामर्श आवश्यक बनाया गया था, जबकि खंड (4) पिछड़े वर्ग के पक्ष में आरक्षण के लिए अपवाद का उल्लेख करता था। अनुच्छेद 287 लोक सेवा आयोग के कार्य को बढ़ाकर कानून द्वारा स्थापित किसी स्थानीय प्राधिकारी या कॉरपोरेट संस्था पर लागू करने के लिए संसद एवं राज्य विधायिका को शक्ति देने के सम्बन्ध में; प्रारूप अनुच्छेद 288 लोक सेवा आयोग का खर्च भारत की संचित निधि पर भारित होने के सम्बन्ध में; प्रारूप अनुच्छेद 288-क लोक सेवा आयोग द्वारा राष्ट्रपति एवं राज्यपाल को प्रतिवर्ष रिपोर्ट प्रस्तुत करने के दायित्व के सम्बन्ध में था।

जसपत राय कपूर का संशोधन[55] प्रारूप अनुच्छेद 286 के खंड (2) को एवं सरदार हुकुम सिंह का संशोधन खंड (3) के परन्तुक को निरस्त करने के लिए था। जबकि लक्ष्मीनारायण साहू

का संशोधन[56] खंड (3) को नये प्रावधान से प्रतिस्थापित करने के लिए था, जिसमें कहा गया था कि आयोग अपने सम्बन्धित क्षेत्र में 250/- रुपये से ऊपर वेतन वाली नियुक्तियों के लिए जिम्मेदार होगा। साहू ने आयोग का महत्त्व बताते हुए कहा कि "जब शासन के लोकतांत्रिक स्वरूप को स्थापित किया गया है, तो बहुत सी राजनीतिक पार्टियाँ सेवाओं में नियुक्ति के लिए अपने प्रभाव का गलत तरीके से प्रयोग कर सकती हैं। हम लोक सेवा आयोग को एकमात्र इसी उद्देश्य से बना रहे हैं, ताकि राजनीतिक पार्टी अपने प्रभाव का प्रयोग न कर सकें। इसलिए इन नियुक्तियों में आयोग का पूर्ण नियंत्रण होना चाहिए।" इसी सम्बन्ध में नजीरुद्दीन अहमद का संशोधन[57] संघ आयोग के लिए वेतनसीमा 500/- और राज्य आयोग के लिए 250/- करने के लिए था। नजीरुद्दीन अहमद का एक और संशोधन खंड (4) को निरस्त करने के लिए भी था। डॉ. पी. एस. देशमुख का संशोधन[58] खंड (3) में शब्द 'परामर्श लेना होगा' के स्थान पर 'परामर्श ले सकता है' रखने और खंड (4) के प्रावधान के साथ लोक सेवा में सभी वर्गों को उचित और सही प्रतिनिधित्व प्रदान करने वाला प्रावधान जोड़ने के लिए था। उनका तर्क था कि "पिछड़े वर्गों के लिए आरक्षण के साथ सभी वर्गों के प्रतिनिधित्व को भी महत्त्व मिलना चाहिए। पिछड़े वर्ग को बहुत सीमित तरीके से परिभाषित किया जा सकता है कि इसमें केवल अनुसूचित जाति या जनजाति शामिल है। किन्तु इनके अलावा और भी कई वर्ग हैं, जो पिछड़े हैं। इनमें भी शिक्षादर बहुत निम्न है। इनकी उपेक्षा नहीं की जा सकती है। इसलिए इस विषय को केवल प्रतियोगिता और आयोग की इच्छा पर नहीं छोड़ सकते हैं।" आर. के. सिधवा का संशोधन[59] नया खंड (6) जोड़ने के लिए था, जिसमें कहा गया था कि आयोग विधायिका को प्रत्येक वर्ष रिपोर्ट, प्रत्येक मामले में सरकार के विचार और यदि विचार में भिन्नता हो तो उस पर आयोग अपना विचार रखेगा। प्रारूप अनुच्छेद 287 के सम्बन्ध में नजीरुद्दीन अहमद का एक अन्य संशोधन[60] शब्द 'कॉरपोरेट संस्था' के स्थान पर शब्द 'कॉरपोरेट संस्था, जो कम्पनी अधिनियम, 1913 के अन्तर्गत कम्पनी न हो या जो बैंकिंग कम्पनी अधिनियम, 1949 के अन्तर्गत बैंकिंग कम्पनी न हो' रखने के लिए था।

आम बहस के दौरान एच. वी. कामथ ने खंड (4) के प्रारूप प्रावधान का समर्थन करते हुए डॉ. देशमुख के संशोधन का विरोध किया और कहा कि "केवल पिछड़े वर्ग को न कि विभिन्न समुदायों को सन्दर्भित कर इसे उचित तरीके से एवं बुद्धिमत्तापूर्वक सुधार किया गया है।"[61] एस. नागप्पा और राज बहादुर ने भी डॉ. देशमुख के संशोधन से असहमति व्यक्त किया। एस. नागप्पा ने नियुक्ति एवं पद पर पिछड़े वर्ग के पक्ष में आरक्षण की व्यवस्था लाने के लिए डॉ. आंबेडकर एवं मसौदा समिति को धन्यवाद दिया, तो राज बहादुर ने खंड (4) को लम्बे समय से बने रहने वाली जाति व्यवस्था के अभिशाप की वेदनायुक्त स्मृति बताया।[62] फूल सिंह और प्रो. यशवंत राय ने डॉ. देशमुख के संशोधन का समर्थन किया। प्रो. यशवंत राय ने कहा कि हजारों वर्षों के बाद पहली बार महात्मा गांधी एवं स्वामी दयानन्द के नेतृत्व में हरिजन लोगों की शिक्षा को बढ़ावा मिला और वह आशा करने लगे कि समाज से अस्पृश्यता समाप्त होगी और वे दूसरों के साथ समान अधिकार पाएँगे। यदि आप भारतीय एकता स्थापित करना चाहते हैं, ताकि देश प्रगति करे और ताकि देश की पार्टियाँ गरीबों को भ्रमित न कर सकें तो संविधान में ऐसा प्रावधान होना चाहिए, जिसके अन्तर्गत शिक्षित हरिजन लोगों को रोजगार मिल सके।[63] काका भगवंत राय ने लक्ष्मीनारायण साहू के संशोधन का समर्थन किया और सवाल किया कि जब लोक सेवा आयोग राज्यों और संघ में कार्य करेगा, तो क्यों नहीं भरी जाने वाली रिक्तियाँ उसके नियंत्रण में हों?[64] ब्रजेश्वर प्रसाद ने भी यद्यपि प्रारूप प्रावधान का समर्थन किया

किन्तु यह सुझाव दिया कि लोक सेवा आयोग की संस्तुति को बाध्यकारी बनाना चाहिए और नियुक्ति, प्रोन्नति एवं स्थानान्तरण के सभी मामलों को लोक सेवा आयोग के हाथ में दिया जाना चाहिए।[65] एम. अनन्थसंयनम अयंगर ने लोक सेवा आयोग के महत्त्व का उल्लेख करते हुए प्रारूप प्रावधान का सम्पूर्णता के साथ समर्थन किया। अयंगर ने कहा कि "एक स्वस्थ, निपुण एवं ईमानदार लोक सेवा एक सरकार या इसके प्रशासन के रीढ़ की हड्डी होती है। जहाँ तक आयोग की योग्यता एवं नियुक्ति के तरीके का सवाल है, इसे राष्ट्रपति या राज्यपाल पर छोड़ा गया है, किन्तु वह मंत्रिमंडल के परामर्श पर कार्य करेगा। लोकप्रिय सरकार होगी, किन्तु एक बार वे नियुक्त कर देते हैं, उसके बाद वे लोक सेवा आयोग के सदस्यों के नियमन या व्यवहार को लेकर कुछ नहीं कर पाएँगे। वे पूर्णतया स्वतंत्र हैं और इनकी स्वतंत्रता में कार्यपालिका द्वारा किसी तरह का हस्तक्षेप नहीं किया जा सकता है। यहाँ तक कि इनको हटाने के लिए हमने अलग प्रक्रिया अपनाई है और मनमाने तरीके से हस्तक्षेप नहीं किया जा सकता है।"[66] हृदयनाथ कुंजरू ने भी प्रारूप प्रावधान का स्वागत किया और कहा कि यदि लोक सेवा आयोग के सदस्य ठीक तरीके से चुने जाते हैं और वे बिना भय-पक्षपात के कार्य करते हैं, तो कोई सन्देह नहीं है कि लोक सेवा में भर्ती न केवल तिरस्कार से परे होगी, बल्कि सन्देह से ऊपर भी होगी। फिर भी यदि आयोग के सदस्य अच्छे नहीं हैं या सदस्य ठीक से कर्तव्य निर्वहन नहीं करते हैं, तो हमारे पास कोई समाधान नहीं होगा।[67]

लोक सेवा आयोग के वास्तविक कार्य को स्पष्ट करते हुए डॉ. बी. आर. आंबेडकर ने कहा कि "अनुच्छेद 296 और अनुच्छेद 10 के प्रावधान अनुसूचित जाति, अनुसूचित जनजाति और अन्य पिछड़े वर्गों के हित को सुरक्षित करने के लिए हैं। आयोग का कार्य सामान्य है। उसे किसी विशेष वर्ग का हित सुरक्षित नहीं करना है। उसे केवल नियुक्ति हेतु सबसे अच्छा एवं उपयुक्त अभ्यर्थी प्राप्त करने के सामान्य सवाल पर अपने विवेक का प्रयोग करना है। इस सम्बन्ध में वास्तविक सुरक्षा, जिसे अपनाया गया है, वह यह है कि विधायिका द्वारा इन वर्गों के लिए कुछ कोटा तय किया जाए। इसलिए इस बात पर डरने की आवश्यकता नहीं है कि सेवाओं की भर्ती में पिछड़े वर्ग और अनुसूचित जाति के हित की अनदेखी की गई है।"[68]

तत्पश्चात प्रारूप अनुच्छेद 286 पर प्रस्तुत अपने तीनों संशोधनों को डॉ. देशमुख ने वापस ले लिया और बाकी सभी आठ संशोधनों को अस्वीकार कर संविधान-सभा ने इसका मूल प्रावधान (नियमित अनुच्छेद 320) अंगीकृत कर लिया। इसके बाद प्रारूप अनुच्छेद 287 पर प्रस्तुत नजीरुद्दीन अहमद के संशोधन को अस्वीकार कर संविधान-सभा ने इसका मूल प्रावधान (नियमित अनुच्छेद 321), प्रारूप अनुच्छेद 288 का मूल प्रावधान (नियमित अनुच्छेद 322) एवं प्रारूप अनुच्छेद 288-क का मूल प्रावधान (नियमित अनुच्छेद 323) 23 अगस्त, 1949 को अंगीकृत कर लिया।

15

केन्द्र-राज्य सम्बन्ध : समन्वयी संघवाद

शासन का स्वरूप, विभिन्न स्तर पर शासन-शक्ति का ऊर्ध्वाधर विभाजन होने या न होने के आधार पर भी निर्धारित होता है। शासन-शक्ति जब केवल एक स्तर यानी केन्द्रीय स्तर पर केन्द्रित होता है, तो इसे एकात्मक शासन और जब विभिन्न स्तर पर यानी केन्द्र और स्थानीय स्तर पर विभाजित होता है, तो इसे संघात्मक शासन कहा जाता है। किसी देश के संविधान में केन्द्र और राज्य के मध्य शासन-शक्ति के विभाजन की स्पष्टता और शासन के विकेन्द्रीकरण की गहराई, उसकी संघवादी प्रकृति को तय करता है।

अलग-अलग देश, अपनी भौगोलिक स्थिति एवं जनसंख्या को देखते हुए अपने संविधान में अपने-अपने तरीके से संघवाद स्वीकार करते हैं। छोटे देश या कम जनसंख्या वाले देश सामान्यत: एकात्मक शासन अपनाते हैं, किन्तु बड़े भौगोलिक क्षेत्र वाले देश या बड़ी जनसंख्या वाले देश सामान्यत: संघात्मक शासन अपनाते हैं। बड़ा भौगोलिक क्षेत्र और अधिक जनसंख्या होने के कारण शासन का विकेन्द्रीकरण ज्यादा आवश्यक हो जाता है। यहाँ विकास की धारा को अन्तिम व्यक्ति तक पहुँचाने और स्थानीय हित की रक्षा करने के लिए स्थानीय शासन अपरिहार्य हो जाता है। किन्तु देश की एकता एवं अखंडता केन्द्रीकरण की प्रवृत्ति को नकारने नहीं देती है। केन्द्रीकरण और विकेन्द्रीकरण के इन दो विपरीत ध्रुवों के बीच प्रारूप संविधान में संघवाद की प्रकृति तय करना एक चुनौती था। अन्तत: हमारे संविधान निर्मातागण इन दो विपरीत ध्रुवों के बीच समन्वय स्थापित करने की नीति पर आगे बढ़े।

केन्द्र और राज्यों के मध्य शक्तियों का वितरण

संघीय शक्ति समिति की रिपोर्ट दिनांक 5 जुलाई, 1947 के साथ एक परिशिष्ट को भी संलग्न किया गया था। इस परिशिष्ट में तीन सूची शामिल थीं। संघीय विधायी सूची नाम की पहली सूची में कुल 87 विषय; प्रान्तीय विधायी सूची नाम की दूसरी सूची में 58 विषय; एवं समवर्ती विधायी सूची नाम की तीसरी सूची में 36 विषय शामिल किए गए थे। इस रिपोर्ट पर संविधान-सभा में 26 अगस्त, 1947 तक चली बहस के दौरान केवल पहली अनुसूची की विषय संख्या 37 तक ही चर्चा हो सकी। इसके बाद चर्चा रोक दी गई।

प्रारूप संविधान के अन्तर्गत द्वैध शासन-प्रणाली यानी केन्द्र और राज्यों के लिए अलग-अलग शासन स्वीकार किया गया। 'केन्द्र एवं राज्यों के मध्य सम्बन्ध' नाम से इसके प्रारूप भाग IX (नियमित भाग XI) के अन्तर्गत दो अध्याय शामिल थे। 'विधायी सम्बन्ध' नामक अध्याय I में प्रारूप अनुच्छेद 216-232 और 'प्रशासनिक सम्बन्ध' नामक अध्याय II में प्रारूप अनुच्छेद 233-246 शामिल थे।

संविधान सभा के समक्ष प्रारूप अनुच्छेद 216, 217, 219, 223, 226-235, 236, 238 एवं 246 (क्रमश: नियमित अनुच्छेद 245, 246, 247, 248, 249-258, 260, 261 एवं 263) के प्रावधान 13 जून, 1949 को प्रस्तुत किए गए। 'जल-आपूर्ति के साथ हस्तक्षेप' से सम्बन्धित अनुच्छेद 239-242 और 'अन्तरराज्यीय व्यापार एवं वाणिज्य' से सम्बन्धित अनुच्छेद 243-245 के प्रावधान को भी इसी दिन प्रस्तुत किया गया। इसके अलावा दो नये अनुच्छेद 234-क (नियमित अनुच्छेद 257 का भाग) एवं अनुच्छेद 242-क (नियमित अनुच्छेद 262) 9 सितम्बर, 1949 को और नया अनुच्छेद 235-क (नियमित अनुच्छेद 259) एवं संशोधित प्रारूप अनुच्छेद 236 (नियमित अनुच्छेद 260) 13 अक्टूबर, 1949 को प्रस्तुत किया गया।

प्रारूप अनुच्छेद 218 सुप्रीम कोर्ट के गठन, संगठन, क्षेत्राधिकार एवं शक्ति के सम्बन्ध में कानून बनाने की शक्ति केवल संसद को प्रदान करता था, जिसे टी. टी. कृष्णमाचारी द्वारा अनावश्यक बताए जाने के बाद संविधान-सभा ने इस प्रारूप अनुच्छेद को अस्वीकार कर दिया।[1] इस तरह यह प्रारूप अनुच्छेद निरस्त हो गया।

'विधायी सम्बन्ध' से सम्बन्धित अध्याय I में शामिल पहले प्रारूप अनुच्छेद 216 के अनुसार संसद भारत के सम्पूर्ण क्षेत्र या किसी भाग के लिए और राज्य विधायिका पूरे राज्य या राज्य के किसी भाग के लिए कानून बना सकेगी। प्रारूप अनुच्छेद 217 संसद एवं राज्य विधायिका के मध्य अलग-अलग विषयों पर कानून बनाने की शक्तियों का बँटवारा करता था। प्रारूप अनुच्छेद 219 संसद को संघ सूची के विषयों के सम्बन्ध में बनाए गए कानून के बेहतर प्रशासन के लिए अतिरिक्त न्यायालय के गठन की और प्रारूप अनुच्छेद 223 ऐसे सभी विषय, जिनका राज्य सूची या समवर्ती सूची में उल्लेख नहीं है, के सम्बन्ध में कानून बनाने की अवशिष्ट शक्ति संसद को प्रदान करता था। प्रारूप अनुच्छेद 226 संसद को राष्ट्रहित में राज्य सूची के सम्बन्ध में, प्रारूप अनुच्छेद 227 संसद को आपातकाल के दौरान राज्य सूची के सम्बन्ध में कानून बनाने की शक्ति प्रदान करता था। इसी तरह प्रारूप अनुच्छेद 228, 229, 230, 231 एवं 232 कुछ विषयों पर संसद निर्मित कानून को राज्य विधायिका के कानून पर वरीयता प्रदान करते थे।

'प्रशासनिक सम्बन्ध' से सम्बन्धित अध्याय II के अन्तर्गत पहला प्रारूप अनुच्छेद 233 संघ एवं राज्यों की कार्यपालिकीय क्षेत्र को स्पष्ट करता था, प्रारूप अनुच्छेद 234 एवं 234-क कुछ दशाओं में राज्यों पर संघ का नियंत्रण स्थापित करते थे और प्रारूप अनुच्छेद 235 कुछ दशाओं में संघ द्वारा राज्य को शक्ति प्रदान करने का उल्लेख करता था। प्रारूप अनुच्छेद 238 लोक कार्य, अभिलेख एवं न्यायिक कार्यवाही और प्रारूप अनुच्छेद 246 अन्तरराज्यीय परिषद की स्थापना से सम्बन्धित था। इसके अलावा नया अनुच्छेद 242-क जो अन्तरराज्यीय नदी या नदी-घाटी से जुड़े विवाद के निपटारे से सम्बन्धित था, को प्रारूप संविधान में शामिल करने के लिए डॉ. बी. आर. आंबेडकर ने 9 सितम्बर, 1949 को संशोधन[2] प्रस्तुत किया, जिसे कुछ चर्चा के उपरान्त इसी दिन अंगीकृत कर लिया गया।

प्रारूप अनुच्छेद 218 के अलावा बाकी सभी प्रारूप अनुच्छेदों के प्रावधान संविधान-सभा ने सामान्यत: बिना किसी संशोधन के कुछ चर्चा के उपरान्त अंगीकृत कर लिए। जबकि 'अन्तरराज्यीय व्यापार एवं वाणिज्य' से सम्बन्धित अनुच्छेद 243-245 को आगे के लिए टाल दिया गया, जिन्हें बाद में प्रारूप भाग X-क (नियमित भाग XIII) के साथ जोड़ दिया गया।

जिस एक प्रारूप प्रावधान पर संविधान-सभा में गम्भीरता से चर्चा की गई, वह है प्रारूप अनुच्छेद 226 (नियमित अनुच्छेद 249) का प्रावधान, जो संसद को राज्य सूची के ऐसे किसी विषय पर कानून बनाने की शक्ति प्रदान करता था, जिसे किया जाना राष्ट्रहित में हो।

राष्ट्रहित में राज्य सूची पर संसद का अधिकार

प्रारूप अनुच्छेद 226 के अनुसार यदि राज्यसभा दो-तिहाई बहुमत से समर्थित संकल्प द्वारा घोषणा कर दे कि राज्य सूची के किसी विषय पर कानून बनाना राष्ट्रहित में आवश्यक या उचित है, तो संसद के लिए ऐसा कानून बनाना विधिसम्मत होगा। इस सम्बन्ध में डॉ. बी. आर. आंबेडकर ने इस प्रावधान को खंड (1) बनाकर इसके साथ अन्त में शब्दावली 'जब तक यह संकल्प प्रवृत्त है', जोड़ने के लिए और इसके साथ दो नये खंड (2) एवं (3) जोड़ने के लिए संशोधन[3] प्रस्तुत किया। नया खंड (2) कहता था कि खंड (1) के अन्तर्गत पारित संकल्प एक वर्ष से अधिक लागू नहीं रहेगा किन्तु यदि इसे पुन: अनुमोदित कर दिया जाता है, तो यह अगले एक वर्ष के लिए लागू होगा। नया खंड (3) का प्रावधान ऐसे कानून को छह महीने की अवधि के लिए सीमित करता था।

प्रो. शिब्बन लाल सक्सेना ने मूल प्रारूप का समर्थन किया, किन्तु डॉ. बी. आर. आंबेडकर के संशोधन का विरोध किया। प्रो. सक्सेना ने बहस की कि संशोधन अनुच्छेद को अनुपयोगी बना देता है। अनुच्छेद का यह आशय है कि यदि कई प्रान्त यह इच्छा रखते हैं कि उनके मध्य समन्वय होना चाहिए और चूँकि वे ऐसे कानून के लिए एकल शक्ति नहीं रखते हैं इसलिए वे राज्यसभा में अपने सदस्य प्रतिनिधियों से कह सकते हैं कि वे दो-तिहाई बहुमत से प्रस्ताव पारित करके संसद को कानून बनाने की शक्ति दें। किन्तु लगता है कि डॉ. आंबेडकर ऐसे लोगों को ध्यान में रखकर संशोधन लाए हैं, जो इस अनुच्छेद को प्रान्तीय स्वायत्तता की शक्ति सीमित करने के दृष्टिकोण से देखते हैं।[4]

एच. वी. पाटस्कर ने प्रारूप अनुच्छेद 226 के प्रावधान को अनुच्छेद 229 के बनने के बाद अनावश्यक बताया और कहा कि "यदि यह सचमुच में राष्ट्रहित का विषय है तो स्वयं राज्य क्यों नहीं ऐसा कानून बनाएगा या संसद द्वारा कानून बनाने के लिए सहमति देगा? हमें ऐसा क्यों अनुमान लगाना चाहिए कि राज्य राष्ट्रविरोधी व्यवहार अपनाएगा?"[5] ओ. वी. अलगेसन ने भी प्रारूप प्रावधान को प्रान्तीय स्वायत्तता का मजाक बताते हुए कहा कि "यदि यह अनुच्छेद 229 का विस्तार है तो यह एक फालतू प्रावधान है, किन्तु यदि इसका आशय है कि केन्द्र को अनुच्छेद 229 में दी गई व्यवस्था से परे जाना चाहिए, तो निश्चित रूप से यह एक उपद्रवी प्रावधान है और इसे यहाँ पर स्थान नहीं मिलना चाहिए।"[6]

इस तरह अनुच्छेद 229 के आधार पर अनुच्छेद 226 की प्रासंगिकता पर सवाल उठाया जा रहा था। इसका विस्तार से जवाब देते हुए टी. टी. कृष्णमाचारी ने कहा कि "इस अनुच्छेद का आशय उस कमी की भरपाई करना है, जो शक्ति वितरण में बना हुआ है, जहाँ यह आवश्यक है कि केन्द्र बिना अनुच्छेद 229 की जटिल प्रक्रिया का पालन किए प्रान्तों की कार्यवाही में त्वरित तरीके से समन्वय बनाए। अनुच्छेद 226 एवं 229 के मध्य मूलभूत अन्तर स्पष्ट करते हुए कृष्णमाचारी ने आगे कहा कि अनुच्छेद 229 तभी लागू किया जा सकता है, जब प्रान्त इसके लिए रुचि लेकर आगे बढ़े। इस प्रक्रिया में भी बहुत समय लगता है। और यदि ऐसा है, तो केन्द्र कुछ अत्यावश्यक मामलों में ऐसी शक्ति चाहता है।" समय-सीमा से सम्बन्धित डॉ. आंबेडकर के संशोधन का समर्थन करते हुए कृष्णमाचारी ने आगे कहा कि "मूल प्रावधान

में कुछ कमियाँ हैं। जब कोई कार्यवाही करके प्रान्तीय स्वायत्तता का अतिक्रमण किया जाता है, तो यह बहुत आवश्यक हो जाता है कि ऐसी कार्यवाही को लागू बने रहने के लिए कुछ समयसीमा निर्धारित हो। यही कारण है कि डॉ. आंबेडकर द्वारा संशोधन प्रस्तुत किया गया है।"[7]

ब्रजेश्वर प्रसाद ने मूल प्रावधान का समर्थन किया, किन्तु संशोधन का विरोध किया और सवाल किया कि "एक विषय, जिसने राष्ट्रीय महत्त्व वाले विषय का स्वरूप धारण कर लिया हो, कैसे एक वर्ष बाद पुन: प्रान्तीय विषय हो सकता है?" प्रसाद ने आगे कहा कि "जब हमारी राष्ट्रीय अर्थव्यवस्था विकास के प्रारम्भिक चरण में है, तो हम केन्द्रीय एवं प्रान्तीय विषयों के मध्य कठोर अन्तर नहीं कर सकते हैं। कोई केन्द्रीय या प्रान्तीय विषय नहीं है। सभी विषयों को एकीकृत होना चाहिए।"[8] जबकि बी. एम. गुप्ता ने मूल प्रावधान एवं संशोधन दोनों का विरोध किया। उन्होंने केवल एक सदन उच्च सदन को संविधान संशोधन करने की अनुमति देने को अनुचित बताया।[9] वी. एस. सरवटे ने भी इस अनुच्छेद को प्रान्तों की शक्ति का उल्लंघन करने वाला बताया। उन्होंने तर्क दिया कि राष्ट्रहित आपातकाल की तुलना में ज्यादा व्यापक है।[10] महावीर त्यागी ने मूल प्रावधान को ज्यादा अच्छे शब्दों वाला बताया और राज्यों की तुलना शरीर के विभिन्न भागों से करते हुए कहा कि "ये प्रत्येक भाग बिलकुल अलग एवं स्वायत्त होकर कार्य नहीं कर सकते हैं। ये आपस में पूरी तरह से जुड़े रहते हैं। संसद द्वारा किसी प्रान्त के सन्दर्भ में कानून बनाना एक अपवाद है और ऐसे अपवाद का प्रयोग तभी किया जाएगा, जब आवश्यक हो और वह भी तब जब राज्यसभा दो-तिहाई बहुमत से इसके पक्ष में निर्णय ले।"[11]

अन्त में एस. वी. कृष्णमूर्ति राव ने प्रारूप प्रावधान एवं संशोधन का समर्थन किया और सवाल किया कि "यदि संसद द्वारा एक-एक वर्ष पर प्रस्ताव पारित किया जाता है, तो नुकसान कहाँ है? सब कुछ के बावजूद राज्यसभा का सदस्य कौन है? वे प्रान्तों के निचले सदन के चुने हुए प्रतिनिधि हैं। यदि ऐसा कोई संकल्प राज्य के हित के खिलाफ है, तो राज्यों की विधायिकाएँ केन्द्र से कह सकती हैं कि ऐसा प्रस्ताव राज्यों के हित के खिलाफ है। यह केवल राष्ट्रीय आपदा का मामला है। जब सवाल राष्ट्रीय महत्त्व का रूप ले ले, तो इसके लिए त्वरित उपचार की व्यवस्था अनुच्छेद 226 में किया गया है।"[12]

इसके उपरान्त सभाध्यक्ष ने डॉ. आंबेडकर से पूछा कि क्या वह कुछ कहना चाहते हैं? डॉ. आंबेडकर ने कहा कि "बहुत कुछ कहा जा चुका है, जब तक आप मुझसे बोलने की इच्छा नहीं रखते हैं, मैं कुछ नहीं कहना चाहूँगा।" इसके बाद संविधान-सभा ने डॉ. आंबेडकर के संशोधन को स्वीकार कर प्रारूप अनुच्छेद 226 का यथासंशोधित प्रावधान (अनुच्छेद 249) 13 जून, 1949 को अंगीकृत कर लिया।

केन्द्रोमुखी संघीय ढाँचा

उद्देशिका स्वीकार कर लेने के बाद संविधान निर्माण के अन्तिम क्षण में 15 नवम्बर, 1949 को अनुच्छेद 365 के रूप में नया प्रावधान संविधान-सभा के पटल पर रखा गया।[13] प्रारूप संविधान के द्वितीय पाठन के दौरान संविधान के अन्तिम प्रावधान के रूप में इसे प्रस्तुत किया गया। संघवाद के सन्दर्भ में भारतीय संविधान के वास्तविक स्वरूप को समझने के लिए यह अनुच्छेद महत्त्वपूर्ण है। अनुच्छेद 365 के अनुसार, 'जहाँ इस संविधान के किसी प्रावधान के अन्तर्गत प्राप्त कार्यपालिकीय शक्ति का प्रयोग कर संघ द्वारा दिये गए किसी दिशानिर्देश का जब कोई राज्य अनुपालन या क्रियान्वयन करने में असफल रहता है, तो राष्ट्रपति यह

निश्चित कर सकता है कि ऐसी स्थिति पैदा हो गई है कि राज्य सरकार संविधान के अनुसार कार्य नहीं कर रहा है।'

हृदयनाथ कुंजरू ने इस प्रावधान का मुखर विरोध किया और कहा कि "इस अनुच्छेद को औचित्यपूर्ण बताने वाली मसौदा समिति की रिपोर्ट में कहा गया है कि कुछ अनुच्छेद के प्रावधान मिलकर अनुच्छेद 365 को उचित बनाते हैं। ऐसे सन्दर्भित प्रावधान अनुच्छेद 256, 257, 353, 360 और 371 के प्रावधान हैं।...अनुच्छेद 365 को तभी मान्य किया जा सकता है, जब यह मान लिया जाए कि मसौदा समिति इस सदन के निर्णय को पलट सकती है और अपना निर्णय प्रतिस्थापित कर सकती है।"[14]

डॉ. बी. आर. आंबेडकर ने जवाब दिया कि "यह अनुच्छेद न केवल आवश्यक है, बल्कि अनुवर्ती भी है, क्योंकि एक बार केन्द्र सरकार के पास राज्य को यह दिशानिर्देश जारी करने की शक्ति है कि कुछ मामलों में उन्हें इस तरीके से कार्य करना चाहिए, तो केन्द्र को यह शक्ति न देना कि वह दिशानिर्देश का पालन न होने पर कोई कार्यवाही न कर सके, व्यावहारिक रूप से उस दिशानिर्देश को निष्फल करने जैसा है, जिसे इस संविधान ने केन्द्र को दिया है। प्रत्येक अधिकार उपचार के साथ चलता है। यदि कोई उपचार नहीं है, तो अधिकार केवल ऐसा कागजी अधिकार, ऐसा निरर्थक अधिकार बनकर रह जाता है, जिसका कोई महत्त्व और औचित्य नहीं है।" डॉ. आंबेडकर ने अनुच्छेद 280-क के खंड (5) और अनुच्छेद 306-ख का उदाहरण देते हुए कहा कि इनके निष्कर्ष को अनुच्छेद 365 में रखा गया है।[15]

तत्पश्चात कुंजरू के साथ हुई आपसी बहस के दौरान डॉ. आंबेडकर ने भारत शासन अधिनियम की धारा 126 का भी उदाहरण दिया, जिसमें ऐसी ही व्यवस्था स्वीकार की गई थी। डॉ. आंबेडकर ने आगे कहा कि "यह प्रावधान बहुत आवश्यक है। सरकार का निर्देश लागू न करके एक प्रान्त द्वारा इसे रोका जा सकता है।"

तब कुंजरू ने जवाब दिया कि "प्रारूप संविधान बनाते समय भारत शासन अधिनियम मौजूद था और हमने जान-बूझकर इसके कुछ प्रावधानों को छोड़ा है। धारा 126 भी इनमें से एक है।" अन्त में सभाध्यक्ष ने अनुच्छेद 280-क का सन्दर्भ देते हुए निर्णय दिया कि अनुच्छेद 365 व्यवस्था के अनुकूल है। अब यह इस सभा पर निर्भर करता है कि वह इसे स्वीकार करे या नहीं।[16]

इसके तुरन्त बाद ठाकुर दास भार्गव ने अनुच्छेद 365 को निरस्त करने के लिए संशोधन[17] प्रस्तुत किया। भार्गव ने बहस की कि भले ही दिशानिर्देश कितना भी गैरमहत्त्वपूर्ण क्यों न हो, कितनी भी बेगुनाह परिस्थितियाँ क्यों न हों, फिर भी भारत सरकार यह निश्चित करने के लिए अधिकारयुक्त है कि अनुच्छेद 365 के प्रावधान को आकर्षित करने वाली स्थिति पैदा हो गई है। भार्गव ने आगे कहा कि "ऐसी स्थिति पैदा होने पर अनुच्छेद 356 है और यहाँ प्रयोग किए गए शब्द ऐसे हैं, जो किसी मामले की आवश्यकता को पूरा कर सकेंगे।"

इसी बीच हस्तक्षेप करते हुए बालकृष्ण शर्मा ने कहा कि "अनुच्छेद 365 कहता है कि स्थिति पैदा होने पर राष्ट्रपति कह सकता है कि राज्य सरकार संविधान के प्रावधान के अनुसार नहीं चल रहा है। यह उसे बाध्य नहीं करता है कि प्रान्तीय सरकार के प्रत्येक छोटे-मोटे उल्लंघन पर वह..."

बीच में रोकते हुए भार्गव ने कहा कि "मुझे पता है कि यदि वह प्रत्येक मामले में ऐसा करता है, तो भारत का सरकार चलाना असम्भव होगा। किन्तु इसका अर्थ क्या है? इसका अर्थ है कि प्रत्येक प्रान्तीय सरकार प्रधानमंत्री के समक्ष हमेशा काँपते हुए रहेगी। भारत का

प्रधानमंत्री न केवल महान मुगल की तरह होगा, बल्कि एक शेर की तरह होगा और प्रान्तीय सरकार मेमने की तरह। प्रान्तीय सरकार हमेशा भयभीत रहेंगे।"[18]

के. सन्थानम ने भार्गव के निरस्त हेतु लाए गए संशोधन को अनुचित और व्यवस्था के प्रतिकूल बताया।[19]

एच. वी. कामथ का संशोधन[20] शब्द 'जहाँ' के बाद 'राष्ट्रपति सन्तुष्ट है कि' और आर. के. सिधवा का संशोधन[21] 'असफल रहता है' के बाद 'जो संघ के घोषित योजना के विरुद्ध है' जोड़ने के लिए था। सिधवा ने संशोधन प्रस्तुत करते हुए प्रश्न किया कि "जब हम उद्देश्य संकल्प पर चर्चा कर रहे थे, तो इस पर बोलने वाले सभी सदस्य केन्द्र को मजबूत और ज्यादा मजबूत बनाने पर बहुत अधिक जोर दे रहे थे। क्या उस समय कोई सदस्य था, जिसने कहा कि केन्द्र को मजबूत नहीं करना चाहिए?" वह भी नहीं चाहते हैं कि प्रान्तीय सरकार को कंकाल सरकार बनाया जाए, किन्तु आज जो स्थिति है, यह बहुत आवश्यक है कि यदि वह गलत कर रहा है तो केन्द्र को कुछ शक्ति दी जाए। ब्रजेश्वर प्रसाद एवं महावीर त्यागी ने भी नये अनुच्छेद 365 का समर्थन किया। महावीर त्यागी ने कहा कि उन्हें लगता है कि इस अनुच्छेद के अनुसार विकेन्द्रीकरण की योजना का उल्लंघन नहीं होता है। यह अनुच्छेद सभी इकाइयों के साथ कड़ी स्थापित करता है। विकेन्द्रीकरण पर बात करने का यह अर्थ नहीं है कि पूरे राज्य को परिधि पर रखा जाए। यदि हम सभी राज्यों को परिधि पर आपस में जोड़े रखना चाहते हैं, तो हमें एक केन्द्र रखना पड़ेगा। केन्द्र के बिना वृत्त का कोई अस्तित्व नहीं हो सकता है।[22]

किन्तु बी. दास ने कड़ी प्रतिक्रिया देते हुए कहा कि "अनुच्छेद 365, जो भारत शासन अधिनियम की धारा 93 के अलावा कुछ भी नहीं है, को इसके समस्त नंगेपन एवं आतंक के साथ प्रस्तुत किया गया है। हम फासीवादी लोकतंत्र नहीं लाने जा रहे हैं, बल्कि हम लोकतंत्र लाने जा रहे हैं। आज जब हम अन्तिम पड़ाव पर हैं, जब हम समाप्ति के निकट हैं और संविधान को परिसज्जित करने जा रहे हैं, तो स्वेच्छाचारी की तरह ऐसा विधान बनाना उचित नहीं है।"[23] हृदयनाथ कुंजरू ने भी ठाकुर दास भार्गव के संशोधन का समर्थन किया और कहा कि "अनुच्छेद 353 एवं 360 के प्रावधान विशेष परिस्थितियों में आपातकाल की घोषणा की बात करते हैं और ये कुछ निश्चित समयावधि तक ही बना रह सकता है। कुछ समय बाद आपातकाल को समाप्त होना ही है। ये सामान्य शक्ति नहीं हैं। जबकि नये अनुच्छेद 365 का प्रावधान स्थायी प्रकृति का है।" कुंजरू ने आगे कहा कि "मसौदा समिति ने इसे सही बताने के लिए कई अनुच्छेद का सन्दर्भ दिया है। इसमें से एक अनुच्छेद 371 (पुराना अनुच्छेद 306-ख) है। अनुच्छेद 306-ख को रद्द कर दिया गया होता, तब अनुच्छेद 365 रखने का कुछ औचित्य होता। किन्तु अनुच्छेद 306-ख को रद्द नहीं किया गया है।"[24]

तब डॉ. बी. आर. आंबेडकर ने कहा कि "अनुच्छेद 371 से शब्दावली 'और ऐसे किसी दिशानिर्देश का पालन करने में असफल होने पर यह माना जाएगा कि राज्य सरकार संविधान के प्रावधान के अनुसार कार्य करने में असफल है' को निकाल दिया गया है।" तत्पश्चात कुछ देर आपसी बहस होने के बाद सभाध्यक्ष ने कहा कि "पर्याप्त बहस हो चुकी है और सदन के समक्ष सभी बातें स्पष्ट हो गई हैं। अब सदस्यों को निर्णय लेना है।"

अगले दिन यानी 16 नवम्बर, 1949 को भार्गव, कामथ एवं सिधवा द्वारा प्रस्तुत तीन संशोधनों को अस्वीकार कर और शब्दावली 'राष्ट्रपति यह निश्चित कर सकता है' के स्थान पर 'राष्ट्रपति के लिए यह निश्चित करना वैध होगा' रखने के लिए प्रस्तुत संशोधन[25] को स्वीकार कर संविधान-सभा ने यथासंशोधित अनुच्छेद 365 को अंगीकृत कर लिया।

समन्वयी संघवाद आधारित संविधान

भारत जैसे देश के सन्दर्भ में संघवाद को दो परस्पर विरोधी बातों से समझा जा सकता है। पहली यह कि बड़ी जनसंख्या वाले विविधता से भरे इस देश को एकात्मक शासन से संचालित करना सम्भव नहीं है और दूसरी यह कि एकात्मक शासन के बिना इस देश की एकता व अखंडता को बनाए रखना असम्भव है। लम्बे एवं कठिन संघर्ष से प्राप्त स्वराज को अक्षुण्ण बनाए रखने के लिए एकीकृत शासन की उपेक्षा करना खतरनाक था, तो सुराज की धारा को अविरल बनाए रखने के लिए विकेन्द्रीकृत शासन का सहारा लेना आवश्यक था। इन दो विपरीत स्थितियों के मध्य व्यावहारिक व्यवस्था तलाशना संविधान-निर्माताओं के समक्ष एक बड़ी चुनौती थी।

ब्रिटिश हुकूमत के दौरान संघवाद की जो स्थिति थी, उसे 1918 की 'भारतीय संवैधानिक सुधार पर रिपोर्ट' से समझा जा सकता है। इस रिपोर्ट के पैरा संख्या 120, जिसका शीर्षनाम 'भारतीय संविधान संघीय नहीं' है, में स्थानीय सरकारों को 'एजेंट' की संज्ञा देते हुए कहा गया था—

> "हमने प्रान्तों को केन्द्रीय सरकार के साथ जोड़े रखने वाले मजबूत बन्धन पर विस्तार से विचार किया है। इसका विश्लेषण करना हमें आवश्यक प्रतीत होता है, क्योंकि यह हमारे रास्ते में एक बड़ी बाधा है। हम सभी यह कहने के लिए बाध्य हैं कि प्रान्तीय एवं केन्द्रीय सरकार के रिश्तों के सम्बन्ध में भावी देशी राज्यों के जो भी मामले हों, सही मायने में संघीय तत्त्व न तो है और न शामिल हो सकता है। यहाँ समझौते का कोई तत्त्व नहीं है। वर्तमान में देश की सरकार एक है; और इस दृष्टि से स्थानीय सरकारें भारत सरकार की वस्तुत: 'एजेंट' हैं। उन्हें बड़ी शक्तियों का प्रत्यायोजन किया गया है, क्योंकि कोई भी अकेला प्रशासन भारी-भरकम बोझ नहीं उठा सकता है। किन्तु हमारे समक्ष अब संघीकरण करने जैसा कोई कार्य नहीं है। सर्वोच्च संसद द्वारा प्रस्तुत बाधा को समाप्त कर अन्तिम बार ब्रिटिश भारत का परिसंघ बनाने का प्रयास 1774 में किया गया, जब बॉम्बे और मद्रास को समर्पित करने का हक था। अब प्रान्तों के पास अपनी कोई जन्मजात शक्ति नहीं है, और इसलिए उनके पास मूल शक्ति के समक्ष समर्पित करने के लिए कुछ भी नहीं है। हमारा कार्य संयुक्त राष्ट्र या अमेरिका के संघ के जनक की तरह नहीं है।"[26]

आजादी मिलने के बाद भारत देश, न केवल महात्मा गांधी की विकेन्द्रीकरण आधारित सैद्धान्तिक मर्यादा से बँधा हुआ था, बल्कि कैबिनेट मिशन योजना में स्वीकृत प्रान्तों को ज्यादा अधिकार देने की कानूनी बाध्यता के भी अधीन था। जवाहरलाल नेहरू द्वारा प्रस्तावित उद्देश्य संकल्प का मूल भी प्रान्तों को ज्यादा अधिकार देने पर आधारित था। ऐसी सैद्धान्तिक मर्यादा और कानूनी बाध्यता के बावजूद संविधान-सभा, बाहर घटित हो रहे विभाजन से उपजी साम्प्रदायिक उन्माद रूपी उन घटनाओं की उपेक्षा नहीं कर सकता था, जो देश को बिखराव की ओर ढकेल रहा था। रियासतों की तरफ से मिल रही दिन-प्रतिदिन की चुनौतियाँ अलग थीं। ये ऐसे कारक थे, जो तत्कालीन नीति-निर्माताओं को प्रान्तों को अधिक अधिकार या अवशिष्ट अधिकार देने से पीछे हटने के लिए मजबूर करते थे। ऐसी तमाम विपरीत परिस्थितियों के बावजूद तत्कालीन नेतृत्व के लिए गांधीवादी विकेन्द्रीकरण के सैद्धान्तिक मर्यादाओं की उपेक्षा करना इतना आसान नहीं था। संविधान-सभा के समक्ष यह एक अन्तर्द्वंद्व की स्थिति थी।

तत्कालीन नेतृत्व देश को इस अन्तर्द्वंद्व से निकालने के लिए संकल्पित था। संघीय शक्ति समिति की रिपोर्ट[27] दिनांक 5 जुलाई, 1947 इसी संकल्प का परिणाम थी। इसके पैराग्राफ सं. 2 में कहा गया था कि "कैबिनेट मिशन योजना के अन्तर्गत केन्द्रीय प्राधिकार पर लगाई गई गम्भीर सीमाएँ इस सभा द्वारा किया गया एक समझौता थीं। हमें लगता है कि देश की प्रशासनिक आवश्यकताओं को दरकिनार करके लिया गया यह निर्णय केवल मुस्लिम लीग को प्रसन्न रखने के लिए था।" इस रिपोर्ट में आगे कहा गया कि "अब जबकि बँटवारा एक स्थापित तथ्य है, तो हम सभी इस बात पर सहमत हैं कि एक ऐसे कमजोर केन्द्रीय प्राधिकार की व्यवस्था बनाना, जो शान्ति बहाल करने, साझा हितों के मध्य समन्वय करने तथा अन्तरराष्ट्रीय मंचों पर सम्पूर्ण देश की तरफ से प्रभावशाली बात कहने में अक्षम हो, देशहित के लिए घातक होगा।" इसी पैराग्राफ में निष्कर्ष निकालते हुए कहा गया कि "हमारे संविधान का सबसे स्वस्थ ढाँचा मजबूत केन्द्र के साथ संघवाद है।"

कैबिनेट मिशन योजना के अनुसार प्रान्तों को अवशिष्ट शक्ति प्रदान किया जाना था। इसका अर्थ यह था कि भारत की शासन-प्रणाली केन्द्रोन्मुखी होने के बजाय प्रान्तोन्मुखी होती। किन्तु देश के विभाजन के बाद बदली हुई परिस्थितियों में संघीय शक्ति समिति ने कैबिनेट मिशन की इस योजना को अस्वीकार कर दिया। इस बदलाव को एन. गोपालस्वामी अयंगर ने संघीय शक्ति रिपोर्ट प्रस्तुत करते समय स्पष्ट किया। 20 अगस्त, 1947 को अयंगर ने कहा कि "समिति इस निष्कर्ष पर पहुँची है कि हमें इस देश में केन्द्र को जितना भी सम्भव हो सके, मजबूत बनाना चाहिए और साथ ही व्यापक रूप से ज्यादातर विषयों को प्रान्तों के लिए छोड़ा जाएगा, जहाँ उन्हें अपनी इच्छानुसार कार्य करने की पूरी आजादी होगी। इस तरह संघीय शक्ति समिति की रिपोर्ट के अन्तर्गत शक्तिशाली केन्द्र का प्रस्ताव किया गया।[28] इस पर हुई बहस के दौरान हसरत मोहानी ने सवाल किया कि "मजबूत केन्द्र रखने की क्या आवश्यकता है, आधार क्या है और आपका उद्देश्य क्या है?"[29] इसका जवाब देते हुए जी. एल. मेहता ने कहा कि "इकाइयों को अवशिष्ट शक्ति देने का कारण साम्प्रदायिक विचार के लिए सौदेबाजी था। किन्तु अब बँटवारा हो गया है, अब कोई कारण नहीं रह गया है कि समदृश्य भारत देश के पास मजबूत केन्द्र न हो।"[30]

संयुक्त राज्य अमेरिका के विपरीत भारत के राज्य किसी स्वतंत्र सम्प्रभु इकाई की तरह नहीं थे। संविधान-सभा में ये इकाइयाँ न तो ऐसी किसी सम्प्रभु शक्ति का प्रतिनिधित्व कर रही थीं और न ही अपनी प्रान्तीय नागरिकता पर मुहर लगवाने के लिए एकत्रित हुई थीं। सधे शब्दों में इसका उल्लेख करते हुए डॉ. बी. आर. आंबेडकर कहते हैं कि "भारत संघ, राज्यों की आपसी अनुबन्ध का परिणाम नहीं है और चूँकि यह किसी अनुबन्ध का परिणाम नहीं है, इसलिए राज्यों को इससे अलग होने का अधिकार नहीं है। भारत एक राष्ट्र के रूप में रहा है, जिसके नागरिकों को एकल नागरिकता यानी केवल देश की नागरिकता प्रदान की गई। राज्य की नागरिकता जैसी कोई अवधारणा अस्वीकार्य किया गया है।"[31]

यद्यपि प्रान्तीय विधायी सूची में कानून व्यवस्था एवं पुलिस, शिक्षा, स्वास्थ्य, गरीबों को राहत, बेरोजगारी, कल्याणकारी संस्थाओं सहित जनकल्याण के कई विषय शामिल किए गए थे, किन्तु मजबूत केन्द्र बनाने के पीछे एक तर्क यह भी था कि जनकल्याण को सम्पूर्ण देश के जनकल्याण के सन्दर्भ में देखा जाए। बालकृष्ण शर्मा कहते हैं कि "मेरे लिए मजबूत केन्द्र की विशेषता यह है कि यह इस स्थिति में होना चाहिए, ताकि वह सम्पूर्ण देश के कल्याण के बारे में सोचे और योजना बनाए; जिसका अर्थ यह है कि इसके पास न केवल दबाव एवं

तनाव के समय क्रियाकलापों का समन्वयन करने का प्राधिकार हो, बल्कि देश के आर्थिक विकास के सम्बन्ध में विभिन्न प्रान्तों को दिशानिर्देश देने की शक्ति हो।"[32] जी. एल. मेहता ने भी खाद्य-सुरक्षा के सवाल को राष्ट्रीय परिप्रेक्ष्य में देखने की आवश्यकता पर बल दिया। उनका कहना था कि "मूल्य नियंत्रण का सवाल, राशन का सवाल, ये सब सवाल ऐसे हैं, जिन्हें बिना किसी क्षेत्रीय बाधा के, बिना किसी अन्तर्प्रान्तीय ईर्ष्या के, सम्पूर्ण भारत के आधार पर विकसित एवं संगठित करने की आवश्यकता है और ऐसी समस्याओं के लिए एक समग्र आर्थिक योजना की आवश्यकता है, जिससे न केवल भौतिक उत्थान हो सके, बल्कि अपने राष्ट्रीय अस्तित्व को बनाए रखा जा सके।"[33]

कनाडा जैसे संघीय देश में संघवाद के लिए राष्ट्रीय एकता एवं प्रान्तीय स्वायत्तता के क्या मायने हैं, इसको स्पष्ट करते हुए कनाडा की रायल कमीशन रिपोर्ट में कहा गया कि राष्ट्रीय एकता और प्रान्तीय स्वायत्तता को नागरिकों की राज्य-निष्ठा के लिए एक प्रतिद्वंद्वी की तरह नहीं देखा जाना चाहिए क्योंकि ये संघवाद जैसी स्वस्थ व्यवस्था के दो परस्पर पहलू हैं। राष्ट्रीय एकता को अवश्य ही प्रान्तीय स्वायत्तता पर आधारित होना चाहिए और प्रान्तीय स्वायत्तता को तब तक सुनिश्चित नहीं किया जा सकता, जब तक कि सम्पूर्ण देश में राष्ट्रीय एकता का मजबूत भाव न हो।[34]

भारत के परिप्रेक्ष्य में प्रान्तीय स्वायत्तता जैसा विचार अप्रासंगिक रहा है। न केवल ब्रिटिश हुकूमत के दौर में, बल्कि इसके पूर्व के शासन के दौर में कभी प्रान्तीय स्वायत्तता के विचार को महत्त्व नहीं दिया गया। भारत शासन अधिनियम, 1919 एवं भारत शासन अधिनियम, 1935 के प्रावधान भी ऐसे थे, जिनके कारण शक्ति का सन्तुलन हमेशा केन्द्र के पक्ष में झुका रहता था। विरासत में मिले प्रखर केन्द्रोन्मुखी शासन व्यवस्था की समीक्षा किया जाना आवश्यक था। इसलिए केन्द्र को आँख मूँदकर शक्ति देने का संविधान-सभा में विरोध भी किया गया। इस विरोध को आवाज देते हुए बी. दास कहते हैं कि "1935 का अधिनियम समस्त शक्तियों एवं संसाधनों को एक विदेशी सरकार में निहित कर दिया था। यद्यपि अब विदेशी सरकार की इस दुष्ट आत्मा ने भारत छोड़ दिया है, किन्तु दुष्ट व्यवस्था अभी भी बनी हुई है। 1935 के अधिनियम ने सभी संसाधनों को केन्द्र सरकार को प्रदान कर दिया, ताकि केन्द्र सरकार शासन करे, आधिपत्य जमाये और देश के संसाधनों को जैसे चाहे, वैसे खर्च करे। केन्द्र सरकार की भारत की जनता के प्रति, सिवाय इसके कि जब चाहे उसे जेल भेज दे, अन्य कोई जिम्मेदारी नहीं थी। किन्तु अब इस महीने की 15 वीं तिथि से हमारे पास जनता की सरकार है।"[35]

प्रान्तों की प्रासंगिकता को वास्तविक सन्दर्भ में देखने की आवश्यकता पर बल देते हुए ए. रामास्वामी मुदलियार ने कहा कि "राष्ट्र-निर्माण के क्रियाकलापों को सुनिश्चित करने की ज्यादा जिम्मेदारी इकाइयों पर ही है। ये राष्ट्र-निर्माण के क्रियाकलाप हैं, जो राष्ट्र का निर्माण करते हैं और इसकी प्रत्यक्ष जिम्मेदारी इकाइयों की होती है, न कि केन्द्र की। यह इच्छा है कि केन्द्र के पास रक्षा के लिए आवश्यक सारी शक्तियाँ हों। यह भी इच्छा है कि केन्द्र के पास वे सारे संसाधन हों, जो देश की रक्षा के महत्त्वपूर्ण लक्ष्य को हासिल करने के लिए आवश्यक हैं। इस पर कोई सवाल है ही नहीं, किन्तु हमें यह याद रखना है कि इसका एक पहलू यह भी है कि रक्षा प्रणाली तब तक मजबूत नहीं हो सकती है, जब तक राष्ट्र को बनाने वाले लोग भी मजबूत न हों; जब तक उन्हें स्वास्थ्यप्रद भोजन न मिले; जब तक वे समुचित रूप से शिक्षित न हों; जब तक वे राष्ट्र की वास्तविक निष्ठावान इकाई के रूप में खड़े होने की स्थिति में न हों और यह सब जिम्मेदारी प्रान्तों पर है, न कि केन्द्र पर।"[36]

श्रीनारायण सिंह ने तो संघवाद को मात्र प्रान्तों तक सीमित करने के बजाय गाँवों से जोड़ने की वकालत की। वह कहते हैं कि "शक्ति का अधिकतम भाग ग्राम गणराज्य में निहित होना चाहिए; उसके बाद प्रान्तों में और तब केन्द्र में। किन्तु दुर्भाग्य से हमारे पास ग्राम गणराज्य नहीं है। प्रान्तीय सरकार की तुलना में केन्द्रीय सरकार में लोगों की आवाज बहुत कम रहती है।"[37]

भारत शासन अधिनियम से प्रभावित होने का आरोप लगाते हुए श्रीयुत ओमियो कुमार दास ने कहा कि "हम ऐसी प्रशासनिक व्यवस्था की विरासत पाए हैं, जो पिछले दिनों आर्थिक सहभागिता के मामले में प्रान्तों के साथ निष्पक्ष व्यवहार करने के लिए नहीं जानी जाती रही है। केन्द्र को मजबूत करने की अपनी व्यग्रता में हम प्रान्तों की कीमत पर केन्द्र को मजबूत करने के उसी नीति को पुन: अपनाने जा रहे हैं। केन्द्र को मजबूत करके हम कुछ इस तरह आमने-सामने हैं कि एक तरफ ज्वालामुखी है तो दूसरी तरफ प्रगतिशीलता। किन्तु हमें प्रान्तों को कमजोर नहीं करना चाहिए। अन्तत: यह प्रान्त ही है, जो कांग्रेस के प्रगतिशील कार्यक्रमों को लेकर आगे बढ़ेगा।"[38]

संविधान-सभा में ऐसे सदस्य भी थे, जो देश की शान्ति के लिए केन्द्र सरकार को पर्याप्त शक्ति देना आवश्यक मानते थे। हीरा लाल शास्त्री कहते हैं कि "देश में शान्ति बनाए रखने एवं अन्य उद्देश्यों के लिए भी मजबूत केन्द्र होना चाहिए। किन्तु चूँकि हमारा देश बहुत व्यापक है, इसलिए हमें इकाइयों के लिए भी पर्याप्त शक्ति छोड़नी होगी।"[39] देबी प्रसाद खेतान भी कहते हैं कि "हममें से सभी लोगों को, चाहे वे प्रान्तीय शक्ति में विश्वास रखते हैं या राष्ट्रीय शक्ति में, यह अवश्य देखना चाहिए कि आन्तरिक शान्ति को और बाहरी आक्रमण से सुरक्षा को बनाए रखना है और कृषि एवं औद्योगिक दोनों वस्तुओं के उत्पादन को विकसित करना है और इसके लिए केवल राष्ट्रीय समृद्धि को निर्मित करके ही राष्ट्र-निर्माण के क्रियाकलाप को विकसित कर सकते हैं। इसलिए इसे केन्द्र बनाम प्रान्त का नारा नहीं बनाना चाहिए और देश के सर्वांगीण हित को ध्यान में रखकर गहराई से विचार करना चाहिए। यह केवल देश की सम्पूर्ण समृद्धि है, जिसके आधार पर हम शिक्षा, स्वास्थ्य, संस्कृति, कला एवं अन्य वे सब कुछ जो प्रत्येक मानवमात्र के जीवन को धनवान, सुन्दर एवं खुशहाल करने वाले हैं, का महल तैयार कर सकते हैं।"[40]

शक्ति-विभाजन पर संघीय शक्ति समिति की रिपोर्ट को स्पष्ट करते हुए समिति के सदस्य बी. एल. मित्तर ने कहा कि "यह सिद्धान्त अपनाया गया है राष्ट्रीय महत्त्व के विषय को केन्द्र में और प्रान्तीय महत्त्व के विषय को प्रान्तों में निहित किया जाए। हमने पाया कि 1935 का अधिनियम एक अच्छा मार्गदर्शक है, क्योंकि सूची के निर्माण में इसी सिद्धान्त को विचार में रखा गया था।"[41]

सामान्यत: संघवाद का आशय केन्द्र एवं इकाइयों के मध्य शासन-शक्ति के बँटवारे की स्वतंत्रता से जोड़कर निकाला जाता है। प्रो. के. सी. व्हियर के अनुसार, "संघवाद के अन्तर्गत देश की केन्द्रीय सरकार और क्षेत्रीय सरकार अपने-अपने विषय को लेकर एक-दूसरे से स्वतंत्र होती हैं।" इसके विपरीत भारतीय संविधान में यद्यपि केन्द्र और राज्यों के लिए अलग-अलग शासन स्वीकार कर संघवाद को सैद्धान्तिक तौर पर स्वीकार किया गया है, किन्तु यहाँ पर राज्यों के लिए न तो अलग से नागरिकता को स्वीकार किया गया और न ही राज्य के लिए अलग संविधान को मान्यता दी गई। राज्यों को वही शक्ति प्राप्त है और उतना ही प्राप्त है, जितना संविधान के अन्तर्गत परिभाषित किया गया है। भारतीय संविधान की इस स्थिति को स्पष्ट करते हुए डॉ. बी. आर. आंबेडकर कहते हैं कि "प्रस्तावित भारतीय संविधान में एकल नागरिकता के

साथ द्वैध शासन-पद्धति है। सम्पूर्ण भारत के लिए केवल एक ही नागरिकता है। यह है—भारतीय नागरिकता। इसमें राज्य-नागरिकता नहीं है। यहाँ कोई भी राज्य अपना संविधान बनाने का अधिकार नहीं रखता है। संघ और राज्यों के संविधान का एक ही ढाँचा है, जिसके बाहर वे नहीं जा सकते हैं और उसके अन्दर ही रहकर उन्हें कार्य करना है।"

अनुच्छेद 365 को संविधान में शामिल करने के साथ केन्द्र को इतना मजबूत कर दिया गया कि वह हर तरह के विपरीत हालात से निपट सके और राज्यों को संविधान की धारा से विमुख न होने दे। इसके लिए बिना किसी आलोचना की परवाह किए ब्रिटिश हुकूमत द्वारा बनाए गए भारत शासन अधिनियम के प्रावधान को स्वीकार करने में मसौदा समिति ने कोई हिचकिचाहट नहीं दिखाई और इसे खुलकर स्वीकार भी किया। हाँ, इसके लिए आवश्यक बदलाव करके अनुकूल परिस्थिति का निर्माण भी किया गया।

भारतीय संविधान की एक विशेषता यह भी है कि आपातकाल या युद्ध जैसे विपरीत परिस्थिति में यह पूरी तरह से एकात्मक होकर कार्य करता है। किसी विपरीत परिस्थिति में केन्द्र सरकार किसी भी विषय पर कानून बना सकती है, वह राज्य को दिशानिर्देश दे सकती है कि वह अपने आधिकारिता क्षेत्र के मामलों को कैसे कार्यान्वित करे, वह संविधान के वित्त सम्बन्धी प्रावधानों को स्थगित कर सकती है, वह यह निश्चित कर सकती है कि राज्य संविधान के प्रावधानों के अनुसार कार्य नहीं कर रहा है, इत्यादि-इत्यादि। किन्तु इसके बावजूद राज्य का अस्तित्व समाप्त नहीं हो जाता है। केवल राज्य की शक्तियाँ केन्द्र में निहित हो जाती हैं। राज्य के लिए विकास के कार्य केन्द्र सरकार करने लगता है। ऐसे अपवाद के अलावा बाकी सामान्य समयावधि के दौरान राज्य अपनी निर्धारित सीमाओं में रहकर कार्य करने के लिए स्वतंत्र रहते हैं।

भारतीय संविधान का संघवाद, शासन-शक्ति के विभाजन को लक्ष्य के रूप में नहीं, बल्कि माध्यम के रूप में स्वीकार करता है। वह इस माध्यम को सूक्ष्म स्तर पर जाकर स्वीकार करने से भी नहीं हिचकिचाता है और द्विस्तरीय व्यवस्था से आगे बढ़कर त्रिस्तरीय व्यवस्था अपनाने की तरफ अग्रसर हो जाता है। केन्द्र, राज्य और स्थानीय इकाइयों के मध्य शासन-शक्ति के विभाजन के माध्यम से वह कल्याणकारी उद्देश्यों की प्राप्ति को लक्ष्य बनाता है, और वह भी देश की एकता से समझौता किए बिना। कल्याण-प्राप्ति के उद्देश्य और राष्ट्रीय एकता की शर्त के साथ जुड़कर शासन-शक्ति का विभाजन, भारतीय संघवाद को पूर्णता प्रदान करता है। भारतीय संविधान, संघवाद के सिद्धान्त को उतना ही और उसी स्वरूप में स्वीकार करता है, जितना यह लोककल्याण एवं देश के विकास के लिए आवश्यक है। उसके समक्ष राज्यों की अस्मिता या इकाइयों की पहचान को कायम रखने जैसा कोई सवाल नहीं रहता है।

भारतीय संविधान, देश की एकता की कीमत पर विकेन्द्रीकरण और संघवाद के सिद्धान्त को नहीं स्वीकार करता है, बल्कि देश की एकता को विकेन्द्रीकरण और संघवाद के सिद्धान्त के लिए आवश्यक मानता है। उसका संघवाद समन्वय पर आधारित है, जो इस विचार से ओतप्रोत है कि न केवल केन्द्र एवं राज्य के मध्य, बल्कि राज्य एवं ग्राम के मध्य और केन्द्र, राज्य एवं ग्राम के मध्य इस तरह परस्पर समन्वय स्थापित हो कि वे राष्ट्र-स्वराज को बनाए रखने और ग्राम सुराज एवं लोक-सर्वोदय के लक्ष्य को प्राप्त करने के लिए एक-दूसरे के पूरक बनकर कार्य करें, न कि प्रतिद्वंद्वी बनकर। यह भारतीय संविधान का 'समन्वयी संघवाद' है।

महान विधिवेत्ता मि. ब्राइस ने अमेरिकी संविधान के संघवाद के बारे में कहा है कि "यहाँ केन्द्र और राज्यों के मध्य परस्पर स्थिति की तुलना ऐसे बड़े भवन और दूसरे छोटे-छोटे भवनों से की जा सकती है, जो यद्यपि एक ही जमीन पर खड़े रहते हैं किन्तु वे एक-दूसरे से सर्वथा भिन्न बिखरे-बिखरे विद्यमान रहते हैं।" अमेरिकी संविधान के संघवाद के बारे में मि. ब्राइस का यह विचार संघवाद के प्रतिद्वंद्वी स्वरूप को रेखांकित करता है। इसके विपरीत भारतीय संविधान में संघवाद का समन्वयी स्वरूप स्वीकार किया गया है, जिसके महल के अन्दर मौजूद राज्य एवं स्थानीय इकाई रूपी तमाम छोटे-बड़े भवनों तक पँहुचने के लिए केन्द्र के ऐसे मजबूत प्रवेश द्वार से होकर गुजरना है, जो चारों तरफ बन्द दीवार के रूप में विस्तारित होकर इन राज्यों एवं इकाइयों की सुरक्षा करते हैं और इन्हें विकास के अवसर प्रदान करते हैं।

16

आपातकाल : राष्ट्रीय सुरक्षा का हथियार

एक राष्ट्र अपने नागरिकों की सुरक्षा तभी कर सकता है, जब वह स्वयं सुरक्षित हो। एक असुरक्षित राष्ट्र से अपने नागरिकों के हित की बात सोचने की अपेक्षा नहीं किया जा सकता है। ऐसी स्थिति में जब राष्ट्र की सुरक्षा खतरे में हो, शासक की जिम्मेदारी हो जाती है कि वह सुरक्षा के लिए खतरा बने परिस्थितियों को समाप्त करे। इसके लिए नागरिकों को भी आगे आकर बहुत सारे त्याग करने होते हैं। यह त्याग व्यक्तिगत हितों का त्याग हो सकता है, या मूल अधिकारों का त्याग या लोकतांत्रिक अधिकारों का त्याग। खतरा समाप्त होने तक किए जाने वाले ये त्याग नागरिकों को स्वयं आगे आकर करना पड़ सकता है या शासन खुद अपने नागरिकों से ऐसा त्याग करने के लिए कह सकता है।

देश की सुरक्षा को खतरा पहुँचाने वाला विषम परिस्थिति या आपात स्थिति विद्यमान हो गया है या आशंकित है और इसलिए अब देश के लोगों को त्याग करने के लिए तैयार रहना है, इसकी घोषणा यानी आपातकाल की घोषणा करने की शक्ति कार्यपालिका के पास होता है। आपातकाल घोषित करने की यह शक्ति, देश को असुरक्षा के खतरे से बचाने के लिए शासन के पास एक हथियार है। चूँकि आपातकाल के परिणाम गम्भीर प्रकृति के होते हैं, इसलिए इसका दुरुपयोग होने से बचाने के लिए आवश्यक है कि उन विषम परिस्थितियों को परिभाषित किया जाए, जब आपातकाल की घोषणा किया जा सके। कम-से-कम लोकतांत्रिक शासन-व्यवस्था के लिए अपने लिखित संविधान में इन विषम परिस्थितियों को परिभाषित करना और कार्यपालिका पर यथोचित अंकुश लगाना और भी आवश्यक हो जाता है।

प्रारूप संविधान के अन्तर्गत तीन तरह की विषम परिस्थितियों में आपातकाल लागू करने की व्यवस्था अपनाया गया। पहला युद्ध, बाह्य आक्रमण या आन्तरिक अशान्ति के कारण लगने वाला आपातकाल, दूसरा संवैधानिक विफलता के कारण लगने वाला आपातकाल, और तीसरा वित्तीय स्थिरता या साख का संकट पैदा होने के कारण लगने वाला आपातकाल।

आपातकाल से सम्बन्धित प्रारूप भाग IX (नियमित भाग XVIII) संविधान-सभा के पटल पर 2 अगस्त, 1949 को रखा गया। इस भाग में शामिल प्रारूप अनुच्छेद 275, 276, 277 राष्ट्रीय सुरक्षा के निमित्त लगने वाले आपातकाल से; प्रारूप अनुच्छेद 277-क, 278, 278-क संवैधानिक विफलता के कारण लगने वाले आपातकाल से; प्रारूप अनुच्छेद 279, 280 आपातकाल का मूल अधिकार पर पड़ने वाले प्रभाव से सम्बन्धित थे। इन सभी प्रावधानों पर 2-4 अगस्त, 1949 को बहस किया गया। वित्तीय आपातकाल से सम्बन्धित एक नया अनुच्छेद 280-क जोड़ने के लिए 16 अक्टूबर, 1949 को संशोधन प्रस्तुत किया गया।

राष्ट्रीय आपातकाल

प्रारूप अनुच्छेद 275 के अन्तर्गत राष्ट्रपति को केवल दो आधार—युद्ध और घरेलू हिंसा—पर आपातकाल की घोषणा करने की शक्ति प्रस्तावित की गई थी।

इस सम्बन्ध में पहला संशोधन[1] डॉ. बी. आर. आंबेडकर ने प्रारूप प्रावधान को बदलने के लिए प्रस्तुत किया। तीन खंड वाले नये प्रावधान का खंड (1) राष्ट्रपति को युद्ध, बाह्य आक्रमण या आन्तरिक अशान्ति के कारण होने वाले भारत या इसके किसी क्षेत्र के सुरक्षा संकट से निपटने के लिए आपात की उद्घोषणा करने की शक्ति देता था। इस तरह मूल प्रावधान में प्रयुक्त 'युद्ध और घरेलू हिंसा' को व्यापक बनाकर 'युद्ध, बाह्य आक्रमण या आन्तरिक अशान्ति' कर दिया गया। खंड (2) का प्रावधान उक्त घोषणा को वापस लेने या संसद के समक्ष रखने या संसद द्वारा अनुमोदित न होने पर दो महीने बीतने पर समाप्त होने से सम्बन्धित था। इस तरह मूल प्रारूप में निर्धारित छह महीने की अवधि को बदलकर दो महीने कर दिया गया। इस खंड के साथ एक परन्तुक लोकसभा के विघटन की ऐसी उद्घोषणा पर प्रभाव को लेकर था और कहता था कि नये लोकसभा के गठन के एक महीने के बाद ऐसी उद्घोषणा समाप्त हो जाएगी, जब तक कि इस अवधि के पूर्व दोनों सदनों द्वारा इस उद्घोषणा का अनुमोदन न कर दिया जाए। इसी तरह खंड (3) कहता था कि आपातकाल की ऐसी उद्घोषणा वास्तव में युद्ध या बाह्य आक्रमण या आन्तरिक अशान्ति के घटित होने के पहले भी किया जा सकता है यदि राष्ट्रपति सन्तुष्ट है कि तुरन्त खतरा मौजूद है।

नए प्रावधान के सम्बन्ध में केवल एच. वी. कामथ ने संशोधन[2] प्रस्तुत किया, जबकि ब्रजेश्वर प्रसाद और हृदयनाथ कुंजरू ने अपना संशोधन प्रस्तुत करने से मना कर दिया। कामथ का पहला संशोधन खंड (2) के उपखंड (क) में शब्द 'वापस' के बाद शब्द 'परिवर्तन' जोड़ने के लिए, दूसरा संशोधन खंड (1) में राष्ट्रपति के पूर्व शब्दावली 'मंत्रिपरिषद के परामर्श पर कार्य करने वाले' जोड़ने के लिए और अन्तिम संशोधन खंड (3) में शब्दावली 'युद्ध या बाह्य आक्रमण' को निरस्त करने के लिए था। कामथ ने बहस की कि "विश्व के किसी लोकतांत्रिक देश के संविधान में इस तरह के आपातकाल का अध्याय नहीं पाया है। सबसे निकट का उदाहरण वाइमर का संविधान है, जिसे हिटलर ने इसी प्रावधान का लाभ लेकर निरस्त कर दिया। यह वाइमर संविधान अब मौजूद नहीं है और इसका स्थान बोन संविधान ने ले लिया है। इसलिए इस अध्याय पर गम्भीरता से विचार कर परिपक्व निर्णय लिया जाना चाहिए।"

आम बहस में भाग लेते हुए प्रो. शिब्बन लाल सक्सेना ने कहा कि "वस्तुत: यह प्रावधान भयावह दिखता है और ऐसा लगता है कि राष्ट्रपति इस अनुच्छेद के अन्तर्गत निरंकुश हो जाएगा, किन्तु अनुच्छेद 276 और 277 पढ़ने के बाद ऐसे भय की कोई आवश्यकता नहीं है। मि. कामथ ने जर्मनी के संविधान का उदाहरण दिया है, किन्तु वह अनुच्छेद 278 के बारे में कुछ कहे है न कि इस अनुच्छेद के बारे में। यह केन्द्र को उस तरह शक्ति नहीं देता है, जिस तरह वाइमर संविधान केन्द्र को देता है।[3]

आम बहस के दौरान ब्रजेश्वर प्रसाद, नजीरुद्दीन अहमद, तजामुल हुसैन, महावीर त्यागी, जगत नारायण लाल और टी. टी. कृष्णमाचारी ने नये प्रावधान का पूर्ण समर्थन किया। ब्रजेश्वर प्रसाद ने प्रावधान को देश की जनता के हित में बहुत आवश्यक बताया। तजामुल हुसैन ने भी मजबूत केन्द्र की वकालत करते हुए जनता के हित को भी ध्यान देने की आवश्यकता पर बल दिया।...महावीर त्यागी ने केन्द्र को हर तरीके से मजबूत बनाने की वकालत की। जबकि प्रो. के. टी. शाह ने इस प्रावधान को केन्द्रीय सरकार को अत्यधिक प्राधिकार देने वाला और

गम्भीर खतरों के साथ शक्तिशाली बनाने वाला बताया। उनका कहना था कि "यदि हम इस संविधान के अन्तर्गत ऐसा राज्य बना रहे हैं, तो यह कहते हुए डर है कि हम उस वचन के साथ ईमानदारी से नहीं हैं कि स्वराज ही इस पृथ्वी पर असली रामराज होगा, जिसे इस देश के साथ हमने किया है।"[4]

डॉ. पी. एस. देशमुख और सैयद करीमुद्दीन ने एच. वी. कामथ के उस संशोधन का समर्थन किया, जिसमें राष्ट्रपति द्वारा मंत्रिपरिषद से परामर्श लेने सम्बन्धी प्रावधान बनाने की माँग की गई थी। डॉ. देशमुख का तर्क था कि हम एक विशेष व्यक्ति को व्यापक शक्ति दे रहे हैं और इस आपातकाल की शक्ति का प्रयोग व्यक्तिगत विवेकाधिकार के अनुसार किया जा सकता है। इसलिए मंत्रिपरिषद का परामर्श लेने का प्रावधान बहुत आवश्यक है।[5] जबकि तजामुल हुसैन ने कामथ के संशोधन का विरोध करते हुए कहा कि "यह हमेशा माना जाता है कि राष्ट्रपति मंत्रिपरिषद का परामर्श लेकर ही कार्य करेगा। संविधान में इसका उल्लेख करना आवश्यक नहीं है।"[6] टी. टी. कृष्णमाचारी ने वाइमर संविधान के अनुच्छेद 48, अमेरिकी संविधान, फ्रांसीसी संविधान का दृष्टान्त देते हुए प्रारूप प्रावधान का समर्थन किया। इस अध्याय को सुरक्षा-वाल्व बताते हुए कृष्णमाचारी ने कहा कि "यदि हम भविष्य में संविधान को पलट देने वाले सम्भावित उपद्रव की परिकल्पना नहीं करते हैं और ऐसी आकस्मिकता के खिलाफ व्यवस्था नहीं बनाते हैं, तो यह सम्भव है कि उस समय सत्ता में बैठा व्यक्ति उचित कदम उठाने हेतु इसलिए अक्षम हो क्योंकि ऐसे आपातकाल से निपटने की कोई शक्ति उसे नहीं दी गई है।"[7]

तत्पश्चात सभाध्यक्ष ने डॉ. बी. आर. आंबेडकर से बोलने के लिए कहा। डॉ. आंबेडकर ने कहा कि "चर्चा में बहुत समय ले लिया गया है। यदि चर्चा में भाग लेने वाले सदस्य चाहते हैं कि मैं कुछ बोलूँ, तो मुझे बोलने में खुशी होगी, किन्तु तब भी यह कल ही कर सकता हूँ।" सभाध्यक्ष ने कहा कि "मि. टी. टी. कृष्णमाचारी ने सभी बिन्दुओं पर बात रख दी है। इसलिए किसी जवाब की आवश्यकता नहीं है।" डॉ. आंबेडकर ने भी सहमति व्यक्त की।

इसके बाद संविधान-सभा ने डॉ. आंबेडकर के संशोधन को स्वीकार कर और बाकी सभी चार संशोधनों को अस्वीकार कर प्रारूप अनुच्छेद 275 का यथासंशोधित प्रावधान (नियमित अनुच्छेद 352) अंगीकृत कर लिया।

राष्ट्रीय सुरक्षा आपातकाल से सम्बन्धित दो अन्य प्रारूप अनुच्छेद 276 एवं 277 थे। प्रारूप अनुच्छेद 276 के खंड (क) के अन्तर्गत संघ की कार्यपालिकीय शक्ति को राज्यों को यह निर्देश देने तक विस्तारित किया गया था कि वे किस तरह अपनी कार्यपालिकीय शक्ति का प्रयोग करें। इसी तरह खंड (ख) कहता था कि आपातकाल के दौरान संसद को किसी भी मामले में कानून बनाने की शक्ति प्राप्त होगी।

डॉ. बी. आर. आंबेडकर ने प्रारूप खंड (ख) के सम्बन्ध में यह संशोधन[8] प्रस्तुत किया कि इसके अन्त में शब्दावली 'इसके बावजूद कि यह संघ सूची में उल्लेखित नहीं किया गया है' जोड़ी जाए। इस संशोधन पर नजीरुद्दीन अहमद ने आपत्ति किया कि यह बात खंड (क) में 'संविधान में किसी बात के होते हुए' को पहले से स्वीकार किया गया है, इसलिए यह अनावश्यक है। किन्तु टी. टी. कृष्णमाचारी ने इसे भारत शासन अधिनियम की धारा 126-क को दृष्टिगत रखते हुए आवश्यक बताया।

इसके बाद संविधान-सभा ने डॉ. आंबेडकर के संशोधन को स्वीकार कर प्रारूप अनुच्छेद 276 का यथासंशोधित प्रावधान (नियमित अनुच्छेद 353) 3 अगस्त, 1949 को अंगीकृत कर लिया।

तत्पश्चात सभाध्यक्ष ने प्रारूप अनुच्छेद 277 को सभा के पटल पर रखने के लिए कहा। किन्तु डॉ. बी. आर. आंबेडकर के कहने पर इसे आगे के लिए टाल दिया गया। इसके बाद यह अनुच्छेद, 19 अगस्त, 1949 को सभा के पटल पर रखा गया। इसके अनुसार आपातकाल के दौरान राष्ट्रपति अपने आदेश द्वारा अनुच्छेद 249 से 259 (नियमित अनुच्छेद 268 से 279) तक में उपबन्धित केन्द्र और राज्यों के वित्तीय सम्बन्धों में परिवर्तन कर सकता है। डॉ. आंबेडकर ने इस प्रावधान को खंड (1) बनाकर नया खंड (2) जोड़ने के लिए संशोधन[9] प्रस्तुत किया। नया प्रस्तावित खंड (2) कहता था कि खंड (1) के अन्तर्गत निर्गत प्रत्येक आदेश को जल्द से जल्द संसद के प्रत्येक सदन के समक्ष प्रस्तुत किया जाएगा।

प्रारूप अनुच्छेद 277 के सम्बन्ध में एक अन्य संशोधन[10] हृदयनाथ कुंजरू ने प्रारूप प्रावधान को बदलने के लिए प्रस्तुत किया। नये प्रावधान के अनुसार अनुच्छेद 251 की किसी बात के होते हुए, आपातकाल के दौरान संघ इस अनुच्छेद के खंड (1) द्वारा राज्यों को मिलने वाले धन को बाहर रख सकता है। इसके समर्थन में कुंजरू ने कहा कि "यह प्रावधान भारत शासन अधिनियम, 1935 से उधार लिया गया है।" अपने संशोधन का अर्थ बताते हुए कुंजरू ने आगे कहा कि "अनुच्छेद 251 के अन्तर्गत कुछ प्रतिशत निर्धारित करना होता है, जो आयकर की शुद्ध आमदनी के विभाजित अंश में प्रान्तों के हिस्से का प्रतिनिधित्व करेगा। इस अनुच्छेद के अनुसार प्रान्तों को यह हिस्सा तुरन्त दे दिया जाएगा। उनका संशोधन यह प्रस्तावित करता है कि संघ सम्पूर्ण प्रान्तीय हिस्से को प्रान्तों को एक बार में नहीं, बल्कि कुछ अवधि में दे सकता है। किन्तु यदि इस दौरान आपातकाल लागू होता है और यदि आपातकाल इतना गम्भीर है, तो राष्ट्रपति निर्देश दे सकता है कि किसी विशेष वर्ष में प्रान्तीय हिस्से का स्थानान्तरण रोक दिया जाए।"

आम बहस के दौरान प्रो. शिब्बन लाल सक्सेना ने कुंजरू के संशोधन का समर्थन करते हुए कहा कि "कुंजरू ने इस सभा को नया सोच दिया है। उन्होंने उन समस्याओं को बताया है, जो इस अनुच्छेद के पारित होने के कारण पैदा होंगे। डॉ. आंबेडकर का संशोधन इसमें कोई सहयोग नहीं कर पाएगा। मात्र संसद के समक्ष रखना पर्याप्त सुरक्षा नहीं है।"[11] श्रीमती रेणुका राय, बिश्वनाथ दास, कुलाधर चालिहा, बी. दास ने भी अपने-अपने तर्कों के साथ कुंजरू के संशोधन का समर्थन और प्रारूप अनुच्छेद 277 का विरोध किया। जबकि अल्लादी कृष्णास्वामी अय्यर ने प्रारूप अनुच्छेद 277 एवं इस पर लाए गए डॉ. आंबेडकर के संशोधन का समर्थन किया। अय्यर ने कहा कि "मित्र हृदयनाथ कुंजरू ने इस अनुच्छेद के प्रभाव के बारे में बहुत ही भयंकर तसवीर रखी है। अस्पताल बन्द हो जाएँगे, प्रान्तों के सभी रचनात्मक कार्य रोक दिए जाएँगे, प्रान्तीय स्वायत्तता समाप्त कर दी जाएगी, केन्द्रीय कार्यपालिका निरंकुश हो जाएगी, और संशोधन के साथ लिए गए इस अनुच्छेद के परिणामस्वरूप और कुछ नहीं, बल्कि अराजकता आ जाएगी। वह भूल गए कि अनुच्छेद 277 अनुच्छेद 275 का परिणाम है।"[12] ब्रजेश्वर प्रसाद, श्रीमती जी. दुर्गाबाई, एस. वी. कृष्णमूर्ति राव, वी. एस. सरवटे ने भी अपने-अपने तर्कों के साथ प्रारूप अनुच्छेद 277 एवं डॉ. आंबेडकर के संशोधन का समर्थन किया।

अन्त में डॉ. बी. आर. आंबेडकर ने हृदयनाथ कुंजरू के संशोधन को अस्वीकार कर दिया। अनुच्छेद 251, अनुच्छेद 253 और अनुच्छेद 255, जिसके अन्तर्गत प्रान्त केन्द्र से क्रमश: आयकर, सीमा शुल्क, एवं केन्द्रीय अनुदान प्राप्त करते हैं, का उल्लेख करते हुए डॉ. आंबेडकर ने कहा कि "कुंजरू को अन्तिम दो के सन्दर्भ में मसौदा समिति से कोई मतभेद नहीं है। उनका संशोधन केवल आयकर को लेकर है।"

इस दौरान कुंजरू ने कहा कि उनके संशोधन का गलत अर्थ लगाया जा रहा है।

किन्तु डॉ. बी. आर. आंबेडकर ने यह कहते हुए कि वह उनके संशोधन का नैसर्गिक अर्थ निकालने का अधिकार रखते हैं, अपनी बात को जारी रखा और कहा कि "कुंजरू के संशोधन में जो बात कही गई है, वह यह है कि यदि राष्ट्रपति आयकर के सम्बन्ध में कुछ बदलाव करना चाहते हैं, तो वह इसे एक विशेष तरीके से करें। इसकी कोई आवश्यकता नहीं है कि राष्ट्रपति का हाथ एक विशेष तरीके से कार्य करने के लिए बाँध दिया जाए। यह सम्भव है कि राष्ट्रपति प्रान्तों का परामर्श लेकर या वित्त आयोग या किसी अन्य संस्था का परामर्श लेकर आपातकाल में आयकर की कार्यवाही को लेकर कोई अन्य तरीका अपनाए। यह उचित है कि प्रावधान को लचीला रखा जाए।"[13]

आम बहस के बाद संविधान-सभा ने डॉ. आंबेडकर के संशोधन को स्वीकार कर और कुंजरू के संशोधन को अस्वीकार कर प्रारूप अनुच्छेद 277 का यथासंशोधित प्रावधान (नियमित अनुच्छेद 354) अंगीकृत कर लिया।

राज्यों में आपातकाल

आपातकाल के सम्बन्ध में सबसे महत्त्वपूर्ण प्रावधान राज्यों में संवैधानिक विफलता के कारण आपातकाल लगाने सम्बन्धी प्रावधान था। इस सम्बन्ध में डॉ. बी. आर. आंबेडकर ने प्रारूप अनुच्छेद 188 समाप्त करने; प्रारूप अनुच्छेद 277 के बाद नया अनुच्छेद 277-क जोड़ने और प्रारूप अनुच्छेद 278 के स्थान पर दो अलग-अलग अनुच्छेद 278 एवं अनुच्छेद 278-क रखने के लिए संशोधन[14] प्रस्तुत किया।

नये अनुच्छेद 277-क के अनुसार प्रत्येक राज्य की बाह्य आक्रमण या आन्तरिक अशान्ति से रक्षा करना और इसके शासन को संविधान के अनुसार चलाना संघ का कर्तव्य होगा। पाँच खंड में विभाजित प्रारूप अनुच्छेद 278 का प्रावधान, राष्ट्रपति को राज्यपाल की रिपोर्ट पर या अन्यथा, किसी राज्य सरकार के संविधान के अनुसार नहीं चलने पर उद्घोषणा की शक्ति प्रदान करता था। इसके माध्यम से राज्य सरकार की शक्ति को वह अपने हाथ में ले सकता था या राज्य विधायिका की शक्ति को संसद द्वारा प्रयोग किया जा सकता था। नया अनुच्छेद 278-क संसद एवं राष्ट्रपति की उन शक्तियों का उल्लेख करता था, जब अनुच्छेद 278 के अन्तर्गत यह घोषित किया गया हो कि राज्य विधायिका की शक्तियों का प्रयोग संसद द्वारा किया जाएगा।

संशोधन प्रस्तुत करते हुए डॉ. बी. आर. आंबेडकर ने कहा कि संविधान के मूलभूत सिद्धान्त पर विचार करते समय यह सभा सहमत थी कि इस संविधान में संविधान के उल्लंघन के लिए कुछ व्यवस्था होनी चाहिए। दूसरे शब्दों में संविधान में कुछ ऐसा प्रावधान शामिल करना चाहिए, जो भारत शासन अधिनियम, 1935 की धारा 93 के समतुल्य हो। उस समय जब इस सभा ने यह सिद्धान्त स्वीकार किया था, तब यह प्रस्तावित था कि यदि प्रान्तों के राज्यपाल समझते हैं कि प्रान्त का प्रशासनिक-तंत्र विफल हो गया है, तो राज्यपाल को यह शक्ति होनी चाहिए कि वह उस प्रान्त के प्रशासन को अपने हाथ में ले लेने की तुरन्त घोषणा करे और उसके बाद संघ के राष्ट्रपति को इसके बारे में सूचना दे और मूल अनुच्छेद 188 के अन्तर्गत राज्यपाल की इस रिपोर्ट पर राष्ट्रपति अनुच्छेद 278 के अन्तर्गत कार्य कर सकता था। अब यह सोचा गया है कि यदि अन्ततः राष्ट्रपति को ही संविधान की रक्षा के लिए प्रान्तीय क्षेत्र में प्रवेश करने की जिम्मेदारी लेना है, तो यह ज्यादा बेहतर है कि राष्ट्रपति प्रारम्भ से ही इस क्षेत्र में आ जाए। इसलिए अनुच्छेद 188 अब निरर्थक हो गया है।[15]

उक्त नये प्रारूप प्रावधान पर एच. वी. कामथ ने पाँच, प्रो. शिब्बन लाल सक्सेना ने दो संशोधन प्रस्तुत किए। जबकि ब्रजेश्वर प्रसाद ने अपने चार संशोधनों को नहीं प्रस्तावित किया। एच. वी. कामथ के दो संशोधन अनुच्छेद 277-क में शब्द 'और' के स्थान पर 'या' रखने के लिए और अनुच्छेद 278 में शब्द 'अन्यथा' को हटाने के लिए था। 'अन्यथा' शब्द को शरारतपूर्ण एवं पैशाची शब्द बताते हुए कामथ ने कहा कि "राष्ट्रपति को न केवल राज्य के राज्यपाल या शासक की रिपोर्ट पर, बल्कि अन्यथा हस्तक्षेप करने की शक्ति देना एक संवैधानिक अपराध है।"[16] प्रो. शिब्बन लाल सक्सेना का एक संशोधन खंड (4) में परन्तुक जोड़ने के लिए था, जो कहता था कि राष्ट्रपति यदि उचित समझता है, तो राज्य विधायिका के विघटन के दौरान कभी भी नये आम चुनाव के लिए आदेश कर सकता है और जिस दिन नई निर्वाचित विधायिका सत्र हेतु बैठती है, उसी दिन उद्घोषणा का प्रभाव समाप्त हो जाएगा। इस संशोधन के समर्थन में प्रो. सक्सेना ने कहा कि "यदि हम ऐसी शक्ति देते हैं, तो हमें प्रान्तों को भी कुछ लोकतंत्र देना ही चाहिए। इसलिए भगवान के लिए ऐसे प्रावधान के साथ, जो राष्ट्रपति को प्रान्तों की स्वायत्तता से लगातार तीन वर्ष तक वंचित करने की शक्ति देता है, यह परन्तुक जोड़ा जाए।"[17]

आम बहस में बी. एच. जैदी, डॉ. पी. एस. देशमुख, राज बहादुर, अल्लादी कृष्णास्वामी अय्यर, बी. एम. गुप्ता, के. सन्थानम, हृदयनाथ कुंजरू, एल. कृष्णास्वामी भारती, नजीरुद्दीन अहमद, ठाकुर दास भार्गव, ब्रजेश्वर प्रसाद, अलगू राय शास्त्री ने भाग लिया। बी. एच. जैदी ने बीते इतिहास को देखते हुए प्रावधान को स्वस्थ, उचित एवं आवश्यक बताया। जैदी ने जार्ज बर्नार्ड शॉ के उस कथन को याद किया, जिसमें कहा गया था कि "बहुत ज्यादा अच्छा होना खतरनाक बात है। इसी तरह हमारे देश के लिए बहुत ज्यादा लोकतांत्रिक होना बहुत खतरनाक है। यदि हम विश्व का सबसे सुन्दर संविधान रखने जा रहे हैं, किन्तु इस देश में यदि लोकतांत्रिक भावना नहीं है, तो संविधान का तोड़ा जाना निश्चित है। यदि यह भावना नहीं है और हमारी सरकार मुस्तैद होकर देखरेख नहीं करती है, तो ईश्वर की इस धरती का कोई संविधान, यहाँ तक कि यदि इसे देवदूत गैब्रिल द्वारा बनाया गया हो, सफल नहीं होने वाला है।"[18] जबकि हृदयनाथ कुंजरू ने प्रारूप अनुच्छेद 277-क, 278 एवं 278-क के प्रावधानों को इस आधार पर अनावश्यक बताया कि इनसे ज्यादा प्रभावशाली व्यवस्था अनुच्छेद 275 एवं 276 के अन्तर्गत पहले ही स्वीकार की जा चुकी है।[19] नजीरुद्दीन अहमद ने भी इन प्रावधानों को निरंकुशता की ओर आगे बढ़ाने वाला प्रावधान बताया और कहा कि "ये ऐसे प्रावधानों की शृंखला का भाग है, जिसके विरोध में प्रत्येक कानून-पालक नागरिक और संविधान एवं लोकतंत्र में विश्वास रखने वाले व्यक्ति को खड़ा होना चाहिए और ऐसी प्रवृत्ति का विरोध करना चाहिए।"[20]

बी. एम. गुप्ता ने यद्यपि अनुच्छेद 188 समाप्त करने का समर्थन किया, किन्तु नये अनुच्छेद 278 पर नाखुशी भी जाहिर की। गुप्ता ने कहा कि "दुर्भाग्य से इस देश की परिस्थिति ऐसी है; हम ऐसे काल में रह रहे हैं, जो हमारे शैशव देश के लिए नाजुक साबित हो सकता है। इसलिए यद्यपि हम इसे नहीं चाहते हैं किन्तु हमें बर्दाश्त करना होगा। इसे हम सामान्य समय में खारिज करेंगे।" गुप्ता ने आशा व्यक्त की कि यह एक मृत अक्षर बना रहे और इस असाधारण शक्ति का प्रयोग करने का कभी अवसर ही न पैदा हो।"[21] ठाकुर दास भार्गव ने भी इस प्रावधान के लिए मसौदा समिति को बधाई दी और कहा कि "यदि प्रारूप अनुच्छेद 188 को बनाए रखा जाता तो, इसकी भी कड़ी आलोचना की जाती। किन्तु अब हमें यह देखना होगा कि क्या लाभ और हानि के सन्तुलन पर वर्तमान स्थिति बेहतर है या नहीं। अनुच्छेद 188 को समाप्त

करने और नया अनुच्छेद 278 एवं 277-क लाने के बाद राज्यपाल को आपातकाल लगाने की शक्ति नहीं रह गई है।"[22]

अन्त में डॉ. बी. आर. आंबेडकर ने सभी संशोधनों को अस्वीकार कर दिया। एच. वी. कामथ के अनुच्छेद 277-क में शब्द 'और' के स्थान पर 'या' रखने की माँग पर डॉ. आंबेडकर ने कहा कि "यहाँ शब्द 'और' का प्रयोग संयोजक (कंजक्टिव) एवं वियोजक (डिसजक्टिव) दोनों अर्थ में किया गया है, जिसे 'और' या 'या' दोनों के स्थान पर जैसा आवश्यक हो, की तरह प्रयोग किया जा सकता है।" प्रो. सक्सेना द्वारा परन्तुक जोड़ने के लिए प्रस्तुत किए गए संशोधन पर भी डॉ. आंबेडकर ने कहा कि "यह व्यवस्था अनुच्छेद 278 के खंड (1) के उपखंड (क) में पहले से है, जिसमें यह प्रस्तावित किया गया है कि राष्ट्रपति अपने अन्दर राज्यपाल की शक्ति धारण कर सकता है। सदन को विघटित करना राज्यपाल द्वारा प्रयोग किए जाने वाली एक शक्ति भी है। इसलिए नया प्रावधान जोड़ने की कोई आवश्यकता नहीं है।"[23]

डॉ. आंबेडकर ने कुंजरू के इस तर्क को भी नकार दिया कि इनसे ज्यादा प्रभावशाली व्यवस्था अनुच्छेद 275 एवं 276 के अन्तर्गत पहले ही स्वीकार की जा चुकी है। डॉ. आंबेडकर ने कहा कि "अनुच्छेद 275 और इस अनुच्छेद 278 के उद्देश्य एवं आशय को लेकर उन्हें भारी गलतफहमी है। अनुच्छेद 275 तब लागू होता है, जब युद्ध या बाहरी आक्रमण या आन्तरिक अशान्ति जैसी स्थिति आती है, जबकि अनुच्छेद 278 किन्हीं अन्य कारणों से राज्य का तंत्र विफल होने पर लागू होता है। अनुच्छेद 275 के अन्तर्गत उद्घोषणा होने पर आपको प्रान्तीय विधायिका को स्थगित करने की शक्ति नहीं होगी। विधायिका अपना काम करती रहेगी। किन्तु अनुच्छेद 278 के लागू होने पर स्थिति अलग होगी। यहाँ पर प्रान्त में कोई विधायिका नहीं होगी, क्योंकि यह स्थगित रहेगा।"

इसी दौरान कुंजरू ने सवाल किया—क्या अनुच्छेद केन्द्रीय सरकार को प्रान्तों में अच्छा शासन के नाम पर प्रान्तीय मामलों में हस्तक्षेप करने देगा?

डॉ. आंबेडकर ने जवाब दिया—नहीं, नहीं, केन्द्रीय सरकार को ऐसा अधिकार नहीं दिया गया है।

फिर कुंजरू ने पूछा—या फिर तब जब प्रान्त में लोकशान्ति को खतरा पहुँचाने वाला कुशासन हो।

डॉ. आंबेडकर ने पुन: जवाब दिया—केवल तभी जब प्रान्तीय सरकार संविधान के प्रावधानों के अनुसार नहीं चल रही हो। प्रान्त में अच्छा शासन है या नहीं, यह केन्द्र द्वारा तय किया जाना है।

इस दौरान कामथ ने पूछा—प्रो. सक्सेना के संशोधन के बारे में क्या? क्या डॉ. आंबेडकर इसका जवाब नहीं दे रहे हैं?

डॉ. आंबेडकर ने कहा—वह इसे नहीं स्वीकार करते हैं। वह केवल उन्हीं संशोधनों का जवाब दे रहे हैं या सन्दर्भ ले रहे हैं, जिनमें वह कोई तत्त्व पाते हैं। वह प्रस्तुत किए गए सभी संशोधनों पर चर्चा नहीं कर सकते हैं। कामथ द्वारा पुन: सवाल उठाए जाने पर सभाध्यक्ष ने कहा कि वह डॉ. आंबेडकर को किसी विशेष तरीके से जवाब देने के लिए बाध्य नहीं कर सकते हैं। वह अपने अनुसार जवाब देने का अधिकार रखते हैं।

इसके बाद डॉ. आंबेडकर ने इस प्रावधान के दुरुपयोग होने के सम्बन्ध में उठाए गए सवाल पर कहा कि "इस प्रावधान के दुरुपयोग या राजनीतिक उद्देश्य से प्रयोग करने की सम्भावना से इनकार नहीं किया जा सकता है। किन्तु यह आपत्ति संविधान के प्रत्येक उस प्रावधान के

सन्दर्भ में लागू होती है, जो केन्द्र को प्रान्तों पर प्रभावी होने की शक्ति देते हैं।" डॉ. आंबेडकर ने बी. एम. गुप्ता के उस वक्तव्य, जिसमें कहा गया था कि सबसे अच्छी बात यही होनी चाहिए कि इसका कभी प्रयोग ही नहीं किया जाएगा और यह मृत अक्षर बना रहे, का उल्लेख करते हुए इससे सहमति व्यक्त की और आशा व्यक्त की कि यदि राष्ट्रपति ऐसी शक्ति का प्रयोग कर रहा है तो प्रान्तों के प्रशासन को निलम्बित करने के पूर्व वह उचित सावधानी बरतेगा। वह पहले कमी को लेकर चेतावनी देगा कि चीजें उस तरह नहीं हो रही हैं, जैसा संविधान में होने का आशय है। यदि यह चेतावनी असफल हो जाती है तब उसके लिए दूसरा कार्य चुनाव के लिए आदेश करने का होगा, ताकि उस राज्य की जनता मामले को खुद सलटा ले।"[24]

इसके बाद संविधान-सभा ने डॉ. बी. आर. आंबेडकर के तीनों संशोधन को स्वीकार कर और बाकी सभी संशोधनों को अस्वीकार कर प्रारूप अनुच्छेद 277-क (नियमित अनुच्छेद 355), प्रारूप अनुच्छेद 278 (नियमित अनुच्छेद 356) एवं प्रारूप अनुच्छेद 278-क (नियमित अनुच्छेद 357) 4 अगस्त, 1949 को अंगीकृत कर लिया।

मूल अधिकार पर आपातकाल का प्रभाव

4 अगस्त, 1949 को ही प्रारूप अनुच्छेद 279 और प्रारूप अनुच्छेद 280 को संविधान-सभा के पटल पर रखा गया। प्रारूप अनुच्छेद 279 के अनुसार जब आपात की उद्घोषणा लागू हो, तो अनुच्छेद 13 (नियमित अनुच्छेद 19) की कोई बात कानून बनाने या कार्यपालिकीय कार्य करने की राज्य की शक्ति को निर्बन्धित नहीं करेगा। इसी तरह प्रारूप अनुच्छेद 280 आपातकाल के दौरान मूल अधिकारों के निलम्बन के सम्बन्ध में था।

इस प्रावधान के सम्बन्ध में प्रो. शिब्बन लाल सक्सेना ने तीन संशोधन[25] प्रस्तुत किए। इसमें से दो संशोधन प्रारूप प्रावधान में दो जगह प्रयोग किए गए शब्द 'राज्य' के स्थान पर शब्द 'संसद' रखने के लिए थे। उनका तर्क था कि यदि आपातकाल के दौरान अनुच्छेद 13 के अधिकार को निलम्बित करना है, तो ऐसा करने का अधिकार केवल संसद को होना चाहिए, न कि कार्यपालिका को।

आम बहस के दौरान एच. वी. कामथ ने प्रो. सक्सेना के संशोधन का समर्थन किया। डॉ. पी. एस. देशमुख ने प्रारूप प्रावधान को अनावश्यक बताया, जबकि आर. के. सिधवा एवं ब्रजेश्वर प्रसाद ने कुछ बिन्दुओं पर असहमति व्यक्त करने के बावजूद प्रारूप प्रावधान का समर्थन किया। डॉ. बी. आर. आंबेडकर ने स्पष्ट किया कि "प्रारूप अनुच्छेद 13 खुद भी केन्द्र एवं प्रान्त दोनों को मूल अधिकार में बदलाव करने की शक्ति इसे तार्किक होने की शर्त के साथ देता है, और जब सामान्य परिस्थिति में दोनों को यह अधिकार प्राप्त है, तो आपातकाल में केवल राज्य को इस शक्ति से वंचित करना उचित नहीं है।"[26]

तत्पश्चात संविधान-सभा ने प्रो. सक्सेना के तीनों संशोधन को अस्वीकार कर प्रारूप अनुच्छेद 279 (नियमित अनुच्छेद 358) अंगीकृत कर लिया।

इसके बाद प्रारूप अनुच्छेद 280 के सम्बन्ध में डॉ. बी. आर. आंबेडकर ने संशोधन[27] संख्या 3028 प्रस्तुत किया, जो प्रारूप प्रावधान को बदलने के लिए था। नये प्रावधान के अनुसार जब आपात की उद्घोषणा लागू हो, तो राष्ट्रपति आदेश द्वारा यह घोषित कर सकता है कि मूल अधिकार को प्रवर्तित कराने का अधिकार और इस सम्बन्ध में न्यायालयों में विचाराधीन सभी कार्यवाहियाँ आपातकाल के दौरान तक निलम्बित रहेंगी।

एच. वी. कामथ, प्रो. शिब्बन लाल सक्सेना एवं हृदयनाथ कुंजरू ने भी संशोधन प्रस्तुत किए। कामथ का संशोधन[28] शब्दावली 'आदेश द्वारा' के स्थान पर 'संसद के प्रत्येक सदन के सम्पूर्ण सदस्यों के बहुमत के अनुमोदन के अधीन' रखने के लिए प्रस्तुत किया।...प्रो. सक्सेना का संशोधन[29] शब्दावली 'राष्ट्रपति आदेश द्वारा यह घोषित कर सकता है' के स्थान पर 'संसद कानून द्वारा प्राविधानित कर सकता है' और शब्द 'आदेश' के स्थान पर 'कानून' रखने के लिए प्रस्तुत किया। इसके अलावा कुंजरू का संशोधन[30] अनुच्छेद 280 का प्रभाव सभी मूल अधिकारों के बजाय केवल अनुच्छेद 13, 14, 15, 16 एवं 24 तक सीमित करने के लिए था।

आम बहस का आरम्भ करते हुए महावीर त्यागी ने प्रारूप अनुच्छेद 280 का विरोध किया। प्रो. के. टी. शाह ने भी प्रस्तुत प्रावधान पर आपत्ति की। प्रो. सक्सेना के संशोधन का समर्थन करते हुए प्रो. शाह ने कहा कि कार्यपालिकीय आदेश और संसद के कानून के मध्य अन्तर स्पष्ट है। जहाँ कार्यपालिकीय आदेश में राष्ट्रपति अकेले कार्य करेगा या शायद एक या दो मंत्री उसे सलाह देंगे और वह इस परामर्श पर बिना किसी चर्चा के कार्य करेगा, वहीं संसद के कानून में प्रत्येक प्रावधान पर और प्रावधान के प्रत्येक शब्द पर गहराई से खोजबीन की जा सकेगी।[31]

बीच में हस्तक्षेप करते हुए डॉ. बी. आर. आंबेडकर ने कहा, "इस बिन्दु पर कि क्या निलम्बन की कार्यवाही राष्ट्रपति के आदेश से, जिसका निश्चित अर्थ है कि मंत्रिमंडल के परामर्श पर, जिसका निश्चित अर्थ है कि कार्यपालिका को विधायिका का विश्वास हासिल है, होना चाहिए, को लेकर मतभिन्नता होने पर कोई सन्देह नहीं है कि क्या निलम्बन कार्यपालिकीय आदेश से होना चाहिए या संसद के कानून से? मसौदा समिति को इस पर विचार करने का अवसर देना चाहिए। इसलिए इस अनुच्छेद को कुछ समय के लिए टाल देना चाहिए। इसके बाद सभाध्यक्ष ने इसे उस दिन के लिए टाल दिया।

इसके बाद 20 अगस्त, 1949 को प्रारूप अनुच्छेद 280 को सभा के पटल पर रखा गया। डॉ. आंबेडकर ने प्रारूप प्रावधान को तीन खंड वाले एक नये प्रावधान से प्रतिस्थापित करने के लिए संशोधन[32] प्रस्तुत किया। नये प्रावधान में दो मूल बदलाव किए गए थे। पहला पुराने मूल प्रारूप को खंड (1) बनाकर इसके अन्तर्गत निलम्बित होने वाले मूल अधिकार या कार्यवाही को वहाँ तक सीमित कर दिया गया, जो खुद राष्ट्रपति के आदेश में उल्लिखित हो। और दूसरा यह कि इसके साथ दो नये खंड (2) एवं खंड (3) जोड़े गए थे। नये खंड (2) के अनुसार राष्ट्रपति द्वारा जारी ऐसा आदेश पूरे भारत क्षेत्र या इसके किसी भाग में लागू हो सकेगा और खंड (3) प्राविधानित करता था कि खंड (1) के अन्तर्गत जारी आदेश को जितना जल्द हो संसद के प्रत्येक सदन के समक्ष प्रस्तुत किया जाएगा।

इस तरह नये प्रावधान में यद्यपि राष्ट्रपति द्वारा आदेश के माध्यम से निलम्बन कर सकने वाले प्रावधान को बनाए रखा गया, किन्तु इसे संसद के समक्ष यथाशीघ्र प्रस्तुत करने की शर्त के अधीन कर दिया गया। इस नये प्रावधान पर ठाकुर दास भार्गव, बी. एन. मुनवल्ली, नजीरुद्दीन अहमद, एच. वी. कामथ, प्रो. के. टी. शाह, बी. एम. गुप्ता, प्रो. शिब्बन लाल सक्सेना ने अपने-अपने संशोधन प्रस्तुत किए। आम बहस के दौरान आर. के. सिधवा, अल्लादी कृष्णास्वामी अय्यर, कृष्ण चन्द्र शर्मा ने भाग लिया।

अन्त में डॉ. बी. आर. आंबेडकर ने इंग्लैंड और अमेरिका का दृष्टान्त देकर संशोधित प्रावधान का बचाव किया और कहा कि इस सभा का बहुमत इस बात के पक्ष में होगा कि मूल अधिकार पूर्ण नहीं है और आपातकाल के दौरान इन्हें निलम्बित करने की आवश्यकता है। यहाँ सवाल इस बात को लेकर है कि रास्ता क्या हो। एक सवाल यह भी पैदा होता है कि क्या यह

शक्ति पूर्णतया राष्ट्रपति में निहित हो या इसे संसद द्वारा निर्धारित किया जाना चाहिए। जहाँ तक दूसरे देशों का सवाल है, इंग्लैंड में हैबियस कॉर्पस के अधिकार को निलम्बित करने की शक्ति का प्रयोग कानून द्वारा ही किया जा सकता है। कार्यपालिका को ऐसी शक्ति नहीं है। वहीं अमेरिका में जहाँ यह शक्ति कांग्रेस को प्राप्त है, वहीं कार्यपालिका के अध्यक्ष के रूप में राष्ट्रपति को भी निलम्बित करने की अन्तरिम शक्ति प्राप्त है। हमने इस प्रावधान को बनाने में कम या ज्यादा अमेरिकी पद्धति को अपनाया है। संशोधन के बाद हमने संसद को यह शक्ति प्रदान कर दी है। अब चूँकि यहाँ अमेरिका की तरह राष्ट्रपति को व्यक्तिगत क्षमता के आधार पर निर्णय नहीं लेना होता है और यहाँ के राष्ट्रपति को कैबिनेट के परामर्श पर कार्य करना होता है और कैंबिनेट को संसद का विश्वास हासिल होता है, इसलिए यह अमेरिका की तुलना में एक बेहतर सुरक्षा है।[33]

कुछ समय तक डॉ. बी. आर. आंबेडकर का ठाकुर दास भार्गव के साथ सवाल-जवाब होने के बाद सभाध्यक्ष ने प्रस्तुत सभी संशोधन को सभा के पटल पर रखा। डॉ. आंबेडकर ने अपने निरर्थक हो गए पहले संशोधन संख्या 3028 को वापस ले लिया। इस पर प्रस्तुत अन्य तीन संशोधन भी वापस ले लिए गए। इसके उपरान्त डॉ. आंबेडकर के नये संशोधन पर प्रस्तुत सभी ग्यारह संशोधनों को अस्वीकार कर और डॉ. आंबेडकर के संशोधन को स्वीकार कर संविधान-सभा ने प्रारूप अनुच्छेद 280 का यथासंशोधित प्रावधान (नियमित अनुच्छेद 359) अंगीकृत कर लिया।

वित्तीय आपातकाल

16 अक्टूबर, 1949 को सायं चार बजे प्रारूप संविधान के द्वितीय पाठन के बिलकुल अन्तिम चरण में डॉ. बी. आर. आंबेडकर ने वित्तीय आपातकाल के सम्बन्ध में एक नया प्रारूप अनुच्छेद 280-क सभा के पटल पर प्रस्तुत किया। पाँच खंडों में विभाजित इस अनुच्छेद का खंड (1) राष्ट्रपति को भारत या इसके किसी भाग की वित्तीय स्थिरता या साख का संकट पैदा होने पर इस बात की घोषणा करने की शक्ति देता था। इसी तरह खंड (2) का प्रावधान प्रारूप अनुच्छेद 275 के खंड (2) के प्रावधान को इस घोषणा के सम्बन्ध में लागू होने की बात करता था। संशोधन के समर्थन में डॉ. आंबेडकर ने कहा कि "इस देश में वर्तमान आर्थिक एवं वित्तीय स्थिति को देखते हुए शायद ही इस सभा का कोई सदस्य इस तरह के कुछ प्रावधान की आवश्यकता को नकार सकेगा। इस प्रावधान को 1930 में पारित अमेरिका के राष्ट्रीय वसूली कानून की तरह अपनाया गया है। संविधान में इसे अपनाने के पीछे कारण यह है कि अमेरिका में इस कानून को सुप्रीम कोर्ट ने अवैध घोषित कर दिया और इस कारण वहाँ का राष्ट्रपति ऐसा कुछ शायद ही कर सकता है। इस तरह की समस्या को रोकने के लिए हमने यह सोचा कि यह उचित है कि इसे संविधान का भाग बना दिया जाए।"[34]

इस सम्बन्ध में प्रो. शिब्बन लाल सक्सेना, एच. वी. कामथ, ब्रजेश्वर प्रसाद ने अपना-अपना संशोधन प्रस्तुत किया। प्रो. सक्सेना का एक प्रमुख संशोधन[35] शब्दावली 'ऐसी स्थिति पैदा हो गई है' के स्थान पर 'ऐसी स्थिति सन्निकट है' रखने के लिए, एच. वी. कामथ के संशोधन[36] खंड (4) एवं (5) को निरस्त करने के लिए और ब्रजेश्वर प्रसाद का संशोधन[37] खंड (2) के प्रावधान को नये प्रावधान से बदलने के लिए था, जिसके अनुसार खंड (1) की उद्घोषणा तब तक जारी रहेगी जब तक कि इसे राष्ट्रपति वापस न ले ले।

आम बहस में आर. के. सिधवा, हृदयनाथ कुंजरू, के. एम. मुंशी ने भाग लिया। सिधवा ने नये प्रारूप प्रावधान का स्वागत करते हुए कहा कि "अन्तिम समय में प्रस्तुत इस महत्त्वपूर्ण

प्रावधान को लाने का श्रेय मसौदा समिति को जाता है।" सिधवा ने आगे कहा कि "मि. कामथ का यह आरोप कि इसका दुरुपयोग किया जा सकता है, अनावश्यक है। उनका आरोप है कि घाटे के बजट के आधार पर भी राष्ट्रपति आपातकाल लगा सकता है। किन्तु यदि कोई राष्ट्रपति ऐसा करता है तो वह इस पद पर रहने लायक ही नहीं होगा। और इसके लिए सदन और वे लोग जिम्मेदार होंगे, जिन्होंने ऐसे राष्ट्रपति को चुना है। किन्तु हमें विश्वास है कि सदन और जनता ऐसे योग्य व्यक्ति का चुनाव करेगा, जो अपनी शक्ति का सही प्रयोग करे और जो प्रावधान की सही व्याख्या करे।"[38]

जबकि हृदयनाथ कुंजरू ने नये प्रावधान के माध्यम से दी जा रही शक्ति को बहुत ही कठोर बताया। उन्होंने आपत्ति की कि जब हम वित्त सम्बन्धी प्रावधान पर चर्चा कर रहे थे, तो इसे लाया जा सकता था। अब ऐसा क्या हो गया कि इसे उचित ठहराया जा सके? कुंजरू ने सवाल किया कि प्रान्तों में कैसे लोकतंत्र स्थापित होगा? विधायकों में कैसे जिम्मेदारी की भावना पैदा होगी? मंत्री कैसे अनुभवों से सीख पाएँगे, जब तक कि उन्हें अपनी गलतियों से जूझने के लिए न छोड़ दिया जाए। यदि केन्द्र हर कदम पर अपना दखल चाहता है, यदि वह ऐसा पूर्ण नियंत्रण चाहता है जो प्रान्तों के हित के खिलाफ हो, तो हमें लोकतंत्र को नमस्ते कह देना चाहिए।[39]

किन्तु के. एम. मुंशी ने प्रारूप प्रावधान का बचाव करते हुए बहस की कि संविधान में यह अनुच्छेद इस तथ्य का बोध है कि देश की आर्थिक संरचना एक और अविभाज्य है। यदि कोई प्रान्त इसे आर्थिक रूप से तोड़ता है, तो यह केन्द्र के वित्त को प्रभावित कर सकता है, और यदि केन्द्र प्रभावित होता है, तो सभी प्रान्त प्रभावित होंगे। इसलिए प्रान्तों एवं केन्द्र की आत्मनिर्भरता उतनी ही महत्त्वपूर्ण है, जितना कि देश की सम्पूर्ण आर्थिक अखंडता का एक होना और ऐसा समय आ सकता है कि एकल नियंत्रण बिलकुल आवश्यक हो।[40]

तत्पश्चात सभाध्यक्ष ने डॉ. बी. आर. आंबेडकर से पूछा कि आप कुछ कहना चाहते हैं? डॉ. आंबेडकर ने जवाब दिया कि यदि आप ऐसा आवश्यक समझते हैं, तो वह बोलेंगे। सभाध्यक्ष ने कहा कि ऐसा नहीं है।

इसके बाद संविधान-सभा ने डॉ. बी. आर. आंबेडकर के संशोधन को स्वीकार कर और इस पर प्रस्तुत सभी आठ संशोधनों को अस्वीकार कर प्रस्तावित अनुच्छेद 280-क (नियमित अनुच्छेद 360) अंगीकृत कर लिया।

17

नागरिकता : राष्ट्र की इकाई

एक राष्ट्र का निर्माण करने के लिए तीन युग्म-तत्त्व आवश्यक होते हैं। पहला युग्म-तत्त्व—निश्चित भूभाग और सम्प्रभुता; दूसरा युग्म-तत्त्व—समान संस्कृति के लोग और राष्ट्रीयता; और तीसरा युग्म-तत्त्व—शासक-वर्ग और शासन-व्यवस्था। निश्चित भूभाग, समान संस्कृति के लोग और शासक-वर्ग जहाँ दृश्य तत्त्व होते हैं, वहीं सम्प्रभुता, राष्ट्रीयता और शासन-व्यवस्था अदृश्य तत्त्व होते हैं। एक दृश्य तत्त्व अपने समानान्तर दूसरे अदृश्य तत्त्व के साथ जुड़कर युग्म-तत्त्व बनाते हैं। निश्चित भूभाग, सम्प्रभुता के साथ जुड़कर 'देश' का; समान संस्कृति के लोग, राष्ट्रीयता के साथ जुड़कर 'नागरिक' का; तथा शासक-वर्ग, शासन-व्यवस्था के साथ जुड़कर 'शासन' का निर्माण होता है। ये तीनों युग्म-तत्त्व यानी देश, नागरिक और शासन एक-दूसरे के साथ मिलकर एक राष्ट्र का निर्माण करते हैं।

वैश्विक स्तर पर यह सुस्थापित धारणा है कि प्रत्येक व्यक्ति किसी-न-किसी एक राष्ट्र का नागरिक होगा। ये नागरिक न केवल अपने राष्ट्र में मान्य अधिकारों का प्रयोग करते हैं, बल्कि प्रदत्त दायित्वों का निर्वहन भी करते हैं। इसलिए किसी भी राष्ट्र के लिए अपने नागरिकों और उनकी नागरिकता के सम्बन्ध में स्पष्ट व्यवस्था रखना आवश्यक हो जाता है।

नागरिकता से सम्बन्धित प्रारूप भाग II (नियमित भाग II) संविधान-सभा के पटल पर 10 अगस्त, 1949 को रखा गया। इस भाग में केवल दो अनुच्छेद 5 एवं 6 शामिल किए गए थे। इसके पूर्व मूल अधिकार समिति द्वारा तैयार रिपोर्ट दिनांक 23 अप्रैल, 1947 में नागरिकता को परिभाषित किया गया था। इसके पैरा संख्या 3 के अनुसार 'संघ में जन्मा या कानून के अनुसार एवं उसके क्षेत्राधिकार के अधीन संघ में नागरिकता प्राप्त कोई व्यक्ति संघ का नागरिक होगा।' यह रिपोर्ट संविधान-सभा के पटल पर 29 अप्रैल, 1947 को रखी गई। कुछ देर चर्चा के बाद इसे आगे के लिए टाल दिया गया।

प्रारूप अनुच्छेद 5 एवं 6 के सम्बन्ध में लगभग 130 से 140 संशोधन आ गए थे। इसलिए सभाध्यक्ष ने व्यवस्था दी कि पहले डॉ. बी. आर. आंबेडकर इन अनुच्छेदों को, जैसा भी उनके द्वारा अन्तिम रूप से तैयार किया गया है, प्रस्तुत करेंगे और उसके बाद इस संशोधित प्रारूप पर संशोधनों को लिया जाएगा और दोनों पर साथ-साथ आगे बढ़ेंगे। इसके पश्चात डॉ. बी. आर. आंबेडकर ने अपना संशोधन[1] प्रारूप अनुच्छेद 5 एवं 6 के स्थान पर नया अनुच्छेद 5, 5-क, 5-कक, 5-ख, 5-ग एवं 6 प्रतिस्थापित करने के लिए प्रस्तुत किया।

नया प्रस्तावित अनुच्छेद 5 परिभाषित करता था कि कौन लोग भारत के नागरिक होंगे। अनुच्छेद 5-क का प्रावधान, 19 जुलाई, 1948 के पहले या बाद पाकिस्तान से भारत आए व्यक्तियों को अलग-अलग तरीके से नागरिकता प्रदान करता था। जबकि अनुच्छेद 5-कक

कहता था कि जो व्यक्ति मार्च, 1947 की पहली तिथि के बाद भारत छोड़कर पाकिस्तान चले गए हैं, उन्हें भारत का नागरिक नहीं माना जाएगा। अनुच्छेद 5-ख, भारत में जन्मे, किन्तु विदेश में रहने वाले व्यक्तियों को नागरिकता प्रदान करने के सम्बन्ध में प्रावधान प्रस्तावित करता था। अनुच्छेद 5-ग नागरिकता से सम्बन्धित अधिकार को संसद के कानून के अधीन होना प्रस्तावित करता था। इसी तरह अनुच्छेद 6 का प्रावधान इस भाग के प्रावधान से अलग कानून बनाने की संसद की शक्ति को मान्य करता था।

उक्त संशोधन रखने के बाद डॉ. आंबेडकर ने कहा कि वह मि. टी. टी. कृष्णमाचारी के संशोधन के बाद अपनी टिप्पणी करेंगे।

नजीरुद्दीन अहमद ने डॉ. आंबेडकर के संशोधन को मूल प्रारूप से भटका हुआ होने का आरोप लगाया और सवाल किया कि क्या इस स्तर पर ऐसा संशोधन स्वीकरणीय हो सकता है, जो खुद संविधान को संशोधित करने जैसा हो? इस पर सभाध्यक्ष ने संविधान-सभा द्वारा शीतकालीन सत्र के दौरान पूर्व में लिए गए उस निर्णय की ओर ध्यान दिलाया, जब इन दोनों अनुच्छेद को आगे के लिए टाल दिया गया था और यह स्वीकार किया गया था कि नया संशोधित प्रावधान लाया जाएगा।[2]

तदुपरान्त टी. टी. कृष्णमाचारी ने दो पुनर्संशोधन[3] प्रस्तुत किए। पहला संशोधन नये प्रारूप अनुच्छेद 5-कक के साथ परन्तुक जोड़ने के लिए था। यह परन्तुक प्रस्तावित करता था कि प्रारूप अनुच्छेद 5-कक का नियम उस व्यक्ति पर लागू नहीं होगा, जो पाकिस्तान प्रव्रजन करने के बाद कानून के अन्तर्गत अनुमति लेकर भारत वापस लौट आया है। और दूसरा संशोधन प्रारूप अनुच्छेद 5-ख से शब्दावली 'संसद द्वारा बनाए गए कानून के अधीन' निकालने के लिए था। इन दोनों संशोधनों को रखने के साथ कृष्णमाचारी ने कहा कि आवश्यक होने पर डॉ. आंबेडकर द्वारा इन संशोधनों पर स्पष्टीकरण दिया जाएगा।

इसके बाद सभाध्यक्ष ने व्यवस्था दी कि पहले डॉ. बी. आर. आंबेडकर द्वारा अपने प्रावधान को स्पष्ट किया जाएगा और फिर दूसरे संशोधन प्रस्तुत किए जाएँगे।

तत्पश्चात डॉ. बी. आर. आंबेडकर ने उक्त अनुच्छेदों की स्थिति स्पष्ट करते हुए कहा कि ये अनुच्छेद किसी सामान्य सिद्धान्त को नहीं सन्दर्भित करते हैं, बल्कि संविधान के प्रवर्तन की तिथि को नागरिकता सन्दर्भित करते हैं। ये देश के लिए नागरिकता के सम्बन्ध में स्थायी कानून नहीं हैं। नागरिकता हेतु स्थायी कानून बनाने का काम संसद पर छोड़ा गया है। अनुच्छेद 6 के अन्तर्गत संसद नये सिद्धान्तों के साथ नये कानून बना सकता है। प्रारूप प्रावधान के अन्तर्गत ऐसे लोगों के पाँच वर्ग हैं, जो संविधान के प्रवर्तन की तिथि को नागरिक बन सकते हैं। ये पाँच वर्ग हैं—

1. वे व्यक्ति, जो भारत में अधिवासी हैं और भारत में जन्मे हैं।
2. वे व्यक्ति, जो भारत में अधिवासी हैं, किन्तु जो भारत में जन्मे नहीं हैं, और वे भारत में निवास करते रहे हैं।
3. वे व्यक्ति, जो भारत में रहते रहे हैं, किन्तु जो पाकिस्तान प्रव्रजन कर गए हैं।
4. वे व्यक्ति, जो पाकिस्तान में हैं और जो भारत में प्रव्रजित होकर आ गए हैं; और
5. वे व्यक्ति, जो या जिनके माता-पिता भारत में जन्मे हैं किन्तु वे भारत के बाहर रह रहे हैं।

तीसरी तरह की नागरिकता की स्थिति स्पष्ट करते हुए डॉ. आंबेडकर ने आगे कहा कि उन व्यक्तियों को, जो पाकिस्तान से आए हैं, दो श्रेणियों में बाँटा गया है। पहले वे, जो

19 जुलाई, 1948 के पूर्व आए हैं और दूसरे वे जो 19 जुलाई, 1948 के बाद आए हैं। प्रथम श्रेणी के लोग अपने-आप नागरिक हो जाएँगे। जबकि द्वितीय श्रेणी के लोग कुछ औपचारिकता पूरी करने के बाद नागरिक बन सकते हैं। ये लोग भारत सरकार से अनुमति लेकर भारत में स्थायी रूप से रहने के लिए प्रवेश किए हैं।[4]

इसी दौरान बी. एम. गुप्ता ने पूछा, "क्या अनुमति-व्यवस्था 19 जुलाई, 1948 को लाई गई है?"

डॉ. आंबेडकर ने जवाब दिया कि "19 जुलाई, 1948 का अध्यादेश है कि कोई भी व्यक्ति बिना अनुमति के नहीं आएगा और भारत सरकार द्वारा कुछ नियम बनाए गए हैं।"

डॉ. आंबेडकर के उक्त सम्बोधन के उपरान्त बहस को अगले दिन यानी 11 अगस्त, 1949 के लिए टाल दिया गया। अगले दिन सभाध्यक्ष ने कहा कि "पूर्व में डॉ. आंबेडकर द्वारा दो सीमाओं की ओर ध्यान आकर्षित कराया गया है। एक यह कि प्रारूप प्रावधान केवल संविधान के प्रवर्तन की तिथि को नागरिकता के सीमित सवाल से जुड़ा है और दूसरा यह कि सभी अन्य मामलों को संसद द्वारा देखे जाने के लिए छोड़ा गया है। इन दो सीमाओं को ध्यान में रखकर संशोधन रखे जाएँगे, ताकि इनका निस्तारण जल्द किया जा सके।"[5]

इसके उपरान्त डॉ. पी. एस. देशमुख ने सात संशोधन, नजीरुद्दीन अहमद ने ग्यारह संशोधन, जसपत राय कपूर ने छह संशोधन, प्रो. के. टी. शाह ने पाँच संशोधन, कृष्ण चन्द्र शर्मा ने एक संशोधन, प्रो. शिब्बन लाल सक्सेना ने दो संशोधन, ठाकुर दास भार्गव ने नौ संशोधन, आर. के. सिधवा ने एक संशोधन, बी. पी. झुनझुनवाला ने दो संशोधन, एस. नागप्पा ने दो संशोधन, भुपिंदर सिंह मान ने एक संशोधन और महबूब अली बेग साहिब ने तीन संशोधन प्रस्तुत किए।

डॉ. पी. एस. देशमुख ने अपना पहला संशोधन[6] प्रारूप अनुच्छेद 5 के प्रावधान को बदलने के लिए प्रस्तुत किया। देशमुख के इस प्रावधान में कहा गया था कि भारत में रहने वाले सभी लोग, जो भारतीय माता-पिता के जन्मे हैं या जो नागरिकीकरण कानून के अन्तर्गत नागरिकता प्राप्त किए हैं और ऐसा प्रत्येक व्यक्ति, जो धर्म से हिन्दू या सिख हैं और वे किसी देश के नागरिक नहीं हैं, चाहे वे जहाँ निवास करते हों, भारत का नागरिक होने के अधिकारी होंगे। डॉ. देशमुख ने बहस की कि हमने पाकिस्तान को बनते हुए देखा है। यह क्यों बना है? यह इसलिए बना था क्योंकि मुसलमानों का दावा था कि उनका अपना घर हो और अपना एक देश हो। यहाँ हम हजारों वर्षों के इतिहास के साथ एक सम्पूर्ण राष्ट्र हैं और हम इसे इसके बावजूद नकारने जा रहे हैं कि न तो हिन्दू के पास और न ही सिख के पास विश्व में कहीं अन्यत्र कोई स्थान है। केवल इस आधार पर कि कोई व्यक्ति एक हिन्दू है या एक सिख है, उसे भारतीय नागरिकता मिलनी चाहिए क्योंकि यह एक ऐसी परिस्थिति है, जो उन्हें दूसरों द्वारा पसन्द नहीं करने देती है। किन्तु हम धर्मनिरपेक्ष राष्ट्र हैं और इस तथ्य को मान्यता नहीं देते हैं कि विश्व के किसी भाग के सभी हिन्दू या सिख को अपना घर रखना चाहिए। यदि मुसलमान अपने लिए पाकिस्तान के रूप में अपना खुद का घर रखना चाहते हैं, तो हिन्दुओं या सिखों को भारत में अपना घर क्यों नहीं रखना चाहिए?

प्रारूप प्रावधान पर भारतीय नागरिकता को इस पृथ्वी का सबसे सस्ता बनाने का आरोप लगाते हुए डॉ. देशमुख ने एक उदाहरण दिया कि एक दम्पती हवाई जहाज से यात्रा करते हुए आ जाएँ और बॉम्बे के किसी पोर्ट पर कुछ घंटों के लिए रुक जाएँ और यदि महिला यहाँ पर किसी बच्चे को जन्म दे दे तो माता-पिता की राष्ट्रीयता कुछ भी होने के बावजूद यह बच्चा भारतीय नागरिकता प्राप्त करने का अधिकारी हो जाएगा।

जसपत राय कपूर ने प्रारूप अनुच्छेद 5-क और 5-ख में प्रयोग किए गए शब्द 'माने जाएँगे' का विरोध किया और इसे निकालने के लिए संशोधन[7] प्रस्तुत किया। इसके समर्थन में कपूर ने कहा कि यह अनुच्छेद भारत प्रव्रजित कर आए लोगों को नागरिकता का अधिकार देने से सम्बन्धित है। वह कोई कारण नहीं पाते हैं कि इन्हें अधिकार के साथ नागरिकता देने पर क्यों नहीं विचार किया जाना चाहिए, और यह सुझाव क्यों दिया जाए कि हम उन्हें यह अधिकार दया करके दे रहे हैं। प्रो. शिब्बन लाल सक्सेना ने कपूर के इस संशोधन का समर्थन किया।

प्रो. के. टी. शाह ने इतने जटिल विषय पर मसौदाकर्ता के पांडित्य एवं दक्षता के लिए उन्हें गुलाब के बकेट के साथ बधाई दी। उन्होंने एक संशोधन, अनुच्छेद 5-क में प्राप्त होने वाली नागरिकता को पैत्रिक पक्ष तक सीमित करने के लिए प्रस्तुत किया। उनका तर्क था कि "यह सही है कि नागरिकता को इतना आसान नहीं बनाना चाहिए, किन्तु जन्म या उत्तराधिकार के माध्यम से नागरिकता के लिए की गई तार्किक माँग को लेकर हमें तुच्छ नहीं होना चाहिए। मातृत्व पक्ष को शामिल करने से इसे सिद्ध करने एवं स्थापित करने में बहुत कठिनाई होगी।"[8] ठाकुर दास भार्गव ने अपने नौ संशोधनों का समर्थन करते हुए कहा कि जब हम प्रान्तीय कानून जैसा कानून बना रहे हैं, तो उनकी इच्छा है कि पाकिस्तान से शरणार्थी के रूप में आने वाले किसी व्यक्ति को भारत की नागरिकता मिलने में कोई समस्या नहीं आना चाहिए। उनकी दूसरी इच्छा है कि उन लोगों को भारत की नागरिकता नहीं मिलनी चाहिए, जो 15 अगस्त, 1947 को पाकिस्तान की नागरिकता के लिए इच्छुक थे या जिन्होंने खुली आँखों के साथ और अपने होंठों से गीत 'हँस के लिया पाकिस्तान, लड़ के लेंगे हिन्दुस्तान' गाकर पाकिस्तान की नागरिकता पाने के लिए यह देश छोड़ दिया है। ये लोग इस देश की नागरिकता पाने का हक खो चुके हैं, और जहाँ तक शरणार्थियों का सम्बन्ध है, वे भारत के नागरिक थे। केवल विभाजन के कारण उनकी भारत की नागरिकता समाप्त नहीं हो जाता है, बशर्ते कि वे यहाँ आए हों और इस देश में स्थायी रूप से रहना चाहते हों।[9] आर. के. सिधवा ने भी नये सिरे से प्रावधान को प्रस्तुत करने के लिए पूरी सभा की ओर से मसौदा समिति को बधाई दी। उन्होंने भी प्रारूप अनुच्छेद 5-क में से शब्द 'माने जाएँगे' निकालने के लिए संशोधन प्रस्तुत किया। किन्तु हिन्दू एवं सिख को अपने आप नागरिकता देने वाले संशोधन से असहमति व्यक्त करते हुए कहा कि डॉ. देशमुख, जो बात लाना चाहते हैं, वह अनुच्छेद 5-ख के अन्तर्गत प्रदान किया गया है।[10] जबकि भूपिंदर सिंह मान ने प्रारूप अनुच्छेद 5-ख में जोड़े गए परन्तुक को हिन्दू एवं सिख शरणार्थी के लिए अप्रिय एवं अन्यायकारी बताया और इसे निरस्त करने के लिए संशोधन प्रस्तुत किया।[11] महबूब अली बेग साहिब ने डॉ. देशमुख के बॉम्बे में विदेशी दम्पती से जन्मे बच्चे की नागरिकता वाले दृष्टान्त को खारिज करते हुए कहा कि "अधिवास होना नागरिकता के लिए पूर्व शर्त है और दूसरी शर्त यह है कि दावेदार या उसके माता-पिता भारत में रहते रहे हों और पाँच वर्ष से रह रहे हों। यह सही है कि जब देश का बँटवारा हुआ था, जब दोनों पक्ष 3 जून, 1947 को समझौता कर रहे थे, तो यह अपेक्षित था कि अल्पसंख्यक वहीं पर बने रहेंगे जिस देश में वे हैं, और उन्हें सुरक्षा दी जाएगी। यह एक ईमानदार अपेक्षा थी, यह एक ईमानदार वचन था, किन्तु शक्ति के स्थानान्तरण के साथ प्रलय आ गया, अशान्ति पैदा हो गई, त्रासदी आ गई, जिसने लोगों को प्रव्रजन के लिए मजबूर किया। ऐसे समय में हम उन शब्दों को नहीं भूल सकते, जिसका महात्मा गांधी ने हमें उपदेश दिया है। उन्होंने पाकिस्तान जाने वाले लोगों को अपने गृहस्थान पर वापस आने के लिए आमंत्रित किया।"[12]

आम बहस का प्रारम्भ जवाहरलाल नेहरू के सम्बोधन से हुआ। डॉ. आंबेडकर के संशोधन का समर्थन करते हुए नेहरू ने कहा कि "इन प्रावधानों में न्यायसंगत तरीके से और बिना कोई गलती किए सभी सम्भावनाओं को ध्यान में रखा गया है। हमारे लाखों लोग विदेश और दूसरे देशों में रहते हैं। इनमें से बहुत सारे विदेशी नागरिकता रखते हैं, यद्यपि वे भारतीय मूल के हैं। ये आज भी कुछ हद तक अपने को भारतीय मानते हैं, फिर भी उन्हें स्थानीय नागरिकता भी प्राप्त है जैसे मलाया, सिंगापुर, फिजी एवं मारिशस। यदि आप उन्हें उनकी स्थानीय नागरिकता से वंचित करते हैं, तो वे वहाँ विदेशी हो जाएँगे। इससे कई कठिनाइयाँ पैदा होंगी।"[13]

अल्लादी कृष्णास्वामी अय्यर ने भी संशोधन का समर्थन करते हुए कहा कि "इन अनुच्छेदों का उद्‌देश्य राष्ट्रीयता के कानून को सदन के पटल पर रखना नहीं है। ऐसा एक संविधान में किया भी नहीं जा सकता है। संयुक्त राज्य के संविधान में कुछ सिद्धान्त अपनाए गए हैं, किन्तु विश्व में शायद कोई ऐसा संविधान हो, जिसमें राष्ट्रीयता के कानून के सम्बन्ध में विस्तृत प्रयास किए गए हों। यह एक गलतफहमी है कि सम्पत्ति के अधिकार का नागरिकता से किसी रूप में सम्बन्ध है। न तो अन्तरराष्ट्रीय कानून में और न ही स्थानीय कानून में नागरिकता के अधिकार का सम्पत्ति के अधिकार से कोई जुड़ाव है। एक व्यक्ति के किसी देश का होने के नाते उसे सम्पत्ति का अधिकार नहीं प्राप्त हो जाता है। हमारे बहुत से नागरिक यूनाइटेड स्टेट में, जर्मनी में, इंग्लैंड में और बहुत से देशों में सम्पत्ति रखते हैं, किन्तु वे इन देशों की राष्ट्रीयता पर निर्भर नहीं करते हैं।"[14]

रोहिणी कुमार चौधरी ने आसाम के सिलहट के लोगों की चिन्ता प्रकट करते हुए उन्हें नागरिकता दिये जाने की माँग की। उनका कहना था कि "पूर्वी बंगाल से जो लोग भय या असुरक्षा के कारण पश्चिम बंगाल या आसाम आए हैं, उनकी भी नागरिकता के अधिकार को सुरक्षित किया जाए। चौधरी ने भार्गव के संशोधन का समर्थन करते हुए भारत सरकार पर आरोप लगाया और कहा कि पाकिस्तान के बहुत लोग आ रहे हैं, जिनको वहाँ कोई असुरक्षा नहीं है और जो वहाँ व्यवसाय और नौकरी पा सकते हैं। तो क्या कारण है कि पूर्वी बंगाल के बहुसंख्यक लोगों को, जिन्हें समस्त लाभ प्राप्त है, आसाम आना चाहिए? कारण है शोषण करना और कुछ लाभ प्राप्त करना। क्या आप इसे प्रोत्साहित कर रहे हैं?" चौधरी ने आगे कहा कि "आपको जानकर आश्चर्य होगा कि आसाम सरकार ने भारत सरकार से निवेदन किया है कि उसे ऐसे प्रवेश पर निर्बन्धन हेतु परमिट जारी करने का अधिकार दिया जाए, किन्तु इससे इनकार कर दिया गया। यदि आप किसी प्रान्त का शासन चलाना चाहते हैं, तो जनसंख्या के सन्तुलन के साथ इस तरह छेड़छाड़ नहीं की जानी चाहिए। यह आपको देखना चाहिए कि आप ऐसे लोगों को नागरिकता न दें, जिनकी प्रान्त में उपस्थिति अवांछनीय हो और देशहित के खिलाफ हो।"[15]

रोहिणी कुमार चौधरी के सवाल पर एन. गोपालस्वामी अयंगर ने कहा कि हमें पूर्वी बंगाल से आसाम आ रहे ढेर सारे मुसलमानों को रोकने के लिए दूसरे अन्य तरीकों को अपनाना चाहिए और इस मामले में जाँच की जा रही है। वह सोचते हैं कि ऐसे विधान का निर्माण किया जाना सम्भव होगा, जो आसाम को इस कठिनाई से प्रभावशाली तरीके से रोकने में सक्षम बनाएगा।[16] आम बहस में ब्रजेश्वर प्रसाद, मौलाना मोहम्मद हिफ्जुर रहमान एवं हृदयनाथ कुंजरू ने भी भाग लिया।

एन. जी. अयंगर की डॉ. देशमुख, बिक्रमलाल सोढ़ी, अलगूराय शास्त्री, महावीर त्यागी, फूलसिंह के साथ कुछ देर की आपसी बहस के बाद सभाध्यक्ष ने कहा कि इस विषय पर नौ घंटे के दौरान पर्याप्त बहस कर ली गई है। चूँकि कुछ सदस्य आगे भी बहस करना चाहते हैं,

इसलिए इस पर सदन का मत लेना आवश्यक है। इसके बाद संविधान-सभा ने 35 के मुकाबले 59 मतों से बहस को खत्म करने का प्रस्ताव पारित किया।

इसके बाद डॉ. बी. आर. आंबेडकर अपना जवाब देने के लिए खड़े हुए। उन्होंने डॉ. देशमुख की उस आलोचना को अस्वीकार कर दिया, जिसमें कहा गया था कि नागरिकता बहुत ही आसान है। डॉ. आंबेडकर ने स्पष्ट किया कि दूसरे देशों के किसी कानून की तुलना में यह आसान नहीं है।

रोहिणी कुमार चौधरी की आशंका का समाधान देते हुए डॉ. आंबेडकर ने आगे कहा कि "यदि प्रावधान को ठीक से पढ़ा जाए, तो पाया जाएगा कि यह केवल उन लोगों के लिए है, जो 19 जुलाई, 1948 के पहले आसाम में प्रवेश कर चुके हैं। वे अपने-आप नागरिक घोषित हो जाएँगे, यदि वे भारतक्षेत्र में रह रहे हैं। किन्तु जो 19 जुलाई, 1948 के बाद प्रवेश किए हैं, चाहे बंगाली हिन्दू हों या मुसलमान, उन्हें अपने-आप नागरिकता नहीं मिल जाएगी। इनके लिए तीन शर्तें दी गई हैं। पहली उन्हें प्रार्थना-पत्र देना होगा, दूसरी यह सिद्ध करना होगा कि वे छह महीने से आसाम में रह रहे हैं और तीसरी बहुत ही कठोर शर्त यह है कि उसे भारत सरकार द्वारा नियुक्त अधिकारी द्वारा पंजीकृत किया गया हो। यह बहुत ही विस्तृत शर्त है। केवल इस आधार पर कि प्रार्थना-पत्र दिया गया है और वह छह महीने से आसाम में रह रहा है, पंजीकरण करने की कोई बाध्यता नहीं हो जाएगी। यह मामला पूरी तरह तय करने के लिए अनुच्छेद 6 के अन्तर्गत संसद पर छोड़ दिया गया है। यदि आसाम से आने वाले मित्र, संसद को समझा लेते हैं कि 19 जुलाई, 1948 के पहले के आने वाले लोगों को किन्हीं कारणों से अयोग्य घोषित किया जाना चाहिए, तो कोई सन्देह नहीं है कि संसद उस विषय पर विचार करेगा।"[17]

अन्त में डॉ. आंबेडकर ने सुझाव दिया कि सभी को अपना संशोधन वापस ले लेना चाहिए।

इसके बाद 12 अगस्त, 1949 को सभाध्यक्ष ने एक-एक करके सभी संशोधन मत हेतु सभा के पटल पर रखे। बीस संशोधनों को संविधान-सभा ने अस्वीकार कर दिया और बाकी सभी संशोधन प्रस्ताव वापस ले लिए गए। डॉ. आंबेडकर एवं कृष्णमाचारी के संशोधन को स्वीकार कर संविधान-सभा ने यथासंशोधित प्रारूप अनुच्छेद 5 (नियमित अनुच्छेद 5), प्रारूप अनुच्छेद 5-क (नियमित अनुच्छेद 6), प्रारूप अनुच्छेद 5-कक (नियमित अनुच्छेद 7), प्रारूप अनुच्छेद 5-ख (नियमित अनुच्छेद 8), प्रारूप अनुच्छेद 5-ग (नियमित अनुच्छेद 10) एवं प्रारूप अनुच्छेद 6 (नियमित अनुच्छेद 11) 12 अगस्त, 1949 को अंगीकृत कर लिया।

भारतीय संविधान के तृतीय पाठन के समय प्रारूप अनुच्छेद 5 से परन्तुक निकालकर इसके प्रावधान को नये अनुच्छेद 9 के रूप में जोड़ दिया गया। इस नये अनुच्छेद का प्रावधान कहता है कि यदि कोई व्यक्ति अपनी इच्छा से किसी विदेशी राज्य की नागरिकता अर्जित कर लेता है तो उसकी भारतीय नागरिकता समाप्त हो जाएगी और वह अनुच्छेद 5, 6 या 8 के आधार पर नागरिकता के अधिकार का दावा नहीं कर सकेगा।

18

व्यापार की स्वतंत्रता : आर्थिक एकता का सूत्र

आजादी के समय देश में रियासतों का विलय पूर्ण न होकर सीमित था। कुछ समझौतों के कारण इन रियासतों को कई विशेषाधिकार प्राप्त थे। ये रियासत केवल विदेश, रक्षा और संचार के मामलों में भारत संघ के निर्णयों को मानने के लिए बाध्य थे। दूसरे अन्य मामलों में वे कोई भी निर्णय लेने के लिए स्वतंत्र थे। मसौदा समिति और संविधान-सभा भी इन समझौतों से बँधी हुई थीं। वे इन समझौतों के प्रतिकूल कोई निर्णय नहीं ले सकती थीं। किन्तु देश की एकता से सम्बन्धित कुछ बातें ऐसी थीं, जिनकी उपेक्षा करना कठिन था। रियासतों को मिलने वाले विशेषाधिकार की आड़ में व्यापार एवं वाणिज्य के राष्ट्रीय प्रवाह में बाधा पैदा की जा सकती थी। ऐसा कोई भी अवरोध देश की एकता, अखंडता एवं आर्थिक विकास के लिए खतरनाक था। किसी समझौते की आड़ लेकर ऐसा न किया जा सके और देश के आर्थिक विकास एवं राष्ट्रीय एकता के लिए आवश्यक व्यापार एवं वाणिज्य का स्वतंत्र समागम देशभर में बना रहे, इसका संवैधानिक समाधान निकालना एक चुनौती था।

देश की आर्थिक एकता के सूत्र के रूप में एक नया प्रारूप भाग X-क (नियमित भाग XIII) 8 सितम्बर, 1949 को प्रस्तावित किया गया। इस भाग का शीर्षक नाम 'भारतक्षेत्र में व्यापार, वाणिज्य और समागम की स्वतंत्रता' था। इस नये भाग की बुनियाद 3 दिसम्बर, 1948 को रख दी गई थी, जब ऐसी ही शब्दावली के साथ प्रारूप अनुच्छेद 16 के प्रावधान को मूल अधिकार के रूप में स्वीकार किया गया। रियासतों के बदलते सम्बन्ध के साथ संविधान-सभा ने कितना लचीला रुख अपनाया हुआ था, इसे समझने के लिए प्रारूप भाग X-क के साथ प्रारूप अनुच्छेद 16 पर हुई बहस को समझना आवश्यक है।

व्यापार का अधिकार : मूल अधिकार के रूप में

रियासतों के किसी तरह के हस्तक्षेप से मुक्त सम्पूर्ण देश में व्यापार करने की आजादी सुनिश्चित हो, इस आशय से व्यापार, वाणिज्य और समागम की आजादी के अधिकार को मूल अधिकार वाले भाग III में प्रारूप अनुच्छेद 16 के रूप में स्वीकार किया गया था। 3 दिसम्बर, 1948 को प्रस्तुत इस अनुच्छेद के अनुसार—

> "इस संविधान के अनुच्छेद 244 के प्रावधान और संसद द्वारा बनाए गए कानून के अधीन भारत के राज्यक्षेत्र में व्यापार, वाणिज्य और समागम स्वतंत्र होगा।"

उक्त प्रावधान को मूल अधिकार के रूप में रखे जाने पर सी. सुब्रमण्यम ने गम्भीर आपत्ति की। मूल अधिकार के आधारभूत सिद्धान्त को स्पष्ट करते हुए सुब्रमण्यम ने कहा कि "यद्यपि

सम्प्रभुता जनता में अन्तर्निहित होती है लेकिन जनता द्वारा यह सम्प्रभुता विधायिका को प्रत्यायोजित की गई होती है। इसलिए कुछ विषयों में यह सम्प्रभुता विधायिकाओं एवं सरकार के माध्यम से व्यक्त की जाती है। लेकिन मूल अधिकारों के सन्दर्भ में यह कहा जा सकता है कि संसद या सरकार को इसमें हस्तक्षेप करने का अधिकार नहीं होता है। इस मामले में जनता की सम्प्रभुता ही सब कुछ होती है। यह न तो प्रत्यायोजित होती है और न ही कोई संस्था इस सम्प्रभुता को प्रभावित करने के लिए प्राधिकृत होती है। ये ऐसे अधिकार हैं जो केन्द्र या राज्यों की विधायिका के अधिकार-क्षेत्र से बाहर कर दिये जाते हैं।" इस सैद्धान्तिक बुनियाद पर सुब्रमण्यम ने आगे कहा "यदि हम अनुच्छेद 16 के प्रावधान का परीक्षण करें, तो इस अधिकार का कौन-सा अवशेष बचेगा जिसको विधायिका द्वारा छुआ नहीं जा सकेगा? यहाँ पर सब कुछ संसद की सम्प्रभुता है। इस भाग में केवल ऐसे अधिकार के लिए स्थान होना चाहिए, जिसे न तो केन्द्र की विधायिका छू सके और न ही राज्य की विधायिका। जबकि अनुच्छेद 16 में बिना कोई सीमा निर्धारित किए इस अधिकार को संसद द्वारा बनाए गए कानून पर निर्भर बना दिया गया है।"[1]

जबकि के. सन्थानम ने प्रारूप प्रावधान का समर्थन किया। उनका तर्क था कि "अनुच्छेद 16 आवश्यक है या नहीं, यह जानने का एकमात्र पैमाना है कि इसको हटाने के परिणाम का पता किया जाए। बहुत सारे मामलों में हमने प्रावधान बनाए हैं जिनमें राज्य-विधायिका हालाँकि कुछ नहीं कर सकती है लेकिन संसद हस्तक्षेप कर सकता है। यदि हम इस पैमाने पर इस मूल अधिकार का परीक्षण करें, तो पाएँगे कि व्यापार की स्वतंत्रता को संसद के कानून के अधीन रखने में कोई कमी नहीं है। अनुच्छेद 16 का प्रावधान अति आवश्यक है।"[2] एम. अनन्थसंयनम अयंगर ने भी कहा कि वह न तो कोई असंगतता पाते हैं और न ही अनुच्छेद 16 को अनावश्यक पाते हैं। अनुच्छेद 16 सम्पूर्ण देश में व्यापार, वाणिज्य और समागम की स्वतंत्रता को सुनिश्चित करता है। यह मूल अधिकार है। इसका एक अपवाद अनुच्छेद 244 है, जो राज्यों के पक्ष में है और दूसरा इसे संसद के कानून के अधीन किया गया है।[3]

भारतीय रियासतों के अड़ियल रुख के कारण पैदा हो रही समस्या का उल्लेख करते हुए डॉ. बी. आर. आंबेडकर ने सी. सुब्रमण्यम द्वारा उठाए गए सवाल का जवाब दिया। डॉ. आंबेडकर के शब्दों में—

> "मि. सुब्रमण्यम का आशय अनुच्छेद 16 पर आपत्ति नहीं है, बल्कि उनकी आपत्ति इसके स्थान को लेकर है जहाँ पर इसे रखा गया है। मैं इस तर्क की प्रशंसा करता हूँ कि अनुच्छेद 16 को मूल अधिकार की सूची से बाहर होना चाहिए। इस सीमा तक मैं मि. सुब्रमण्यम से सहमत हूँ। लेकिन मैं स्पष्ट कर सकता हूँ कि इसे क्यों मूल अधिकार के रूप में शामिल किया गया है। जब संविधान-सभा आरम्भ हुई तो हमें कुछ सीमाओं के साथ शुरुआत करनी पड़ी है। एक सीमा यह थी कि भारतीय रियासत सिर्फ तीन विषयों—विदेश, रक्षा और संचार पर संघ में सम्मिलित हुए हैं। अन्य विषयों पर वे संघ को अनुमति देना स्वीकार नहीं करेंगे।
>
> "एक तरफ यह महसूस किया गया था कि अखिल भारतीय संघ के गठन का कोई उपयोग और उद्देश्य नहीं रह जाएगा, यदि व्यापार और वाणिज्य सम्पूर्ण भारत में आजाद न हो। यह सामान्य विचार था। दूसरी तरफ यह भी पाया गया कि जहाँ तक रियासतों की स्थिति का सम्बन्ध है, वे व्यापार और वाणिज्य को पूरे भारत में संघीय संसद के विधायी अधिकार में लाए जाने के लिए तैयार नहीं हैं। वे 'व्यापार और वाणिज्य' को

> प्रथम सूची में शामिल किए जाने को तैयार नहीं हैं। यदि 'व्यापार और वाणिज्य' को प्रथम सूची में शामिल किया जाना सम्भव होता, जिसका मतलब संसद को पूरे भारत में 'व्यापार और वाणिज्य' पर कानून बनाने का अधिकार होता, तब अनुच्छेद 16 के अन्तर्गत 'व्यापार और वाणिज्य' को मूल अधिकार के रूप में लाया जाना आवश्यक नहीं था। लेकिन चूँकि संविधान-सभा के समक्ष उक्त कारणों से यह दरवाजा बन्द हो गया था, इसलिए हमें किसी-न-किसी रूप में पूरे भारत में 'व्यापार और वाणिज्य' की समानता लाने के लिए स्थान खोजना ही था। समस्त प्रतिभा के प्रयोग के बाद, देश के बहुमत की इच्छा कि पूरे भारत में 'व्यापार और वाणिज्य' स्वतंत्र हो, को मूर्त रूप देने के लिए हमने पाया कि इसे मूल अधिकार में शामिल किया जाए। यही कारण है कि, भले ही यह जितना भी भद्दा लगे, हमने सोचा कि इसके अलावा हमारे पास और कोई रास्ता नहीं बचा है।
>
> "जहाँ तक दूसरे तर्क का सवाल है कि चूँकि 'व्यापार और वाणिज्य' को अनुच्छेद 244 के अधीन रखा गया है, इसलिए हमने व्यावहारिक रूप से मूल अधिकार को नष्ट कर दिया है। मेरे मित्र मि. सुब्रमण्यम ने या तो अनुच्छेद 244 को पढ़ा नहीं है या इस अनुच्छेद को अशुद्ध रूप से पढ़ा है। अनुच्छेद 244 का बहुत सीमित दायरा है। यह प्रान्तीय विधायिका को अन्तरराज्यीय व्यापार और वाणिज्य के सन्दर्भ में दूसरे राज्यों में बने सामानों को अपने राज्य में प्रवेश को लेकर कुछ निर्बन्धन लगाने की शक्ति देता है परन्तु इस निर्बन्धन में अपने राज्य में बने या दूसरे राज्य में बने सामान के मध्य भेदभाव नहीं होना चाहिए। अब मैं निश्चित हूँ कि वह सहमत होंगे कि यह बहुत सीमित कानून है।"[4]

इसके बाद सुब्रमण्यम ने सवाल किया, "परन्तु यह खंड कहता है कि यह राज्य के लिए वैध होगा कि वह कानून द्वारा व्यापार, वाणिज्य और समागम के अधिकार पर युक्तियुक्त निर्बन्धन, जैसा जनहित में आवश्यक हो, लगा सकता है?"

इस पर डॉ. आंबेडकर ने जवाब दिया, "हाँ, लेकिन युक्तियुक्त निर्बन्धन का अर्थ यह नहीं है कि निर्बन्धन ऐसा होगा जो व्यापार की स्वतंत्रता और समानता को ही नष्ट कर दे। ऐसा कोई भी अर्थ नहीं है।"

तत्पश्चात संविधान-सभा ने प्रारूप अनुच्छेद 16 अंगीकृत कर लिया।

भाग XIII : देश की आर्थिक एकता का सूत्र

रियासतों की स्थिति में सुधार के बाद व्यापार की स्वतंत्रता को मूल अधिकार के रूप में बनाए रखने का औचित्य समाप्त हो गया। इसके अलावा प्रारूप संविधान में अनुच्छेद 243, 244, 245 जैसे व्यापार से सम्बन्धित बहुत सारे प्रावधान बिखरे पड़े हुए थे। इन सभी प्रावधानों को एकत्रित एवं व्यवस्थित कर डॉ. बी. आर. आंबेडकर ने 8 सितम्बर, 1949 को नया भाग X-क (नियमित भाग XIII) प्रस्तुत किया।[5] इस नये भाग के अन्तर्गत कुल पाँच नये अनुच्छेद 274-क, 274-ख, 274-ग, 274-घ एवं 274-ङ शामिल किए गए थे। बाद में 13 अक्टूबर, 1949 को इस भाग में दो अन्य नये अनुच्छेद 274-घघ एवं 274-घघघ जोड़े गए।

नये प्रस्तावित अनुच्छेद 274-क के अनुसार भारत के राज्यक्षेत्र में व्यापार, वाणिज्य और समागम स्वतंत्र होगा। अनुच्छेद 274-ख कहता था कि संसद कानून द्वारा एक राज्य और

दूसरे राज्यों के मध्य व्यापार के अधिकार पर जनहित में निर्बन्धन लगा सकता है। अनुच्छेद 274-ग किसी राज्य को वरीयता देने या राज्य के लिए विभेदकारी कानून बनाने या न बनाने के सम्बन्ध में था। इसी तरह अनुच्छेद 274-घ एक राज्य की विधायिका को दूसरे राज्यों से आयात होने वाली वस्तु पर कर लगाने की शक्ति देता था। डॉ. आंबेडकर ने कहा कि "इस भाग में शामिल प्रावधानों का यह आशय नहीं है कि व्यापार एवं वाणिज्य को पूर्ण स्वतंत्र बनाया जाए। इस स्वतंत्रता को कुछ सीमाओं के अधीन रखा गया है, जिसे संसद या राज्य विधायिका द्वारा कानून के माध्यम से निर्धारित किया जा सकता है।"

उक्त प्रावधान के सम्बन्ध में ठाकुर दास भार्गव, डॉ. पी. एस. देशमुख, बी. दास, ब्रजेश्वर प्रसाद और बी. पी. झुनझुनवाला ने संशोधन प्रस्तुत किए। भार्गव ने कुल 23 संशोधन प्रस्तुत किए, जिसमें भाग का नाम बदलकर 'व्यापार एवं वाणिज्य' करने, अनुच्छेद 274-ख में शब्द 'भाग' के स्थान पर 'संविधान' रखने, अनुच्छेद 274-ख में निर्बन्धन के पूर्व युक्तियुक्त जोड़ने जैसे संशोधन शामिल थे। उनका तर्क था कि अनुच्छेद 16 द्वारा मूल अधिकार की गारंटी की गई है। इसका अर्थ है कि इन अनुच्छेदों के द्वारा इस अधिकार को समाप्त किया जा रहा है। इसलिए इसको सुरक्षित करने के लिए ये संशोधन प्रस्तुत किए गए हैं। भार्गव का एक अन्य संशोधन नया अनुच्छेद 274-च जोड़ने के लिए था, जिसमें कहा गया था कि किसी भी नागरिक को भाग X-क द्वारा दिये गए अधिकार को लागू कराने के लिए सुप्रीम कोर्ट जाने का अधिकार होगा।"[6] बी. पी. झुनझुनवाला ने इस नये अनुच्छेद हेतु पुनर्संशोधन प्रस्तुत किया कि नागरिक या राज्य को सुप्रीम कोर्ट जाने का अधिकार तब भी दिया जाए, जब राज्य विधायिका या संसद द्वारा पारित कोई कानून या आदेश भारत के सामान्य आर्थिक नीति सुधार से पूरी तरह असंगत हो।[7] डॉ. देशमुख का संशोधन अनुच्छेद 274-क, अनुच्छेद 274-ख, अनुच्छेद 274-ग एवं अनुच्छेद 274-घ को नये प्रावधान से बदलने के लिए था। प्रस्तावित अनुच्छेद 274-क कहता था कि संघ के दो राज्यों के बीच व्यापार एवं वाणिज्य समय-समय पर संसद द्वारा निर्धारित किए जाएँगे। डॉ. देशमुख ने कहा कि "हमने अनुच्छेद 16 को पहले मूल अधिकार का गौरव प्रदान किया है, जो वादयोग्य है और अब जब द्वितीय पाठन के अन्तिम दौर में हैं, तो कहा जा रहा है कि यह अधिकार वादयोग्य नहीं रह गया है।"[8]

आम बहस के दौरान कुलाधर चालिहा, टी. टी. कृष्णमाचारी और अल्लादी कृष्णास्वामी अय्यर ने डॉ. आंबेडकर द्वारा प्रस्तावित प्रावधान का समर्थन किया, जबकि प्रभु दयाल हिम्मतसिंहका और प्रो. शिब्बन लाल सक्सेना ने ठाकुर दास भार्गव के सभी संशोधनों का समर्थन किया। कुलाधर चालिहा ने डॉ. आंबेडकर के संशोधन को महान सुधार, जबकि झुनझुनवाला के संशोधन को अनावश्यक बताया।[9] हिम्मतसिंहका ने भार्गव के 'निर्बन्धन' के स्थान पर 'युक्तियुक्त निर्बन्धन' और 'जनहित' के स्थान पर 'आम लोगों के हित' रखने के लिए प्रस्तुत संशोधन को विचारणीय बताया।[10] प्रो. सक्सेना ने भी युक्तियुक्त जोड़े जाने का समर्थन किया।

टी. टी. कृष्णमाचारी ने डॉ. आंबेडकर के अलावा अन्य सभी संशोधनों से असहमति व्यक्त की और कहा कि "ये प्रावधान व्यापार एवं वाणिज्य के लिए दी जाने वाली अधिकतम आजादी एवं छूट है, जिसे दिया जा सकता है और जो इस देश के भविष्य के आर्थिक सुधार के अनुरूप है। व्यापार एवं वाणिज्य के अधिकार को सिविल आजादी के साथ भ्रमित करने का कोई मतलब नहीं है। पूरा विश्व अब इस बात को मानने लगा है कि व्यापार एवं वाणिज्य को बिना नियंत्रण के और बिना सरकार के निर्देश के नहीं चलाया जा सकता है। यदि हमारे मित्र

समझते हैं कि हम उन्नीसवीं शताब्दी के दौर में हैं, जब स्वतंत्र आर्थिक नीति (Laissez Faire) का समर्थन ही विश्व में सब कुछ नियमित करेगा, तो उन्हें भय है कि यह एक गलती है।"[11]

मसौदा समिति के सदस्य अल्लादी कृष्णास्वामी अय्यर ने नया प्रावधान बनाने में डॉ. बी. आर. आंबेडकर के योगदान को याद करते हुए कहा कि "ये अनुच्छेद अन्तरराज्यीय व्यापार एवं वाणिज्य के सन्दर्भ में बहुत ही सुनियोजित व्यवस्था बनाते हैं। अन्तरराज्यीय व्यापार एवं वाणिज्य की समस्या ने आस्ट्रेलिया में, अमेरिका में और बहुत सारे संघीय देशों में संविधान-विशेषज्ञों को चकरा दिया है। मेरे मित्र डॉ. आंबेडकर ने, जिन्होंने ये योजना बनाई है, भारत के व्यापक हित के साथ-साथ विशेष राज्य के हित को और इस देश के विस्तृत भूगोल को, जिसमें एक क्षेत्र का हित दूसरे क्षेत्र के हित से भिन्न है, को ध्यान में रखा है। यह उल्लेख करने की आवश्यकता नहीं है कि देश के एक भाग में अभाव अपना उग्र रूप दिखाता है तो दूसरे भाग में प्रचुरता है। यह हो सकता है कि देश के एक भाग में खाद और दूसरी चीजों की आवश्यकता हो, तो देश के दूसरे भाग के मुनाफाखोर प्रभावित भाग के वस्तुओं को ले जाने का प्रयास करें।"[12]

अन्त में डॉ. बी. आर. आंबेडकर ने कहा कि वह नहीं समझते हैं कि मित्र श्री टी. टी. कृष्णमाचारी एवं श्री अल्लादी कृष्णास्वामी अय्यर द्वारा कही गई बातों में कुछ भी उपयोगी बात जोड़ सकता हूँ।

इसके बाद सभाध्यक्ष द्वारा एक-एक करके सभी संशोधन प्रस्तुत किए गए। संविधान-सभा ने सभी संशोधनों को अस्वीकार कर प्रारूप अनुच्छेद 274-क (नियमित अनुच्छेद 301), प्रारूप अनुच्छेद 274-ख (नि. अनुच्छेद 302), प्रारूप अनुच्छेद 274-ग (नि. अनुच्छेद 303), प्रारूप अनुच्छेद 274-घ (नि. अनुच्छेद 304) एवं प्रारूप अनुच्छेद 274-ङ (नि. अनुच्छेद 307) 8 सितम्बर, 1949 को अंगीकृत कर लिया।

13 अक्टूबर, 1949 को प्रारूप भाग X-क में दो अन्य प्रारूप अनुच्छेद 274-घघ एवं 274-घघघ जोड़ने के लिए संशोधन प्रस्तुत किया। नया प्रारूप अनुच्छेद 274-घघघ (नियमित अनुच्छेद 305) को बिना किसी चर्चा के संविधान-सभा ने अंगीकृत कर लिया। इसी दिन प्रो. शिब्बन लाल सक्सेना ने प्रारूप अनुच्छेद 274-घघ के सम्बन्ध में संसद की भूमिका को शामिल करने के लिए कुछ सुझाव दिये।

16 अक्टूबर, 1949 को डॉ. बी. आर. आंबेडकर ने अनुच्छेद 274-घघ को नये प्रावधान के साथ जोड़ने के लिए संशोधन[13] प्रस्तुत किया। इसके समर्थन में डॉ. आंबेडकर ने तर्क दिया कि "यह नया अनुच्छेद, प्रारूप अनुच्छेद 258 (नियमित अनुच्छेद 278) का केवल पारिणामिक संशोधन है, जिसे इस सदन द्वारा पहले ही स्वीकार किया जा चुका है। इसके माध्यम से भारत सरकार को राज्यों के साथ आर्थिक समायोजन के उद्देश्य से समझौता करने की शक्ति दी गई है।" प्रो. शिब्बन लाल सक्सेना ने एक संशोधन[14] इसके परन्तुक में शब्द 'राष्ट्रपति' के स्थान पर 'संसद' रखने के लिए प्रस्तुत किया। इस पर हुई आम बहस में टी. टी. कृष्णमाचारी, के. सन्थानम और राज बहादुर ने भाग लिया। अल्प चर्चा के बाद संविधान-सभा ने प्रो. सक्सेना के संशोधन को अस्वीकार कर और डॉ. आंबेडकर के संशोधन को स्वीकार कर अनुच्छेद 274-घघ (नियमित अनुच्छेद 306) को अंगीकृत कर लिया।

इसी दिन टी. टी. कृष्णमाचारी ने प्रारूप अनुच्छेद 16 को निरस्त करने के लिए संशोधन[15] प्रस्तुत किया। कृष्णमाचारी ने तर्क दिया कि इस अनुच्छेद का प्रावधान अब नये अनुच्छेद 274-क में रख दिया गया है।

इस पर हुई बहस के दौरान बी. दास, ब्रजेश्वर प्रसाद, ठाकुर दास भार्गव, कुलाधर चालिहा एवं नजीरुद्दीन अहमद ने इस संशोधन का विरोध किया, जबकि के. सन्थानम एवं अल्लादी कृष्णास्वामी अय्यर ने इसका समर्थन किया। भार्गव ने कहा कि "यह नागरिकों का एक बहुत महत्त्वपूर्ण अधिकार है कि भारत क्षेत्र में समागम की स्वतंत्रता होगी और यह अनुच्छेद 25 (नियमित अनुच्छेद 32) के अन्तर्गत सुप्रीम कोर्ट द्वारा लागू किए जाने योग्य है।"[16] नजीरुद्दीन अहमद ने कहा कि "अनुच्छेद 274-क को निरस्त कर देना चाहिए और अनुच्छेद 16 को बनाए रखना चाहिए।"[17] जबकि अल्लादी कृष्णास्वामी अय्यर ने संशोधन का समर्थन करते हुए कहा कि "जब इस संविधान-सभा ने कैबिनेट मिशन प्रस्ताव के अनुक्रम में कार्य करना आरम्भ किया था, तो यह महसूस किया गया कि जब तक अन्तरराज्यीय प्रावधानों को मूल अधिकार के रूप में नहीं लाया जाता है, व्यापार की स्वतंत्रता नहीं हो पाएगी। अब संविधान-सभा के समक्ष अपने कार्य को लेकर ऐसा कोई निर्बन्धन नहीं रह गया है। जहाँ तक सुप्रीम कोर्ट के क्षेत्राधिकार का सम्बन्ध है, इसके पास संविधान का निर्वचन करने का पूर्ण क्षेत्राधिकार है। प्रत्येक मामले में सुप्रीम कोर्ट से निर्णय के लिए कहा जा सकता है कि क्या कोई कानून संविधान के अनुरूप है या नहीं?"[18]

तत्पश्चात संविधान-सभा ने टी. टी. कृष्णमाचारी का संशोधन स्वीकार कर लिया।

19

हिन्दी : राष्ट्र की आवाज

किसी देश के निर्माण में उसकी भाषा का बहुत महत्त्व है। यह न केवल देश की सांस्कृतिक एकता और भौगोलिक अखंडता की दृष्टि से, बल्कि अन्तिम व्यक्ति को विकास की धारा से जोड़ने की दृष्टि से महत्त्वपूर्ण होता है। इसके बावजूद कि भारत देश, भाषा के मामले में विश्व का सबसे समृद्धशाली देश रहा है, ब्रिटिश हुकूमत के दौरान अंग्रेजी जैसी एक गैर भारतीय भाषा को सरकारी कार्यालयों, न्यायालयों, शिक्षण संस्थाओं की आधिकारिक भाषा के रूप में स्थापित किया गया और इसे संरक्षण दिया गया। इसके कारण एक तरफ जहाँ कुछ मुट्ठी भर लोगों ने पूरी व्यवस्था पर वर्चस्व बना लिया, वहीं बहुसंख्य भारतीय समाज अपनी अंग्रेजी-अनभिज्ञता के कारण इस व्यवस्था से दूर और नैसर्गिक विकास से वंचित हो गया। ब्रिटिश हुकूमत से आजादी मिलने के बाद भाषा के सम्बन्ध में इस स्थिति को बनाए रखा जाए या नहीं, यह राष्ट्रहित से जुड़ा एक संवेदनशील विषय था और इस कारण इस विषय पर संवैधानिक स्पष्टता होना आवश्यक माना गया।

भाषा के सम्बन्ध में तत्कालीन नेतृत्व में कितना गहरा अन्तर्द्वंद्व व्याप्त था और इस कारण सर्वमान्य रास्ता निकालना कितना कठिन था, इसे इस बात से समझा जा सकता है कि भाषा से सम्बन्धित प्रावधान संविधान निर्माण के बिलकुल अन्तिम समय में 12 सितम्बर, 1949 को सायं 4 बजे प्रस्तुत किया गया और इस पर तीन सौ से अधिक संशोधन प्रस्तुत किए गए। ये प्रावधान 'भाषा' शीर्षक नाम से भाग XIV-क (नियमित भाग XVII) के अन्तर्गत शामिल किए गए थे। इन प्रावधानों पर हुई बहस का उल्लेख करने के पूर्व भाषा के सम्बन्ध में व्याप्त अन्तर्द्वंद्व को जान लेना भी आवश्यक है।

राष्ट्रभाषा का महत्त्व

किसी भाषा को भारत जैसे देश की राष्ट्रभाषा होने के लिए इसमें किन विशेषताओं का होना आवश्यक है, इसका जवाब देते हुए राष्ट्रजनक महात्मा गांधी निम्न पाँच विशेषता बताते हैं—

1. अमलदारों के लिए वह भाषा सरल होना चाहिए।
2. उस भाषा के माध्यम से भारतवर्ष का आपसी धार्मिक, आर्थिक एवं राजनीतिक व्यवहार हो सकना चाहिए।
3. यह जरूरी है कि भारतवर्ष के बहुत से लोग उस भाषा को बोलते हों।
4. राष्ट्र के लिए वह भाषा आसान होनी चाहिए।
5. उस भाषा का विचार करते समय किसी क्षणिक या अल्पस्थायी स्थिति पर जोर नहीं देना चाहिए।

उक्त पाँच विशेषताएँ बताने के बाद महात्मा गांधी निष्कर्ष निकालते हैं कि अंग्रेजी भाषा में इनमें से एक भी लक्षण नहीं हैं। सवाल-जवाब करते हुए गांधी जी आगे कहते हैं, "तो फिर किस भाषा में ये पाँच विशेषताएँ मिलती हैं। हमें यह कबूल कर ही लेना होगा कि हिन्दी भाषा में ये सभी विशेषताएँ मौजूद हैं।"

देश की राष्ट्रभाषा के सम्बन्ध में महात्मा गांधी के उक्त विचार इसलिए और भी महत्त्वपूर्ण हो जाता है, क्योंकि उनकी अपनी मातृभाषा हिन्दी नहीं, बल्कि गुजराती थी। इसलिए राष्ट्रभाषा के सवाल पर उनके विचार को बिलकुल निष्पक्ष कहा जा सकता है। दूसरी भारतीय भाषाओं को राष्ट्रभाषा के रूप में विकसित किए जाने की क्या गुंजाइश हो सकता है, इसकी भी जाँच-पड़ताल करते हुए महात्मा गांधी कहते हैं कि ये पाँच विशेषताएँ धारण करने में हिन्दी की होड़ करनेवाली दूसरी कोई भाषा नहीं है। हिन्दी के बाद का स्थान बांग्ला को प्राप्त है। तिस पर भी बंगाली भाई बंगाल के बाहर तो हिन्दी का ही प्रयोग करते हैं। हिन्दी बोलनेवाला जहाँ जाता है, वहाँ हिन्दी का ही उपयोग करता है और इससे किसी को आश्चर्य नहीं होता। हिन्दी बोलनेवाले धर्म-प्रचारक और उर्दू के मौलवी सम्पूर्ण हिन्दुस्तान में अपना व्याख्यान हिन्दी में ही देते हैं और अनपढ़ जनता भी उसे समझ लेती है। अनपढ़ गुजराती भी उत्तर भारत में जाकर हिन्दी का थोड़ा-बहुत इस्तेमाल कर लेता है, जब कि उत्तर का भैया बम्बई के सेठ की दरबानगिरी करता हुआ भी गुजराती बोलने से इनकार करता है और सेठ भैया के साथ टूटी-फूटी हिन्दी में बोलना शुरू कर देता है। मैंने देखा है कि ठेठ द्राविड़ प्रान्तों में भी हिन्दी की ध्वनि सुनाई पड़ती है। यह कहना ठीक नहीं कि मद्रास में तो सब काम अंग्रेजी से चलता है। मैंने तो वहाँ भी अपना काम हिन्दी में किया है। सैकड़ों मद्रासी मुसाफिरों को मैंने दूसरे लोगों के साथ हिन्दी में बोलते सुना है। इस प्रकार राष्ट्रीय भाषा के नाते हिन्दी भाषा का निर्माण हो चुका है।"[1]

हिन्दी की उपेक्षा और इसके स्थान पर अंग्रेजी का वर्चस्व होने के कारण आर्थिक असमानता एवं वर्गभेद गहरा होगा, और देश का अन्तिम व्यक्ति स्वराज के वास्तविक लाभ से वंचित रहेगा, इस दृष्टिकोण से भी हिन्दी को राष्ट्रभाषा बनाए जाने पर बल देते हुए गांधी जी कहते हैं—

> "अगर स्वराज अंग्रेजी बोलने वाले भारतीयों का, उन्हीं के लिए होनेवाला हो, तो नि:सन्देह अंग्रेजी ही राष्ट्रभाषा होगी। लेकिन अगर स्वराज करोड़ों भूख से मरनेवालों करोड़ों निरक्षरों, निरक्षर बहनों और दलितों व अन्त्यजों का हो और इन सबके लिए होनेवाला हो, तो हिन्दी ही एकमात्र राष्ट्रभाषा हो सकती है।"

गैर हिन्दी भारतीय भाषाओं का हिन्दी से किसी तरह का टकराव या अन्तर्विरोध होने को भी नकारते हुए गांधी जी आगे कहते हैं—

> "लोग ऐसा समझते हैं कि हम प्रान्तीय भाषाओं को नष्ट करके हिन्दी को सारे भारतवर्ष की एकमात्र भाषा बनाना चाहते हैं। इस गलतफहमी से भ्रमित होकर वे हमारे प्रचार का विरोध करते हैं। मेरा खयाल है कि हमें इस बारे में अपनी नीति स्पष्ट करके ऐसी गलतफहमियाँ दूर करनी चाहिए। मैं हमेशा से यह मानता रहा हूँ कि हम किसी भी हालत में प्रान्तीय भाषाओं को मिटाना नहीं चाहते। हमारा मतलब तो सिर्फ यह है कि विभिन्न प्रान्तों के पारस्परिक सम्बन्ध के लिए हम हिन्दी भाषा सीखें। ऐसा कहने से हिन्दी के प्रति हमारा कोई पक्षपात प्रकट नहीं होता। हिन्दी को हम राष्ट्रभाषा मानते हैं। वह राष्ट्रीय होने के लायक है। वही भाषा राष्ट्रीय बन सकती है, जिसे अधिसंख्यक लोग जानते-बोलते हों और जो सीखने में सुगम हो। ऐसी भाषा हिन्दी ही है।"

अंग्रेजी के मुकाबले हिन्दी को सीखना कैसे आसान, लाभदायक और राष्ट्रहित में है, इस पर चर्चा करते हुए बापू जी लिखते हैं—

> "अगर कोई साधारण बंगाली हिन्दुस्तानी सीखने में रोज तीन घंटे खर्च करे, तो सचमुच ही दो महीनों में उसे सीख लेगा और इसी रफ्तार से द्रविड़ को सीखने में छह महीने लगेंगे। कोई बंगाली या द्रविड़ इतने समय में अंग्रेजी सीख लेने की आशा नहीं कर सकता। मैं आशा करता हूँ कि अगले कांग्रेस में बंगाल और मद्रास के भाई हिन्दुस्तानी का कामचलाऊ ज्ञान प्राप्त करके आएँगे। जिस भाषा को जनता के ज्यादा-से-ज्यादा लोग समझते हैं, हमारी सबसे बड़ी सभा उस भाषा में अपना काम न करे, तो यह जनता के लिए प्रेरणा की बात नहीं हो सकती। मैं द्रविड़ भाइयों की कठिनाई को समझता हूँ लेकिन मातृभूमि के प्रति उनके प्रेम और उद्यम के सामने कोई चीज कठिन नहीं।"[2]

आजादी आन्दोलन के दौरान महात्मा गांधी जी के नेतृत्व में हिन्दी को राष्ट्रभाषा के रूप में स्थापित करने को लेकर लगभग आम सहमति थी। ऐसा करना न केवल देश की एकता एवं अखंडता की दृष्टि से बल्कि आम लोगों के विकास की दृष्टि से महत्त्वपूर्ण था। किन्तु संविधान निर्माण के समय नेतृत्व के स्तर पर इससे अलग विचार भी मौजूद था। यह विचार कहीं-न-कहीं से मैकाले की भारत को सांस्कृतिक गुलाम बनाए रखने वाली सोच को पोषित करता था। भारत देश की राजनीतिक आजादी के बदले इस देश की सांस्कृतिक गुलामी का जो सपना मैकाले ने देखा था, उसका सबसे बड़ा माध्यम कुछ और नहीं बल्कि भाषा थी और यह भाषा कोई और नहीं बल्कि अंग्रेजी भाषा थी। दुर्भाग्य से संविधान निर्माण के दौरान संविधान-सभा के बाहर और अन्दर भाषा के सवाल को लेकर जो कुछ भी विवाद पैदा हुआ था, वह इसी के इर्द-गिर्द था।

भाषायी विवाद : युद्ध-स्थिति से बाहर निकलने की चुनौती

वल्लभभाई पटेल की अध्यक्षता में प्रान्तीय संविधान समिति ने रिपोर्ट[3] दिनांक 27 जून, 1947 प्रस्तुत की। इसके भाग I के अध्याय II के पैरा 21 में प्रस्तावित किया गया था कि प्रान्तीय विधायिका में कार्यवाही प्रान्तीय भाषा या भाषाओं में या हिन्दुस्तानी (हिन्दी या उर्दू) में या अंग्रेजी में होगी। 18 जुलाई, 1947 को यह प्रस्ताव सभा के पटल पर रखे जाने के साथ पटेल ने कहा कि भाषा के सम्बन्ध में संघीय संविधान का खंड (16) इसी तरह का प्रावधान है और ये विवादास्पद मामला होने के कारण कुछ सन्देह की स्थिति बन सकता है, इसलिए सुझाव है कि इसे टाल दिया जाए और दोनों पर एक साथ विचार किया जाए। संविधान-सभा ने इस प्रस्ताव को स्वीकार कर इसे आगे के लिए टाल दिया।[4]

जवाहरलाल नेहरू की अध्यक्षता में संघीय संविधान समिति ने भी रिपोर्ट[5] दिनांक 4 जुलाई, 1947 प्रस्तुत की। इसके भाग IV के अध्याय II के पैरा 16 में कहा गया था कि संघीय संसद में कार्यवाही हिन्दुस्तानी (हिन्दी या उर्दू) या अंग्रेजी में होगी, किन्तु अध्यक्ष किसी सदस्य को, जो इन भाषा को नहीं बोल सकता है, अपनी मातृभाषा में बोलने की अनुमति दे सकता है। 28 जुलाई, 1947 को जब इस प्रस्ताव को संविधान-सभा के समक्ष चर्चा के लिए रखा गया, तो एम. अनन्थसंयनम अयंगर ने इस विषय को आगे के लिए टाल देने का सुझाव दिया, जिसका समर्थन एन. गोपालस्वामी अयंगर ने किया। अयंगर के इस सुझाव को संविधान-सभा ने स्वीकार कर लिया।[6]

इसके पूर्व संविधान-सभा के प्रथम दिन यानी 9 दिसम्बर, 1946 की कार्यवाही जे. बी. कृपलानी ने हिन्दुस्तानी भाषा का प्रयोग करके आरम्भ की थी[7] और डॉ. सच्चिदानन्द सिन्हा के अस्थायी अध्यक्ष चुने जाने की प्रक्रिया शुरू की गई थी। 10 दिसम्बर, 1946 को आर. वी. धुलेकर ने माँग की कि प्रक्रिया समिति के सभी नियमों को हिन्दुस्तानी भाषा में बनाया जाए और इसका अनुवाद अंग्रेजी में किया जाए। इसके लिए धुलेकर ने संशोधन भी प्रस्तुत किया।[8] उन्होंने सदस्यों से अपील की कि वे अपनी भाषा में ही बोलें। किन्तु सभाध्यक्ष डॉ. सच्चिदानन्द सिन्हा ने इसे व्यवस्था के प्रतिकूल बताकर अस्वीकार कर दिया।[9]

11 दिसम्बर, 1946 को खान अब्दुल गफ्फार खान ने हिन्दुस्तानी भाषा में संविधान-सभा को सम्बोधित किया।[10] इसी दिन डॉ. राजेन्द्र प्रसाद को स्थायी अध्यक्ष के रूप में सभाध्यक्ष की कुर्सी पर बैठाने के बाद आचार्य जे. वी. कृपलानी ने कहा कि बहुत से सम्बोधन अंग्रेजी में किए गए हैं, किन्तु उन्हें हिन्दी में अपना सम्बोधन करना चाहिए और फिर उन्होंने सभा को हिन्दी भाषा में सम्बोधित किया। इसके तुरन्त बाद डॉ. राजेन्द्र प्रसाद ने पहले हिन्दी में और फिर बाद में अंग्रेजी में सम्बोधित किया। 13 दिसम्बर, 1946 को जवाहरलाल नेहरू ने उद्देश्य संकल्प को प्रस्तुत करने की शुरुआत हिन्दुस्तानी भाषा में किया और कुछ देर बाद अंग्रेजी में सभा को सम्बोधित किया। उद्देश्य संकल्प पर हिन्दी में बोलने वाले सदस्य पुरुषोत्तम दास टंडन, सेठ गोविन्द दास, आर. वी. धुलेकर एवं विश्वम्भर दयाल त्रिपाठी थे। बाकी सभी सदस्यों ने अंग्रेजी में सम्बोधित किया।

कार्यवाही समिति की रिपोर्ट पर चर्चा के दौरान आर. वी. धुलेकर ने 14 जुलाई, 1947 को भाषा एवं लिपि का सवाल उठाया।[11] इस चर्चा के दौरान कभी-कभार अलगू राय शास्त्री, अजीज अहमद खान, गोपीकृष्ण विजयवर्गीय, फूल सिंह, एच. जे. खांडेकर, बालकृष्ण शर्मा द्वारा हिन्दी/हिन्दुस्तानी में बोला जाता था।

4 नवम्बर, 1948 को जब प्रारूप संविधान सामने आया, तो इसमें यद्यपि भाषा को लेकर कोई अलग अध्याय नहीं था, किन्तु यह प्राविधानित किया गया था कि संसद में हिन्दी या अंग्रेजी का प्रयोग किया जाएगा तथा राज्य विधायिकाओं में प्रान्तीय भाषा के अतिरिक्त हिन्दी एवं अंग्रेजी वैकल्पिक भाषा के रूप में मान्य होगी। इस पड़ाव पर एक महत्त्वपूर्ण बदलाव यह हुआ कि संघीय/प्रान्तीय संविधान समिति की संस्तुति के विपरीत मसौदा समिति ने 'हिन्दुस्तानी' के स्थान पर 'हिन्दी' को स्वीकार किया। यह बदलाव उस दबाव का परिणाम था, जो प्रखर राष्ट्रवादियों द्वारा हिन्दी को लेकर बनाया जा रहा था। किन्तु प्रखर राष्ट्रवादियों के लिए यह एक पड़ाव मात्र था, अन्तिम लक्ष्य नहीं। यही कारण था कि प्रारूप संविधान प्रस्तुत करने के दौरान हुई चर्चा में भाग लेते हुए 5 नवम्बर, 1948 को सेठ गोविन्द दास ने पहली बार आधिकारिक रूप से माँग की कि हिन्दी को राष्ट्रीय भाषा और देवनागरी लिपि को राष्ट्रीय लिपि घोषित किया जाए।[12]

संविधान-सभा के अन्दर और बाहर एक समूह ऐसा भी था, जो वैश्विक भाषा होने के आधार पर अंग्रेजी भाषा को विकास की भाषा के रूप में गढ़ रहा था और इसे आगे बढ़ाने की पैरवी कर रहा था। जहाँ प्रखर राष्ट्रवादी लोगों का समूह चाहता था कि संविधान के माध्यम से हिन्दी को तुरन्त शासन के प्रत्येक स्तर पर स्थापित करने की घोषणा की जाए, तो उदार राष्ट्रवादियों का दूसरा समूह इस विषय को समय के साथ तय होने देने के लिए छोड़ देना चाहता था। प्रखर राष्ट्रवादियों का नेतृत्व करने वालों में पुरुषोत्तम दास टंडन, प्रो. शिब्बन लाल सक्सेना, आर. वी. धुलेकर, डॉ. रघु वीर, सेठ गोविन्द दास, बाल कृष्ण शर्मा प्रमुख थे।

इनकी मान्यता थी कि यदि इस विषय को, बिना किसी प्रभावशाली संवैधानिक उपबन्ध के, केवल भावी नीति-निर्माताओं के भरोसे छोड़ दिया गया, तो सरकारी एवं संस्थागत प्रोत्साहन के अभाव में अंग्रेजी के साम्राज्यवादी व्यवहार के सामने हिन्दी का मृत होना निश्चित है और वे ऐसा कदापि होने देने के पक्ष में नहीं थे। जबकि इसके विपरीत उदार राष्ट्रवादी, जिसका नेतृत्व जवाहरलाल नेहरू, के. सन्थानम, टी. टी. कृष्णमाचारी जैसे लोग कर रहे थे, यह मानते थे कि यदि इस विषय को, बिना किसी संवैधानिक उपबन्ध के, समय के हवाले कर दिया गया, तो कुछ समय बाद यह विषय अपने-आप ठंडा हो जाएगा।

ग्रेनविले ऑस्टिन ने इन प्रखर राष्ट्रवादी सदस्यों को कई बार 'हिन्दी चरमपंथी' कहकर सम्बोधित किया है। एक जगह वह कहते हैं—"8 अगस्त को सभा जब दुबारा बैठी तो प्रारूप प्रावधान पर भाषायी संशोधनों की झड़ी लग गई थी। टाले जाने की बात समाप्त होकर युद्ध आरम्भ हो गया। बहुत सारे संशोधनों में चरमपंथियों के सुपरिचित विचार शामिल थे, जिनमें एक प्रावधान यह था कि दस वर्ष के संक्रमण काल के दौरान संघीय उद्देश्य के लिए संसद के कामकाज में या तो अंग्रेजी और हिन्दी में से किसी एक का या दोनों का प्रयोग होना चाहिए। ऐसे एक संशोधन पर बयासी सदस्यों के हस्ताक्षर थे, जिनमें पैंतालीस सदस्य बिहार, केन्द्रीय प्रान्त, और संयुक्त प्रान्त से थे, और जिनमें से कम-से-कम अट्ठावन सदस्य हिन्दी-वक्ता थे।" ऑस्टिन आगे कहते हैं—"उदारपंथियों ने इस शब्दावली का विरोध इसे एक ऐसा बचाव मार्ग बताते हुए किया, जो अंग्रेजी के तुरन्त बहिष्कार की अनुमति दे देगा।...अगले दिन दक्षिणवालों के नेतृत्व में गैर-हिन्दी शिविर ने इन संशोधनों का विरोध किया और जवाबी हमला किया। दोपहर बाद हुई सभा की बैठक में उन्होंने दबाव डाला कि कम-से-कम पन्द्रह वर्षों के लिए अंग्रेजी का ही प्रयोग आधिकारिक भाषा के रूप में होना चाहिए। इस दौरान उन्होंने हिन्दी का प्रगतिशील प्रतिस्थापन करने वाले सुझाव को एक सिरे से खारिज कर दिया।"[13]

भाषा को लेकर तत्कालीन नेतृत्व के मध्य युद्ध जैसी स्थिति होने का जो आकलन ऑस्टिन ने किया है, इसमें सच्चाई हो सकती है। किन्तु जिस तरीके से हिन्दी को चरमपंथ के साथ और अंग्रेजी को उदारपंथ के साथ जोड़कर और दक्षिण भारतीय सदस्यों के समूह को गैर-हिन्दी शिविर के साथ जोड़कर ऑस्टिन ने बातों को रखा है, उससे यह सन्देश देने का प्रयास किया गया है कि इस अन्तर्द्वंद्व के दौरान अंग्रेजी भाषा एवं इसके समर्थक सदस्यों के साथ ज्यादती की जा रही थी और वे सहानुभूति के पात्र थे। जबकि वास्तविक स्थिति इसके विपरीत थी। चरमपंथ का भाव अंग्रेजी के साथ जुड़ा हुआ था, जो सम्पूर्ण तंत्र पर कुंडली मारकर बैठा हुआ था। हिन्दी जैसी भारतीय भाषाएँ तो इस कुंडली में दबकर छटपटा रही थीं। ब्रिटिश हुकूमत से आजादी मिलने के बाद इस कुंडली को तोड़ने का प्रयास एक स्वाभाविक-सी प्रतिक्रिया थी, जो प्रखर राष्ट्रवादियों द्वारा किया जा रहा था। अंग्रेजी के इस कुंडली के कारण उपजे अन्तर्द्वंद्व से, जिसे ऑस्टिन ने युद्ध-स्थिति बताया है, बाहर निकलना तत्कालीन नेतृत्व के लिए एक बड़ी चुनौती थी।

समझौतावादी मध्यमार्ग का अनुसरण

लगातार चली कई दौर की बैठकों में दोनों समूहों के मध्य सुलह-समझौते के प्रयास के बाद एक फार्मूला तैयार कर 12 सितम्बर, 1949 को सायं 4 बजे 'भाषा' शीर्षक नाम से नया भाग XIV-क (नियमित भाग XVII) संविधान-सभा के समक्ष प्रस्तुत किया गया।

सभाध्यक्ष डॉ. राजेन्द्र प्रसाद ने इस नये भाग की गम्भीरता का उल्लेख करते हुए कहा कि "हम भाषा के सवाल पर जो भी निर्णय लेंगे, वह देश को एक साथ लेकर आगे बढ़ेगा। पूरे संविधान में ऐसा कोई विषय नहीं है, जिसे दिन-प्रतिदिन या घंटे-प्रतिघंटे या यदि मैं कह सकूँ तो मिनट-दर-मिनट व्यवहार में लागू करने की आवश्यकता होगी। इसलिए सभा का निर्णय पूरे देश को स्वीकरणीय होना चाहिए। यदि हम बहुमत द्वारा कोई विशेष स्थिति प्राप्त करने में सफल हो जाते हैं और यदि यह देश के किसी वर्ग द्वारा, चाहे उत्तर में या दक्षिण में, मान्य नहीं किया जाता है, तो संविधान को लागू करना एक बहुत बड़ी समस्या होगी।"[14]

भाषा सम्बन्धी प्रावधान पर प्रस्तुत संशोधनों पर व्यवस्था देते हुए सभाध्यक्ष ने आगे कहा कि "चूँकि इस भाग के सम्बन्ध में कुल तीन सौ से अधिक संशोधन प्रस्तावित किए गए हैं, हमें नहीं पता है कि ये संशोधन कितना समय लेंगे। इनमें से बहुतेरे केवल शब्दों के अन्तर के अलावा अर्थ में कोई अन्तर नहीं पैदा करते हैं। हाँ, कुछ ऐसे भी हैं, जो मूलभूत प्रकृति के हैं। इसलिए वह प्रस्तावित करते हैं कि इन सभी संशोधनों को प्रस्तुत किया हुआ मानकर सदस्यगण सीधे अपनी बात को रखे।" कुछ चर्चा के उपरान्त संविधान-सभा ने इस सुझाव को स्वीकार कर लिया।

तत्पश्चात सभाध्यक्ष ने एन. गोपालस्वामी अयंगर को अपना संशोधन[15] संख्या 65 प्रस्तुत करने के लिए बुलाया। अपने आरम्भिक सम्बोधन में एन. जी. अयंगर ने कहा कि "अन्तिम निर्णय यह है कि नये संविधान के अन्तर्गत हिन्दी को संघ के आधिकारिक उद्देश्य के लिए भाषा के रूप में अपनाना चाहिए। निश्चित रूप से यह अन्तिम लक्ष्य है, जिसे पाना है। यह हमारी एक उपलब्धि है कि हमने एक भाषा को अलविदा कहा है, जिसको लेकर हममें से बहुत लोग लगे हुए थे। लम्बी अवधि से चली आ रही अंग्रेजी को अब हिन्दी से प्रतिस्थापित करने का निर्णय लिया जा चुका है।" अयंगर का यह बयान हिन्दी समर्थक प्रखर राष्ट्रवादियों के लिए सन्तोष की बात थी कि ठिठक कर ही सही, कम-से-कम एक कदम आगे बढ़ा गया।

एन. जी. अयंगर द्वारा प्रस्तुत नये भाग XIV-क के अन्तर्गत कुल चार अध्याय शामिल किए गए थे। पहले अध्याय 'संघ की भाषा' में दो अनुच्छेद 301-क एवं 301-ख; दूसरे अध्याय 'क्षेत्रीय भाषा' में तीन अनुच्छेद 301-ग, 301-घ एवं 301-ङ; तीसरे अध्याय 'सुप्रीम कोर्ट, हाई कोर्ट इत्यादि की भाषा' में दो अनुच्छेद 301-च एवं 301-छ; और चौथे अध्याय 'विशेष निर्देश' में भी दो अनुच्छेद 301-ज एवं 301-झ शामिल थे।

नए प्रस्तावित अनुच्छेद 301-क के खंड (1) के अनुसार संघ की राजकीय भाषा नागरी लिपि में हिन्दी होगी और संख्या के लिए अंकों की अन्तरराष्ट्रीय पद्धति का प्रयोग किया जाएगा। इसका खंड (2) प्रस्तावित करता था कि पन्द्रह वर्षों की अवधि के लिए अंग्रेजी संघ के राजकीय उद्देश्य के लिए प्रयोग की जाती रहेगी। इस खंड के साथ एक परन्तुक जोड़ा गया था, जो कहता था कि इस दौरान राष्ट्रपति को अंग्रेजी के अलावा हिन्दी और अन्तरराष्ट्रीय अंक पद्धति के अलावा नागरी अंक के प्रयोग को लागू करने का अधिकार होगा। खंड (3) संसद को पन्द्रह वर्ष के बाद अंग्रेजी के प्रयोग को जारी रखने की शक्ति प्रदान करता था। प्रारूप अनुच्छेद 301-ख राजकीय भाषा पर संसद के आयोग एवं समितियों के बारे में था।

अनुच्छेद 301-ग के अनुसार राज्य अपने यहाँ प्रयोग हो रही भाषा या हिन्दी को अपने राज्य की राजकीय भाषा के रूप में प्रयोग कर सकता है। इसके साथ एक परन्तुक भी जोड़ा गया था, जिसके अनुसार जब तक अन्यथा कानून द्वारा प्राविधानित न कर दिया जाए, अंग्रेजी भाषा जारी बनी रहेगी। अनुच्छेद 301-च प्राविधानित करता था कि सुप्रीम कोर्ट एवं हाई कोर्ट,

संसद में प्रस्तुत किए जाने वाले विधेयक, सभी तरह के अध्यादेश, आदेश, नियम, नियमावली इत्यादि की भाषा अंग्रेजी होगी। अनुच्छेद 301-झ कहता था कि यह संघ का कर्तव्य होगा कि वह हिन्दी का प्रचार करे और इसका विकास इस तरह करे कि यह भारत की मिश्रित संस्कृति की अभिव्यक्ति का माध्यम बन सके।

इसके अलावा एक नई अनुसूची 7-क जोड़ने का भी प्रस्ताव किया गया। इस अनुसूची में तेरह भाषाओं—आसामी, बंगाली, कैनरीस, गुजराती, हिन्दी, कश्मीरी, मलयालम, मराठी, उड़िया, पंजाबी, तमिल, तेलुगु एवं उर्दू का उल्लेख था।

उक्त संशोधन रखे जाने के बाद बोलने वाले पहले सदस्य सेठ गोविन्द दास थे, जो हिन्दी के समर्थन में प्रखर राष्ट्रवादियों का नेतृत्व कर रहे थे। उन्हें अंग्रेजी में सम्बोधन करना चाहिए या हिन्दी में, इस असमंजस को जाहिर करने के बाद सेठ गोविन्द दास ने हिन्दी में अपना सम्बोधन दिया। दास ने दक्षिण भारत एवं अहिन्दी भाषी क्षेत्रों के प्रति आभार व्यक्त किया, जिन्होंने कम-से-कम नागरी लिपि में हिन्दी को संघ की राजकीय भाषा के रूप में स्वीकार किया, भले ही इसे राष्ट्रीय भाषा कहा जाए या राज्य भाषा। सेठ गोविन्द दास ने हिन्दी समर्थन को साम्प्रदायिकता के साथ जोड़कर लगाए जा रहे आरोप का पुरजोर खंडन किया और कहा कि "इसे विशुद्ध रूप से राष्ट्रीयता के दृष्टिकोण से देखना चाहिए। सेठ ने प्रान्तों पर अंग्रेजी थोपे जाने वाले प्रावधान का भी कड़ा विरोध किया। उनका तर्क था कि जिन राज्यों में हिन्दी पहले से प्रयोग किया जा रहा है, वहाँ पर अंग्रेजी क्यों थोपा जाए? हमारा क्षेत्रीय भाषाओं से कोई विद्वेष नहीं है। हम सभी जानते हैं कि बिना क्षेत्रीय भाषाओं का विकास किए राष्ट्रीय भाषा का विकास नहीं किया जा सकता है। हमारा एकमात्र उद्देश्य है कि जितना जल्दी हो सके हिन्दी अंग्रेजी का स्थान ले।"[16]

12 सितम्बर से प्रारम्भ होकर 14 सितम्बर तक चली बहस में सेठ गोविन्द दास के अलावा 29 सदस्यों ने भाग लिया। संशोधनों के पक्ष में तर्क प्रस्तुत करने के साथ लम्बे-चौड़े भाषण भी दिए गए। इस दौरान कई बार सदस्यों ने आपस में जिरह भी की। इस बहस की व्यापकता को इस बात से समझा जा सकता है कि यह लोकसभा सचिवालय द्वारा प्रकाशित संविधान-सभा बहस (अंग्रेजी संस्करण) के लगभग 170 पृष्ठों में विस्तारित है। भाषा सम्बन्धी प्रावधान पर प्रस्तुत मौलिक संशोधनों एवं विचारों का यहाँ उल्लेख करना उपयुक्त है।

सेठ गोविन्द दास के बाद बोलने वाले नजीरुद्दीन अहमद ने अंग्रेजी को कुछ समय तक बनाए जाने की पैरवी की और कहा कि इसे लेकर हीनभावना नहीं रखनी चाहिए। इसी दौरान एक सदस्य ने उनसे संस्कृत में बोलने के लिए कहा। इसके बाद उन्होंने संस्कृत के महत्त्व पर विस्तार से प्रकाश डाला। यह सम्बोधन सदस्यों के विराट व्यक्तित्व को दर्शाता है। अहमद ने कई विदेशी विद्वानों मैक्स मूलर, विलियम जोन्स, डब्लू हंटर, प्रो. व्हाइट्ने, प्रो. बॉप्प, एम. डिबो, प्रो. वेबर, प्रो. विल्सन, प्रो. थाम्पसन, ढाका विश्वविद्यालय के प्रोफेसर डॉ. सादुल्लाह द्वारा संस्कृत के महत्त्व पर व्यक्त विचारों का एक-एक कर उल्लेख किया।[17] अहमद के शब्दों में एम. डिबो ने कहा था कि संस्कृत यूरोप की आधुनिक भाषाओं की जननी है।

एस. वी. कृष्णमूर्ति राव का संशोधन[18] यह था कि यथास्थिति बनाए रखकर इस विषय को भावी संसद पर छोड़ दिया जाए। पी. सी. चाको ने भी इसी तरह का विचार रखा। मोहम्मद हिफ्जुर रहमान का संशोधन[19] यह था कि हिन्दी के बजाय हिन्दुस्तानी भाषा को राजकीय भाषा घोषित किया जाए। सैयद करीमुद्दीन का संशोधन इन दोनों माँग को वैकल्पिक बनाने के लिए था। जबकि आर. वी. धुलेकर ने हिन्दी को राष्ट्रभाषा बताते हुए कहा कि अंग्रेजी भाषा में काम

करके वास्तविक स्वराज नहीं लाया जा सकता है।[20] लक्ष्मीकान्त मैत्रे ने हिन्दी के स्थान पर संस्कृत को राष्ट्रभाषा बनाने के लिए संशोधन[21] प्रस्तुत किया। उनका तर्क था कि भारत की सभी प्रमुख भाषाओं, यहाँ तक कि दक्षिण भारतीय भाषाओं की जननी संस्कृत है। कुलाधर चालिहा ने भी संस्कृत को राष्ट्रभाषा बनाने का समर्थन किया। जबकि फ्रैंक आर. एंथोनी एवं डॉ. पी. सुब्बारयन का संशोधन[22] नागरी लिपि के स्थान पर रोमन लिपि में हिन्दी को आधिकारिक भाषा बनाने के लिए था। इसके अलावा सरदार हुकुम सिंह का संशोधन[23] रोमन लिपि में हिन्दुस्तानी भाषा के पक्ष में था। इनका कहना था कि नागरी लिपि प्रिंटिंग के दृष्टिकोण से बहुत व्यावहारिक नहीं है। लक्ष्मीनारायण साहू ने कहा कि यद्यपि वह उड़ीसा से आते हैं, किन्तु वे हिन्दी को राष्ट्रभाषा बनाने का समर्थन करते हैं।[24] जबकि सतीश चन्द्र सामंता ने बांग्ला को राष्ट्रभाषा बनाने के लिए संशोधन रखा।[25]

बॉम्बे के एन. वी. गाडगिल और मद्रास के जेरोम डिसूजा ने अयंगर के संशोधन का समर्थन किया। डिसूजा ने अपील की कि "भाषा को लेकर इस देश को प्यार करने वाले लोगों के दिल को तोड़ने वाला यह विभाजन अब समाप्त होना चाहिए। अब हम सभी कैम्प में अलग-अलग नहीं, बल्कि अपनी मातृभूमि के सन्तान होने के नाते भाई के रूप में खड़े हों।"[26] मद्रास से आने वाले टी. ए. रामलिंगम चेटियार ने हिन्दी समर्थक सदस्यों से प्रभावी बने रहने वाले अपने व्यवहार में बदलाव लाने की अपील की।[27]

बारह सघन पृष्ठों में विस्तारित अपने लम्बे सम्बोधन में अलगू राय शास्त्री ने कहा कि "इस देश में प्रचलित भाषाओं में हिन्दी ही एक ऐसी भाषा है, जिसे अन्तरराज्यीय प्रतिष्ठा मिली है। हिन्दी की प्रतिद्वंद्विता अंग्रेजी से है, न कि बांग्ला, तेलुगु, तमिल या अन्य भाषाओं से है। इनमें से कई बहुत धनी भाषा हैं, किन्तु हिन्दी के अलावा इनमें से कोई सम्पूर्ण भारतीय होने की स्थिति में नहीं है।"[28] जबकि डॉ. श्यामा प्रसाद मुखर्जी ने कहा कि "हमने हिन्दी को इसलिए नहीं स्वीकार किया है क्योंकि यह सबसे अच्छी है, बल्कि इसलिए स्वीकार किया है, क्योंकि यह इस देश में सबसे अधिक बोली जाने वाली भाषा है।"[29] बी. दास ने महात्मा गांधी को याद करते हुए कहा कि हम जानते हैं कि हमारे पास एक सर्वमान्य सम्पर्क भाषा होनी चाहिए। हम हिन्दी को स्वीकारते हैं, किन्तु यू.पी. और सी.पी. के नेता असहिष्णु क्यों बने हुए हैं? जबकि अहिन्दी सदस्यों के तर्क दिखाते हैं कि वे असहिष्णु नहीं हैं।"[30] बी. एम. गुप्ता ने मुंशी-अयंगर फार्मूले पर आधारित संशोधन संख्या 65 को दो अलग-अलग विचारों के मध्य प्रशंसनीय एवं सन्तुलित समझौता बताया और कहा कि "इसमें केवल एक कमी है, जिसके लिए वह संशोधन प्रस्तुत किए हैं कि अन्तरराष्ट्रीय अंक को स्थायी बनाने के बजाय इस पर भाषा आयोग एवं संसदीय आयोग को पूरा अधिकार मिले।"[31] रवि शंकर शुक्ल ने भी यद्यपि अयंगर के संशोधन का समर्थन किया, किन्तु प्रान्तों के न्यायालय एवं हाई कोर्ट में अंग्रेजी का प्रयोग करने वाले प्रावधान को सबसे खतरनाक प्रावधान बताया।[32]

जवाहरलाल नेहरू ने भी अयंगर के संशोधन का समर्थन करते हुए कहा कि "वह इसका समर्थन इसलिए नहीं कर रहे हैं, क्योंकि यह पूर्ण है, बल्कि इसलिए कर रहे हैं, क्योंकि कई स्तर पर किए गए प्रयास के बाद कुछ एकीकृत बात को आकार मिल पाया है।" नेहरू ने महात्मा गांधी द्वारा बताई गई बात को याद किया, जिसमें उन्होंने कहा था कि जबकि अंग्रेजी महान भाषा है और यह कहना बिलकुल सही है कि अंग्रेजी ने हमें बहुत कुछ दिया है, हमने इससे बहुत कुछ सीखा है और बहुत विकास किया है, फिर भी कोई देश किसी विदेशी भाषा के आधार पर महान नहीं हो सकता है। इसलिए उन्होंने सिखाया कि हमें अपना कार्य अपनी

भाषा में ही करना चाहिए।[33] नेहरू ने महात्मा गांधी का उल्लेख करते हुए आगे कहा कि "इस भाषा को भारत के मिश्रित संस्कृति का प्रतिनिधित्व करना चाहिए। हिन्दी भाषा उत्तर भारत के मिश्रित संस्कृति का प्रतिनिधित्व करती है, किन्तु इसे भारत के दूसरे क्षेत्र की मिश्रित संस्कृति का प्रतिनिधित्व करना चाहिए। इसलिए उन्होंने हिन्दुस्तानी शब्द का प्रयोग तकनीकी रूप में नहीं किया है, बल्कि व्यापक धारणा को रखते हुए किया है।"

अपने सम्बोधन के अन्त में नेहरू ने अंग्रेजी का विरोध करने वालों को निशाने पर लेते हुए कहा कि "अंग्रेजी कितनी ही अच्छी हो, कितनी ही महत्त्वपूर्ण हो, फिर भी हम इसे बर्दाश्त नहीं कर पाए कि यह कुलीन लोगों की भाषा है और बहुत लोगों द्वारा अंग्रेजी नहीं बोली जाती है। इसलिए हमें अपनी भाषा अवश्य ही रखना चाहिए। लेकिन अंग्रेजी—इसे आप राजकीय कहें या जो भी चाहे कहें, यह बात कोई मायने नहीं रखती कि आप विधायिका में इसका उल्लेख करते हैं या नहीं, किन्तु अंग्रेजी भारत में सबसे महत्त्वपूर्ण भाषा होने के कारण अवश्य ही जारी रहनी चाहिए, जिसे इस देश के बहुत सारे लोग सीखते हैं और शायद अनिवार्य रूप से सीखेंगे।" ऐसा क्यों है, यह सवाल करते हुए नेहरू जवाब देते हैं कि "ऐसा इसलिए है क्योंकि अंग्रेजी आज दुनिया में सबसे महत्त्वपूर्ण है। अब यह अन्तरराष्ट्रीय भाषा के सबसे निकट है। हम रशिया सीखेंगे, नि:सन्देह स्पेनी, फ्रेंच, जर्मन भी सीखेंगे। किन्तु इनमें से अंग्रेजी हमारे लिए सबसे महत्त्वपूर्ण भाषा है और हममें से बहुत सारे लोग इसे जानते हैं।"

राम सहाय ने अध्याय III को निरस्त करने और अनुच्छेद 301-च में भी पन्द्रह वर्ष की सीमा जोड़ने के लिए संशोधन[34] प्रस्तुत किया। इसके अलावा यह भी माँग की कि जिन राज्यों के न्यायालयों में हिन्दी का प्रयोग हो रहा है, उसे इस अनुच्छेद से मुक्त रखा जाए। बाकी प्रावधानों का सहाय ने समर्थन किया।

अगले दिन 14 सितम्बर, 1949 को श्रीमती जी. दुर्गाबाई ने हिन्दुस्तानी को राष्ट्रभाषा बनाने का समर्थन करते हुए कहा कि "यह राष्ट्रीय एकता के हित में है। अपने मित्र की भावनाओं को सन्तुष्ट करने के लिए हमने देवनागरी लिपि में हिन्दी को स्वीकार किया है। यह सिद्धान्तों से विचलित होने जैसा है, जिसके लिए हमने लड़ा है और जीया है। इस कारण हम गांधीवादी सिद्धान्त, गांधीवादी दर्शन और गांधीवादी प्रतिज्ञा से विचलित होने के लिए सहमत हुए हैं।"[35] शंकर राव देव ने यद्यपि अयंगर के संशोधन का समर्थन किया, किन्तु आर.एस.एस. संगठन प्रमुख के 'एक संस्कृति' की अवधारणा का विरोध और राज्य-भाषा के रूप में हिन्दुस्तानी का समर्थन किया! क्षेत्रीय भाषाओं की चिन्ता करते हुए देव ने कहा कि हम यह उम्मीद नहीं कर सकते हैं कि पूरे देश के लिए एक भाषा हो और उसी समय क्षेत्रीय भाषाओं को विकसित करने के लिए कार्य करें और दावा करें कि उन्हें बनाए रखा जाए।[36]

जयपाल सिंह ने नये प्रस्तावित अनुसूची 7-क में तीन आदिवासी भाषा मंडुरी, गोंडी एवं ओरॉव को जोड़ने के लिए संशोधन[37] प्रस्तुत किया।

हिन्दी समर्थन की अगुवाई कर रहे पुरुषोत्तम दास टंडन ने एन. जी. अयंगर की इच्छाशक्ति पर सवाल खड़ा करते हुए कहा कि "अयंगर का यह विचार कि अंग्रेजी भाषा के ताकत पर ही हमने आजादी प्राप्त की है और प्रशासनिक दृष्टि से अंग्रेजी बनाए रखना आवश्यक है, उनकी आत्मशक्ति को स्पष्ट करता है।" नेहरू की ओर इशारा करते हुए टंडन ने आगे कहा कि "प्रधानमंत्री ने पीछे मुड़कर न देखने और पीछे ले जाने वाले कदम न उठाने की चेतावनी दी है। मैं उनसे पूरी तरह सहमत रहा हूँ और बहुत सारे अवसर पर हम अपने को आगे रखे हैं, हम बीते दिनों हुई घटनाओं के साथ खड़े नहीं रह सकते। टंडन ने आगे कहा कि हमारी प्रेरणा

है—समय भेदेन धर्म भेद:, अवस्था भेदेन धर्म भेद:। समय एवं परिस्थिति के साथ हमारा धर्म एवं कर्तव्य बदलता है। ये प्राचीन प्रेरक बात है। हम जो भी प्रयास करें, किन्तु हमें यह ध्यान देना होगा कि जब हम अपने गौरव की तरफ आगे बढ़ रहे हैं, तो अतीत से बाँधने वाले धागे कमजोर न हों, बल्कि प्रत्येक कदम पर मजबूत हों। हमारा आधारभूत राजनीतिक दर्शन यह होना चाहिए कि हम अतीत में न जीयें, बल्कि वर्तमान में इस तरह जीयें, जो अतीत से जोड़े रहे।"[38]

टंडन ने अयंगर के उस प्रावधान का विरोध किया जिसके कारण हिन्दी का प्रयोग बिना अंग्रेजी के सहयोग के पाँच वर्षों के लिए एकदम से नहीं किया जा सकेगा और वह भी जब तक आयोग संस्तुति न करे और यह संस्तुति राष्ट्रपति द्वारा मंजूर न हो। उन्होंने अध्याय तीन को स्पष्टतया पतन की ओर ले जाने वाला बताते हुए कहा कि "आप हिन्दी को राजकीय भाषा बनाना चाहते हैं, आप चाहते हैं कि हिन्दी अंग्रेजी का स्थान ले, किन्तु यह तभी सम्भव है, जब आप कम-से-कम हिन्दी राज्यों में हिन्दी को अंग्रेजी का स्थान लेने का अवसर दें। अहिन्दी राज्यों में समस्या हो सकती है, किन्तु हिन्दी राज्यों के लिए कोई समस्या नहीं है।" उन्होंने आशा व्यक्त की कि उनके या सी. पी. या बिहार के हाई कोर्ट पाँच वर्ष बीतते-बीतते पूरी तरह हिन्दी में काम करना शुरू कर देंगे।

इसके बाद पुरुषोत्तम दास टंडन की हसरत मोहानी, शंकर राव देव, डॉ. श्यामा प्रसाद मुखर्जी, एच. जे. खांडेकर, डॉ. पी. एस. देशमुख, आर. आर. दिवाकर, लक्ष्मीकान्त मैत्रे, के. सन्थानम, मोटुरी सत्यनारायण, एन. जी. अयंगर, एल. कृष्णास्वामी भारती के साथ एक साथ लम्बी जिरह हुई। अन्त में टंडन ने नागरी अंकों की जोरदार पैरवी करते हुए कहा कि पन्द्रह वर्षों के दौरान अन्तरराष्ट्रीय अंक के साथ नागरी अंक का भी प्रचलन किया जाना चाहिए, उसके बाद राष्ट्रपति एवं सरकार को तय करने दे कि किसका ज्यादा प्रयोग हो रहा है।

अबुल कलाम आजाद ने भी अयंगर के संशोधन का समर्थन करते हुए कहा कि अंग्रेजी को तुरन्त हटाना उचित नहीं है। इसके लिए पन्द्रह वर्ष की अवधि को अपर्याप्त बताया। हिन्दुस्तानी भाषा का समर्थन करते हुए उन्होंने आगे कहा कि "यह व्यापक भाषा है, जिसमें हिन्दी भी है और उर्दू भी। करीब पचीस वर्ष पूर्व अखिल भारतीय कांग्रेस समिति ने भी हिन्दुस्तानी के पक्ष में निर्णय लिया था। निर्णय यह लिया गया है कि भारत संघ की राष्ट्रभाषा हिन्दी होगी। हिन्दी के नाम में कोई मौलिकता नहीं है। वास्तविक समस्या भाषा की गुणवत्ता को लेकर है। हम हिन्दुस्तानी के पक्ष में हैं, किन्तु बहुमत इसके साथ नहीं है। यह देशवासियों के हाथ में है कि वे हिन्दी को कृत्रिम भाषा बनाने के बजाय इसे आसान और अभिव्यक्ति के सुगम स्वरूप में बने रहने दें।"[39]

अन्तिम वक्ता के रूप में डॉ. रघु वीर ने उर्दू, हिन्दी एवं हिन्दुस्तानी के बारे में विस्तार से वर्णन किया। डॉ. वीरा ने कहा कि प्रारम्भ में हिन्दी और उर्दू के मध्य कोई खास अन्तर नहीं था। किन्तु उन्नीसवीं शताब्दी के दौरान उर्दू पर्सियन एवं अरबी शब्द एवं संस्कृति का भंडार हो गया। इसकी प्रतिक्रिया में हिन्दी साहित्य का विकास हुआ, जिसका आधार एवं संरचना वही थी, जैसा उर्दू की थी, किन्तु इसकी साहित्यिक परम्परा इस देश की मिट्टी से जुड़ी थी। डॉ. वीरा ने आगे कहा कि "हिन्दुस्तानी का मतलब और कुछ नहीं, बल्कि उर्दू ही है। यह पूर्णतया स्पष्ट है कि भाषा, जिसे हम साहित्यिक हिन्दी कहते हैं, उसे हिन्दुस्तानी शब्द में सम्मिलित नहीं किया जा सकता है।" उन्होंने अबुल कलाम आजाद के प्रति आदर व्यक्त करते हुए उनकी इस बात का खंडन किया कि हिन्दी एक संकीर्ण भाषा है। डॉ. वीरा ने अपने जवाब में कहा कि "हिन्दी एक व्यापक भाषा है और उर्दू से कही ज्यादा व्यापक। अबुल कलाम ने

उर्दू को जनभाषा बताने के लिए 53 लाख का आँकड़ा दिया है, जबकि हिन्दी बोलने वाले बंगाल की सीमा से पंजाब और नेपाल की सीमा से गुजरात की सीमा तक फैले हुए हैं।"[40]

इस दौरान एक सदस्य द्वारा एक बजने की बात कहने पर सभाध्यक्ष ने डॉ. वीरा से पूछा कि अभी वह कितना समय लेंगे? डॉ. वीरा ने कहा—कम-से-कम एक घंटा। सभाध्यक्ष ने कहा कि इतने के लिए वह अनुमति नहीं दे सकते हैं। केवल कुछ मिनट और समय देंगे। इसके बाद सभा को सायं पाँच बजे के लिए टाल दिया गया। इसके बाद सायं पाँच बजे, डॉ. रघु वीर ने स्वयं बहस समाप्त करने का प्रस्ताव रखा, जिसे स्वीकार कर सभा को पुन: सायं छह बजे तक के लिए स्थगित कर दिया गया।

सायं छह बजे के. एम. मुंशी ने चार संशोधन[41] प्रस्तुत किए। पहला संशोधन अनुच्छेद 301-क के खंड (1) के दोनों वाक्यों को अलग करने के लिए; दूसरा संशोधन खंड (3) में उपखंड (ख) जोड़कर संसद को पन्द्रह वर्ष बाद नागरी अंक के प्रयोग पर कानून बनाने की शक्ति देने के लिए; तीसरा संशोधन अनुच्छेद 301-च के प्रावधान को उपखंड (1) बनाकर इसके साथ दो नये उपखंड (2) एवं (3) जोड़ने के लिए था। उपखंड (2) कहता था कि इस अनुच्छेद की कोई बात राज्य को राष्ट्रपति की सहमति लेकर हिन्दी को राजकीय उद्‌देश्य से निश्चित करने से नहीं रोकेगी। चौथा संशोधन नये अनुसूची में शब्द 'केनरिस' के स्थान पर 'कन्नड़' रखने और शब्द 'संस्कृत' जोड़ने के लिए था।

तत्पश्चात प्रो. शिब्बन लाल सक्सेना ने कड़ा प्रतिवाद करते हुए कहा कि "हिन्दी समर्थक इस बात के लिए जोर दे रहे हैं कि अंग्रेजी अंक को स्थायी न बनाया जाए। किन्तु यह संशोधन इसे अभी भी स्थायी बनाए हुए है। इसका मतलब है कि कानून बनाकर कुछ ही उद्‌देश्य के लिए नागरी अंक का प्रयोग किया जा सकेगा, जबकि अंग्रेजी अंक मुख्य अंक बना रहेगा।" प्रो. सक्सेना ने अयंगर के प्रारूप को हिन्दी समर्थकों और संविधान के साथ कपट होना बताया और कहा कि "यह अंग्रेजी को लम्बे समय तक बनाए रखेगा, जैसा कि मि. गोपालस्वामी अयंगर ने खुद स्वीकार किया है। यह खतरनाक है, जिसकी चेतावनी राष्ट्रपिता ने हरिजन के अपने सम्पादकीय में 21 सितम्बर, 1947 को लिखी है।"[42] मोहम्मद इस्माइल ने दूसरे कारण से मुंशी के संशोधन का विरोध किया। महात्मा गांधी का उल्लेख करते हुए इस्माइल ने हिन्दुस्तानी को आधिकारिक भाषा बनाने की पैरवी की।[43]

इसके बाद चौंतीस संशोधनों को प्रस्तावक-सदस्यों ने वापस ले लिया। बाकी सत्रह संशोधनों को अस्वीकार कर और एन. जी. अयंगर एवं के. एम. मुंशी के संशोधनों को स्वीकार कर, संविधान-सभा ने यथासंशोधित अनुच्छेद 301-क (नियमित अनुच्छेद 343); मूल अनुच्छेद 301-ख (नि. अनुच्छेद 344); मूल अनुच्छेद 301-ग (नि. अनुच्छेद 345); मूल अनुच्छेद 301-घ (नि. अनुच्छेद 346); मूल अनुच्छेद 301-ङ (नि. अनुच्छेद 347); यथासंशोधित अनुच्छेद 301-च (नि. अनुच्छेद 348); मूल अनुच्छेद 301-छ (नि. अनुच्छेद 349); मूल अनुच्छेद 301-ज (नि. अनुच्छेद 350) एवं मूल अनुच्छेद 301-झ (नि. अनुच्छेद 351) और यथासंशोधित अनुसूची 7-क (नि. अनुसूची 8) 14 सितम्बर, 1949 को अंगीकृत कर लिया।

विधायी कार्य की भाषा

विधायी कार्यों को सम्पादित करने के सम्बन्ध में प्रारूप अनुच्छेद 99 एवं 184 में भाषायी प्रावधान शामिल किया गया था। अनुच्छेद 99 का प्रावधान संघीय संविधान समिति की रिपोर्ट दिनांक 4 जुलाई, 1947 के पैरा 16 पर आधारित थी और अनुच्छेद 184 का प्रावधान प्रान्तीय संविधान समिति

की रिपोर्ट दिनांक 27 जून, 1947 के पैरा 21 पर आधारित थी। 10 जून, 1948 को अनुच्छेद 184 का प्रावधान संविधान-सभा के समक्ष रखा गया। इस पर टी. टी. कृष्णमाचारी ने कहा कि यह अनुच्छेद 99 के समतुल्य है, जिस पर अभी चर्चा नहीं की गई है। अत: इसे टाल दिया जाए।

इसके बाद 17 सितम्बर, 1949 को डॉ. बी. आर. आंबेडकर ने प्रारूप अनुच्छेद 99 एवं 184 के मूल प्रावधान को नये प्रावधान से बदलने के लिए संशोधन[44] प्रस्तुत किया।

दो खंडों में प्रस्तुत नये अनुच्छेद 99 का खंड (1) घोषित करता था कि संसद की कार्यवाही हिन्दी या अंग्रेजी में की जाएगी। इसके साथ एक परन्तुक भी जोड़ा गया, जो कहता था कि राज्यसभा या लोकसभा के अध्यक्ष किसी सदस्य को उनकी मातृभाषा में बोलने की अनुमति प्रदान कर सकते हैं। खंड (2) का प्रावधान पन्द्रह वर्ष बाद शब्द 'या अंग्रेजी में' को निरस्त करने की बात करता था, जब तक कि संसद कानून द्वारा कोई अन्यथा व्यवस्था न करे। इसी तरह दो खंडों में प्रस्तुत नये अनुच्छेद 184 का खंड (1) घोषित करता था कि राज्य विधायिका की कार्यवाही उस राज्य में प्रयोग की जाने वाले किसी भाषा या भाषाओं में या हिन्दी में या अंग्रेजी में की जाएगी। इसके भी साथ एक परन्तुक जोड़ा गया, जो कहता था कि विधान सभा या विधान परिषद के अध्यक्ष किसी सदस्य को उनकी मातृभाषा में बोलने की अनुमति प्रदान कर सकते हैं। खंड (2) का प्रावधान पन्द्रह वर्ष बाद शब्द 'या अंग्रेजी में' को निरस्त करने की बात करता था, जब तक कि राज्य विधायिका कानून द्वारा कोई अन्यथा व्यवस्था न करे।

डॉ. आंबेडकर के इस संशोधन के माध्यम से मूल प्रावधान में दो बदलाव किए गए। पहला इनके खंड (2) के प्रावधान को खंड (1) के परन्तुक के रूप में जोड़ दी गई और दूसरा खंड (2) में 15 वर्ष समयसीमा वाला प्रावधान प्रतिस्थापित कर दिया गया। इस संशोधन का सेठ गोविन्द दास ने समर्थन किया।

तत्पश्चात संविधान-सभा ने उक्त संशोधन को स्वीकार कर प्रारूप अनुच्छेद 99 का यथासंशोधित प्रावधान (नियमित अनुच्छेद 120) और प्रारूप अनुच्छेद 184 का यथासंशोधित प्रावधान (नियमित अनुच्छेद 210) अंगीकृत कर लिया।

साहित्य सम्मेलन का प्रस्ताव और द्विभारतीय-भाषा नीति

संविधान-सभा में चर्चा के दौरान डॉ. श्यामा प्रसाद मुखर्जी ने एक बहुत महत्त्वपूर्ण विचार रखा। हिन्दी साहित्य सम्मेलन द्वारा पारित प्रस्ताव की याद दिलाते हुए 13 सितम्बर, 1949 को डॉ. मुखर्जी ने कहा कि "मैं इस संविधान-सभा में हिन्दी भाषी प्रान्तों का प्रतिनिधित्व कर रहे लोगों क़ो याद दिलाना चाहूँगा कि जब हम हिन्दी को स्वीकार कर रहे हैं तो इसके बदले वे अपने ऊपर बहुत बड़ी जिम्मेदारी ले रहे हैं। मैं सुनकर खुश हुआ था, जब कुछ सप्ताह पूर्व हिन्दी साहित्य सम्मेलन द्वारा एक बैठक में प्रस्ताव पारित किया गया कि इन सभी हिन्दी भाषी प्रान्तों में एक या एक से ज्यादा दूसरी भारतीय भाषाओं के अध्ययन की बाध्यकारी व्यवस्था होगी। इसे मात्र पवित्र प्रस्ताव न बने रहने दें। यह देखना गोविन्द बल्लभ पंत, पुरुषोत्तम दास टंडन, श्रीकृष्ण सिन्हा और रवि शंकर शुक्ल पर निर्भर है कि अगले कुछ महीनों में इस व्यवस्था को, यदि आवश्यक हो तो कानून बनाकर, लागू कराएँ।"[45] अगले दिन श्रीमती जी. दुर्गाबाई ने भी डॉ. श्यामा प्रसाद मुखर्जी के विचार का समर्थन करते हुए कहा कि हम हिन्दी साहित्य सम्मेलन का प्रस्ताव लागू किए जाने की प्रतीक्षा करेंगे।[46]

अनुच्छेद 370 के अलावा भाषा से सम्बन्धित भाग XIV-क (नियमित भाग XVII) ऐसा भाग है, जिसे न तो मसौदा समिति के अध्यक्ष डॉ. बी. आर. आंबेडकर ने प्रस्तुत किया और

न इस पर हुई आम बहस में उन्होंने भाग लिया। इस तथ्य के अलग-अलग मायने निकाले जा सकते हैं। इसे उनकी प्रावधान से असहमति के रूप में भी देखा जा सकता है। संविधान के इन भाषायी प्रावधानों को लेकर डॉ. आंबेडकर की सहमति या असहमति को समझने के लिए उनकी भाषा के सम्बन्ध में व्यक्त विचार को समझना आवश्यक है।

भारत की एकता के लिए डॉ. बी. आर. आंबेडकर हिन्दी को राष्ट्रीय भाषा के रूप में स्वीकार करने के पक्षधर थे। विभिन्न प्रान्तों में अलग-अलग राजकीय भाषा के कारण पैदा होने वाले प्रान्तीय राष्ट्रीयता के खतरे से सावधान करते हुए डॉ. बी. आर. आंबेडकर कहते हैं कि "भाषावार प्रान्तों को बनाने में कोई खतरा नहीं है। खतरा प्रत्येक प्रान्त की भाषा को इनकी राजकीय भाषा के साथ भाषावार प्रान्तों को बनाने में है। बादवाली स्थिति हमें प्रान्तीय राष्ट्रीयता बनने की ओर ले जाती है। प्रान्तीय भाषा को राजकीय भाषा के रूप में प्रयोग करने से प्रान्तीय संस्कृति पृथक्, कठोर एवं मजबूत बनती है। इसे होने देने की अनुमति देना खतरनाक है। ऐसी अनुमति देना प्रान्तों को प्रत्येक स्वरूप में पृथक् व स्वतंत्र देश होने देने की अनुमति देना है, जो एकीकृत भारत को बर्बाद करने के रास्ते खोलेगा।[47]

डॉ. आंबेडकर हिन्दी की हिमायत करते हुए आगे कहते हैं कि "एक भाषा लोगों को एकीकृत करती है। दो भाषाएँ निश्चित रूप से लोगों को बाँटती हैं। यह एक निष्ठुर नियम है। भाषा से संस्कृति संरक्षित होती है। चूँकि भारतीय लोग एकीकृत होना चाहते हैं और एक साझी संस्कृति बनाना चाहते हैं, इसलिए यह सभी भारतीयों का दायित्व है कि वे हिन्दी को अपनी भाषा मानें।"[48]

भाषा एवं हिन्दी के सम्बन्ध में डॉ. बी. आर. आंबेडकर के उक्त विचार इस बात की ओर इशारा करते हैं कि वह भाषा के राष्ट्रीय बोध के पैरोकार थे। शायद इसी कारण उनकी भाषायी उपबन्धों को लेकर तत्कालीन नेतृत्व से असहमति रही होगी और उन्होंने न तो भाषा से जुड़े महत्त्वपूर्ण प्रावधान को प्रस्तुत किया और न ही इस पर हुई आम बहस में भाग लिया। शायद यदि उन्हें भाषायी प्रारूप बनाने की आजादी मिली होती, तो न तो हिन्दी का दूसरी भारतीय भाषाओं के साथ किसी तरह का अन्तर्विरोध पैदा होता और न ही हिन्दी को राष्ट्रभाषा की प्रतिष्ठा पाने के लिए आज 75 वर्ष बाद भी इंतजार करना पड़ता।

हिन्दी भाषी लोगों को बड़ा भाई होने का फर्ज निभाने की भी आवश्यकता है। आवश्यकता उन सभी दूसरी भारतीय भाषाओं को सम्मान मिलने की है, जिसे वे हिन्दी भाषियों से पाने के हकदार हैं। 75 वर्ष पूर्व हिन्दी साहित्य सम्मेलन द्वारा पारित जिस पवित्र प्रस्ताव को लागू कराने के लिए डॉ. श्यामा प्रसाद मुखर्जी एवं जी. दुर्गाबाई ने जोर दिया था, उसका आज भी लागू न हो पाना दुर्भाग्यपूर्ण है। हिन्दी साहित्य सम्मेलन के प्रस्ताव का सन्दर्भ लेते हुए संस्था लोक सर्वोदय फाउंडेशन की कार्यकारिणी इकाई राष्ट्रीय स्वराज परिषद ने 'सर्वोदय भारतीय भाषा मुहिम' के अन्तर्गत एक प्रस्ताव[49] पारित कर प्रत्येक वर्ष 5 नवम्बर को*, 'राष्ट्रीय भाषा दिवस' के रूप में मनाने का और साथ ही 'द्विभारतीय भाषा' नीति लागू कराने का संकल्प लिया है।

डॉ. श्यामा प्रसाद मुखर्जी एवं जी. दुर्गाबाई द्वारा संविधान-सभा के समक्ष व्यक्त किए गए उक्त विचारों का 75 वर्ष बाद आज भी पूरा न हो पाना दुर्भाग्यपूर्ण है। जहाँ हिन्दी को व्यावहारिक रूप से राष्ट्रभाषा बनाने के लिए हिन्दी साहित्य सम्मेलन के प्रस्ताव के तहत द्वि-भारतीय भाषा नीति को लागू करना आवश्यक है, वहीं देश की भाषायी-एकता के लिए

---

* वर्ष 1948 के इस दिन सेठ गोविन्द दास ने संविधान-सभा के समक्ष पहली बार हिन्दी को राष्ट्रीय भाषा घोषित करने की माँग किया था।

हिन्दी को राष्ट्रभाषा के रूप में सैद्धान्तिक मान्यता देना भी आवश्यक है। द्वि-भारतीय भाषा नीति के अन्तर्गत किसी-न-किसी एक गैर-हिन्दी भारतीय भाषा को अलग-अलग हिन्दी राज्यों/राज्यक्षेत्रों की द्वितीय राजभाषा के रूप में, और हिन्दी भाषा को सभी गैर-हिन्दी-भाषी राज्यों की द्वितीय राजभाषा के रूप में मान्य करना होगा। यथा— राजस्थान राज्य में उड़िया भाषा, उत्तर प्रदेश पूर्वी राज्य-क्षेत्र में तमिल भाषा, उत्तर प्रदेश मध्य राज्य-क्षेत्र में असमिया भाषा, उत्तर प्रदेश पश्चिमी राज्य-क्षेत्र में मराठी भाषा, मध्य प्रदेश पूर्वी राज्य-क्षेत्र में कश्मीरी भाषा, मध्य प्रदेश पश्चिमी राज्य-क्षेत्र में पंजाबी भाषा, हरियाणा राज्य में बोडो भाषा, छत्तीसगढ़ राज्य में मलयालम भाषा, बिहार उत्तर राज्य-क्षेत्र में कन्नड़ भाषा, बिहार दक्षिण राज्य-क्षेत्र में तेलुगु भाषा, झारखंड राज्य में गुजराती भाषा, हिमाचल प्रदेश राज्य में मणिपुरी भाषा, उत्तराखंड राज्य में कोंकणी भाषा, और दिल्ली राज्य में बांग्ला भाषा।

हिन्दी-भाषी राज्यों में गैर-हिन्दी भारतीय भाषाओं को द्वितीय राजभाषा के रूप में मान्यता देने के समक्ष सबसे बड़ी बाधा संविधान का अनुच्छेद 345 का प्रावधान है। यह अनुच्छेद राज्य को केवल अपने यहाँ प्रयुक्त होने वाली किसी भाषा या हिन्दी को राजकीय उद्देश्य के लिए अपनाने की अनुमति देता है। इसके अन्तर्गत गैर-हिन्दी-भाषी राज्य 'हिन्दी भाषा' को तो अपना सकते हैं, किन्तु एक हिन्दी-भाषी राज्य, जहाँ कोई दूसरा गैर-हिन्दी भारतीय भाषा का प्रयोग नहीं किया जा रहा है, चाहते हुए भी किसी गैर-हिन्दी-भारतीय-भाषा को अपने यहाँ द्वितीय राजभाषा के रूप में मान्य नहीं कर सकता है। यह एक संवैधानिक विसंगति है, जिसे दूर करने की आवश्यकता है।[50]

हिन्दी-राज्यों द्वारा गैर-हिन्दी भारतीय भाषा को द्वितीय राजभाषा के रूप में स्वीकार करने से हिन्दी भाषा, अपना विकास भारत के मिश्रित संस्कृति की अभिव्यक्ति के माध्यम के रूप में कर सकेगा। संविधान के अनुच्छेद 351 की भी यही मंशा है कि हिन्दी सम्पूर्ण देश के मिश्रित संस्कृति की अभिव्यक्ति बने। इस मंशा के अनुरूप हिन्दी का विकास 'भारतम' भाषा के रूप में होना अवश्यंभावी है। 'हिन्दी' की बुनियाद पर विकसित होने वाले राष्ट्रभाषा 'भारतम' में बांग्ला, भोजपुरी, पंजाबी, बोडो, बुन्देली का 'ब' है तो हिन्दी, हो, हल्बी का 'ह' भी है; इसमें असमिया, अंगामी, अवधी का 'अ' है तो उड़िया, मराठी, कश्मीरी, कन्नड़, गुजराती, कोंकणी, संस्कृत, उर्दू, गारो, डोगरी का 'र' भी है; इसमें तमिल, तेलुगु का 'त' है, तो मलयालम, मणिपुरी, मिजो, मैथिली, नगामीज का 'म' भी है। राष्ट्रभाषा 'भारतम' न केवल सम्पूर्ण देश के मिश्रित संस्कृति की अभिव्यक्ति का माध्यम होगा, बल्कि भारत के लिए भाषायी-एकता का प्रतीक भी होगा।

20

संविधान संशोधन : गतिशीलता का आधार

किसी संविधान की कठोरता या नम्रता का आकलन इसके संशोधन प्रक्रिया के आधार पर किया जाता है। संशोधन प्रक्रिया के दो सन्दर्भ हैं—पहला यह कि आवश्यकता होने के बावजूद संविधान अपनी स्वीकृत व्यवस्था से समझौता नहीं करता है और दूसरा यह कि अपने आधारभूत तत्त्वों की परवाह किए बिना संविधान हमेशा बदलते रहने के लिए तैयार रहता है। पहले सन्दर्भ का पलड़ा झुकने का अर्थ है कि संविधान कठोर बनने की ओर अग्रसर है और दूसरे सन्दर्भ का पलड़ा झुकने का अर्थ है कि यह नम्र बनने की ओर अग्रसर है। किसी एक पलड़े का झुकना संविधान के लिए असन्तुलन की स्थिति है। बदलाव को लेकर न तो इतना उदार हुआ जा सकता है कि संविधान अपने आभारभूत तत्त्वों को बचा न सके और अन्तत: वह अप्रासंगिक हो जाए, और न ही स्वीकृत व्यवस्था को लेकर इतना जड़ हुआ जा सकता है कि वह बदलती परिस्थिति के अनुकूल स्वयं को ढाल न सके और अन्तत: वह मूल्यहीन हो जाए। ये दोनों स्थिति किसी भी जीवन्त संविधान के लिए सम्यक स्थिति नहीं है। सम्यक स्थिति के लिए आवश्यक है कि संविधान अपने आधारभूत तत्त्वों को सुरक्षित रखते हुए बदलती परिस्थितियों के साथ खुद को ढालने में सक्षम हो और वह अपनी प्रासंगिकता एवं गतिशीलता दोनों को बनाए रखे। इस सम्यक स्थिति को उच्चतम स्तर पर जाकर प्राप्त करना एक आदर्श संविधान की विशेषता है।

संशोधन-प्रक्रिया को लेकर संविधान-सभा दो ध्रुवों में बँटा हुआ था। एक समूह संशोधन-प्रक्रिया को सरल एवं लचीला बनाना चाहता था, ताकि जनता से चुनकर बनने वाला भावी संसद संविधान में आसानी से परिवर्तन कर सके। इसके विपरीत एक दूसरा समूह संशोधन-प्रक्रिया को लचीला नहीं बनाने की पैरवी इस आधार पर कर रहा था कि राजनीतिक पार्टी की प्रतिबद्धता के अधीन चुने जाने वाला भावी संसद संविधान के मूलभूत आदर्श के साथ मनमानी कर सकता है। इस अन्तर्विरोध के बीच प्रारूप संविधान संशोधन-प्रक्रिया को लेकर सम्यक स्थिति प्राप्त करना एक चुनौती था। इस चुनौती के बीच संशोधन से सम्बन्धित प्रारूप अनुच्छेद 304 को संविधान-सभा के समक्ष 17 सितम्बर, 1949 को विचारार्थ रखा गया।

इसके पूर्व संघीय संविधान समिति द्वारा तैयार 'संघ संविधान के सिद्धान्त पर रिपोर्ट[1] दिनांक 4 जुलाई, 1947' में प्रस्तावित 'भारतीय संविधान के मेमोरेंडम' के भाग X में संशोधन-प्रक्रिया सम्बन्धी प्रावधान भी शामिल किया गया था। इसमें संशोधन की कठोर व्यवस्था अपनाई गई थी। इसके अनुसार संविधान के संशोधन के लिए दोनों सदन के बहुमत तथा उपस्थित एवं मत देने वाले सदस्यों के दो-तिहाई बहुमत द्वारा पारित होना और संघ की कम-से-कम आधी इकाइयों की विधायिका द्वारा अनुमोदित होना आवश्यक था।

इसी समिति ने एक पूरक रिपोर्ट[2] दिनांक 13 जुलाई, 1947 प्रस्तावित की। इसके माध्यम से भाग X में प्रस्तावित संशोधन-प्रक्रिया को थोड़ा आसान बना दिया गया। मूल प्रावधान के साथ एक परन्तुक जोड़कर दो बदलाव किए गए। पहला यह कि इकाइयों की विधायिका से अनुमोदन लेने की बाध्यता वाला प्रावधान केवल तीन विषयों—संघीय विधायी सूची में कोई परिवर्तन, संघीय संसद में इकाइयों के प्रतिनिधित्व और सुप्रीम कोर्ट की शक्ति के सम्बन्ध में लागू किया गया और दूसरा यह कि अनुमोदन केवल उन इकाइयों की विधायिका से लेना आवश्यक किया गया, जो संघ के सभी इकाइयों की जनसंख्या के बहुमत का प्रतिनिधित्व करती है। इस तरह जहाँ मूल रिपोर्ट में राज्यों से अनुमोदन की आवश्यकता सम्पूर्ण संविधान में संशोधन के लिए लागू की गई थी, वहीं पूरक रिपोर्ट में इस आवश्यकता को केवल तीन विषयों तक सीमित कर दिया गया।

संघीय संविधान समिति ने भाग X के उक्त प्रावधान को संविधान-सभा के पटल पर 31 जुलाई, 1947 को चर्चा के लिए रखा, किन्तु एन. गोपालस्वामी अयंगर के सुझाव पर इसे आगे के लिए टाल दिया गया।

प्रारूप संविधान में संशोधन से सम्बन्धित प्रारूप भाग XVI के अन्तर्गत दो अनुच्छेद 304 और 305 शामिल किए गए थे। प्रारूप अनुच्छेद 304 पूरक रिपोर्ट दिनांक 13 जुलाई, 1947 पर आधारित था। दो खंडों में प्रस्तुत इस अनुच्छेद 304 का खंड (1) सामान्य नियम प्रतिपादित करता था कि संशोधन के लिए दोनों सदन के बहुमत तथा उपस्थित एवं मत देने वाले सदस्यों के दो-तिहाई बहुमत द्वारा पारित होना आवश्यक है। इसके साथ जोड़े गए परन्तुक में तीन विषयों को अपवाद बनाया गया था और कहा गया था कि इनमें संशोधन के लिए पहली अनुसूची के भाग एक में उल्लिखित कम-से-कम आधे राज्यों की विधायिका और इसी अनुसूची के भाग तीन में उल्लिखित कम-से-कम एक-तिहाई राज्यों की विधायिका का अनुमोदन आवश्यक होगा। ये तीन विषय थे—सातवीं अनुसूची की कोई सूची, संसद में राज्यों का प्रतिनिधित्व, और सुप्रीम कोर्ट की शक्ति। प्रारूप अनुच्छेद 305 के अनुसार मुस्लिम, अनुसूचित जाति, अनुसूचित जनजाति, भारतीय ईसाई के लिए संसद एवं राज्य विधायिका में सीट आरक्षित करने से सम्बन्धित अनुच्छेदों में अगले दस वर्षों तक कोई संशोधन नहीं किया जा सकेगा।

उक्त दोनों रिपोर्ट प्रस्तुत होने और प्रारूप संविधान के भाग XVI के सामने आने के बाद संशोधन-प्रक्रिया को लेकर डॉ. बी. आर. आंबेडकर और जवाहरलाल नेहरू के मध्य गम्भीर असहमति देखने को मिली। 4 नवम्बर, 1948 को प्रारूप संविधान प्रस्तुत करने के दौरान डॉ. बी. आर. आंबेडकर ने इसमें प्रस्तावित संशोधन-प्रक्रिया को बहुत ही सन्तुलित बताया और कहा कि भावी संसद की तुलना में यह संविधान-सभा ज्यादा निष्पक्ष, और विश्वसनीय है, क्योंकि संसद का अपना स्वार्थ होगा, जबकि संविधान-सभा का ऐसा कोई स्वार्थ नहीं है।[3]

चार दिन बाद जवाहरलाल नेहरू ने भी संशोधन विषय पर अपना विचार दिया। अपने सम्बोधन में जवाहरलाल नेहरू ने संशोधन-प्रक्रिया को लचीला बनाने की वकालत करते हुए कहा कि यदि आप संविधान को कठोर और स्थायी बनाते हैं तो आप देश के विकास को, चेतनायुक्त लोगों के विकास को रोकते हैं। इसलिए इसे लचीला होना पड़ेगा। इसलिए जब आप संविधान पारित करें, तो आप कुछ वर्षों की ऐसी समय-सीमा, जो भी उचित हो, प्रस्तावित करेंगे, जिसके अन्दर संविधान का बदला जाना बिना किसी कठिन प्रक्रिया के आसान हो। ऐसा करना कई कारणों से आवश्यक है। एक यह है कि हम सब जो इस सदन में एकत्रित हैं, नि:सन्देह भारत के लोगों का प्रतिनिधित्व करते हैं, फिर भी यह सचमुच में सोचा जा सकता

है कि जब नये सदन का चुनाव इस संविधान के प्रावधानों के अनुसार हो और भारत के सभी वयस्क लोगों, पुरुष और महिला, द्वारा मताधिकार के प्रयोग के बाद जिस सदन का उद्भव होगा, वह वास्तव में भारतीय लोगों के सभी वर्गों का पूर्ण प्रतिनिधित्व करेगा।[4]

नेहरू के उक्त सम्बोधन के लगभग एक वर्ष बाद 17 सितम्बर, 1949 को प्रारूप अनुच्छेद 304 का प्रावधान संविधान-सभा के समक्ष विचारार्थ रखा गया। यह प्रावधान रखे जाने के साथ ही सभाध्यक्ष ने संशोधन संख्या 118 को प्रस्तुत करने के लिए कहा।

डॉ. बी. आर. आंबेडकर ने अपने संशोधन[5] संख्या 118 के साथ पुनर्संशोधन संख्या 207 प्रस्तुत किया। इस संशोधन के माध्यम से प्रारूप अनुच्छेद 304 के खंड (2) को हटाकर इसे केवल एक खंड में प्रस्तुत किया गया। इसके साथ परन्तुक में दो और परिवर्तन किए गए। पहला परिवर्तन परन्तुक के विषयों की संख्या तीन से बढ़ाकर इसमें प्रारूप अनुच्छेद 43, 44, 142, 213-क, हाई कोर्ट से सम्बन्धित प्रावधान, संघ एवं राज्यों के मध्य विधायी सम्बन्धों से जुड़े प्रावधान और स्वयं प्रारूप अनुच्छेद 304 के प्रावधान जोड़ दिये गए। पाँच खंडों में प्रस्तुत इन सभी विषयों के संशोधन के लिए राज्यों का अनुमोदन आवश्यक बनाकर परन्तुक को और व्यापक बना दिया गया। दूसरा बदलाव यह किया गया कि पहली अनुसूची के न केवल भाग एक में, बल्कि इसके भाग तीन में उल्लिखित कम-से-कम आधे राज्यों की विधायिका के अनुमोदन को आवश्यक बना दिया गया। जबकि मूल प्रारूप प्रावधान के अन्तर्गत पहली अनुसूची के भाग तीन में उल्लिखित केवल एक-तिहाई राज्यों की विधायिका का अनुमोदन आवश्यक था।

इस तरह डॉ. आंबेडकर ने अपना संशोधन प्रस्तुत करके प्रारूप प्रावधान को पहले की तुलना में ज्यादा कठोर स्वरूप में प्रस्तावित कर दिया। संशोधन प्रस्तुत करने के बाद डॉ. आंबेडकर ने कहा कि वह इस स्तर पर कुछ नहीं बोलना चाहते हैं और वह चर्चा के अन्त में अपनी टिप्पणी देंगे, ताकि संशोधन के खिलाफ उठाए गए बिन्दुओं पर वह अपनी स्थिति स्पष्ट कर सकें।

इसके विपरीत प्रारूप अनुच्छेद 304 में उल्लिखित संशोधन-प्रक्रिया को और सरल बनाने के लिए एक संशोधन[6] संख्या 3267 जवाहरलाल नेहरू का था। यद्यपि जवाहरलाल नेहरू ने यह संशोधन प्रस्तुत नहीं किया किन्तु इसके अन्तर्गत प्रस्तावित प्रावधान को जानकर समझा जा सकता है कि संशोधन-प्रक्रिया को लेकर तत्कालीन नेतृत्व में कितना अन्तर्द्वंद्व था। जवाहरलाल नेहरू के संशोधन को स्वीकार कर लेने का यह परिणाम होता कि अगले पाँच वर्ष के दौरान संविधान के किसी प्रावधान का संशोधन संसद के साधारण बहुमत से किया जा सकता था।

डॉ. आंबेडकर के संशोधन के बाद टी. टी. कृष्णमाचारी और के. सन्थानम ने अपने-अपने संशोधन वापस ले लिए, जबकि डॉ. पी. एस. देशमुख, ब्रजेश्वर प्रसाद, एच. वी. कामथ ने अपना-अपना संशोधन प्रस्तुत किया। आचार्य जुगल किशोर ने भी अपना संशोधन प्रस्तुत करने के लिए कहा, किन्तु सभाध्यक्ष ने कहा कि यह डॉ. आंबेडकर के संशोधन से आच्छादित है।

डॉ. पी. एस. देशमुख का संशोधन[7] अनुच्छेद 304 के प्रावधान को बदलने के लिए था। उनके प्रावधान के अनुसार इस संविधान को प्रत्येक सदन के कुल सदस्यों के स्पष्ट बहुमत द्वारा जोड़ा या संशोधित किया जा सकेगा। इसके साथ एक परन्तुक भी जोड़ा गया था, जिसके अनुसार संविधान लागू होने के 3 वर्षों तक ऐसे किसी संशोधन को दोनों सदनों द्वारा साधारण बहुमत से पारित किया जा सकेगा, जिसे राष्ट्रपति द्वारा प्रमाणित किया गया हो कि यह मौलिक नहीं है। डॉ. देशमुख ने तर्क दिया कि हम उन सिद्धान्तों पर कार्य नहीं किए हैं, जिन पर संसदीय लोकतंत्र को कार्य करना होता है और कार्य करना चाहिए। संसदीय लोकतंत्र को हमेशा एक वाइमर्शशाला होने के नाते जाना जाता है, इसलिए यह हमारा दायित्व है कि उन्हें कुछ कहने का अवसर दें।

ब्रजेश्वर प्रसाद का पहला संशोधन प्रारूप अनुच्छेद 304 में से शब्दावली 'उपस्थित एवं मत देने वाले सदस्यों के दो-तिहाई बहुमत द्वारा' निरस्त करने के लिए, दूसरा संशोधन परन्तुक का खंड (क) निरस्त करने के लिए और तीसरा संशोधन इस बात के लिए था कि कम-से-कम आधे राज्य की विधायिकाओं के अनुमोदन के स्थान पर निर्वाचकों के अनुमोदन को आवश्यक बनाया जाए। ब्रजेश्वर प्रसाद ने अनुच्छेद 304 की पूरी प्रक्रिया को घृणित एवं अरुचिकर बताते हुए बहस की कि संशोधन-प्रक्रिया में राज्यों को नहीं शामिल किया जाना चाहिए। जनमत संग्रह को ज्यादा लोकतांत्रिक बताते हुए प्रसाद ने आगे कहा कि यह पार्टी आधारित सरकार की खामियों को दूर करता है और यह जनता की सम्प्रभुता को स्पष्ट मान्यता देता है। प्रसाद ने आस्ट्रेलिया के संविधान का दृष्टान्त दिया, जहाँ दोनों सदनों के मध्य अन्तर्विरोध होने पर पूरे मामले को निर्वाचकों को सन्दर्भित कर दिया जाता है।[8]

संशोधन-प्रक्रिया को लचीला बनाने पर जोर देते हुए एच. वी. कामथ ने भी पाँच संशोधन प्रस्तुत किए और एक संशोधन रखने से मना कर दिया। कामथ ने बहस की कि वे पंडित जवाहरलाल नेहरू के संशोधन को पाकर खुश थे। किन्तु दुख है कि उन्होंने इसे प्रस्तुत नहीं किया है। यदि वह इसे प्रस्तुत करते तो संविधान के कठोर होने को लेकर ज्यादातर आपत्तियाँ समाप्त हो जातीं। उनका तर्क था कि यदि संविधान में लचीलापन नहीं होगा, तो हमारे देश की प्रगति रुक जाएगी और मुझे कहते हुए डर है कि इस प्रगति को, जिसे रोका जा रहा है, उसे फिर हिंसात्मक क्रान्ति से हासिल किया जाएगा। क्रान्ति से विकास आएगा। आँधी आने पर लचीले पौधे नहीं टूटते हैं, किन्तु ताकतवर एवं सख्त पेड़ टूट जाते हैं और उखड़ जाते हैं। सामाजिक आँधी चल रही है और यदि हम इसे रोकना चाहते हैं तो यह उचित नहीं है। संविधान को लचीला बनाना होगा, ताकि वह सामाजिक बदलाव के अनुरूप ढल सके।[9]

आम बहस में भाग लेते हुए नजीरुद्दीन अहमद ने अनुच्छेद 304 के माध्यम से संविधान को दी गई कठोरता को बहुत ही उचित बताया, किन्तु अहमद ने डॉ. देशमुख के प्रस्तावित परन्तुक में स्वीकार किए गए उस सिद्धान्त का भी समर्थन किया, जिसके माध्यम से तीन वर्ष के लिए संशोधन को आसान बनाने की माँग की गई थी।[10]

आचार्य जुगल किशोर ने लचीलेपन का समर्थन करते हुए सुझाव दिया कि चूँकि पंडित जवाहरलाल नेहरू ने अपने उस संशोधन को प्रस्तुत नहीं किया है, जिससे पाँच वर्ष तक बिना किसी कठोरता के संविधान का संशोधन करने का अवसर मिलता, इसलिए डॉ. आंबेडकर को इस प्रस्ताव से सहमत हो जाना चाहिए।[11] उन्होंने तर्क दिया कि हमने बहुत कठिन राजनीतिक परिस्थिति में यह संविधान पारित किया है। मसौदा समिति भी काम के बहुत दबाव में रही है। हम दूसरे कई काम में भी व्यस्त रहे हैं। इसलिए हम संविधान के प्रत्येक अनुच्छेद पर अपना पूरा ध्यान नहीं लगा पाए हैं। इसलिए सुझाव को स्वीकार किया जाना चाहिए।

महावीर त्यागी ने भी डॉ. देशमुख एवं आचार्य जुगल किशोर के प्रस्ताव का समर्थन किया और कहा कि यह भावी सरकार को आवश्यकतानुसार बदलाव करने के लिए आसान एवं सक्षम बनाएगा। यदि आप ऐसा नहीं करते हैं, तो संविधान बहुत ज्यादा कठोर हो जाएगा। यदि यह लचीला नहीं होगा, तो निश्चित ही यह आसानी से टूटने वाला होगा और आसानी से मारने पर यह टूट जाएगा। ऐसा संविधान नहीं बनाना चाहिए।[12]

इस दौरान आर. के. सिधवा ने सभाध्यक्ष से कहा—पाँच सदस्यों ने प्रस्ताव के खिलाफ बोला है, अब आप इसका समर्थक-सदस्यों को भी बोलने का अवसर दें।

सभाध्यक्ष ने जवाब दिया—डॉ. आंबेडकर इसका खयाल रखेंगे।

इसके बाद बाबू रामनारायण सिंह ने ब्रजेश्वर प्रसाद के जनमत संग्रह के सुझाव का समर्थन किया।[13] जबकि आर. के. सिधवा ने डॉ. आंबेडकर के प्रस्ताव का समर्थन करते हुए कहा कि वह चाहते हैं कि इस संविधान को और ज्यादा कठोर होना चाहिए। इतनी समस्याओं के बाद जो संविधान हमने बनाया है, वह महान है और हमें इस पर गर्व है।[14]

आम बहस के अन्त में डॉ. बी. आर. आंबेडकर ने संशोधन-प्रक्रिया के सम्बन्ध में उठाए गए सवाल का जवाब दिया। उन्होंने कनाडा, आयरलैंड, स्विट्जरलैंड, आस्ट्रेलिया एवं अमेरिका के संविधान का दृष्टान्त दिया और कहा कि कैनेडियन संविधान में इस संविधान को संशोधित करने का कोई प्रावधान नहीं है; आयरलैंड में दोनों सदनों के साधारण बहुमत से संशोधन पारित करने की शक्ति है, किन्तु इसे जनता के बहुमत से अनुमोदित होना आवश्यक है; स्विट्जरलैंड के संविधान में भी विधायिका संशोधन विधेयक पारित कर सकता है, किन्तु इसे लागू होने के लिए कैंटोन के बहुमत और साथ-साथ जनता के बहुमत से समर्थित होना आवश्यक है; आस्ट्रेलिया के संविधान के अन्तर्गत भी संशोधन विधेयक संसद द्वारा पारित होने के बाद निम्न सदन को चुनने वाले निर्वाचकों से अनुमोदित और उसके बाद राज्यों के बहुमत से और फिर निर्वाचकों के बहुमत से समर्थित होना आवश्यक है; अमेरिकी संविधान के अन्तर्गत संशोधन के लिए दोनों सदनों के दो-तिहाई बहुमत से स्वीकृत होना और राज्यों के दो-तिहाई बहुमत से अनुमोदित होना आवश्यक है।[15] डॉ. आंबेडकर ने आगे कहा कि वह इन तथ्यों को इसलिए रख रहे हैं, ताकि यह स्पष्ट हो जाए कि इनमें से किसी देश ने यह नहीं स्वीकार किया है कि संविधान को साधारण बहुमत द्वारा संशोधित किया जा सकता है।

इसके बाद डॉ. आंबेडकर ने संविधान के सभी अनुच्छेदों को तीन श्रेणियों में बाँटकर इनके लिए अपनाई गई संशोधन-प्रक्रिया को स्पष्ट किया। पहली श्रेणी में वे अनुच्छेद थे, जिन्हें साधारण बहुमत से संशोधित किया जा सकता है, यद्यपि इनका उल्लेख प्रारूप अनुच्छेद 304 में नहीं किया गया था। ऐसे जिन प्रावधानों का डॉ. आंबेडकर ने दृष्टान्त दिया, वे अनुच्छेद 2, 3, 148-क, 213, पाँचवी अनुसूची, छठवीं अनुसूची थे। द्वितीय श्रेणी में वे अनुच्छेद थे, जिनके संशोधन के लिए दो-तिहाई बहुमत की आवश्यकता होगा और तृतीय श्रेणी में रखे गए अनुच्छेद में संशोधन हेतु दो-तिहाई बहुमत के अलावा राज्यों द्वारा अनुमोदित किया जाना आवश्यक होगा। डॉ. आंबेडकर ने प्रारूप अनुच्छेद 43, 44, 60, 142 और सुप्रीम कोर्ट एवं हाई कोर्ट से सम्बन्धित प्रावधानों का दृष्टान्त देकर अलग-अलग समझाया कि कैसे इन प्रावधानों में संशोधन करने के लिए राज्यों का अनुमोदन आवश्यक है। तीसरी श्रेणी के लिए अपनाई गई संशोधन-प्रक्रिया के औचित्य को स्पष्ट करते हुए डॉ. आंबेडकर ने कहा—

> "ये अनुच्छेद ऐसे हैं, जो न केवल केन्द्र को सन्दर्भित हैं, बल्कि केन्द्र एवं प्रान्त के मध्य सम्बन्ध को भी सन्दर्भित हैं। हम यह नहीं भूल सकते हैं कि कई मामलों में हमने प्रान्तीय स्वायत्तता पर आक्रमण किया है। किन्तु हम आज भी आशय रखते हैं कि संघीय ढाँचे को बनाए रखा जाए। हमने कुछ अधिकार प्रान्त को दिये हैं, तो कुछ अधिकार केन्द्र को। हमने विधायी शक्ति को बाँटा है, हमने कार्यपालिकीय शक्ति को बाँटा है, हमने प्रशासनिक शक्ति को बाँटा है। इसलिए साफ-साफ यह कहना कि प्रान्तों के अधिकारों से सम्बन्धित अनुच्छेदों को केन्द्रीय संसद द्वारा अपने दो-तिहाई बहुमत से, बिना राज्यों को अपनी आवाज शामिल करने की अनुमति दिए, बदल देना चाहिए, मेरे निर्णय में संविधान की मौलिकता को पूर्ण रूप से प्रभावहीन करना है।"[16]

डॉ. आंबेडकर ने संविधान के महत्त्व को रेखांकित करते हुए आगे कहा कि "संविधान एक मौलिक दस्तावेज है। यह ऐसा दस्तावेज है, जो राज्य के तीनों अंग—कार्यपालिका, न्यायपालिका एवं विधायिका की शक्ति एवं स्थिति को परिभाषित करता है। यह नागरिकों के खिलाफ कार्यपालिका एवं विधायिका की शक्ति को भी परिभाषित करता है, जैसा कि हमने मूल अधिकार वाले भाग में किया है। वस्तुत: संविधान का आशय केवल राज्य के अंगों का गठन करना नहीं है, बल्कि इनके प्राधिकार को सीमित करना भी है, क्योंकि यदि इन अंगों के प्राधिकार पर कोई सीमा न हो, तो पूरी तरह अराजकता और दमन का माहौल होगा। विधायिका कोई भी कानून बनाने के लिए स्वतंत्र होगी, कार्यपालिका कोई भी निर्णय लेने के लिए स्वतंत्र होगी, सुप्रीम कोर्ट कानून की कोई भी व्याख्या करने के लिए स्वतंत्र रहेगा। यह पूरी तरह अराजकता होगी।"

संविधान के उक्त महत्त्व के आलोक में डॉ. आंबेडकर ने साधारण बहुमत से संशोधन व्यवस्था का समर्थन करने के पीछे तीन सम्भावित कारणों का एक-एक कर उल्लेख करना प्रारम्भ किया। पहले कारण का जिक्र करते हुए कहा कि यह हो सकता है कि मसौदा समिति ने ऐसा प्रारूप तैयार किया है, जो प्रारूप बनाने की दृष्टि से बहुत बुरा है। यदि ऐसी बात है...

इसी बीच महावीर त्यागी ने कहा—ऐसा नहीं है।

डॉ. आंबेडकर ने अपनी बात जारी रखते हुए कहा—ऐसा नहीं हो सकता है। यदि ऐसा है, तो मसौदा समिति के अध्यक्ष के नाते वह समझते हैं कि किसी अन्य सदस्य को कोई आपत्ति नहीं होगी यदि यह संविधान-सभा दूसरे मसौदा समिति की नियुक्ति करे या संसदीय मसौदाकर्ता को आयातित करे, जिनके समक्ष यह प्रारूप प्रस्तुत कर उनसे कहे कि वह इस प्रारूप की कमियों को ढूँढ़े और सलाह दे। यह एक ईमानदार प्रक्रिया हो सकता है, जिस पर उन्हें कोई आपत्ति नहीं है।

दूसरे कारण का उल्लेख करते हुए डॉ. आंबेडकर ने कहा कि यह हो सकता है कि यह संविधान किसी गलत सिद्धान्त पर आधारित हो। जहाँ तक इसका सम्बन्ध है, तो एक आदर्श संविधान केवल दो आधार पर बनाया जा सकता है। एक संसदीय शासन-प्रणाली के आधार पर और दूसरा तानाशाही के आधार पर। यदि हम स्वीकारते हैं कि हमारा संविधान तानाशाही के आधार पर नहीं, बल्कि संसदीय लोकतंत्र के आधार पर होना चाहिए, जो जनता के प्रति उत्तरदायी हो, जो न्यायपालिका के प्रति उत्तरदायी हो, तो उन्हें यह कहने में कोई हिचकिचाहट नहीं है कि इस संविधान में स्वीकृत सिद्धान्त दूसरे संसदीय संनिधान की तुलना में सर्वोत्तम है।

डॉ. आंबेडकर ने अपनी बात को आगे बढ़ाते हुए कहा कि अगला तर्क यह दिया जा सकता है कि यह सभा प्रातिनिधिक सभा नहीं है क्योंकि इसका चुनाव वयस्क मताधिकार से नहीं हुआ है। इस कारण से यह सभा इस संविधान को बनाते समय यह कहने का अधिकार नहीं रखता है कि संविधान को उस स्वरूप में अन्तिम होना चाहिए, जैसा कि अनुच्छेद 304 प्रस्तावित करता है। यह सत्य हो सकता है कि यह सभा इस अर्थ में प्रातिनिधिक सभा नहीं है क्योंकि इसके सदस्य वयस्क मताधिकार से चुनकर नहीं आए हैं। वह यह तर्क स्वीकार करने के लिए तैयार हैं, किन्तु आगे का यह निष्कर्ष निकाला जाना कि यदि यह सभा वयस्क मताधिकार से चुनी जाती तो वहाँ ज्यादा बुद्धिमान लोग आते या ज्यादा राजनीतिक ज्ञान रखने वाले लोग होते, यह ऐसा निष्कर्ष है, जिसे वह पूरी तरह नकारते हैं।[17]

इस पर नजीरुद्दीन अहमद ने कहा—तब और बुरा होता।

नजीरुद्दीन अहमद के इस जवाब से सहमति व्यक्त करते हुए डॉ. आंबेडकर ने आगे कहा—शक्ति और ज्ञान साथ-साथ नहीं चल सकता है। कभी-कभी वे एक-दूसरे से अलग होते हैं और वह पूरी तरह से यह कहते हुए स्पष्ट हैं कि इस सभा, जैसा है, के पास प्रचुर ज्ञान एवं सूचना रखने वाले महानतम लोग हैं और उससे ज्यादा हैं, जो भावी संसद रख सकता है।

इसके बाद सायं करीब 7 बजे प्रारूप अनुच्छेद 304 पर प्रस्तुत सभी संशोधनों को संविधान-सभा के पटल पर एक-एक करके रखा गया। आचार्य जुगल किशोर ने अपना संशोधन मत के लिए नहीं रखने के लिए कहा और डॉ. देशमुख ने अपना एक संशोधन वापस ले लिया। इसके अलावा बाकी सभी दस संशोधन को अस्वीकार कर और डॉ. बी. आर. आंबेडकर के संशोधन को स्वीकार कर संविधान-सभा ने प्रारूप अनुच्छेद 304 का यथासंशोधित प्रावधान (नियमित अनुच्छेद 368) 17 सितम्बर, 1949 को अंगीकृत कर लिया।

तत्पश्चात टी. टी. कृष्णमाचारी ने प्रारूप अनुच्छेद 305 को निरस्त करने के लिए संशोधन प्रस्तुत किया। सभाध्यक्ष ने भी कहा कि अब यह अनुच्छेद अनावश्यक हो गया है। जिसके बाद संविधान-सभा ने प्रारूप अनुच्छेद 305 को निरस्त कर दिया।

21

अनुच्छेद 370 की विडम्बना

प्रारूप संविधान का अन्तिम भाग, भाग XVIII 'प्रारम्भ और निरसन' में शामिल प्रावधानों को चर्चा उपरान्त 17 अक्टूबर, 1949 को अंगीकृत किया जा चुका था। पूर्व निश्चित व्यवस्था के अनुसार भाग XVIII के अन्तिम प्रारूप अनुच्छेद 315 को अंगीकृत कर लेने के बाद उद्देशिका पर चर्चा आरम्भ किया जाना था। किन्तु जिस एक विषय पर निर्णय लेने को लेकर ऊहापोह की स्थिति थी, वह नया अनुच्छेद 306-क था। यद्यपि यह नया अनुच्छेद अस्थायी प्रावधान के रूप में रखा गया था, किन्तु यह जम्मू-कश्मीर को अन्य राज्यों से अलग हैसियत प्रदान करता था।

संविधान-सभा में इस नये अनुच्छेद को लेकर कितनी हिचकिचाहट थी, इसे इसके प्रस्तुत करने के तरीके को जानकर समझा जा सकता है।

प्रारूप अनुच्छेद 315 का प्रावधान अंगीकृत होने के तुरन्त बाद संविधान-सभा के अध्यक्ष ने कहा—

> "हमें 306-क पर जाना है। यह सुझाव दिया गया है कि यह अच्छा होता कि उद्देशिका को प्रारम्भ किया जाए। इसे प्रस्तुत किया जाए।"[1]

इसके बाद टी. टी. कृष्णमाचारी ने कहा—इसे प्रस्तुत करना आवश्यक नहीं है। उद्देशिका को विचार के लिए लाया जाना चाहिए।[2]

इसके उपरान्त अनुच्छेद 306-क को पूरी तरह उपेक्षित करते हुए सभाध्यक्ष ने कहा—उद्देशिका को प्रस्तुत किया गया है। उद्देशिका पर लाए गए अलग-अलग संशोधनों को अब लिया जाएगा। हमारे पास कई संशोधन प्रस्ताव हैं, जिनमें से बहुत सारे प्रकाशित सूची में छपे हुए हैं।[3]

संविधान-सभा में इस चर्चा से यह स्थिति स्पष्ट है कि सभाध्यक्ष भी इस विवादित अनुच्छेद को संविधान-सभा के पटल पर रखने के लिए तैयार नहीं थे।

इसी दौरान हस्तक्षेप करते हुए हसरत मोहानी ने कहा—यह पहले ही निश्चित किया जा चुका है कि सबसे अन्त में उद्देशिका को लिया जाएगा। यह कैसे है कि अभी कुछ अनुच्छेद पर चर्चा करना शेष है और आप उद्देशिका को पारित कर रहे हैं?[4]

इसके बाद सभाध्यक्ष ने कहा—ज्यादा अनुच्छेद शेष नहीं हैं।

हसरत मोहानी ने जवाब दिया—भले ही एक अनुच्छेद शेष हो। जब तक आप इसे समाप्त नहीं कर लेते, आप उद्देशिका को नहीं ले सकते।

इसके उपरान्त सभाध्यक्ष ने कहा—बहुत अच्छा, अब अनुच्छेद 306-क को लेते हैं। और कुछ चर्चा के बाद सभाध्यक्ष ने गोपालस्वामी अयंगर को पुकारा, जिनके नाम से इस नये अनुच्छेद की नोटिस प्राप्त हुई थी।[5]

इसके बाद एन. गोपालस्वामी अयंगर ने संशोधन[6] प्रस्तुत किया कि प्रारूप अनुच्छेद 306 के पश्चात नया अनुच्छेद 306-क जोड़ा जाए। इस नये अनुच्छेद में कुल तीन खंड शामिल किए गए थे। खंड (1) का उपखंड (क) कहता था कि अनुच्छेद 211-क (नियमित अनुच्छेद 238) का प्रावधान जम्मू-कश्मीर के सम्बन्ध में नहीं लागू होगा। उपखंड (ख) के अन्तर्गत इस राज्य के लिए संसद की संघ सूची एवं समवर्ती सूची के विषयों पर कानून बनाने की शक्ति को सीमित कर दिया गया था और संसद ये कानून जम्मू-कश्मीर राज्य के सरकार के परामर्श या सहमति से बना सकता था। उपखंड (ग) कहता था कि इस संविधान के अनुच्छेद 1 का प्रावधान इस राज्य पर लागू होगा और उपखंड (घ) के अनुसार संविधान के दूसरे प्रावधान इस राज्य पर तभी लागू होंगे, जब इसके लिए राष्ट्रपति आदेश जारी करे और राष्ट्रपति ऐसा कोई आदेश राज्य सरकार के परामर्श या सहमति के बिना नहीं जारी कर सकता है। खंड (2) जम्मू-कश्मीर के संविधान-सभा को कुछ मामलों में निर्णय लेने का अधिकार देता था और खंड (3) कहता था कि राष्ट्रपति, जम्मू-कश्मीर राज्य के संविधान-सभा की संस्तुति पर अधिसूचना द्वारा घोषणा कर सकेगा कि यह अनुच्छेद प्रवर्तन में नहीं रहेगा या कुछ सुधारों के साथ प्रवर्तन में रहेगा।

प्रारूप अनुच्छेद 306-क के समर्थन में एन. जी. अयंगर ने रियासतों के विलय की भूमिका का उल्लेख करते हुए कहा कि डोमिनियन के साथ विलय हमेशा एक लेख-पत्र के माध्यम से हुआ है, जिस पर रियासत के शासक का हस्ताक्षर होना आवश्यक है और जिसे भारत के गवर्नर जनरल द्वारा स्वीकार किया गया हो। ऐसा इस मामले में भी हुआ है। जैसा कि यह सदन जानता है कि यह विलय-पत्र नये संविधान में बीते दिनों की बात हो जाएगा। संघीय गणराज्य के साथ रियासत इस तरह शामिल हुए हैं कि उन्हें गणराज्य का इकाई बनने के लिए विलीन होने की या विलय का दस्तावेज तैयार करने की आवश्यकता नहीं है, बल्कि उनका उल्लेख खुद संविधान में ही कर दिया गया है और जम्मू-कश्मीर रियासत के अलावा बाकी रियासतों के संविधान भी इस पूरे भारत के संविधान में शामिल हो गए हैं। ये सभी अन्य रियासत खुद इस तरह शामिल होने एवं संविधान को स्वीकार करने के लिए सहमत हैं।[7]

इसी बीच हसरत मोहानी ने हस्तक्षेप करते हुए पूछा—महोदय, ऐसा भेदभाव क्यों?

फिर एन. जी. अयंगर ने जवाब दिया—यह भेदभाव कश्मीर की विशेष परिस्थितियों के कारण है। अभी यह विशेष राज्य इस तरह से एकीकरण के लिए तैयार नहीं है। हम सभी को आशा है कि समय के साथ जम्मू-कश्मीर भी इस तरह के एकीकरण के लिए तैयार हो जाएगा, जैसा दूसरे राज्यों का हुआ है।

इसके बाद अयंगर ने इस हालात के लिए पाँच विशेष परिस्थितियों का उल्लेख किया। पहली यह कि जम्मू-कश्मीर राज्य की सीमा पर युद्ध चल रहा है। वर्ष के आरम्भ में युद्ध विराम को लेकर सहमति थी और युद्ध-विराम चल रहा है। किन्तु इस राज्य के हालात अभी भी असामान्य एवं अनियमित है। ये अभी भी शान्त नहीं हुए हैं। दूसरी यह कि इस राज्य का कुछ भाग विद्रोहियों एवं दुश्मनों के हाथ में है। तीसरी जम्मू-कश्मीर के सम्बन्ध में हम संयुक्त राष्ट्र के साथ बँधे हुए हैं और अभी यह कहना सम्भव नहीं है कि हम इस बन्धन से कब मुक्त होंगे।

अयंगर ने चौथी विशेष परिस्थिति यह बताई कि भारत सरकार कश्मीर के लोगों से कुछ बात को लेकर वचनबद्ध है। वचनबद्धता यह है कि राज्य के लोगों को यह तय करने का अवसर दिया जाएगा कि क्या वे गणराज्य के साथ रहेंगे या बाहर जाना चाहेंगे। हम इस जन-इच्छा को शान्ति एवं सामान्य स्थिति बन जाने पर जनमत संग्रह के माध्यम से सुनिश्चित करने के लिए

वचनबद्ध हैं। हम इसके लिए भी सहमत हैं कि जन-इच्छा ही संविधान-सभा के तंत्र के माध्यम से राज्य का संविधान और संघ के राज्य पर क्षेत्राधिकार को निर्धारित करेगा। सबसे अन्तिम परिस्थिति का उल्लेख करते हुए अयंगर ने कहा कि राज्य की विधायिका, जिसे प्रजासभा कहा जाता है, मृतप्राय है। जब तक कि इस राज्य में पूर्ण शान्ति बहाल न हो जाए, तब तक यह विधायिका या संविधान-सभा बैठक या कार्य नहीं कर सकता है। इसलिए हमें राज्य की सरकार का प्रतिनिधित्व कर रहे मंत्रिपरिषद, जो राज्य के सबसे बड़ी पार्टी के विचार को प्रतिबिम्बित करता है, के साथ बातचीत करना है। जब तक संविधान-सभा का गठन नहीं हो जाता है, तब तक एक अन्तरिम व्यवस्था ही सम्भव है।[8]

इसके उपरान्त इस प्रारूप प्रावधान पर नोटिस दिए गए पाँच संशोधनों को रखा गया। इसमें दो महावीर त्यागी के थे। किन्तु इनमें से कोई भी संशोधन प्रस्तुत नहीं किया गया। अत: सभाध्यक्ष ने प्रावधान को आम बहस के लिए खोल दिया।

आम बहस में केवल एक सदस्य हसरत मोहानी ने भाग लिया। मोहानी ने प्रस्तावित प्रावधान के माध्यम से कश्मीर को दी जा रही सुविधा पर सवाल किया कि "जब आप इसे दे रहे हैं, तो बड़ोदा को बॉम्बे के साथ विलय करने के लिए क्यों बाध्य कर रहे हैं? यहाँ का प्रशासन दूसरे राज्यों के प्रशासन से बेहतर है।"[9]

बीच में हस्तक्षेप करते हुए सभाध्यक्ष ने कहा, "यहाँ पर बड़ोदा के महाराजा से कोई मतलब नहीं है।"

हसरत मोहानी ने अपनी बात को आगे बढ़ाते हुए कहा कि "यदि आप कश्मीर के महाराजा को सुविधा देते हैं, तो आपको बड़ोदा को बॉम्बे के साथ विलय करने का निर्णय वापस लेना चाहिए और ऐसी सारी सुविधाओं को बड़ोदा के शासक को देना चाहिए।"

इसके बाद संविधान-सभा ने एन. जी. अयंगर के संशोधन को स्वीकार कर नया अनुच्छेद 306-क (नियमित अनुच्छेद 370) 17 अक्टूबर, 1949 को अंगीकृत कर लिया।

लगभग 70 वर्ष बाद 6 अगस्त, 2019 को प्रधानमंत्री नरेन्द्र मोदी के नेतृत्व वाली केन्द्र सरकार ने अनुच्छेद 370(3) के अन्तर्गत संविधान आदेश, 2019 जारी करके और इसके निरस्तीकरण हेतु प्रस्तुत किए गए संकल्प को भारतीय संसद ने पारित करके इस अस्थायी प्रावधान के सभी खंडों को, सिवाय खंड (1) के, निरस्त कर दिया और खंड (1) में बदलाव करके भारतीय संविधान के सभी यथासंशोधित प्रावधानों को जम्मू-कश्मीर राज्य में लागू कर दिया।*

---

* इन री : संविधान का अनुच्छेद 370 के मामले में सुप्रीम कोर्ट की संविधान पीठ, जिसमें मुख्य न्यायाधीश न्यायमूर्ति डी. वाई चन्द्रचूड़, न्यायमूर्ति संजय किशन कौल, न्यायमूर्ति संजीव खन्ना, न्यायमूर्ति बी. आर. गवई और न्यायमूर्ति सूर्यकान्त शामिल हैं, ने अपने आदेश दिनांक 11 दिसम्बर, 2023 द्वारा संविधान आदेश संख्या 272 एवं 273 को संवैधानिक घोषित कर दिया।

22

उद्देशिका : संविधान की आधारशिला

संविधान का नाम एवं आरम्भन

प्रारूप संविधान का अन्तिम भाग, भाग XVIII (नियमित भाग XXII) शीर्षक नाम 'आरम्भन और निरसन' था। इस भाग में दो अनुच्छेद 314 एवं 315 शामिल किए गए थे। इसे संविधान-सभा के समक्ष 17 अक्टूबर, 1949 को प्रस्तुत किया गया।

टी. टी. कृष्णमाचारी ने इस प्रारूप भाग के प्रावधान को बदलने के लिए संशोधन[1] प्रस्तुत किया। नये प्रावधान के अन्तर्गत कुल तीन अनुच्छेद—अनुच्छेद 313-क; अनुच्छेद 314; और अनुच्छेद 315 प्रस्तावित किए गए थे। 'संक्षिप्त नाम' शीर्षक के साथ नया अनुच्छेद 313-क कहता था कि 'इस संविधान का नाम भारत का संविधान है।' नये अनुच्छेद 314 के अनुसार इस संविधान के कुछ अनुच्छेद तुरन्त प्रभाव से और बाकी अनुच्छेद 26 जनवरी, 1950 से लागू होंगे। नया अनुच्छेद 315 प्रस्तावित करता था कि भारतीय स्वतंत्रता अधिनियम, 1947, जहाँ तक यह इस संविधान से असंगत है और भारत शासन अधिनियम, 1935, जिसमें भारत (केन्द्र सरकार एवं विधायिका) अधिनियम, 1946 और 1935 के अधिनियम को संशोधित एवं पूरित करने वाले कानून शामिल हैं, का प्रभाव समाप्त हो जाएगा। इसके साथ एक परन्तुक भी जोड़ा गया था। इस परन्तुक के अनुसार 'इस अनुच्छेद की कोई बात प्रिवी काउंसिल क्षेत्राधिकार उन्मूलन अधिनियम, 1949 के प्रावधान को प्रभावित नहीं करेगा।' अनुच्छेद 315 के मूल प्रावधान में इस परन्तुक का उल्लेख नहीं था।

आम बहस में टी. टी. कृष्णमाचारी, एच. वी. कामथ, नजीरुद्दीन अहमद, के. सन्थानम, बी. दास, अल्लादी कृष्णास्वामी अय्यर, कुलाधर चालिहा और डॉ. बी. पट्टाभि सीतारमैया ने भाग लिया। आम बहस के दौरान ज्यादातर सदस्यों ने अनुच्छेद 315 में प्रयुक्त शब्दावली 'जहाँ तक यह इस संविधान से असंगत है' पर आपत्ति की। के. सन्थानम ने कहा यह प्रावधान शायद ही नये संविधान की गरिमा के अनुकूल हो।[2] अय्यर ने भी सन्थानम के विचार से सहमति व्यक्त करते हुए कहा कि "नया संविधान भारतीय स्वतंत्रता अधिनियम की धारा 7 या 8 के अन्तर्गत दी गई व्यापक शक्ति के अनुक्रम में पारित संविधान नहीं होगा। इसलिए, जब हम संविधान पारित करें, अपनी स्वतंत्र इच्छा का प्रयोग करके, पूर्व के कानून से स्वतंत्र होकर और बिना इसका सन्दर्भ दिए पारित करें।"[3]

इसके उपरान्त कृष्णमाचारी ने कहा कि वह अय्यर की सर्वोत्तम बुद्धिमत्ता के समक्ष सर झुकाते हैं। यदि वह अब समझते हैं कि शब्दावली ठीक नहीं है, तो इस पर निश्चित ही पुनर्विचार होना चाहिए। मसौदा समिति के माननीय अध्यक्ष यहाँ नहीं हैं और तृतीय पाठन के दौरान हम इस पर पुनर्विचार करने की स्थिति में होंगे।[4] कृष्णमाचारी ने इस मामले में

सर बी.एन. राव के विचार को भी जानना आवश्यक बताया। तब सभाध्यक्ष ने विचार दिया कि किसी-न-किसी रूप में इसे आज पारित करना है, ताकि द्वितीय पाठन पूर्ण हो जाए। इस पर के. सन्थानम ने कहा कि "यदि हम इस शब्दावली को निरस्त कर देते हैं, तो यह एकमत से स्वीकार हो जाएगा। और यदि यह शब्दावली आवश्यक पाई जाती है, तो इन्हें पुन: शामिल करने में कोई रोक नहीं होगी।"[5]

तत्पश्चात संविधान-सभा ने अनुच्छेद 315 से शब्दावली 'जहाँ तक यह इस संविधान से असंगत है' निरस्त कर टी. टी. कृष्णमाचारी का संशोधन स्वीकार कर लिया और यथासंशोधित अनुच्छेद 313-क (नियमित अनुच्छेद 393); अनुच्छेद 314 (नि. अनुच्छेद 394); और अनुच्छेद 315 (नि. अनुच्छेद 395) अंगीकृत कर लिया।

संविधान की उद्देशिका

संघीय संविधान समिति द्वारा 21 जुलाई, 1947 को प्रस्तुत 'संघीय संविधान के सिद्धान्त पर रिपोर्ट' में उद्देशिका को निम्न स्वरूप में प्रस्तावित किया गया था—

> 'हम, भारत के लोग, जो जनकल्याण के प्रोत्साहन की माँग कर रहे हैं, अपने निर्वाचित प्रतिनिधियों के माध्यम से इस संविधान को अधिनियमित, अंगीकृत एवं आत्मार्पित करते हैं।[5क]

संविधान के अन्तिम प्रारूप अनुच्छेद 315 और तत्पश्चात अन्तिम समय में लाए गए अनुच्छेद 306-क का प्रावधान अंगीकृत होने के बाद 17 अक्टूबर, 1949 को ही प्रारूप संविधान की उद्देशिका, संविधान-सभा के पटल पर रखी गई। उद्देशिका का प्रारूप निम्न शब्दों में प्रस्तुत किया गया था—

> "हम भारत के लोग, भारत को एक सम्प्रभु, लोकतांत्रिक, गणराज्य बनाने के लिए तथा उसके समस्त नागरिकों को सामाजिक, आर्थिक और राजनीतिक न्याय; विचार, अभिव्यक्ति, विश्वास, धर्म और उपासना की स्वतंत्रता; प्रतिष्ठा और अवसर की समानता सुरक्षित करने के लिए; तथा उन सबमें व्यक्ति की गरिमा और राष्ट्र की एकता एवं अखंडता सुनिश्चित करने वाली बन्धुता बढ़ाने के लिए दृढ़संकल्पित होकर अपने इस संविधान-सभा में इस...तिथि (मई, 1948 ए.डी. की तिथि) को एतद्द्वारा इस संविधान को अंगीकृत, अधिनियमित और आत्मार्पित करते हैं।"

उद्देशिका रखे जाने के साथ ही एक सदस्य ने सुझाव दिया कि उद्देशिका को तब लिया जाए, जब हम नवम्बर में तृतीय पाठन के लिए बैठे। इस पर हसरत मोहानी ने आपत्ति की कि जब तक आप उद्देशिका को पारित नहीं कर लेते आप द्वितीय पाठन पर कोई रिपोर्ट कैसे प्रस्तुत कर सकेंगे?[6] के. एम. मुंशी ने मोहानी के आपत्ति का समर्थन किया और कहा कि अपने जीवन में एक बार मौलाना साहब का समर्थन करता हूँ।[7]

तत्पश्चात सभाध्यक्ष ने कहा कि हमें आज ही उद्देशिका को पारित कर लेना चाहिए। संविधान को सम्पूर्णता के साथ द्वितीय पाठन के लिए पारित करना है। उद्देशिका संविधान का एक अंग है, इसलिए इसे टाल नहीं सकते हैं।

इसके उपरान्त उद्देशिका पर कुल सात संशोधन प्रस्तुत किए गए। दो संशोधन हसरत मोहानी द्वारा और एक-एक संशोधन एच. वी. कामथ, प्रो. शिब्बन लाल सक्सेना, गोविन्द मालवीय, ब्रजेश्वर प्रसाद और श्रीमती पूर्णिमा बनर्जी द्वारा प्रस्तुत किया गया।

पहला संशोधन हसरत मोहानी ने शब्दावली 'सम्प्रभु, लोकतांत्रिक गणराज्य' के स्थान पर दो वैकल्पिक शब्दावली 'सम्प्रभु, परिसंघीय गणराज्य' या 'सम्प्रभु, स्वतंत्र गणराज्य' में से कोई एक रखने के लिए प्रस्तुत किया। उन्होंने तर्क दिया कि "सभा के कार्यालयी रिपोर्ट के अनुसार यह भारतीय गणराज्यों का परिसंघ होगा। किन्तु डॉ. आंबेडकर ने चालाकी से 'परिसंघ' और 'स्वतंत्र' को हटा दिया और इसे 'लोकतांत्रिक राज्य' कह दिया है।"[8]

इस संशोधन पर देशबन्धु गुप्ता ने व्यवस्था का सवाल उठाते हुए कहा—यदि यह संशोधन पारित कर दिया जाता है, तो सम्पूर्ण संविधान पर नये सिरे से विचार करना होगा।[9]

इस पर सभाध्यक्ष ने कहा—उद्देशिका को अन्तिम में रखने का उद्देश्य यह है कि उद्देशिका उन प्रावधानों के अनुकूल हो, जैसा स्वीकार किया गया है।[10]

तब मोहानी ने कहा—जब वह उद्देशिका पर आरम्भ में ही चर्चा करना चाहते थे, तो अनुमति नहीं दी गई थी। हमने उसी समय शंका व्यक्त की थी कि जब आप प्रावधानों को अपने अनुसार पारित कर लेंगे और इसके विपरीत यदि उद्देशिका के बारे में कुछ प्रस्तावित किया जाएगा, तो यह कहा जाएगा कि अब वापस जाना सम्भव नहीं है। किन्तु आपने मुझसे वादा किया है कि आप ऐसा नहीं करेंगे।[11]

इसके पश्चात सभाध्यक्ष ने ऐसे किसी वादे को जानना चाहा। तब मोहानी ने मुद्रित रिपोर्ट के खंड 7, संख्या 6, पृ. 418 और खंड 4, संख्या 6, पृ. 733 को सन्दर्भित किया। इस पर सभाध्यक्ष ने इसी रिपोर्ट के हवाले से बताया कि उन्होंने ऐसा कोई वादा नहीं किया था। बल्कि उनसे वादा चाहा गया था, जिसे उन्होंने अस्वीकार कर यह कहा था कि सभी सदस्य जानते हैं कि वह उनके द्वारा संशोधन प्रस्तुत करने की अनुमति देने को लेकर उदार हैं। जब तक कोई तकनीकी आधार न हो, संशोधन को व्यवस्था के प्रतिकूल बताने का कोई कारण नहीं है।[12]

इसके पश्चात हसरत मोहानी ने डॉ. आंबेडकर पर आरोप लगाते हुए कहा कि वह जवाहरलाल नेहरू द्वारा प्रस्तुत और इस सभा द्वारा पूर्व में पारित उद्देश्य संकल्प के खिलाफ जाकर कुछ भी अपनी इच्छानुसार पारित कराना चाहते हैं। वह चाहते हैं कि उद्देश्य संकल्प को उनके गलत निर्णयों के अनुकूल बनाया जाए। इस संकल्प में कहा गया है कि यह देश 'सम्प्रभु, स्वतंत्र गणराज्यों का संघ' होगा। यहाँ बहुवचन रूप 'गणराज्यों' को ध्यान में रखना चाहिए। अब वे इसे पूरी तरह पलट देना चाहते हैं। उन्होंने अपनी किसी गुप्त मंशा से शब्द 'परिसंघ' निकाल दिया, शब्द 'गणराज्य' निकाल दिया और शब्द 'स्वतंत्र' भी निकाल दिया। गणराज्य या परिसंघ के बजाय वह केवल राज्यों की इकाई बनाना चाहते हैं। शब्द लोकतांत्रिक के स्थान पर शब्द परिसंघ का प्रयोग ज्यादा स्पष्ट करने वाला है। यदि आप परिसंघ का प्रयोग नहीं करना चाहते हैं और इससे भयभीत हैं तो हम डॉ. आंबेडकर को छूट देते हैं कि वह उद्देश्य संकल्प के मूल शब्दों का प्रयोग करें। यह 'स्वतंत्र सम्प्रभु गणराज्य' होगा।[13]

इसके बाद सभाध्यक्ष ने पूछा कि क्या कोई सदस्य इस संशोधन पर कुछ कहना चाहता है? कोई आवाज नहीं आने के बाद संविधान-सभा ने मोहानी के दोनों संशोधन अस्वीकार कर दिए।

इसके बाद अपराह्न छह बजे दोबारा आहूत बैठक में हसरत मोहानी ने दूसरा संशोधन[14] शब्दावली 'सम्प्रभु, लोकतांत्रिक गणराज्य' के स्थान पर 'यू. एस. एस. आर. की तर्ज पर यू. आई. एस. आर. कहे जाने वाले भारतीय समाजवादी गणराज्यों का संघ' रखने के लिए

प्रस्तुत किया। देशबन्धु गुप्ता ने मोहानी के इस संशोधन को व्यवस्था के प्रतिकूल बताया क्योंकि यह पूर्व में पारित किए गए संविधान के खिलाफ है। बी. पट्टाभि सितारमैया ने भी आपत्ति की कि उनके शब्द 'लोकतांत्रिक' के स्थान पर 'स्वतंत्र' या 'परिसंघ' रखने वाले संशोधन को सुबह ही अस्वीकार कर दिया गया है।

बीच में हस्तक्षेप करते हुए सभाध्यक्ष ने कहा—मौलाना, मुझे निर्णीत नहीं करना है कि क्या आप दोहरा रहे हैं या नहीं। विषय यह है कि यह व्यवस्था के अनुकूल है या नहीं? आपत्ति यह है कि यह पारित किए गए सम्पूर्ण संविधान के प्रतिकूल है।

मोहानी ने जवाब दिया—हम शब्दावली 'सम्प्रभु, लोकतांत्रिक गणराज्य' के स्थान पर 'स्वतंत्र गणराज्यों का संघ' रखना चाहते हैं। इसमें अन्तर्विरोध कहाँ है?

तब सभाध्यक्ष ने पूछा—क्या आपका सुझाव यह है कि जो हमने संविधान पारित किया है, वह यू. एस. एस. आर. की तर्ज पर है?

हसरत मोहानी ने जवाब दिया—मैं नहीं कहता हूँ कि हम रसिया चले जाएँ और खुद को वहाँ मिला लें या यू. एस. एस. आर. के संविधान को स्वीकार कर लें। मेरा सुझाव है कि द्वितीय पाठन में जो संविधान एवं उद्देशिका स्वीकार कर रहे हैं, वह यू. एस. एस. आर. योजना की तर्ज पर हो।[15]

तब सभाध्यक्ष ने कहा—यदि मैं मौलाना साहब को अपना संशोधन प्रस्तुत करने की अनुमति दे दूँ, तो यह समय बचाएगा। इसलिए अच्छा है कि आप अपना सम्बोधन पूरा करें।

तत्पश्चात मोहानी ने अपने संशोधन के पक्ष में तर्क दिया कि "हम चाहते हैं कि हमारा संविधान एवं उद्देशिका, सोवियत सरकार द्वारा स्वीकार किए गए रास्तों का अनुगमन करे। इसके लिए तीन रास्ते हैं। पहला यह कि हमारे संविधान को अवश्य ही परिसंघीय होना चाहिए। परिसंघीय होने के साथ यह अपकेन्द्री होना चाहिए, जिसका मतलब है कि घटक राज्य या गणराज्य स्वेच्छा से कुछ केन्द्रीय शक्तियों को केन्द्र को सुपुर्द करें। और इसके बाद, घटक इकाइयों की सद्भावना प्राप्त करने के लिए वे यानी सोवियत सरकार अपने घटक इकाइयों या गणराज्यों को पुन: आजादी दे दें।"[16] अन्त में मौलाना मोहानी ने डॉ. आंबेडकर और सदन से निवेदन किया कि "वे सभी राजनीतिक अल्पसंख्यकों के लिए समान मैत्रीपूर्ण भाव रखें और सोवियत संघ द्वारा स्वीकृत सिद्धान्त को भी स्वीकार करें।"

इसके बाद सभाध्यक्ष ने पूछा कि क्या कोई सदस्य संशोधन पर कुछ बोलना चाहता है? कुछ सदस्य द्वारा 'नहीं' कहे जाने के बाद संविधान-सभा ने हसरत मोहानी का उक्त संशोधन अस्वीकार कर दिया।

उद्देशिका पर एक अन्य संशोधन[31] ब्रजेश्वर प्रसाद ने प्रारूप उद्देशिका को निम्न नई उद्देशिका से प्रतिस्थापित करने के लिए प्रस्तुत किया—

> "हम भारत के लोग, भारत की समाजवादी व्यवस्था स्थापित करने हेतु एक सहकारी कामनवेल्थ बनाने के लिए तथा उसके समस्त नागरिकों को
> 1. जीविकोपार्जन के पर्याप्त साधन,
> 2. मुफ्त एवं अनिवार्य शिक्षा,
> 3. मुफ्त चिकित्सीय सहायता,
> 4. अनिवार्य सैनिक प्रशिक्षण, को सुरक्षित करने हेतु भारत के लिए इस संविधान का अभिषेक एवं स्थापना करते हैं।"

उक्त प्रस्ताव रखे जाने के तुरन्त बाद डॉ. पी. एस. देशमुख ने तंज करते हुए कहा—"ऊँट एवं मोटरसाइकिल के बारे में क्या?"[32]

इसका जवाब देते हुए ब्रजेश्वर प्रसाद ने कहा—"यह आपके लिए है कि ऐसे शब्दों का सुझाव दें। प्रसाद ने उद्देशिका में धर्मनिरपेक्ष और समाजवाद का प्रयोग करने पर जोर देते हुए कहा कि भविष्य का भारत समाजवाद में है। वह समाजवादी व्यवस्था में विश्वास करते हैं। जब वह समाजवाद की बात करते हैं, तो इसका मतलब यह नहीं है कि वह मार्क्स की व्याख्या को स्वीकार करते हैं। वह वर्गयुद्ध को या भौतिकवादी दर्शन में विश्वास नहीं करते हैं। समाजवाद से हमारा मतलब है एक समानता आधारित सामाजिक व्यवस्था। प्रसाद ने मुरियल जेगर द्वारा लिखी गई पुस्तक 'लिबर्टी वर्सेज इक्वलटी' को उद्धृत करते हुए कहा कि स्वतंत्रता और समानता एक साथ नहीं चल सकते हैं। ये परस्पर विरोधी हैं। ये एक-दूसरे के दुश्मन हैं। एक केवल दूसरे पर विजय हासिल करके ही बना रह सकता है। प्रसाद ने आगे कहा कि उद्देशिका में केवल आदर्शों को प्रतिपादित करने के बजाय हमें व्यावहारिक आदर्श रखना चाहिए। यदि हम जीविकोपार्जन के पर्याप्त साधन, मुफ्त एवं अनिवार्य शिक्षा, मुफ्त चिकित्सीय सहायता और अनिवार्य सैनिक प्रशिक्षण प्राप्त करने में सफल होते हैं, तो हमारा प्रयास सार्थक हो सकेगा।"[33]

संविधान-सभा ने ब्रजेश्वर प्रसाद का उक्त संशोधन अस्वीकार कर दिया।

ईश्वर और महात्मा गांधी का नाम शामिल करना अस्वीकरणीय

उद्देशिका पर कुछ संशोधन ईश्वर और महात्मा गांधी का नाम जोड़ने के लिए प्रस्तुत किए गए थे। इस ओर ध्यान दिलाते हुए सभाध्यक्ष ने सुझाव दिया कि न तो ईश्वर को और न ही महात्मा गांधी को चर्चा का विषय बनाया जाना चाहिए।[17]

एच. वी. कामथ का भी संशोधन ऐसा ही कुछ था। किन्तु जब एच. वी. कामथ ने अपना संशोधन प्रस्तुत करने के लिए कहा, तो सभाध्यक्ष ने पुन: कहा कि शपथ लेते समय आपके पास या तो ईश्वर के नाम शपथ लेने का या अन्तरात्मा के नाम शपथ लेने का विकल्प होता है, किन्तु क्या यहाँ पर कोई विकल्प देना चाहेंगे? कामथ ने जवाब दिया कि यहाँ हम व्यक्ति नहीं हैं। यहाँ हम सभी भारत के लोग हैं।

कामथ द्वारा अपने प्रस्ताव पर पुन: जोर देने पर श्रीमती पूर्णिमा बनर्जी ने कहा कि "ईश्वर को इस सदन में बहुमत एवं अल्पमत के मध्य चर्चा का विषय नहीं बनाया जा सकता है। हमें ईश्वर पर मत देने जैसी शर्मिंदगी वाली स्थिति से बचना चाहिए।"[18]

उक्त अपील के बावजूद कामथ ने अपना संशोधन[19] प्रस्तुत किया। इसके माध्यम से दो बदलाव की माँग की गई—पहली शब्दावली 'हम, भारत के लोग' के पहले 'ईश्वर के नाम से' जोड़ने की और दूसरी शब्दावली 'उसके समस्त नागरिकों को' में शब्द 'उसके' के स्थान पर 'उसकी' शब्द का प्रयोग करने की।

इसके बाद डॉ. बी. पट्टाभि सीतारमैया ने कहा कि संशोधन केवल पहली लाइन में है। इससे सभाध्यक्ष ने भी सहमति व्यक्त की। तत्पश्चात के. सन्थानम ने इस संशोधन को व्यवस्था के प्रतिकूल बताया, जिसे सभाध्यक्ष ने नकार दिया। तब ए. थानू पिल्लई ने पूछा कि क्या वह व्यवस्था का एक सवाल उठा सकते हैं? पिल्लई ने आगे कहा कि निश्चित रूप से वह ईश्वर में विश्वास करते हैं और यदि कामथ के संशोधन को स्वीकार कर लिया जाता है, तो क्या यह विश्वास के मामले में बाध्य करने जैसा नहीं होगा?[20]

तत्पश्चात कामथ ने अपने संशोधन के समर्थन में गीता का श्लोक 'यत्करोषि यदश्नासि यज्जुहोषि ददासि यत्। यत्तपस्यसि कौन्तेय तत्कुरुष्व मदर्पणम्॥' सुनाते हुए कहा कि "जो भी हमारी कमियाँ हैं या जो भी इस संविधान में त्रुटियाँ या गलतियाँ हैं, ईश्वर से प्रार्थना करें कि वह

हमें शक्ति, साहस और विवेक दे कि कठिन परिश्रम, कष्ट और त्याग से भारत के लिए और उसकी जनता के लिए कच्चे धातु को सोना में बदल दे। यह हमारे प्राचीन सभ्यता की सदियों से चलती आ रही विशिष्ट, ओजस्वी एवं सर्जनात्मक आवाज रही है और यदि हम भारत के लोग इस आवाज पर ध्यान दें, तो हमारे साथ सब कुछ अच्छा होगा।"[21]

इसके उपरान्त वी. आई. मुनिस्वामी पिल्लई ने कहा कि वह कामथ के संशोधन का समर्थन करते हैं।[22] जबकि एम. थिरूमाला राव ने कामथ से संशोधन वापस लेने का आग्रह करते हुए कहा कि हमने शपथ में ईश्वर को स्वीकार किया है, किन्तु जो ईश्वर में विश्वास नहीं रखते हैं, उनके लिए वहाँ विकल्प है। किन्तु यहाँ पर समझौते की कोई सम्भावना नहीं है कि उद्देशिका में दोनों बातों को शामिल किया जाए।[23] हृदयनाथ कुंजरू ने भी कामथ के संशोधन को बहुत दुख पहुँचाने वाला विषय बताया, जिसके माध्यम से अत्यन्त निजी एवं सबसे पवित्र भावना को इस सदन में चर्चा का विषय बनाया गया है।[24] रोहिणी कुमार चौधरी ने भी कुंजरू से सहमति जताते हुए कामथ के संशोधन पर निराशा व्यक्त की।[25]

सभाध्यक्ष ने भी कहा कि यह बुरी बात है कि हम ईश्वर के नाम को चर्चा का विषय बना रहे हैं।[26] इसके उपरान्त सत्यनारायण सिन्हा ने बहस को बन्द करके संशोधन को मत के लिए रखने के लिए कहा, जिसे सभा द्वारा स्वीकार कर लिया गया। इसके बाद डॉ. आंबेडकर ने भी कहा कि कामथ से इस संशोधन को वापस लेने के लिए कहा जाना चाहिए।[27] सभाध्यक्ष ने भी कहा कि मैंने उनको इसके लिए सुझाया है।

किन्तु कामथ ने संशोधन वापस लेने से मना कर दिया। इसके उपरान्त एच. वी. कामथ, गोविन्द मालवीय एवं हसरत मोहानी ने मतविभाजन की माँग की। मतविभाजन करवाया गया। संविधान-सभा ने कामथ के संशोधन को 41 के मुकाबले 68 मत से अस्वीकार कर दिया।

इसी तरह का संशोधन[28] प्रो. शिब्बन लाल सक्सेना का भी था, जो शब्दावली 'हम, भारत के लोग' के पहले निम्न शब्दावली जोड़ने के लिए प्रस्तावित करता था—

> "सर्वशक्तिमान ईश्वर के नाम से, जिनकी प्रेरणा एवं मार्गदर्शन में राष्ट्रपिता महात्मा गांधी ने सत्य एवं अहिंसा के पवित्र सिद्धान्त का अद्वितीय तरीके से पालन करके इस देश को गुलामी से निकालकर आजादी दिलाई और जिन्होंने करोड़ों देशवासियों को पोषित कर और अपने साहसिक एवं अनवरत संघर्ष से राष्ट्र में त्याग की भावना पैदा कर हमारे मातृभूमि को पूर्ण आजादी दिलाई...।"

प्रो. सक्सेना ने अपने संशोधन के समर्थन में कहा कि संविधान के प्रारम्भ में ईश्वर और राष्ट्रपिता के पवित्र नाम शामिल करने के सम्बन्ध में कुछ मित्रों के व्यवहार से उन्हें बहुत कष्ट है। जहाँ वे अपने को सही मानते हैं, वहीं दूसरे लोग भी हैं, जिन्हें अपनी बात करने का अधिकार है। हम संविधान बनाकर महान कार्य कर रहे हैं, इसमें कुछ गलतियाँ हो सकती हैं। किन्तु यह निश्चित है कि हमने बड़ा कार्य किया है। इसका उपाय यही है और यह उचित है कि संविधान के प्रारम्भ में ईश्वर का नाम और राष्ट्रपिता का नाम रखना चाहिए। दूसरे संविधानों में ऐसा किया गया है। आयरिश संविधान में प्रारम्भ में ईश्वर का उल्लेख है और उन सभी शहीदों को श्रद्धांजलि दी गई है, जिन्होंने आजादी दिलाई। यह संविधान राष्ट्रपिता द्वारा निर्धारित आदर्शों के आधार पर चलकर ही सम्भवत: हमारे देश का निर्माण करेगा।

ब्रजेश्वर प्रसाद ने प्रो. सक्सेना के संशोधन का विरोध किया और कहा कि वह नहीं चाहते हैं कि इस संविधान में महात्मा गांधी का नाम शामिल किया जाए, क्योंकि यह गांधीवादी संविधान

नहीं है। इस संविधान की नीव अमेरिकी सुप्रीम कोर्ट का निर्णय है, भारत शासन अधिनियम, 1935 है। यदि हमारे समक्ष गांधीवादी संविधान होता, तो पहला समर्थन करने वाला मैं होता।[29] इसके उपरान्त आचार्य जे. बी. कृपलानी ने प्रो. सक्सेना से अपना संशोधन वापस लेने का निवेदन करते हुए कहा कि हमें राष्ट्रपिता के नाम का प्रयोग करने से बचना चाहिए। इसके उपरान्त प्रो. सक्सेना ने अपना संशोधन प्रस्ताव वापस ले लिया।

गोविन्द मालवीय ने भी संशोधन[30] प्रस्तुत कर 'हम, भारत के लोग' के स्थान पर ऐसी शब्दावली को रखने की माँग की जिसमें परमेश्वर और महात्मा गांधी के नाम का प्रयोग किया गया था। इस पर डॉ. पी. एस. देशमुख द्वारा आपत्ति करने पर मालवीय ने परमेश्वर और महात्मा गांधी शब्द को निरस्त करने की बात कही। किन्तु हसरत मोहानी ने इसे व्यवस्था के प्रतिकूल बताया। इसके बाद सभाध्यक्ष ने इसे ऐसे संशोधन से आच्छादित बताया, जिसे निरस्त किया जा चुका है।

सम्प्रभुता जनता में निहित

उद्देशिका पर संशोधन प्रस्तुत करने के दौरान महावीर त्यागी ने डॉ. आंबेडकर का ध्यान उनके उस वादे की तरफ आकर्षित कराया, जो उन्होंने सम्प्रभुता के सन्दर्भ में 15 नवम्बर, 1948 को व्यक्त किया था। महावीर त्यागी ने कहा कि जब उन्होंने विचार दिया कि 'प्रारूप का मतलब है कि सम्प्रभुता जनता में निहित होगी और इस सम्बन्ध में विस्तृत स्पष्टीकरण भविष्य के सन्दर्भ के लिए अच्छा है', तब डॉ. आंबेडकर ने जवाब दिया था कि 'नि:सन्देह यह जनता में निहित है। मुझे कोई भी आपत्ति नहीं होगी, यदि इस मामले को उद्देशिका पर बहस के दौरान उठाया जाए।'[34]

गोविन्द मालवीय के संशोधन के बाद महावीर त्यागी ने एक बार पुन: सम्प्रभुता के सवाल पर डॉ. आंबेडकर के वादे की बात उठाई। इसके उपरान्त सभाध्यक्ष ने जानना चाहा कि क्या इस सम्बन्ध में कोई संशोधन है। महावीर त्यागी ने जवाब दिया कि यह कार्य मसौदा समिति द्वारा किए जाने के लिए था।[35] किन्तु सतीश चन्द्र ने बताया कि उनका और श्रीमती पूर्णिमा बनर्जी का एक संशोधन संख्या 452 इसी बात को लेकर है।

इसके बाद ब्रजेश्वर प्रसाद ने अपने संशोधन पर बोलने के दौरान शब्द 'सम्प्रभुता' के प्रयोग पर ही आपत्ति कर दी। प्रसाद ने इसे अनुपयुक्त बताते हुए कहा कि एक "राज्य व्यक्तियों से निर्मित होता है। क्या किसी भी दृष्टि से व्यक्ति सम्प्रभु है? यदि व्यक्ति सम्प्रभु नहीं है, तो व्यक्तियों से बना राज्य कैसे सम्प्रभु हो जाएगा। यह सर्वज्ञात तथ्य है कि एक मानव अपने आप स्वतंत्र इच्छा नहीं रखता है, वह आनुवंशिकता और पर्यावरण के कारकों से सीमित रहता है।" प्रसाद ने आगे कहा कि "हम सम्प्रभु हैं। हम उस सीमा तक सम्प्रभु राज्य हैं जितना एक आधुनिक राज्य के लिए सम्प्रभु होना सम्भव है। 'सम्प्रभु' शब्द समाप्त होने से यह भारत सरकार को सम्प्रभु शक्ति का प्रयोग करने से रोक नहीं देगा। ऐसा करना किसी को सम्प्रभुता से तिलमात्र भी वंचित नहीं कर देगा।"[36]

ब्रजेश्वर प्रसाद का संशोधन अस्वीकार होने के बाद सभाध्यक्ष ने पूर्णिमा बनर्जी से अपना संशोधन संख्या 452 प्रस्तुत करने के लिए कहा। इस पर एच. वी. कामथ ने आपत्ति की कि "चूँकि वह अपना संशोधन संख्या 2 नहीं प्रस्तुत कर रहे हैं और यह संशोधन इसी के सन्दर्भ में है, इसलिए इसे प्रस्तुत नहीं किया जा सकता है।"[37] व्यवस्था के इस सवाल का महावीर त्यागी ने यह कहकर विरोध किया कि "पहले भी ऐसे संशोधन प्रस्तुत करने की अनुमति दी

गई है। समय के अभाव के कारण कई बार पहले दाखिल संशोधन के साथ हम अपना संशोधन जोड़ देते हैं। यदि पहला सदस्य संशोधन नहीं प्रस्तुत कर रहा है, तो इसमें नई सोच के साथ संशोधन प्रस्तुत करने वाले सदस्य की कोई गलती नहीं है।" नजीरुद्दीन अहमद ने भी कहा कि "ये संशोधन पर संशोधन नहीं है, बल्कि संशोधन के सन्दर्भ को लेकर संशोधन है, इसलिए यह व्यवस्था के अनुकूल है।"

इसके उपरान्त सभाध्यक्ष ने श्रीमती पूर्णिमा बनर्जी को संशोधन प्रस्तुत करने की अनुमति दे दी।

श्रीमती पूर्णिमा बनर्जी ने उद्देशिका के पहले पैराग्राफ यानी 'हम भारत के लोग' के स्थान पर निम्न शब्दावली प्रतिस्थापित करने के लिए संशोधन[38] प्रस्तुत किया—

> "हम भारत की जनता की तरफ से, जिनसे स्वतंत्र भारत, इसके घटक भाग एवं सरकार के अंग, सभी शक्ति एवं प्राधिकार प्राप्त हुए हैं, भारत को एक सम्प्रभु, लोकतांत्रिक, गणराज्य बनाने के लिए तथा उसके समस्त नागरिकों को...सुरक्षित करने के लिए...।"

अपने संशोधन के समर्थन में पूर्णिमा बनर्जी ने तर्क दिया कि जिस संविधान को हमने बनाया है, वह राष्ट्रपति एवं संसद को व्यापक शक्ति देता है। वह नहीं सोचती हैं कि हमें मात्र यह विश्वास करके कि जनमानस, जिससे समस्त शक्ति ली गई है और जिसमें सम्प्रभु प्राधिकार निहित है, से तृप्त हो जाना चाहिए क्योंकि जब वे पाँच वर्ष में एक बार मत देने जाएँगे, तो उनकी सम्प्रभुता सुरक्षित हो जाएगी। इसलिए वह महसूस करती हैं कि उद्देशिका में इस सम्प्रभुता का उल्लेख होना चाहिए। बनर्जी ने बताया कि इसमें प्रयुक्त शब्दावली लगभग वैसी ही है, जैसी उद्देश्य संकल्प में है और जिसे इस सभा द्वारा पहली बार जनवरी, 1947 में पारित किया गया है।

श्रीमती बनर्जी के उक्त संशोधन का महावीर त्यागी ने समर्थन किया और कहा कि सम्प्रभुता की स्थिति को स्पष्ट करना चाहिए। वह इसके लिए और भी ज्यादा उत्सुक हैं क्योंकि अभी तक यह सम्प्रभुता इंग्लैंड के सम्राट में निहित थी। ये समस्त अंग्रेज हैं, जिनमें हमने सदियों पूर्व से सम्प्रभुता निहित की हुई है। इसलिए यदि हम इसे स्पष्ट शब्दों में नहीं कहते हैं कि भविष्य में सम्प्रभुता कहाँ निहित होगा, तो यह किसी भी अंग्रेज में निहित हो जाएगी। हम चाहते हैं कि इसे उनसे दूर कर दिया जाए। किसी भी सरकार के लिए आज या भविष्य में किसी तरह का सन्देह या खतरा न रह जाए कि वह कामनवेल्थ या कामन भाईचारा या कामन नागरिकता के नाम पर इस देश की सम्प्रभुता के साथ सौदेबाजी या अदला-बदली करे। चीन के संविधान में भी स्पष्ट कर दिया गया है कि सम्प्रभुता चीन की समस्त जनता में निहित है।[39]

आम बहस में भाग लेते हुए आचार्य जे. बी. कृपलानी ने कहा कि "उद्देशिका में जो कुछ भी कहा गया है, वह केवल कानूनी एवं संवैधानिक सिद्धान्त नहीं है। वे बहुत ही पवित्र, नैतिक एवं आध्यात्मिक सिद्धान्त भी हैं और यदि हम कह सकें, तो वे रहस्यवादी सिद्धान्त हैं। लोकतंत्र जाति व्यवस्था से असंगत होता है। यह सामाजिक कुलीन तंत्र है। हमें जातियों एवं वर्गों को अवश्य ही समाप्त कर देना चाहिए, अन्यथा हम लोकतंत्र की शपथ नहीं ले सकते। यह भी याद रखना चाहिए कि आर्थिक लोकतंत्र का मतलब केवल यह नहीं है कि कोई वर्ग नहीं होना चाहिए या कोई अमीर या गरीब नहीं होना चाहिए, बल्कि यह है

कि राज्य को स्वयं इस तरह रहना चाहिए, जो गरीब के जीवन के अनुकूल हो, यदि जनता गरीब बनी हुई है। यदि हम दिखावा एवं झाँकी के लिए हजारों-लाखों रुपये खर्च करते हैं तो यह आर्थिक समानता नहीं है।"[40] आचार्य कृपलानी ने श्रीमती बनर्जी के संशोधन का भी समर्थन किया। उनके अनुसार "यह संशोधन सही स्थिति का वर्णन करता है। हम अकसर भूल जाते हैं कि हम जनता के सेवक हैं। मंत्री कहते हैं 'हमारी सरकार' न कि 'जनता की सरकार'। प्रधानमंत्री कहते हैं 'मेरी सरकार' न कि 'जनता की सरकार'। इसलिए इस पवित्र अवसर पर यह स्पष्ट कर देना आवश्यक है कि सम्प्रभुता जनता में निहित है और वहीं से निकलती है।"

इसके उपरान्त नजीरुद्दीन अहमद लोकतंत्र पर कुछ विचार देने के लिए खड़े हुए। किन्तु सदन के मध्य से बहस को बन्द करने की आवाज आई। सभाध्यक्ष ने आम बहस को बन्द करते हुए डॉ. आंबेडकर से अपना जवाब देने के लिए कहा।

अपने जवाब में डॉ. आंबेडकर ने कहा कि "एकमात्र सवाल यह है कि क्या उद्देशिका, जैसी तैयार की गई है, उससे कुछ अलग मतलब निकलता है, जैसा कि इस सदन का आम सोच है अर्थात् इस संविधान को जनता से उत्पन्न होना चाहिए और यह मान्य होना चाहिए कि इस संविधान को बनाने की सम्प्रभुता जनता में निहित है। उनका मानना है कि जो कुछ भी सुझाया गया है, वह उद्देशिका में मौजूद है।"[41]

इसी बीच हसरत मोहानी ने हस्तक्षेप करते हुए कहा—तब क्यों नहीं आप स्वीकार कर लेते हैं?

डॉ. आंबेडकर ने अपने सम्बोधन को जारी रखते हुए कहा—अब मैं विस्तारपूर्वक सिद्ध करने जा रहा हूँ कि मेरी बात सही है। उद्देशिका का यदि विश्लेषण किया जाए, तो इसमें तीन भाग शामिल हैं। एक भाग वह है जो घोषणात्मक है। दूसरा भाग वर्णनात्मक है। तीसरा भाग उद्देश्य एवं उद्देश्यात्मक है। अब घोषणात्मक भाग में निम्न वाक्यांश है : 'हम भारत के लोग, इस दिन...अपनी इस संविधान-सभा में एतद्द्वारा इस संविधान को अंगीकृत, अधिनियमित और आत्मार्पित करते हैं।' इस सदन के जो सदस्यगण इसे लेकर चिन्तित हैं कि क्या उद्देशिका यह बात कहती है या नहीं कहती है कि इस संविधान को बनाने की शक्ति और प्राधिकार और सम्प्रभुता जनता में निहित है, उन्हें दूसरे भागों को इस भाग से अलग करना चाहिए, जिसे मैंने अभी पढ़ा है अर्थात् 'हम भारत के लोग, इस दिन...अपनी इस संविधान-सभा में एतद्द्वारा इस संविधान को अंगीकृत, अधिनियमित और आत्मार्पित करते हैं।'

बीच में हस्तक्षेप करते हुए महावीर त्यागी ने कहा—इसमें जनता कहाँ है? यह संविधान-सभा है, जो इसमें आती है।

डॉ. आंबेडकर ने जवाब दिया—यह अलग विषय है। यहाँ हम बहुत छोटे बिन्दु को लेकर हैं। क्या संविधान यह कहता है या नहीं कहता है कि संविधान जनता द्वारा अंगीकृत, अधिनियमित और आत्मार्पित है। यदि दूसरे भागों यानी वर्णनात्मक एवं उद्देश्यात्मक भाग को इससे अलग कर दिया जाए, तो किसी भी व्यक्ति को इसे लेकर सन्देह नहीं रह जाएगा कि उद्देशिका का क्या मतलब है।[42]

डॉ. आंबेडकर ने अमेरिका के संविधान की उद्देशिका का दृष्टान्त दिया, जिसमें कहा गया है कि 'हम संयुक्त राज्य के लोग अपने इस संविधान को संयुक्त राज्य अमेरिका के लिए आदेशित एवं स्थापित करते हैं।' डॉ. आंबेडकर ने आगे कहा कि—जैसा कि ज्यादातर सदस्य जानते हैं कि अमेरिकी संविधान बहुत ही छोटी-सी संस्था द्वारा बनाया

गया। 13 राज्य थे। 13 राज्यों के प्रतिनिधिनियों ने फिलाडेल्फिया में एक छोटे-से सम्मेलन में संविधान पारित किया था और कहा था कि उन्होंने जो कुछ किया है, वह जनता के नाम से, उनके प्राधिकार से, उनकी सम्प्रभुता के आधार पर किया है। वह नहीं समझते हैं कि जनता का यह निकाय, जिसमें 292 सदस्य हैं, अपनी प्रातिनिधिक क्षमता में यह नहीं कह सकते हैं कि वे इस देश की जनता के नाम पर कर रहे हैं। इस उद्देशिका में वह बात शामिल है, जो इस सदन के सदस्य इच्छा रखते हैं कि इस संविधान को अपना मूल, अपना प्राधिकार, अपनी सम्प्रभुता जनता से प्राप्त करनी चाहिए। ऐसा ही है। इसके अलावा संशोधन में जिस तरह से शब्द प्रयुक्त हैं, वह उद्देशिका के प्रारूप के साथ उपयुक्त नहीं बैठता है। इन दोनों आधार पर प्रारूप प्रावधान की भाषा बदलने के लिए लाए गए संशोधन प्रस्ताव का कोई औचित्य नहीं है।[43]

डॉ. आंबेडकर के सम्बोधन के बाद संविधान-सभा ने श्रीमती पूर्णिमा बनर्जी के संशोधन को अस्वीकार कर उद्देशिका का मूल प्रारूप प्रावधान 17 अक्टूबर, 1949 को अंगीकृत कर लिया।

23

संविधान निर्माण का अन्तिम पड़ाव

9 दिसम्बर, 1946 से आरम्भ हुई संविधान-सभा की कार्यवाही कुल ग्यारह सत्रों में सम्पन्न हुई। प्रथम सत्र से छठवें सत्र के दौरान उद्देश्य संकल्प, मूल अधिकार समिति, संघीय संविधान समिति, संघीय शक्ति समिति, प्रान्तीय संविधान समिति, अल्पसंख्यक समिति एवं अनुसूचित जाति एवं जनजाति समिति द्वारा प्रस्तुत की गई रिपोर्टों पर विचार किया गया और सातवें से लेकर ग्यारहवें सत्र के दौरान प्रारूप संविधान पर विचार किया गया।

संविधान सलाहकार बी. एन. राव द्वारा निर्मित प्रारूप संविधान के अन्तर्गत 243 अनुच्छेद और 13 अनुसूची शामिल थे। इसके उपरान्त इस प्रारूप संविधान का पुनरीक्षण करने की जिम्मेदारी मसौदा समिति पर सौपा गया। 29 अगस्त, 1947 को गठित मसौदा समिति की पहली बैठक 30 अगस्त को आरम्भ हुआ और इस समिति ने 141 दिन तक कार्य करने के उपरान्त नया प्रारूप संविधान तैयार किया। इस प्रारूप संविधान में 315 अनुच्छेद एवं 8 अनुसूचियाँ शामिल थीं। इस पर कुल 7,635 संशोधन रखे गए और इनमें से 2,473 संशोधन संविधान-सभा के समक्ष प्रस्तुत किए गए। संविधान-सभा द्वारा विचार करने के बाद अनुच्छेदों की संख्या बढ़कर 386 हो गई।

17 अक्टूबर, 1949 को संविधान-सभा द्वारा उद्देशिका अंगीकृत कर लेने के बाद सभाध्यक्ष डॉ. राजेन्द्र प्रसाद ने कहा—द्वितीय पाठन पूरा हो चुका है, नियमावली 38-आर में प्रदत्त शक्ति का प्रयोग करते हुए संशोधनों के साथ प्रारूप संविधान को मसौदा समिति के समक्ष अनुच्छेदों का पुनर्लेखन, पुनरीक्षण करने और औपचारिक या पारिणामिक या आवश्यक संशोधनों की संस्तुति करने के लिए सन्दर्भित करता हूँ।[1]

इसके बाद संविधान-सभा की अगली बैठक 14 नवम्बर, 1949 को आहूत की गई और इसी दिन डॉ. बी. आर. आंबेडकर ने पुनरीक्षित प्रारूप संविधान को 395 अनुच्छेदों एवं 8 अनुसूची के साथ प्रस्तुत किया। पुनरीक्षित प्रारूप संविधान में किए गए बदलावों के बारे में बताते हुए डॉ. बी. आर. आंबेडकर ने कहा कि "ये बदलाव तीन तरह के हैं। पहला बदलाव अनुच्छेदों, खंडों, उपखंडों का पुनर्अंकन और विराम चिन्हों का पुनरीक्षण है। ऐसा किया जाना इसलिए आवश्यक था क्योंकि अनुच्छेद इधर-उधर बिखरे थे और पाठक एवं सभा के सदस्यों की सुविधा के लिए इन्हें व्यवस्थित रूप से समूह में रखना आवश्यक था। दूसरे बदलाव पूरी तरह औपचारिक एवं अनुवर्ती है, जैसे कि शब्द 'इस संविधान में', जो कई जगह आ गए हैं, को हटाना; बड़े अक्षर (अंग्रेजी), जो छोटे लिख दिये गए हैं, को बड़े अक्षर में करना; शासक एवं राजप्रमुख के सन्दर्भ में बदलाव करना इत्यादि।" तीसरी तरह के बदलाव को आवश्यक बदलाव बताते हुए डॉ. आंबेडकर ने कहा कि "ये दो तरह के हैं। एक वे हैं, जो अनुच्छेद में

कोई मौलिक बदलाव नहीं करते हैं। ये इसलिए आवश्यक हैं, क्योंकि यह पाया गया कि कुछ अनुच्छेदों के अर्थ स्पष्ट नहीं थे या इनमें कुछ कमियाँ रह गई थीं। मसौदा समिति ने इनमें बिना कोई मौलिक बदलाव किए आवश्यक कार्य किए हैं। इनके अलावा कुछ अनुच्छेद हैं, जिनमें बदलाव किया जाना आवश्यक था, किन्तु ये इस तरह के आवश्यक बदलाव हैं, जो मौलिक बदलाव करते हैं।"[2]

तृतीय पाठन के दौरान रखे गए कुल 204 संशोधनों पर संविधान-सभा द्वारा निर्णय लिया गया। इन 204 संशोधनों में से 97 संशोधनों को स्वीकार किया गया, 66 संशोधनों को अस्वीकार किया गया और 41 संशोधनों को सदस्यों ने वापस ले लिया। इसी दौरान एच. वी. कामथ के प्रस्ताव पर 'कोशल विदर्भ' का नाम बदलकर 'मध्य प्रदेश' किया गया।[3] एच. वी. कामथ ने संयुक्त प्रान्त का नाम बदलकर 'गंगाव्रत' करने[4] और प्रो. शिब्बन लाल सक्सेना ने इसका नाम बदलकर 'आर्यावर्त' करने के लिए भी संशोधन[5] प्रस्तुत किए। एक अन्य संशोधन[6] टी. टी. कृष्णमाचारी का बंगाल को बदलकर 'पश्चिम बंगाल' करने के लिए था। संक्षिप्त चर्चा के उपरान्त संविधान-सभा ने कामथ और प्रो. सक्सेना के संशोधन को अस्वीकार कर दिया और कृष्णमाचारी के संशोधन को स्वीकार कर लिया।

इसी पाठन के दौरान हाई कोर्ट न्यायाधीश के स्थानान्तरण के सन्दर्भ में अनुच्छेद 222 में 'राष्ट्रपति' के पहले 'मुख्य न्यायाधीश से परामर्श के बाद' जोड़ने के लिए संशोधन[7] प्रस्तुत किया गया। इसका प्रभाव यह था कि अब राष्ट्रपति मुख्य न्यायाधीश से परामर्श लेकर हाई कोर्ट के न्यायाधीश का स्थानान्तरण कर सकेगा। इस संशोधन को स्वीकार कर लिया गया। इसी तरह एक नये अनुच्छेद 365 को विस्तृत चर्चा के उपरान्त जोड़ने का संशोधन स्वीकार किया गया। इस अनुच्छेद के माध्यम से प्रस्तावित किया गया था कि यदि कोई राज्य, संघ-सरकार द्वारा दिये गए किसी दिशानिर्देश का पालन या क्रियान्वयन नहीं करता है, तो यह माना जाएगा कि राज्य सरकार संविधान के अनुसार कार्य नहीं कर रही है।

अन्त में सभाध्यक्ष ने ठक्कर बापा को अपना संशोधन[8] रखने के लिए कहा। संविधान-सभा के समक्ष प्रस्तुत यह अन्तिम संशोधन था, जो अनुच्छेद 164 के साथ परन्तुक जोड़ने के लिए था। यह परन्तुक मध्य भारत के राज्य में आदिवासी कल्याण के लिए अतिरिक्त मंत्री के प्रभार की बात कहता था। इसे स्वीकार कर लिया गया।

16 नवम्बर, 1949 को ठक्कर बापा के अन्तिम संशोधन पर निर्णय लेने के बाद संविधान-सभा के सदस्यों द्वारा संविधान को अन्तिम रूप से अंगीकृत करना था और इसके पूर्व इन्हें विचार रखने की आजादी भी थी। डॉ. बी. आर. आंबेडकर ने सभाध्यक्ष को सुझाव दिया कि "यह उचित है कि आप बोलने के लिए इच्छुक सभी सदस्यों से उनके नाम माँगें। ऐसा करने से समयसीमा को निर्धारित करने में सुविधा होगी।"[9] इस सुझाव पर सभाध्यक्ष ने उन सदस्यों का नाम आमंत्रित किया, जो इस अवसर पर बोलना चाहते थे।

अगले दिन 17 नवम्बर, 1949 को डॉ. बी. आर. आंबेडकर ने हर्षध्वनि के साथ निम्न प्रस्ताव रखा—

> "संविधान, जैसा सभा द्वारा निश्चित किया गया है, को पारित किया जाए।"[10]

इसके बाद सभाध्यक्ष डॉ. राजेन्द्र प्रसाद ने सुझाव देते हुए कहा कि कुल 71 सदस्यों द्वारा नाम दिये गए हैं। कुछ और नाम आए हैं। यदि हम आठ दिन बैठते हैं, तो हमारे पास कुल 24 घंटे होंगे और इस तरह 20 मिनट प्रति वक्ता के हिसाब से 72 सदस्य बोलेंगे। इस दौरान

एच. वी. कामथ ने चार घंटे प्रतिदिन बैठने का सुझाव दिया। किन्तु सभाध्यक्ष ने प्रतिदिन 10 बजे सुबह से 1 बजे दोपहर तक तीन घंटे बैठने की ही व्यवस्था दी।

इसके उपरान्त 26 नवम्बर, 1949 तक 113 माननीय सदस्यों ने संविधान-सभा के समक्ष विचार व्यक्त किए। पहले वक्ता के रूप में वी. आई. मुनिस्वामी पिल्लई, 112वें वक्ता के रूप में मसौदा समिति के अध्यक्ष डॉ. बी. आर. आंबेडकर और अन्तिम वक्ता के रूप में संविधान-सभा के अध्यक्ष डॉ. राजेन्द्र प्रसाद ने संविधान-सभा को सम्बोधित किया। सभी 113 सदस्यों के सम्बोधन, पृष्ठ संख्या 608 से लेकर 995 तक कुल लगभग 290 पृष्ठों (अंग्रेजी संस्करण) में विस्तारित हैं। इन्हें इस पुस्तक में स्थान देना सम्भव नहीं है। इसलिए यहाँ डॉ. बी. आर. आंबेडकर द्वारा 25 नवम्बर, 1949 को दिये गए सम्बोधन और डॉ. राजेन्द्र प्रसाद द्वारा 26 नवम्बर, 1949 को दिये गए अध्यक्षीय सम्बोधन के महत्त्वपूर्ण विचारों का उल्लेख करना समीचीन है।

डॉ. बी. आर. आंबेडकर ने मसौदा समिति के अध्यक्ष का दायित्व देने के लिए संविधान-सभा का आभार व्यक्त किया और कहा कि "वह केवल अनुसूचित जाति के हित को सुरक्षित रखने के लिए संविधान-सभा में आए थे। दूर-दूर तक सोच में नहीं था कि इतनी बड़ी जिम्मेदारी के लिए बुलाया जाएगा। इसलिए सभा द्वारा मुझे चुने जाने पर आश्चर्य हुआ, जबकि सर अल्लादी कृष्णास्वामी अय्यर जैसे ज्यादा सक्षम लोग इस मसौदा समिति में मौजूद थे।" संविधान परामर्शदाता बी. एन. राव, मसौदाकर्ता एस. एन. मुखर्जी के अमूल्य योगदान को भी याद करते हुए डॉ. आंबेडकर ने आगे कहा कि "यदि सभा के अन्दर सब कुछ अनुशासित तरीके से चला है, तो यह कांग्रेस पार्टी के अनुशासन के कारण सम्भव हो पाया है। किन्तु यदि सभी लोगों द्वारा पार्टी के इस अनुशासन को माना गया होता तो संविधान-सभा की कार्यवाही बोरियत वाला और जी हुजूरों का जमावड़ा जैसा हो जाता। इसलिए मि. कामथ, डॉ. पी. एस. देशमुख, मि. सिधवा, प्रो. सक्सेना, ठाकुर दास भार्गव, प्रो. के. टी. शाह, हृदयनाथ कुंजरू द्वारा उठाए गए सवाल बहुत महत्त्वपूर्ण हो जाते हैं। इनके सवालों को अस्वीकार करने से इनका महत्त्व कम नहीं हो जाता है और न इनके द्वारा सभा की प्रक्रिया को संजीदा बनाने में की गई सेवा कम हो जाती है।"[11]

सभा का कुशल संचालन करने के लिए डॉ. राजेन्द्र प्रसाद को धन्यवाद देने के साथ डॉ. आंबेडकर ने अल्लादी कृष्णास्वामी अय्यर एवं टी. टी. कृष्णमाचारी के सहयोग को संविधान का बचाव करने के लिए महत्त्वपूर्ण बताया। केन्द्रीकरण और केन्द्र को राज्यों पर प्रभावी शक्ति देने को लेकर की जा रही आलोचना को मिथ्याधारणा पर आधारित बताते हुए डॉ. आंबेडकर ने स्पष्ट किया कि "संघवाद का मूल तत्त्व यह है कि केन्द्र एवं राज्य में विधायी एवं कार्यपालिकीय शक्तियों का बँटवारा, केन्द्र के किसी कानून द्वारा नहीं, बल्कि स्वयं संविधान द्वारा हो। यही यह संविधान करता है। हमारे संविधान में राज्य अपने विधायी एवं कार्यपालिकीय कार्य के लिए केन्द्र पर निर्भर नहीं हैं। इस मामले में केन्द्र और राज्य एक समान हैं। यह देखना कठिन है कि कैसे ऐसे संविधान को केन्द्रीकृत कहा जा सकता है। यह हो सकता है कि दूसरे संघीय संविधान की तुलना में केन्द्र को अवशिष्ट शक्ति सहित कुछ ज्यादा विधायी एवं कार्यपालिकीय कार्य प्रदान किए गए हों। किन्तु यह संघवाद का मूल तत्त्व नहीं होता है।"

गुलामी के इतिहास का उल्लेख करते हुए डॉ. बी. आर. आंबेडकर ने देश को आगाह भी किया। डॉ. आंबेडकर के शब्दों में—

"क्या यह देश अपनी आजादी को बनाए रख पाएगा या इसे पुन: खो देगा? यह पहला विचार मेरे मन में आता है। विचारणीय बिन्दु यह है कि यह अपनी आजादी को एक बार खो चुका है। क्या यह इसे दूसरी बार खो देगा? यही एक विचार है, जो मुझे भविष्य के लिए ज्यादा चिन्तित करता है। जो बात मुझे सबसे ज्यादा उद्वेलित करती है कि न केवल भारत ने अपनी आजादी को एक बार खोया है, बल्कि उसने इसे अपने ही लोगों के विश्वासघात एवं दगाबाजी के कारण खोया है। सिन्ध पर मोहम्मद बिन कासिम के आक्रमण के समय राजा दहार के सेनापति ने मोहम्मद बिन कासिम के जासूस से घूस ले लिया और अपने ही राजा की तरफ से लड़ने से मना कर दिया। यह जयचन्द था, जिसने मोहम्मद गोरी को भारत पर आक्रमण करने और पृथ्वीराज चौहान के खिलाफ लड़ने के लिए आमंत्रित किया था। जब शिवाजी हिन्दुओं की आजादी के लिए लड़ रहे थे, तो दूसरे मराठा एवं राजपूत राजा मुगल बादशाह की तरफ से लड़ रहे थे। जब ब्रिटिश, सिख शासकों को नष्ट करने की कोशिश कर रहे थे, तो प्रमुख सेनापति गुलाब सिंह चुप होकर बैठ गया और सिख शासकों के बचाव के लिए सहायता नहीं की। 1857 में जब भारत के अधिकांश भाग ब्रिटिश हुकूमत के खिलाफ आजादी के लिए युद्ध लड़ रहा था, तो सिख घटना का मूक दर्शक होकर बैठ गया।"[12]

देश में कई राजनीतिक पार्टियों के होने पर भी चिन्ता व्यक्त करते हुए डॉ. बी. आर. आंबेडकर ने सवाल किया कि "क्या इतिहास पुन: अपने को दोहराएगा? यह चिन्ता इस तथ्य से और भी गहरी हो जाती है कि जाति एवं नस्ल के स्वरूप में अपने पुराने शत्रुओं के अलावा हम परस्पर विरोधी राजनीतिक मत वाली अलग-अलग कई राजनीतिक पार्टियों को रखने जा रहे हैं। मुझे नहीं पता है कि क्या भारतीय लोग देश को इन नस्लों से ऊपर रखेंगे या इन नस्लों को देश के ऊपर रखेंगे? किन्तु यह निश्चित है कि यदि राजनीतिक पार्टियाँ नस्लों को देश के ऊपर रखेंगी, तो हमारी आजादी दूसरी बार खतरे में हो जाएगी और सम्भवत: हमेशा के लिए इसे खो देंगे। हम सभी को इसका ध्यान रखना होगा। हमें अपने खून के अन्तिम बूँद तक अपनी आजादी को बचाना होगा।" (हर्षध्वनि)

इसी तरह लोकतंत्र को बनाए रखने का सवाल उठाते हुए डॉ. आंबेडकर ने कहा कि "26 जनवरी, 1950 को भारत इस विचार के साथ एक लोकतांत्रिक देश हो जाएगा कि इस दिन से भारत के पास जनता की, जनता द्वारा और जनता के लिए सरकार होगी। इसे बनाए रखने के लिए पहला कार्य यह करना होगा कि हमें अपने सामाजिक एवं आर्थिक उद्देश्यों को प्राप्त करने के लिए संवैधानिक उपाय अपनाने होंगे। इसका मतलब यह है कि हमें क्रान्ति के रक्तरंजित तरीकों से अवश्य ही बचना होगा। हमें अब सिविल अवज्ञा, असहयोग एवं सत्याग्रह के तरीकों से बचना होगा। जब आर्थिक एवं सामाजिक उद्देश्यों को प्राप्त करने हेतु संवैधानिक तरीकों के लिए कोई रास्ता नहीं बचे, तभी असंवैधानिक तरीकों को औचित्यपूर्ण बनाया जाना चाहिए। किन्तु जहाँ संवैधानिक तरीकों के लिए रास्ता खुला है, वहाँ असंवैधानिक तरीके औचित्यपूर्ण नहीं हो सकते हैं। ये तरीके कुछ और नहीं, बल्कि अराजकता का आमंत्रण हैं और जितनी जल्दी हम इनका त्याग कर दें, उतना ही हमारे लिए अच्छा है।"[13]

डॉ. बी. आर. आंबेडकर ने आजादी, समानता एवं बन्धुत्व को राजनीतिक एवं सामाजिक लोकतंत्र की बुनियाद बताते हुए कहा कि "बन्धुत्व का मतलब सभी भारतीयों के मध्य आपसी

भाईचारा है। यही एक सिद्धान्त है, जो सामाजिक जीवन में एकता और एकात्मता लाता है। संयुक्त राज्य में जातीय समस्या नहीं है। भारत में जातियाँ हैं। ये जातियाँ राष्ट्रविरोधी हैं। सर्वप्रथम इसका कारण यह है कि ये सामाजिक जीवन में भेद लाती हैं। ये इस कारण भी राष्ट्रविरोधी हैं क्योंकि ये जातियों में परस्पर ईर्ष्या और द्वेष पैदा करती हैं। लेकिन यदि हम वास्तव में एक राष्ट्र होना चाहते हैं तो हमें इन सब कठिनाइयों पर विजय प्राप्त करनी है। क्योंकि बन्धुत्व तभी सत्य हो सकता है जब कि एक राष्ट्र हो। बिना बन्धुत्व के समानता एवं आजादी दिखावे से अधिक कुछ नहीं है।"

अन्त में डॉ. आंबेडकर द्वारा 'जनता के लिए सरकार' और 'जनता द्वारा सरकार' के मध्य पैदा अन्तर के कारण होने वाले खतरे से सावधान किया गया। उनके शब्दों में, "नि:सन्देह आजादी आनन्द का विषय है, किन्तु यह आजादी हमारे ऊपर एक बड़ी जिम्मेदारी भी है। आजादी प्राप्त करने के साथ अब हम किसी भी गलती के लिए ब्रिटिश हुकूमत को जिम्मेदार नहीं ठहरा सकते हैं। अब यदि कोई गलती होती है, तो अब सिवाय खुद के किसी दूसरे पर दोषारोपण नहीं कर सकेंगे। अब गलत कार्य के बहुत खतरे हैं। समय तेजी से बदल रहा है। लोग नए-नए विचार के साथ आगे बढ़ रहे हैं। वह 'जनता द्वारा सरकार' से थकान महसूस करते हैं। वह 'जनता के लिए सरकार' रखने के लिए तैयार हैं और इससे कोई अन्तर नहीं पड़ता है कि सरकार जनता की है या जनता द्वारा है। यदि हम संविधान को सुरक्षित रखना चाहते हैं, जिसमें जनता का, जनता के लिए और जनता द्वारा सरकार के सिद्धान्त को प्राप्त करने की इच्छा है, तो हमें संकल्पित होना होगा कि हम उन बुराइयों को समझने में देरी न करें, जो हमारे मार्ग में पड़ी हुई हैं और जो लोगों को 'जनता के लिए सरकार' को 'जनता द्वारा सरकार' पर वरीयता देने के लिए प्रेरित करती हैं, और इसे समाप्त करने हेतु पहल करने के लिए कमजोर न हों। देश की सेवा करने का यही एक तरीका है। इससे अच्छा कुछ भी नहीं है।"[14]

अगले दिन 26 नवम्बर को बैठक की शुरुआत वल्लभभाई पटेल की इस घोषणा[15] के साथ हुई कि प्रथम अनुसूची के भाग 'ख' में उल्लिखित हैदराबाद रियासत सहित सभी नौ रियासतों ने इस संविधान को स्वीकार करने पर अपनी सहमति उस तरीके से दे दी है, जैसा 12 अक्टूबर, की उद्घोषणा में बताया गया है।

बी. दास ने सभाध्यक्ष डॉ. राजेन्द्र प्रसाद से जानना चाहा कि क्या यह घोषणा की जा रही है कि हमारा राष्ट्रीय गीत वंदे मातरम् होना चाहिए और हमारा राष्ट्रगान क्या होगा।[16] सभाध्यक्ष ने जवाब दिया कि अभी हम ऐसी किसी बात की घोषणा नहीं करने जा रहे हैं। यदि आवश्यक हुआ तो जनवरी में होने वाली बैठक के समय इस पर विचार किया जाएगा। इसके बाद सभाध्यक्ष ने श्री प्रकासा एवं डॉ. सच्चिदानन्द सिन्हा द्वारा भेजे गए शुभकामना सन्देश को पढ़कर सुनाया।

तत्पश्चात अलगू राय शास्त्री ने सभाध्यक्ष को याद दिलाया कि पूर्व में उनके द्वारा यह घोषणा की गई थी कि देश के इस संविधान का अनुवाद राष्ट्रीय भाषा में किया जाएगा, किन्तु इस सम्बन्ध में कोई घोषणा नहीं की गई है। शास्त्री ने आगे सुझाव दिया कि हमें इस संविधान को इस देश की भाषा में पारित करना चाहिए, भले ही हमें दो-तीन दिन के बाद पुन: बैठना पड़े। यह भाषा (अंग्रेजी) लोगों की भाषा नहीं है, यह आमजन की भाषा नहीं है। इसलिए भारतीय लोगों के नाम पर इस सम्बन्ध में एक निश्चित घोषणा की जानी चाहिए।[17]

किन्तु सभाध्यक्ष ने कहा कि "अगले पन्द्रह वर्ष तक अंग्रेजी केन्द्र की आधिकारिक भाषा रहेगी और यदि आवश्यक हुआ तो हिन्दी को भी स्थान दिया जाएगा। इस समय इस संविधान

को हिन्दी में रखना सम्भव नहीं है। कोशिश की जाएगी कि 26 जनवरी तक संविधान का हिन्दी अनुवाद प्रकाशित हो जाए।"[18]

इसके बाद डॉ. राजेन्द्र प्रसाद ने अपना अध्यक्षीय सम्बोधन दिया।

एक कठिन कार्य की साधना करने के लिए सभा को बधाई देते हुए डॉ. राजेन्द्र प्रसाद ने कहा कि "इतनी बड़ी जनसंख्या एवं इतनी तरह की विभिन्नताओं के बावजूद हम एक संविधान बनाने में सफल रहे हैं।" भारतीय रियासतों की समस्या से निपटने में वल्लभभाई पटेल के योगदान को याद करते हुए डॉ. राजेन्द्र प्रसाद ने कहा कि "अभी उनके द्वारा की गई घोषणा के बाद अब भारतीय रियासतों और प्रान्तों के मध्य अन्तर समाप्त हो गया है। अब ये सभी राज्य हो गए हैं।" उन्होंने यह भी बताया कि संविधान निर्माण पर 22 नवम्बर तक कुल 63 लाख, 96 हजार 7 सौ 29 रुपये खर्च आया है। इस दौरान डॉ. प्रसाद ने संविधान की महत्त्वपूर्ण विशेषताओं यथा संसदीय शासन-प्रणाली, राष्ट्रपति एवं मंत्रिपरिषद, केन्द्रीय विधायिका, वयस्क मताधिकार, ऊपरी सदन की स्थिति, स्वतंत्र संस्थानों जैसे न्यायपालिका, लोक सेवा आयोग, नियंत्रक महालेखा परीक्षक एवं चुनाव आयोग का महत्त्व, अनुसूचित जातियों एवं जनजातियों का कल्याण एवं सुरक्षा, केन्द्र एवं राज्य के मध्य शक्तियों का वितरण, भाषा, संशोधन, निदेशक सिद्धान्त, मूल अधिकार का भी विस्तार से उल्लेख किया।[19]

भाषा के सवाल पर बोलते हुए डॉ. राजेन्द्र प्रसाद ने कहा कि "एक समस्या जिसके समाधान ने संविधान-सभा का सबसे अधिक समय लिया है, वह देश के आधिकारिक प्रयोग के लिए भाषा से सम्बन्धित है। यह स्वाभाविक इच्छा है कि हमारे पास अपनी भाषा होना चाहिए और देश में भाषायी बहुलता की समस्या होने के बावजूद हम हिन्दी को, जिसे इस देश में सबसे अधिक लोगों द्वारा समझा जाता है, स्वीकार करने में समर्थ हुए हैं। यह हमारे अनुकूल होने की आत्मशक्ति और एक देश के रूप में संगठित होने के संकल्प को दर्शाता है कि उन्होंने, जिनकी भाषा हिन्दी नहीं है, इसे स्वेच्छा से आधिकारिक भाषा के रूप में स्वीकार किया है। इतिहास में पहली बार हमने एक भाषा को स्वीकार किया है, जो पूरे भारत में आधिकारिक उद्देश्य से प्रयोग की जाने वाली भाषा होगी और विश्वास है कि यह राष्ट्रीय भाषा के रूप में विकसित होगी, जिसमें हम सभी समान रूप से गर्व का अनुभव करें।"[20]

महात्मा गांधी द्वारा साधन की पवित्रता पर जोर देने के लिए दी गई शिक्षा को याद करते हुए डॉ. राजेन्द्र प्रसाद ने आगे कहा कि "गांधी का आशय इस पवित्रता को केवल तनाव एवं संघर्ष के दौरान बनाए रखना नहीं है, बल्कि यह आज भी उतने ही महत्त्व की है, जितनी पहले हुआ करती थी।"

संविधान निर्माण में डॉ. बी. आर. आंबेडकर के योगदान की डॉ. राजेन्द्र प्रसाद ने भूरि-भूरि प्रंशसा की। डॉ. प्रसाद ने कहा कि "अध्यक्ष की इस कुर्सी पर बैठकर सभा की कार्यवाही को देखते हुए जो मैंने महसूस किया है, वह और कोई नहीं कर सकता कि कितने उत्साह और लगन से मसौदा समिति के सदस्यों ने, खासकर इसके अध्यक्ष डॉ. आंबेडकर ने अपने प्रतिकूल स्वास्थ्य के बावजूद, कार्य किया है। इससे अच्छा कभी कोई निर्णय नहीं होता या हो सकता था, जब हमने उन्हें मसौदा समिति में रखा और उन्हें अध्यक्ष बनाया। उन्होंने न केवल अपने चयन को सही साबित किया, बल्कि उन्होंने किए गए कार्य में अभूतपूर्व सौन्दर्य प्रदान किया है।"[21] अन्त में सभाध्यक्ष ने संविधान परामर्शदाता बी. एन. राव, संविधान-सभा के

सचिव एच. वी. आर. येनगर, उपसचिव जुगल किशोर खन्ना, अनुवादन समिति के अध्यक्ष घनश्याम सिंह गुप्ता के योगदान को महत्त्वपूर्ण बताते हुए संविधान-सभा के सभी लोगों को धन्यवाद ज्ञापित किया।

डॉ. राजेन्द्र प्रसाद के सम्बोधन के बाद संविधान-सभा ने डॉ. आंबेडकर के प्रस्ताव कि 'संविधान, जैसा सभा द्वारा निश्चित किया गया है, को पारित किया जाए' को करतल हर्षध्वनि के साथ अंगीकृत कर लिया।

तत्पश्चात सत्यनारायण सिन्हा ने प्रस्ताव किया कि संविधान-सभा को 26 जनवरी के पूर्व अगली तिथि तक के लिए, जैसा सभाध्यक्ष निर्धारित करें, स्थगित कर दिया जाए।[22] इस प्रस्ताव को सभाध्यक्ष द्वारा रखे जाने के बाद संविधान-सभा ने स्वीकार कर लिया। इसके बाद सभा में उपस्थित सभी सदस्यों ने एक-एक करके सभाध्यक्ष से हाथ मिलाया।

इसके उपरान्त संविधान-सभा की अगली और अन्तिम बैठक 24 जनवरी, 1949 को आहूत की गई। सभाध्यक्ष डॉ. राजेन्द्र प्रसाद ने राष्ट्रगान के सम्बन्ध में निर्णय लेने हेतु प्रस्ताव लाने के बजाय एक घोषणा[23] जारी करने की आवश्यकता व्यक्त की और कहा कि 'जन-गन-मन' के रूप में जानी जाने वाली रचना इस प्रतिबन्ध के साथ भारत का राष्ट्रगान है कि सरकार द्वारा इसके शब्दों में बदलाव किया जा सकता है और गीत 'वंदे मातरम्', जिसने आजादी के आन्दोलन के लिए किए गए संघर्ष में ऐतिहासिक योगदान निभाया है, का भी समान रूप से आदर और समान प्रतिष्ठा होगी। डॉ. राजेन्द्र प्रसाद की इस घोषणा को संविधान-सभा ने हर्षध्वनि के साथ स्वीकार कर लिया।

इसी दौरान प्रो. शिब्बन लाल सक्सेना ने जानना चाहा कि क्या संविधान का हिन्दी अनुवाद तैयार हो गया है। सभाध्यक्ष ने हाँ में जवाब दिया।

इसी दिन संविधान-सभा के सचिव और चुनाव अधिकारी एच. वी. आर. येनगर ने संविधान-सभा को बताया कि राष्ट्रपति के निर्वाचन के लिए केवल एक नामांकन-पत्र प्राप्त हुआ है। प्रत्याशी डॉ. राजेन्द्र प्रसाद हैं। उनका नामांकन जवाहरलाल नेहरू ने और समर्थन वल्लभभाई पटेल ने किया है। इसके बाद सर्वसहमति होने के आधार पर येनगर ने डॉ. राजेन्द्र प्रसाद को देश का प्रथम राष्ट्रपति चुने जाने की घोषणा की।[24]

तत्पश्चात घनश्याम सिंह गुप्ता ने राष्ट्रपति डॉ. राजेन्द्र प्रसाद को संविधान के हिन्दी अनुवाद की प्रति सौंपी। इस तरह संविधान-सभा की मेज पर संविधान की तीन प्रतियाँ—पहली अंग्रेजी में हस्तलिखित प्रति, दूसरी अंग्रेजी में मुद्रित प्रति और तीसरी हिन्दी में हस्तलिखित प्रति रखी गईं। हस्ताक्षर आरम्भ होने के पूर्व डॉ. राजेन्द्र प्रसाद ने कहा कि प्रधानमंत्री को सार्वजनिक कार्य के लिए बाहर जाना है, इसलिए उनसे निवेदन है कि वह पहले हस्ताक्षर कर लें।[25]

इसके बाद जवाहरलाल नेहरू ने इन सभी तीन प्रतियों पर हस्ताक्षर किया। तत्पश्चात सभाध्यक्ष ने सदस्यों से दाहिनी ओर से, मद्रास की तरफ से एक-एक कर आकर हस्ताक्षर करने के लिए कहा। उपस्थित सभी सदस्यों ने अपने-अपने हस्ताक्षर किए।

सबसे अन्त में खुद डॉ. राजेन्द्र प्रसाद ने अपना हस्ताक्षर किया और घोषणा की कि यदि कोई छूट गया है तो वह बाद में कार्यालय आकर हस्ताक्षर कर सकता है।[26] हस्ताक्षर करने से मना करने वाले एकमात्र उपस्थित सदस्य हसरत मोहानी थे।

अन्त में सभी सदस्यों द्वारा पहले श्रीमती पूर्णिमा बनर्जी के नेतृत्व में 'जन-गन-मन' का[27] और बाद में लक्ष्मीकान्त मैत्रे के नेतृत्व में 'वंदे मातरम्' का[28] सामूहिक गान किया गया। इसके पश्चात संविधान-सभा को अनिश्चित काल के लिए स्थगित कर दिया गया।

भारतीय संविधान की मूल प्रति में कुल दस पृष्ठों पर संविधान-सभा सदस्यों द्वारा हस्ताक्षर किए गए हैं। पहला पृष्ठ आठवीं अनुसूची वाला पृष्ठ है, जिस पर 14 भाषाओं के नाम शामिल हैं। इस पृष्ठ पर यद्यपि पहला हस्ताक्षर जवाहरलाल नेहरू का है, किन्तु सभाध्यक्ष/राष्ट्रपति के रूप में डॉ. राजेन्द्र प्रसाद का हिन्दी एवं अंग्रेजी में हस्ताक्षर इसके ऊपर किया गया है। उस समय संविधान-सभा के पहले अस्थायी अध्यक्ष सच्चिदानन्द सिन्हा उपस्थित नहीं थे। इसलिए संविधान की मूल प्रति पर सच्चिदानन्द सिन्हा का हस्ताक्षर प्राप्त करने के लिए डॉ. राजेन्द्र प्रसाद विशेष विमान से उनके पटना स्थित आवास पर गए और उनका हस्ताक्षर प्राप्त किया। सिन्हा जी का हस्ताक्षर 276 वें स्थान पर अंकित है। इसके तुरन्त बाद संविधान सलाहकार बी. एन. राव का और सात अन्य सदस्यों के हस्ताक्षर हैं। इस तरह सभी दस पृष्ठों पर कुल 284 सदस्यों के हस्ताक्षर अंकित हैं।

24

उपसंहार : सुराज हासिल करने की चुनौती

एक देश के संविधान की कार्यक्षमता उसके द्वारा बनाए गए संविधान-चक्र पर निर्भर करती है। यह संविधान-चक्र, संविधान से उत्पन्न राज्य के अंगों की निष्पक्ष कार्यप्रणाली, इन अंगों को संचालित करने वाले सत्तासीन व्यक्तियों के नैतिक चरित्र, सत्तासीन व्यक्तियों को प्रभावित करने वाले राजनीतिक दलों के वैचारिक आधार, राजनीतिक दलों को खड़ा करने वाले जनमानस की राष्ट्रीय चेतना, और जनमानस को आत्मशक्ति देने वाले आजादी आन्दोलन के मूल्य व संविधान-निर्माण के दर्शन से निर्मित होता है। संविधान-चक्र की गतिशीलता ही उस देश में स्वराज अक्षुण्ण बनाए रखने एवं सुराज स्थापित करने के लिए महत्त्वपूर्ण होती है।

भारतीय संविधान, शासन की संरचना करने के साथ इसके उद्देश्य को भी निर्धारित करता है। वह उद्देशिका के माध्यम से देश की सम्प्रभुता को जनता में निहित होने की घोषणा करता है और लोगों के एक नियमित अन्तराल पर अपना शासक चुनने का अधिकार सुरक्षित करता है। यह राजनीतिक लोकतंत्र की बुनियाद है। इसी बुनियाद पर विधायिका एवं कार्यपालिका जैसे प्रत्यक्ष शासन की जिम्मेदारी सँभालने वाले 'राज्य के राजनीतिक अंग' और न्यायपालिका, चुनाव आयोग, लोक सेवा आयोग एवं नियंत्रक महालेखा परीक्षक जैसे शासन की अप्रत्यक्ष जिम्मेदारी सँभालने वाले 'राज्य के गैर-राजनीतिक अंग' अपने-अपने क्षेत्र में भूमिका निभाते हुए शासन को सम्पूर्ण एवं उद्देश्यपरक बनाते हैं। भारतीय संविधान मूल अधिकारों को संरक्षण प्रदान करके इन्हें कार्यपालिका एवं विधायिका के हस्तक्षेप एवं अधिकार-क्षेत्र से बाहर करता है और नीति निदेशक तत्त्वों को संवैधानिक महत्त्व प्रदान करके कार्यपालिका एवं विधायिका के लिए शासन के मूलभूत लक्ष्यों को निर्धारित करता है। ये सामाजिक एवं आर्थिक लोकतंत्र की बुनियाद है। भारतीय संविधान के अन्तर्गत साधन (राज्य के अंग) और साध्य (उद्देशिका, मूल अधिकार, नीति निदेशक तत्त्व) की ये घोषणाएँ बहुत कुछ साधक (सत्तासीन व्यक्ति) की चरित्रशीलता पर निर्भर करती हैं। इसे अतिमहत्त्वपूर्ण बताते हुए 25 नवम्बर, 1949 को डॉ. बी. आर. आंबेडकर कहते हैं कि "संविधान कितना भी अच्छा क्यों न हो, किन्तु यदि इसे संचालित करने की जिम्मेदारी निभा रहे लोग बुरे हों, तो इसका बुरा होना निश्चित है। संविधान कितना भी बुरा क्यों न हो, किन्तु यदि इसे संचालित करने की जिम्मेदारी निभा रहे लोग अच्छे हों, तो इसका अच्छा होना निश्चित है। संविधान की कार्यप्रणाली पूरी तरह संविधान की प्रकृति पर निर्भर नहीं करती है। संविधान केवल राज्य के अंगों यथा विधायिका, कार्यपालिका और न्यायपालिका की संरचना करता है। राज्य के इन अंगों की कार्यप्रणाली जिन कारकों पर निर्भर है, वह जनता है और वे राजनीतिक दल हैं जिन्हें वे अपनी इच्छाओं एवं राजनीति को आगे बढ़ाने के लिए स्थापित करते हैं।"

भारतीय संविधान 26 नवम्बर, 1949 को अंगीकृत होकर 26 जनवरी, 1950 को लागू हुआ। उस समय देश के समक्ष कई चुनौतियाँ थी। धर्म-आधारित पृथक्करणीय दृष्टिकोण से बचाने की चुनौती हो या तमाम विविधताओं के होते हुए देश की एकता को अक्षुण्ण रखने की चुनौती, राजनीतिक संस्थाओं में जनमानस का भरोसा कायम करने की चुनौती हो या गैर-राजनीतिक संवैधानिक संस्थाओं को स्वतंत्र भूमिका हेतु निर्वहन योग्य बनाने की चुनौती, राजनीतिक लोकतंत्र बनाए रखने की चुनौती हो या आर्थिक एवं सामाजिक लोकतंत्र हासिल करने की चुनौती, ऐसी तमाम चुनौतियों से निपटने की जिम्मेदारी के साथ भारतीय संविधान अब तक 106 संशोधन के दौर से गुजर चुका है। भूमिसुधार कानूनों को संवैधानिक संरक्षण प्रदान करने वाला पहला संविधान संशोधन हो या पृथकतावादी भाषणों पर लगाम लगाने हेतु अनुच्छेद 19 के परन्तुक में शब्दावली 'भारत की प्रभुता और अखंडता के हित' जोड़ने के लिए सोलहवाँ संविधान संशोधन; प्रिवीपर्स के खिलाफ पारित छब्बीसवाँ संविधान संशोधन हो या सम्पत्ति के अधिकार को मूल अधिकार की श्रेणी से बाहर करने वाला चौवालीसवाँ संविधान संशोधन; बुनियादी शिक्षा को मूल अधिकार बनाने के लिए अंगीकृत 86वाँ संविधान संशोधन हो या राष्ट्रीय न्यायिक नियुक्ति आयोग के गठन के लिए पारित 99वाँ संविधान संशोधन;* अनुच्छेद 370 के प्रभाव को समाप्त करने के लिए पारित संकल्प एवं संशोधन हो या लोकसभा एवं विधान सभा में महिलाओं को तैंतीस प्रतिशत आरक्षण देने के लिए 28 सितम्बर, 2023 को 'नारी शक्ति वंदन अधिनियम' नाम से पारित 106वाँ संविधान संशोधन; ऐसे अनेक संशोधन करके संविधान को जीवंत बनाए रखा गया है।

एक संविधान का प्रभावशाली होना इस बात पर निर्भर करता है कि वह आने वाली चुनौतियों से निपटने और खुद को जीवंत बनाए रखने में कितना सक्षम है। इस दृष्टि से भारतीय संविधान को प्रभावित करने वाले संविधानोत्तर दौर की कुछ घटनाओं का सम्यक विश्लेषण महत्त्वपूर्ण है। यह विश्लेषण, संविधान-चक्र की गतिशीलता को समझने के साथ यह जानने के लिए भी आवश्यक है कि हम आजादी आन्दोलन के मूल्य व संविधान-निर्माण के दर्शन को कितना आत्मसात कर पाए हैं और संविधान-मूलक वैचारिक कसौटी पर कितना खरा उतरे हैं?

भारतीय संविधान लागू होने के पचीस वर्ष के भीतर ही इसके समक्ष परीक्षा का समय आ गया। इलाहाबाद हाई कोर्ट के जस्टिस जगमोहनलाल सिन्हा ने राज नारायण की याचिका पर निर्णय दिनांक 12 जून, 1975 पारित करके इन्दिरा गांधी का चुनाव अवैध और उन्हें अगले छह वर्ष तक कोई निर्वाचित पद धारण करने के अयोग्य घोषित कर दिया। इस मामले में 18 मार्च, 1975 को हाई कोर्ट के समक्ष इन्दिरा गांधी को पेश होकर जवाब देना पड़ा था। इस निर्णय के खिलाफ इन्दिरा गांधी ने अपील दाखिल किया। इस अपील पर सुप्रीम कोर्ट के न्यायाधीश जस्टिस वी. आर. कृष्णा अय्यर ने 24 जून, 1975 को यद्यपि इन्दिरा गांधी को प्रधानमंत्री बने रहने की अनुमति तो दे दिया, किन्तु इलाहाबाद हाई कोर्ट के निर्णय पर पूर्ण रोक लगाने से मना कर दिया। इसके बाद इन्दिरा गांधी के अन्दर उपजी सत्ता से बाहर होने के भय ने आपातकाल की पटकथा लिखी और 25 जून, 1975 को इन्दिरा गांधी सरकार ने आपातकाल घोषित कर दिया।

न्यायिक सक्रियता का जो अंकुर इलाहाबाद हाई कोर्ट के निर्णय दिनांक 12 जून, 1975 से निकला था, उसका बीजारोपण गोलकनाथ मामले (1967) में कर दिया गया था। 17वें

---

* 'सुप्रीम कोर्ट एडवोकेट्स ऑन रिकॉर्ड' के मामले में सुप्रीम कोर्ट की संविधान पीठ ने इस संशोधन को अपने आदेश दिनांक 16 अक्टूबर, 2015 द्वारा निरस्त कर दिया।

संशोधन (1964) को चुनौती देने वाले गोलकनाथ मामले में सुप्रीम कोर्ट ने निर्णय दिया कि संसद के पास मूल अधिकार वाले भाग III में संशोधन करने की शक्ति नहीं है। इस तरह सुप्रीम कोर्ट ने सज्जन सिंह मामले (1964) के अपने ही पूर्वनिर्णय को पलट दिया। गोलकनाथ निर्णय के प्रभाव को समाप्त करने के लिए इन्दिरा गांधी सरकार द्वारा 24वाँ संशोधन (1971) लाया गया और यह उपबन्धित किया गया कि अनुच्छेद 13 में 'विधि' शब्द के अन्तर्गत संविधान संशोधन नहीं शामिल होगा, फलस्वरूप संविधान संशोधन का न्यायिक पुनर्विलोकन नहीं किया जा सकेगा। इस संशोधन को केरल के एडनीर मठ के शंकराचार्य केशवानन्द भारती श्रीपदंगलावारू ने चुनौती दी। इस मामले (1973) में सुप्रीम कोर्ट ने यद्यपि यह निर्णय दिया कि अनुच्छेद 13 में 'विधि' शब्द के अन्तर्गत संविधान संशोधन कानून शामिल नहीं है, किन्तु यह सिद्धान्त भी प्रतिपादित किया कि संसद की संविधान संशोधन करने की शक्ति असीमित नहीं है और वह ऐसा संशोधन नहीं कर सकता है, जो संविधान के आधारभूत ढाँचे को नष्ट करे। आधारभूत ढाँचा के इस सिद्धान्त का प्रयोग कर सुप्रीम कोर्ट ने इन्दिरा गांधी बनाम राजनारायण के मामले (1976) में 39वें संशोधन (1975) को असंवैधानिक घोषित किया। न्यायमूर्ति एच. आर. खन्ना ने 'लोकतंत्र एवं निष्पक्ष चुनाव' को और न्यायमूर्ति वाई. वी. चन्द्रचूड़ ने 'विधि के शासन' को संविधान का आधारभूत ढाँचा घोषित किया। इसी तरह मिनर्वा मिल मामले (1980) में 'न्यायिक पुनर्विलोकन की शक्ति' को संविधान का आधारभूत ढाँचा घोषित कर सुप्रीम कोर्ट ने 42वें संशोधन के माध्यम से अनुच्छेद 368 में जोड़े गए दो नये खंड (4) और (5) को असंवैधानिक घोषित कर दिया। इन नये खंडों के अन्तर्गत प्राविधानित किया गया था कि संविधान संशोधन करने की विधायी शक्ति असीमित होगी और संशोधन को न्यायालय में किसी भी आधार पर चुनौती नहीं दी जा सकेगी।

1964-1980 के कालखंड के दौरान एक तरफ संसद द्वारा पारित 17वाँ, 24वाँ, 39वाँ एवं 42वाँ संविधान संशोधन था, तो दूसरी तरफ सुप्रीम कोर्ट द्वारा निर्णीत सज्जन सिंह, गोलकनाथ, केशवानन्द भारती, मिनर्वा मिल के निर्णय। एक तरफ विधायिका को प्राप्त जन-प्रतिनिधित्व की शक्ति थी और दूसरी तरफ न्यायपालिका को प्राप्त जन-आकांक्षा का संबल। दोनों के मध्य मंथन से भले ही इस देश को आधारभूत ढाँचा के सिद्धान्त का अमृत प्राप्त हुआ हो, किन्तु यदि डॉ. बी. आर. आंबेडकर के उस विचार को भुलाया नहीं गया होता तो शायद यह देश आपातकाल की अनचाही विपदा से बच जाता। डॉ. आंबेडकर ने कहा था कि "संविधान का आशय केवल राज्य के अंगों का गठन करना नहीं है, बल्कि इनके प्राधिकार को सीमित करना भी है, क्योंकि यदि इन अंगों के प्राधिकार पर कोई सीमा न हो, तो पूरी तरह अराजकता और दमन का माहौल होगा। विधायिका कोई भी कानून बनाने के लिए स्वतंत्र होगी, कार्यपालिका कोई भी निर्णय लेने के लिए स्वतंत्र होगी, सुप्रीम कोर्ट कानून की कोई भी व्याख्या करने के लिए स्वतंत्र रहेगा। यह पूरी तरह अराजकता होगी।" 'संविधान की सार्वभौमिकता' के इस सिद्धान्त में ही संविधान के आधारभूत ढाँचा का सार छिपा हुआ है। यदि इस देश के नीति-नियंताओं द्वारा इस सिद्धान्त को स्वीकार किया गया होता, तो शायद इस देश को आपातकाल रूपी अराजकता का कालखंड न देखना पड़ता।

सरकार चुनने के बाद नागरिकों को भारतीय संविधान के अन्तर्गत दो संवैधानिक सहारा प्राप्त है—एक अपनी आवाज व्यक्त करने के लिए विधायिका का सहारा, और दूसरा संविधान एवं संवैधानिक कानून से संचालित होने के लिए न्यायपालिका का सहारा। किन्तु आपातकाल के दौरान ये दोनों संवैधानिक संस्थाएँ पंगु जैसी हो गई थीं। संसद द्वारा 1975-76 के दौरान

38वाँ, 39वाँ और 42वाँ संविधान संशोधन पारित करके इनके माध्यम से कई महत्त्वपूर्ण विषयों एवं सवालों को न्यायालय के क्षेत्राधिकार के बाहर घोषित कर दिया गया। इसी तरह सुप्रीम कोर्ट ने शिवकान्त शुक्ला मामले (1976) में 4:1 के बहुमत से यह अभिनिर्धारित कर दिया कि मूल अधिकार निलम्बित हो जाने पर लोगों के पास अपने जीवन के अधिकार को सुरक्षित करने के लिए न्यायालय जाने का अधिकार नहीं होगा। इस तरह सुप्रीम कोर्ट ने इलाहाबाद, बॉम्बे, कर्नाटक, मध्य प्रदेश, पंजाब और राजस्थान के उच्च न्यायालयों के उन निर्णयों को पलट दिया, जिनमें लोगों के न्यायालय जाने के अधिकार को सुरक्षित किया गया था। इस निर्णय को तत्कालीन केन्द्र सरकार के समक्ष सुप्रीम कोर्ट के पूर्ण समर्पण के रूप में देखा गया। इस मामले में केन्द्र सरकार के खिलाफ निर्णय (अल्पमत) देने वाले जस्टिस एच. आर. खन्ना को जल्द ही इसका मूल्य चुकाना पड़ा। वरिष्ठ होने के बावजूद उन्हें देश का मुख्य न्यायाधीश नहीं बनने दिया गया। सरकार के पक्ष में निर्णय देने वाले चार न्यायाधीशों में से एक न्यायाधीश पी. एन. भगवती ने अपनी गलती मानते हुए कहा कि इस निर्णय को लेकर सुप्रीम कोर्ट को शर्मिन्दा होना चाहिए।* (2011 में दिए गए एक साक्षात्कार में।)

विधायिका और न्यायपालिका की असमर्थता के बावजूद, यह जनमानस की आत्मशक्ति और जनविरोध का लहर था, जिसने जयप्रकाश नारायण के नेतृत्व में सम्पूर्ण आन्दोलन चलाया और सरकार को आपातकाल वापस लेने के लिए मजबूर किया। लोकसभा चुनाव के बाद इन्दिरा गांधी सरकार का तख्ता पलट हुआ। खुद इन्दिरा गांधी लोकसभा का चुनाव हार गईं। व्यक्तिवादी राजनीति की पराकाष्ठा से पैदा हुआ आपातकाल, इस देश के लिए एक सबक है। इस सबक को मन-मस्तिष्क में बनाए रखना सुराज स्थापित करने की दिशा में पहला कदम है।

भारतीय संविधान के अन्तर्गत न्यायपालिका और दूसरी अन्य गैर-राजनीतिक संवैधानिक संस्थाओं से कार्यपालिका के प्रभाव से मुक्त होकर कार्य करने की अपेक्षा की गई है। संविधान-सभा कार्यवाही के अन्तिम दिन 26 नवम्बर, 1949 को डॉ. राजेन्द्र प्रसाद ने अपने अध्यक्षीय सम्बोधन में जिन चार संस्थाओं को निष्पक्ष एवं कार्यपालिका के प्रभाव से मुक्त रखने की बात कही थी, वे न्यायपालिका, लोक सेवा आयोग, नियंत्रक महालेखा परीक्षक और चुनाव आयोग हैं। डॉ. राजेन्द्र प्रसाद ने कहा कि संविधान में लोक सेवा आयोग को स्वतंत्र बनाया गया है, ताकि ये अपने दायित्व का निर्वहन कार्यपालिका के प्रभाव से मुक्त होकर कर सके। डॉ. बी. आर. आंबेडकर ने नियंत्रक महालेखा परीक्षक के कर्तव्य को न्यायपालिका के कर्तव्य से भी ज्यादा महत्त्वपूर्ण कर्तव्य बताया, तो चुनाव आयोग के सम्बन्ध में कहा कि विधायी संस्था के निर्वाचन में शुद्धता एवं स्वतंत्रता को बनाए रखने के लिए यह बहुत महत्त्वपूर्ण है कि चुनाव आयोग, कार्यपालिका के किसी तरह के हस्तक्षेप से मुक्त हो। इन सभी गैर-राजनीतिक संवैधानिक संस्थाओं द्वारा कार्यपालिका के प्रभाव से मुक्त होकर कार्य करने की जो अपेक्षा की गई है, उसे सारवान् रूप से तभी पूरा किया जा सकता है, जब इन संस्थाओं के संवैधानिक पदों पर नियुक्ति, किसी स्वतंत्र एवं निष्पक्ष तंत्र द्वारा की जाए। ऐसे तंत्र को विकसित करने का विचार डॉ. आंबेडकर ने चुनाव आयोग पर बहस के दौरान व्यक्त किया था, किन्तु इसका कोई स्वरूप नहीं प्रस्तुत किया जा सका। तब से यह एक संवैधानिक रिक्ति बनी हुई है।

संविधान लागू होने के बाद न्यायपालिका को 1993 में संस्थागत आजादी तभी मिल पाई, जब उसने अपनी न्यायिक शक्ति का प्रयोग करके एक निर्णय के माध्यम से कोलेजियम

---

* द इंडियन एक्सप्रेस : संपादकीय : जज हु सेड सॉरी, 17 जून, 2017।

जैसी व्यवस्था का आविष्कार किया। इसके पूर्व न्यायाधीशों की नियुक्ति में पार्टीगत हस्तक्षेप किस स्तर पर रहा है, इसे राजनीतिज्ञ एवं न्यायाधीश बहरुल इस्लाम की नियुक्ति के दृष्टान्त से समझा जा सकता है। बहरुल इस्लाम 1962 में कांग्रेस पार्टी से राज्यसभा सदस्य चुने गए थे। इस पद से उन्होंने 20 जनवरी, 1972 को इस्तीफा दे दिया और इसी दिन उन्हें गोवाहाटी हाई कोर्ट का जज बना दिया गया। वे इसी हाई कोर्ट के मुख्य न्यायाधीश भी बने और 1 मार्च, 1980 को सेवानिवृत्त हो गए। सेवानिवृत्ति के नौ महीने बाद 4 दिसम्बर, 1980 को उन्हें सुप्रीम कोर्ट का न्यायाधीश बना दिया गया। सुप्रीम कोर्ट न्यायाधीश पद पर जस्टिस इस्लाम का कार्यकाल 1 मार्च, 1983 तक था, किन्तु उन्होंने 12 जनवरी, 1983 को इस पद से इस्तीफा दे दिया, ताकि वह बारपेटा लोकसभा सीट से चुनाव लड़ सके। चुनाव टल जाने के बाद कांग्रेस पार्टी ने उन्हें 15 जून 1983 को पुन: राज्यसभा का सदस्य बना दिया। किसी भी संस्था के लिए, उसके सर्वोच्च संवैधानिक पद की नियुक्ति में इतना मनमाना रवैया चिन्ता का विषय हो सकता है। सुप्रीम कोर्ट खुद को इस चिन्ता से अलग नहीं कर सकता था। आपातकाल के दौरान न्यायाधिकरण की अवधारणा लाए जाने के बाद यह और भी आवश्यक हो गया कि न्यायपालिका में न्यायाधीश के संवैधानिक पद पर नियुक्ति के लिए स्वतंत्र, निष्पक्ष एवं पारदर्शी प्रक्रिया बनाई जाए। सुप्रीम कोर्ट द्वारा कोलेजियम जैसे तंत्र का आविष्कार किया जाना इसी दिशा में किया गया एक प्रयास है।

एक तरफ जहाँ न्यायपालिका के संवैधानिक पद हेतु नामों की संस्तुति के लिए कोलेजियम* नामक तंत्र कार्यरत है, वहीं चुनाव आयोग, नियंत्रक महालेखा परीक्षक, लोक सेवा आयोग के संवैधानिक पदों के लिए किसी स्वतंत्र एवं निष्पक्ष तंत्र का विकास नहीं किया जा सका। चुनाव आयोग की नियुक्ति प्रक्रिया निष्पक्ष बनाने के लिए तो कई स्तर पर संस्तुतियाँ** भी की गई, किन्तु ये लगातार उपेक्षित रही। लेखक की जनहित याचिका*** पर सुप्रीम कोर्ट की संविधान पीठ**** ने ऐतिहासिक निर्णय दिनांक 02 मार्च 2023 दिया है कि मुख्य चुनाव आयुक्त और चुनाव आयुक्त की नियुक्ति हेतु संस्तुति करने के लिए एक निष्पक्ष समिति कार्य करेगा, जिसमें प्रधानमंत्री, विपक्ष के नेता और भारत के मुख्य न्यायाधीश शामिल होंगे। यह समिति संसद द्वारा कानून बनाए जाने तक कार्य करेगा। 73 वर्ष के संवैधानिक इतिहास में यह निर्णय संस्थागत सुधार की दिशा में मिल का पत्थर है। अनूप बरनवाल मामले में दिए गए इस निर्णय के अनुक्रम में केन्द्र सरकार द्वारा राज्यसभा के समक्ष चुनाव आयोग नियुक्ति विधेयक, 2023 प्रस्तुत किया गया, जिसे 12 दिसम्बर,

* 99वें संविधान संशोधन अधिनियम, 2014 के माध्यम से कोलेजियम व्यवस्था को समाप्त कर इसके स्थान पर 'राष्ट्रीय न्यायिक नियुक्ति आयोग' के गठन का प्रावधान बनाया गया। इस आयोग में भारत के मुख्य न्यायाधीश, सुप्रीम कोर्ट के दो वरिष्ठ न्यायाधीश, कानून मंत्री, और दो प्रतिष्ठित व्यक्ति (प्रधानमंत्री, विपक्ष के नेता और सी. जे. आई. द्वारा नामित) शामिल किए गए थे। इस संशोधन को सुप्रीम कोर्ट की संविधान पीठ ने अपने निर्णय दिनांक 16 अक्टूबर, 2015 से असंवैधानिक घोषित कर दिया।

** जस्टिस तारकुंडे समिति की रिपोर्ट (1975), दिनेश गोस्वामी रिपोर्ट (1990), द्वितीय प्रशासनिक सुधार आयोग की संस्तुति (2009), विधि आयोग की संस्तुति (2015)

*** रिट याचिका (सिविल) संख्या 104/2015; अनूप बरनवाल बनाम यूनियन ऑफ इंडिया : 2023 insc 190 : 2023(6) SCC 161

**** इस पीठ में न्यायमूर्ति के. एम. जोसफ, न्यायमूर्ति अजय रस्तोगी, न्यायमूर्ति अनिरुद्ध बोस, न्यायमूर्ति हृषिकेश राय और न्यायमूर्ति सीटी रविकुमार शामिल हैं।

2023 को पारित कर दिया गया। इस विधेयक के अन्तर्गत प्रस्तावित समिति में प्रधानमंत्री, विपक्ष के नेता और प्रधानमंत्री द्वारा मनोनीत एक कैबिनेट मंत्री शामिल किए गए हैं। इसके कानून बन जाने के बाद 73 वर्ष बाद पहली बार चुनाव आयोग की नियुक्ति के सम्बन्ध में कानूनी शून्यता समाप्त हो जाएगी।

न्यायपालिका एवं चुनाव आयोग सहित सभी गैर-राजनीतिक संस्थाओं के उच्च महत्त्व वाले संवैधानिक पद पर चयन हेतु संस्तुति के लिए सबसे सुरक्षित रास्ता पक्षपातरोधी सामूहिकता के सिद्धान्त पर आधारित 'संविधान-स्तरीय संस्तुति परिषद्' का गठन, और बहुसदस्यीय संस्था होने की स्थिति में इसके शीर्ष पद पर सबसे वरिष्ठ सदस्य की नियुक्ति है। सर्वसमावेशी विचार पर आधारित 'पक्षपातरोधी सामूहिकता का सिद्धान्त', एकल निर्णय के कारण होने वाले नुकसान से बचाता है और सामूहिक निर्णय होने के कारण परिणाम को ज्यादा विश्वसनीय बनाता है। इस सिद्धान्त के दो प्रमुख आयाम हैं। एक यह कि निर्णय निर्माता बहुसदस्यीय हो, जिसमें शामिल व्यक्ति या तो निष्पक्ष हो या परस्पर पक्षपातरोधी यानी एक दूसरे के पक्षपात की सम्भावना को उदासीन करने वाला हों, और दूसरा यह कि यह तंत्र सामूहिकता के आधार पर निर्णय ले।

'संविधान-स्तरीय संस्तुति परिषद्' में तीन सदस्य- प्रधानमंत्री, विपक्ष के नेता और सम्बन्धित संवैधानिक संस्था के मुखिया शामिल किए जा सकते हैं। न्यायपालिका की स्थिति में मुख्य न्यायाधीश, चुनाव आयोग की स्थिति में मुख्य चुनाव आयुक्त, नियंत्रक महालेखा परीक्षक की स्थिति में निवर्तमान सी. ए. जी. और लोक सेवा आयोग की स्थिति में इसका अध्यक्ष इस परिषद् के तीसरे सदस्य हो सकते हैं। इसके साथ योग्य व्यक्ति की खोज हेतु सम्बन्धित संवैधानिक संस्था का आन्तरिक 'संविधान-स्तरीय खोजबीन समिति' का गठन भी महत्त्वपूर्ण है। गैर-राजनीतिक संवैधानिक पदों के सम्बन्ध में चयन प्रक्रिया को स्वतंत्र, निष्पक्ष, पारदर्शी एवं गुणवत्तापूर्ण बनाने के लिए 'संविधान-स्तरीय संस्तुति परिषद्' और 'संविधान-स्तरीय खोजबीन समिति' का गठन और इनकी कार्यप्रणाली भी एक संवैधानिक महत्त्व का विषय है, इसलिए इन्हें संविधान में ही यथोचित स्थान दिया जाना चाहिए। यह संवैधानिक सुधार, सुराज हासिल करने की दिशा में मील का पत्थर साबित होगा।

एक राज्य का धर्मनिरपेक्ष होना उसकी नैसर्गिक विशेषता है। वैश्विक स्तर पर स्वीकृत इस आधुनिक मान्यता से भारत भी खुद को अलग नहीं कर सकता था। तत्कालीन नीति-निर्माताओं ने यदि इस देश को धर्मनिरपेक्ष राष्ट्र के रूप में स्वीकार किया था, तो भाव यही था कि राज्य एवं इसकी गतिविधियों को धर्म से अलग रखा जाए और इसके लिए वे सभी उपाय अपनाए जाएँ, जो धर्म आधारित पृथक्करणीय दृष्टिकोण को समाप्त करें। पूजा/उपासना और अन्य धार्मिक गतिविधियों के लिए किसी भी धर्म को मानने की आजादी एक व्यक्ति के निर्माण की दृष्टि से महत्त्वपूर्ण मानी गई, तो सिविल, अपराध एवं राजनीतिक गतिविधियों के लिए नागरिकों के मध्य धर्म के आधार पर भेदभाव नहीं करने का दायित्व एक राज्य के निर्माण की दृष्टि से महत्त्वपूर्ण माना गया। इसको दृष्टिगत रखते हुए संविधान-सभा ने न केवल धर्म-आधारित राजनीतिक आरक्षण को समाप्त किया, बल्कि अलग-अलग धर्म-आधारित सिविल कानूनों एवं व्यवस्था को समाप्त कर अनुच्छेद 44 के अन्तर्गत देश के लिए एक धर्मनिरपेक्ष लिंगनिरपेक्ष समान नागरिक संहिता लागू करने का संवैधानिक लक्ष्य दिया है। अनुच्छेद 44 के महत्त्व को रेखांकित करते हुए अल्लादी कृष्णास्वामी अय्यर कहते हैं कि "इस अनुच्छेद का उद्देश्य ही मैत्रीयता लाना है। यह मैत्रीयता को समाप्त नहीं करता है। विचार यह है कि

उत्तराधिकार या अन्य मामलों की पृथक् व्यवस्थाएँ ऐसे कारक हैं, जो भारत के तमाम लोगों में भिन्नता पैदा करती हैं। इसका उद्देश्य है कि ऐसे मामलों में एक समान सहमति तक पहुँचने का प्रयास करना है।"

यह अतीत से सबक लेने, वर्तमान को सँजोने एवं भविष्य को सँवारने की हमारे संविधान निर्माताओं की उत्कंठा थी, जिसे के. एम. मुंशी ने अनुच्छेद 44 पर बहस के दौरान बहुत स्पष्टता के साथ व्यक्त किया। के. एम. मुंशी आगाह करते हुए कहते हैं कि "जितना ही जल्दी हम जीवन के पृथक्करणीय दृष्टिकोण को भूल जाएँगे, देश के लिए उतना ही अच्छा होगा। धर्म उस परिधि तक सीमित होना चाहिए जहाँ तक वह धर्म दिखता है। बाकी जीवन अवश्य ही इस तरह से विनियमित, एकीकृत और सुधारात्मक होना चाहिए जिससे जितनी जल्द सम्भव हो, हम एक मजबूत और सामूहिक राष्ट्र के रूप में निखर सकें।" किन्तु संविधान लागू हुए अभी दो वर्ष भी नहीं हुआ था कि 24 जुलाई, 1951 को नारसू अप्पा माली मामले में बॉम्बे हाई कोर्ट का निर्णय आ गया। इस निर्णय में जहाँ हिन्दुओं में बहुविवाह रोकने वाले कानून को वैध बताया गया, वहीं मुस्लिम कानून में प्रचलित बहुविवाह को उचित घोषित किया गया। पहला तर्क यह दिया गया कि अनुच्छेद 13 के अन्तर्गत 'विद्यमान कानून' की परिभाषा में 'व्यक्तिगत कानून' नहीं आता है, और इस कारण व्यक्तिगत कानून को संवैधानिक सुरक्षा प्राप्त है और दूसरा तर्क यह दिया गया कि अनुच्छेद 44 का प्रावधान हिन्दू और मुस्लिम के लिए अलग-अलग कानून के अस्तित्व को स्वीकार करता है। अभी कुछ ही महीने पूर्व संविधान-सभा ने व्यक्तिगत कानून को संवैधानिक सुरक्षा प्रदान करने के लिए लाए गए संशोधनों को न केवल तीन-तीन बार खारिज किया, बल्कि धर्म-आधारित अलग-अलग सिविल कानून को समाप्त कर, समान नागरिक संहिता बनाने का निर्देश दिया। किन्तु संविधान-सभा की मंशा के खिलाफ बॉम्बे हाई कोर्ट ने अनुच्छेद 44 को व्यक्तिगत कानूनों का सुरक्षा-कवच बता दिया। इस निर्णय को सुप्रीम कोर्ट में चुनौती नहीं दिया जा सका। बॉम्बे हाई कोर्ट का यह निर्णय तत्कालीन नीति-निर्माताओं के लिए कैसे सुविधाजनक हो गया, यह शोध का विषय है।

एक तरफ जहाँ जन्म लेते ही इस देश को एक विषय पर धर्म के आधार पर अलग-अलग बर्ताव वाले न्यायिक दृष्टि से रूबरू होना पड़ा, वहीं राजनीतिक गलियारे में भी हिन्दू संहिता विधेयक लाने की कवायद शुरू कर दिया गया। असहमति के स्वर उठना स्वाभाविक था। तत्कालीन राष्ट्रपति डॉ. राजेन्द्र प्रसाद का मानना था कि यदि मौजूदा कानून अपर्याप्त और आपत्तिजनक है तो सभी नागरिकों के लिए समान नागरिक संहिता क्यों नहीं बनाई जाती? सिर्फ एक समुदाय को ही कानूनी दखलअन्दाजी के लिए क्यों चुना गया है? बाकी समुदाय इस लाभ से वंचित क्यों रहें? तब तत्कालीन प्रधानमंत्री जवाहरलाल नेहरू ने हिन्दू कानूनों का बचाव करते हुए कहा कि वह नहीं समझते हैं कि अभी भारत देश समान नागरिक संहिता के लिए तैयार है। इस बचाव के साथ हिन्दू कानून (1955-56) लागू हो गए। ये कानून संविधान के अनुच्छेद 13 के बावजूद लागू किए गए, जो संविधान-पूर्व या संविधान-पश्चात बने विभेदकारी कानूनों को शून्य घोषित करता है। इस तरह भारतीय समाज को पुन: सिविल कानून के सन्दर्भ में धर्म के खाँचे में बाँट दिया गया।

समान नागरिक संहिता न होने से पैदा हो रही विसंगतियों और इसका भारतीय समाज पर पड़ रहे कुप्रभाव का अहसास इस देश को पहली बार शाहबानो बेगम के मामले (1985) में हुआ। इसके बाद समय-समय पर पैदा होने वाले जार्डन डिंगडेह (1985), सरला मुद्गल (1995),

जॉन वल्लामथम (2003), जेपी कोटिन्हो (2019), मोहम्मद मर्चेंट (2015), सतप्रकाश मीना (2021), मायरा (2021) जैसे मामलों में सुप्रीम कोर्ट एवं हाई कोर्ट ने इसका अहसास किया और समान नागरिक संहिता बनाए जाने पर बल दिया, किन्तु हमारे नीति-निर्माताओं को इसका अहसास नहीं हो पाया है। जिस समान नागरिक संहिता को हमारे संविधान-निर्माताओं ने राष्ट्रीय एकता को अक्षुण्ण रखने और नागरिकों के मध्य धर्म-आधारित भेदभाव समाप्त करने के लिए आवश्यक माना और यह प्रावधान बनाया कि सम्पूर्ण भारत के लिए एक समान नागरिक संहिता होगी, उसे अब राज्यवार बनाए जाने की कवायद किया जा रहा है। यह एक नई समस्या को जन्म देने वाला साबित होगा। राज्यवार समान नागरिक संहिता की अवधारणा के कारण राज्यों को छूट होगा कि वे अपने राज्य के बहुसंख्यक लोगों की इच्छानुसार संहिता बनाएँ। किसी को मनुस्मृति, किसी को शरीयत कानून तो किसी को बाइबिल संहिता लागू करने की भी छूट होगी। राज्यों को समान नागरिक संहिता बनाने की छूट देने के खिलाफ दाखिल जनहित याचिका* को सुप्रीम कोर्ट ने यह कहकर स्वीकार करने से मना कर दिया कि 'अनुच्छेद 162 के अन्तर्गत राज्य को समान नागरिक संहिता हेतु समिति बनाने का अधिकार है।' यहाँ राज्य के अधिकार से बड़ा सवाल राष्ट्रीय स्तर पर कानूनी समानता का सवाल है। राज्यवार समान नागरिक संहिता, किस सीमा तक प्रान्त-आधारित भेदभाव पैदा करेगी, यह सवाल देश को बहुत उलझाने वाला है। इस उलझन को डॉ. बी. आर. आंबेडकर की चेतावनी के साथ जोड़कर अवश्य समझा जाना चाहिए। राज्यवार कानूनी भेदभाव के खिलाफ डॉ. आंबेडकर ने चेतावनी देते हुए कहा है—"यह विभिन्नता एक सीमा के बाद अराजकता पैदा करने योग्य हो जाती है और इसने कई संघीय राज्यों में अराजकता को उत्पन्न किया है। कल्पना करें कि एक देश में बीस राज्य हैं और अब इन राज्यों में विवाह, विवाह-विच्छेद, सम्पत्ति के उत्तराधिकार, पारिवारिक सम्बन्धों..., न्याय प्राप्त करने की प्रक्रिया तथा प्रशासन के स्तर एवं तरीकों के बारे में बीस तरह के अलग-अलग कानून हैं। ऐसी स्थिति न केवल राज्य को दुर्बल बनाती है, बल्कि उन नागरिकों, जिन्हें प्राय: एक राज्य से दूसरे राज्य में आना-जाना पड़ता है, के लिए भी असहय हो जाता है कि एक बात जो एक राज्य में कानून सम्मत है, वही बात दूसरे राज्य में गैर-कानूनी है।"[1]

गोवा में समान नागरिक संहिता का अपना ऐतिहासिक कारण है। यह राज्य पहले पुर्तगाल देश का हिस्सा था। इस कारण पुर्तगाल के कानून यहाँ लागू बने रहे। इसे राज्यवार संहिता लागू करने के लिए आदर्श नहीं माना जा सकता है। वैश्विक परिदृश्य में समान नागरिक संहिता का प्रादुर्भाव राष्ट्रीय परिप्रेक्ष्य में हुआ है। जर्मन सिविल संहिता हो या फ्रांसीसी सिविल संहिता या स्विस सिविल संहिता या पुर्तगाल सिविल संहिता या टर्की सिविल संहिता, ये सभी समान नागरिक संहिताएँ राष्ट्रीय स्तर पर स्वीकार की गई हैं। इस देश में ब्रिटिश हुकूमत ने भी भारतीय दंड संहिता से लेकर भारतीय संविदा अधिनियम जैसे कानून लागू किए तो राष्ट्रीय स्तर पर ही बनाकर लागू किया। यदि ब्रिटिश हुकूमत के मन में धर्म के नाम पर बाँटो और राज करो का कुत्सित विचार नहीं आया होता, तो वे सिविल कानूनों के सम्बन्ध में भारतीय सिविल संहिता (समान नागरिक संहिता) बनाकर राष्ट्रीय स्तर पर लागू कर दिए होते। किन्तु इस सम्बन्ध में अंग्रेजों के धर्म के आधार पर बाँटो और राज करो की नीति को हमने आजादी के बाद भी आगे बढ़ाया है। 1950 के दशक में धर्म-आधारित कानून बनाने का विचार हो या अब 2020 के दशक में राज्यवार समान नागरिक संहिता बनाने का विचार, ये दोनों विचार अनुच्छेद 44 की

---

* रिट याचिका (सिविल) संख्या 1086/2022; अनूप बरनवाल व तीन अन्य (नित्यप्रकाश तिवारी, सतीश सिंह एवं सुमित्रा चौधरी) बनाम यूनियन ऑफ इंडिया : निर्णय दिनांक 09-05-2023

मूल भावना के खिलाफ है। राष्ट्रीय स्तर पर धर्मनिरपेक्ष एवं लिंग निरपेक्ष समान नागरिक संहिता (भारतीय सिविल न्याय संहिता) बनाकर ही देश की राष्ट्रीय एकता और धार्मिक समभाव एवं सौहार्द को सुनिश्चित किया जा सकता है। यह संवैधानिक सुधार भी, सुराज हासिल करने की दिशा में मील का पत्थर साबित होगा।

आपातकाल, भारतीय राजनीति में एक महत्त्वपूर्ण बदलाव का साक्षी भी बना। इसकी घोषणा के बाद तत्कालीन कांग्रेसी नेतृत्व के खिलाफ उपजे राष्ट्रव्यापी असन्तोष ने राष्ट्रीय फलक पर एक समानान्तर राजनीतिक पार्टी विकसित करने की आवश्यकता महसूस कराई और जनता पार्टी का बीजारोपण हुआ। यद्यपि जनता पार्टी ज्यादा दिनों तक अपना राष्ट्रीय अस्तित्व कायम नहीं रख सकी, किन्तु इस पार्टी के बिखरने के बाद 1980 में भारतीय जनता पार्टी का उद्‌भव हुआ। यह पार्टी आगे चलकर भारतीय राजनीति की दक्षिणमार्गी राष्ट्रवादी विचारधारा की अनुगामी बनी और भारतीय राष्ट्रीय कांग्रेस के समानान्तर अपना राष्ट्रीय विस्तार करने में सफल रही। संसदीय शासन-प्रणाली में राष्ट्रीय स्तर पर द्विदलीकरण का मजबूत होना भारतीय राजनीति को स्थायी एवं विश्वसनीय बनाने में सहायक है। वस्तुत: यह आपातकाल का एक अनचाहा सुखद परिणाम है। जनता पार्टी के बिखरने के बाद इससे बनने वाली ज्यादातर पार्टियों पर वंशवादी राजनीति को आगे बढ़ाने का आरोप लगता है। भारत जैसे लोकतांत्रिक देश के लिए यह विडम्बना है कि जिन राजनीतिक पार्टियों पर संसदीय लोकतंत्र के ढाँचे को निर्मित एवं विकसित करने की जिम्मेदारी होती है, वे ही कुलीन संस्कृति एवं परिवारवाद के शिकार हैं। इन राजनीतिक पार्टियों को वंशवाद से मुक्त करना, स्वस्थ लोकतंत्र के लिए आवश्यक है। पद-धारण की सीमा का सिद्धान्त[2] अपनाकर और इस सिद्धान्त पर आधारित एक मॉडल बायलाज लागू करके राजनीतिक पार्टियों के आन्तरिक ढाँचे को लोकतांत्रिक मूल्यों के अनुरूप बनाया जा सकता है। संविधान में ऐसे किसी प्रावधान का अभाव है। संविधान में राजनीतिक पार्टी से सम्बन्धित एक नया भाग/अध्याय जोड़ना, संवैधानिक सुधार और सुराज हासिल करने की दिशा में मील का पत्थर साबित होगा।

1967 तक भारत में लोकसभा और विधान सभा के एक साथ चुनाव होते रहे हैं। किन्तु इसके बाद एक साथ चुनाव की परम्परा टूट गई। आज देश में कुल 32 प्रत्यक्ष निर्वाचित विधायिकाओं (एक लोकसभा और 31 राज्य विधान सभा) के लिए अलग-अलग समय पर चुनाव होते रहते हैं। इसके साथ यदि 31 राज्यों/केन्द्रशासित प्रदेशों में स्थानीय नगर-ग्राम पंचायत के चुनावों को भी जोड़ दिया जाए, तो कोई भी पल ऐसा नहीं बचता हुआ दिखता है, जब यह देश चुनावी मोड़ में न रहता हो। पूरा देश चुनावी चक्रव्यूह में घिरा रहता है। इस समस्या का प्रभावशाली समाधान 'एक देश-एक चुनाव' की अवधारणा है। आम चुनाव में किसी एक राजनीतिक पार्टी या गठबन्धन-समूह को बहुमत न मिल पाने या किसी सरकार के अल्पमत में हो जाने के कारण विधायिका अपना कार्यकाल पूरा नहीं कर पाती हैं और समय पूर्व चुनाव कराने की नौबत आ जाती है। सभी विधायिकाओं का पाँच वर्षीय कार्यकाल एक साथ पूर्ण न हो पाना एक साथ चुनाव के लिए बहुत बड़ी बाधा है। विधायिका अपना कार्यकाल पूर्ण करने में सक्षम हों और बीच में चुनाव होने की सम्भावना समाप्त हो जाए, इसका एक प्रभावी समाधान उपविजेता मत मूल्यांकन प्रणाली[3] (रनर अप वोट वैल्युएशन मेथड—आर. वी. वी. प्रणाली) और इस पर आधारित सेफ्टी-वाल्व सरकार का गठन है। यह प्रणाली लोकतांत्रिक मूल्य और संसदीय प्रणाली के मूलभूत तत्त्व को बनाए रखते हुए विधायिका को उसका कार्यकाल पूर्ण करने का रास्ता निकालती है। इसके अलावा

नियंत्रित बहुदलीय व्यवस्था[4], सीमित एवं सशर्त अविश्वास प्रस्ताव[5] की व्यवस्था इत्यादि अपनाकर 'एक देश-एक चुनाव' की अवधारणा को सफलतापूर्वक अपनाया जा सकता है और देश को चुनावी चक्रव्यूह से मुक्त कराया जा सकता है। यह संवैधानिक सुधार भी, सुराज हासिल करने की दिशा में मील का पत्थर साबित होगा।

ब्रिटिश हुकूमत के दौरान स्थानीय इकाइयों को लेकर बनाए गए कानून नगर-केन्द्रित थे। आजादी के बाद ग्राम और नगर के मध्य कानूनी भेदभाव समाप्त कर एक समग्र व्यवस्था बनाए जाने की आवश्यकता थी, किन्तु 1992 में संविधान में भाग IX और भाग IX-क जोड़कर ग्राम और नगर के लिए अलग-अलग व्यवस्था बनाई गई। इस कृत्रिम कानूनी बँटवारे को समाप्त कर समग्र दृष्टिकोण के साथ स्थानीय इकाइयों का विकास करना[6], सूक्ष्म स्तर पर शासन का विकेन्द्रीकरण, और स्थानीय इकाइयों के सम्बन्ध में भी विधायिका और कार्यपालिका के मध्य समन्वयात्मक शक्ति-पृथक्करण का सिद्धान्त लागू करना सुराज का आधारस्तम्भ है। 86वें संविधान संशोधन, 2002 के माध्यम से बच्चों के शैक्षणिक व्यवस्था को नीति निदेशक सिद्धान्त वाले भाग से निकालकर मूल अधिकार वाले भाग में शामिल किया गया। इसे 'नि:शुल्क और अनिवार्य शिक्षा का अधिकार' नाम दिया गया है। आज प्राथमिक स्तर पर नि:शुल्क शिक्षा को केवल गरीब एवं असहाय वर्ग के बच्चों के सन्दर्भ में देखा जाता है। गरीब और अमीर वर्ग के बच्चों के लिए दो समानान्तर अलग-अलग व्यवस्था का मजबूत होते जाना चिन्ता का कारण है। इस कृत्रिम विभाजन को समाप्त किए बिना शिक्षा का मूल अधिकार बेमानी-सा है। इसलिए आवश्यकता इस शिक्षा के अधिकार को नि:शुल्क और अनिवार्य शिक्षा के साथ समान शिक्षा का अधिकार बनाने की है। संविधान के अनुच्छेद 38 और 39 के प्रावधान, आर्थिक लोकतंत्र को सैद्धान्तिक आधार प्रदान करते हैं। आर्थिक एवं भौमिक विषमता को अधिकतम स्तर पर कम करना आर्थिक लोकतंत्र का प्रमुख आयाम है। इसका समाधान राष्ट्रजनक महात्मा गांधी के ट्रस्टीशिप के विचार, डॉ. बी. आर. आंबेडकर के समान भूमि वितरण पर आधारित भौमिक सीमा के विचार, और सन्त विनोबा भावे के आधिक्य सम्पदा के दान (भूदान) के विचार को समग्रता के साथ अपनाकर निकाला जा सकता है। इन विचारों के मूलभूत तत्त्वों के समग्र स्वरूप 'गांधित्व-भीमत्व-भावेत्व' का सिद्धान्त[7], और इस सिद्धान्त पर आधारित 'राष्ट्रीय भौमिक नीति' अपनाना आर्थिक लोकतंत्र हासिल करने की दिशा में महत्त्वपूर्ण है। शासन का विकेन्द्रीकरण, समान बुनियादी शिक्षा और आर्थिक लोकतंत्र के लिए संविधान को प्रभावशाली बनाना भी सुराज हासिल करने की दिशा में मील का पत्थर साबित होगा।

डॉ. बी. आर. आंबेडकर ने देशवासियों को आगाह करते हुए कहा है कि "लोकतंत्र बनाए रखने के लिए पहला कार्य यह करना होगा कि हमें अपने सामाजिक एवं आर्थिक उद्देश्यों को प्राप्त करने के लिए संवैधानिक उपाय अपनाने होंगे। इसका मतलब यह है कि हमें क्रान्ति के रक्तरंजित तरीकों से अवश्य ही बचना होगा। हमें अब सिविल अवज्ञा, असहयोग एवं सत्याग्रह के तरीकों से बचना होगा। ये तरीके कुछ और नहीं, बल्कि अराजकता का आमंत्रण हैं और जितना जल्दी हम इनका त्याग कर दें, उतना ही हमारे लिए अच्छा है।[8] जब हम कुछ विषयों के विरोध में संवैधानिक उपाय अपनाने के बजाय सड़क पर उतर जाते हैं और लालकिला पर हमले करने जैसी अराजकता को आमंत्रित करते हैं, तो संविधान-चक्र का टूटना निश्चित है। तब डॉ. आंबेडकर की यह चेतावनी और भी महत्त्वपूर्ण हो जाती है कि नि:सन्देह आजादी आनन्द का विषय है, किन्तु यह आजादी हमारे ऊपर एक बड़ी जिम्मेदारी

भी है। आजादी प्राप्त करने के साथ अब हम किसी भी गलती के लिए ब्रिटिश हुकूमत को जिम्मेदार नहीं ठहरा सकते हैं। अब यदि कोई गलती होती है, तो अब सिवाय खुद के किसी दूसरे पर दोषारोपण नहीं कर सकेंगे।

संविधान-सभा बहस के दौरान संविधान-निर्माताओं द्वारा व्यक्त किए गए विचार इस देश के लिए दर्शन हैं। इन विचारों के मूलस्रोत वे मूल्य हैं, जिनके लिए आजादी आन्दोलन के हमारे महानायकों ने अपना सर्वस्व न्योछावर कर दिया। स्वराज हासिल करने हेतु प्रेरणा देने वाले इन मूल्यों को मानस-पटल पर बनाए रखना और इन्हें सुराज-मूलक बनाना प्रत्येक भारतीय का नागरिक कर्तव्य है। इस कर्तव्य का पालन करने के लिए आवश्यक है कि प्रत्येक भारतीय, संविधान-सभा बहस के मूलभूत विचारों एवं दर्शन को जाने-समझे और अपने जीवन में आत्मसात करे। इस दृष्टि से इस पुस्तक का उपयोगी होना महत्त्वपूर्ण है। यदि यह पुस्तक, देश के जनमानस के जीवन में संवैधानिक विचारों एवं दर्शन को आत्मसात करने की प्रेरणा देने में सफल रहती है, तो यह इस पुस्तक की बड़ी उपलब्धि होगी।

सन्दर्भ टिप्पणियाँ

अध्याय-1

1. 'हरिजन' में प्रकाशित लेख 'द ओनली वे' शीर्षक नाम से लेख : 19.11.1939
2. सी.ए.डी. (I) 155
3. सी.ए.डी. (I) 264
4. वही

4क. वही

5. सी.ए.डी. (II) 291
6. सी.ए.डी. (II) 328
7. सी.ए.डी. (II) 334
8. सी.ए.डी. (II) 335
9. सी.ए.डी. (II) 339
10. सी.ए.डी. (II) 351
11. सी.ए.डी. (II) 353
12. सी.ए.डी. (III) 371
13. सी.ए.डी. (III) 380
14. सी.ए.डी. (III) 399
15. सी.ए.डी. (IV) 537-540
16. सी.ए.डी. (IV) 577
17. सी.ए.डी. (IV) 710
18. सी.ए.डी. (IV) 737
19. सी.ए.डी. (V) 1
20. सी.ए.डी. (V) 9
21. सी.ए.डी. (V) 10
22. वही
23. सी.ए.डी. (V) 11
24. सी.ए.डी. (V) 13
25. सी.ए.डी. (V) 13-15
26. सी.ए.डी. (I) 1
27. सी.ए.डी. (I) 3
28. सी.ए.डी. (I) 5
29. सी.ए.डी. (I) 5
30. सी.ए.डी. (I) 7
31. सी.ए.डी. (I) 8-14
32. सी.ए.डी. (I) 35
33. सी.ए.डी. (I) 38
34. सी.ए.डी. (I) 47
35. सी.ए.डी. (I) 49
36. वही
37. सी.ए.डी. (I) 50
38. सी.ए.डी. (II) 267
39. राइटिंग एंड स्पीच (13) 25-26

अध्याय-2

1. सी.ए.डी. (I) 57
2. सी.ए.डी. (I) 58
3. सी.ए.डी. (I) 59
4. सी.ए.डी. (I) 62
5. वही
6. सी.ए.डी. (I) 65
7. सी.ए.डी. (I) 67
8. सी.ए.डी. (I) 69
9. सी.ए.डी. (I) 72
10. सी.ए.डी. (I) 73
11. सी.ए.डी. (I) 78
12. सी.ए.डी. (I) 87
13. सी.ए.डी. (I) 90
14. सी.ए.डी. (I) 92
15. सी.ए.डी. (I) 94
16. सी.ए.डी. (I) 96
17. सी.ए.डी. (I) 97
18. सी.ए.डी. (I) 98
19. वही
20. सी.ए.डी. (I) 99
21. सी.ए.डी. (I) 100
22. वही
23. वही
24. सी.ए.डी. (I) 101
25. सी.ए.डी. (I) 101-02
26. सी.ए.डी. (I) 102
27. सी.ए.डी. (I) 103
28. सी.ए.डी. (I) 108
29. सी.ए.डी. (I) 152
30. सी.ए.डी. (II) 271-72
31. सी.ए.डी. (II) 308
32. सी.ए.डी. (II) 311
33. सी.ए.डी. (II) 316
34. सी.ए.डी. (II) 320
35. सी.ए.डी. (III) 437
36. सी.ए.डी. (IV) 593
37. सी.ए.डी. (IV) 710
38. सी.ए.डी. (IV) 717
39. सी.ए.डी. (V) 58
40. सी.ए.डी. (V) 60
41. सी.ए.डी. (V) 197
42. सी.ए.डी. (V) 333
43. सी.ए.डी. (V) 375

अध्याय-3

1. सी.ए.डी. (IV) 737
2. सी.ए.डी. (IV) 739
3. सी.ए.डी. (IV) 740
4. सी.ए.डी. (IV) 741
5. सी.ए.डी. (IV) 742
6. वही

7. सी.ए.डी. (IV) 743
8. सी.ए.डी. (IV) 744
9. सी.ए.डी. (IV) 745
10. वही
11. सी.ए.डी. (IV) 747
12. सी.ए.डी. (IV) 749
13. वही
14. सी.ए.डी. (IV) 751
15. वही
16. सी.ए.डी. (IV) 752
17. वही
18. सी.ए.डी. (IV) 753
19. सी.ए.डी. (IV) 754
20. सी.ए.डी. (IV) 757
21. सी.ए.डी. (IV) 758
22. वही
23. सी.ए.डी. (IV) 759
24. सी.ए.डी. (IV) 761
25. वही

अध्याय-4

1. सी.ए.डी. (V) 293
2. सी.ए.डी. (V) 294
3. सी.ए.डी. (V) 294-95
4. सी.ए.डी. (V) 296
5. सी.ए.डी. (V) 297
6. सी.ए.डी. (V) 301
7. सी.ए.डी. (V) 308
8. सी.ए.डी. (VII) 231

अध्याय-5

1. सी.ए.डी. (VII) 32
2. सी.ए.डी. (VII) 33
3. सी.ए.डी. (VII) 33-34
4. सी.ए.डी. (VII) 34-36
5. सी.ए.डी. (VII) 36-37
6. सी.ए.डी. (VII) 37-38
7. सी.ए.डी. (VII) 38
8. वही
9. सी.ए.डी. (VII) 38-39
10. सी.ए.डी. (VII) 39
11. सी.ए.डी. (VII) 40-41
12. वही
13. सी.ए.डी. (VII) 42
14. सी.ए.डी. (VII) 43
15. सी.ए.डी. (VII) 42-43
16. सी.ए.डी. (VII) 43-44

अध्याय-6

1. सी.ए.डी. (VII) 44
2. वही
3. सी.ए.डी. (VII) 45
4. वही
5. सी.ए.डी. (VII) 46
6. वही
7. सी.ए.डी. (VII) 211
8. वही
9. सी.ए.डी. (VII) 212
10. सी.ए.डी. (VII) 214
11. सी.ए.डी. (VII) 216
12. सी.ए.डी. (VII) 216-17
13. सी.ए.डी. (VII) 217
14. सी.ए.डी. (VII) 231
15. सी.ए.डी. (VII) 242
16. सी.ए.डी. (VII) 246
17. सी.ए.डी. (VII) 219
18. सी.ए.डी. (VII) 222
19. सी.ए.डी. (VII) 223
20. सी.ए.डी. (VII) 352
21. सी.ए.डी. (VII) 255
22. सी.ए.डी. (VII) 321
23. सी.ए.डी. (VII) 321
24. सी.ए.डी. (VII) 322-23
25. सी.ए.डी. (VII) 321
26. सी.ए.डी. (VII) 358
27. सी.ए.डी. (VII) 375
28. सी.ए.डी. (VII) 389
29. सी.ए.डी. (VII) 397
30. सी.ए.डी. (VII) 398

अध्याय-7

1. सी.ए.डी. (VII) 398
2. सी.ए.डी. (VII) 399
3. वही
4. सी.ए.डी. (VII) 399-400
5. सी.ए.डी. (VII) 402
6. वही
7. वही
8. सी.ए.डी. (VII) 404
9. वही
10. सी.ए.डी. (VII) 406
11. सी.ए.डी. (VII) 408
12. सी.ए.डी. (VII) 410-11
13. सी.ए.डी. (VII) 412
14. सी.ए.डी. (VII) 413
15. सी.ए.डी. (VII) 414
16. सी.ए.डी. (VII) 416
17. सी.ए.डी. (VII) 415
18. सी.ए.डी. (VII) 416
19. सी.ए.डी. (VII) 418
20. वही
21. सी.ए.डी. (VII) 420
22. सी.ए.डी. (VII) 420-21
23. सी.ए.डी. (VII) 421
24. वही
25. सी.ए.डी. (VII) 422
26. वही
27. वही
28. सी.ए.डी. (VII) 423
29. वही
30. सी.ए.डी. (VII) 426
31. सी.ए.डी. (VII) 426-27
32. सी.ए.डी. (VII) 428-29
33. सी.ए.डी. (VII) 429
34. वही
35. सी.ए.डी. (VII) 431
36. सी.ए.डी. (IX) 1671
37. सी.ए.डी. (IX) 1672
38. सी.ए.डी. (IX) 1673
39. सी.ए.डी. (IX) 1675-76
40. सी.ए.डी. (IX) 1677-78
41. सी.ए.डी. (XI) 1679
42. सी.ए.डी. (IX) 1680-81
43. सी.ए.डी. (IX) 1682
44. सी.ए.डी. (IX) 1683-84
45. सी.ए.डी. (IX) 1685
46. सी.ए.डी. (IX) 1686
47. सी.ए.डी. (IX) 1689-1691
48. सी.ए.डी. (IX) 1692
49. सी.ए.डी. (VII) 433
50. सी.ए.डी. (VII) 435
51. वही
52. सी.ए.डी. (VII) 436
53. वही

54. सी.ए.डी. (VII) 437
55. वही
56. वही
56. सी.ए.डी. (VII) 437
57. सी.ए.डी. (VII) 438
58. सी.ए.डी. (VII) 439
59. सी.ए.डी. (VII) 440
60. वही
61. सी.ए.डी. (VII) 441
62. सी.ए.डी. (VII) 445
63. सी.ए.डी. (VII) 446-47
64. सी.ए.डी. (VII) 448-49
65. सी.ए.डी. (VII) 439
66. सी.ए.डी. (VII) 441
67. सी.ए.डी. (VII) 443
68. सी.ए.डी. (VII) 448
69. सी.ए.डी. (VII) 448-49
70. सी.ए.डी. (VII) 450
71. सी.ए.डी. (VII) 455
72. सी.ए.डी. (VII) 458
73. वही
74. सी.ए.डी. (VII) 459
75. सी.ए.डी. (VII) 466
76. सी.ए.डी. (VII) 466-67
77. सी.ए.डी. (VII) 467
78. सी.ए.डी. (VII) 437-468
79. सी.ए.टी. (VII) 470

अध्याय-8

1. सी.ए.डी. (V) 373
2. सी.ए.डी. (VII) 473
3. सी.ए.डी. (VII) 474
4. सी.ए.डी. (VII) 475
5. वही
6. सी.ए.डी. (VII) 476
7. वही
8. सी.ए.डी. (VII) 477
9. सी.ए.डी. (VII) 478
10. सी.ए.डी. (VII) 482
11. सी.ए.डी. (VII) 486
12. सी.ए.डी. (VII) 489
13. सी.ए.डी. (VII) 489-90
14. सी.ए.डी. (VII) 491
15. सी.ए.डी. (VII) 492
16. सी.ए.डी. (VII) 494
17. सी.ए.डी. (VII) 487
18. सी.ए.डी. (VII) 495
19. सी.ए.डी. (VII) 513
20. सी.ए.डी. (VII) 506
21. सी.ए.डी. (VII) 516
22. सी.ए.डी. (VII) 517
23. सी.ए.डी. (VII) 518
24. वही
25. सी.ए.डी. (VII) 504
26. सी.ए.डी. (VII) 505
27. सी.ए.डी. (VII) 518
28. सी.ए.डी. (VII) 504
29. सी.ए.डी. (VII) 520
30. सी.ए.डी. (VII) 521
31. सी.ए.डी. (VII) 523
32. वही
33. सी.ए.डी. (VII) 524
34. सी.ए.डी. (VII) 525
35. वही
36. सी.ए.डी. (VII) 530
37. सी.ए.डी. (VII) 532
38. वही
39. सी.ए.डी. (VII) 533
40. सी.ए.डी. (VII) 535
41. वही
42. वही
43. सी.ए.डी. (VII) 538
44. सी.ए.डी. (VII) 539
45. वही
46. सी.ए.डी. (VII) 540
47. सी.ए.डी. (V) 573
48. सी.ए.डी. (VII) 540
49. सी.ए.डी. (VII) 541
50. सी.ए.डी. (VII) 543
51. सी.ए.डी. (VII) 544-45
52. सी.ए.डी. (VII) 546
53. सी.ए.डी. (VII) 547
54. वही
55. सी.ए.डी. (VII) 547-48
56. सी.ए.डी. (VII) 549
57. सी.ए.डी. (VII) 550-51
58. सी.ए.डी. (VII) 552
59. सी.ए.डी. (VII) 553
60. सी.ए.डी. (VII) 496
61. सी.ए.डी. (VII) 497
62. सी.ए.डी. (VII) 499
63. सी.ए.डी. (VII) 554
64. सी.ए.डी. (VII) 555
65. सी.ए.डी. (VII) 556
66. सी.ए.डी. (VII) 557-58
67. सी.ए.डी. (VII) 559
68. सी.ए.डी. (VII) 561
69. सी.ए.डी. (VII) 562
69क. सी.ए.डी. (VII) 563
70. सी.ए.डी. (VII) 564
71. सी.ए.डी. (VII) 565-66
72. सी.ए.डी. (VII) 566-67
73. सी.ए.डी. (VII) 568
74. सी.ए.डी. (VII) 568-70
75. सी.ए.डी. (VII) 571
76. वही
77. सी.ए.डी. (VII) 574
78. सी.ए.डी. (VII) 575
79. सी.ए.डी. (VII) 576
80. सी.ए.डी. (VII) 577
81. सी.ए.डी. (VII) 578-79
82. सी.ए.डी. (VII) 581
83. वही
84. वही
85. सी.ए.डी. (VII) 582
86. सी.ए.डी. (VII) 583
87. सी.ए.डी. (VII) 584
88. सी.ए.डी. (VII) 585
89. वही
90. सी.ए.डी. (VII) 586
91. सी.ए.डी. (VII) 587
92. सी.ए.डी. (VII) 588
93. सी.ए.डी. (VII) 590
94. सी.ए.डी. (VII) 593
95. सी.ए.डी. (VII) 594
96. सी.ए.डी. (VII) 595
97. वही
98. सी.ए.डी. (VII) 596-97
99. सी.ए.डी. (VII) 597
100. सी.ए.डी. (VII) 599
101. सी.ए.डी. (VII) 600-01
102. सी.ए.डी. (VII) 602
103. सी.ए.डी. (VII) 603
104. सी.ए.डी. (VII) 604
105. वही
106. सी.ए.डी. (VII) 605

अध्याय-9

1. सी.ए.डी. (III) 440
2. सी.ए.डी. (VII) 607
3. सी.ए.डी. (VII) 607-08
4. सी.ए.डी. (VII) 608
5. सी.ए.डी. (VII) 608-09
6. सी.ए.डी. (VII) 610
7. सी.ए.डी. (VII) 612
8. सी.ए.डी. (VII) 640
9. वही
10. सी.ए.डी. (VII) 641
11. वही
12. सी.ए.डी. (VII) 642
13. सी.ए.डी. (VII) 644
14. सी.ए.डी. (VII) 615
15. सी.ए.डी. (VII) 637
15क. सी.ए.डी. (VII) 627
15ख. सी.ए.डी. (XI) 466
16. सी.ए.डी. (VII) 650
17. सी.ए.डी. (VII) 650
18. सी.ए.डी. (VII) 651
19. सी.ए.डी. (VII) 653
20. सी.ए.डी. (VII) 654
21. वही
22. सी.ए.डी. (VII) 556
23. सी.ए.डी. (VII) 657
24. सी.ए.डी. (VII) 658
25. सी.ए.डी. (VII) 659
26. वही
27. सी.ए.डी. (VII) 661
28. सी.ए.डी. (VII) 662
29. सी.ए.डी. (VII) 655
30. सी.ए.डी. (VII) 661
31. सी.ए.डी. (VII) 665
32. वही
33. सी.ए.डी. (VII) 666
34. वही
35. सी.ए.डी. (VII) 667
36. सी.ए.डी. (VII) 668
37. सी.ए.डी. (VII) 673
38. वही
39. वही
40. सी.ए.डी. (VII) 679
41. सी.ए.डी. (VII) 676
42. सी.ए.डी. (VII) 677
43. सी.ए.डी. (VII) 698
44. सी.ए.डी. (VII) 700
45. सी.ए.डी. (VII) 679
46. वही
47. सी.ए.डी. (VII) 681
48. सी.ए.डी. (VII) 684-85
49. सी.ए.डी. (VII) 685
50. सी.ए.डी. (VII) 692-93
51. सी.ए.डी. (VII) 698-99
52. सी.ए.डी. (VII) 686-87
53. सी.ए.डी. (VII) 688
54. वही
55. सी.ए.डी. (VII) 689
56. वही
57. सी.ए.डी. (VII) 690
58. सी.ए.डी. (VII) 691
59. सी.ए.डी. (VII) 697
60. सी.ए.डी. (VII) 701-02
61. सी.ए.डी. (VII) 702
62. सी.ए.डी. (VII) 680
63. सी.ए.डी. (VII) 681-82
64. सी.ए.डी. (VII) 693
65. सी.ए.डी. (VII) 694
66. सी.ए.डी. (VII) 702
67. सी.ए.डी. (X) 229
68. सी.ए.डी. (X) 230
69. सी.ए.डी. (X) 232
70. सी.ए.डी. (X) 237
71. सी.ए.डी. (X) 240
72. सी.ए.डी. (X) 242
73. सी.ए.डी. (X) 244
74. सी.ए.डी. (X) 246
75. सी.ए.डी. (X) 248
76. सी.ए.डी. (X) 249
77. सी.ए.डी. (X) 251
78. सी.ए.डी. (VII) 697
79. वही
80. सी.ए.डी. (VII) 697-98
81. सी.ए.डी. (VII) 700
82. सी.ए.डी. (VII) 704
83. सी.ए.डी. (VII) 705
84. सी.ए.डी. (VII) 708
85. वही
86. सी.ए.डी. (VII) 708-09
87. सी.ए.डी. (VII) 646
88. सी.ए.डी. (VII) 648
89. सी.ए.डी. (VII) 649

अध्याय-10

1. वही
2. सी.ए.डी. (VII) 713
3. सी.ए.डी. (VII) 714
4. सी.ए.डी. (VII) 715
5. सी.ए.डी. (VII) 726
6. सी.ए.डी. (VII) 717
7. सी.ए.डी. (VII) 742
8. सी.ए.डी. (VII) 744
9. सी.ए.डी. (VII) 746
10. सी.ए.डी. (VII) 730
11. सी.ए.डी. (VII) 763
12. सी.ए.डी. (VII) 769
13. सी.ए.डी. (VII) 712
14. सी.ए.डी. (VII) 727
15. सी.ए.डी. (VII) 732
16. सी.ए.डी. (VII) 714
17. सी.ए.डी. (VII) 756
18. सी.ए.डी. (VII) 764
19. सी.ए.डी. (VII) 750
20. सी.ए.डी. (VII) 767
21. सी.ए.डी. (VII) 771
22. सी.ए.डी. (VII) 776
23. सी.ए.डी. (VII) 735-36
24. सी.ए.डी. (VII) 736
25. वही
26. वही
27. सी.ए.डी. (VII) 739
28. सी.ए.डी. (VII) 740
29. सी.ए.डी. (VII) 740-41
30. सी.ए.डी. (VII) 741
31. सी.ए.डी. (VII) 730
32. सी.ए.डी. (VII) 712
33. सी.ए.डी. (VII) 715-16
34. सी.ए.डी. (VII) 763
35. सी.ए.डी. (VII) 779
36. सी.ए.डी. (VII) 780
37. सी.ए.डी. (VII) 718
38. सी.ए.डी. (VII) 764
39. सी.ए.डी. (VII) 778
40. सी.ए.डी. (VII) 780
41. सी.ए.डी. (VII) 780-81

42. सी.ए.डी. (VII) 721
43. वही
44. सी.ए.डी. (VII) 722
45. सी.ए.डी. (VII) 777
46. सी.ए.डी. (VII) 781
47. सी.ए.डी. (VII) 746
48. वही
49. सी.ए.डी. (VII) 752
50. सी.ए.डी. (VII) 782-83
51. सी.ए.डी. (VII) 669
52. सी.ए.डी. (VII) 671
53. सी.ए.डी. (VII) 672
54. सी.ए.डी. (VII) 789
55. सी.ए.डी. (VII) 790
56. सी.ए.डी. (VII) 791
57. वही
58. सी.ए.डी. (VII) 794
59. सी.ए.डी. (VII) 795
60. वही
61. सी.ए.डी. (VII) 796
62. वही
63. सी.ए.डी. (VII) 841
64. सी.ए.डी. (VII) 843
65. सी.ए.डी. (VII) 845
66. सी.ए.डी. (VII) 846-848
67. सी.ए.डी. (VII) 848
68. सी.ए.डी. (VII) 850-51
69. सी.ए.डी. (VII) 851
70. वही
71. सी.ए.डी. (VII) 853-54
72. सी.ए.डी. (VII) 857
73. सी.ए.डी. (VII) 999-1001
74. सी.ए.डी. (IX) 1498
75. सी.ए.डी. (IX) 1500
76. सी.ए.डी. (IX) 1512
77. सी.ए.डी. (IX) 1519
78. सी.ए.डी. (IX) 1517
79. सी.ए.डी. (IX) 1521-1523
80. सी.ए.डी. (IX) 1529
81. सी.ए.डी. (IX) 1537
82. सी.ए.डी. (IX) 1543
83. सी.ए.डी. (IX) 1549
84. सी.ए.डी. (IX) 1558
85. सी.ए.डी. (IX) 1562
86. सी.ए.डी. (IX) 1563
87. वही
88. सी.ए.डी. (VII) 804
89. वही
90. सी.ए.डी. (VII) 805
91. सी.ए.डी. (VII) 806
92. सी.ए.डी. (VII) 808
93. सी.ए.डी. (VII) 809
94. सी.ए.डी. (VII) 810
95. सी.ए.डी. (VII) 809
96. सी.ए.डी. (VII) 810
97. सी.ए.डी. (VII) 811
98. सी.ए.डी. (VII) 812
99. सी.ए.डी. (VII) 814
100. सी.ए.डी. (VII) 815
101. सी.ए.डी. (VII) 817
102. सी.ए.डी. (VII) 824
103. सी.ए.डी. (VII) 826
104. सी.ए.डी. (VII) 830
105. सी.ए.डी. (VII) 837
106. सी.ए.डी. (VII) 835
107. सी.ए.डी. (VII) 838
108. सी.ए.डी. (VII) 817
109. सी.ए.डी. (VII) 280
110. सी.ए.डी. (VII) 822
111. सी.ए.डी. (VII) 831
112. सी.ए.डी. (VII) 833
113. सी.ए.डी. (VII) 834
114. सी.ए.डी. (VII) 836
115. सी.ए.डी. (VII) 837
116. सी.ए.डी. (VII) 859
117. सी.ए.डी. (VII) 860
118. सी.ए.डी. (VII) 863
119. सी.ए.डी. (VII) 864
120. सी.ए.डी. (VII) 864
121. सी.ए.डी. (VII) 865
122. सी.ए.डी. (VII) 865
123. सी.ए.डी. (VII) 866
124. सी.ए.डी. (VII) 867
125. सी.ए.डी. (VII) 871
126. सी.ए.डी. (VII) 874
127. सी.ए.डी. (VII) 878
128. सी.ए.डी. (VII) 879
129. सी.ए.डी. (VII) 880
130. वही
131. सी.ए.डी. (VII) 881
132. सी.ए.डी. (VII) 883-84
133. सी.ए.डी. (VII) 884
134. वही
135. सी.ए.डी. (VII) 884-85
136. सी.ए.डी. (VII) 885
137. सी.ए.डी. (VII) 886
138. सी.ए.डी. (VII) 982
139. सी.ए.डी. (VII) 897
140. सी.ए.डी. (VII) 899
141. सी.ए.डी. (VII) 900
142. सी.ए.डी. (VII) 906
143. सी.ए.डी. (VII) 908
144. सी.ए.डी. (VII) 910
145. सी.ए.डी. (VII) 893
146. सी.ए.डी. (VII) 904
147. सी.ए.डी. (VII) 917
148. सी.ए.डी. (VII) 922-23
149. सी.ए.डी. (VII) 900
150. सी.ए.डी. (VII) 901
151. सी.ए.डी. (VII) 903
152. वही
153. वही
154. सी.ए.डी. (VII) 909
155. सी.ए.डी. (VII) 913
156. सी.ए.डी. (VII) 917
157. सी.ए.डी. (VII) 920
158. सी.ए.डी. (VII) 923-24
159. सी.ए.डी. (IX) 1193
160. वही
161. सी.ए.डी. (IX) 1197
162. सी.ए.डी. (IX) 1201
163. सी.ए.डी. (IX) 1203-04
164. सी.ए.डी. (IX) 1209
165. सी.ए.डी. (IX) 1211
166. सी.ए.डी. (IX) 1213
167. सी.ए.डी. (IX) 1217-18
168. सी.ए.डी. (IX) 1223
168क. सी.ए.डी. (IX) 1226
169. सी.ए.डी. (IX) 1232
170. सी.ए.डी. (IX) 1254
171. सी.ए.डी. (IX) 1258
172. सी.ए.डी. (IX) 1264
173. सी.ए.डी. (IX) 1268
174. सी.ए.डी. (IX) 1224
175. सी.ए.डी. (IX) 1228
176. सी.ए.डी. (IX) 1236
177. सी.ए.डी. (IX) 1241
178. सी.ए.डी. (IX) 1244

179. सी.ए.डी. (IX) 1250
180. सी.ए.डी. (IX) 1255
181. सी.ए.डी. (IX) 1256
182. सी.ए.डी. (IX) 1260
183. सी.ए.डी. (IX) 1252
184. सी.ए.डी. (IX) 1272
185. सी.ए.डी. (IX) 1286
186. सी.ए.डी. (IX) 1295
187. सी.ए.डी. (IX) 1296
188. सी.ए.डी. (IX) 1298
189. सी.ए.डी. (IX) 1284
190. सी.ए.डी. (IX) 1274
191. सी.ए.डी. (IX) 1280
192. सी.ए.डी. (IX) 1290
193. सी.ए.डी. (VII) 1300
194. सी.ए.डी. (IX) 1301
195. सी.ए.डी. (IX) 1302-03
195क. भारतीय भाषा में हाई कोर्ट की वकालत, पृ. 56-57
196. सी.ए.डी. (VII) 930
197. सी.ए.डी. (VII) 931
198. सी.ए.डी. (VII) 933
199. वही
200. सी.ए.डी. (VII) 936
201. सी.ए.डी. (VII) 938
202. सी.ए.डी. (VII) 940
203. सी.ए.डी. (VII) 943
204. सी.ए.डी. (VII) 942
205. सी.ए.डी. (VII) 952-53
206. सी.ए.डी. (VII) 932
207. सी.ए.डी. (VII) 951
208. सी.ए.डी. (VII) 934
209. सी.ए.डी. (VII) 952
210. सी.ए.डी. (VII) 935
211. सी.ए.डी. (VII) 935
212. सी.ए.डी. (VII) 941
213. सी.ए.डी. (VII) 943
214. सी.ए.डी. (VII) 945
215. सी.ए.डी. (VII) 949
216. सी.ए.डी. (VII) 950
217. सी.ए.डी. (VII) 951

अध्याय-11

1. सी.ए.डी. (VII) 959
2. सी.ए.डी. (VII) 962
3. सी.ए.डी. (VII) 963
4. सी.ए.डी. (VII) 964
5. सी.ए.डी. (VII) 965
6. सी.ए.डी. (VII) 967
7. सी.ए.डी. (VII) 969
8. सी.ए.डी. (VII) 970
9. सी.ए.डी. (VII) 974
10. सी.ए.डी. (VII) 975-978
11. सी.ए.डी. (VII) 983
12. वही
13. सी.ए.डी. (VII) 984
14. सी.ए.डी. (VII) 985
15. सी.ए.डी. (VII) 972
16. सी.ए.डी. (VII) 973
17. सी.ए.डी. (VII) 991
18. सी.ए.डी. (VII) 996
19. सी.ए.डी. (VII) 997
20. सी.ए.डी. (VII) 997
21. सी.ए.डी. (VII) 1002
22. सी.ए.डी. (VII) 1003
23. सी.ए.डी. (VII) 1005
24. सी.ए.डी. (VII) 1006
25. सी.ए.डी. (VII) 1008
26. सी.ए.डी. (VII) 1012
27. सी.ए.डी. (VII) 1014
28. सी.ए.डी. (VII) 1017
29. सी.ए.डी. (VII) 1018
30. सी.ए.डी. (VII) 1047
31. वही
32. सी.ए.डी. (VII) 1050
33. सी.ए.डी. (VII) 1059
34. सी.ए.डी. (VII) 1054-55
35. सी.ए.डी. (VII) 1060
36. सी.ए.डी. (VII) 1061
37. सी.ए.डी. (VII) 1063
38. सी.ए.डी. (VII) 1064
39. सी.ए.डी. (VII) 1065
40. सी.ए.डी. (VII) 1067
41. सी.ए.डी. (VII) 1080
42. सी.ए.डी. (VII) 1080-81
43. सी.ए.डी. (VII) 1081
44. सी.ए.डी. (VII) 1093
45. सी.ए.डी. (VII) 1093-94
46. सी.ए.डी. (VII) 1097
47. सी.ए.डी. (VII) 1099
48. सी.ए.डी. (VII) 1100-01
49. सी.ए.डी. (VII) 1120
50. सी.ए.डी. (VII) 1122
51. सी.ए.डी. (VII) 1127
52. सी.ए.डी. (VII) 1129
53. सी.ए.डी. (VII) 1132
54. सी.ए.डी. (VII) 1136
55. सी.ए.डी. (VII) 1137-38
56. सी.ए.डी. (VII) 1138-39
57. सी.ए.डी. (VII) 1141
58. सी.ए.डी. (VII) 1153
59. सी.ए.डी. (VII) 1157
60. सी.ए.डी. (VII) 1141
61. सी.ए.डी. (VII) 1151
62. सी.ए.डी. (VII) 1152
63. सी.ए.डी. (VII) 1153
64. सी.ए.डी. (VII) 1156
65. सी.ए.डी. (VII) 1157
66. सी.ए.डी. (VII) 1145
67. सी.ए.डी. (VII) 1158
68. सी.ए.डी. (VII) 1144
69. सी.ए.डी. (VII) 1151
70. सी.ए.डी. (VII) 1159
71. सी.ए.डी. (VII) 1146
72. सी.ए.डी. (VII) 1151
73. सी.ए.डी. (VII) 1155
74. सी.ए.डी. (VII) 1156
75. सी.ए.डी. (VII) 1160
76. सी.ए.डी. (VII) 1163
77. सी.ए.डी. (VII) 1164
78. सी.ए.डी. (VII) 1168
79. सी.ए.डी. (VII) 1172
80. वही
81. सी.ए.डी. (VII) 1173
82. सी.ए.डी. (VII) 1185
83. सी.ए.डी. (VII) 1186-87
84. सी.ए.डी. (VII) 1175
85. सी.ए.डी. (VII) 1187-88
86. सी.ए.डी. (VII) 1188
87. सी.ए.डी. (VII) 1178
88. सी.ए.डी. (VII) 1182
89. सी.ए.डी. (VII) 1184
90. सी.ए.डी. (VII) 1185
91. सी.ए.डी. (VII) 1187
92. सी.ए.डी. (VIII) 426
93. सी.ए.डी. (VIII) 453
94. सी.ए.डी. (VIII) 455

95. सी.ए.डी. (VIII) 451
96. सी.ए.डी. (VIII) 457
97. सी.ए.डी. (VIII) 436
98. सी.ए.डी. (VIII) 467
99. सी.ए.डी. (VIII) 468-69
100. सी.ए.डी. (VIII) 469
101. सी.ए.डी. (VIII) 489
102. सी.ए.डी. (VIII) 492
103. सी.ए.डी. (VIII) 491
104. सी.ए.डी. (VIII) 492-93
105. सी.ए.डी. (VIII) 494
106. सी.ए.डी. (VIII) 498
107. सी.ए.डी. (VIII) 490
108. सी.ए.डी. (VIII) 498
109. सी.ए.डी. (VIII) 500
110. सी.ए.डी. (VIII) 501
111. सी.ए.डी. (VIII) 503
112. सी.ए.डी. (VIII) 504
113. सी.ए.डी. (VIII) 505
114. वही
115. सी.ए.डी. (VIII) 511
116. सी.ए.डी. (VIII) 513
117. सी.ए.डी. (VIII) 515
118. सी.ए.डी. (VIII) 516
119. सी.ए.डी. (VIII) 520
120. सी.ए.डी. (VIII) 507
121. सी.ए.डी. (VIII) 509
122. सी.ए.डी. (VIII) 511
123. सी.ए.डी. (VIII) 514
124. सी.ए.डी. (VIII) 520
125. सी.ए.डी. (VIII) 533
126. सी.ए.डी. (VIII) 535
127. सी.ए.डी. (VIII) 536
128. सी.ए.डी. (VIII) 537
129. सी.ए.डी. (VIII) 538
130. सी.ए.डी. (VIII) 540
131. सी.ए.डी. (VIII) 541
132. सी.ए.डी. (VIII) 543
133. सी.ए.डी. (VIII) 545-46

अध्याय-12

1. सी.ए.डी. (VII) 1195
2. सी.ए.डी. (VII) 1196
3. वही
4. सी.ए.डी. (VII) 1198
5. सी.ए.डी. (VII) 1202
6. सी.ए.डी. (VII) 1202
7. सी.ए.डी. (VII) 1203
8. सी.ए.डी. (VII) 1204
9. सी.ए.डी. (VII) 1208
10. सी.ए.डी. (VII) 1209
11. सी.ए.डी. (VII) 1200
12. सी.ए.डी. (VII) 1211
13. सी.ए.डी. (VII) 1227
14. सी.ए.डी. (VII) 1205
15. सी.ए.डी. (VII) 1206
16. सी.ए.डी. (VII) 1226
17. सी.ए.डी. (VII) 1214
18. सी.ए.डी. (VII) 1216
19. सी.ए.डी. (VII) 1222
20. सी.ए.डी. (VII) 1224
21. सी.ए.डी. (VII) 1236
22. सी.ए.डी. (VII) 1238
23. सी.ए.डी. (VII) 1241
24. सी.ए.डी. (VII) 1253
25. सी.ए.डी. (VII) 1233
26. सी.ए.डी. (VII) 1236
27. सी.ए.डी. (VII) 1244
28. सी.ए.डी. (VII) 1245
29. सी.ए.डी. (VII) 1248
30. सी.ए.डी. (VII) 1252
31. सी.ए.डी. (VII) 1259
32. सी.ए.डी. (VII) 1261-62
33. सी.ए.डी. (VII) 1233
34. सी.ए.डी. (VII) 1249
35. सी.ए.डी. (VII) 1255
36. सी.ए.डी. (VII) 1256
37. सी.ए.डी. (VII) 1258
38. सी.ए.डी. (VII) 1262
39. सी.ए.डी. (VIII) 310
40. सी.ए.डी. (VIII) 274
41. सी.ए.डी. (VIII) 283
42. सी.ए.डी. (VIII) 290
43. सी.ए.डी. (VIII) 338
44. सी.ए.डी. (VIII) 291
45. सी.ए.डी. (VIII) 296
46. सी.ए.डी. (VIII) 298-99
47. सी.ए.डी. (VIII) 300
48. सी.ए.डी. (VIII) 304
49. सी.ए.डी. (VIII) 317
50. सी.ए.डी. (VIII) 321
51. सी.ए.डी. (VIII) 324
52. सी.ए.डी. (VIII) 335
53. सी.ए.डी. (VIII) 341
54. सी.ए.डी. (VIII) 349
55. सी.ए.डी. (VIII) 350
56. सी.ए.डी. (VIII) 351
57. सी.ए.डी. (VIII) 352
58. सी.ए.डी. (IX) 633
59. सी.ए.डी. (IX) 674
60. सी.ए.डी. (IX) 686
61. सी.ए.डी. (IX) 688
62. सी.ए.डी. (VIII) 89
63. सी.ए.डी. (VIII) 90
64. वही
65. सी.ए.डी. (VIII) 91
66. सी.ए.डी. (VIII) 92
67. वही
68. सी.ए.डी. (VIII) 93
69. सी.ए.डी. (VIII) 94
70. वही
71. सी.ए.डी. (VIII) 97
72. सी.ए.डी. (VIII) 99
73. सी.ए.डी. (VIII) 102-03
74. सी.ए.डी. (VIII) 104
75. सी.ए.डी. (VIII) 105
76. सी.ए.डी. (VIII) 105-06
77. सी.ए.डी. (VIII) 100
78. सी.ए.डी. (VIII) 106
79. सी.ए.डी. (VII) 1303
80. सी.ए.डी. (VII) 1305
81. सी.ए.डी. (VII) 1306
82. सी.ए.डी. (VII) 1307-08
83. सी.ए.डी. (VII) 1309
84. सी.ए.डी. (VII) 1310
85. सी.ए.डी. (VII) 1312
86. सी.ए.डी. (VII) 1311
87. सी.ए.डी. (VII) 1313
88. सी.ए.डी. (VII) 1316
89. सी.ए.डी. (VII) 1314
90. सी.ए.डी. (VII) 3117
91. सी.ए.डी. (VII) 1319
92. सी.ए.डी. (VII) 1321
93. वही
94. सी.ए.डी. (VII) 1323
95. वही
96. सी.ए.डी. (VII) 1324

97. सी.ए.डी. (VII) 1324-25
98. सी.ए.डी. (VII) 1328
99. सी.ए.डी. (VII) 1332-33
100. सी.ए.डी. (VII) 1339-40
101. सी.ए.डी. (VII) 1346
102. सी.ए.डी. (VII) 1387-88
103. सी.ए.डी. (VII) 1326
104. सी.ए.डी. (VII) 1327
105. सी.ए.डी. (VII) 1334-35
106. सी.ए.डी. (VII) 1342
107. सी.ए.डी. (VII) 1344
108. वही
109. सी.ए.डी. (VII) 1388-89
110. सी.ए.डी. (IX) 21-22
111. सी.ए.डी. (IX) 24
112. सी.ए.डी. (IX) 29
113. सी.ए.डी. (IX) 33
114. सी.ए.डी. (IX) 29-30
115. सी.ए.डी. (IX) 36
116. सी.ए.डी. (IX) 37
117. सी.ए.डी. (IX) 473-74
118. सी.ए.डी. (IX) 475
119. सी.ए.डी. (IX) 478
120. सी.ए.डी. (IX) 482
121. सी.ए.डी. (IX) 483
122. सी.ए.डी. (IX) 484
123. सी.ए.डी. (IX) 485
124. सी.ए.डी. (IX) 487
125. सी.ए.डी. (IX) 490
126. सी.ए.डी. (VIII) 550
127. सी.ए.डी. (VIII) 551
128. वही
129. सी.ए.डी. (VIII) 553
130. सी.ए.डी. (VIII) 553-54

अध्याय-13

1. सी.ए.डी. (VIII) 218
2. वही
3. सी.ए.डी. (VIII) 222
4. सी.ए.डी. (VIII) 226
5. सी.ए.डी. (VIII) 220
6. सी.ए.डी. (VIII) 223
7. सी.ए.डी. (VIII) 224
8. सी.ए.डी. (VIII) 227
9. सी.ए.डी. (VIII) 229
10. सी.ए.डी. (VIII) 230
11. सी.ए.डी. (VIII) 234
12. सी.ए.डी. (VIII) 232
13. सी.ए.डी. (VIII) 235
14. सी.ए.डी. (VIII) 241
15. सी.ए.डी. (VIII) 245
16. सी.ए.डी. (VIII) 249
17. सी.ए.डी. (VIII) 251
18. सी.ए.डी. (VIII) 252
19. सी.ए.डी. (VIII) 258
20. सी.ए.डी. (VIII) 232
21. सी.ए.डी. (VIII) 236
22. सी.ए.डी. (VIII) 235
23. सी.ए.डी. (VIII) 237
24. सी.ए.डी. (VIII) 246
25. सी.ए.डी. (VIII) 248
26. सी.ए.डी. (VIII) 251
27. सी.ए.डी. (VIII) 254
28. सी.ए.डी. (VIII) 256
29. सी.ए.डी. (VIII) 258
30. सी.ए.डी. (VIII) 239
31. सी.ए.डी. (VIII) 240
32. सी.ए.डी. (VIII) 250
33. सी.ए.डी. (VIII) 259
34. सी.ए.डी. (VIII) 263
35. सी.ए.डी. (VIII) 264
36. सी.ए.डी. (VIII) 266
37. सी.ए.डी. (VIII) 378
38. सी.ए.डी. (VIII) 379
39. वही
40. सी.ए.डी. (VIII) 380
41. सी.ए.डी. (VIII) 381
42. सी.ए.डी. (VIII) 382
43. सी.ए.डी. (VIII) 388
44. वही
45. सी.ए.डी. (VIII) 389
46. सी.ए.डी. (VIII) 390
47. सी.ए.डी. (VIII) 392
48. सी.ए.डी. (VIII) 393-94
49. सी.ए.डी. (VIII) 395
50. सी.ए.डी. (VIII) 397
51. वही
52. सी.ए.डी. (VIII) 388
53. सी.ए.डी. (VIII) 391
54. सी.ए.डी. (VIII) 393
55. सी.ए.डी. (VIII) 396
56. सी.ए.डी. (VIII) 398
57. सी.ए.डी. (VIII) 658
58. सी.ए.डी. (VIII) 661
59. सी.ए.डी. (VIII) 662
60. सी.ए.डी. (VIII) 663
61. वही
62. सी.ए.डी. (VIII) 664
63. सी.ए.डी. (VIII) 666
64. सी.ए.डी. (VIII) 667
65. सी.ए.डी. (VIII) 668
66. सी.ए.डी. (VIII) 670
67. सी.ए.डी. (VIII) 671
68. वही
69. सी.ए.डी. (VIII) 676
70. सी.ए.डी. (VIII) 677
71. सी.ए.डी. (VIII) 678
72. वही
73. सी.ए.डी. (VIII) 680
74. वही
75. वही
76. सी.ए.डी. (VIII) 683
77. सी.ए.डी. (VIII) 681
78. सी.ए.डी. (VIII) 682-83
79. सी.ए.डी. (VIII) 670
80. सी.ए.डी. (VIII) 686
81. सी.ए.डी. (VIII) 688
82. सी.ए.डी. (VIII) 690
83. सी.ए.डी. (VIII) 691-92
84. सी.ए.डी. (VIII) 693
85. सी.ए.डी. (VIII) 693-94

अध्याय-14

1. एक देश-एक चुनाव : भारत में राजनीतिक सुधार की सम्भावनाएँ; पृ.121
2. सी.ए.डी. (VIII) 403
3. वही
4. सी.ए.डी. (VIII) 403-04
5. सी.ए.डी. (VIII) 405
6. वही
7. सी.ए.डी. (VIII) 406
8. सी.ए.डी. (VIII) 407-08
9. सी.ए.डी. (VIII) 409
10. सी.ए.डी. (VIII) 404
11. सी.ए.डी. (VIII) 405

12. सी.ए.डी. (VIII) 406
13. सी.ए.डी. (VIII) 407
14. सी.ए.डी. (VIII) 408
15. सी.ए.डी. (VIII) 904
16. सी.ए.डी. (VIII) 905
17. सी.ए.डी. (VIII) 905-06
18. सी.ए.डी. (VIII) 907
19. सी.ए.डी. (VIII) 923
20. सी.ए.डी. (VIII) 912
21. सी.ए.डी. (VIII) 919
22. सी.ए.डी. (VIII) 921-22
23. सी.ए.डी. (VIII) 925
24. सी.ए.डी. (VIII) 928
25. सी.ए.डी. (VIII) 929
26. सी.ए.डी. (VIII) 951
27. सी.ए.डी. (VIII) 954
28. सी.ए.डी. (VIII) 952
29. सी.ए.डी. (VIII) 956-57
30. सी.ए.डी. (VIII) 930-31
31. सी.ए.डी. (VIII) 931
32. सी.ए.डी. (IX) 555
33. सी.ए.डी. (IX) 557
34. सी.ए.डी. (IX) 560
35. सी.ए.डी. (IX) 560=61
36. सी.ए.डी. (IX) 563
37. वही
38. सी.ए.डी. (IX) 564
39. सी.ए.डी. (IX) 566-67
40. सी.ए.डी. (IX) 567
41. सी.ए.डी. (IX) 568-69
42. सी.ए.डी. (IX) 570
43. सी.ए.डी. (IX) 571-72
44. सी.ए.डी. (IX) 572
45. वही
46. सी.ए.डी. (IX) 573-74
47. सी.ए.डी. (IX) 576-580
48. सी.ए.डी. (IX) 582
49. सी.ए.डी. (IX) 585
50. सी.ए.डी. (IX) 590
51. सी.ए.डी. (IX) 591
52. सी.ए.डी. (IX) 592
53. सी.ए.डी. (IX) 592-93
54. सी.ए.डी. (IX) 597-98
55. सी.ए.डी. (IX) 598
56. सी.ए.डी. (IX) 600
57. सी.ए.डी. (IX) 604
58. सी.ए.डी. (IX) 600-602
59. सी.ए.डी. (IX) 607
60. सी.ए.डी. (IX) 608
61. सी.ए.डी. (IX) 612
62. सी.ए.डी. (IX) 622
63. सी.ए.डी. (IX) 619
64. सी.ए.डी. (IX) 617
65. सी.ए.डी. (IX) 618
66. सी.ए.डी. (IX) 624-25
67. सी.ए.डी. (IX) 628
68. सी.ए.डी. (IX) 630

अध्याय-15

1. सी.ए.डी. (VIII) 798
2. सी.ए.डी. (IX) 1189
3. सी.ए.डी. (VIII) 799-800
4. सी.ए.डी. (VIII) 800
5. सी.ए.डी. (VIII) 801
6. सी.ए.डी. (VIII) 802
7. सी.ए.डी. (VIII) 803
8. सी.ए.डी. (VIII) 806
9. वही
10. सी.ए.डी. (VIII) 808
11. सी.ए.डी. (VIII) 807
12. सी.ए.डी. (VIII) 809
13. सी.ए.डी. (XI) 506
14. सी.ए.डी. (XI) 506-07
15. सी.ए.डी. (XI) 507
16. सी.ए.डी. (XI) 509
17. सी.ए.डी. (XI) 510
18. सी.ए.डी. (XI) 512
19. सी.ए.डी. (XI) 513
20. वही
21. सी.ए.डी. (XI) 514
22. सी.ए.डी. (XI) 517
23. सी.ए.डी. (XI) 515-516
24. सी.ए.डी. (XI) 518-519
25. सी.ए.डी. (XI) 601
26. भारतीय संवैधानिक सुधार रिपोर्ट, 1900; 78
27. सी.ए.डी. (V) 58
28. सी.ए.डी. (V) 38
29. सी.ए.डी. (V) 44
30. सी.ए.डी. (V) 77
31. सी.ए.डी. (VII) 43
32. सी.ए.डी. (V) 74
33. सी.ए.डी. (V) 80
34. डोमिनियन-प्रान्तीय सम्बन्धों पर रायल कमीशन रिपोर्ट, अगस्त, 1937 पुस्तक I, पृ. 10
35. सी.ए.डी. (V) 86
36. सी.ए.डी. (V) 82
37. सी.ए.डी. (V) 88
38. सी.ए.डी. (V) 94
39. सी.ए.डी. (V) 89
40. सी.ए.डी. (V) 91
41. सी.ए.डी. (V) 95

अध्याय-16

1. सी.ए.डी. (IX) 103
2. सी.ए.डी. (IX) 104-05
3. सी.ए.डी. (IX) 109
4. सी.ए.डी. (IX) 113
5. सी.ए.डी. (IX) 114
6. सी.ए.डी. (IX) 118-19
7. सी.ए.डी. (IX) 122-23
8. सी.ए.डी. (IX) 129
9. सी.ए.डी. (IX) 504
10. सी.ए.डी. (IX) 505
11. सी.ए.डी. (IX) 508-09
12. सी.ए.डी. (IX) 509
13. सी.ए.डी. (IX) 520-21
14. सी.ए.डी. (IX) 131-32
15. सी.ए.डी. (IX) 132
16. सी.ए.डी. (IX) 140
17. सी.ए.डी. (IX) 144-45
18. सी.ए.डी. (IX) 145
19. सी.ए.डी. (IX) 154-55
20. सी.ए.डी. (IX) 166-67
21. सी.ए.डी. (IX) 152
22. सी.ए.डी. (IX) 167
23. सी.ए.डी. (IX) 175-76
24. सी.ए.डी. (IX) 177
25. सी.ए.डी. (IX) 180
26. सी.ए.डी. (IX) 185
27. सी.ए.डी. (IX) 186
28. वही
29. सी.ए.डी. (IX) 190
30. सी.ए.डी. (IX) 192
31. सी.ए.डी. (IX) 197

32. सी.ए.डी. (IX) 523
33. सी.ए.डी. (IX) 548-49
34. सी.ए.डी. (X) 361
35. सी.ए.डी. (X) 362
36. सी.ए.डी. (X) 363
37. सी.ए.डी. (X) 365
38. सी.ए.डी. (X) 367
39. सी.ए.डी. (X) 369
40. सी.ए.डी. (X) 371

अध्याय-17

1. सी.ए.डी. (IX) 343
2. सी.ए.डी. (IX) 345
3. सी.ए.डी. (IX) 346
4. सी.ए.डी. (IX) 347
5. सी.ए.डी. (IX) 351
6. सी.ए.डी. (IX) 352
7. सी.ए.डी. (IX) 362
8. सी.ए.डी. (IX) 370
9. सी.ए.डी. (IX) 380
10. सी.ए.डी. (IX) 386
11. सी.ए.डी. (IX) 391
12. सी.ए.डी. (IX) 396
13. सी.ए.डी. (IX) 398
14. सी.ए.डी. (IX) 401-03
15. सी.ए.डी. (IX) 414-16
16. सी.ए.डी. (IX) 420
17. सी.ए.डी. (IX) 422-23

अध्याय-18

1. सी.ए.डी. (VII) 798
2. सी.ए.डी. (VII) 800
3. सी.ए.डी. (VII) 801
4. सी.ए.डी. (VII) 802-803
5. सी.ए.डी. (IX) 1125-26
6. सी.ए.डी. (IX) 1127-28
7. सी.ए.डी. (IX) 1136
8. सी.ए.डी. (IX) 1132-33
9. सी.ए.डी. (IX) 1138
10. सी.ए.डी. (IX) 1139
11. सी.ए.डी. (IX) 1140
12. सी.ए.डी. (IX) 1143
13. सी.ए.डी. (X) 342
14. सी.ए.डी. (X) 343
15. सी.ए.डी. (X) 348
16. सी.ए.डी. (X) 349
17. सी.ए.डी. (X) 351
18. सी.ए.डी. (X) 351-52

अध्याय-19

1. हिन्दी नवजीवन 15.12.1927
2. यंग इंडिया 02.02.1921
3. सी.ए.डी. (IV) 596
4. सी.ए.डी. (IV) 678
5. सी.ए.डी. (IV) 726
6. सी.ए.डी. (IV) 881
7. सी.ए.डी. (I) 1
8. सी.ए.डी. (I) 26
9. वही
10. सी.ए.डी. (I) 43
11. सी.ए.डी. (IV) 549
12. सी.ए.डी. (VII) 222
13. द इंडियन कान्स्टिट्यूशन : कार्नरस्टोन ऑफ नेशन; पृ. 291-92
14. सी.ए.डी. (IX) 1314
15. सी.ए.डी. (IX) 1320
16. सी.ए.डी. (IX) 1326
17. सी.ए.डी. (IX) 1333
18. सी.ए.डी. (IX) 1337
19. सी.ए.डी. (IX) 1341
20. सी.ए.डी. (IX) 1349
21. सी.ए.डी. (IX) 1355
22. सी.ए.डी. (IX) 1362
23. सी.ए.डी. (IX) 1438
24. सी.ए.डी. (IX) 1370
25. सी.ए.डी. (IX) 1377
26. सी.ए.डी. (IX) 1405
27. सी.ए.डी. (IX) 1373
28. सी.ए.डी. (IX) 1382
29. सी.ए.डी. (IX) 1392
30. सी.ए.डी. (IX) 1398
31. सी.ए.डी. (IX) 1408
32. सी.ए.डी. (IX) 1420
33. सी.ए.डी. (IX) 1426
34. सी.ए.डी. (IX) 1424
35. सी.ए.डी. (IX) 1428
36. सी.ए.डी. (IX) 1432
37. सी.ए.डी. (IX) 1441
38. सी.ए.डी. (IX) 1443
39. सी.ए.डी. (IX) 1454, 1456, 1461
40. सी.ए.डी. (IX) 1461-62
41. सी.ए.डी. (IX) 1468-69
42. सी.ए.डी. (IX) 1470-71
43. सी.ए.डी. (IX) 1474
44. सी.ए.डी. (IX) 1668
45. सी.ए.डी. (IX) 1393
46. सी.ए.डी. (IX) 1430
47. राइटिंग एंड स्पीच (I) 105
48. राइटिंग एंड स्पीच (I) 145
49. लोक सर्वोदय फाउंडेशन, प्रस्ताव 05.11.2019
50. भारतीय भाषा में हाई कोर्ट की वकालत; पृ. 26

अध्याय-20

1. सी.ए.डी. (IV) 729
2. सी.ए.डी. (IV) 736
3. सी.ए.डी. (VII) 43
4. सी.ए.डी. (VII) 322
5. सी.ए.डी. (IX) 1645
6. सी.ए.डी. (IX) 1652-1657
7. सी.ए.डी. (IX) 1646
8. सी.ए.डी. (IX) 1648
9. सी.ए.डी. (IX) 1651
10. सी.ए.डी. (IX) 1655
11. सी.ए.डी. (IX) 1657
12. सी.ए.डी. (IX) 1659
13. सी.ए.डी. (IX) 1660
14. सी.ए.डी. (IX) 1661
15. सी.ए.डी. (IX) 1661-63
16. सी.ए.डी. (IX) 1665
17. सी.ए.डी. (IX) 1664-65

अध्याय-21

1. सी.ए.डी. (X) 421
2. वही
3. वही
4. वही
5. सी.ए.डी. (X) 422
6. वही
7. सी.ए.डी. (X) 423
8. सी.ए.डी. (X) 424
9. सी.ए.डी. (X) 428

अध्याय-22

1. सी.ए.डी. (X) 411-12
2. सी.ए.डी. (X) 416
3. सी.ए.डी. (X) 417
4. सी.ए.डी. (X) 419-20
5. सी.ए.डी. (X) 420-21

5क. सी.ए.डी. (IV) 717

6. सी.ए.डी. (X) 429
7. वही
8. सी.ए.डी. (X) 430
9. वही
10. सी.ए.डी. (X) 432
11. वही
12. वही
13. वही
14. सी.ए.डी. (X) 435
15. सी.ए.डी. (X) 435
16. सी.ए.डी. (X) 436
17. सी.ए.डी. (X) 438
18. वही
19. सी.ए.डी. (X) 439
20. वही
21. सी.ए.डी. (X) 440
22. वही
23. सी.ए.डी. (X) 440-41
24. सी.ए.डी. (X) 441
25. वही
26. वही
27. सी.ए.डी. (X) 442
28. सी.ए.डी. (X) 444
29. सी.ए.डी. (X) 445
30. वही
31. सी.ए.डी. (X) 447
32. वही
33. सी.ए.डी. (X) 448
34. सी.ए.डी. (X) 440
35. सी.ए.डी. (X) 447
36. सी.ए.डी. (X) 449
37. सी.ए.डी. (X) 450
38. सी.ए.डी. (X) 451
39. सी.ए.डी. (X) 451-52
40. सी.ए.डी. (X) 452-53
41. सी.ए.डी. (X) 454
42. सी.ए.डी. (X) 455
43. वही

अध्याय-23

1. सी.ए.डी. (X) 457
2. सी.ए.डी. (XI) 463-64
3. सी.ए.डी. (XI) 488
4. सी.ए.डी. (XI) 527
5. सी.ए.डी. (XI) 528
6. सी.ए.डी. (XI) 594
7. सी.ए.डी. (XI) 601
8. सी.ए.डी. (XI) 606
9. वही
10. सी.ए.डी. (XI) 607
11. सी.ए.डी. (XI) 973-74
12. सी.ए.डी. (XI) 977-78
13. सी.ए.डी. (XI) 979
14. सी.ए.डी. (XI) 980
15. सी.ए.डी. (XI) 983
16. वही
17. सी.ए.डी. (XI) 984
18. सी.ए.डी. (XI) 984
19. वही
20. सी.ए.डी. (XI) 992
21. सी.ए.डी. (XI) 994
22. सी.ए.डी. (XI) 995
23. सी.ए.डी. (XII) 1
24. सी.ए.डी. (XII) 2
25. सी.ए.डी. (XII) 6
26. सी.ए.डी. (XII) 7
27. वही
28. वही

अध्याय-24

1. सी.ए.डी. (VII) 36
2. एक देश-एक चुनाव : भारत में राजनीतिक सुधार की सम्भावनाएँ; पृ. 144
3. वही, पृ. 69
4. वही, पृ. 62
5. वही, पृ. 44
6. वही, पृ. 105
7. समान नागरिक संहिता—चुनौतियाँ और समाधान, पृ. 323
8. सी.ए.डी. (X) 432

अनुक्रमणिका